Wissen aus erster Hand

Immer gut informiert
News, Service, Updates unter:

www.microsoft-press.de
www.twitter.com/mspress_de

Ralf Albrecht, Natascha Nicol

Microsoft Office Access 2007 – Das Handbuch

Ralf Albrecht, Natascha Nicol

Microsoft Office Access 2007 – Das Handbuch

Ralf Albrecht, Natascha Nicol: Microsoft Office Access 2007 – Das Handbuch
Microsoft Press Deutschland, Konrad-Zuse-Str. 1, D-85716 Unterschleißheim
Copyright © 2007 by Microsoft Press Deutschland

Das in diesem Buch enthaltene Programmmaterial ist mit keiner Verpflichtung oder Garantie irgendeiner Art verbunden. Autor, Übersetzer und der Verlag übernehmen folglich keine Verantwortung und werden keine daraus folgende oder sonstige Haftung übernehmen, die auf irgendeine Art aus der Benutzung dieses Programmmaterials oder Teilen davon entsteht.

Das Werk einschließlich aller Teile ist urheberrechtlich geschützt. Jede Verwertung außerhalb der engen Grenzen des Urheberrechtsgesetzes ist ohne Zustimmung des Verlags unzulässig und strafbar. Das gilt insbesondere für Vervielfältigungen, Übersetzungen, Mikroverfilmungen und die Einspeicherung und Verarbeitung in elektronischen Systemen.

Die in den Beispielen verwendeten Namen von Firmen, Organisationen, Produkten, Domänen, Personen, Orten, Ereignissen sowie E-Mail-Adressen und Logos sind frei erfunden, soweit nichts anderes angegeben ist. Jede Ähnlichkeit mit tatsächlichen Firmen, Organisationen, Produkten, Domänen, Personen, Orten, Ereignissen, E-Mail-Adressen und Logos ist rein zufällig.

Kommentare und Fragen können Sie gerne an uns richten:
Microsoft Press Deutschland
Konrad-Zuse-Straße 1
85716 Unterschleißheim
E-Mail: *mspressde@oreilly.de*

15 14 13 12 11 10 9 8 7 6 5 4 3
12 11

ISBN 978-3-86645-104-9

© Microsoft Press Deutschland
(ein Unternehmensbereich der Microsoft Deutschland GmbH)
Konrad-Zuse-Str. 1, D-85716 Unterschleißheim
Alle Rechte vorbehalten

Fachlektorat: Klaus Löffelmann, Lippstadt
Korrektorat: Jutta Alfes, Siegen
Layout und Satz: Cordula Winkler, mediaService, Siegen (www.media-service.tv)
Umschlaggestaltung: Hommer Design GmbH, Haar (www.HommerDesign.com)
Gesamtherstellung: Kösel, Krugzell (www.KoeselBuch.de)

Übersicht

Einleitung 29

Teil A
Der Schnelleinstieg 33

1 Die Datenbank-Vorlagen 35
2 Datenbanken, Ordner & Co. 53
3 Tabellen – echt einfach 77
4 Formulare – echt einfach 111
5 Berichte – echt einfach 131
6 Abfragen 147
7 Der Navigationsbereich 153
8 Die Access-Hilfe 163

Teil B
Tabellen 171

9 Datenbankgrundlagen 173
10 Einen Tabellenentwurf anlegen 199
11 Überarbeiten eines Tabellenentwurfs 237
12 Beziehungen zwischen Tabellen 247
13 Tabellen verknüpfen und importieren 255
14 Der Tabellenanalyse-Assistent 267

Teil C
Abfragen 273

15 Einfache Abfragen 275
16 Abfragen mit berechneten Feldern 313
17 Abfragen mit mehreren Tabellen 331
18 Auswertungen 351
19 Aktionsabfragen 381
20 Die Abfragesprache SQL 399

Teil D
Formulare 425

21 Der Formularentwurf 427
22 Steuerelemente für Formulare 457
23 Unterformulare 493
24 Formulare für Fortgeschrittene 523
25 Ungebundene Formulare und modale Dialogfelder 549
26 Diagrammformulare 559
27 PivotTable- und PivotChart-Ansicht 581

Teil E
Berichte 593

28 Berichte gestalten 595
29 Berichte für Fortgeschrittene 627
30 Formulare für Berichte 653

Teil F
Dienstprogramme und Datenweitergabe 665

31 Datenbank-Dienstprogramme 667
32 Verknüpfungen zwischen Access und anderen Office-Programmen 679

Teil G
Programmierung 697

33 Makros 699
34 Visual Basic für Applikationen 717
35 Einführung in die Objekttechnik 759
36 Funktionen und Methoden 769
37 Datenzugriff mit ADO 785
38 Datenzugriff mit DAO 821

Teil H
Erstellung kompletter Anwendungen 853

39 Eigenständige Anwendungen erstellen 855
40 Datenbankkennwörter und Datensicherheit 865
41 Einsatz in Mehrbenutzerumgebungen 875

Teil I
Access im Internet 883

42 Hyperlinks, HTML- und XML-Ausgabe 885
43 Windows SharePoint Services 899

Teil K
Anhang 925

A Die Reddick-VBA-Namenskonventionen 927
B Operatoren und Funktionen 941
C Spezifikationen und Felddatentypen 955

Praxisindex 959

Stichwortverzeichnis 963

Inhaltsverzeichnis

Einleitung 29
An wen sich das Buch richtet 30
Die Beispieldatenbank »CineCity« 30
Die CD-ROM zum Buch 31
Beschreibung der Inhalte 31

Teil A
Der Schnelleinstieg 33

1 Die Datenbank-Vorlagen 35
Verwenden vordefinierter Datenbanken 36
    Starten Sie Access 36
    Wählen Sie eine Vorlage 38
    Die neu erzeugte Datenbank 39
Dateneingabe in der neuen Datenbank 41
Aufbau der Kontakte-Datenbank 44
Die Datenbank schließen 48
... und wieder öffnen 49
Die Datenbank-Vorlagen im Überblick 50
Zusammenfassung 51

2 Datenbanken, Ordner & Co. 53
Was ist eine Access-Datenbank? 54
Eine neue, leere Datenbank 56
Neue Ordner anlegen 57
Zwischen Ordnern und Laufwerken wechseln 59
    So wechseln Sie in den darüber liegenden Ordner 60
    So wechseln Sie in einen darunter liegenden Ordner ... 60
    So wechseln Sie zurück in den Vorgängerordner 61
    Ordner öffnen und schließen 62
    So wechseln Sie das Laufwerk 62
Namensregeln für Ordner und Dateien 63
Der Standarddatenbankordner 66
    So definieren Sie einen anderen Standarddatenbankordner ... 66
Dateien und Ordner umbenennen 67
Dateien und Ordner löschen 68
Dateien und Ordner kopieren und verschieben 69
    Dateien auf USB-Stick kopieren 69
    Dateien auf CD-ROM brennen 69

Datenbanken suchen	70
Ordner, die Sie häufig brauchen	73
So definieren Sie Ordner als Favoriten	73
Position eines Eintrags im Navigationsbereich ändern	76
Zusammenfassung	76

3 Tabellen – echt einfach ... 77

Eine Tabelle anlegen	78
Der Entwurf der Tabelle	79
Die neue Tabelle erstellen und mit Daten füllen	79
Die Tabellenfelder benennen	82
Die Tabelle mit weiteren Feldern versehen	83
Tabelle speichern	84
Tabelle schließen und öffnen	84
Datensätze eingeben und korrigieren	85
Datensätze eingeben	85
Datensätze korrigieren	85
Änderungen rückgängig machen	86
Das Eingeben von Daten erleichtern	86
Felder oder Datensätze markieren	87
Datensätze oder Inhalte von Feldern löschen	87
Datensätze kopieren	88
Feldinhalte kopieren und verschieben	89
Spalten verschieben	90
Suchen und Ersetzen	91
Nach Datensätzen suchen	91
Ersetzen	92
Tabellen sortieren	93
Datensätze filtern	94
Auswahlbasierte Filter	98
Formularbasierte Filter	98
Der Und-Filter	99
Entweder-Oder-Filter	99
Formatierungen für Tabellen	100
Zeichenformat	100
Die Spaltenbreite verändern	101
Die Zeilenhöhe	103
Spalten verstecken	103
Das Layout speichern	104
Eine Tabelle drucken	105
Eine Seite einrichten	105
Druckränder allgemein vorgeben	108
Drucken einer Tabelle	108
Drucker auswählen	109
Zusammenfassung	110

4 Formulare – echt einfach ... 111
Formulare per Knopfdruck ... 112
- Einfache Formulare ... 112
- Geteilte Formulare ... 114
- Mehrere Elemente ... 114
- Formulare speichern ... 115

Das Formulardesign ändern ... 116
- Steuerungslayout für Steuerelemente ... 116
- Ändern der Höhe der Felder ... 117
- Löschen eines Felds ... 119
- Formatierung der Schriften ... 119
- Reihenfolge der Felder ... 119
- Position des Steuerungslayouts ... 119
- Position einzelner Felder festlegen ... 119
- Fertige Formate ... 120

Ein leeres Formular ... 121
Der Formular-Assistent ... 123
- Die restlichen Formulare ... 126

Der Umgang mit einem Formular ... 126
- So können Sie blättern ... 126
- So bearbeiten Sie Datensätze im Formular ... 127
- So löschen Sie Datensätze im Formular ... 127
- So sortieren Sie Datensätze ... 128
- So filtern Sie Datensätze ... 128
- So schließen Sie ein Formular ... 128

Zusammenfassung ... 129

5 Berichte – echt einfach ... 131
Berichte per Knopfdruck ... 132
- Einfache Berichte erstellen ... 132
- Das Berichtsdesign ändern ... 133
- Andere Ansichten ... 137
- Berichte speichern ... 137

Ein leerer Bericht ... 137
Der Berichts-Assistent ... 138
Der Etiketten-Assistent ... 141
- Eigene Etikettenvorlagen definieren ... 144

Zusammenfassung ... 146

6 Abfragen ... 147
Ein Abfragen-Assistent ... 148
Ausgewählte Daten sortieren und filtern ... 150
Zusammenfassung ... 151

7 Der Navigationsbereich ... 153
Den Navigationsbereich verwenden ... 154
Datenbankobjekte verwalten ... 156
Kategorien und Gruppen ... 157
    Neue Kategorien und Gruppen anlegen ... 158
    Datenbankobjekte den neuen Gruppen zuordnen ... 160
Zusammenfassung ... 161

8 Die Access-Hilfe ... 163
Wie arbeitet man mit der Access-Hilfe? ... 164
    Themenbezogene Hilfe ... 165
    Eingabe eines Suchbegriffes ... 165
    Navigieren auf den Hilfeseiten ... 166
    Hilfe im Kontext ... 167
Offline-Hilfe oder Online-Hilfe ... 167
Entwicklerhilfe ... 168
Zusammenfassung ... 169

Teil B
Tabellen ... 171

9 Datenbankgrundlagen ... 173
Was ist eine relationale Datenbank? ... 174
    Tabellen und Primärschlüssel ... 174
    Fremdschlüssel ... 176
    Beziehungen ... 177
    Tabellen normalisieren ... 182
    Tabellen indizieren ... 186
Vorgehensweise beim Datenbank-Design ... 187
Namensregeln in Access ... 188
Die Beispieldatenbank *CineCity* ... 189
Datentypen und -größen der CineCity-Tabellen ... 193
    Indizes für die Tabellen ... 195
Zusammenfassung ... 196

10 Einen Tabellenentwurf anlegen ... 199
Der Tabellenentwurf (*tblFilme*) ... 200
Der Felddatentyp *AutoWert* ... 204
Der Felddatentyp *Text* ... 206
    Feldgröße ... 207
    Format ... 208
    Eingabeformat ... 209
    Beschriftung ... 210
    Standardwert ... 211
    Eingabe erforderlich ... 211

Leere Zeichenfolge	211
Indiziert	211
Unicode-Kompression	212
IME-Modus/IME-Satzmodus	212
Smarttags	212
Textausrichtung	212
Der Felddatentyp *Zahl*	212
Feldgröße	213
Format	214
Dezimalstellen	216
Standardwert	216
Gültigkeitsregel	216
Gültigkeitsmeldung	216
Einstellungen für das Feld *FSK*	217
Das Feld *Länge*	219
Der Felddatentyp *Ja/Nein*	219
Der Felddatentyp *Memo*	220
Der Felddatentyp *Datum/Zeit*	220
Datumswerte und Uhrzeiten eingeben	221
Benutzerdefinierte Formate	221
Die Tabelle *tblKinos*	223
Die Tabelle *tblWochen*	224
Der Felddatentyp *Währung*	225
Der Nachschlage-Assistent	226
Die Tabelle *tblTermine*	229
Mehrwertige Felder	230
Der Felddatentyp *Anlage*	232
Der Felddatentyp *OLE-Objekt*	234
Der Felddatentyp *Hyperlink*	234
Zusammenfassung	236
11 Überarbeiten eines Tabellenentwurfs	**237**
Löschen von Feldern im Tabellenentwurf	238
Felder im Entwurf hinzufügen	238
Verschieben von Feldern im Entwurf	239
Ändern eines Felddatentyps	240
Textfelder umwandeln	240
Memofelder umwandeln	241
Zahlenfelder umwandeln	241
Datum/Uhrzeit-Felder umwandeln	242
Währungsfeld umwandeln	242
Feld mit AutoWerten umwandeln	243
Ja/Nein-Felder umwandeln	243
OLE-Felder umwandeln	243
Felder mit Hyperlinks umwandeln	243
Tabellen teilen	243

Schlüssel von Tabellen ändern ... 244
    Primärschlüssel ändern ... 244
    Sekundärschlüssel setzen ... 244
Zusammenfassung ... 245

12 Beziehungen zwischen Tabellen ... 247
Beziehungen anzeigen lassen ... 248
Beziehungen definieren ... 248
    Tabellen in das Beziehungsfenster einfügen ... 248
    Eine Beziehung aufbauen ... 250
    Eine Beziehung löschen ... 251
    Verknüpfungstyp einer Beziehung ... 251
    Referentielle Integrität ... 252
Unterdatenblätter ... 252
Zusammenfassung ... 254

13 Tabellen verknüpfen und importieren ... 255
Access und der Rest der (Datenbank-)Welt ... 256
    Kleine und große Datenbanksysteme ... 256
    Der Microsoft ACE-Datenbank-Kern ... 257
    Datenzugriff über ISAM-Treiber ... 257
    Datenzugriff über ODBC-Treiber ... 257
Tabellen verknüpfen ... 258
Verteilung: Daten und Programme ... 260
    Manuelle Aufteilung ... 261
    Der Assistent zur Datenbankaufteilung ... 261
    Der Tabellenverknüpfungs-Manager ... 263
Tabellen importieren ... 264
Zusammenfassung ... 265

14 Der Tabellenanalyse-Assistent ... 267
Die Ausgangstabelle ... 268
Den Tabellenanalyse-Assistenten starten ... 269
Das Ergebnis ... 271
Zusammenfassung ... 272

Teil C
Abfragen ... 273

15 Einfache Abfragen ... 275
Einfache Auswahlabfragen ... 276
    Felder in die Abfrage aufnehmen ... 277
    Verschieben von Spalten ... 279
    Löschen einer Spalte ... 280
    Speichern von Abfragen ... 280

Sortierung des Abfrageergebnisses 281
    Änderung der Sortierung 281
    Sortierreihenfolge 282
Auswahlkriterien für Abfragen 285
    Einfache Bedingungen 286
    Der »Zwischen«-Operator 292
    Der »Wie«-Operator 293
    Der »In«-Operator 297
    Der »Nicht«-Operator 298
    Sonderfall: NULL-Werte 298
    Mehrere Kriterien gleichzeitig verwenden 300
Abfragebeispiele 303
Parameterabfragen definieren 303
    Parameterdefinition 304
    Vordefinierte Parameter 307
    Von-Bis-Abfragen mit Parametern 308
Unterdatenblätter 309
Zusammenfassung 311

16 Abfragen mit berechneten Feldern 313

Was sind »Dynasets« und »Snapshots« 314
Einfache Ausdrücke 314
    Berechnete Ergebnisspalten 314
    Berechnete Bedingungen 318
    Berechnete Spalten weiterverwenden 319
Zahlenformate für Spalten 320
    Weitere Einstellungen auf dem Eigenschaftenblatt 321
Access-Funktionen verwenden 321
    Die Wenn()-Funktion 321
    Links, rechts oder aus der Mitte 322
    Klein oder groß 324
    Mit oder ohne Leerzeichen 324
    NULL oder nicht NULL – das ist hier die Frage! 325
Zum Umgang mit Datumswerten 326
    Das heutige Datum finden 326
    Tag, Monat, Jahr, Stunde, Minute und Sekunde 327
    Datumsberechnungen 327
Zusammenfassung 329

17 Abfragen mit mehreren Tabellen 331

Auf zwei Tabellen basierende Abfragen 332
Beziehungen verstehen und verändern 335
    Automatische Beziehungen 338
    Eigene Beziehungen aufbauen 340
    Abfragen ohne Beziehungslinien 341
    Besteht eine Beziehung? 341
    Drei Verknüpfungsvarianten 342

Abfragen mit mehr als zwei Tabellen		345
Abfrage mit vier Tabellen		345
Nachträglich Tabellen hinzunehmen		346
Abfragen, die auf Abfragen basieren		349
Zusammenfassung		350

18 Auswertungen ... 351

Access-Abfragefunktionen	352
Überblick über die Funktionen	353
Bedingungen für Aggregatfunktionen	353
In Gruppen auswerten	355
Gruppierte Daten mit Bedingungen	357
Abfrageergebnisse ohne Duplikate	359
Nur die Besten anzeigen	361
Beispiele	362
Wie viele Karten sind pro Vorstellung bereits verkauft?	363
Besucherzahl und Umsatz pro Kino	363
Auslastung der Kinos	364
Besucherzahl und Umsatz pro Film	364
Durchschnittliche Besucherzahl pro Film	365
Wie hoch ist der Umsatz je Film pro Woche?	365
Immer wieder hilfreich: Die Abfrage-Assistenten	366
Der Auswahlabfrage-Assistent	366
Der Abfrage-Assistent zur Duplikatsuche	368
Der Abfrage-Assistent zur Inkonsistenzsuche	372
Der Kreuztabellenabfrage-Assistent	375
Zusammenfassung	380

19 Aktionsabfragen ... 381

Abfrage zur Datenaktualisierung	383
Einfache Aktualisierungsabfrage	383
Aktualisierungsabfragen mit Bedingungen	386
Aktualisierungsabfragen mit Parametern	387
Aktualisieren mit mehreren Tabellen	388
Daten an Tabellen anfügen	390
Leere Tabelle anlegen	390
Daten hinzufügen	391
Fehler bei *Anhängen*-Abfragen	393
Neue Tabellen mit Abfragen erstellen	393
Abfragen zum Löschen von Daten	395
Komplexe Löschbedingungen	396
Duplikate löschen	397
Zusammenfassung	398

20 Die Abfragesprache SQL ... 399
SQL und Access-Abfragen ... 400
SQL-Grundlagen ... 401
Auswahlabfragen mit SELECT ... 402
Aktionsabfragen in SQL formulieren ... 406
Abfrageparameter ... 407
UNION-Abfragen ... 408
Unterabfragen ... 409
Überprüfung auf Zugehörigkeit ... 409
Vergleiche mit Unterabfrageergebnissen ... 415
Unterabfragen mit EXISTS ... 418
Datendefinitionsabfragen ... 418
DDL-Befehle für Tabellen ... 418
DDL-Befehle für Indizes ... 419
Referentielle Integrität und Beziehungen ... 420
Ändern von Zugriffsberechtigungen ... 420
Nicht unterstützte SQL-DDL-Befehle ... 420
SQL-Pass-Through-Abfragen ... 420
Der Nachschlage-Assistent ... 420
Zusammenfassung ... 423

Teil D
Formulare ... 425

21 Der Formularentwurf ... 427
Ein neues Formular erstellen ... 428
Steuerelemente hinzufügen ... 429
Das Formular speichern ... 432
Steuerelemente bearbeiten ... 432
Steuerelemente markieren ... 432
Steuerelemente löschen ... 433
Steuerelemente verschieben ... 433
Gruppieren von Steuerelementen ... 434
Raster ... 435
Steuerelemente vergrößern/verkleinern ... 437
Steuerelemente aneinander ausrichten und anpassen ... 438
Steuerungslayouts verwenden ... 439
Steuerelemente an Formulargröße anpassen ... 440
Bearbeiten von Bezeichnungsfeldern ... 441
Steuerelemente formatieren ... 441
Bedingte Formatierung ... 444
Logos und Bilder einfügen ... 445
Steuerelemente deaktivieren ... 447
Die Reihenfolge der Steuerelemente festlegen ... 447
Das Eigenschaftenblatt ... 448

Formulardarstellungen 451
    Einzelnes Formular 451
    Endlosformular 451
    Datenblattansicht 452
    Geteilte Ansicht 453
Formular mit Kopf und Fuß 453
Zusammenfassung 456

22 Steuerelemente für Formulare 457

Das Steuerelement *Textfeld* 458
    Mehrzeilige Textfelder 458
    Formatierung für Textfelder 458
    Berechnungen in Textfeldern 459
Das Steuerelement *Bezeichnungsfeld* 462
Das Steuerelement *Kombinationsfeld* 464
    Einfache Kombinationsfelder 464
    Kombinationsfeld mit eigenen Werten 467
    Kombinationsfeld zum Nachschlagen 469
    Kombinationsfeld als Suchhilfe 471
    Kombinationsfeld nachträglich ändern 472
Das Steuerelement *Listenfeld* 474
Das Steuerelement *Befehlsschaltfläche* 474
Die Steuerelemente *Optionsgruppe* und *Optionsfeld* 477
    Optionsfelder in einer Optionsgruppe 478
Das Steuerelement *Umschaltfläche* 481
Das Steuerelement *Kontrollkästchen* 482
Die Steuerelemente *Register* und *Seite* 482
Bilder für Formulare 485
    Ungebundene Bilder 485
    Gebundenes Bild 485
    Wann verwendet man was? 485
    Größeneinstellungen 486
    Hintergrundbilder für Formulare 486
Das Steuerelement *Bild* 486
Das Steuerelement *Objektfeld* 487
Das Steuerelement *Gebundenes Objektfeld* 489
Die Steuerelemente *Linie* und *Rechteck* 489
Die Steuerelemente *Hyperlink* und *Anlage* 489
Das Steuerelement *Seitenumbruch* 490
Standardeigenschaften 491
Zusammenfassung 492

23 Unterformulare 493

Unterformulare mit dem Formular-Assistenten 494
    Die Entwurfsansicht für das Formular mit Unterformular 497
    Das Unterformular bearbeiten 500
    Eine (etwas aufwändige) Überarbeitung 503

Unterformulare mit und ohne Assistenten 512
    Aus der Navigationsleiste ziehen 512
    Die Schaltfläche Unterformular verwenden 512
Verschachtelte Unterformulare 514
Synchronisierte Unterformulare 517
Zusammenfassung 522

24 Formulare für Fortgeschrittene 523

Aggregatfunktionen in Formularen 524
Werte nachschlagen mit Domänenaggregatfunktionen 526
    So arbeiten Sie mit Domänenaggregatfunktionen 526
    Die Domänenaggregatfunktionen im Überblick 527
    Weitere Beispiele 528
    Variablen in Zeichenketten 529
Zugriff auf Daten anderer Formulare 530
    Daten aus Unterformularen 530
    Allgemeine Schreibweise für den Formularzugriff 534
Start-Einstellungen 536
Verschiedene Bildschirmauflösungen 537
Musterformulare 537
Ereignisse für Formulare und Steuerelemente 538
    Die Ereignissteuerung 538
    Zum Beispiel: Felder ein- und ausblenden 541
Standardwerte 546
Werte übernehmen 546
Zusammenfassung 547

25 Ungebundene Formulare und modale Dialogfelder 549

Formulare ohne Datenbasis 550
    Eigenschaften für das neue Formular 550
    Die Gestaltung des Formulars 551
    Als Startformular festlegen 552
Modale Dialogfelder erstellen 553
    Zwei modale Dialogfelder erstellen 553
    Die Formularaufrufe erzeugen 555
Zusammenfassung 557

26 Diagrammformulare 559

Der Diagramm-Assistent 560
Gestalten von Diagrammen 566
    Die Diagrammgröße ändern 566
    Den Diagrammtyp ändern 568
    Bestandteile eines Diagramms auswählen 568
    Die Diagrammfläche 569
    Der Diagrammtitel 570
    Freier Text 571

Inhaltsverzeichnis

Gitternetzlinien	571
Die Legende	572
Die Datenreihen	572
Die Achsen und ihre Beschriftungen	574
Diagrammobjekte auf Formularen	575
Gebundenes Formular mit Diagramm	575
Durch Kombinationsfeld gesteuertes Diagramm	579
Zusammenfassung	580

27 PivotTable- und PivotChart-Ansicht ... 581
PivotTable-Ansicht erstellen	582
Felder entfernen, verschieben und hinzufügen	584
PivotChart-Ansicht erstellen	586
Von der PivotTable- zur PivotChart-Ansicht	587
Mit leerer PivotChart-Ansicht beginnen	589
Zusammenfassung	592

Teil E
Berichte ... 593

28 Berichte gestalten ... 595
Berichte in der Entwurfsansicht erstellen	596
Aufbau eines Berichts	597
Ansichten	597
Bericht mit Seitenkopf	598
Die Abfrage	598
Bericht an Abfrage binden	598
Der Seitenkopf des Berichts	599
Der Detailbereich: die Termine	601
Bericht mit abwechselnd grauen und weißen Zeilen	602
Berichte gruppieren und sortieren	604
Gruppen für das Kinoprogramm	605
Einstellungen für das Gruppieren	607
Seitenzahlen	611
Bilder und Diagramme	612
Mehrspaltige Berichte	612
Den Detailbereich der Telefonliste erstellen	612
Definition der Spalten	614
Alphabetische Sortierung der Liste	615
Überschrift zur Telefonliste	618
Rechnen in Berichten	618
Datensätze nummerieren	623
Berichte an Drucker anpassen	624
Zusammenfassung	625

29 Berichte für Fortgeschrittene ... 627
Leere Berichte vermeiden ... 628
    Reaktion auf Falscheingabe per Makro ... 630
    Reaktion auf Falscheingabe per VBA ... 631
Die im Formular getroffene Auswahl drucken ... 632
    Vorbereitung ... 633
    Auswahl per Makro treffen ... 633
    Auswahl per VBA treffen ... 633
    Nur den aktuellen Datensatz drucken ... 635
Seitenzahl der ersten Seite festlegen ... 636
    Die Ereignisprozedur ... 636
    Veränderbare erste Seite ... 637
Namensbereich einer Seite eines Verzeichnisses angeben ... 638
Felder ein- und ausblenden ... 640
Zeichenketten während der Formatierung zusammensetzen ... 644
Unterberichte ... 647
    Ein zweispaltiger Unterbericht ... 647
    Sieben auf einen Streich ... 650
Zusammenfassung ... 652

30 Formulare für Berichte ... 653
Einschränkung mit Parametern ... 654
Ein Formular für den Bericht ... 654
    Erstellen des Formulars ... 655
    Erstellen des Berichts ... 656
    Das Formular wird vervollständigt ... 657
Mit vorgeschaltetem Formular ... 658
    Das vorgeschaltete Formular ... 658
    Die Ereignisprozeduren des Berichts ... 659
    Der Trick mit dem Formular ... 660
Ein Listenauswahl-Dialogfeld ... 661
    Anlegen des Formulars ... 663
    Die Formularprozeduren ... 663
Zusammenfassung ... 664

Teil F
Dienstprogramme und Datenweitergabe ... 665

31 Datenbank-Dienstprogramme ... 667
Komprimieren und Reparieren ... 668
Datenbankanalyse ... 668
    Der Tabellenanalyse-Assistent ... 669
    Der Assistent zur Leistungsanalyse ... 669
    Der Dokumentierer ... 670
    Dokumentation von Beziehungen ... 672

Konvertieren von Datenbanken 675
Objektnamen-Autokorrektur 676
    Einschalten der Objektnamen-Autokorrektur 677
Zusammenfassung 678

32 Verknüpfungen zwischen Access und anderen Office-Programmen 679
Über die Zwischenablage 680
    Daten aus Tabellen und Abfragen 681
    Daten aus Formularen 683
Serienbriefe mit Microsoft Word 685
    Den Brief anlegen 685
    Die Serienbriefe kontrollieren 690
    Nun soll endlich gedruckt werden 691
Zugriff auf Excel-Daten 691
Export von Daten 694
Zusammenfassung 695

Teil G
Programmierung 697

33 Makros 699
Schnell ein paar Schritte 700
Einfache Makros 700
    Ein eigenständiges Makro erstellen 700
    Eingebettete Makros 703
    Alle oder einzelne Wochen drucken 704
    Gruppenmakros 708
Das AutoExec-Makro 708
Fehlerbehandlung 709
Die Makroaktionen 711
Makros zu Visual Basic konvertieren 715
Zusammenfassung 715

34 Visual Basic für Applikationen 717
In Access programmieren 718
    »Code behind Forms« erstellen 718
    Eigenständige Module erstellen 718
    So lassen Sie Ihr Programm laufen 722
    Das Direktfenster 723
    Der Projekt-Explorer 723
Variablen 724
    Variablen deklarieren 724
    Variablentypen 726
    Namen für Variablen 727

Variablen eingeben	728
Beispiele	728
Konstanten	729
Felder	730
Gültigkeitsbereiche	731
Prozeduren und Funktionen	732
Prozeduren	733
Funktionen	734
Zwei Versionen der Argumentübergabe	735
Bedingte Anweisungen	737
If-Abfragen	738
Case-Anweisungen	740
Springen mit GoTo	740
Schleifen für sich wiederholende Programmteile	741
Die Schleife Do...Loop	741
Die Schleife For...Next	742
Die Schleife For Each...Next	744
Die Schleife While...Wend	745
Fehlersuche und -behandlung	745
Fehlervermeidung	746
Fehlersuche	747
Fehlerbehandlung	754
Zusammenfassung	758

35 Einführung in die Objekttechnik ... 759

Objekte und ihre Hierarchie	760
Der Objektkatalog	761
Auflistungen und Objekte	762
Zuweisungen an Objektvariablen	765
Methoden	765
Eigenschaften	766
Der With-Befehl	767
Zusammenfassung	767

36 Funktionen und Methoden ... 769

Benannte Argumente	770
Zeichenfolgenverarbeitung	771
Datenfelder	773
Rechnen mit Datum und Uhrzeit	774
Dateien und Ordner	775
Das Application-Objekt	775
Das Screen-Objekt	775
Das DoCmd-Objekt	776
Die ExportXML- und die ImportXML-Funktion	781
Die SysCmd-Methode	782
Das DBEngine-Objekt	783
Zusammenfassung	784

Inhaltsverzeichnis

37 Datenzugriff mit ADO 785
    ADO oder DAO? 787
    Der Aufbau der Datenzugriffsobjekte 789
    Connections 790
    Recordsets 790
        Mit Recordsets arbeiten 793
        Welche Funktionen unterstützt das Recordset? 795
        Durch Recordsets bewegen 796
        Anzahl der Datensätze 797
        Datensätze suchen 797
        Recordsets sortieren 800
        So setzen Sie Lesezeichen 801
        Bearbeiten von Recordset-Daten 801
    Abfragen ausführen 804
        Die Execute-Methode des Connection-Objekts 804
        Parameter-Abfragen 805
        Ein Anwendungsbeispiel 810
    Zugriff auf Tabellendefinitionen 815
        Die Auflistung Columns 817
    Zusammenfassung 819

38 Datenzugriff mit DAO 821
    Der Aufbau der Datenzugriffsobjekte 822
    Recordsets 823
        Mit Recordsets arbeiten 825
        Durch Recordsets bewegen 828
        Anzahl der Datensätze 829
        Datensätze suchen 829
        Recordsets sortieren 832
        So setzen Sie Lesezeichen 833
        Bearbeiten von Recordset-Daten 833
    Abfragen nutzen mit QueryDefs 836
        Mit QueryDef-Objekten arbeiten 836
        Eigenschaften von QueryDef-Objekten 838
        Parameterabfragen erzeugen 838
        Ein Anwendungsbeispiel 841
    DBEngine und Database 845
        Das DBEngine-Objekt 845
        Die Auflistung Workspaces 845
        Die Auflistung Databases 845
    Zugriff auf Tabellendefinitionen 846
        Die Auflistung Fields 848
    Zusammenfassung 851

Teil H
Erstellung kompletter Anwendungen 853

39 Eigenständige Anwendungen erstellen 855
Start der Anwendung 856
    Start-Formular und AutoExec-Makros 856
    Hintergrundbilder 859
    Ein Begrüßungsformular 860
Front-End und Back-End 861
ACCDE-Datenbanken 861
Anpassen der Symbolleiste für den Schnellzugriff 862
Zusammenfassung 864

40 Datenbankkennwörter und Datensicherheit 865
Ein Kennwort für die ganze Datenbank 866
    Kennwort vereinbaren 866
    Aufrufen einer kennwortgeschützten Datenbank 867
    Datenbankkennwort löschen 868
Sicherheit von Visual Basic-Programmen 868
    Sicherheitsstufen für die Ausführung von Makros 869
    Vertrauenswürdige Speicherorte 870
    Zertifikate 871
    Eigene Zertifikate 872
    Packen und Signieren von Datenbanken 872
Zusammenfassung 874

41 Einsatz in Mehrbenutzerumgebungen 875
Datenzugriffe im Netzwerk 876
    Allgemeine Einstellungen 877
Die Verfahren zur Datensatzsperrung 878
    Optimistisches Sperren von Datensätzen 878
    Pessimistisches Sperren von Datensätzen 880
    Komplettsperrung 882
Zusammenfassung 882

Teil I
Access im Internet 883

42 Hyperlinks, HTML- und XML-Ausgabe 885
Einsatz von Hyperlinks 886
HTML-Ausgabe mit Access 888
XML 892
    Tags in XML 892
    Was ist der Unterschied zwischen XML und HTML? 893

Mit Access XML-Dateien erstellen 893
XML-Daten importieren 896
Zusammenfassung 897

43 Windows SharePoint Services 899
Was ist SharePoint? 900
    Verbesserung der Zusammenarbeit 900
    Zentrale Informationsbereitstellung 900
    Zentraler Kalender 901
    Wissensmanagement 901
    Intern und extern 901
Aufbau und Konfiguration einer SharePoint-Website 901
    Websiteeinstellungen 903
    Eine neue SharePoint-Website erstellen 907
SharePoint-Listen 909
    SharePoint-Liste Ankündigungen 910
    SharePoint-Liste Kalender 910
    SharePoint-Liste Hyperlinks 911
    SharePoint-Liste Kontakte 911
    SharePoint-Liste Aufgaben 912
    SharePoint-Liste Projekte 912
    SharePoint-Liste Probleme 913
    SharePoint-Liste Diskussionen 913
    SharePoint-Liste Umfragen 913
    SharePoint-Liste Dokumentbibliotheken 915
    SharePoint-Liste Bildbibliotheken 915
    SharePoint-Liste Wiki-Website 917
SharePoint-Listen für Access-Daten 917
    Exportieren von Access-Daten 918
    Verknüpfen von SharePoint-Listen 919
Zusammenfassung 923

Teil K
Anhang 925

A Die Reddick-VBA-Namenskonventionen 927
Einführung in die ungarische Notation 928
Typkürzel 929
    Typkürzel für Variablen 929
    Zusammenstellen von Eigenschaften-Namen 930
    Typkürzel für Auflistungen 930
    Typkürzel für Konstanten 930
Prozeduren 931
    Prozedurnamen 931
    Parameter benennen 931
    Sprungmarken 931

Präfixe 931
    Präfixe für Datenfelder (Arrays) von Objekten 932
    Präfixe für Indizes 932
    Präfixe für Gültigkeitsbereiche und Lebensdauern 932
    Andere Präfixe 933
Suffixe 933
Applikationen und Erweiterungen für Komponenten 934
    Access-Objekte 934
    ADO-Objekte 935
    ADOX-Objekte 936
    DAO-Objekte 936

B Operatoren und Funktionen 941
Operatoren 942
Funktionen 943
Funktionsnamen deutsch/englisch 947
Funktionsnamen englisch/deutsch 950
Anweisungen 953

C Spezifikationen und Felddatentypen 955
Spezifikationen 956
Datentypen für Tabellenfelder 958

Praxisindex 959

Stichwortverzeichnis 963

Einleitung

In diesem Kapitel:

An wen sich das Buch richtet	30
Die Beispieldatenbank »CineCity«	30
Die CD-ROM zum Buch	31
Beschreibung der Inhalte	31

Einleitung

Access 2007 ist die inzwischen neunte Version der erfolgreichen Microsoft-Datenbank. Obwohl es in den Anfangsjahren von Microsoft so aussah, als ob die Firma es nicht schaffen würde, eine vernünftige Datenbank anzubieten, hat sich das in den letzten Jahren stark geändert. Access ist inzwischen der Marktführer in seinem Datenbanksegment.

Die Access-Version 2007 unterscheidet sich vor allem optisch grundlegend von ihren Vorgänger-Versionen. Anstelle der zuvor verwendeten Menüs und Symbolleiste werden nun so genannte Multifunktionsleisten angezeigt, die verwandte Befehle auf Registerkarten bündeln. Die Befehle werden über Schaltflächen aktiviert, die entsprechenden Registerkarten kontextabhängig ein- und ausgeblendet.

Auch die einzelnen Datenbankobjekte, wie Formulare, Tabellen oder Berichte werden auf Registerkarten und nicht mehr in eigenen Dialogfeldern angezeigt. Das vereinfacht den Wechsel zwischen den einzelnen Objekten.

So ist Access 2007 für Neueinsteiger einfacher zu bedienen als seine Vorgängerversionen. Für Umsteiger ist diese Version zunächst gewöhnungsbedürftig, allerdings findet man sich nach einer Eingewöhnungsphase relativ schnell gut zurecht.

An wen sich das Buch richtet

Das vorliegende Buch richtet sich nicht an Datenbankprofis, sondern an PC-Benutzer, die mit Access einfache und komplizierte Aufgabenstellungen mit einer Datenbank lösen wollen. Wir versuchen, den Leser Schritt für Schritt von einfachen Access-Beispielen bis hin zur Programmierung mit Visual Basic zu führen.

Die Kunst der Erstellung einer Datenbank liegt in der richtigen Definition der Daten. Welche Daten sollen gespeichert werden, wie sind die Beziehungen der Daten untereinander und wie kann man die Daten wiederfinden? Die Analyse eines Datenbankproblems und das Design der Datenbanken erfordern theoretische Grundkenntnisse, die Sie eigentlich vor der Arbeit mit Access erlernen sollten. Aus diesem Grund haben wir – nach einem Schnelleinstieg in Access in Teil A – in Teil B des Buches einiges zu den theoretischen Grundlagen von Datenbanken einfließen lassen. Die erfahrenen Datenbankanwender unter unseren Lesern mögen uns die Vereinfachungen verzeihen, die wir zum besseren Verständnis für Datenbankeinsteiger vorgenommen haben.

Da fast zeitgleich mit der Office-Version 2007 auch die neue Windows-Version Vista auf den Markt gekommen ist, wird in diesem Buch Windows Vista als Betriebssystem vorausgesetzt. Office 2007 lässt sich zwar auch unter Windows XP installieren und betreiben, wird aber auf neuen Computern in der Regel unter Vista installiert. Ansonsten unterscheiden sich eine unter Vista oder Windows XP installierte Version nur für die Dialoge *Öffnen* bzw. *Speichern*. Beim Anlegen und Verwenden von Datenbank-Objekten, wie Tabellen, Formularen, Abfragen oder Berichten, bemerken Sie keinen Unterschied.

Die Beispieldatenbank »CineCity«

Wir wählten für dieses Buch ein durchgängiges Datenbankbeispiel, damit allen Beispielen für Abfragen, Formulare und Berichte die gleiche Datenbank mit den gleichen Tabellen zugrunde liegt. Das hat für Sie den Vorteil, dass Sie sich nicht für jedes neue Beispiel auch in ein neues Datenmodell eindenken müssen.

Als Beispiel wählten wir das Kinocenter »CineCity«, das auf mehreren Leinwänden aktuelle Filme zeigt. In der Beispieldatenbank werden die Spielpläne für die einzelnen Kinos verwaltet, also welcher Film zu welcher Zeit gezeigt wird. Im ersten Kapitel von Teil B finden Sie am Ende eine ausführliche Beschreibung aller Daten von »CineCity«. Übrigens sind Ähnlichkeiten mit lebenden oder verstorbenen Kinocentern nicht beabsichtigt und rein zufällig.

TIPP Sollten Sie mit Access Probleme haben, finden Sie nicht die richtigen Funktionen oder tut Access einfach nicht das, was sie von dem Programm erwarten, dann entspannt vielleicht ein Besuch im Kino ...

Die CD-ROM zum Buch

Auf der CD-ROM zum Buch finden Sie für jeden Teil des Buches (außer Teil F und Teil I) eine CineCity-Datenbank mit den Daten, die zum Verständnis des Teils bzw. des Kapitels hilfreich ist und ein Nachvollziehen der Beispiele im Buch erlaubt.

Beschreibung der Inhalte

In Teil A, »Der Schnelleinstieg«, geben wir Ihnen einen schnellen Überblick über die Bestandteile und Funktionen von Access. Wir stellen Ihnen die verschiedenen Vorlagen vor, die von Microsoft zu Ihrer Unterstützung in das Programm aufgenommen wurden. Zudem lernen Sie den einfachen Umgang mit Tabellen, Formularen, Abfragen und Berichten.

Der Teil B, »Tabellen«, behandelt im ersten Kapitel die theoretischen Datenbankgrundlagen. Wir zeigen Ihnen dort, was Sie beim Anlegen Ihrer Datentabellen berücksichtigen sollten und welche Definitionsmöglichkeiten von Access geboten werden. Erläutert wird auch die Normalisierung von Datenbanken, d.h. die Aufteilung von Datenbeständen in mehrere Datentabellen, um beispielsweise die doppelte und damit redundante Speicherung von Daten zu vermeiden. Ein weiteres Thema in Teil B ist der Aufbau von Beziehungen zwischen Tabellen bis hin zur referentiellen Integrität.

Zu den leistungsfähigsten Bestandteilen von Access gehören die in Teil C beschriebenen »Abfragen«. Mithilfe von Abfragen können Sie Ihre Daten nach den vielfältigsten Kriterien auswerten. Abfragen können auch als Grundlage für Formulare und Berichte dienen. Um die Leistungen von Access ausschöpfen zu können, ist die Beherrschung der Grundlagen von Abfragen unumgänglich.

Ihre Daten können Sie mithilfe von Bildschirmmasken sehr komfortabel eingeben, die in Access als »Formulare« bezeichnet werden. In Teil D, »Formulare«, werden Sie mit den Möglichkeiten, Formulare zu erstellen, sowie mit den vielfältigen Gestaltungsmöglichkeiten für ein ansprechendes Layout der Formulare vertraut gemacht. Wir stellen Ihnen die einzelnen Werkzeuge zur Formulargestaltung vor, die eingesetzt werden können, um Options-, Kombinations- und Listenfelder, Bilder oder Unterformulare für Eingabemasken zu erstellen und anzupassen.

Mithilfe von Berichten gibt Ihnen Access die Möglichkeit, Ihre Daten in der von Ihnen gewünschten Form zu Papier zu bringen. In Teil E, »Berichte«, werden wir viele Beispiele liefern, wie Sie Ihre Daten aufbereiten und ausgeben können. Von einfachen Listen bis zu ausgefeilten Kinoprogrammen reicht das Spektrum der Beispiele in diesem Teil.

In Teil F, »Dienstprogramme und Datenweitergabe«, werden Hilfsprogramme zur Reparatur und Komprimierung von Datenbanken sowie die Assistenten zur Datenbankanalyse beschrieben. Sie werden darüber hinaus mit den notwendigen Schritten vertraut gemacht, die für die Dokumentation der Datenstrukturen und des Aufbaus Ihrer Datenbank erforderlich sind. Der Datenaustausch mit anderen Programmen, insbesondere mit den anderen Office-Anwendungen Word und Excel ist das Thema des zweiten Kapitels von Teil F.

Teil G, »Programmierung«, behandelt die Programmierung von Access-Funktionen mit Makros und Visual Basic für Applikationen (VBA). Erst mithilfe der Visual Basic-Programme können Sie die ganzen Möglichkeiten von Access nutzen. Neben einer schrittweisen Einführung in Visual Basic finden Sie in diesem Teil eine Einführung in die Access-Objekttechnik sowie eine Erläuterung der wichtigsten Access-VBA-Funktionen. In den letzten beiden Kapiteln dieses Teils werden die für die Datenbankprogrammierung konzipierten Datenzugriffsobjekte ADO und DAO beschrieben.

Möchten Sie mit Access eigenständige Applikationen entwickeln, so finden Sie dazu Informationen in Teil H, »Erstellung kompletter Anwendungen«. Hier wird auch der Betrieb von Access in Mehrbenutzerumgebungen erklärt.

Die Internetkomponenten von Access werden in Teil I, »Access im Internet«, erläutert. Wir zeigen Ihnen den Einsatz von Hyperlinks sowie die Erstellung von HTML-Dateien, die im Internet publiziert werden können. Anschließend stellen wir Ihnen die Möglichkeiten von Windows SharePoint Services zur Veröffentlichung von Access-Daten im Internet vor.

Ein Überblick über die Reddick-VBA-Namenskonventionen, Operatoren und Funktionen sowie die Access-Spezifikationen schließen im »Anhang«, Teil K, das Buch ab.

Teil A
Der Schnelleinstieg

In diesem Teil:

Kapitel 1	Die Datenbank-Vorlagen	35
Kapitel 2	Datenbanken, Ordner & Co.	53
Kapitel 3	Tabellen – echt einfach	77
Kapitel 4	Formulare – echt einfach	111
Kapitel 5	Berichte – echt einfach	131
Kapitel 6	Abfragen	147
Kapitel 7	Der Navigationsbereich	153
Kapitel 8	Die Access-Hilfe	163

Wer mit Access schnell zu einem Ergebnis kommen will, der kann mit einer der vielen Vorlagen arbeiten. Dabei gibt es eine Reihe von Vorlagen, die eine Datenbank für einen bestimmten Anwendungszweck mit allen Tabellen, Formularen und Berichten erstellen. Andere Vorlagen werden dazu verwendet, vordefinierte Tabellen, Formulare oder Berichte zu generieren.

Manchmal ist es auch sinnvoll, eine Vorlage einzusetzen, um beispielsweise ein Formular anzulegen, das man dann später noch nach Bedarf abändern kann.

Teil A — Der Schnelleinstieg

In diesem Teil werden die einzelnen Vorlagen von Access vorgestellt. Zudem lernen Sie die grundlegenden Techniken kennen, um mit Tabellen, Formularen, Abfragen und Berichten zu arbeiten.

Die Arbeit mit Access und seinen verschiedenen Objekten erleichtert der Navigationsbereich, der in einem weiteren Kapitel beschrieben wird. Den Teil beschließt ein Kapitel über den Umgang mit der Access-Hilfe.

Kapitel 1

Die Datenbank-Vorlagen

In diesem Kapitel:

Verwenden vordefinierter Datenbanken	36
Dateneingabe in der neuen Datenbank	41
Aufbau der Kontakte-Datenbank	44
Die Datenbank schließen	48
... und wieder öffnen	49
Die Datenbank-Vorlagen im Überblick	50
Zusammenfassung	51

Kapitel 1 Die Datenbank-Vorlagen

Access stellt vorgefertigte Datenbanken zur Verfügung, die Sie als Vorlage öffnen und verwenden können. Das ist sehr hilfreich, wenn auf diese Weise eine Datenbank entsteht, die genau Ihren Bedürfnissen entspricht. Falls dem nicht so ist, kann die Datenbank auch später noch auf Ihre Bedürfnisse angepasst werden.

Da die Vorlagen eine sehr einfache Möglichkeit bieten, eine voll funktionsfähige Datenbank zu erstellen und zudem viele Anwender eine Datenbank zum Verwalten ihrer Adressen benötigen, werden wir uns in diesem Kapitel mit der Datenbankvorlage *Kontakte* beschäftigen.

Verwenden vordefinierter Datenbanken

In diesem Abschnitt möchten wir Ihnen zeigen, wie Sie eine Datenbank auf der Basis einer Vorlage erstellen können. Dazu müssen Sie zunächst erst einmal Access starten.

Starten Sie Access

Abbildg. 1.1 zeigt Schritt für Schritt, wie Access gestartet wird:

1. Klicken Sie auf die *Start*-Schaltfläche und öffnen so das Startmenü.
2. Wählen Sie im Startmenü den Eintrag *Alle Programme* aus.
3. Öffnen Sie nun den Ordner *Microsoft Office* durch einen einfachen Klick.
4. Selektieren Sie jetzt *Microsoft Office Access 2007*.

Abbildg. 1.1   Access starten in vier Schritten

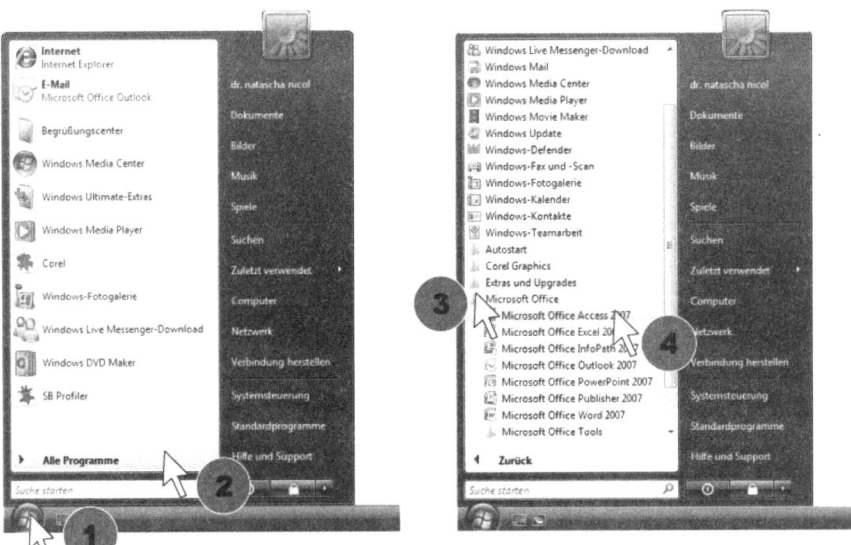

Verwenden vordefinierter Datenbanken

> **TIPP** Schneller können Sie ein Programm starten, wenn Sie eine Verknüpfung für den Programmaufruf auf den Desktop, in das Startmenü oder auf die Schnellstartleiste neben die Start-Schaltfläche legen. Egal, was Sie bevorzugen, beginnen Sie damit den Windows-Explorer mit ⊞ + E zu starten. Suchen Sie darin den Ordner *Programme\Microsoft Office\Office12* und klicken Sie mit der rechten Maustaste auf das Symbol, das den Programmaufruf von Microsoft Access anzeigt (Achtung: Der Programmaufruf heißt MSACCESS und nicht etwa nur ACCESS). Wählen Sie im Kontextmenü
> - *An Startmenü anheften*, um den Programmaufruf oben im Startmenü anzeigen zu lassen,
> - *Zur Schnellstartleiste hinzufügen*, um den Programmaufruf über die Schnellstartleiste zu ermöglichen, oder
> - *Senden an* und im Untermenü *Desktop (Verknüpfung erstellen)*, um den Programmaufruf auf dem Desktop zu platzieren.

Standardmäßig wird Access mit einem Dialogfeld geöffnet, das mit *Erste Schritte bei Microsoft Office Access* überschrieben ist.

Abbildg. 1.2   So startet Access

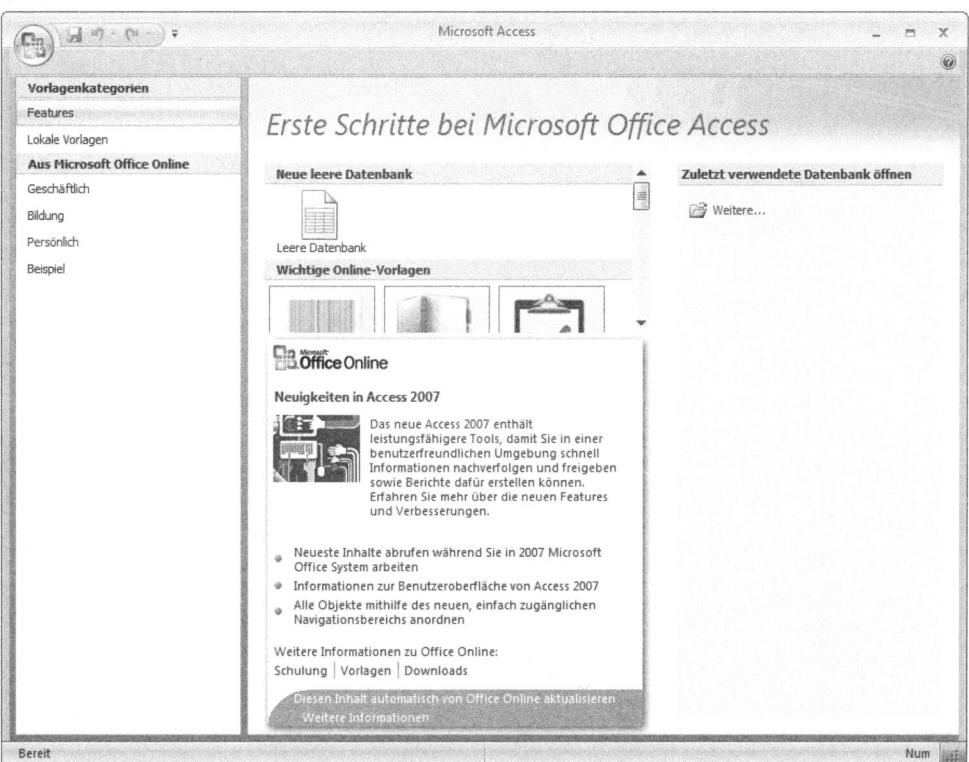

Kapitel 1 Die Datenbank-Vorlagen

Hier besteht die Möglichkeit,

- eine Datenbank auf der Basis einer lokalen Vorlage oder einer Online-Vorlage zu erstellen,
- eine leere Datenbank anzulegen oder
- eine der zuletzt aufgerufenen Datenbanken zu öffnen.

ACHTUNG Um Access wirklich nutzen zu können, müssen Sie Ihr Access bei Microsoft aktivieren. Dies ist entweder über das Internet oder per Telefon möglich. Sie werden bereits beim Starten von Access immer wieder dazu aufgefordert. Aktivieren Sie Ihr Access nicht, so können Sie es 25-mal starten, dann wird in einen Modus umgeschaltet, in dem viele Funktionalitäten nicht mehr zur Verfügung stehen. Beispielsweise können Sie danach keine neuen Datenbanken mehr anlegen oder vorgenommene Änderungen speichern.

Wählen Sie eine Vorlage

Wir möchten Ihnen hier zeigen, wie Sie eine Datenbank anlegen können, die auf einer der Vorlagen basiert, die bei der Installation von Access auf Ihrem PC angelegt wurde.

1. Klicken Sie links in dem in Abbildg. 1.3 dargestellten Dialogfeld unter *Vorlagenkategorien* auf *Lokale Vorlagen*.

   Im Mittelteil des Dialogfelds werden nun die installierten Vorlagen dargestellt.

Abbildg. 1.3   Auswahl einer lokalen Vorlage

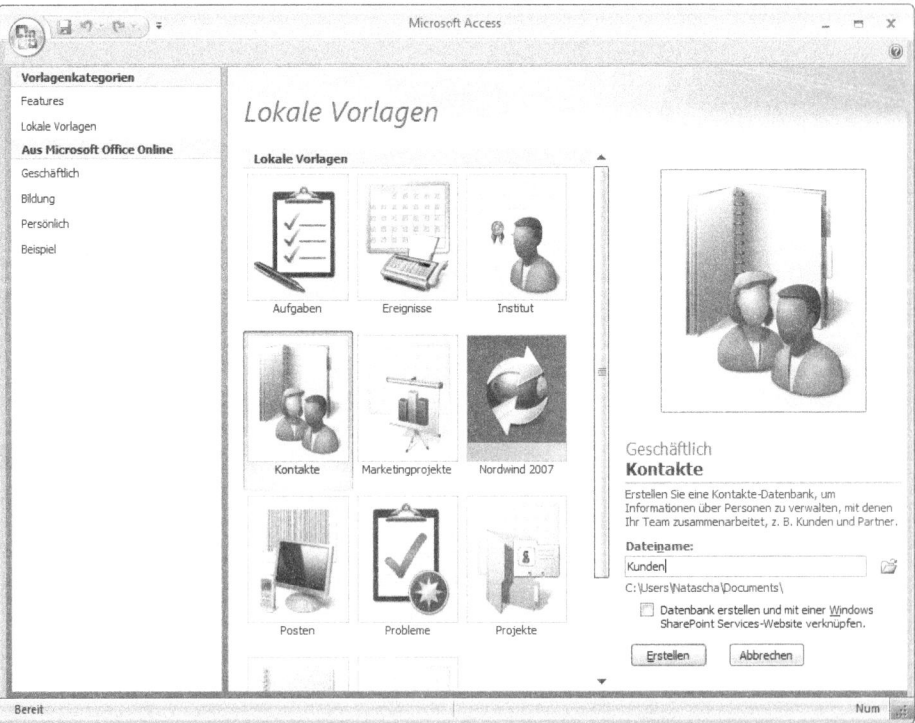

2. Klicken Sie auf *Kontakte*, um eine Adressendatenbank anzulegen.
3. Geben Sie im nächsten Schritt rechts im Dialogfeld den Namen für die Datenbank an. Im Beispiel wurde sie *Kunden* genannt.

   Darunter können Sie den Pfad ablesen, den Access zum Speichern verwendet. Standardmäßig verwendet Access dazu den Ordner *Dokumente* in Ihrem persönlichen Ordner. Bereits bei der Installation wird der persönliche Ordner mit dem Namen benannt, den Sie zum Anmelden bei Windows verwenden. Über das Ordnersymbol rechts neben dem Dateinamen lässt sich der Pfad ändern.

   Über das Kontrollkästchen, das Sie unter dem Pfad finden, können Sie festlegen, ob die Datenbank mit einer SharePoint Services-Website verknüpft werden soll. Mit SharePoint-Webseiten können Sie Ihre Access-Daten im Intranet oder Internet bereitstellen. Lesen Sie mehr zu SharePoint Services in Kapitel 43.
4. Haben Sie den gewünschten Namen und Pfad festgelegt, klicken Sie auf die Schaltfläche *Erstellen*.

Die neu erzeugte Datenbank

Auf der Basis der Vorlage *Kontakte* erzeugt Access nun eine Datenbank, die verschiedene Tabellen, Eingabeformulare sowie Ausgabelisten enthält. Abbildg. 1.4 zeigt die Ansicht, mit der die Datenbank startet. Der Name der neuen Datenbank befindet sich in der Titelleiste, hier: *Kunden*.

Das in Abbildg. 1.4 dargestellte Programmfenster besteht im Wesentlichen aus vier Teilen, die im Folgenden kurz beschrieben werden.

Abbildg. 1.4   Das Access-Programmfenster der neuen Datenbank

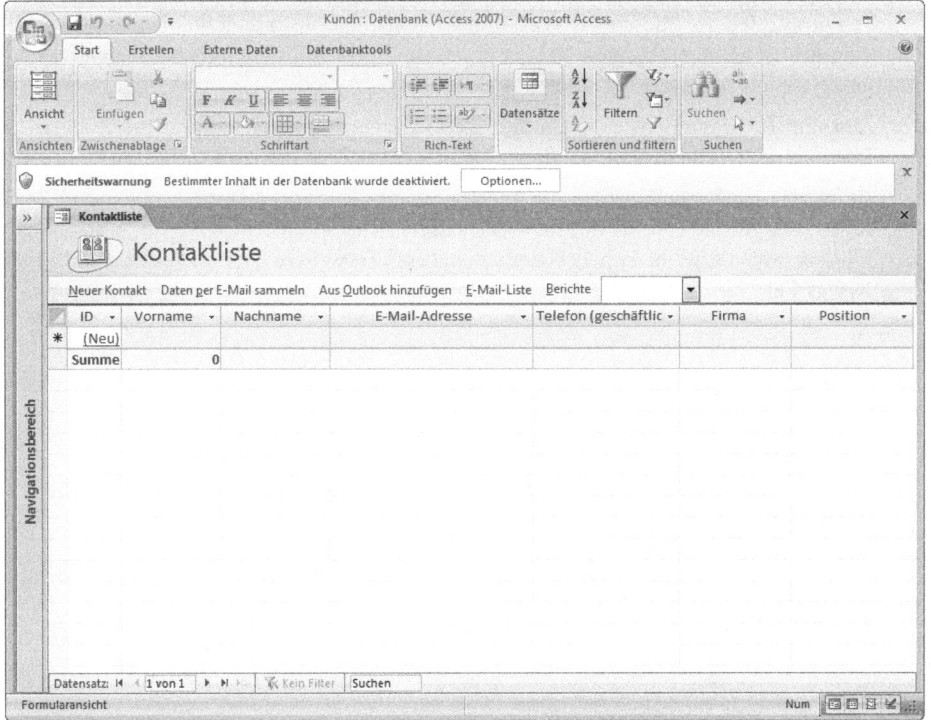

Den oberen Bereich des Programmfensters füllt die so genannte Multifunktionsleiste aus. Hier wurde die Menüleiste mit den Symbolleisten kombiniert. Die Multifunktionsleiste besteht aus einer Reihe von Befehlsregisterkarten, die abhängig vom Kontext ein- und ausgeblendet werden. Entsprechend der von Ihnen über den Reiter ausgewählten Registerkarte ändern sich die dazugehörenden, angezeigten Befehle, die in der Regel über eine entsprechende Schaltfläche aufgerufen werden.

Darunter finden Sie standardmäßig nach dem Erstellen einer neuen Datenbank eine Sicherheitswarnung. Damit wird angezeigt, dass VBA-Programme, die die Datenbank gegebenenfalls enthält, deaktiviert worden sind. Dies ist ein Schutz vor Viren, den Access Ihnen automatisch bietet, es sei denn, Sie ändern die entsprechenden Einstellungen (siehe Kapitel 40). Die Warnmeldung erscheint allerdings auch, wenn gar keine Programme in der Datenbank enthalten sind.

Die Warnmeldung wird nur dann nicht gezeigt, wenn Ihre Datenbank in einem so genannten vertrauenswürdigen Ordner abgelegt wurde oder wenn die Programmmodule in der Datenbank zertifiziert sind. Wie Sie einen vertrauenswürdigen Ordner anlegen, lesen Sie bitte in Kapitel 40 nach. Eine Datenbank lässt sich zertifizieren, wenn der Programmierer einen Herkunftsnachweis in Form eines so genannten Zertifikats hinterlässt. Sie können dann festlegen, dass Sie Programmen mit diesem Zertifikat vertrauen; für eine solche Datenbank wird keine Warnmeldung mehr angezeigt.

Stört Sie die Anzeige auf Ihrem Bildschirm, so können Sie sie mit einem Klick auf das Kreuz ganz rechts auf der Leiste deaktivieren.

> **PROFITIPP**
>
> Sie können auch selbst Ihre eigenen Datenbanken zertifizieren, um die Sicherheitswarnung zu unterdrücken. Eine entsprechende Anleitung finden Sie in Kapitel 40 im Abschnitt »Sicherheit von Visual Basic-Programmen«.

Der größte Teil des Bildschirms wird nun von einer Tabelle ausgefüllt, die einen Überblick über die eingegebenen Datensätze gibt. Dabei werden alle zu einem Kunden eingegebenen Daten, also jeweils eine Zeile, als Datensatz bezeichnet.

Links im Programmfenster sehen Sie eine als Navigationsbereich bezeichnete Leiste. Mithilfe des Pfeils am oberen Rand lässt sich dieser Bereich vergrößern wie es das folgende Bild zeigt.

Im Navigationsbereich werden die angelegten Tabellen, Formulare, Abfragen und Berichte aufgeführt. Mithilfe des Navigationsbereichs lassen sich die einzelnen in der Datenbank angelegten Objekte öffnen bzw. ihr Entwurf bearbeiten. Lesen Sie weitere Informationen zum Umgang mit dem Navigationsbereich in Kapitel 7.

Abbildg. 1.5 Der Navigationsbereich lässt sich auf- und zuklappen.

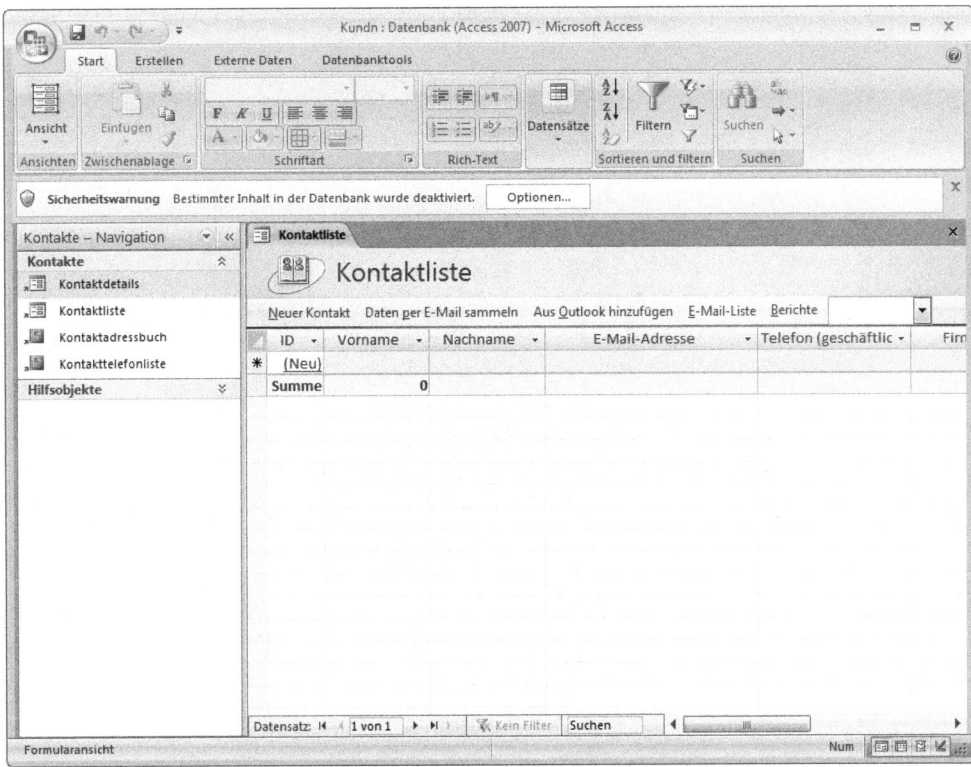

Dateneingabe in der neuen Datenbank

Die Dateneingabe kann direkt in der Tabelle erfolgen, in der die Daten gespeichert werden – in der Regel werden dazu jedoch Formulare angelegt, die die Eingabe erleichtern.

In der Datenbank *Kunden* ist das Formular *Kontaktliste* als Tabelle gestaltet (siehe Abbildg. 1.6) und dient in erster Linie dem Überblick über die eingetragenen Kontakte. Sie bewegen sich in der Tabelle von Feld zu Feld, indem Sie die ⇥-Taste verwenden. Alternativ können Sie auch mit der Maus in das gewünschte Feld klicken. Zum Löschen stehen Ihnen die Tasten Entf und ← zur Verfügung (siehe auch Kapitel 5, »Formulare – echt einfach«).

Kapitel 1 Die Datenbank-Vorlagen

Abbildg. 1.6   Eingabe von Daten

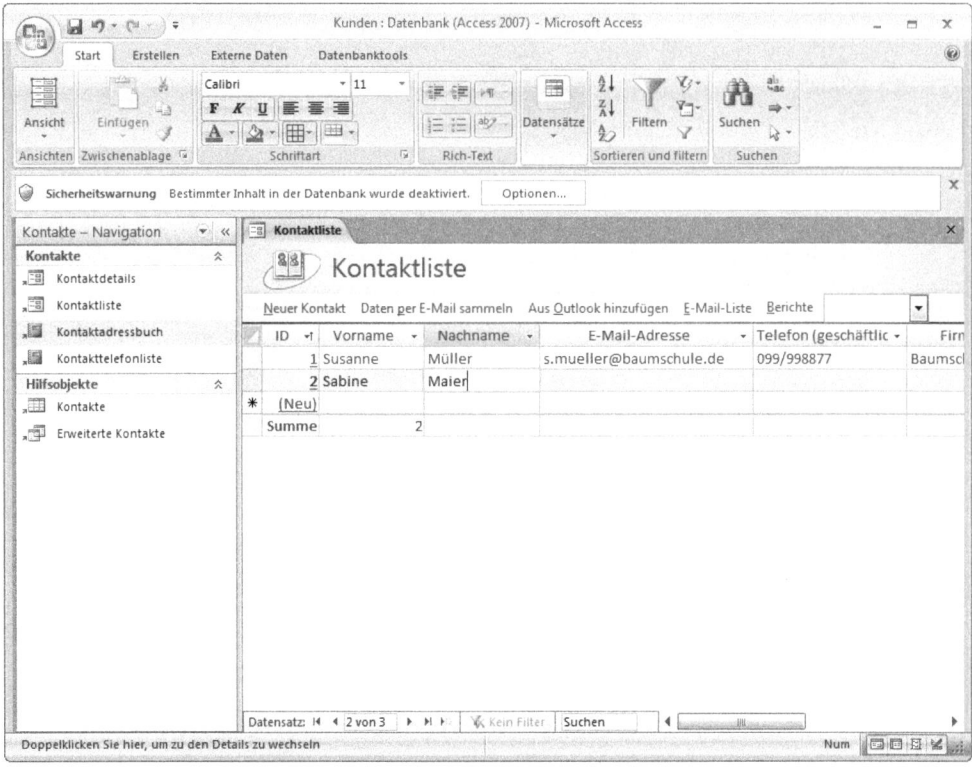

Klicken Sie auf den Link *Neuer Kontakt*, so wird Ihnen das eigentliche Eingabeformular angezeigt, mit dessen Hilfe die Dateneingabe sehr übersichtlich erfolgen kann.

Abbildg. 1.7   Um ein Eingabeformular zu aktivieren, klicken Sie auf den Link *Neuer Kontakt*

Während die Übersicht nur einen Ausschnitt der Daten eines Datensatzes anzeigt, können in der Eingabemaske eine Fülle von Daten eingegeben werden, inklusive einem Bild des Kontakts.

Abbildg. 1.8   Eingabeformular für Detaildaten zu jeweils einem Datensatz

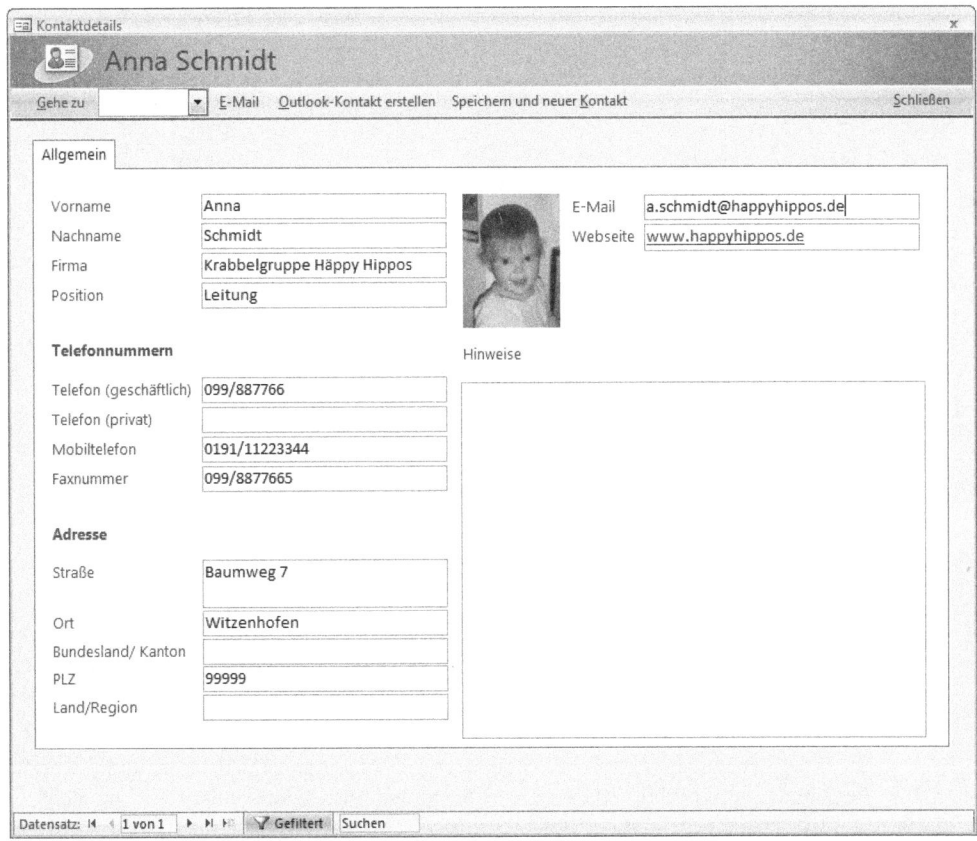

Auch hier verwenden Sie die ⇥-Taste, um sich von Feld zu Feld zu bewegen. Möchten Sie ein Bild einfügen, doppelklicken Sie auf die dafür vorgesehene Fläche.

- Möchten Sie einen weiteren Kontakt eingeben, klicken Sie auf den Link *Speichern und neuer Kontakt*.
- Klicken Sie auf *Schließen*, um das Dialogfeld zu deaktivieren.
- Um einen anderen Kontakt der Datenbank anzuzeigen, öffnen Sie das Kombinationsfeld hinter *Gehe zu*.

HINWEIS   Möchten Sie sich in der Kontaktliste (siehe Abbildg. 1.6) alle Daten zu einem bestimmten Datensatz anzeigen lassen, so doppelklicken Sie auf den Namen des entsprechenden Kontakts.

Kapitel 1 Die Datenbank-Vorlagen

Aufbau der Kontakte-Datenbank

In diesem Abschnitt soll die angelegte Datenbank exemplarisch betrachtet werden. Dazu ist es sinnvoll, den Navigationsbereich zu öffnen, da dort die angelegten Tabellen, Formulare und Berichte angezeigt werden.

Abbildg. 1.9   Objekte der Datenbank

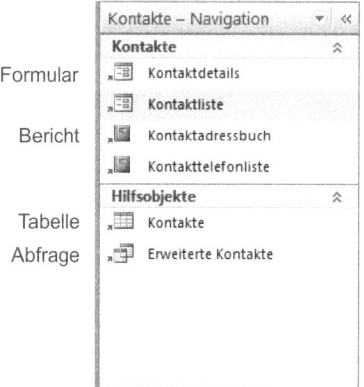

Die Datenbank, die mithilfe der Vorlage *Kontakte* erzeugt wird, basiert auf der gleichnamigen Tabelle. Die Tabelle enthält die eigentlichen Daten der Datenbank. Mithilfe der Abfrage *Erweiterte Kontakte* werden die Daten alphabetisch nach den Nachnamen sortiert. Diese Sortierung übernimmt Access sowohl in den Berichten als auch in den Formularen.

Die beiden Formulare *Kontaktliste* und *Kontaktdetails* kennen Sie bereits, und die Berichte können Sie über das in Abbildg. 1.10 dargestellte Kombinationsfeld auswählen.

Abbildg. 1.10   Berichte auswählen

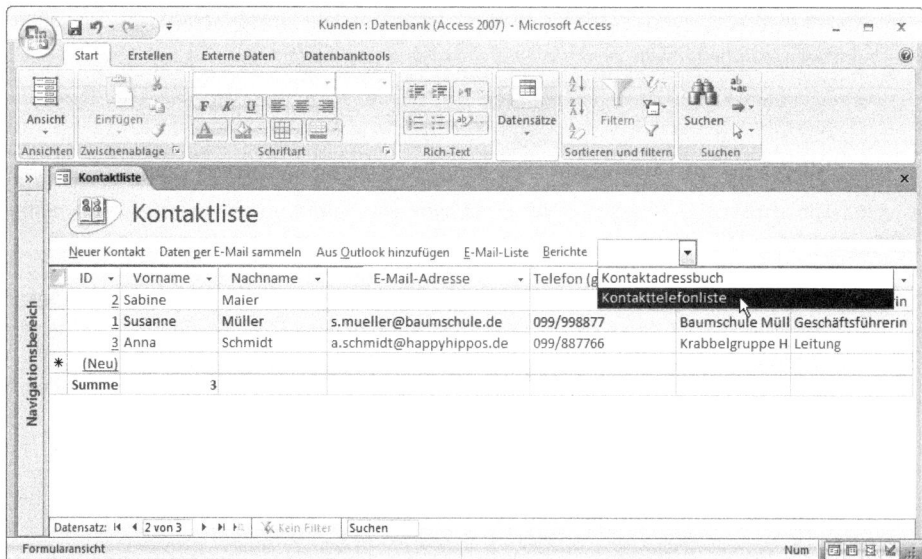

Die ausgewählte Kontakttelefonliste enthält alle Telefonnummern einer Kontaktperson. Auch sie ist wieder nach Nachnamen sortiert, basiert also ebenfalls auf der Abfrage *Erweiterte Kontakte*. Dargestellt wird der Bericht als zweite Registerkarte; Sie können also jederzeit durch einen Klick auf den Reiter *Kontaktliste* zurück auf die Übersichtstabelle wechseln.

TIPP Klicken Sie mit der rechten Maustaste auf einen der Reiter der Registerkarten, so können Sie über das Kontextmenü die Registerkarte schließen, den Bericht oder das Formular unter einem anderen Namen speichern bzw. die aktuelle Ansicht ändern.

Abbildg. 1.11 Der ausgewählte Bericht *Kontakttelefonliste*

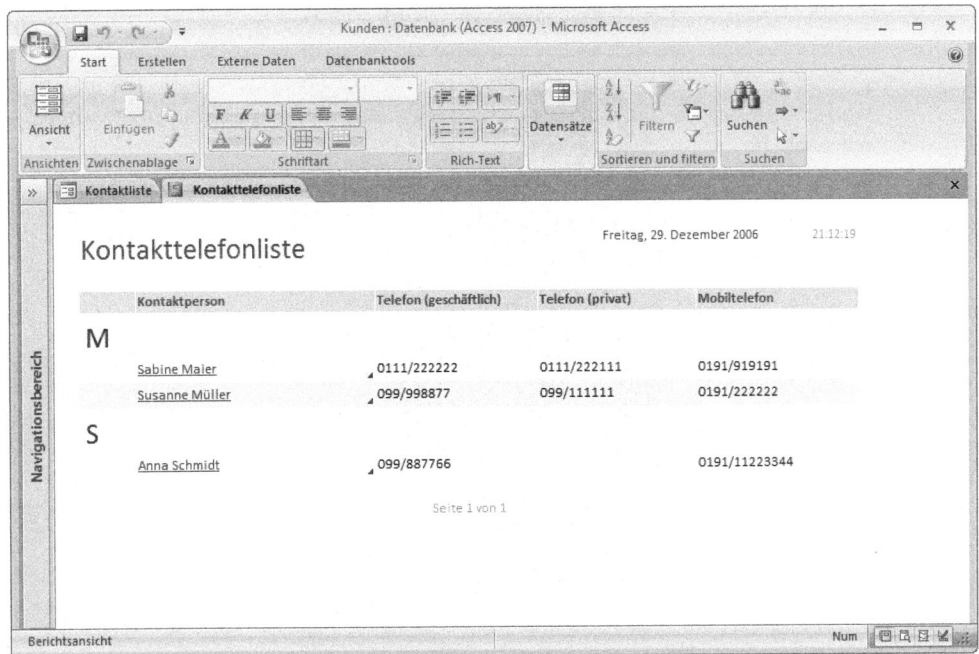

Dieser Bericht bietet Ihnen die Möglichkeit, durch einen Klick auf einen der Namen das Formular mit den Detaildaten des Kunden (siehe Abbildg. 1.8) anzeigen zu lassen bzw., wie in Abbildg. 1.12 zu sehen, so genannte Smarttag-Aktionen auszuführen. So können Sie beispielsweise per Mausklick einen Namen den Outlook-Kontakten hinzufügen. Sie können diesen Kontakt über das Kontextmenü bearbeiten oder eine Mail an den ausgewählten Kontakt schicken.

Abbildg. 1.12   Smarttag-Aktionen aufrufen und ausführen

Möchten Sie sich die Telefonliste ansehen, wie sie im Druck aussieht, so verwenden Sie dazu die Seitenansicht.

1. Klicken Sie auf die Schaltfläche *Microsoft Office*,
2. wählen Sie im Menü *Drucken* aus, und
3. klicken Sie im zweiten Menü auf *Seitenansicht*.

Abbildg. 1.13   Öffnen der Seitenansicht

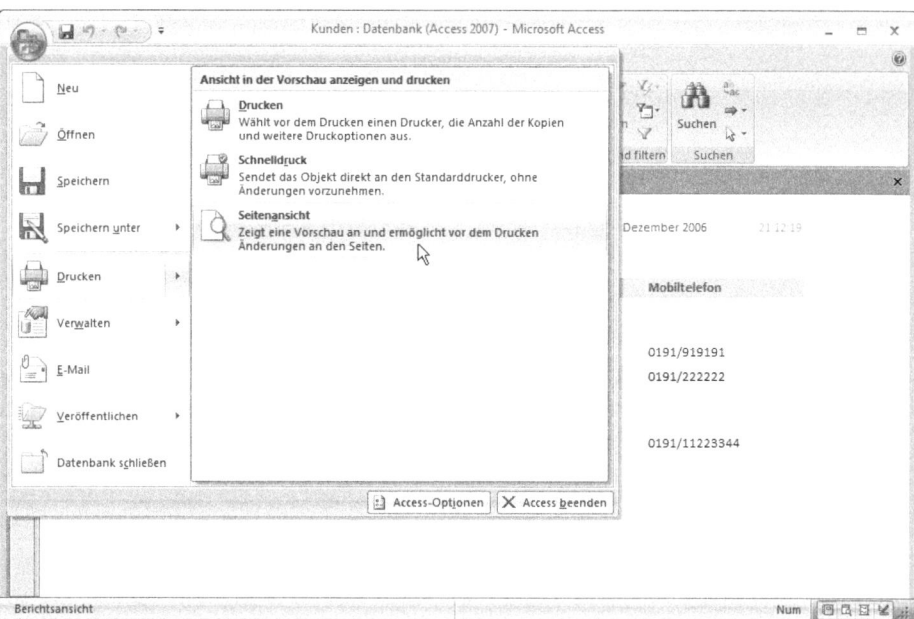

Sie können diesen Bericht direkt auf dem Drucker ausgeben, aber auch noch das Seitenlayout bearbeiten oder die Ansicht ändern.

Aufbau der Kontakte-Datenbank

TIPP Schneller können Sie in die Seitenansicht umschalten, indem Sie entweder mit der rechten Maus auf den Reiter zur Registerkarte klicken und im Kontextmenü *Seitenansicht* auswählen oder indem Sie rechts unten auf der Statusleiste auf die Schaltfläche *Seitenansicht* klicken. Dabei wird auf der Statuszeile rechts die aktuelle Ansicht eingeblendet, links finden Sie die Möglichkeit, eine andere Ansicht auszuwählen.

Abbildg. 1.14   Telefonliste in der Seitenansicht

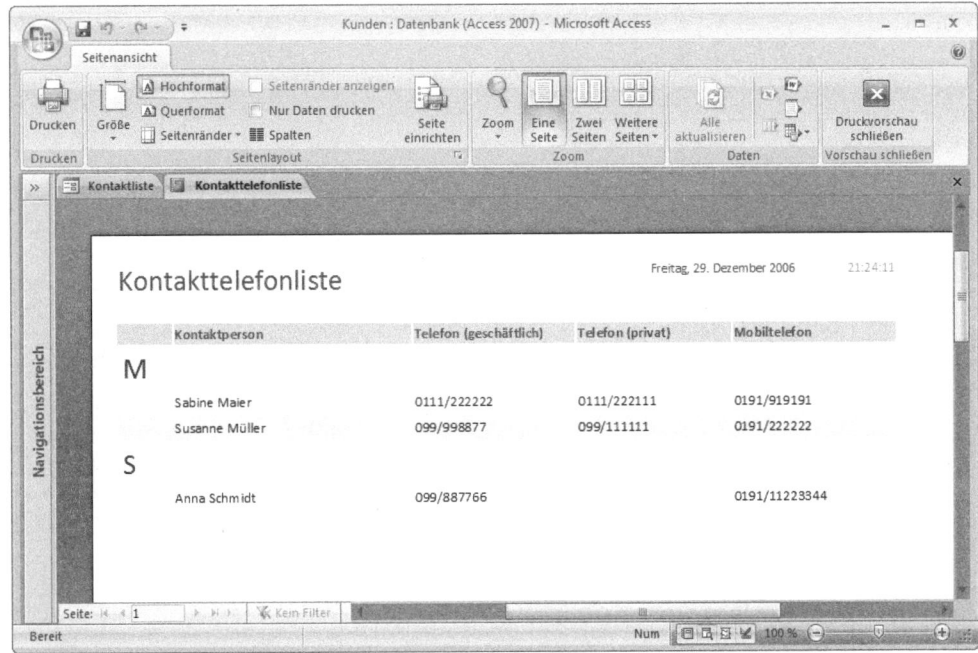

Ihr Mauszeiger hat sich in eine Lupe verwandelt und ermöglicht per Klick auf den Text ein Ein- und Auszoomen. Dieselbe Funktion stellt auch die Schaltfläche mit der Lupe zur Verfügung, die Sie auf der für die Vorschau angepassten Multifunktionsleiste finden. Klicken Sie auf den oberen Teil der Schaltfläche, so können Sie die eingestellte Ansicht vergrößern und verkleinern; klicken Sie auf den unteren Teil, so wird ein so genannter Katalog aktiviert, in dem Sie verschiedene Vergrößerungsstufen auswählen können.

In Tabelle 1.1 werden die Gruppen der Multifunktionsleiste *Seitenansicht* dargestellt und ihre Bedeutung erklärt. Die einzelnen Gruppen enthalten teilweise wiederum einzelne Befehlsschaltflächen. Dabei gibt es Schaltflächen, die einen bestimmten Befehl ausführen (wie die Schaltfläche *Querformat*), Schaltflächen, die ein Dialogfeld aktivieren (wie beispielsweise die Schaltfläche *Drucken*) und Schaltflächen, die einen Katalog aktivieren (wie die Schaltfläche *Seitenränder*).

Kapitel 1 Die Datenbank-Vorlagen

Tabelle 1.1 Die Gruppen der Multifunktionsleiste *Seitenansicht*

Schaltfläche	Bedeutung
Drucken / Drucken	Der in der Seitenansicht angezeigte Bericht kann über diese Schaltfläche ausgedruckt werden.
Seitenlayout (Größe, Hochformat, Querformat, Seitenränder, Seitenränder anzeigen, Nur Daten drucken, Spalten, Seite einrichten)	Als Vorbereitung auf den Ausdruck können Sie hier unterschiedliche Einstellungen vornehmen. Ändern Sie beispielsweise die Randbreite, die Anzahl der Spalten oder wählen Sie zwischen Hoch- und Querformat. Die einzelnen Schaltflächen dieser Gruppe finden Sie zusammengefasst auch im Dialogfeld *Seite einrichten*, das Sie über die gleichnamige Schaltfläche aufrufen.
Zoom (Zoom, Eine Seite, Zwei Seiten, Weitere Seiten)	Ein Klick auf den oberen Teil der Schaltfläche *Zoom* bewirkt ein Umschalten zwischen der Ganzseitenansicht und der Vergrößerung eines Ausschnitts des dargestellten Berichts. Klicken Sie auf den unteren Teil der Schaltfläche können Sie den passenden Zoomfaktor auswählen. Soll die aktuelle Seite in der Ganzseitenansicht dargestellt werden, verwenden Sie die Schaltfläche *Eine Seite*. Um zwei ganze Seiten nebeneinander darstellen zu können, verwenden Sie die Schaltfläche *Zwei Seiten*. Mithilfe der Schaltfläche *Weitere Seiten* können Sie sich vier, acht oder zwölf Seiten gleichzeitig anzeigen lassen.
Daten (Alle aktualisieren)	Möchten Sie Ihren Bericht in Word oder Excel exportieren, klicken Sie auf das Dreieck neben dieser Schaltfläche und wählen das entsprechende Programm im Menü aus. Näheres dazu finden Sie in Teil F.
Druckvorschau schließen / Vorschau schließen	Um wieder zurück zum Bericht zu gelangen, klicken Sie auf die Schaltfläche *Druckvorschau schließen*. Haben Sie zuvor die Entwurfsansicht ausprobiert, gelangen Sie über diese Schaltfläche aus der Vorschau zurück in die Entwurfsansicht.

Die Datenbank schließen

Um die Datenbank zu schließen, klicken Sie entweder auf das Kreuz in der Titelleiste von Access, um damit gleichzeitig auch das Programm selbst zu beenden, oder Sie klicken auf die Schaltfläche *Microsoft Office* und wählen im Menü *Datenbank schließen* aus, um die Datenbank zu schließen, Access aber weiterverwenden zu können bzw. *Access beenden*, wenn Sie die Datenbank und Access schließen möchten.

... und wieder öffnen

Ist Access gestartet, laden Sie eine bereits angelegte Datenbank am einfachsten, wenn sie rechts unter *Zuletzt verwendete Datenbank öffnen* zu finden ist. Dann genügt ein Klick auf den Namen der Datenbank.

Abbildg. 1.15 Die zuletzt verwendeten Datenbanken

Haben Sie zwischenzeitlich mit anderen Datenbanken gearbeitet und finden deshalb den Namen nicht in der Liste, dann können Sie eine Datenbank entweder über die Schaltfläche *Microsoft Office* und den Befehl *Öffnen* oder schneller über den Link *Weitere Datenbanken* rechts im Programmfenster unter *Zuletzt verwendete Datenbank öffnen* öffnen. Sie aktivieren auf diese Weise das folgende Dialogfeld.

Wählen Sie zunächst den entsprechenden Ordner aus (siehe dazu auch Kapitel 2), und doppelklicken Sie dann auf den Namen der Datenbank.

Kapitel 1 Die Datenbank-Vorlagen

Abbildg. 1.16 Öffnen einer angelegten Datenbank

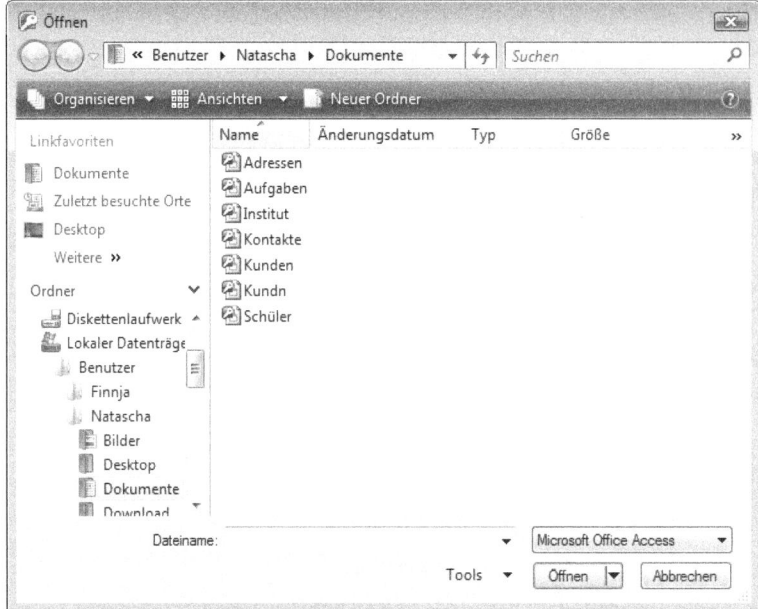

Die Datenbank-Vorlagen im Überblick

Neben der im Beispiel verwendeten Datenbank-Vorlage *Kontakt* zur Generierung einer Adressen-Datenbank gibt es noch weitere Vorlagen. Tabelle 1.2 zeigt eine Übersicht über ihre Funktionen.

1. Um eine Datenbank mithilfe einer Vorlage zu erstellen, wählen Sie im Dialogfeld *Erste Schritte bei Mircrosoft Access* links *Lokale Vorlagen* aus. (Falls Sie bereits eine Datenbank geöffnet haben, klicken Sie zunächst auf die Schaltfläche *Microsoft Office* und wählen dann den Befehl *Neu* aus.)
2. Klicken Sie nun in der Mitte auf die gewünschte Vorlage.
3. Geben Sie der Datenbank im rechten Teil des Fensters einen Namen, und kontrollieren Sie, ob der gewünschte Pfad eingestellt ist.
4. Klicken Sie dann auf die Schaltfläche *Erstellen*.

Tabelle 1.2 Die anderen Datenbank-Vorlagen

Vorlagen	Wofür er sich eignet
Aufgaben	Diese Vorlage erstellt eine Datenbank zum Verfolgen von Arbeitsaufgaben. Sie können für die einzelnen Aufgaben die Priorität und den Status festlegen, Sie können die Aufgaben bestimmten Personen zuweisen, sowie Start- und Fälligkeitsdatum definieren. Zudem gibt es verschiedene Berichte zur Auswertung.
Ereignisse	Mithilfe der Datenbank, die Sie mit der Vorlage Ereignisse erstellen, lassen sich beispielsweise Besprechungen und alle möglichen anderen Termine verfolgen. Neben dem Titel eines Ereignisses lassen sich Ort und Zeit sowie eine Beschreibung und Anlangen zum Ereignis speichern. Auch sind verschiedene Berichte zur Auswertung vorgesehen.

Tabelle 1.2 Die anderen Datenbank-Vorlagen *(Fortsetzung)*

Vorlagen	Wofür er sich eignet
Institut	In der mithilfe dieser Vorlage angelegten Datenbank können verschiedene Informationen über die Mitglieder verschiedener Institute gespeichert werden. Neben der Adresse mit Telefonnummer etc. kann auch das Einstellungsdatum, das Gehalt, der Bildungsabschluss sowie eine Reihe von Notfallinformationen hinterlegt werden.
Kontakte	Die Kontaktedatenbank wurde in diesem Kapitel bereits ausführlich besprochen.
Marketingprojekte	In einer Datenbank, die auf dieser Vorlage basiert, lassen sich Projekte mit Kategorie, Prioritäten, Start- und Enddatum, Kostenrahmen und Lieferumfang kontrollieren.
Posten	Die Datenbank Posten ermöglicht das Verwalten verschiedener Posten, zu denen die Kategorie, eine Beschreibung, der Hersteller, das Modell, der Einkaufspreis, der aktuelle Wert und mehr gespeichert werden kann.
Probleme	Diese Vorlage erstellt eine Datenbank, die das Verfolgen von Problemen ermöglicht. Einem Problem kann eine verantwortliche Person zugewiesen werden, jedes Problem kann mit einer Priorität, einem Status, einer Kategorie und einem Fälligkeitsdatum versehen werden.
Projekte	Müssen Projekte überwacht, Aufgaben zugewiesen und verwaltet werden, so ist das die richtige Vorlage. Für jedes Projekt, aber auch für die einzelnen Aufgaben eines Projekts lassen sich Verantwortliche definieren. Es kann die Kategorie, die Priorität, der Status, ein Startdatum sowie der Kostenrahmen gespeichert werden.
Schüler	In der Datenbank Schüler lassen sich Adressdaten einzelner Schüler sowie ihrer Erziehungsberechtigten speichern. Zusätzlich besteht die Möglichkeit, Notfallinformationen zu den einzelnen Schülern zu hinterlegen.
Verkaufspipeline	Mithilfe dieser Datenbank können Sie in kleinen Unternehmen oder Abteilungen die Verkaufschancen Ihrer Produkte verfolgen. In die Datenbank können neben dem Titel der Verkaufschance, dem Kunden, dem zuständigen Mitarbeiter, einer Kategorie und einer Bewertung, auch das Startdatum, das geschätzte Abschlussdatum, die geschätzten Einnahmen sowie die Wahrscheinlichkeit des Abschlusses gespeichert werden.

Zusammenfassung

Am einfachsten erstellen Sie eine neue Datenbank mithilfe von Datenbank-Vorlagen, wie es in diesem Kapitel beschrieben wurde.

- Sie lernen zunächst wie Sie Access starten (Seite 36), eine der vorbereiteten Vorlagen verwenden (Seite 38) sowie am Beispiel der Vorlage *Kontakt*, wie eine so erzeugte Datenbank aussehen kann (Seite 39).
- Ab Seite 41 können Sie sehen, wie sich Daten in die fertige Datenbank eingeben lassen.
- Wie die neu erstellte Datenbank aufgebaut ist, welche Tabellen, Formulare und Berichte sie beinhaltet, zeigt Ihnen der Abschnitt ab Seite 44.
- Auf Seite 48 können Sie nachlesen, wie eine Datenbank geöffnet bzw. geschlossen werden kann.
- Das Kapitel endet mit einer Beschreibung der lokalen Datenbank-Vorlagen ab Seite 50.

Kapitel 2

Datenbanken, Ordner & Co.

In diesem Kapitel:

Was ist eine Access-Datenbank?	54
Eine neue, leere Datenbank	56
Neue Ordner anlegen	57
Zwischen Ordnern und Laufwerken wechseln	59
Namensregeln für Ordner und Dateien	63
Der Standarddatenbankordner	66
Dateien und Ordner umbenennen	67
Dateien und Ordner löschen	68
Dateien und Ordner kopieren und verschieben	69
Datenbanken suchen	70
Ordner, die Sie häufig brauchen	73
Zusammenfassung	76

Kapitel 2 Datenbanken, Ordner & Co.

Dieses Kapitel möchte Ihnen einige Datenbankbegriffe näher erläutern, die im Folgenden immer wieder auftauchen. Das eigentliche Kapitel über die Theorie der Datenbanken folgt erst im zweiten Teil dieses Buches in Kapitel 9, »Datenbankgrundlagen«. Bis dahin sollten Sie bereits so viel über Datenbanken gelernt haben, dass Sie motiviert sind, sich auch mit der Theorie auseinander zu setzen. In diesem Teil werden nur gängige und immer wieder verwendete Begriffe geklärt.

Egal, ob Sie eine Datenbank mit oder ohne Hilfe einer Datenbank-Vorlage anlegen oder eine existierende Datenbank öffnen möchten, Sie müssen sich mit Ordnern und Laufwerken auskennen. Sie müssen wissen, wie Sie Ordner wechseln können, wie Sie das richtige Laufwerk auswählen und auch wie Sie gegebenenfalls einen neuen Ordner oder gar eine ganze Ordnerstruktur anlegen können. Auch das sollen Sie in diesem Kapitel lernen.

Was ist eine Access-Datenbank?

Wozu eine Datenbank da ist, das kann sich noch fast jeder vorstellen: zum Sammeln und Aufbereiten von Daten. Doch was ist eigentlich eine Datenbank?

In Access besteht eine Datenbank generell aus vier wichtigen Komponenten:

Tabellen	enthalten die eigentlichen Daten.
Formulare	erleichtern die Eingabe von Daten.
Abfragen	ermöglichen das gezielte Auswählen von Daten.
Berichte	sind für die Ausgabe von Daten zuständig.

Eine Datenbank wird in der Regel aus verschiedenen Tabellen mit mehreren Formularen, Abfragen und Berichten bestehen, die untereinander verknüpft sind. So müssen Formulare auf Tabellen zugreifen, um bereits eingegebene Daten darstellen zu können. Sollen andererseits Daten in Formulare eingegeben werden, so muss es auch eine Verbindung zwischen dem Formular und der entsprechenden Tabelle geben. Abfragen basieren auf Tabellen. In Abfragen wird ein bestimmter Ausschnitt einer Tabelle angezeigt. Es können aber auch Änderungen des Datenbestands mithilfe von Abfragen vorgenommen werden. Berichte wiederum können auf Tabellen, Teilen von Tabellen oder auf Abfragen beruhen. Diese Zusammenhänge zwischen Tabellen, ihren Abfragen, Formularen und Berichten soll Abbildg. 2.1 verdeutlichen.

Abbildg. 2.1 Aufbau einer Access-Datenbank

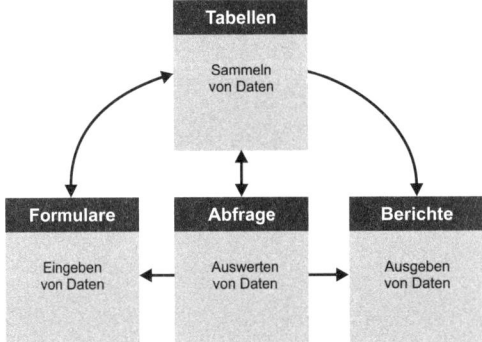

Was ist eine Access-Datenbank?

In dem Beispiel im vorangegangenen Kapitel haben Sie bereits eine Datenbank angelegt. Im Folgenden wollen wir uns die einzelnen Komponenten näher ansehen.

1. Öffnen Sie die Datenbank *Kunden*, indem Sie sie rechts im Fenster *Erste Schritte* unter *Zuletzt verwendete Datenbank öffnen* anklicken.
2. Erweitern Sie den Navigationsbereich mit einem Klick auf den Pfeil, damit Sie die angelegten Datenbankobjekte angezeigt bekommen.
3. Um die Objekte im Navigationsbereich nach Objekttyp anzeigen zu lassen, klicken Sie – wie Sie es in Abbildg. 2.2 sehen – auf die Leiste *Kontakte – Navigation* und wählen Sie dann *Objekttyp* aus.

Abbildg. 2.2   Andere Ansicht im Navigationsbereich auswählen

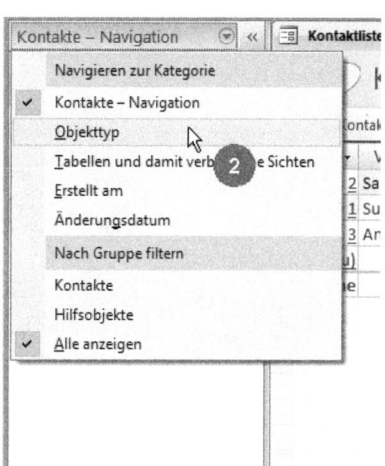

Damit zeigt Access alle Datenbankobjekte. (Lesen Sie weitere Informationen zum Navigationsbereich in Kapitel 7.)

Abbildg. 2.3   Datenbankobjekte im Navigationsbereich sortiert nach Objekttypen

Kapitel 2 Datenbanken, Ordner & Co.

Hier können Sie sehen, dass die Datenbank aus einer Tabelle, einer Abfrage, und jeweils zwei Formularen und Berichten besteht.

Der grundlegende Bestandteil der Datenbank sind die Tabellen. Gibt es mehrere Tabellen, so werden sie in der Regel so angelegt, dass sie Daten zu unterschiedlichen Themen enthalten (siehe dazu auch Kapitel 9). Oft gibt es zudem Beziehungen zwischen den einzelnen Tabellen. Im Verlauf des Buches werden Sie verschiedene Tabellen und ihre Beziehungen in der Datenbank *CineCity* kennen lernen.

Doppelklicken Sie auf die Tabelle *Kontakte*, so wird diese rechts daneben auf einer Registerkarte angezeigt. Die Ansicht auf eine Tabelle, wie sie in Abbildg. 2.4 dargestellt ist, wird unter Access als Datenblattansicht bezeichnet. Eine ganze Zeile in einer Tabelle heißt Datensatz (engl. record). Jede Zeile wiederum besteht aus einzelnen Feldern (engl. fields), die in Spalten angeordnet sind.

Abbildg. 2.4   Datenblatt mit hinterlegtem Datensatz und Feld

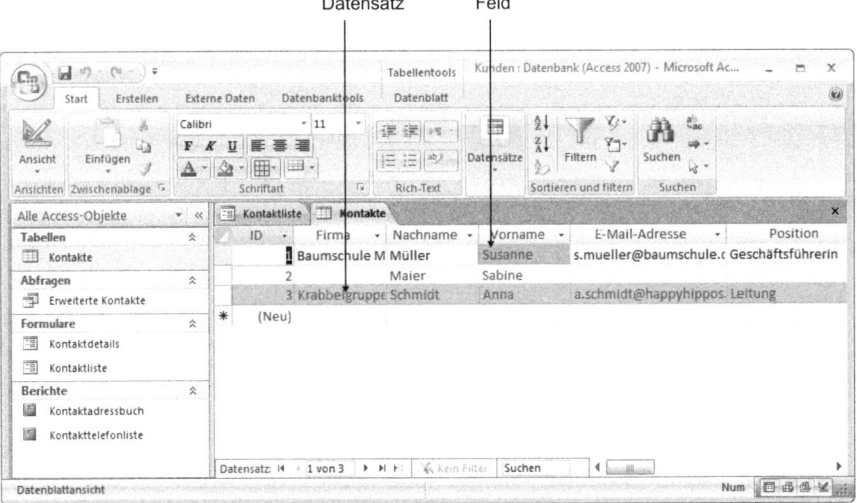

Eine neue, leere Datenbank

Nachdem Sie Ihre erste Datenbank mithilfe von Vorlagen angelegt haben und Sie jetzt auch die Einzelteile dieser Datenbank kennen, soll in diesem Abschnitt eine neue Datenbank angelegt werden, für die im Weiteren dann Tabellen, Formulare, Abfragen und Berichte definiert werden.

1. Schließen Sie die Datenbank *Kunden*: Wählen Sie die Office-Schaltfläche aus und klicken Sie auf *Datenbank schließen*.
2. Im Fenster *Erste Schritte …* finden Sie – falls rechts im Fenster *Features* ausgewählt ist – die Möglichkeit, eine leere Datenbank anzulegen. Sie können eine neue leere Datenbank auch über die *Microsoft Office*-Schaltfläche und den Befehl *Neu* anlegen.
3. Weisen Sie im nächsten Schritt der Datenbank ihren Namen und Pfad zu – wie Sie es bereits im ersten Kapitel getan haben.

Möchten Sie einen neuen Ordner für die Datenbank anlegen, lesen Sie dazu den folgenden Abschnitt.

Neue Ordner anlegen

Das Kinocenter *CineCity* möchte die zu erstellende Datenbank nicht einfach in den Ordner *Dokumente* im Persönlichen Ordner speichern, sondern einen Ordner *Kinocenter* nutzen, in dem neben der Datenbank auch Rechnungen, Mahnungen, Kalkulationstabellen, Briefe und mehr aufgehoben werden sollen. Damit man auch später noch etwas findet, soll gleich von Anfang an Ordnung geschaffen werden.

> **HINWEIS** Im weiteren Verlauf dieses Kapitels beschreiben wir die Funktionalitäten von Access 2007 unter Vista. Wir gehen davon aus, dass Windows XP-Benutzer mit den entsprechenden Operationen bereits vertraut sind und entsprechend keine Einführung in die Dateioperationen unter Windows benötigen.

Es ist geplant, zunächst die in Abbildg. 2.5 dargestellte Ordnerstruktur im persönlichen Ordner anzulegen. Dieser Ordner befindet sich auf Ihrer lokalen Festplatte unter dem Ordner *Benutzer* (manchmal auch als *Users* bezeichnet).

Abbildg. 2.5   Die neue Ordnerstruktur

1. Klicken Sie auf das Ordnersymbol rechts neben dem Eingabefeld für den Namen für die Datenbank.

   Standardmäßig legt Access alle Datenbanken im Unterordner *Dokumente* Ihres persönlichen Ordners ab. Auch unsere Ordnerstruktur soll in Ihrem persönlichen Ordner angelegt werden, allerdings nicht im Unterordner *Dokumente*.

2. Um in den übergeordneten Ordner zu wechseln, klicken Sie zunächst links im Dialogfeld im Navigationsbereich auf Ordner, damit die Ordnerstruktur angezeigt wird. Klicken Sie dann auf Ihren persönlichen Ordner, so sehen Sie rechts alle bereits angelegten Unterordner.

Kapitel 2 Datenbanken, Ordner & Co.

Abbildg. 2.6   In den übergeordneten Ordner wechseln

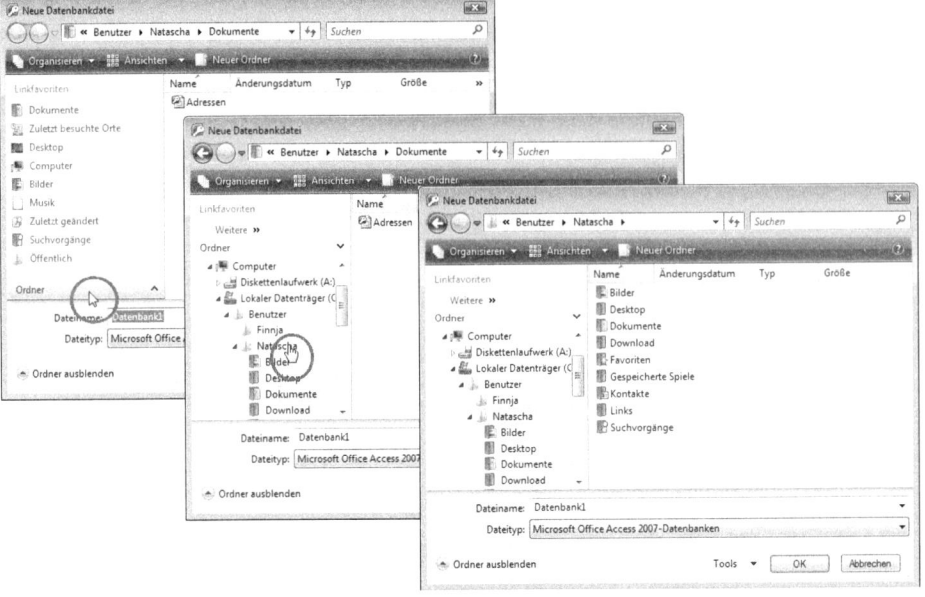

3. Klicken Sie nun auf die Schaltfläche *Neuer Ordner* (siehe Abbildg. 2.7, links).
4. Überschrieben Sie dann im rechten Fenster den angelegten Eintrag mit dem gewünschten Ordnernamen, hier *Kinocenter* (siehe Abbildg. 2.7, rechts).

Abbildg. 2.7   Ein neuer Ordner wird angelegt

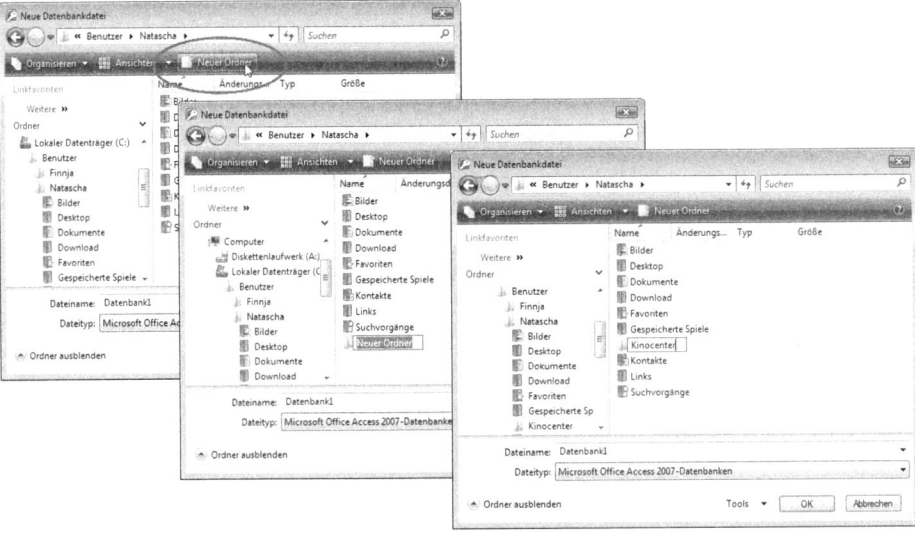

5. Tippen Sie nun auf die ⏎-Taste Ihrer Tastatur, wird der Name geändert und der neue Ordner automatisch geöffnet.

Im Dialogfeld werden nun auf der großen weißen Fläche die Dateien angezeigt, die sich im neuen Ordner befinden. Da der Ordner *Kinocenter* gerade erst angelegt wurde, ist er natürlich zunächst noch leer.

Erstellen Sie nun im Ordner *Kinocenter* den Ordner *Kinoprogramm*. Dazu klicken Sie wieder auf die Schaltfläche *Neuer Ordner* und vergeben als Ordnernamen *Kinoprogramm*.

Abbildg. 2.8   Unterordner *Kinoprogramm* im Ordner *Kinocenter*

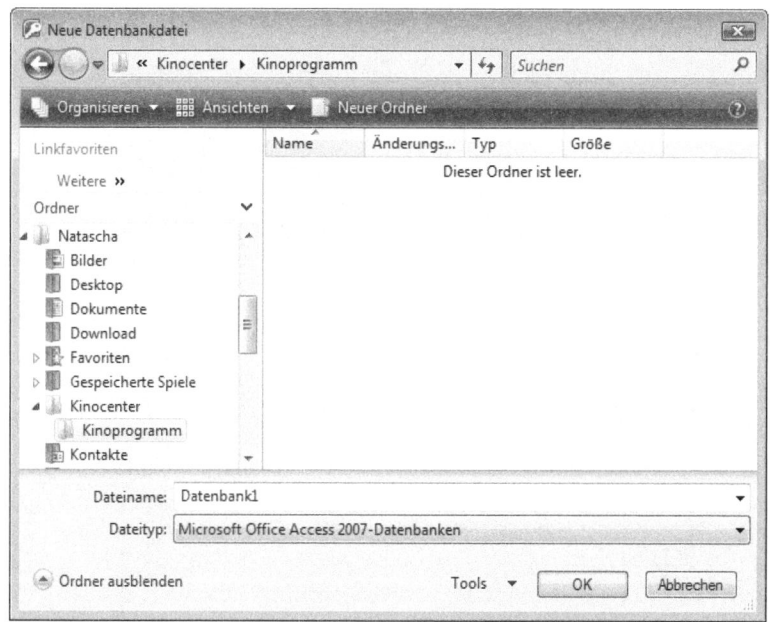

TIPP   Möchten Sie einen neuen Ordner anlegen, so können Sie dies später auch im Dialogfeld *Öffnen* tun. Es wird dann schneller gehen, dieses aufzurufen als das Dialogfeld *Neue Datenbankdatei*.

Um einen Ordner *Rechnungen* auf derselben Ebene anlegen zu können wie den Ordner *Kinoprogramm*, müssen Sie nun als Erstes wissen, wie Sie aus dem Ordner *Kinoprogramm* wieder heraus und in den Ordner *Kinocenter* kommen können.

Zwischen Ordnern und Laufwerken wechseln

Zunächst werden wir Ihnen zeigen, wie Sie aus einem angelegten Ordner wieder »herauskommen«, dann erfahren Sie, wie Sie in einen anderen Ordner hineinwechseln.

So wechseln Sie in den darüber liegenden Ordner

Möchten Sie aus einem Ordner in den darüber liegenden wechseln, klicken Sie in der Adressleiste im Dialogfeld einfach auf den vor dem aktuellen Ordner aufgeführten Ordnernamen.

Abbildg. 2.9 Wechseln in den darüber liegenden Ordner

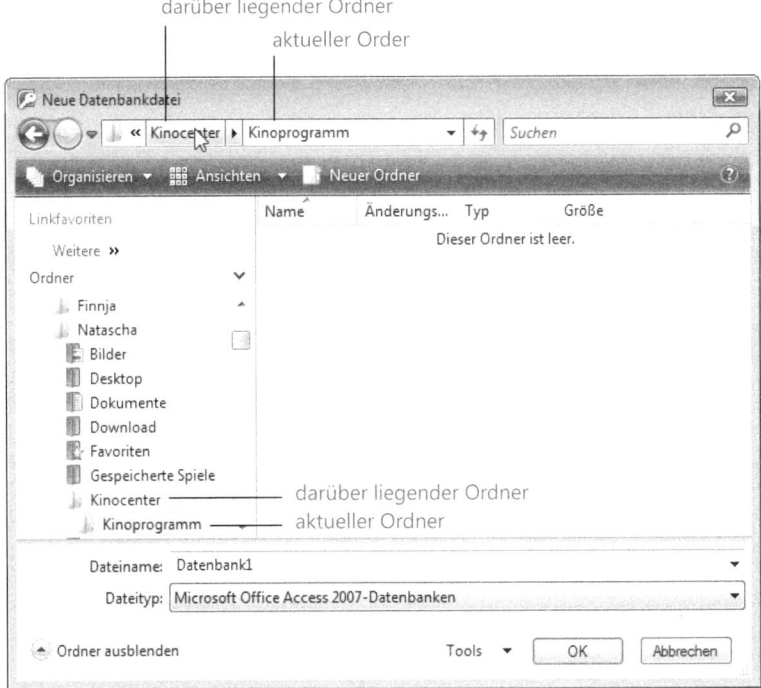

Ebenso können Sie in der Navigationsleiste mit einem Klick in einen beliebigen anderen Ordner wechseln.

Sind Sie in den Ordner *Kinocenter* gewechselt, können Sie den Ordner *Rechnungen* anlegen und im Ordner *Rechnungen* die beiden Ordner *2007* sowie *2008*.

So wechseln Sie in einen darunter liegenden Ordner

Angenommen, Sie befinden sich in dem Ordner *Kinocenter* und möchten nun im Ordner *Rechnungen* den Ordner *Mahnungen* anlegen, so müssen Sie sich zunächst in den Ordner *Rechnungen* begeben.

Dazu können Sie entweder über einen Klick auf der Navigationsleiste in den gewünschten Ordner wechseln oder Sie klicken in der Adressleiste auf den Pfeil hinter einem Ordnernamen und wählen den gewünschten Ordner aus.

Abbildg. 2.10   Auswahl eines darunter liegenden Ordners

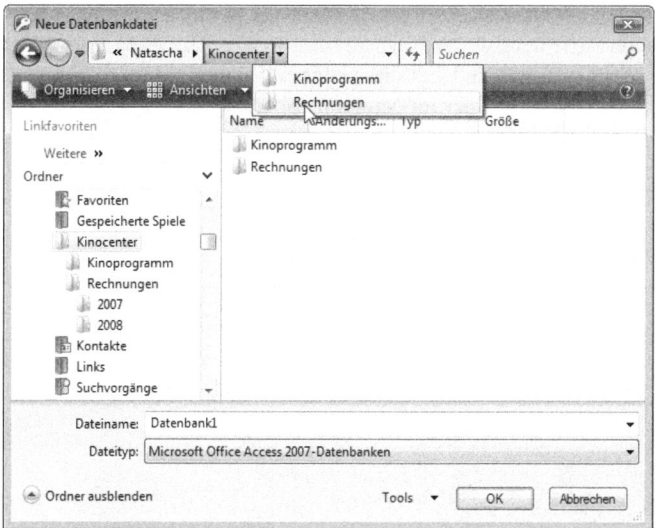

So wechseln Sie zurück in den Vorgängerordner

Möchten Sie zurückwechseln in den Ordner, den Sie zuvor angewählt hatten, können Sie dazu die Schaltfläche mit dem blauen Pfeil nach links verwenden. Damit wird der Ordner, aus dem Sie in den aktuellen Ordner gewechselt haben, zum aktuellen.

Abbildg. 2.11   Zurück zum zuvor verwendeten Ordner wechseln

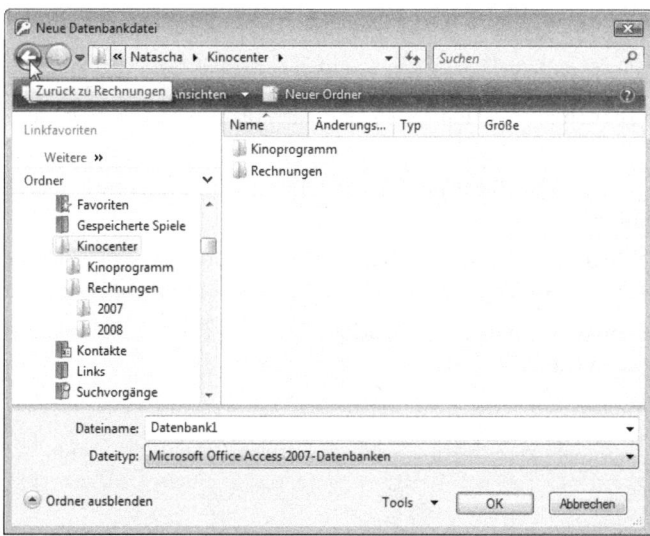

Über das Dreieck rechts neben den Schaltflächen mit dem Pfeil erreichen Sie eine Auswahl mehrerer zuletzt verwendeter Ordner.

Ordner öffnen und schließen

Vielleicht sind Ihnen beim Arbeiten mit der Navigationsleiste die schwarzen und weißen Dreiecke vor den Ordnernamen schon aufgefallen. Über diese können Sie die Ordner öffnen bzw. schließen. Zudem zeigen sie Ihnen an, welche Ordner im Navigationsbereich erweitert wurden – deren Dreiecke sind nämlich schwarz gefärbt.

Abbildg. 2.12   Dreiecke zum Öffnen und Schließen von Ordnern

Sie öffnen oder schließen einen Ordner durch einen Doppelklick auf seinen Namen oder durch einen einfachen Klick auf das entsprechende Dreieck.

So wechseln Sie das Laufwerk

Arbeiten Sie nicht nur auf dem eigenen PC, sondern in einem Netzwerk, oder verfügt Ihr PC über mehrere Festplatten, so können Sie das Laufwerk oder die Festplatte ebenfalls über die Navigationsleiste wechseln.

Schließen Sie alle Ordner, so erhalten Sie in der Navigationsleiste einen Überblick über alle an Ihrem PC angeschlossenen Laufwerke.

Der PC, der für das in Abbildg. 2.13 dargestellte Bildschirmfoto verwendet wurde, verfügt über zwei Festplatten, zwei CD-ROM-Laufwerke, drei USB-Wechsellaufwerke sowie ein Netzwerklaufwerk.

Klicken Sie links das benötigte Laufwerk mit einfachem Klick oder rechts das Laufwerk mit Doppelklick an, um zu ihm zu wechseln.

Abbildg. 2.13   Auswahl der Laufwerke

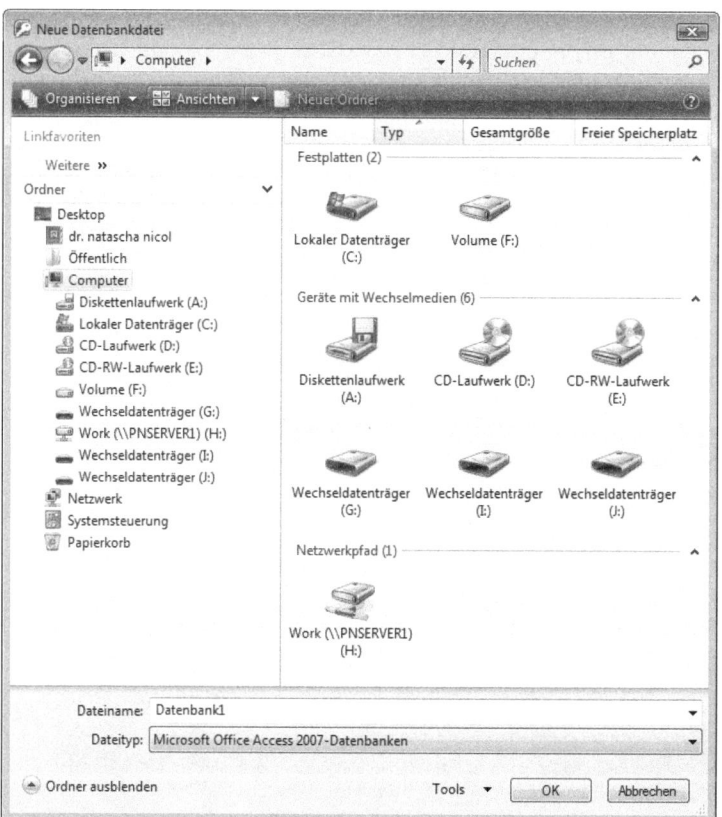

Namensregeln für Ordner und Dateien

Es ist generell sinnvoll, für Ordner und Dateien »sprechende« Namen zu verwenden. Benennen Sie Ihre Ordner und Datenbanken so, dass Sie auch in einem Jahr noch wissen, was der Ordner/die Datenbank beinhaltet. Vermeiden Sie kryptische Namen wie *Brief 12.2.2007* oder *Dokument 13*. Schreiben Sie lieber *Mahnung Hase 12.2.2007* und *Vertrag Schulte wg ProjectTimer*.

Sie können – wie Sie in den Beispielen sehen – in einem Namen sowohl Leerzeichen als auch Ziffern verwenden. Namen können auch – fast – beliebig lang sein. Mitsamt seinem Pfad darf ein Dateiname bis zu 260 Zeichen enthalten. Unter Pfad versteht man die Auflistung des Laufwerks und aller Ordner, die man durchlaufen muss, um schließlich in dem zu landen, in dem die Datei abgelegt ist. Würde beispielsweise die Datei *RNr 10323 13.2.2007* im Unterordner *2007* des Ordners *Rechnungen* gespeichert, der wiederum Unterordner des Ordners *Kinocenter* im persönlichen Ordner ist, so würde der Pfad

```
C:\Benutzer\Monika Maier\Kinocenter\Rechnungen\2007\
```

Kapitel 2 Datenbanken, Ordner & Co.

lauten, da sich der persönliche Ordner auf der Festplatte *C:* im Ordner *Benutzer* befindet. Zusammen mit dem Dateinamen ergeben sich hier im Beispiel 52 plus 19 Zeichen. Da zu jeder Datei zudem noch eine Endung gehört, erhöht sich die Zeichenanzahl noch einmal um sechs weitere Zeichen, nämlich einen Punkt und im Falle einer Access-Datenbank um die Zeichen »accdb«. Alles in allem macht das 77 Zeichen.

> **HINWEIS** Möchten Sie sich Dateiendungen anzeigen lassen, starten Sie den Windows-Explorer und wählen Sie den Befehl *Organisieren/Ordner- und Suchoptionen* aus. Auf der Registerkarte *Ansicht* klicken Sie dann auf das Häkchen vor *Erweiterungen bei bekannten Dateitypen ausblenden*, um es zu entfernen.

Neben den Buchstaben und allen Ziffern können Sie für Ordner- und Dateinamen auch die meisten Zeichen Ihrer Tastatur verwenden. Nicht erlaubt sind die Zeichen »*«, »?«, »:«, »/«, »\«, »<«, »>«, »|« sowie »"«.

Unsere neue Datenbank soll den Namen *CineCity* erhalten und im Ordner *Kinoprogramm* abgelegt werden. Gehen Sie dazu so vor:

1. Wählen Sie zunächst den Ordner *Kinoprogramm* aus.
2. Ersetzen Sie den von Access vorgeschlagenen Namen *Datenbank1* durch *CineCity*.
3. Bestätigen Sie die Änderungen mit der Schaltfläche *Ok*.

Abbildg. 2.14   Der Name und der Pfad für die neue leere Datenbank werden festgelegt

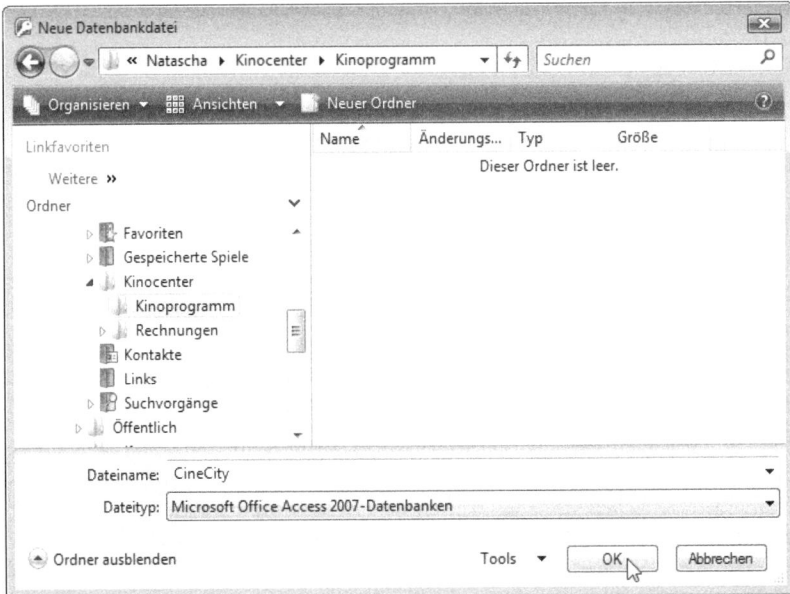

4. Nun kann die Datenbank unter dem angegebenen Pfad und Namen erstellt werden.

Namensregeln für Ordner und Dateien

Abbildg. 2.15   Der letzte Schritt zum Erstellen der Datenbank

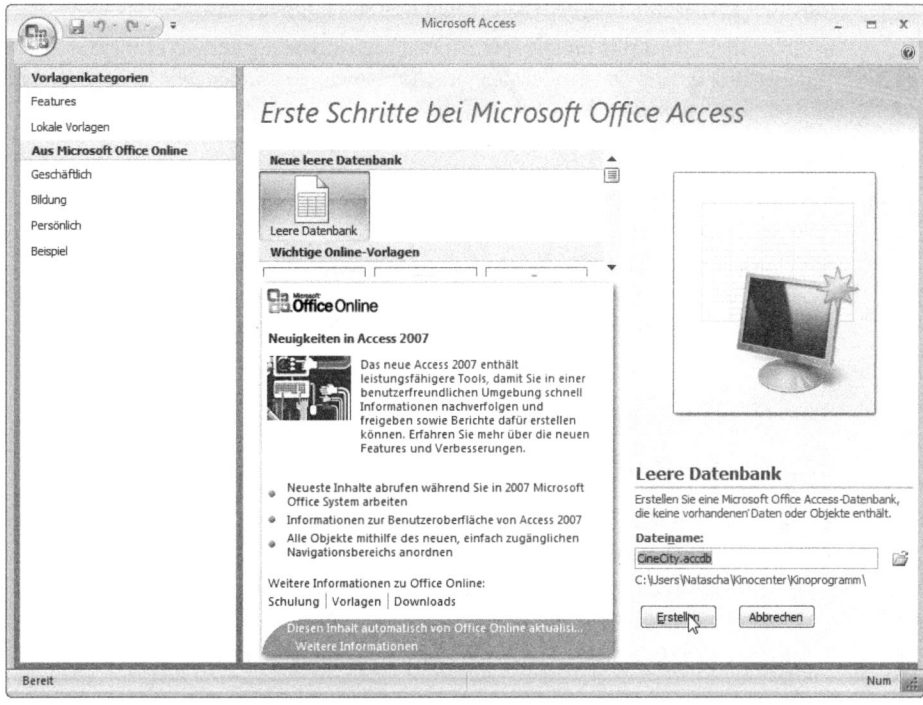

Access legt nun die neue Datenbank mit dem Namen *CineCity* an, und das sieht so aus:

Abbildg. 2.16   Die neue, leere Datenbank *CineCity*

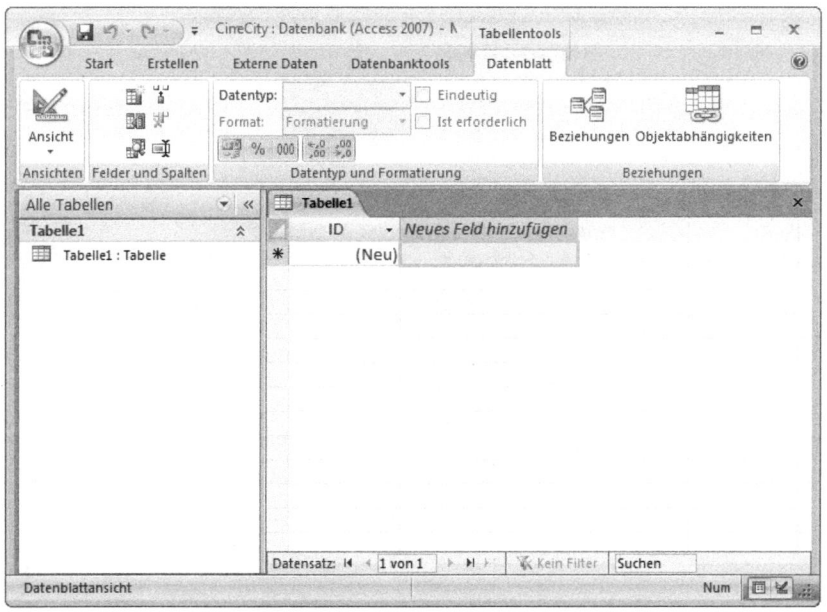

Kapitel 2 Datenbanken, Ordner & Co.

An dieser Stelle würde man jetzt damit beginnen, die ersten Tabellen für die Datenbank anzulegen. Möchten Sie das tun, überblättern Sie den Rest des Kapitels, und lesen Sie weiter in Kapitel 3.

Im folgenden Abschnitt möchten wir Ihnen zeigen, wie Sie aus Access heraus den Standardordner ändern, Ordner und Dateien löschen bzw. umbenennen können, wie Sie nach Datenbanken suchen und was Favoriten sind.

Der Standarddatenbankordner

Speichern Sie eine Datenbank, so wird als Standarddatenbankordner der Ordner *Dokumente* verwendet. Dies ist ein Vorschlag von Access; Sie müssen sich nicht daran halten. Sie können auch einen anderen Ordner als Standardordner definieren.

So definieren Sie einen anderen Standarddatenbankordner

Verwenden Sie bereits einen anderen Ordner sehr häufig und möchten diesen als Ihren Standarddatenbankordner verwenden, verfahren Sie folgendermaßen:

1. Klicken Sie auf die *Office*-Schaltfläche und wählen Sie im Menü *Access-Optionen* aus.
2. Wählen Sie links die Kategorie *Häufig verwendet* aus, so können Sie rechts mithilfe der Schaltfläche *Durchsuchen* einen neuen Pfad für den *Standarddatenbankordner* festlegen.

Abbildg. 2.17   Definieren Sie hier den Standarddatenbankordner

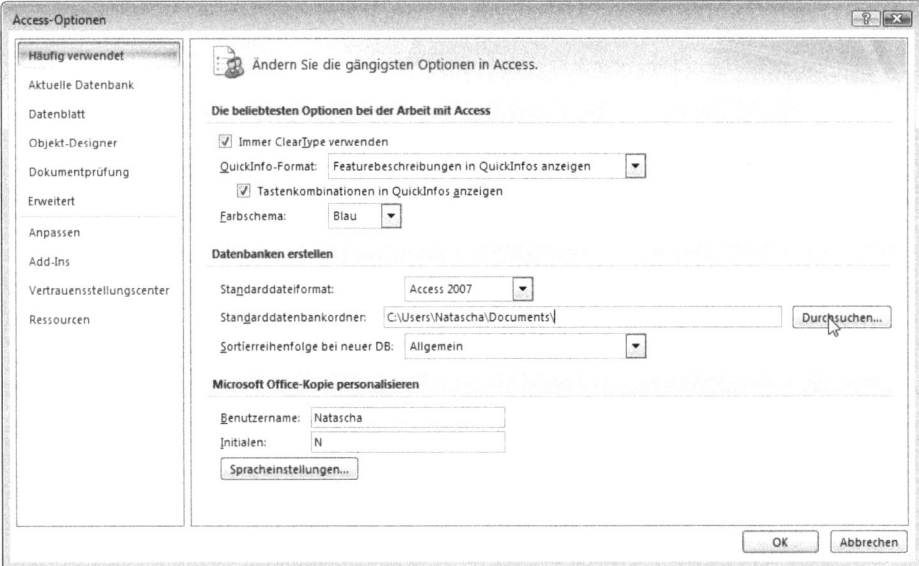

Dateien und Ordner umbenennen

Haben Sie Dateien oder Ordner angelegt und möchten sie im Nachhinein umbenennen, so aktivieren Sie entweder das Dialogfeld *Öffnen* oder das Dialogfeld *Speichern unter*. Oft ist es einfacher, sich das Dialogfeld *Öffnen* anzeigen zu lassen.

1. Klicken Sie auf die Schaltfläche *Office* und wählen Sie dann *Öffnen* aus.
2. Wählen Sie im Navigationsbereich den Ordner aus, der den Ordner oder die Datei enthält, deren Namen Sie ändern möchten. Für dieses Beispiel soll der Ordner *Personal* in *Mitarbeiter* umbenannt werden.

Abbildg. 2.18   Der Ordner *Personal* soll einen neuen Namen erhalten

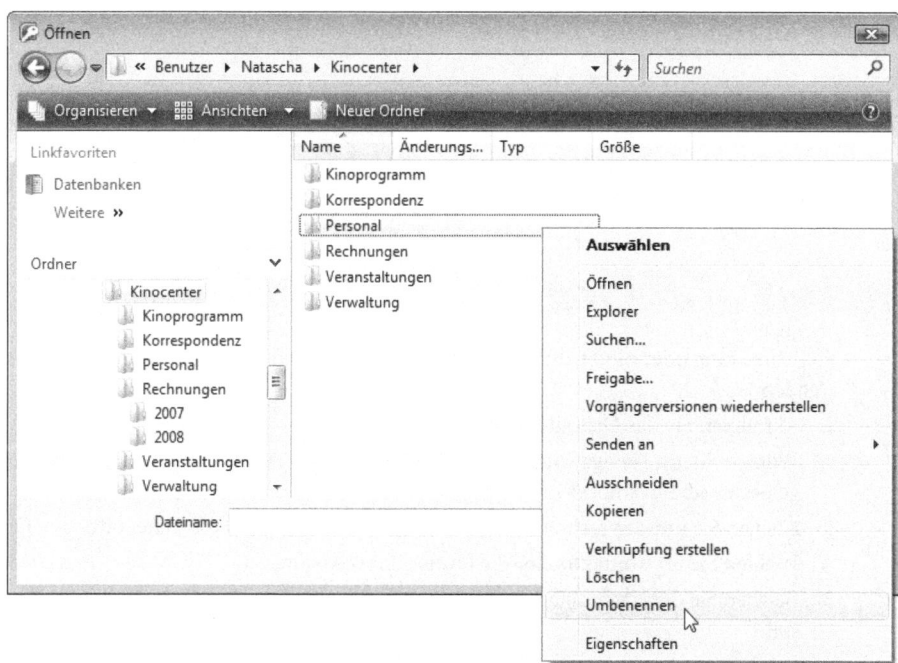

3. Klicken Sie mit der rechten Maustaste im Detailbereich auf den Ordner *Personal*. Sie aktivieren so ein so genanntes Kontextmenü.
4. Wählen Sie darin die Option *Umbenennen* aus.
   Dadurch wird um den ursprünglichen Namen eine Umrandung angezeigt. Zudem sehen Sie hinter dem Namen die Schreibmarke blinken.
5. Korrigieren Sie den Namen.
6. Bestätigen Sie die Änderung mit der ⏎-Taste.

Kapitel 2 Datenbanken, Ordner & Co.

Abbildg. 2.19   Aus *Personal* wird *Mitarbeiter*

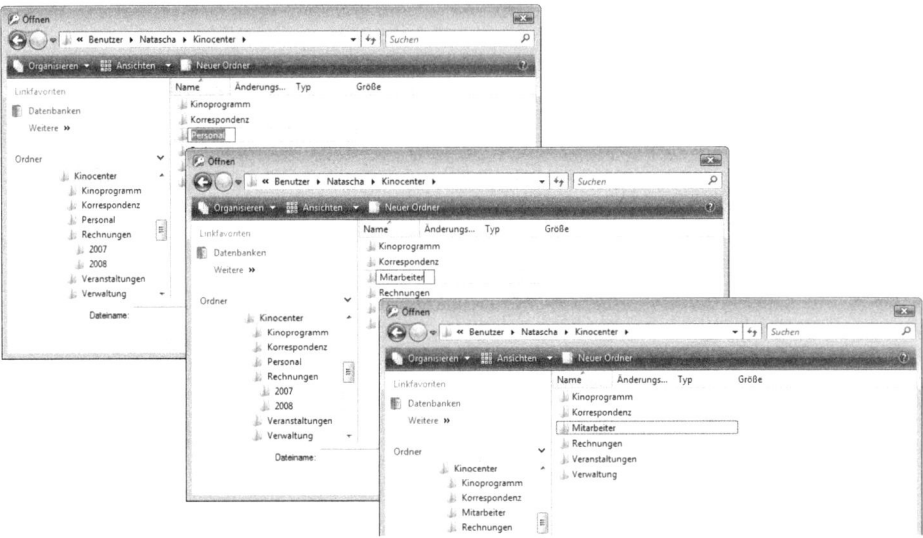

Dateien und Ordner löschen

Soll eine Datei oder ein Ordner gelöscht werden, können Sie dazu ebenfalls das Kontextmenü verwenden.

1. Aktivieren Sie das Dialogfeld *Öffnen*.
2. Wählen Sie im Navigationsbereich den Ordner aus, der die Datei bzw. den Ordner enthält, der gelöscht werden soll.
3. Klicken Sie mit der rechten Maustaste im Detailbereich auf die Datei oder den Ordner.
4. Wählen Sie im Kontextmenü die Option *Löschen* aus.
5. Bejahen Sie die Nachfrage von Access, ob die Datei wirklich in den Papierkorb geschoben werden soll.

WICHTIG   Beachten Sie beim Löschen von Ordnern, dass mit dem Ordner auch dessen gesamter Inhalt gelöscht wird. Sämtliche Dateien, die sich im Ordner befinden, landen also zusammen mit dem Ordner im Papierkorb.

ACHTUNG   Den Papierkorb, aus dem Sie bei Bedarf Dateien wiederherstellen können, gibt es nur für die lokalen Laufwerke in Ihrem Computer, nicht aber für Netzwerklaufwerke.

Dateien und Ordner kopieren und verschieben

Dateien und Ordner können sehr leicht mithilfe des Kontextmenüs kopiert oder verschoben werden. Kopieren Sie eine Datei oder einen Ordner, ist diese Datei/der Ordner nach dem Kopiervorgang zweimal vorhanden. Verschieben Sie die Datei/den Ordner, gibt es sie/ihn nach dem Vorgang nur einmal. Dazu muss sie/er in ihrem/seinem ursprünglichen Ordner ausgeschnitten und an ihrem/seinem neuen Aufenthaltsort eingefügt werden.

Möchten Sie eine Datei oder einen Ordner kopieren oder verschieben, verfahren Sie so:

1. Aktivieren Sie das Dialogfeld *Öffnen*.
2. Wählen Sie im Navigationsbereich den Ordner aus, der die Datei bzw. den Ordner enthält, die/der kopiert oder verschoben werden soll.
3. Klicken Sie mit der rechten Maustaste im Detailbereich auf die Datei oder den Ordner.
4. Wählen Sie im Kontextmenü die Option *Kopieren* bzw. *Ausschneiden* aus.
5. Selektieren Sie nun den Ordner, in den die Datei oder der Ordner kopiert oder verschoben werden sollen.
6. Klicken Sie dann mit der rechten Maustaste auf die Auswahlfläche in der Mitte des Dialogfeldes.
7. Wählen Sie im Kontextmenü den Eintrag *Einfügen* aus.

Dateien auf USB-Stick kopieren

Möchten Sie eine Datei oder einen Ordner auf USB-Stick kopieren, unterstützt Sie auch dabei das Kontextmenü:

1. Aktivieren Sie das Dialogfeld *Öffnen*.
2. Wählen Sie im Navigationsbereich den Ordner aus, der die Datei bzw. den Ordner enthält, die/der kopiert werden soll.
3. Klicken Sie mit der rechten Maustaste im Detailbereich auf die entsprechende Datei oder den Ordner.
4. Wählen Sie im Kontextmenü den Eintrag *Senden an* aus. Sie aktivieren so ein Untermenü, in dem Sie die Option *Wechseldatenträger* finden.
5. Klicken Sie auf *Wechseldatenträger*, um den Kopiervorgang zu starten.

Dateien auf CD-ROM brennen

Möchten Sie eine Datei oder einen Ordner auf eine CD-ROM brennen, verwenden Sie dazu ebenfalls das Kontextmenü:

1. Aktivieren Sie das Dialogfeld *Öffnen*.
2. Wählen Sie im Navigationsbereich den Ordner aus, der die Datei bzw. den Ordner enthält, die/der gebrannt werden soll.
3. Klicken Sie mit der rechten Maustaste im Detailbereich auf die entsprechende Datei oder den Ordner.

Kapitel 2 Datenbanken, Ordner & Co.

4. Wählen Sie im Kontextmenü den Eintrag *Senden an* aus. Sie aktivieren so ein Untermenü, in dem Sie die Option *CD-RW-Laufwerk* finden.
5. Klicken Sie auf *CD-RW-Laufwerk*, um den Brennvorgang zu starten.

Datenbanken suchen

Wenn Sie längere Zeit mit Access gearbeitet haben, kann es natürlich sein, dass Sie trotz der von Ihnen angelegten Ordnerstruktur nicht mehr wissen, wo eine bestimmte Datenbank gespeichert ist. Sie können dann nach ihr suchen lassen.

1. Dazu nutzen Sie am besten den Link *Weitere …* rechts im Fenster *Erste Schritte …* Darüber aktivieren Sie das Dialogfeld *Öffnen*.
2. Normalerweise sucht Access im Standarddatenbankordner nach der Datenbank. Daher ist es sinnvoll, im Navigationsfeld den Ordner bzw. das Laufwerk einzustellen, wo Sie nach der Datei suchen möchten.

Abbildg. 2.20   Suche nach allen Datenbanken, die mit Cine beginnen

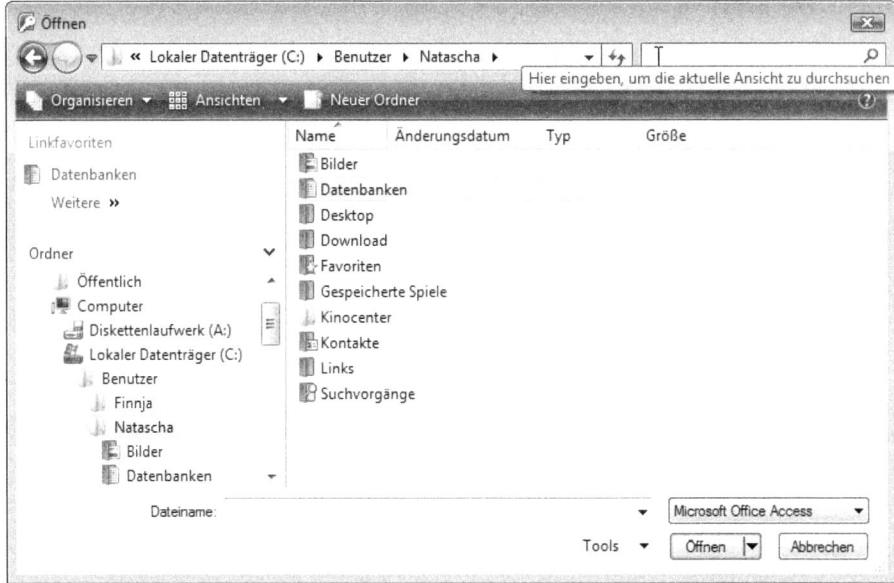

3. Geben Sie dann den Text, nach dem Sie suchen möchten, oben rechts im *Suchfeld* ein, wie Sie es in Abbildg. 2.21 sehen können.

Abbildg. 2.21   Suche nach *CineCity* im persönlichen Ordner

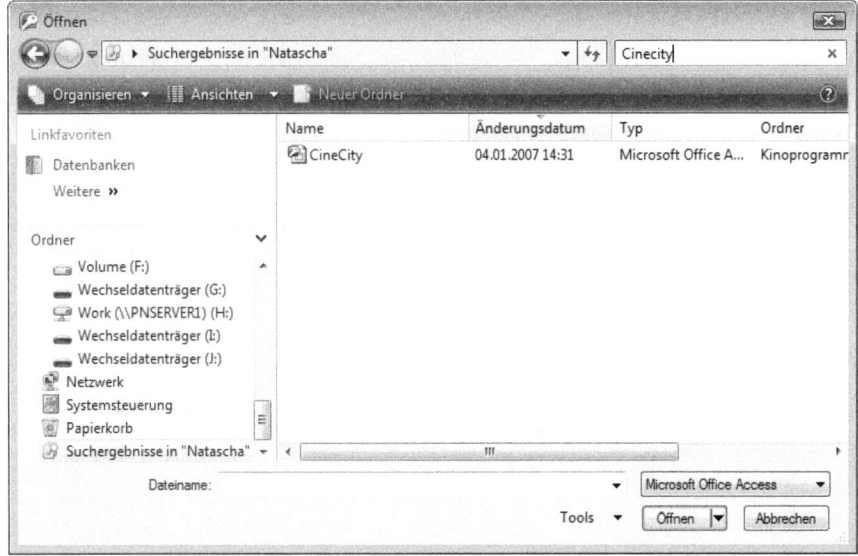

Sofort beginnt Access die Suche und gibt das Ergebnis im Detailfenster bekannt. Ein Doppelklick auf den Eintrag öffnet die Datenbank.

Können Sie sich nicht mehr genau an den Namen erinnern, sondern nur an die ersten Buchstaben, können Sie diese eingeben, wie in Abbildg. 2.22, und Access sucht alle Datenbanken, die mit den eingegebenen Zeichen beginnen. Hierbei wurde die Suche auf den lokalen Datenträger ausgeweitet.

Abbildg. 2.22   Suche nach allen Datenbanken, die mit *Cine* beginnen

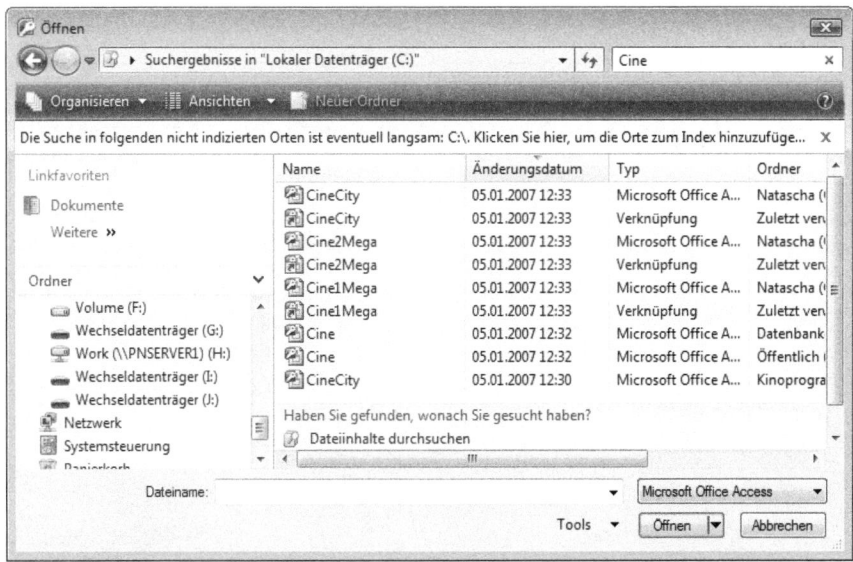

Erinnern Sie sich, dass der Name die Buchstaben »Cine« enthielt, so können Sie mit *cine* suchen und finden alle Datenbanken, die irgendwo im Namen diese Buchstabenkombination beinhalten.

Abbildg. 2.23   Suche nach allen Datenbanken, die die Buchstabenkombination *cine* irgendwo enthalten

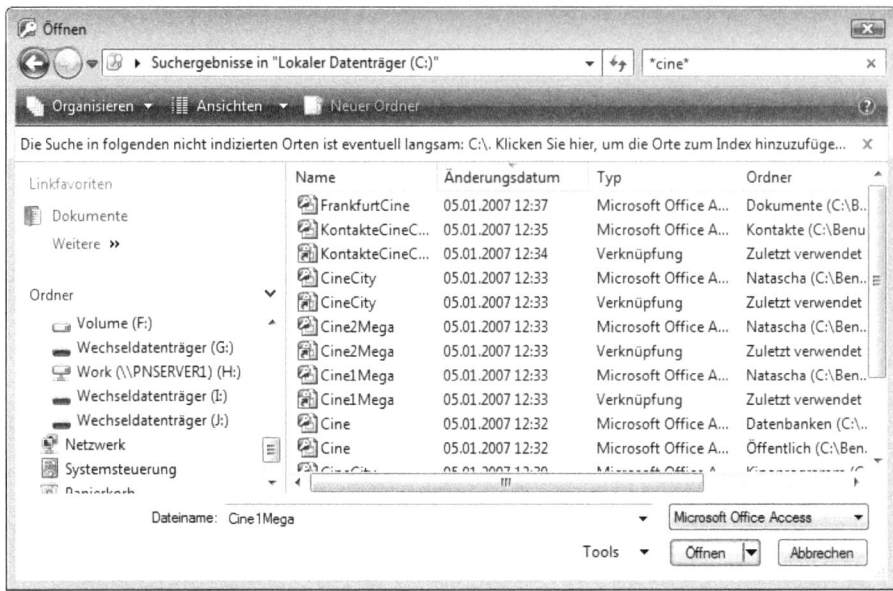

Benutzen können Sie zudem den Platzhalter »?«. Damit wird nur ein einziges Zeichen variiert, wie in »Cine?Mega«.

Abbildg. 2.24   Suchresultate mit *Cine?Mega*

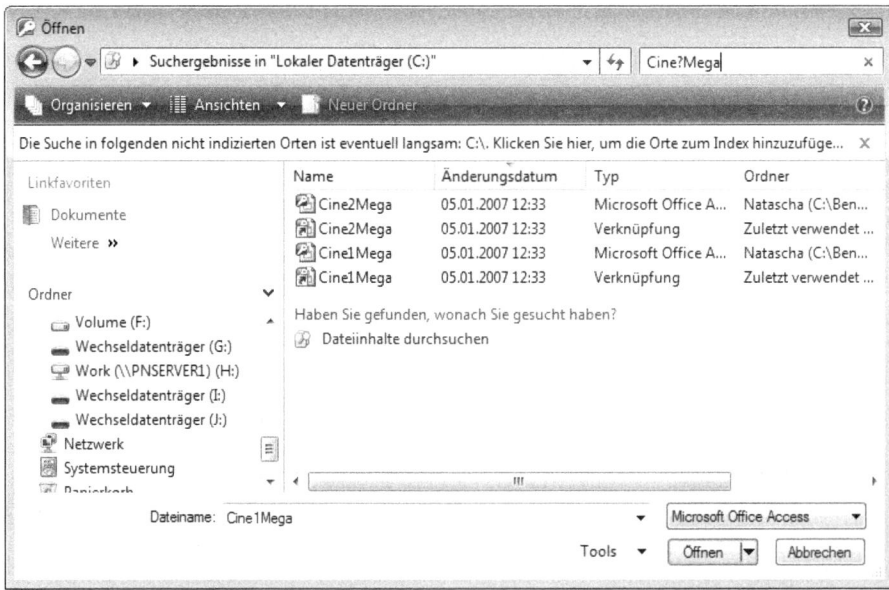

Ordner, die Sie häufig brauchen

Bisher haben wird uns mit dem unteren Teil des Navigationsbereichs – mit der Ordnerstruktur – befasst, aber auch der obere Bereich, der mit Linkfavoriten bezeichnet wird, ist durchaus interessant.

So können Sie Ordner, die Sie häufig verwenden, zu Favoriten machen und in den oberen Teil des Navigationsbereichs legen. Solche Ordner finden Sie dann immer sehr schnell, sozusagen per Knopfdruck. Wie das geht? Ganz einfach:

So definieren Sie Ordner als Favoriten

1. Aktivieren Sie das Dialogfeld *Öffnen*.
2. Klicken Sie im Navigationsbereich auf die Leiste *Ordner*, wie Sie es in Abbildg. 2.25 sehen können, um den Bereich der Linkfavoriten zu vergrößern.

Abbildg. 2.25   Den Bereich der Linkfavoriten vergrößern

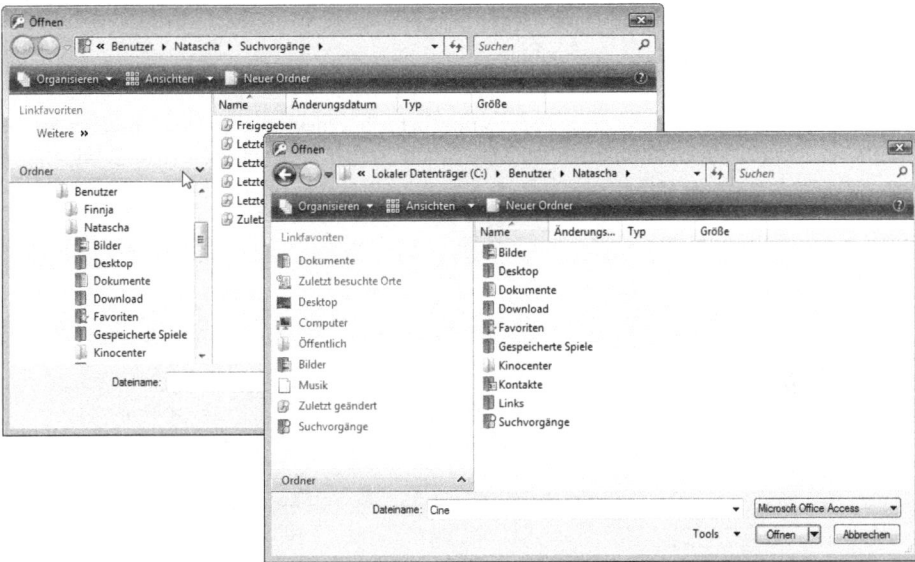

3. Klicken Sie mit der rechten Maus in den Bereich der Linkfavoriten und wählen im Kontextmenü *Linkfavoritenordner öffnen* aus.

Kapitel 2 Datenbanken, Ordner & Co.

Abbildg. 2.26   Den Linkfavoritenordner über das Kontextmenü öffnen

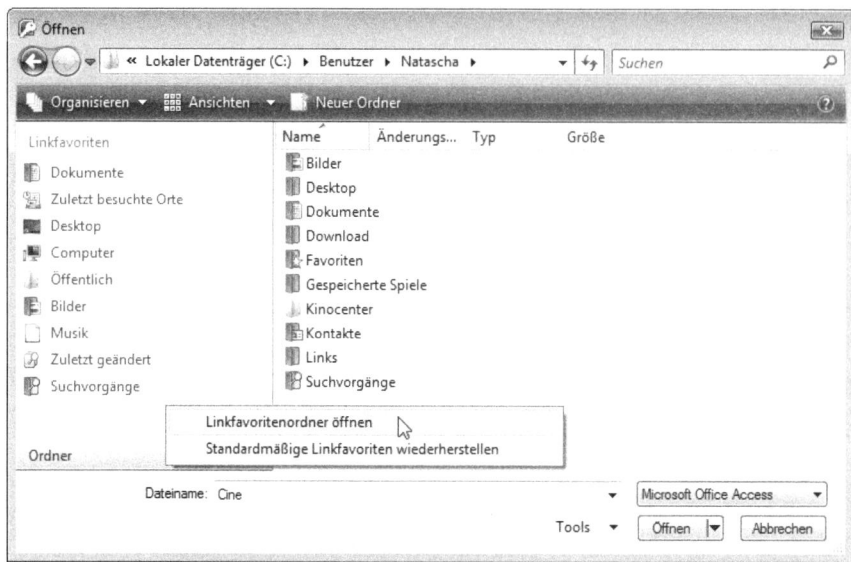

4. Lassen Sie sich nun im Navigationsbereich erneut die Ordner anzeigen und ziehen Sie den gewünschten Ordner mit der Maus in den Detailbereich, wie Sie es in Abbildg. 2.27 sehen können.

Abbildg. 2.27   Der Ordner *Kinocenter* wird in den Ordner *Links* gezogen

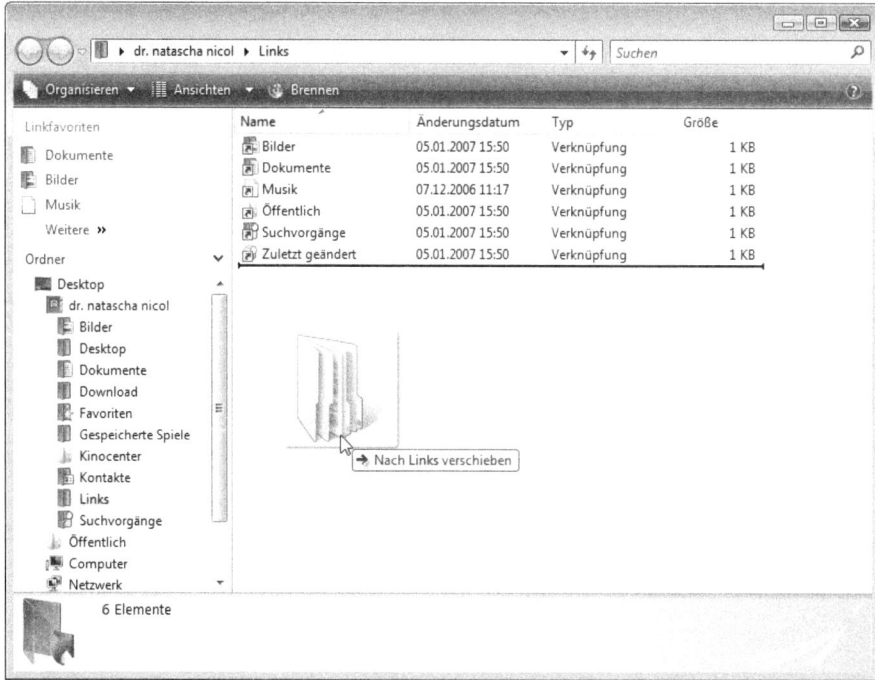

Ordner, die Sie häufig brauchen

Schon erscheint eine Verknüpfung auf den hineingezogenen Ordner und somit wird auch dieser Ordner in den Linkfavoriten im Navigationsbereich angezeigt.

Abbildg. 2.28   ... und wird so zu einem Linkfavoriten

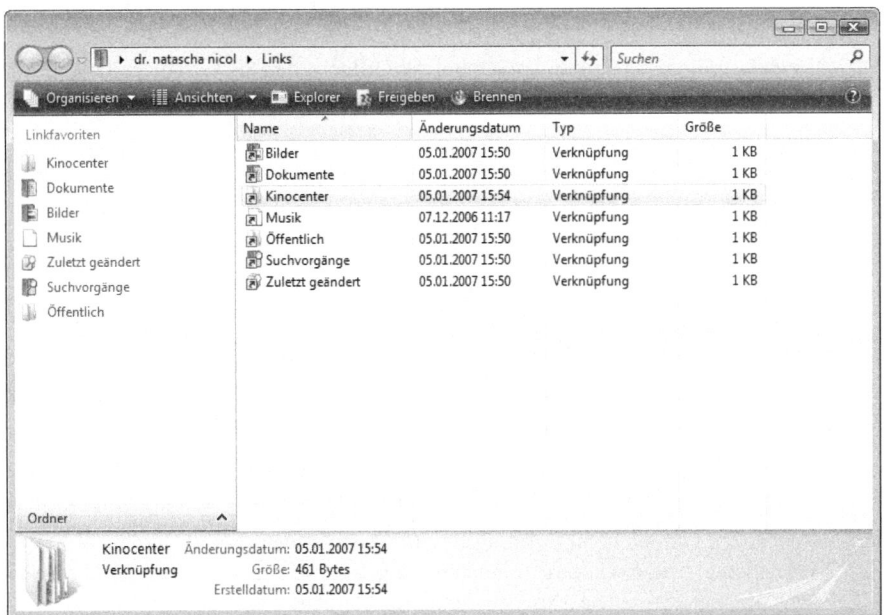

Bei Bedarf lässt sich die Größe des Bereichs der Linkfavoriten im Navigationsbereich verändern, indem Sie die Maustaste über den Rand stellen (siehe Abbildg. 2.29) und mit dem Doppelpfeil in die gewünschte Richtung ziehen.

Abbildg. 2.29   Den Bereich der Linkfavoriten vergrößern

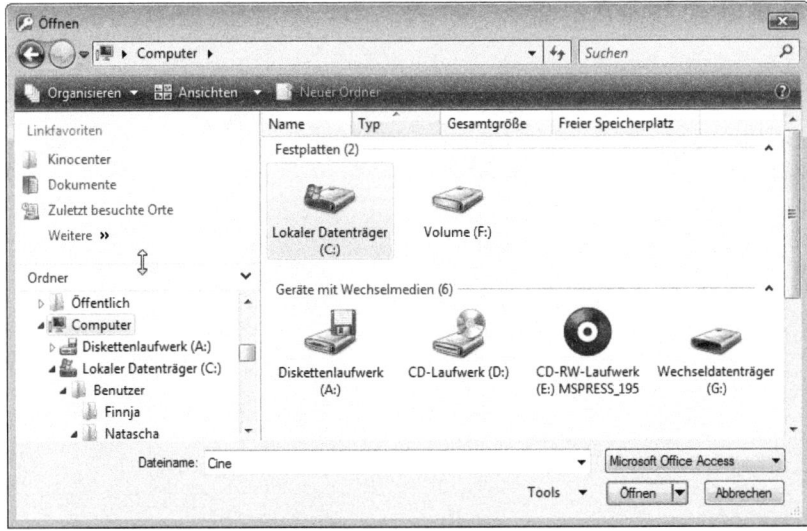

Position eines Eintrags im Navigationsbereich ändern

Im Folgenden möchte ich Ihnen zeigen, wie Sie Ihren Lieblingsordner im Navigationsbereich nach oben verschieben können.

1. Klicken Sie mit der Maus auf das Symbol des Ordners, den Sie verschieben möchten.
2. Halten Sie die Maustaste betätigt und ziehen Sie den Ordner an die gewünschte Position.
3. Eintrag im Navigationsbereich löschen
4. Klicken Sie mit der rechten Maustaste auf das Symbol der Umgebungsleiste, das Sie löschen möchten.
5. Wählen Sie im Kontextmenü *Link entfernen* aus.

Zusammenfassung

In diesem Kapitel haben Sie bereits die ersten Datenbankbegriffe sowie einen weiteren Weg wie man eine Datenbank anlegt kennen gelernt.

- Das Kapitel beginnt mit den vier wichtigsten Komponenten einer Access-Datenbank auf Seite 54. Des Weiteren werden wichtige Bergriffe wie Datensatz und Datenfeld auf Seite 56 eingeführt.
- Datenbanken können nicht nur mithilfe eines Assistenten angelegt werden. Auf Seite 57 können Sie nachlesen, wie eine leere Datenbank angelegt werden kann für die Sie später Tabellen, Formulare, Berichte sowie Abfragen definieren können.
- Um die Datenbank in den gewünschten Ordner speichern zu können, haben Sie in diesem Kapitel erfahren, wie die Namensregeln für Dateien und Ordner lauten (Seite 63), wie sich neue Ordner anlegen lassen (Seite 57) sowie wie Sie Ordner bzw. Laufwerke wechseln (ab Seite 59).
- Manchmal kann es hilfreich sein, den Standardordner zu wechseln. Wie das geht wird ab Seite 66 beschrieben.
- Der Rest des Kapitels ab Seite 67 beschäftigt sich mit nützlichen Tipps rund um das Thema Dateien und Ordner.

Kapitel 3

Tabellen – echt einfach

In diesem Kapitel:

Eine Tabelle anlegen	78
Datensätze eingeben und korrigieren	85
Felder oder Datensätze markieren	87
Datensätze oder Inhalte von Feldern löschen	87
Datensätze kopieren	88
Spalten verschieben	90
Suchen und Ersetzen	91
Tabellen sortieren	93
Datensätze filtern	94
Formatierungen für Tabellen	100
Eine Tabelle drucken	105
Zusammenfassung	110

Kapitel 3 Tabellen – echt einfach

In einer Datenbank werden verschiedene Tabellen, die die eigentlichen Daten enthalten, zusammen mit Abfragen, Formularen und Berichten gespeichert. Nachdem Sie im letzten Kapitel eine leere Datenbank angelegt haben, zeigen wir Ihnen jetzt, wie Sie Ihre erste Tabelle für die Datenbank erstellen. Dazu gibt es in Access mehrere Möglichkeiten. Die einfachste zeigen wir Ihnen in diesem Kapitel. Sie erstellen die neue Tabelle in der Datenblattansicht, indem Sie die Daten einfach eingeben. Profis erstellen ihre Datenbank in der Entwurfsansicht. Dieses Vorgehensweise beschreiben wir in Kapitel 10, »Einen Tabellenentwurf anlegen«.

Als Beispiel soll uns hier wieder eine Adressdatenbank dienen, die allerdings nur solche Felder enthalten soll, die CineCity für die Anwendung braucht.

1. Starten Sie Access, falls noch nicht geschehen.
2. Öffnen Sie die Datenbank *CineCity*.

Abbildg. 3.1   Die leere Datenbank wurde geöffnet

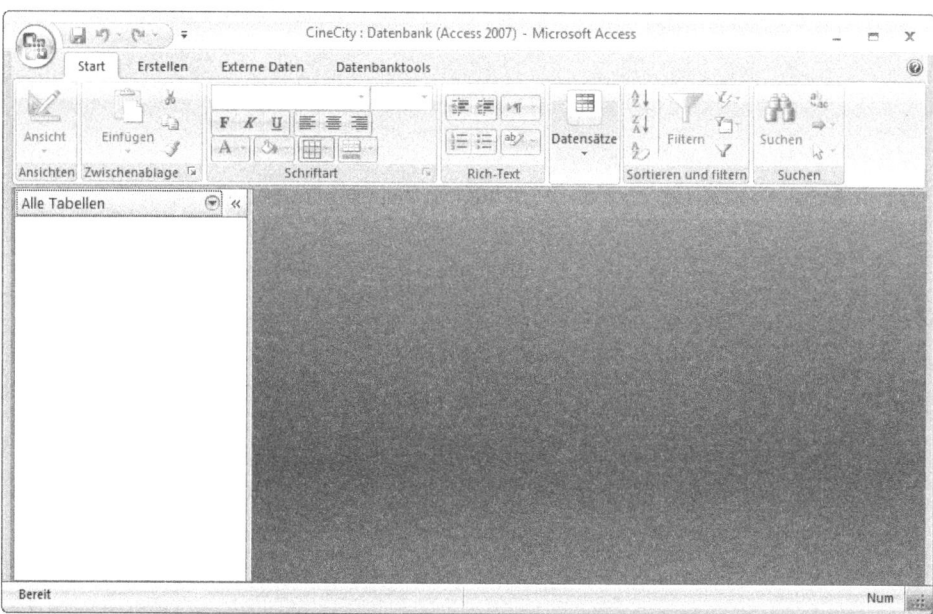

Eine Tabelle anlegen

Bevor Sie mit Access eine Tabelle erstellen, sollten Sie sich überlegen, was Sie in der Tabelle darstellen wollen. Dazu nehmen Sie am besten Papier und Bleistift zu Hilfe und planen zunächst, welche Daten Sie benötigen (siehe auch Kapitel 9, »Datenbankgrundlagen«).

Der Entwurf der Tabelle

CineCity braucht eine Tabelle mit Adressen aller Zeitungen, Zeitschriften und Regionalsender, an die das Kinoprogramm geschickt wird, um es zu veröffentlichen.

Wichtige Felder für die Tabelle sind der Name der Zeitungen, Zeitschriften und Sender sowie der Ansprechpartner und die Adresse.

Abbildg. 3.2   Handschriftliche Tabelle (Ausschnitt)

Nr	Verteiler	Anrede	Vorname	Name	Adresse	PLZ	Ort
1	Allgemeine Zeitung	Frau	Sabine	Maier	Hauptstr. 12	80321	Zoing
2	Sonntagsblatt	Herr	Kurt	Wächter	Hintergasse 4	81234	Kirchheim
3	BFF	Frau	Helene	Sauer	Ringstr. 123	83233	Friedheim
4	Journal Bayern	Frau	Sophie	Erle	Höhenblick 60	82222	Berghausen
5	...	...	...	...	...	...	...

Die neue Tabelle erstellen und mit Daten füllen

Um diese Felder in die erste Tabelle der Datenbank zu übertragen, legen Sie eine neue Tabelle folgendermaßen an:

1. Klicken Sie auf die Registerkarte *Erstellen*, um die benötigte Multifunktionsleiste anzuzeigen.
2. Wählen Sie darauf den Befehl *Tabelle* aus.

Abbildg. 3.3   Befehl, um eine neue Tabelle zu erstellen

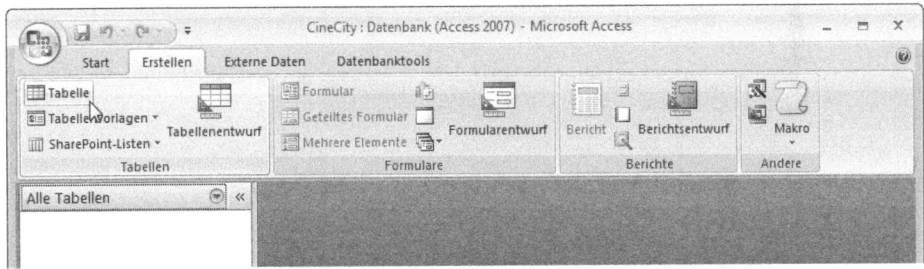

Daraufhin wird die neue Tabelle als Registerkarte angezeigt und Sie können sofort damit beginnen, Ihre Daten einzutragen. Dabei tippen Sie zwar nur die Daten für Ihre Tabelle ein, Access allerdings versucht daraus die Struktur Ihrer Tabelle zu erkennen und legt entsprechend der eingegebenen Daten die Tabelle mit den Feldern und Felddefinitionen fest.

Kapitel 3 Tabellen – echt einfach

Abbildg. 3.4   Die neue Tabelle mit neuem Feld

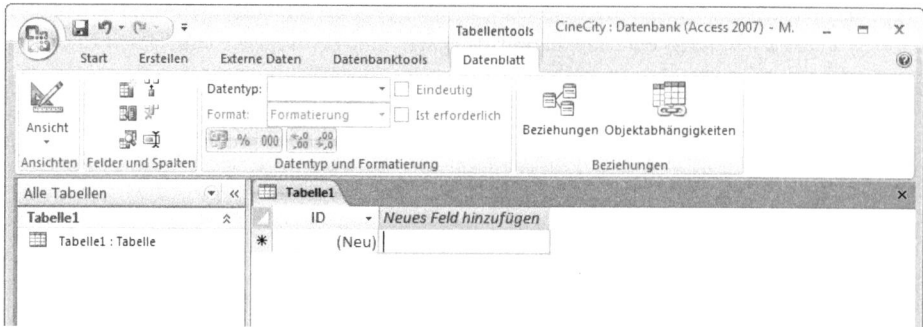

3. Beginnen Sie im Beispiel damit, den Namen der ersten Zeitung einzutragen.

Abbildg. 3.5   Das erste Feld wurde gefüllt

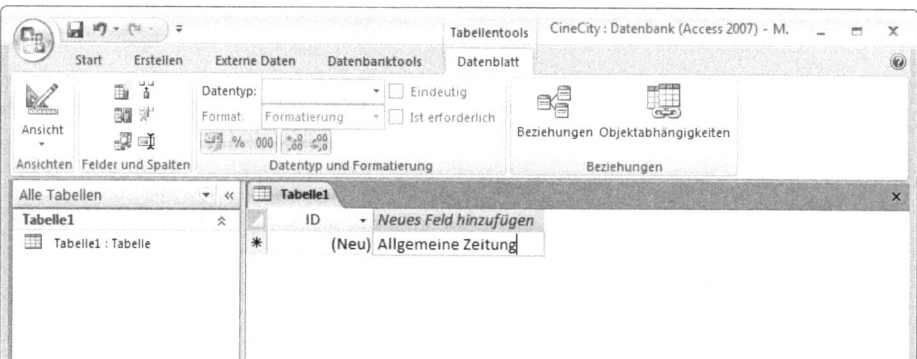

4. Beenden Sie die Feldeingabe mit der ↹-Taste, so wird ein weiteres Feld zum Eingeben von Daten bereitgestellt.

Abbildg. 3.6   Das nächste Feld zum Eingeben von Daten

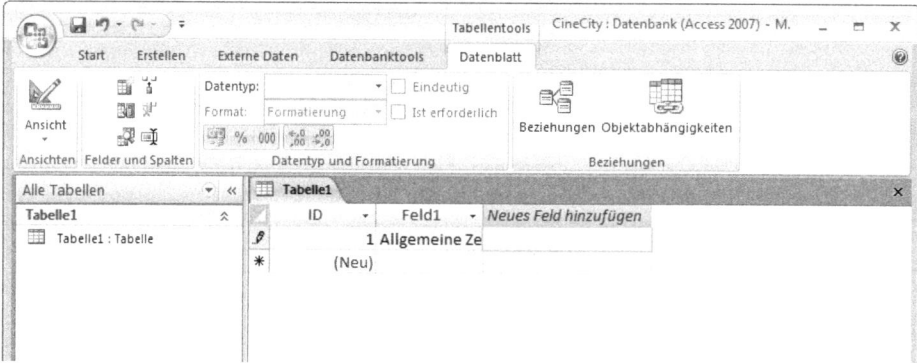

Eine Tabelle anlegen

5. Haben Sie die erste Zeile Ihrer Tabelle fertig eingegeben – man bezeichnet eine solche Zeile in einer Datenbank als Datensatz – so erstellen Sie eine neue Zeile – also einen neuen Datensatz – mithilfe der Schaltfläche *Neuer (leerer) Datensatz*, die Sie in Abbildg. 3.7 sehen können.

Abbildg. 3.7   Einen neuen Datensatz erzeugen

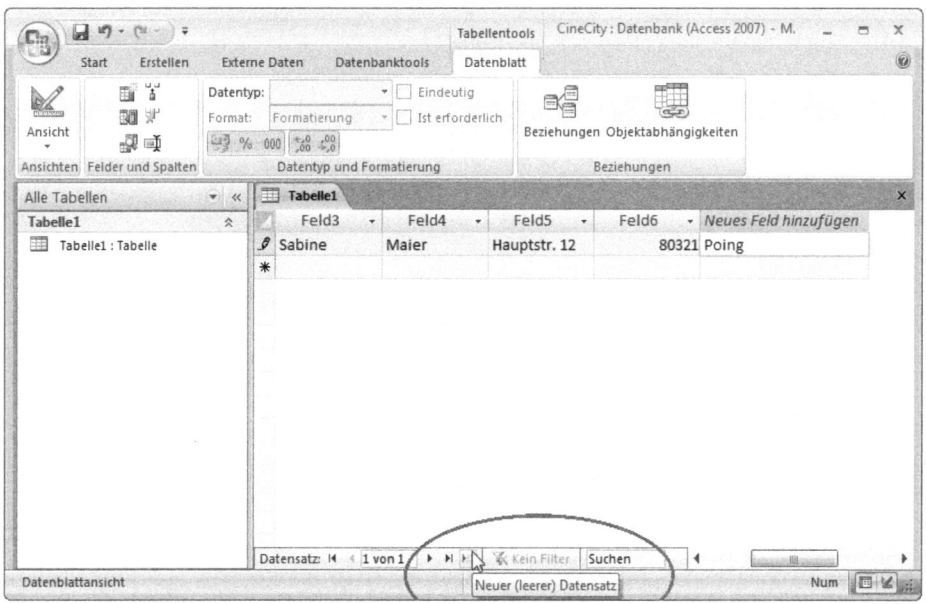

Alternativ können Sie einen neuen Datensatz auch über den Befehl *Neu* auf der Multifunktionsleiste *Start* in der Gruppe *Datensätze* oder die Tastenkombination [Strg]+[+] anlegen.

HINWEIS   In der ersten Access 2007-Version, die zum Schreiben dieses Buches verwendet wurde, hat Access eine etwas seltsame Art die *ID* festzulegen, die die Datensätze durchnummeriert. Legen Sie beispielsweise drei Felder an, beginnt die *ID* mit *3* zu zählen, bei sieben Feldern beginnt sie mit *7*. Möchten Sie die Zählung bei *1* beginnen lassen, so legen Sie ein Feld an, tragen den nächsten Datensatz ein und fügen danach erst die fehlenden Felder ein (zum Thema *Felder ergänzen* lesen Sie weiter auf Seite 83).

Vielleicht ist Ihnen auch aufgefallen, dass die einzelnen Felder der Tabelle mit Namen überschrieben sind, die aus dem Text »Feld« sowie einer Nummer bestehen. Das ist unschön, da Sie so bei einer Neueingabe aus den zuvor gemachten Eingaben auf das entsprechende Feld schließen müssen und sich nicht an der Spaltenüberschrift orientieren können. So können Sie aus einem Feld mit Telefonnummern beispielsweise nicht erkennen, ob hier die private oder die geschäftliche Nummer eingegeben werden soll. Deshalb sollen im nächsten Schritt die Spaltenüberschriften geändert werden, denn das erleichtert die Orientierung doch erheblich.

Die Tabellenfelder benennen

Um die Tabellenfelder umzubenennen, also um die Spalten der Tabelle zu beschriften, platzieren Sie den Maus-Cursor in der entsprechenden Spalte und klicken Sie auf der Multifunktionsleiste *Datenblatt* in der Gruppe *Felder und Spalten* auf die Schaltfläche *Umbenennen*.

Abbildg. 3.8   Zum Umbenennen markierter Spaltenname

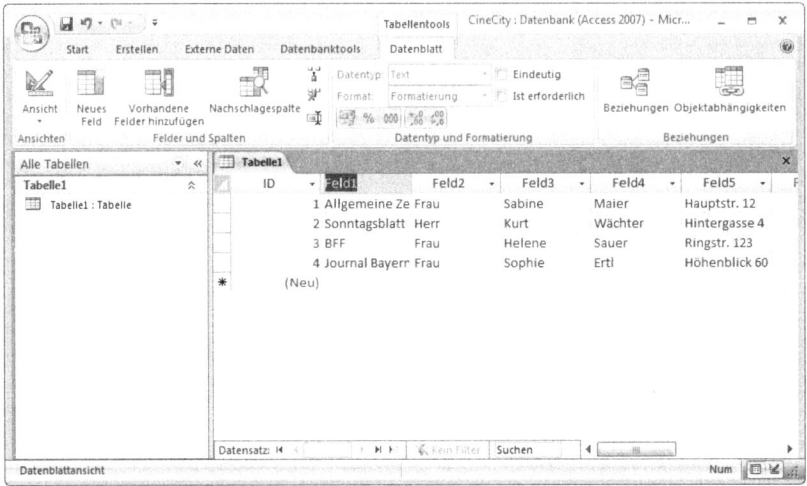

Der Spaltenname wird markiert, und Sie können ihn einfach überschreiben.

Zum Umbenennen der Spalten steht Ihnen auch ein Befehl im Kontextmenü zur entsprechenden Spaltenüberschrift zur Verfügung.

1. Klicken Sie mit der rechten Maustaste auf die Spaltenüberschrift, die Sie umbenennen möchten.
2. Wählen Sie im Kontextmenü *Umbenennen* aus.

Abbildg. 3.9   Spaltenüberschrift mithilfe des Kontextmenüs umbenennen

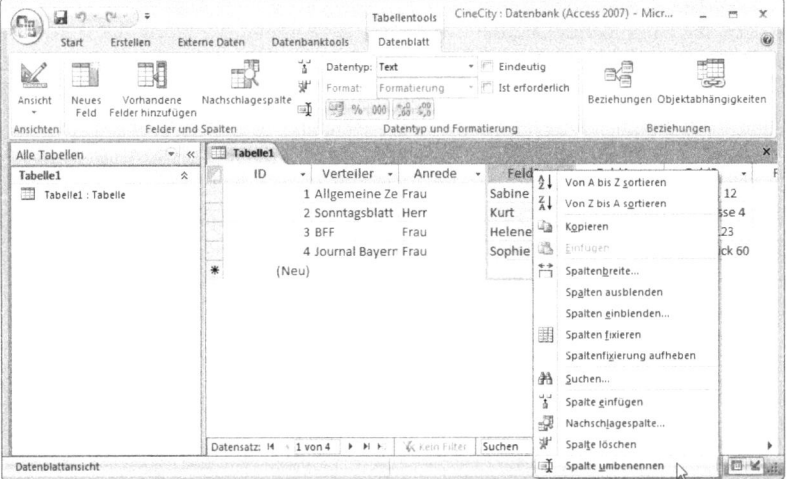

Die Tabelle mit weiteren Feldern versehen

Zudem hat sich CineCity überlegt, dass natürlich auch die Telefon- und Faxnummern sowie eine E-Mail-Adresse benötigt wird. Die Zusammenstellung aller benötigten Felder zeigt Abbildg. 3.10. Somit stellt sich die Frage, wie eine Tabelle um Felder erweitert werden kann.

Abbildg. 3.10 Alle Felder der neuen Tabelle

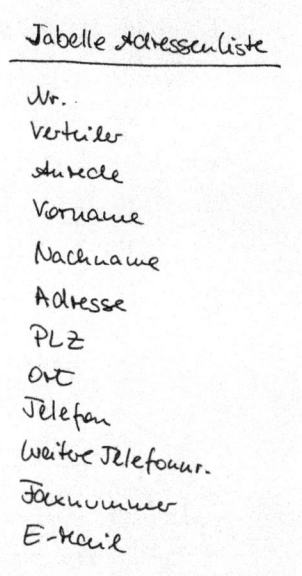

Springen Sie an das Ende einer Zeile einer Tabelle, so sehen Sie, dass Access automatisch ein neues Feld angelegt hat, das Sie einfach nur füllen müssen.

Abbildg. 3.11 Ein neues Feld der Tabelle zufügen

Tabelle speichern

Möchten Sie Ihre Tabelle mit einem Namen versehen, damit Sie auf einen Blick erkennen können, welche Daten in der Tabelle gesammelt werden, so klicken Sie mit der rechten Maustaste auf den Reiter der Tabelle, und wählen Sie – wie es Abbildg. 3.12 zeigt – im Kontextmenü den Befehl *Speichern* aus. Alternativ verwenden Sie die Schaltfläche *Speichern* rechts neben der Schaltfläche *Office*.

Abbildg. 3.12   Die Tabelle soll unter einem Namen gespeichert werden

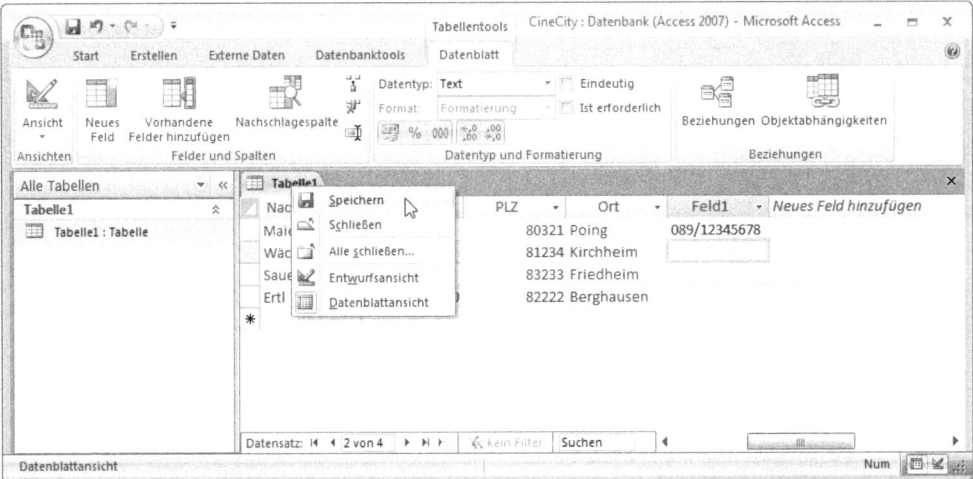

Daraufhin wird ein Dialogfeld aktiviert, das die Eingabe des gewünschten Namens ermöglicht.

Abbildg. 3.13   Den gewünschten Namen eingeben

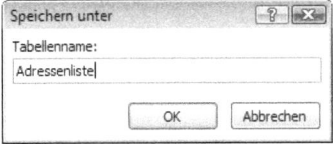

Tabelle schließen und öffnen

Sie sollen jetzt noch erfahren, wie Sie eine Tabelle schließen und öffnen können.

Um eine Tabelle zu schließen, klicken Sie mit der rechten Maustaste auf den Reiter der Tabelle und wählen Sie im Kontextmenü *Schließen* aus.

Möchten Sie eine Tabelle öffnen, so doppelklicken Sie im Navigationsbereich auf ihren Namen oder klicken mit der rechten Maustaste auf den Namen und wählen im Kontextmenü *Öffnen* aus.

Datensätze eingeben und korrigieren

Die erste Tabelle der Datenbank *CineCity* ist angelegt, nun soll es in diesem Kapitel darum gehen, wie eine solche Tabelle gefüllt wird, wie Eingabefehler korrigiert werden können, wie Sie nach bestimmten Begriffen suchen und nach Spalten sortieren können u.Ä.

Es besteht die Möglichkeit, Daten direkt in Tabellen einzugeben, wie wir es in diesem Kapitel beschreiben, oder Sie definieren ein Formular, um Daten darin komfortabler eingeben zu können. Wie Sie Formulare definieren, ist in Kapitel 4, »Formulare – echt einfach«, oder ausführlich in Teil D, »Formulare«, beschrieben.

Datensätze eingeben

Datensätze eingeben, können Sie im Prinzip bereits. Hier möchten wie nur kurz einige weitere Informationen zusammenfassen.

Im allerersten Eingabefeld sehen Sie das Feld *ID*. Es wurde von Access automatisch angelegt und vergibt an jeden neuen Datensatz eine neue Nummer. Diese Zahl wird von Access selbsttätig zugewiesen und zwar so, dass jede Nummer in der gesamten Datenbank nur ein einziges Mal vorkommt.

Möchten Sie sich in der Tabelle von Zelle zu Zelle bewegen, verwenden Sie dazu

- Ihre Maus,
- die ⏎-Taste,
- die ⇥-Taste oder
- die Pfeiltasten.

Um das Speichern Ihrer Datensätze brauchen Sie sich nicht zu kümmern, das tut Access für Sie: Sobald Sie eine Zeile verlassen, wird der entsprechende Datensatz automatisch gespeichert.

Datensätze korrigieren

Haben Sie sich beim Eingeben der Daten vertippt, verwenden Sie zum Korrigieren die Entf - oder die ⟵ -Taste.

Einen bereits gespeicherten Datensatz können Sie bearbeiten, indem Sie

1. einfach vor oder hinter das falsche Zeichen klicken und
2. dieses mit der Entf - und der ⟵ -Taste löschen.

Beim Eingeben und Korrigieren von Datensätzen werden in der Spalte der Zeilenmarkierer (das ist die Schaltfläche vor jeder Zeile) unterschiedliche Symbole angezeigt. Eine farbige Markierung kennzeichnet den aktuellen Datensatz, also den Datensatz, in dem sich gerade die Eingabemarke befindet. Der Stern zeigt den ersten leeren Datensatz an. Und das Stift-Symbol kennzeichnet einen Datensatz, der nachträglich bearbeitet oder korrigiert wird. Verlassen Sie den Datensatz, den Sie nachträglich korrigieren, verschwindet das Stiftsymbol und der Datensatz wird gespeichert.

Kapitel 3 Tabellen – echt einfach

Änderungen rückgängig machen

Unter bestimmten Bedingungen können Sie Änderungen an Datensätzen und Datenfeldern auch wieder zurücknehmen. Verwenden Sie die Schaltfläche *Rückgängig*, um die letzte Aktion rückgängig zu machen.

Das Eingeben von Daten erleichtern

Angenommen, Sie möchten die Faxnummern Ihrer Adressenliste korrigieren. Im Moment ist das sehr schwierig, da Sie sich entweder die Spalte *Verteiler* anzeigen lassen können oder die Faxnummern. Haben Sie in der Tabelle nach rechts geblättert, so dass Sie die Faxnummer sehen können, ist links der Name des Verteilers verschwunden. Um sich das Ablesen in diesem Fall zu erleichtern, kann man die Spalte der Verteiler links fixieren und sich dann mit den Pfeiltasten so weit nach rechts bewegen, bis die Spalte der Faxnummern auf dem Bildschirm erscheint.

Spalten fixieren

Für das folgende Beispiel soll die Spalte *Verteiler* fixiert werden.

1. Klicken Sie mit der rechten Maustaste auf die Spaltenüberschrift der entsprechenden Spalte.
2. Wählen Sie dann im Kontextmenü den Befehl *Spalten fixieren* aus.

Wenn Sie eine Spalte fixieren, wird sie zunächst am linken Rand der Tabelle angeordnet. Zudem finden Sie rechts von den fixierten Spalten eine leicht verstärkte Spaltentrennlinie. Bewegen Sie sich auf Ihrer Tabelle nach rechts, erscheinen die Spalten, die zuvor zu weit rechts lagen, um angezeigt zu werden.

Abbildg. 3.14 **Fixierte Spalte** *Verteiler*

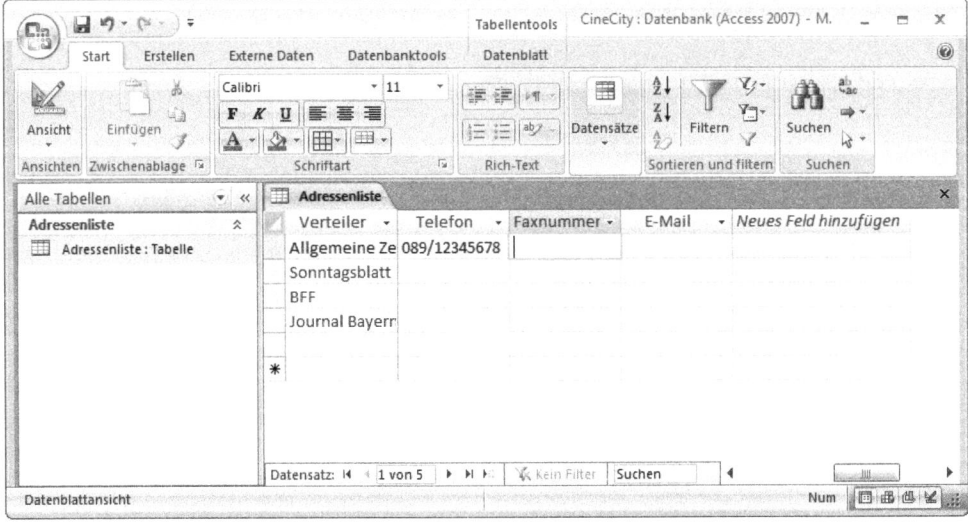

Spaltenfixierung aufheben

Benötigen Sie die Fixierung nicht mehr, können Sie sie im Kontextmenü mit *Spaltenfixierung aufheben* rückgängig machen. Sie werden feststellen, dass dabei aber die Reihenfolge der Spalten geändert wird. Die fixierte Spalte erscheint nun ganz links. Möchten Sie die ursprüngliche Reihenfolge wiederherstellen, lesen Sie dazu den Abschnitt »Spalten verschieben« in diesem Kapitel.

Felder oder Datensätze markieren

Möchten Sie ein Feld – also eine einzelne Zelle – oder einen Datensatz – also eine ganze Zeile – löschen oder kopieren, müssen Sie sie zunächst markieren. Sie können ein Feld bzw. den Inhalt eines Felds markieren, indem Sie

- den Mauszeiger an den linken Rand der Zelle des gewünschten Feldes stellen, so dass sich der Mauszeiger vom normalen Texteingabesymbol in ein dickes Kreuz umwandelt, und damit die Zelle anklicken,
- sich mit den Pfeiltasten Ihrer Tastatur in das entsprechende Feld bewegen oder
- den Text im Feld mit der Maus per Doppelklick markieren.

Einen Datensatz markieren Sie, indem Sie

- den Zeilenmarkierer der gewünschten Zeile anklicken.

Sie können alle Datensätze auf einmal markieren, indem Sie

- die Tastenkombination [Strg]+[A] verwenden oder
- auf die Schaltfläche vor allen Spalten- und über allen Zeilenmarkierern klicken (siehe Abbildg. 3.15).

Abbildg. 3.15 Schaltfläche zum Markieren der gesamten Tabelle

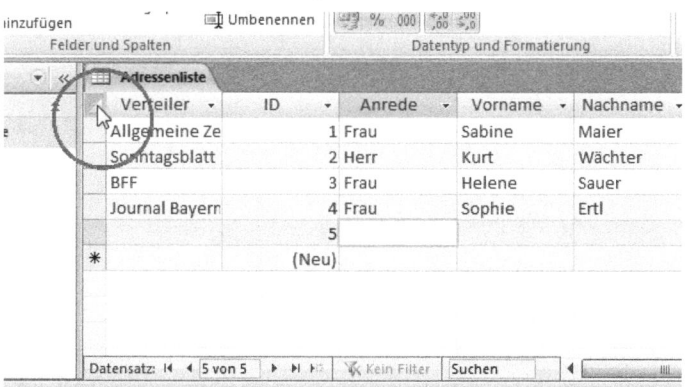

Datensätze oder Inhalte von Feldern löschen

Haben Sie einen Datensatz markiert, ist es ein Einfaches, ihn zu löschen. Tippen Sie auf die [Entf]-Taste Ihrer Tastatur oder wählen Sie über die Multifunktionsleiste auf der Registerkarte *Start* in der Gruppe *Datensätze* die Schaltfläche *Löschen* aus. Sicherheitshalber fragt Access noch einmal nach, ob Sie wirklich den Datensatz löschen möchten.

Kapitel 3 Tabellen – echt einfach

Abbildg. 3.16 Soll der Datensatz wirklich gelöscht werden?

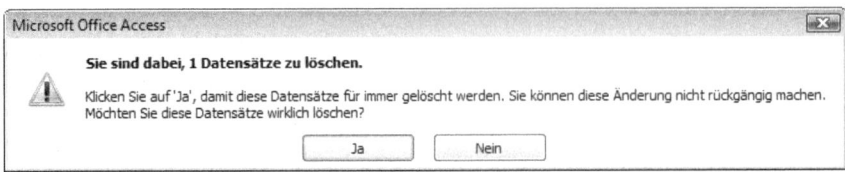

Ein Klick auf die Schaltfläche *Nein* zaubert den Datensatz zurück auf den Bildschirm. Bestätigen Sie mit *Ja*, ist er wirklich weg.

Haben Sie den Inhalt eines Feldes markiert, und verwenden Sie die `Entf`-Taste oder die Schaltfläche *Löschen*, so wird der Feldinhalt gelöscht.

Haben Sie ein Datenfeld oder den Inhalt eines Feldes markiert und klicken Sie dann auf das Dreieck der Schaltfläche *Löschen*, so können Sie wählen, ob Sie den Inhalt des Felds, den Datensatz oder die Spalte löschen, in der sich das markierte Feld befindet.

Abbildg. 3.17 Verschiedene Löschmöglichkeiten

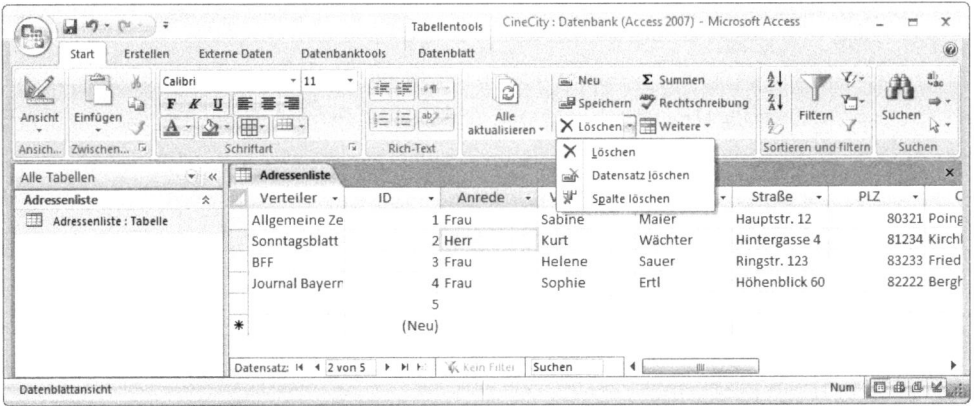

Datensätze kopieren

Möchten Sie einen Datensatz kopieren, so verfahren Sie so:

1. Klicken Sie auf den Datensatzmarkierer vor dem zu kopierenden Datensatz.

2. Zum Kopieren verwenden Sie entweder die Tastenkombination `Strg`+`C`, die Schaltfläche *Kopieren* auf der Befehlsregisterkarte *Start* in der Gruppe *Zwischenablage* oder den Befehl *Kopieren* aus dem Kontextmenü.

In der Regel werden Sie den neuen Datensatz an das Ende der Datenbank einfügen wollen. Klicken Sie dazu auf der Registerkarte *Start* in der Gruppe *Zwischenablage* den unteren Teil der Schaltfläche *Einfügen*. Wählen Sie im Menü *Am Ende anfügen*.

Abbildg. 3.18 Kopierter Datensatz soll am Ende eingefügt werden

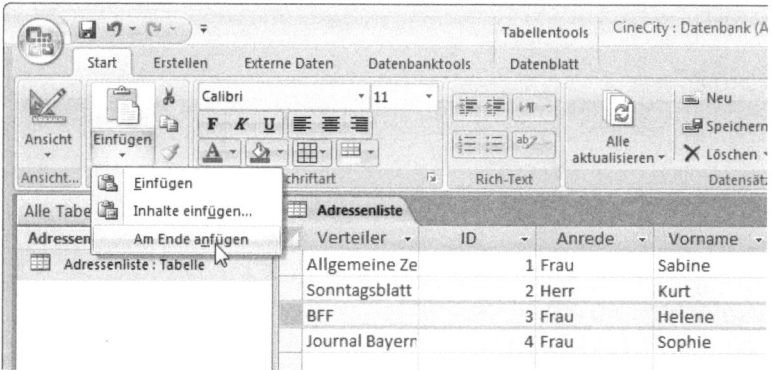

Feldinhalte kopieren und verschieben

Möchten Sie den Inhalt eines Felds kopieren oder verschieben, so beginnen Sie ebenfalls damit, den gewünschten Inhalt zu markieren.

Zum Kopieren verfahren Sie dann so:

1. Markieren Sie den Feldinhalt.
2. Kopieren Sie die Markierung mithilfe der Schaltfläche *Kopieren* auf der Befehlsregisterkarte *Start* in der Gruppe *Zwischenablage*, der Tastenkombination [Strg]+[C] oder mit dem Befehl *Kopieren* aus dem Kontextmenü (Mausklick mit der rechten Maustaste auf die Markierung).
3. Markieren Sie nun das Feld, an dessen Stelle das kopierte Feld eingefügt werden soll.
4. Verwenden Sie dann den Befehl *Einfügen* auf der Befehlsregisterkarte *Start* in der Gruppe *Zwischenablage*, die Tastenkombination [Strg]+[V] oder den Befehl *Einfügen* im Kontextmenü.

Und so verfahren Sie, um Feldinhalte zu verschieben:

Das Verschieben funktioniert nach genau demselben Prinzip. Da Sie Daten aus Feldern dabei allerdings ausschneiden und nicht kopieren, verwenden Sie im zweiten Schritt den Befehl *Ausschneiden* auf der Registerkarte *Start*, die Tastenkombination [Strg]+[X] oder den Befehl *Ausschneiden* aus dem Kontextmenü.

Beachten Sie beim Einfügen:

Befindet sich in einem Feld bereits Text, der beim Einfügen überschrieben werden soll, achten Sie beim Markieren darauf, dass auch wirklich der gesamte Text der Zelle markiert ist.

Abbildg. 3.19 Überschreiben des Feldes

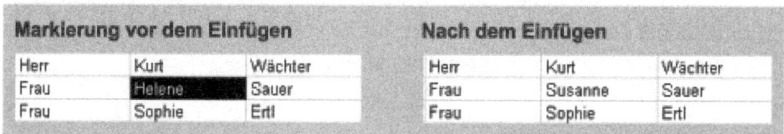

Kapitel 3   Tabellen – echt einfach

Haben Sie nur die Eingabemarke im Feld platziert, so wird beim Einfügen der Text zum ursprünglichen hinzugefügt.

Abbildg. 3.20   Zum Text hinzufügen

Markierung vor dem Einfügen			Nach dem Einfügen		
Herr	Kurt	Wächter	Herr	Kurt	Wächter
Frau	Helene|	Sauer	Frau	HeleneSusanne	Sauer
Frau	Sophie	Ertl	Frau	Sophie	Ertl

Spalten verschieben

Spalten lassen sich leicht verschieben. Als Beispiel soll im Folgenden die Spalte *Verteiler* wieder hinter die Spalte *ID* geschoben werden.

1. Markieren Sie die Spalte *Verteiler*, indem Sie auf den Spaltenmarkierer über der Spalte klicken. Wie Sie in Abbildg. 3.21 sehen können, ändert sich der Maus-Cursor beim Klicken auf den Spaltenmarkierer zu einem kleinen schwarzen Pfeil, der nach unten zeigt.

Abbildg. 3.21   Markierte Spalte *Verteiler*

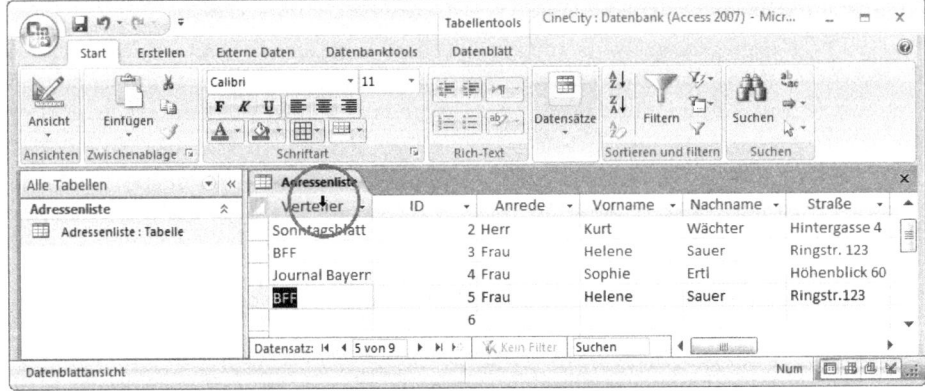

2. Klicken Sie erneut auf den Spaltenmarkierer, halten die Maustaste gedrückt und
3. ziehen mit Ihrer Maus die markierte Spalte über die Spalte *Anrede*.

WICHTIG   Ziehen Sie die markierte Spalte immer über die Spalte, die später rechts von der verschobenen liegen soll. Beim Ziehen können Sie dabei anhand einer schwarzen dicken Linie sehen, wo die markierte Spalte eingefügt wird.

Möchten Sie mehrere nebeneinander liegende Spalten markieren, klicken Sie deren Spaltenmarkierer an und halten dabei die ⇧-Taste gedrückt. Klicken Sie dann erneut auf die Markierung, können Sie alle markierten Spalten gleichzeitig verschieben.

Suchen und Ersetzen

In der Regel werden Tabellen, mit denen Sie später arbeiten, nicht so übersichtlich sein wie die als Beispiel verwendete Tabelle *Adressenliste*. Stellen Sie sich vor, Sie müssten unter 1.000 Datensätzen die Adresse von Maria Kowalew finden. Da wären Sie einen Moment beschäftigt. Eben deshalb bietet Ihnen Access die im Folgenden beschriebene Unterstützung.

Nach Datensätzen suchen

Angenommen, Sie möchten nach einem bestimmten Namen suchen. So können Sie den gesuchten Namen einfach im Suchfeld der Statuszeile des Programmfensters eingeben. Access markiert die erste übereinstimmende Eingabe in Ihrer Tabelle.

Abbildg. 3.22   Verwendung des Suchfelds

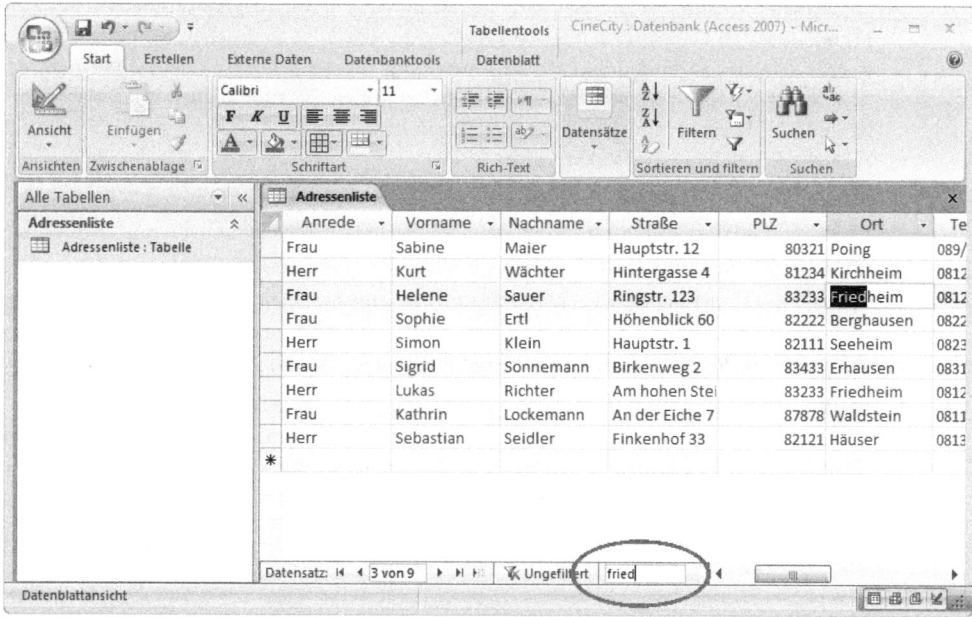

Wollen Sie beispielsweise nur in der Spalte *Nachnamen* suchen lassen oder möchten Sie, dass bei der Suche die Groß-/Kleinschreibung berücksichtigt wird, so verwenden Sie das Dialogfeld *Suchen und Ersetzen*.

1. Platzieren Sie die Eingabemarke irgendwo in der benötigten Spalte und
2. klicken Sie auf die Schaltfläche *Suchen*.

Alternativ können Sie auch die Tastenkombination [Strg]+[F] verwenden. Sie aktivieren in jedem Fall ein Dialogfeld, in das Sie zunächst den Suchbegriff eingeben müssen.

Abbildg. 3.23   Suche in der Tabelle *Adressenliste*

Klicken Sie nun auf die Schaltfläche *Weitersuchen*, sucht Access von der aktuell selektierten Zeile nach unten. Hinter *Suchen in* können Sie festlegen, ob in der gesamten Tabelle oder nur in der angeklickten Spalte gesucht werden soll.

Definieren Sie hinter *Vergleichen*, was Access mit Ihrem Suchbegriff vergleichen soll, einen *Teil des Feldinhaltes*, ein *Ganzes Feld* oder den *Anfang des Feldinhaltes*. Suchen Sie beispielsweise nach dem Begriff »Hahn«, so finden Sie mit der Einstellung *Ganzes Feld* alle Ansprechpartner, die Hahn heißen. Mit der Einstellung *Anfang des Feldinhaltes* finden Sie zudem auch noch Namen wie Hahnenkamm oder Hahnheim. Die allgemeinste Form ist die Option *Teil des Feldinhaltes*. Damit finden Sie zusätzlich auch Namen wie Auerhahn.

Im Kombinationsfeld zu *Suchen* legen Sie bei Bedarf eine Suchrichtung fest. Klappen Sie das Kombinationsfeld auf, können Sie angeben, dass Access in der aktuellen Spalte nur nach unten (*Abwärts*), nur nach oben (*Aufwärts*) oder in beide Richtungen (*Alle*) suchen soll.

Mithilfe des Kontrollkästchens *Groß-/Kleinschreibung beachten* legen Sie fest, dass nur nach der eingegebenen Schreibweise gesucht wird. Mit dem Suchbegriff »Hahn« finden Sie beispielsweise Auerhahn nicht mehr, aber immer noch den Doppelnamen Auer-Hahn.

Das Kontrollkästchen *Formatierung beachten* bezieht sich auf Zahlenfelder. Suchen Sie beispielsweise nach einem Datum und möchten – aus irgendeinem Grund – nur Datumswerte in der Schreibweise 2.2.07 anstelle von 02.02.07 berücksichtigt wissen, sollte das Optionsfeld aktiviert sein.

Ersetzen

Möchten Sie einen bestimmten Begriff durchgängig in der gesamten Tabelle durch einen anderen ersetzen, verwenden die zweite Registerkarte des Dialogfelds *Suchen und Ersetzen*, klicken Sie auf die Schaltfläche *Ersetzen* oder verwenden Sie die Tastenkombination [Strg]+[H].

Als Beispiel sollen in der gesamten Tabelle die Einträge »Herr« in »Herrn« geändert werden. Dann kann man später bei der Erstellung von Serienbriefen für die Adresse direkt die Einträge der Tabelle verwenden.

1. Platzieren Sie die Eingabemarke in der Spalte der *Anrede*.
2. Öffnen Sie das Dialogfeld *Ersetzen*,
3. tragen Sie den Suchbegriff ein und dann den Begriff, mit dem der Suchbegriff ersetzt werden soll.

Tabellen sortieren

Abbildg. 3.24   Begriffe in der Tabelle ersetzen

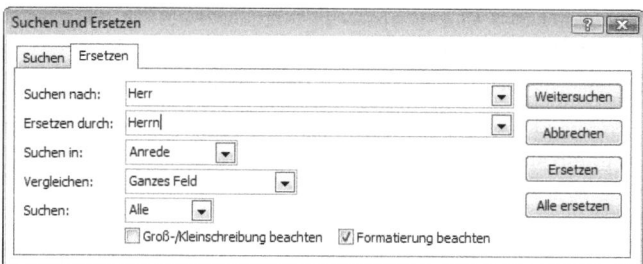

Klicken Sie auf die Schaltfläche *Alle ersetzen*, so sucht Access in der aktuellen Spalte bzw. in der Tabelle nach den Suchbegriffen und ersetzt alle. Manchmal ist es erforderlich, dass man das Ersetzen der einzelnen Begriffe überwacht. Dann können Sie mit der Schaltfläche *Weitersuchen* jeweils den Begriff suchen. Soll er ersetzt werden, klicken Sie auf die entsprechende Schaltfläche, falls nicht, klicken Sie auf *Weitersuchen*.

Tabellen sortieren

Wenn Sie möchten, können Sie Ihre Tabelle sehr leicht nach verschiedenen Spalten sortiert anzeigen lassen. So soll die Tabelle *Adressenliste*, die um einige Datensätze ergänzt wurde, alphabetisch nach dem Verteiler sortiert angezeigt werden.

1. Klicken Sie in die Spalte *Verteiler* und
2. klicken Sie dann auf der Registerkarte *Start* auf die Schaltfläche *Aufsteigend*.

Abbildg. 3.25 zeigt die nach dem Verteiler sortierten Datensätze. Wenn Sie genau schauen, können Sie rechts neben dem Dreieck des Spaltenmarkierers einen kleinen Pfeil erkennen, der Ihnen die Sortierung anzeigt.

Abbildg. 3.25   Alphabetisch sortierter Verteiler

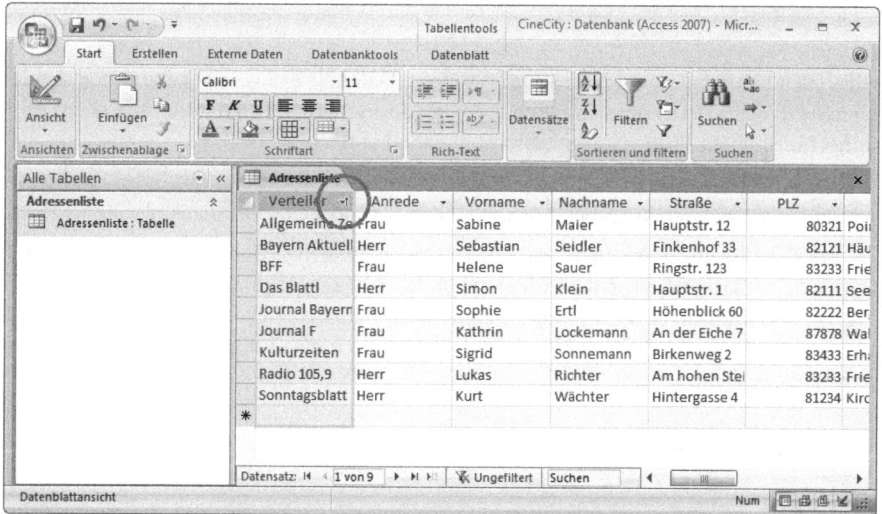

Kapitel 3 Tabellen – echt einfach

Möchten Sie eine Spalte umgekehrt, beispielsweise von Z bis A sortieren oder sollen große Zahlen weiter oben, kleinere weiter unten zu sehen sein, so verwenden Sie einfach die darunter liegende Schaltfläche, nämlich *Absteigend*.

Um die Sortierung wieder aufzuheben, klicken Sie auf die Schaltfläche *Alle Sortierungen löschen*.

Zum Sortieren können Sie auch das Dreieck des Spaltenmarkierers anklicken und im Menü das gewünschte Sortierkriterium auswählen.

Abbildg. 3.26 Alternative Sortiermöglichkeit

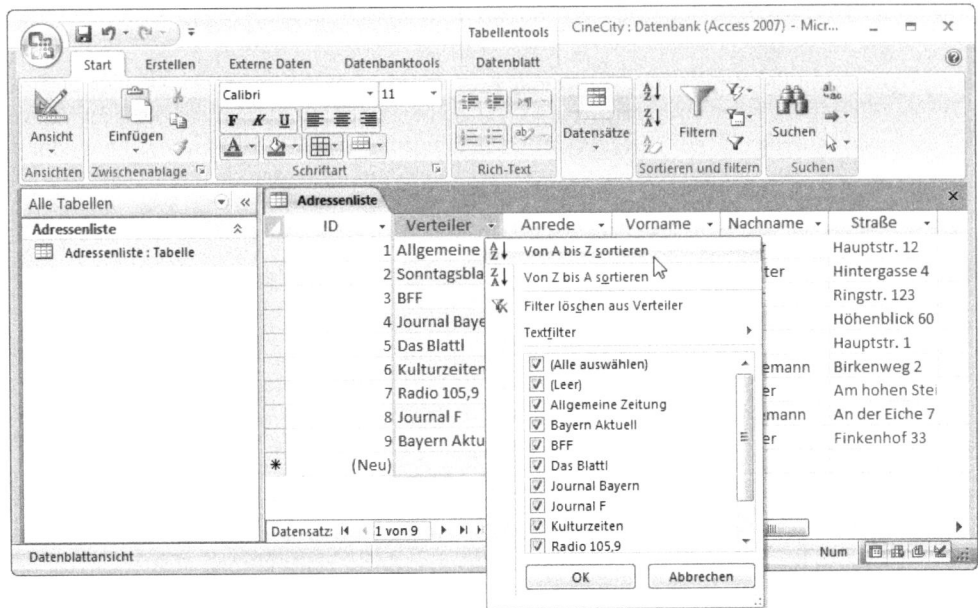

Datensätze filtern

Bisweilen kommt es vor, dass Sie nur bestimmte Datensätze angezeigt bekommen möchten, wie beispielsweise alle Datensätze, in deren Adresse ein bestimmter Ort vorkommt, oder alle Datensätze eines bestimmten Postleitzahlengebiets oder alle Frauen oder, oder …

Sie verwenden also Filter, um die angezeigten Datensätze nach einem von Ihnen festgelegten Kriterium einschränken zu können. Dabei lassen sich Filter für Tabellen, Formulare oder Berichte einsetzen.

In der Befehlsgruppe *Sortieren und Filtern* finden Sie neben den Schaltflächen zum Sortieren eine große Schaltfläche, die ebenfalls die in Abbildg. 3.26 dargestellte Auswahlliste aktiviert. Neben den Sortierungen lassen sich über diese Auswahlliste die Datensätze auch filtern. Die in Abbildg. 3.27 dargestellte Einstellung findet beispielsweise alle Datensätze für die die Eintragungen in der aktuellen Spalte fehlen.

Datensätze filtern

Abbildg. 3.27 Zum Finden vergessener Eintragungen

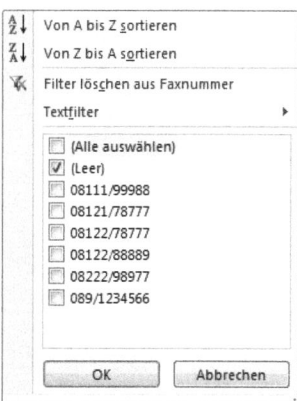

Um das in Abbildg. 3.28 dargestellte Ergebnis zu erhalten, wurde der Maus-Cursor in die Spalte der Faxnummern platziert und in der Auswahlliste das Kontrollkästchen zu *Leer* aktiviert. Sie erkennen, dass in Ihrer Ansicht ein Filter angewendet wurde, an dem angezeigten Filtersymbol auf dem Spaltenmarkierer sowie an der Anzeige *Gefiltert* in der Datensatznavigatorleiste.

Abbildg. 3.28 Nach leeren Feldern gefilterte Tabelle

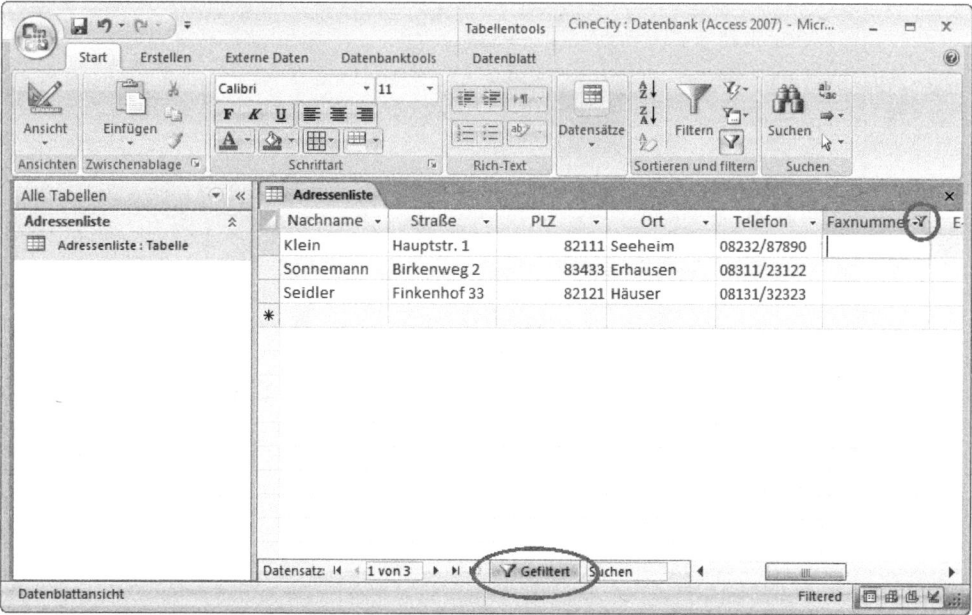

Um die Filtereinstellung zu kontrollieren, können Sie Ihren Maus-Cursor über den Spaltenmarkierer schieben und erhalten so die aktuelle Filtervorschrift.

Abbildg. 3.29   Anzeige des Filterkriteriums

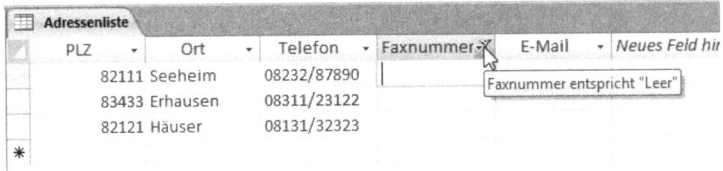

Möchten Sie wieder alle Datensätze anzeigen, klicken Sie auf die Schaltfläche *Filter entfernen* oder in der Datensatznavigatorleiste neben dem Suchfeld auf *Gefiltert*. Über diese Schaltfläche lässt sich auch sehr einfach der zuletzt verwendete Filter wieder anzeigen.

Über die Auswahlliste können Sie auch alle Eintragungen für einen bestimmten Ort oder alle Frauen finden. Je nachdem, in welchem Feld sich die Maus befindet, wird die Auswahlliste an die Eintragungen angepasst.

Abbildg. 3.30   Filter zum Anzeigen aller Eintragungen für *Friedheim* bzw. aller eingetragenen Frauen

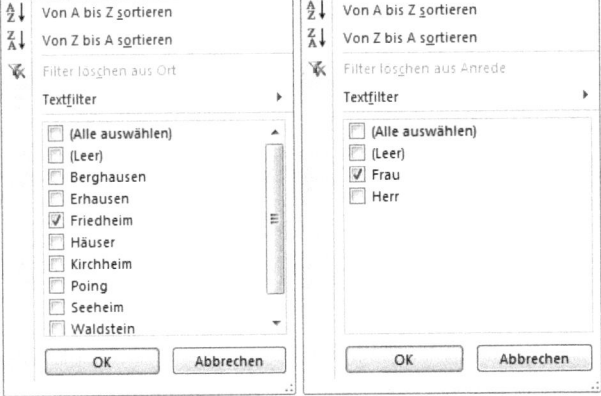

Interessant sind auch die Text-, Zahlen- und Datumsfilter. Je nachdem, ob Sie ein Text-, Zahlen- oder Datumsfeld markiert haben, wenn Sie auf die Schaltfläche *Filtern* klicken, erhalten Sie Filterkriterien für eine Zeichenkette, für Zahlen oder Datumswerte (siehe Abbildg. 3.31).

Datensätze filtern

Klicken Sie auf die gewünschte Auswahl, so rufen Sie damit ein Dialogfeld auf, das Ihre gewünschte Einstellung aufnimmt.

Abbildg. 3.31   Links die Auswahl eines Textfilters, in der Mitte der Zahlenfilter und rechts ein Datumsfilter

Abbildg. 3.32   Datensätze mit Postleitzahlen zwischen 81000 und 83000 filtern

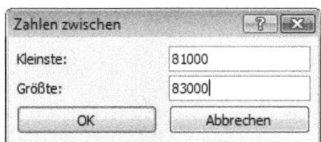

Auswahlbasierte Filter

In der Gruppe *Sortieren und Filtern* finden Sie zwei weitere Schaltflächen zum Filtern. Der Filter *Auswahl* bietet entsprechend Ihrer Selektion Filterkriterien an wie Abbildg. 3.33 demonstriert.

Abbildg. 3.33   Filterkriterien entsprechend der Auswahl

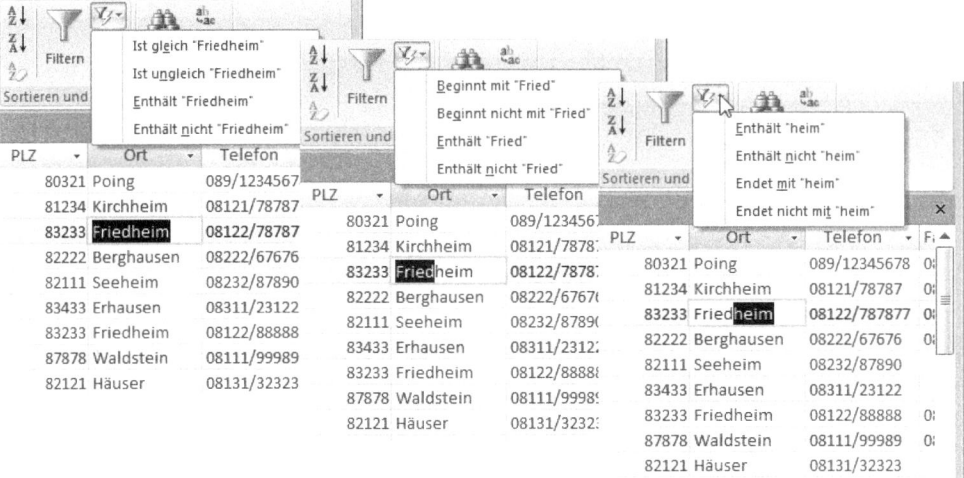

Formularbasierte Filter

Möchten Sie auf zwei oder mehrere Felder einen Filter anwenden – suchen Sie beispielsweise alle Verteiler mit Ansprechpartnerinnen für die eine Faxnummer eingetragen ist – dann ist es sinnvoll, formularbasierte Filter zu verwenden.

1. Klicken Sie auf *Erweiterte Filteroptionen* und in der Auswahlliste auf *Formularbasierter Filter*.
   Daraufhin werden alle Datensätze ausgeblendet.
2. Möchten Sie nun alle Frauen auswählen, klicken Sie in das Feld unter *Anrede*, öffnen Sie mithilfe des Dreiecks die Auswahlliste und wählen Sie *Frau* aus.

   Als zweites Filterkriterium sollen alle ausgewählten Frauen auch eine eingetragene Faxnummer aufweisen. Um ein Feld abzufragen, ob es leer ist, wird das Kriterium `Ist NULL` verwendet. (Um deutlich zu machen, dass es sich hier nicht um die Zahl Null handelt, sondern um einen datenbankspezifischen Ausdruck, der die Leere eines Feldes beschreibt, haben wir im Folgenden diesen Ausdruck in Großbuchstaben geschrieben. In Access selbst wird der Ausdruck zwar groß, aber nicht in Großbuchstaben geschrieben.) Soll ein Feld nicht leer sein, heißt die Abfrage entsprechend `Ist nicht NULL`.
3. Klicken Sie in das Feld unter Faxnummer und tragen Sie `Ist nicht NULL` ein.

4. Um den Filter zu aktivieren, klicken Sie dann auf die Schaltfläche *Filter anwenden*.

Abbildg. 3.34 Formularbasierter Filter mit zwei Filterkriterien

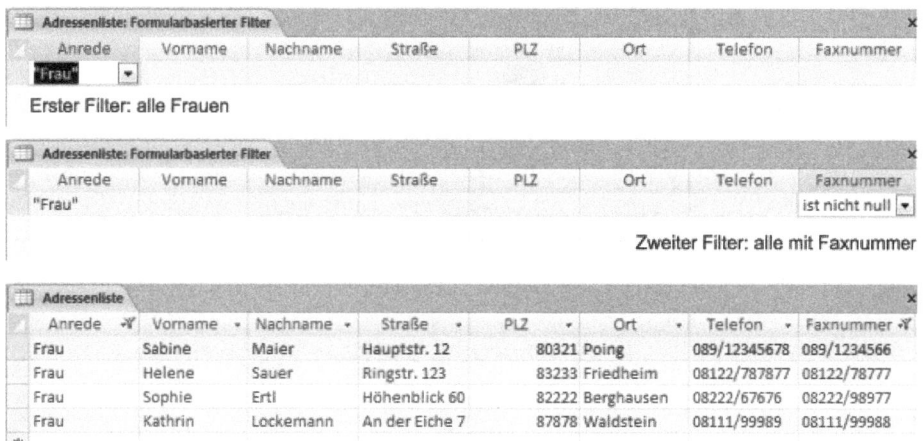

WICHTIG Haben Sie zuvor einen anderen Filter verwendet, so müssen Sie die in der entsprechenden Spalte eingetragene Filterbedingung zunächst löschen. Dazu können Sie den Inhalt des entsprechenden Felds markieren und mit der `Entf`-Taste löschen.

Der Und-Filter

Verwenden Sie zwei oder mehr Filterkriterien wie im vorangegangenen Abschnitt beschrieben, so werden die Filterkriterien mit dem logischen Befehl *Und* verknüpft. Was das bedeutet? Im Beispiel wurde alle Datensätze gesucht für die die Anrede Frau war *und* die eine Faxnummer besaßen. Beide angegebenen Kriterien sollen gleichzeitig gelten.

Entweder-Oder-Filter

Sie können auch Oder-Filter verwenden. Was das nun wieder ist? Stellen Sie sich vor, Sie möchten alle Datensätze herausfiltern, für deren Verteiler Männer zuständig sind. Jetzt haben Sie aber bereits festgestellt, dass versehentlich sowohl die Anrede »Herrn« als auch »Herr« in die Datenbank eingegeben wurde. Das heißt, Sie möchten sich nun alle Datensätze anzeigen lassen, für die entweder die *Anrede* »Herrn« oder die *Anrede* »Herr« verwendet wurde. Gehen Sie dazu einfach so vor:

1. Klicken Sie auf *Erweiterte Filteroptionen* und dann auf *Formularbasierter Filter*.
2. Wählen Sie als *Anrede* »Herr« aus (siehe Abbildg. 3.35, oben).
3. Klicken Sie dann unten im Dialogfeld auf die Registerlasche *Oder*. Sie erhalten so ein neues, leeres Registerblatt angezeigt.
4. Wählen Sie hier in der Liste der *Anrede* »Herrn« aus (siehe Abbildg. 3.35, Mitte).
5. Aktivieren Sie den Filter mithilfe der Schaltfläche *Filter anwenden*, um das in Abbildg. 3.35 unten dargestellte Ergebnis zu erhalten.

Abbildg. 3.35   Herr oder Herrn?

Formatierungen für Tabellen

Ob es sich wirklich lohnt, eine Tabelle zu formatieren, müssen Sie selbst entscheiden. Eigentlich sind in Access Berichte zum Ausdrucken vorgesehen. Möchten Sie eine Tabelle ausdrucken, und hätten Sie den Ausdruck gerne in einer bestimmten Form, mag sich der Aufwand lohnen.

PROFITIPP

Möchten Sie Einstellungen zur Formatierung für alle Datenblätter ändern, so klicken Sie dazu auf die *Office*-Schaltfläche und wählen die Schaltfläche *Access-Optionen* aus. Klicken Sie links im Navigatorbereich auf *Datenblatt*, so finden Sie rechts verschiedene Einstellungsmöglichkeiten.

Zeichenformat

Möchten Sie das Zeichenformat in Ihrer Tabelle verändern, verwenden Sie dazu die Befehlsgruppe *Schriftart* auf der Registerkarte *Start*.

Normalerweise verwendet Access als Schrift in den Tabellen die Schriftart Calibri mit der Schriftgröße 11 Punkt. Beides lässt sich über die entsprechenden Kombinationsfelder ändern.

Abbildg. 3.36 Soll das Zeichenformat geändert werden?

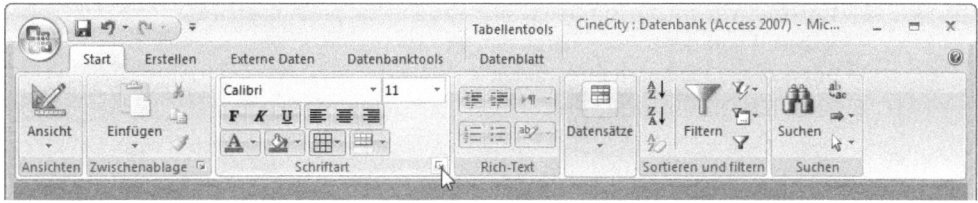

HINWEIS Beachten Sie dabei, dass die Änderungen, die Sie hier vornehmen, die gesamte Tabelle betreffen.

Über die kleine Schaltfläche am rechten unteren Rand der Gruppe können Sie ein Dialogfeld aufrufen das Formatierungen des Datenblatts ermöglicht. Dort können Sie die Hintergrund- bzw. die Linienfarbe einstellen sowie einige andere Effekte.

Abbildg. 3.37 Dialogfeld zum Formatieren des Datenblatts

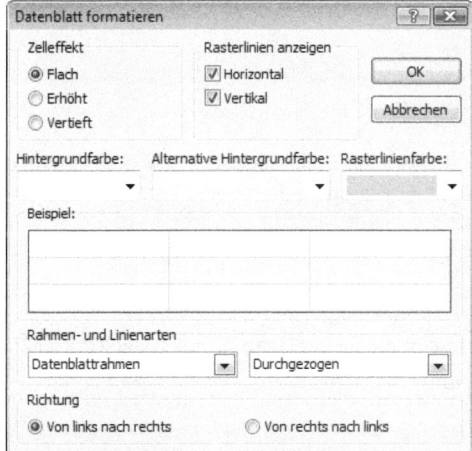

Die Spaltenbreite verändern

Die Spaltenbreite zu ändern, kann durchaus Sinn machen. Bei der Definition der Tabelle legt Access jede Spalte gleich breit an. Manche Spalten, wie die der Postleitzahlen, können jedoch ruhig kleiner gezogen werden, andere wiederum sollten breiter definiert werden, um den gesamten Text eines Feldes lesen zu können.

Um die Breite einer Spalte zu verändern, gibt es zwei Möglichkeiten: Verwenden Sie dazu die Maus oder das Dialogfeld *Spaltenbreite*.

Spaltenbreite mit der Maus verändern

1. Um die Breite einer bestimmten Spalte zu ändern, positionieren Sie den Maus-Cursor über dem rechten Rand des Spaltenmarkierers. Ihr Maus-Cursor wird zu einer dicken senkrechten Linie mit je einem Pfeil nach links und nach rechts.
2. Klicken Sie damit auf die Linie, halten die Maustaste gedrückt und
3. ziehen Sie sie nach links, um die Spalte zu verkleinern, bzw. nach rechts, wenn sie breiter werden soll.

Abbildg. 3.38   Verkleinern der Spalte PLZ

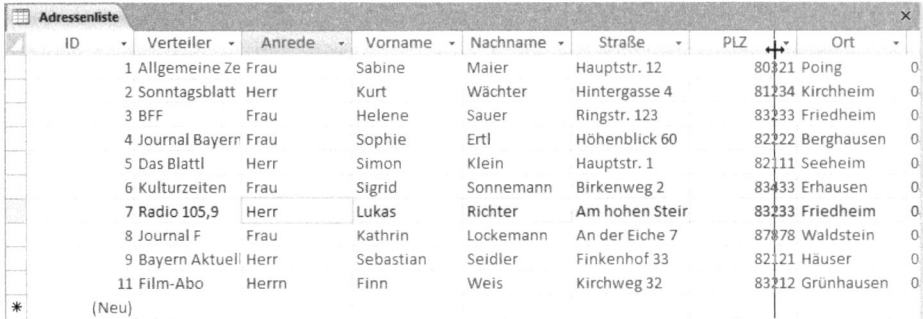

Möchten Sie mehrere nebeneinander liegende Spalten gleich breit ziehen, markieren Sie sie und ziehen dann am rechten Rand eines Spaltenmarkierers.

HINWEIS   Ein Doppelklick auf den rechten Rand des Spaltenmarkierers bewirkt, dass die Spalte genau so breit wird, dass der breiteste Eintrag gerade hineinpasst.

Spaltenbreite über das Dialogfeld *Spaltenbreite* einstellen

Ebenso leicht lässt sich die Breite über das Dialogfeld *Spaltenbreite* festlegen:

1. Positionieren Sie zuerst die Eingabemarke in die Spalte, deren Breite festgelegt werden soll.
2. Aktivieren Sie dann das Kontextmenü und wählen Sie darin *Spaltenbreite* aus.

Abbildg. 3.39   Die Breite einer Spalte wird festgelegt

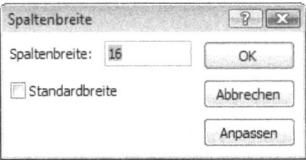

Mit *Standardbreite* wird die Spaltenbreite bezeichnet, die Access automatisch beim Erstellen zuweist. Sie beträgt etwa 11,5 Zeichen mit der Standardschrift Calibri in der Schriftgröße 11 Punkt, was etwa 2,5 cm entspricht.

3. Überschreiben Sie einfach die eingetragene Zahl.

HINWEIS   Die Schaltfläche *Anpassen* im Dialogfeld verändert die Spaltenbreite so, dass auch der längste Eintrag noch in der Spalte angezeigt wird.

Die Zeilenhöhe

Auch zum Ändern der Zeilenhöhe gibt es die Maus- und die Menüvariante. Allerdings ändern Sie dabei die Zeilenhöhe aller Zeilen der Tabelle.

1. Möchten Sie die Zeilenhöhe mit der Maus bearbeiten, schieben Sie den Mauszeiger auf den unteren Rand einer Zeile. Wieder ändert sich der Cursor zu einer Linie mit einem Doppelpfeil.
2. Klicken Sie damit die Linie an und ziehen Sie sie nach oben, um die Zeilenhöhe zu verkleinern, bzw. nach unten, wenn Sie die Höhe vergrößern möchten.

Möchten Sie die Zeilenhöhe über das Kontextmenü einstellen, verwenden Sie den Befehl *Zeilenhöhe*. Die Standardhöhe einer Zeile beträgt 14,25 Punkt, wenn Sie eine 11-Punkt-Schrift verwenden. Ist Ihre Schrift größer formatiert, beispielsweise in einer 12-Punkt-Schrift, so wird auch die Standardhöhe vergrößert, nämlich auf 15 Punkt.

Abbildg. 3.40   Zeilenhöhe ändern

Spalten verstecken

Soll eine bestimmte Spalte nicht angezeigt werden, weil sie beispielsweise nicht ausgedruckt werden soll, so verstecken Sie sie einfach.

1. Platzieren Sie die Eingabemarke in der Spalte, die ausgeblendet werden soll,
2. aktivieren Sie das Kontextmenü zur Spalte und wählen Sie dann den Befehl *Spalten ausblenden*, so verschwindet die Spalte scheinbar.

Möchten Sie sie später wieder einschalten, rufen Sie im Kontextmenü den Befehl *Spalten einblenden* auf.

Abbildg. 3.41   Spalten ein- bzw. ausblenden

Haben Sie den Befehl zum Einblenden der Spalten aufgerufen, so aktivieren Sie damit ein Dialogfeld. Hier können Sie diejenigen Felder wieder einblenden, die ausgeblendet sind, bzw. ebenso gut bestimmen, welche anderen Felder ausgeblendet werden sollen.

Abbildg. 3.42   Legen Sie fest, welche Spalten ein- und welche ausgeblendet werden sollen

Das Layout speichern

Haben Sie Änderungen am Layout der Tabelle vorgenommen und wollen nun die Tabelle schließen, werden Sie von Access explizit gefragt, ob die Änderungen gespeichert werden sollen.

Abbildg. 3.43   Möchten Sie die Layout-Änderungen speichern?

Möchten Sie vorsichtshalber beim Arbeiten am Layout die Änderungen speichern, verwenden Sie die Schaltfläche *Speichern*, den Kontextmenü-Befehl *Speichern* oder [Strg]+[S].

Eine Tabelle drucken

Soll Ihre Tabelle gedruckt werden, so führt der Weg in der Regel erst einmal über die Seitenansicht, die Sie bereits in Kapitel 1, »Die Datenbank-Vorlagen«, kennen gelernt haben. Mithilfe der Seitenansicht lässt sich einiges an Papier sparen, da die Seitenansicht die zu druckenden Daten so anzeigt, wie sie später zu Papier gebracht werden.

Abbildg. 3.44   Seitenansicht der Tabelle *Adressenliste*

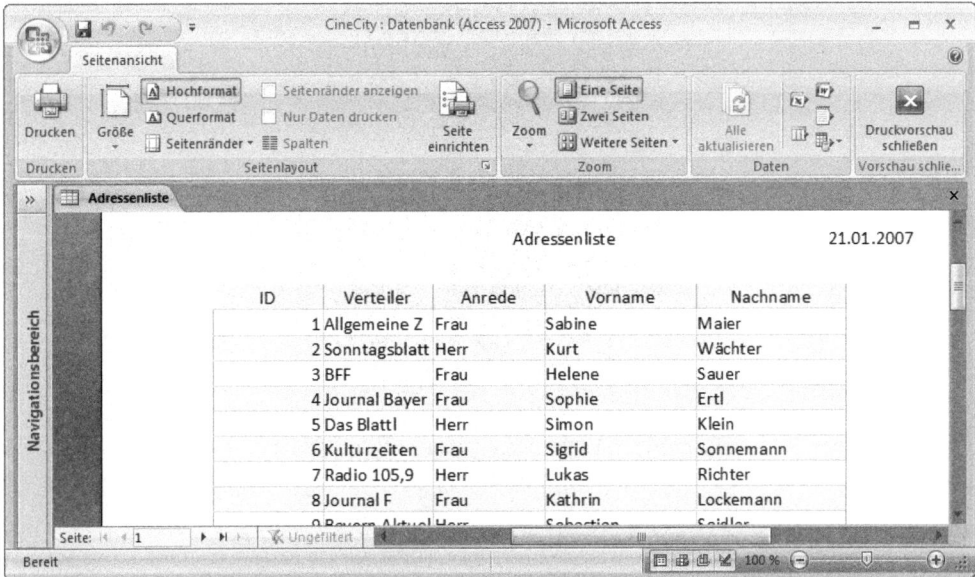

Von der Seitenansicht aus lassen sich Einstellungen am Seitenlayout vornehmen. Sie können hier sowohl die Ausrichtung der Seite, als auch die Größe und Seitenränder einstellen.

Eine Seite einrichten

Möchten Sie die Größe der Seite ändern, so besteht die Möglichkeit, die Schaltfläche *Größe* zu verwenden und in der Liste die benötigte auszuwählen. Möchten Sie ein anderes Format verwenden, so können Sie über die Schaltfläche *Seite einrichten* ein gleichnamiges Dialogfeld aufrufen (siehe Abbildg. 3.47 und Abbildg. 3.48).

Abbildg. 3.45   Vorgegebene Seitenformate

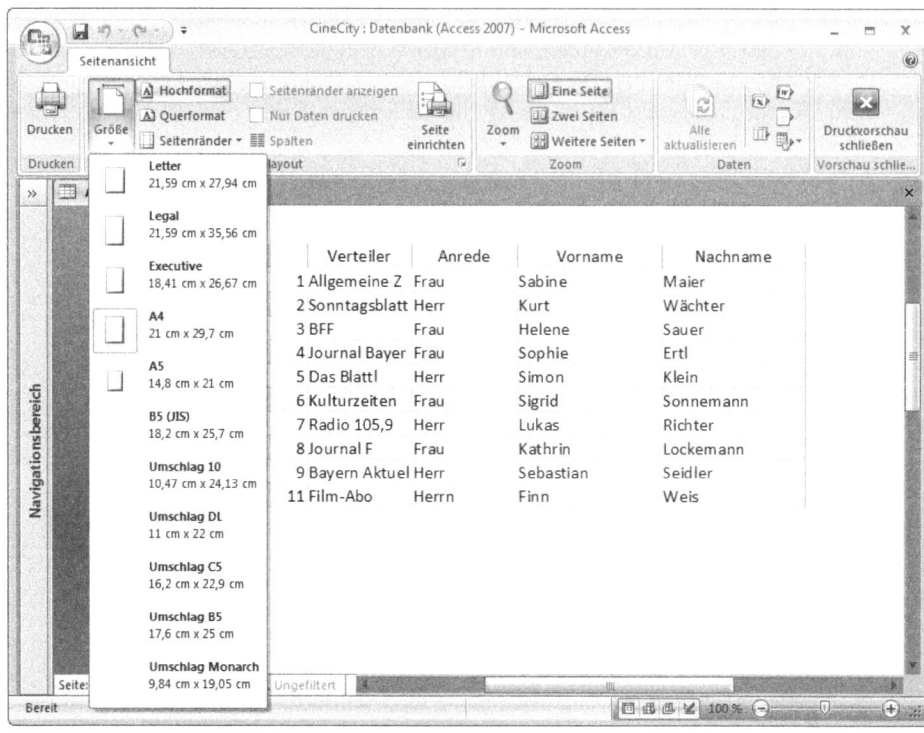

Auch zum Einstellen der Seitenränder gibt es die Schaltfläche *Seitenränder* mit einer Auswahlliste oder die Möglichkeit, das Dialogfeld *Seiten einrichten* zu verwenden.

Abbildg. 3.46   Verschieden breite Ränder zur Auswahl

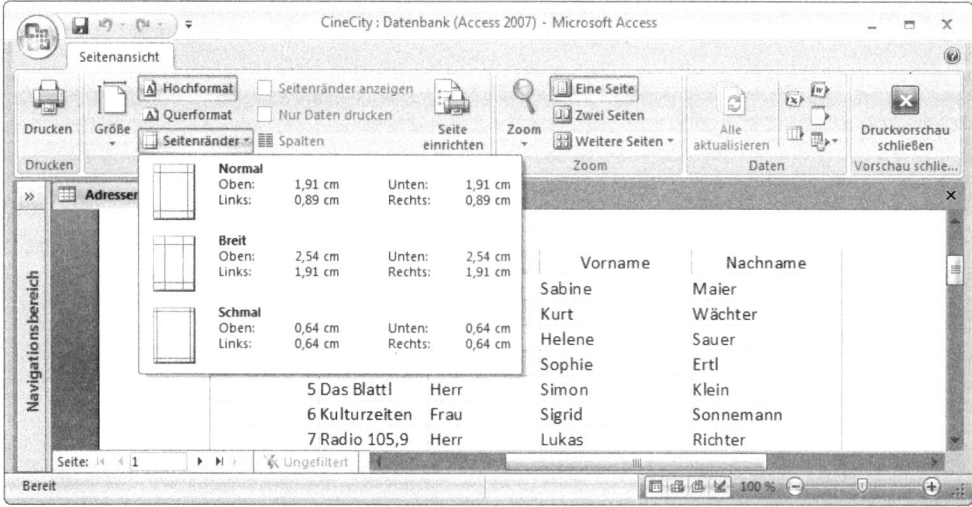

Das Dialogfeld *Seite einrichten* besteht aus zwei Registerkarten: Auf dem Registerblatt *Ränder* stellen Sie die Ränder um das zu druckende Objekt ein. Beim Setzen der Ränder sollten Sie darauf achten, dass viele (Laser-)Drucker einen technisch bedingten Rand lassen müssen. Aus diesem Grund können Sie Ihr Papier, auch wenn Sie in Access alle Ränder auf Null setzen, nicht bis in die letzte Ecke bedrucken.

Abbildg. 3.47   Definieren Sie hier die Ränder für Ihre Tabelle!

Im Feld *Beispiel* können Sie Ihr Layout schon hier kontrollieren. Mithilfe des Häkchens im Kontrollfeld zu *Überschriften drucken* legen Sie fest, ob die Spaltenüberschriften gedruckt oder unterdrückt werden sollen.

Das zweite Registerblatt, *Seite*, des Dialogfeldes *Seite einrichten* ermöglicht Ihnen die Festlegung von Seiteneinstellungen und Druckertyp für die Tabelle.

Abbildg. 3.48   Legen Sie das Seitenformat und den Drucker fest!

Da sich Access die geänderten Einstellungen aber nicht merkt, wenn Sie die Datenbank schließen, macht eine Einstellung für Tabellen in diesem Dialogfeld wenig Sinn. Allerdings können Sie später beim Arbeiten mit Berichten verschiedenen Berichten auf diesem Registerblatt sowohl die Seitenausrichtung als auch unterschiedliche Drucker zuweisen.

Druckränder allgemein vorgeben

Möchten Sie die Ränder für Ihre Ausdrucke allgemein gültig vorgeben, so können Sie sie im Dialogfeld *Access-Optionen* (*Office*-Schaltfläche/*Access-Optionen*) unter *Erweitert* einstellen.

Abbildg. 3.49 Einstellen der Standardseitenränder

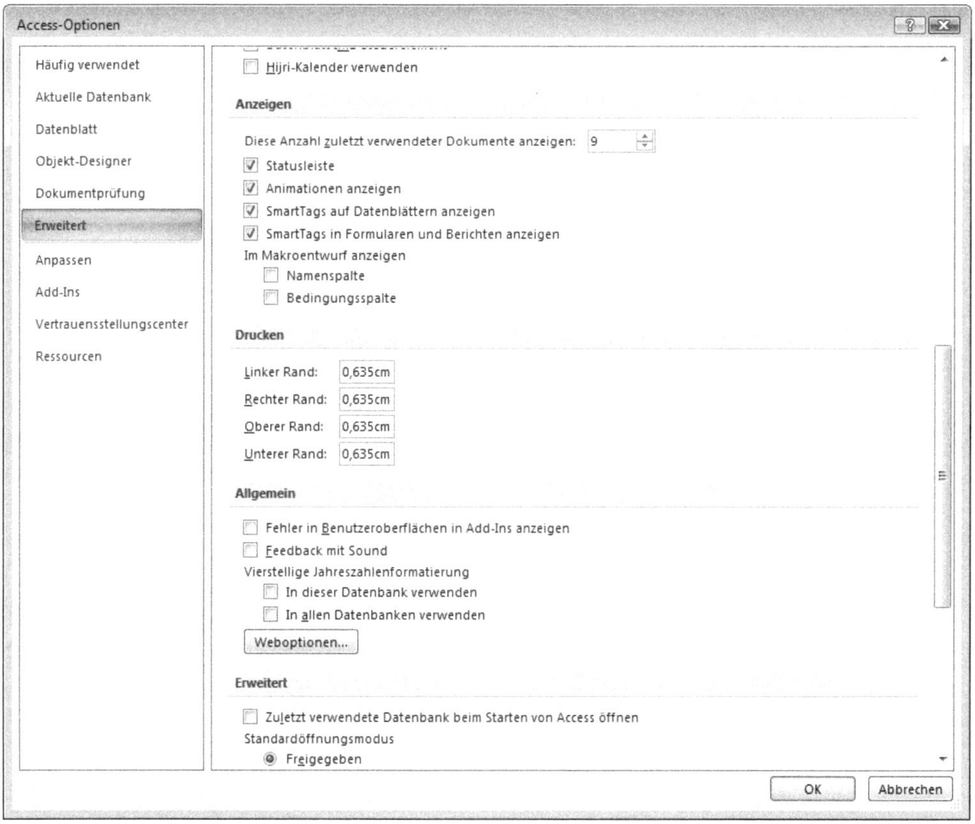

Drucken einer Tabelle

Von der Seitenansicht aus lässt sich der eigentliche Druckvorgang über die Schaltfläche *Drucken* starten. Haben Sie die Seitenansicht gar nicht aufgerufen, können Sie über die Office-Schaltfläche und *Drucken* oder die Tastenkombination [Strg]+[P] das Dialogfeld *Drucken* aktivieren.

Abbildg. 3.50 Dialogfeld zum Drucken der Adressenliste

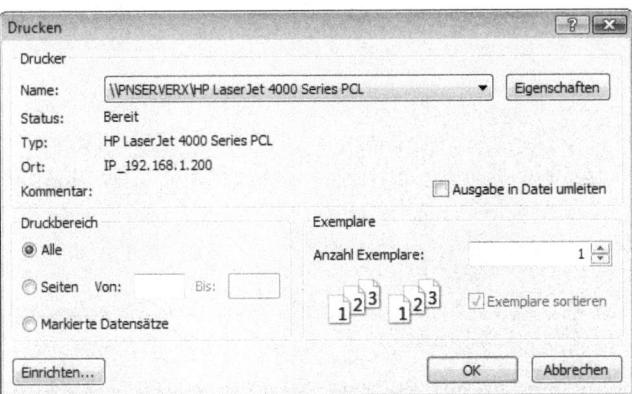

Im oberen Teil des Dialogfeldes wird der Drucker angezeigt, im Kombinationsfeld gibt es zudem die Möglichkeit, einen anderen auszuwählen. Unten links wählen Sie aus, was gedruckt werden soll.

- Drucken Sie mit *Alle* die gesamte Tabelle, also alle Datensätze auf allen Seiten, oder
- drucken Sie nur eine bestimmte Auswahl von Seiten, indem Sie die erste Seite hinter *Von*, die letzte Seite hinter *Bis* eintippen, oder
- drucken Sie nur die Datensätze, die Sie zuvor in der Tabelle markiert haben.

Geben Sie rechts davon im Dialogfeld an, wie viele Exemplare gedruckt werden sollen. Dort können Sie auch die Reihenfolge der Ausgabe bestimmen. Ist das Kontrollkästchen zu *Exemplare sortieren* angeklickt, werden mehrseitige Ausdrucke so ausgegeben, dass jeweils die Seiten eines Exemplars hintereinander gedruckt werden. Klicken Sie das Häkchen weg, ist der Ausdruck oft schneller, allerdings müssen Sie dann nachträglich die einzelnen Exemplare sortieren.

Drucker auswählen

Oben im Dialogfeld *Drucken* wird der aktuelle Drucker angezeigt. Das ist der in Windows vereinbarte Standarddrucker. Möchten Sie den Drucker wechseln, öffnen Sie die Liste des Kombinationsfeldes und suchen sich darin den gewünschten Drucker aus.

Über das Kontrollkästchen zu *Ausgabe in Datei umleiten* erzeugen Sie statt Papier eine Datei.

Mithilfe der Schaltfläche *Eigenschaften* lässt sich das Dialogfeld zur Druckereinrichtung aufrufen. Je nach installiertem Drucker ändert sich das Aussehen der folgenden Bilder, bleibt jedoch in den Grundzügen identisch. Wir haben den Drucker »HP LaserJet 4000« zur Veranschaulichung gewählt. Hier können Sie festlegen, ob Sie im Hoch- oder Querformat drucken möchten, ob Sie beide Seiten bedrucken möchten (der vorliegende Drucker kann beide Seiten eines Blatts bedrucken), in welcher Reihenfolge die Seiten sortiert werden sollen, ob mehrere Seiten auf eine Seite Papier gedruckt werden sollen und einiges mehr. Wir möchten auf die Einstellungsoptionen im Einzelnen nicht weiter eingehen, denn sie betreffen nur den von uns eingesetzten Druckertyp. Für Ihren Drucker können sich völlig andere Einstellungsmöglichkeiten ergeben.

Abbildg. 3.51 Eigenschaften des ausgewählten Druckers

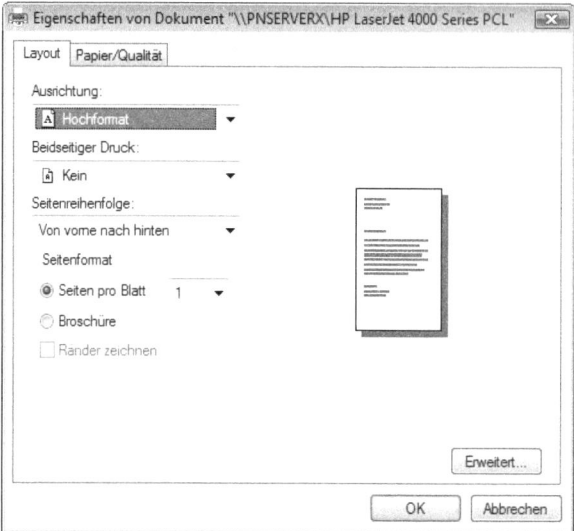

Zusammenfassung

Das vorangegangene Kapitel befasst sich mit dem Erstellen von Tabellen und dem Umgang mit Tabellen.

- Zunächst wurde ab Seite 79 ein Tabellenentwurf auf eine Access-Tabelle übertragen.
- Dann konnten Sie sehen, wie Datensätze in einer Tabelle erfasst und korrigiert werden können (Seite 84).
- Der darauf folgende Abschnitt beschrieb den Umgang mit Feldern und Datensätzen. Sie konnten lernen, Felder und Datensätze zu markieren (Seite 87), zu löschen (Seite 87) sowie zu kopieren bzw. zu verschieben (Seite 88). Manchmal müssen auch ganze Spalten verschoben werden (Seite 90).
- Wie Sie auf Seite 93 nachlesen können, ist es sehr einfach, eine Tabelle nach einer bestimmten Spalte auf- bzw. absteigend zu sortieren.
- Mithilfe von Filtern lassen sich gezielt nur bestimmte Datensätze einer Tabelle anzeigen. Ab Seite 98 wird der Umgang mit auswahlbasierten Filtern, ab Seite 98 werden formularbasierte Filter beschrieben.
- Manchmal besteht die Notwendigkeit an Tabellen Formatierungen vorzunehmen. Sie können das Zeichenformat ändern (Seite 100), die Spaltenbreite (Seite 101) sowie die Zeilenhöhe anpassen (Seite 103). Ebenso können Spaltennamen angepasst (Seite 82) und bei Bedarf Spalten versteckt werden (Seite 103).
- Zum Schluss (ab Seite 105) beschreibt das Kapitel alles, was man wissen muss, um eine Tabelle auszudrucken.

Kapitel 4

Formulare – echt einfach

In diesem Kapitel:

Formulare per Knopfdruck	112
Das Formulardesign ändern	116
Ein leeres Formular	121
Der Formular-Assistent	123
Der Umgang mit einem Formular	126
Zusammenfassung	129

Kapitel 4 Formulare – echt einfach

In diesem Kapitel möchten wir Sie zunächst mit einfachen Möglichkeiten vertraut machen, ein Formular zu erstellen. Sie können Formulare verwenden, um Daten anzusehen, sie übersichtlicher in eine Tabelle einzugeben oder beispielsweise um anderen den Zugriff auf nur bestimmte Felder einer Tabelle zu erlauben.

Einfache Formulare lassen sich per Klick auf eine Schaltfläche erstellen. Zudem gibt es die Möglichkeit, einen Assistenten zum Erstellen von Formularen zu verwenden, oder Sie erstellen ein Formular in der Layout- oder der Entwurfsansicht. Automatisch erstellte Formulare und Formulare des Assistenten lassen sich auch nachträglich noch bearbeiten. Das Erstellen von Formularen in der Entwurfsansicht sowie das Überarbeiten von Formularen lernen Sie in Teil D kennen.

In diesem Kapitel soll das Erstellen einfacher Formulare per Knopfdruck sowie die Arbeit mit dem Formular-Assistenten vorgestellt werden. Zudem lernen Sie den Umgang mit einem Formular kennen.

Formulare per Knopfdruck

In diesem Abschnitt werden drei Schaltflächen dargestellt, die mit einem Klick ein fertiges Formular erzeugen. Verfahren Sie dazu so:

1. Markieren Sie im Navigationsbereich die Tabelle, die dem Formular zugrunde liegen soll.
2. Aktivieren Sie dann die Registerkarte *Erstellen*.

Abbildg. 4.1   Schaltfläche zum Erstellen eines einfachen Formulars

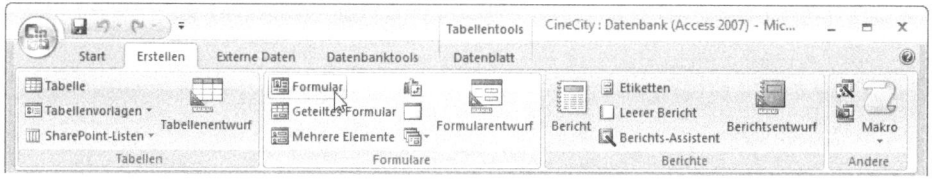

3. Klicken Sie nun auf eine der Schaltflächen in der ersten Spalte der Gruppe *Formulare*.

Einfache Formulare

Für das in Abbildg. 4.2 dargestellte Formular wurde im Navigationsbereich die Tabelle *Adressenliste* markiert und die Schaltfläche *Formular* verwendet. Daraufhin erzeugt Access eine Registerkarte, die die Layoutansicht des neu angelegten Formulars enthält. Das Formular besteht aus zwei Teilen: dem Formularkopf mit dem Formularsymbol und der Überschrift des Formulars (in Abbildg. 4.2 farbig hinterlegt) und dem so genannten Detailbereich (mit weißem Hintergrund), der die Felder beinhaltet.

In der Layoutansicht können Sie die einzelnen Felder verschieben, löschen oder ihre Größe verändern (dazu siehe den Abschnitt »Das Formulardesign ändern« ab Seite 116).

Um mit dem Formular arbeiten zu können, um sich Daten anzusehen oder um Daten eingeben zu können, können Sie mithilfe der Schaltfläche *Ansicht* in die Formularansicht umschalten. Zum Arbeiten mit Formularen lesen Sie weiter in Abschnitt »Der Umgang mit einem Formular« ab Seite 126.

Formulare per Knopfdruck

Abbildg. 4.2   Die Layoutansicht auf das neue Formular

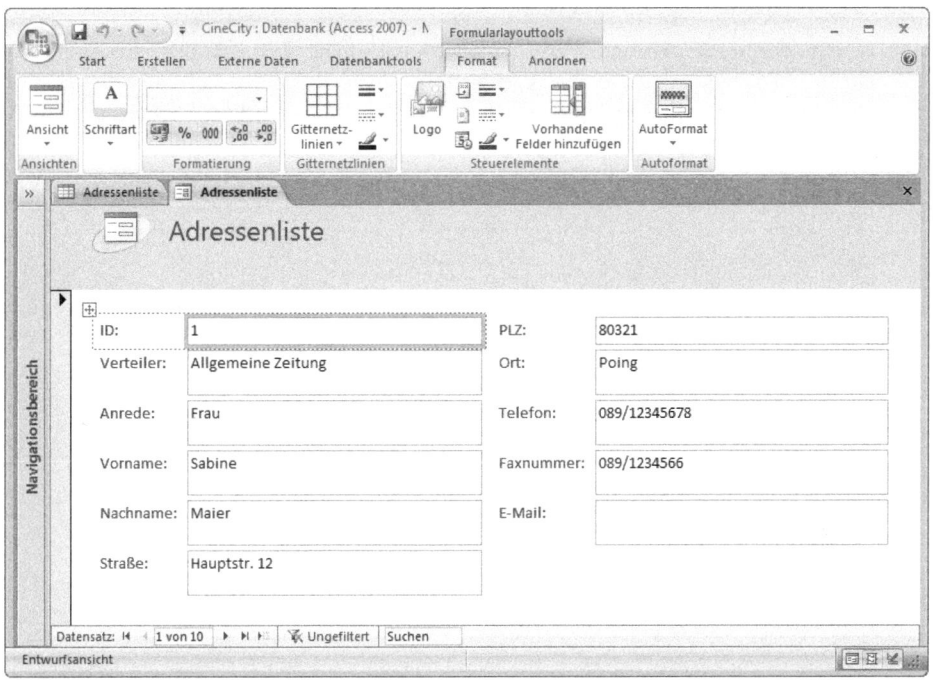

Abbildg. 4.3   Formularansicht zum Eingeben von Daten

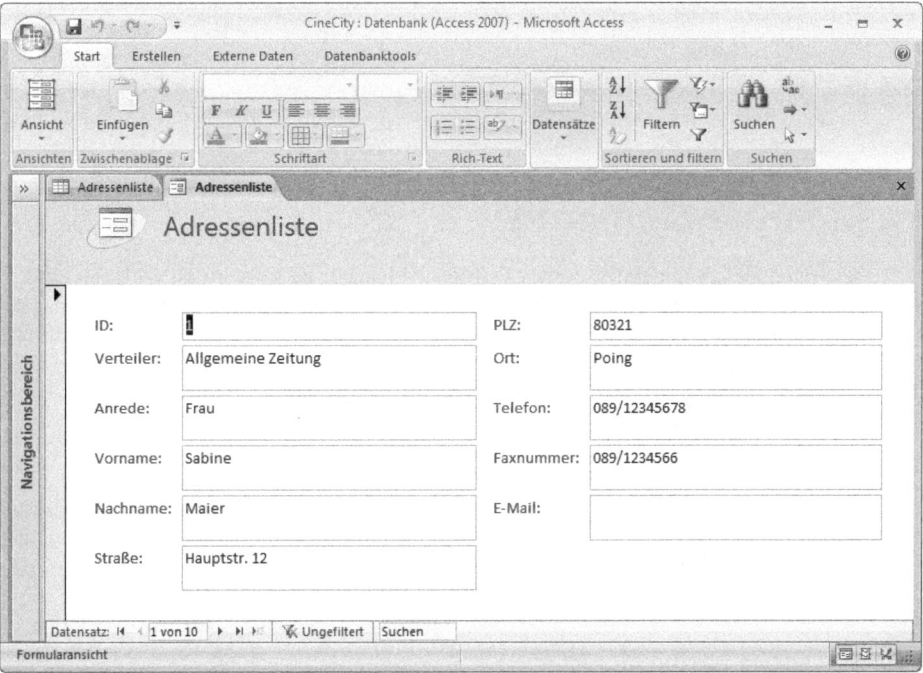

Geteilte Formulare

Geteilte Formulare verwenden zwei unterschiedliche Darstellungen der Daten: im oberen Teil ein einfaches Formular, darunter ein Datenblatt. Geben Sie im oberen Teil Daten ein, so wird der untere Teil sofort synchronisiert. So erlaubt der obere Teil eine einfachere Dateneingabe, der untere Teil sorgt für den besseren Überblick über alle Datensätze.

Abbildg. 4.4   Ein geteiltes Formular

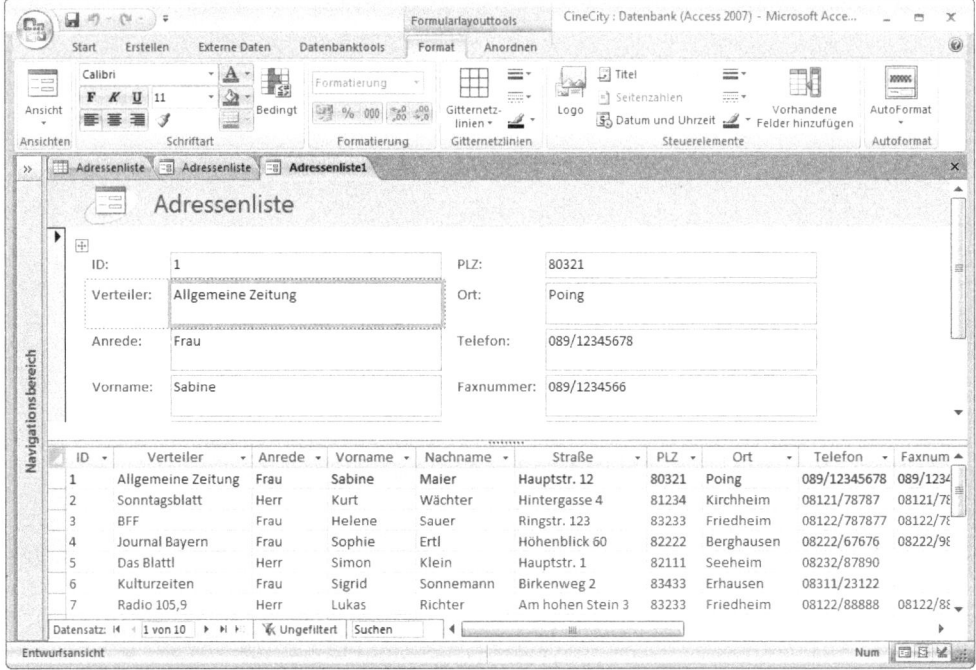

Mehrere Elemente

Benötigen Sie ein Formular, dessen Layout sich leichter bearbeiten lässt, wie das eines Datenblatts, das aber – wie ein Datenblatt – mehrere Datensätze gleichzeitig anzeigt, so können Sie dazu das Formular verwenden, das sich mithilfe der Schaltfläche *Mehrere Elemente* erstellen lässt.

Formulare per Knopfdruck

Abbildg. 4.5   Ein Formular mit mehreren Datensätze im Überblick

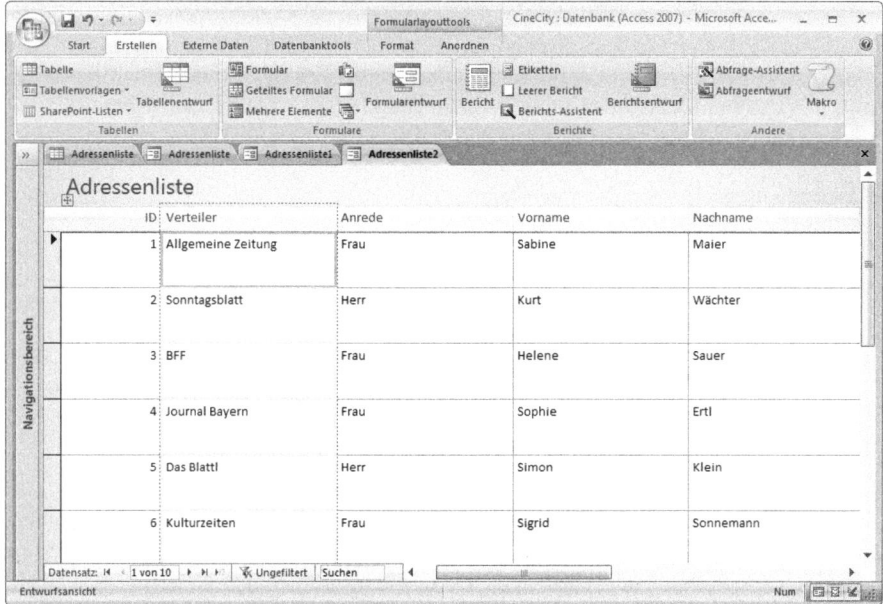

Formulare speichern

Möchten Sie Ihr gestaltetes Formular aufheben, so speichern Sie es mit der Schaltfläche *Speichern* der *Symbolleiste für den Schnellzugriff*. Dann erst finden Sie das Formular im Navigationsbereich.

Abbildg. 4.6   Das Formular ist links nicht gespeichert, und rechts gespeichert und im Navigationsbereich angezeigt

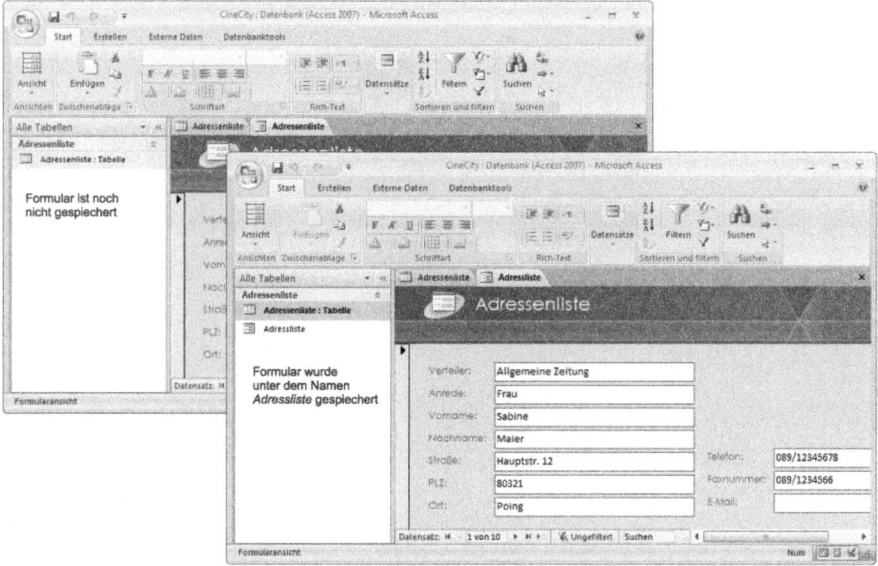

Das Formulardesign ändern

Möchten Sie Änderungen am Design des Formulars vornehmen, so schalten Sie in die Layoutansicht. Dazu verwenden Sie entweder die Schaltfläche *Ansicht* (sie wechselt zwischen der Formular- und der Layoutansicht) oder Sie verwenden die kleinen Schaltflächen rechts auf der Statusleiste (siehe Abbildg. 4.7).

Abbildg. 4.7   Statuszeile des Access-Programmfensters

Steuerungslayout für Steuerelemente

In den gezeigten Formularen wurden die Felder mithilfe eines so genannten Steuerungslayouts angeordnet. Steuerungslayouts helfen Ihnen, Ihre Steuerelemente auszurichten. Sie können sie sich wie Gitter vorstellen, die die einzelnen Steuerelemente aufnehmen. Es gibt zwei verschiedene Arten von Steuerungslayouts. Das *Einfache Formular* sowie der obere Teil des geteilten Formulars verwenden das gestapelte Layout. Der untere Teil des geteilten Formulars sowie das Formular *Mehrere Elemente* verwenden das Steuerungslayout *Tabelle*.

Abbildg. 4.8   Markiertes Steuerungslayout

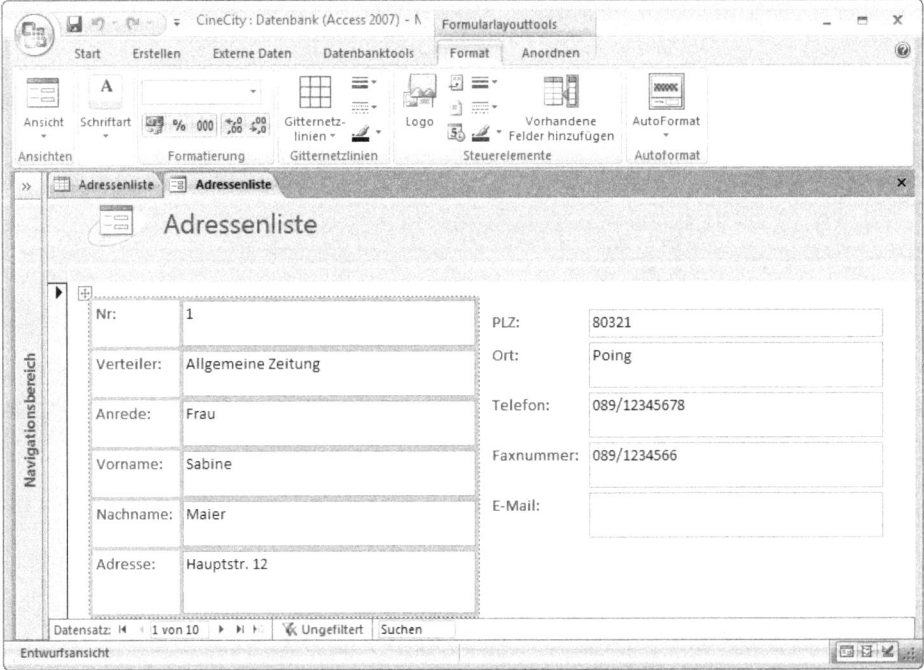

Das Formulardesign ändern

Sie können das gesamte Steuerungselement wie in Abbildg. 4.8 markieren, indem Sie ein Element des Steuerungselements anklicken und danach auf das Quadrat in der linken oberen Ecke des Steuerungselements klicken. Nun können Sie das gesamte Steuerungselemente bearbeiten oder verschieben.

Ändern der Höhe der Felder

Es besteht die Möglichkeit, die Höhe einzelner, mehrerer oder aller Felder eines Steuerungslayouts zu ändern.

Ändern der Höhe eines einzelnen Felds

In der Layoutansicht lässt sich, wie Sie in Abbildg. 4.9 sehen können, die Höhe eines Felds ändern:
1. Klicken Sie ein Feld an, um es zu markieren.
2. Schieben Sie die Maus an die untere Begrenzung und klicken Sie diese an.
3. Halten Sie die Maustaste betätigt und ziehen Sie so den Rand nach oben.

Abbildg. 4.9   Die Höhe eines Felds verringern

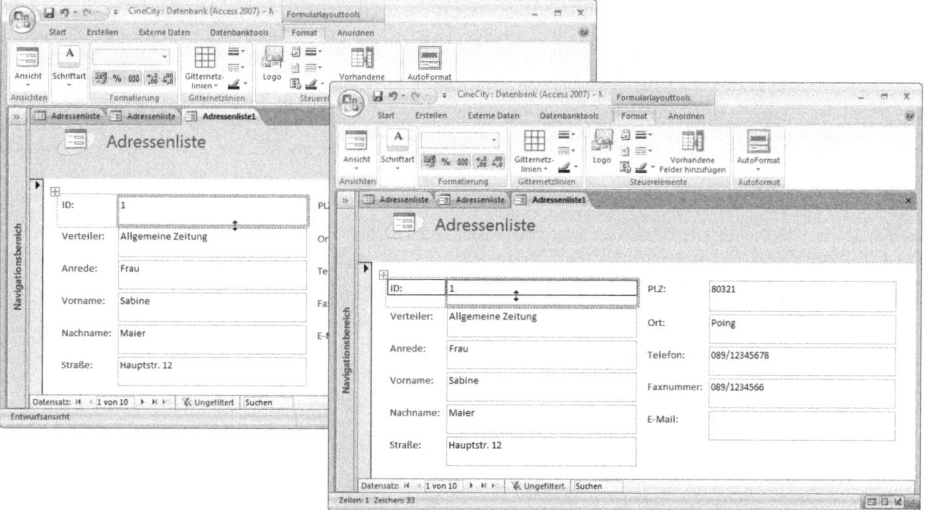

Ändern der Höhe aller Felder eines Steuerungslayouts

Möchten Sie alle Felder des Steuerungslayouts vergrößern oder verkleinern, so markieren Sie das Steuerungslayout mit einem Klick auf das Quadrat mit dem Doppelpfeil und ziehen Sie eines der Felder in die gewünschte Größe. Dadurch werden alle Felder des Steuerungslayouts angepasst.

Abbildg. 4.10   Die Höhe wurde für Felder des Steuerungslayouts gleich eingestellt

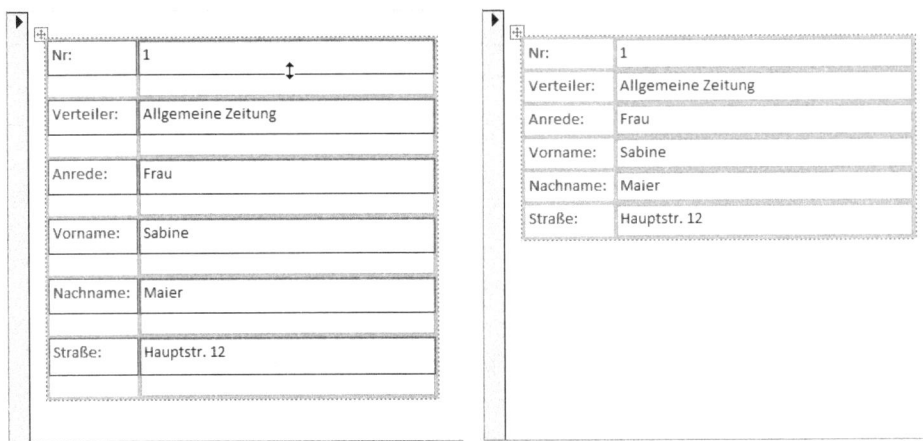

Ändern der Höhe mehrere Felder im Steuerungslayout

Möchten Sie mehrere Felder gleich hoch formatieren, so ist folgender Weg vorzuziehen:

1. Markieren Sie mithilfe der ⇧-Taste nacheinander alle Felder, die gleich hoch werden sollen.
2. Klicken Sie mit der rechten Maustaste auf die Markierung und wählen Sie im Kontextmenü *Eigenschaften* aus.
3. Auf dem so aktivierten Eigenschaftenblatt können Sie die Höhe für alle markierten Elemente exakt vorgeben.

Abbildg. 4.11   Drei markierte Felder wurden verkleinert

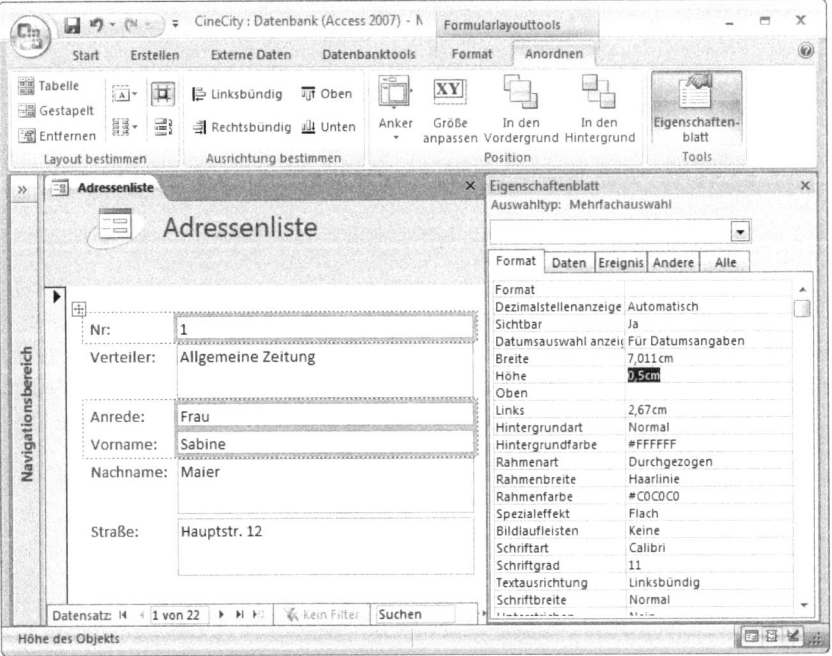

Löschen eines Felds

Um ein Feld zu löschen, markieren Sie es und verwenden dann die `Entf`-Taste. Ebenso können Sie mehrere Felder oder das gesamte Steuerungslayout löschen, wenn Sie es zuvor markiert haben.

Formatierung der Schriften

In einem Formular können Sie die Schriftart, -größe und -auszeichnung für jedes Feld einzeln festlegen.

1. Markieren Sie dazu ein oder mehrere Felder oder das gesamte Steuerungslayout.
2. Auf der Registerkarte *Format* finden Sie die Gruppe *Schriftart* mit Möglichkeiten, die Schriftart und -größe sowie Ausrichtung, Schriftfarbe und Hintergrundfarbe zu verändern.

Reihenfolge der Felder

Möchten Sie eine andere Reihenfolge der Felder vereinbaren, so klicken Sie ein Feld an und ziehen es auf eine andere Position. Access zeigt Ihnen im Steuerungslayout durch eine Linie die Einfügestelle an. Da alle Felder im Steuerungslayout angeordnet sind, rücken die anderen Felder entsprechend nach oder auseinander.

Position des Steuerungslayouts

Markieren Sie das gesamte Steuerungslayout, so können Sie dieses mithilfe Ihrer Maus verschieben.

Position einzelner Felder festlegen

Einzelne Felder lassen sich zunächst nicht einzeln positionieren, da sie im Steuerungslayout eingebunden sind. Sie können aber einzelne Felder aus ihrem Steuerungslayout herauslösen oder das gesamte Steuerungslayout löschen.

Steuerungslayout entfernen

Markieren Sie das gesamte Steuerungslayout und klicken Sie dann auf der Registerkarte *Anordnen* in der Gruppe *Layout bestimmen* auf die Schaltfläche *Entfernen*. Damit wird das Steuerungslayout gelöscht, die einzelnen Felder bleiben aber an ihren ursprünglichen Positionen.

Nun können Sie jedes Steuerelement einzeln verschieben oder die Position über das Eigenschaftenblatt (Eigenschaften *Oben* und *Links*) festlegen.

Felder aus Steuerungslayout herauslösen

Es besteht auch die Möglichkeit, nur einzelne Felder aus dem Steuerungslayout herauszulösen.

Markieren Sie das entsprechende Steuerelement, klicken Sie mit der rechten Maustaste auf die Markierung und wählen Sie dann im Kontextmenü *Layout* und *Entfernen* aus. Sie können nun das Feld mit der Maus verschieben oder die Position über das Eigenschaftsblatt definieren.

Fertige Formate

Access stellt Ihnen eine ganze Reihe fertiger Formate zur Verfügung. Sie werden als Autoformate bezeichnet. Um sie auszuwählen, klicken Sie entweder auf die Schaltfläche *Autoformat* oder auf die kleine Schaltfläche unter der Bildlaufleiste. Welche Schaltfläche Sie betätigen müssen, hängt von der Breite Ihres angezeigten Programmfensters ab.

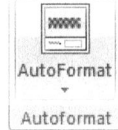

Abbildg. 4.12   Zum Öffnen der Liste der Autoformate

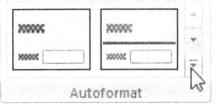

Sie öffnen damit eine Auswahlliste verschiedenster Layouts, die Sie per Klick auf Ihr Formular übertragen können.

Abbildg. 4.13   Auswahlliste der Autoformate

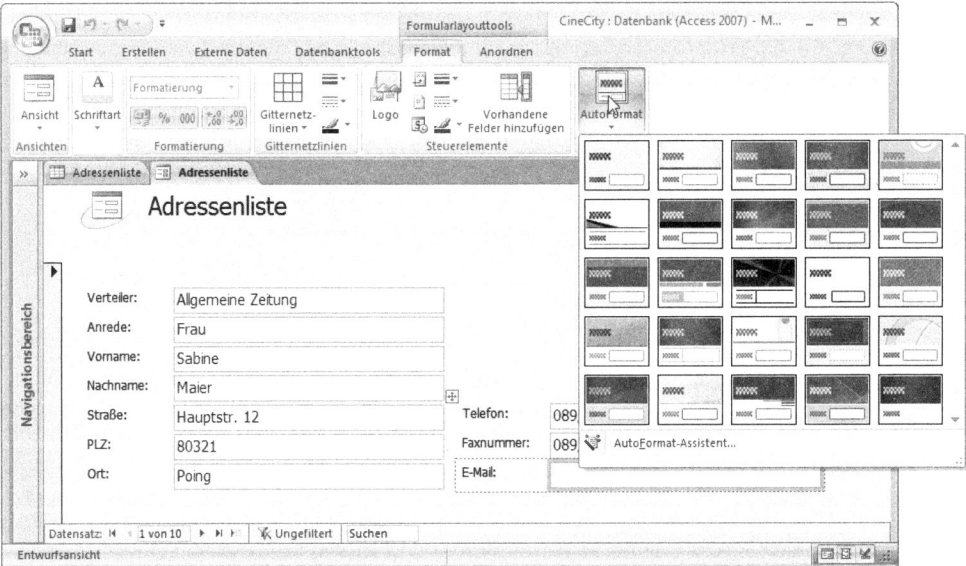

Die vorgegebenen Autoformate lassen sich über den so genannten AutoFormat-Assistenten (ganz unten in der Auswahlliste) variieren.

Klicken Sie im Dialogfeld *AutoFormat* auf die Schaltfläche *Optionen*, so lässt sich der untere Teil mit den anzuwendenden Attributen ein- und ausblenden. Hier können Sie per Klick auf das entsprechende Kontrollkästchen festlegen, ob die im AutoFormat vorgesehene *Schriftart*, *Farbe* oder die *Rahmen* auf das Formular übertragen werden sollen oder nicht.

Abbildg. 4.14   AutoFormulare lassen sich leicht anpassen

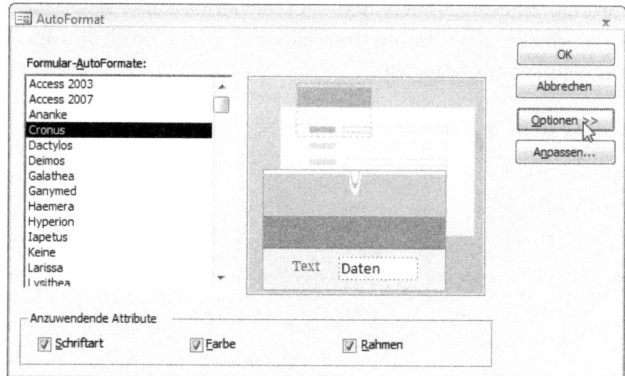

Ein leeres Formular

Möchten Sie eine andere Reihenfolge der Felder oder nicht alle Felder verwenden, so kann sich die Arbeit mit einem leeren Formular anbieten.

Wählen Sie auch hier zunächst die Tabelle aus, auf der das Formular basieren soll. Mithilfe der Schaltfläche *Leeres Formular* erzeugen Sie dann im linken Teil des Programmfensters eine leere Fläche auf der das Formular entworfen wird und öffnen im rechten Teil die Feldliste mit allen Feldern der ausgewählten Tabelle. Sie können nun nacheinander alle benötigten Felder auf das Formular ziehen.

1. Klicken Sie dazu im rechten Fenster auf das entsprechende Feld,
2. halten Sie die Maustaste gedrückt und
3. ziehen Sie mit der Maus das Feld nach rechts auf die freie Fläche.

Abbildg. 4.15   Das Feld *Verteiler* wird auf das leere Formular gezogen

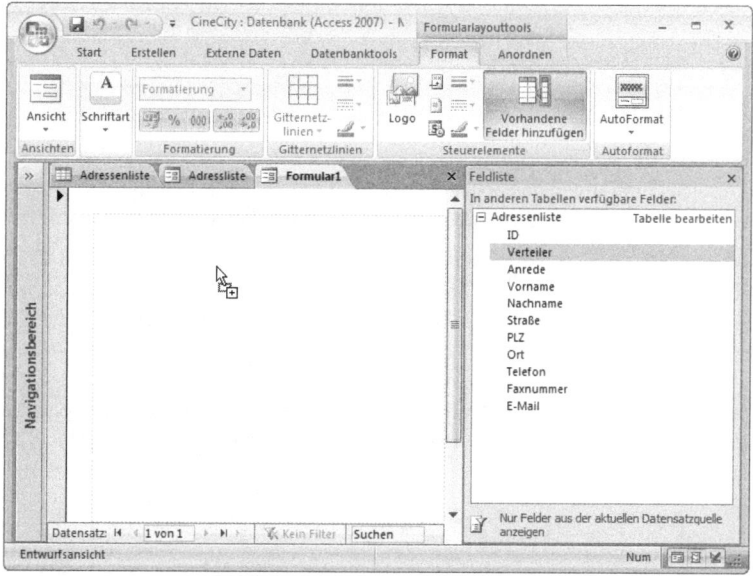

Lassen Sie die Maustaste los, so sehen Sie – wie in Abbildg. 4.16 links – das Feld mit seiner Beschriftung nebeneinander angeordnet. Klicken Sie auf den symbolisierten Blitz, so erlaubt dieser ein Umschalten auf die rechts dargestellte Anordnung des Felds mit seiner Beschriftung. Damit wird sogleich die Art des Steuerelementlayouts festgelegt.

Abbildg. 4.16 Zwei Möglichkeiten, ein Feld und seine Beschriftung anzuordnen

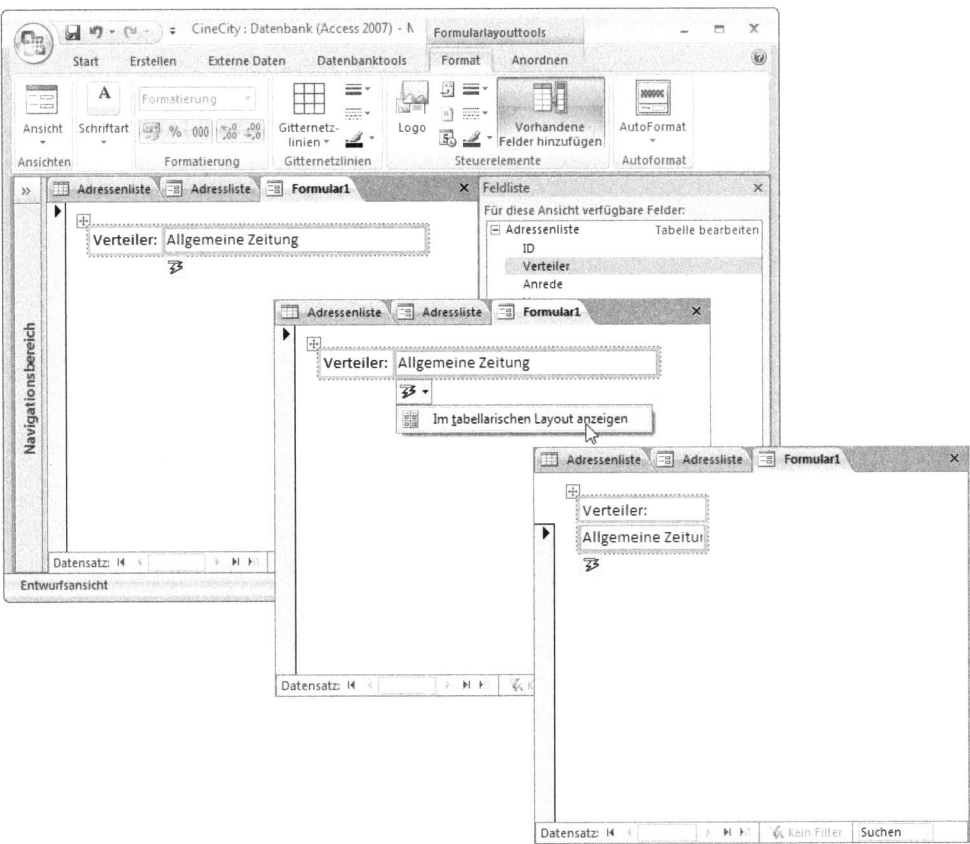

Haben Sie festgelegt, ob Ihnen das gestapelte oder das tabellarische Layout lieber ist, werden alle weiteren Felder beim gestapelten Layout untereinander, beim tabellarischen nebeneinander angeordnet.

Sie löschen ein Feld oder formatieren die Felder wie zuvor in Abschnitt »Das Formulardesign ändern« ab Seite 116 beschrieben. Ab Seite 119 finden Sie auch die Möglichkeiten beschrieben, eines oder mehrere Steuerelemente aus dem Steuerungslayout herauszulösen bzw. das Steuerungslayout ganz zu entfernen.

TIPP Möchten Sie mehr Freiheiten beim Gestalten des Formulars, verwenden Sie die Entwurfsansicht. Der Umgang mit Entwurfsansicht und Steuerelementen ist in Teil D ausführlich beschrieben.

Der Formular-Assistent

Eine andere Möglichkeit mitzubestimmen, wie Ihr Formular aussehen soll, bietet der Formular-Assistent.

1. Wählen Sie auf der Registerkarte *Erstellen* die Schaltfläche *Weitere Formulare* und im Menü den Eintrag *Formular-Assistent* aus.

Abbildg. 4.17 So starten Sie den Formular-Assistenten

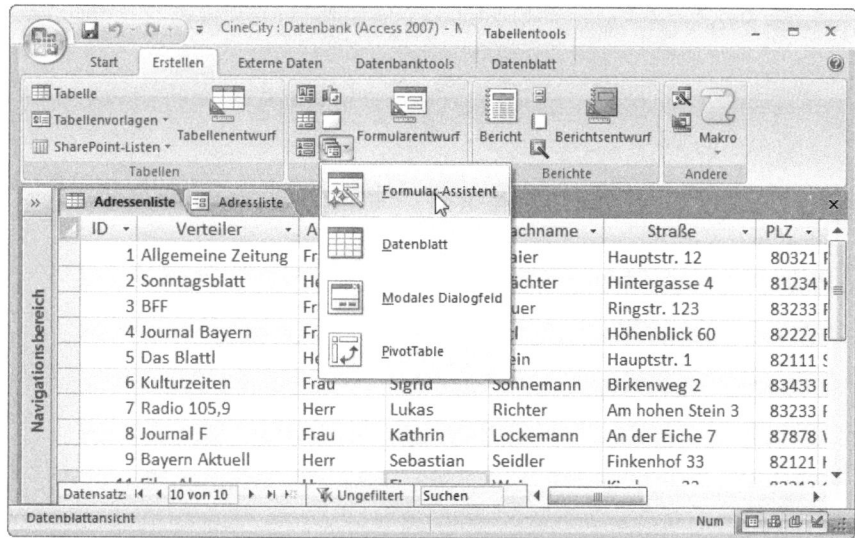

Im ersten Schritt des Assistenten legen Sie die Felder fest, die auf Ihrem Formular dargestellt werden sollen. Hier können Sie bei Bedarf auch noch die Tabelle wechseln.

2. Schieben Sie für das aktuelle Beispiel alle Felder der linken Liste bis auf die ID der Datensätze mithilfe der in Abbildg. 4.18 angeklickten Schaltfläche in das rechte Fenster.

Abbildg. 4.18 Wählen Sie die Felder für das Formular aus

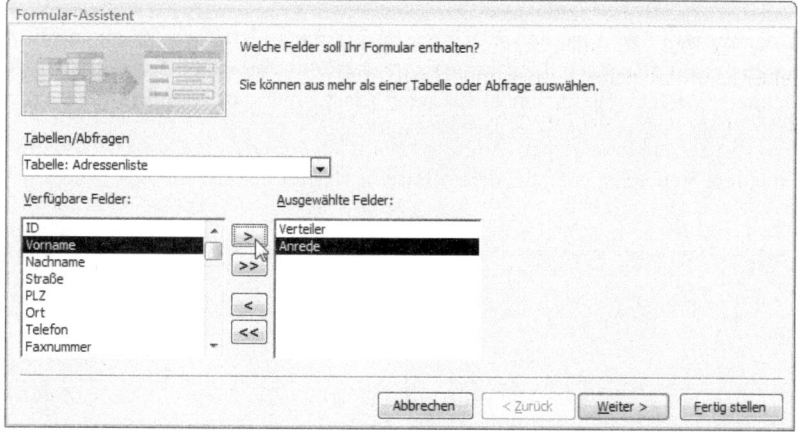

Kapitel 4 Formulare – echt einfach

HINWEIS Zum Navigieren durch die Dialogfelder der Assistenten stehen Ihnen die folgenden vier Schaltflächen zur Verfügung:

Abbrechen	Möchten Sie den Assistenten abbrechen und doch lieber eine andere Möglichkeit verwenden, ein Formular zu erstellen, klicken Sie auf die Schaltfläche *Abbrechen*.
< Zurück	Möchten Sie eine Änderung in einem vorherigen Dialogfeld vornehmen, können Sie mithilfe der Schaltfläche *Zurück* auf ein bereits bestätigtes Dialogfeld zurückblättern.
Weiter >	Sind im aktuellen Dialogfeld alle Einstellungen so, wie Sie sie benötigen, klicken Sie auf die Schaltfläche *Weiter*, um sich das nächste Dialogfeld anzeigen zu lassen.
Fertig stellen	Sie können jederzeit den Auswahlvorgang unterbrechen und sich von Ihrem Assistenten ein Formular mit Standardeinstellungen erstellen lassen.

Im nächsten Schritt stellt sich die Frage des Layouts. Abbildg. 4.19 zeigt die verschiedenen Layouts im Standardstil.

Abbildg. 4.19   Layout des Formulars festlegen

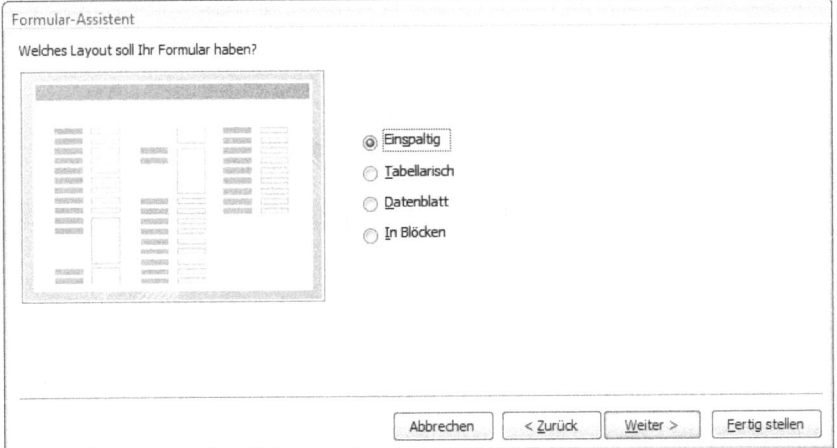

Nach der Auswahl des Layouts werden Sie dazu aufgefordert, sich für einen Stil zu entscheiden. Auch wenn es auf den ersten Blick so aussieht, als stünde eine große Auswahl verschiedener Stile zur Verfügung, werden Sie ziemlich bald feststellen, dass einige davon schlicht ungeeignet sind. Manche haben zu grelle Farben, andere zu geringe Kontraste.

Abbildg. 4.20   Verschiedene Stile für das Formular

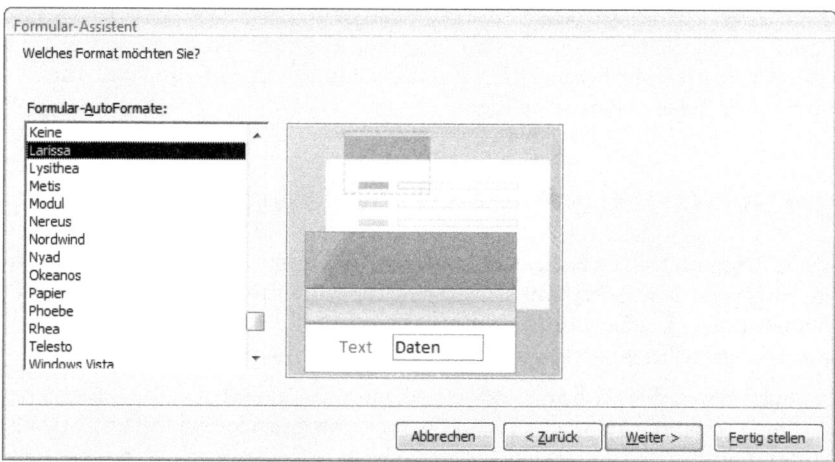

Jetzt müssen Sie Ihrem Formular nur noch einen Namen geben. Standardmäßig übernimmt der Assistent hier einfach den Namen der zugrunde liegenden Tabelle. Sie können es erst einmal bei dem vorgeschlagenen Namen belassen.

Abbildg. 4.21   Wie soll das Formular heißen?

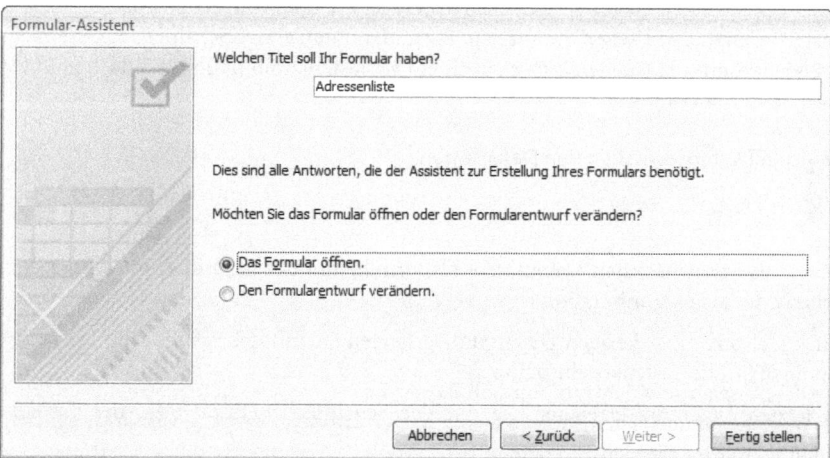

Ist das Optionsfeld *Das Formular öffnen* aktiviert, klicken Sie nun auf die Schaltfläche *Fertig stellen*, damit Ihnen das fertige Formular gezeigt wird. Wie Sie mit Formularen arbeiten, erfahren Sie im Abschnitt »Der Umgang mit einem Formular«.

Die restlichen Formulare

Die Arbeit mit den AutoFormularen *PivotTable* und *PivotChart* werden in Kapitel 27, »PivotTable- und PivotChart-Ansicht«, behandelt. Der Umgang mit der Entwurfsansicht ist Thema des zehnten Kapitels: »Einen Tabellenentwurf anlegen«.

Der Umgang mit einem Formular

In diesem Abschnitt soll die Bedienung von Formularen besprochen werden. Dabei soll als Beispiel das im vorangegangenen Abschnitt erstellte einfache Formular *Adressenliste* verwendet werden. Sie werden feststellen, dass Sie vieles bereits aus der Arbeit mit Tabellen kennen. Wir werden an den entsprechenden Stellen verweisen, um nicht alles zu wiederholen.

Im Formular bewegen Sie sich von Feld zu Feld, indem Sie einfach die ⇆ -Taste zu Hilfe nehmen. Mit ⇧ + ⇆ gelangen Sie wieder zurück in das vorhergehende Feld. Alternativ können Sie auch die Maus verwenden und das gewünschte Feld anklicken. Die Taste Ende springt das letzte Feld des Formulars, Pos1 das erste an. Es sei denn, Sie haben in ein Textfeld geklickt, dann springen Sie mit Pos1 zum ersten Zeichen, mit Ende zum letzten Zeichen des Textfeldes.

So können Sie blättern

In einem einspaltigen Formular stellt sich die Frage, wie man vom ersten angezeigten Datensatz zum nächsten gelangt. Dazu sehen Sie auf dem Formular unten einige Schaltflächen, die Sie zum Blättern verwenden können. Daneben gibt es auch einige Tastenkombinationen und Menübefehle, die Sie ebenso benutzen können.

Abbildg. 4.22   Tasten zum Blättern zwischen den Datensätzen

Datensatz: ⇤ ◁ 1 von 10 ▷ ⇥ ▷＊

▷   Weiter – also zum nächsten Datensatz – blättern Sie mit der Schaltfläche *Nächster*. Verwenden Sie alternativ die Tastenkombination Strg + Bild↓.

◁   Zurück – also zum vorherigen Datensatz – gelangen Sie mit der Schaltfläche *Vorheriger*. Alternativ verwenden Sie die Tastenkombination Strg + Bild↑.

⇥   Den letzten Datensatz erreichen Sie mit der Schaltfläche *Letzter* oder der Tastenkombination Strg + Ende.

⇤   Zum allerersten Datensatz zurück springen Sie mit der Schaltfläche *Erster* oder der Tastenkombination Strg + Pos1.

▷＊   Die Schaltfläche *Neuer Datensatz* sorgt ebenso wie die Tastenkombination Strg + + dafür, dass Ihnen ein leeres Formular zum Ausfüllen bereitgestellt wird. Sie blättern damit sozusagen auf den ersten leeren Datensatz.

Befinden Sie sich im letzten Feld des letzten Datensatzes, so genügt auch ein Druck auf die ⇆ -Taste, um einen neuen, leeren Datensatz anzuzeigen.

➡▾   Über die Schaltfläche *Gehe zu* auf der Registerkarte *Start* in der Gruppe *Suchen* aktivieren Sie eine Auswahlliste, die Ihnen ebenfalls die Befehle *Erster*, *Vorheriger*, *Nächster*, *Letzter* und *Neu* bietet.

Kennen Sie die Nummer des Datensatzes, den Sie bearbeiten möchten, können Sie ihn auch direkt anwählen. Markieren Sie die Zahl im Feld *Datensatznummer*, überschreiben Sie sie mit der gewünschten und drücken Sie danach die ⏎-Taste, so wird der gewünschte Datensatz angezeigt.

So bearbeiten Sie Datensätze im Formular

Fehler beheben Sie – ähnlich wie in einer Tabelle und allen anderen Windows-Programmen – mithilfe der Tasten `Entf` bzw. `←`. Sowie Sie den vorherigen oder nächsten Datensatz anwählen, wird die Änderung gespeichert. Alternativ können Sie auch die Schaltfläche *Speichern* auf der *Symbolleiste für den Schnellzugriff* oder die Tastenkombination `⇧`+`⏎` verwenden.

Möchten Sie Ihre Änderung verwerfen, drücken Sie auf die `Esc`-Taste.

So löschen Sie Datensätze im Formular

Sie können auch aus einem Formular heraus Datensätze Ihrer Tabelle löschen. Für diesen Vorgang stehen Ihnen vier verschiedene Methoden zur Verfügung. Voraussetzung dafür ist allerdings, dass der Datensatz, der gelöscht werden soll, markiert ist.

Sie markieren den aktuellen Datensatz, indem Sie auf den Datensatzmarkierer klicken, der danach invers dargestellt wird.

Abbildg. 4.23   Ein markierter Datensatz

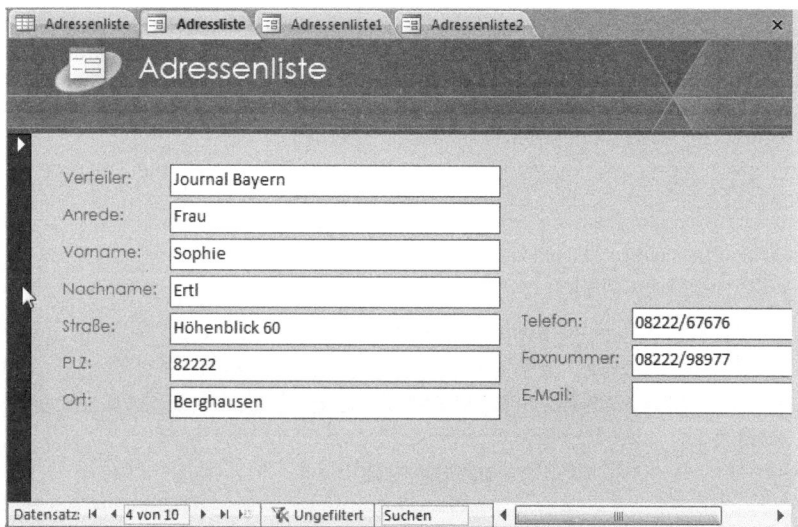

Löschen Sie diesen Datensatz auf eine der drei folgenden Arten:

- Drücken Sie die Taste `Entf`.
- Verwenden Sie die Tastenkombination `Strg`+`-`.
- Klicken Sie auf die Schaltfläche *Löschen* auf der Registerkarte *Start* in der Gruppe *Datensätze*.

Kapitel 4 — Formulare – echt einfach

Sie erhalten den bereits in Kapitel 3 im Abschnitt, »Datensätze oder Inhalte von Feldern löschen«, abgebildeten Warnhinweis angezeigt und können sich für *Ja* (also löschen) oder *Nein* (Datensatz erhalten) entscheiden.

So sortieren Sie Datensätze

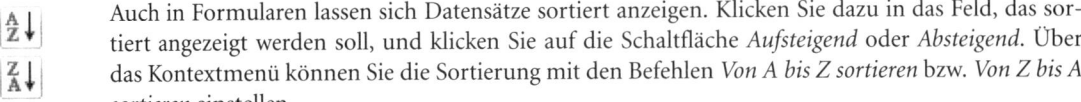

Auch in Formularen lassen sich Datensätze sortiert anzeigen. Klicken Sie dazu in das Feld, das sortiert angezeigt werden soll, und klicken Sie auf die Schaltfläche *Aufsteigend* oder *Absteigend*. Über das Kontextmenü können Sie die Sortierung mit den Befehlen *Von A bis Z sortieren* bzw. *Von Z bis A sortieren* einstellen.

Möchten Sie wieder in der ursprünglichen Reihenfolge sortieren, wählen Sie die Schaltfläche *Alle Sortierungen löschen*.

So filtern Sie Datensätze

Datensätze, die in Formularen angezeigt werden, lassen sich ebenso wie die Datensätze in Tabellen filtern, d.h., Sie können die dargestellten Daten nach Kriterien einschränken.

In Kapitel 3 im Abschnitt »Datensätze filtern«, haben wir die Möglichkeiten und die Bedienung der verschiedenen Filter beschrieben.

So schließen Sie ein Formular

Um eine Registerkarte eines Formulars zu schließen, können Sie entweder auf die Schaltfläche mit dem Kreuz am rechten Rand des Formulars klicken.

Abbildg. 4.24   Schließen eines Formulars mithilfe der Schaltfläche *Schließen*

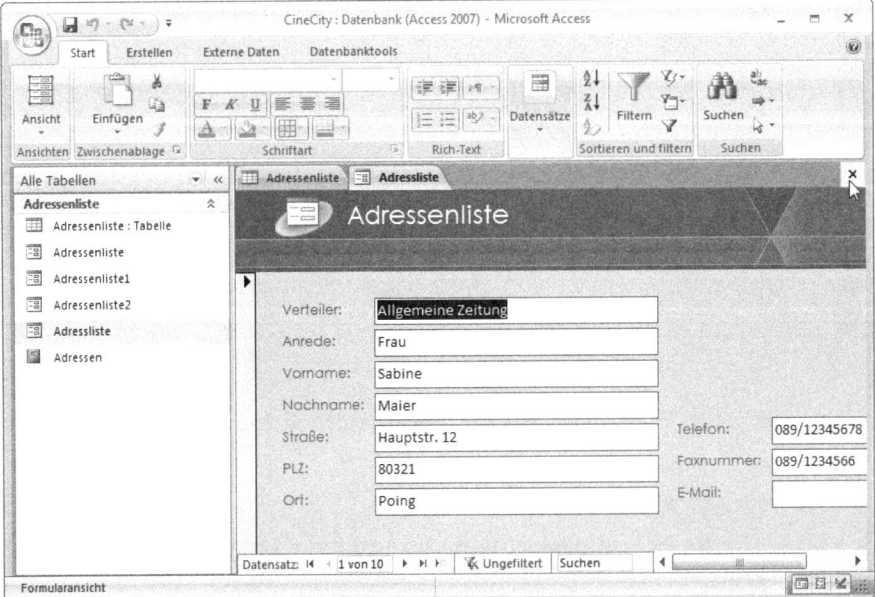

Oder Sie klicken mit der rechten Maustaste auf die Registerkarte des Formulars und wählen im Kontextmenü *Schließen* aus. Achten Sie dabei darauf, nicht in ein Textfeld zu klicken, sonst steht der Befehl *Schließen* nicht zur Verfügung.

Zusammenfassung

Dieses Kapitel bietet einen ersten kurzen Überblick über den Umgang mit Formularen, den Access-Eingabemasken für Daten.

- Zunächst wurden drei Möglichkeiten dargestellt, Formulare zu erstellen: Sie können die einfachsten Formulare per Klick auf die entsprechende Schaltfläche erstellen (ab Seite 112), Sie verwenden den Formular-Assistenten (Seite 123) oder Sie erstellen ein leeres Formular und ziehen die benötigten Felder auf das Formular (siehe Seite 121).

- Ist ein Formular erstellt, so gibt es einige Möglichkeiten, es zu formatieren. So lernen Sie das so genannte Steuerungslayout kennen (siehe Seite 116). Ab Seite 119 konnten Sie lesen, wie Sie die Schriften verändern, ab Seite 116 erfuhren Sie, wie sich die Feldhöhe und -breite bearbeiten lässt. Eingefügte Felder können auf Formularen wieder gelöscht werden (siehe Seite 119). Zudem stehen AutoFormate (Seite 120) zur Verfügung, die sehr einfach auf ein Formular übertragen werden können.

- Des Weiteren erhielten Sie in diesem Kapitel einen Überblick über den Umgang mit Formularen. Dazu wurden folgende Fragestellungen behandelt: Wie blättert man in Formularen (Seite 126), wie lassen sich Datensätze bearbeiten (Seite 127) bzw. löschen (Seite 127)?

Kapitel 5

Berichte – echt einfach

In diesem Kapitel:

Berichte per Knopfdruck	132
Ein leerer Bericht	137
Der Berichts-Assistent	138
Der Etiketten-Assistent	141
Zusammenfassung	146

Kapitel 5 Berichte – echt einfach

Berichte werden in Access zum Ausdrucken verwendet. Dabei ist eine weitgehende Formatierung und Gestaltung Ihrer Druckausgabe möglich. Ausführlich werden die Möglichkeiten der Formatierung für Berichte in Teil E dieses Buches beschrieben.

Berichte per Knopfdruck

Per Mausklick lässt sich sehr schnell ein einfacher Bericht erzeugen. Solche Berichte erfordern zwar die wenigste Arbeit, dafür haben Sie aber auch den geringsten Einfluss auf deren Gestaltung.

Einfache Berichte erstellen

Um einen einfachen Bericht zu erstellen, müssen Sie zunächst die Datenquelle markieren, also die Tabelle oder Abfrage, die die Daten enthält, die Sie im Bericht darstellen möchten.

1. Klicken Sie also im Navigationsbereich auf die Tabelle *Adressenliste*.
2. Klicken Sie dann auf der Registerkarte *Start* in der Gruppe *Berichte* auf die Schaltfläche *Bericht*.

Abbildg. 5.1   Einen einfachen Bericht erstellen

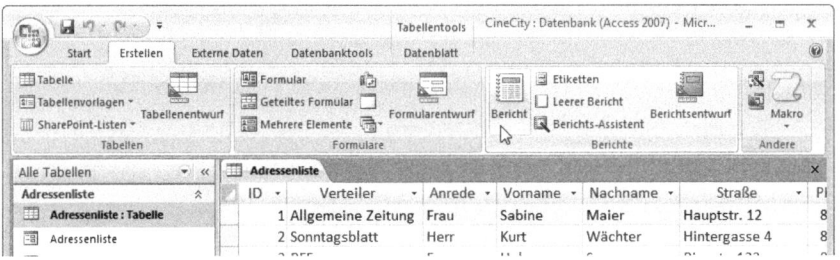

Sie erzeugen so einen Bericht in der Layoutansicht, der in Tabellenform alle Daten der Adressenliste enthält.

Abbildg. 5.2   Der erzeugte einfache Bericht

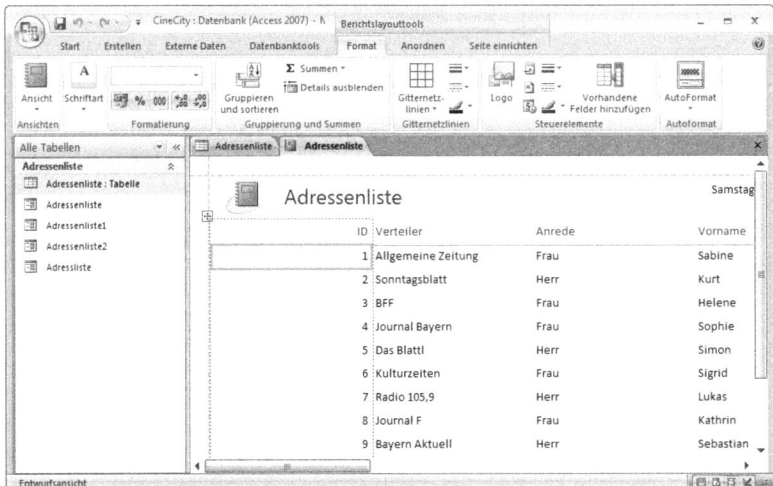

Das Berichtsdesign ändern

Bevor Sie die Liste ausdrucken, gibt es sicher einiges am Layout zu ändern.

Die Breite eines Felds verändern

Beim Anlegen eines Berichts formatiert Access alle Felder gleich breit. Das entspricht in einigen Fällen möglicherweise nicht den Anforderungen, die Sie an das Layout Ihres Berichts stellen. Möchten Sie ein Feld schmaler formatieren, verfahren Sie so:

1. Klicken Sie auf das Feld, das schmaler werden soll. Die Markierung wird durch einen farbigen Rahmen angezeigt.
1. Schieben Sie die Maus über den rechten Rand den Felds.
2. Klicken Sie auf den Rahmen des Felds, halten Sie die Maustaste gedrückt und ziehen Sie nach links.

Abbildg. 5.3   Die ID-Spalte verkleinern

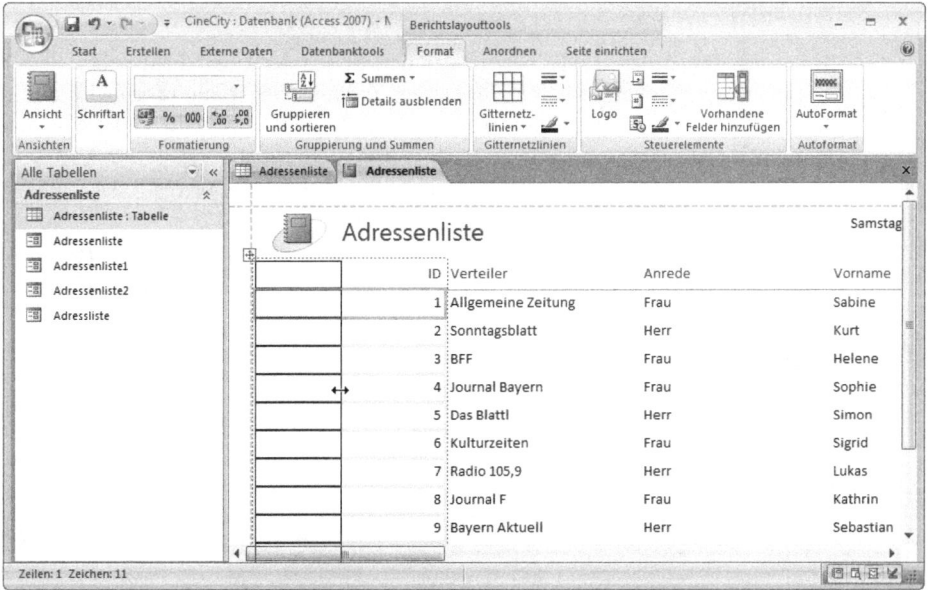

Ausrichtung des Berichts ändern

Zudem ist es oft sinnvoll, den Bericht so umzustellen, dass er später im Querformat gedruckt werden kann, um möglichst viele Felder auf einer Seite angezeigt zu bekommen.

1. Kicken Sie dazu auf die Registerkarte *Seite einrichten*.
2. In der Gruppe *Seitenlayout* finden Sie die Schaltfläche *Querformat*.

Abbildg. 5.4 Querformat einstellen auf der Registerkarte *Seite einrichten*

Auch die Einstellungen für die Seitenränder lassen sich bei Bedarf auf dieser Registerkarte festlegen.

Die Position von Feldern verändern

Außer den Daten der Tabelle besteht der Bericht aus der Überschrift neben dem Berichtssymbol links oben, rechts oben enthält er das Datum und die Uhrzeit und unten wird mittig die Seitenzahl aufgeführt. Haben Sie das Seitenlayout auf Querformat umgestellt, sind die Textfelder, die rechts und mittig angeordnet waren, nicht mehr richtig positioniert.

1. Klicken Sie auf den Text, so erscheint die Umrandung des Textfelds. Damit wird seine Markierung angezeigt.
2. Schieben Sie nun die Maus auf das Textfeld, verwandelt sich der Maus-Cursor in einen kleinen Vierfach-Pfeil. Damit können Sie das Textfeld an die gewünschte Position ziehen.

Abbildg. 5.5 Ein Textfeld wird verschoben

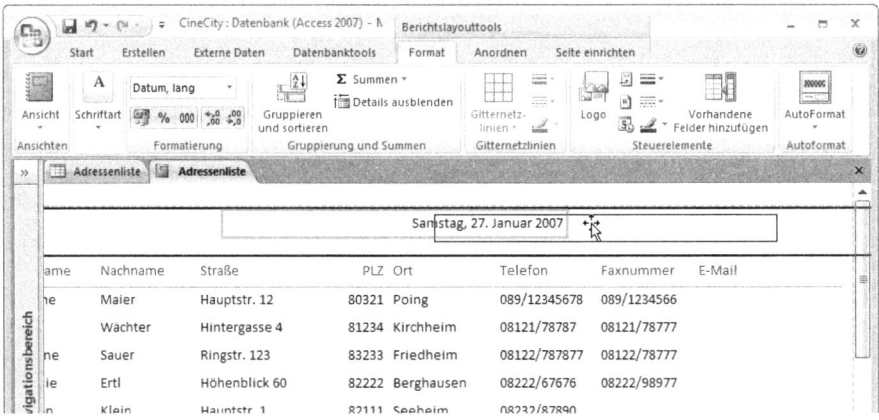

> **TIPP** Manchmal landet das Textfeld nach dem Verschieben wo ganz anders als erwartet. Dann verwenden Sie die Schaltfläche *Rückgängig* auf der *Symbolleiste für den Schnellzugriff*.

Ausrichtung der Fußzeile mittig auf der Seite

Die Seitenzahl eines Berichts ist standardmäßig mittig auf der Seite im Hochformat ausgerichtet. Schalten Sie um ins Querformat, ist sie allerdings nicht mehr in der Mitte.

Am einfachsten vergrößern Sie den Rahmen des Textfelds auf die Breite der Seite. Da für das Textfeld als Ausrichtung *zentriert* eingestellt ist, ist damit die Seitenangabe mittig unter dem Bericht.

Nun können Sie entweder am Rahmen des Textfelds ziehen oder Sie verwenden das Eigenschaftenblatt zum Einstellen der Breite.

1. Klicken Sie dazu unter das Textfeld mit der Seitenzahl mit der rechten Maustaste auf den leeren Bericht.
2. Wählen Sie im Kontextmenü *Eigenschaften* aus.
3. Suchen Sie auf der Registerkarte *Alle* oder *Format* nach *Breite*.
4. Klicken Sie danach auf das Textfeld mit der Seitenangabe. Dadurch ändern sich die Eintragungen auf dem Eigenschaftenblatt.
5. Suchen Sie auch hier die Eigenschaft *Breite* und überschreiben Sie die aktuelle Eintragung mit der Breite des Berichts.

Abbildg. 5.6 Eigenschaftenblatt mit Berichts- und angepasster Textfeldbreite

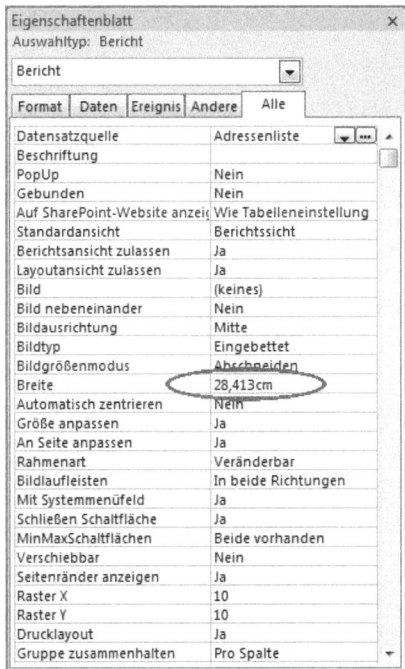

6. Schieben Sie nun das Textfeld mit der Seitenangabe nach rechts, so dass es innerhalb der Grenzen des Berichts positioniert ist. Dazu ist es sinnvoll, das Eigenschaftenblatt mit einem Klick auf das Kreuz (Schließschaltfläche) in der Titelleiste zu schließen.

ACHTUNG Wurde das Textfeld mit der Seitenangabe nicht weit genug nach rechts verschoben, enthält Ihr Bericht auf einmal zwei Seiten, auch wenn Sie auf der zweiten Seite keine Eintragungen finden können. Ragt irgendein Feld über die gestrichelte Linie nach rechts hinaus, wird dafür eine weitere Seite angelegt.

Löschen eines Feldes

Um ein Feld des Berichts oder ein Textfeld zu löschen, markieren Sie es und verwenden dann die -Taste.

So können Sie sehr einfach das Uhrzeitfeld löschen, falls Sie es nicht benötigen oder das Feld, das über die Anzahl der Datensätze Auskunft gibt.

Formatierung eines Feldes ändern

Auf der Registerkarte *Format* finden Sie in der Gruppe *Schriftart* die Möglichkeit, die Schrift, ihre Größe, Auszeichnung und Farbe sowie die Ausrichtung innerhalb des Felds und die Hintergrundfarbe festzulegen.

Abbildg. 5.7 Formatierung eines Felds

Die Linien lassen sich in der Gruppe *Gitternetzlinien* festlegen. Klicken Sie auf die Schaltfläche *Gitternetzlinien*, so erhalten Sie eine Auswahlliste mit verschiedensten Möglichkeiten, eine Zelle mit den sie umgebenden Linien hervorzuheben. Über die drei kleinen Schaltflächen stellen Sie die Stärke, die Art der Linien sowie ihre Farbe ein.

Abbildg. 5.8 Gruppe *Gitternetzlinien* mit und ohne Auswahlliste auf der Registerkarte *Format*

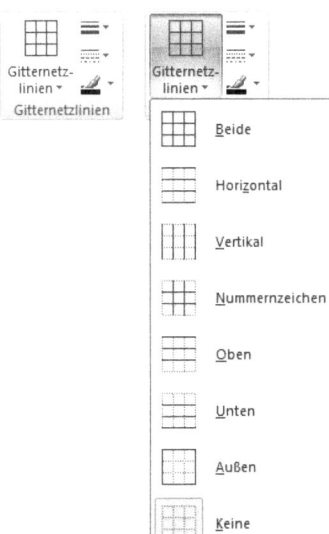

Fertige Formate für Berichte

Wie bereits für Formulare beschrieben, gibt es auch für Berichte so genannte Autoformate. Sie finden die Schaltfläche auf der Registerkarte *Format*.

Zur Arbeit mit Autoformaten lesen Sie in Kapitel 4 den Abschnitt »Fertige Formate«.

Andere Ansichten

Möchten Sie die Liste in der Seitenansicht kontrollieren, verwenden Sie den Befehl *Office*-Schaltfläche/*Drucken*/*Seitenansicht* oder klicken Sie in der Statuszeile auf die Schaltfläche *Seitenansicht*.

Abbildg. 5.9   Statusleiste beim Erstellen eines Berichts

Die Seitenansicht wurde bereits in Kapitel 1, »Die Datenbank-Vorlagen«, ausführlich beschrieben.

Berichte speichern

Um einen Bericht zu speichern, verwenden Sie die Schaltfläche *Speichern* auf der *Symbolleiste für den Schnellzugriff* oder die Tastenkombination (Strg)+(S). Erst dann finden Sie ihn im Navigationsbereich. Dort können Sie ihn mit einem Doppelklick öffnen und bei Bedarf weiter bearbeiten.

Ein leerer Bericht

Sie können über die Schaltfläche *Leerer Bericht* auf der Registerkarte *Erstellen* einen Bericht erzeugen, auf den Sie mit Ihrer Maus die einzelnen Felder ziehen können. Das ist dann sinnvoll, wenn Sie nur eine bestimmte Auswahl der Felder in Ihrem Bericht verwenden möchten oder wenn Sie Felder aus verschiedenen Tabellen oder Abfragen verwenden wollen.

1. Klicken Sie auf die Schaltfläche *Leerer Bericht*.

   Rechts wird automatisch die Feldliste aktiviert, so dass Sie nun alle benötigten Felder mithilfe Ihrer Maus auf den leeren Bericht ziehen können.

2. Klicken Sie das benötigte Feld in der Feldliste an, halten Sie die Maustaste gedrückt und ziehen Sie das Feld nach rechts auf den leeren Bericht.

Standardmäßig werden die Felder im tabellarischen Layout angezeigt. Auch hier wird von Access ein so genanntes Steuerungslayout verwendet und alle folgenden Felder werden im selben Layout direkt an das vorherige Feld positioniert.

Kapitel 5 Berichte – echt einfach

> **TIPP** Haben Sie eigene Vorstellungen, wie Ihr Bericht aussehen soll, verwenden Sie die Entwurfsansicht, die Ihnen wesentlich mehr Freiheiten bietet. Die Arbeit mit der Entwurfsansicht für Berichte wird in Teil E beschrieben.

Der Berichts-Assistent

Auch zum Erstellen von Berichten gibt es einen Assistenten.

1. Markieren Sie im Navigationsbereich die Tabelle, auf der der neue Bericht basieren soll.

2. Klicken Sie dann auf der Registerkarte *Erstellen* in der Gruppe *Berichte* die Schaltfläche *Berichts-Assistent*.
3. Kontrollieren Sie oben im ersten Dialogfeld des *Berichts-Assistenten*, ob die richtige Tabelle eingestellt ist, auf die sich der Bericht beziehen soll.
4. Wie Sie es bereits vom Formular-Assistenten kennen, können Sie jetzt die Felder auswählen, die auf Ihrem Bericht dargestellt werden sollen. Für das Beispiel wurden wieder alle Felder bis auf die Nummer in die Liste auf der rechten Seite übernommen.
5. Möchten Sie Ihre Daten nach einem bestimmten Feld gruppieren, so können Sie dies im nächsten Schritt definieren. Klicken Sie das entsprechende Feld einfach an und definieren es mit einem Klick auf die Hinzufügen-Schaltfläche (>) als Kriterium für eine so genannte Gruppierungsebene.

Abbildg. 5.10   Sollen Gruppierungen definiert werden?

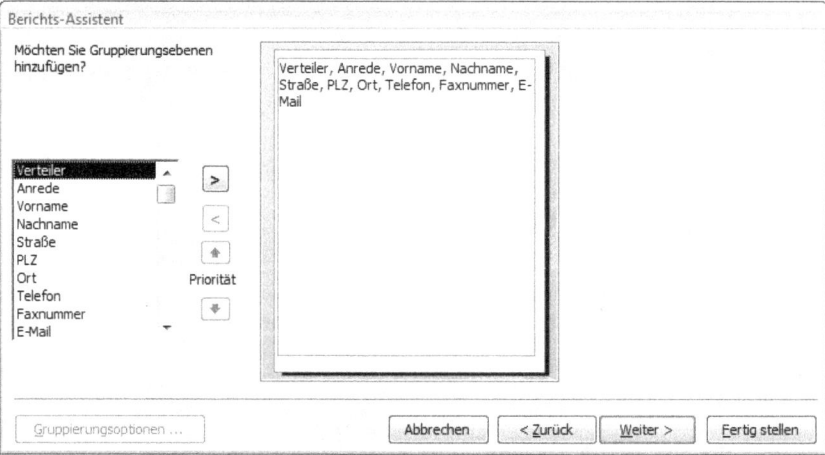

Im Beispiel wurden die Daten nach dem Ort und dem Verteiler gruppiert. Das heißt, auf der Liste werden alle Adressen sortiert nach dem Ort aufgeführt; sollte es mehrere Adressen in einem Ort geben, so wird in einer weiteren Gruppierungsebene nach dem Verteiler sortiert.

Abbildg. 5.11   Gruppierung der Daten nach *Ort* und *Verteiler*

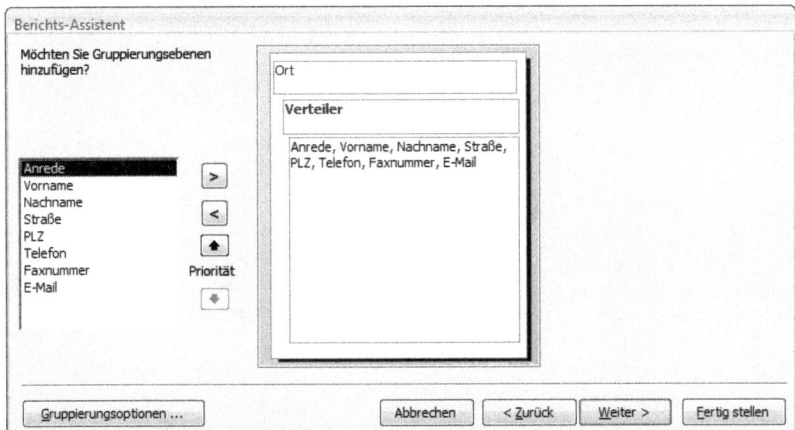

Mit den beiden Schaltflächen unter und über dem Wort *Priorität* können Sie die Reihenfolge der Gruppierungsebenen verändern. Klicken Sie eine Gruppierungsebene an und klicken Sie auf die entsprechende Schaltfläche, um es nach oben oder unten zu verschieben.

6. Des Weiteren können Sie im nächsten Schritt innerhalb der Gruppierung die Sortierreihenfolge bestimmen. Im Beispiel wurde eine erste Sortierung nach den Nachnamen und eine zweite nach Vornamen festgelegt. Wählen Sie das Feld aus, nach dem sortiert werden soll. Sollen die Daten nicht aufsteigend, sondern absteigend sortiert werden, klicken Sie auf die Schaltfläche hinter dem ausgewählten Feld.

Abbildg. 5.12   Eine Sortierung festlegen

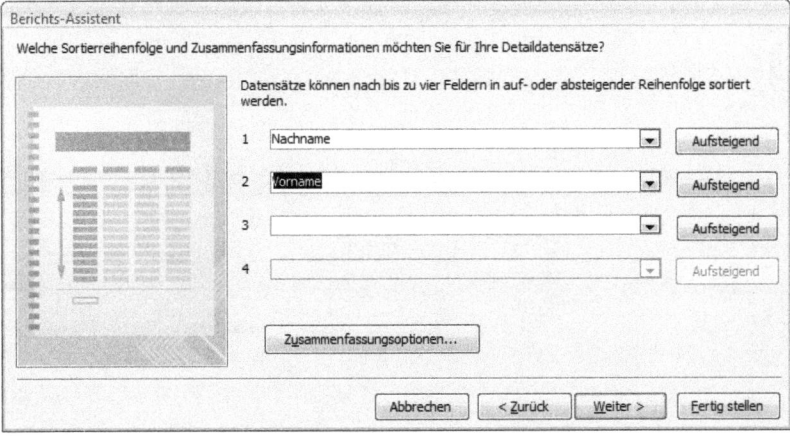

7. Bestimmen Sie im folgenden Schritt das Layout Ihres Berichts. Testen Sie – bevor Sie sich festlegen – die einzelnen Optionen aus, und prüfen Sie das Ergebnis links im Vorschaufenster. Wechseln Sie dann bei Bedarf auch die Ausrichtung der Seite. Im Beispiel ist das sehr sinnvoll, da sonst die einzelnen Felder so kurz werden, dass man die Einträge nicht richtig lesen kann.

Abbildg. 5.13 Das Layout des Berichts

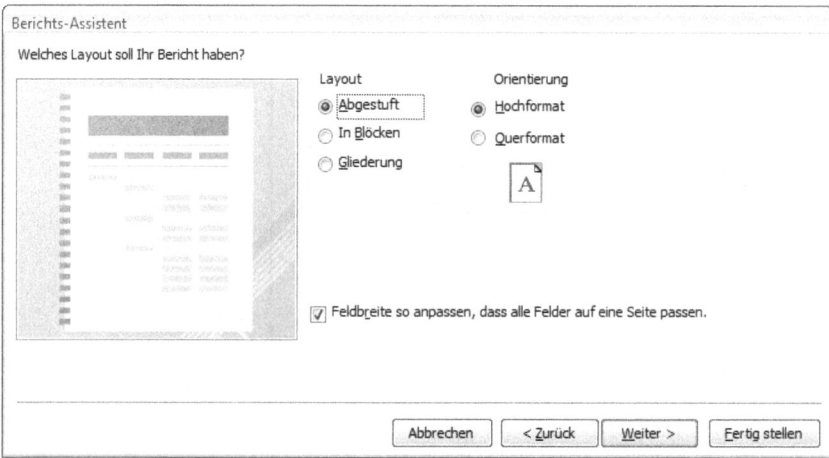

8. Suchen Sie sich jetzt im folgenden Schritt noch »Ihren« Stil heraus, und der Bericht ist fast fertig.
9. Im letzten Schritt werden Sie – ähnlich wie in den Formularen – wieder gefragt, ob Sie den Bericht sogleich in der Berichtsvorschau sehen oder ob Sie in die Berichtsentwurfsansicht wechseln wollen, um den Bericht zunächst zu bearbeiten.

Abbildg. 5.14 Der fertige Bericht

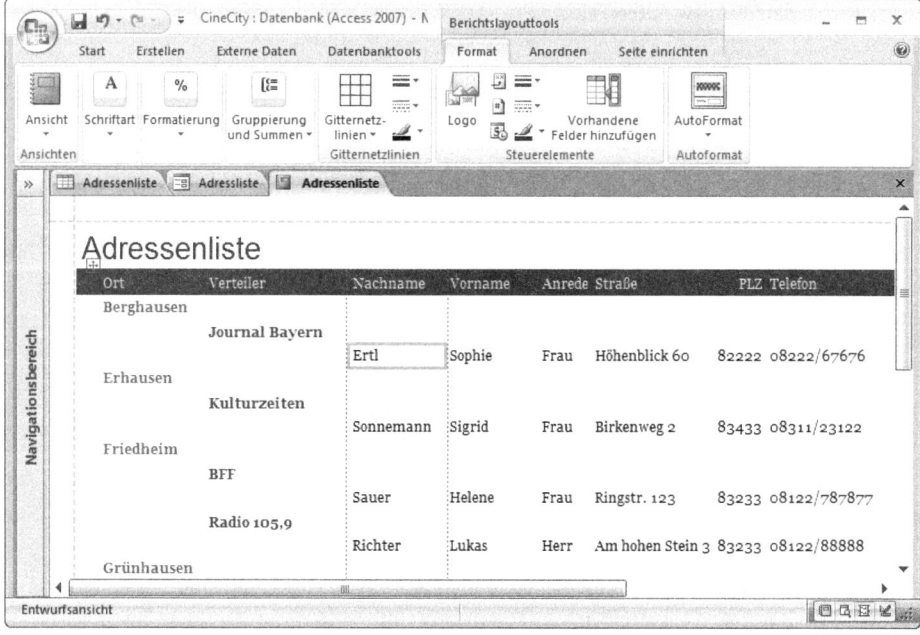

Sehen Sie Ihren Bericht an. Unter Umständen müssen Sie noch die Breite einiger Felder anpassen.

Der Etiketten-Assistent

Benötigen Sie Etiketten, beispielsweise als Aufkleber für Briefe oder Päckchen oder als Namensschilder, so steht Ihnen der Etiketten-Assistent zur Seite. Der Vorteil der Verwendung des Etiketten-Assistenten liegt u.a. darin, dass es viele vordefinierte Etiketten gibt, unter denen Sie wählen können. Sie finden beispielsweise die Formate der meisten Zweckform-Etiketten, die Sie für Ihren Drucker kaufen können. Für Laser- und Tintenstrahldrucker werden Etiketten auf einzelnen Bögen verwendet, während für Matrixdrucker Etiketten auf Endlospapier mit Traktorführung erhältlich sind.

Sollten Sie ein Format benötigen, das Sie nicht in der Liste der vorbereiteten Etiketten finden, so haben Sie auch die Möglichkeit, auf relativ einfache Weise eigene Etiketten anzulegen.

1. Möchten Sie den Etiketten-Assistenten verwenden, beginnen Sie wieder damit, die gewünschte Tabelle oder Abfrage im Navigationsbereich zu markieren.
2. Wählen Sie auf der Registerkarte *Erstellen* in der Gruppe *Berichte* die Schaltfläche *Etiketten* aus.
3. Im Etiketten-Assistent werden Sie als Erstes dazu aufgefordert, die Größe der Etiketten festzulegen, die Sie erstellen möchten.

Abbildg. 5.15   Etikettengröße festlegen

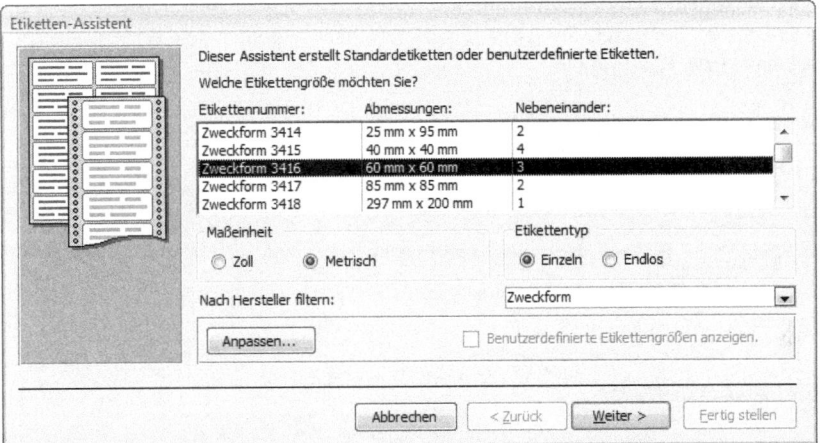

Sie finden hier eine große Anzahl an Standardetiketten, gegliedert nach der Etikettennummer, den Abmessungen und der Anzahl Etiketten pro Bogen. Dabei können Sie die Maßeinheit (*Zoll* oder *Metrisch*) und den Typ (*Einzeln* oder *Endlos*) auswählen. Mithilfe des Kombinationsfeldes hinter *Nach Hersteller filtern* können Sie sich nur die Etiketten des gewünschten Herstellers anzeigen lassen und so schneller das benötigte Etikettenformat finden.

Stellen Sie im nächsten Schritt die von Ihnen gewünschte Schriftart (Schriftname, -größe und -breite) und Textfarbe ein.

Abbildg. 5.16 Stellen Sie hier die Schriftart, -größe und -farbe ein!

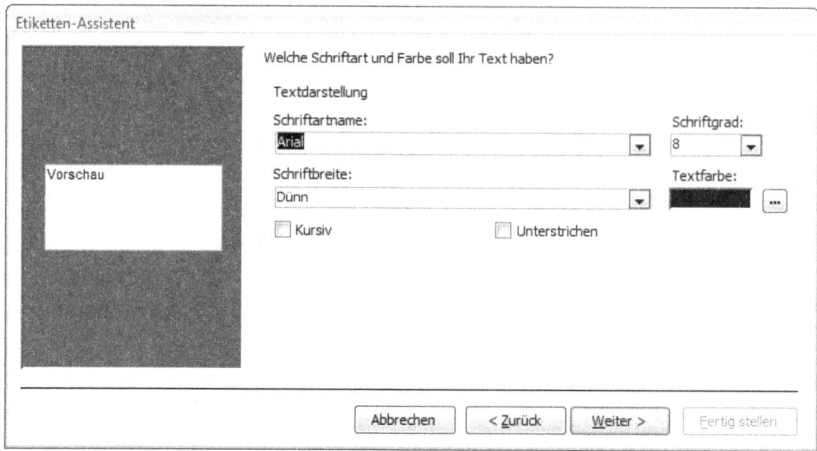

Das Layout des Etiketts bestimmen Sie im folgenden Fenster. Dazu kopieren Sie die gewünschten Felder nach dem Markieren mithilfe der nebenstehend gezeigten Schaltfläche in das Etikettenentwurfs-Fenster. Vergessen Sie nicht die Leerzeichen zwischen den Feldern *Anrede*, *Vorname* und *Nachname* bzw. *PLZ* und *Ort*.

Abbildg. 5.17 Etikettenentwurf für Adressaufkleber

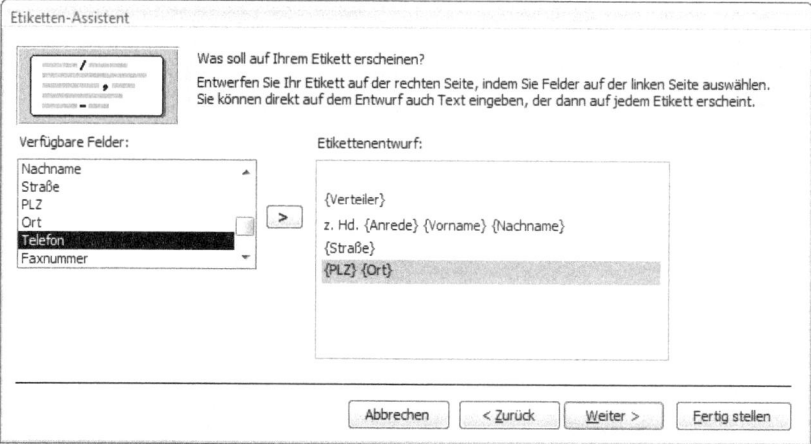

Im vorletzten Dialogfeld des Etiketten-Assistenten ist es möglich, Ihre Etiketten zu sortieren. Wir haben uns in diesem Beispiel wieder für die Sortierung nach dem Ort und dem Verteiler entschieden.

Abbildg. 5.18 Legen Sie jetzt die Sortierung der Etiketten fest

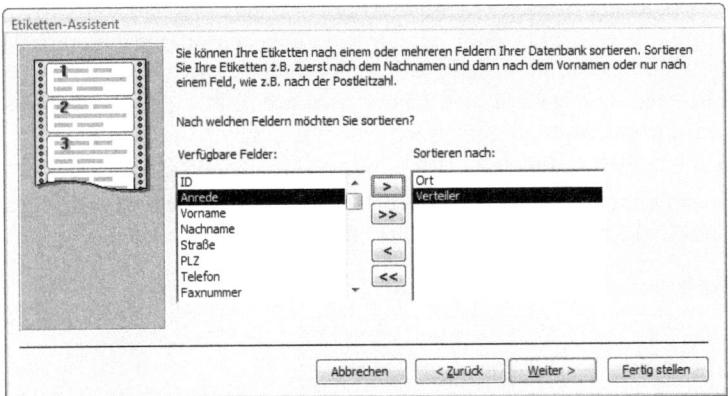

Zum Schluss schlägt der Etiketten-Assistent einen Namen für den Bericht vor, den Sie mittels der Schaltfläche *Fertig stellen* übernehmen können.

Die fertigen Etiketten sehen Sie in der Seitenansicht Ihres Berichts.

Abbildg. 5.19 Die fertigen Etiketten

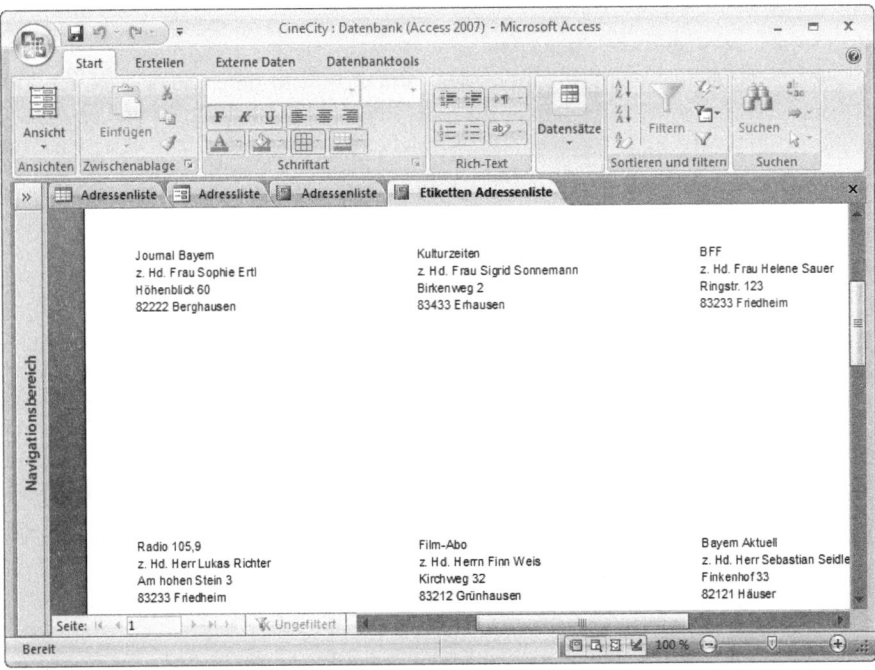

HINWEIS Lassen Sie sich nicht davon irritieren, dass in der Layout- oder der Berichtsansicht die Etiketten nur untereinander dargestellt werden und die weiteren Spalten nicht angezeigt werden. Wie die Etiketten ausgedruckt werden, können Sie in der Seitenansicht kontrollieren.

Eigene Etikettenvorlagen definieren

Es gibt zwar mittlerweile eine große Zahl verschiedener Etikettenvorlagen zur Auswahl. CineCity plant jedoch eine Veranstaltung, für die jeder Teilnehmer ein Namensschild erhalten soll. Die für die Namensschilder benötigte Größe von 4 cm x 7,5 cm findet sich nicht in der Auswahl. Das heißt also: Es muss eine eigene Etikettenvorlage definiert werden.

1. Starten Sie den Etiketten-Assistenten.

   Gleich im ersten Dialogfeld gibt Ihnen die Schaltfläche *Anpassen* (siehe Abbildg. 5.15) die Möglichkeit, im Dialogfeld *Neue Etikettengröße* Ihre Etiketten selbst zu definieren.

Abbildg. 5.20   Neue Etiketten lassen sich mit *Neu* definieren

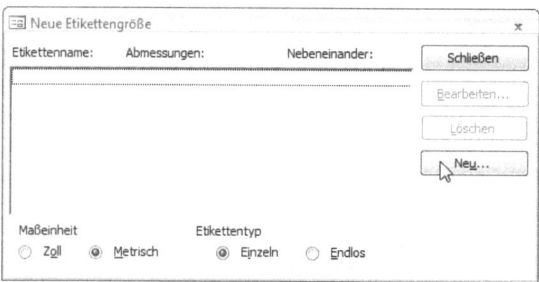

2. Klicken Sie auf die Schaltfläche *Neu*.

   Bei der Anzeige der Etiketten in diesem Dialogfeld wird unterschieden, ob ein Etikett in Zoll oder Zentimeter, ob es für Einzelblatt- oder Endlospapier definiert ist und ob es im Hoch- oder Querformat vorliegt. Entsprechend können Sie mit den Optionsfeldern in den Gruppen *Maßeinheit*, *Etikettentyp* und *Format* die Anzeige festlegen.

Abbildg. 5.21   Die Maße für die neuen Etiketten

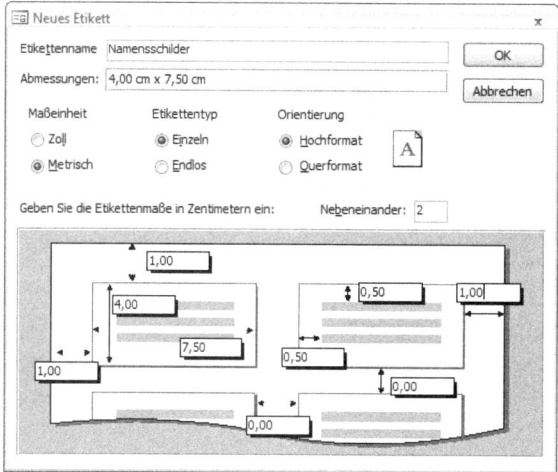

3. Beginnen Sie damit, Ihre selbst definierte Etikettenvorlage im Feld *Etikettenname* mit »Namensschilder« zu benennen.

   Da die Namensschilder 7 cm breit werden sollen und wir für den Laserdrucker noch einen nicht bedruckbaren Rand berücksichtigen müssen, können nur zwei Etiketten nebeneinander auf eine DIN-A4-Seite gedruckt werden.

4. Tragen Sie entsprechend in das Feld hinter *Nebeneinander* eine »2« ein.

HINWEIS   Beachten Sie bitte die unterschiedlichen Maßeinheiten der Ränder (in Millimeter) und der Druckgröße (in Zentimeter).

5. Geben Sie die Höhe und Breite der Namensschilder in das erste Etikett ein, eventuell auch die benötigten Ränder.

Das selbst definierte Etikett für die Namensschilder wird jetzt im Dialogfeld *Neue Etikettengröße* angezeigt und kann dort bearbeitet, gelöscht und auch als Basis für weitere Etiketten kopiert werden.

Abbildg. 5.22   Die selbst definierte Etikettenvorlage

Die neue Etikettenvorlage verwenden

In diesem Abschnitt möchten wir Ihnen zeigen, wie Sie mithilfe der neuen Etikettenvorlage die Namensschilder erstellen können. Für die geplante Veranstaltung soll auf die Namensschilder jeweils der Name und der Verteiler gedruckt werden. Entsprechend soll auch diesem Bericht die Tabelle *Adressenliste* zugrunde liegen.

Abbildg. 5.23   Etikettengröße auswählen

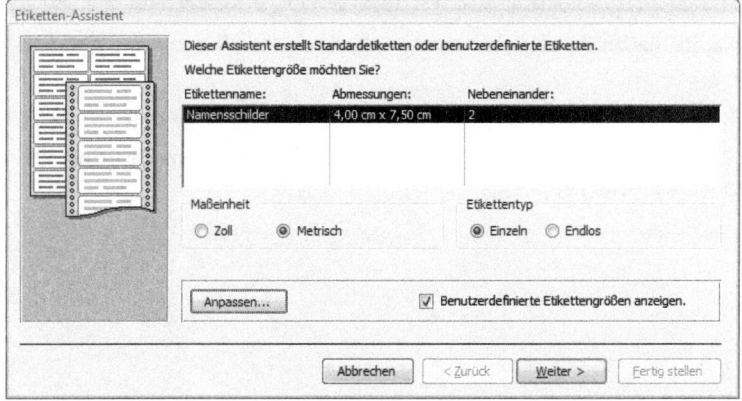

Kapitel 5 Berichte – echt einfach

1. Erzeugen Sie dazu einen neuen Bericht mit dem Etiketten-Assistenten.

   Mithilfe des Kontrollkästchens *Benutzerdefinierte Etikettengrößen anzeigen* können Sie jetzt zwischen den Standard- und Ihren persönlichen Etiketten hin- und herschalten.
2. Ist das Kontrollkästchen *Benutzerdefinierte Etikettengrößen anzeigen* aktiviert und das Etikett *Namensschilder* markiert, klicken Sie auf *Weiter*.
3. Bestimmen Sie im nächsten Schritt die Schriftart, -größe, -breite und -farbe.
4. Legen Sie dann fest, welche Felder auf dem Namensschild dargestellt werden sollen.

Abbildg. 5.24　Felder für das Namensschild

5. Bestimmen Sie im folgenden Schritt die Sortierreihenfolge.
6. Geben Sie Ihren Etiketten nun noch einen Namen und sehen Sie sich diese in der Seitenansicht an.

Falls Sie das Bedürfnis haben, diese Etiketten anders zu formatieren, finden Sie weitere Informationen in Teil E dieses Buches.

Zusammenfassung

Berichte stellen Daten Ihrer Datenbank nach von Ihnen gewählten Kriterien für den Druck zusammen.

- In diesem Kapitel haben Sie zunächst gesehen, wie leicht sich Berichte auf Knopfdruck erstellen lassen (Seite 132).
- Im darauf folgenden Abschnitt wurde Ihnen der Berichts-Assistent vorgestellt (Seite 137).
- Der letzte Abschnitt dieses Kapitels befasst sich mit dem Etiketten-Assistent, der ausführlich beschrieben wurde (Seite 141).

Kapitel 6

Abfragen

In diesem Kapitel:

Ein Abfragen-Assistent	148
Ausgewählte Daten sortieren und filtern	150
Zusammenfassung	151

Kapitel 6 Abfragen

Abfragen geben Ihnen die Möglichkeit, Ihre Daten in den Access-Tabellen nach vielfältigen Kriterien auszuwerten und zu sortieren sowie beispielsweise Ihre Daten aufzusummieren oder Ähnliches.

Die Möglichkeiten von Abfragen lassen sich am besten mit Beispielen erklären. Darum, ohne viel Vorrede, direkt hinein ins Vergnügen!

Öffnen Sie, um genügend Daten zum Abfragen zur Verfügung zu haben und die Abfragen in diesem Kapitel nachvollziehen zu können, die Datenbank *CineCity* von Teil_A auf der CD-ROM.

Ein Abfragen-Assistent

Zunächst möchten wir Ihnen zeigen, wie Sie eine Abfrage mithilfe des Auswahlabfrage-Assistenten definieren. In diesem Beispiel soll eine Telefonliste erstellt werden, die Nachnamen, Vornamen, Verteiler, Telefon- und Faxnummern enthalten soll.

1. Beginnen Sie damit die zugrunde liegende Tabelle im Navigationsbereich zu markieren.
2. Wählen Sie dann auf der Registerkarte *Erstellen* in der Gruppe *Andere* die Schaltfläche des *Abfrage-Assistenten* aus.

Abbildg. 6.1   Den Auswahlabfrage-Assistenten starten

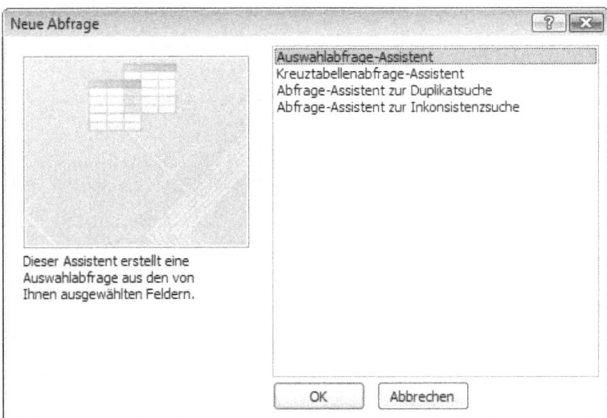

Das Dialogfeld *Neue Abfrage* bietet vier verschiedene Assistenten zur Auswahl:

- Den *Auswahlabfrage-Assistenten*, der Sie insbesondere bei Abfragen unterstützt, die mehrere Tabellen gleichzeitig umfassen,
- den *Kreuztabellenabfrage-Assistenten*, der Sie durch die Definitionsschritte von Kreuztabellen führt (Kreuztabellen werden auch als Pivot-Tabellen bezeichnet),
- den *Abfrage-Assistenten zur Duplikatsuche*, der Ihre Daten auf doppelte Einträge hin untersucht, und schließlich den
- *Abfrage-Assistenten zur Inkonsistenzsuche*, der versucht, Unstimmigkeiten in Ihren Datenbeständen zu ermitteln.

3. Wählen Sie im Dialogfeld den *Auswahlabfrage-Assistenten* aus.

Ein Abfragen-Assistent

4. Legen Sie im zweiten Schritt fest, welche Felder die Abfrage enthalten soll. Klicken Sie dazu in der linken Liste der verfügbaren Felder das gewünschte Feld an und schieben Sie es mithilfe der Hinzufügen-Schaltfläche (>) in die rechte Liste. Alternativ können Sie Felder auch mithilfe eines Doppelklicks nach rechts befördern.

> **TIPP** Hier ist es sinnvoll, die Felder in der Reihenfolge in die rechte Auswahlliste zu schieben, in der sie später angezeigt werden sollen.

Abbildg. 6.2   Hier werden die Felder ausgewählt, die die Abfrage anzeigen soll

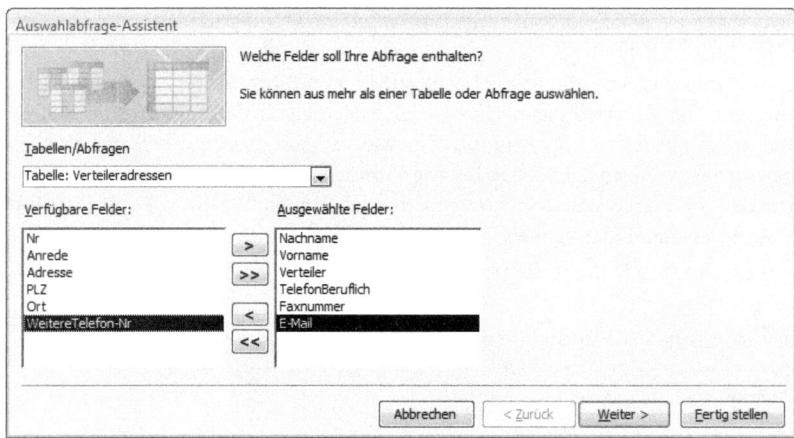

Geben Sie im nächsten Schritt der Abfrage einen Namen, und öffnen Sie sie.

Abbildg. 6.3   Die ausgeführte Abfrage

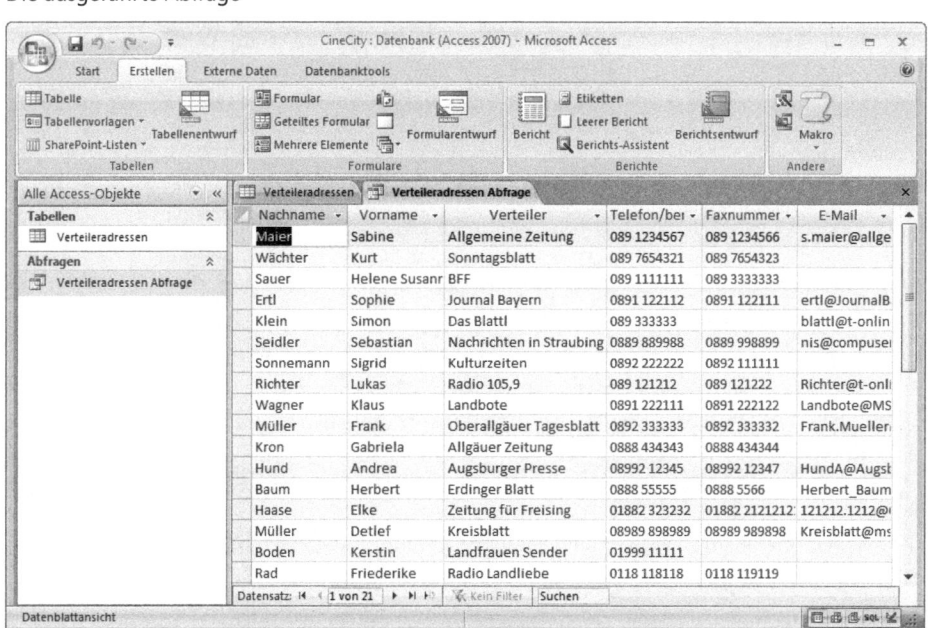

Kapitel 6 Abfragen

Ausgewählte Daten sortieren und filtern

Um eine bestimmte Telefonnummer zu suchen, ist es sicher sinnvoll, die Liste alphabetisch sortiert anzuzeigen. Bei einer Telefonliste ist es natürlich sinnvoll, wenn diese alphabetisch nach Nachnamen sortiert ist. Nichts leichter als das:

1. Klicken Sie mit der rechten Maustaste auf die Spalten und
2. wählen Sie im Kontextmenü die gewünschte Sortierung aus.

Um die Sortierung aufzuheben, verwenden Sie die Schaltfläche *Sortierung löschen* auf der Registerkarte *Start*. Eingestellte Sortierungen werden mit den Abfragen gespeichert und können so jederzeit erneut aufgerufen werden.

Stellen Sie sich nun vor, Sie hätten viele hundert Namen in Ihrer Adressliste und möchten die Telefonnummer von der Ansprechpartnerin bei der Allgemeinen Zeitung ermitteln. Sie können sich erinnern, dass der Name mit »M« beginnt, aber wie sie heißt, das ist Ihnen entfallen. Nun könnten Sie in Ihrer sortierten Abfrage blättern, bis alle Einträge mit »M« am Bildschirm angezeigt werden. Sie können aber auch Access die Arbeit erledigen lassen, indem Sie die in Kapitel 3, »Tabellen – echt einfach«, beschriebenen Filter verwenden:

1. Klicken Sie auf das Dreieck der Spaltenüberschrift der Nachnamen, um das dazugehörende Menü zu öffnen.
2. Wählen Sie darin *Textfilter* und im nächsten Menü *Beginnt mit* aus.

Abbildg. 6.4   Alle Namen suchen, die mit »M« beginnen

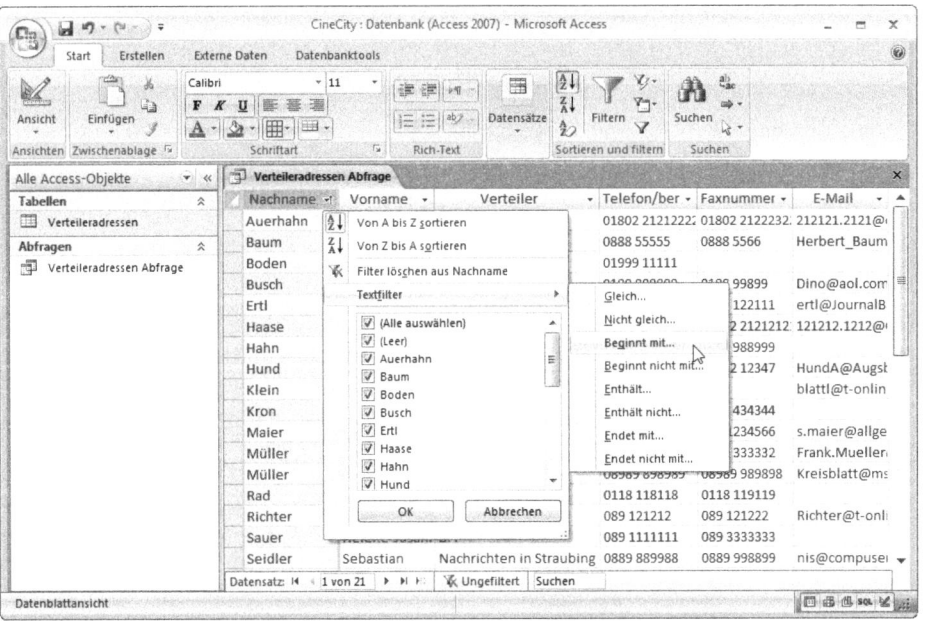

3. Geben Sie im so aktivierten Dialogfeld **m** ein und bestätigen Sie die Eingabe.

Abbildg. 6.5   Alle Einträge, die mit dem Buchstaben »m« beginnen

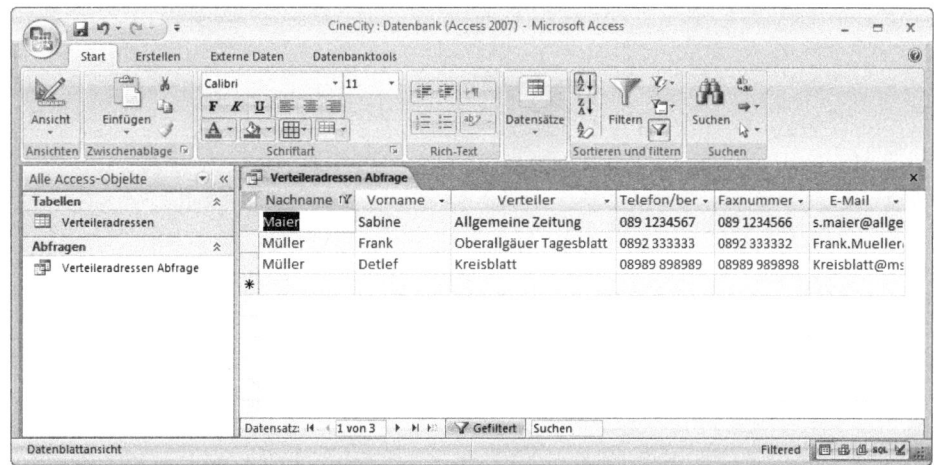

In Teil C finden Sie ausführliche Informationen zum Thema Abfragen. Dort werden sowohl die anderen Assistenten als auch das Entwerfen einer Abfrage in der Entwurfsansicht beschrieben.

Zusammenfassung

Mithilfe von Abfragen erhalten Sie die Möglichkeit, bestimmte Daten aus Ihrer Datenbank auszuwählen, um diese dann beispielsweise in einem Bericht auszugeben.

- Sie konnten lernen, wie eine einfache Abfrage mithilfe des Auswahlabfrage-Assistenten definiert wird (Seite 148),
- Bei Bedarf lässt sich das Ergebnis einer Abfrage per Knopfdruck sortiert darstellen oder filtern (Seite 150).

Kapitel 7

Der Navigationsbereich

In diesem Kapitel:

Den Navigationsbereich verwenden	154
Datenbankobjekte verwalten	156
Kategorien und Gruppen	157
Zusammenfassung	161

Kapitel 7 Der Navigationsbereich

Der Navigationsbereich ersetzt das Datenbankfenster früherer Access-Versionen. Er wird dazu verwendet, Datenbankobjekte in unterschiedlichen Ansichten aufzurufen und Datenbankobjekte zu verwalten.

Den Navigationsbereich verwenden

Starten Sie Access, so wird der Navigationsbereich standardmäßig angezeigt. Er lässt sich über die nebenstehenden Schaltflächen aus- und wieder einblenden.

Der Navigationsbereich bietet eine Übersicht über alle angelegten Datenbankobjekte, also Tabellen, Formulare, Berichte, Abfragen, aber auch Markos oder Module.

Abbildg. 7.1   Der Navigationsbereich mit verschiedenen Datenbankobjekten

Durch einen Doppelklick auf den Namen des Objektes können Sie ein Objekt öffnen. Standardmäßig werden die einzelnen Objekte nach der Art sortiert, also alle erstellten Formulare in der Rubrik *Formulare* etc.

Klicken Sie auf den Balken mit der Anzeige des Objekttyps, so lassen sich die angelegten Datenbankobjekte aus- bzw. einblenden.

Abbildg. 7.2   Ausgeblendete Datenbankobjekte

Den Navigationsbereich verwenden

Weitere Details zu den einzelnen Datenbankobjekten, wie das Erstellungs- und Änderungsdatum, können Sie sich auch direkt im Navigationsbereich einblenden lassen. Klicken Sie dazu auf den Navigationsbereich und wählen im Kontextmenü *Anzeigen nach/Details* aus.

Abbildg. 7.3 Mehr Informationen über die einzelnen Objekte anzeigen

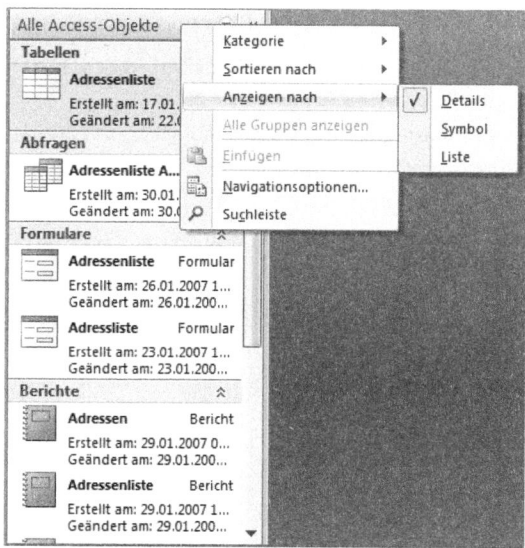

Es besteht zudem die Möglichkeit, die Objekte im Navigationsbereich nach anderen Kategorien zu sortieren. So wurde für Abbildg. 7.4 beispielsweise das *Änderungsdatum* als Kriterium gewählt. Bei der Auswahl *Tabellen und damit verbundene Sichten* werden die Objekte nach der Tabelle sortiert auf der sie basieren. Zudem besteht die Möglichkeit benutzerdefinierte Kategorien und Gruppen anzulegen, wie Sie weiter hinten in diesem Kapitel noch erfahren werden.

Abbildg. 7.4 Sortierung der Objekte ändern

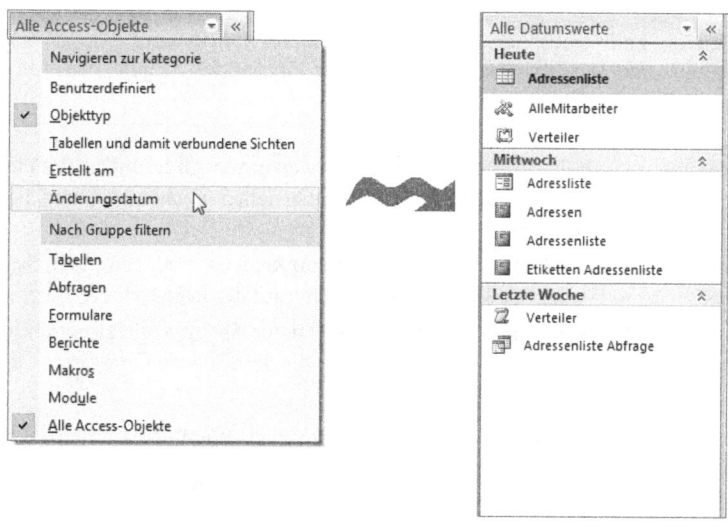

Datenbankobjekte verwalten

Im Navigationsbereich lassen sich die verschiedenen Datenbankobjekte per Doppelklick aufrufen. Verwenden Sie das Kontextmenü zu den einzelnen Objekten (siehe Abbildg. 7.5), so können Sie sich diese auch in der Entwurfsansicht anzeigen lassen, um sie zu bearbeiten, Sie können sie aber auch löschen, kopieren oder beispielsweise umbenennen.

Möchten Sie ein Objekt umbenennen oder löschen, achten Sie darauf, dass das entsprechende Objekte nicht geöffnet ist. Sollte es noch aktiviert sein, schließen Sie es zuerst.

1. Klicken Sie dann mit der rechten Maustaste auf ein Datenbankobjekte im Navigationsbereich und aktivieren so ein Kontextmenü.
2. Wählen Sie im Kontextmenü die gewünschte Aktion aus.

TIPP Zum Löschen können Sie auch die `Entf`-Taste, zum Umbenennen die `F2`-Taste verwenden.

Abbildg. 7.5   Kontextmenüs zu Tabellen, Berichten und Makros

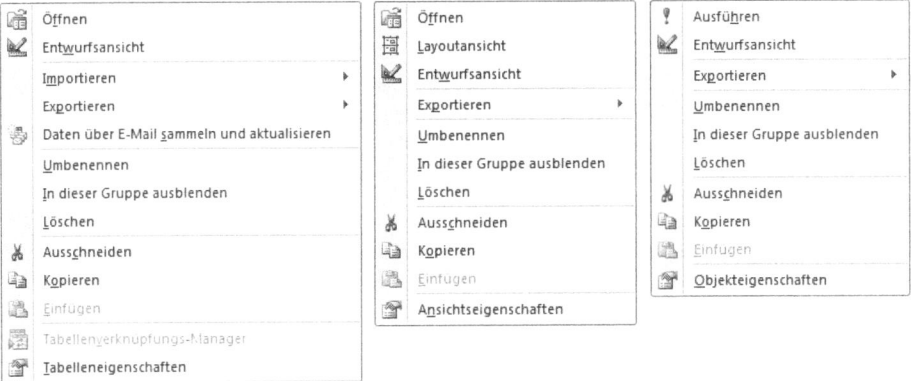

ACHTUNG   Sowohl beim Umbenennen als auch beim Löschen sollten Sie zuvor überlegen, ob andere Objekte auf dem umzubenennenden oder zu löschenden Objekt basieren, und dann nicht mehr funktionsfähig sind.

Häufig möchte man ein Formular oder einen Bericht kopieren, um Änderungen erst einmal an der Kopie auszuprobieren oder weil man ein ähnliches Objekt erstellen möchte. Möchten Sie ein Datenbankobjekt kopieren, verfahren Sie so:

1. Markieren Sie das Objekt und wählen im Kontextmenü *Kopieren* aus, verwenden Sie die Tastenkombination `Strg`+`C` oder die Schaltfläche *Kopieren* auf der Registerkarte *Start*.
2. Klicken Sie dann in den Navigationsbereich und selektieren Sie im Kontextmenü *Einfügen*, verwenden Sie die Tastenkombination `Strg`+`V` oder die Schaltfläche *Einfügen* auf der Registerkarte *Start*.

Haben Sie eine Abfrage, ein Formular oder einen Bericht kopiert und möchten diese(s, n) einfügen, erhalten Sie ein Dialogfeld, das den neuen Namen abfragt.

Abbildg. 7.6 Neuer Name für das kopierte Datenbankobjekt

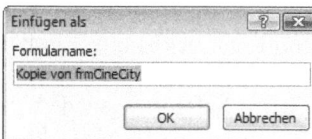

Haben Sie eine Tabelle kopiert, so haben Sie beim Einfügen mehrere Möglichkeiten. Entweder wollten Sie nur die Struktur kopieren, also die definierten Felder, dann wählen Sie die erste Option in dem in Abbildg. 7.7 gezeigten Dialogfeld. Soll die gesamte Tabelle mit Daten kopiert werden, wählen Sie die zweite Option. Die dritte Möglichkeit erlaubt das Einfügen der Daten in eine andere Tabelle, die allerdings dieselbe Struktur haben muss.

Abbildg. 7.7 Was soll mit der Tabelle und ihren Daten geschehen?

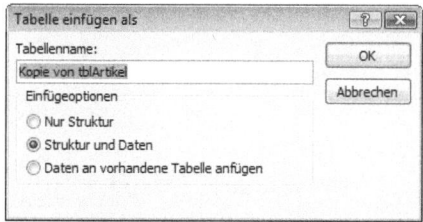

Kategorien und Gruppen

Für den Navigationsbereich sind bereits einige Kategorien definiert, wie *Objekttyp*, *Tabellen und damit verbundene Sichten* oder *Erstellt am*. Es besteht aber zudem die Möglichkeit, eigene festzulegen, z.B. kann die Kategorie *Benutzerdefiniert* umbenannt werden. Jede Kategorie ist unterteilt in so genannte Gruppen, nach denen Sie die Datenbankobjekte filtern können. Entsprechend können Sie auch eigene Gruppen definieren. In Abbildg. 7.8 sehen Sie im unteren Bereich des Kontextmenüs die Gruppen zu den Kategorien *Objekttyp* bzw. *Änderungsdatum*.

Abbildg. 7.8 Kategorie *Objekttyp* sowie Kategorie *Änderungsdatum* mit den jeweiligen Gruppen

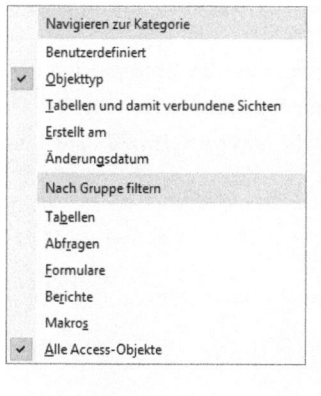 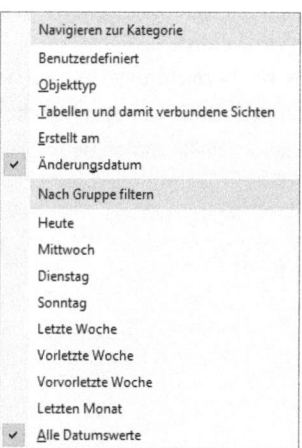

Neue Kategorien und Gruppen anlegen

Das Kinocenter CineCity beispielsweise betreibt neben dem Kinobetrieb einen Kiosk und möchte auch dafür die Verkaufsdaten erfassen. Entsprechend wäre es sinnvoll, zwei Kategorien anzulegen: Kino und Kiosk. Häufig benötigen Sie aber gar keine weiteren Kategorien, sondern es ist ausreichend, verschiedene Gruppen zu definieren.

Möchten Sie eine neue Kategorie erstellen oder eine von Access angelegte umbenennen, eine neue Gruppe anlegen oder eine umbenennen, so klicken Sie auf die Titelleiste des Navigationsbereichs und wählen im Kontextmenü die Option *Navigationsoptionen*.

Abbildg. 7.9   Aufruf des Dialogfelds *Navigationsoptionen*

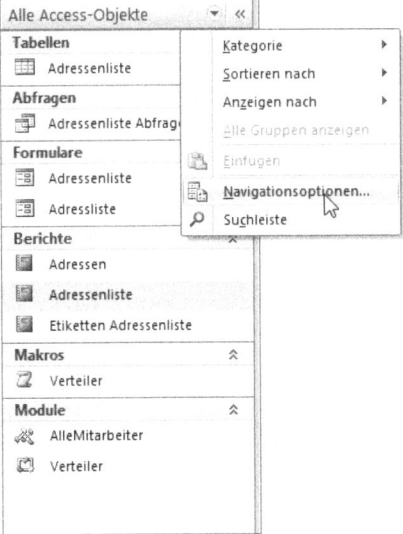

Im Dialogfeld *Navigationsoptionen* sind links die verschiedenen Kategorien aufgeführt, rechts sehen Sie die Gruppen, die zur jeweils selektierten Kategorie gehören.

1. Sie können nun einfach die Kategorie *Benutzerdefiniert* umbenennen, indem Sie auf die Schaltfläche *Element umbenennen* klicken.
2. Geben Sie die gewünschte Bezeichnung ein, und bestätigen Sie die Änderung mit der ⏎-Taste.
3. Legen Sie im nächsten Schritt die Gruppen für die neue Kategorie fest.
4. Auch hier können Sie zunächst die vordefinierte Gruppe *Benutzerdefinierte Gruppe 1* umbenennen.

Abbildg. 7.10   Umbenennen der von Access angelegten Kategorie *Benutzerdefiniert*

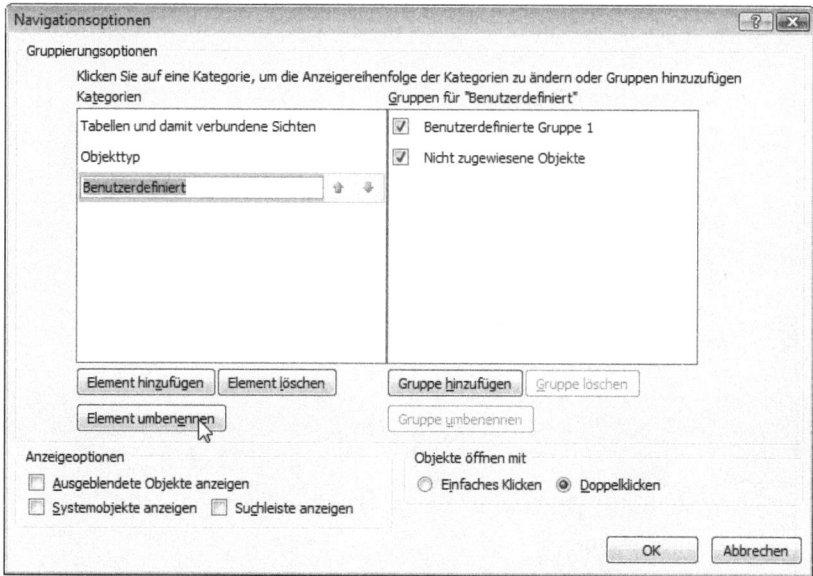

Abbildg. 7.11   Die erste Gruppe wurde angelegt

5. Alle weiteren Gruppen fügen Sie über die Schaltfläche *Gruppe hinzufügen* ein.

Kapitel 7 Der Navigationsbereich

> **HINWEIS** Die Gruppe *Nicht zugewiesene Objekte* lässt sich weder löschen noch umbenennen. Sie nimmt alle Datenbankobjekte auf, die keiner Gruppe zugewiesen wurden.

Abbildg. 7.12   Zwei neue Kategorien mit Gruppen

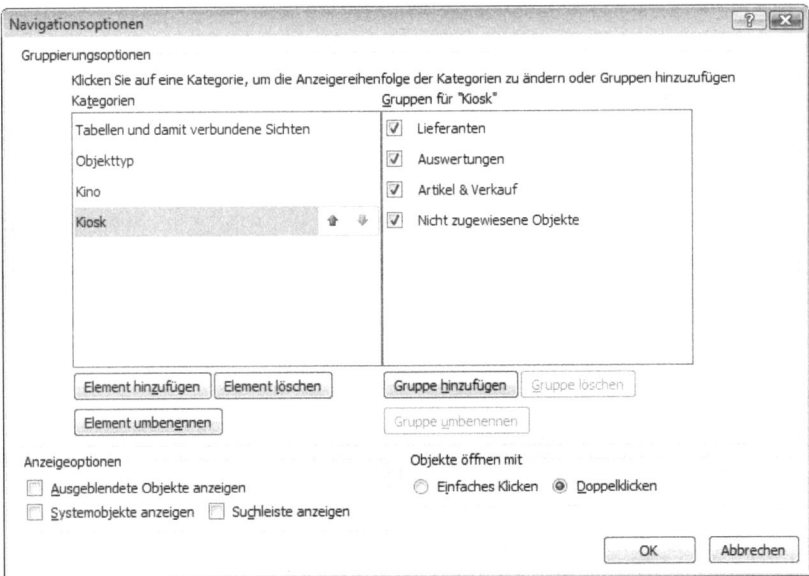

6. Haben Sie alle benötigten Änderungen vorgenommen, bestätigen Sie mit *OK*.

Datenbankobjekte den neuen Gruppen zuordnen

Jetzt müssen Sie im Navigationsbereich die Zuordnung der Datenbankobjekte zu den jeweiligen Kategorien und Gruppen vornehmen, denn zunächst befinden sich alle Datenbankobjekte in der Gruppe *Nicht zugewiesene Objekte*.

- Am einfachsten ziehen Sie im Navigationsbereich mit Ihrer Maus jedes Datenbankobjekt auf die gewünschte Gruppe.

- Möchten Sie mehrere Objekte in eine Gruppe verschieben, können Sie beim Markieren die [Strg]-Taste verwenden und dann alle markierten Objekte gleichzeitig verschieben.

- Zudem können Sie Objekte mithilfe ihres Kontextmenüs einer Gruppe zuordnen. Wählen Sie dazu im Kontextmenü *Zur Gruppe hinzufügen* aus.

Abbildg. 7.13   Gruppen mit Datenbankobjekten der Kategorie *Kiosk*

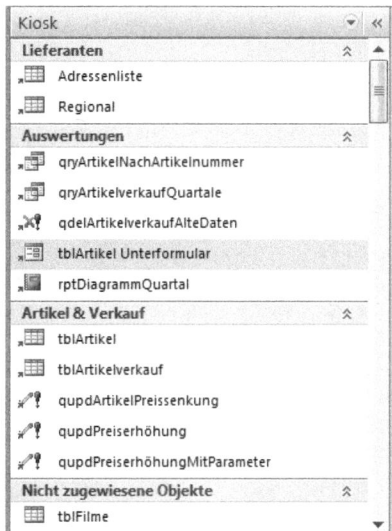

> **HINWEIS**   Haben Sie alle Objekte verteilt und möchten nun die Kategorie *Nicht zugewiesene Objekte* ausblenden, aktivieren Sie erneut das Dialogfeld *Navigationsoptionen* und klicken das Häkchen vor *Nicht zugewiesene Objekte* weg.

Zusammenfassung

Der Navigationsbereich ersetzt das Datenbankfenster der früheren Access-Versionen. Damit lassen sich

- Datenbankobjekte (wie Tabellen, Abfrage, Formulare etc.) aktivieren oder in der Entwurfsansicht aufrufen (siehe Seite 154),
- Datenbankobjekte nach unterschiedlichen Kriterien und Gruppen anzeigen (siehe Seite 155),
- Datenbankobjekte verwalten, also beispielsweise umbenennen, kopieren, löschen etc. (siehe ab Seite 156).
- Zudem besteht die Möglichkeit eigene Kategorien und Gruppen anzulegen und die Datenbankobjekte nach eigenen Wüschen den Kategorien und Gruppen zuzuordnen (siehe 157).

Kapitel 8

Die Access-Hilfe

In diesem Kapitel:

Wie arbeitet man mit der Access-Hilfe?	164
Offline-Hilfe oder Online-Hilfe	167
Entwicklerhilfe	168
Zusammenfassung	169

Kapitel 8 Die Access-Hilfe

Da sich niemand den kompletten Funktionsumfang von Access mit allen Möglichkeiten merken kann, ist die Hilfefunktion eine unverzichtbare Unterstützung.

Wie arbeitet man mit der Access-Hilfe?

Rechts oben im Access-Programmfenster finden Sie die Schaltfläche *Microsoft Office Access-Hilfe*, die Ihnen das Hilfe-Fenster von Access aktiviert. Schneller geht das noch mit der Schaltfläche F1 .

Abbildg. 8.1   Das Access-Hilfe-Fenster

Die Hilfe ist nach unterschiedlichen Themen gegliedert, die jeweils mit einem Buchsymbol versehen wurden.

Themenbezogene Hilfe

Durch einen Klick auf eine der Überschriften können Sie das jeweilige Buch aufschlagen. Sie erhalten dann weitere Überschriften, die durch Fragezeichen gekennzeichnet sind. Ein Klick auf eine solche Überschrift zeigt auf der rechten Seite den entsprechenden Hilfetext an.

Abbildg. 8.2 Ein Klick auf eine Überschrift zeigt weitere Überschriften oder Aufrufe von Hilfefenstern an

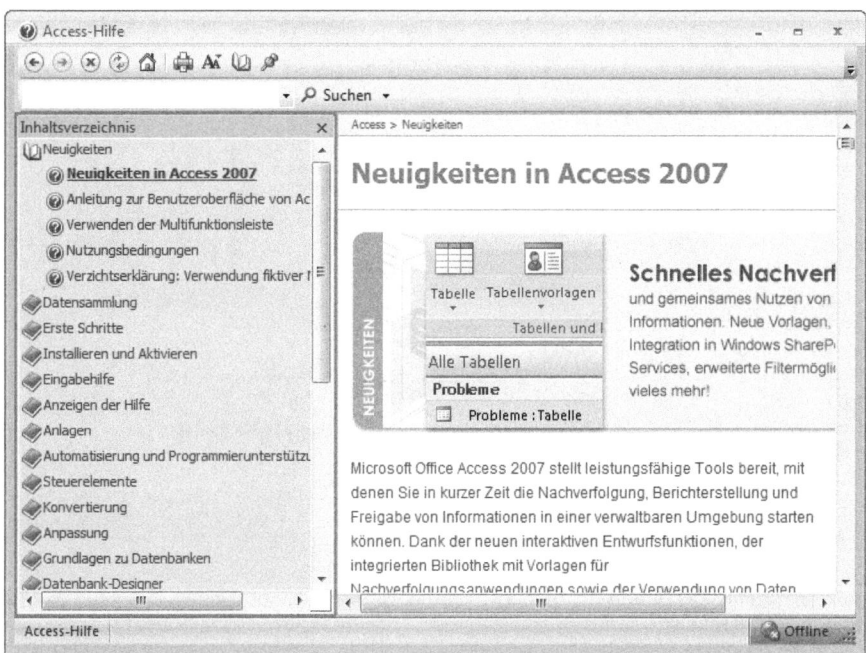

Eingabe eines Suchbegriffes

Suchen Sie nach einem bestimmten Begriff und möchten Sie sich nicht durch das Inhaltsverzeichnis hindurchklicken, so verwenden Sie das Suchfeld über dem Inhaltsverzeichnis.

Abbildg. 8.3 Das Feld zur Eingabe der Fragen

Geben Sie den Begriff ein und klicken Sie auf die Schaltfläche *Suchen* oder verwenden Sie die ⏎ -Taste.

Abbildg. 8.4 Ergebnis einer Suche

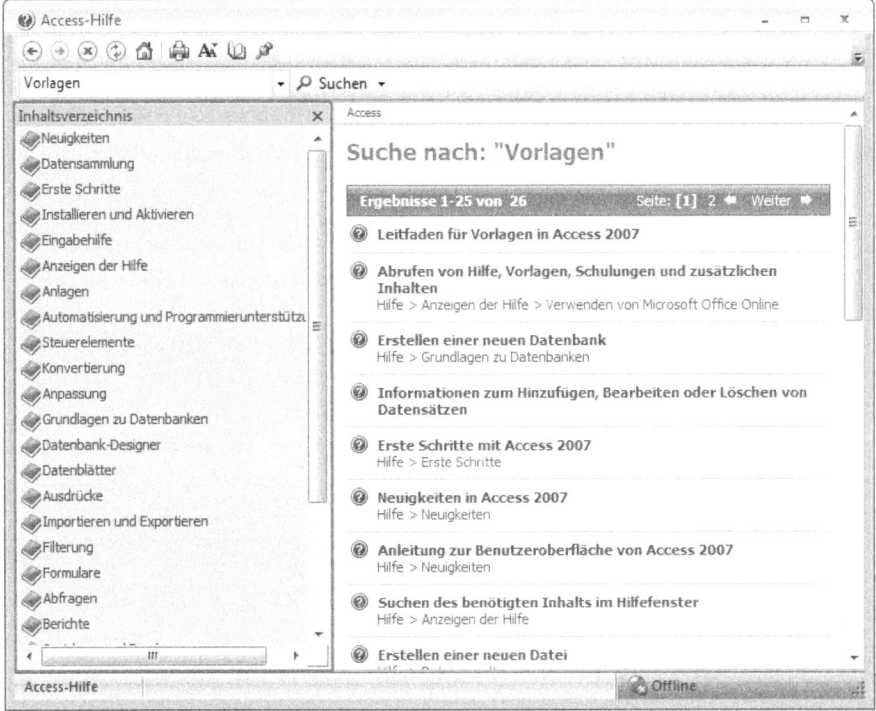

Klicken Sie eine der Überschriften im rechten Fenster an, so erhalten Sie ebenfalls den dazugehörenden Hilfebildschirm angezeigt.

HINWEIS Nicht immer erhalten Sie sofort ein zufriedenstellendes Suchergebnis. Was dann? Meist hilft es, wenn Sie es mit variierten Suchbegriffen erneut probieren.

Navigieren auf den Hilfeseiten

Die Anzahl der gefunden Hilfeseiten kann sehr hoch sein, zudem können die Hilfebildschirme selbst sehr lang sein. Es ist also hilfreich zu wissen, wie Sie sich am besten zwischen den Seiten und auf einer Seite bewegen.

Natürlich können Sie dazu die Pfeiltasten Ihrer Tastatur oder den Bildlaufbalken am rechten Rand des Fensters verwenden. Hilfreich ist aber auch folgender Tipp:

TIPP Suchen Sie auf einer Seite vergeblich Ihr Stichwort, durchsuchen Sie die Hilfeseite mit der Suchen-Funktion über die Tasten [Strg]+[F].

Ansonsten helfen beim Navigieren zu den bereits betrachteten Hilfeseiten die Schaltflächen *Zurück* bzw. *Weiter*.

Offline-Hilfe oder Online-Hilfe

Lassen Sie das Inhaltsverzeichnis aktiviert, um beim Durchsuchen der Hilfe die Orientierung zu verbessern. Deaktivieren Sie es, wenn Sie für sehr umfangreiche Hilfeseiten Platz auf dem Bildschirm brauchen.

Lassen Sie die Schaltfläche *Im Vordergrund anzeigen* deaktiviert, damit Sie das Hilfefenster nicht verkleinern oder schließen müssen, um wieder zu Access zurückzukehren. Per Tastenkombination Alt + ⇥ können Sie dann schnell zwischen Programm und Hilfe wechseln.

Auch die Schaltfläche *Schriftgrad* kann sehr hilfreich sein. Kommt Ihnen die in den Hilfetexten verwendete Schrift zu klein (oder zu groß) vor, so haben Sie hier die Möglichkeit, auf eine größere (oder auch kleinere) Schrift umzuschalten.

Und natürlich lässt sich der Hilfetext auch ausdrucken und in Ruhe auf dem Papier studieren.

Hilfe im Kontext

Zu manchen Schaltflächen auf der Multifunktionsleiste gibt es direkte Hilfe. Schieben Sie den Mauszeiger über eine Schaltfläche, so erscheint in der Quickinfo der Text: »Drücken Sie F1, um die Hilfe anzuzeigen.« Belassen Sie jetzt Ihren Mauszeiger an dieser Stelle, und verwenden Sie die F1 -Taste Ihrer Tastatur, um die Hilfe aufzurufen, die die Funktionalität dieser Schaltfläche beschreibt.

Offline-Hilfe oder Online-Hilfe

In der Regel werden Sie erst einmal die Hilfetexte zu Rate ziehen, die bei der Installation von Office auf Ihrem Rechner installiert wurden. Diese Hilfe wird als Offline-Hilfe bezeichnet. Ist dort nichts zu finden, besteht die Möglichkeit, online, also auf den Internet-Seiten bei Microsoft weiter zu suchen. Den aktuellen Status finden Sie rechts unten im Hilfefenster angezeigt.

Klicken Sie – um die Online-Hilfe aufzurufen – auf das Dreieck der *Suchen*-Schaltfläche. Sie aktivieren so ein Menü in dem Sie auf die Online-Hilfe umschalten können.

Abbildg. 8.5   Es soll online weitergesucht werden

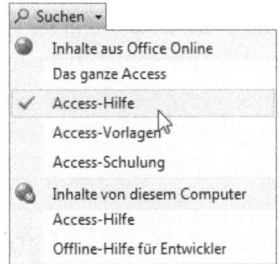

Für das soeben verwendete Stichwort erhalten Sie sehr viel mehr Einträge sowie ganz am Ende einige Links, die Ihnen eventuell auch weiterhelfen.

Abbildg. 8.6   Ergebnis der Online-Suche

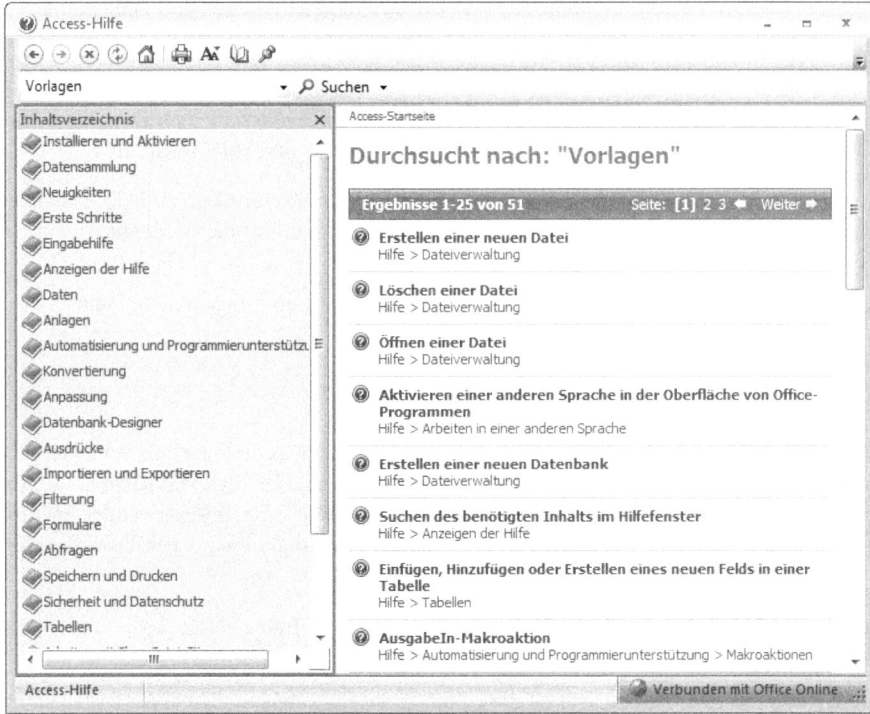

Office Online ist eine Internetseite mit einer vollständigen Access-Hilfe sowie weiteren Hilfestellungen, wie Downloads und Support-Angeboten.

Soweit Ihr Rechner mit dem Internet verbunden ist, haben Sie mit der Online-Hilfe einen prinzipiellen Vorteil: die höhere Aktualität der Information. Aus Gründen der Aktualität sind auch manche Access-spezifischen Informationen nur noch auf diesem Wege verfügbar, wie die *Liste der bekannten Probleme*.

Allerdings gibt es bei Microsoft zu einigen Themen nur dann Unterstützung, wenn Sie Access aktiviert haben und bei einigen Downloads wird vorher überprüft, ob Sie über eine Originalversion von Microsoft Office verfügen.

Entwicklerhilfe

Erfreulicherweise ist in Access 2007 auch die Entwicklerhilfe, also die Programmier-Hilfe, direkt im Hilfe-Fenster erreichbar. Verwenden Sie zum Umschalten ebenfalls die Schaltfläche mit dem Dreieck neben der *Suchen*-Schaltfläche.

Im Visual Basic-Fenster erreichen Sie die Hilfe über *?/Microsoft Visial Basic-Hilfe*.

Zusammenfassung

In diesem Kapitel wurde der Umgang mit der Hilfe von Access beschrieben. Um Hilfe zu erhalten, gibt es verschiedene Möglichkeiten:

- Verwenden Sie die Befehlsschaltfläche *Microsoft Office Access-Hilfe*, die F1 -Taste oder – aus dem Visual Basic-Editor heraus – den Befehl *?/Microsoft Visual Basic-Hilfe*.
- Geben Sie Suchbegriffe und Fragen ein. Starten Sie ggf. mehrere Versuche mit variierten Suchbegriffen (Seite 165).
- Wählen Sie über das Listenfeld der Schaltfläche *Suchen* die Hilfe-Inhalte lokal auf Ihrem Rechner, oder erweitert und aktualisiert von der Internetseite *Microsoft Office Online*.

Teil B
Tabellen

In diesem Teil:

Kapitel 9	Datenbankgrundlagen	173
Kapitel 10	Einen Tabellenentwurf anlegen	199
Kapitel 11	Überarbeiten eines Tabellenentwurfs	237
Kapitel 12	Beziehungen zwischen Tabellen	247
Kapitel 13	Tabellen verknüpfen und importieren	255
Kapitel 14	Der Tabellenanalyse-Assistent	267

Nachdem Sie in den vorangegangenen Kapiteln einen Überblick über die Leistungen und Möglichkeiten von Access erhalten haben, soll in diesem Teil das Thema »Tabellen« ausführlich behandelt werden.

- Access gehört zur Klasse der relationalen Datenbanken, d.h., die Daten in Access werden in Tabellen gespeichert, die zueinander in Beziehung stehen. Wir möchten Sie mit den Datenbankgrundlagen vertraut machen und Ihnen das theoretische Handwerkszeug vermitteln. Wir beschreiben, worauf Sie zu achten haben und wie Sie am besten vorgehen.

- Als Beispiel wird eine Datenbank zur Verwaltung des Kinocenters »CineCity« besprochen.

- Im Anschluss daran zeigen wir Ihnen, wie Sie Ihren Entwurf in die Tabellen in Access übertragen. Wir stellen Ihnen die Entwurfsansicht vor sowie die Einstellungsmöglichkeiten für Felder und Tabellen.
- Trotz sorgfältigen Designs ist es bisweilen notwendig, Tabellenstrukturen auch im Nachhinein noch zu bearbeiten. Wir zeigen Ihnen, wie Sie eine Tabellenstruktur auch später noch bearbeiten können und worauf Sie achten müssen.
- Damit Ihre Daten sinnvoll in Tabellen gespeichert werden können, empfiehlt es sich, die Tabellen nach den Regeln der Normalisierung zu strukturieren.

Sind Ihre Daten normalisiert, können zwischen ihnen Beziehungen aufgebaut werden.

Kapitel 9

Datenbankgrundlagen

In diesem Kapitel:

Was ist eine relationale Datenbank?	174
Vorgehensweise beim Datenbank-Design	187
Namensregeln in Access	188
Die Beispieldatenbank *CineCity*	189
Datentypen und -größen der CineCity-Tabellen	193
Zusammenfassung	196

In diesem Kapitel sollen Sie endlich eine Antwort auf viele Fragen erhalten, die sich zwischenzeitlich ergeben haben: Was ist eigentlich eine Datenbank? Was sind Primärschlüssel oder Fremdschlüssel? Was haben Datenbanken mit Beziehungen zu tun? Wie und warum normalisiert man eine Datenbank? Was ist ein Index?

Um die graue Theorie gleich an einem Beispiel in die Praxis umsetzen zu können, werden wir Ihnen die Datenbank von CineCity vorstellen. Anhand dieses Beispiels demonstrieren wir Ihnen den Weg von der Problemstellung zum Entwurf einer Datenbank. Als Ergebnis des Entwurfs sollen in diesem Kapitel die einzelnen Tabellen der Datenbank *CineCity* mit ihren Feldern definiert werden, auf die im Laufe des Buches immer wieder zurückgegriffen wird.

Was ist eine relationale Datenbank?

Access ist eine relationale Datenbank – im Gegensatz zu einer hierarchischen oder objektorientierten Datenbank –, doch was bedeutet das eigentlich? Eine Datenbank ist eine Sammlung nicht redundanter – sich nicht wiederholender – Daten, die von mehreren Applikationen benutzt werden können. Relationale Datenbanken speichern Daten in einer oder mehreren Tabellen, die miteinander in Beziehung stehen können. Der Mathematiker E. F. Codd – damals Forscher bei IBM – hat 1970 das relationale Datenmodell entwickelt. Seine Definition liest sich wie: Sind $W(A_1)$, $W(A_2)$,..., $W(A_n)$ endliche Mengen, so heißt die Menge aller Kombinationen ihrer Elemente ihr kartesisches Produkt $[W(A_1) \times W(A_2) \times ... \times W(A_n)]$. Die Elemente von kartesischen Produkten heißen Tupel. Jede Teilmenge von R eines kartesischen Produktes $W(A_1) \times W(A_2) \times ... \times W(A_n)$ heißt eine (n-stellige) Relation über $W(A_1) \times W(A_2) \times ... \times W(A_n)$. Jede Relation $R \subseteq W(A_1) \times W(A_2) \times ... \times W(A_n)$ kann als Tabelle dargestellt werden. Die Spalten tragen die Namen der Attribute, in den Zeilen sind die Elemente von R (die Tupel) aufgeführt.

Stopp!! So soll das nicht weitergehen. Heute sind zwar die meisten Datenbanken mit dem relationalen Datenmodell implementiert, aber man kann sich relationalen Datenbanken auch weniger mathematisch nähern:

Tabellen und Primärschlüssel

Tabellen stellen in einem relationalen Modell »Dinge« der realen Welt dar: Kunden, Städte, Fahrräder oder auch Kinofilme. Jede Tabelle sollte nur eine einzige Art eines solchen Dings (oft mit Entität oder Objekt bezeichnet) beschreiben. Jede Tabelle besteht aus mehreren Zeilen und Spalten. Das relationale Datenbankmodell schreibt vor, dass jede Zeile einer Tabelle eindeutig sein muss. Diese Voraussetzung ist durchaus sinnvoll, denn ist sie nicht erfüllt, kann man sich bei der Wahl eines Kunden nicht sicher sein, ob man zufällig die richtige Adresse des entsprechenden Kunden oder dummerweise die falsche ausgewählt hat.

Man kann Eindeutigkeit mithilfe eines so genannten Primärschlüssels erreichen: Dazu werden eine oder mehrere Spalten einer Tabelle verwendet, die eindeutige Werte für diese Tabelle enthalten. Jede Tabelle kann nur einen Primärschlüssel besitzen, auch wenn mehr als eine Spalte oder Spaltenkombinationen eindeutige Werte bereitstellen. Alle Spalten (oder Spaltenkombinationen) mit eindeutigen Werten werden als Schlüsselkandidaten bezeichnet. Einer davon muss als Primärschlüssel ausgewählt werden.

Was ist eine relationale Datenbank?

Es gibt keine Regeln, welchen Schlüssel man am besten unter den Schlüsselkandidaten für den Primärschlüssel auswählt, aber einige Punkte sind zu bedenken: Es ist sicher sinnvoll, einen Schlüssel zu wählen,

- der sich aus so wenig Spalten wie möglich zusammensetzt,
- der sich so wenig wie möglich ändert bzw.
- der möglichst einfach und, wenn möglich, dem Benutzer bekannt ist.

Man stelle sich eine Firma vor, die eine Tabelle *Kunden* pflegt, die Sie in Abbildg. 9.1 sehen können.

Abbildg. 9.1   Die Tabelle *Kunden*

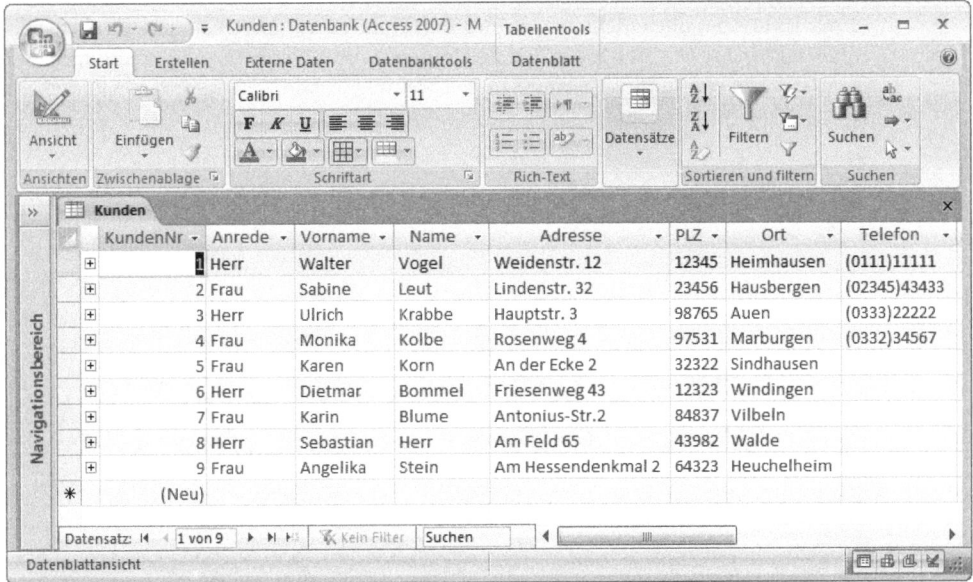

Schlüsselkandidaten sind hier die *KundenNr*, die Kombination aus *Name* und *Vorname*, die *Telefonnummer*, die Kombination aus *Ort* und *Straße*. Nach obigen Überlegungen würde man sofort die *Telefonnummer* und die Adresse aussortieren, da sich diese Angaben häufig ändern. Die Wahl zwischen der *KundenNr* und der Kombination aus *Name* und *Vorname* ist weniger offensichtlich. Wie wahrscheinlich ist es, dass sich der Name ändert? Kommt es häufig zu Schreibfehlern bei der Namenseingabe? Ist auf der anderen Seite dem Benutzer die *KundenNr* geläufig?

Die meisten Entwickler bevorzugen numerische Primärschlüssel, weil Suchen und Sortierungen in Access in numerischen Feldern schneller sind als in Textfeldern. Das bedeutet, dass man der *KundenNr* den Vorzug geben würde.

In Access werden häufig so genannte *AutoWerte* für den Primärschlüssel verwendet. Ein AutoWert ist eine Zahl, die automatisch von Access vergeben wird. Eine solche Zahl eignet sich hervorragend für Spalten, in denen kein Wert doppelt vorkommt, da Access dabei von selbst nur Zahlen wählt, die zuvor noch nicht benutzt wurden. Es gibt zwei verschiedene Arten von AutoWerten: Entweder man wählt die Art *Inkrement*, dabei nummeriert Access ab Eins jeden neu hinzukommenden Datensatz, oder man verwendet *Zufall*, dann wählt Access Zahlen zufällig aus.

Müsste man also für die Tabelle *Kunden* einen Primärschlüssel definieren, würde man dazu die Spalte *KundenNr* verwenden und diese *KundenNr* als AutoWert der Art *Inkrement* definieren. Damit wird jeder eingegebene Kunde automatisch gezählt.

WICHTIG Löschen Sie eine Zeile Ihrer Tabelle, wird die so ebenfalls gelöschte *KundenNr* trotzdem nicht noch ein zweites Mal vergeben. Brauchen Sie in Ihrer Tabelle lückenlos nummerierte Einträge, sollten Sie keine AutoWerte verwenden.

Fremdschlüssel

Primärschlüssel werden nicht nur in jeder Tabelle zwingend gebraucht, um die einzelnen Datensätze eindeutig beschreiben zu können, sie sind zudem beim Definieren von Beziehungen zwischen mehreren Tabellen von großem Nutzen. Lassen Sie uns Rechnungen an unsere Kunden schreiben und diese zur Überprüfung in der Tabelle *Rechnungen* protokollieren.

Abbildg. 9.2   Die Tabelle *Rechnungen*

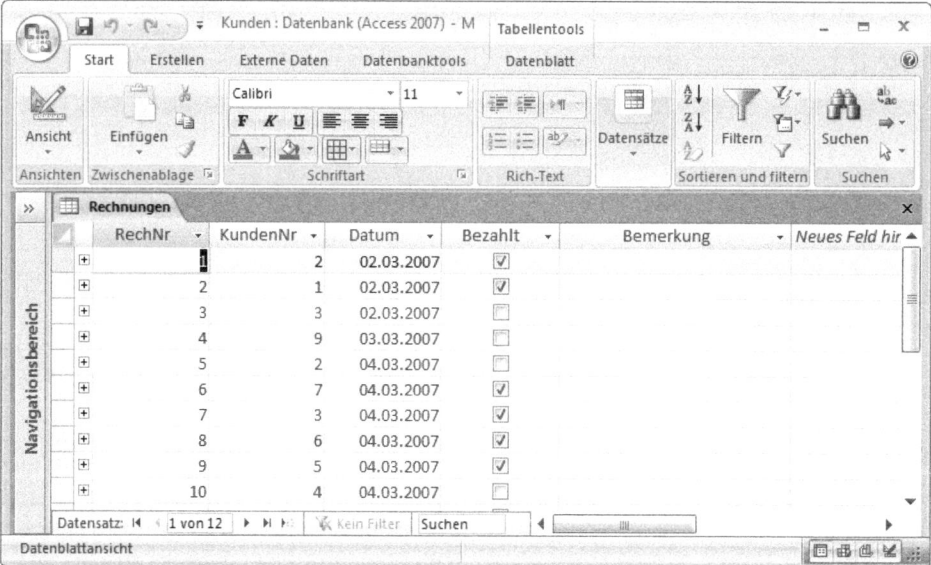

Dann wird nun die Beziehung zwischen den beiden Tabellen über die *KundenNr* definiert. In der Tabelle *Rechnungen* erscheinen die Kundennummern und somit ist festgelegt, an wen die Rechnung geschrieben wurde. Eine Spalte in einer Tabelle, die den Primärschlüssel einer anderen Tabelle beinhaltet, wird Fremdschlüssel genannt. So wird in der Tabelle *Rechnungen* die Spalte *KundenNr* als Fremdschlüssel bezeichnet, weil Sie sie dazu verwenden können, auf eine Zeile in der Tabelle *Kunden* zu verweisen. Des Weiteren bezeichnet man die Tabelle *Kunden*, also die Tabelle, die den Primärschlüssel enthält, als die Mastertabelle. Die Tabelle *Rechnungen*, die Tabelle also mit dem Fremdschlüssel, wird Detailtabelle genannt.

Es ist wichtig, dass der Primärschlüssel und der Fremdschlüssel, der auf ihn verweist, für ihre Werte denselben Wertebereich definiert haben. Unter Wertebereich – oft auch als Domäne bezeichnet – versteht man einfach eine Menge von Werten, aus der die Spalte gefüllt wird. So kann dieser Wertebereich für *KundenNr* Zahlen zwischen 0 und 30.000 beinhalten oder für das Feld *Bezahlt* nur die beiden Werte Ja und Nein. Access unterstützt Sie insofern, als es keine Beziehungen zwischen zwei Spalten zulässt, deren Wertebereiche verschiedene Datentypen beinhalten, wie die *KundenNr* oder die Spalte *Bezahlt*. Allerdings lässt Sie Access jede Beziehung definieren, solange der Datentyp übereinstimmt. So könnten Sie – auch wenn das gar keinen Sinn macht – eine Beziehung zwischen der *KundenNr* der Tabelle *Kunden* und der *RechnungsNr* der Tabelle *Rechnungen* definieren.

Beziehungen

Wie wir bereits festgestellt haben, verwendet man Fremdschlüssel, um Beziehungen zwischen Tabellen aufzubauen. Damit sollen Wechselwirkungen und Abhängigkeiten verschiedener Dinge der realen Welt beschrieben werden. In Wirklichkeit können solche Abhängigkeiten sehr vielschichtig sein. Access schränkt Sie in der Weise ein, dass Sie immer nur eine Abhängigkeit zwischen zwei Tabellen beschreiben können. Diese beiden Tabellen können dabei auf drei unterschiedliche Arten miteinander in Beziehung stehen: Eins zu Eins, Eins zu viele und viele zu viele. Oft wird die kürzere Schreibweise 1:1, 1:n und m:n verwendet.

In Access definieren Sie die Beziehungen zwischen Tabellen im Fenster *Beziehungen* (siehe z.B. Abbildg. 9.4). Beziehungen werden darin mit einer Linie zwischen den entsprechenden Spalten der Tabellen dargestellt. An den Enden der Linien finden Sie entweder eine 1 oder das Zeichen ∞ für Unendlich, die angeben, mit wie vielen anderen Zeilen einer Spalte eine Zeile dieser Spalte in Beziehung stehen kann.

1:1-Beziehung

Zwei Tabellen sind über eine 1:1-Beziehung miteinander verbunden, wenn eine Zeile der ersten Tabelle mit höchstens einer Zeile der zweiten Tabelle in Beziehung steht. Diese Beziehung kommt nicht sehr häufig vor, sie wird bisweilen aus Gründen der Sicherheit oder Schnelligkeit verwendet.

Als Beispiel könnten Sie sich vorstellen, Sie hätten eine Tabelle mit Daten über Ihre Mitarbeiter mit Position, Adresse, Telefonnummer und einigem mehr, auf die viele Sachbearbeiter in Ihrem Unternehmen Zugriff haben. Zu dieser Aufstellung gehören eigentlich auch Angaben zum Gehalt. Bei solch sensiblen Daten möchte man natürlich nicht, dass sie alle Mitarbeiter des Unternehmens einsehen können. Daher kann man sie in eine Extratabelle auslagern, auf die nur der Personalchef Zugriff hat.

Abbildg. 9.3   Mitarbeiter- und Gehaltsliste

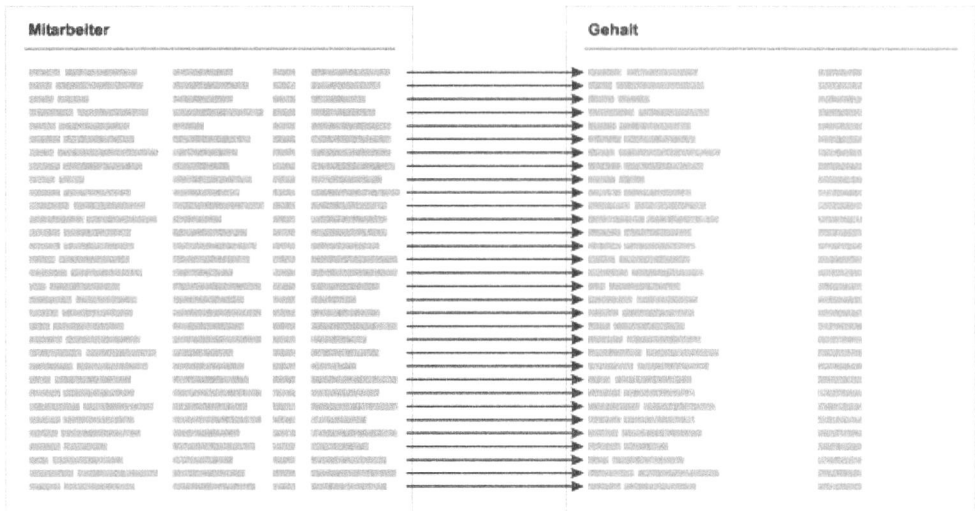

Die beiden Tabellen mit den Mitarbeitern und dem Gehalt wären dann über eine 1:1-Beziehung miteinander verknüpft: Zu jedem Eintrag in der Tabelle *Mitarbeiter* gibt es in der Tabelle *Gehalt* genau einen oder aber keinen Eintrag.

Abbildg. 9.4   Tabellen mit einer 1:1-Beziehung

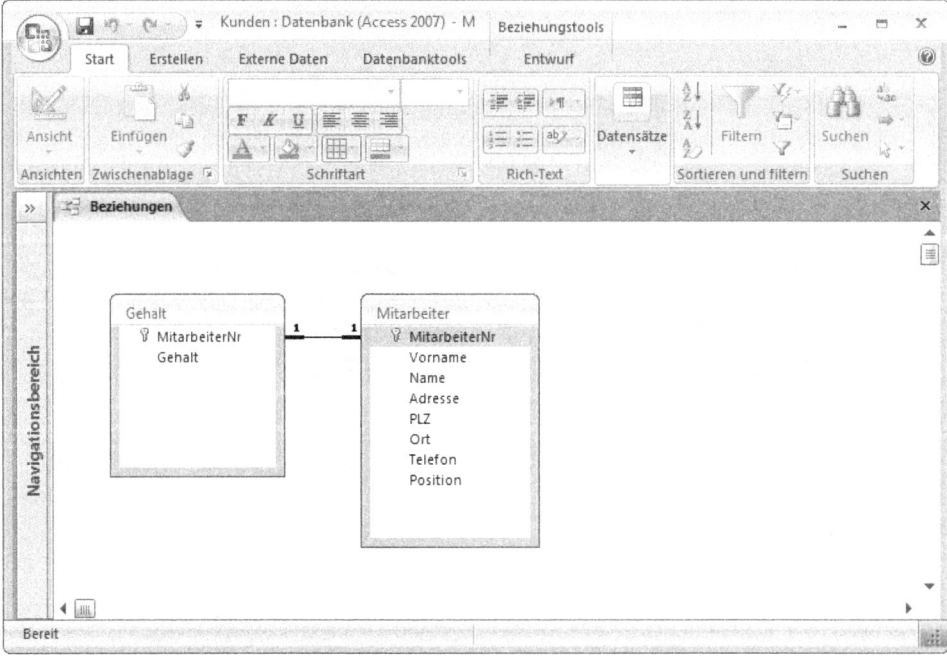

1:n-Beziehung

Tabellen sind mit einer 1:n-Beziehung miteinander verbunden, wenn es zu einem Feld der ersten Tabelle in der zweiten Tabelle keine, eine oder mehrere Zeilen gibt. Zur zweiten Tabelle gibt es in der ersten hingegen genau eine Entsprechung.

Schreiben Sie an Ihre Kunden Rechnungen, so werden sich sicher in der Liste der Kunden einige finden, die keine Rechnung erhalten haben, aber auch welche mit einer oder mehreren Rechnungen. Eine Rechnung wiederum wird immer an einen bestimmten einzelnen Kunden geschrieben.

Abbildg. 9.5   Kundenliste und Rechnungen

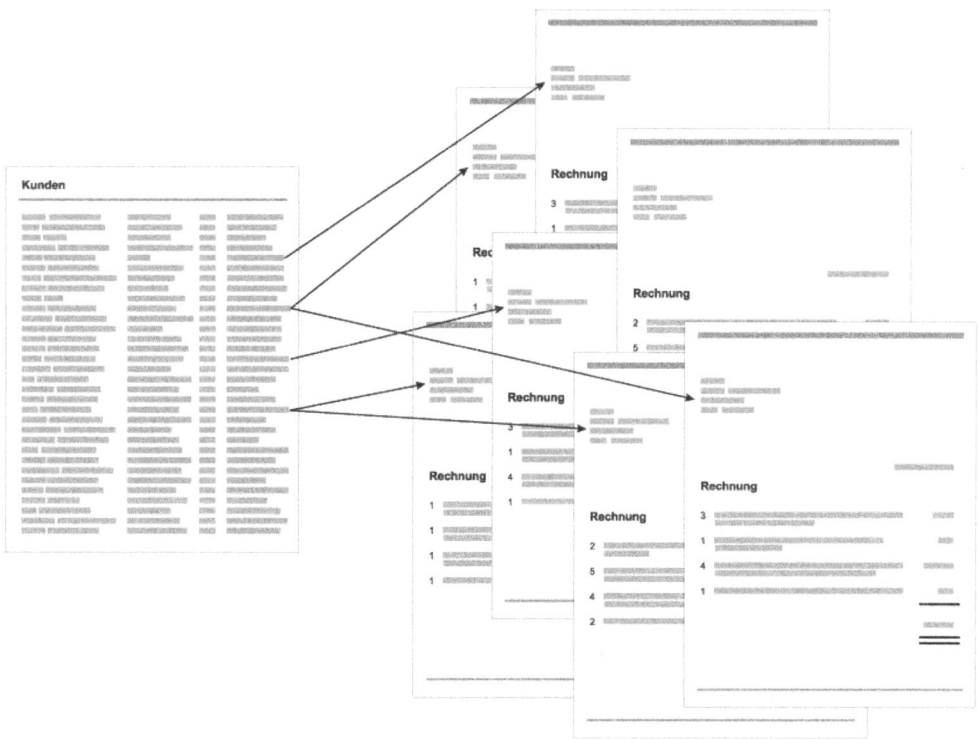

So stehen die Spalten *KundenNr* der beiden Tabellen *Kunden* und *Rechnungen* in einer 1:n-Beziehung zueinander, wie Sie es im folgenden Beziehungsfenster sehen können.

Abbildg. 9.6 Tabellen mit einer 1:n-Beziehung

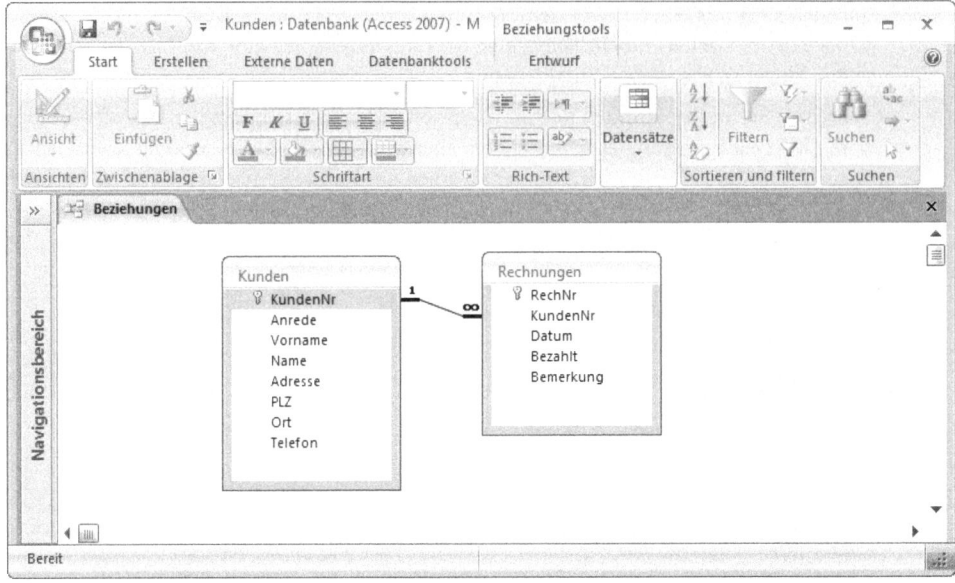

n:m-Beziehung

Zwei Tabellen stehen in einer n:m-Beziehung, wenn es zu einem Feld der ersten Tabelle eine, keine oder mehrere Zeilen der zweiten Tabelle gibt, aber umgekehrt auch zu einer Zeile der zweiten Tabelle keine, eine oder mehrere Zeilen der ersten Tabelle existieren.

So könnte man sich beispielsweise eine dritte Tabelle mit den zu verkaufenden Artikeln vorstellen. Zu dieser Tabelle existiert mit der Tabelle *Rechnungen* eine n:m-Beziehung, da zu jeder Rechnung ein oder mehrere Artikel der Tabelle *Artikel* ausgewählt wurden und umgekehrt es zu jedem Artikel keine, eine oder mehrere Rechnungen gibt. Dies soll Abbildg. 9.7 verdeutlichen, in der Sie links die Artikelliste sehen und rechts die geschriebenen Rechnungen.

Access kann eine n:m-Beziehung nicht direkt darstellen. Um eine solche Beziehung darzustellen, müssen Sie die Beziehung in zwei 1:n-Beziehungen auseinander brechen. Soll die Beziehung aus obigem Beispiel dargestellt werden, muss man eine weitere Tabelle einführen, über die die beiden Tabellen *Rechnungen* und *Artikel* miteinander verknüpft werden können. Diese Tabelle könnte *RechnungDetail* heißen und würde zu jeder Rechnungsnummer die entsprechenden gekauften Artikel aufführen.

Was ist eine relationale Datenbank?

Abbildg. 9.7 Rechnungen und ihre Positionen aus der Artikelliste

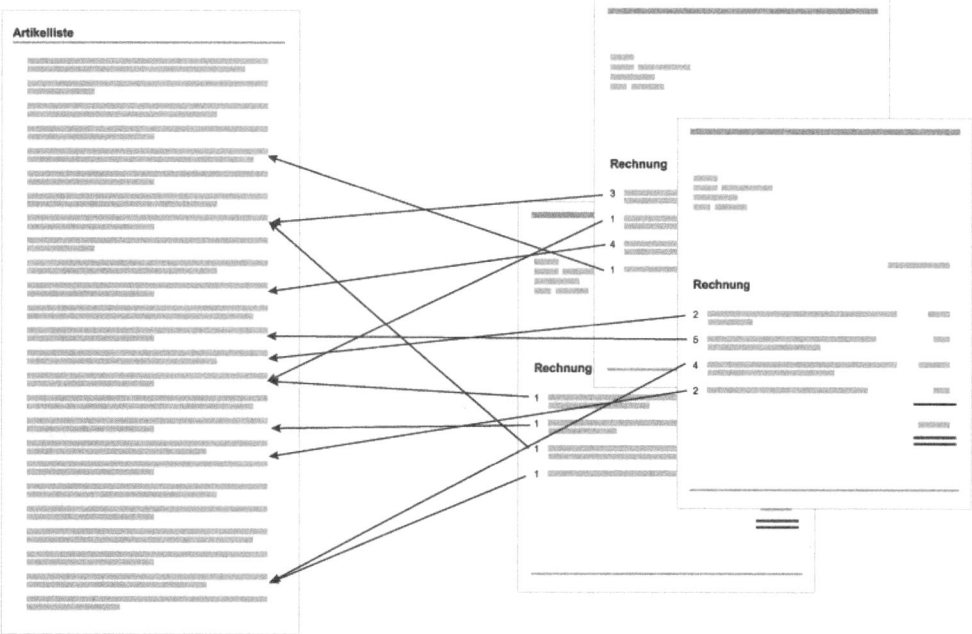

Abbildg. 9.8 Die m:n-Beziehung wurde in zwei 1:n-Beziehungen aufgelöst

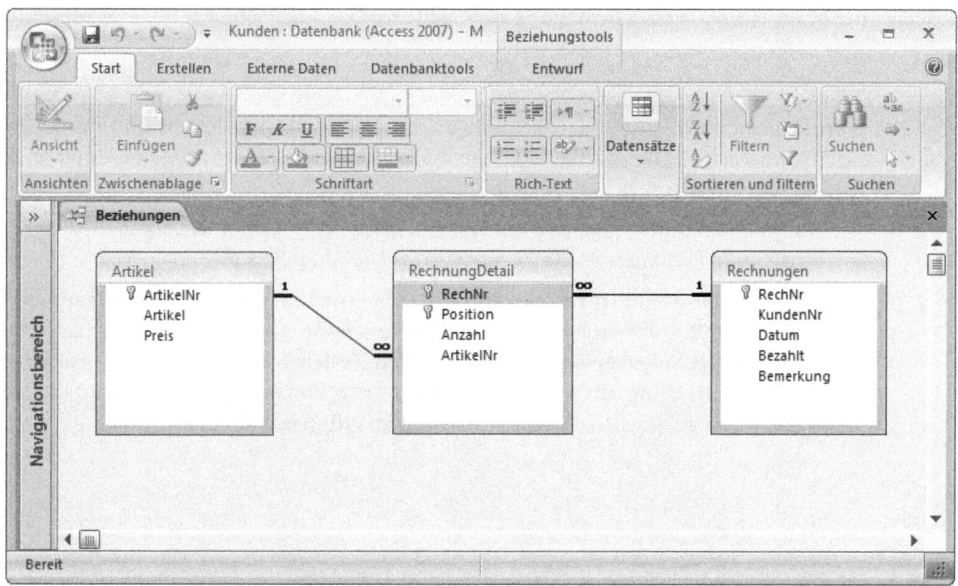

> **HINWEIS** In einfachen n:m-Beziehungen können Mehrfachfelder verwendet werden, die es seit der Version 2007 gibt. Ein Beispiel dazu finden Sie in Kapitel 10.

Tabellen normalisieren

Beginnen Sie Ihre Datenbank anzulegen, werden Sie sogleich mit mehreren Problemen konfrontiert. Wie viele Tabellen sind sinnvoll? Was soll darin dargestellt werden? Wie viele Spalten sollen in welcher Tabelle angelegt werden? Wie sehen die Beziehungen zwischen den Tabellen aus? Die Antwort auf viele dieser Fragen gibt die so genannte Normalisierung. Mithilfe der Regeln der Normalisierung vereinfachen Sie Ihre Tabellen, um so die optimale Struktur zu erreichen. Durch die Normalisierung von Tabellen werden Redundanzen der Daten vermieden, die nicht nur einen höheren Speicherbedarf erfordern, sondern auch für eine höhere Fehlerrate verantwortlich sind.

Es gibt fünf Normalisierungsformen, wobei die ersten drei die wichtigsten sind und auch nur diese drei in diesem Buch besprochen werden sollen. Um Tabellen normalisieren zu können, müssen die folgenden vier Bedingungen erfüllt sein.

- Jede Tabelle beschreibt eine Entität (ein Objekt).
- Tabellen enthalten keine doppelten Zeilen.
- Die Spalten sind nicht sortiert.
- Die Zeilen sind nicht sortiert.

In Access sind in der Regel die beiden letzten Bedingungen sowieso erfüllt. Zudem erzwingt Access die Definition eines Primärschlüssels für jede Tabelle, damit kann es keine doppelten Zeilen geben. Bleibt vor allem die erste Bedingung zu beachten.

Die erste Normalform

Eine Tabelle ist in der ersten Normalform, wenn in jeder Tabellenposition immer nur ein Wert steht, niemals eine Liste von Werten. Man sagt auch, dass in jeder Spalte nur atomare – nicht weiter zerlegbare – Werte gespeichert werden dürfen.

Wir wollen Ihnen nun zeigen, dass das eine durchaus sinnvolle Forderung ist. Stellen Sie sich einmal vor, Ihre Tabelle *Rechnung* würde so aussehen, wie in Abbildg. 9.9.

Stellen Sie sich des Weiteren vor, es soll ein Bericht erstellt werden über alle verkauften Artikel. Dies ist in der in Abbildg. 9.9 dargestellten Tabelle sehr schwierig, wenn sich in einer Zelle mehrere Artikel und die Mengenangaben befinden. Wie wollen Sie den Text der Spalte auseinander nehmen, um jeweils an die Anzahl und die Artikel zu kommen? Jetzt könnte man natürlich auf die Idee kommen, die Spalte *Artikel* aufzuteilen, wie Sie es in Abbildg. 9.10 sehen können.

Was ist eine relationale Datenbank?

Abbildg. 9.9   Tabelle mit verkauften Artikeln in einer Spalte

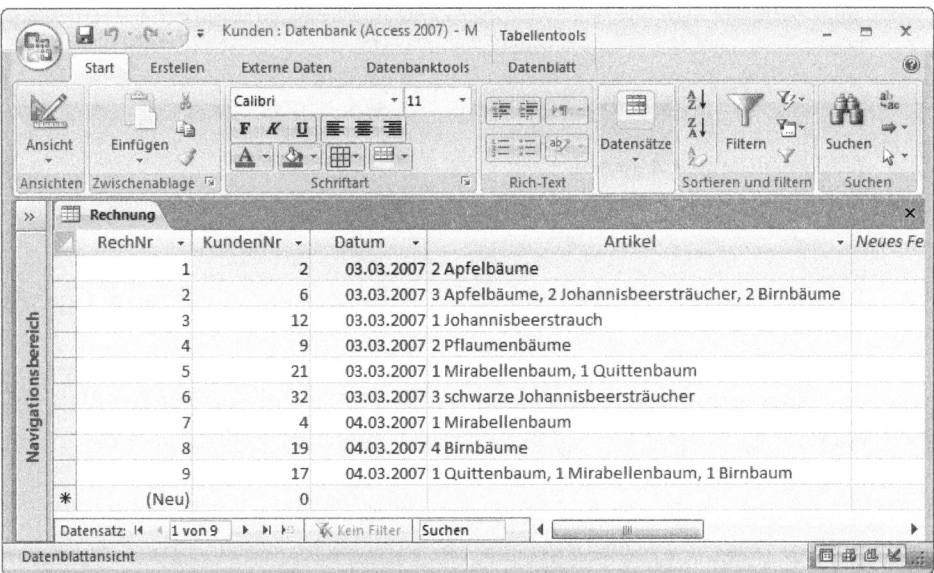

Abbildg. 9.10   Tabelle mit verkauften Artikeln in drei Spalten

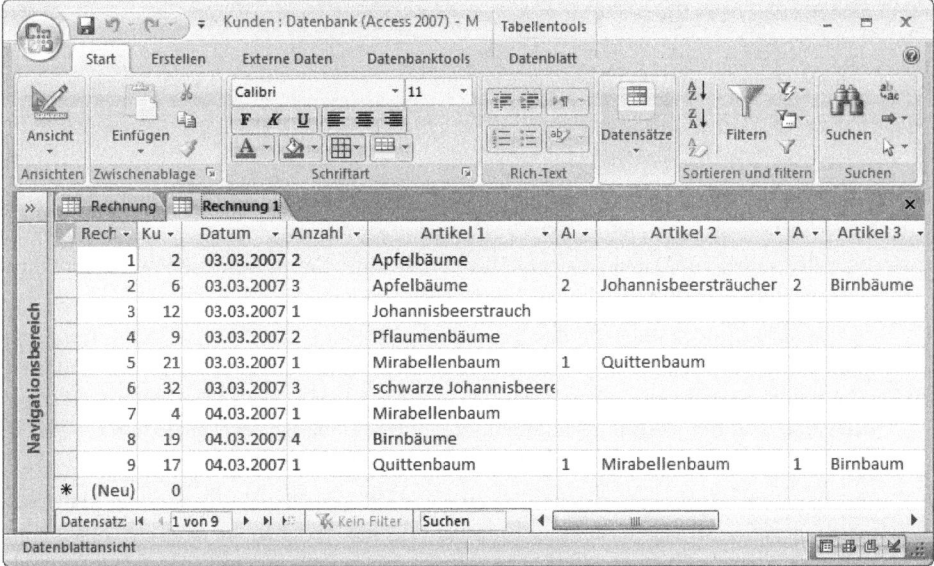

Um den Bericht zusammenzustellen, können Sie jetzt über die Spalten mit der Anzahl der jeweiligen Artikel summieren. Was aber, wenn ein Kunde mehr als drei verschiedene Artikel gekauft hat? In diesem Fall müsste es vier Spaltenpaare für Artikel geben. Daraus ergibt sich sofort die Frage: Wie viele Spaltenpaare sind in einer solchen Tabelle sinnvoll? 10? 100? Spätestens an dieser Stelle wird klar, dass das auch keine gute Lösung ist.

Eine Tabelle, die die gewünschten Informationen darstellt und der ersten Normalform gehorcht, sehen Sie in Abbildg. 9.11. Hier gibt es nur atomare Werte und keine sich wiederholenden Gruppen. Damit die Tabelle der ersten Normalform gehorcht, wurde die Spalte *Position* zugefügt, die angibt, um welche Positionen auf der Rechnung es sich handelt. Der Primärschlüssel setzt sich jetzt aus der Kombination von Rechnungsnummer und der Position zusammen.

Abbildg. 9.11   Tabelle in der ersten Normalform

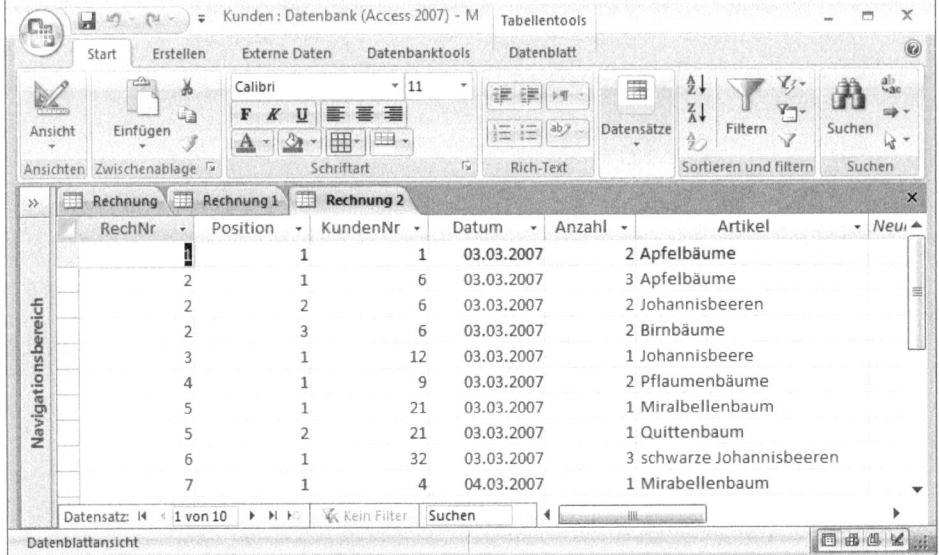

Die zweite Normalform

Eine Tabelle ist in der zweiten Normalform, wenn sie der ersten Normalform genügt und jede Nicht-Schlüsselspalte vollständig vom (gesamten) Primärschlüssel abhängt. Anders ausgedrückt: Tabellen sollen nur Daten zu einem Objekt bzw. einer Entität beinhalten und diese Entität soll vollständig durch den Primärschlüssel beschrieben werden.

Sehen Sie sich als Beispiel die Tabelle in Abbildg. 9.11 an. Der Primärschlüssel für diese Tabelle setzt sich aus der Kombination von Rechnungsnummer und Position zusammen. Sind hier alle Spalten nur von der Kombination des Primärschlüssels abhängig? Nein! Das *Datum* und die *KundenNr* ist abhängig von der Rechnungsnummer, diese beiden Spalten sind nicht nur von der Kombination abhängig. Das heißt, diese Tabelle genügt der zweiten Normalform nicht.

Die zweite Normalform erreichen Sie erst, wenn Sie die Tabelle ein weiteres Mal auseinander brechen. Erstellen Sie wie in Abbildg. 9.12 zwei Tabellen, in denen die einzelnen Spalten nur von ihrem Primärschlüssel abhängen. Zwei neue Tabellen mit jeweils einem Primärschlüssel zu definieren, ist insofern nicht schwierig, als der Primärschlüssel der ursprünglichen Tabelle sich aus zwei Schlüsseln zusammengesetzt hat. In der Tabelle *Rechnung* wird als Primärschlüssel weiter die Rechnungsnummer verwendet, die Tabelle *RechnungDetails* verwendet als Primärschlüssel den aus der Rechnungsnummer und der Position zusammengesetzten Schlüssel.

Was ist eine relationale Datenbank?

Abbildg. 9.12 Die zwei neuen Tabellen sind beide in der zweiten Normalform

Rechnung 3

RechNr	Kundenr	Datum
1	1	03.03.2007
2	6	03.03.2007
3	12	03.03.2007
4	9	03.03.2007
5	21	03.03.2007
6	32	03.03.2007
7	4	04.03.2007
*	0	0

RechnungsDetails

RechNr	Position	Anzahl	Artikel
1	1	2	Apfelbäume
2	1	3	Apfelbäume
2	2	2	Johannisbeeren
2	3	2	Birnbäume
3	1	1	Johannisbeeren
4	1	2	Pflaumenbäume
5	1	1	Mirabellenbaum
5	2	1	Quittenbaum
6	1	3	schwarze Johannisbeeren
7	1	1	Miralbellenbaum

Die dritte Normalform

Eine Tabelle befindet sich in der dritten Normalform, wenn sie in der zweiten Normalform ist und alle Nicht-Schlüsselspalten unabhängig voneinander sind.

Eigentlich befinden sich beide Tabellen in Abbildg. 9.12 in der dritten Normalform. Wenn man allerdings davon ausgeht, dass man – um eine Rechnung zu schreiben – von den Artikeln auch deren Preis speichern muss, ist es sinnvoll, die Tabelle *RechnungDetails* weiter aufzuteilen. So entsteht eine weitere Tabelle für das Objekt *Artikel*.

Abbildg. 9.13 Die neue Tabelle *ArtikelBeschreibung*

ArtikelBeschreibung

ArtikelI	Artikel
1	Apfelbaum
2	Johannisbeere
3	schwarze Johannisbeere
4	Birnbaum
5	Pflaumenbaum
6	Mirabellenbaum
7	Quittenbaum
*	(Neu)

RechnungsDetails2

RechN	Position	Anzahl	ArtikelNr
1	1	2	1
2	1	3	1
2	2	2	2
2	3	2	4
3	1	1	2
4	1	2	5
5	1	1	6
5	2	1	7
6	1	3	3
7	1	1	6
8	1	4	4
9	1	1	7
9	2	1	1
9	3	1	4

Referentielle Integrität

Haben Sie sich eigentlich schon einmal überlegt, was in der Tabelle *Rechnungen* passiert, wenn Sie nachträglich eine Zeile der Tabelle *Kunden* löschen? Oder wenn Sie die Kundennummer nachträglich ändern? Dann fehlen auf einmal die Angaben über den Kunden, auf den in der Tabelle *Rechnung* durch den Fremdschlüssel der Kundennummer verwiesen wird. Was soll jetzt mit dem Datensatz in der Tabelle *Rechnung* passieren? Zu einer oder mehreren Rechnungen gibt es plötzlich keine Anschrift des Kunden mehr. Oder bei geänderten Kundennummern wird die Rechnung an den falschen Kunden geschrieben.

Um solche Problemfälle zu vermeiden, gibt es in Access die Möglichkeit, die so genannte referentielle Integrität zu sichern. Die Regeln der referentiellen Integrität verbieten verwaiste Fremdschlüssel. Sie verbieten auch, eine Zeile mit einem Fremdschlüssel einzufügen, wenn es zu diesem Fremdschlüssel in der Kundentabelle, auf die er verweist, keinen Eintrag gibt.

In Access können Sie für eine Beziehung die referentielle Integrität erzwingen. Dabei kann die referentielle Integrität in dem in Abbildg. 9.14 dargestellten Dialogfeld in verschiedenen Stufen realisiert werden.

Abbildg. 9.14   Hier wird referentielle Integrität für eine Beziehung definiert

Ist nur das Kontrollkästchen zu *Mit referentieller Integrität* aktiviert, so wie im Dialogfeld in Abbildg. 9.14 gezeigt, so können Sie keine Werte für den Fremdschlüssel in der Detailtabelle verwenden, wenn es keinen entsprechenden Eintrag in der Primärschlüsselspalte der Mastertabelle gibt. Auch werden Änderungen am Primärschlüssel der Detailtabelle nicht zugelassen. Sie erhalten dann einen entsprechenden Hinweis von Access.

Möchten Sie zwar die referentielle Integrität wahren, aber trotzdem in der Lage sein, in der Mastertabelle einen Eintrag löschen oder ändern zu können, sollten Sie dazu die Kontrollkästchen zu *Aktualisierungsweitergabe an verwandte Felder* und *Löschweitergabe an verwandte Datensätze* anklicken.

Wurde die Aktualisierungsweitergabe aktiviert, so wird jede Änderung am Primärschlüssel der Mastertabelle automatisch an alle betroffenen Datensätze der Detailtabelle weitergegeben. Der Wert des Fremdschlüssels wird entsprechend aktualisiert. Haben Sie die Löschweitergabe ausgewählt, so werden automatisch auf den gelöschten Primärschlüssel verweisende Spalten der Detailtabelle gelöscht.

Tabellen indizieren

Definieren Sie einen Primärschlüssel, so wird für diese Spalte automatisch ein so genannter Index definiert. Für einen Index legt Access – ohne dass Sie das merken – eine interne Hilfstabelle an, in der nur die Werte der Indexspalte und ihre Position in der ursprünglichen Tabelle definiert sind. Die Hilfstabelle ist so aufgebaut, dass die Suchvorgänge optimiert werden. Suchen Sie später einen bestimmten Wert dieser Spalte oder möchten Sie Ihre Tabelle nach einer indizierten Spalte sortieren, so muss Access nur diese Spalte der Hilfstabelle sortieren oder absuchen, nicht die gesamte von Ihnen definierte Tabelle.

Auch wenn das hier auf den ersten Blick komplizierter aussieht, als die gesamte Tabelle zu sortieren, ist ein Sortiervorgang mit einer Indextabelle viel schneller, weil weniger Daten bewegt werden müssen. Daher ist es sinnvoll, auch andere Felder als die Primärspalte mit einem Index zu versehen.

Während der Index für einen Primärschlüssel so definiert ist, dass ein Wert nur ein einziges Mal in der Tabelle vorhanden sein darf, kann es für andere Spalten mit Index durchaus Wiederholungen geben. Solche Indizes werden oft auch als Sekundärschlüssel bezeichnet.

Generell sollte man für Spalten, in denen häufig nach bestimmten Einträgen gesucht wird, wie die Spalte der Nachnamen, einen Index definieren. Das Gleiche gilt für Spalten, die häufig umsortiert werden.

Aufgrund der Vorteile der Indizierung von Tabellen ist man schnell versucht, für alle nur möglichen Felder, nach denen irgendwann einmal gesucht oder sortiert werden soll, einen Index anzulegen. Leider hat die Indizierung auch Nachteile.

- Da Access für jedes indizierte Feld eine interne Hilfstabelle anlegt, steigt der Plattenplatzverbrauch entsprechend an. Je mehr Indizes eingesetzt werden, desto mehr muss Access von der Festplatte lesen oder schreiben.
- Wenn Sie einen Datensatz in eine Tabelle einfügen oder ihn verändern, müssen alle Indizes entsprechend auf den neuesten Stand gebracht werden. Haben Sie viele Felder indiziert, so kann dieser Vorgang einige Zeit in Anspruch nehmen. Wenn Sie nach der Neueingabe eines Datensatzes jedes Mal eine kleine Pause einlegen müssen, in der Access die Hilfstabelle ergänzt, so ist das eher unangenehm.

PROFITIPP Planen Sie den Einsatz von Indizes sorgfältig. Indizieren Sie nur die Felder, die oft für Sortier- und Suchvorgänge verwendet werden, aber lieber eins zu viel als zu wenig.

Vorgehensweise beim Datenbank-Design

Es gibt Leute, die behaupten, dass das Design einer Datenbank eher eine Kunst als eine Wissenschaft sei. Trotzdem haben wir versucht, eine Vorgehensweise in zwölf Schritten zusammenzustellen, mit deren Hilfe Sie Ihre Datenbank planen und erstellen können.

1. Lernen Sie zunächst einmal das System gut kennen, das Sie in Ihrer Datenbank abbilden möchten.
2. Schreiben Sie dann eine Liste aller Vorgänge, die die Datenbank abbilden soll.
3. Überlegen Sie, wie die Eingabemasken Ihrer Datenbank aussehen und welche Daten eingegeben werden sollen. Welche Listen und Berichte möchten Sie ausgeben bzw. welche Auswertungen sollen durchgeführt werden?
4. Denken Sie nun darüber nach, welche Tabelle Sie benötigen, um die entsprechenden Daten zu speichern. Definieren Sie eine Tabelle für jedes Objekt.
5. Überlegen Sie nun, welche Spalten Sie für die einzelnen Tabellen benötigen. Am einfachsten ist das oft, wenn Sie eine Liste realer Daten vorliegen haben und die Spaltenüberschriften dann in der Tabelle weiterverwenden.
6. Definieren Sie jetzt für jede Tabelle einen Primärschlüssel. Achten Sie dabei darauf, dass die Werte der Spalte des Primärschlüssels eindeutig sein müssen.

7. Definieren Sie nun die Beziehungen zwischen den einzelnen Tabellen. Fügen Sie – falls das nötig ist – die Fremdschlüssel in die Detailtabellen ein. Überlegen Sie, welche Beziehungen zwischen den Tabellen vorliegen. Für n:m-Beziehungen definieren Sie eine weitere Tabelle.
8. Untersuchen Sie jetzt, ob Ihre Tabellen in der ersten Normalform vorliegen. Sind alle Werte atomar? Gibt es Wiederholungsgruppen? Falls es Wiederholungsgruppen gibt, dann definieren Sie eine weitere Tabelle.
9. Untersuchen Sie nun Ihre Tabellen auf die zweite Normalform. Wird durch den Primärschlüssel jede andere Spalte der Tabelle eindeutig beschrieben? Wenn nicht, definieren Sie eine neue Tabelle.
10. Gehorchen Ihre Tabellen der dritten Normalform? Gibt es irgendwelche Nicht-Schlüsselspalten, die voneinander abhängig sind? Dann definieren Sie eine neue Nachschlagetabelle.
11. Mussten Sie neue Tabellen anlegen, so definieren Sie die Beziehungen zwischen den einzelnen Tabellen erneut.
12. Erstellen Sie die Tabellen nun in Access. Definieren Sie die Beziehungen zwischen den Tabellen und legen Sie die Indizes fest.

Namensregeln in Access

Unter Programmierern versucht man – wenn irgend möglich – Standards zu definieren. Dann wird es einfacher, Programme anderer Programmierer zu verstehen, aber auch die eigenen – vor Jahren geschriebenen Module – nachzuvollziehen. Teil dieser Standardisierung in Access sind die so genannten Reddick-VBA-Namenskonventionen (oder kurz: RVBA-Konventionen). Sie sind nach Greg Reddick, der einige Jahre im Access-Entwicklungsteam bei Microsoft gearbeitet hat, benannt worden.

Da die Namensregeln durchaus nicht nur für Programmierer sinnvoll sind, verwenden wir sie auch in diesem Buch. Sie finden im Anhang eine Übersetzung des Originalartikels zur Definition der Namenskonventionen. Wir möchten Ihnen in diesem Abschnitt erst einmal nur die Namensregeln für die Objekttypen der Datenbank – sprich: Tabellen, Abfragen, Formulare, Berichte, Seiten, Makros und Module – näher bringen, an die wir uns im weiteren Verlauf des Buches halten werden.

Um bereits an ihrem Namen beispielsweise Tabellen von Abfragen oder Formularen unterscheiden zu können, erhalten alle diese Datenbankobjekte eine Vorsilbe aus drei Buchstaben, die Sie in Tabelle 9.1 finden.

Tabelle 9.1 Vorsilben für Objekttypen nach der RVBA-Namenskonvention

Objekttyp	Vorsilbe	englischer Name
Tabellen	tbl	tables
Abfragen	qry	queries
Formulare	frm	forms
Berichte	rpt	reports
Seiten	pge	pages
Makros	mcr	macros
Module	bas	modules

Erstellen Sie nun also eine neue Tabelle, so würden Sie sie nicht *Kunden* nennen, sondern nach der Namenskonvention *tblKunden*. Entsprechend heißt das Eingabeformular zu dieser Tabelle *frmKunden* und der Bericht, der Ihnen Ihre Kundenliste ausdruckt, *rptKunden*.

> **HINWEIS** Namensregeln gibt es nicht nur für die Namen von Datenbankobjekten, sondern auch für Feldnamen, wie Sie im folgenden Kapitel sehen werden, für Programmnamen, für Variablennamen usw. Wir werden Sie in den entsprechenden Kapiteln mit den Regeln der Namensgebung vertraut machen. Ansonsten finden Sie im Anhang eine Zusammenfassung aller Konventionen.

Die Beispieldatenbank *CineCity*

Am Beispiel der Datenbank für CineCity möchten wir Ihnen Schritt für Schritt zeigen, wie Sie eine Datenbank planen und anlegen. Bei der Reihenfolge der Schritte orientieren wir uns an der oben im Abschnitt »Vorgehensweise beim Datenbank-Design« abgedruckten Auflistung.

Zuerst skizzieren wir die geplante Anwendung:

Schritt 1 CineCity will seine Filme, Termine und Kinosäle mit Access verwalten. Im Prinzip existiert für jede Kalenderwoche eine Liste von Filmen, die diese Woche laufen, jeweils mit ihrer Länge, einer Angabe darüber, die wievielte Woche der Film läuft, die einzelnen Tage, an denen er läuft mit den entsprechenden Uhrzeiten, dem Preis, dem Mindestalter (kurz: FSK als Abkürzung für »Freiwillige Selbstkontrolle«), dem Kinosaal, in dem der Film läuft, der Anzahl der Plätze im Saal und dem so genannten Turnaround (das ist die Zeit, die benötigt wird, das Kino zu räumen und mit dem Publikum des folgenden Films zu füllen).

Schritt 2 Die Datenbank soll darüber Informationen geben,

- wann welcher Film in welchem Kino läuft,
- welcher Kinosaal wann belegt ist,
- um welche Uhrzeiten an einem bestimmten Tag welche Filme laufen,
- wie viele Besucher welchen Film gesehen haben,
- seit wie vielen Wochen ein Film läuft,
- wie die Auslastung der Kinos ist und
- viele andere Fragestellungen.

Schritt 3 Über Eingabemasken, also Formulare, sollen die Daten bequem eingegeben werden. Es sollen Berichte definiert werden, um verschiedene Auswertungen auszudrucken und beispielsweise das Kinoprogramm für eine bestimmte Woche als Werbeanzeige aufzubereiten. Benötigt werden Formulare für die

- Eingabe der Stammdaten für jeden Film,
- Eingabe der Stammdaten für jedes Kino,
- Eingabe der Bewegungsdaten für die Kalenderwochen,
- Eingabe der Bewegungsdaten für die Vorstellungstermine

Kapitel 9 Datenbankgrundlagen

sowie Berichte für

- das Kinoprogramm für eine bestimmte Woche,
- den Belegungsplan für die Kinosäle,
- die Anzeige mit dem Kinoprogramm für Werbezwecke,
- die Listen für diverse Auswertungen u.v.a.m

Schritt 4 Es wird eine Tabelle *tblKinos* gebraucht, in der alle Einzelheiten zu einem bestimmten Kinosaal gespeichert werden, und die Tabelle *tblFilme* mit den Details zu den einzelnen Filmen. Dabei beschreibt jede Tabelle eine Entität.

Schritt 5 In Abbildg. 9.15 sehen Sie die Tabelle tblKinos mit den dazugehörenden Spalten.

Abbildg. 9.15 Die Tabelle *tblKinos*

tblKinos			
KinoNr	Kino	Plätze	Turnaround	Kommentar
1	Alpha	120	25	
2	Beta	150	35	
3	Gamma	90	20	
4	Delta	50	15	
5	Epsilon	90	20	

In Abbildg. 9.16 ist die Tabelle tblFilme mit den entsprechenden Spalten zu sehen. Dabei werden die Wochentage durch Ziffern abgekürzt, wobei die Kinowoche immer donnerstags mit »1« beginnt.

Abbildg. 9.16 Die Tabelle *tblFilme*

tblFilme 1										
Nr	Kal	Tag	Zeit	K	Filmtitel	Originalt	Län	Lfd Woch	Preis	FS	Bundesst
1	5	1,2,3,4	20:00, 22:00	1	Die wilden Kerle 4			1	7,00 €	0	04.04.2002
2	5	1,3,4	20:00	2	Nach der Hochzeit	Efter Bryllu	119		7,00 €	12	01.02.2007
3	5	2,3,4	15:00, 17:00,	3	Die wilden Kerle 4				8,00 €	0	01.02.2007
4	5	1,2,3,4,5,6,7	20:00	4	Enron: The Smartest Guys		109	1	6,00 €	12	25.01.2007
5	5	2,3	22:00	5	Little Miss Sunshine				6,00 €	6	30.11.2007
6	5	1,3,4	20:00	6	Dreamgirls			1	7,00 €	6	01.02.2007
7	5	1,2,3,4,5,6	12:15, 14:15,	7	Schweinchen Wilbur und	Charlotte's	97	5	5,00 €	0	04.01.2007
8	5	2,3	22:00	8	Das Streben nach Glück	The Pursuit	117	3	7,00 €	0	18.01.2007

Schritt 6 Als Primärschlüssel würde man für die Tabelle *tblKinos* die Spalte *KinoNr* sowie für die Tabelle *tblFilme* die Spalte *FilmNr* verwenden. Im Prinzip könnte man die Filmnummer auch weglassen und einen Primärschlüssel auf den Filmtitel setzen. Dann muss allerdings der Filmtitel eindeutig sein und das muss ja bei Filmen nicht zwingend gegeben sein. Stellen Sie sich vor, der Film »Dreamgirls« läuft einmal in der deutschen, einmal in der englischen Fassung. Der Titel des Films ist in beiden Fassungen derselbe und somit nicht eindeutig.

Schritt 7 Um eine Beziehung zwischen den beiden Tabellen definieren zu können, muss in die Tabelle *tblFilme* der Fremdschlüssel *KinoNr* aufgenommen werden.

Abbildg. 9.17 Die Beziehung zwischen den beiden Tabellen

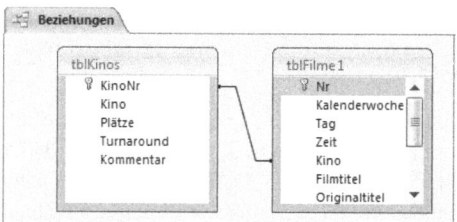

Schritt 8 Die Tabelle, *tblFilme*, liegt eindeutig nicht in der ersten Normalform vor, da weder die Einträge der Spalte *Tag* noch die der Spalte *Uhrzeit* atomar sind. Man müsste diese Tabelle in zwei Tabellen aufteilen: *tblFilme* und *tblTermine*.

In der ersten Tabelle *tblFilme* befinden sich dann alle Angaben zum Film, wie Filmnummer, Filmtitel, Originaltitel, Länge, FSK und Bundesstartdatum.

Abbildg. 9.18 Die Tabelle *tblFilme* ist nun in der ersten Normalform

Nr	Filmtitel	Originaltitel	Län	FS	Bundesst
1	Die wilden Kerle 4			0	01.02.2007
2	Nach der Hochzeit	Efter Brylluppet	119	12	01.02.2007
3	Die Queen	The Queen	104	0	18.01.2007
4	Enron: The Smartest Guys		109	12	25.01.2007
5	Little Miss Sunshine		103	6	30.11.2006
6	Dreamgirls			6	01.02.2007
7	Schweinchen Wilbur und	Charlotte's Web	97	0	04.01.2007
8	Das Streben nach Glück	The Pursuit of Ha	117	0	18.01.2007

Die zweite Tabelle, *tblTermine*, umfasst die Kalenderwoche, den Tag und die Uhrzeit, die laufende Woche (die sich für jede neue Kalenderwoche ändert) und den Preis (könnte sich theoretisch auch jede Woche ändern) sowie die Fremdschlüssel *FilmNr* und *KinoNr*. Zudem eine *TerminNr*, um ein Feld für den Primärschlüssel zu haben.

Abbildg. 9.19 Die Tabelle *tblTermine* ebenfalls in der Normalform

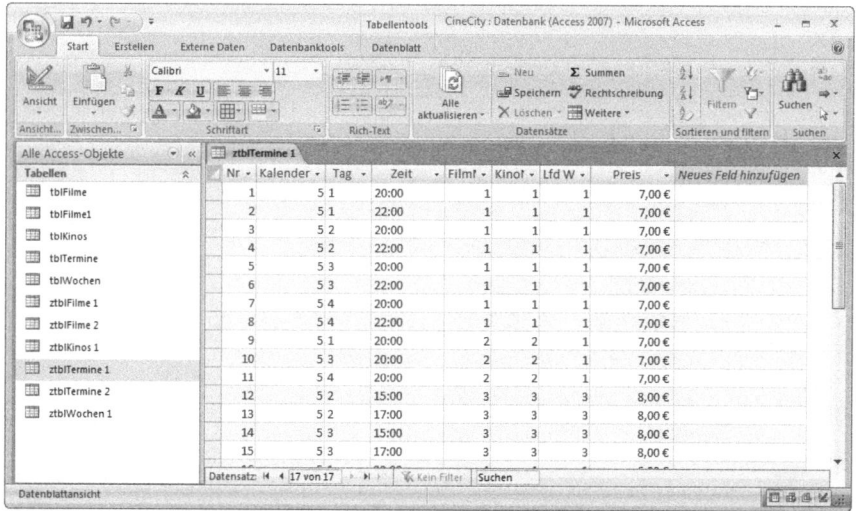

Kapitel 9 Datenbankgrundlagen

Schritt 9 Die zweite Normalform ist für unsere Tabelle unerheblich, da der Primärschlüssel nicht zusammengesetzt ist, sondern in allen Tabellen aus nur einer Spalte besteht.

Schritt 10 Nach der dritten Normalform dürfen zwischen Spalten, die nicht vom Primärschlüssel abhängen, keine Abhängigkeiten bestehen.

Die Tabelle *tblTermine* verstößt gegen die dritte Normalform. Die laufende Woche und der Preis sind Angaben, die sich jeweils auf die Kalenderwoche beziehen, d.h., dass diese beiden Spalten von der Kalenderwoche und nicht vom Primärschlüssel abhängen. Daher wurde die Tabelle *tblTermine* noch ein weiteres Mal aufgeteilt. Die neue Tabelle soll *tblWochen* heißen und die Angaben enthalten, die über die gesamte Woche konstant bleiben: Kalenderwoche, laufende Woche und Preis. Um zu wissen, für welchen Film diese Angaben sind, brauchen wir auch hier die Filmnummer.

Abbildg. 9.20 Die Tabelle *tblWochen* mit Angaben, die während einer Kalenderwoche gleich bleiben

ztblWochen 1

WochenNr	Kalenderwc	FilmNr	Lfd Woche	Preis
1	5	1	1	7,00 €
2	5	2	1	7,00 €
3	5	3	3	8,00 €
4	5	4	1	6,00 €
5	5	5	11	6,00 €
6	5	6	1	7,00 €
7	5	7	5	5,00 €
8	5	8	3	7,00 €
9	6	1	2	7,00 €
10	6	2	2	7,00 €
11	6	3	4	8,00 €

Übrig bleiben nun für die Tabelle *tblTermine* die Fremdschlüssel *WochenNr* und *KinoNr*, die Angabe über den Tag und die Zeit.

Abbildg. 9.21 Tabelle *tblTermine* mit den einzelnen Vorstellungen

tblTermine

N	WochenI	KinoI	Tag	Zeit
1	1	1	1	20:00
2	1	1	1	22:00
3	1	1	2	20:00
4	1	1	2	22:00
5	1	1	3	20:00
6	1	1	3	22:00
7	1	1	4	20:00
8	1	1	4	22:00
9	2	2	1	20:00
10	2	2	3	20:00
11	2	2	4	20:00
12	3	3	2	15:00
13	3	3	2	17:00
14	3	3	3	15:00
15	3	3	3	17:00

Schritt 11   Die neu definierten Beziehungen zwischen den vier Tabellen sehen Sie in Abbildg. 9.22. Aufgrund der beiden neu entstandenen Tabellen mussten sie neu definiert werden.

Abbildg. 9.22   Die Beziehungen zwischen den vier Tabellen

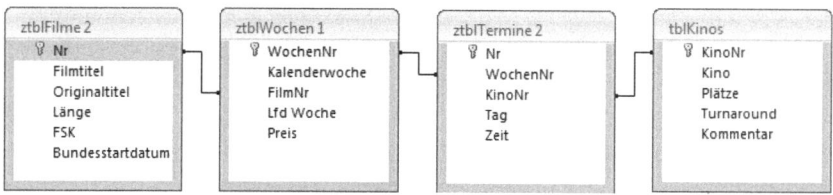

Schritt 12   Das Umsetzen des Entwurfs auf die eigentliche Datenbank wird Inhalt des folgenden Kapitels 10 sein.

Datentypen und -größen der CineCity-Tabellen

Wir wollen Ihnen in diesem Abschnitt die Datentypen und -größen von CineCity ausführlich vorstellen. Dies soll beispielhaft zunächst anhand der Tabelle *tblFilme* geschehen. Die Datentypen und -größen der anderen Tabellen finden Sie in Tabelle 9.2 bis Tabelle 9.5 zusammengefasst. Ausführlich werden die Datentypen in Kapitel 10 behandelt.

FilmNr   Die Tabelle *tblFilme* beginnt mit dem Feld der *FilmNr*. Da dieses Feld zum Primärschlüssel werden soll, muss es eindeutig sein. Dabei ist es in der Regel am sinnvollsten, Access die Zahlen vergeben zu lassen, dann kann man nicht versehentlich eine Nummer doppelt eingeben. Der Felddatentyp, der die Nummerierung in Access regelt, heißt *AutoWert*. Die Standardform des AutoWertes (Inkrement) zählt einfach ab Eins für jeden neuen Datensatz die Nummer um eins weiter.

Filmtitel   Für den *Filmtitel* sollte man ein Textfeld verwenden. Die Feldgröße sollte so lang bemessen sein, dass ein Filmtitel problemlos eingegeben werden kann, mit 100 Zeichen können auch sehr lange Filmtitel erfasst werden.

FSK   Zu vielen Filmen gibt es eine Altersbeschränkung (kurz: FSK). Dabei handelt es sich um eine Zahl, die nie größer werden wird als 18. Daher kann die kleinste von Access angebotene Größe für Zahlen verwendet werden. Sie heißt *Byte* und erlaubt Zahlen von Null bis 255.

Länge   Die Länge des Films wird in Minuten angegeben. Also braucht man auch für dieses Feld den Felddatentyp *Zahl*. Als Feldgröße ist hier der Typ *Byte* nicht geeignet, da ein Film im Prinzip auch länger als 255 Minuten sein könnte. Also verwenden wir am besten den nächst größeren Typ *Integer*, der Zahlen zwischen etwa -32.000 und +32.000 erlaubt.

Original   In der Tabelle *tblFilme* soll sich zudem die Angabe über den Originaltitel befinden. In der Regel stimmt dieser ja nicht mit dem deutschen Titel überein. Das Feld *Original* ist (wie das Feld *Titel*) als Textfeld zu definieren. Die Feldlänge kann auch hier mit 100 festgelegt werden.

Sonderveranstaltung   In manchen Kinos werden nicht nur Filme für die Öffentlichkeit veranstaltet, es gibt auch so genannte Sonderveranstaltungen: Geburtstagsfeiern mit dem Lieblingsfilm des Geburtstagskindes, Jubiläumsfeiern mit einem Film über die Entstehung und das Wachstum des Unternehmens usw. Für ein solches Feld ist der Datentyp *Ja/Nein* sinnvoll. Entweder es handelt sich um eine Sonderveranstaltung (*Ja*) oder eben nicht (*Nein*).

Zusatztext

Oft gibt es zu Filmen zusätzliche Beschreibungen oder Bemerkungen, die teilweise mit in Filmprogrammen abgedruckt werden. Um ein solches Feld *Zusatztext* zu ermöglichen, ist es sinnvoll, ein Memofeld zu definieren. Dieses Feld kann viel länger sein als ein Textfeld. (Sie können darin bis zu 64.000 Zeichen speichern.)

Bundesstartdatum

Das letzte Feld der Tabelle *tblFilme* ist das *Bundesstartdatum*, es gibt den Zeitpunkt an, zu dem ein Film in Deutschland in die Kinos kommt. Hierbei ist es sinnvoll, den Felddatentyp *Datum/Zeit* zu verwenden.

Die folgenden Tabellen fassen die Felder, Datentypen und Größen der vier Datenbanktabellen *tblFilme*, *tblKinos*, *tblWochen* und *tblTermine* zusammen. Jeweils die erste Zeile jeder Tabelle enthält den Primärschlüssel.

Tabelle 9.2 — Struktur der Tabelle *tblFilme*

Feldname	Felddatentyp	Feldgröße
FilmNr	AutoWert	
Filmtitel	Text	100
FSK	Zahl	Byte
Länge	Zahl	Integer
Original	Text	100
Sonderveranstaltung	Ja/Nein	
Zusatztext	Memo	
Bundesstartdatum	Datum/Zeit	

Zur Tabelle *tblKinos* ist neben den im Beispiel verwendeten Feldern ein weiteres für Kommentare hinzugekommen.

Tabelle 9.3 — Struktur der Tabelle *tblKinos*

Feldname	Felddatentyp	Feldgröße
KinoNr	AutoWert	
Kino	Text	50
Plätze	Zahl	Integer
Turnaround	Zahl	Integer
Kommentar	Memo	

Auch die Tabelle *tblWochen* hat ein zusätzliches Kommentarfeld erhalten, ansonsten sind die Felder wie bereits beschrieben übernommen worden. Die Filmnummer, die aus der Tabelle *tblFilme* übernommen wurde, um die Beziehung zwischen beiden Tabellen herzustellen, muss in der Tabelle *tblWochen* mit derselben Feldgröße definiert werden wie in der Tabelle *tblFilme*. Da *FilmNr* in der Tabelle *tblFilme* als *AutoWert* definiert ist und für den AutoWert die Standardgröße *Long Integer* ist, muss in der neuen Tabelle *FilmNr* ebenfalls als *Long Integer* definiert werden.

Tabelle 9.4 Struktur der Tabelle *tblWochen*

Feldname	Felddatentyp	Feldgröße
WochenNr	AutoWert	
FilmNr	Zahl	Long Integer
Kalenderwoche	Datum/Zeit	
LfdWoche	Zahl	Integer
Kommentar	Memo	
Preis	Währung	

Zuletzt fehlt nur noch die Tabelle *tblTermine* mit ihren Feldern. Auch hier muss der Fremdschlüssel (*KinoNr*) als Zahl der Feldgröße *Long Integer* definiert werden. Außerdem wurde ein Kommentarfeld eingefügt.

Tabelle 9.5 Die Tabelle *tblTermine*

Feldname	Felddatentyp	Feldgröße
TerminNr	AutoWert	
WochenNr	Zahl	Long Integer
KinoNr	Zahl	Long Integer
Kommentar	Memo	
Tag	Zahl	Byte
Zeit	Datum/Zeit	

Indizes für die Tabellen

Der Primärschlüssel ist bereits für jede Tabelle definiert, bleibt jetzt noch die Frage, ob es sinnvoll ist, weitere Felder zu indizieren. Dazu sollte man die Frage beantworten: Gibt es Felder, nach denen ich oder ein Benutzer häufiger suchen werden?

In der Tabelle *tblFilme* ist das mit Sicherheit der Titel der Filme, in der Tabelle *tblKinos* das Feld *Kino* usw. Tabelle 9.6 stellt die Felder mit den entsprechenden Indizes zusammen.

Tabelle 9.6 Tabellenfelder mit Index

Tabelle	Feldname	Index	Duplikate
tblFilme	FilmNr	Primär	Nein
	Titel	Sekundär	Ja
tblKinos	KinoNr	Primär	Nein
	Kino	Sekundär	Ja
tblWochen	WochenNr	Primär	Nein

Tabelle 9.6   Tabellenfelder mit Index *(Fortsetzung)*

Tabelle	Feldname	Index	Duplikate
	FilmNr	Sekundär	Ja
	Kalenderwoche	Sekundär	Ja
tblTermine	TerminNr	Primär	Nein
	WochenNr	Sekundär	Ja
	KinoNr	Sekundär	Ja
	Tag	Sekundär	Ja
	Zeit	Sekundär	Ja

Zusammenfassung

Der Schwerpunkt dieses Kapitels lag auf der Theorie der Datenbanken. Sie lernten folgende wichtige Fachbegriffe kennen:

- Sie wissen nun, dass Access eine relationale Datenbank ist. Relationale Datenbanken bestehen aus einer oder mehreren Tabellen, die miteinander in Beziehung stehen (Seite 174). Jede Tabelle muss einen Primärschlüssel enthalten, das ist in der Regel eine Spalte, die eindeutige Werte enthält (bisweilen wird auch die Kombination von mehreren Spalten verwendet, deren Werte eindeutig sind).

- Die Beziehungen zwischen den Tabellen werden sinnvollerweise über den Primärschlüssel definiert (Seite 177). Dabei wird die Tabelle, die den Primärschlüssel enthält als Mastertabelle bezeichnet, die Tabelle, die den Fremdschlüssel (Spalte mit Primärschlüssel der Mastertabelle) enthält wird als Detailtabelle bezeichnet.

- Es gibt drei Arten von Beziehungen:
  - 1:1-Beziehung: Eine Spalte der ersten Tabelle steht mit keiner oder einer Spalte der zweiten Tabelle in Beziehung.
  - 1:n-Beziehung: Eine Spalte der ersten Tabelle steht mit keiner, einer oder mehreren Spalten der zweiten Tabelle in Beziehung.
  - n:m-Beziehung: Eine Spalte der ersten Tabelle steht mit keiner, einer oder mehreren Spalten der zweiten Tabelle in Beziehung, aber umgekehrt steht auch eine Spalte der zweiten Tabelle mit keiner, einer oder mehreren Spalten der ersten Tabelle in Beziehung.

- Die Tabellen einer Datenbank haben dann eine optimale Struktur, wenn sie normalisiert sind (Seite 182). Um eine Tabelle normalisieren zu können, muss man darauf achten, dass sie jeweils ein einziges Objekt (oder eine Entität) beschreibt und einen Primärschlüssel enthält.
  - 1. Normalform: An jeder Tabellenposition darf nur ein Wert stehen, niemals eine Liste. Eine Spalte darf also nur atomare, nicht weiter unterteilbare Werte enthalten.
  - 2. Normalform: Eine Tabelle muss der ersten Normalform gehorchen und zudem muss gelten: Jede Spalte, die nicht Schlüsselspalte ist, darf nur vom Primärschlüssel abhängen.
  - 3. Normalform: Eine Tabelle muss der ersten und der zweiten Normalform entsprechen und zudem muss gelten: Nicht-Schlüsselspalten dürfen nicht voneinander abhängig sein.

Zusammenfassung

- Um verwaiste Fremdschlüssel zu vermeiden, können Sie in Access für Beziehungen die so genannte referentielle Integrität erzwingen (Seite 185).
- Um in eine Tabelle schnell sortieren zu können bzw. um schnell ein Suchergebnis zu erhalten, sollte ein Index für die benötigten Spalten definiert werden (Seite 186).
- Am Ende dieses Kapitels wurden die Beispieltabellen definiert sowie die Datentypen und -größen der verwendeten Felder festgelegt (ab Seite 189).

Kapitel 10

Einen Tabellenentwurf anlegen

In diesem Kapitel:

Der Tabellenentwurf (*tblFilme*)	200
Der Felddatentyp *AutoWert*	204
Der Felddatentyp *Text*	206
Der Felddatentyp *Zahl*	212
Der Felddatentyp *Ja/Nein*	219
Der Felddatentyp *Memo*	220
Der Felddatentyp *Datum/Zeit*	220
Die Tabelle *tblKinos*	223
Die Tabelle *tblWochen*	224
Der Felddatentyp *Währung*	225
Der Nachschlage-Assistent	226
Die Tabelle *tblTermine*	229
Mehrwertige Felder	230
Der Felddatentyp *Anlage*	232
Der Felddatentyp *OLE-Objekt*	234
Der Felddatentyp *Hyperlink*	234
Zusammenfassung	236

Kapitel 10 Einen Tabellenentwurf anlegen

Bereits in Kapitel 3 dieses Buches, »Tabellen – echt einfach«, wurde eine Tabelle angelegt. Dabei wurde eine Tabellen-Vorlage zu Hilfe genommen. Standardtabellen lassen sich damit sehr gut anlegen. Brauchen Sie aber andere Felder, als die Tabellen-Vorlage vorsieht, müssen Sie die Tabelle selbst anlegen oder eine mit der Vorlage angelegte Tabelle von Hand ergänzen.

Beispielhaft soll in diesem Kapitel die Tabelle *tblFilme* ohne Tabellen-Vorlage angelegt werden, deren Design Sie in Abbildg. 10.1 sehen können.

Abbildg. 10.1 Entwurf der Tabelle *tblFilme*

```
Tabelle tblFilme

FilmNr : AutoWert
Filmtitel : Text : 100
FSK : Zahl : Byte
Länge : Zahl : Integer
Original : Text : 100
Sonderveranstaltung : Ja/Nein
Bundesstartdatum : Datum/Uhrzeit
Zusatztext : Memo
```

Wir werden Ihnen Schritt für Schritt zeigen, wie Sie die Tabelle *tblFilme* erstellen. Zwischen den einzelnen Entstehungsschritten finden Sie Erklärungen zu den jeweiligen Felddatentypen und -eigenschaften. Wir kommen aber immer wieder auf die Tabelle *tblFilme* zurück.

Danach werden zudem die restlichen Tabellen für die Datenbank *CineCity* eingerichtet.

Der Tabellenentwurf (*tblFilme*)

Beginnen Sie damit eine neue Tabelle im Tabellenentwurf zu erstellen:

1. Wählen Sie die Registerkarte *Erstellen* aus und
2. klicken Sie dann auf die Schaltfläche *Tabellenentwurf*.

Abbildg. 10.2 Einen Tabellenentwurf anlegen

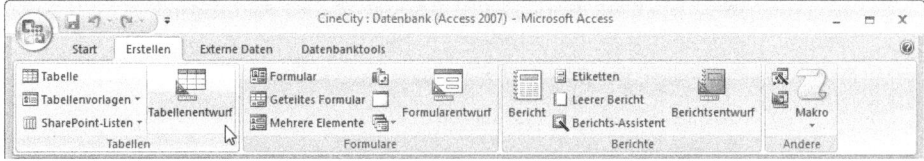

Sie öffnen damit das so genannte Tabellenentwurfsfenster. Wie Sie darin sehen können, wird ein Feld in einer Tabelle durch seinen *Feldnamen* und seinen *Felddatentyp* definiert. Zudem lässt sich für jedes Feld eine *Beschreibung* festlegen, die später beispielsweise als Hilfetext in einem Formular in der Statuszeile erscheinen kann. Abhängig vom ausgewählten Felddatentyp werden im unteren Teil des Fensters, der mit *Feldeigenschaften* überschrieben ist, unterschiedliche Einstellungen eingeblendet, die im Detail noch beschrieben werden.

Abbildg. 10.3   Das Tabellenentwurfsfenster

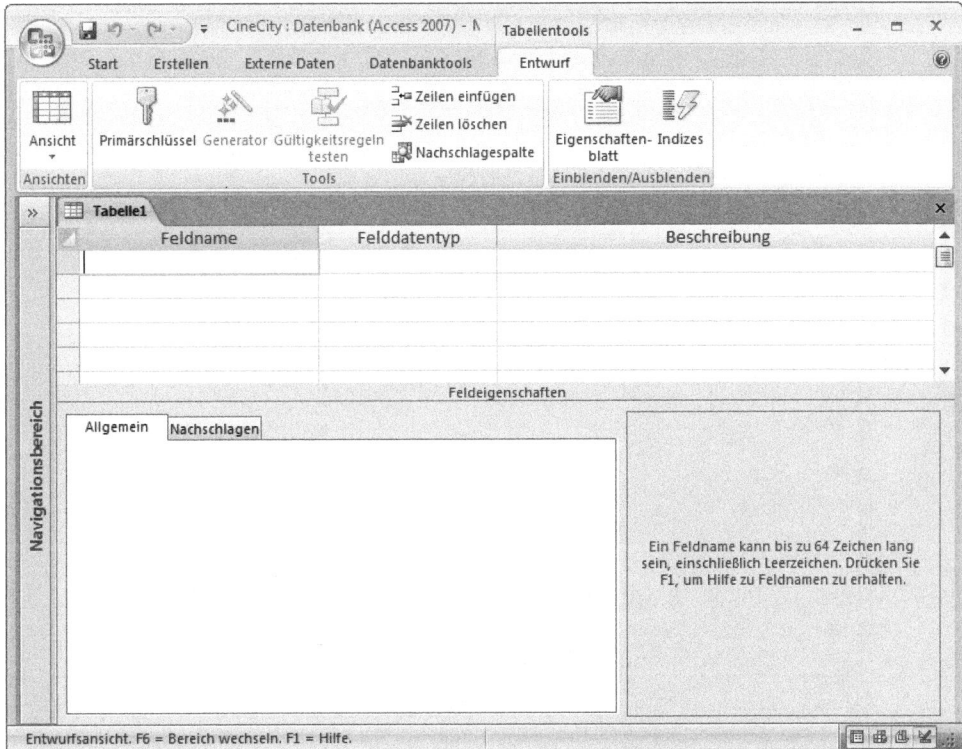

Feldnamen

Im Prinzip haben Sie beim Vergeben von Feldnamen fast alle Freiheiten. Feldnamen dürfen zwar höchstens 64 Buchstaben lang sein, aber das ist eine Größe, die in der Regel keine Einschränkung bedeutet. Sie dürfen für Feldnamen beliebige Kombinationen aus Buchstaben, Zahlen und Sonderzeichen verwenden. Ausgenommen sind nur die Zeichen ».« (Punkt), »!« (Ausrufezeichen), »´« Akzentzeichen und »[« bzw. »]« (eckige Klammern). Außerdem darf ein Name nicht mit einem Leerzeichen beginnen (er darf allerdings Leerzeichen enthalten) und keine Steuerzeichen (ASCII-Werte 0 bis 31) beinhalten.

Kapitel 10 Einen Tabellenentwurf anlegen

Felddatentypen

Jedem Feld wird ein Datentyp zugeordnet, wie das bereits in Tabelle 9.2 geschehen ist. Standardmäßig wird der Felddatentyp *Text* einem neuen Feld zugewiesen. Soll der Felddatentyp geändert werden, klicken Sie in das Feld des Felddatentyps und öffnen die Liste des Kombinationsfeldes.

Abbildg. 10.4   Liste der Datentypen für eine neues Feld

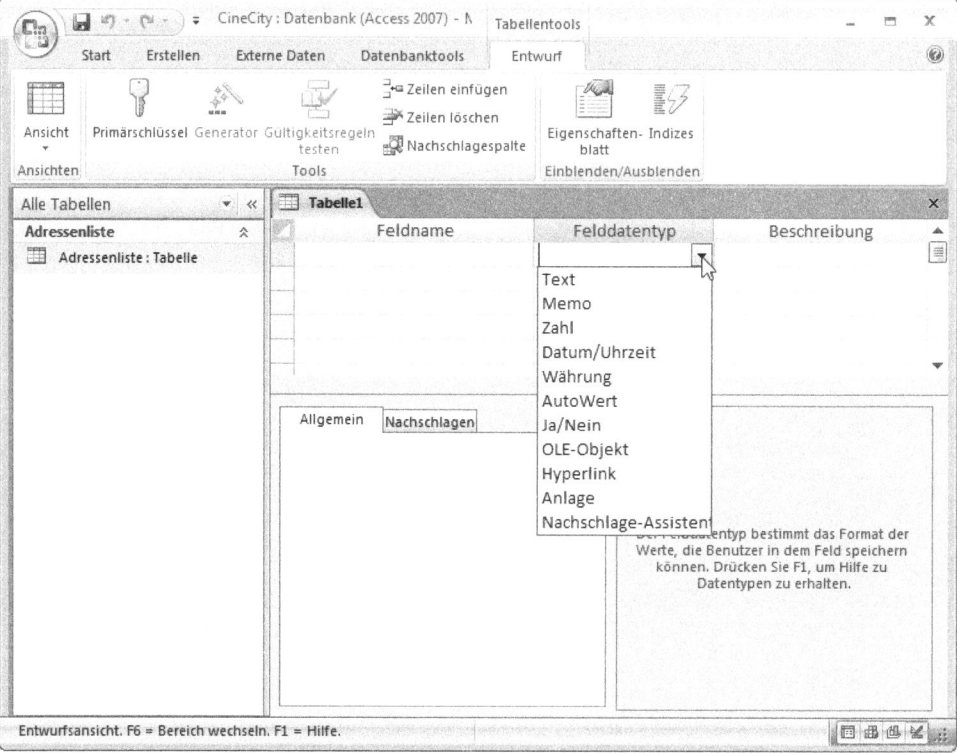

Selektieren Sie den gewünschten Felddatentyp mit einem Klick auf seinen Namen. Die einzelnen Felddatentypen werden im Detail im Laufe des Kapitels ausführlich besprochen. Tabelle 10.1 zeigt eine Zusammenstellung aller Felddatentypen mit Beschreibung und Beispielen.

Tabelle 10.1   Die Felddatentypen von Access

Felddatentyp	Beschreibung	Beispiel
Text	Alphanumerische Zeichen	Name, Telefonnummer
Memo	Alphanumerische Zeichen	Bemerkungen (für große Textmengen)
Zahl	Numerische Werte	1.234; 0,44; 3
Datum/Uhrzeit	Datum und/oder Uhrzeiten	22.12.98 15:30:00
Währung	Währungsangaben	3.000 €; 1,99 €, -3 €

Tabelle 10.1 Die Felddatentypen von Access *(Fortsetzung)*

Felddatentyp	Beschreibung	Beispiel
AutoWert	Numerischer Wert, wird von Access automatisch weitergezählt	1; 2; 3; 4; ...
Ja/Nein	Boolesche Werte	Ja; Nein; Wahr; Falsch
OLE-Objekte	OLE-Objekt	
Hyperlink	Querverweis zu einer Internet-Adresse (URL) oder zu einer Datei	http://www.microsoft.com
Anlage	Unterschiedliche Dateitypen können in dieses Feld verknüpft werden	
Nachschlage-Assistent	Dies ist kein Felddatentyp, sondern Sie rufen hiermit einen Assistenten zur Gestaltung von Nachschlagefeldern auf	

In den folgenden Abschnitten dieses Kapitels sollen die Felddatentypen im Einzelnen betrachtet werden, und zwar in der Reihenfolge, wie sie in der Tabelle *tblFilme* eingetragen werden.

HINWEIS Der Standardfelddatentyp kann bei Bedarf geändert werden. Aktivieren Sie über die *Office*-Schaltfläche das Dialogfeld *Access-Optionen*. Wählen Sie links *Objekt-Designer* aus, so können Sie rechts den *Standardfeldtyp* festlegen.

Feldeigenschaften

Abhängig von dem ausgewählten Felddatentyp werden hier bestimmte Eigenschaften eines Feldes festgelegt. Im Folgenden werden alle möglichen Einträge der *Feldeigenschaften* kurz erklärt. Wir werden bei Bedarf die einzelnen Punkte später weiter ausführen.

Tabelle 10.2 Feldeigenschaften

Feldeigenschaft	Beschreibung
Feldgröße	Legt für Textfelder Größe, für Zahlen den erlaubten Wertebereich fest
Format	Enthält oft vordefinierte Formate für Zahlen, Uhrzeiten, Datumswerte usw.
Dezimalstellenanzeige	Legt für Zahlenformate die Anzahl der Nachkommastellen fest
Eingabeformat	Definiert Formate, die das Eingeben von bestimmten Werten unterstützen sollen, wie beispielsweise das Format \(99999\)999999999 für eine Telefonnummer mit Vorwahl
Beschriftung	Definiert eine neue Spaltenüberschrift, falls diese vom Feldnamen abweichen soll
Standardwert	Spezifiziert Werte oder Texte, die in das entsprechende Feld als Vorgabewert automatisch in der Tabelle eingetragen werden sollen; Standardwerte können nachträglich in einer Tabelle oder einem Formular bearbeitet werden
Gültigkeitsregel	Legt fest, welche Eingaben in ein bestimmtes Feld erlaubt sind und welche nicht
Gültigkeitsmeldung	Erscheint in einem Dialogfeld, wenn die Gültigkeitsregel nicht eingehalten wird
Eingabe erforderlich	Legt fest, ob das Feld einen Wert enthalten muss oder auch leer bleiben darf

Tabelle 10.2   Feldeigenschaften *(Fortsetzung)*

Feldeigenschaft	Beschreibung
Leere Zeichenfolge	Vereinbart, ob bei Feldern vom Felddatentyp *Text* eine leere Zeichenfolge zulässig ist
Neue Werte	Legt die Art des Felddatentyps *AutoWert* fest, der entweder als aufsteigende Nummerierung (*Inkrement*) oder als zufällige Zahlenfolge (*Zufall*) definiert werden kann
Indiziert	Bestimmt, ob für ein Feld ein Index vergeben wird oder nicht; wird für das betreffende Feld ein Primärschlüssel vergeben, erscheint der Eintrag *Ja (Ohne Duplikate)*, bei Sekundärschlüsseln hingegen *Ja (Duplikate möglich)*
Unicode-Kompression	Legt fest, ob für die sprachübergreifende Unicode-Zeichencodierung eine komprimierte Speicherung zugelassen werden soll
IME-Modus	IME steht für Input Message Editor. Dieser Eingabemethoden-Editor wandelt Tastenfolgen in komplexe ostasiatische Zeichen. Die IME-Modus-Eigenschaften gelten für alle ostasiatischen Sprachen.
IME-Satzmodus	Sind Eigenschaften, die nur für Japanisch gelten
Smarttags	Sollen Ihnen Zeit ersparen, wenn Sie von ihnen Aktionen durchführen lassen, für die normalerweise andere Programme geöffnet werden müssen
Textformat	Ermöglicht die Verwendung von so genanntem Rich-Text in Memofeldern und somit das Formatieren von Texten in Memofeldern
Textausrichtung	Legt die Ausrichtung des Feldes fest. (Die Bezeichnung Textausrichtung ist verwirrend, da mit dieser Einstellung auch die Ausrichtung von Zahlen in Zahlenfeldern festgelegt wird.)
Datumsauswahl anzeigen	Definiert, ob die Schaltfläche zum Öffnen des Kalenders angezeigt werden soll oder nicht
Nur anfügen	Verbietet, falls die Eigenschaft aktiviert wurde, das Ändern oder Entfernen zuvor eingegebener Daten. Neue Daten können hinzugefügt werden.

Der Felddatentyp *AutoWert*

Das erste Feld der Tabelle *tblFilme* ist die *FilmNr*. Als Felddatentyp wurde dafür *AutoWert* verwendet. So können automatisch doppelte Filmnummern vermieden werden, und Sie erhalten zudem ein Feld, das zur Vergabe des Primärschlüssels geeignet ist.

1. Tippen Sie als ersten Feldnamen *FilmNr* ein.
2. Wählen Sie als Felddatentyp *AutoWert* aus.

Verändern Sie bei den *Feldeigenschaften* in der Rubrik *Neue Werte* nichts, werden für den *AutoWert* Zahlen wie 1, 2 usw. vergeben. Um etwas Platz in der Spaltenüberschrift in der Tabelle zu sparen, können Sie hier im Feld zu *Beschriftung* beispielsweise nur *Nr.* eintragen. Während für Feldnamen Punkte verboten sind, ist es in Beschriftungen möglich, Punkte zum Abkürzen von Namen zu benutzen.

Abbildg. 10.5   Das erste Feld wurde angelegt

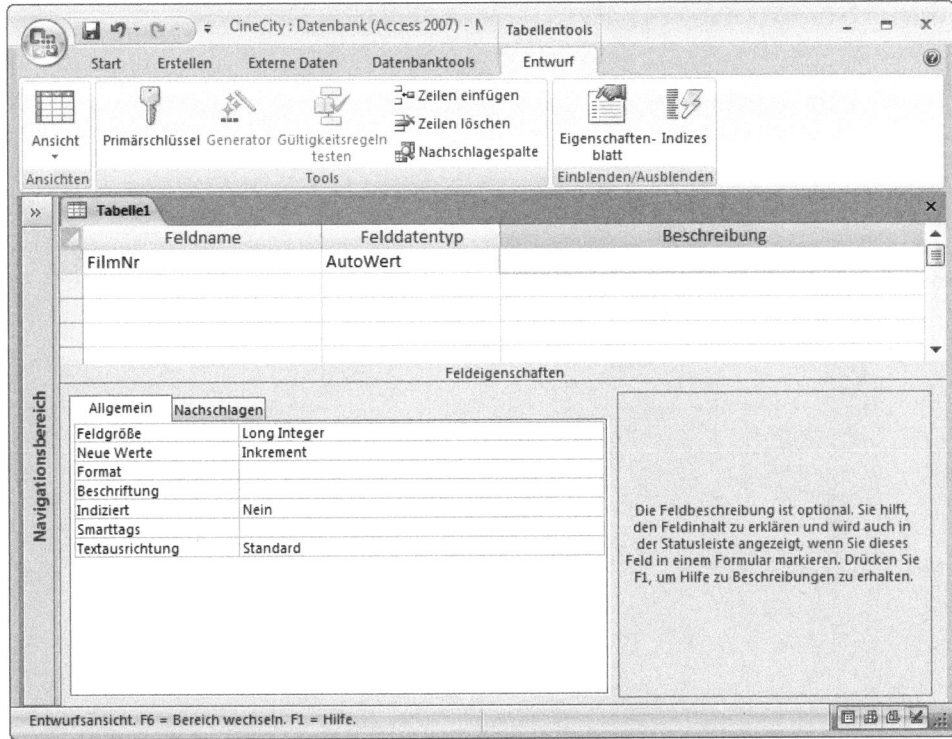

Bevor Sie die Zeile der Filmnummer verlassen, können Sie bereits den Primärschlüssel setzen. Verwenden Sie dazu eine der beiden folgenden Möglichkeiten:

- Klicken Sie die Schaltfläche *Primärschlüssel* auf der Registerkarte *Entwurf* an.
- Klicken Sie mit der rechten Maustaste in die erste Zeile und wählen Sie im Kontextmenü *Primärschlüssel* aus.

Im Zeilenmarkierer, dem Feld vor dem Feldnamen *FilmNr*, erscheint nun ein Schlüsselsymbol, um den gesetzten Primärschlüssel anzuzeigen. Zudem finden Sie in den *Feldeigenschaften* hinter *Indiziert* den Eintrag *Ja (Ohne Duplikate)*.

Kapitel 10 Einen Tabellenentwurf anlegen

Abbildg. 10.6 Das Feld *FilmNr* als Primärschlüssel

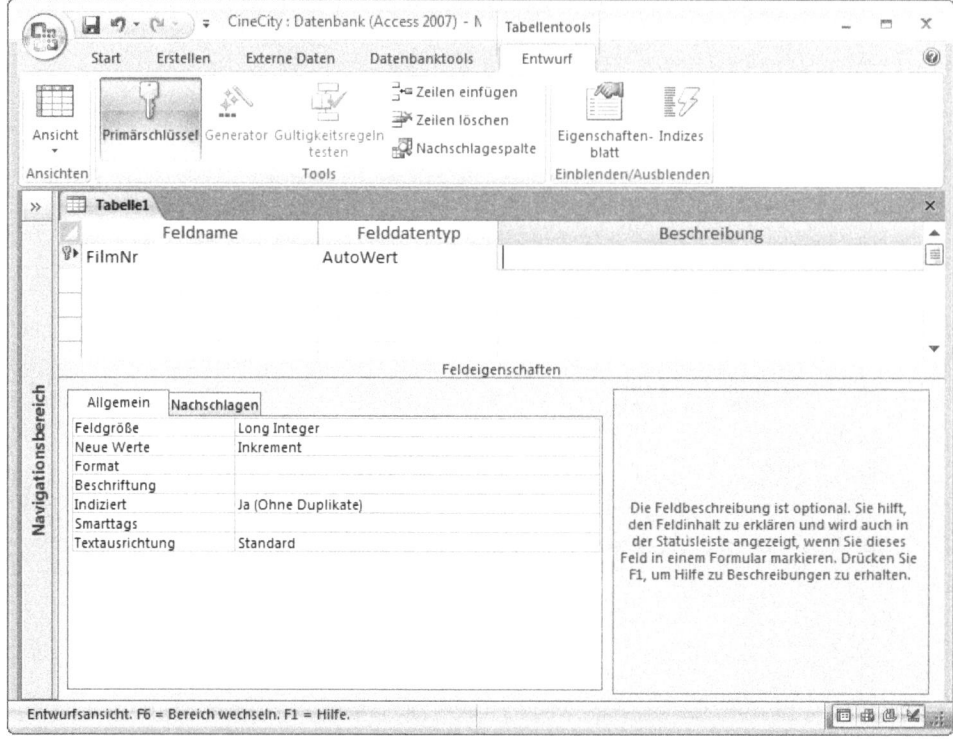

Der Felddatentyp *Text*

Sowohl der Filmtitel als auch der Originaltitel sollen als Textfelder in die Tabelle eingetragen werden. Als Beschreibung zum Filmtitel soll der Text »Filmtitel, wie er im Programm erscheint« eingetippt werden.

1. Legen Sie das Feld *Filmtitel* als Textfeld mit der *Beschreibung* »Filmtitel, wie er im Programm erscheint« an.
2. Definieren Sie zudem das Feld *Originaltitel* als Textfeld.

PROFITIPP

Außer für Texte wird der Felddatentyp *Text* oft auch beispielsweise für Telefonnummern oder Postleitzahlen verwendet. Für Telefonnummern hat der Datentyp *Text* den Vorteil, dass Sie in den Telefonnummern Klammern oder führende Nullen für die Vorwahl verwenden können. Bei Postleitzahlen sind bei der Verwendung des Felddatentyps *Text* auch Eintragungen wie D-80316 oder CH-2345 möglich. Grundsätzlich kann man für alle Felder, mit denen nicht gerechnet werden soll, den Felddatentyp *Text* verwenden.

Abbildg. 10.7   Der Filmtitel mit Beschreibung

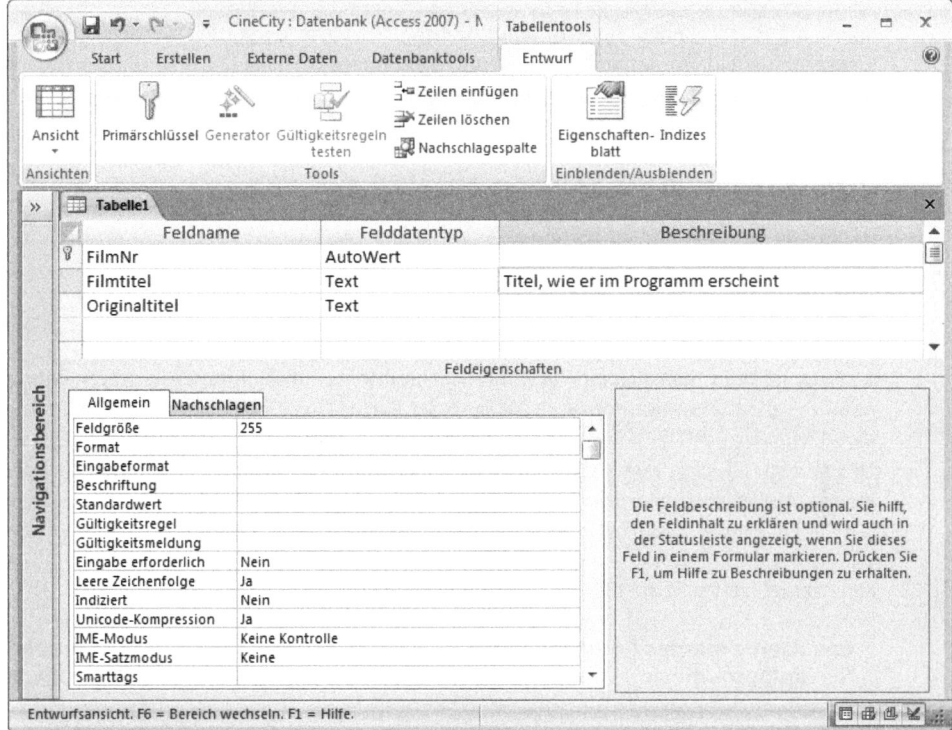

Feldgröße

Die *Feldgröße* wird bei Textfeldern von Access automatisch auf den Wert *255* festgelegt, d.h., in einem solchen Textfeld können bis zu 255 Zeichen gespeichert werden. Ein Textfeld, das auf eine bestimmte Anzahl von Zeichen festgelegt wurde, verweigert das Eingeben von mehr Zeichen. In einem Eingabeformular ist das Eingabefeld genauso groß wie die vorgegebene Anzahl von Zeichen.

WICHTIG   Soll die Feldgröße von Textfeldern nachträglich verkleinert werden, so ist Vorsicht geboten, wenn bereits Einträge für diese Felder in der Tabelle aufgenommen wurden. Wird ein Feld nachträglich verkleinert, werden dabei alle Daten abgeschnitten, die länger als die neu vereinbarte Größe sind.

HINWEIS   Möchten Sie die Standardeinstellung für die Feldlänge von Texten ändern, aktivieren Sie über die *Office*-Schaltfläche das Dialogfeld *Access-Optionen*. Wählen Sie links *Objekt-Designer* aus, so können Sie rechts die *Standardfeldgröße* festlegen.

Format

Sollen die eingegebenen Texte in einer bestimmten Form dargestellt werden, können Sie das im Eigenschaftenfeld *Format* definieren. Benutzerdefinierte Formate für Text- und Memofelder können mithilfe der folgenden Zeichen definiert werden:

@	Erzwingt ein Zeichen; wird nichts anderes eingegeben, wird ein Leerzeichen eingesetzt
&	Ermöglicht ein Zeichen, erzwingt es aber nicht
<	Formatiert alle Zeichen als Kleinbuchstaben
>	Formatiert alle Buchstaben als Großbuchstaben

Als Beispiel kann man sich eine bestimmte Schreibweise für Rechnungsnummern vorstellen. Angenommen alle Rechnungsnummern sollen in der Form »CineCity 0001/07« oder »CineCity 4567/07« dargestellt werden. Dann können Sie das Format so angeben wie in der linken Hälfte von Abbildg. 10.8 gezeigt. Dies hat den Vorteil, dass Sie später nur die eigentliche sich ändernde Zahl der Rechnungsnummer eintippen müssen, wie in der Mitte, die dann automatisch entsprechend des definierten Formats in die richtige Form (siehe rechte Hälfte der Abbildung) gebracht wird.

Abbildg. 10.8   Benutzerdefiniertes Format für eine Rechnungsnummer

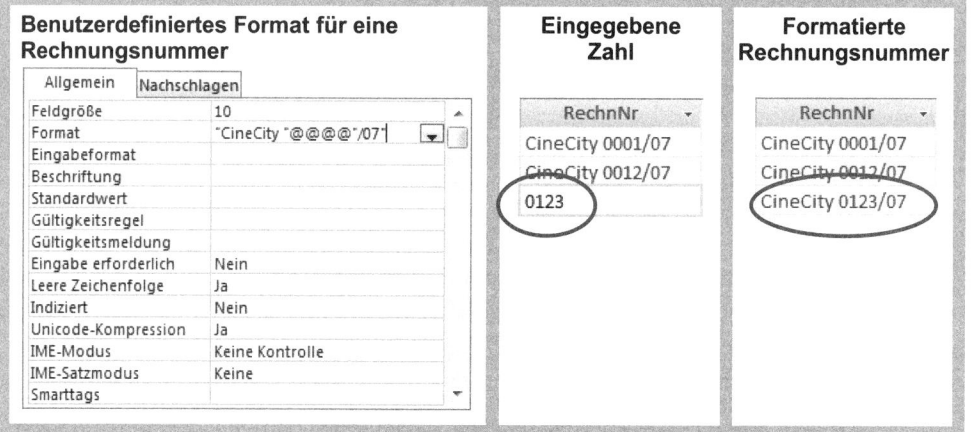

HINWEIS   Wenn Sie sich ansehen möchten, welche Auswirkungen Ihre Einstellungen in der Entwurfsansicht auf die Daten Ihrer Tabelle haben, schalten Sie von Zeit zu Zeit in die Datenblattansicht um. Verwenden Sie dazu entweder die Schaltfläche *Ansicht* oder die kleinen Schaltflächen *Entwurfsansicht* und *Datenblattansicht* in der Statuszeile. Zunächst werden Sie jetzt aufgefordert, Ihren Entwurf zu speichern. Speichern Sie die Tabelle unter dem Namen *tblFilme*. Zurück in die Entwurfsansicht schalten Sie ebenfalls mit der Schaltfläche *Ansicht* oder der Schaltfläche *Datenblattansicht* in der Statuszeile.

In einem weiteren Beispiel sollen E-Mail-Adressen gesammelt werden. Diese Adressen sollen durchgängig in kleinen Buchstaben eingegeben werden. Also geben Sie als Format einfach ein »<«-Zeichen ein.

Es ist zudem möglich, für ein Format zwei Teile zu definieren, die durch ein Semikolon zu trennen sind. Der erste Teil vor dem Semikolon gilt dann, wenn es eine Eingabe in das Feld gibt, der zweite gilt nur, wenn es keine Eingabe gibt. So wurde für das E-Mail-Adressenformat festgelegt, dass dann, wenn es keine E-Mail-Adresse gibt, der Ausdruck »keine« im Feld erscheinen soll.

Abbildg. 10.9 Benutzerdefiniertes Format für eine E-Mail-Adresse

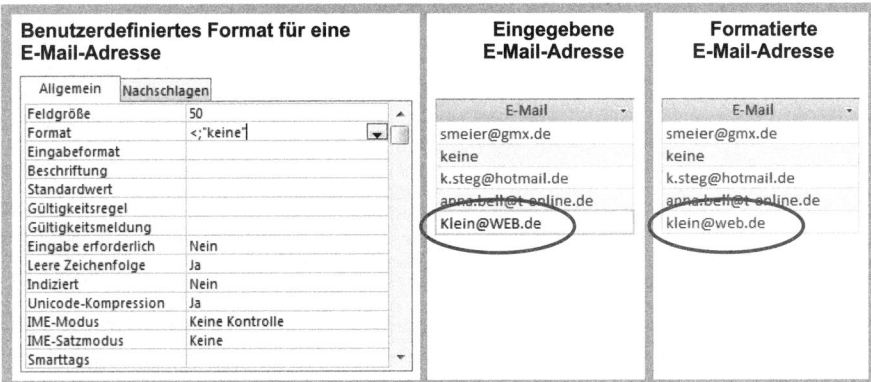

Eingabeformat

Eingabeformate werden definiert, um einem Benutzer in einer Tabelle oder einem Formular die Eingabe von Daten zu vereinfachen. So können Eingabeformate beispielsweise zum einfacheren Eintippen von Telefonnummern vergeben werden.

Die folgende Tabelle beschreibt die möglichen Sonderzeichen, die für die Definition eines Eingabeformats verwendet werden können.

Tabelle 10.3 Eingabeformate

Zeichen	Bedeutung	Zusatz
0	Ziffern (0 bis 9)	Eingabe erforderlich; Plus- und Minuszeichen sind nicht erlaubt
9	Ziffern oder Leerzeichen	Eingabe nicht erforderlich; Plus- und Minuszeichen sind nicht erlaubt
#	Ziffern oder Leerzeichen	Eingabe nicht erforderlich; Leerstellen werden in Leerzeichen umgewandelt; Plus- und Minuszeichen sind erlaubt
L	Buchstaben (A bis Z)	Eingabe erforderlich
?	Buchstabe (A bis Z)	Eingabe nicht erforderlich
A	Buchstabe oder Ziffer	Eingabe erforderlich
a	Buchstabe oder Ziffer	Eingabe nicht erforderlich
&	Beliebiges Zeichen oder Leerzeichen	Eingabe erforderlich
C	Beliebiges Zeichen oder Leerzeichen	Eingabe nicht erforderlich

Tabelle 10.3 Eingabeformate *(Fortsetzung)*

Zeichen	Bedeutung	Zusatz
. , ; : - /	Platzhalter für Dezimalstellen und Trennzeichen für Tausender, Datum und Zeit	Das eigentliche Zeichen ist abhängig von den in der Windows-Systemsteuerung unter Ländereinstellungen definierten Einstellungen
<		Formatiert alle nachfolgenden Zeichen in Kleinbuchstaben
>		Formatiert alle nachfolgenden Zeichen in Großbuchstaben
!		Bewirkt, dass das Eingabeformat nicht von links nach rechts, sondern von rechts nach links ausgefüllt wird, wenn die Eingabe von Zeichen auf der linken Seite des Eingabeformats nicht erforderlich ist. Kann an beliebiger Stelle im Eingabeformat eingefügt werden.
\		Bewirkt, dass das nachfolgende Zeichen selbst im Format angezeigt wird

Geben Sie hinter *Eingabeformat* beispielsweise *(99999)999999999* ein. Dann erscheinen in der Datenblattansicht bei Aktivierung des entsprechenden Feldes die Klammern der Vorwahl und Sie können die Telefonnummer eintippen. Beachten Sie bei der Eingabe, dass Sie bei weniger als 5 Vorwahlziffern entsprechend viele Leerzeichen eintippen müssen, damit die Durchwahl hinter der Klammer beginnt.

Abbildg. 10.10 Neu definiertes Eingabeformat

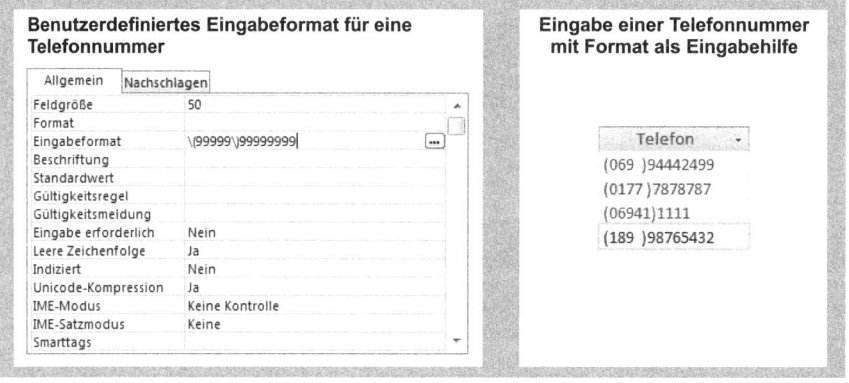

HINWEIS Bei Bedarf können Sie sich bei der Definition von Eingabeformaten auch von einem Assistenten unterstützen lassen. Weitere Hinweise zum Gebrauch des Eingabe-Assistenten finden Sie in Kapitel 22, »Steuerelemente für Formulare«.

Beschriftung

Haben Sie für ein Textfeld einen sehr langen Feldnamen definiert, können Sie einfach hinter *Beschriftung* einen anderen angeben, der in der Tabelle als Spaltenüberschrift und in Formularen als Feldname erscheint. Auch besteht so die Möglichkeit, Punkte, Ausrufezeichen oder andere für den Feldnamen verbotene Zeichen als Bezeichnung zu verwenden.

Standardwert

Gibt es eine bestimmte Eingabe, die in der Mehrzahl der Fälle verwendet werden wird, können Sie diesen Text als Standardwert definieren. Dazu ist es ausreichend, den Text in das Eingabefeld hinter *Standardwert* einzutippen.

Eingabe erforderlich

Mithilfe dieser Feldeigenschaft kann man die Eingabe in ein Feld erzwingen. So sollte beispielsweise eine Eingabe in das Feld *Filmtitel* erfolgen.

Leere Zeichenfolge

Wurde in der Tabelle *tblFilme* festgelegt, dass ein Filmtitel eingetragen werden soll, so sollte man hier festlegen, dass eine leere Zeichenfolge nicht erlaubt ist.

Indiziert

Soll die Tabelle nach einem Textfeld wie beispielsweise nach dem Filmtitel sortiert werden, ist es sinnvoll, dieses Feld zu indizieren, damit später schneller sortiert werden kann. Da ein Filmtitel unter Umständen zweimal in der Tabelle *tblFilme* auftauchen kann, z.B. einmal in der Original-, einmal in der Kurzversion, sollte hier *Ja (Duplikate möglich)* ausgewählt werden.

Abbildg. 10.11 Das Feld Filmtitel wird indiziert

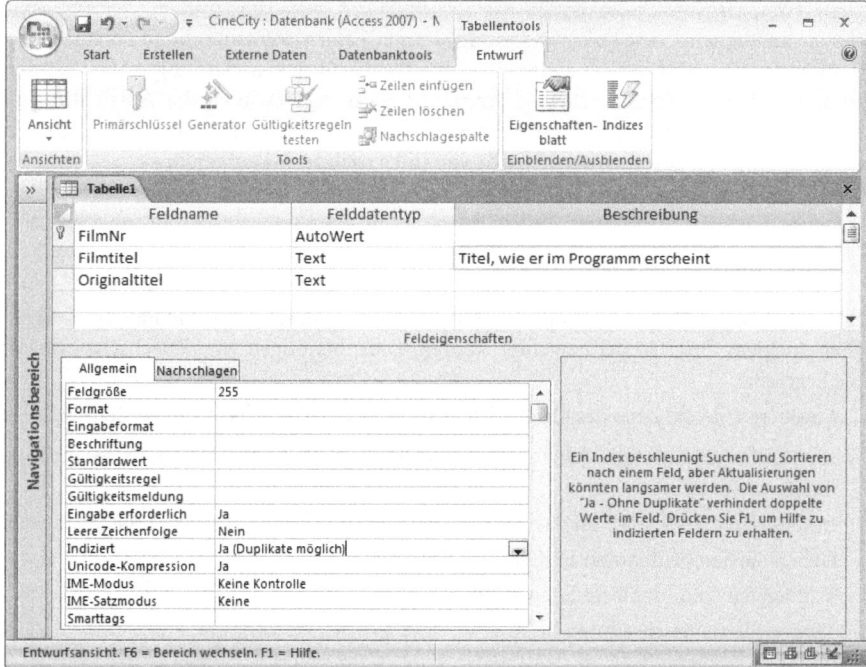

Unicode-Kompression

Office XP legt alle Daten in der Unicode-Zeichencodierung ab. Unicode ist eine übergreifende Zeichencodierung für lateinische, kyrillische, arabische, chinesische usw. Sprachen, die die bisher verwendete ANSI-Codierung ablöst. Während bei ANSI ein Byte pro Zeichen definiert war und damit 256 Zeichen darstellbar waren, werden bei Unicode 2 Byte verwendet, so dass über 65.000 Zeichen darstellbar sind. Bei der standardmäßig eingeschalteten Unicode-Kompression wird für alle Unicode-Zeichen, deren erstes Byte 0 ist, eine komprimierte Speicherung durchgeführt. Das erste Byte ist bei allen Zeichen der lateinischen Schriftarten 0.

IME-Modus/IME-Satzmodus

Da hier keine asiatischen Zeichen verwendet werden, bleiben die Einstellungen, wie sie standardmäßig festgelegt wurden.

Smarttags

Smarttags sollen einem Benutzer einer Tabelle oder eines Formulars den Umgang damit vereinfachen. Sie können über einen Smarttag bestimmte Aktionen aufrufen lassen. Beispielsweise könnte man in einem Textfeld mit dem Namen eines Kunden per Smarttag den Namen den Kontakten von MS Outlook zufügen.

Textausrichtung

Standardmäßig wird Text linksbündig und werden Zahlen rechtsbündig in einem Feld angeordnet. Hier können Sie einstellen, ob die Ausrichtung Ihrer Eingaben anders angeordnet werden soll. Auch wenn das Feld als Textausrichtung bezeichnet wird, legt es auch die Ausrichtung von Zahlen, Datumswerten etc. fest. Bei der Einstellung *Verteilen* werden die einzelnen Buchstaben und Wörter soweit auseinander gezogen, bis die Zelle von links nach rechts aufgefüllt ist.

Der Felddatentyp *Zahl*

Die beiden Felder *FSK* und *Länge* der Tabelle *tblFilme* sind vom Felddatentyp *Zahl*. Beide Felder sollen vor dem Originaltitel eingefügt werden. Dazu benötigen wir zunächst vor der dritten Zeile eine Leerzeile:

1. Markieren Sie die Zeile des Originaltitels mithilfe der Schaltfläche des Zeilenmarkierers.
2. Klicken Sie dann auf die Schaltfläche *Zeilen einfügen*. (Alternativ können Sie auch das Kontextmenü verwenden.)

    In diese leere Zeile soll nun das Feld für die Altersbeschränkung *FSK* eingegeben werden.
3. Geben Sie den Feldnamen *FSK* ein.
4. Wählen Sie dann den Felddatentyp *Zahl* aus.
5. Tippen Sie als Beschreibung beispielsweise *Altersbeschränkung* ein.

Im nächsten Schritt wird es darum gehen, den Felddatentyp *Zahl* näher zu spezifizieren. Zunächst einmal gibt es die Möglichkeit, verschiedene Größen für den Datentyp *Zahl* einzustellen, die entsprechend unterschiedlich viel Speicherplatz belegen.

Feldgröße

Standardmäßig wird als Feldgröße *Long Integer* angegeben. Mithilfe dieser Einstellung können Sie Zahlen bis zu 2.147.483.647 verwenden, allerdings beispielsweise keine Zahlen mit Nachkommastellen. Klicken Sie in das Feld hinter *Feldgröße*, wird die Schaltfläche mit dem Dreieck zum Öffnen der Liste der Felddatentypen angezeigt.

In unserem Fall geht es nur um Zahlen bis höchstens 18, danach gibt es keine Altersbeschränkungen mehr für Kinofilme. Daher könnten wir eine Feldgröße verwenden, die nur kleinere Zahlen erlaubt, dafür aber auch weniger Speicherplatz belegt. Hier bietet sich die Feldgröße *Byte* an. Damit können Zahlen zwischen 0 und 255 beschrieben werden. Es gibt keine Dezimalzahlen (aber die brauchen wir für die Altersangabe auch nicht) und keine negativen Zahlen (auch die werden nicht benötigt).

Abbildg. 10.12   Ändern der Feldgröße

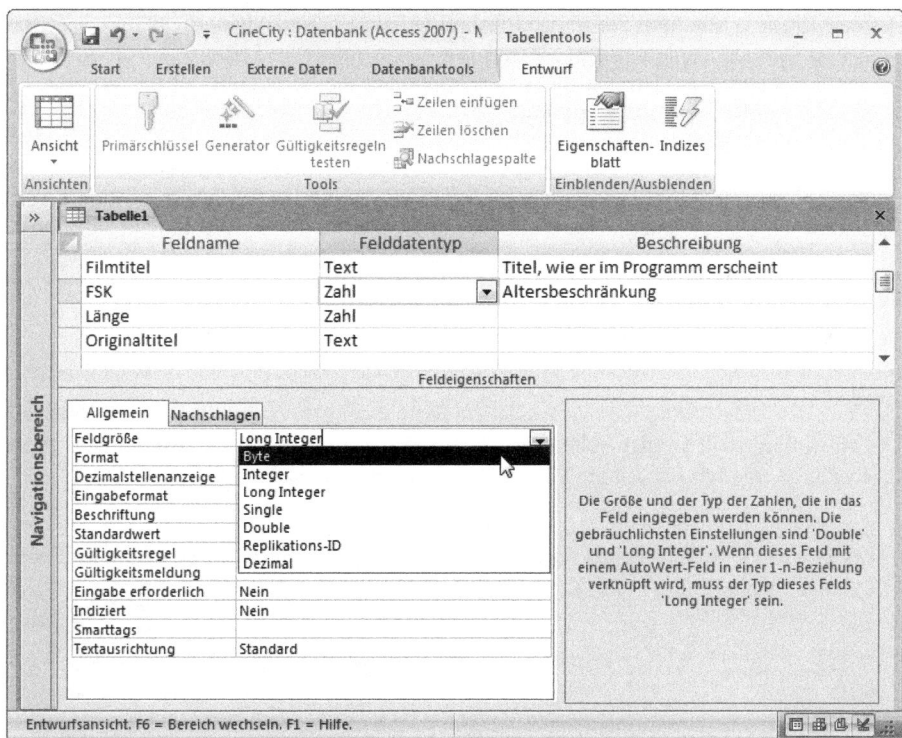

Um einen Überblick über die verschiedenen Feldgrößen in Access zu erhalten, finden Sie in Tabelle 10.4 eine Zusammenstellung über die erlaubten Bereiche der einzelnen Größen, die Anzahl der erlaubten Dezimalzahlen und die Größe, die Access intern zur Speicherung benötigt.

Kapitel 10 Einen Tabellenentwurf anlegen

Tabelle 10.4 Beschreibung der Feldgrößen für den Felddatentyp *Zahl*

Feldgröße	Bereich	Dezimalstellen	Größe
Byte	0 ... 255	Keine	1 Byte
Integer	-32768 ... 32767	Keine	2 Bytes
Long Integer	-2.147.483.648 ... 2.147.483.647	Keine	4 Bytes
Single	$-3{,}4 \times 10^{38}$ ... $3{,}4 \times 10^{38}$	7	4 Bytes
Double	$-1{,}797 \times 10^{308}$ ... $1{,}797 \times 10^{308}$	15	8 Bytes
Replikations-ID	Interner Wert	Keine	16 Bytes
Dezimal	$-10^{28}-1$ ... $10^{28}-1$	28	12 Bytes

Überschreiten Sie beim Eingeben von Zahlen die erlaubte Feldgröße und geben Sie beispielsweise in ein Feld, für das die Feldgröße *Byte* definiert wurde, eine negative Zahl oder eine Zahl größer als 255 ein, wird diese Zahl von Access nicht angenommen. Geben Sie eine Zahl mit Dezimalstellen ein, wird diese auf- bzw. abgerundet.

WICHTIG Möchten Sie nachträglich eine Feldgröße verkleinern, sollten Sie dabei sehr vorsichtig sein, da Zahlen, die größer als die neu eingestellte Feldgröße sind, von Access einfach gelöscht werden. Zahlen, die zuvor Nachkommastellen hatten und für die das neue Format keine erlaubt, werden auf- bzw. abgerundet.

HINWEIS Soll die Standardeinstellung für die Feldgröße für Zahlen geändert werden, klicken Sie auf die *Office*-Schaltfläche und dann auf *Access-Optionen*. Wählen Sie links *Objekt-Designer* aus und ändern Sie rechts den Eintrag für die *Standardzahlenfeldgröße*.

Format

Unter der Feldgröße können Sie wieder ein Format definieren, mit dem die von Ihnen eingegebenen Zahlen dargestellt werden sollen. In der Auswahlliste finden Sie Währungs- und Prozentformate, aber auch eine Schreibweise mit Tausenderpunkt und für Exponentialzahlen.

Abbildg. 10.13 Auswahlliste mit Zahlenformaten

Der Felddatentyp Zahl

Für Zahlen mit der Feldgröße *Byte* macht das nicht viel Sinn. Bei Zahlen, die in anderen Feldgrößen mit Nachkommastellen definiert wurden, ist das etwas anderes. Zusätzlich zu den angegebenen Formaten können Sie auch wieder eigene Ausgabeformate definieren. Wir werden Ihnen zunächst die Formate der Auswahlliste kurz erklären. Auf Seite 217 können Sie dann sehen, wie ein eigenes Format für *FSK* festgelegt werden kann.

Wir möchten in diesem Abschnitt kurz alle möglichen Zahlenformate vorstellen. Am Ende finden Sie eine Tabelle, in der die verschiedenen Formate mit einem Beispiel aufgeführt sind.

Allgemeine Zahl — Wird eine Spalte einer Tabelle mit dem Format *Allgemeine Zahl* versehen, so erhalten alle eingegebenen Zahlen so viele Dezimalstellen in der Anzeige, wie eingegeben werden. Dieses Zahlenformat sieht keine Punkte zur Abtrennung der Tausenderstellen vor.

Währung — Es besteht die Möglichkeit, einer Zahl die Formatierung *Währung* zu übertragen. Zahlen, für die dieses Format vergeben wird, werden – bei automatischer Einstellung der Dezimalstellen – mit zwei Dezimalstellen, einer Tausenderabtrennung und der »€«-Bezeichnung versehen. Es sei denn, Sie haben in der Systemsteuerung eine andere Region oder ein anderes Währungsformat ausgewählt.

Euro — Dieses Format ist ein Überbleibsel aus der Vor-Euro-Zeit. Dieses Format verwendet eine Zahlendarstellung im *Euro*-Format unabhängig von der in der Systemsteuerung eingestellten Währung.

Festkommazahl — Das Format *Festkommazahl* sieht Zahlen ohne Tausendertrennung vor. Standardmäßig werden für dieses Format bei automatischer Einstellung der Dezimalstellen zwei Dezimalstellen benutzt.

Standardzahl — Die *Standardzahl* unterscheidet sich von der Festkommazahl nur durch den Tausenderpunkt.

Prozentzahl — Standardmäßig werden in Access Prozentzahlen mit zwei Dezimalstellen angegeben. Bei der Eingabe von Prozentzahlen muss darauf geachtet werden, dass sie entweder als Zahlen zusammen mit dem »%«-Zeichen eingegeben werden, oder man teilt die Prozentzahl durch 100 und gibt sie dann ein. So tippt man beispielsweise 0,12 für 12%.

Exponentialzahl — Mit der Formatierung *Exponentialzahl* lassen sich sehr große oder sehr kleine Zahlen übersichtlich darstellen. Für 123.000.000 wird in der Exponentialschreibweise z.B. 1,23E+08 geschrieben, d.h. $1{,}23 \times 10^8$.

In der folgenden Tabelle können die Auswirkungen verschiedener Formate auf dieselben Eingaben in den Spalten »Formatiert« verglichen werden. Für diese Zahlen wurde die Feldgröße *Double* definiert. Es wurde nur die Einstellung *Automatisch* für die Dezimalzahlen verwendet.

Tabelle 10.5   Eingaben und formatierte Darstellung

Format	Eingabe	Formatiert	Eingabe	Formatiert
Allgemeine Zahl	22345	22345	0,556	0,556
Währung	22345	22.345,00 €	0,556	0,56 €
Euro	22345	22.345,00 €	0,556	0,56 €
Festkommazahl	22345	22345,00	0,556	0,56
Standardzahl	22345	22.345,00	0,556	0,56
Prozentzahl	22345	2234500,00%	0,556	55,60%
Exponentialzahl	22345	2,23E+4	0,556	5,56E-01

Benutzerdefinierte Formate

Es besteht auch für Zahlen die Möglichkeit, eigene Zahlenformate zu definieren. Ein Format kann aus vier durch ein Semikolon voneinander getrennten Abschnitten bestehen: *positiver Wert; negativer Wert; 0; NULL-Wert.*

Dabei kann ein Format für positive Werte, eines für negative Werte, eines für den Wert 0 und eines für so genannte NULL-Werte definiert werden.

> **HINWEIS** Der NULL-Wert – gesprochen »nall« – wird von vielen Datenbanksystemen verwendet. Er kennzeichnet einen »leeren«, also nicht vorhandenen Wert. Um deutlich zu machen, dass es sich dabei nicht um eine 0 handelt, wird er im Folgenden in Großbuchstaben geschrieben. Sie dürfen »NULL« nicht mit dem Wert 0 oder der leeren Zeichenfolge "" gleichsetzen. *NULL* tritt immer dann auf, wenn Sie einen Datensatz abspeichern, Sie aber nicht in jedes Feld des Datensatzes einen Wert geschrieben haben. Alle Felder, die Sie leer gelassen haben, erhalten als Inhalt *NULL*.

Zur Definition der Zahlen in einem benutzerdefinierten Format können die Zeichen *0* und *#* verwendet werden. Dabei wird die *0* dann verwendet, wenn man an seiner Stelle eine Zahl erzwingen möchte. In der Regel verwendet man die *0*, um die Anzahl der Nachkommastellen festzulegen. Eine mit *0,00* definierte Zahl beispielsweise enthält zwingend zwei Nachkommastellen, eine mit *0,0000* hingegen vier. Das *#*-Zeichen wird in Zahlenformaten verwendet, in denen es durch Zahlen ersetzt werden kann, aber nicht muss. Um beispielsweise ein Zahlenformat mit Tausenderpunkt zu definieren, schreiben Sie *#.##0* oder *#.##0,00*.

Dezimalstellen

Haben Sie eine Feldgröße eingestellt, die Nachkommastellen erlaubt, können Sie hinter Dezimalstellen die Anzahl der Nachkommastellen festlegen, die Ihre Zahlen aufweisen sollen. Hat eine Zahl mehr Dezimalstellen, als angezeigt werden, wird die Anzeige automatisch gerundet.

Standardwert

Geben Sie hier eine Zahl ein, so definieren Sie damit einen Wert, der für jeden neu angelegten Datensatz automatisch eingetragen wird, aber durch Überschreiben geändert werden kann.

Gültigkeitsregel

In diesem Feld können Sie festlegen, wann eine Eingabe gültig sein soll und wann nicht.

Im Fall des FSK-Feldes beispielsweise gibt es nach 18 keine weitere Altersbeschränkung. D.h., alle eingegebenen Werte, die größer als 18 sind, sind ungültig. Bei Bedarf können Sie zudem eine eigene Gültigkeitsmeldung verfassen.

Gültigkeitsmeldung

Geben Sie hier einfach den Text ein, der im Dialogfeld erscheinen soll, wenn die Gültigkeitsregel überschritten ist.

Einstellungen für das Feld *FSK*

Im Folgenden werden die vorgenommenen Einstellungen für das Feld *FSK* beschrieben:

Feldgröße

Da im Feld die Altersbeschränkung nur Zahlen bis 18 erfasst werden müssen, kann die Feldgröße auf Byte beschränkt werden.

- Klicken Sie in den Feldeigenschaften das Kombinationsfeld hinter *Feldgröße* an und wählen Sie *Byte* aus.

Benutzerdefiniertes Format

Für das Feld *FSK* soll des Weiteren ein eigenes Ausgabeformat definiert werden. Die Eingabe eines Alters, wie »16« soll als »ab 16« ausgegeben werden.

Um das benutzerdefinierte Format für die FSK festzulegen, wird für positive Zahlen das Format "ab "0 definiert. Negative Werte für ein Alter werden nicht vorkommen, aber es gibt durchaus Filme ohne Altersbegrenzung. Ist 0 eingetippt oder wurde das Feld leer gelassen, soll der Text *Ohne Altersbeschränkung* in der Zelle erscheinen.

- Geben Sie das benutzerdefinierte Format so ein: "ab "0;;"Ohne Altersbeschränkung";"Ohne Altersbeschränkung"

Abbildg. 10.14   Das benutzerdefinierte Format für *FSK*

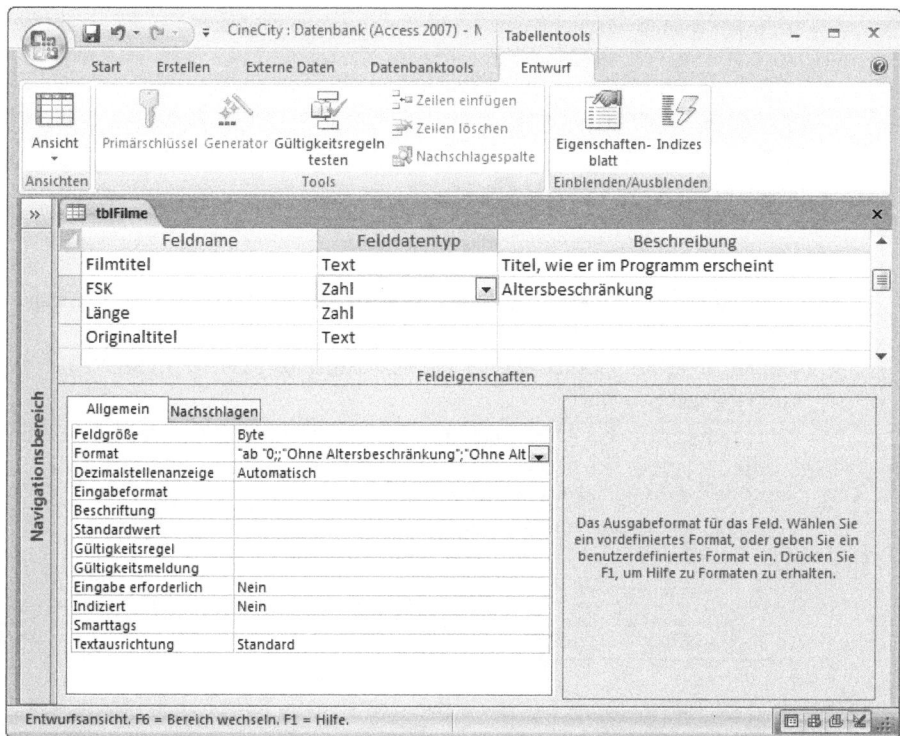

HINWEIS Bei vielen Änderungen der Feldgröße, des Formats oder anderer Eigenschaften erhalten Sie ein Feld mit einem Blitz angezeigt. Schieben Sie die Maus darüber, lässt sich ein Menü öffnen, in dem Sie auswählen können, ob diese Eigenschaft überall aktualisiert werden soll, wo das entsprechende Feld verwendet wurde.

TIPP Wechseln Sie nun in die Datenblattansicht und sehen in der Spalte für die FSK keine Eintragungen, sondern nur die Zeichen ####, so vergrößern Sie die Breite der Spalte. Kann der Inhalt in der vorgesehenen Breite nicht dargestellt werden, so wird das mit diesen Zeichen angezeigt.

Standardwert

Für das *FSK*-Feld ist es sinnvoll, als Standardwert *0* einzugeben, um später beispielsweise Abfragen definieren zu können, mit denen man die Filme entsprechend der eingegebenen Altersfreigabe auswählen kann.

Gültigkeitsregel und Gültigkeitsmeldung

Um alle eingegebenen Werte, die größer als 18 sind, zu verhindern, geben Sie folgende Gültigkeitsregel für die FSK ein:

1. Tippen Sie hinter Gültigkeitsregel *<=18* ein.

   Geben Sie nun in der Datenblattansicht einen Wert ein, der von der Gültigkeitsregel ausgeschlossen wird, so erscheint eine Fehlermeldung von Access.

Abbildg. 10.15 Fehlermeldung, da definierte Gültigkeitsregel nicht eingehalten wurde

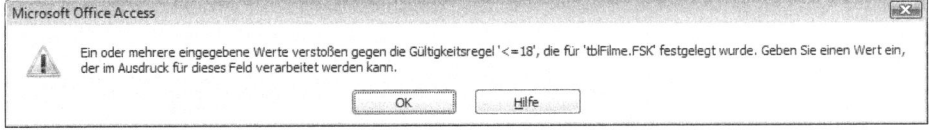

Im nächsten Schritt soll eine Meldung angezeigt werden, falls eine Falscheingabe vorgenommen wurde:

2. Tippen Sie in das Eingabefeld der Gültigkeitsmeldung den Text »Bitte einen Wert zwischen 0 und 18 eingeben!« ein.

   Wenn nun ein falsches Alter eingegeben wird, erscheint die folgende soeben definierte Meldung.

Abbildg. 10.16 Selbst definierte Gültigkeitsmeldung

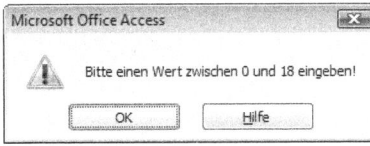

Für das Feld *FSK* soll keine Eingabe erzwungen werden. Entsprechend bleibt hinter *Eingabe erforderlich* der Wert *Nein* ebenso stehen, wie hinter *Indiziert*. Auch die Textausrichtung kann bleiben wie sie voreingestellt ist.

Das Feld *Länge*

Auch das Feld *Länge* erhält den Felddatentyp *Zahl*.

1. Legen Sie direkt nach dem Feld *FSK* das Feld *Länge* an. Fügen Sie dazu wiederum zunächst eine Leerzeile wie weiter oben beschrieben ein. Verwenden Sie den Felddatentyp *Zahl* und die Beschreibung *Spieldauer des Films*.
2. Verwenden Sie als Feldgröße den Typ *Integer* ohne Dezimalzahlen mit dem Standardwert 0.
3. Legen Sie *0" min"* als benutzerdefiniertes Format fest.

Der Felddatentyp *Ja/Nein*

Bisweilen finden in den Räumen von CineCity auch andere Veranstaltungen statt wie Firmenjubiläen, Vorträge oder private Filmvorführungen. Diese Veranstaltungen sind oft nicht öffentlich und werden beispielsweise nicht in derselben Art beworben wie das normale Kinoprogramm. Daher ist es wichtig erkennen zu können, was eine normale Kinovorführung ist und was ein Sonderprogramm.

1. Legen Sie aus diesem Grunde in der Tabelle *tblFilme* ein Feld an, das *Sonderveranstaltung* heißt und als *Ja/Nein*-Feld formatiert ist.
2. Geben Sie als Standardwert *Nein* an. Für das Feld ist eine Eingabe nicht unbedingt erforderlich und es wird auch nicht indiziert.

Abbildg. 10.17 Das *Ja/Nein*-Feld für Sonderveranstaltungen

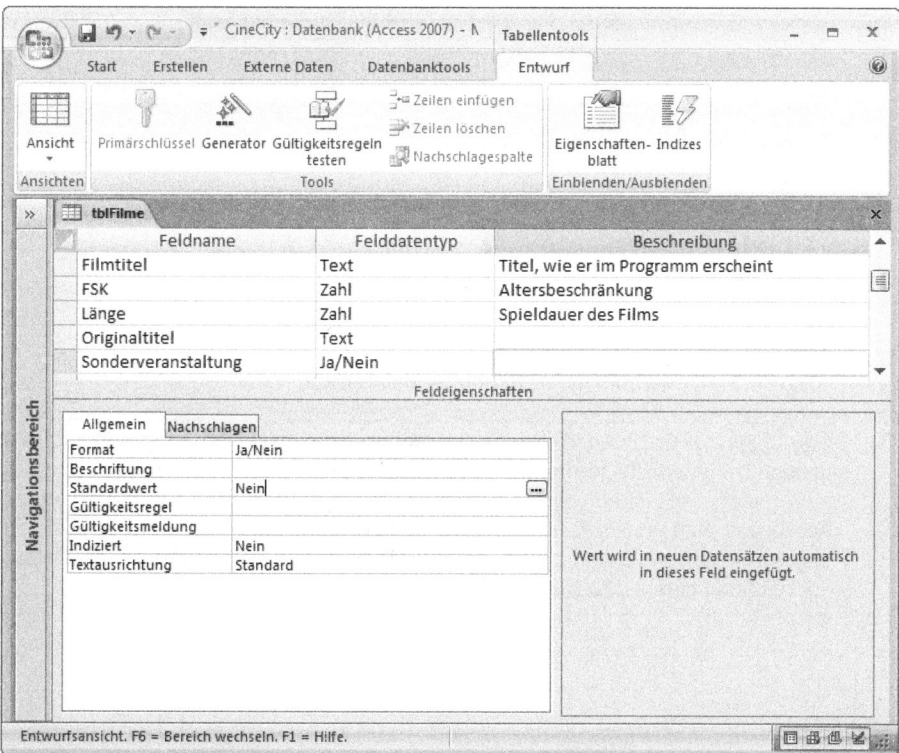

Der Felddatentyp *Memo*

Ergänzungen oder Zusatztexte werden in der Regel als Felddatentyp *Memo* formatiert. In solche Felder wird normaler Text eingegeben, der bis zu 65.535 Zeichen lang sein kann.

1. Legen Sie das Feld *Zusatztext* als Memofeld an.
2. Auch für dieses Feld ist keine Eingabe erforderlich, und es wird nicht indiziert.

Wenn Sie in einem Memofeld Formatierungen vornehmen möchten, ändern Sie die Eigenschaft *Textformat* von *Nur-Text* in *Rich-Text*. Dann können Sie für einzelne Wörter oder Abschnitte des Memofelds eine andere Schriftart oder -größe auswählen, Sie können die Auszeichnung fett oder kursiv verwenden und vieles mehr.

Der Felddatentyp *Datum/Zeit*

Das *Bundesstartdatum*, also das Datum, zu dem ein Film deutschlandweit in die Kinos kommt, soll als Datumsfeld angegeben werden.

In den Feldeigenschaften stehen Ihnen für Datums- und Zeitwerte verschiedene Formatierungen zur Verfügung, die sich in Tabelle 10.6 anhand von Beispielen selbst erklären. Dabei wird jeweils das Datum 16.3.07 17:18 formatiert.

Tabelle 10.6 Der Datumswert 16.3.07 17:18 wird beispielhaft formatiert

Format	Formatierte Ausgabe
Standarddatum	16.03.07 17:18:32
Datum, lang	Montag, 16. März 2007
Datum, mittel	16. Mrz. 07
Datum, kurz	16.03.07
Zeit, lang	17:18:32
Zeit, 12Std	05:18
Zeit, 24Std	17:18

Formatieren Sie das *Bundesstartdatum* als kurzes Datum.

WICHTIG Für Daten, die als kurzes Datum formatiert sind, ist darauf zu achten, dass eingegebene Datumswerte, die zwischen dem 1.1.00 und 31.12.29 liegen, von Access als Daten im 21. Jahrhundert angesehen werden. Geben Sie beispielsweise 8.3.22 ein, so lautet dieses Datum für Access automatisch 8.3.2022. Alle Daten, die zwischen dem 1.1.30 und dem 31.12.99 liegen, werden von Access als Datumswerte des 20. Jahrhunderts behandelt, also als Daten zwischen dem 1.1.1930 und dem 31.12.1999.

Abbildg. 10.18 Für das Bundesstartdatum wurde ein Datumsfeld angelegt

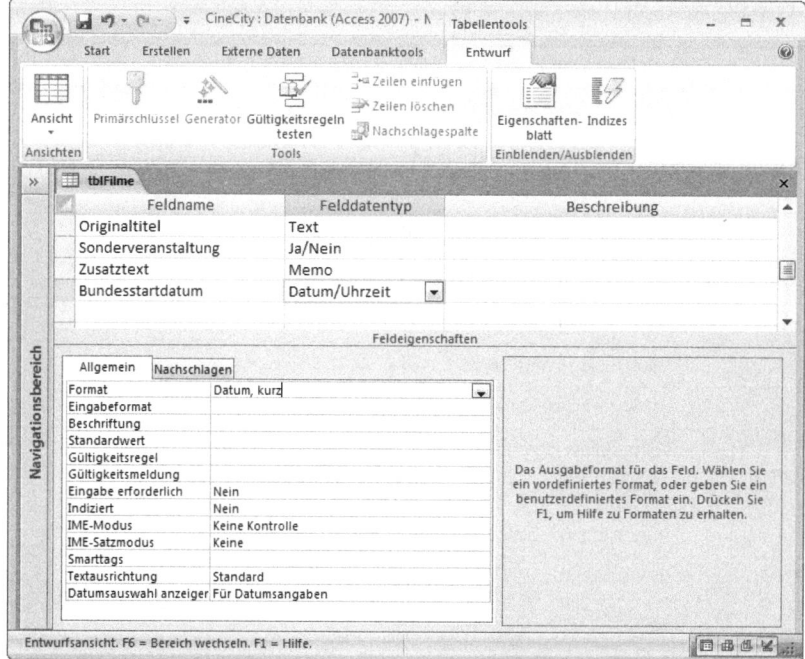

Datumswerte und Uhrzeiten eingeben

In einer Tabelle oder in einem Formular, in die Sie Datumswerte eintragen, bietet Ihnen Access vier mögliche Trennzeichen zwischen Tag, Monat und Jahr an. Im Deutschen ist der ».« am gebräuchlichsten. Es ist aber ebenso möglich, »/«, »,« oder »-« zu verwenden. Für die Eingabe einer Uhrzeit ist das »:«-Zeichen als Trennung zwischen den Stunden, Minuten und Sekunden erforderlich.

Benutzerdefinierte Formate

Bei Bedarf lassen sich auch eigene Datumsformate erstellen. Verwenden Sie dazu die in Tabelle 10.7 dargestellten Formate.

Tabelle 10.7 Symbole zum Erstellen benutzerdefinierter Formate

Symbol	Bedeutung
t	Tag eines Monats von 1 bis 31
tt	Tag eines Monats mit zwei Ziffern von 01 bis 31
ttt	Die ersten drei Buchstaben eines Wochentages
tttt	Vollständiger Name eines Wochentages
ttttt	Vordefiniertes Format: Datum, kurz
tttttt	Vordefiniertes Format: Datum, lang

Kapitel 10 Einen Tabellenentwurf anlegen

Tabelle 10.7 Symbole zum Erstellen benutzerdefinierter Formate *(Fortsetzung)*

Symbol	Bedeutung
w	Von 1 bis 7 durchnummerierte Wochentage mit 1 als Montag
ww	Kalenderwoche von 1 bis 53
m	Monat eines Jahres von 1 bis 12
mm	Monat eines Jahres von 01 bis 12
mmm	Die ersten drei Buchstaben eines Monatsnamens
mmmm	Vollständig ausgeschriebener Monatsname
q	Quartal von 1 bis 4
j	Kalendertag von 1 bis 366
jj	Die letzten zwei Ziffern einer Jahreszahl von 00 bis 99
jjjj	Vollständige Jahreszahl
h	Stunde von 0 bis 23
hh	Stunde in zwei Ziffern von 00 bis 23
n	Minute von 0 bis 59
nn	Minute in zwei Ziffern von 00 bis 59
s	Sekunde von 0 bis 59
ss	Sekunde in zwei Ziffern von 00 bis 59
zzzzz	Vordefiniertes Format: Zeit, lang

Als kleine Übung kann das Bundesstartdatum sowohl als möglichst kurzes Datum als auch unter Angabe der Kalenderwoche angegeben werden. Das könnte dann so

```
t.m.jj", "ww".KW"
```

aussehen. Zusätzliche Texte werden in Anführungszeichen gesetzt, ansonsten werden sowohl für den Tag als auch für den Monat je nach Wert eine oder zwei Ziffern verwendet.

Abbildg. 10.19 Ein benutzerdefiniertes Datumsformat

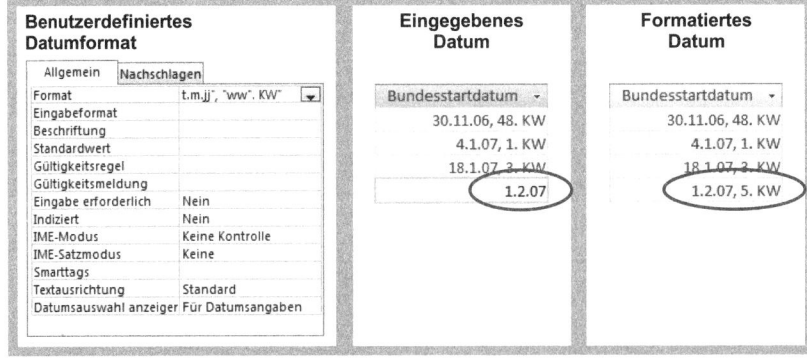

Die Tabelle *tblKinos*

Die Tabelle *tblFilme* ist vollständig angelegt, legen Sie nun entsprechend Tabelle 9.3 die Tabelle *tblKinos* an.

1. Dabei wird das Feld *KinoNr* als Primärschlüssel definiert.
2. Das Feld *Kino* soll als Textfeld der Länge 50 definiert und zudem indiziert werden, damit das Sortieren nach Kinosälen vereinfacht wird.
3. Die Anzahl der *Plätze* wird als Zahl der Feldgröße *Integer* mit dem Standardwert 0 definiert.
4. Der *Turnaround*, als die Standardzeit zwischen Filmen, ist eine Zahl der Feldgröße *Integer*.
5. Schließlich ist das Feld *Kommentar* ein Memofeld.

Abbildg. 10.20 Der Tabellenentwurf der Tabelle *tblKinos*

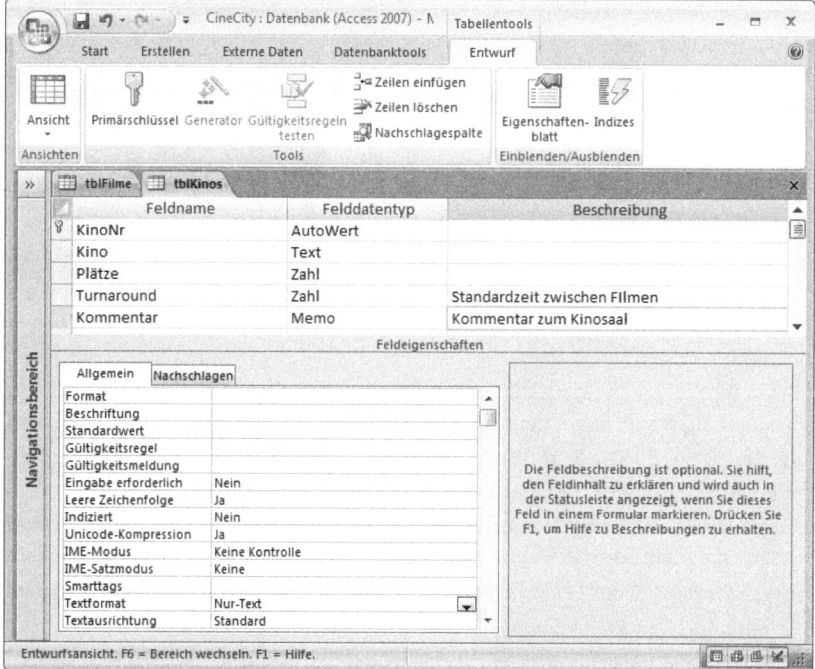

Damit sind die beiden Tabellen der Stammdaten bereits angelegt. Es geht nun weiter mit den Bewegungsdaten. Dazu soll zunächst die Tabelle *tblWochen* angelegt werden.

Die Tabelle *tblWochen*

Die Tabelle *tblWochen* enthält in erster Linie für jeden Film die Kalenderwoche und die laufende Woche dieses Films. Zudem finden Sie darin auch den Preis des Films, der unter Umständen unterschiedlich sein kann, beispielsweise, wenn der Film schon am Auslaufen ist.

Wie die Kalenderwoche und die laufende Woche zusammengehören, soll Abbildg. 10.21 verdeutlichen. Ab dem Start eines Films (meist dem Bundesstartdatum) werden durchgängig die Wochen seiner Spieldauer (jeweils ab Donnerstag) gezählt.

Abbildg. 10.21 Kalenderwochen und laufende Wochen

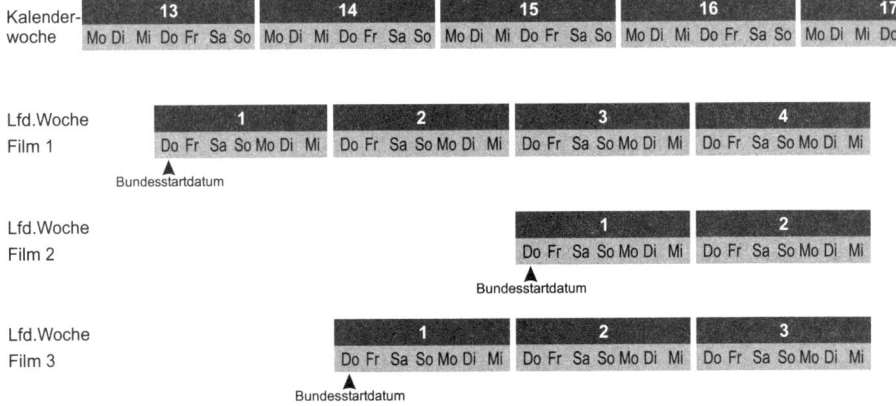

In dieser Tabelle lernen Sie als neuen Felddatentyp den Datentyp *Währung* kennen. Zudem werden Sie Bekanntschaft mit einem neuen Assistenten, dem *Nachschlage-Assistent*, machen.

1. Beginnen Sie die Tabelle *tblWochen* mit dem Feld *WochenNr*, das als Felddatentyp *AutoWert* definiert wird. Definieren Sie für dieses Feld einen Primärschlüssel.
2. Legen Sie als zweites Feld zunächst das Feld *Kalenderwoche* als Datentyp *Datum/Zeit* an. Definieren Sie dafür ein Format, wie ww". KW". Indizieren Sie dieses Feld und erlauben Sie dabei Duplikate.
3. Legen Sie danach das Feld *LfdWoche* als Zahl der Feldgröße *Integer* ohne Dezimalzahlen an.
4. Es fehlt noch ein *Kommentar*-Feld als Memofeld.

Die beiden fehlenden Felder werden in den beiden folgenden Abschnitten beschrieben.

Abbildg. 10.22 Der Beginn der Tabelle *tblWochen*

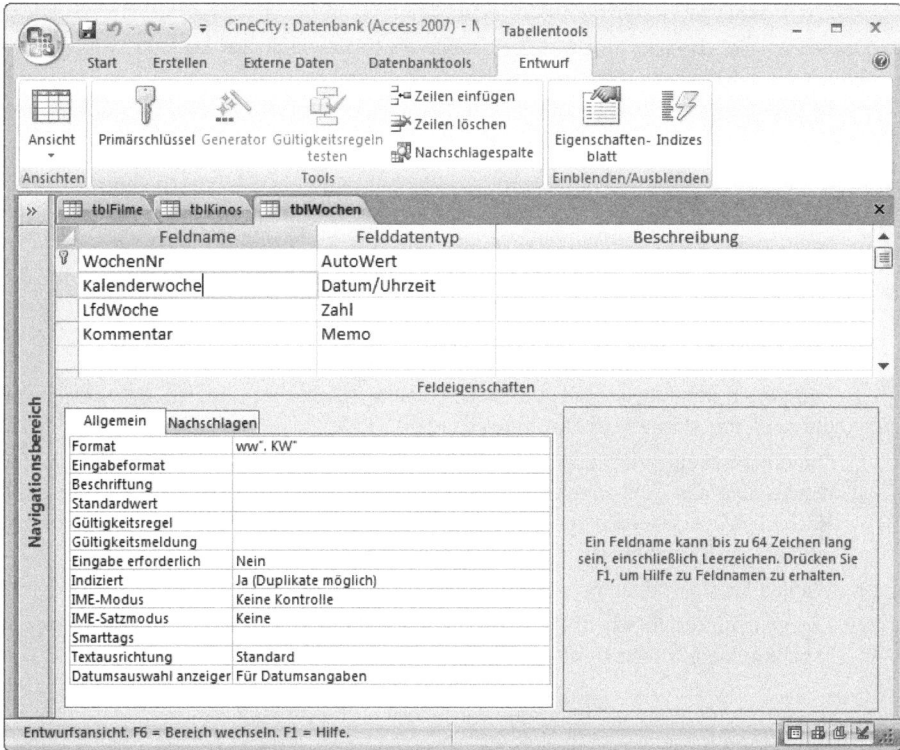

Der Felddatentyp *Währung*

Der Felddatentyp *Währung* scheint erst einmal nichts anderes als ein vordefiniertes Zahlenformat zu sein. Das Anzeigeformat ist mit zwei Dezimalstellen und einem Tausenderpunkt sowie dem Währungssymbol festgelegt, das in der Systemsteuerung unter *Zeit, Sprache, Region* und dann unter *Datum, Uhrzeit oder Zahlenformat ändern* auf der Registerkarte *Währung* eingetragen ist. Für einen als Währung definierten Zahlenwert werden 15 Stellen vor und vier Stellen nach dem Komma gespeichert. Eingegebene Zahlen, die mehr Nachkommastellen enthalten, werden so gerundet, dass nur vier Dezimalstellen gespeichert werden.

1. Das Feld *Preis* in der Tabelle *tblWochen* wird (wie vermutlich erwartet) als Felddatentyp *Währung* definiert.
2. Ändern Sie nichts an der Einstellung *Automatisch* für die Dezimalzahlen, so werden zur Darstellung zwei Dezimalstellen verwendet.
3. Es muss weder eine Eingabe erzwungen noch soll dieses Feld indiziert werden.

Der Nachschlage-Assistent

Das letzte Feld, das jetzt noch in der Tabelle *tblWochen* fehlt, ist das Feld *FilmNr*, das als Fremdschlüssel auf die Tabelle *tblFilme* verweist.

1. Fügen Sie vor der Kalenderwoche mit der Schaltfläche *Zeilen einfügen* eine leere Zeile ein und nennen Sie das neue Feld *FilmNr*.

   In der Tabelle *tblFilme* wurde jeder einzelne Film mit einer laufenden Nummer versehen. In der Tabelle *tblWochen* beziehen sich alle Eintragungen auf einen der Filme der Tabelle *tblFilme*. Das heißt, hier muss in das Feld *FilmNr* die entsprechende Nummer eingetragen werden. Die *FilmNr* verwendet man, weil sie eindeutig ist, was der Filmtitel nicht unbedingt sein muss. So entsteht eine eindeutige Beziehung zwischen der Tabelle *tblFilme* und der Tabelle *tblWochen*. Zudem ist der Speicherplatz, den die *FilmNr* belegt (4 Byte), sehr viel geringer als Sie für den Filmtitel bräuchten (1 Byte pro Zeichen). So weit, so gut. Trotzdem wäre es schöner, Sie könnten die Filmtitel in der Tabelle *tblWochen* sehen. Dann wüssten Sie nämlich, dass es sich bei *FilmNr* 29 um den Film »Little Miss Sunshine« handelt.

   Um einerseits nur die Nummer in der Tabelle abzulegen und so Speicherplatz zu sparen, andererseits aber den Titel anzuzeigen, um so einen besseren Überblick zu erhalten, können Sie den Nachschlage-Assistenten verwenden: Er schlägt zur *FilmNr* den *Filmtitel* für Sie nach, zeigt diesen an, speichert aber weiterhin nur die Nummer.

2. Wählen Sie als Felddatentyp *Nachschlage-Assistent* aus.

3. Legen Sie im ersten Schritt des Assistenten fest, dass in das Nachschlagefeld Werte einer anderen Tabelle aufgenommen werden sollen.

Abbildg. 10.23   Das Nachschlagefeld soll mit Daten der Tabelle *tblFilme* gefüllt werden

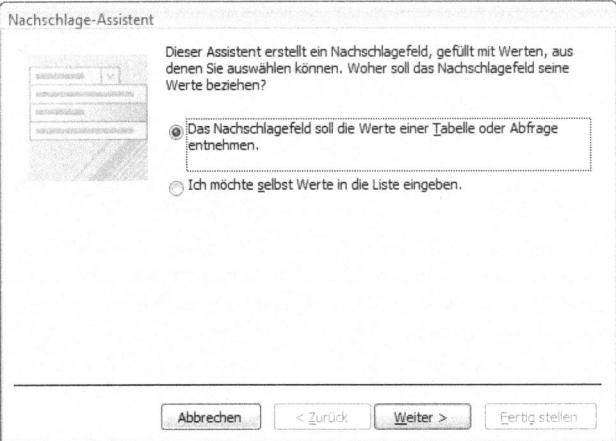

4. Wählen Sie dann die korrekte Tabelle – *tblFilme* – aus.

Abbildg. 10.24   Legen Sie hier die benötigte Tabelle fest!

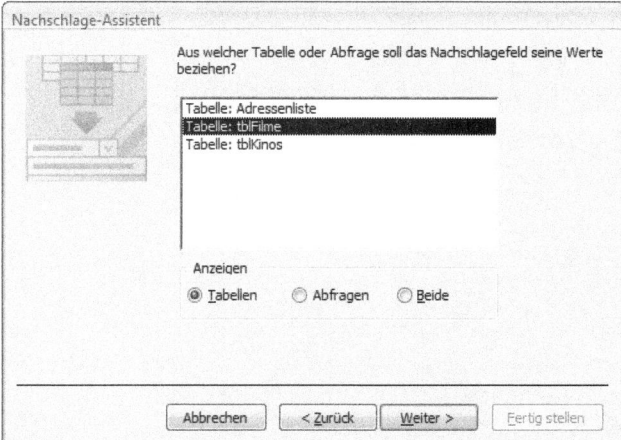

5. Im dritten Schritt werden die Felder festgelegt, die einbezogen werden sollen. Dabei handelt es sich um die Felder *FilmNr* und *Filmtitel*.

Abbildg. 10.25   Die Felder für den Nachschlage-Assistenten

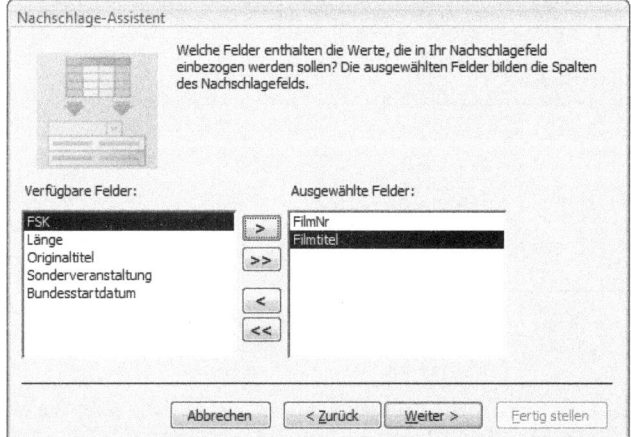

6. Das daraufhin aktivierte Dialogfeld ermöglicht Ihnen, eine Sortierung der Daten festzulegen.
7. Im nächsten Dialogfeld zeigt Ihnen Access an, wie die Anzeige der ausgewählten Felder erfolgen soll: Falls Sie in die Tabelle *tblFilme* bereits Filmtitel eingegeben haben, sehen Sie nur die *Filmtitel* in der Tabelle *tblWochen*.

Kapitel 10 Einen Tabellenentwurf anlegen

Abbildg. 10.26   Die Filmtitel sollen in aufsteigender Reihenfolge angezeigt werden

Abbildg. 10.27   Festlegen der Spaltenbreiten

Deaktivieren Sie das Häkchen neben *Schlüsselspalte ausblenden*. So können Sie erkennen, dass es sich eigentlich um zwei Spalten handelt. Allerdings wird die *FilmNr* ausgeblendet und nur intern zum Speichern verwendet. Klicken Sie das Kontrollkästchen neben *Schlüsselspalte ausblenden* wieder an, um das Häkchen wieder zu aktivieren.

8. Legen Sie im letzten Schritt fest, wie das Feld heißen soll. Wir haben den vorgeschlagenen Namen *FilmNr* übernommen – fertig!

   Sie erhalten nun die Aufforderung, Ihre Tabelle zu speichern, bevor Access die Beziehung zwischen den beiden Tabellen anlegen kann. Haben Sie Ihre Tabelle noch nicht benannt, nennen Sie sie jetzt *tblWochen*.

9. Definieren Sie für das Feld *FilmNr* einen Index und erlauben Sie Duplikate.

10. Schalten Sie nun in die Datenblattansicht um.

In der Spalte *FilmNr* erhalten Sie jetzt ein Kombinationsfeld angezeigt, in dem Sie sehr einfach den Namen des gewünschten Films auswählen können.

Abbildg. 10.28 Die Nachschlageliste

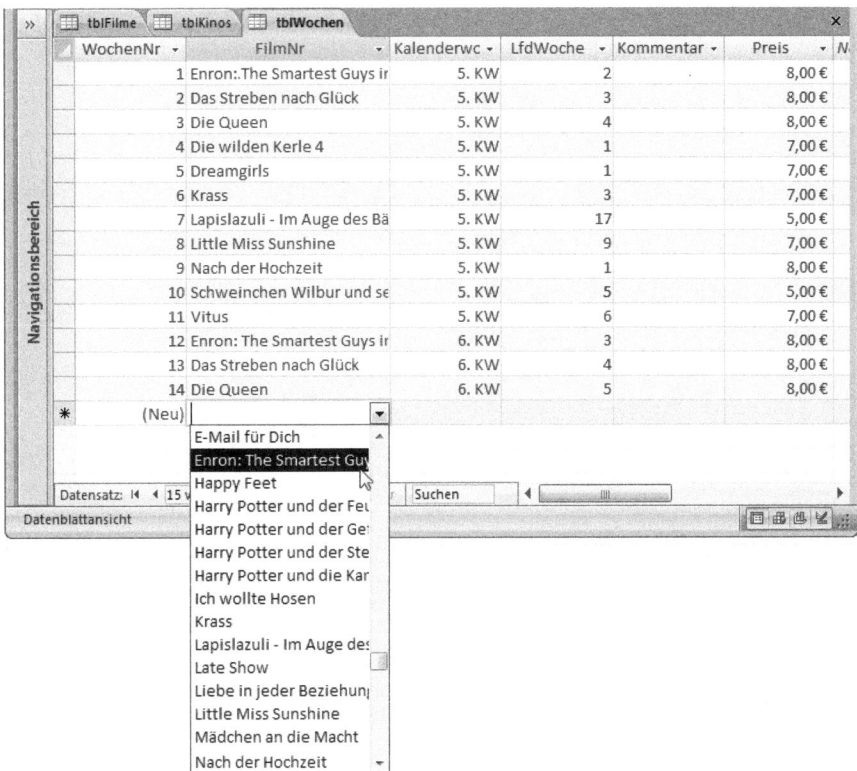

Die Tabelle *tblTermine*

Jetzt fehlt eigentlich nur noch die vierte Tabelle: *tblTermine*. Ihre Struktur wurde bereits in Tabelle 9.5 abgebildet. Da Sie mittlerweile alle benötigten Felddatentypen kennen: Legen Sie sie einfach an!

1. Als Primärschlüssel für diese Tabelle wird ein *AutoWert*-Feld angelegt.
2. Die Felder *WochenNr* und *KinoNr* müssen als Zahlenfelder der Größe *Long Integer* definiert werden, da sie Fremdschlüssel in der Tabelle *tblTermine* sind. Definieren Sie für beide Felder einen Index und erlauben Sie Duplikate.
3. Das Feld *Tag* wird als Zahl der Größe *Byte* angelegt. In diesem Feld werden die Tage der aktuellen Woche durchnummeriert. Dabei beginnt eine Kinowoche donnerstags mit »1« und endet mittwochs mit »7«. Neben den Werten 1 bis 7 wurden auch die Werte 8, 9, 10 und 11 festgelegt. Sie stehen für »Do/So-Mi«, »Fr/Sa«, »Sa/So« und die gesamte Woche. Diese Zuordnung wurde getroffen, damit beispielsweise, wenn ein Film die ganze Woche zur gleichen Zeit läuft, nur ein Termineintrag benötigt wird und nicht sieben.

4. Indizieren Sie das Feld *Tag*.
5. Für das Feld *Zeit* vereinbaren Sie ein Feld des Datentyps *Datum/Uhrzeit*. Wählen Sie als Format *Zeit, 24 Std* aus und definieren Sie einen Index.

Abbildg. 10.29   Der Tabellenentwurf für *tblTermine*

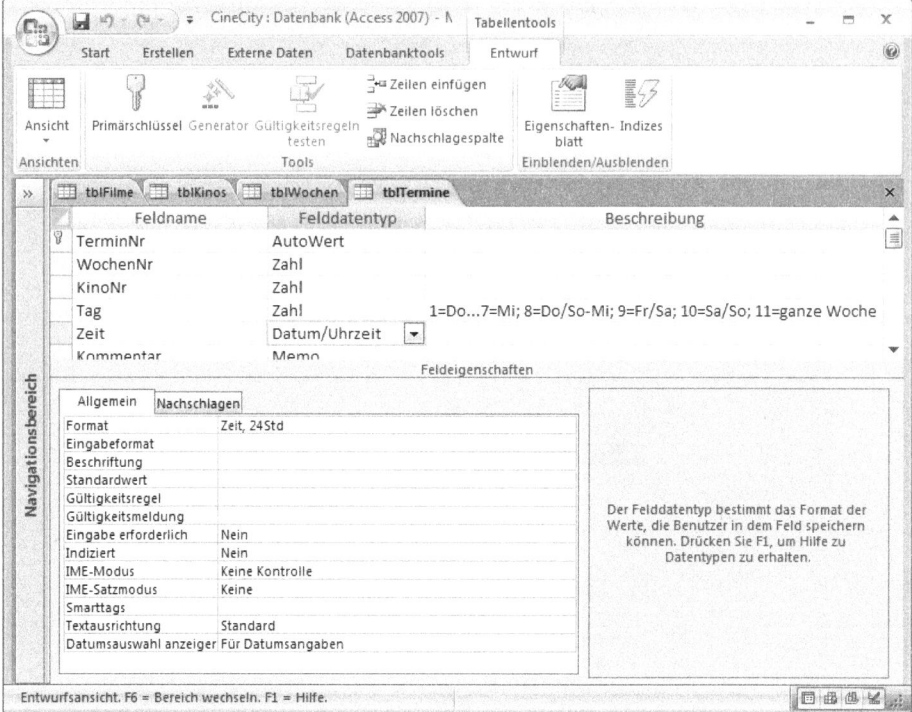

Mehrwertige Felder

Mehrwertige Felder sind neu in der Access-Version 2007. Damit besteht erstmalig die Möglichkeit, in einem Feld mehrere Werte zu speichern. Dies kann zum Abbilden von n:m-Beziehungen hilfreich sein.

Stellen Sie sich beispielsweise vor, CineCity möchte in der Tabelle *tblTermine* für die einzelnen Vorführungen abspeichern, welche Mitarbeiter bei welcher Vorstellung im Saal Dienst haben. Benötigt wird dabei zunächst eine weitere Tabelle *tblPersonal* mit den Mitarbeitern CineCitys.

1. Danach wurde die Tabelle *tblTermine* um ein Feld *Saaldienst* erweitert.
2. Auf der Registerkarte *Nachschlagen* der Feldeigenschaften wurde zum einen *Kombinationsfeld* für *Steuerelement anzeigen* ausgewählt, zum anderen wurde *Ja* für *Mehrere Werte zulassen* eingestellt.

Mehrwertige Felder

Abbildg. 10.30   Das Feld *Saaldienst* wird als mehrwertiges Feld angelegt

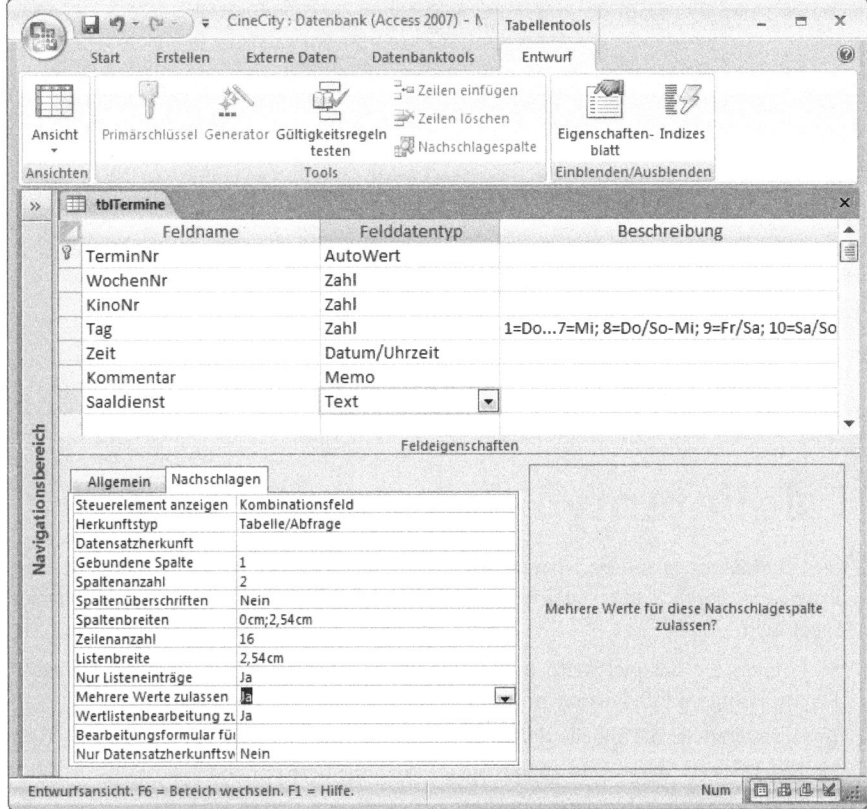

3. Wählen Sie danach den Felddatentyp *Nachschlage-Assistent* aus und verwenden Sie aus der Tabelle *tblPersonal* die Felder *Personalnummer* und *Nachname*.
4. Schalten Sie nun um in die Datenblattansicht und öffnen das neue Kombinationsfeld. Klicken Sie hierin die gewünschten Mitarbeiter an.

Abbildg. 10.31   Das Personal für den Saaldienst kann mithilfe eines Klicks ausgewählt werden

Wie Abbildg. 10.32 zeigt, lassen sich so mehrere Namen aus mehreren Feldern in einem Feld speichern.

Abbildg. 10.32   Das mehrwertige Feld mit drei Eintragungen

Der Felddatentyp *Anlage*

Der Felddatentyp *Anlage* ist neu in der Version 2007. Er ermöglicht Ihnen, eine oder mehrere Dateien in einem Feld zu speichern. Dabei können die Dateien sogar von unterschiedlichen Dateitypen sein.

So können Sie beispielsweise in der Tabelle *tblFilme* in einem Feld das Plakat zum Film, eine Beschreibung im pdf-Format etc. speichern.

1. Aktivieren Sie die Tabelle *tblFilme*.
2. Legen Sie ein neues Feld an, das Sie als *Werbung* bezeichnen.
3. Wählen Sie als Felddatentyp *Anlage* aus.

ACHTUNG   Haben Sie für ein Feld als Felddatentyp *Anlage* festgelegt, so lässt sich der Felddatentyp nicht mehr ändern.

Abbildg. 10.33   Das neue Feld *Werbung* vom Felddatentyp *Anlage*

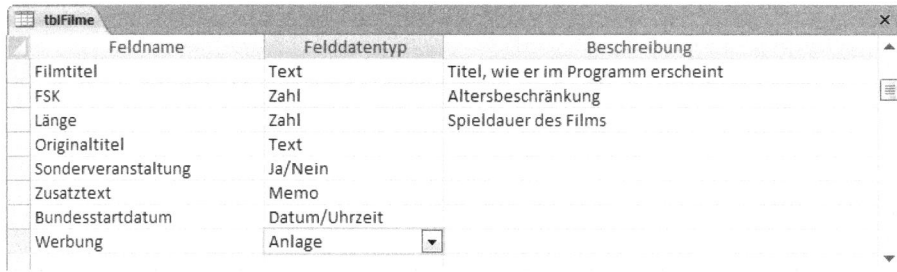

Schalten Sie um in die Datenblattansicht, so zeigt die Büroklammer das Anlagefeld an. Ein Doppelklick auf ein Feld aktiviert das Dialogfeld *Anlagen*. Hier können Sie über die Schaltfläche *Hinzufügen* eine oder mehrere Dateien festlegen, die im Datensatz gespeichert werden sollen.

Der Felddatentyp Anlage

Die Anzahl der gespeicherten Dateien wird in der Datenblattansicht in der Klammer hinter dem Symbol angezeigt.

Abbildg. 10.34   Zwei Anlagen wurden im markierten Feld gespeichert

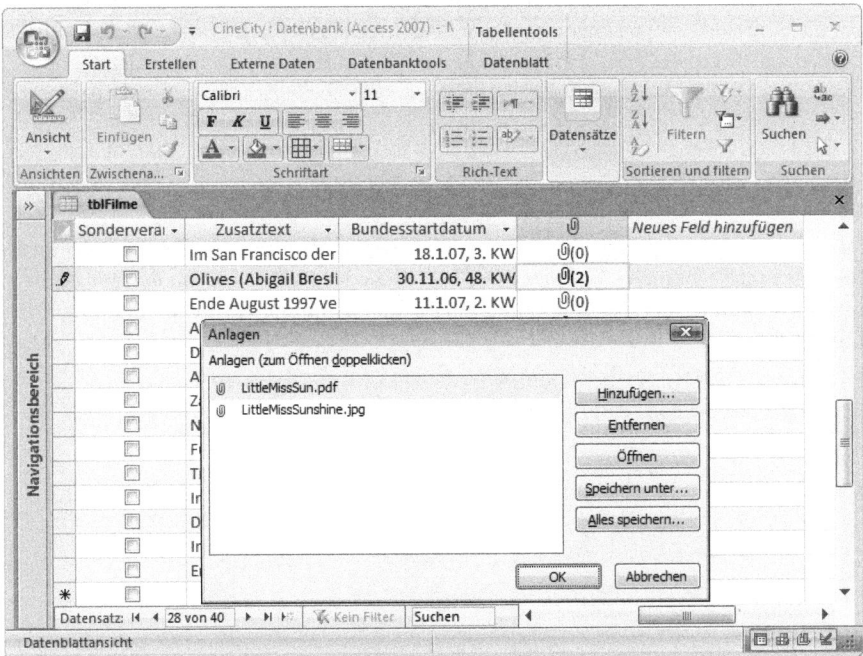

Doppelklicken Sie im Dialogfeld *Anlagen* auf eine der Dateien, so wird diese – vorausgesetzt das Programm mit dem die Datei erstellt wurde ist installiert – in diesem Programm geöffnet und Sie können die Datei bearbeiten.

Speichern Sie nach einer Änderung die Datei, so wird sie im Ordner der temporären Internetdateien abgelegt. Änderungen werden erst nach der Bestätigung des folgenden Dialogfelds in der Datenbank gespeichert.

Abbildg. 10.35   Bestätigen Sie das Dialogfeld, um die Änderungen in der Datenbank zu speichern

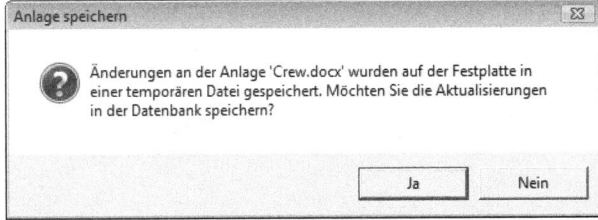

Zudem besteht im Dialogfeld *Anlagen* die Möglichkeit, die hinzugefügten Dateien mithilfe der Schaltfläche *Speichern unter* in einem anderen Ordner anzulegen bzw. die Änderungen im ursprünglichen Dokument zu speichern.

Der Felddatentyp *OLE-Objekt*

Nachdem es den Felddatentyp *Anhang* gibt, verliert der Felddatentyp *OLE-Objekt* an Bedeutung und sollte auch nicht mehr verwendet werden, da ein Anlage-Objekt viel flexibler ist.

Mit diesem Felddatentyp kann man einem Feld einer Tabelle ein OLE-Objekt zuweisen. Das kann eine Tabelle aus Microsoft Excel, ein Dokument aus Microsoft Word, eine Grafik, Klänge oder auch binäre Daten sein. Die Objekte können dabei mit der Access-Tabelle verknüpft oder darin eingebettet werden.

Der Felddatentyp *Hyperlink*

Mit dem Felddatentyp *Hyperlink* können Sie eine Verknüpfung (in Neudeutsch einen »Link«) auf ein bestimmtes Dokument erzeugen. Der Vorteil des Hyperlinks besteht darin, dass Sie hiermit auch eine Verknüpfung auf eine Datei oder eine Seite im Internet vornehmen können. Ein Hyperlink kann also eine URL (beispielsweise *http://www.microsoft.com*) speichern.

1. Fügen Sie in der Tabelle *tblFilme* eine weitere Zeile für die Website ein.
2. Verwenden Sie dazu den Felddatentyp *Hyperlink*.

Abbildg. 10.36   Ein eingefügtes Hyperlink-Feld

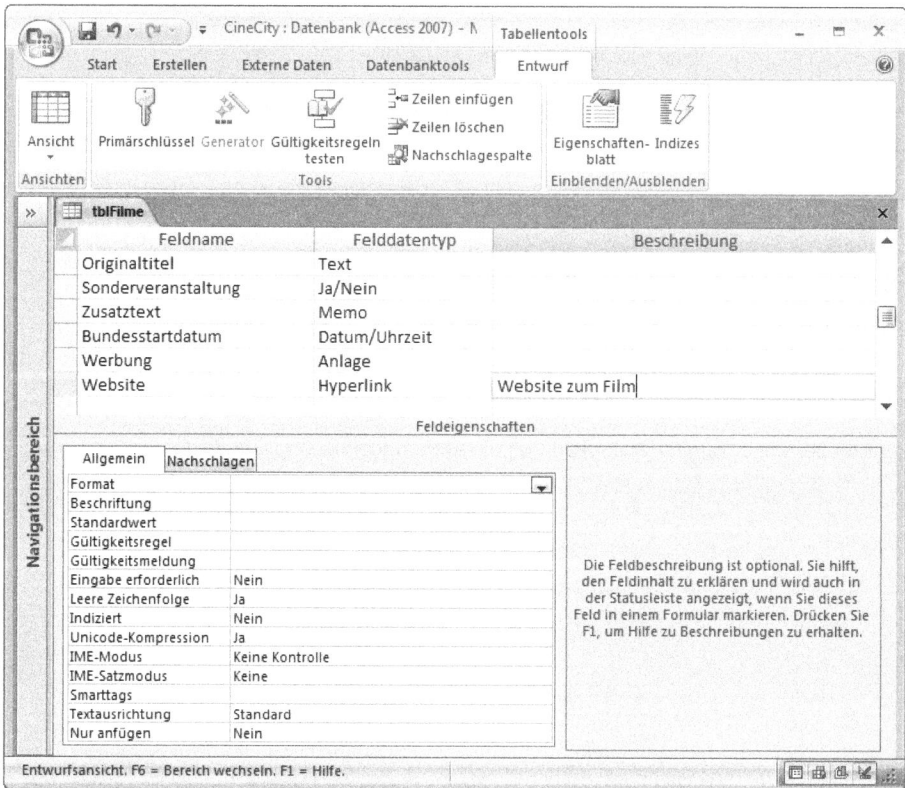

Der Felddatentyp Hyperlink

Um einen Hyperlink einzugeben, schalten Sie in die Datenblattansicht. Sie können jetzt die Adresse einer Website eingeben, und können so von Ihrer Tabelle aus den Hyperlink zu dieser Website benutzen.

> **TIPP** Haben Sie sich beim Eingeben einer Webadresse vertippt und möchten diesen Fehler korrigieren, so wird beim Anklicken der Zelle mit der Internetadresse automatisch der Browser aktiviert. Darum verfahren Sie so: Wählen Sie die Zelle mit der Internet-Adresse aus, indem Sie sich von der Nachbarzelle mithilfe der Pfeiltasten in die gewünschte Zelle bewegen und verwenden Sie dann die F2 -Taste.

Außer Webadressen können Sie aber auch einen Link auf eine Datei auf Ihrem Computer oder auf einem anderen Computer in Ihrem Netzwerk in einem Hyperlink-Feld speichern. Einen solchen Hyperlink fügen Sie folgendermaßen ein:

1. Klicken Sie mit der rechten Maustaste das gewünschte Feld der Spalte *Website*.
2. Wählen Sie im Kontextmenü *Hyperlink/Hyperlink bearbeiten* aus.
3. Suchen Sie direkt im aktuellen Ordner oder lassen Sie sich besuchte Webseiten zur Auswahl anzeigen. Die Schaltfläche *Web durchsuchen* startet Ihren Browser und Sie können im Internet nach der gewünschten Seite suchen. Sie haben die Möglichkeit, einen Link auf eine HTML-Datei einzufügen, aber auch auf ein Word-Dokument, ein Excel-Spreadsheet oder Ähnliches mehr.

Abbildg. 10.37   Einen Hyperlink zu einer Datei definieren

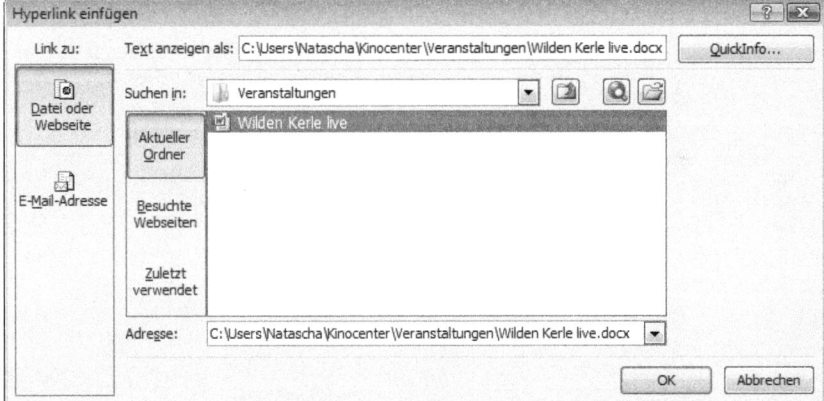

Wenn Sie möchten, können Sie auch einen Link auf eine neue Datei einfügen oder einen Link so anlegen, dass eine Mail an die angegebene Adresse erstellt wird. Wählen Sie dazu in der linken Leiste des Dialogfelds *Hyperlink einfügen* das gewünschte Feld an.

Kapitel 10 Einen Tabellenentwurf anlegen

Abbildg. 10.38   Einen Hyperlink definieren, um eine Mail zu erzeugen

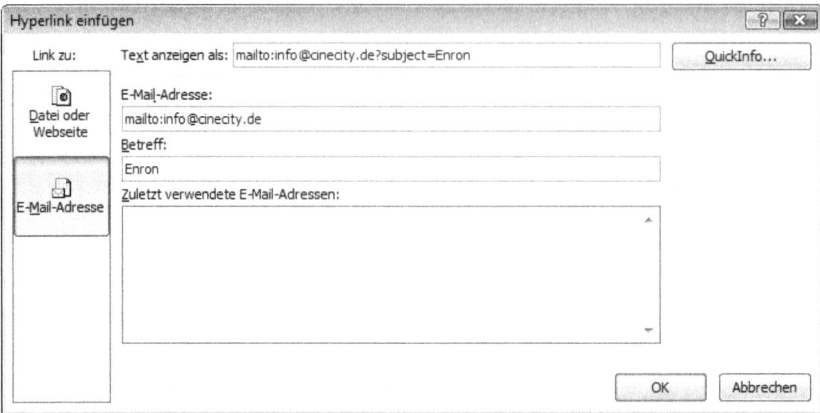

Um die Datei eines eingefügten Hyperlinks zu öffnen, klicken Sie einfach auf den (standardmäßig) blau unterstrichenen Text. Wird dieser Text lila dargestellt, wissen Sie, dass Sie diesen Link bereits zuvor benutzt haben.

Abbildg. 10.39   Hyperlinks in der Tabelle *tblFilme*

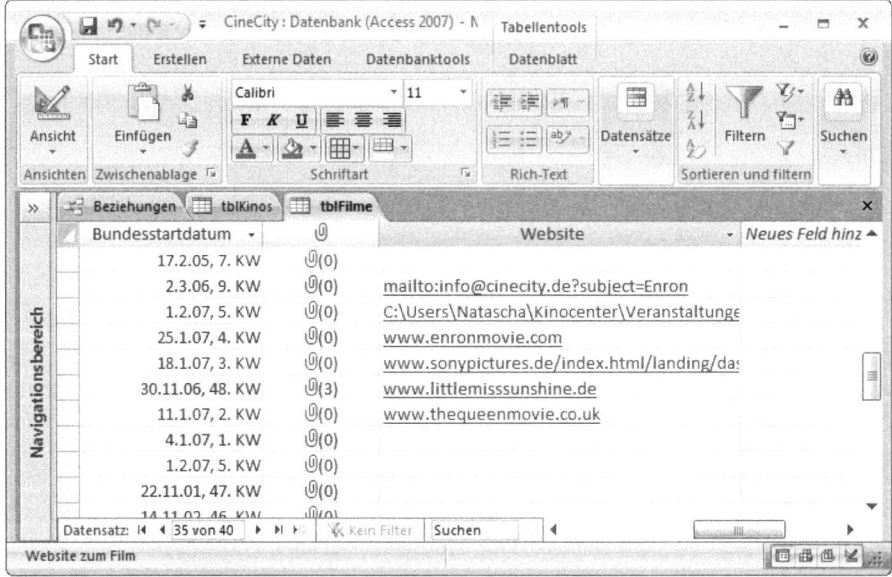

Zusammenfassung

In diesem Kapitel wurden Ihnen alle Felddatentypen von Access sowie ihre wichtigsten Eigenschaften vorgestellt. Dies geschah anhand der für die Beispieldatenbank CineCity verwendeten Felder.

Kapitel 11

Überarbeiten eines Tabellenentwurfs

In diesem Kapitel:

Löschen von Feldern im Tabellenentwurf	238
Felder im Entwurf hinzufügen	238
Verschieben von Feldern im Entwurf	239
Ändern eines Felddatentyps	240
Tabellen teilen	243
Schlüssel von Tabellen ändern	244
Zusammenfassung	245

Kapitel 11 Überarbeiten eines Tabellenentwurfs

Trotz einer sorgfältigen Planung mit Papier und Bleistift vor der Erstellung eines Tabellenentwurfs lässt es sich manchmal nicht vermeiden, dass im Nachhinein Felddefinitionen verändert werden müssen. Solange Ihre Tabelle noch keine Daten enthält, ist ein Ändern des Entwurfs kein Problem. Schwieriger gestaltet sich das jedoch, wenn bereits Datensätze eingetragen sind.

Löschen von Feldern im Tabellenentwurf

Im letzten Kapitel wurden in der Tabelle *tblFilme* zwei Felder angelegt, die nicht weiter gebraucht werden, nämlich die Felder *Werbung* und *Website*. Das erste Feld soll jetzt beispielhaft gelöscht werden.

1. Rufen Sie die Tabelle *tblFilme* in der Entwurfsansicht auf.
2. Markieren Sie das Feld *Werbung*, indem Sie den Zeilenmarkierer anklicken. Dadurch wird die gesamte Zeile invers dargestellt.

3. Klicken Sie dann auf die Schaltfläche *Zeilen löschen* oder verwenden Sie schneller die `Entf`-Taste auf Ihrer Tastatur.

Haben Sie bereits Datensätze in die Tabelle eingetragen und möchten Sie dann ein Feld löschen, löscht Access natürlich auch alle Einträge, die für dieses Feld vorhanden sind (siehe Abbildg. 11.1).

Abbildg. 11.1 Warnmeldung beim Löschen einer Zeile aus dem Tabellenentwurf

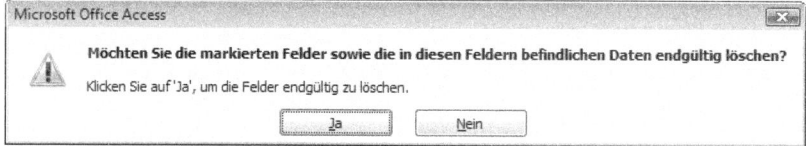

Existieren bereits andere Objekte wie Abfragen oder Formulare, die das gelöschte Feld beinhalten, sollten Sie das Feld auch darin löschen, um leere Felder und Fehlermeldungen zu vermeiden.

Felder im Entwurf hinzufügen

Stellen Sie fest, dass in Ihrem Tabellenentwurf ein Feld fehlt, können Sie es auch nachträglich noch hinzufügen. Tragen Sie es entweder nach dem letzten Feld im Entwurf ein oder markieren Sie die Zeile, vor der die neue Zeile eingefügt werden soll, und klicken Sie auf die Schaltfläche *Zeilen einfügen*.

Haben Sie bereits andere Objekte erstellt, die auf der Tabelle basieren, so müssen Sie das Feld auch im Entwurf für jedes andere Objekt eintragen, das es verwenden soll.

> **HINWEIS** Wenn Sie beim Hinzufügen von Feldern die Feldeigenschaft *Eingabe erforderlich* auf den Wert *Ja* setzen wollen, die dazugehörige Tabelle aber bereits Datensätze enthält, wird ein entsprechender Warnhinweis angezeigt. Einfacher ist es, im ersten Schritt nur das Feld hinzuzufügen, danach die neuen Felder aller Datensätze zu ergänzen und im zweiten Schritt die Feldeigenschaft *Eingabe erforderlich* auf den Wert *Ja* zu setzen. Alternativ können Sie auch einen Standardwert definieren.

Verschieben von Feldern im Entwurf

Um die Reihenfolge der Felder im Tabellenentwurf zu korrigieren, können Sie ein Feld auf einfache Weise mit Ihrer Maus verschieben. Wir möchten Ihnen hier zeigen, wie Sie das Feld *Website* der Tabelle *tblFilme* hinter das Feld *Original* schieben können.

1. Markieren Sie die Zeile, die verschoben werden soll, indem Sie den Zeilenmarkierer vor *Website* anklicken.
2. Klicken Sie dann erneut auf die Schaltfläche des Zeilenmarkierers, halten dabei die Maustaste gedrückt und
3. ziehen Sie mit gedrückter Maustaste die Zeile an die Stelle, an die sie verschoben werden soll, also direkt hinter *Original*. Die Einfügestelle wird Ihnen durch eine verdickte schwarze Linie angezeigt.

Abbildg. 11.2   Eine Zeile wird im Entwurf verschoben

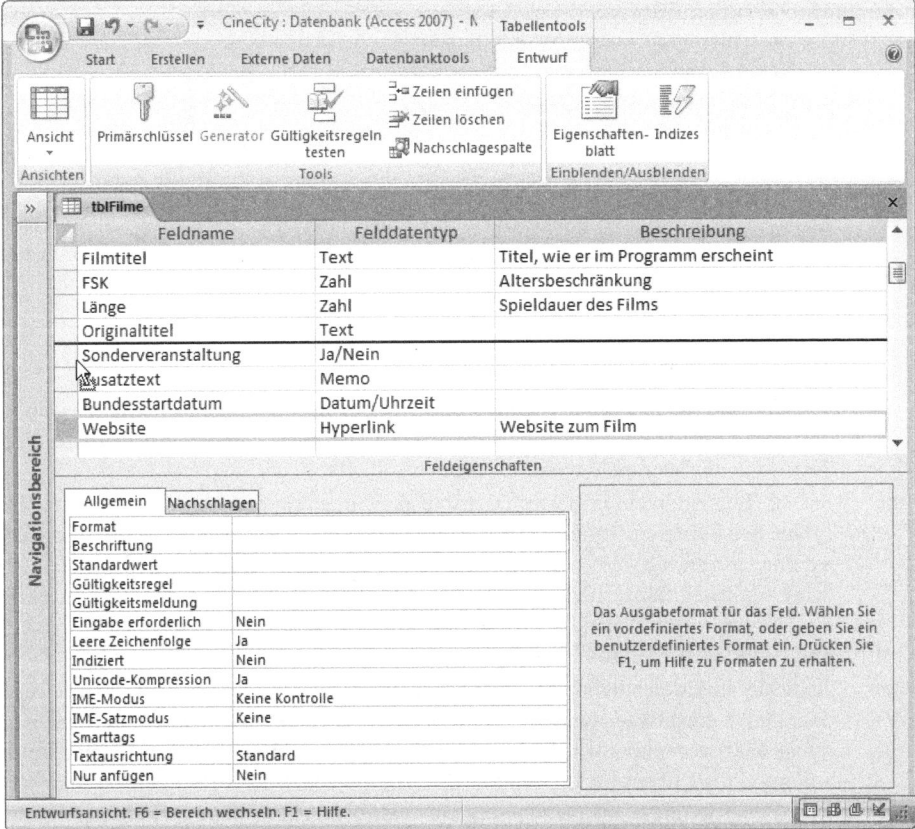

Sie können ein Feld auch mithilfe der Befehle auf der Registerkarte *Start* verschieben.
1. Selektieren Sie dazu zunächst die Zeile des Feldes, das verschoben werden soll.
2. Wählen Sie dann den Befehl *Ausschneiden* aus.

3. Setzen Sie die Maus in ein Feld der Zeile, in die Sie die ausgeschnittene Zeile verschieben möchten.
4. Rufen Sie dann den Befehl *Einfügen* auf.

> **HINWEIS** Achten Sie vor dem Einfügen darauf, dass nicht die Zeile, vor der eingefügt werden soll, markiert ist, sonst wird die ursprüngliche Zeile durch die eingefügte Zeile überschrieben.

Ändern eines Felddatentyps

Manchmal möchte man im Nachhinein den zuvor definierten Felddatentyp ändern. Das ist zwar im Prinzip möglich, aber nicht immer problemlos. Findet Access Daten, die sich nicht umwandeln lassen, werden diese gelöscht, allerdings nicht, ohne Sie vor dem Datenverlust zu warnen.

Abbildg. 11.3 Vorsicht, es werden Daten gelöscht!

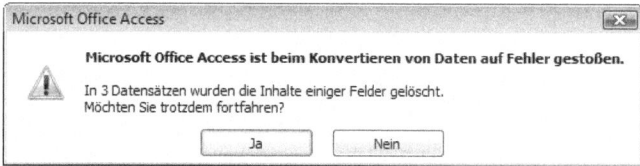

> **HINWEIS** Es ist generell nicht möglich, ein Feld des Typs *Anhang* in ein Feld eines anderen Datentyps umzuwandeln bzw. einen anderen Felddatentyp in ein *Anhang*-Feld zu konvertieren.

Textfelder umwandeln

War der ursprüngliche Datentyp ein Textfeld, das nun umgewandelt werden soll, so ist der Erfolg davon abhängig, wie die bereits eingegebenen Daten aussehen. Zunächst ist es kein Problem, ein Textfeld in ein Memofeld umzuwandeln.

Datentyp Zahl
Soll ein Textfeld in ein Feld vom Datentyp *Zahl* umgewandelt werden, kann es unter Umständen zu Problemen kommen. Texte, also Buchstaben und andere Zeichen, lassen sich natürlich nicht in Zahlen umwandeln, sie werden gelöscht. Stehen in dem Textfeld wirklich Zahlen, so lassen sie sich ohne Schwierigkeiten konvertieren, solange die Feldgröße ausreichend definiert ist. Beispielsweise wird eine Zahl in einem Textfeld, die größer ist als 255, gelöscht, wenn sie in eine Zahl der Feldgröße *Byte* umgewandelt werden soll.

Datentyp Datum/ Zeit
Textfelder lassen sich dann problemlos in den Felddatentyp *Datum/Zeit* ändern, wenn Datumswerte oder Zeiten eingetragen wurden. Dabei ist es gleichgültig, ob ein Datum in der Form *1.1.07* oder *01. Januar 2007* verwendet wurde. Bei einer Umwandlung in eine Uhrzeit treten dann keine Probleme auf, wenn die Uhrzeit im Textfeld mit Doppelpunkt (z.B. *13:10*) eingegeben war.

Datentyp Währung
Die Konvertierung eines Textfeldes in ein Währungsfeld funktioniert, egal, ob in dem Textfeld nur eine Zahl (mit oder ohne Dezimalstellen) steht, wie *12* oder *12,567*, oder eine Zahl zusammen mit dem in den Ländereinstellungen eingetragenen Währungssymbol wie *12,567 €*. In jedem Fall wird diese Zahl in die Standardeinstellung des Datentyps *Währung* umgewandelt, also in eine Zahl mit zwei Nachkommastellen, dem Währungssymbol und einem Tausenderpunkt.

> **HINWEIS** Das standardmäßig verwendete Währungssymbol ändern Sie über *Start/Systemsteuerung/Zeit, Sprache und Region/Datum, Uhrzeit oder Zahlenformat ändern*. Auf der Registerkarte *Formate* klicken Sie dann auf die Schaltfläche *Dieses Format anpassen*.

Datentyp AutoWert Ein Textfeld lässt sich nur dann in ein Feld des Datentyps *AutoWert* umwandeln, solange noch keine Daten in die Datenbank eingegeben sind. Danach weigert sich Access, den Datentyp zu ändern.

Datentyp Ja/Nein Die Umwandlung von deutschsprachigem Text (*ja*, *nein*, *wahr*, *falsch*, *an* oder *aus*) in ein *Ja/Nein*-Feld funktioniert nicht. Sie erhalten in der Tabelle immer ein nicht aktiviertes *Ja/Nein*-Feld. Das bedeutet letztendlich, egal welche Eingabe im Feld zuvor stand, sie wird in *Nein* konvertiert. Geben Sie hingegen die englischen Begriffe *yes*, *true* oder *on* ein, klappt die Umwandlung.

Datentyp OLE Eine Umwandlung eines Textfeldes in ein *OLE*-Feld ist ohne Datenverlust nicht möglich.

Datentyp Hyperlink Eine Umwandlung eines Textfeldes in ein *Hyperlink*-Feld ist möglich, falls das Textfeld zuvor gültige URL-Adressen enthielt. Ansonsten versucht Access aus dem Text des Felds Internet-Adressen zu machen, indem es http:// vor dem eingegebenen Text einfügt.

Memofelder umwandeln

Memofelder verhalten sich im Prinzip wie Textfelder. Zahlen, Datumswerte und Währungsfelder lassen sich umwandeln, wenn die Felder zuvor entsprechende Daten enthielten. Sollen Memofelder zu Textfeldern konvertiert werden, ist darauf zu achten, dass Einträge im Memofeld bei der Umwandlung nach dem 255sten Zeichen abgeschnitten werden. Hatten Sie als Textformat Rich-Text verwendet, so verschwinden damit auch Ihre Formatierungen.

Zahlenfelder umwandeln

Bei Zahlenfeldern ist es nicht nur interessant, was passiert, wenn man ein Zahlenfeld in einen anderen Felddatentyp konvertiert, es können auch Probleme auftreten, wenn man eine Zahl einer bestimmten Feldgröße in eine andere Feldgröße umwandelt. Dabei ist es unproblematisch, wenn die Feldgröße größer als die zuvor verwendete ist, Sie also beispielsweise ein Zahlenfeld der Größe *Byte* in ein Feld der Größe *Integer* verwandeln. Soll dies jedoch umgekehrt geschehen, werden jene Zahlen gelöscht, die größer als der erlaubte Wertebereich sind.

Eine Umwandlung in die Datentypen *AutoWert*, *OLE-Objekt* und *Anhang* ist ebenso wenig mit einer Zahl wie mit einem Text möglich.

Datentyp Text Zahlenfelder lassen sich eigentlich immer in Textfelder umwandeln, allerdings gehen dabei Formatierungen verloren. Übrig bleibt die »nackte« Zahl ohne Tausenderpunkt, ohne Beschränkung der Dezimalzahl und ohne das Währungssymbol.

Datentyp Datum/Uhrzeit Wandeln Sie Zahlenfelder in das Format *Datum/Uhrzeit* um, wird sich vielleicht mancher wundern, wie aus der Zahl 1 das Datum *31.12.1899* werden kann oder aus der Zahl *33333* das Datum *5.4.1991*. Um das zu verstehen, muss man einiges über die Art und Weise wissen, wie Access mit Datumswerten umgeht.

Access legt einfach den 31.12.1899 als Tag Eins fest. Tag Zwei ist entsprechend der 1.1.1900. Wenn Sie immer weiterzählen, gelangen Sie irgendwann zur Zahl *33333*, die dann dem *5.4.1991* entspricht. Ebenso können Zahlen negativ angegeben werden, wenn sie vor dem 31.12.1899 liegen. Die Zahl –1 beschreibt den 30.12.1899, die Zahl –1000 entspricht dem 4.4.1897.

Zahlen kleiner als 1 werden dazu verwendet, Uhrzeiten darzustellen. Die Zahl 0,5 beschreibt 12:00 Uhr, die Zahl 0,25 6:00 Uhr, 0,75 hingegen 18:00 Uhr. Wird ein Datum zusammen mit einer Uhrzeit angegeben, so ergibt sich eine Zahl mit Nachkommastellen, wie *33333,33* für den Wert 5.4.1991 07:55:12 Uhr.

Datentyp Währung — Wandeln Sie eine Zahl in den Felddatentyp *Währung* um, so passiert dabei nichts anderes, als dass diese Zahl mit einem Tausenderpunkt, zwei Nachkommastellen und dem Währungszeichen € versehen wird.

Datentyp Ja/Nein — Wird ein Feld des Datentyps *Zahl* zu einem *Ja/Nein*-Feld konvertiert, geschieht Folgendes: Die Zahl 0 wird zu *Nein*, also einem nicht aktivierten Kontrollkästchen, alle anderen ganzen Zahlen – egal, ob positiv oder negativ – werden zu *Ja*, also einem aktivierten Kontrollkästchen umgesetzt.

Datum/Uhrzeit-Felder umwandeln

Wir haben bereits im Abschnitt »Zahlenfelder umwandeln« bei der Besprechung der Umwandlung einer Zahl in einen Datums- oder Zeitwert beschrieben, wie Access Datums- und Zeitwerte intern verwaltet. Hat man diese Darstellung im Hinterkopf, versteht man leicht, was bei der Umwandlung von Datums- und Zeitwerten passiert.

Datentyp Text oder Memo — Bei der Umwandlung in ein Text- oder Memofeld geschieht rein äußerlich nicht viel mehr, als dass die Werte jetzt links- und nicht mehr rechtsbündig dargestellt werden. Die Angaben sind nun reiner Text, d.h., man kann nicht mehr mit den Eingaben rechnen.

Datentyp Zahl — Wird ein Datumsfeld in eine Zahl umgewandelt, wird die so genannte serielle Zahl dargestellt, die Ihnen anzeigt, um den wievielten Tag nach (oder vor) dem 31.12.1899 es sich handelt. Wandeln Sie das Datum in eine Zahl ohne Dezimalstelle um, werden alle Angaben zur Uhrzeit einfach auf- oder abgerundet. Dabei werden alle Angaben bis einschließlich 12:00 Uhr abgerundet, bereits eine Sekunde mehr (12:00:01 Uhr) sorgt für die Erhöhung der seriellen Zahl des Tages.

Datentyp Währung — Eine Umwandlung eines Datumstyps in ein Feld des Datentyps *Währung* ist zwar möglich, aber nicht sehr sinnvoll. Dazu wird das Datum in seine serielle Zahl umgewandelt und mit Tausenderpunkt, zwei Dezimalstellen und dem Währungszeichen dargestellt.

Währungsfeld umwandeln

Ein Währungsfeld ist lediglich durch eine bestimmte Formatierung von Zahlen charakterisiert.

Datenfeld Text oder Memo — Wandeln Sie Zahlen eines Währungsfeldes in ein Text- oder Memofeld um, so werden die Zahlen unformatiert wiedergegeben. Das bedeutet beispielsweise, dass Zahlen, die mit mehr als zwei Dezimalstellen eingegeben und von dem Währungsformat gerundet wurden, wieder mit der eingegebenen Anzahl an Nachkommastellen angezeigt werden.

Datentyp Zahl — Werden Eingaben eines Währungsfeldes in Zahlen umgewandelt, so verschwinden (je nach Formatierung der Zahlen) der Tausenderpunkt, die beiden Dezimalstellen und das Währungssymbol. Allerdings besteht die Möglichkeit, auch Zahlen mit dem Format *Währung* zu versehen. Dann ändert sich nichts an der Darstellung. Achten Sie dabei aber darauf, dass als Feldgröße *Single* oder *Double* ausgewählt wurde, sonst werden die Dezimalstellen Ihrer Beträge gerundet.

Datentyp Datum/Uhrzeit — Sinn macht es keinen, einen Währungsbetrag in ein Datum oder eine Uhrzeit umzurechnen, aber möglich ist es. Die als Währung formatierte Zahl wird als serielle Zahl in ein Datum und – falls sie Dezimalstellen besitzt – in eine Uhrzeit umgerechnet.

Feld mit AutoWerten umwandeln

Ein AutoWert lässt sich problemlos in einen Text oder eine Zahl umwandeln. Da in der Regel das Feld mit dem AutoWert den Primärschlüssel der Tabelle enthält, muss dann der Benutzer der Datenbank selbst darauf achten, dass kein Eintrag doppelt vorkommt.

Versuchen Sie ein Feld eines AutoWerts in ein *Ja/Nein*-Feld umzuwandeln, erhalten Sie eine Spalte mit aktivierten Kontrollkästchen und den Hinweis darauf, dass der Primärschlüssel für die entsprechende Spalte gelöscht wurde, da die Einträge nun nicht mehr eindeutig sind.

Ja/Nein-Felder umwandeln

Datentyp *Text* oder *Memo*
Wird ein *Ja/Nein*-Feld in ein Textfeld umgewandelt, so erscheint für ein aktiviertes Kontrollkästchen *Ja*, für ein nicht aktiviertes Kontrollkästchen *Nein* in der Spalte.

Datentyp *Zahl*
Wandeln Sie ein *Ja/Nein*-Feld in ein Feld des Datentyps *Zahl* um, erhalten Sie für ein aktiviertes Kontrollkästchen -1, für das nicht aktivierte den Eintrag 0.

OLE-Felder umwandeln

Ein *OLE*-Feld lässt sich in keinen anderen Felddatentyp umwandeln, das würde auch keinen Sinn machen, da es sich bei einem *OLE*-Feld um ein Dokument, eine Grafik oder eine Tabelle handelt.

Felder mit Hyperlinks umwandeln

Wandeln Sie einen Hyperlink in ein Textfeld um, so erscheint derselbe Eintrag zweimal, allerdings nicht blau und unterstrichen, sondern der zweite Eintrag wird mit »#«-Zeichen vor und hinter dem Text versehen.

Tabellen teilen

Angenommen, Sie haben festgestellt, dass Ihre Tabelle unterteilt werden muss, beispielsweise, weil sie einer der Normalformen nicht entspricht. Was können Sie dann tun?

1. Am einfachsten ist es, Sie kopieren im Navigationsbereich die Tabelle, die Sie unterteilen möchten. Klicken Sie dazu beispielsweise mit der rechten Maustaste auf die Tabelle und wählen Sie im Kontextmenü den Befehl *Kopieren* aus.
2. Klicken Sie erneut mit der rechten Maustaste in den Navigationsbereich und wählen Sie nun im Kontextmenü den Befehl *Einfügen* aus.
   Es wird ein Dialogfeld geöffnet, in dem Sie Ihrer neuen Tabelle einen Namen geben können und worin Sie festlegen können, wie die Tabelle kopiert werden soll.

Abbildg. 11.4 Ein neuer Name für die kopierte Tabelle

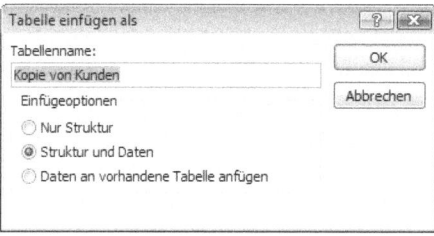

3. Wählen Sie die Option *Struktur und Daten* aus.
4. Öffnen Sie nun nacheinander den Entwurf der alten und der neuen Tabelle und löschen Sie jeweils die Felder, die darin nicht auftauchen sollen.

Schlüssel von Tabellen ändern

Sie können auch nachträglich die Schlüssel Ihrer Tabelle bearbeiten. Dabei lässt sich zum einen der Primärschlüssel ändern, zum anderen beispielsweise ein weiterer Sekundärschlüssel setzen.

Primärschlüssel ändern

Einen Primärschlüssel ändern Sie sehr leicht. Sie können ihn einfach löschen, indem Sie im Entwurf die Zeile anklicken, für die der Primärschlüssel definiert wurde, und die Schaltfläche *Primärschlüssel* anklicken. Damit wird dann auch das Schlüsselsymbol des Zeilenmarkierers gelöscht. Alternativ besteht ebenso die Möglichkeit, den Befehl *Primärschlüssel* im Kontextmenü anzuwählen.

Soll der Primärschlüssel auf eine andere Zeile übertragen werden, genügt es, die neue Zeile zu markieren und auf die Schaltfläche *Primärschlüssel* zu klicken, um das Schlüsselsymbol zu verschieben.

Sekundärschlüssel setzen

In Kapitel 9 finden Sie in Tabelle 9.6 eine Aufstellung aller zu indizierenden Felder. Die angegebenen Primärschlüssel wurden bereits beim Erstellen der Tabellen von Access angefordert. Eventuell haben Sie noch nicht alle Sekundärschlüssel vergeben. Vergleichen Sie einfach die bereits angelegten Tabellen *tblFilme*, *tblKinos*, *tblTermine* und *tblWochen* mit Tabelle 9.6. Möchten Sie im Nachhinein ein Feld indizieren, verfahren Sie so:

1. Öffnen Sie die entsprechende Tabelle in der Entwurfsansicht.
2. Klicken Sie das Feld an, das indiziert werden soll.
3. Klicken Sie dann in den Feldeigenschaften in das Eingabefeld hinter den untersten Eintrag: *Indiziert*.
4. Aktivieren Sie die Auswahlliste und selektieren Sie darin den Eintrag *Ja (Duplikate möglich)*.

Zusammenfassung

In diesem Kapitel wurde Ihnen gezeigt, wie Sie nachträglich einen Tabellenentwurf bearbeiten können.

- Sie wissen nun, wie Sie Felder im Tabellenentwurf löschen (Seite 238), wie Felder hinzugefügt werden (Seite 238) bzw. wie Felder verschoben werden können (Seite 239).
- Sie konnten nachlesen, welche Felddatentypen sich in welche Felddatentypen umwandeln lassen (ab Seite 240).
- Müssen Sie nachträglich eine Tabelle in zwei Tabellen aufteilen, so konnten Sie ab Seite 243 nachlesen, wie Sie dazu am besten vorgehen.
- Soll nachträglich der Primärschlüssel geändert werden, so blättern Sie auf Seite 244.

Kapitel 12

Beziehungen zwischen Tabellen

In diesem Kapitel:

Beziehungen anzeigen lassen	248
Beziehungen definieren	248
Unterdatenblätter	252
Zusammenfassung	254

Kapitel 12 Beziehungen zwischen Tabellen

In Kapitel 10 wurden die Tabellen mit den Stammdaten (*tblFilme* und *tblKinos*) sowie die Bewegungsdaten (*tblWochen* und *tblTermine*) angelegt. In diesem Kapitel möchten wir nun die Beziehungen zwischen den vier Tabellen definieren.

Beziehungen anzeigen lassen

Zwischen der Tabelle *tblFilme* und der Tabelle *tblWochen* besteht eine Beziehung über das Feld *FilmNr*. Zu einem bestimmten Film der Tabelle *tblFilme* gibt es in einer bestimmten Kalenderwoche Angaben über die laufende Woche sowie den aktuellen Preis des Films. Diese Beziehung haben wir bereits über den Nachschlage-Assistenten erstellt, ohne es eigentlich gemerkt zu haben.

Möchten Sie sich die bereits existierenden Beziehungen ansehen, rufen Sie über den Befehl *Beziehungen* auf der Registerkarte *Datenbanktools* das in Abbildg. 12.1 gezeigte Dialogfeld auf. Die darin angezeigten Linien zeigen die definierten Beziehungen an.

Abbildg. 12.1   Die bereits definierten Beziehungen zwischen den Tabellen *tblFilme* und *tblWochen*

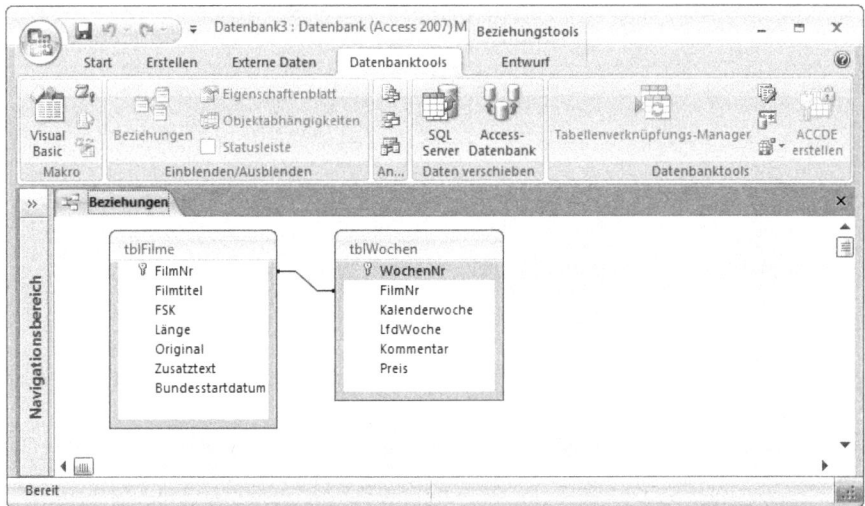

Beziehungen definieren

Haben Sie das Beziehungsfenster geöffnet, können Sie nun auch die Beziehungen zwischen den restlichen Tabellen definieren. Dazu müssen zunächst die Tabellen angezeigt werden, zwischen denen die Beziehungen definiert werden sollen.

Tabellen in das Beziehungsfenster einfügen

Um eine neue Tabelle im Beziehungsfenster einzufügen, klicken Sie entweder auf die Schaltfläche *Tabelle anzeigen* (Registerkarte *Entwurf*) oder wählen den gleichlautenden Befehl im Kontextmenü zum Hintergrund des Dialogfeldes aus. Sie aktivieren so ein Dialogfeld, in dem Sie die gewünschte Tabelle (oder auch Abfrage) finden.

Beziehungen definieren

Abbildg. 12.2   Dialogfeld zum Einfügen weiterer Tabellen in das Beziehungsfenster

1. Fügen Sie die Tabellen *tblKinos* und *tblTermine* durch Doppelklick auf die jeweiligen Namen im Beziehungsfenster ein und
2. schließen Sie das Dialogfeld *Tabelle anzeigen*.

Abbildg. 12.3   Alle Tabellen sind im Beziehungsfenster vorhanden

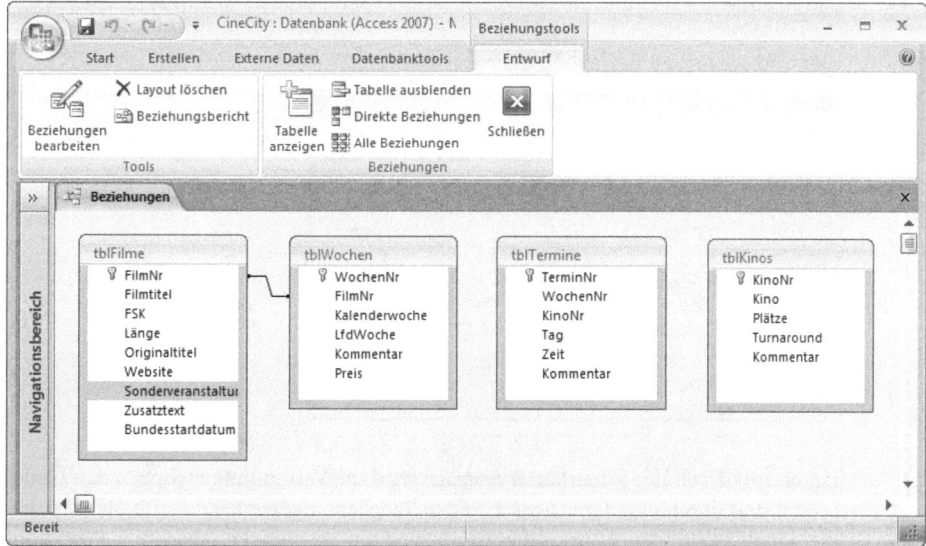

TIPP   Möchten Sie die Tabellen im Beziehungsfenster verschieben, so ist das kein Problem: Klicken Sie sie an der Titelleiste an und ziehen Sie sie, wohin Sie wollen.

TIPP   Haben Sie versehentlich eine Tabelle zu viel eingefügt, und möchten Sie sie wieder löschen, klicken Sie mit der rechten Maustaste auf die Titelleiste der Tabelle und selektieren im Kontextmenü *Tabelle ausblenden*.

Kapitel 12 Beziehungen zwischen Tabellen

Access erlaubt es, zwei unterschiedliche Beziehungsarten zu definieren: Entweder Sie können sie in einem Beziehungsfenster fest »verdrahten« oder Sie vereinbaren sie ad hoc, wie Sie in Teil C, »Abfragen«, sehen werden.

Mit einer fest definierten Beziehung zwischen zwei Tabellen können Sie auch vereinbaren, dass die referentielle Integrität (siehe gleichlautender Abschnitt auf Seite 252) gewahrt bleiben soll, um die Konsistenz Ihrer Daten sicherzustellen.

Eine Beziehung aufbauen

Um eine Beziehung zwischen zwei Tabellen aufzubauen, klicken Sie mit dem Mauszeiger auf das gewünschte Feld der einen Tabelle und ziehen Sie es bei gedrückter Maustaste auf das entsprechende Feld der zweiten Tabelle.

In unserem Beispiel wird die *KinoNr* der beiden Tabellen *tblKinos* und *tblTermine* miteinander in Beziehung gesetzt. In der Tabelle *tblKinos* wurde die *KinoNr* als Primärschlüssel definiert, in der Tabelle *tblTermine* wurde sie als Fremdschlüssel eingefügt, um die Beziehung erstellen zu können.

1. Klicken Sie also beispielsweise auf den Namen *KinoNr* der Tabelle *tblKinos* und
2. ziehen Sie das Feld auf die *KinoNr* der Tabelle *tblTermine*.

Haben Sie mit der Maus die Verbindung hergestellt, wird das in Abbildg. 12.4 dargestellte Dialogfeld eingeblendet.

Abbildg. 12.4   Hier wird die Art der Beziehung definiert

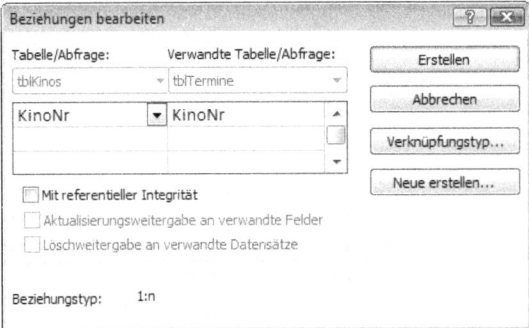

Durch Anklicken der Schaltfläche *Erstellen* wird die Verbindung zwischen den beiden Tabellen aufgebaut und durch eine Linie zwischen den Tabellen angezeigt. Zudem besteht in diesem Dialogfeld die Möglichkeit, den Verknüpfungstyp zu definieren (siehe Abschnitt »Verknüpfungstyp einer Beziehung«) und referentielle Integrität zu erzwingen (siehe Abschnitt »Referentielle Integrität«).

Abbildg. 12.5 Hier wurde eine Beziehung zwischen den Tabellen *tblKinos* und *tblTermine* definiert

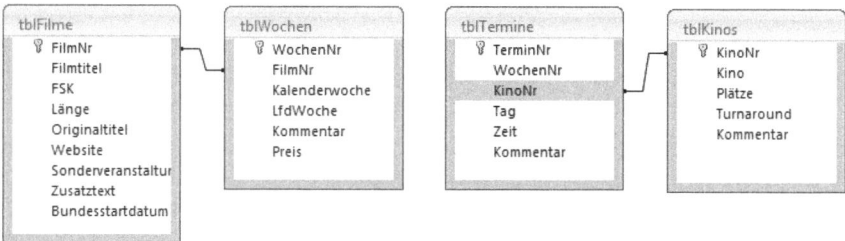

Eine Beziehung löschen

Möchten Sie eine Verknüpfung entfernen, markieren Sie die Linie zwischen den entsprechenden Tabellen, und

- drücken Sie die `Entf`-Taste oder
- klicken Sie mit der rechten Maustaste auf die Verknüpfungslinie und wählen im Kontextmenü den Befehl *Löschen*.

Verknüpfungstyp einer Beziehung

Öffnen Sie das Dialogfeld *Beziehungen bearbeiten* (Abbildg. 12.4) erneut, beispielsweise durch einen Doppelklick auf die Linie, die die Beziehung zwischen den Tabellen *tblKinos* und *tblTermine* herstellt. Ein Klick auf die Schaltfläche *Verknüpfungstyp* aktiviert das in Abbildg. 12.6 gezeigte Dialogfeld.

Abbildg. 12.6 Legen Sie hier die Verknüpfungseigenschaften fest!

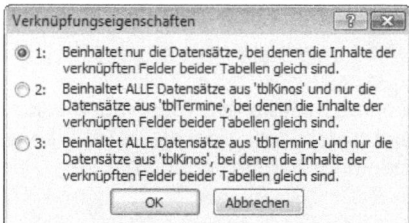

Die Eigenschaften einer Verknüpfung haben dann Bedeutung, wenn Sie beispielsweise Abfragen definieren, in denen die verknüpften Tabellen ausgewertet werden.

- Die Standardeinstellung (auch als Exklusionsverknüpfung bezeichnet) verknüpft zwei Tabellen dann, wenn gleiche Werte in beiden Tabellen vorliegen.
- Die zweite Variante verwendet alle Datensätze aus der Tabelle *tblKinos*, auch wenn kein entsprechender Datensatz in der Tabelle *tblTemine* existiert (Links-Inklusionsverknüpfung).
- In der dritten Variante werden alle Datensätze der Tabelle *tblTermine* ausgegeben, auch wenn kein Kino mit der entsprechenden Kinonummer definiert wurde (Rechts-Inklusionsverknüpfung).

Weitere Informationen und Beispiele zu den Auswirkungen der Verknüpfungseigenschaften finden Sie in Kapitel 17, »Abfragen mit mehreren Tabellen«.

Referentielle Integrität

Das Dialogfeld *Beziehungen bearbeiten* (Abbildg. 12.4) verfügt über eine Auswahloption *Mit referentieller Integrität*. Wenn zwischen zwei Tabellen eine referentielle Integrität vereinbart wird, ändert sich das Verhalten der Tabelle beim Löschen und Ändern von Datensätzen.

Haben Sie eine referentielle Integrität vereinbart, können keine Datensätze in eine Detailtabelle eingegeben werden, wenn kein entsprechender Datensatz in der Mastertabelle vorhanden ist. Für die Daten der Termintabelle bedeutet dies, dass Sie keinen Kinosaal belegen können, der in der Tabelle *tblKinos* nicht eingetragen ist.

Außerdem können Sie das Feld, über das eine Mastertabelle mit einer Detailtabelle verknüpft wird, nicht ändern, wenn dadurch »verwaiste« Datensätze in der Detailtabelle entstehen würden. Sie können die *KinoNr* eines Kinosaales beispielsweise nicht ändern, wenn er belegt ist, also Einträge in der Tabelle *tblTermine* existieren.

> **HINWEIS** Wir empfehlen Ihnen, für Ihre Beziehungen referentielle Integrität zu definieren.

> **ACHTUNG** Beziehungen lassen sich nur dann bearbeiten, wenn die verknüpften Tabellen geschlossen sind.

Aktualisierungsweitergabe

Eine Änderung des verknüpften Feldes in der Mastertabelle wird für alle verknüpften Datensätze der Detailtabelle weitergegeben. In unserem Beispiel bedeutet dies, dass alle betroffenen Datensätze der Tabelle *tblTermine* auch geändert werden, wenn Sie eine *KinoNr* in der Tabelle *tblKinos* ändern.

Löschweitergabe

Schalten Sie die Löschweitergabe ein, dann werden, wenn Sie einen Datensatz der Mastertabelle löschen, alle verknüpften Datensätze der Detailtabelle ebenso gelöscht.

> **HINWEIS** Die Einstellungen zu Beziehungen, wie Inklusionsverknüpfungen und referentielle Integrität, sollten Sie erst einsetzen, wenn Sie mit Access-Abfragen, die in Teil C behandelt werden, vertraut sind oder über Kenntnisse der Datenmodellierung verfügen.

Unterdatenblätter

Durch die Vereinbarung von Beziehungen zwischen Tabellen erweitert Access selbsttätig die Darstellung von Tabellen in der Datenblattansicht. Für Tabellen, die die 1-Seite einer 1:n-Beziehung darstellen, wird in der Datenblattansicht, wie in Abbildg. 12.7 gezeigt, ein Pluszeichen am linken Rand eingeblendet.

Abbildg. 12.7 Die Tabelle besitzt Beziehungen

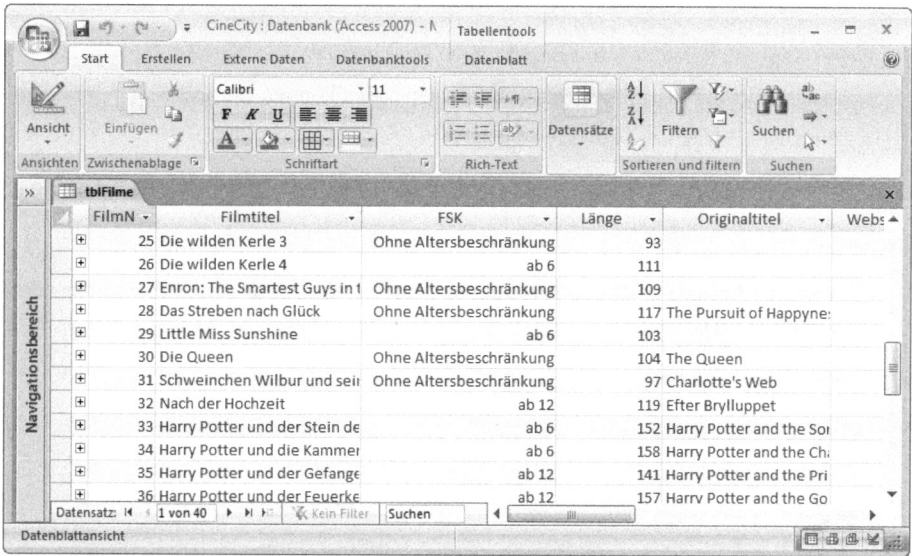

Die Tabelle *tblFilme* ist mit der Tabelle *tblWochen* verknüpft, wobei jeder Film in *n* Wochen gespielt werden kann.

Durch einen Klick auf das Pluszeichen wird ein so genanntes Unterdatenblatt geöffnet, das die Datensätze aus der Tabelle *tblWochen* zeigt, die für den selektierten Film existieren.

Abbildg. 12.8 Aufgeklapptes Unterdatenblatt

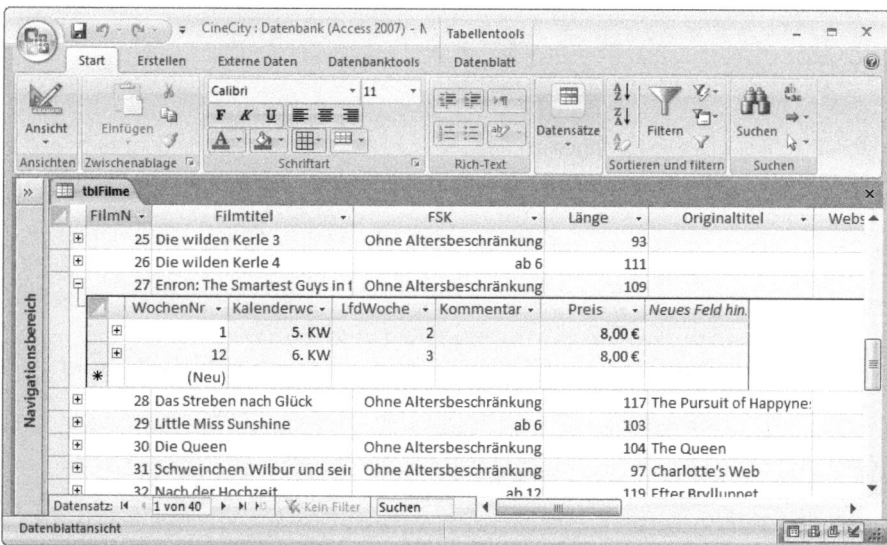

Sie schließen das Unterdatenblatt, indem Sie das Minuszeichen anklicken, das links vom geöffneten Unterdatenblatt eingeblendet wird.

Kapitel 12 Beziehungen zwischen Tabellen

Zusammenfassung

Dieses Kapitel befasste sich mit Beziehungen zwischen Tabellen. Sie konnten sehen, wie Sie

- sich bereits definierte Beziehungen anzeigen lassen können (Seite 248),
- eine neue Beziehung definieren (Seite 248),
- eine Beziehung löschen (Seite 251) bzw.
- den Verknüpfungstyp bearbeiten können (Seite 251).
- Zuletzt werden Ihnen ab Seite 252 die Unterdatenblätter vorgestellt, die nach der Vereinbarung von Beziehungen in den entsprechenden Tabellen durch ein Pluszeichen unter dem Zeilenmarkierer angezeigt werden.

Kapitel 13

Tabellen verknüpfen und importieren

In diesem Kapitel:

Access und der Rest der (Datenbank-)Welt	256
Tabellen verknüpfen	258
Verteilung: Daten und Programme	260
Tabellen importieren	264
Zusammenfassung	265

Kapitel 13 Tabellen verknüpfen und importieren

In diesem Kapitel sollen zwei Fragestellungen behandelt werden: Wie können Sie Zugriff auf Daten erhalten, die in Datenbanken anderer Datenbankprodukte gespeichert sind, und wie können Sie Ihre Access-Datenbanken so organisieren, dass sich problemlos Änderungen durchführen lassen? Sie werden jetzt wahrscheinlich fragen, was das eine mit dem anderen zu tun hat, aber Sie werden sehen, dass für beide Fragestellungen die gleichen Access-Funktionen verwendet werden.

Access und der Rest der (Datenbank-)Welt

Access ist nicht das einzige Datenbankprogramm auf dieser Welt. Bereits bevor Microsoft das Programm Access entwickelte, gab es eine Reihe von Datenbank-Anwendungen. Microsoft selbst bietet weitere Datenbanken an, und auch die Mitbewerber sind nicht untätig. Was Access gegenüber den meisten anderen Produkten auszeichnet, ist die leichte Integrierbarkeit fremder Daten.

Für den Zugriff auf fremde Daten stehen Ihnen prinzipiell zwei Wege offen: Sie können die Daten im fremden Datenbankformat belassen und aus Access heraus auf sie zugreifen, oder Sie können sie in Access importieren. Welches Verfahren für Sie sinnvoll ist, hängt davon ab, ob Sie auf die Fremddaten auch weiterhin mit dem entsprechenden Programm zugreifen oder ob Sie die Daten nur noch mit Access bearbeiten möchten.

Standardmäßig werden von Access zwei Techniken zum Zugriff auf fremde Datenbanksysteme eingesetzt: ISAM und ODBC. Bevor wir Ihnen nun erläutern, wie Sie an fremde Daten herankommen, zuerst ein wenig Theorie.

Kleine und große Datenbanksysteme

Datenbanken lassen sich – sehr vereinfacht ausgedrückt – nach »kleinen« und »großen« Datenbanksystemen unterscheiden. »Kleine« Datenbanken sind typischerweise PC-Produkte, die für den Einsatz auf Einzelplatzsystemen oder in kleinen Netzwerken konzipiert sind. Auch Access selbst gehört in diese Kategorie. Bekannte Vertreter kleiner Datenbanken sind dBase von Borland, Paradox von Corel, FoxPro von Microsoft und viele andere.

»Große« Datenbanksysteme sind eher für die firmenweite Datenhaltung gedacht. Sie arbeiten auf Großrechnersystemen (wie IBM DB2 oder Oracle) oder auf Datenbank-Servern (wie Oracle, Informix, Microsoft SQL Server und viele mehr), wobei ein Datenbank-Server inzwischen nahezu jeder PC sein kann.

Der entscheidende Unterschied zwischen kleinen und großen Datenbanksystemen ist der Ort, an dem die Datenbankarbeit ausgeführt wird, und das heißt: Wer führt Abfragen und Auswertungen durch, wer aktualisiert Daten usw.? Bei »kleinen« Systemen wird die Arbeit auf dem Rechner durchgeführt, auf dem die Datenbank installiert ist. Nehmen Sie als Beispiel Ihre Access-Datenbank: Ihr Rechner führt Abfragen durch, schreibt neue Daten oder holt Werte zur Anzeige aus den Tabellen. Auch wenn die Datenbankdatei selbst beispielsweise auf einem Netzwerk-Server abgelegt ist, so leistet Ihr PC die eigentliche Datenbankarbeit.

Bei einem »großen« Datenbanksystem wird die Arbeit vom Server durchgeführt. Auf Ihrem PC beispielsweise wird eine Anfrage an die Datenbank formuliert, die Anfrage über das Netzwerk an die Datenbank gesendet und dort abgearbeitet. Die Ergebnisdaten (und nur diese) werden dann an Sie zurückgesandt.

Der Microsoft ACE-Datenbank-Kern

Alle Datenbankarbeit in Access wird von der so genannten »Microsoft Access Database Engine« abgearbeitet. Dieser Datenbank-Kern steht zwischen Ihren Formularen, Berichten, Abfragen usw. und den Daten. Er ist verantwortlich für Datensicherheit, Abfragen-Ausführung, Zugriffsschutz bei Mehrbenutzerzugriffen und vieles mehr.

Wenn Sie auf Daten anderer Datenbanksysteme zugreifen, so wird dieser Zugriff vom ACE-Datenbank-Kern gesteuert. Für »kleine« Datenbanksysteme verwendet ACE so genannte ISAM-Treiber, für »große« die ODBC-Treiber. ISAM steht für »Index Sequential Access Method«, indexsequentielle Zugriffsmethode, während ODBC die Abkürzung für »Open Database Connectivity« ist.

Datenzugriff über ISAM-Treiber

Standardmäßig werden die ISAM-Treiber für die Datenbankprodukte Borland dBase Versionen III, IV und 5, und Lotus 1-2-3 bei der Installation eingerichtet. Des Weiteren erhalten Sie über ISAM-Treiber Zugriff auf Excel-Tabellen, einfache Textdateien, HTML-Seiten im Internet und auf XML-Dokumente. Darüber hinaus bietet Microsoft Treiber für Microsoft Outlook und den Microsoft Exchange Server an.

Datenzugriff über ODBC-Treiber

Für alle »großen« Datenbanksysteme sind inzwischen ODBC-Treiber erhältlich, beispielsweise für Oracle, Informix, IBM DB2, Microsoft SQL Server, mySQL, PostgreSQL und viele andere mehr. Von Microsoft selbst werden Treiber für den Microsoft SQL Server und Oracle mitgeliefert.

Der einzige gemeinsame Nenner, der für die verschiedenen Produkte existiert, ist die Datenbankabfragesprache SQL (Structured Query Language). SQL ist eine genormte Sprache, die von den meisten Datenbankanbietern unterstützt wird. Allerdings hat jeder Datenbankhersteller SQL um eigene Sprachelemente erweitert, so dass jede Datenbank ihren eigenen Dialekt spricht. In Teil C, »Abfragen«, erfahren Sie mehr zum Thema SQL.

Microsoft unterstützt mit ODBC eine Datenbankschnittstelle, die für Applikationen einen herstellerunabhängigen Zugriff auf Datenbanken ermöglicht. ODBC erlaubt die Abfrage und Manipulation von Daten, die von den einleitend genannten Datenbanksystemen verwaltet werden.

Der Zugriff über Access auf ODBC-Datenbanken wird in Teil H, »Erstellung kompletter Anwendungen«, beschrieben.

Tabellen verknüpfen

Im Folgenden soll eine Verknüpfung zu einer Tabelle aus einer anderen Access-Datenbank, also einer anderen ACCDB-Datei oder einer Fremddatenbank hergestellt werden.

1. Wählen Sie die Registerkarte *Externe Daten* aus. Darauf finden Sie in der Gruppe *Importieren* die Schaltfläche *Access*.

Abbildg. 13.1   Eine Access-Datenbank verknüpfen

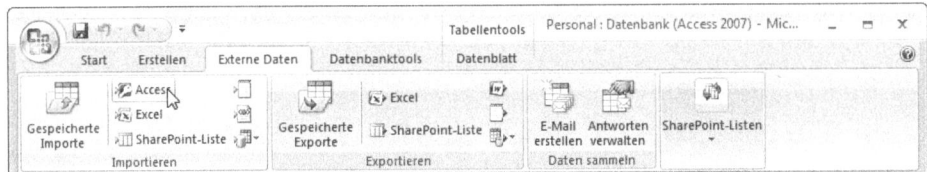

2. Wählen Sie im Dialogfeld *Externe Daten Access-Datenbank* zunächst die Datenbank aus, die die Tabelle enthält, die Sie verknüpfen möchten.
3. Klicken Sie dann auf das untere Optionsfeld, um eine Verknüpfung zu erstellen.

Abbildg. 13.2   Legen Sie fest, ob Sie eine Tabelle importieren oder verknüpfen möchten

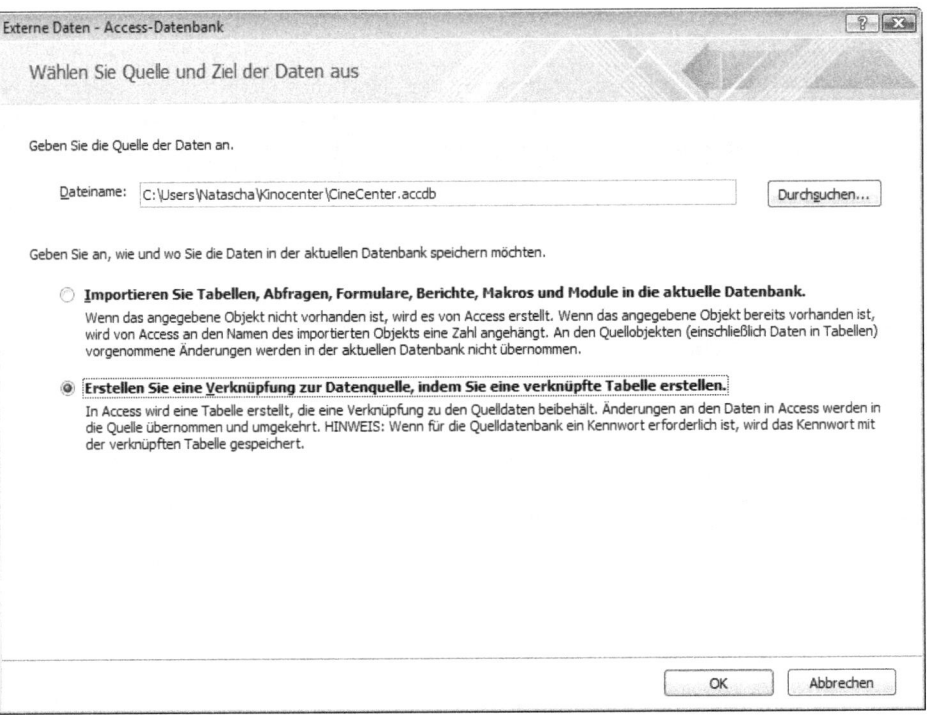

4. Klicken Sie nun die Tabelle *tblAdressen* an, und verlassen Sie das Dialogfeld über *OK*.

Abbildg. 13.3 Auswahl der zu verknüpfenden Tabelle

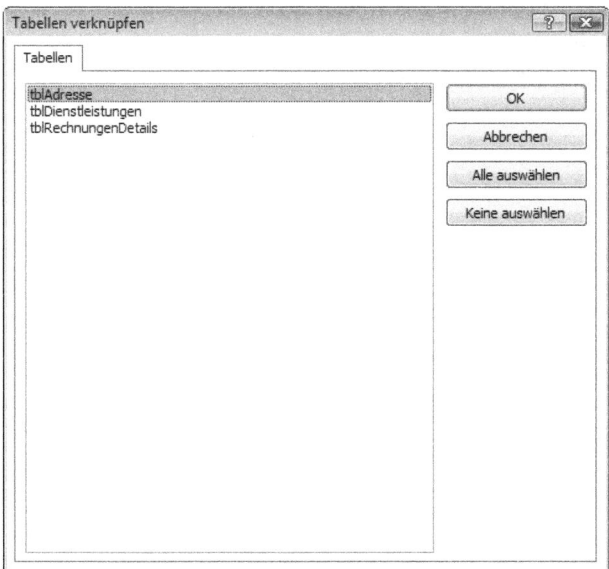

Die Verknüpfung auf die Tabelle wird im Navigationsbereich durch einen kleinen auf das Tabellensymbol gerichteten Pfeil dargestellt, wie Sie es in Abbildg. 13.4 sehen können.

Abbildg. 13.4 Der Navigationsbereich mit der verknüpften Tabelle

Die verknüpfte Tabelle kann nun wie jede andere Access-Tabelle eingesetzt werden, mit dem Unterschied, dass Sie die Struktur der Tabelle in der Entwurfsansicht in den wesentlichen Teilen nicht ändern können. Versuchen Sie, für eine verknüpfte Access-Tabelle auf die Entwurfsansicht umzuschalten, erhalten Sie zuerst eine Warnmeldung angezeigt.

Zu den Eigenschaften, die Sie nicht ändern können, zählen Feldnamen, Felddatentypen, Indizes und viele weitere Einstellungen. Wenn Sie in der Entwurfsansicht eine Eigenschaft modifizieren möchten, diese aber nicht für verknüpfte Tabellen geändert werden kann, wird rechts unten in der Entwurfsansicht eine entsprechende Warnung gezeigt.

Abbildg. 13.5   Nicht änderbare Angaben

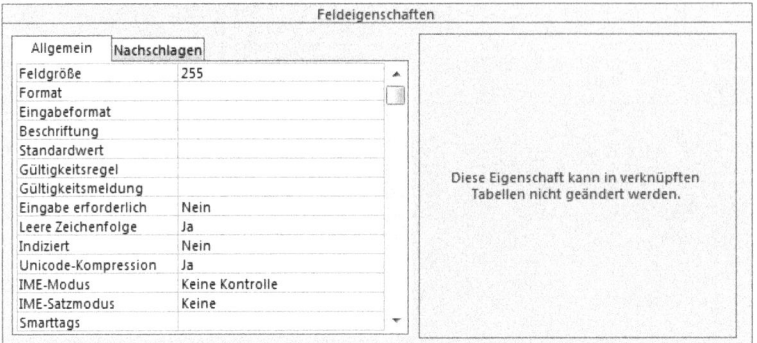

Sie können unter anderem Formate, Beschriftungen und Beschreibungen von verknüpften Tabellen ändern und speichern. Vor dem Speichern einer modifizierten verknüpften Tabelle wird eine Meldung präsentiert.

Verknüpfen Sie Tabellen anderer Datenbanken, so werden diese durch spezielle Symbole im Access-Datenbankfenster gekennzeichnet.

Abbildg. 13.6   Diverse verknüpfte Tabellen

Verteilung: Daten und Programme

In Access befinden sich Formulare, Berichte, Programme und Daten gemeinsam in der ACCDB-Datei. Das bringt Vorteile, da sich auf diese Weise alle Bestandteile einer Anwendung zusammen halten lassen; es kann sich unter Umständen allerdings auch nachteilig auswirken. Nehmen wir an, die CineCity-Anwendung wird von verschiedenen Benutzern in verschiedenen Kino-Betrieben eingesetzt. Die Benutzer haben inzwischen ihre Daten eingegeben und erweitert.

Wird nun ein Update der CineCity-Formulare, -Berichte, -Abfragen usw. angeboten, stellt sich die Frage, wie die neuen Komponenten und die spezifischen Daten der einzelnen Benutzer zusammengeführt werden können. Um dem Problem der Zusammenführung von vornherein aus dem Weg zu gehen, ist es sinnvoll, die Datenbank in ein Front-End und ein Back-End aufzuteilen. Im Front-End werden Formulare, Berichte und Programme, im Back-End nur die Tabellen abgelegt. Die Front-End-Datenbank enthält Verknüpfungen auf die Tabellen der Back-End-Datenbank. Bei einem Update von Formularen, Berichten und/oder Programmen lässt sich nun problemlos das Front-End austauschen, ohne dass die Daten, die sich in den Tabellen des Back-Ends befinden, davon berührt werden. Für die Formulare, Berichte und Programme des Front-Ends macht es keinen Unterschied, ob auf Tabellen direkt oder über eine Verknüpfung zugegriffen wird.

Bei der Arbeit in einem Netzwerk ist es möglich, dass verschiedene Anwender jeweils ihr eigenes Front-End auf ihrem Rechner verwenden, aber gemeinsam auf eine Back-End-Datenbank auf einem Server zugreifen. Hierbei ist es übrigens sinnvoll, temporäre Tabellen innerhalb der jeweiligen Front-Ends anzulegen, um so Konflikte zu vermeiden und die Netzbelastung zu verringern.

Manuelle Aufteilung

Wir möchten Ihnen zeigen, wie Sie die Aufteilung in Front-End und Back-End manuell vornehmen können.

1. Kopieren Sie Ihre Datenbank und benennen Sie die Kopie entsprechend um, beispielsweise *CineCity Backend.accdb*.
2. Löschen Sie nun aus der ursprünglichen Datenbank, die Sie als Front-End bezeichnen können, alle Tabellen, aus dem Back-End alle Abfragen, Formulare usw.
3. Stellen Sie nun aus dem Front-End heraus Verknüpfungen zu den Tabellen des Back-Ends her.

Der Assistent zur Datenbankaufteilung

Um eine bestehende Access-ACCDB-Datei in Front-End und Back-End aufzuteilen, können Sie auch den Assistenten zur Datenbankaufteilung nutzen. Sie finden ihn auf der Registerkarte *Datenbanktools* in der Gruppe *Daten verschieben* über die Schaltfläche *Access-Datenbank*.

Abbildg. 13.7   Den Assistent zur Datenaufteilung starten

Klicken Sie auf die Schaltfläche Datenbank aufteilen, so verschiebt Access Ihre Tabellen aus der aktuellen Datenbank in die Back-End-Datenbank.

Abbildg. 13.8 Assistent zur Datenbankaufteilung

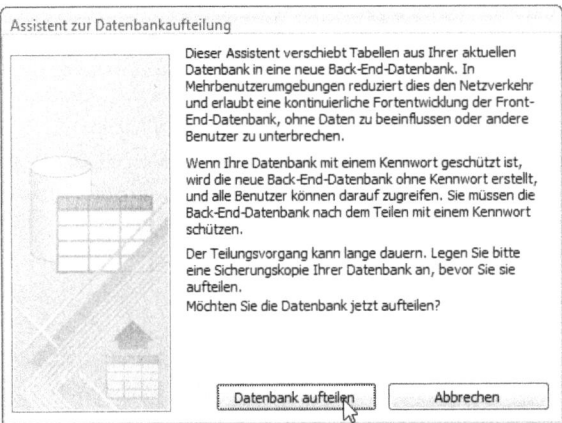

Legen Sie im zweiten Dialogfeld den Namen der Back-End-Datenbank fest. Der Assistent schlägt einen Namen vor, der aus dem Namen der aktuellen Datenbank, erweitert um »_be« für Back-End, besteht.

Abbildg. 13.9 Der Name für die Back-End-Datenbank wird festgelegt

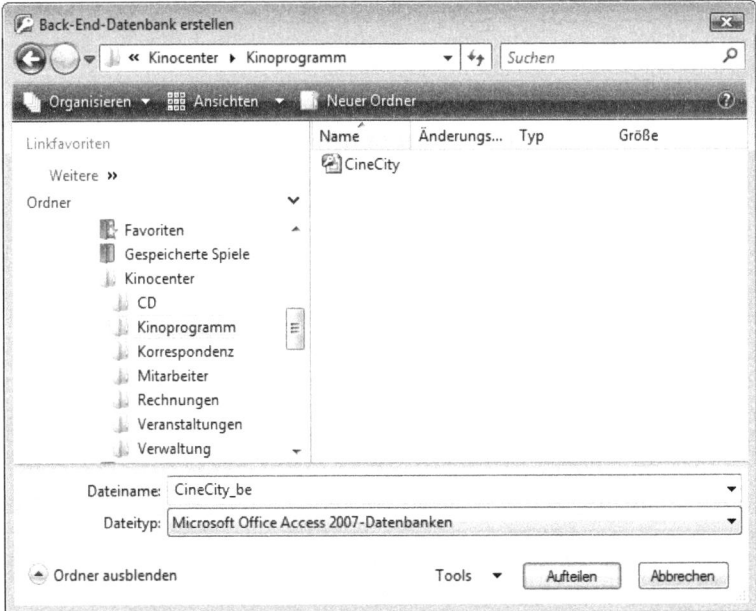

Der Assistent transferiert alle Tabellen der aktuellen Datenbank in die neue Back-End-Datenbank und erstellt entsprechende Verknüpfungen. Die Ursprungsdatenbank wird damit zur reinen Front-End-Datenbank.

Abbildg. 13.10 Nur noch verknüpfte Tabellen im Navigationsbereich

Der Tabellenverknüpfungs-Manager

Verknüpfte Tabellen können mit dem *Tabellenverknüpfungs-Manager* verwaltet werden. Sie finden die Schaltfläche für den Aufruf dieses Managers ebenfalls auf der Registerkarte *Datenbanktools*.

Abbildg. 13.11 Aufruf des *Tabellenverknüpfungs-Managers*

Mit seiner Hilfe können Sie Verknüpfungen überwachen und gegebenenfalls anpassen.

Abbildg. 13.12 Dialogfeld *Tabellenverknüpfungs-Manager*

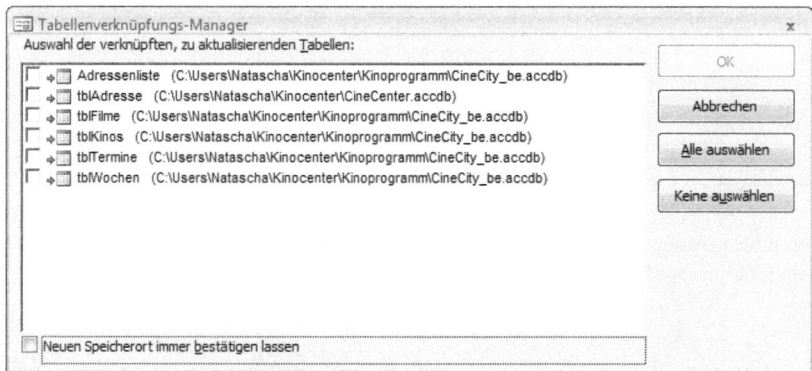

Kapitel 13 Tabellen verknüpfen und importieren

Selektieren Sie im Dialogfeld des *Tabellenverknüpfungs-Managers* die Tabellen, deren Verknüpfung überprüft werden soll. Besteht die Verbindung zur Tabelle nicht mehr, da beispielsweise das Back-End gelöscht oder in ein anderes Verzeichnis verschoben wurde, bietet der Assistent ein Dialogfeld an, in dem die Verknüpfung neu aufgebaut und aktualisiert werden kann.

Tabellen importieren

Neben der Verknüpfung zu anderen Datenbanken und Tabellen können Sie auch Tabellen importieren, d.h. als Kopie in Access „hineinholen". Aus Access-Datenbanken lassen sich auch Formulare, Berichte, Abfragen usw. importieren. Der Import von Tabellen ist dann sinnvoll, wenn Sie die Daten an der ursprünglichen Stelle belassen möchten oder, insbesondere beim Import von Fremddatenbanken, die Daten nur noch in Access bearbeitet werden.

Die Handhabung der Importfunktion entspricht weitgehend der der Verknüpfung. Wählen Sie auf der Registerkarte *Externe Daten* die Schaltfläche *Access* aus. Wählen Sie im Dialogfeld (siehe Abbildg. 13.13) die Datenbank aus, von der Sie Tabellen importieren möchten, und lassen Sie die obere Option zum Importieren ausgewählt.

Für den Import aus einer Access-Datenbank wird das Dialogfeld *Objekte importieren* aktiviert. In Abbildg. 13.13 ist das Dialogfeld in erweiterter Darstellung zu sehen, auf die Sie mit der Schaltfläche *Optionen* umschalten.

Abbildg. 13.13   Dialogfeld *Objekte importieren* bei geöffneter *Optionen*-Erweiterung

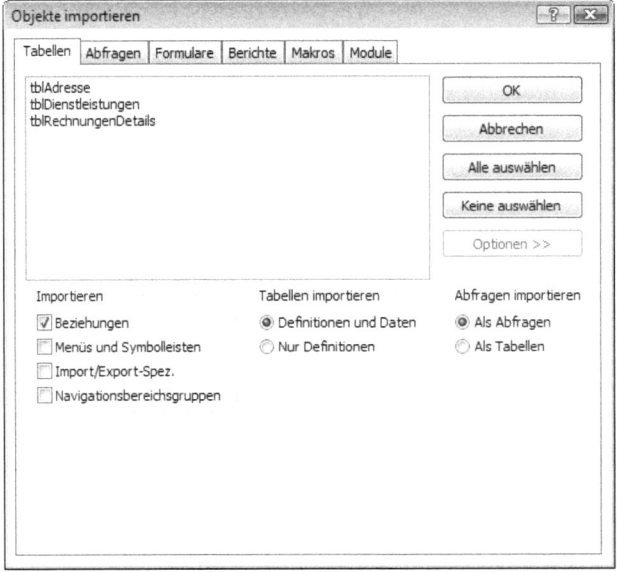

Selektieren Sie nun die gewünschten Objekte und Teile der Access-Datenbank, die Sie in Ihre Datenbank importieren möchten.

> **HINWEIS** Besteht zwischen einem bestehenden und einem zu importierenden Objekt Namensgleichheit, so wird dem importierten Objekt automatisch eine Zahl angehängt, aus *tblAdressen* würde beispielsweise *tblAdressen1*.

Zusammenfassung

Dieses Kapitel befasste sich mit der Problematik Tabellen mit Tabellen anderer Datenbanken zu verknüpfen bzw. Tabellen aus anderen Datenbanken zu importieren.

- Dabei erfuhren Sie ab Seite 258 wie eine Verknüpfung zu einer Tabelle aus einer anderen Access-Datenbank oder einer Fremddatenbank hergestellt werden kann.
- Für größere Anwendungen ist es sinnvoll, die Tabellen mit den Daten unabhängig von den Formularen, Berichten und Programmen zu speichern, um eine Wartung der Datenbank zu vereinfachen. Eine solche Aufteilung in Back-End und Front-End kann manuell (Seite 261) oder mithilfe des Assistent zur Datenbankaufteilung (Seite 261) geschehen.
- Tabellen lassen sich auch aus einer anderen Datenbank importieren. Wie das geht wurde auf Seite 264 beschrieben.

Kapitel 14

Der Tabellenanalyse-Assistent

In diesem Kapitel:

Die Ausgangstabelle	268
Den Tabellenanalyse-Assistenten starten	269
Das Ergebnis	271
Zusammenfassung	272

Kapitel 14   Der Tabellenanalyse-Assistent

Die Normalisierung von Daten und die daraus resultierende Festlegung von Beziehungen zwischen Tabellen ist gerade für den Datenbankneuling nicht einfach. Man benötigt Erfahrung und theoretisches Wissen, um Datenbanken schnell und richtig zu normalisieren. Darüber hinaus ist eine gewisse Erfahrung mit Access sehr hilfreich, denn bei der Normalisierung der Tabellen ist es sinnvoll, sie so zu zerteilen, dass die Ver- und Bearbeitung in Access möglichst einfach wird.

Microsoft hat Access mit einem Normalisierungs-Assistenten ausgestattet, der Sie unterstützen soll, Ihre Tabelle zu normalisieren. Der Assistent zerlegt selbsttätig eine Tabelle in mehrere, normalisierte Tabellen, kopiert die Daten um und legt die Beziehungen fest.

In Access 2007 wurde die Zuverlässigkeit des Tabellenanalyse-Assistenten im Gegensatz zu den Vorgängerversionen verbessert. Voraussetzung für eine vernünftige Normalisierung ist eine ausreichende Anzahl an Datensätzen in der zu normalisierenden Tabelle. Trotz der Verbesserung des Assistenten raten wir dazu, die Ergebnisse des Assistenten noch mal selbst zu überprüfen. In dem einen oder anderen Fall kann die Normalisierung bedingt durch eine sehr große Anzahl an Feldern oder durch geringe Datenmengen in der zu normalisierenden Tabelle zu unerwünschten Ergebnissen führen. Außerdem ist es nicht immer erwünscht, dass alle Daten in normalisierter Form vorliegen, was letztendlich doch eine manuelle Anpassung der Datenbankstruktur erfordert.

In den folgenden Abschnitten möchten wir Ihnen die Arbeit mit dem Tabellenanalyse-Assistenten demonstrieren.

Die Ausgangstabelle

Die in Abbildg. 14.1 dargestellte Tabelle soll mithilfe des Assistenten normalisiert werden. Wie Sie sehen, befinden sich in der Tabelle doppelte Einträge sowohl für Filmtitel als auch Kino.

Abbildg. 14.1   Die zu analysierende Tabelle

Sehen wir uns nun an, wie sich das Ergebnis nach der Normalisierung durch den Assistenten gestaltet.

Den Tabellenanalyse-Assistenten starten

Sie finden den Assistenten auf der Registerkarte *Datenbanktools*. Damit starten Sie automatisch den Assistenten, der Ihnen auf den ersten beiden Dialogfeldern zunächst erklärt, worum es eigentlich geht: In Tabellen sollen Duplikate vermieden werden, um Platz zu sparen und Fehler zu vermeiden.

Auf dem dritten Dialogfeld wählen Sie die Tabelle aus, die normalisiert werden soll. In unserem Fall ist dies die Tabelle *tblNormalisierungsTest*.

Anschließend beantworten Sie nun die Frage, ob der Assistent über die Normalisierung entscheiden soll oder ob Sie diese Entscheidung lieber selbst treffen. Im vorliegenden Beispiel haben wir die Entscheidung dem Assistenten überlassen.

Abbildg. 14.2   Wer trifft die Entscheidung?

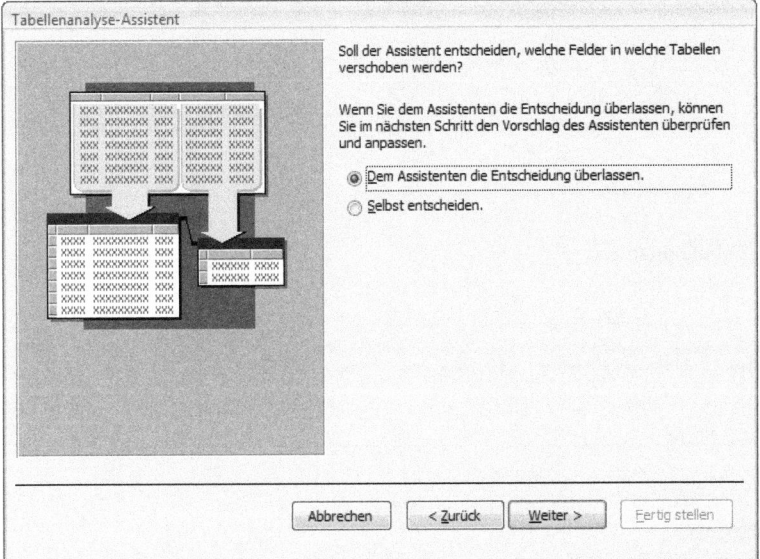

Der Tabellenanalyse-Assistent hat daraufhin vorgeschlagen, aus der einen Tabelle *tblNormalisierungsTest* drei neue Tabellen mit der folgenden Aufteilung zu erstellen.

Ist die vorgeschlagene Aufteilung nicht korrekt oder möchten Sie Modifikationen vornehmen, dann können Sie mithilfe der Maus Felder zwischen den Tabellen verschieben bzw. auch neue Tabellen erstellen, indem Sie Felder auf die Hintergrundfläche des Dialogfeldes ziehen.

Abbildg. 14.3   Vorschlag des Assistenten

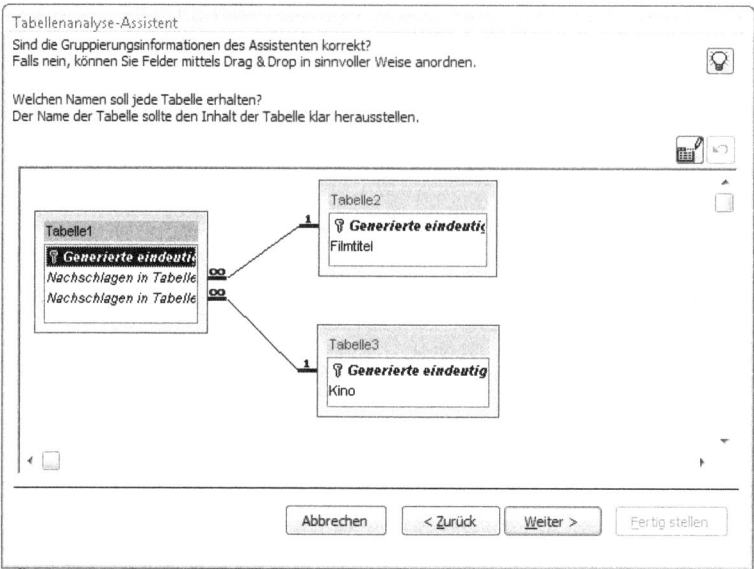

Abbildg. 14.4   Abgeänderte Tabellennamen

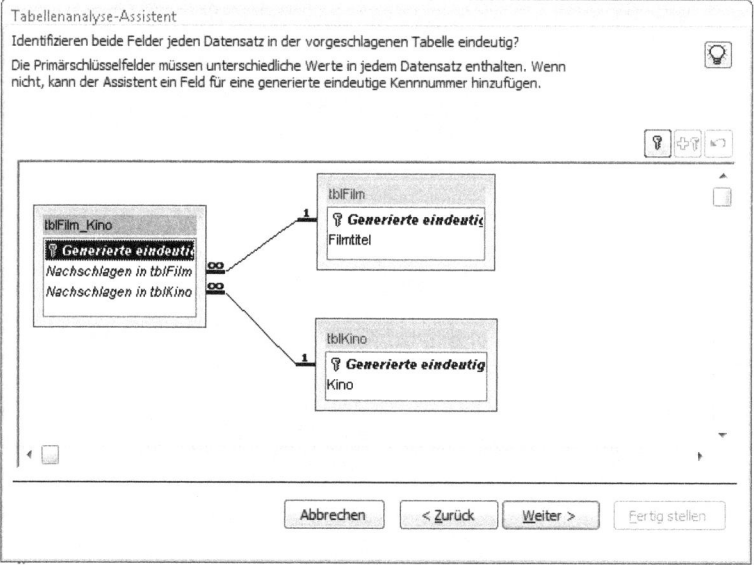

Ein Doppelklick auf eine der Tabellen blendet ein Dialogfeld ein, um die Namen der Tabellen anzupassen.

Jede Tabelle sollte einen eindeutigen Primärschlüssel aufweisen. Die vom Assistenten erzeugten Tabellen erhalten automatisch einen Primärschlüssel. Fremdschlüssel werden vom Tabellen-Assistenten mit dem Feldtyp *Nachschlagen* realisiert.

Das nächste Dialogfeld bietet Ihnen die Möglichkeit, eventuelle Zuordnungs- und Schreibfehler innerhalb Ihrer Daten zu berichtigen. Die angezeigten Vorschläge sollten Sie aber unbedingt kontrollieren, bevor Sie sie übernehmen. Damit eine falsch vorgeschlagene Korrektur nicht ausgeführt wird, löschen Sie den Korrekturvorschlag oder wählen *Beibehalten* aus der Liste der Korrekturvorschläge aus.

Abbildg. 14.5   Korrektur möglicher Fehler

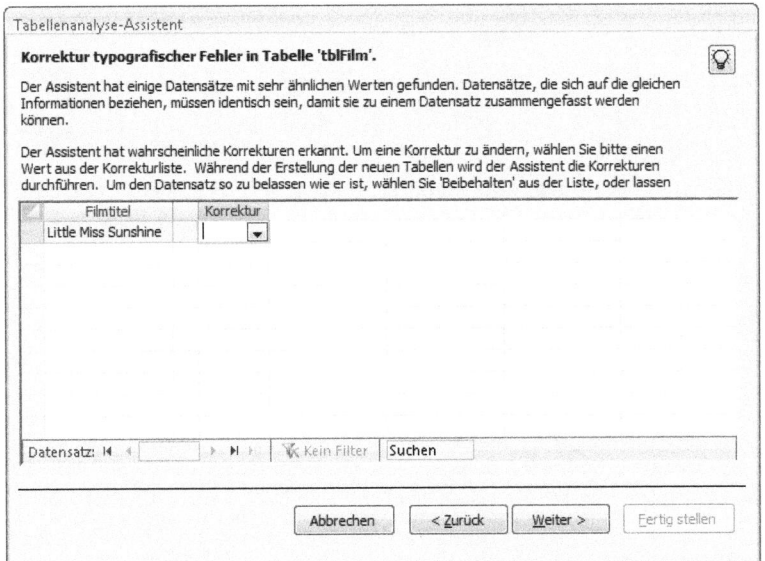

Das nächste Dialogfeld des Assistenten bietet Ihnen die Option, eine Abfrage zu erstellen, die den gleichen Namen wie die Ausgangstabelle erhält und auf die vom Assistenten (und Ihnen) normalisierte Tabelle zugreift. Die Originaltabelle bleibt erhalten, ihrem Namen wird aber ein »_ALT« angehängt.

Beenden Sie den Assistenten durch Anklicken der Schaltfläche *Fertig stellen*, werden die Tabellen erstellt und die Daten der Ausgangstabelle entsprechend aufgeteilt. Anschließend öffnet Access Hilfebildschirme zum Umgang mit der vom Assistenten erstellten Abfrage.

Das Ergebnis

Rufen Sie die erstellte Abfrage auf, so sehen Sie in den Spaltenüberschriften, dass etwas gegenüber der Ausgangstabelle passiert sein muss. Außerdem werden die Spalten, die in andere Tabellen ausgelagert wurden, zweimal gezeigt: einmal als nachgeschlagenes Feld und einmal als Feld selbst.

Abbildg. 14.6   Die Auswahlabfrage

In der Entwurfsansicht der Abfrage können Sie sehr gut die Aufteilung der Ausgangstabelle in die drei normalisierten Tabellen sehen.

Abbildg. 14.7   Die Entwurfsansicht

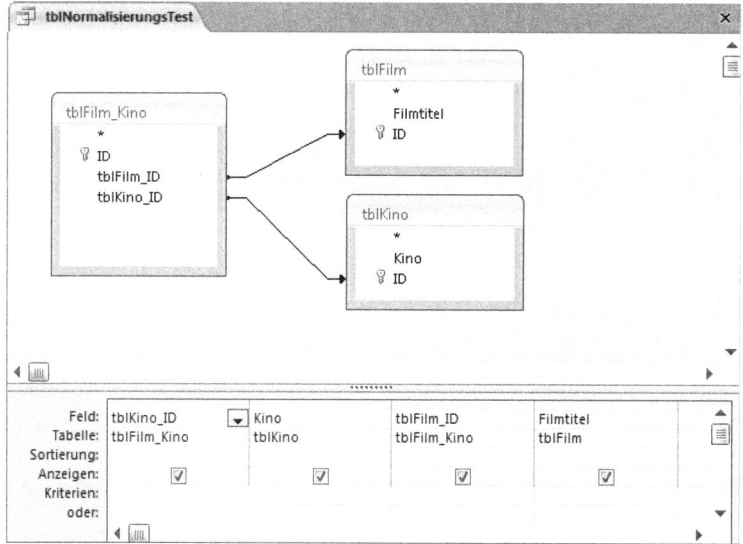

Zusammenfassung

Als Unterstützung beim Erstellen von Datenbanken gibt es den Tabellenanalyse-Assistenten, der verspricht, normalisierte Tabellen zu liefern. In diesem Kapitel wurde der Umgang mit diesem Tabellenanalyse-Assistenten beschrieben.

Teil C
Abfragen

In diesem Teil:

Kapitel 15	Einfache Abfragen	275
Kapitel 16	Abfragen mit berechneten Feldern	313
Kapitel 17	Abfragen mit mehreren Tabellen	331
Kapitel 18	Auswertungen	351
Kapitel 19	Aktionsabfragen	381
Kapitel 20	Die Abfragesprache SQL	399

Ohne Abfragen geht in Access eigentlich gar nichts! Sie sind unentbehrlich bei der Arbeit mit Formularen und Berichten und werden an allen möglichen Ecken eingesetzt. Deshalb: Mit Abfragen sollten Sie sich auskennen!

Wir zeigen Ihnen, wie CineCity mithilfe von Abfragen ermittelt, wie viele Besucher pro Monat in die Kinos kamen, welche Filme gut oder schlecht gelaufen sind, wie viel Umsatz am Kinokiosk gemacht wurde und vieles mehr. Nutzen Sie die Vielzahl der Beispiele, um Ihre Daten nach Ihren Kriterien und Formeln auszuwerten.

Teil C Abfragen

Mithilfe von Abfragen können Sie

- Daten nach bestimmten Kriterien aus Ihren Tabellen filtern,
- mit Ihren Daten rechnen,
- Ihre Daten mit Funktionen wie Summe, Mittelwert und anderen auswerten,
- Tabellen miteinander verknüpfen und in Beziehung setzen,
- Änderungen an Ihren Daten vornehmen und vieles mehr.

Den Access-Abfragen liegt die Datenbankabfragesprache SQL zugrunde, die im letzten Kapitel dieses Teils besprochen wird.

Beherrschen Sie Abfragen, so sind Ihnen in Access keine Grenzen mehr gesetzt, denn nun können Sie, sofern Ihre Daten es zulassen, alle möglichen Fragestellungen beantworten.

Kapitel 15

Einfache Abfragen

In diesem Kapitel:

Einfache Auswahlabfragen	276
Sortierung des Abfrageergebnisses	281
Auswahlkriterien für Abfragen	285
Abfragebeispiele	303
Parameterabfragen definieren	303
Unterdatenblätter	309
Zusammenfassung	311

Kapitel 15 Einfache Abfragen

Haben Sie Ihre Daten erst einmal in Tabellen erfasst, so fallen Ihnen wahrscheinlich in kürzester Zeit viele Fragestellungen ein, so wie es auch uns beim Blick auf die Daten der Kino-Beispielanwendung erging: Wie viele Wochen wurde ein Film im Schnitt gezeigt? Wie hoch ist der Umsatz der letzten Woche? Wie gut ist die Auslastung der einzelnen Kinos? Oder wie heißt die Großmutter des Filmvorführers?

Die letzte Fragestellung zeigt, dass Auswertungen nur diejenigen Fragen beantworten können, die mit Ihren in den Tabellen erfassten Daten möglich sind. Und – darauf sollten Sie bei allen (insbesondere den komplizierteren) Abfragen achten – ist ein Ergebnis überhaupt plausibel? Wir möchten Ihnen im Verlauf des Kapitels auch einige Abfragen zeigen, die auf den ersten Blick vernünftige Ergebnisse liefern, die sich bei genauerem Hinsehen aber als trügerisch und falsch erweisen.

Lassen Sie uns nun mit einigen einfachen Abfragen beginnen und uns dann langsam vorarbeiten. In Teil A, Kapitel 6, führten wir Sie schon in die Grundlagen von Abfragen ein, die wir hier im Detail beschreiben. An diese Einführung möchten wir jetzt anknüpfen.

Einfache Auswahlabfragen

Im Folgenden soll eine neue Abfrage in der Entwurfsansicht erstellt werden. Klicken Sie dazu auf der Registerkarte *Erstellen* in der Gruppe *Andere* auf die Schaltfläche für den Abfrageentwurf.

Abbildg. 15.1   Entwurfsansicht einer Abfrage

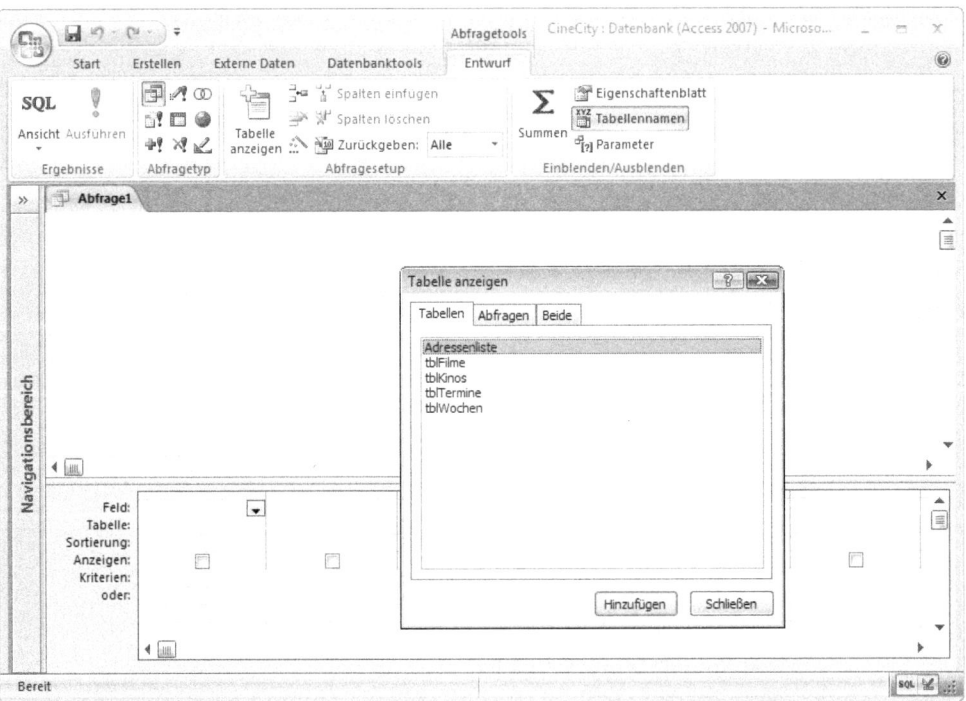

Sie sehen die Entwurfsansicht einer Abfrage sowie das Dialogfeld *Tabelle anzeigen*. Es verfügt über drei Registerkarten. Auf der Registerkarte *Tabellen* werden alle in Ihrer Datenbank definierten Tabellen gezeigt, auf der Registerkarte *Abfragen* alle von Ihnen definierten Abfragen (wahrscheinlich ist die Registerkarte noch leer) und auf *Beide* Tabellen und Abfragen gemeinsam. Daraus können Sie ersehen, dass Abfragen nicht nur auf Tabellen basieren können, sondern ihrerseits wieder auf Abfragen. Sie könnten also eine Abfrage erstellen, die auf einer Abfrage basiert, die wiederum eine Abfrage als Grundlage hat und so fort. Die maximale Verschachtelungstiefe liegt bei 50 Abfragen.

Lassen Sie uns eine einfache Abfrage erstellen, die auf der Tabelle *Adressenliste* basiert. Selektieren Sie den entsprechenden Eintrag, bestätigen Sie über *Hinzufügen* und schließen Sie dann das Dialogfeld.

Im oberen Bereich der Abfrage-Entwurfsansicht ist die ausgewählte Tabelle mit ihren Feldern zu sehen. Der untere Bereich wird Ihre eigentliche Abfragedefinition aufnehmen.

Abbildg. 15.2   Entwurfsansicht einer Abfrage

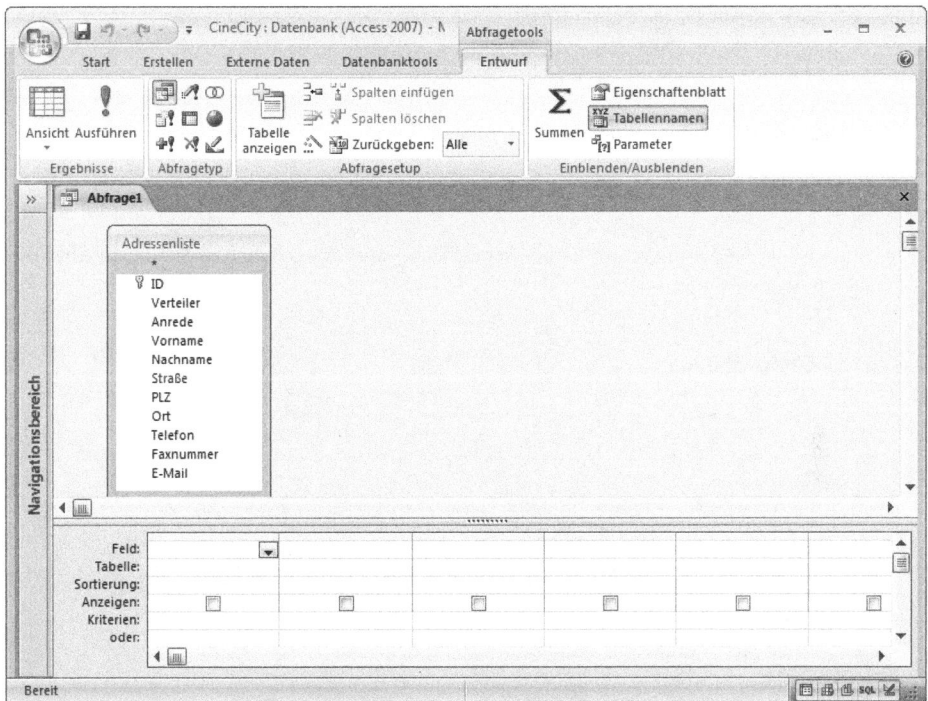

Felder in die Abfrage aufnehmen

Zuerst müssen Sie die Felder im unteren Abfragebereich definieren, die in die Abfrage aufgenommen werden sollen. Dazu stehen Ihnen drei verschiedene Varianten zur Verfügung:

- Doppelklicken Sie auf den gewünschten Feldnamen in der Liste im Tabellenfenster im oberen Bereich. Das so selektierte Feld erscheint dann im unteren Abfragebereich.

- Als zweite Variante können Sie das Feld oben anwählen und bei gedrückter Maustaste in den unteren Bereich ziehen und dort ablegen (Drag&Drop).

- Alternativ gehen Sie direkt im unteren Bereich in die Zeile *Feld* und bestimmen den gewünschten Feldnamen durch Öffnen des Kombinationsfeldes.

Wir haben für das erste Beispiel die Felder *Nachname*, *PLZ* und *Ort* in die Abfrage aufgenommen.

Abbildg. 15.3 Definition der Felder für die neue Abfrage

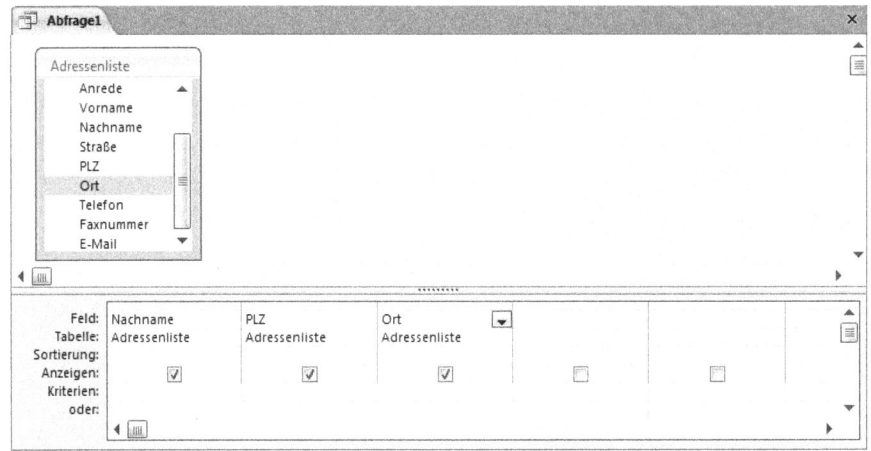

Starten Sie die Abfrage mithilfe der Schaltfläche *Ausführen*, erhalten Sie das in Abbildg. 15.4 gezeigte Ergebnis.

Abbildg. 15.4 Ergebnis der Abfrage

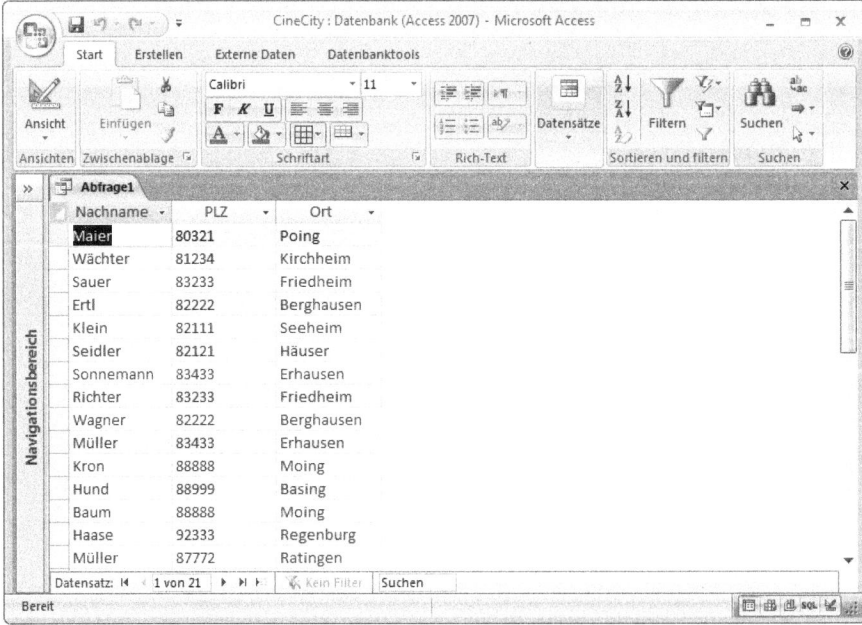

Einfache Auswahlabfragen

Mithilfe der Schaltfläche *Ansicht* der Registerkarte *Start* oder der Schaltfläche *Entwurfsansicht* auf der Statuszeile schalten Sie zur Entwurfsansicht zurück.

Eine besondere Bedeutung hat die Feldbezeichnung »*«, die im Tabellenfenster in oben zu sehender Abfrage-Entwurfsansicht (Abbildg. 15.2) als erster Eintrag gezeigt wird. Fügen Sie das Sternchen als Feld im unteren Bereich hinzu, werden anstelle des Sternchens in der Datenblattansicht alle Felder der entsprechenden Tabelle gezeigt. Fügen Sie also nach Belieben das Sternchen hinzu, um alle Felder einer Tabelle in Ihre Abfrage aufzunehmen.

HINWEIS   Es können maximal bis zu 255 Spalten in einer Abfrage enthalten sein, wobei die Gesamtgröße des Ergebnisses nicht größer als ein Gigabyte sein darf.

Verschieben von Spalten

Sie können bei Bedarf die Reihenfolge der Spalten in der Entwurfsansicht verändern. Dies wird beispielsweise bei der später beschriebenen mehrstufigen Sortierung benötigt.

1. Klicken Sie mit der Maus auf den oberen grauen Balken über der Spaltenbezeichnung. In dem Moment, in dem Sie mit dem Mauszeiger in den Bereich des grauen Balkens kommen, ändert sich der Mauszeiger zu einem schwarzen Abwärtspfeil. Die gesamte Spalte sollte invertiert dargestellt werden.

Abbildg. 15.5   Selektierte Spalte

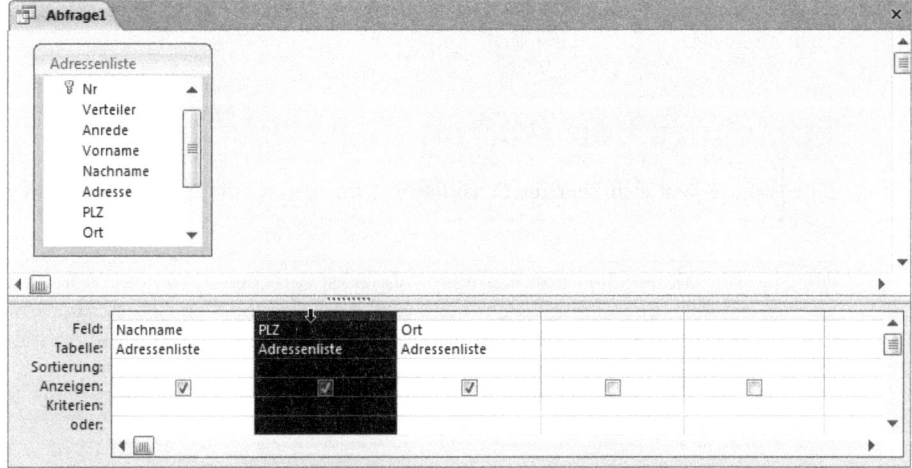

2. Klicken Sie nun erneut auf den Balken, können Sie die Spalte bei gedrückter Maustaste verschieben. Die neue Position wird durch eine senkrechte breite Linie angezeigt, die, wenn Sie den Mauszeiger nach rechts oder links bewegen, auf der Trennlinie zwischen den einzelnen Spalten dargestellt wird.

Abbildg. 15.6   Verschobene Spalte *PLZ*

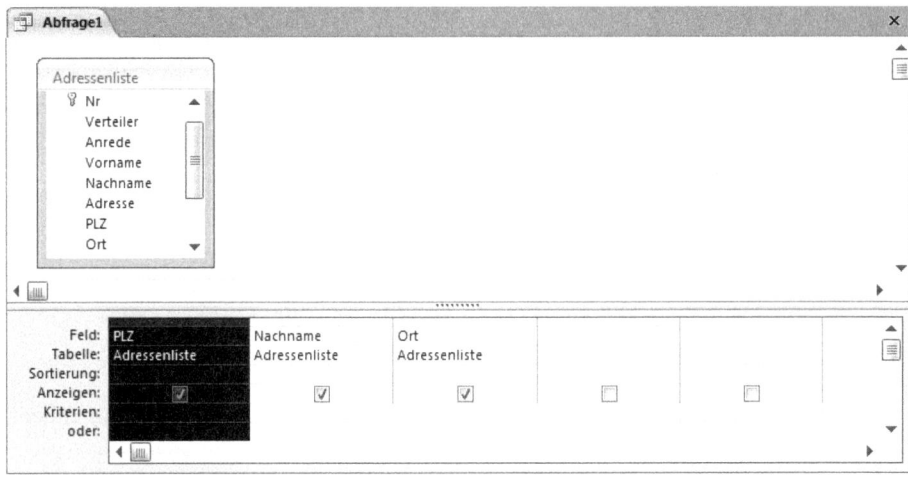

Löschen einer Spalte

Möchten Sie eine Spalte aus Ihrer Abfrage entfernen, so markieren Sie sie wie oben beschrieben, und drücken Sie dann einfach die `Entf`-Taste, um sie zu löschen. Dabei wird nicht das Feld aus der zugrunde liegenden Tabelle oder Abfrage entfernt, sondern nur in Ihrer aktuellen Abfrage nicht mehr angezeigt.

Speichern von Abfragen

Eine Abfrage lässt sich über die Schaltfläche *Speichern* auf der *Symbolleiste für den Schnellzugriff* speichern.

HINWEIS   Geben Sie Ihren Abfragen möglichst sprechende Namen. Wählen Sie den Namen so, dass die Abfrage treffend beschrieben wird. In professionellen Access-Applikationen wird den Namen meistens ein *qry* vorangestellt, unter anderem deshalb, um sie leichter von Tabellennamen zu unterscheiden. Die Vorsilbe »qry« ist dabei die Abkürzung von query (engl. für Abfrage). Die Namen selbst werden ohne Leerzeichen geschrieben, wobei aber jeder Teilbegriff groß geschrieben wird, wie beispielsweise *qryPLZNachnameOrt*.

Abbildg. 15.7   Der Name für die Abfrage

Sortierung des Abfrageergebnisses

Die Reihenfolge der Datensätze entspricht der des Primärschlüssels der Tabelle. Im vorliegenden Fall der Adressentabelle erhält jede Adresse in der Reihenfolge der Eingabe eine neue Adressennummer (*Nr*), die als *AutoWert* definiert ist. Die Datensätze sind nach dieser Nummer sortiert.

Änderung der Sortierung

Die Sortierung der angezeigten Daten lässt sich mit wenigen Mausklicks ändern. In der Zeile *Sortierung* im unteren Abfragebereich können Sie für jede Spalte die Sortierreihenfolge bestimmen. Öffnen Sie dazu das entsprechende Kombinationsfeld.

Abbildg. 15.8   Sortierung nach Postleitzahlen

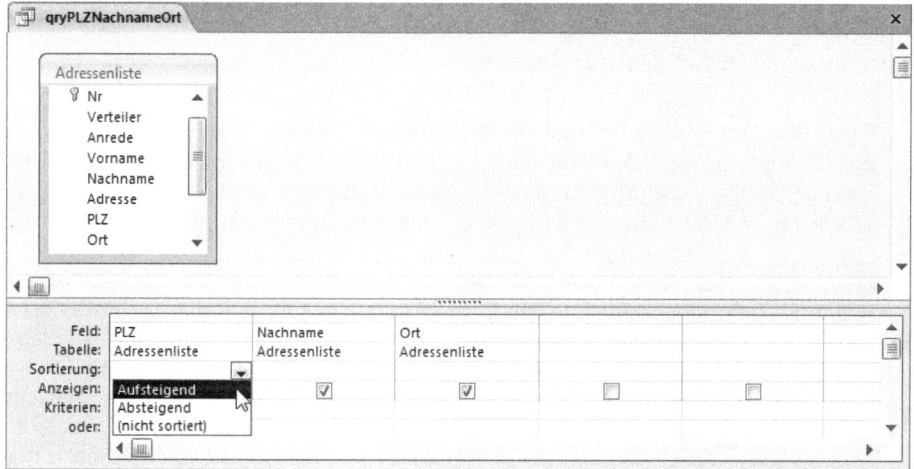

Selektieren Sie eine Sortierreihenfolge für mehrere Spalten Ihrer Abfrage, so beginnt Access mit der Sortierung bei dem Feld, welches am weitesten links steht. Innerhalb der Ordnung dieses Feldes wird dann die nächste Sortierung durchgeführt. Somit können Sie mehrstufig sortieren, also beispielsweise zuerst nach *PLZ* und innerhalb der Postleitzahlen nach dem Nachnamen.

HINWEIS   Wie bereits beschrieben, werden normalerweise alle Tabellen nach dem Primärschlüssel sortiert, wenn Sie keinen speziellen Befehl zur Sortierung angeben. Das gilt sowohl für Abfragen, Formulare als auch für Berichte. Allerdings ist Access hierbei inkonsequent, denn für Auflistungen von Datensätzen in Listen- oder Kombinationsfeldern auf Formularen und Berichten verwendet Access die Reihenfolge der Dateneingabe. Für diese Steuerelemente muss dann nachträglich für die Datenherkunft eine Sortierung vereinbart werden.

Kapitel 15 Einfache Abfragen

Abbildg. 15.9   Sortierung nach Postleitzahlen und Nachnamen

PLZ	Nachname	Ort
80321	Maier	Poing
81234	Wächter	Kirchheim
82111	Klein	Seeheim
82121	Seidler	Häuser
82211	Sommertraum	Meining
82222	Ertl	Berghausen
82222	Wagner	Berghausen
83233	Richter	Friedheim
83233	Sauer	Friedheim
83433	Müller	Erhausen
83433	Sonnemann	Erhausen
87772	Müller	Ratingen
88888	Baum	Moing
88888	Kron	Moing
88999	Hund	Basing

Die richtige Auswahl der Felder, nach denen sortiert werden soll, hat maßgeblichen Einfluss auf die Ausführungsgeschwindigkeit von Abfragen. Sortieren Sie möglichst nur nach indizierten Feldern, denn bei allen anderen Spalten muss Access die Sortierung »ad hoc« durchführen. Bei kleineren Tabellen (< 500 Datensätze) ist das noch vertretbar, bei größeren steigt der Zeitbedarf erheblich.

HINWEIS   Auf zwei unscheinbare Geschwindigkeitsfallen bei Abfragen, Sortierung und Filter sollten Sie besonders achten. In der Datenblattansicht kann mit den Schaltflächen *Aufsteigend sortieren* bzw. *Absteigend sortieren* nach jedem beliebigen Feld geordnet werden. Zusätzlich kann in der Datenblattansicht ein Filter vereinbart werden. Sortierung und Filter der Datenblattansicht werden von Access auf das Abfrageergebnis angewandt, d.h., zunächst wird die Abfrage durchgeführt und danach sortiert bzw. gefiltert. Während eine normale Abfrage von Access vorverarbeitet wird, um ein Maximum an Geschwindigkeit zu erreichen, unterbleibt dies für die Einstellungen der Datenblattansicht.

Im Grunde genommen spricht nichts gegen eine nachträgliche Sortierung oder Filterung, die nur den Anwender betrifft, der sie durchführt. Allerdings werden das Sortierkriterium und die Filterbedingung mit der Abfrage gespeichert.

Sortierreihenfolge

Wie sortiert Access? Jeder Access-Datenbank, also jeder ACCDB-Datei, liegt ein Sortierschema zugrunde, das beim Erstellen der Datenbank zugewiesen wird.

Um die Art und Weise, wie Access sortiert, besser verstehen zu können, schauen wir zurück auf die Anfangsjahre des PCs.

ASCII, ANSI oder Unicode?

Wie Sie vermutlich wissen, können Computer nur mit Nullen und Einsen umgehen. Das ist die kleinste Informationseinheit, die als Bit bezeichnet wird. Ein Bit kann zwei Zustände nämlich 0 oder 1 speichern, was dann An bzw. Aus oder Ja bzw. Nein entsprechen kann. Acht Bits werden zu einem Byte zusammengefasst. Mit einem Byte können 256 verschiedene Zahlenwerte dargestellt werden.

Lange Zeit wurde im PC-Bereich als Codierung, die vorgibt, wie Buchstaben, Ziffern und Sonderzeichen bestimmte Byte-Werte zugeordnet werden, der so genannte ASCII (American Standard Code for Information Interchange, sprich: „Äski") verwendet. Dabei entspricht beispielsweise ein »A« dem Wert 65. Die ursprüngliche ASCII-Codierung umfasste nur die ersten 127 Werte. Da die Codierung für den englischen Zeichensatz ausgelegt ist, kam es zu Problemen mit länderspezifischen Sonderzeichen wie »Ä«, »Ö« usw. In der Anfangszeit wurde durch Doppelbelegungen eine Lösung gefunden, allerdings tauchten dann in vermeintlich deutschen Texten Klammern »{«, »[« usw. auf, wenn die Doppelbelegung falsch interpretiert wurde. Mit der Einführung des PCs durch IBM wurde ein erweiterter ASCII-Code eingesetzt, der die 256 Werte ausnutzte. Hier waren auch die deutschen Umlaute ebenso miterfasst wie viele grafische Sonderzeichen.

Microsoft setzte für sein Windows-System die Codierung ANSI (American National Standard Institute) ein. Diese basiert auf ASCII, umfasst aber sehr viel mehr länderspezifische Zeichen und verzichtet dafür auf die grafischen Sonderzeichen.

Durch den inzwischen weltweiten Einsatz löste aber auch die ANSI-Codierung das Problem länderspezifischer Sonderzeichen nur unzureichend. Denn wie sollten kyrillische, chinesische oder japanische Schriftzeichen abgebildet werden? In den letzten Jahren wurde mit hohem Aufwand eine neue Zeichencodierung entwickelt: Unicode. Unicode kann mehr als ein Byte pro Zeichen (in der Regel 2 Bytes), und damit weit mehr als die mit einem Byte nur 255 möglichen Zeichen abbilden. Inzwischen verwenden alle Microsoft Office-Programme Unicode.

Um die Sortierung von Access zu illustrieren, haben wir eine Tabelle angelegt, die aus zwei Feldern besteht: einer laufenden Nummer (*Nr* als *AutoWert*) und einem Text (*Buchstabe*). Die Tabelle *tblZeichensatz* haben wir mit den ersten 256 Zeichen gefüllt. Eine Abfrage, *qrySortierreihenfolge*, zeigt die von Access vorgenommene Sortierung nach dem Feld *Buchstabe*.

Abbildg. 15.10 Sortierreihenfolge

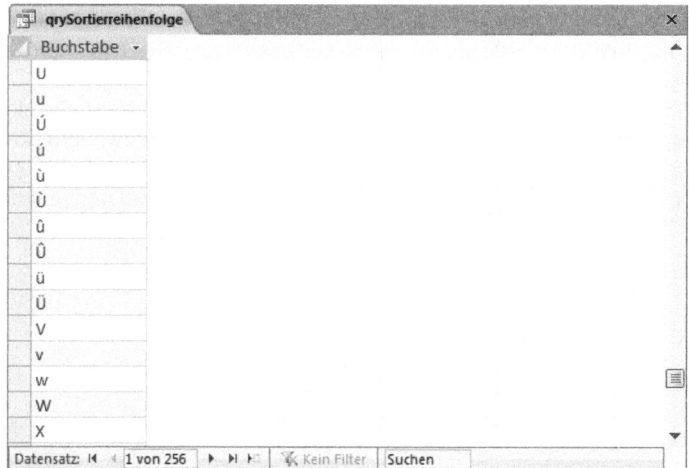

Beachten Sie dabei, dass bei der Sortierung nicht zwischen Klein- und Großschreibung unterschieden wird. Dies ist übrigens der Grund, warum das Feld *Buchstabe* nicht als eindeutiger Primärschlüssel angelegt wurde, denn sonst könnten »U« und »u« nicht beide eingetragen werden, da Access eine Schlüsselverletzung melden würde.

Wie Sie sehen, sind in Abbildg. 15.10 alle Varianten der Schreibung von »U« hintereinander angeordnet. Das bedeutet aber auch, dass »Ü« unter »U« einsortiert wird, allerdings nicht an der lexikalisch korrekten Position unter »Ue«, sondern »Ü« wird wie »U« eingeordnet. Übrigens wird das »ß« unter »S« einsortiert. Abbildg. 15.11 zeigt die von Access vorgenommene Sortierung auf der linken Seite. Rechts ist im Vergleich dazu die übliche Telefonbuchsortierung dargestellt.

Abbildg. 15.11 Access-Einsortierung

Telefonbuchsortierung

Möchten Sie eine Einsortierung wie beispielsweise in Telefonbüchern, bei der »Ä« wie »Ae« eingeordnet wird, erreichen, so müssen Sie das Sortierschema wechseln.

Klicken Sie dazu auf die *Office*-Schaltfläche und wählen *Access-Optionen* aus. Auf der ersten Seite zu *Häufig verwendet* finden Sie die Eintragung für die *Sortierreihenfolge bei neuer DB*. Normalerweise ist hier *Allgemein* als Sortierreihenfolge für die Sprachen Deutsch, Englisch, Französisch, Spanisch, Portugiesisch und Italienisch selektiert. Ändern Sie das einfach in *Deutsches Telefonbuch* ab.

HINWEIS Die hier gewählte Sortierreihenfolge gilt immer nur für die Erstellung neuer Datenbanken. Möchten Sie die Sortierreihenfolge der aktuellen Datenbank ändern, so ändern Sie die Einstellung im Dialogfeld *Access-Optionen*, und komprimieren Sie anschließend die Datenbank über die Office-Schaltfläche und *Verwalten/Datenbank komprimieren und reparieren*.

Abbildg. 15.12 Hier legen Sie das Sortierschema fest

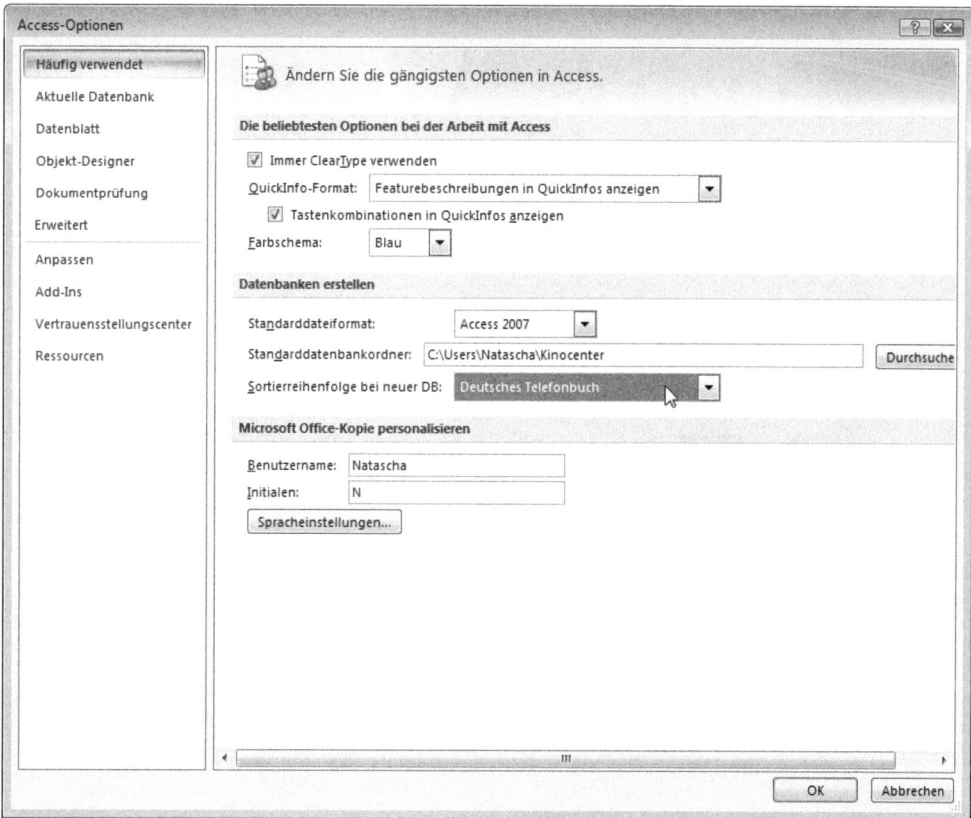

Auswahlkriterien für Abfragen

Interessant werden Abfragen erst durch die Vereinbarung von Auswahlkriterien, die die angezeigten Daten durch Bedingungen einschränken. Sie können so gezielt Daten herausfiltern oder berechnen lassen.

Lassen Sie uns ein neues Beispiel beginnen, das uns mehr Abfragemöglichkeiten als die Adressenliste bietet. Grundlage des Beispiels ist die Tabelle *tblFilme*, die die Stammdaten aller in unserem Beispiel-Kinocenter gezeigten Filme enthält. Wir erstellen dazu eine neue Abfrage, die zunächst nur die beiden Felder *Filmtitel* und *FSK* enthält. Die Filmtitel sollen aufsteigend sortiert werden.

Kapitel 15 Einfache Abfragen

Abbildg. 15.13   Eine neue Abfrage

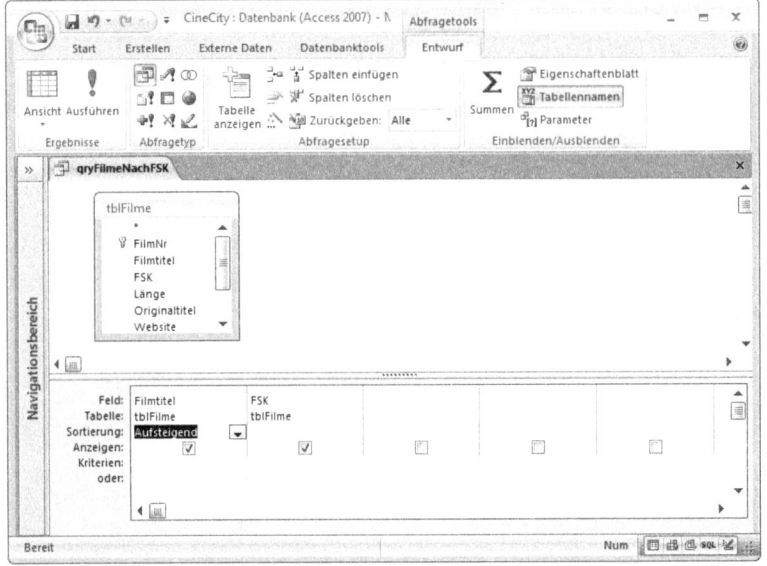

Einfache Bedingungen

»Welche Filme sind frei ab 12 Jahren?« ist eine Fragestellung, die mithilfe einer Abfragebedingung einfach zu beantworten ist.

1. Tragen Sie dazu in die Zeile *Kriterien* der Spalte *FSK* den Wert 12 ein.

Abbildg. 15.14   Bedingung für die Altersfreigabe

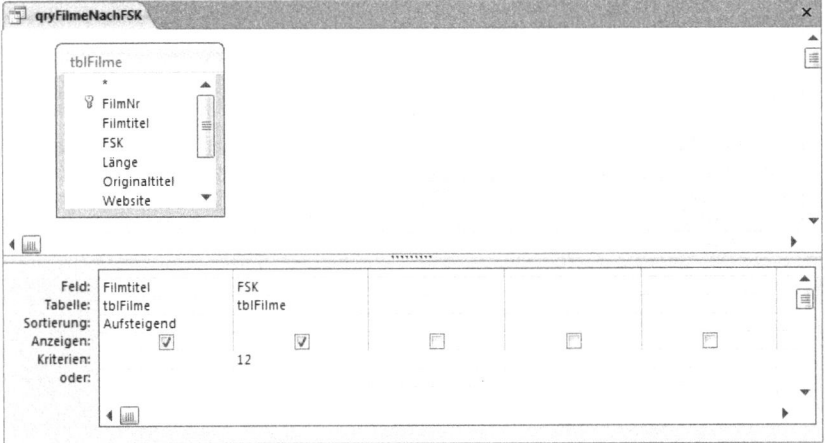

2. Sehen Sie sich das Ergebnis der Abfrage mit der Schaltfläche *Ausführen* an.

286

Abbildg. 15.15 Alle ab 12 Jahre freigegebenen Filme

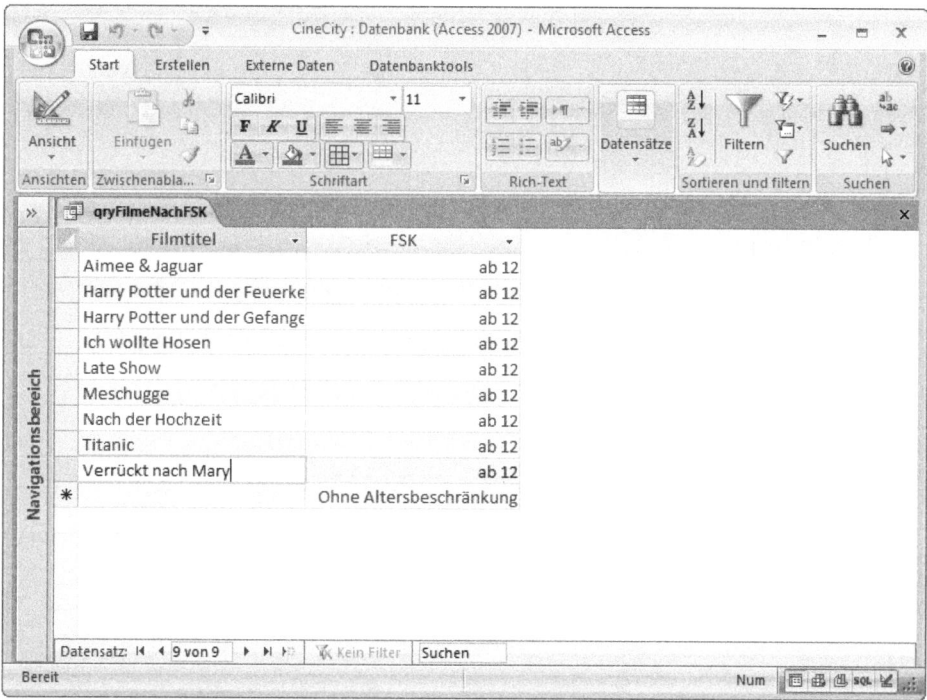

Die Bedingung, nach der die Datensätze selektiert werden, lässt sich mit FSK = 12 beschreiben, Access prüft so, ob der Inhalt des Feldes *FSK* für einen Datensatz gleich dem Wert 12 ist.

HINWEIS Da beim Entwurf der Tabelle *tblFilme* eine Formatierung für *FSK* definiert wurde, werden die Einträge in der in Abbildg. 15.5 gezeigten Form dargestellt.

HINWEIS Sie können die Anzeige der Abfragefelder in der Datenblattansicht ausschalten. Beispielsweise ließe sich das Feld *FSK* unterdrücken, denn in unserem Fall steht da ja immer nur ab 12. Um die Darstellung in der Datenblattansicht zu unterdrücken, entfernen Sie das Häkchen in der entsprechenden Abfragespalte im unteren Bereich in der Zeile *Anzeigen* mit einem Mausklick. Die Bedingung, die für die Spalte vereinbart wurde, wird natürlich immer noch ausgewertet.

Lassen Sie uns nun die Fragestellung »Welche Filme sind frei ab 12 Jahren?« variieren zu »Welche Filme dürfen 12-Jährige ansehen?« Jetzt sollen also alle Filme mit FSK-Angaben kleiner oder gleich zwölf Jahren aufgelistet werden.

Abbildg. 15.16   Ausgeschaltete Anzeige für das Feld *FSK*

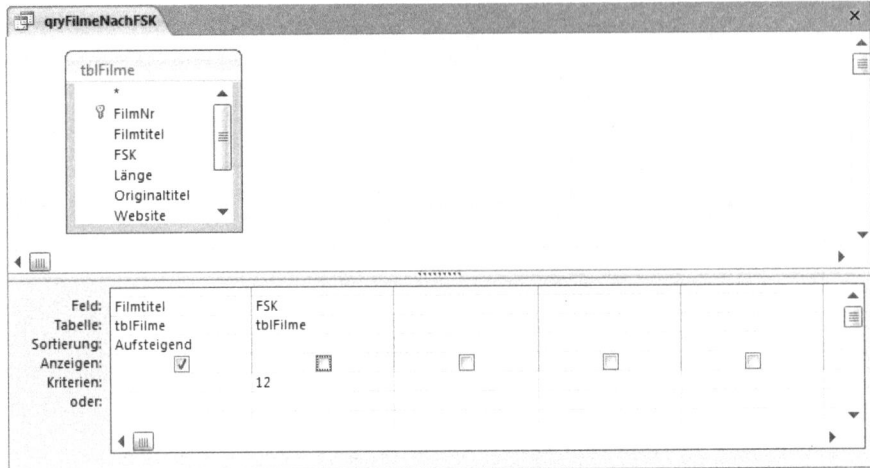

Diese Bedingung können Sie leicht in der Kriterienzeile umsetzen: Die Bedingung »kleiner gleich« schreiben Sie als <=.

Abbildg. 15.17   Geänderte Bedingung

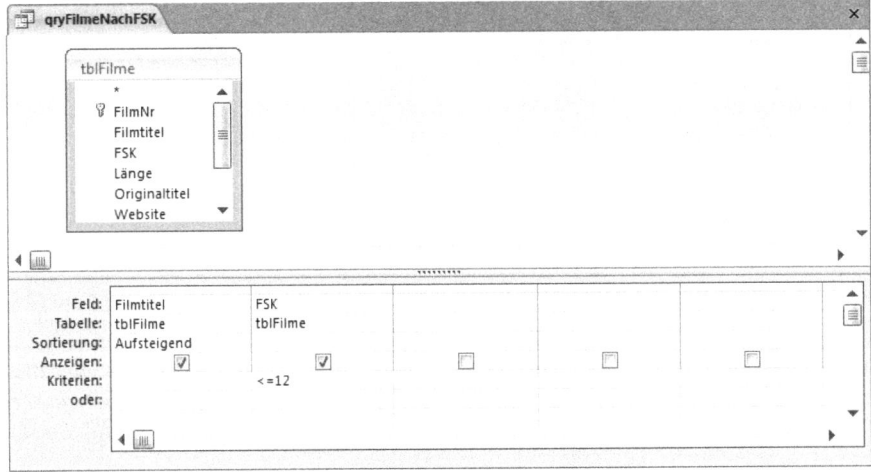

Das Ergebnis zeigt die gewünschten Filme, wie in Abbildg. 15.18 zu sehen. Dazu sollte das Häkchen in der Zeile *Anzeige* für die FSK natürlich wieder eingefügt werden.

Auswahlkriterien für Abfragen

Abbildg. 15.18 Ergebnis der geänderten Abfrage

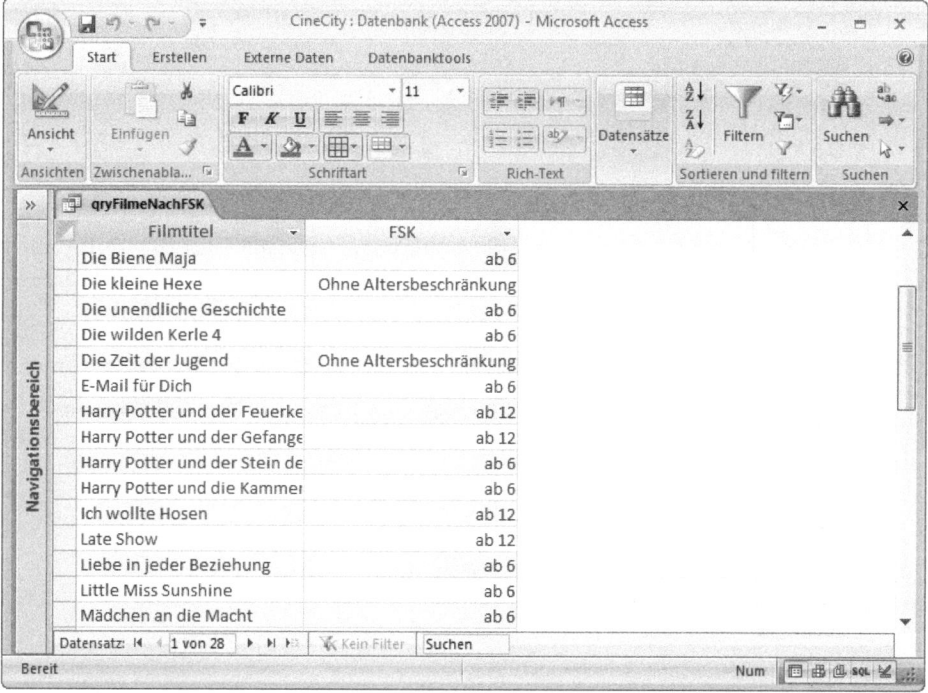

Vergleichsoperatoren

Access kennt die folgenden Vergleichsoperationen:

Tabelle 15.1 Vergleichsoperatoren

Operator	Bedeutung
=	Gleich
<	Kleiner
<=	Kleiner gleich
>	Größer
>=	Größer gleich
<>	Ungleich

Bedingungen für Textfelder

Die Bedingung bezog sich bisher in unserem Beispiel auf den Zahlenwert des Feldes *FSK*. Abfragekriterien lassen sich natürlich auch für Texte vereinbaren. Im Folgenden soll nach dem Film »Happy Feet« gesucht werden.

Wir haben dazu die Bedingung für die Spalte *FSK* entfernt und eine neue für den *Filmtitel* vereinbart.

Abbildg. 15.19 Neue Bedingung für den *Filmtitel*

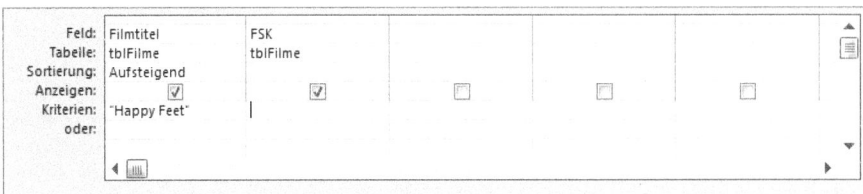

Übrigens ergänzt Access automatisch die Anführungszeichen um "Happy Feet" herum, wenn Sie sie nicht eingeben. Damit wird angezeigt, dass es sich hierbei um einen Text handelt.

HINWEIS Access unterscheidet bei Bedingungen nicht nach Klein- oder Großschreibung.

Nach der Ausführung der Abfrage zeigt Access das Ergebnis in der Datenblattansicht. Es gibt nur einen Datensatz, bei dem der Filmtitel exakt in der Schreibweise vorkommt, die im Kriterium angegeben wurde.

Abbildg. 15.20 Ergebnis: Ein Datensatz

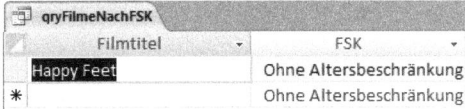

Auch für Texte können Sie die in Tabelle 15.1 aufgeführten Vergleichsoperatoren einsetzen, wie es das folgende Beispiel zeigt.

Abbildg. 15.21 Neue Vergleichsbedingung

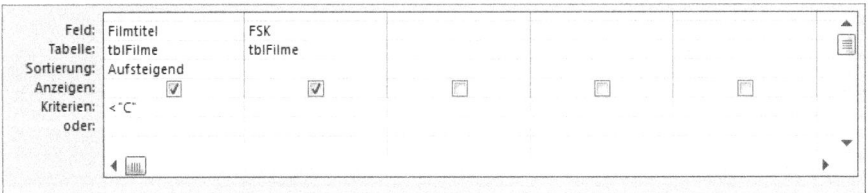

»Was ist kleiner als "C"?« werden Sie jetzt fragen. Alles, was vor dem Buchstaben »C« in der ANSI- bzw. Unicode-Codierung vorkommt! Das sind alle Filme, die mit A oder B beginnen.

Abbildg. 15.22 Ein Filmtitel ist kleiner als »C«

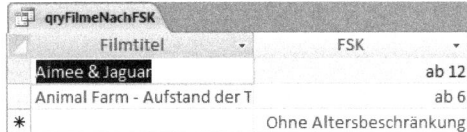

Was passiert, wenn Sie die Bedingung zu <="D" abändern? Sie erhalten mit unseren Testdaten das gleiche Ergebnis! Das ist leicht zu erklären, denn ein Film mit dem Namen »C« findet sich nicht in unserer Tabelle.

Möchten Sie auch alle Filme mit dem Anfangsbuchstaben »D« in der Liste haben, so ist die Bedingung <"E" besser. Wie Sie Abfragen für »Zeige mir alle Filmtitel, die mit dem Buchstaben D beginnen« realisieren, beschreiben wir weiter unten.

Bedingungen für Datumsfelder

Kriterien lassen sich auch für Datumsfelder angeben. Lassen Sie sich alle Filme auflisten, deren Bundesstartdatum vor dem 1.2.2007 war.

1. Erstellen Sie eine Abfrage mit den Feldern *Bundesstartdatum* und *Filmtitel*.
2. Fügen Sie in das Kriterienfeld des Bundesstartdatums <1.2.2007 ein.

Abbildg. 15.23   Kriterium für Datumsfeld

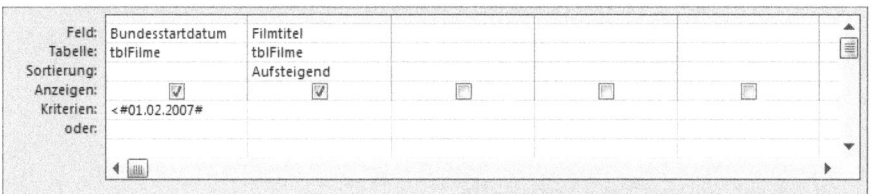

Datumswerte werden von Access automatisch von »#«-Zeichen umschlossen. Anstelle von Punkten zwischen der Angabe des Tages, Monats und Jahres können Sie auch Schrägstriche, »/«, oder Bindestriche, »-«, verwenden.

Abbildg. 15.24   Alle Filme vor dem 1.2.2007

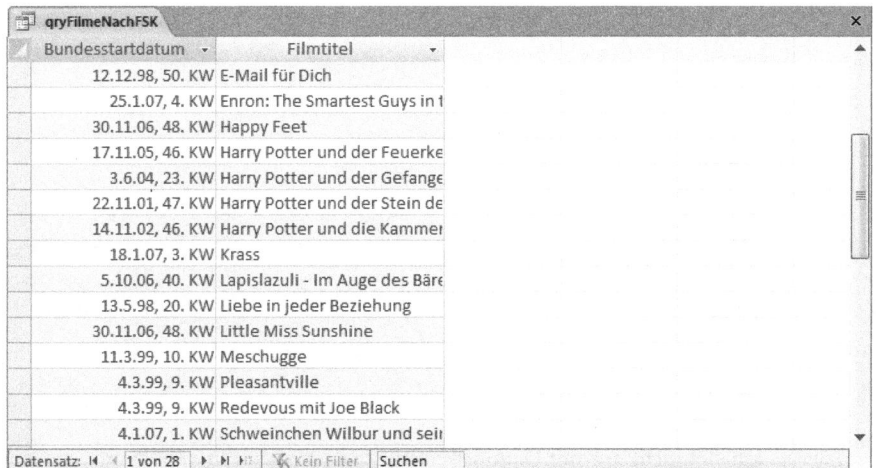

Wollen Sie auf Nummer sicher gehen, dass Ihre Datumskriterien richtig interpretiert werden, so geben Sie die »#«-Zeichen mit ein. In Kapitel 16, Abschnitt »Rechnen mit Datumswerten«, beschreiben wir ausführlich die Arbeit mit Datumskriterien.

> **HINWEIS** Beachten Sie, dass die Darstellung des Abfrageergebnisses formatiert erfolgt, je nachdem, welche Formate beim Tabellenentwurf der zugrunde liegenden Tabellen definiert wurden. Die Bedingungen in der Kriterienzeile müssen nicht formatiert angegeben werden.

Der »Zwischen«-Operator

Mit dem »Zwischen«-Operator bietet Ihnen Access ein Hilfsmittel, mit dem Sie schnell den auszuwählenden Bereich einschränken können. Wollen Sie sich nicht die ganzen alten Filme anzeigen lassen, wie in Abbildg. 15.24, möchten Sie also beispielsweise ermitteln, welche Filme im Dezember 2006 oder im Januar 2007 in die Kinos kamen, so könnten Sie die Abfrage durch das Kriterium Zwischen #1.12.2006# Und #1.2.2007# entsprechend definieren.

Abbildg. 15.25   Einschränkung mit dem »Zwischen«-Operator

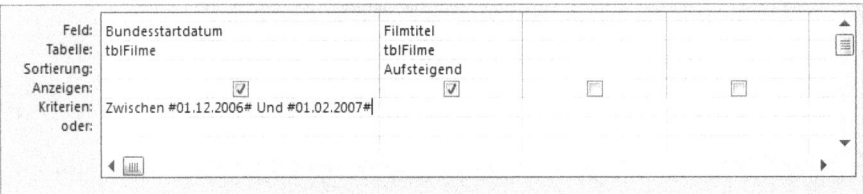

Der Operator ermittelt alle Filme im angegebenen Zeitraum, wobei die Werte inklusive zu verstehen sind, d.h., in unserem Beispiel gehören auch die Filme (soweit es welche gibt) vom 1.12. und 1.2. zum Ergebnis.

Abbildg. 15.26   Alle Filme zwischen 1.12. und 1.2.

»Zwischen« arbeitet nicht nur mit Datumswerten, sondern auch mit Zahlen oder Texten. Beispielsweise werden mit der Bedingung *Zwischen 6 Und 12* für das Feld *FSK* alle Filme selektiert, die eine Freigabe von 6 oder 12 Jahren oder einen beliebigen Wert dazwischen haben.

Die Bedingung Zwischen "B" Und "E" für das Feld *Filmtitel* ermittelt alle Filme, die mit den Buchstaben B, C und D beginnen, inklusive eines Films mit dem Titel »E«. Beachten Sie, dass Sie bei Textvergleichen die Texte in Anführungszeichen einschließen müssen. Allerdings versucht Access mitzudenken, denn wenn Sie in der Kriterienzeile mit dem Wort Zwischen beginnen, wird der nächste Texteintrag automatisch in Anführungszeichen gesetzt.

Der »Wie«-Operator

Der flexibelste Operator für die Angabe von Kriterien ist Wie. Mit seiner Hilfe lassen sich auch komplizierte Bedingungen leicht umsetzen, allerdings eignet er sich nur für Textfelder. Der Operator wird ergänzt durch mehrere Platzhaltersymbole, die für eine feste oder variable Anzahl beliebiger Zeichen stehen können.

Die Platzhalter »*« und »?«

Wie finden Sie heraus, welche Filmtitel mit dem Buchstaben D beginnen?

Verwenden Sie dazu D* als Kriterium. Dabei steht * für eine beliebige Anzahl beliebiger Zeichen.

Abbildg. 15.27   Suche nach allen Filmtiteln, die mit *D* beginnen

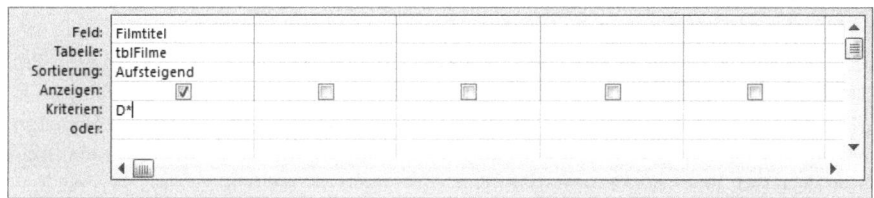

Access setzt Ihre Eingabe nach Verlassen des Bedingungsfeldes zu Wie "D*" um.

Abbildg. 15.28   Umwandlung durch Access

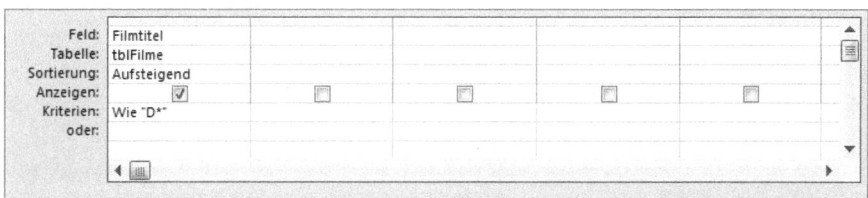

Das Ergebnis der Abfrage sind alle Filme, die mit einem »D« beginnen. Schreiben Sie allerdings als Bedingung "D*" mit den Anführungszeichen, so werden nur die Filme selektiert, deren Titel exakt »D*« lautet. Wichtig für Abfragen mit dem Platzhalter »*« ist also der Operator Wie.

Die Bedingung Wie "D*N" ergibt alle Filme, deren Titel mit »D« beginnen und mit »N« enden. Das Ergebnis zeigt die folgende Abbildung.

Abbildg. 15.29 Ergebnis der Abfrage Wie "D*N" für den Filmtitel

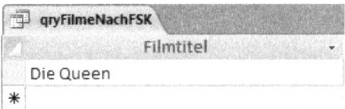

Der zweite Platzhalter für den Wie-Operator ist das Fragezeichen. Das Fragezeichen steht für ein beliebiges Zeichen. Stellen Sie sich vor, Sie möchten aus einer Adressenliste alle Nachnamen herausfiltern, die »Maier« oder »Meier« heißen, da Sie sich nicht mehr an die genaue Schreibweise erinnern. Mit Wie "M?ier" würden Sie mithilfe des Wie-Operators schnell zum Ziel kommen.

Sternchen und Fragezeichen lassen sich auch kombinieren bzw. mehrfach einsetzen. So würde Wie "M??er" alle Meier in beliebiger Schreibweise ermitteln, allerdings auch die Nachnamen »Mauer« oder »Maler«. Mit Wie "M?ier*" erhielten Sie als Ergebnis »Meiermann«, »Maierle« usw.

Sie können eine Bedingung auch mit Sternchen oder Fragezeichen beginnen, beispielsweise mit Wie "*mann" alle Namen selektieren, die auf »mann« enden. Beachten Sie dabei, dass Access zur Lösung der Abfrage alle Datensätze Ihrer Tabelle durchsuchen muss, während in den Fällen, in denen der Platzhalter nicht am Anfang steht, Access gegebenenfalls Indizes zur schnelleren Abfrage nutzen kann.

Der Platzhalter »#«

Der Platzhalter »#« steht für eine beliebige Ziffer. Stellen Sie sich vor, Sie hätten eine Tabelle für die Artikel angelegt, die am Kiosk im Kinocenter verkauft werden, also Erdnüsse, Chips, Eis usw. Jeder Artikel besitzt eine eindeutige Artikelnummer. Diese Nummer setzt sich aus der Warengruppe, einer laufenden Nummer, einem Preiscode und einer Kennung für die Mehrwertsteuer zusammen, z.B. 032-01234-D-7. Die Artikelnummer muss in der Tabelle als Textfeld angelegt werden, denn führende Nullen, Bindestriche und Buchstaben lassen sich nicht in Zahlenfelder eingeben.

Abbildg. 15.30 Die Artikeltabelle

Artikelnumm	Bezeichnung	Einkaufspre	Verkaufspre
032-01234-A-7	Gummibärchen	0,60 €	1,00 €
032-01235-A-7	Schokoriegel	0,50 €	0,70 €
032-01236-A-7	Erdnüsse	0,60 €	1,10 €
034-10000-A-7	Popcorn	0,30 €	2,00 €
034-20000-A-7	Nacho-Chips	1,00 €	2,50 €
03F-00001-B-7	Eis am Stiel	1,00 €	1,10 €
03F-00002-B-7	Eiskonfekt	1,50 €	2,00 €
03F-00003-B-7	Eisbecher	2,00 €	2,50 €
100-00001-D-15	Baseballmütze	6,00 €	12,50 €
100-00002-E-15	T-Shirt	9,00 €	15,00 €
200-12345-B-7	Wasser kl. Flasche	0,30 €	1,00 €
200-12346-B-7	Wasser gr. Flasche	0,50 €	2,00 €
200-22222-B-7	Limonade	0,50 €	2,00 €
200-33333-B-7	Cola	0,50 €	2,00 €
200-44444-B-7	Blubberwasser	0,50 €	1,80 €

Sie möchten nun alle Artikel der Warengruppen »032« und »034«, aber nicht die Gruppe »03F« aus Ihrer Artikeltabelle selektieren.

Verwenden Sie Wie "03*", so werden auch die Artikel der Warengruppe »03F« gezeigt. Mit dem »#«-Platzhalter können Sie festlegen, dass das dritte Zeichen der Artikelnummer eine Ziffer sein soll. Das Kriterium lautet damit Wie "03#*".

Abbildg. 15.31 Abfrage nach Warengruppen

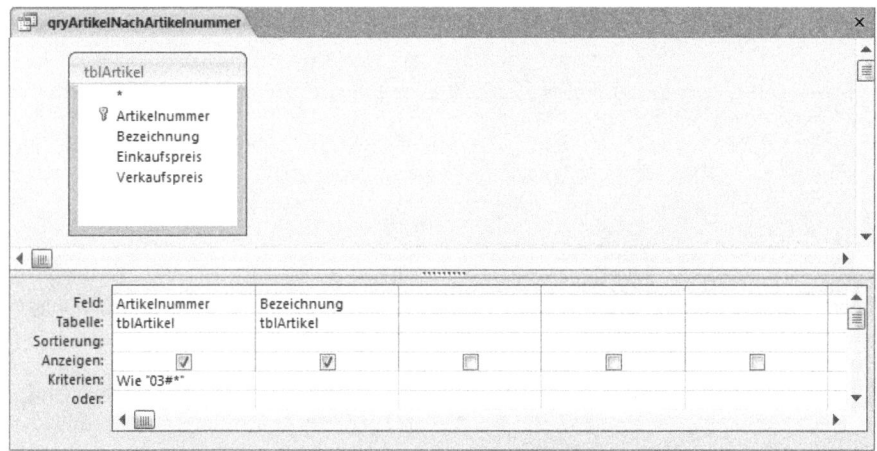

Das Ergebnis der Abfrage nach Warengruppen zeigt Abbildg. 15.32.

Abbildg. 15.32 Die Warengruppen »03#*«

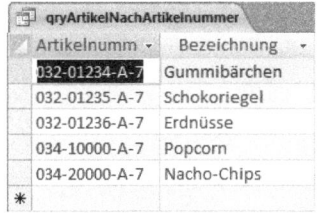

Mit Klammern schnell zum Ziel

Der Wie-Operator bietet Ihnen noch weitere Möglichkeiten. Lassen Sie uns für das nächste Beispiel zurück zur Tabelle mit den Filmtiteln kommen. Möchten Sie jetzt alle Filme auflisten, deren Titel mit den Buchstaben »D«, »T« oder »R« beginnen, so müssten Sie nach dem bisherigen Stand drei Abfragen erstellen. Access ermöglicht es Ihnen, das Ganze in eine Abfrage zu packen. Lernen Sie dazu einen neuen Platzhalter kennen oder eigentlich ein Platzhalterpärchen. Die Bedingung, um die Filmtitel mit »D«, »T« oder »R« zu selektieren, können Sie als Wie "[DTR]*" schreiben.

Abbildg. 15.33   Abfrage mit dem Platzhalterpärchen »[ ]«

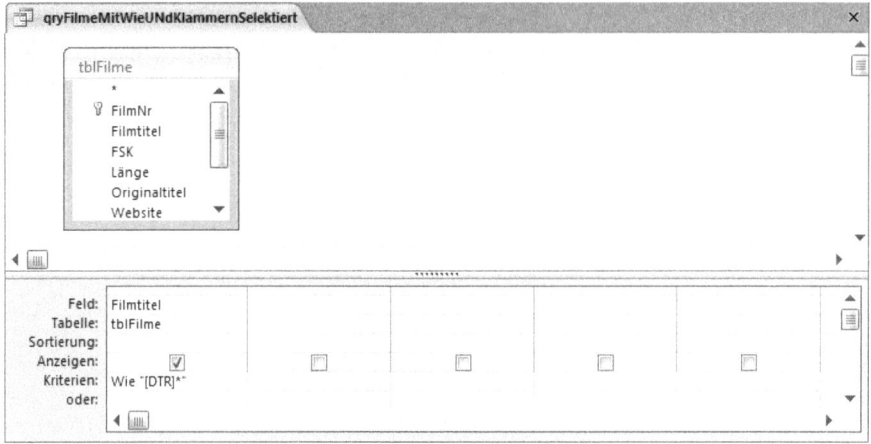

Innerhalb der eckigen Platzhalterklammern geben Sie die Zeichen an, nach denen ausgewählt werden soll. Die Platzhalterklammern halten den Platz für genau ein Zeichen frei.

HINWEIS   Bei der Formulierung dieser Abfrage ist es wichtig, sich an die richtige Schreibweise zu halten. Sie müssen sowohl das *Wie* als auch die Anführungszeichen mit eintippen, um die Abfrage starten und ausführen zu können.

Abbildg. 15.34   Alle Filme, die mit »D«, »R« oder »T« beginnen

Tabelle 15.2 zeigt Ihnen die Möglichkeiten, die Ihnen die »[ ]«-Platzhalter bieten. Sie können den Bindestrich für Von-Bis-Angaben und das Ausrufezeichen zur Verneinung einsetzen.

HINWEIS   Achten Sie darauf, dass bei Von-Bis-Angaben wie beispielsweise *[A-F]* die Reihenfolge korrekt ist. Versuchen Sie die Abfrage mit *[F-A]* zu definieren, so erhalten Sie eine Fehlermeldung.

Tabelle 15.2 Platzhaltervarianten

Variante	Ergebnis
[AFKO]	A, F, K, O
[A-F]	A, B, C, D, E, F
[A-FMPX]	A, B, C, D, E, F, M, P, X
[ADM-PZ0-37]	A, D, M, N, O, P, Z, 0, 1, 2, 3, 7
[!A]	Alle außer A
[!A-F]	Alle außer A, B, C, D, E, F

Suche nach den Platzhalterzeichen

Was aber, wenn Sie nach einem Platzhalterzeichen selbst suchen müssen? Bei der Eingabe der Filme lagen einige Filmtitel noch nicht in der endgültigen deutschen Übersetzung vor. Damit diese Filme schnell wieder gefunden und gegebenenfalls korrigiert werden können, wurde jeweils ein Fragezeichen vor den Filmtitel gesetzt. Wie lassen sich nun diese Filmtitel selektieren?

Versuchen wir es mit Wie "?*", so entspricht das Abfrageergebnis einer Abfrage mit Wie "*", d.h., es werden alle Filme aufgeführt. Die Lösung für dieses Problem ist wieder das Platzhalterpärchen »[ ]«. Geben Sie als Bedingung Wie "[?]*" an, so werden nur die Einträge aufgeführt, die mit einem Fragezeichen beginnen. Bei Platzhalterzeichen, die innerhalb der eckigen Klammern angegeben werden, wird nach dem Zeichen selbst gesucht.

Der »In«-Operator

Der In-Operator ermöglicht es Ihnen, eine Liste von Werten als Kriterium zu übergeben. Es werden dann nur diejenigen Einträge selektiert, die einem Wert der Liste entsprechen. Geben Sie als Bedingung für den Filmtitel In ("Happy Feet";"Dreamgirls") an, so werden nur diese beiden Filme selektiert.

Abbildg. 15.35 In-Bedingung

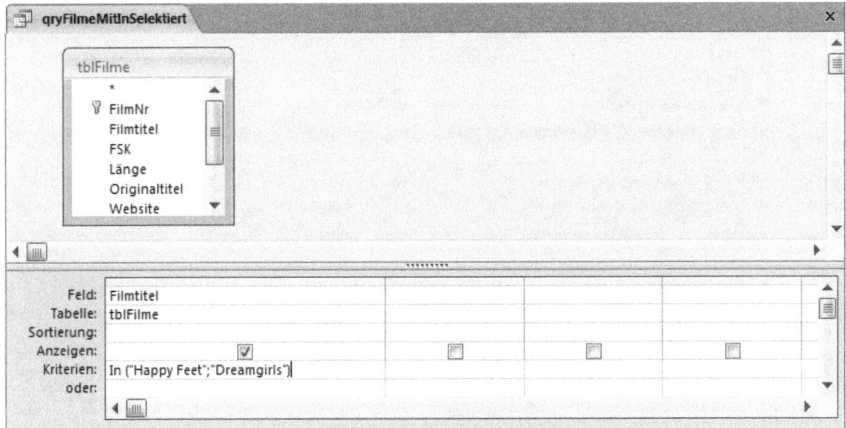

Die Liste der Werte innerhalb der Klammern für den In-Operator kann fast beliebig lang sein. Alle Werte werden durch ein Semikolon voneinander getrennt.

Abbildg. 15.36 Die gewünschten beiden Filme

Der In-Operator ist, im Unterschied zu Wie, nicht nur für Texte gedacht, sondern arbeitet auch mit Zahlen und Datumswerten.

Der »Nicht«-Operator

Mithilfe des Operators *Nicht* können Sie eine Bedingung negieren. Nicht "Happy Feet" als Kriterium für den Filmtitel beispielsweise würde alle Filme selektieren außer »Happy Feet«. Nicht lässt sich mit den oben besprochenen Operatoren kombinieren, beispielsweise Nicht Zwischen 6 und 12 oder Nicht Wie "B*".

Sonderfall: NULL-Werte

Der Wert NULL zeigt die »Leere« eines Datenfeldes an. Ein Feld hat den Wert NULL, wenn es keinen definierten Inhalt hat. NULL darf nicht mit der Zahl 0, einer leeren Zeichenfolge "" oder einem Leerzeichen verwechselt werden.

In Abbildg. 15.37 sehen Sie einen Ausschnitt aus der Filmliste. Für einige Filme wurde der Titel des Originals erfasst, für alle anderen wurde in dieses Feld nichts eingetragen.

Abbildg. 15.37 Filmliste

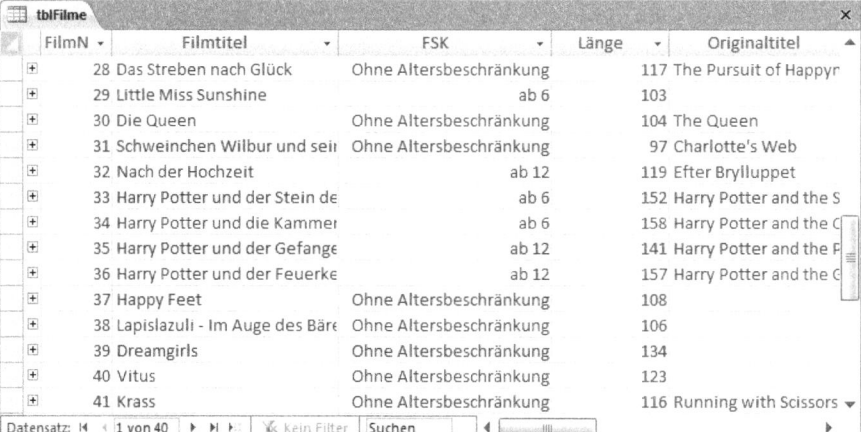

Sie möchten nun alle Filme auflisten, für die noch kein Originaltitel eingetragen wurde. Wie lautet die Bedingung für die Abfrage? Sie könnten versuchen, die Abfrage wie in Abbildg. 15.38 zu formulieren.

Abbildg. 15.38   Erster Versuch

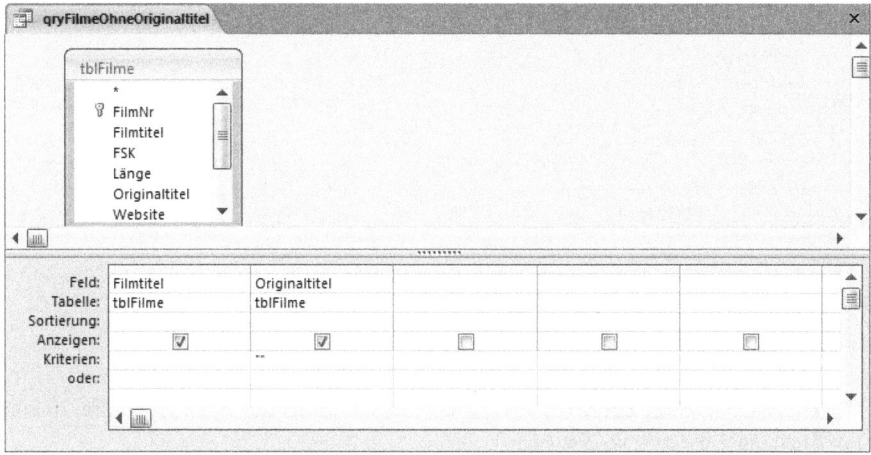

Leider ist das Ergebnis der Abfrage nicht das, was wir erreichen wollten, denn das Ergebnis enthält keinen einzigen Datensatz.

Um es kurz zu machen: Um leere Felder zu ermitteln, können Sie den speziellen Wert NULL verwenden. Abbildg. 15.39 stellt die geänderte Abfrage dar. Beachten Sie dabei, dass hier nicht auf =Null abgefragt wird, sondern Access das zusätzliche Befehlswort Ist verwendet, das nur im Zusammenhang mit NULL eingesetzt werden kann.

Abbildg. 15.39   Geänderte Abfragebedingung

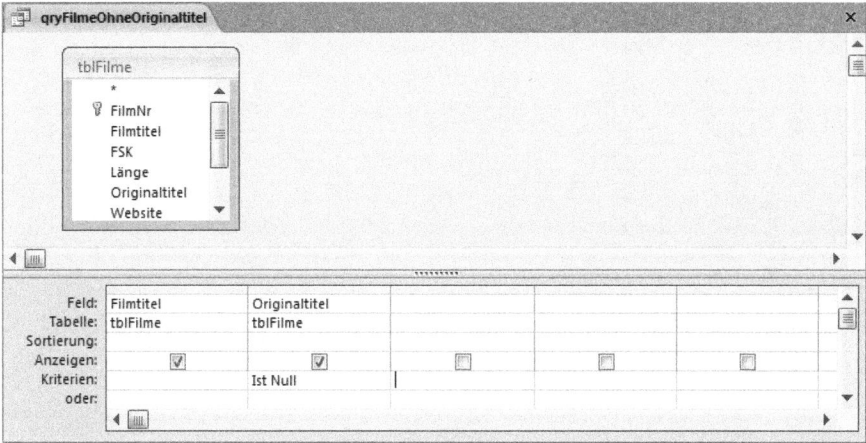

Das Ergebnis der Abfrage umfasst alle Datensätze, für die noch kein Originaltitel eingegeben wurde.

Abbildg. 15.40 Ergebnis der geänderten Abfrage

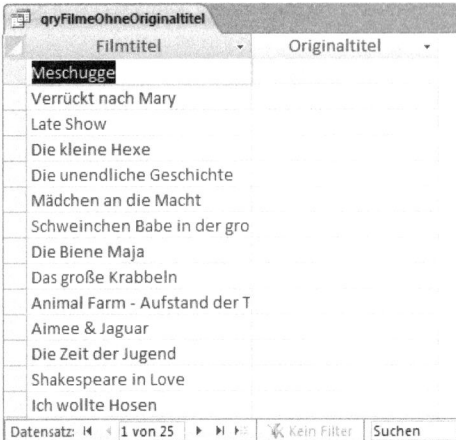

Möchten Sie alle Filme ermitteln, für die schon ein Originaltitel definiert wurde, so können Sie mit Ist Nicht Null die Abfrage festlegen.

Mehrere Kriterien gleichzeitig verwenden

Access ermöglicht es Ihnen auch, mehrere Bedingungen gleichzeitig anzugeben. So lassen sich alle Filme ermitteln, deren Titel mit »D« anfängt und die länger als 100 Minuten dauern. In Abbildg. 15.41 wurden beide Bedingungen in die gleiche Kriterienzeile geschrieben.

Abbildg. 15.41 Hier wurden zwei Bedingungen vereinbart

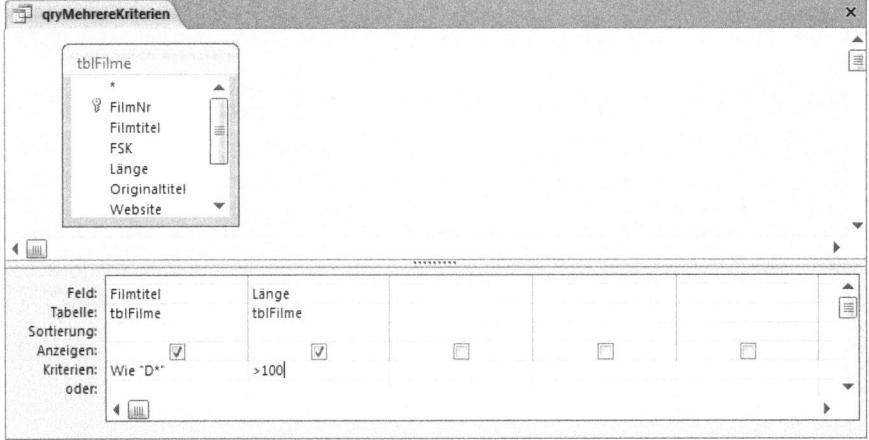

Möchten Sie dagegen alle Filmtitel auflisten, die mit »D« beginnen oder deren Länge mehr als 100 Minuten beträgt, so werden die Bedingungen in verschiedene Kriterienzeilen eingesetzt.

Auswahlkriterien für Abfragen

Abbildg. 15.42 Entweder – oder!

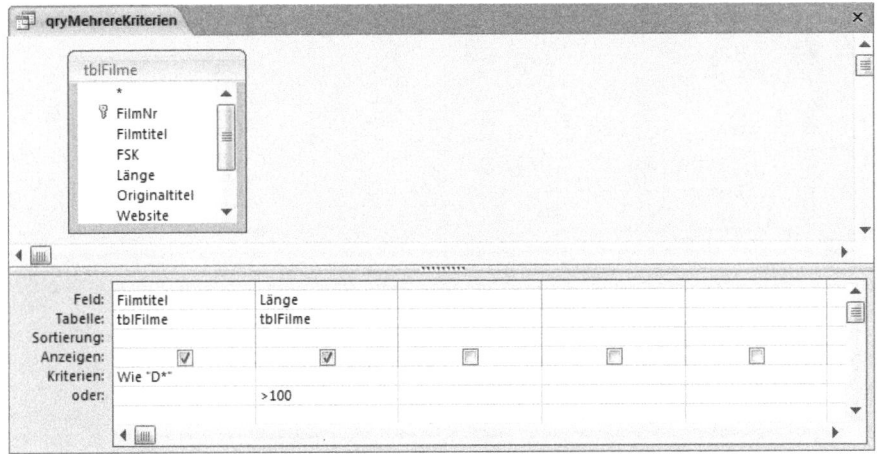

Möchten Sie mehrere Bedingungen für das gleiche Feld vereinbaren, so können Sie sie mit dem Befehlswort Und verketten, wie es Abbildg. 15.43 illustriert. Hier werden alle Filme selektiert, deren Laufzeit zwischen 100 und 120 Minuten liegt.

Abbildg. 15.43 Mit *Und* verknüpft

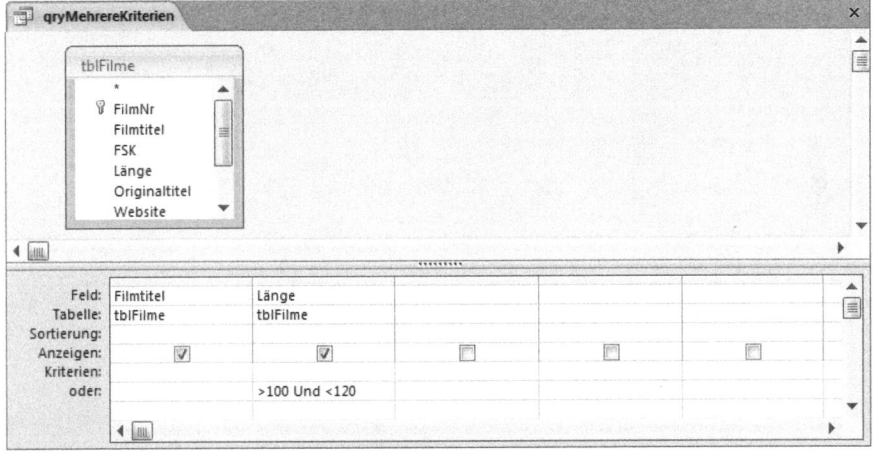

Möchten Sie dagegen alle Filme ermitteln, deren Titel entweder mit »D« oder mit »T« beginnt, so können Sie die Bedingung als Wie "D*" Oder Wie "T*" schreiben.

Abbildg. 15.44 Mit *Oder* verknüpft

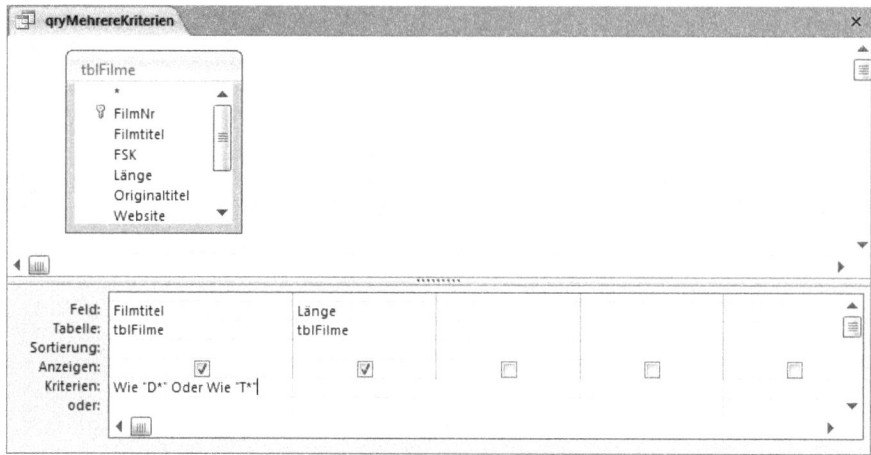

Alternativ zur Schreibweise in Abbildg. 15.44 könnten Sie auch die Bedingungen für den Filmtitel untereinander in zwei Kriterienzeilen festlegen, wie es Abbildg. 15.45 zeigt. Das Ergebnis ist in beiden Fällen gleich.

Abbildg. 15.45 Alternative *Oder*-Schreibweise

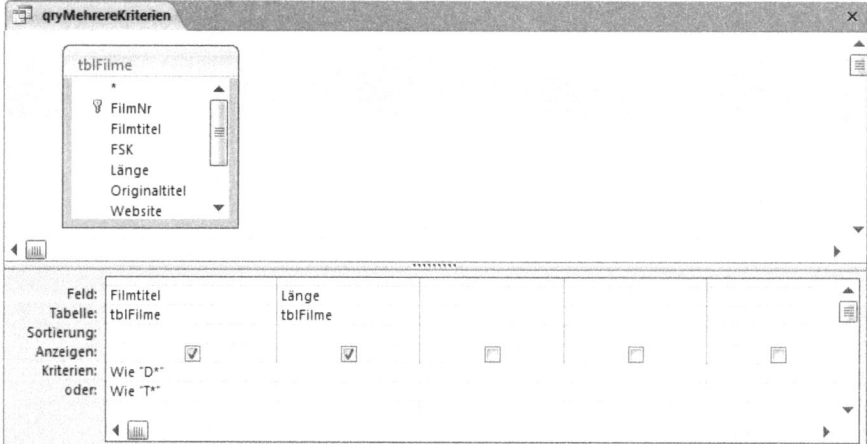

Abfragebeispiele

In diesem Abschnitt möchten wir Ihnen eine Reihe von Beispielen für Abfragekriterien geben. Alle Beispiele beziehen sich auf die Tabelle *tblFilme*.

Tabelle 15.3 Abfragebeispiele

Fragestellung	Bedingung	Alternative
Alle Filme, deren Bundesstartdatum im Januar 2007 lag	für *Bundesstartdatum*: `Zwischen #01.01.2007# Und #31.01.2007#`	für *Bundesstartdatum*: `>= #01.01.2007# Und <= #31.01.2007#`
Alle Filme, deren Bundesstartdatum nicht im vierten Quartal 2006 lag	für *Bundesstartdatum*: `Nicht Zwischen #01.10.2006# Und #31.12.2006#`	für *Bundesstartdatum*: `<#01.10.2006# Und >#31.12.2006#`
Nur die Filme »Happy Feet«, »Dreamgirls« und »Little Miss Sunshine«	für *Filmtitel*: `In ("Happy Feet"; "Dreamgirls"; "Little Miss Sunshine")`	für *Filmtitel*: `"Happy Feet" Oder "Dreamgirls" Oder "Little Miss Sunshine"`
Alle Filme, für die die Länge in Minuten mit 0 angegeben wurde	für *Länge*: `=0`	
Alle Filme, für die noch keine Länge angegeben wurde	für *Länge*: `Ist Null`	
Alle Filme, für die die Länge mit 0 oder für die die Länge noch nicht angegeben wurde	für *Länge*: `=0 Oder Ist Null`	
Alle Filme, die mit »Potter« im Filmtitel gekennzeichnet sind	für *Filmtitel*: `Wie "*Potter*"`	
Alle Filmtitel, die mit einer Ziffer beginnen	für *Filmtitel*: `Wie "#*"`	für *Filmtitel*: `Wie "[0-9]*"`
Alle Filme, deren Bundesstartdatum im Januar 2007 lag und die ab 16 Jahren freigegeben sind	für *Bundesstartdatum*: `Zwischen #01.01.2007# Und #30.01.2007#` Und für *FSK*: `=16`	für *Bundesstartdatum*: `>= #01.01.2007# Und <= #30.01.2007#` Und für *FSK*: `=16`

Parameterabfragen definieren

Die Bedingungen von Abfragen werden mit den Abfragen gespeichert. Bei einem erneuten Ausführen der Abfrage werden also die gespeicherten Kriterien angewendet. Möchten Sie die Bedingungen ändern, so müssen Sie in die Entwurfsansicht für Abfragen schalten und die gewünschten Änderungen vornehmen.

Parameterdefinition

Access bietet Ihnen die Möglichkeit, Ihre Abfragen flexibler zu gestalten. Sie können in Ihren Abfragen Parameter definieren, die beim Ausführen der Abfragen in einem Dialogfeld von Ihnen abgefragt werden. Am einfachsten lassen sich Parameter mit einem Beispiel erklären.

Sie möchten alle Filme auflisten, die für ein bestimmtes Alter freigegeben sind. Die Abfrage soll vor der Ausführung nachfragen, für welches Alter die Filmtitel aufgeführt werden sollen.

1. Erstellen Sie eine neue Abfrage mit den Feldern *Filmtitel* und *FSK*.
2. Fügen Sie folgendes Kriterium für FSK ein:

Abbildg. 15.46   Definition der Parameterabfrage

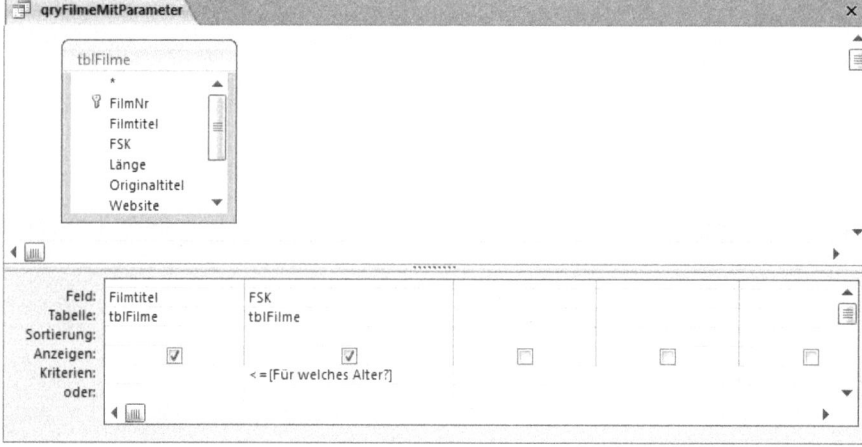

Ein Parameter wird in eckige Klammern eingeschlossen. Der Text in den Klammern kann beliebige Zeichen enthalten.

ACHTUNG   Der in die eckigen Klammern eingeschlossene Text darf nicht der Bezeichnung eines Feldes entsprechen.

Bei der Ausführung der Abfrage wird das in Abbildg. 15.47 gezeigte Dialogfeld eingeblendet.

Abbildg. 15.47   Dialogfeld zum Eingeben eines Parameters

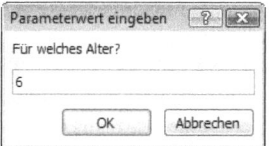

Geben Sie nun das gewünschte Alter ein, so wird die Abfrage mit diesem Wert durchgeführt.

Was aber, wenn anstelle einer Zahl, die für die Bedingung des Freigabealters erwartet wird, irrtümlich ein Text eingegeben wird? Access reagiert darauf mit einer Fehlermeldung (Abbildg. 15.49).

Parameterabfragen definieren

Abbildg. 15.48 Alle Filme frei ab 6 Jahren

Abbildg. 15.49 Fehlermeldung

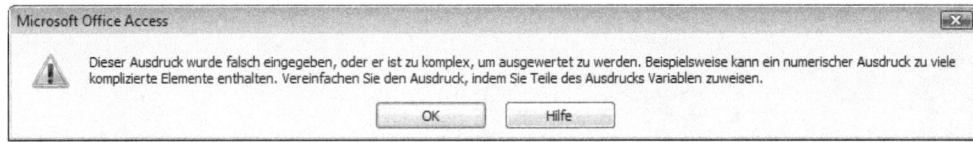

Im Abschnitt »Vordefinierte Parameter« weiter unten im Text stellen wir Ihnen eine Access-Funktion vor, die falsche Parametereingaben vermeiden hilft.

Ein weiteres Beispiel für Parameter zeigt Abbildg. 15.50. Hier wird der Textteil einer Wie-Bedingung vom Benutzer abgefragt. Durch den Einsatz des Wie-Operators erhält der Benutzer die Möglichkeit, mit Platzhaltersymbolen zu arbeiten.

Abbildg. 15.50 Parameter für den Filmtitel

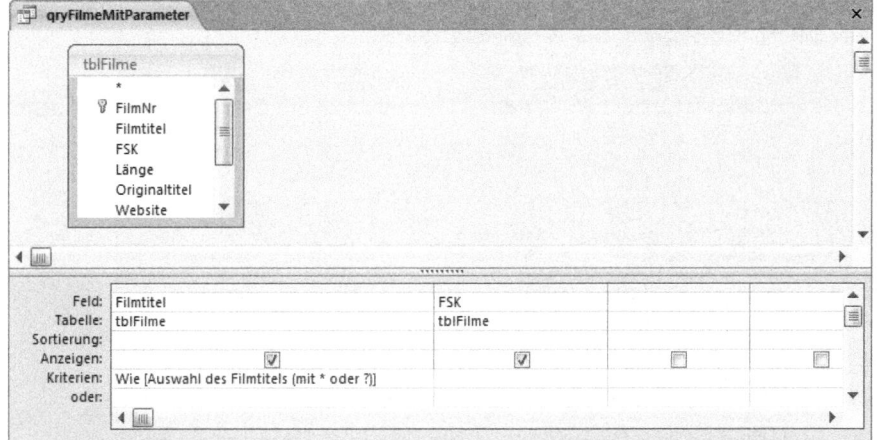

Im Text für den Parameter wurde mit angegeben, dass die Eingabe von Platzhaltern zulässig ist.

Abbildg. 15.51 Abfrage des Parameters

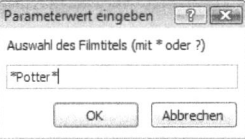

Oft empfiehlt es sich, für die Wie-Abfrage ein Sternchen automatisch zu ergänzen. Wie in Abbildg. 15.52 gezeigt, wurde der Bedingung mit dem Parameter ein Sternchen mithilfe des &-Zeichens angehängt. & verkettet zwei Zeichenketten. Das hat zur Folge, dass jegliche Eingabe für den Parameter durch ein angehängtes Sternchen erweitert wird.

Abbildg. 15.52 Um Sternchen ergänzte Bedingung

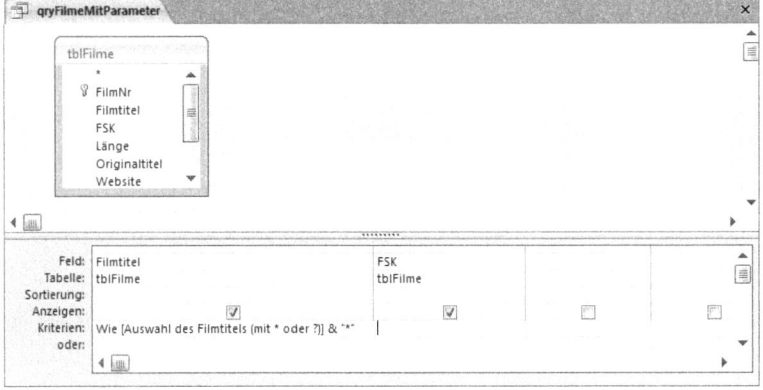

Mehrere Parameter

Sie können für Ihre Abfrage auch zwei oder mehrere Parameter vereinbaren. Access fragt alle Parameter nacheinander in jeweils eigenen Dialogfeldern ab.

Abbildg. 15.53 Hier werden nacheinander zwei Parameter abgefragt

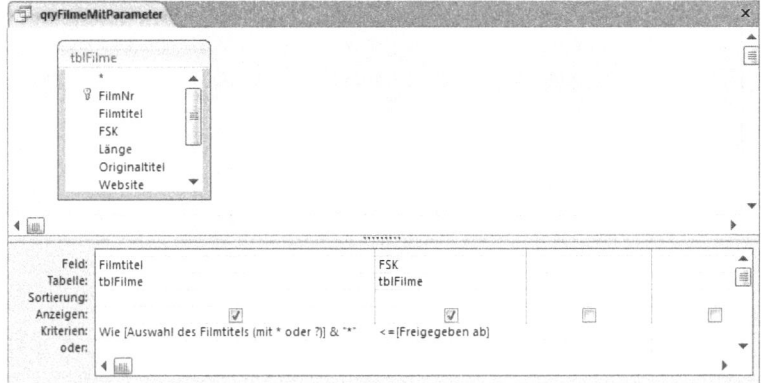

Parameterabfragen definieren

> **HINWEIS** In Teil E, »Berichte«, stellen wir Ihnen in Kapitel 30, »Formulare für Berichte«, vor, wie Sie Formulare zur Eingabe von variablen Werten für Ihre Abfragen nutzen können. Mit dem Ergebnis der Abfrage wird dann ein Bericht erstellt.

Vordefinierte Parameter

Sie können Access zu einer Typüberprüfung bei der Eingabe von Parametern veranlassen, indem Sie die Parameter vordefinieren. Damit wird verhindert, dass Sie z.B. Texte statt Zahlen oder falsche Datumswerte angeben. Rufen Sie dazu in der Entwurfsansicht über die Schaltfläche *Parameter* das in Abbildg. 15.54 gezeigte Dialogfeld auf. Geben Sie in der Spalte Parameter die von Ihnen gewünschte Parameterbezeichnung ein und wählen Sie dazu rechts einen entsprechenden Felddatentyp.

Abbildg. 15.54 Dialogfeld *Abfrageparameter*

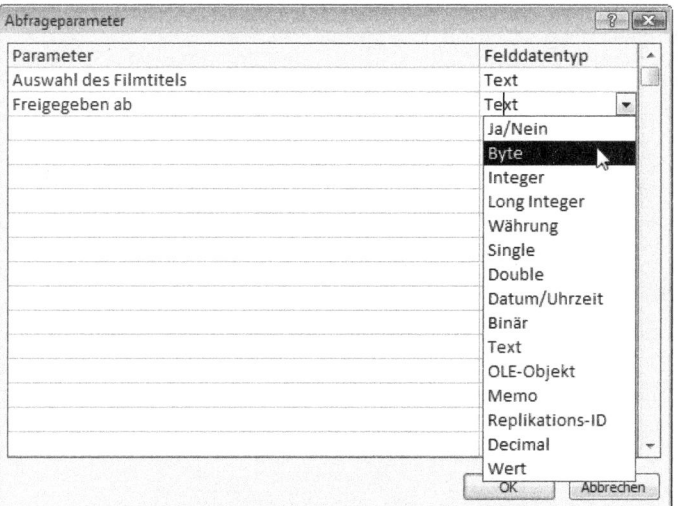

In diesem Fenster können Sie Parameter hinzufügen und ändern. Die Parameter werden nicht automatisch eingefügt, sondern müssen manuell von Ihnen eingegeben werden. Dabei muss der Text im Feld *Parameter* dem Text in der Zeile *Kriterien* genau entsprechen. Neben dem Parametertext wird hier auch der *Felddatentyp* des entsprechenden Parameters festgelegt.

Der Sinn dieses Dialogfeldes besteht darin, eine Beziehung zwischen dem definierten Kriterium und dem Felddatentyp herzustellen, um eine Prüfung des Felddatentyps bei der Parametereingabe zu ermöglichen. Beispielsweise kann eine Bedingung für das *Bundesstartdatum* nur dann richtig ausgeführt werden, wenn für den Parameter [Bundesstartdatum ab:] ein gültiges Datum eingegeben wird.

Wird die Abfrage ausgeführt, erhalten Sie zur Eingabe das entsprechende Dialogfeld angezeigt. Entspricht Ihre Eingabe nicht dem für den Parameter vereinbarten Felddatentyp, wird die in Abbildg. 15.55 vorgestellte Fehlermeldung eingeblendet. Bestätigen Sie die Fehlermeldung, werden Sie erneut nach dem Parameter gefragt.

Abbildg. 15.55 Fehlermeldung bei falschem Parameterdatentyp

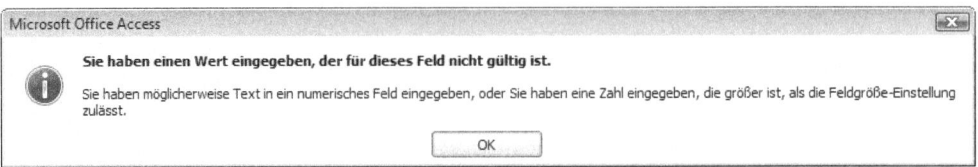

Von-Bis-Abfragen mit Parametern

Zum Abschluss des Abschnitts über Parameter noch ein Tipp für den Einsatz von Parametern mit dem Zwischen...Und-Operator. Stellen Sie sich vor, der Benutzer sollte die Möglichkeit erhalten, alle Filmtitel zu ermitteln, die mit den Buchstaben B, C, D und E beginnen. In der Abfrage werden dazu die Parameter [Filmtitel von:] und [Filmtitel bis:] abgefragt.

Abbildg. 15.56 Abfrage mit Zwischen-Bedingung

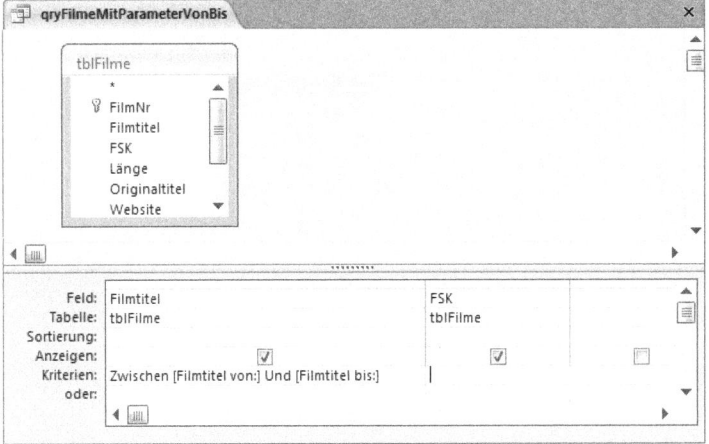

Um die Filmtitel herauszufinden, die mit B, C, D oder E beginnen, muss der Anwender für den ersten Parameter ein »B« und für den zweiten ein »F« eingeben. Für viele Anwender scheint dies unlogisch, obwohl es lexikalisch korrekt ist, denn hätte der zweite Parameter ein »E« zum Inhalt, wären Filme wie »Enron: The Smartest Guy in the Room« nicht im Abfrageergebnis enthalten, denn »En...« kommt alphabetisch nach »E«. Schwierig für den Anwender wird es insbesondere dann, wenn die Liste auch die Filme mit «Z« enthalten soll. Welcher Buchstabe kommt nach »Z«?

Der folgende Trick schafft Abhilfe: An den zweiten Parameter wird das in der alphabetischen Sortierung größte Zeichen angehängt. Das letzte Zeichen der ASCII/ANSI-Tabelle kann über die Access-Funktion Zchn() als Zchn(255) ermittelt werden. Die Abfrage erhält damit das in Abbildg. 15.57 gezeigte Aussehen.

Abbildg. 15.57   Erweiterte Parameterbedingung

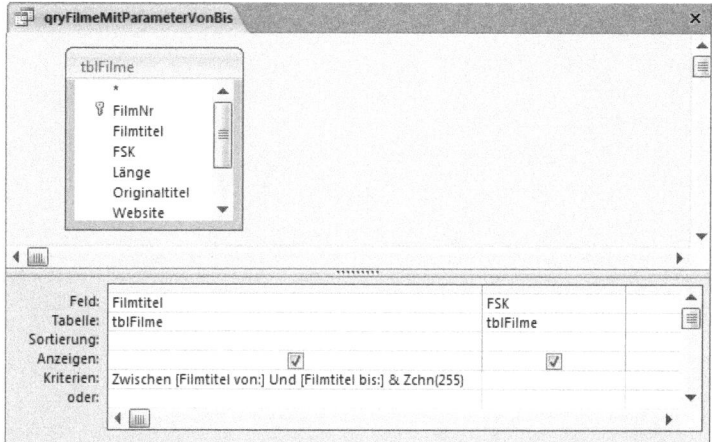

Unterdatenblätter

In Kapitel 12 haben wir Ihnen Unterdatenblätter vorgestellt, mit deren Hilfe sich 1:n-Beziehungen zwischen Tabellen darstellen lassen. Auch für Abfragen lassen sich Unterdatenblätter definieren, die in der Datenblattansicht eingeblendet werden können.

Über die Schaltfläche *Eigenschaften* oder über das Kontextmenü des leeren oberen Bereichs in der Entwurfsansicht aktivieren Sie das Eigenschaftenblatt. Hier sind die fünf letzten Eigenschaften für die Definition von Unterdatenblättern vorgesehen.

Tabelle 15.4   Eigenschaften für Unterdatenblätter

Eigenschaft	Beschreibung
Unterdatenblattname	Geben Sie hier die Tabelle oder Abfrage ein, die die Daten der *n*-Seite enthält
Verknüpfen von	Hier wird das Verknüpfungsfeld der *n*-Seite bestimmt, also ein Feld der Tabelle oder Abfrage, die als *Unterdatenblattname* angegeben ist
Verknüpfen nach	Geben Sie hier den Namen des Verknüpfungsfelds der aktuellen Abfrage ein
Unterdatenblatthöhe	Definieren Sie einen Wert größer 0 cm, so wird das Unterdatenblatt nicht automatisch an die Zahl der eingeblendeten Datensätze angepasst, sondern immer in der angegebenen Größe gezeigt
Unterdatenblatt erweitert	Bestimmen Sie diese Eigenschaft mit *Ja*, so werden alle Unterdatenblätter automatisch aufgeklappt

Nachdem Sie zur eben erstellten Abfrage qryFilmeMitParameterVonBis das Feld *FilmNr* hinzugefügt haben, können Sie mit den in Abbildg. 15.58 zu sehenden Eintragungen eine Verknüpfung zur Tabelle *tblWochen* einrichten.

Abbildg. 15.58   Tabelle *tblWochen* als Unterdatenblatt einbinden

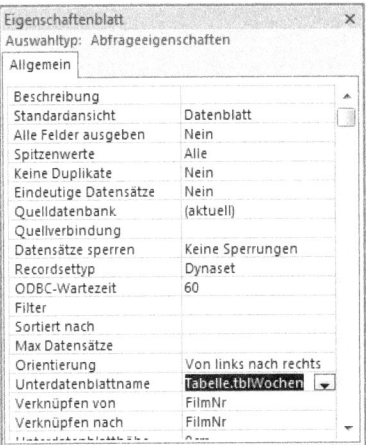

Für die im Abfrageergebnis angezeigten Filme können Sie dann mit einem Klick auf das Pluszeichen im Unterdatenblatt die zugehörigen Datensätze aus der Tabelle *tblWochen* anzeigen.

Abbildg. 15.59   Unterdatenblatt in einer Abfrage

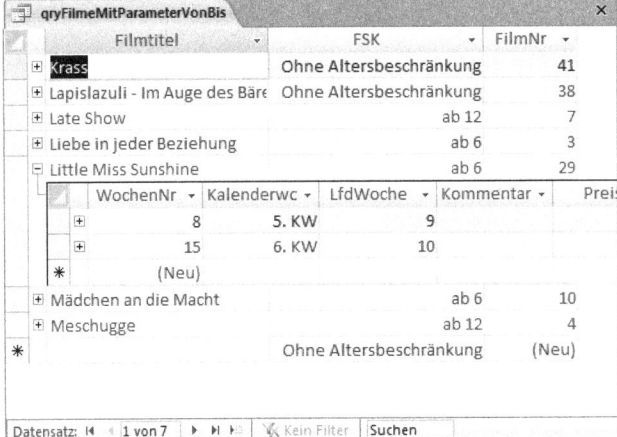

Zusammenfassung

Dieses Kapitel befasste sich mit einfachen Abfragen, um eingegebene Daten auswerten zu können.

- Zunächst konnten Sie sehen, wie eine einfache Auswahlabfrage erstellt wird (Seite 276), wie Sie darin Felder aufnehmen (Seite 277), wie sich Spalten verschieben (Seite 279) und löschen lassen (Seite 280), wie eine Abfrage ausgeführt und gespeichert wird (Seite 280).

- Danach wurde besprochen, wie sich die Sortierung des Ergebnisses einer Abfrage ändern lässt (Seite 281) und welche Sortierungen Access erlaubt (Seite 282).

- Häufig möchte man für die Abfrage bestimmte Kriterien eingeben, nach denen die Daten ausgewählt werden sollen. Dazu haben Sie einfache Bedingungen (Seite 286), Vergleichsoperatoren (Seite 289) sowie die Operatoren »Wie« (Seite 293), »Zwischen« (Seite 292), »In« (Seite 297) und »Nicht« (Seite 298) kennen gelernt. Auch die Bedeutung der NULL-Werte, also des leeren Datenfelds wurde behandelt (Seite 298). Sie konnten zudem lernen, wie Sie zwei Bedingungen mit »Und« bzw. »Oder« verknüpfen können (Seite 300).

- Möchten Sie die Kriterien für Ihre Abfragen flexibler gestalten, so wissen Sie jetzt wie Sie Abfragen mit Parametern erstellen (ab Seite 303).

Kapitel 16

Abfragen mit berechneten Feldern

In diesem Kapitel:

Was sind »Dynasets« und »Snapshots«	314
Einfache Ausdrücke	314
Zahlenformate für Spalten	320
Access-Funktionen verwenden	321
Zum Umgang mit Datumswerten	326
Zusammenfassung	329

Nachdem wir im vorangegangenen Kapitel einfache Abfragen erläutert haben, möchten wir Sie in diesem Kapitel mit den Möglichkeiten von Access vertraut machen, innerhalb von Abfragen zu rechnen und Auswertungen durchzuführen.

Was sind »Dynasets« und »Snapshots«

Bevor wir die Rechenmöglichkeiten besprechen, sollen zunächst zwei neue Begriffe eingeführt werden: Dynasets und Snapshots.

Wenn Sie eine Abfrage ausführen, so erhalten Sie eine Ergebnismenge, die eine Anzahl von 0 bis n Ergebniszeilen, also Datensätze, enthalten kann. Die Inhalte der Ergebnismengen, die Sie im vorherigen Kapitel erhalten haben, ließen sich bearbeiten, Sie konnten Änderungen an den Datensätzen vornehmen, auch wenn die ermittelten Ergebniszeilen nur einen Teil der Datensätze und -spalten umfassten, die die Tabelle enthielt. Sie konnten trotzdem die Daten ändern.

Bearbeitbare Ergebnismengen werden in Access als Dynasets bezeichnet. Access versucht nach Möglichkeit immer, Ergebnismengen bearbeitbar zu halten. Hier liegt eine der großen Stärken von Access: In Access sind Ergebnismengen bearbeitbar, die in vielen anderen Datenbankprogrammen nur als Snapshot, also als nicht bearbeitbare Ergebnismenge, darstellbar sind.

Andere Abfragen hingegen, in denen berechnete Felder oder Auswertungen vorkommen, sind Snapshots, wie Sie in diesem Kapitel sehen werden.

Einfache Ausdrücke

Mit den Inhalten der Felder kann in Access-Abfragen einfach gerechnet werden, wobei wir im Folgenden unter Rechnen auch verstehen, wenn beispielsweise Textteile aneinandergehängt werden.

Einfache Berechnungen können sowohl für Spalten als auch für Bedingungen vorgenommen werden.

Berechnete Ergebnisspalten

Wie immer beginnen wir mit einem kleinen Beispiel: In unseren Kinos kalkulieren wir eine Zeitspanne von mindestens 45 Minuten zwischen den Vorstellungen ein, damit das Publikum den Kinosaal verlassen kann, das Personal kurz aufräumt und die neuen Zuschauer ihre Plätze einnehmen können.

Wir möchten nun eine Abfrage erstellen, die uns die Filmtitel, die Länge des Films in Minuten und die Länge zuzüglich der Turnaround-Zeit von 45 Minuten darstellt.

Schreiben Sie dazu die entsprechende Formel Länge+45 einfach in die Zeile *Feld* im unteren Abfragebereich (Abbildg. 16.1).

Abbildg. 16.1 Eingabe der Rechenvorschrift

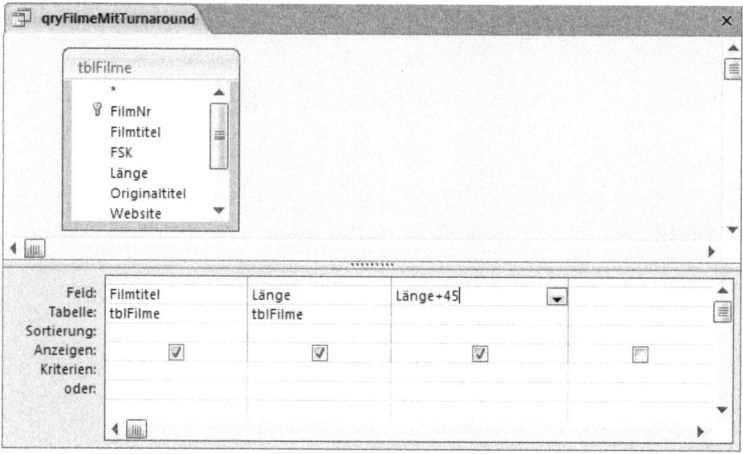

Wenn Sie den Cursor nach Ihrer Eingabe in ein anderes Feld platzieren, wandelt Access Ihre Rechenvorschrift zu Ausdr1: [Länge]+45 um. Der Feldname wird in eckige Klammern eingeschlossen.

HINWEIS   Verschreiben Sie sich bei den Namen der Felder, so denkt Access, Sie möchten einen Parameter verwenden. Achten Sie daher auf die genaue Schreibweise. Parameter wurden in Kapitel 15, »Einfache Abfragen«, im vorletzten Abschnitt beschrieben.

Vor der Formel hat Access Ausdr1 als Abkürzung für »Ausdruck 1« eingefügt. Weitere Formeln werden mit Ausdr2 usw. hochgezählt. Der Text vor dem Doppelpunkt, hier also Ausdr1, wird als Überschrift über der Tabellenspalte in der Datenblattansicht verwendet.

Abbildg. 16.2 Umwandlung der Rechenvorschrift durch Access

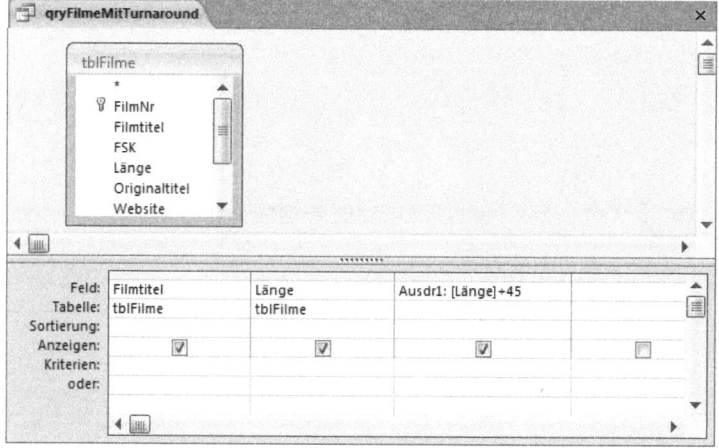

Wir haben die Spaltenüberschrift von Ausdr1 zu Mit Turnaround geändert. In Abbildg. 16.3 sehen Sie das Ergebnis der Abfrage.

Kapitel 16 — Abfragen mit berechneten Feldern

Abbildg. 16.3 Ergebnismenge mit errechnetem Feld

Filmtitel	Länge	Mit Turnaround
Titanic	194	239
Liebe in jeder Beziehung	111	156
Meschugge	109	154
Verrückt nach Mary	119	164
Der Pferdefüsterer	169	214
Late Show	107	152
Die kleine Hexe	93	138
Die unendliche Geschichte	99	144
Mädchen an die Macht	90	135
Redevous mit Joe Black	180	225
Schweinchen Babe in der gro	96	141
Die Biene Maja	83	128
E-Mail für Dich	119	164
Das große Krabbeln	95	140

Die Daten in den Spalten *Filmtitel* und *Länge* lassen sich weiterhin bearbeiten, während die Spalte *Mit Turnaround* ein Rechenergebnis anzeigt, das natürlich nicht verändert werden kann.

> **PROFITIPP** Sie können die Überschriften von Spalten verändern, indem Sie dem Feldnamen einen Text durch Doppelpunkt getrennt voranstellen, beispielsweise `Titel des Films: [Filmtitel]`.

Das nächste Beispiel zeigt eine Verkettung von Textfeldern. Wir greifen dazu auf die Tabelle *Adressenliste* zurück. Beispielsweise sollen für den Druck von Adressaufklebern zusammengesetzte Spalten aus *Anrede/Vorname/Nachname* und *PLZ/Ort* erstellt werden, wobei die einzelnen Datenfelder durch Leerzeichen voneinander getrennt werden sollen. In Abbildg. 16.4 ist die Definition der Spalten dargestellt.

Abbildg. 16.4 Abfrage der Adressenliste

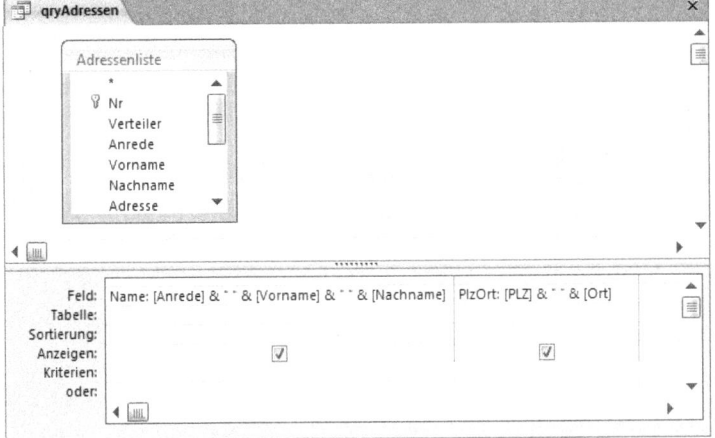

Einfache Ausdrücke

PROFITIPP

Reicht die Breite der Spalte nicht für Ihre Formel aus, so dass Sie immer nur Teile Ihrer Formel sehen, können Sie entweder, wie in Abbildg. 16.4 zu sehen, die Spalte verbreitern oder mit ⇧+F2 ein so genanntes *Zoom*-Fenster auf den Bildschirm holen, in dem Sie Ihre Formel bequem editieren können.

Wir haben für die Verkettung der Felder den Verkettungsoperator »&« eingesetzt. Sie könnten auch einfach ein +-Zeichen zur Verkettung nehmen, allerdings gibt es zwischen beiden Operatoren einen entscheidenden Unterschied. Verketten Sie zwei Textfelder mit dem &-Operator und weist eines der beiden Felder den Wert NULL auf, so wird dieses Feld als leere Zeichenkette ("") behandelt, d.h., das Ergebnis der Verkettung ist der Inhalt des zweiten Textfeldes.

Verknüpfen Sie die Textfelder mit dem +-Operator, so sehen Sie keinen Unterschied bis auf die Behandlung von NULL-Werten. Weist eines der beiden Textfelder den Wert NULL auf, so ist das Ergebnis der Verkettung ebenfalls NULL.

In Abbildg. 16.5 ist das Ergebnis der Abfrage mit den verketteten Textfeldern dargestellt.

Abbildg. 16.5   Zwei zusammengesetzte Ergebnisspalten

Tabelle 16.1 zeigt die Operatoren, die Sie für Ihre Berechnungen einsetzen können. Neben den Grundrechenarten stehen Ihnen zusätzliche Operatoren für ganzzahlige Divisionen, Potenzierung und Modulo-Rechnung zur Verfügung.

Tabelle 16.1   Operatoren

Operator	Bedeutung	Bemerkung
+	Addition	
-	Subtraktion	
*	Multiplikation	
/	Division	

Tabelle 16.1 Operatoren *(Fortsetzung)*

Operator	Bedeutung	Bemerkung
\	Ganzzahlige Division	Die Operanden werden vor der Division in Byte-, Integer- oder Long Integer-Werte umgewandelt und gerundet. Das Ergebnis ist ganzzahlig vom Typ *Byte*, *Integer* oder *Long Integer*.
^	Potenzierung	
Mod	Modulo	Gibt den Rest einer ganzzahligen Division zurück. Fließkommaoperanden werden zu ganzen Zahlen gerundet. Das Ergebnis ist ein Wert vom Typ *Byte*, *Integer* oder *Long Integer*.
&	Textverkettung	

Berechnete Bedingungen

Access erlaubt errechnete Bedingungen für Abfragen. Für das folgende Beispiel soll ermittelt werden, welche Filme inklusive der Turnaround-Zeit von 45 Minuten länger als drei Stunden dauern.

In Abbildg. 16.6 wurde ein berechnetes Feld Gesamtlänge: [Länge]+45 erstellt, für das eine berechnete Bedingung >3*60 angegeben wurde.

Abbildg. 16.6 Bedingung für berechnete Felder

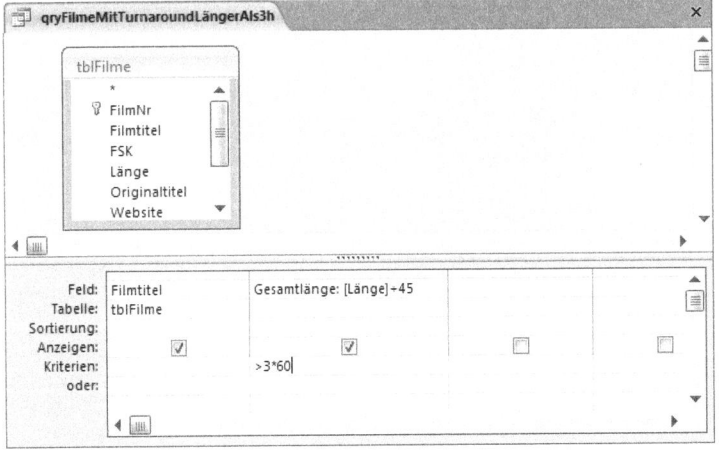

Nach der Ausführung erhalten Sie die Filmtitel mit der Gesamtlänge, die länger als 3*60, also länger als 180 Minuten dauern.

Alternativ möchten wir Ihnen zeigen, wie das Feld selbst in der Bedingung eingesetzt werden kann. Die Abfrage besteht jetzt aus den Feldern *Filmtitel* und *Länge*. Für die Länge wurde die berechnete Bedingung [Länge]+45>3*60 festgelegt. Diese Vergleichsoperation kann entweder wahr oder falsch sein. Ist sie wahr, so wird der entsprechende Datensatz gezeigt.

Einfache Ausdrücke

Abbildg. 16.7   Berechnete Bedingung

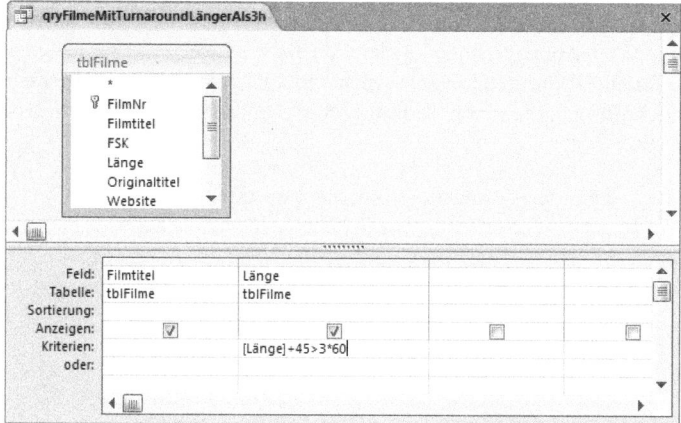

Berechnete Spalten weiterverwenden

Ihre Spaltenrechenergebnisse können auch weiterverwendet werden; in der folgenden Abfrage wird beispielsweise errechnet, in welchem Verhältnis die Filmlänge zur Gesamtlänge inklusive Turnaround steht.

Abbildg. 16.8   Weiterverwendung von Rechenergebnissen

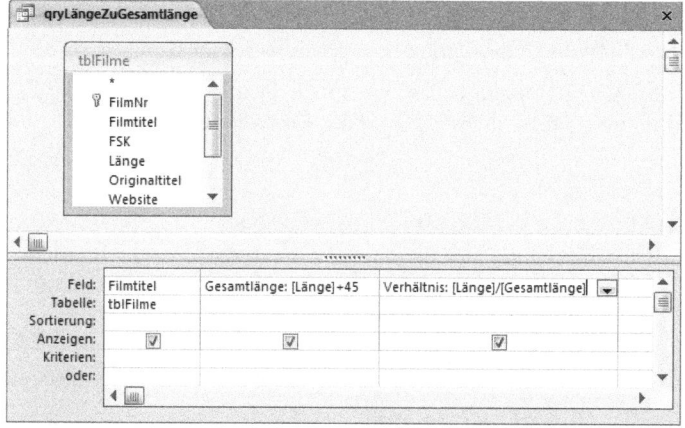

HINWEIS   Sie greifen auf ein Rechenergebnis mithilfe der Bezeichnung der Spalte zu. Setzen Sie dazu den jeweiligen Begriff in eckige Klammern.

HINWEIS   Starten Sie die Abfrage und erhalten anstelle des Verhältnisses nur #-Zeichen, so verbreitern Sie die Spalte. Die #-Zeichen zeigen, dass die eigentliche Zahl nicht dargestellt werden kann, da die Spalte zu schmal ist.

Zahlenformate für Spalten

Sie können die Daten in Ihren Abfragespalten formatieren, beispielsweise die Filmlänge mit der Einheit »min« ausgeben. Rufen Sie dazu das *Eigenschaftenblatt* auf, indem Sie eine der Zeilen der entsprechenden Spaltendefinition im unteren Abfragebereich anklicken und dann die Schaltfläche *Eigenschaften* auswählen.

Abbildg. 16.9   Auf der *Eigenschaftenkarte* kann die Formatierung festgelegt werden

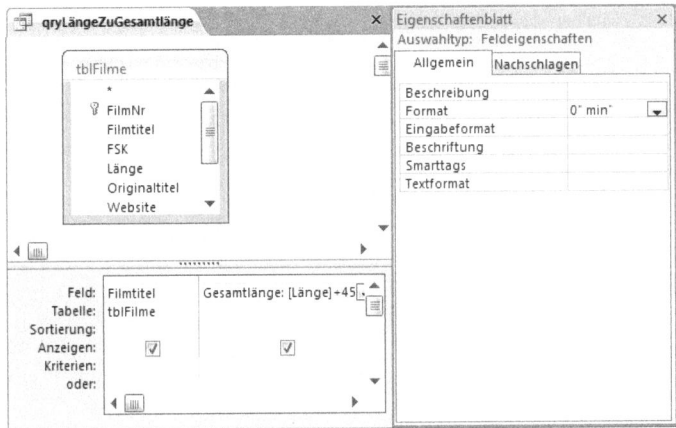

Sollten Sie anstelle des Auswahltyps *Feldeigenschaften* den Auswahltyp *Abfrageeigenschaften* erhalten, klicken Sie mit der Maus eine der Spaltendefinitionen an, dann sollte sich das Eigenschaftenblatt ändern (es sei denn, für die Spalte ist die Option *Anzeigen* ausgeschaltet).

Wie Sie in Abbildg. 16.9 sehen können, haben wir für die Spalte *Gesamtlänge* die Formatierung `0" min"` vereinbart. In Abbildg. 16.10 ist das Ergebnis der Formatierung gezeigt.

Abbildg. 16.10   Formatierte Spalte *Gesamtlänge*

Filmtitel	Gesamtläng	Verhältnis
Titanic	239 min	0,811715481171548
Liebe in jeder Beziehung	156 min	0,711538461538462
Meschugge	154 min	0,707792207792208
Verrückt nach Mary	164 min	0,725609756097561
Der Pferdeflüsterer	214 min	0,789719626168224
Late Show	152 min	0,703947368421053
Die kleine Hexe	138 min	0,673913043478261
Die unendliche Geschichte	144 min	0,6875
Mädchen an die Macht	135 min	0,666666666666667
Redevous mit Joe Black	225 min	0,8
Schweinchen Babe in der gro	141 min	0,680851063829787
Die Biene Maja	128 min	0,6484375
E-Mail für Dich	164 min	0,725609756097561
Das große Krabbeln	140 min	0,678571428571429

In Kapitel 10, »Einen Tabellenentwurf anlegen«, wurden die Formatierungsmöglichkeiten ausführlich beschrieben.

Weitere Einstellungen auf dem Eigenschaftenblatt

Das *Eigenschaftenblatt* mit dem Auswahltyp *Feldeigenschaften* bietet Ihnen weitere Einstellungen, die Sie für jede Spalte Ihrer Abfrage festlegen können.

In *Beschreibung* legen Sie einen Text fest, der – wenn die Schreibmarke in der Datenblattansicht in dieser Spalte steht – in der Statuszeile am unteren Rand des Access-Fensters gezeigt wird.

Die Möglichkeiten des Eingabeformats sind ebenfalls schon in Kapitel 10, »Einen Tabellenentwurf anlegen«, besprochen worden.

Geben Sie unter *Beschriftung* einen Text an, wird dieser als Überschrift für die Spalte verwendet. Die *Beschriftung* hat Vorrang vor dem Text, der mit Doppelpunkt einer Formel oder einer Feldbezeichnung vorangestellt wird.

Access-Funktionen verwenden

Sie können in Ihren berechneten Spalten oder Bedingungen eine große Zahl von Funktionen nutzen, die Ihnen Access bereitstellt.

Die Wenn()-Funktion

Eine sehr oft eingesetzte Funktion ist Wenn(). Diese Funktion lässt sich mit »Wenn in einer Spalte ein bestimmter Wert steht, dann mache dieses, ansonsten jenes!« beschreiben.

Wir möchten für unser Beispiel eine Liste erzeugen, in der der Filmtitel, die Länge des Films und eine Warnung steht, wenn der Film länger als drei Stunden läuft. In Abbildg. 16.11 haben wir eine entsprechende Wenn()-Funktion vereinbart.

Abbildg. 16.11   Mit Wenn()-Funktion

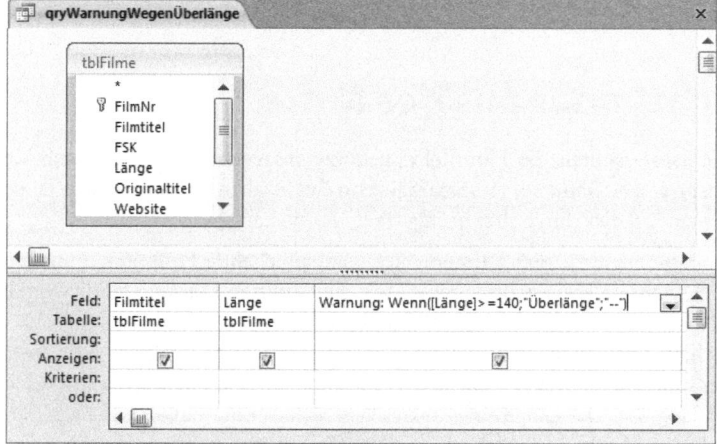

Kapitel 16 Abfragen mit berechneten Feldern

Die Funktion lässt sich allgemein als Wenn(Bedingung; Wahr-Teil; Falsch-Teil) schreiben. Wenn die »Bedingung« zutrifft, wird der »Wahr-Teil« ausgeführt, andernfalls der »Falsch-Teil«. Im Beispiel wird, wie Abbildg. 16.12 zeigt, der Text »Überlänge« ausgegeben, wenn die Bedingung [Länge]>=140 zutrifft.

Abbildg. 16.12 Mit Warnungstext

Beispiel 2: In der gleichen Weise könnten Sie die Formel Wenn([FSK]<=6;"Für Kinder geeignet") für die Altersfreigabe einsetzen. Wie Sie sehen, wurde hierbei auf den »Falsch-Teil« der Wenn()-Funktion verzichtet.

Beispiel 3: Der Turnaround ist bei vielen Sonderveranstaltungen länger, denn bis der letzte Gast sein Gläschen Sekt aus der Hand stellt und wieder Ordnung im Saal herrscht, vergeht einfach mehr Zeit. Die folgende Formel berücksichtigt dies: Gesamtlänge:[Länge]+Wenn([Sonderveranstaltung] = Wahr;90;45). Die Formel ließe sich auch verkürzt als Gesamtlänge:[Länge]+Wenn([Sonderveranstaltung];90;45) schreiben.

Links, rechts oder aus der Mitte

Für eine Übersichtsliste sollten die Filmtitel abgekürzt ausgegeben werden, damit sie möglichst wenig Platz beanspruchen. Dafür sollen maximal zehn Buchstaben gezeigt werden. Ist der Titel länger als zehn Zeichen, soll dies durch drei nachgestellte Punkte angezeigt werden.

Um einen Text abzuschneiden, bietet Ihnen Access entsprechende Funktionen aus der Kategorie *Textbearbeitung*. Für unsere Fragestellung setzen wir die Funktion Links() ein, die vom linken Ende eines Textes Zeichen abschneidet. Der Aufruf der Funktion mit Links([Filmtitel],10) werden die zehn ersten Zeichen des Filmtitels zurückgegeben. Ist der Filmtitel kürzer, werden alle Zeichen genommen. Nun sollen noch drei Punkte an den Filmtitel angefügt werden, wenn dieser länger als zehn Buchstaben lang war. Die Länge eines Textes lässt sich mit der Funktion Länge() ermitteln. Sie gibt die Anzahl der Zeichen zurück. Somit lautet unsere vollständige Formel Kurztitel: Links([Filmtitel];10) & Wenn(Länge([Filmtitel])>10;"..."). Beachten Sie dabei, dass auch Leerzeichen mitgezählt werden.

Abbildg. 16.13 Als Kurztitel sollen die ersten zehn Zeichen verwendet werden

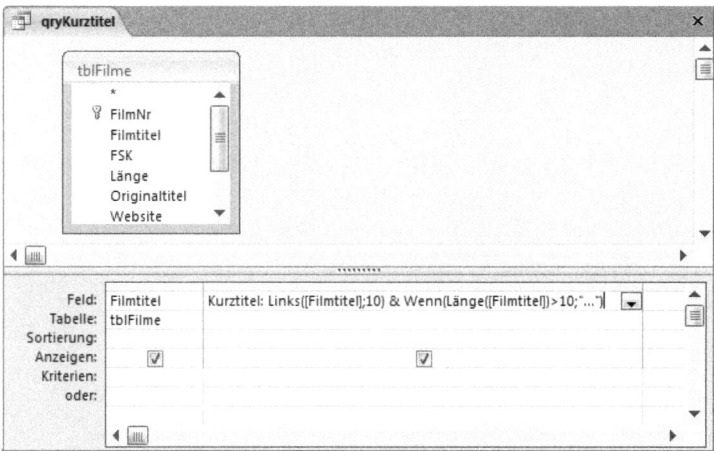

In Abbildg. 16.14 sehen Sie das Ergebnis der Abfrage aus Abbildg. 16.13.

Abbildg. 16.14 Filmtitel mit dazugehörendem Kurztitel

Für das rechte Ende eines Textes können Sie Rechts() einsetzen. Ebenso wie für Links() geben Sie die gewünschte Anzahl von Zeichen an, die abgeschnitten werden soll.

Um aus einem Text Buchstaben aus der Mitte zu extrahieren, ist Teil() die richtige Funktion. In Abbildg. 16.15 ist eine Anwendung der Funktion dargestellt. Teil() erwartet drei Parameter: den Text, die Position des ersten Zeichens und die Anzahl der Zeichen, die herausgeschnitten werden sollen.

Abbildg. 16.15   Die Funktion Teil() schneidet Buchstaben aus der Mitte eines Ausdrucks aus

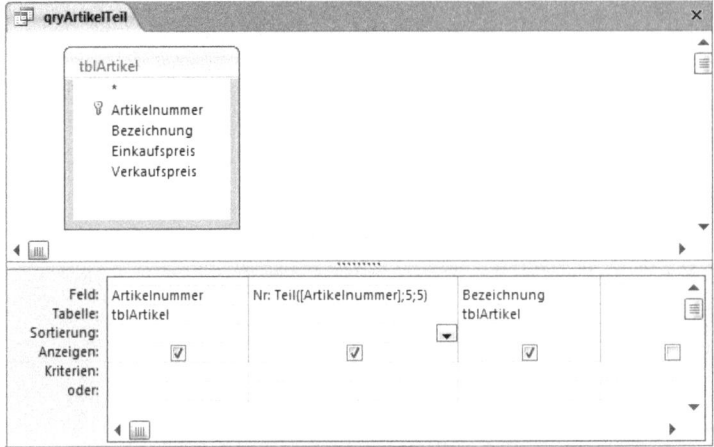

Abbildg. 16.16 zeigt in der zweiten Spalte die fünf aus der Artikelnummer herausgetrennten Zeichen.

Abbildg. 16.16   Die herausgeschnittenen Zeichen in der Spalte *Nr*

Klein oder groß

Die Funktionen Kleinbst() bzw. Großbst() wandeln einen Text so um, dass er in Klein- bzw. Großschreibung vorliegt.

Mit oder ohne Leerzeichen

Access verfügt über eine Reihe von Funktionen, die sich mit Leerzeichen befassen. Manchmal schleichen sich störende Leerzeichen ein, beispielsweise durch Unachtsamkeit, wenn bei der Eingabe ein Eintrag mit einem Leerzeichen beendet wird. Verwenden Sie beispielsweise die Formel Name: [Vorname]&" "&[Nachname], und im Feld *Vorname* sind angehängte Leerzeichen vorhanden, so kann es zu Ergebnissen wie »James   Bond« kommen. Hier ist der Abstand zwischen Vor- und Nachname zu groß.

Zum Entfernen vorangestellter oder angehängter Leerzeichen bietet Ihnen Access drei Funktionen: Glätten(), LGlätten() und RGlätten(). Glätten() entfernt die Leerzeichen vor und nach dem Text, LGlätten() nur die Leerzeichen davor und RGlätten() die am rechten Ende. Für die Formel oben könnten Sie nun schreiben: Name: RGlätten([Vorname])&" "&[Nachname].

Die Funktion Leerzchn() erstellt eine Zeichenkette aus Leerzeichen. Sie erwartet als Parameter die Anzahl der Leerzeichen, beispielsweise erzeugen Sie mit Leerzchn(10) einen Text, bestehend aus zehn Leerzeichen. Die Funktion kann hilfreich sein, wenn Sie alle Einträge einer Spalte auf die gleiche Breite setzen wollen. Stellen Sie sich vor, die Texte in einer Spalte mit Artikelbezeichnungen müssten alle 30 Zeichen breit sein, damit sie weiterverarbeitet werden können. Für das Ergebnis in Abbildg. 16.17 wurde die folgende Formel eingesetzt: Artikelbezeichnung: Links([Bezeichnung];30) & Leerzchn(30-Länge(Links([Bezeichnung];30))) & Artikelnummer.

Abbildg. 16.17 Zusammengesetzte Artikelbezeichnung

Artikelbezeichnung	
Gummibärchen	032-01234-A-7
Schokoriegel	032-01235-A-7
Erdnüsse	032-01236-A-7
Popcorn	034-10000-A-7
Nacho-Chips	034-20000-A-7
Eis am Stiel	03F-00001-B-7
Eiskonfekt	03F-00002-B-7
Eisbecher	03F-00003-B-7
Baseballmütze	100-00001-D-15
T-Shirt	100-00002-E-15
Wasser kl. Flasche	200-12345-B-7
Wasser gr. Flasche	200-12346-B-7
Limonade	200-22222-B-7
Cola	200-33333-B-7
Blubberwasser	200-44444-B-7

Beachten Sie, dass wir, um das Ergebnis sichtbar zu machen, für die Datenblattansicht in Abbildg. 16.17 als Schriftart »Courier« eingestellt haben, denn in dieser Schriftart sind alle Zeichen in der Darstellung gleich breit.

NULL oder nicht NULL – das ist hier die Frage!

Oft ist es erforderlich, auf NULL-Werte in Spalten besonders zu reagieren. Hierzu können Sie die Funktionen IstNull() und Nz() einsetzen.

Die Funktion IstNull() gibt den Wert Wahr zurück, wenn der übergebene Parameter den Wert NULL hat. Mit Wenn(IstNull([FSK]);"FSK nicht erfasst!";[FSK]) wird für alle Einträge der Spalte *FSK* unserer Filmtabelle der Text "FSK nicht erfasst!" ausgegeben, wenn dieser Wert nicht eingegeben wurde, andernfalls wird der Wert der Altersfreigabe angezeigt.

Da viele Access-Funktionen NULL-Werte besonders behandeln, ist es notwendig, diese Werte entsprechend zu berücksichtigen. Nun wäre es aber mühsam, alle NULL-Werte mit Wenn() abzufragen, wie im Absatz oben gezeigt. Damit durch die NULL-Werte keine Fehler auftreten, bietet Ihnen Access die Funktion Nz().

Nz() wandelt NULL-Werte in den Wert 0, die leere Zeichenkette "" oder einen von Ihnen festgelegten Wert um. Wann ist der Einsatz der Funktion sinnvoll? Stellen Sie sich vor, Sie errechnen einen Inventurwert, indem Sie die Anzahl der Artikel mit dem Einkaufspreis multiplizieren, also Inventurwert: [Anzahl] * [Einkaufspreis]. Ist jetzt für einen Artikel keine Anzahl angegeben, hat also die Anzahl den Wert NULL, so ist das Ergebnis der Multiplikation ebenfalls NULL. Möchten Sie dies vermeiden und erreichen, dass das Ergebnis in diesem Fall als Wert 0 ausgegeben wird, so modifizieren Sie die Formel zu: Inventurwert: Nz([Anzahl]) * [Einkaufspreis].

Sie können Nz() mit einem zweiten, optionalen Parameter aufrufen. Dieser zweite Parameter gibt an, welchen Wert Nz() in dem Fall zurückgeben soll, wenn der erste Parameter den Wert NULL aufweist. Mit Inventuranzahl: Nz([Anzahl];"Keine Anzahl angegeben!") wird immer dann der Text "Keine Anzahl angegeben!" gezeigt, wenn Anzahl NULL ist.

Zum Umgang mit Datumswerten

Wir möchten Ihnen in diesem Abschnitt die Access-Funktionen vorstellen, die Ihnen das Rechnen mit Datumswerten erleichtern.

Beachten Sie für alle Berechnungen mit Datumswerten, dass Access-intern Datumswerte und Zeiten mithilfe so genannter serieller Zahlen dargestellt werden. Jedem Tag, beginnend mit dem 31.12.1899, wird eine ganze Zahl zugeordnet. Der 31.12.1899 hat den Wert 1, während 39400 für den 14.11.2007 steht. Uhrzeiten werden durch Nachkommastellen beschrieben, d.h., für jeden Tag lässt sich die Zeit als Bruchteil darstellen. Für 12:00 Uhr wird beispielsweise 0,5 gespeichert.

> **PROFITIPP** Jahreszahlen werden bei Datumswerten standardmäßig nur mit zwei Stellen ausgegeben. Möchten Sie eine vierstellige Darstellung, so schalten Sie sie ein: Verwenden Sie dazu die Office-Schaltfläche und die Schaltfläche *Access-Optionen*. Wählen Sie links *Erweitert* aus, so finden Sie rechts in der Kategorie *Allgemein* die Möglichkeit *Vierstellige Jahreszahlenformatierung* in der aktuellen Datenbank oder in allen Datenbanken einzustellen.

Das heutige Datum finden

Mit der Funktion Datum() ermitteln Sie das aktuelle Systemdatum, also das Datum Ihres PCs.

Sie möchten die Titel aller Filme auflisten, die in den letzten 100 Tagen gezeigt wurden. In der in Abbildg. 16.18 gezeigten Abfrage wird die Funktion Datum() zur Lösung der Aufgabe eingesetzt.

Benötigen Sie nicht nur das aktuelle Datum, sondern auch die aktuelle Systemzeit, so setzen Sie dazu die Funktion Jetzt() ein.

Zum Umgang mit Datumswerten

Abbildg. 16.18 Filmtitel der letzten 100 Tage

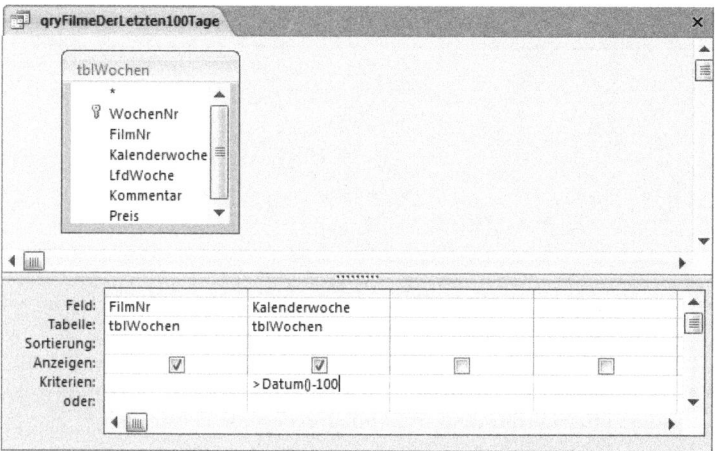

Tag, Monat, Jahr, Stunde, Minute und Sekunde

Möchten Sie nur den Tag, den Monat oder das Jahr eines Datumswerts ermitteln, so stehen Ihnen dafür die Funktionen Tag(), Monat() oder Jahr() zur Verfügung. Die Funktionen geben einen entsprechenden Zahlenwert zurück, beispielsweise ergibt Jahr(#31.12.2007#) das Ergebnis 2007. Für Zeitwerte stellt Ihnen Access Stunde(), Minute() und Sekunde() bereit.

Den Wochentag, auf den ein bestimmtes Datum fällt, ermitteln Sie mithilfe der Funktion Wochentag(). Die Funktion gibt 1 für Sonntag, 2 für Montag usw. zurück. Für Wochentag(#1.1.2007#) erhalten Sie als Ergebnis den Wert 1, d.h., der erste Tag des Jahres 2007 war ein Sonntag.

Datumsberechnungen

Für Rechnungen mit Datumswerten möchten wir Ihnen die Funktionen DatTeil(), DatAdd(), DatDiff(), DatWert() und DatSeriell() vorstellen.

Die Funktion DatTeil()

DatTeil() ergänzt die im vorangegangenen Abschnitt »Tag, Monat, Jahr, Stunde, Minute und Sekunde« beschriebenen Funktionen. Allgemein lautet DatTeil(Intervall; Datumswert). Für den Parameter Intervall geben Sie einen der in Tabelle 16.2 aufgeführten Werte in Anführungszeichen an. Der Rückgabewert der Funktion ist eine ganze Zahl.

Tabelle 16.2 Intervallangaben für Datumsfunktionen

Einstellung	Beschreibung
jjjj	Jahr
q	Quartal
m	Monat

Tabelle 16.2 Intervallangaben für Datumsfunktionen *(Fortsetzung)*

Einstellung	Beschreibung
j	Tag des Jahres
t	Tag
w	Wochentag
ww	Woche
h	Stunde
n	Minute
s	Sekunde

Sie möchten beispielsweise ermitteln, für welche Filme das Bundesstartdatum im ersten Quartal lag. So geben Sie als Bedingung für das Bundesstartdatum die folgende Formel an:

```
DatTeil("q";[Bundesstartdatum])=1
```

Addieren von Datumswerten

Die Funktion DatAdd(Intervall; Nummer; Datumswert) addiert Zeitintervalle zu einem Datumswert. Möchten Sie beispielsweise auf Ihren Rechnungen ein Zahlungsziel von 30 Tagen angeben, so könnten Sie DatAdd("t"; 30; [Rechnungsdatum]) dafür einsetzen. Die möglichen Werte für den Parameter Intervall finden Sie in Tabelle 16.2.

Differenz zweier Datumswerte

Mithilfe der Funktion DatDiff(Intervall; Datumswert1; Datumswert2) ermitteln Sie den Abstand zwischen zwei Datumswerten, wobei der Abstand in dem mit dem Parameter Intervall bestimmten Wert angegeben wird. Die für Intervall gültigen Werte sind in Tabelle 16.2 aufgeführt.

Mit DatDiff("ww"; [Bundesstartdatum]; Jetzt()) bestimmen Sie die Anzahl der Wochen, die vom Start des Films bis heute vergangen sind.

Konvertierung zu Datumswerten

Die Funktion DatWert(Datumszeichenfolge) konvertiert ein Datum, das als Zeichenkette, d.h. als Text vorliegt, in einen Datumswert. Beispielsweise würde DatWert("2. Februar 2007") als Datumswert für den 2.2.2007 umgesetzt werden.

Zusammensetzen von Datumswerten

Mithilfe der Funktion DatSeriell(Jahr; Monat; Tag) können Sie aus drei Zahlenwerten einen Datumswert generieren. Mit DatSeriell(2007; 2; 2) erzeugen Sie den Datumswert, also die von Access intern verwendete serielle Zahl für den 2. Februar 2007.

Zusammenfassung

Es besteht die Möglichkeit, in Abfragen zu rechnen, beispielsweise um ein Abfrageergebnis nach eigenen Bedürfnissen anzupassen oder um eine Bedingung zu errechnen.

- Zunächst konnten Sie sehen, wie sich berechnete Ergebnisspalten erstellen lassen (Seite 314), wie Sie berechnete Ergebnisspalten in weiteren Berechnungen weiterverwenden können (Seite 319) sowie wie berechnete Bedingungen erstellt werden (Seite 318).
- Auch Access-Funktionen lassen sich in Abfragen verwenden. Ab Seite 321 wurde deren Verwendung anhand einiger Beispiele erläutert.
- Das Rechnen mit Datumswerten ist nicht trivial. Darum behandelt der letzte Abschnitt dieses Kapitels die Fragen, was ist ein serielles Datum (Seite 326), wie ermittelt man das aktuelle Datum (Seite 326) und wie lässt sich mit Datumswerten rechnen (ab Seite 327).

Kapitel 17

Abfragen mit mehreren Tabellen

In diesem Kapitel:

Auf zwei Tabellen basierende Abfragen	332
Beziehungen verstehen und verändern	335
Abfragen mit mehr als zwei Tabellen	345
Abfragen, die auf Abfragen basieren	349
Zusammenfassung	350

Auf zwei Tabellen basierende Abfragen

In den bisherigen Kapiteln über Abfragen wurde immer nur eine Tabelle abgefragt. Ihre ganze Leistungsfähigkeit spielen Abfragen erst aus, wenn mehrere Tabellen gleichzeitig ins Spiel kommen.

Wir möchten Sie nun wieder anhand eines kleinen Beispiels mit der Arbeit mit mehreren Tabellen vertraut machen. Den Machern von Access war übrigens bewusst, dass der gleichzeitige Einsatz von mehreren Tabellen nicht ganz einfach ist. Deshalb haben sie einen Assistenten zu Ihrer Unterstützung hinzugefügt. Nun aber Schritt für Schritt ...

Abbildg. 17.1 zeigt das Ergebnis einer Abfrage. Es werden die Kalenderwoche, in der ein Film gespielt wurde, und der *Filmtitel* zusammen mit *FSK*, *Länge* und dem Inhalt des Feldes *Sonderveranstaltung* dargestellt. Um zu diesem Ergebnis zu kommen, wurden Daten aus zwei verschiedenen Tabellen verwendet: Die Kalenderwoche stammt aus *tblWochen*, während alle anderen Daten *tblFilme* entnommen wurden.

Abbildg. 17.1 Ergebnis einer Abfrage

Es stellt sich nun die Frage, wie einer Kalenderwoche die richtigen Filme zugeordnet werden. In Abbildg. 17.2 ist die Beziehung zwischen beiden Tabellen dargestellt. Jedem Eintrag in der Tabelle *tblWochen* ist mithilfe der Filmnummer genau ein Film der Tabelle *tblFilme* zugeordnet.

Abbildg. 17.2 Beziehungen zwischen den beiden Tabellen

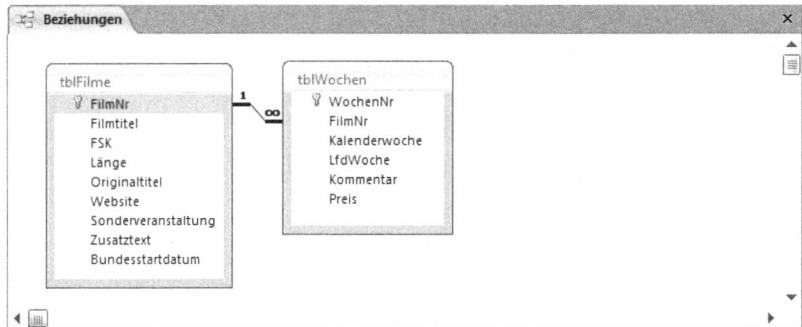

Auf zwei Tabellen basierende Abfragen

Lassen Sie uns nun mithilfe des Auswahlabfrage-Assistenten die Abfrage zusammenstellen.

1. Beginnen Sie eine neue Abfrage, indem Sie auf der Registerkarte *Erstellen* auf die Schaltfläche *Abfrage-Assistent* klicken.
2. Wählen Sie dann im Dialogfeld *Neue Abfrage* den Eintrag *Auswahlabfrage-Assistent*.
   Im nächsten Dialogfeld (Abbildg. 17.3) des Assistenten legen Sie die Felder für Ihre Abfrage fest.
3. Selektieren Sie im Feld *Tabellen/Abfragen* die Tabelle *tblWochen*. Doppelklicken Sie im Listenfeld *Verfügbare Felder* auf *Kalenderwoche*, um dieses Feld in die Liste *Ausgewählte Felder* zu übernehmen, oder verwenden Sie alternativ die Schaltflächen zwischen beiden Listenfeldern.

Abbildg. 17.3   Das für die Abfrage benötigte Feld der Tabelle *tblWochen*

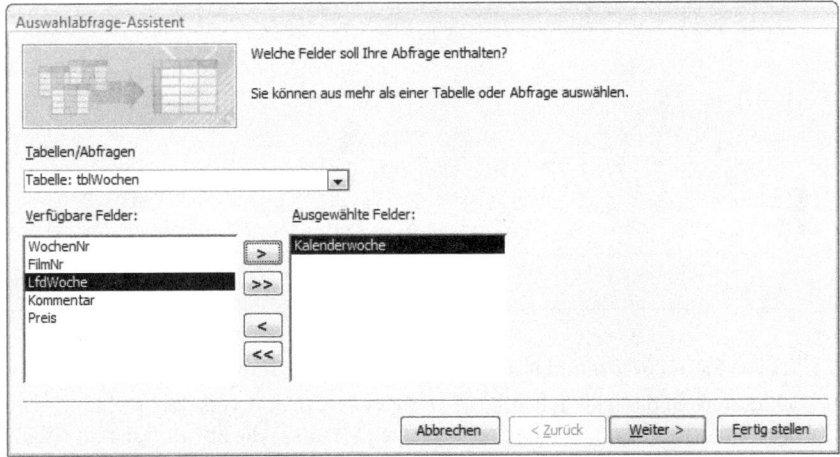

4. Selektieren Sie nun die Tabelle *tblFilme* und übernehmen Sie die Felder *Filmtitel*, *FSK*, *Länge* und *Sonderveranstaltung* in das rechte Listenfeld.

Abbildg. 17.4   Die für die Abfrage benötigten Felder der Tabelle *tblFilme*

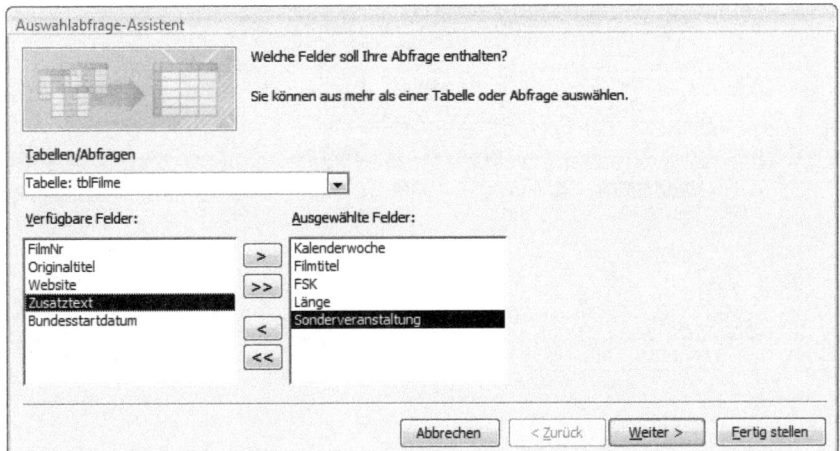

Kapitel 17 Abfragen mit mehreren Tabellen

Abbildg. 17.5 stellt nach Bestätigung über die Schaltfläche *Weiter* das nächste Dialogfeld im Auswahlabfrage-Assistenten dar.

5. Selektieren Sie für unser Beispiel den ersten Eintrag *Detail (…)*. Die Möglichkeiten, die sich hinter dem zweiten Eintrag verbergen, beschreiben wir Ihnen in Kapitel 18, »Auswertungen«.

Abbildg. 17.5   Nächste Frage des Assistenten

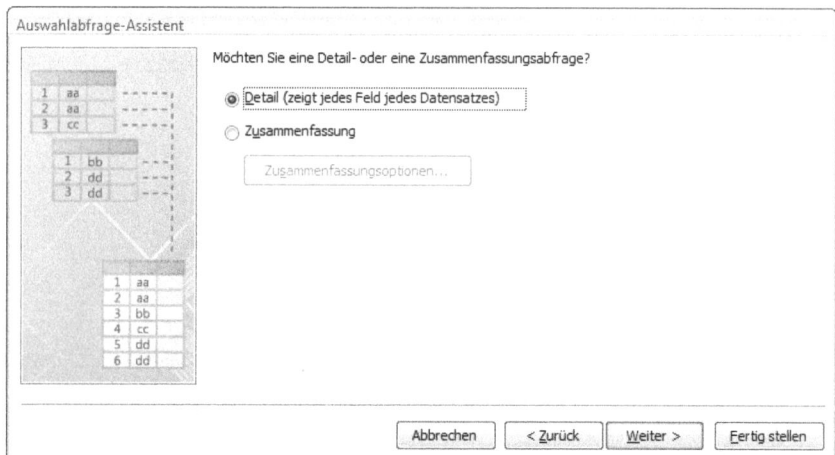

6. Klicken Sie auf *Weiter* und legen Sie abschließend für Ihre neue Abfrage noch einen Namen fest. Selektieren Sie dann die Schaltfläche *Fertig stellen*, zeigt Access das Ergebnis der Abfrage, das aussieht wie in Abbildg. 17.1 dargestellt. Schalten Sie um in die Entwurfsansicht (Abbildg. 17.6).

Abbildg. 17.6   Entwurfsansicht von *qryWochen*

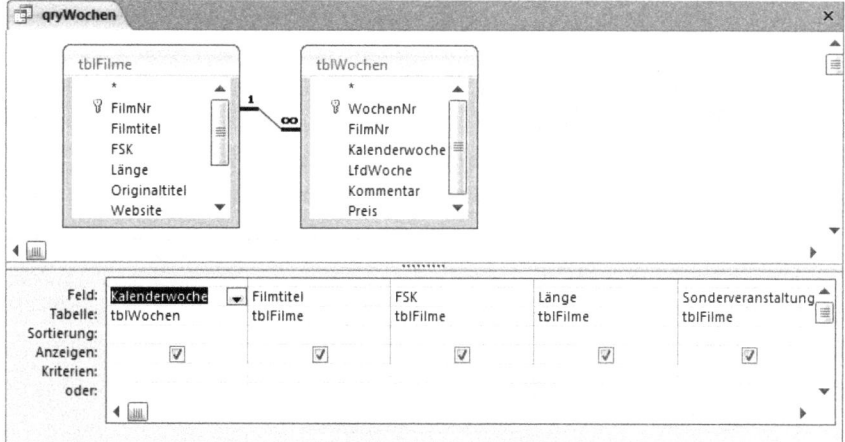

Wir haben nun in der Entwurfsansicht eingestellt, dass unser Ergebnis nach Kalenderwochen aufsteigend sortiert werden soll. Zusätzlich wurde die Formatierung der Kalenderwoche angepasst, wie es in Abbildg. 17.1 dargestellt ist.

HINWEIS Sind an einer Beziehungslinie zwischen den Tabellen die Zeichen »1« und »∞« zu sehen, dann ist zwischen den Tabellen referentielle Integrität definiert. Lesen Sie dazu Kapitel 12, »Beziehungen zwischen Tabellen«.

Beziehungen verstehen und verändern

Für ein weiteres Beispiel verwenden wir die Tabellen *tblArtikel* und *tblArtikelverkauf*, die wir Ihnen zunächst kurz vorstellen möchten. *tblArtikel* enthält eine Liste aller Artikel, die am Kinokiosk verkauft werden. Die Artikel haben eine Artikelnummer und eine Bezeichnung. Dazu werden der Einkaufs- und der Verkaufspreis gespeichert. In der Tabelle *tblArtikelverkauf* sind alle Verkäufe am Kinokiosk aufgeführt mit dem Verkaufsdatum, der jeweiligen Artikelnummer und der Menge. Die genaue Definition der Tabellen sehen Sie sich am besten in der entsprechenden Datei auf der beiliegenden CD-ROM zum Buch an.

1. Erstellen Sie für das folgende Beispiel eine neue Abfrage in der Entwurfsansicht.
2. Fügen Sie die beiden Tabellen *tblArtikel* und *tblArtikelverkauf* ein.

TIPP Sie können Tabellen direkt aus dem Navigationsbereich in die Entwurfsansicht für Abfragen ziehen.

3. Verwenden Sie nun für die Abfrage die Felder *Datum*, *Bezeichnung*, *Verkaufspreis* und *Anzahl*.
4. Fügen Sie dann mit Umsatz:[Anzahl]*[Verkaufspreis] ein weiteres Feld ein, das den Umsatz anzeigen soll.
5. Lassen Sie die Daten nach dem Datum sortiert anzeigen.

Abbildg. 17.7 Entwurfsansicht der Abfrage

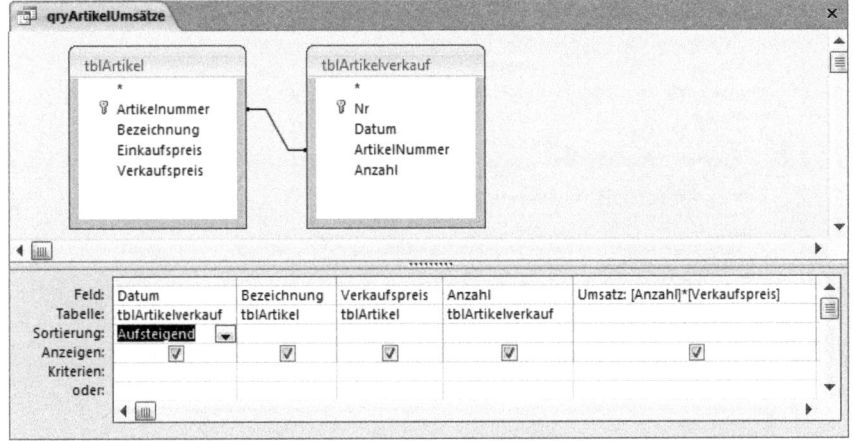

Kapitel 17 Abfragen mit mehreren Tabellen

Starten Sie die Abfrage, so erhalten Sie das folgende Ergebnis.

Abbildg. 17.8   Verkaufte Artikel

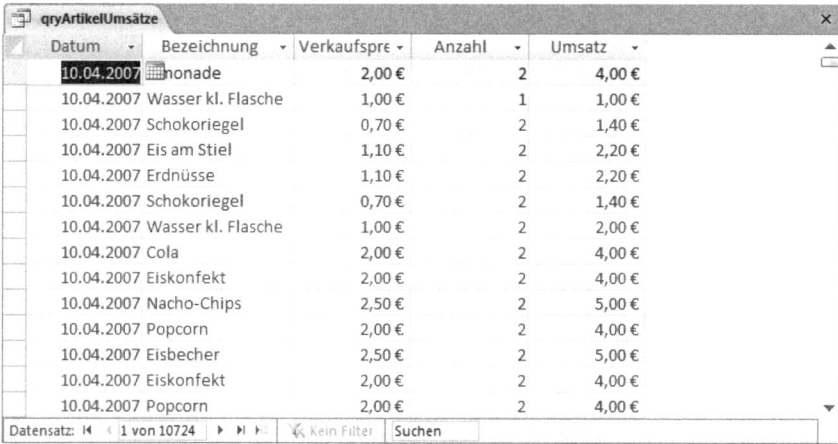

Wir möchten das Beispiel nun so umarbeiten, dass alle Artikel aus der Tabelle *tblArtikel* gezeigt werden, die noch nie verkauft wurden, für die also kein Eintrag in *tblArtikelverkauf* existiert.

Zurzeit werden nur die Artikel dargestellt, die in jeder Tabelle vorkommen. Wir müssen erreichen, dass alle Artikel aus *tblArtikel* genommen werden, unabhängig davon, ob ein entsprechender Eintrag in *tblArtikelverkauf* vorliegt oder nicht.

1. Markieren Sie dazu mit einem Klick die Beziehungslinie zwischen den beiden Tabellen. Die Linie sollte daraufhin fett dargestellt werden.
2. Mit einem Doppelklick auf die markierte Beziehungslinie oder über das Kontextmenü zur Linie und *Verknüpfungseigenschaften* rufen Sie das Dialogfeld *Verknüpfungseigenschaften* auf.

Abbildg. 17.9   Dialogfeld *Verknüpfungseigenschaften*

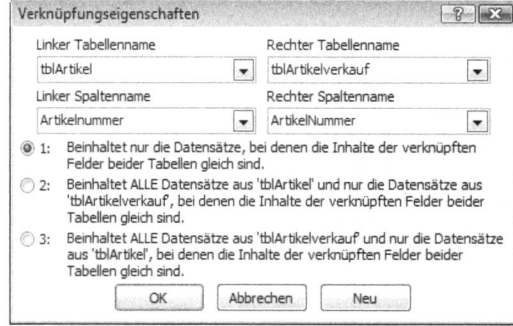

3. Selektieren Sie nun die zweite Option, die alle Datensätze der Tabelle *tblArtikel* umfasst. Wie Sie in Abbildg. 17.10 sehen können, weist die Beziehungslinie jetzt eine Pfeilspitze auf, die auf die Tabelle *tblArtikelverkauf* zeigt.

Abbildg. 17.10   Geänderte Beziehungslinie

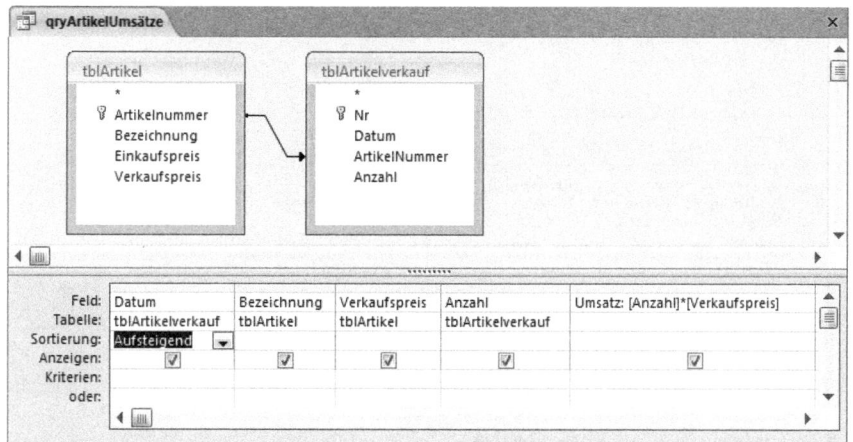

Führen Sie die Abfrage aus, werden die Artikel am Anfang der Liste eingeordnet, für die noch kein Verkauf erfolgt ist. Das liegt daran, dass für diese Artikel noch kein Verkaufsdatum vorliegen kann, d.h., das Datum für diese Datensätze hat den Wert NULL. Da die Liste aufsteigend nach dem *Datum* sortiert ist, werden diese Datensätze am Anfang der Liste angeordnet.

Abbildg. 17.11   Ergebnis der geänderten Beziehung

Datum	Bezeichnung	Verkaufspre ▾	Anzahl	Umsatz
	Ubberwasser	1,80 €		
10.04.2007	Eisbecher	2,50 €	1	2,50 €
10.04.2007	Nacho-Chips	2,50 €	2	5,00 €
10.04.2007	Eis am Stiel	1,10 €	1	1,10 €
10.04.2007	Eis am Stiel	1,10 €	1	1,10 €
10.04.2007	Eisbecher	2,50 €	2	5,00 €
10.04.2007	Cola	2,00 €	1	2,00 €
10.04.2007	Cola	2,00 €	2	4,00 €
10.04.2007	Cola	2,00 €	2	4,00 €
10.04.2007	Eiskonfekt	2,00 €	2	4,00 €
10.04.2007	Cola	2,00 €	1	2,00 €
10.04.2007	Popcorn	2,00 €	2	4,00 €
10.04.2007	Cola	2,00 €	2	4,00 €
10.04.2007	Eisbecher	2,50 €	1	2,50 €

Datensatz: 1 von 10725

4. Ändern Sie die Abfrage nun in der Weise ab, dass nur die Datensätze gezeigt werden, für die das *Datum* NULL ist.

Abbildg. 17.12   Einschränkung der Auswahl

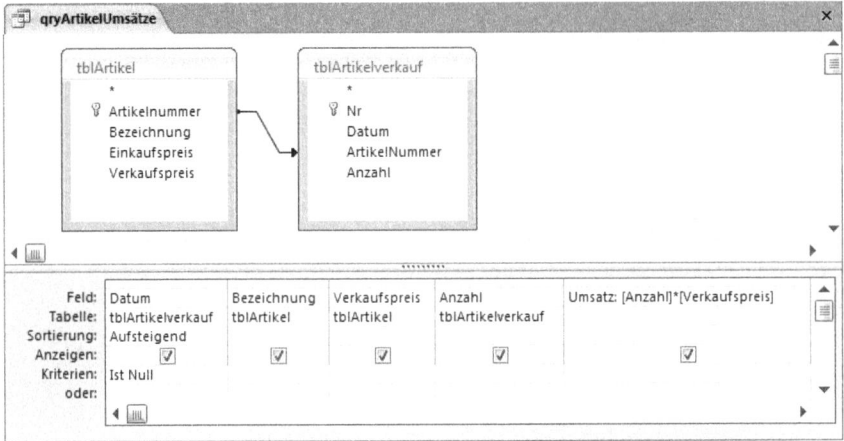

Nach dem Ausführen der geänderten Abfrage erhalten Sie die in Abbildg. 17.13 gezeigten Daten.

Abbildg. 17.13   Dieser Artikel wurde noch nie verkauft

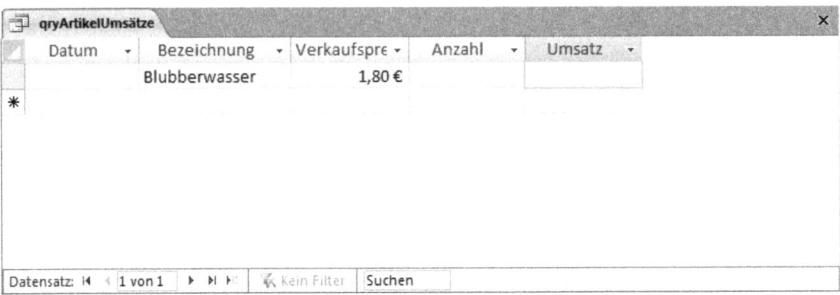

Automatische Beziehungen

Sind zwischen den Tabellen, die Sie in Ihre Abfrage aufgenommen haben, keine Beziehungen vordefiniert, so versucht Access, mögliche Beziehungen zu erraten und entsprechende Verknüpfungen einzubeziehen.

Die Verknüpfung wird nach folgender Regel aufgebaut: Beide Tabellen verfügen über jeweils ein Feld mit dem gleichen Feldnamen, mit gleichem oder kompatiblem Datentyp und eines dieser Felder ist außerdem ein Primärschlüssel. Die in Abbildg. 17.14 dargestellte Beziehungslinie wurde von Access automatisch ergänzt, da die *Nr* auf beiden Seiten mit dem gleichen Datentyp definiert und in der *Adressenliste* der Primärschlüssel ist.

Abbildg. 17.14 Automatische Beziehung

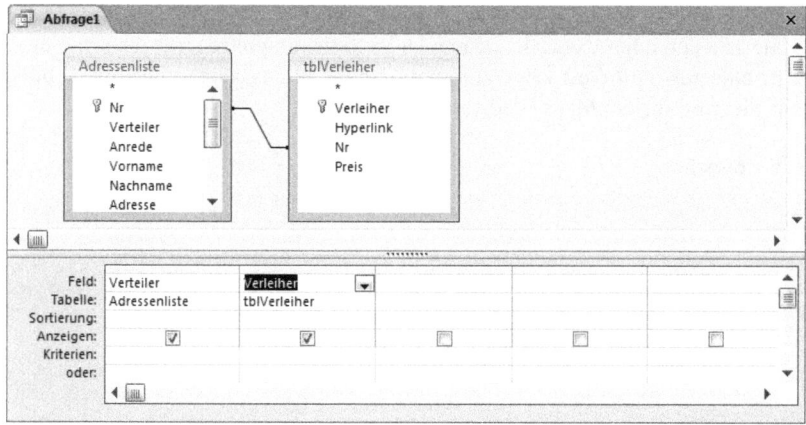

Sie können das automatische Erstellen von Verbindungslinien durch Access unterdrücken. Öffnen Sie dazu das Dialogfeld *Access-Optionen* über die Office-Schaltfläche. Wählen Sie auf der linken Seite die Kategorie *Objekt-Designer* aus, so finden Sie rechts verschiedene Einstellungen zum *Abfrageentwurf* und den Eintrag *AutoVerknüpfung aktivieren*, den Sie nach Belieben an- oder ausschalten können.

Abbildg. 17.15 Hier können Sie AutoVerknüpfungen deaktivieren

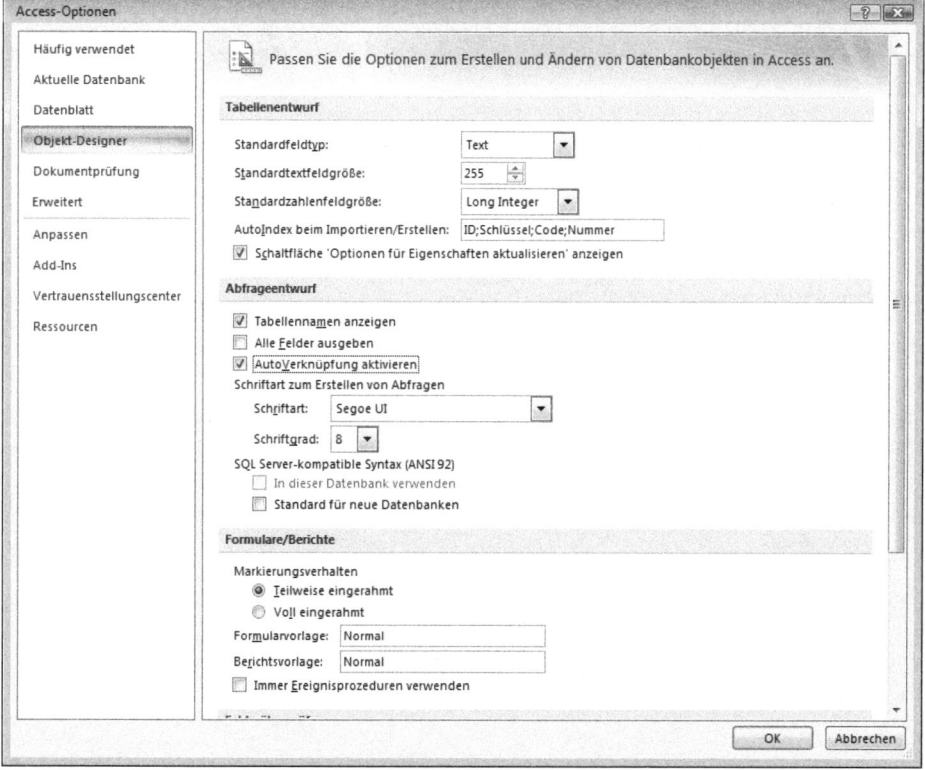

Eigene Beziehungen aufbauen

Möchten Sie Tabellen oder Abfragen zueinander in Beziehung setzen, für die keine Beziehung vordefiniert ist oder für die Access keine automatische Beziehung aufbaut, wie in Abbildg. 17.16, so können Sie dies mithilfe der Maus erledigen.

Abbildg. 17.16 Hier fehlt die Beziehung

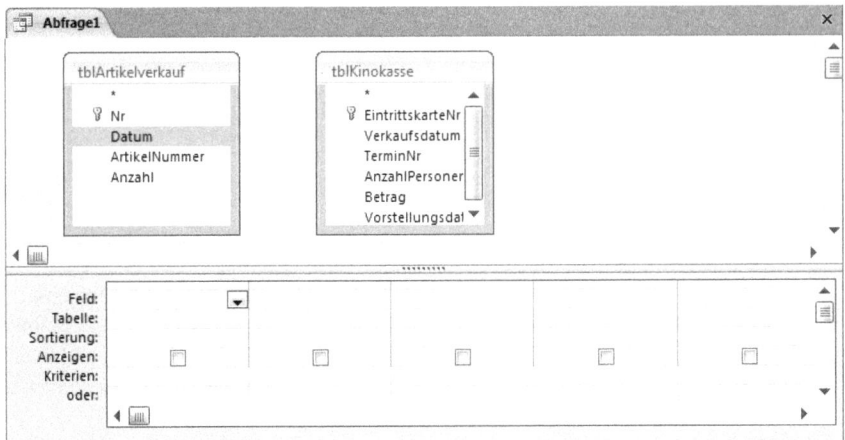

Klicken Sie auf das gewünschte Feld der ersten Tabelle, z.B. *Datum*, und ziehen Sie es bei gedrückter Maustaste auf das entsprechende Feld der zweiten Tabelle, z.B. *Verkaufsdatum*. Access zeichnet nun eine Linie zwischen die beiden Felder.

Abbildg. 17.17 Beziehung – selbst gemacht

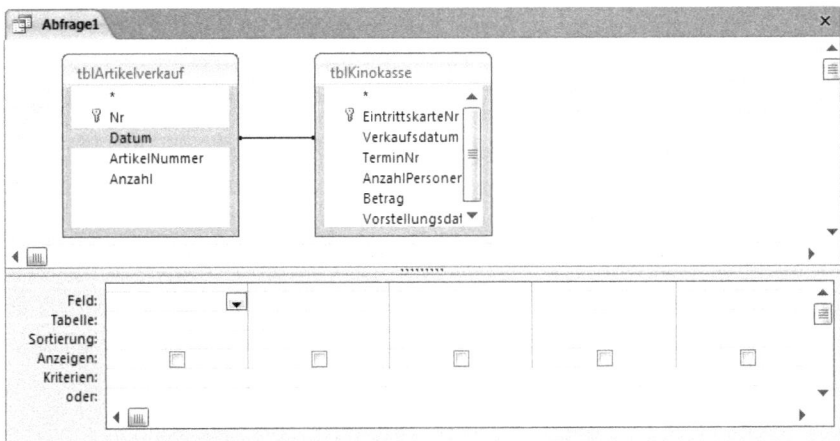

Beachten Sie dabei, dass erstens die Beziehung sinnvoll sein sollte und zweitens, dass die Datentypen der Felder zusammenpassen müssen.

Abfragen ohne Beziehungslinien

Abfragen mit mehreren Tabellen lassen sich auch ohne Beziehungslinien erstellen. Sie erhalten dann keine Beziehungslinie, wenn entweder zwischen den Tabellen keine vordefinierte Beziehung besteht oder wenn Sie die Beziehungslinie entfernen (erst markieren, dann mit Entf löschen).

Abbildg. 17.18 Abfrage ohne Beziehungslinie

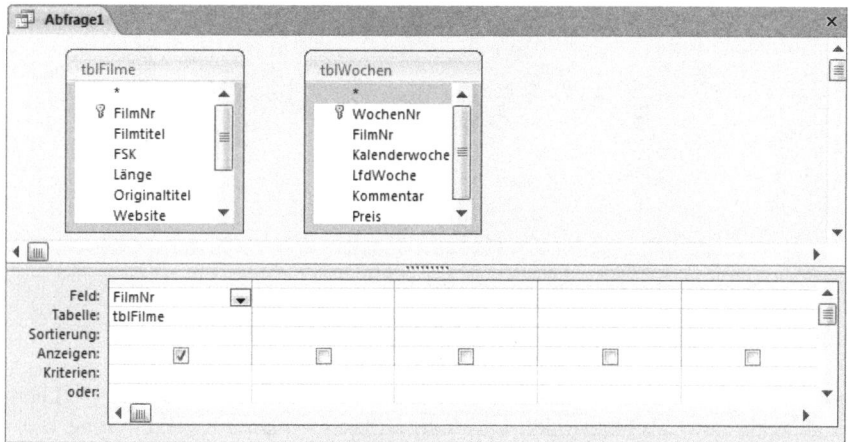

Auch ohne Beziehungslinie können Sie die Abfrage ausführen. Sie wird Ihnen sogar ein Ergebnis liefern, die Frage ist dann nur, wie soll man es interpretieren? Was hat Access nun eigentlich ermittelt?

Das Abfrageergebnis umfasst alle Datensätze beider Tabellen, wobei jeder Datensatz der einen Tabelle mit jedem Datensatz der anderen Tabelle in Beziehung gesetzt wird. Hat die erste Tabelle m Datensätze, die zweite n Datensätze, so wird das Ergebnis $m*n$ Zeilen aufweisen.

Besteht eine Beziehung?

Prinzipiell können Sie in Access alles zueinander in Beziehung setzen, vorausgesetzt, die Datentypen auf beiden Seiten passen zueinander. Sie können also Äpfel mit Birnen vergleichen, ohne dass Access Einspruch erheben wird.

In Abbildg. 17.19 wurde eine Beziehung zwischen *FilmNr* der Tabelle *tblWochen* und *EintrittskarteNr* der Tabelle *tblKinokasse* gezogen. Es werden jetzt alle Datensätze gezeigt, deren laufende Nummer in der Kinokassentabelle zufällig einer Filmnummer entspricht. Nicht sehr sinnvoll, oder?

Passen die Datentypen der beiden Felder, die Sie für die Beziehung verwenden möchten, nicht zusammen (versuchen Sie beispielsweise, einen Text und eine Zahl zu verknüpfen), so wird Access eine Fehlermeldung ausgeben.

Abbildg. 17.19 Beziehungslinie ohne Beziehung

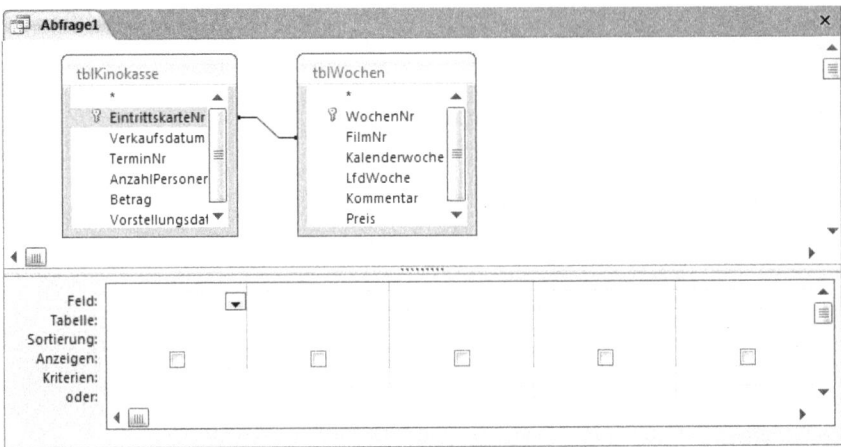

Drei Verknüpfungsvarianten

Die Beziehung zwischen zwei Tabellen kann in drei Varianten (siehe Abbildg. 17.9) hergestellt werden: als Exklusions-, als Links-Inklusions- oder als Rechts-Inklusionsverknüpfung.

Exklusionsverknüpfung

Bei einer Exklusionsverknüpfung werden alle Datensätze im Ergebnis der Abfrage gezeigt, bei denen jeder Eintrag des verknüpften Feldes der einen Tabelle mindestens eine Entsprechung in der anderen Tabelle besitzt. Datensätze, deren Wert des Verknüpfungsfeldes nur in einer der beiden Tabellen vorkommt, werden nicht in das Ergebnis aufgenommen.

In der Fachsprache wird die Exklusionsverknüpfung auch als »INNER JOIN« bezeichnet (siehe Kapitel 20, »Die Abfragesprache SQL«).

Links-Inklusionsverknüpfung

Bei der Links-Inklusionsverknüpfung werden alle Datensätze der linken Tabelle in das Ergebnis aufgenommen, die der rechten Tabelle jedoch nur dann, wenn sie eine Entsprechung zur linken Tabelle besitzen. Mit anderen Worten, es werden alle Datensätze der linken Tabelle genommen, unabhängig davon, ob auf der rechten Seite entsprechende Werte existieren. Von der Links-Inklusionsverknüpfung spricht man auch als »LEFT JOIN«.

Rechts-Inklusionsverknüpfung

Die Rechts-Inklusionsverknüpfung entspricht der Links-Inklusionsverknüpfung, wobei einfach nur die Seiten vertauscht sind. Die Rechts-Inklusionsverknüpfung wird als »RIGHT JOIN« bezeichnet.

Ein weiteres Verknüpfungsbeispiel

Das folgende Beispiel soll Ihnen eine praktische Anwendung demonstrieren, die Gebrauch von den verschiedenen Beziehungsvarianten macht. Wir möchten ermitteln, welche Filme zwar in die Filmliste *tblFilme* eingegeben, aber noch nicht geplant worden sind, d.h., in der Tabelle *tblWochen* sind noch keine Einträge für die Filme vorhanden, damit also auch keine Vorstellungstermine.

Erstellen Sie eine neue Abfrage mit den Tabellen *tblFilme* und *tblWochen* in der Entwurfsansicht. Sie können die gewünschten Tabellen im Dialogfeld *Tabellen einfügen* nacheinander per Doppelklick bzw. mit der Schaltfläche *Hinzufügen* in Ihre Abfragedefinition übertragen. Alternativ lassen sich mehrere Tabellen auch bei gedrückter [Strg]- bzw. [⇧]-Taste markieren und auf einmal hinzufügen.

Abbildg. 17.20 So gibt es noch nicht das gesuchte Ergebnis

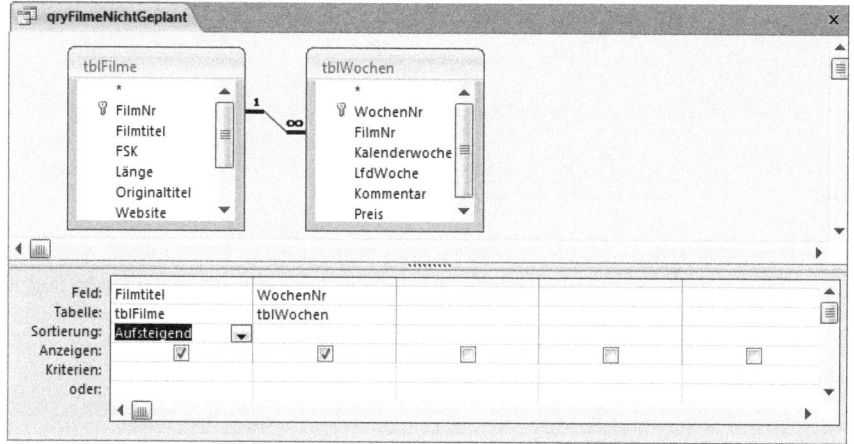

In Abbildg. 17.21 sehen Sie das Ergebnis der Abfrage. Es sind alle Filme aufgeführt, die in beiden Tabellen vorkommen. Das ist noch nicht das Resultat, das wir benötigen, denn wir möchten ja die Filme ermitteln, die nicht in der Tabelle *tblWochen* vorkommen.

Abbildg. 17.21 Beide Spalten ohne Lücken

Kapitel 17 Abfragen mit mehreren Tabellen

Der nächste Schritt zum richtigen Ergebnis ist die Änderung der Verknüpfungseigenschaften.
1. Selektieren Sie die Beziehungslinie zwischen beiden Tabellen mit der Maus und rufen Sie das Dialogfeld *Verknüpfungseigenschaften* mit einem Doppelklick auf die Verbindungslinie auf.
2. Wählen Sie nun die zweite Option, die alle Datensätze der Tabelle *tblFilme* und nur die Filme der Tabelle *tblWochen* zeigt, für die eine Entsprechung existiert.

Abbildg. 17.22 Ändern der Verknüpfungseigenschaften

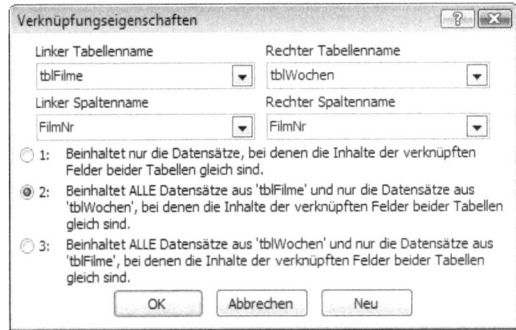

Führen Sie die Abfrage durch, werden nun alle Filme gezeigt. Für die Filme, für die kein Eintrag in *tblWochen* vorliegt, kann keine *WochenNr* gezeigt werden, d.h., in der Spalte liegt kein Eintrag vor, wie Abbildg. 17.23 zeigt.

Abbildg. 17.23 Mit Lücken in der rechten Spalte

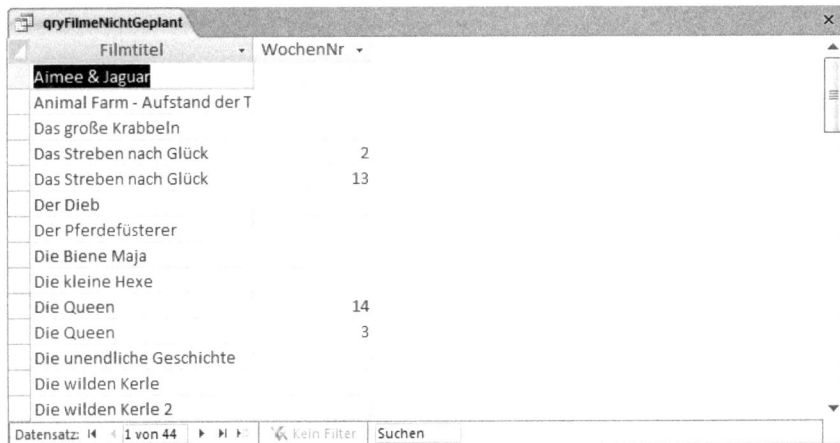

Es ist nun ein Leichtes, nur die Filme herauszufiltern, für die kein Eintrag in der Spalte *WochenNr* vorliegt, denn für diese Filme ist der Wert der *WochenNr* NULL. NULL zeigt an, dass hier kein Eintrag existiert.

3. Ergänzen Sie die Abfrage um die Bedingung Ist Null für die Spalte *WochenNr*, so werden nur die noch nicht geplanten Filme ermittelt.

Abbildg. 17.24   Erweiterung der Abfrage

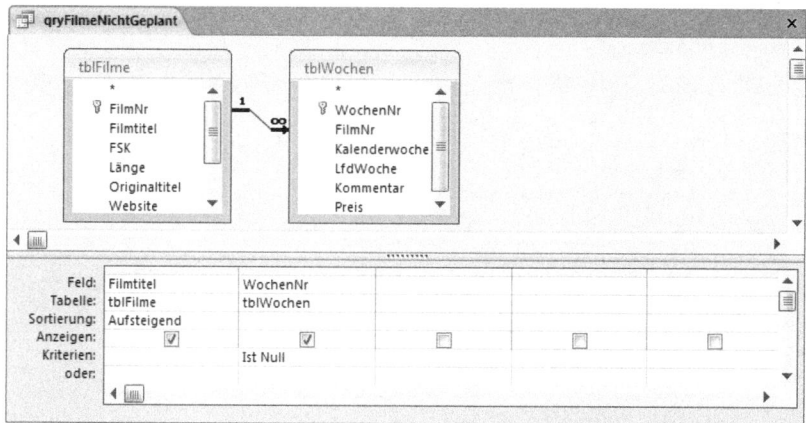

Abfragen mit mehr als zwei Tabellen

Sie können in Ihre Abfragen mehr als zwei Tabellen aufnehmen. Dabei setzt Ihnen Access fast keine Grenzen. Es kann zwar vorkommen, dass Access anzeigt, dass eine Abfrage zu komplex wird, aber Sie können mit Abfragen von Abfragen (siehe den gleichnamigen Abschnitt weiter unten) diese Beschränkung umgehen.

Abfrage mit vier Tabellen

Die folgende Beispielabfrage wurde mit dem Auswahlabfrage-Assistenten erstellt und dann manuell geändert. Rufen Sie den Assistenten (siehe Abschnitt: »Auf zwei Tabellen«) auf und selektieren Sie aus der Tabelle *tblFilme* das Feld *Filmtitel*, aus *tblWochen* das Feld *Kalenderwoche*, aus *tblTermine* die Felder *Tag* und *Zeit* und aus *tblKinos* das Feld *Kino*. Wir haben dann die Reihenfolge der Felder und die Sortierkriterien geändert, wie es in Abbildg. 17.25 dargestellt ist.

Abbildg. 17.25   Abfrage mit vier Tabellen

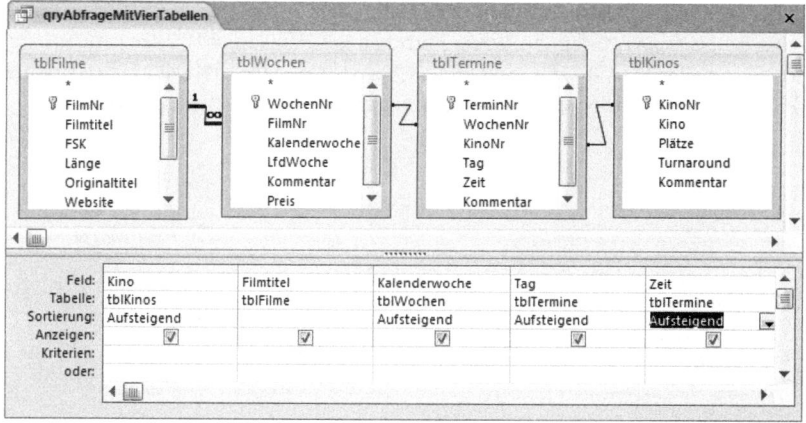

Kapitel 17 Abfragen mit mehreren Tabellen

Die Abfrage ermittelt für die Kinos die Vorstellungstermine für die verschiedenen Kalenderwochen.

Abbildg. 17.26 Ergebnis der Abfrage

Kino	Filmtitel	Kalenderwc	Tag	Zeit
Alpha	Das Streben nach Glück	5. KW	1	20:00
Alpha	Das Streben nach Glück	5. KW	2	20:00
Alpha	Das Streben nach Glück	5. KW	3	20:00
Alpha	Das Streben nach Glück	5. KW	4	11:00
Alpha	Das Streben nach Glück	5. KW	4	20:00
Alpha	Das Streben nach Glück	5. KW	5	20:00
Alpha	Das Streben nach Glück	5. KW	7	20:00
Alpha	Das Streben nach Glück	5. KW	11	14:00
Alpha	Das Streben nach Glück	5. KW	11	17:00
Alpha	Das Streben nach Glück	5. KW	11	23:15
Alpha	Krass	6. KW	4	11:00
Alpha	Krass	6. KW	5	11:00
Alpha	Krass	6. KW	11	14:00
Alpha	Krass	6. KW	11	17:00
Alpha	Krass	6. KW	11	20:00

Nachträglich Tabellen hinzunehmen

Wir möchten im nächsten Beispiel drei Tabellen gleichzeitig abfragen. Als Basis für die Abfrage greifen wir auf die oben besprochene Abfrage aus Abbildg. 17.24 zurück, die wir um eine weitere Tabelle ergänzen möchten.

Access erlaubt es Ihnen, nachträglich Tabellen zu Ihren bereits bestehenden Abfragen hinzuzufügen, wenn Sie nicht alle gewünschten Tabellen von Anfang an in die Abfrage aufgenommen haben. In der Abfrage-Entwurfsansicht können Sie mithilfe der Schaltfläche *Tabelle anzeigen* das gleichnamige Dialogfeld einblenden. Selektieren Sie in diesem Dialogfeld die benötigten Tabellen. Wir haben die Abfrage aus Abbildg. 17.24 um die Tabelle *tblTermine* ergänzt. Alternativ können Sie die fehlende Tabelle auch aus dem Navigationsbereich einfach in die Abfrage hineinziehen.

Die Aufgabenstellung für unser Beispiel heißt: Es sollen alle Filme ermittelt werden, die zwar angelegt sind, für die aber noch keine Planung erfolgt ist. Oben hatten wir nur die Filme ermittelt, für die kein Eintrag in *tblWochen* vorlag. Zu jedem Eintrag eines Films in *tblWochen* gehören ein oder mehrere Einträge in *tblTermine*, die die eigentlichen Vorstellungstage und -zeiten beschreiben. Nun sollen alle Filme ermittelt werden, für die keine Vorstellungstermine angelegt wurden.

Abfragen mit mehr als zwei Tabellen

Abbildg. 17.27 Zusätzliche Tabelle

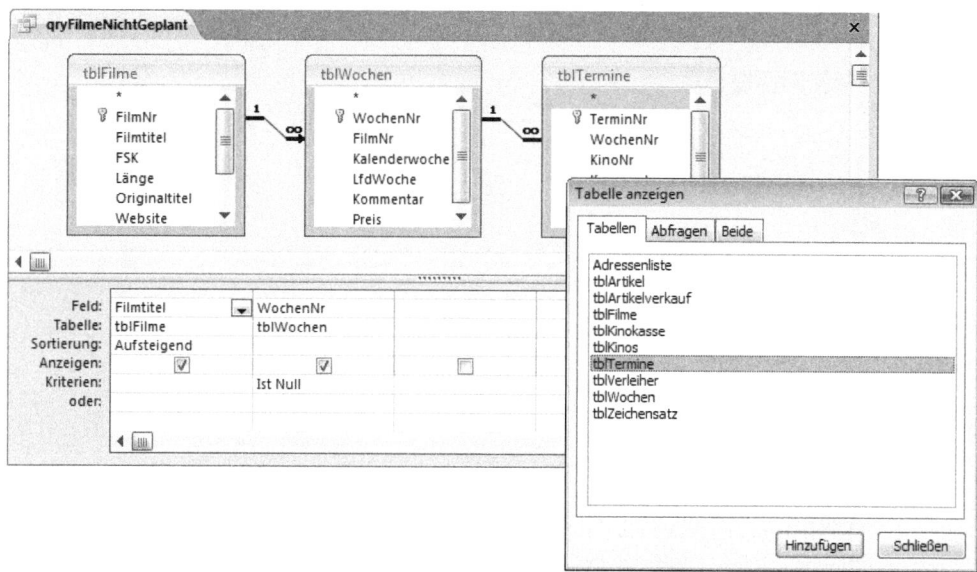

Wie in Abbildg. 17.27 gezeigt, haben wir die Tabelle *tblTermine* hinzugefügt und die Spalte *TerminNr* im unteren Abfragebereich festgelegt. Leider erhalten wir aber beim Ausführen der Abfrage eine Fehlermeldung.

Abbildg. 17.28 Fehlermeldung bei mehrdeutigen Inklusionsverknüpfungen

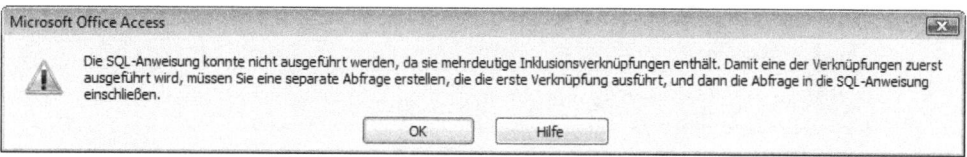

Damit die Abfrage funktioniert, müssen beide Beziehungslinien einen Pfeil zur jeweils rechten Tabelle aufweisen. Ändern Sie also die Beziehungslinie zwischen *tblWochen* und *tblTermine* entsprechend durch Änderung der Verknüpfungseigenschaften ab. Wenn Sie zusätzlich als Bedingung für die Spalte *TerminNr* Ist Null eintragen, erhalten Sie das folgende Ergebnis: Es werden alle Filme aufgeführt, für die entweder keine Einträge in *tblWochen* (und damit auch nicht in *tblTermine*) oder keine in *tblTermine* vorliegen.

Abbildg. 17.29 Alle Filme, für die keine Termine vorliegen

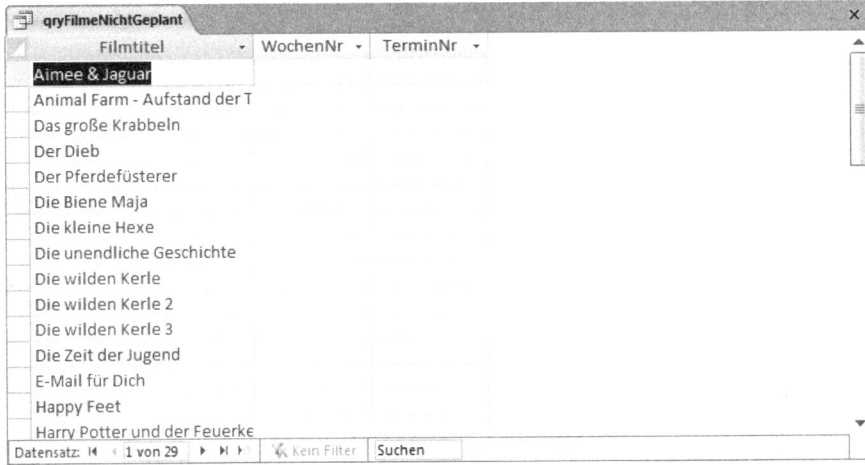

Da sich hier noch viele alte Filme in der Datenbank befinden, die gar nicht mehr laufen, wurde das Bundesstartdatum mit der Bedingung >Datum()-100 eingefügt. Möchten Sie das Bundesstartdatum nicht anzeigen lassen, so können Sie das Häkchen in der Zeile *Anzeigen* wegklicken.

Möchten Sie nun zusätzlich noch ermitteln, welche Filme zwar geplant, aber noch nicht an der Kinokasse verkauft wurden, ergänzen Sie die Abfrage um die Tabelle *tblKinokasse*. Selektieren Sie das Feld *EintrittskarteNr*, dem ebenfalls die Bedingung Ist Null zugeordnet wird. Denken Sie daran, auch die Beziehungslinie zwischen *tblTermine* und *tblKinokasse* entsprechend einzustellen.

Abbildg. 17.30 Entweder nicht geplant oder noch nicht verkauft

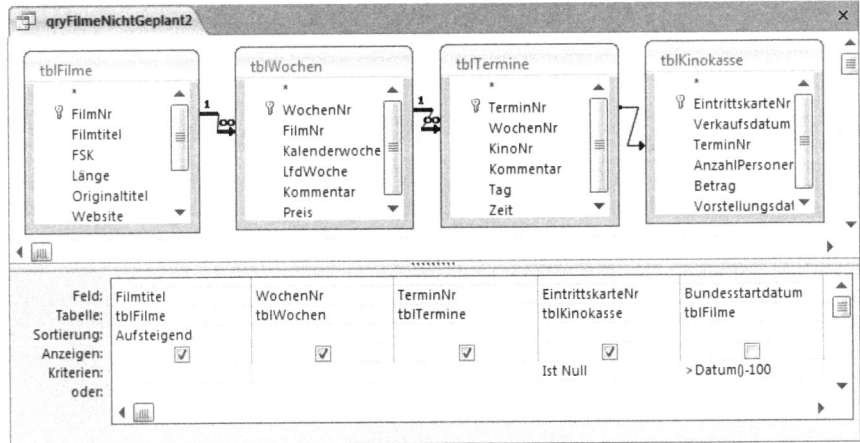

Abfragen, die auf Abfragen basieren

Wie Sie in diesem Abschnitt und dem nächsten Kapitel sehen werden, lassen sich auch Abfragen, die auf Abfragen basieren, problemlos erstellen. Abfragen dürfen bis zu 50 Ebenen tief ineinander geschachtelt werden.

Als Beispiel haben wir zuerst eine Abfrage namens *qryFilmOhneLängenangabe* erstellt, die die Nummer und den Titel aller Filme auflistet, für die keine Längenangabe erfasst wurde oder deren Längenangabe »0 min« beträgt.

Abbildg. 17.31 Alle Filme ohne Längenangabe

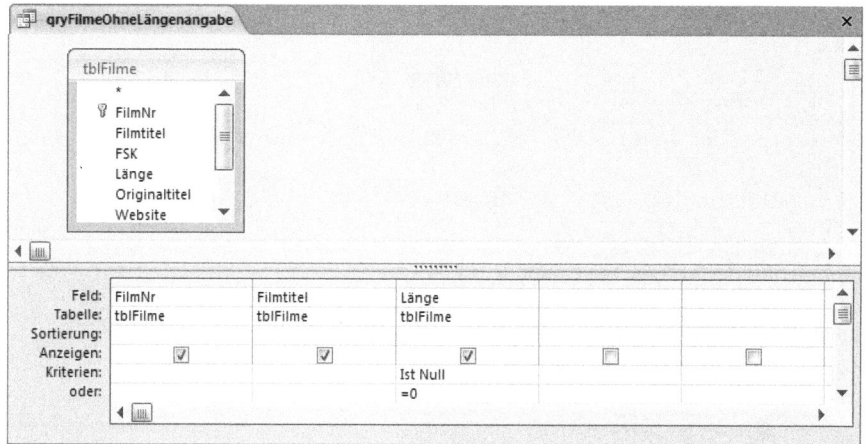

Nun soll eine weitere Abfrage erstellt werden, die zeigt, in welchen Kalenderwochen die Filme ohne Längenangabe verplant wurden. Wie schnell ist es bei der Planung passiert, dass für ein Kino zwei Vorstellungen so gelegt werden, dass sich die Vorführungszeiten überschneiden.

Beginnen Sie eine neue Abfrage und selektieren Sie im Dialogfeld *Tabelle anzeigen* auf dem Registerblatt *Beide* die oben vorgestellte Abfrage sowie die Tabelle *tblWochen* als Datenbasis für die Abfrage.

Abbildg. 17.32 Abfrage aus Abfrage und Tabelle

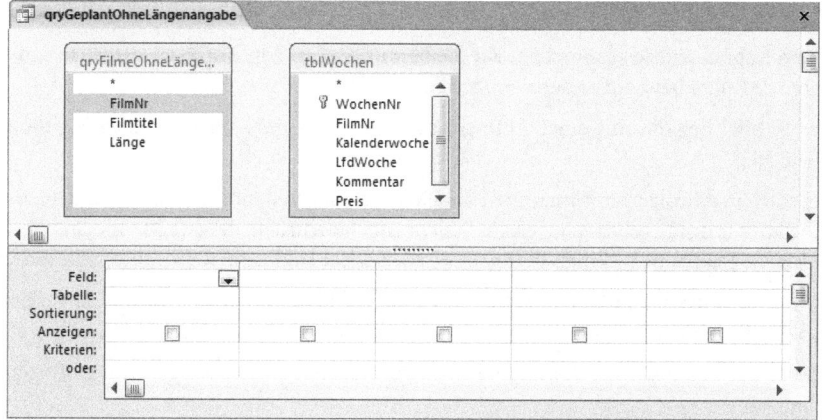

Kapitel 17 Abfragen mit mehreren Tabellen

Ziehen Sie mit der Maus eine Verbindungslinie zwischen dem Feld *FilmNr* beider Tabellen. Wählen Sie die Felder *FilmNr*, *Filmtitel* und *Kalenderwoche* als Abfragefelder.

Abbildg. 17.33 Per Hand eingezeichnete Beziehung

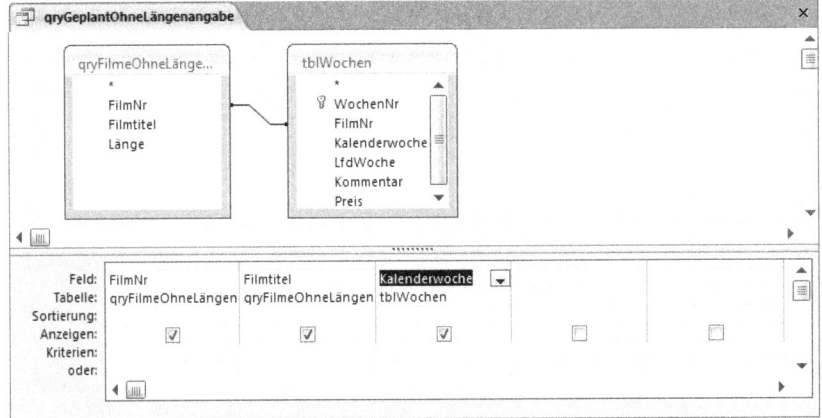

Das Ergebnis der Abfrage zeigt Abbildg. 17.34.

Abbildg. 17.34 Ergebnis der Abfrage

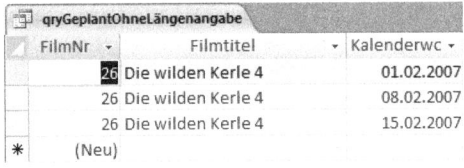

HINWEIS Eine Vielzahl weiterer Abfragen mit mehreren Tabellen finden Sie in den nächsten Kapiteln von Teil C.

Zusammenfassung

In diesem Kapitel wurde besprochen, wie Sie beim Erstellen von Abfragen vorgehen müssen, die auf mehreren Tabellen bzw. auf anderen Abfragen basieren.

- Das Kapitel begann mit einer Abfrage, die Felder aus zwei verschiedenen Tabellen verwendet (Seite 332).
- Bei solchen Abfragen mit mehreren Tabellen haben die definierten Beziehungen zwischen den Tabellen für das Ergebnis eine große Bedeutung. So wurden ab Seite 342 die drei Verknüpfungsvarianten Exklusions-, Links-Inklusions bzw. Rechts-Inklusionsverknüpfung besprochen.
- Es besteht auch die Möglichkeit, mehr als zwei Tabellen für eine Abfrage zu verwenden (Seite 345) und auch nachträglich lassen sich noch Tabellen zu einer Abfrage hinzufügen (Seite 346).
- Wie der letzte Abschnitt des Kapitels zeigt, lassen sich auch Abfragen von Abfragen definieren (Seite 349).

Kapitel 18

Auswertungen

In diesem Kapitel:

Access-Abfragefunktionen	352
Überblick über die Funktionen	353
In Gruppen auswerten	355
Gruppierte Daten mit Bedingungen	357
Abfrageergebnisse ohne Duplikate	359
Nur die Besten anzeigen	361
Beispiele	362
Immer wieder hilfreich: Die Abfrage-Assistenten	366
Zusammenfassung	380

Kapitel 18 Auswertungen

In Kapitel 16 haben wir Ihnen gezeigt, wie Sie Abfragespalten und Bedingungen errechnen können. Zwar können Sie nun mit Ihren Daten rechnen, aber Auswertungen wie »Wie viele Filme wurden im ersten Quartal gezeigt?« oder »Wie ist die Verteilung der Altersfreigaben auf die Gesamtheit der Filme?« lassen sich noch nicht bearbeiten. Für die Auswertung dieser Abfragen sind nicht einzelne Datensätze von Interesse, sondern es müssen alle zu einer bestimmten Gruppe gehörende Datensätze ausgewertet werden. Um solche Auswertungen vornehmen zu können, gibt es die so genannten Aggregatfunktionen, mit denen wir Sie in diesem Kapitel bekannt machen möchten.

Access-Abfragefunktionen

Um die Access-Abfragefunktionen nutzen zu können, müssen Sie in der Abfrageansicht die Zeile *Funktion* einschalten.

Zum Ein- bzw. Ausschalten der Zeile *Funktion* klicken Sie auf die Schaltfläche *Summen*. In Abbildg. 18.1 ist die eingefügte Zeile *Funktion* dargestellt. Wie zu erkennen ist, können Sie durch Aufklappen der *Funktion*-Liste die angebotenen Aggregatfunktionen auswählen.

Abbildg. 18.1   Eingeschaltete *Funktion*-Zeile

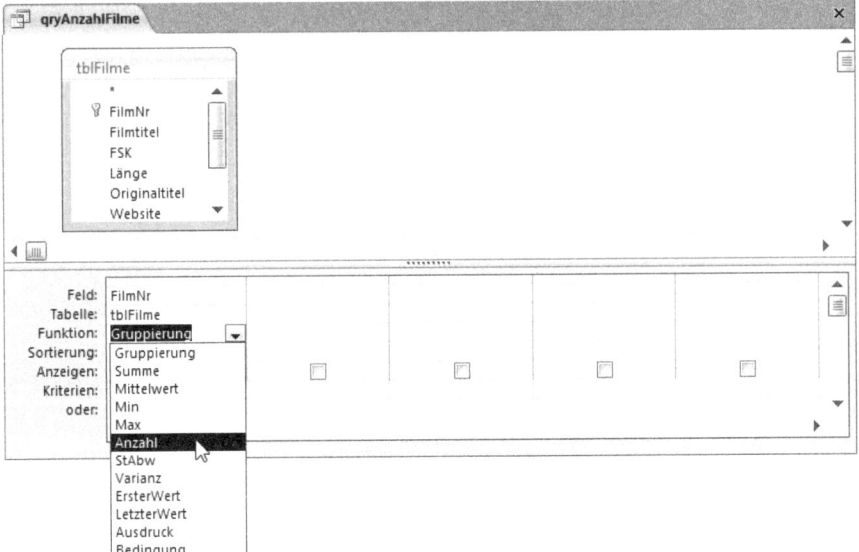

Für unser erstes Beispiel selektieren wir die Funktion Anzahl. Mit ihrer Hilfe können Sie die Anzahl der Datensätze in der Filmtabelle ermitteln. Die Funktion zählt alle Datensätze, bei denen der Inhalt des gewählten Tabellenfeldes ungleich Null ist. Da jeder Film eine Filmnummer aufweisen muss, da dieses Feld als AutoWert und Primärschlüssel definiert ist, erreichen wir so, dass alle Datensätze gezählt werden. Wenden Sie die Funktion auf ein anderes Feld der Tabelle an, werden nur die Datensätze verschieden von Null gezählt.

Abbildg. 18.2 Ergebnis der Abfrage

Sie können übrigens mehrere Funktionen gleichzeitig auf verschiedene Felder anwenden. In Abbildg. 18.3 wurde die Funktion Anzahl auf alle Felder der Tabelle *tblFilme* vereinbart. Gezählt werden jeweils alle Einträge verschieden von Null.

Abbildg. 18.3 Mehrere Auswertungen gleichzeitig

Überblick über die Funktionen

Wir möchten Ihnen nun zuerst einen Überblick über das Angebot an Aggregatfunktionen geben. In Tabelle 18.1 sind alle Funktionen aufgeführt.

Tabelle 18.1 Aggregatfunktionen

Funktion	Bedeutung
Anzahl([Spalte])	Anzahl der Spaltenwerte verschieden von NULL
ErsterWert([Spalte])	Spaltenwert der ersten Zeile des Ergebnisses (kann NULL sein)
LetzterWert([Spalte])	Spaltenwert der letzten Zeile des Ergebnisses
Max([Spalte])	Größter Spaltenwert verschieden von NULL
Min([Spalte])	Kleinster Spaltenwert verschieden von NULL
Mittelwert([Spalte])	Mittelwert aller Spaltenwerte verschieden von NULL
StdAbw([Spalte])	Standardabweichung einer Stichprobe der Spaltenwerte
Summe([Spalte])	Summe der Spaltenwerte verschieden von NULL
Varianz([Spalte])	Varianz der Stichprobe der Spaltenwerte

Bedingungen für Aggregatfunktionen

Sollen die Aggregatfunktionen nur auf ein eingeschränktes Ergebnis angewendet werden, so können Sie entsprechende Bedingungen vereinbaren. Für die Definition von Kriterien für die Berechnung der Aggregatfunktion erstellen Sie eine neue Spalte mit dem Feld, das für die Einschränkung der Ergebnismenge verwendet werden soll. Geben Sie für dieses Feld in der Zeile *Funktion* Bedingung an.

Kapitel 18 Auswertungen

Abbildg. 18.4   Abfrage mit Bedingung

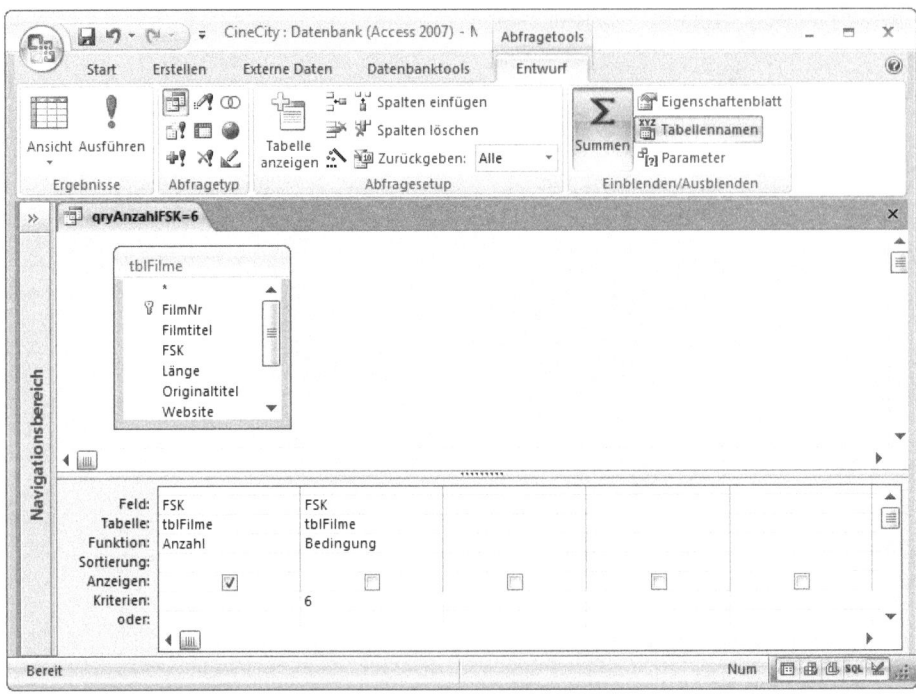

Beachten Sie dabei, dass Sie die Bedingung nicht wie in Abbildg. 18.5 gezeigt angeben, denn hier wird das Ergebnis nur gezeigt, wenn die Anzahl zufällig gleich 6 ist. Sie werden im weiteren Verlauf des Kapitels auch Abfragen kennen lernen, für die Bedingungen für Aggregatfunktionen gesetzt werden.

Abbildg. 18.5   Achtung, dies ist eine falsche Bedingungsdefinition!!

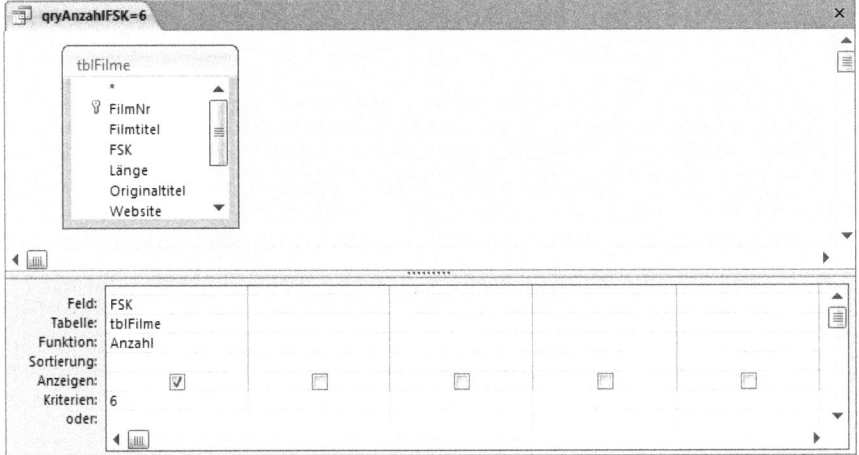

In Gruppen auswerten

Richtig interessant werden die Aggregatfunktionen durch die Möglichkeit, sie auf Gruppen von Daten anzuwenden. Wir möchten für ein erstes Beispiel ermitteln, wie viele Filme für jede Altersfreigabe erfasst worden sind, also wie viele Filme frei ab sechs Jahren sind, wie viele ab zwölf usw.

In Abbildg. 18.6 ist die dafür benötigte Abfrage abgebildet. Neu an dieser Abfrage ist, dass das Feld *FSK* zweimal angegeben ist, allerdings mit unterschiedlichen Einträgen in der Zeile *Funktion*.

Abbildg. 18.6   Neue Abfrage

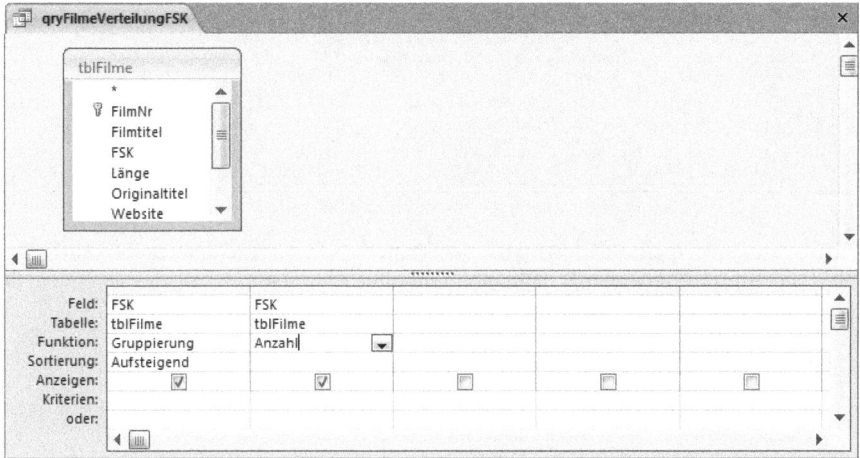

Das Ergebnis der Abfrage ist in Abbildg. 18.7 dargestellt. Für jede Altersfreigabe ist aufgeführt, wie viele Filme in der Tabelle vorliegen.

Abbildg. 18.7   Verteilung nach *FSK*

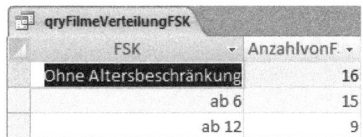

Berechnete Felder

Die Rechenergebnisse, die mithilfe von Aggregatfunktionen ermittelt werden, lassen sich weiterverwenden, wie es das nächste Beispiel zeigt. Wir ermitteln die Summe aller verkauften Artikel, dazu die Anzahl der Verkaufsvorgänge, d.h. der Einträge in die Tabelle tblArtikelverkauf, und dividieren die beiden Ergebnisse, um zu errechnen, wie viele Artikel im Schnitt bei jedem Verkaufsvorgang verkauft wurden.

Beachten Sie dabei, dass für die Rechenanweisung in der rechten Spalte als Funktion *Ausdruck* eingestellt ist, denn sonst erhalten Sie eine Fehlermeldung.

Kapitel 18 Auswertungen

Abbildg. 18.8   Entwurfsansicht

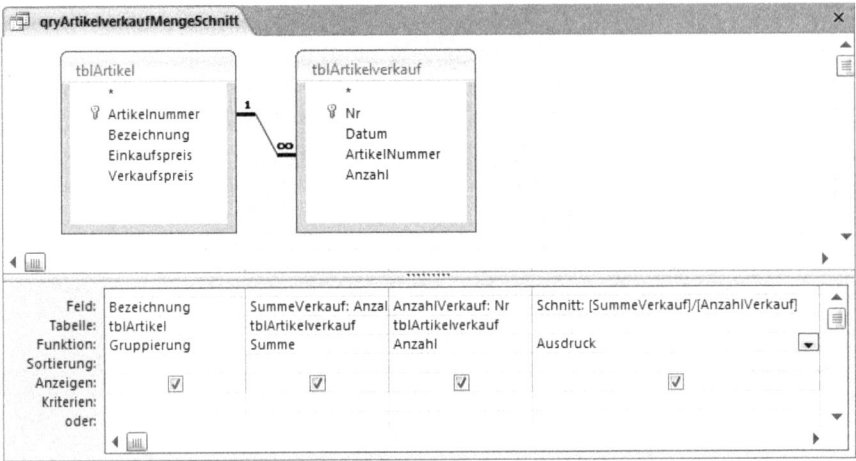

Wichtig ist bei Formeln mit Aggregatfunktionen, dass Sie eigene Spaltenüberschriften (hier: *SummeVerkauf* und *AnzahlVerkauf*) definieren und diese in weiteren Formeln verwenden. Das Ergebnis der Abfrage zeigt Abbildg. 18.9.

Abbildg. 18.9   Ergebnis der Abfrage

Bezeichnung	SummeVerk	AnzahlVerk	Schnitt
Baseballmütze	94	80	1,175
Cola	1358	882	1,53968253968254
Eis am Stiel	1371	881	1,55618615209989
Eisbecher	1352	881	1,53461975028377
Eiskonfekt	1370	879	1,55858930602958
Erdnüsse	1336	879	1,51990898748578
Gummibärchen	1354	878	1,54214123006834
Limonade	1365	878	1,55466970387244
Nacho-Chips	1369	881	1,5539160045403
Popcorn	1356	881	1,53916004540295
Schokoriegel	1358	881	1,54143019296254
T-Shirt	81	81	1
Wasser gr. Flasche	1362	881	1,54597048808173
Wasser kl. Flasche	1370	881	1,55505107832009

Aggregatfunktionen in Formeln

Im nächsten Beispiel möchten wir Ihnen zeigen, dass Sie Aggregatfunktionen auch direkt in einer Formel verwenden können. Lassen Sie uns dazu die Umsätze für die einzelnen Artikel an unserem Kinokiosk aufsummieren. Für jeden Artikel in der Tabelle *tblArtikel* soll eine Summe gebildet werden aus den im Feld *Anzahl* der Tabelle *tblArtikelverkauf* eingetragenen Verkäufen. Die Abfrage soll nach den Umsätzen absteigend sortiert werden, so dass wir am Anfang der Liste die Artikel mit den größten Umsätzen erhalten.

Abbildg. 18.10   Ermittlung der Umsätze

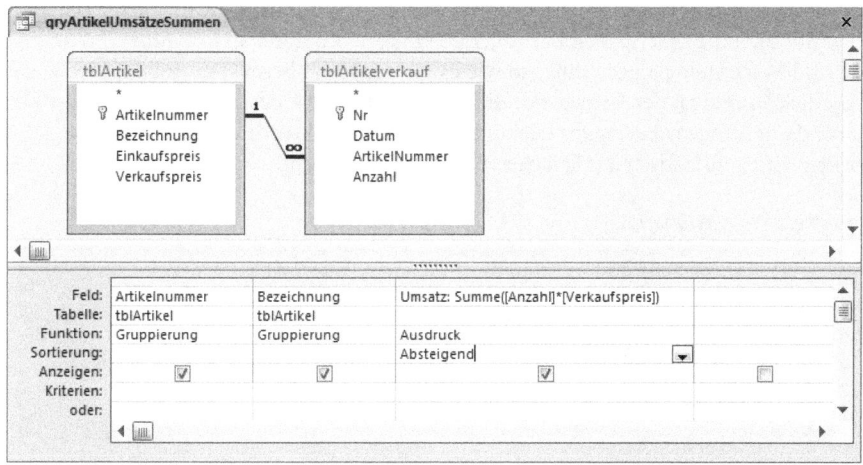

Starten Sie die Abfrage, so können Sie sich davon überzeugen, dass unser Versuch funktioniert hat, eine Aggregatfunktion direkt in der Formel zu verwenden.

Abbildg. 18.11   Die Umsätze am Kiosk

Gruppierte Daten mit Bedingungen

Auch für gruppierte Daten lassen sich einschränkende Bedingungen definieren, allerdings müssen Sie dabei beachten, dass zwei verschiedene Einschränkungen möglich sind. Zum einen können Sie mit einem Kriterium die Daten herausfiltern, die überhaupt gruppiert und ausgewertet werden sollen, zum anderen können Sie die gruppierten Ergebnisse weiter einschränken. Auch hierzu, wie immer, einige Beispiele.

Kapitel 18 Auswertungen

Lassen Sie uns zuerst den Umsatz am Kinokiosk im zweiten Quartal 2007 ermitteln. Die Entwurfsansicht der entsprechenden Abfrage stellen wir Ihnen in Abbildg. 18.12 vor. Sie sehen in der Abbildung nur zwei der vier Spalten der Abfrage. Links neben der Spalte *Umsatz* sind noch *Artikelnummer* und *Bezeichnung* eingerichtet, so wie es für das letzte Beispiel in Abbildg. 18.10 dargestellt ist. Eigentlich kommt zu der Abfrage nur die Einschränkung für das *Datum* hinzu. In der Zeile *Funktion* wurde dafür übrigens *Bedingung* selektiert, um den Charakter der Spalte anzugeben. Für *Bedingung*-Spalten wird automatisch das Häkchen für *Anzeigen* gelöscht.

Abbildg. 18.12 Umsätze im ersten Quartal

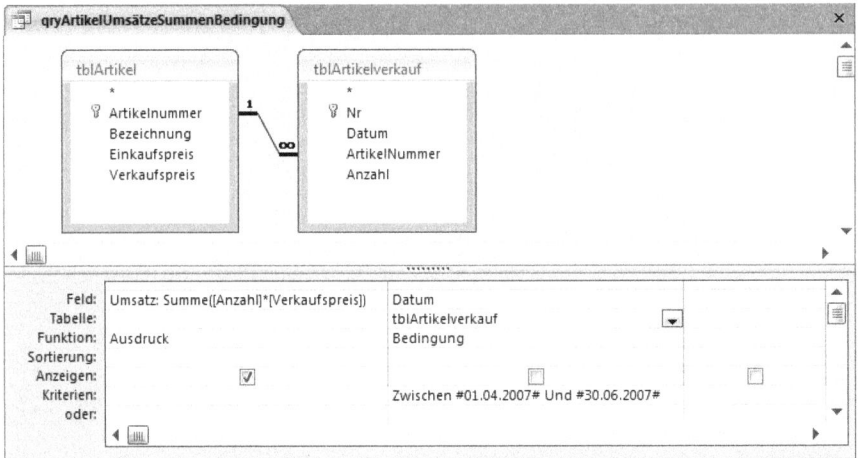

Das Kriterium für *Datum* bewirkt, dass vor der Berechnung der Umsätze für die einzelnen Artikel die Daten nach der Bedingung für *Datum* ausgewählt werden.

Geben Sie eine Bedingung für die Spalte *Umsatz* an, so wird dieses Kriterium auf die Ergebnisse der Aggregatfunktion, d.h. auf die errechneten Umsätze, angewendet. So lassen sich beispielsweise leicht alle Artikel ermitteln, die im ersten Quartal einen Umsatz von mehr als 2.000 EUR hatten.

Abbildg. 18.13 Alle Umsätze des zweiten Quartals größer als 2.000 EUR

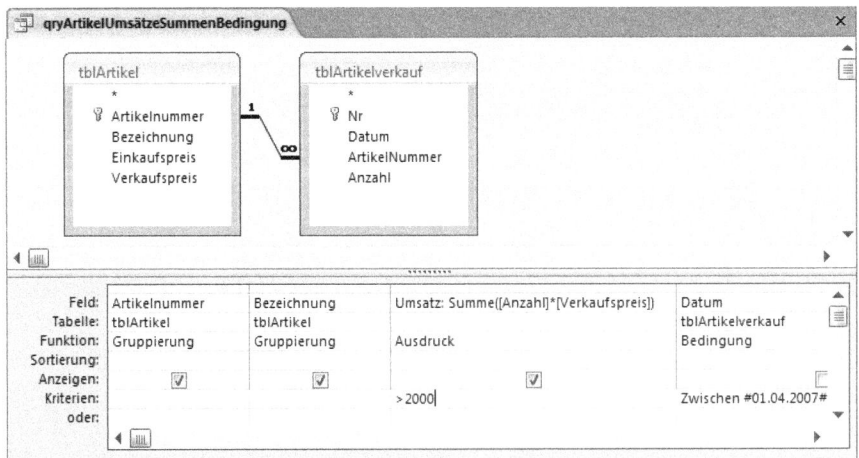

Abfrageergebnisse ohne Duplikate

In vielen Abfragen werden Sie auf das Problem stoßen, dass Datensätze zwei- oder mehrfach in die Ergebnismenge aufgenommen werden, je nachdem, wie Sie Ihre Ausgabefelder bestimmt haben.

Lassen Sie uns die folgende Abfrage zur Ermittlung von Filmgesamtlängen ansehen, die die Länge des Films und die Turnaround-Zeit des jeweiligen Kinos addiert.

Abbildg. 18.14 Filmgesamtlänge

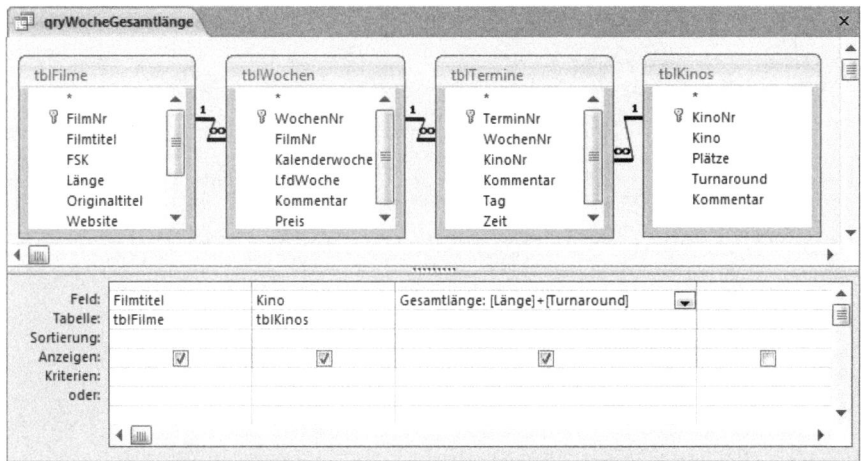

Aufgrund der Verknüpfung der vier Tabellen wird nun eine Ergebniszeile für jeden Film, für jede Woche und für jeden Termin gezeigt.

Abbildg. 18.15 Viele doppelte Datensätze

Filmtitel	Kino	Gesamtläng
Das Streben nach Glück	Alpha	177
Das Streben nach Glück	Alpha	177
Das Streben nach Glück	Alpha	177
Das Streben nach Glück	Alpha	177
Das Streben nach Glück	Alpha	177
Das Streben nach Glück	Alpha	177
Das Streben nach Glück	Alpha	177
Das Streben nach Glück	Alpha	177
Das Streben nach Glück	Alpha	177
Das Streben nach Glück	Alpha	177
Krass	Alpha	176
Krass	Alpha	176
Krass	Alpha	176
Krass	Alpha	176
Krass	Alpha	176

Das Ergebnis entspricht so natürlich nicht dem gewünschten Resultat. »Aber nicht verzagen, Access fragen!« könnte man sagen, denn Access bietet Ihnen eine Funktion zur Unterdrückung der doppelten Zeilen an. Rufen Sie dazu das *Eigenschaftenblatt* zur Abfrage auf. Klicken Sie dazu in den oberen Bereich der Abfrage und klicken Sie dann auf die Schaltfläche *Eigenschaftenblatt*. Alternativ können Sie auch die Tastenkombination [Alt]+[↵] verwenden.

Abbildg. 18.16 Dialogfeld *Abfrageeigenschaften*

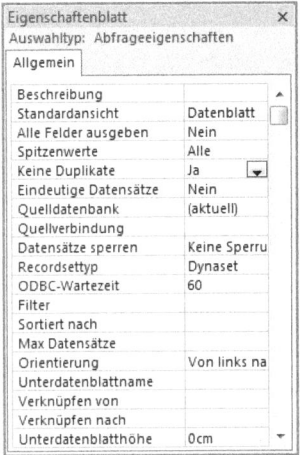

Selektieren Sie *Ja* für die Option *Keine Duplikate*, so blendet Access doppelte Datenzeilen im Ergebnis aus.

Abbildg. 18.17 Alle doppelten Ergebniszeilen ausgeblendet

Nur die Besten anzeigen

Sicher interessiert es Sie auch brennend, welches nun die bestbesuchtesten Filme waren? Wir haben eine entsprechende Abfrage zusammengestellt, die Ihre und unsere Neugier befriedigen soll (allerdings sind alle Daten in unserer Beispieldatenbank fiktiv, so dass die Aussagekraft unseres Beispiels sehr, sehr gering ist ...).

Die in Abbildg. 18.18 gezeigte Abfrage ermittelt die Besucheranzahl pro Filmtitel. Die Filme werden in der Reihenfolge absteigend nach ihrer Besucherzahl aufgelistet.

Abbildg. 18.18   Besucher pro Film

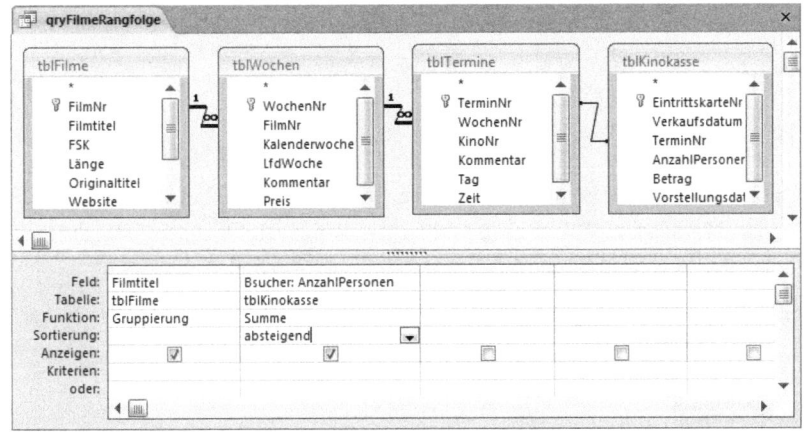

Nach dem Ausführen der Abfrage ergibt sich die folgende Rangliste, in der alle Filme aus unserer Beispieldatenbank vorkommen, für die in der Tabelle *tblKinokasse* Kartenverkäufe erfasst sind.

Abbildg. 18.19   Die Rangliste

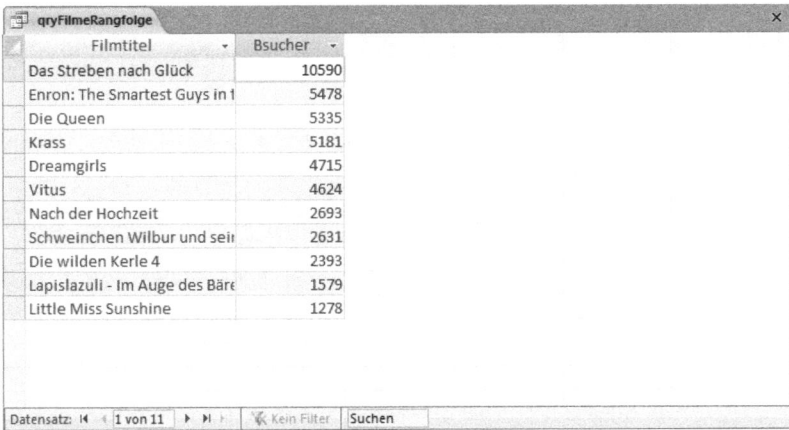

Möchte die Geschäftsleitung aber lediglich von Ihnen wissen, welches die fünf besten Filme waren, so können Sie in Access die Liste mit wenigen Mausklicks entsprechend einschränken. Rufen Sie dazu wieder das Eigenschaftsblatt zur Abfrage auf.

Kapitel 18 Auswertungen

Abbildg. 18.20 Das Eigenschaftenblatt zu Abfrage

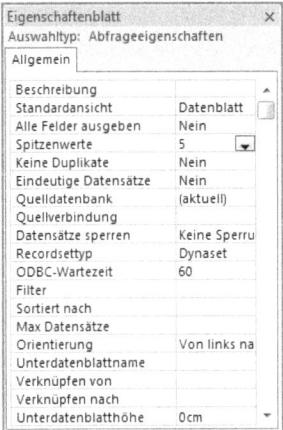

Mit der Option *Spitzenwerte* können Sie festlegen, ob die ersten 5, 25 oder 100 Zeilen oder die ersten 5% oder 25% der Zeilen gezeigt werden. Es ist aber auch jeder andere Wert möglich. Möchten Sie also die ersten zehn Zeilen eines Ergebnisses erhalten, so schreiben Sie einfach den Wert in das Feld.

Abbildg. 18.21 Die besten fünf

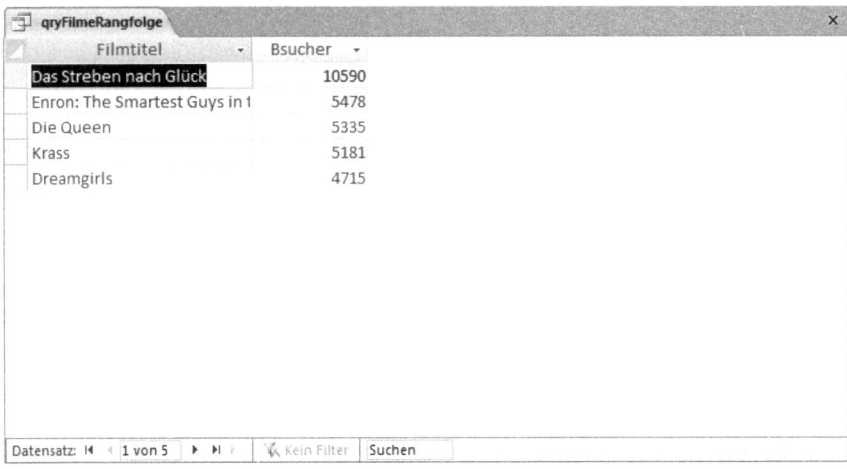

HINWEIS Beachten Sie bei Verwendung der Funktion *Spitzenwerte*, dass die Spalte, für die Sie die Spitzenwerte ermitteln, aufsteigend oder absteigend sortiert sein sollte, denn sonst ist Ihr Ergebnis eher zufällig.

Beispiele

Wir möchten Ihnen im Folgenden eine Reihe von Beispielen mit komplexeren Abfragen vorstellen, aus denen Sie vielleicht Anregungen für Ihre eigenen Anwendungen erhalten.

Wie viele Karten sind pro Vorstellung bereits verkauft?

In der ersten Beispielabfrage soll ermittelt werden, wie viele der vorhandenen Plätze je Vorstellung bereits verkauft wurden. Die Daten der Kinos werden der Tabelle *tblKinos* entnommen. Die Vorstellungstermine, für die bereits Karten verkauft wurden, sind in *tblKinokasse* gespeichert. Die zugehörige Uhrzeit findet sich in *tblTermine*. Ergänzend wird noch die Anzahl der Plätze aus *tblKinos* hinzugefügt. Nach diesen Eintragungen wird gruppiert und für jede Gruppe die Anzahl der verkauften Eintrittskarten aus *tblKinokasse* errechnet.

Abbildg. 18.22 Wie viele Karten wurden pro Vorstellungen verkauft?

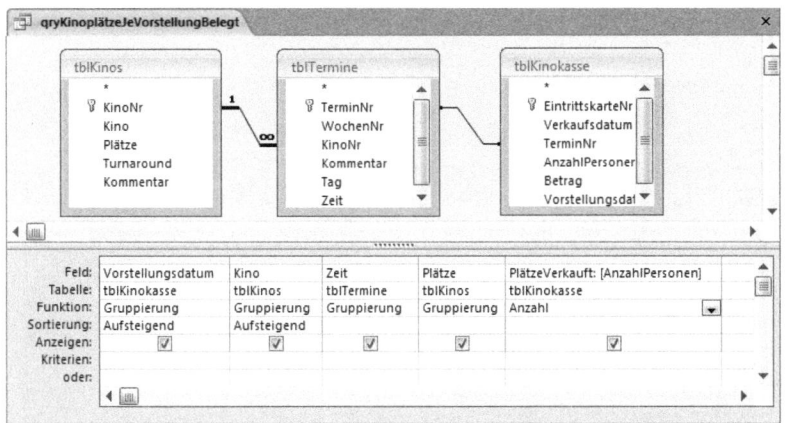

Besucherzahl und Umsatz pro Kino

Interessant ist auch, wie groß die Gesamtzahl der Besucher pro Kino und wie hoch die entsprechenden Umsätze waren. Dazu werden die drei Tabellen *tblKinos*, *tblTermine* und *tblKinokasse* in eine Abfrage aufgenommen. Wiederum wird nach Kinos gruppiert, diesmal aber die Summe über Betrag und Personenanzahl errechnet.

Abbildg. 18.23 Umsätze und Besucher pro Kino

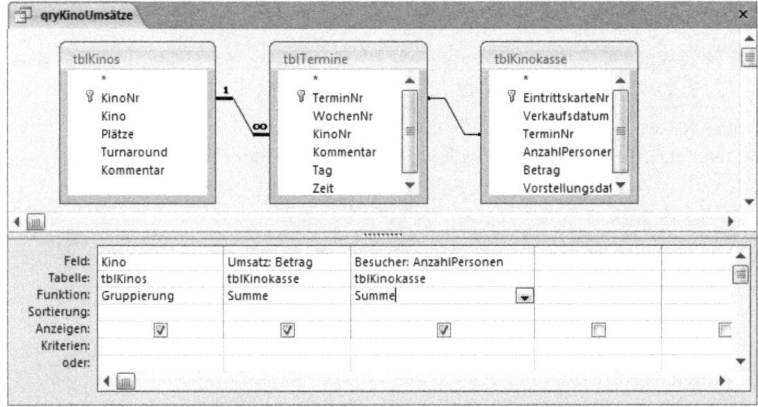

Kapitel 18 Auswertungen

Auslastung der Kinos

Die Auslastung der einzelnen Vorstellungen ermitteln Sie, indem Sie in der Abfrage qryKinoplätzeJeVorstellungBelegt eine weitere Spalte hinzufügen, in der die verkauften Plätze durch die vorhandenen Plätze geteilt werden.

Zur Ermittlung der mittleren Auslastung der einzelnen Kinos erstellen Sie eine weitere Abfrage, in der nach den Kinos der Abfrage qryKinoplätzeJeVorstellungBelegt gruppiert wird und der Mittelwert der Auslastung errechnet wird.

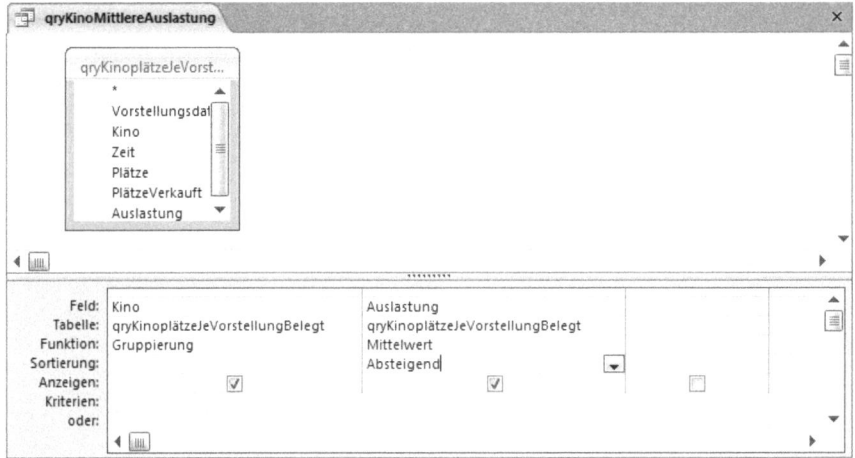

Abbildg. 18.24 Auslastung der Kinos

Besucherzahl und Umsatz pro Film

Zu Beginn des Abschnitts haben wir die Besucherzahl und den Umsatz pro Kino abgefragt. Jetzt sollen die entsprechenden Werte pro Film ausgerechnet werden.

Abbildg. 18.25 Umsatz und Besucherzahl pro Film

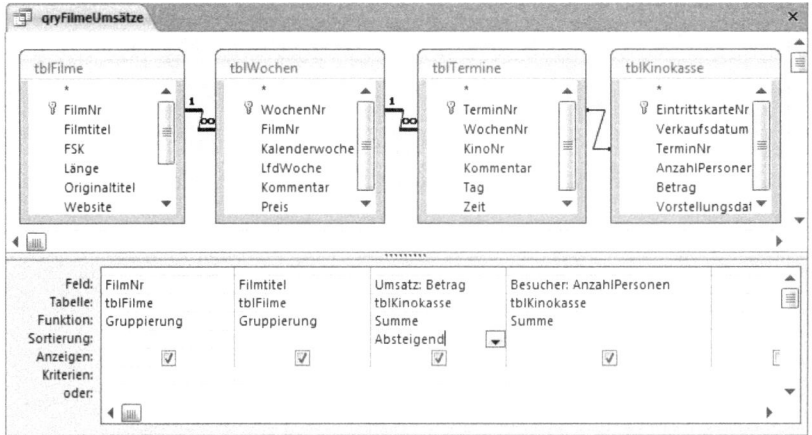

Durchschnittliche Besucherzahl pro Film

Mit der vorangegangenen Abfrage *qryFilmeUmsätze* und den Tabellen *tblFilme* sowie *tblWochen* kann nun ermittelt werden, wie viele Besucher im Schnitt einen Film pro Woche angesehen haben.

Abbildg. 18.26 Wie viele Besucher im Durchschnitt pro Woche pro Film?

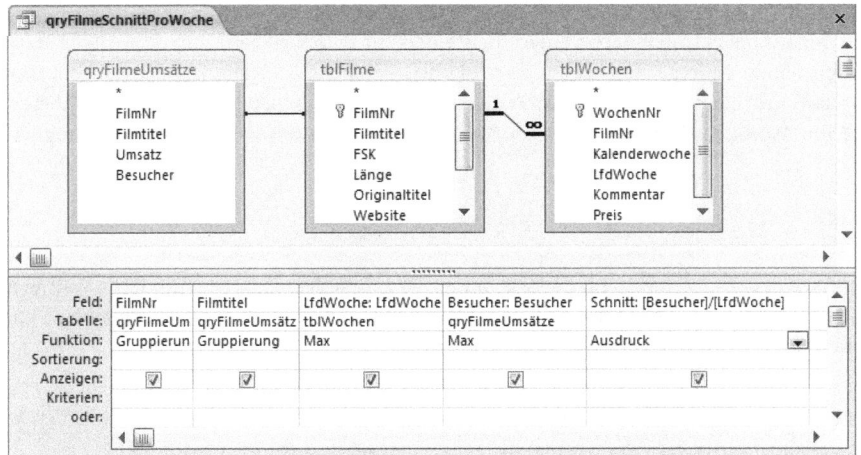

HINWEIS Hier wurde *LfdWoche:LfdWoche* bzw. *Besucher:Besucher* geschrieben, um in der Berechnung des Durchschnitts auf benannte Spalten zugreifen zu können.

Wie hoch ist der Umsatz je Film pro Woche?

Auch für diese Beispielabfrage werden zwei der oben besprochenen Abfragen eingesetzt. Es wird hierbei einfach der Umsatz pro Film durch die Laufzeit dividiert.

Abbildg. 18.27 Wie hoch ist der Umsatz pro Woche je Film?

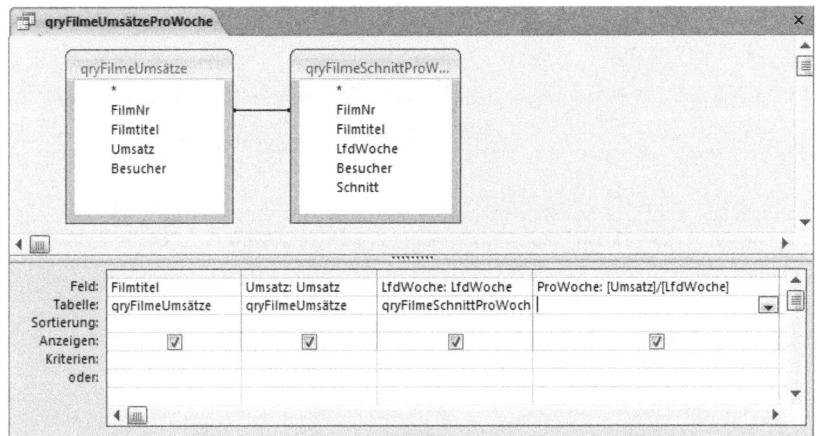

Immer wieder hilfreich: Die Abfrage-Assistenten

Wir möchten an dieser Stelle noch einmal auf die Abfrage-Assistenten eingehen. Einen der Assistenten, den Auswahlabfrage-Assistenten, stellten wir Ihnen schon in Kapitel 17 vor. Allerdings verfügt der Assistent noch über weitere Fähigkeiten, die wir Ihnen im Folgenden beschreiben möchten. Darüber hinaus bietet Ihnen Access einen Assistenten zur Duplikatsuche, um doppelte Datensätze aufzuspüren, einen Abfrage-Assistenten zur Inkonsistenzsuche, der auf fehlerhafte Verknüpfungsdaten hinweist, und einen Assistenten zur Erstellung von Kreuztabellen. Kreuztabellen sind eine Besonderheit von Access, die Ihnen mit wenigen Handgriffen interessante Auswertungen ermöglichen.

Der Auswahlabfrage-Assistent

Der Auswahlabfrage-Assistent, den wir in Kapitel 17 schon eingesetzt hatten, um Abfragen mit mehreren Tabellen oder Abfragen zusammenzustellen, bietet zusätzlich die Möglichkeit, Aggregatfunktionen für Auswertungen zu nutzen.

Für ein Beispiel haben wir den Auswahlabfrage-Assistenten über die Schaltfläche *Abfrage-Assistent* auf der Registerkarte *Erstellen* gestartet. Aus der Tabelle *tblArtikel* wurde das Feld *Bezeichnung*, aus der Tabelle *tblArtikelverkauf* wurden die Felder *Datum* und *Anzahl* ausgewählt.

Abbildg. 18.28   Auswahl der Tabellen

Im nächsten Dialogfeld des Assistenten hatten wir in den bisherigen Beispielen die Option *Detail* verwendet, nun soll die Variante *Zusammenfassung* genutzt werden.

Abbildg. 18.29 Auswahl der Option *Zusammenfassung*

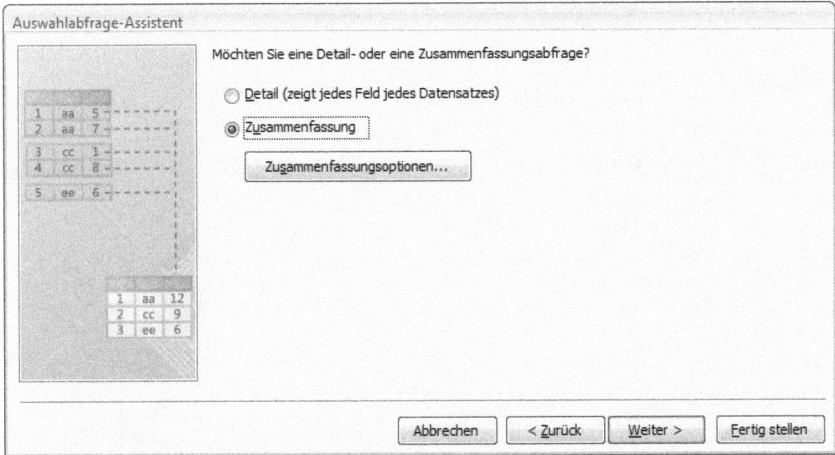

Damit der Assistent die Daten für eine Übersicht aufbereiten kann, müssen Sie das Dialogfeld *Zusammenfassungsoptionen* über die gleichnamige Schaltfläche aktivieren.

Wählen Sie hier zum einen die gewünschten Berechnungsoptionen an, im aktuellen Fall den Mittelwert, und bestimmen Sie zum anderen in welcher Tabelle die Datensätze gezählt werden sollen, um damit den Mittelwert berechnen zu können.

Abbildg. 18.30 Hier soll der Mittelwert berechnet werden

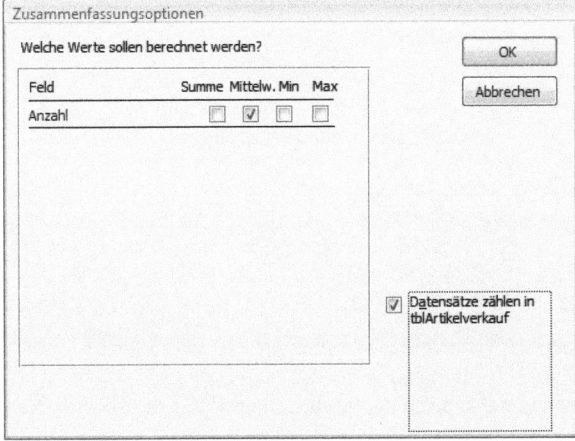

Da wir ein Feld vom Typ *Datum/Zeit* in die Liste der Felder aufgenommen haben, wird das in Abbildg. 18.31 gezeigte Dialogfeld des Assistenten eingeblendet, in dem bestimmt werden kann, nach welchen Kriterien gruppiert werden soll.

Abbildg. 18.31 Es soll nach Quartalen gruppiert werden

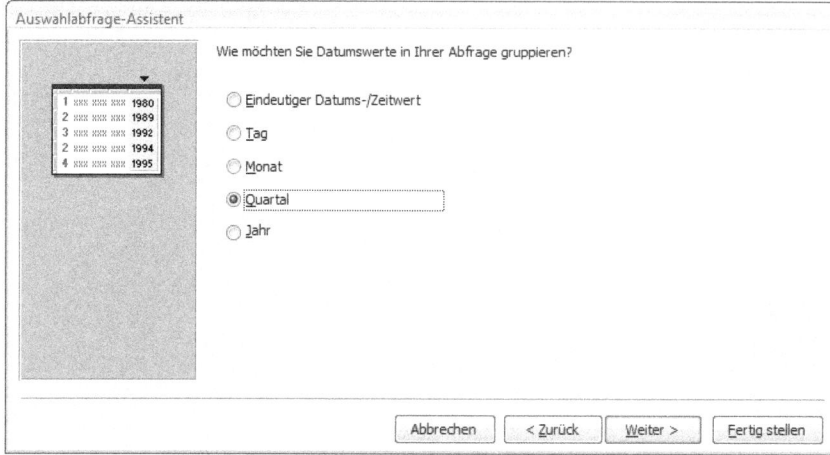

Zuletzt müssen Sie der Abfrage noch einen Namen geben. Das Ergebnis der Abfrage zeigt die Daten nach *Bezeichnung* und *Datum* gruppiert.

Abbildg. 18.32 Abfrageergebnis

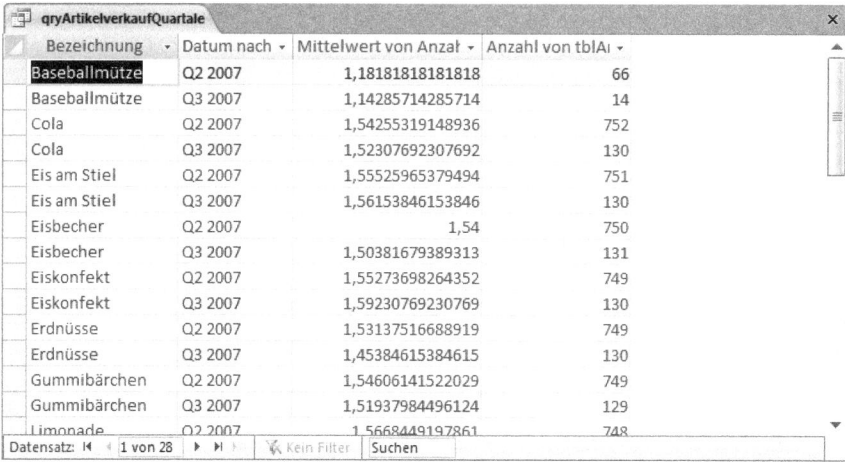

Die Abfrage kann nun in der Entwurfsansicht in der gewünschten Weise nachbearbeitet werden.

Der Abfrage-Assistent zur Duplikatsuche

Ein typisches Datenbankproblem, das insbesondere mit Adressdaten auftaucht, sind Dubletten, also inhaltsgleiche Datensätze. Eine Adresse wurde beispielsweise aus Unachtsamkeit mehrfach angelegt, weil mehrere Mitarbeiter den gleichen Kunden neu erfassten, usw.

Immer wieder hilfreich: Die Abfrage-Assistenten

Access bietet mit dem Abfrage-Assistenten zur Duplikatsuche ein Hilfsmittel, um Abfragen zu generieren, die Ihre Daten auf Dubletten durchsuchen.

1. Starten Sie den *Abfrage-Assistenten zur Duplikatsuche* mithilfe der Schaltfläche *Abfrage-Assistent* auf der Registerkarte *Erstellen*.
2. Geben Sie nun zuerst die Tabelle an, die auf Duplikate durchsucht werden soll.

Abbildg. 18.33   Auswahl der zu durchsuchenden Tabelle oder Abfrage

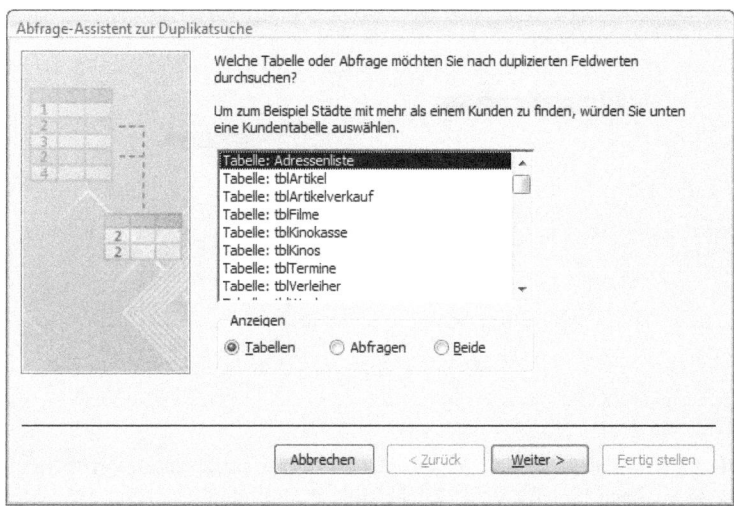

3. Legen Sie im nächsten Dialogfeld die Felder fest, die ein Duplikat bestimmen. Für die Adresstabelle unseres Beispiels haben wir *Vorname*, *Nachname* und *PLZ* angegeben.

Abbildg. 18.34   Welche Felder bestimmen ein Duplikat?

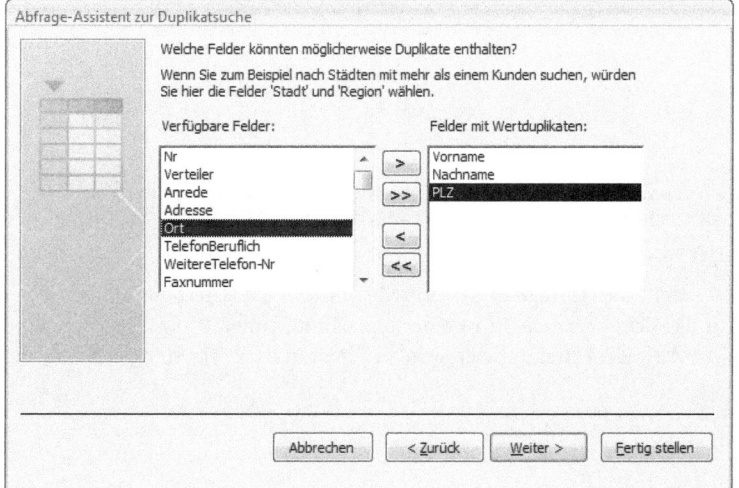

4. Zusätzlich bestimmen Sie weitere Felder, die für einen als doppelt erkannten Datensatz angezeigt werden sollen.

Abbildg. 18.35   Hilfsfelder

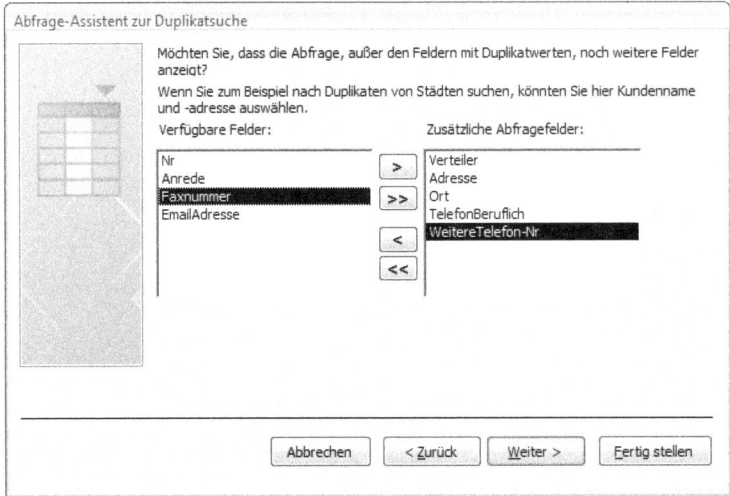

Das Ergebnis der Duplikatsuche sind alle doppelt auftretenden Datensätze, wobei sich »doppelt« auf die im Assistenten angegebenen Felder bezieht, die zur Duplikatüberprüfung vereinbart wurden.

Abbildg. 18.36   Ergebnis der Dublettensuche

In unserem Beispiel haben wir eine Person, die einmal für einen Radiosender, einmal für eine Zeitung arbeitet. Unter Umständen hat sie zwischenzeitlich den Job gewechselt und der Name für den Nachfolger wurde nicht korrigiert.

Abbildg. 18.37 stellt die Abfrage in der Entwurfsansicht dar. Die Besonderheit der Abfrage ist das Kriterium für das Feld *Vorname*. Es ist eine so genannte Unterabfrage, also eine komplette Abfrage innerhalb einer Abfrage. Unterabfragen werden direkt in der SQL-Abfragesprache definiert.

Abbildg. 18.37   In der Entwurfsansicht

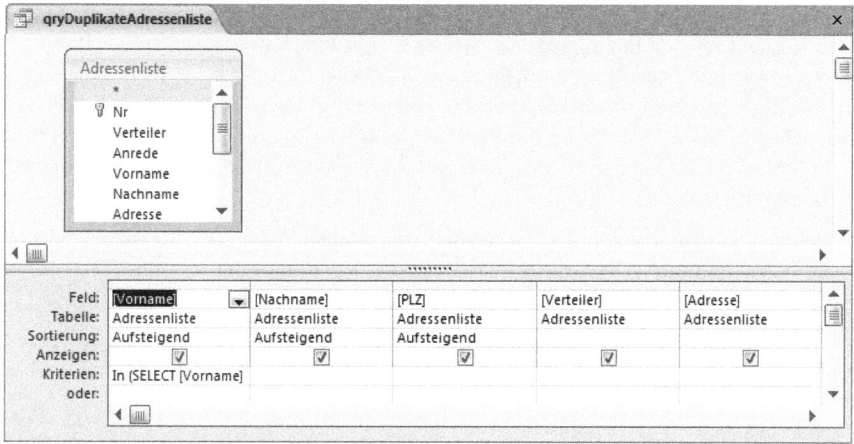

Setzen Sie die Schreibmarke in die *Kriterien*-Zeile der Spalte *Vorname*, so können Sie mit ⇧+F2 das Dialogfeld *Zoom* einblenden, das den Inhalt eines Feldes der Entwurfsansicht in einem eigenen Fenster groß anzeigt.

Abbildg. 18.38   SQL-Abfrage in der *Zoom*-Ansicht

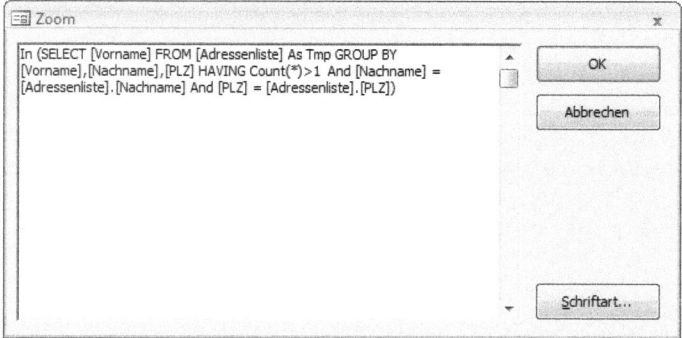

Wir möchten die Unterabfrage an dieser Stelle nicht weiter erläutern, sondern auf die ausführliche Besprechung von Unterabfragen in Kapitel 20 verweisen.

Doppelte Datensätze löschen

Es stellt sich jetzt die Frage, wie man die doppelten Datensätze löschen kann: per Hand entfernen oder per Löschabfrage. Aber wir greifen voraus, denn Löschabfragen lernen Sie erst im nächsten Kapitel kennen. Bleiben Sie also dran, denn wir zeigen Ihnen, wie Sie Ihre Duplikate elegant per Abfrage loswerden können.

Der Abfrage-Assistent zur Inkonsistenzsuche

Eine häufig auftretende Fragestellung ist: »Gibt es zu jedem Datensatz einer Tabelle einen oder mehrere entsprechende Datensätze in einer anderen Tabelle?« Möchten Sie diese Frage an Ihre Datenbanktabellen richten, so können Sie dazu die Hilfe des Abfrage-Assistenten zur Inkonsistenzsuche in Anspruch nehmen. Die Methode, mit der der Abfrage-Assistent die Inkonsistenzen ermittelt, haben wir Ihnen schon in Kapitel 17 im Abschnitt »Beziehungsvarianten« und den darauf folgenden Abschnitten beschrieben.

Um Ihnen die Möglichkeiten des Assistenten vorzustellen, haben wir für dieses Beispiel eine neue Tabelle erstellt, nämlich *Adressenliste2*. Die Tabelle ist eine Kopie der im ersten Teil des Buches eingesetzten Tabelle *Adressenliste*, in der aber eine Reihe von Datensätzen gelöscht wurde.

Starten Sie nun den Abfrage-Assistenten zur Inkonsistenzsuche mithilfe der Schaltfläche *Neu* auf der Registerkarte *Abfragen* im Access-Datenbankfenster. *Selektieren Sie die erste Tabelle.*

Abbildg. 18.39   Tabelle auswählen

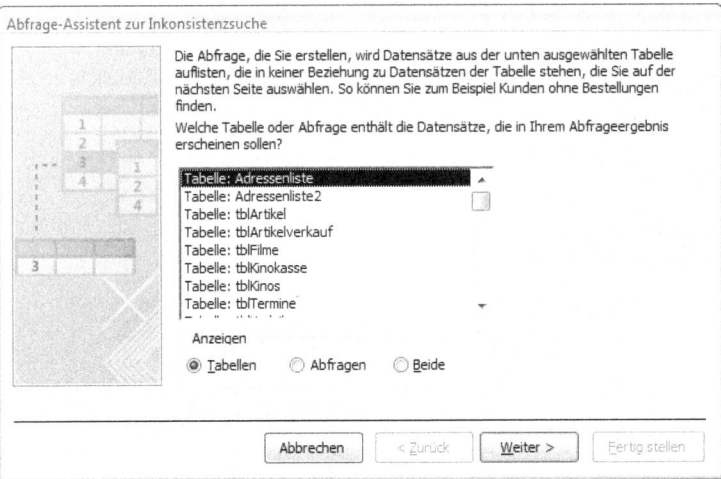

Wählen Sie im zweiten Dialogfeld des Assistenten die zweite Tabelle, in der Sie die Inkonsistenzen zur ersten Tabelle aufspüren möchten.

Bestimmen Sie anschließend das Tabellenfeld, das auf die Inkonsistenz überprüft werden soll. Hier in unserem Beispiel selektieren wir das Feld *Verteiler*, d.h., wir möchten alle Verteiler ermitteln, die in der Tabelle *Adressenliste* vorkommen, aber nicht in *Adressenliste2*.

Abbildg. 18.40 Nächste Tabelle auswählen

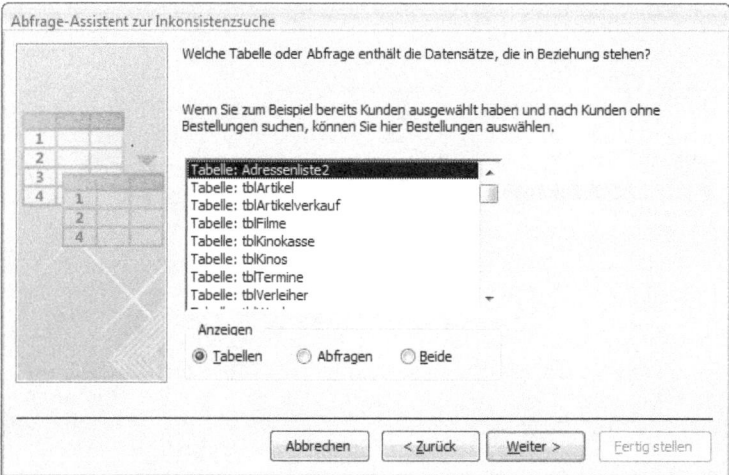

Abbildg. 18.41 Übereinstimmungsfeld

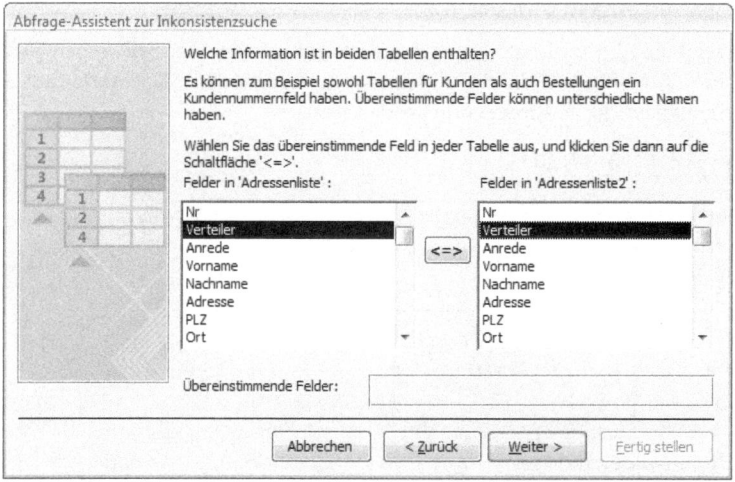

Für das Ergebnis der Abfrage lassen sich zusätzliche Felder auswählen, so dass Sie alle gewünschten Informationen über die inkonsistenten Daten erhalten.

Abbildg. 18.42 Zusätzliche Ergebnisfelder

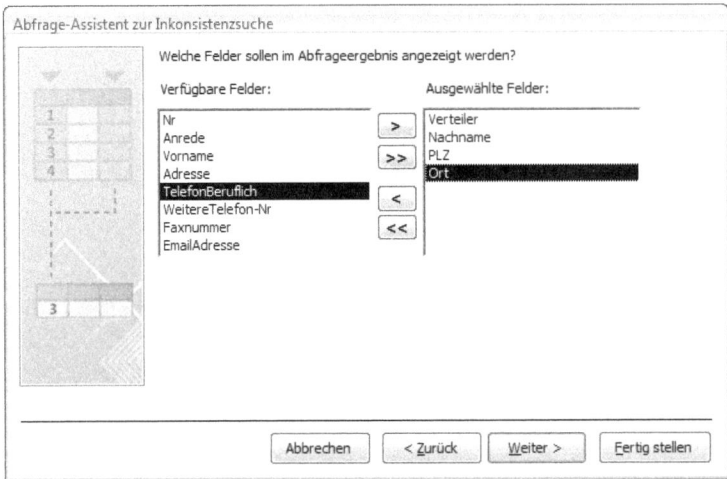

Im letzten Schritt des Abfrage-Assistenten zur Inkonsistenzsuche legen Sie einen Namen fest, unter dem Ihre Definition abgelegt werden soll.

Abbildg. 18.43 zeigt die Abfrage in der Entwurfsansicht. Auf der rechten Seite sehen Sie für das Feld *Verteiler* der Tabelle *Adressenliste2* die Bedingung Ist Null, mit der die Datensätze aus *Adressenliste* ausgewählt werden, die nicht in *Adressenliste2* vorkommen.

Abbildg. 18.43 Entwurfsansicht

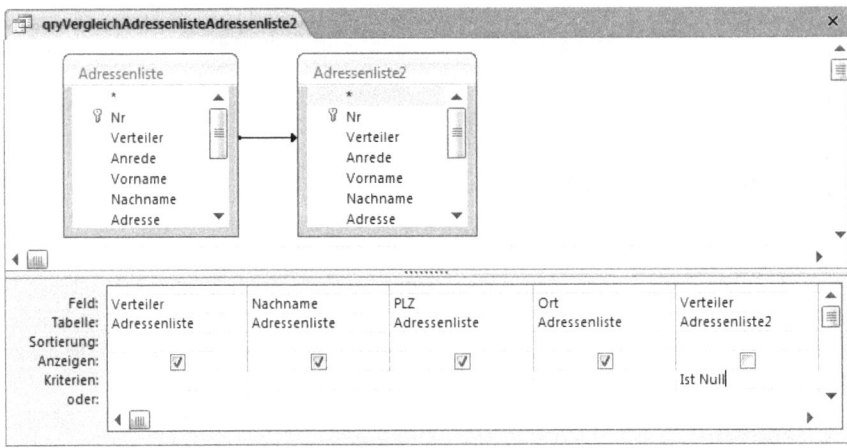

Notwendig für die Durchführung der Abfrage ist die richtige Verknüpfungsvariante zwischen den beiden Tabellen. Ein Doppelklick auf die Beziehungslinie zwischen den Tabellen offenbart Ihnen im Dialogfeld *Verknüpfungseigenschaften*, dass hier eine Links-Exklusionsverknüpfung aufgebaut ist.

Abbildg. 18.44 Dialogfeld *Verknüpfungseigenschaften*

Der Kreuztabellenabfrage-Assistent

Kreuztabellen sind eine Spezialität von Access. Mit Kreuztabellenabfragen können Sie interessante Auswertungen Ihrer Daten vornehmen, die mit »normalen« Abfragen nicht zu ermitteln sind. Kreuztabellenabfragen sind eine Microsoft-spezifische Erweiterung, die nicht in der Abfragesprache SQL vorgesehen ist.

Wann ist der Einsatz einer Kreuztabelle sinnvoll? Stellen Sie sich vor, Sie möchten eine Liste zusammenstellen, in der der Verkauf der einzelnen Artikel des Kinokioskes pro Monat dargestellt wird.

Mithilfe einer Kreuztabellenabfrage erhalten Sie eine übersichtliche Auswertung. Beginnen Sie die Abfrage über den entsprechenden Auswahlpunkt, nachdem Sie eine neue Abfrage über die Schaltfläche *Abfrage-Assistent* der Registerkarte *Erstellen* gestartet haben.

Im ersten Dialogfeld des Kreuztabellenabfrage-Assistenten bestimmen Sie die Tabelle oder Abfrage, die ausgewertet werden soll. Für das Beispiel wurde die Tabelle *tblArtikelverkauf* verwendet.

Abbildg. 18.45 Auswahl der Tabelle oder Abfrage

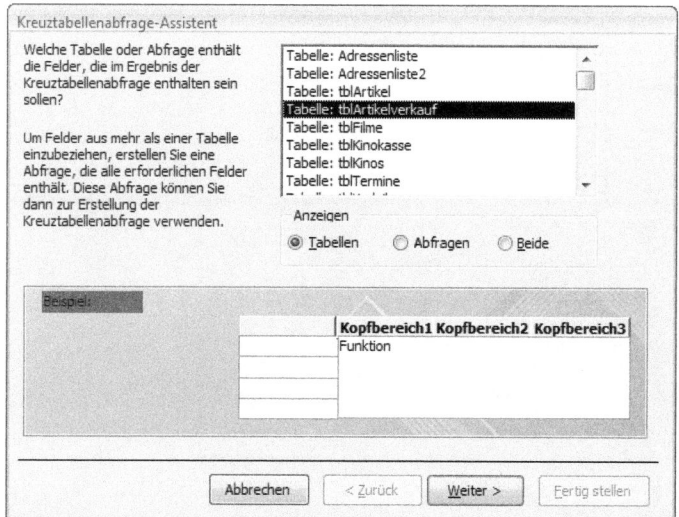

Im unteren Bereich des Dialogfeldes gibt Ihnen der Assistent einen Eindruck davon, wie die spätere Kreuztabelle aufgebaut ist. Sie müssen in den nächsten Schritten bestimmen, welche Felder die Zeilen- und Spaltenbeschriftungen bilden und welche Werte im Inneren der Kreuztabelle gezeigt werden. Für die Zeilenbeschriftung selektieren wir das Feld *ArtikelNummer*.

Abbildg. 18.46   In die Zeilen: *ArtikelNummer*

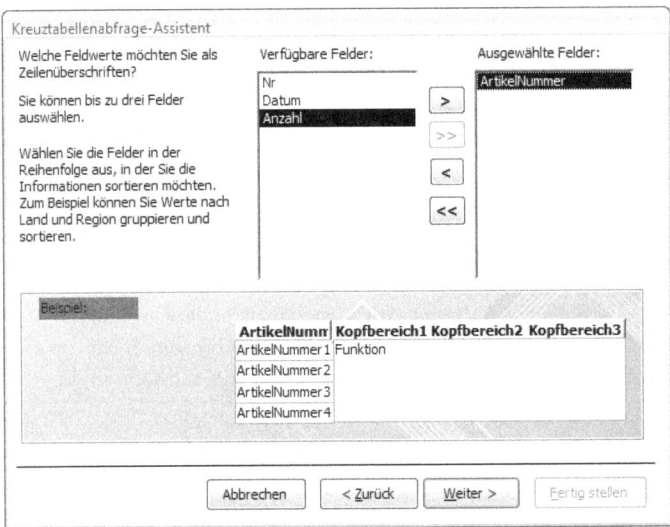

Die Spaltenüberschrift wird das *Datum*, wie die Abbildg. 18.47 zeigt.

Abbildg. 18.47   Als Spaltenüberschrift: *Datum*

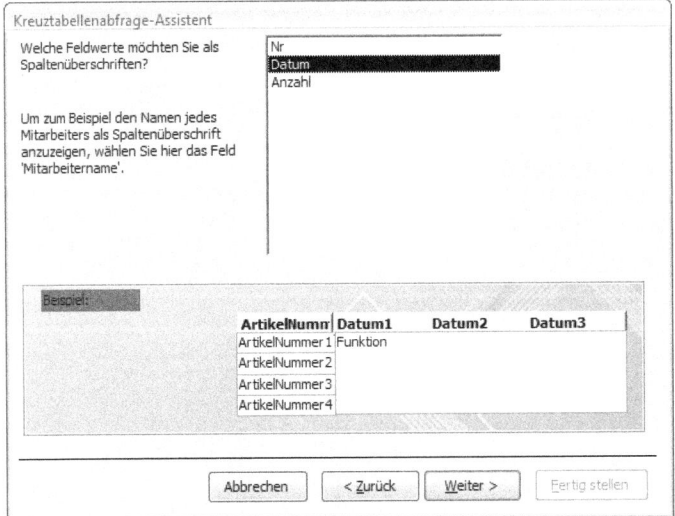

Immer wieder hilfreich: Die Abfrage-Assistenten

Wenn für die Spaltenüberschrift ein Feld vom Datentyp *Datum/Zeit* ausgewählt wurde, bietet Ihnen der Assistent ein Dialogfeld an, in dem Sie die Datumswerte, wenn Sie es wünschen, noch weiter gruppieren können. Für unser Beispiel selektieren wir zuerst einmal die Auswahl *Monat*.

Abbildg. 18.48   Gruppierung des Datums

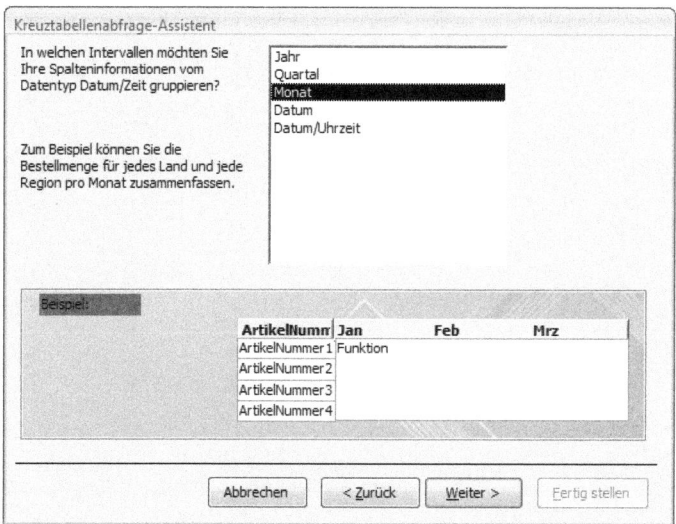

Das nächste Assistenten-Dialogfeld fragt ab, welches Feld, berechnet mit welcher Funktion, innerhalb der Kreuztabelle dargestellt werden soll.

Abbildg. 18.49   Berechnung der Summe über die Anzahl der Artikel pro Monat

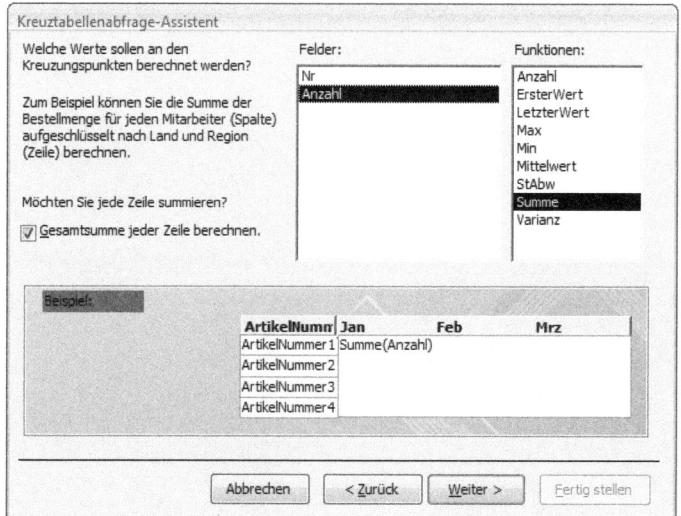

Wir möchten die Summe der verkauften Artikel pro Monat ermitteln, entsprechend wählen wir die Funktion *Summe*. Das Ergebnis unserer Abfrage zeigt Abbildg. 18.50.

Abbildg. 18.50 Ergebnis der Kreuztabelle

ArtikelNumm	Gesamtsum	Jan	Feb	Mrz	Apr	Mai	Jun	Jul
Gummibärche	1354				287	433	438	196
Schokoriegel	1358				289	436	428	205
Erdnüsse	1336				297	413	437	189
Popcorn	1356				283	428	448	197
Nacho-Chips	1369				296	427	443	203
Eis am Stiel	1371				287	431	450	203
Eiskonfekt	1370				306	420	437	207
Eisbecher	1352				278	431	446	197
Baseballmütze	94				19	27	32	16
T-Shirt	81				18	26	23	14
Wasser kl. Flasch	1370				310	430	434	196
Wasser gr. Flasch	1362				301	427	438	196
Limonade	1365				283	442	447	193
Cola	1358				285	438	437	198

Als Nächstes wollen wir uns den Entwurf der Abfrage ansehen: Die Spaltenüberschriften sind in der zweiten Spalte definiert. Dort findet sich nur die Formatanweisung für die Spaltenüberschriften, in denen die einzelnen Monate zu finden sind.

Abbildg. 18.51 Entwurf der Kreuztabellenabfrage

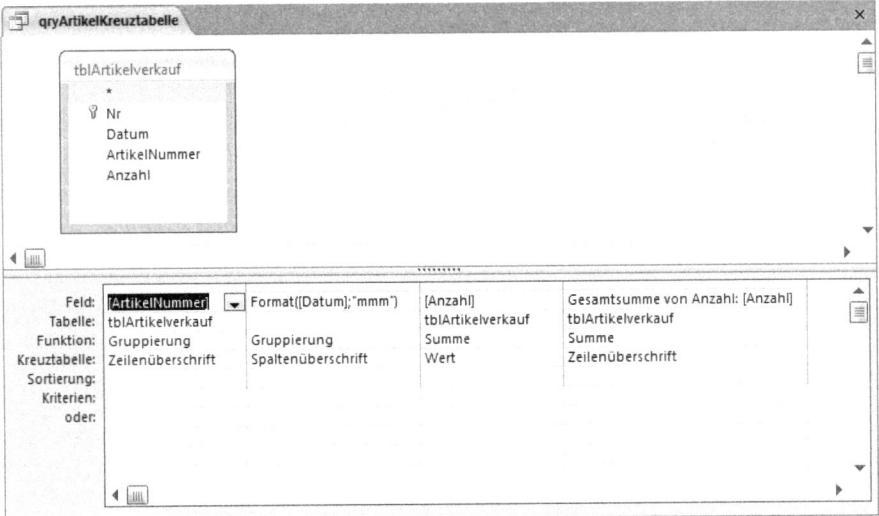

Wir möchten im Folgenden zum einen neben dem Monat auch das Jahr in den Spaltenüberschriften darstellen, zum anderen sollen nur die Monate angezeigt werden, für die auch Daten vorhanden sind. Um die vorgegebenen Spaltenüberschriften zu entfernen, müssen Sie auf dem Eigenschaftenblatt zu dieser Formatanweisung den Text hinter *Fixierte Spaltenüberschriften*, der in Abbildg. 18.52 dargestellt ist, löschen.

Abbildg. 18.52 Fixierte Spaltenüberschriften löschen

Spalten ohne Ergebnisse werden jetzt nicht mehr angezeigt. Allerdings werden nun die Monate in den Spaltenüberschriften alphabetisch sortiert. Bei einer numerischen Formatierung der Monate taucht dieses Problem nicht mehr auf. Ergänzen Sie hierbei außerdem die Jahreszahl, wie in Abbildg. 18.53 zu sehen, werden die Ergebnisse auch über Jahresgrenzen hinweg korrekt nach Jahren und Monaten sortiert dargestellt.

Abbildg. 18.53 Der korrigierte Entwurf

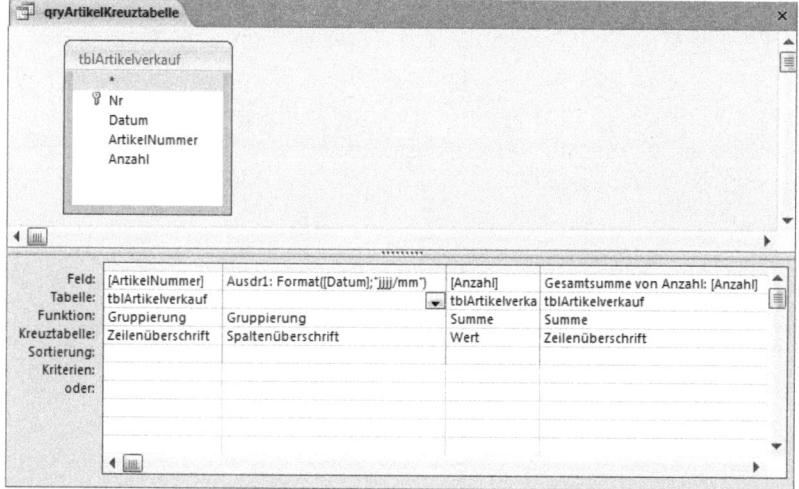

Damit erhalten Sie nun die gewünschte Zusammenstellung der verkauften Artikel pro Monat.

Abbildg. 18.54 Ergebnis der Kreuztabellenabfrage

ArtikelNumm	Gesamtsum	2007/04	2007/05	2007/06	2007/07
Gummibärchen	1354	287	433	438	196
Schokoriegel	1358	289	436	428	205
Erdnüsse	1336	297	413	437	189
Popcorn	1356	283	428	448	197
Nacho-Chips	1369	296	427	443	203
Eis am Stiel	1371	287	431	450	203
Eiskonfekt	1370	306	420	437	207
Eisbecher	1352	278	431	446	197
Baseballmütze	94	19	27	32	16
T-Shirt	81	18	26	23	14
Wasser kl. Flasch	1370	310	430	434	196
Wasser gr. Flasch	1362	301	427	438	196
Limonade	1365	283	442	447	193
Cola	1358	285	438	437	198

Zusammenfassung

Im Entwurfsfenster der Abfragen lassen sich Funktionen auswählen, die Sie bei der Auswertung von Abfragen unterstützen.

- Zunächst wurden die zur Verfügung stehenden Funktionen vorgestellt (Seite 353). Danach wurden einige Funktionen beispielhaft vorgestellt.
- Ein größerer Abschnitt befasste sich damit gruppierte Daten auszuwerten (ab Seite 355).
- Danach wurden verschiedene Abfrage-Assistenten vorgestellt, wie der Auswahlabfrage-Assistent (Seite 366), der Abfrage-Assistent zur Duplikatsuche (Seite 368), der Abfrage-Assistent zur Inkonsistenzsuche (Seite 372) sowie der Kreuztabellenabfrage-Assistent (Seite 375).

Kapitel 19

Aktionsabfragen

In diesem Kapitel:

Abfrage zur Datenaktualisierung	383
Daten an Tabellen anfügen	390
Neue Tabellen mit Abfragen erstellen	393
Abfragen zum Löschen von Daten	395
Zusammenfassung	398

Kapitel 19 Aktionsabfragen

Aktionsabfragen führen Änderungen an den Daten Ihrer Tabellen durch. Sie können beispielsweise eine Aktionsabfrage verwenden, um mit nur einem Befehl alle Artikel Ihrer Artikeltabelle 10% teurer zu machen.

In den meisten Fällen werden die Aktionsabfragen aus einer Auswahlabfrage entwickelt, d.h., Sie beginnen damit, eine Auswahlabfrage zu erstellen, die die zu ändernden Daten ermittelt, und konvertieren dann diese Abfrage zu einer Aktionsabfrage. In Access können Sie zwischen den folgenden Aktionsabfragen wählen: Aktualisierungsabfragen, Löschabfragen, Anfügeabfragen und Tabellenerstellungsabfragen. In der Abfrage-Entwurfsansicht selektieren Sie den gewünschten Abfragetyp auf der Registerkarte *Entwurf* in der Gruppe *Abfragetyp*.

Abbildg. 19.1 Hier lässt sich der Abfragetyp ändern

Alle Aktionsabfragen erwarten normalerweise eine Bestätigung bevor die Daten dann geändert werden. Möchten Sie die Bestätigung unterdrücken, können Sie diese Einstellung im Dialogfeld *Access-Optionen* (Schaltfläche *Office*) vornehmen. Wählen Sie links im Dialogfeld *Erweitert* aus, so finden Sie rechts die Gruppe *Bestätigen* mit einem Kontrollkästchen zu *Aktionsabfragen*.

Abbildg. 19.2 Ausschalten der Bestätigungsmeldung

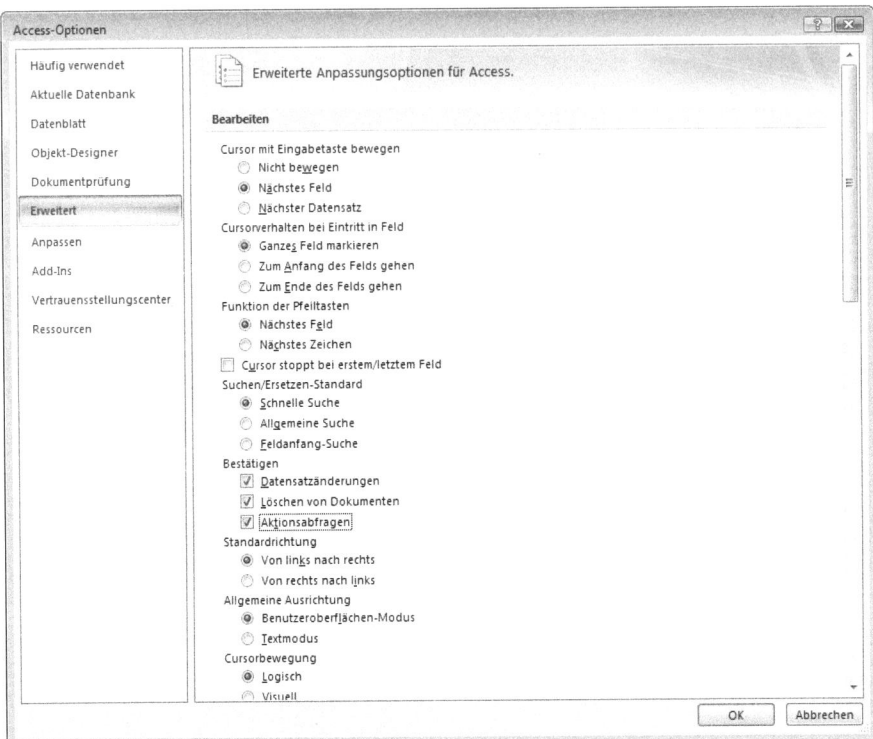

In allen Aktionsabfragen können Parameter eingesetzt werden, so dass der Benutzer Bedingungen und Werte beim Ablaufen der Abfrage eingeben kann. Für die Parameter gelten die gleichen Regeln wie für Auswahlabfragen (siehe Kapitel 15, Abschnitt »Parameterabfragen«).

Abfrage zur Datenaktualisierung

Mit Datenaktualisierungsabfragen verändern Sie die Inhalte Ihrer Tabellen mithilfe von Abfragen. Für jede Zeile einer Tabelle, gegebenenfalls eingeschränkt durch eine Bedingung, werden für die gewählten Spalten neue Werte errechnet und gespeichert.

Einfache Aktualisierungsabfrage

Das Feld *Turnaround* in der Tabelle *tblKinos* gibt die Zeit an, die benötigt wird, damit alle Besucher einen Kinosaal verlassen und die neuen Besucher ihre Sitzplätze einnehmen können. Es soll nun eine Aktualisierungsabfrage erstellt werden, die für alle Kinos eine Turnaround-Zeit von 45 Minuten festlegt. Beachten Sie dabei, dass gegebenenfalls vorhandene Turnaround-Werte dabei überschrieben werden.

Präfix »qupd«

Aktualisierungsabfragen sind vor allem dann sinnvoll, wenn größere Datenmengen gleichzeitig geändert werden müssen. Sie erhalten als Kennung zur Unterscheidung von anderen Abfragen das Kürzel »qupd«, kurz für »Query Update«.

Es soll eine Datenaktualisierungsabfrage erstellt werden, die die Turnaround-Zeiten für alle Kinos auf 45 Minuten setzt. Beginnen Sie zuerst mit einer normalen Auswahlabfrage für die Tabelle *tblKinos*.

Abbildg. 19.3 Zuerst die Auswahlabfrage

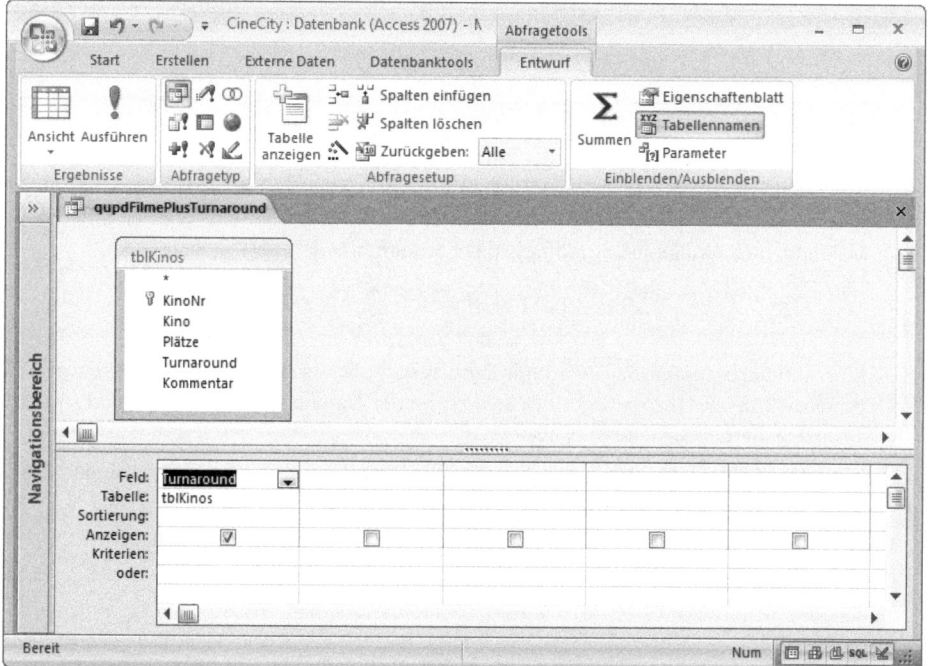

Kapitel 19 Aktionsabfragen

 Mit der Schaltfläche *Aktualisieren* wandeln Sie die Auswahlabfrage zu einer Aktualisierungsabfrage um. Sie erhalten dadurch im unteren Abfragebereich eine zusätzliche Zeile *Aktualisieren*. Wie in Abbildg. 19.4 dargestellt, wurde für das Feld *Turnaround* in die Zeile *Aktualisieren* der Wert 45 eingetragen, d.h., für alle Datensätze der Tabelle *tblKinos* wird der Inhalt des Feldes beim Ausführen der Abfrage auf den unter *Aktualisieren* angegebenen Wert gesetzt.

Abbildg. 19.4 Die Turnaround-Zeit auf 45 min setzen

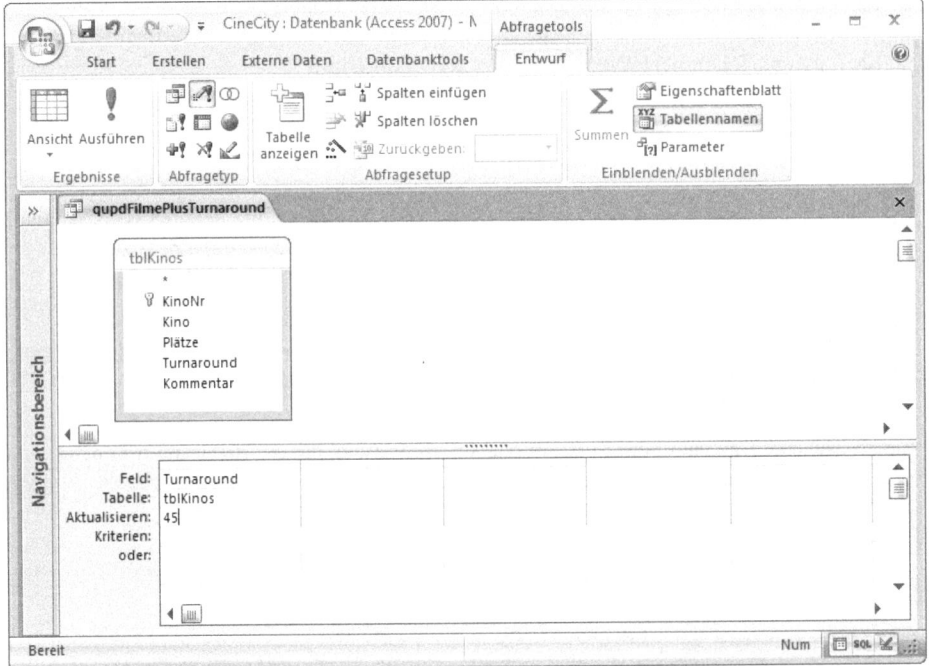

Starten Sie nun die Abfrage über die Schaltfläche *Ausführen*, so passiert standardmäßig erst einmal gar nichts. Sie erhalten nur in der unteren Statuszeile eine Meldung, dass die Aktion blockiert wurde.

Abbildg. 19.5 Meldung, dass Aktualisierungsabfrage nicht ausgeführt wird

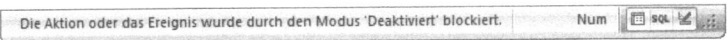

Eine Aktualisierungsabfrage wird nur dann ausgeführt, wenn entweder die Datenbank in einem vertrauenswürdigen Ordner liegt oder die Inhalte der Datenbank aktiviert wurden (weitere Infos zum Thema Sicherheit siehe Kapitel 40).

Möchten Sie, dass der Ordner, in dem sich die Datenbank befindet, als vertrauenswürdig eingestuft wird, so gehen Sie so vor:

1. Klicken Sie auf die *Office*-Schaltfläche und wählen Sie *Access-Optionen* aus.
2. Wählen Sie links *Vertrauensstellungscenter* aus.

Abfrage zur Datenaktualisierung

3. Klicken Sie rechts auf die Schaltfläche *Einstellungen für das Vertrauensstellungscenter*.
4. Wählen Sie links im Dialogfeld *Vertrauensstellungscenter* den Eintrag *Vertrauenswürdige Speicherorte* aus.
5. Klicken Sie rechts auf die Schaltfläche *Neuen Speicherort hinzufügen* und wählen Sie über die Schaltfläche *Durchsuchen* den gewünschten Ordner aus.

Abbildg. 19.6   Neuer, vertrauenswürdiger Ordner

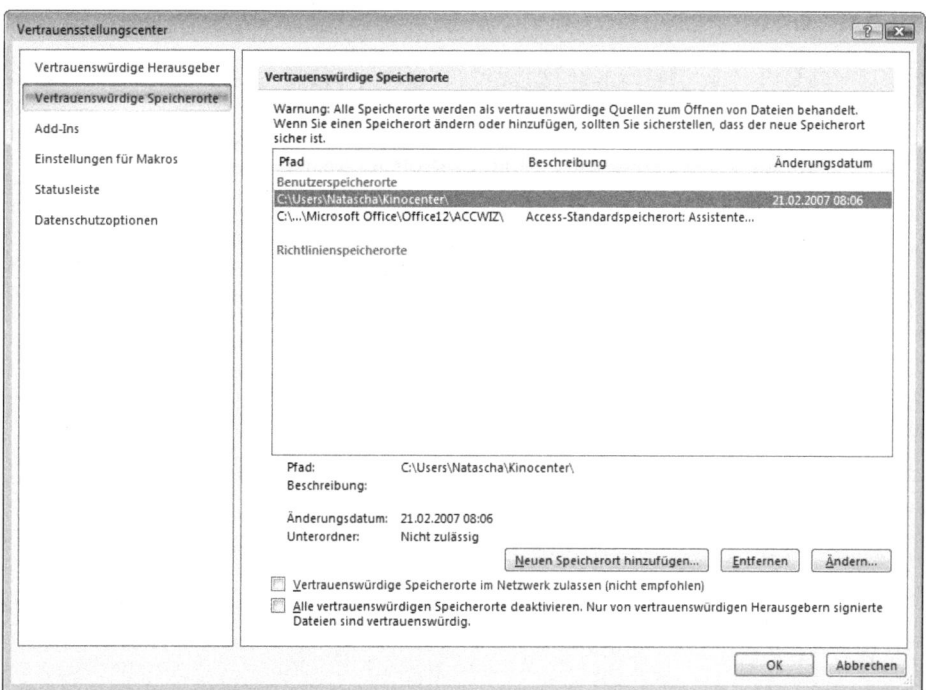

Schließen Sie nun die Datenbank, und öffnen Sie sie erneut. Dann können Sie die Abfrage ausführen, und Access ermittelt, wie viele Datensätze von der Änderung betroffen sind und blendet eine entsprechende Bestätigungsmeldung ein.

Abbildg. 19.7   Bestätigungsmeldung

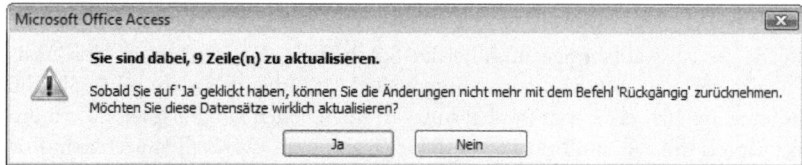

Ausführen oder umschalten in die Datenblattansicht?

Bei allen Aktionsabfragen können Sie vorher sehen, welche Datensätze betroffen sind. Dazu stehen Ihnen zwei Möglichkeiten zur Verfügung: Sie können zuerst eine Auswahlabfrage erstellen, sich die zu ändernden Daten ansehen und die Abfrage dann in eine Aktionsabfrage umwandeln.Einfacher und eleganter ist es, die richtige Schaltfläche auszuwählen: Klicken Sie auf die Schaltfläche *Ausführen*, so wird die Aktion durchgeführt. Schalten Sie dagegen um in die Datenblattansicht, so werden nur die betroffenen Datensätze angezeigt, nicht aber die Aktion ausgeführt.

Aktualisierungsabfragen mit Bedingungen

Aktualisierungsabfragen lassen sich auch mit Bedingungen versehen, d.h., es werden nur die Datensätze aktualisiert, die einer bestimmten Bedingung entsprechen.

Nehmen wir einmal an, die Preise der Artikel, die am Kinokiosk verkauft werden, müssen um 15% erhöht werden. Allerdings sind nicht alle Artikel betroffen, sondern nur die beiden Produktgruppen »034« und »03F«. Die Nummer der Produktgruppe ist in der Tabelle *tblArtikel* in der Artikelnummer enthalten, da die ersten drei Stellen der Artikelnummer die Produktgruppe ergeben.

Die Auswahlabfrage in Abbildg. 19.8 zeigt die Definition, um alle Artikelnummern, Produktgruppen und Verkaufspreise zu ermitteln, sowie die Bedingung zur Einschränkung der Produktgruppen.

Abbildg. 19.8   Auswahlabfrage

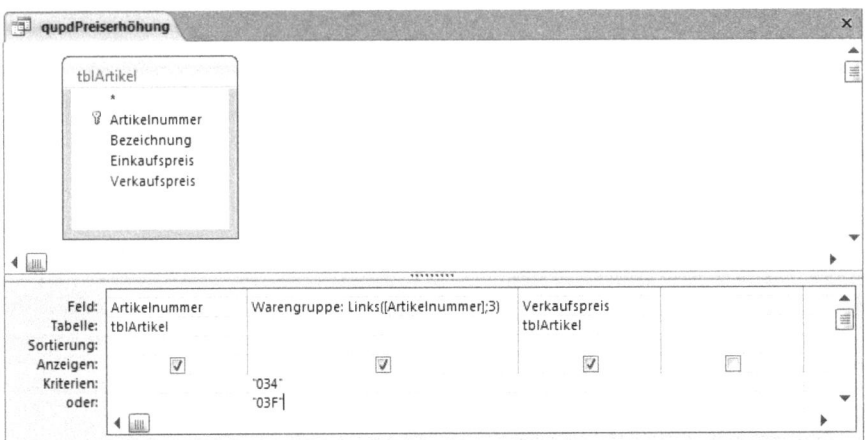

Wandeln Sie die Auswahlabfrage mithilfe der Schaltfläche *Aktualisieren* in eine Aktualisierungsabfrage um. In der Zeile *Aktualisieren* im unteren Teil der Entwurfsansicht geben Sie nun an, wie die Preiserhöhung um 15% errechnet werden soll. Um einen neuen Verkaufspreis zu ermitteln, wird der alte Verkaufspreis mit 1,15 multipliziert und das Ergebnis auf zwei Stellen nach dem Komma gerundet, weil es keine halben Cents gibt. In der Entwurfsansicht schreiben Sie in die Aktualisierungszeile für die Spalte *Verkaufspreis*: Runden([Verkaufspreis]*1,15;2).

Abfrage zur Datenaktualisierung

Abbildg. 19.9 Umgewandelt in eine Aktualisierungsabfrage mit Formel für Preiserhöhung

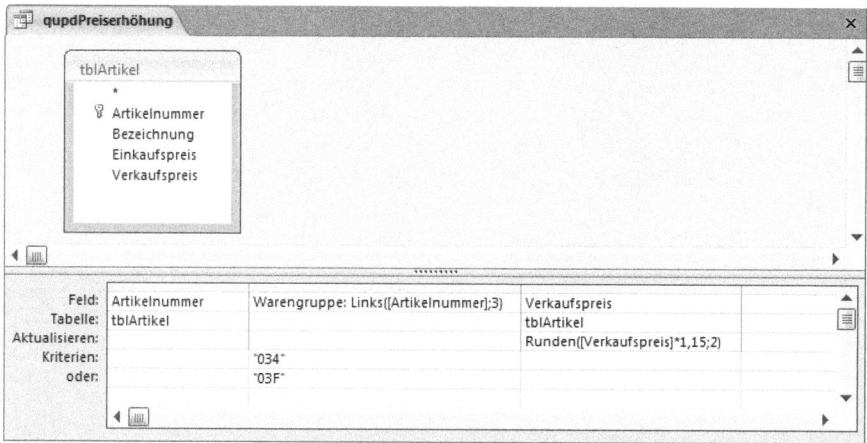

Eigentlich heißt die Formel für den neuen Verkaufspreis jetzt Verkaufspreis = Runden(Verkaufspreis * 1,15;2). Diese Formel müssen Sie so lesen: »Nimm den Inhalt des Feldes *Verkaufspreis* eines Datensatzes, multipliziere ihn mit 1,15 und schreibe das auf zwei Stellen nach dem Komma gerundete Ergebnis wieder in das Feld *Verkaufspreis* des aktuellen Datensatzes.«

Übrigens wird beim Abspeichern der Abfrage die Spalte *Artikelnummer* übergangen, denn sie ist für die Aktualisierungsabfrage ohne Bedeutung. Auch die Bezeichnung *Warengruppe* wird entfernt. Laden Sie die gespeicherte Abfrage wieder, so ist neben der Spalte *Verkaufspreis* nur noch die gespeicherte Filterbedingung zu sehen.

PROFITIPP

Testen Sie zuerst in einer Auswahlabfrage, ob die richtigen Datensätze herausgefiltert werden, bevor Sie Ihre Daten mit einer Aktualisierungsabfrage ändern.

HINWEIS Bei Tabellen, die zueinander in einer 1:n-Beziehung mit referentieller Integrität stehen, sollten Sie vor dem Update in der Tabelle auf der »1«-Seite kontrollieren, ob Sie nicht unbeabsichtigt Datensätze auf der »n«-Seite ändern. Ist für die Beziehung der beiden Tabellen eine referentielle Integrität definiert und zudem im Dialogfeld *Beziehungen bearbeiten* (Registerkarte *Datenbanktools*, Schaltfläche *Beziehungen*) die Option *Aktualisierungsweitergabe an verwandte Felder* eingeschaltet, werden von Access beim Update die entsprechenden Datenfelder auf der »n«-Seite aktualisiert.

Aktualisierungsabfragen mit Parametern

Ebenso wie in Auswahlabfragen können Sie in Aktualisierungsabfragen mit Parametern arbeiten. Möchten Sie beispielsweise die oben beschriebene Abfrage flexibel einsetzen können, also den Faktor der Preisänderung und die Produktgruppe beim Ausführen der Abfrage jeweils angeben, so gestalten Sie Ihre Abfrage wie in Abbildg. 19.10 gezeigt.

Abbildg. 19.10 Aktualisierungsabfrage mit Parametern

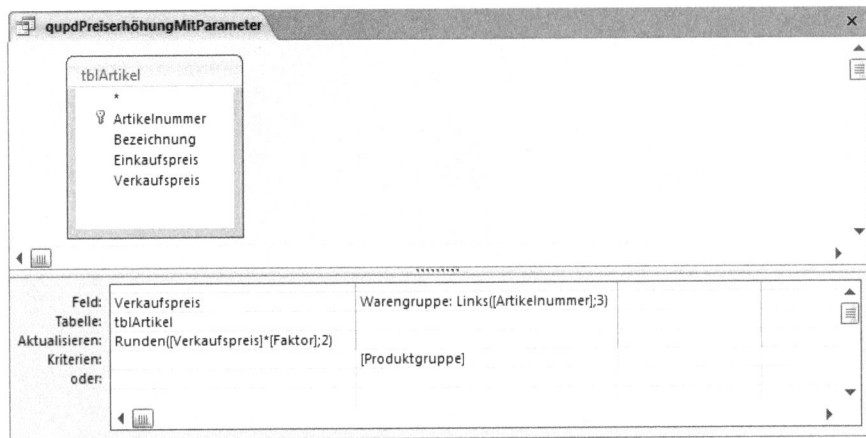

Der Parameter [Faktor] wird für die Berechnung des neuen Verkaufspreises eingesetzt, der Parameter [Produktgruppe] für die Einschränkung der auszuwählenden Produktgruppe.

Aktualisieren mit mehreren Tabellen

In vielen Fällen liefern eine zweite oder mehrere Tabellen die Werte zur Berechnung bzw. die Bedingungen, nach denen aktualisiert wird. Wir möchten Ihnen im Folgenden einige Varianten vorstellen, wobei die Variante 2 ein Vorgriff auf Kapitel 20 darstellt, denn sie arbeitet mit SQL-Unterabfragen.

Variante 1: Aktualisierung mit verknüpften Tabellen

Access ermöglicht es, im Gegensatz zu vielen anderen Datenbanken, die ebenso die Abfragesprache SQL benutzen, verknüpfte Tabellen zu aktualisieren, d.h., Daten in einer oder mehreren der verknüpften Tabellen zu ändern.

Abbildg. 19.11 Hinzufügen eines Kommentars

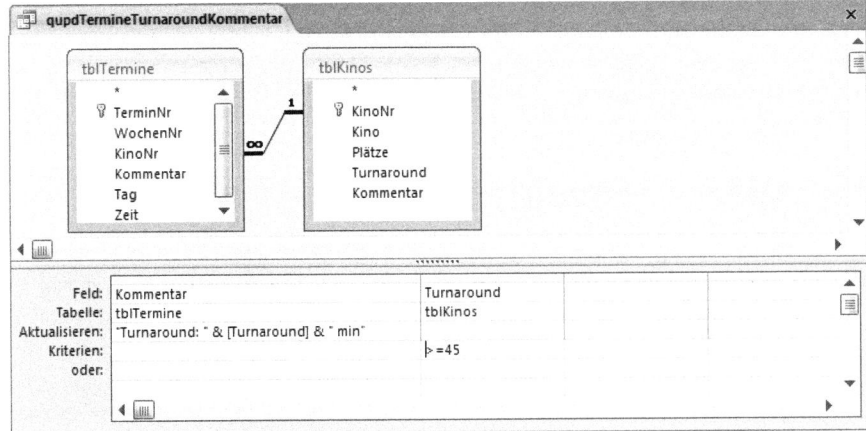

Abfrage zur Datenaktualisierung

Wir möchten im folgenden Beispiel alle Vorstellungstermine mit einem Warnhinweis versehen, wenn die Vorstellung in einem Kino stattfindet, in dem die Turnaround-Zeit mit 45 Minuten oder mehr angegeben ist. Dazu wurden die beiden Tabellen *tblTermine* und *tblKinos*, die zueinander in einer n:1-Beziehung stehen, in eine Aktualisierungsabfrage aufgenommen.

Mithilfe des Textverkettungsoperators »&« können Sie Zeichenketten und Textfelder zusammenfügen und Feldern zuweisen.

Bei der Definition von Aktualisierungsabfragen mit verknüpften Tabellen ist es wichtig, dass die Tabellen in einem n:1-Verhältnis zueinander stehen. In Abbildg. 19.12 sehen Sie eine fehlerhafte Abfragedefinition. Eigentlich soll der Verkaufspreis aller Artikel gesenkt werden, die im Verkauf in einem Verkaufsvorgang mehr als fünfmal verkauft wurden.

Abbildg. 19.12 Fehlerhafte Abfrage

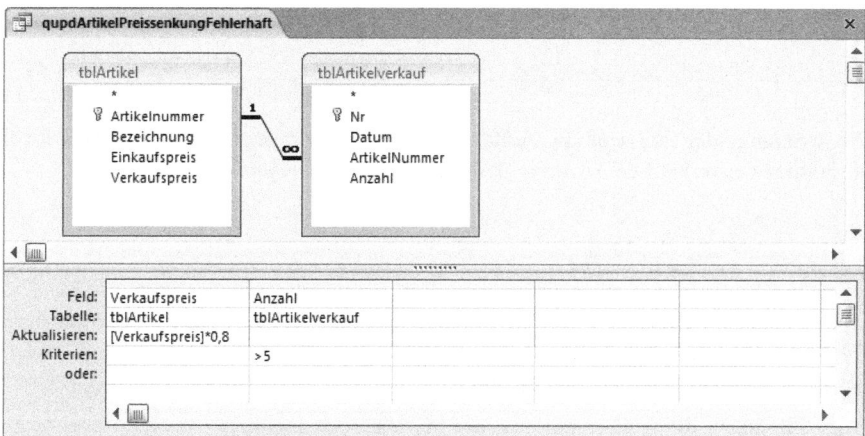

Die Abfrage führt den Vorgang der Preisreduzierung für jeden Datensatz der Tabelle *tblArtikelverkauf* durch, der der Bedingung genügt. Wurde ein Artikel beispielsweise zehnmal mit einer Stückzahl von mehr als fünf verkauft, so würde der Verkaufspreis zehnmal um 20% gesenkt, wie es die Formel für den Verkaufspreis angibt. Das ist mit Sicherheit nicht der gewünschte Effekt, oder?

Variante 2: Die zweite Tabelle stellt die Bedingung

Die zweite Aktualisierungsvariante verwendet eine SQL-Unterabfrage zur Ermittlung der Bedingung für die Aktualisierung. Sollten Ihnen SQL-Unterabfragen noch nicht bekannt sein, so überspringen Sie die nächsten beiden Abschnitte, und lesen Sie zuerst Kapitel 20, in dem Unterabfragen behandelt werden.

Die Aktualisierungsabfrage soll den Verkaufspreis aller Artikel um 20% senken, von denen sich bisher weniger als 1.300 Stück verkauft haben.

Abbildg. 19.13 Aktualisierungsabfrage mit SELECT-Bedingung

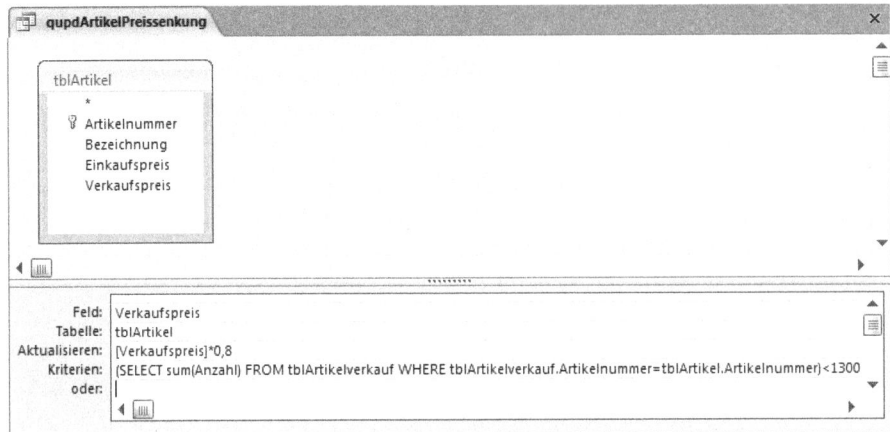

Die Bedingung der Preissenkung enthält eine Auswahlabfrage, die für jeden Artikel von *tblArtikel* die Summe der verkauften Artikel in der Tabelle *tblArtikelverkauf* ermittelt.

Daten an Tabellen anfügen

Präfix
»qapp«

Mithilfe einer Anfügeabfrage hängen Sie das Ergebnis einer Abfrage als neue Datensätze an eine andere, bereits bestehende Tabelle an. Anfügeabfragen erhalten das Präfix »qapp« (vom englischen Wort »append« für beifügen oder hinzufügen).

Einen Einsatzfall für Anfügeabfragen, der in vielen Anwendungen verwendet wird, möchten wir Ihnen jetzt beschreiben: die Archivierung von Datensätzen. In unserer Tabelle *tblKinokasse* befindet sich eine große Anzahl an Datensätzen vergangener Wochen. Es macht nun Sinn, in regelmäßigen Abständen alte Daten zu entfernen, damit der Datenbestand nicht zu groß wird und gegebenenfalls die Arbeitsgeschwindigkeit negativ beeinflusst. Wir möchten aber nicht einfach alle alten Daten löschen, sondern sie archivieren, so dass nachträgliche Auswertungen durchgeführt werden können. Bei der Archivierung sollen alle Datensätze, die vor einem bestimmten Datum erfasst worden sind, in die Archivtabelle transferiert werden.

Leere Tabelle anlegen

Lassen Sie uns zunächst eine leere Archivtabelle anlegen. Am einfachsten ist es, wir erstellen eine neue Tabelle, die die gleiche Struktur wie die zu archivierende Tabelle *tblKinokasse* aufweist. Dies können Sie mit wenigen Mausklicks erreichen:

1. Selektieren Sie die gewünschte Tabelle, hier *tblKinokasse*, im Access-Datenbankfenster.
2. Nehmen Sie die Tabelle über [Strg]+[C] in die Zwischenablage auf.
3. Fügen Sie die Tabelle direkt mit [Strg]+[V] wieder ein.

Access blendet das in Abbildg. 19.14 gezeigte Dialogfeld ein, in dem Sie bestimmen können, wie die neue Tabelle heißen soll und ob Struktur und/oder Daten eingefügt werden sollen. In unserem Fall soll nur die Struktur der kopierten Datenbank eingefügt werden.

Abbildg. 19.14 Tabellenstruktur neu einfügen

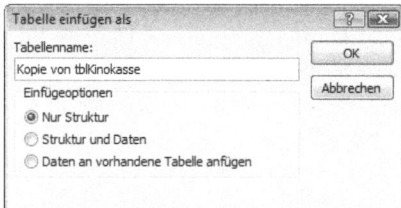

Nach der Bestätigung des Dialogfeldes wird eine neue Tabelle angelegt, die die gleichen Felder und Indizes wie die Tabelle *tblKinokasse* enthält.

Daten hinzufügen

1. Erstellen Sie einen Abfrageentwurf mit der Tabelle *tblKinokasse*.
2. Definieren Sie nun die Abfrage als *Anhängen*-Abfrage.

Sie werden so zuerst nach dem Namen der Tabelle gefragt, an die angefügt werden soll. In unserem Fall ist dies die gerade neu angelegte Tabelle *tblKinokasseArchiv*.

Abbildg. 19.15 Anfügen an Tabelle *tblKinokasseArchiv*

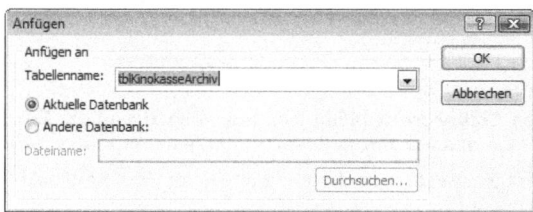

Beim Anhängen von Daten muss prinzipiell darauf geachtet werden, dass die Datentypen der Felder zueinander passen, d.h., der Typ des entsprechenden Feldes der *Anhängen*-Abfrage muss mit dem Typ des Tabellenfeldes der *Anhängen*-Tabelle übereinstimmen. Die Namen der Felder können unterschiedlich sein.

Abbildg. 19.16 *Anhängen*-Abfrage zur Archivierung

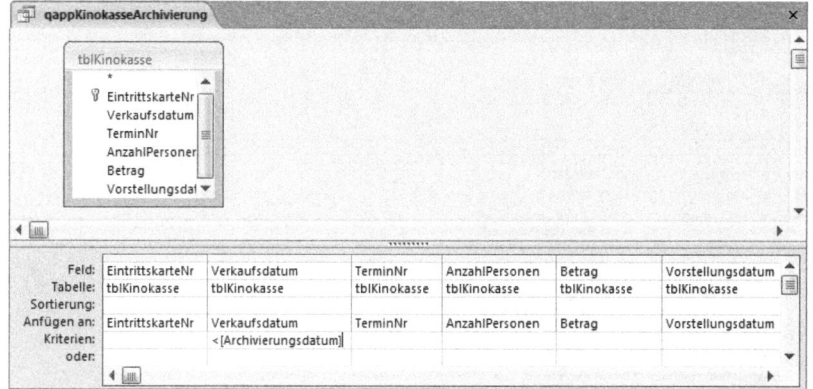

Um das Datum, bis zu dem die Datensätze archiviert werden sollen, flexibel eingeben zu können, wurde als Bedingung für die Spalte *Verkaufsdatum* ein Parameter angegeben. Der Parameter *Archivierungsdatum* wurde zusätzlich über das Dialogfeld *Abfrageparameter* (Registerkarte *Entwurf*, Schaltfläche *Parameter*) vom Datentyp *Datum/Zeit* festgelegt, damit Fehler bei der Eingabe des Parameters vermieden werden.

Abbildg. 19.17 Eingabe des Parameterwertes

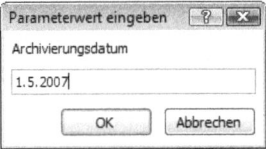

Nach der Bestätigung des Parameterdialogfeldes wird die Abfrage ausgeführt. Bevor Access die Datensätze tatsächlich der Anfügetabelle anhängt, wird eine Bestätigungsmeldung eingeblendet.

Abbildg. 19.18 Bestätigungsmeldung

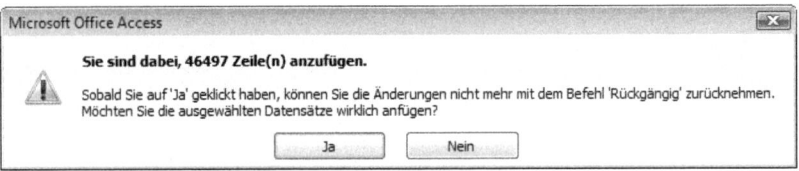

Als nächster Schritt zur erfolgreichen Archivierung bleibt jetzt nur noch, die an die Tabelle *tblKinokasseArchiv* angefügten Daten aus der Tabelle *tblKinokasse* zu löschen. Hierzu könnten Sie die Löschabfrage verwenden. Löschabfragen werden in diesem Kapitel im Abschnitt »Abfragen zum Löschen von Daten« ausführlich erläutert.

Abbildg. 19.19 Löschabfrage zur Archivierung

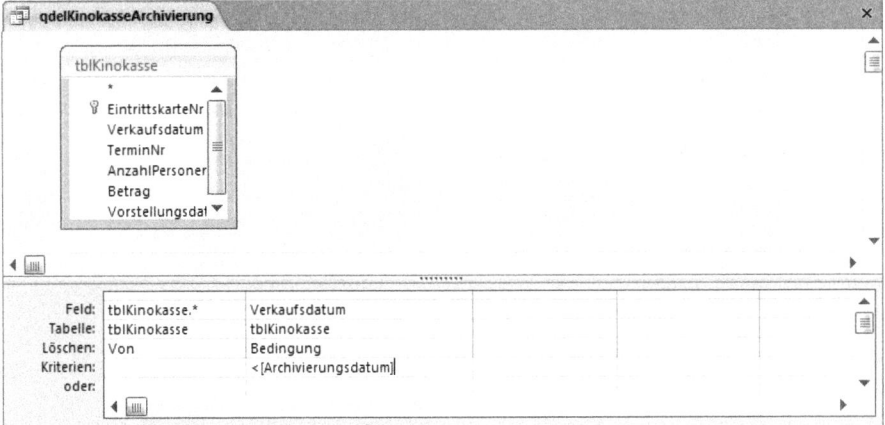

Fehler bei *Anhängen*-Abfragen

Sollte Access die Datensätze nicht anfügen können, wird eine entsprechende Fehlermeldung gezeigt. Dazu führt die folgende Tabelle die Fehler auf, die beim Anfügen von Daten vorkommen können.

Tabelle 19.1 Mögliche Anhängefehler

Fehlertyp	Entstehung
Typumwandlungsfehler	Treten auf, wenn sich der Typ eines Feldes in der Herkunftstabelle vom Typ in der Anfügetabelle unterscheidet, und Access eine Umwandlung nicht vornehmen kann
Schlüsselverletzungen	Können entstehen, wenn Sie versuchen, einen Wert in eine als eindeutiger Index definierte Spalte anzufügen, der dort schon vorhanden ist
Sperrverletzungen	Bedeuten, dass die Datensätze nicht angefügt werden können, da die Anfügetabelle durch einen anderen Benutzer gesperrt ist
Gültigkeitsprüfungsregelverletzungen	Zeigen an, dass die anzufügenden Daten nicht den für die Anfügetabelle vereinbarten Gültigkeitsregeln entsprechen

Neue Tabellen mit Abfragen erstellen

Die Tabellenerstellungsabfrage ermöglicht es, das Ergebnis einer Abfrage als neue Tabelle zu speichern. Die Einstellungen und Bedingungen für eine Tabellenerstellungsabfrage gleichen denen der Anfügeabfrage.

Bei der Bestimmung einer Abfrage als Tabellenerstellungsabfrage werden Sie von Access gefragt, welchen Namen die neue Tabelle erhalten soll. Danach nehmen Sie in der Entwurfsansicht eine Auswahl der Felder vor, die in die neue Tabelle aufgenommen werden sollen. Die Felder der neuen Tabelle erhalten den gleichen Datentyp und den gleichen Namen wie die Felder der Herkunftstabellen. Möchten Sie einen anderen Feldnamen für die neue Tabelle vereinbaren, definieren Sie in der Entwurfsansicht einen Alias-Namen, beispielsweise `Titel des Films:Filmtitel`.

Präfix »qmak« Speichern Sie diese Art von Abfragen mit dem Typkürzel »qmak«, wobei »mak« als Abkürzung für »maketable« steht.

Beginnen Sie mit einer Auswahlabfrage, in der Sie die später in der neuen Tabelle gewünschten Felder und gegebenenfalls Auswahlbedingungen definieren.

Abbildg. 19.20 Benennung der neuen Tabelle

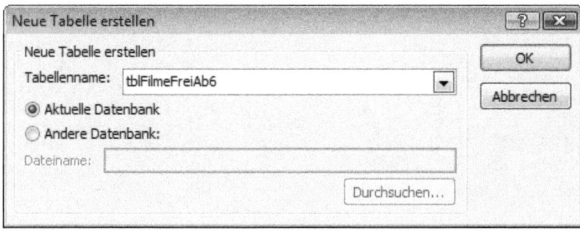

Kapitel 19 Aktionsabfragen

Klicken Sie dann auf die Schaltfläche in der Abfrage-Entwurfsansicht *Abfrage/Tabellenerstellungsabfrage*. Der Name der Tabelle, die neu erstellt werden soll, wird im Dialogfeld *Neue Tabelle erstellen* angegeben.

Abbildg. 19.21 zeigt die fertige Abfragedefinition für die Tabellenerstellungsabfrage.

Abbildg. 19.21 Definition der Tabellenerstellungsabfrage

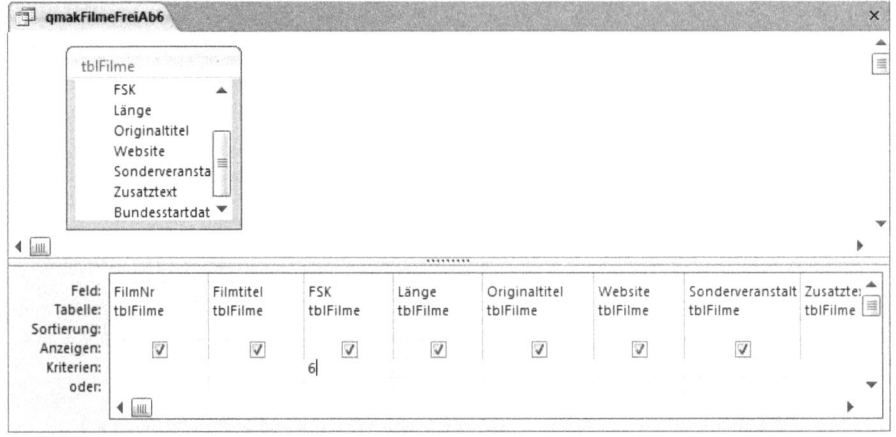

Möchten Sie den Namen der zu erstellenden Tabelle ändern, rufen Sie dazu das *Abfrageeigenschaftenblatt* auf, indem Sie die Schaltfläche *Eigenschaftenblatt* anklicken oder das Kontextmenü zum oberen Bereich des Abfrageentwurfs aktivieren und darin *Eigenschaften* wählen.

In der Zeile *Zieltabelle* sehen Sie den Namen der zu erstellenden Tabelle.

Abbildg. 19.22 Dialogfeld *Abfrageeigenschaften*

Abfragen zum Löschen von Daten

Präfix »qdel« Eine Löschabfrage entfernt unter bestimmten Bedingungen Datensätze aus einer oder mehreren Tabellen, die in einer 1:1-Beziehung stehen. Löschabfragen sollten mit dem Präfix »qdel« (für delete) abgelegt werden.

Im Beispiel sollen alle Datensätze der Tabelle *tblArtikelverkauf* gelöscht werden.

1. Definieren Sie eine Auswahlabfrage, die alle Datensätze der Tabelle *tblArtikelverkauf* als Ergebnis hat.

2. Ändern Sie die Abfrageart mit der Schaltfläche *Abfrageart: Löschen*.

Abbildg. 19.23 Löschen aller Datensätze

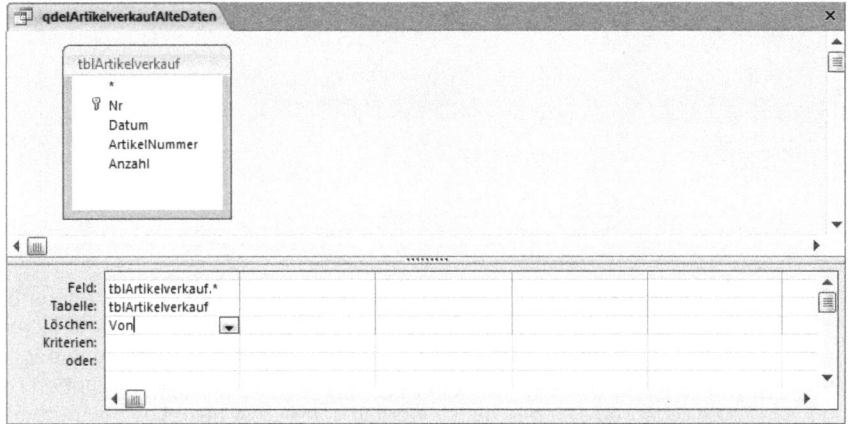

Sollen nicht alle Datensätze, sondern nur die Daten der Tabelle gelöscht werden, die im Feld *Datum* einen Wert kleiner dem 1.5.2007 stehen haben, so ändern Sie die Abfrage wie folgt ab:

Nehmen Sie das Feld *Datum* in den unteren Bereich im Abfrage-Entwurfsfenster auf. In der Zeile *Löschen* wird dabei automatisch *Bedingung* eingetragen. Geben Sie dann in der Zeile *Kriterien* die entsprechende Auswahlbedingung an.

Abbildg. 19.24 Löschen aller Daten, die ein Datum vor dem 1.5.2007 haben

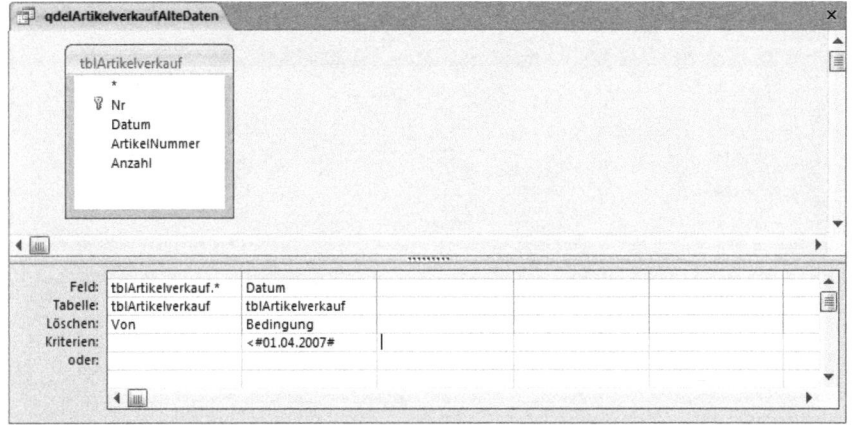

Kapitel 19 Aktionsabfragen

Im nächsten Schritt sollen nur diejenigen Daten gelöscht werden, die ein *Datum* vor dem 1.5.2007 aufweisen und der Produktgruppe 034 angehören. Die Produktgruppe ist Bestandteil der *Artikelnummer*. Die Formel Links([Artikelnummer];3) schneidet aus der *Artikelnummer* die Produktgruppe heraus. Diese Formel wird als Löschbedingung erfasst, wie es Abbildg. 19.25 zeigt.

Abbildg. 19.25 Berechnetes Feld für die Löschbedingung

HINWEIS Bei Tabellen, die zueinander in einer 1:n-Beziehung mit referentieller Integrität stehen, sollten Sie vor dem Löschen in der Tabelle auf der »1«-Seite kontrollieren, ob Sie nicht unbeabsichtigt Datensätze auf der »n«-Seite entfernen. Ist für die Beziehung der beiden Tabellen im Dialogfeld *Beziehungen* eine referentielle Integrität definiert und die Option *Löschweitergabe an verwandte Datensätze* eingeschaltet, werden von Access beim Löschen automatisch auch die entsprechenden Datensätze auf der »n«-Seite eliminiert.

Komplexe Löschbedingungen

Access ist darüber hinaus in der Lage, Datensätze aufgrund komplexer und verknüpfter Bedingungen zu löschen. Im folgenden Beispiel sollen alle Termine gelöscht werden, die in den Kalenderwochen vor dem 1.3.2007 lagen. In der Entwurfsansicht in Abbildg. 19.26 wird die Problemstellung dargestellt.

Abbildg. 19.26 Verknüpfte Löschabfrage

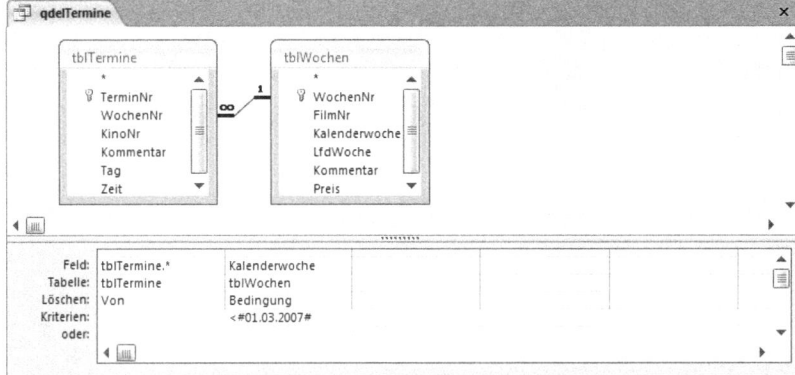

Duplikate löschen

Ein immer wieder auftretendes Problem ist das Löschen von doppelten Datensätzen. Es ist relativ einfach, die doppelt vorhandenen Datensätze zu ermitteln, beispielsweise mit dem Abfrage-Assistenten zur Duplikatsuche. Damit sind die doppelten Datensätze aber noch nicht gelöscht. Man könnte zwar aus der Auswahlabfrage zur Ermittlung der Duplikate eine Löschabfrage machen, aber diese würde zu viele Datensätze eliminieren, nämlich nicht nur die überzähligen Duplikate, sondern alle Datensätze, bei denen das Auswahlkriterium mehrfach vorkommt.

Es gibt eine Reihe von Ansätzen, um Duplikate zu löschen. Wir möchten Ihnen eine Variante vorstellen, die Sie an Ihre Bedürfnisse anpassen können. Die Lösung hat den Vorteil, dass die Duplikate in einem Schritt, ohne zusätzliche temporäre Tabellen, gelöscht werden können. Die Methode setzt allerdings voraus, dass in der Tabelle, in der sich die Duplikate befinden, ein Primärschlüssel definiert ist. Gegebenenfalls müssen Sie zuerst einen Primärschlüssel, am einfachsten in Form eines AutoWert-Felds, hinzufügen.

Zum Löschen der Duplikate benötigen Sie eine Auswahl- und eine Löschabfrage. In unserem Beispiel sind in der Tabelle *tblFilme* einige Filme doppelt erfasst worden. Die Abfrage soll für jeden Film die niedrigste Filmnummer bestimmen. Die Filmnummer ist der eindeutige Schlüssel der Tabelle. Abbildg. 19.27 zeigt die Auswahlabfrage in der Entwurfsansicht.

Abbildg. 19.27 Die erste Filmnummer zu jedem Filmtitel

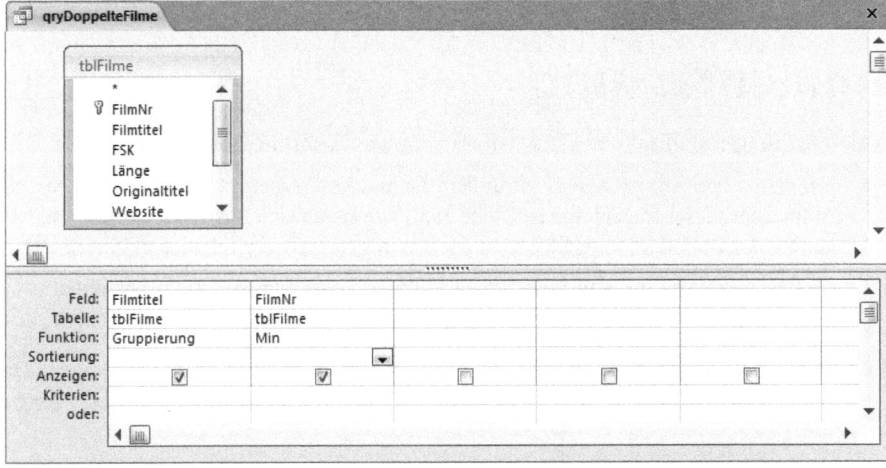

Wie werden die doppelten Datensätze in *tblFilme* ermittelt? Doppelt sind alle Datensätze, die nicht im Ergebnis der Abfrage *qryDoppelteFilme* auftauchen, denn hier steht jeder Film nur einmal mit seiner kleinsten Filmnummer.

Um die doppelten Einträge zu löschen, müssen also alle Filme entfernt werden, die nicht im Ergebnis von *qryDoppelteFilme* enthalten sind. Dieses erreichen Sie (wie Abbildg. 19.28 zeigt) durch eine Löschabfrage mit Unterabfrage. Vollständige Informationen zum Thema Unterabfragen erhalten Sie in Kapitel 20.

Abbildg. 19.28 Löschabfrage mit Unterabfrage

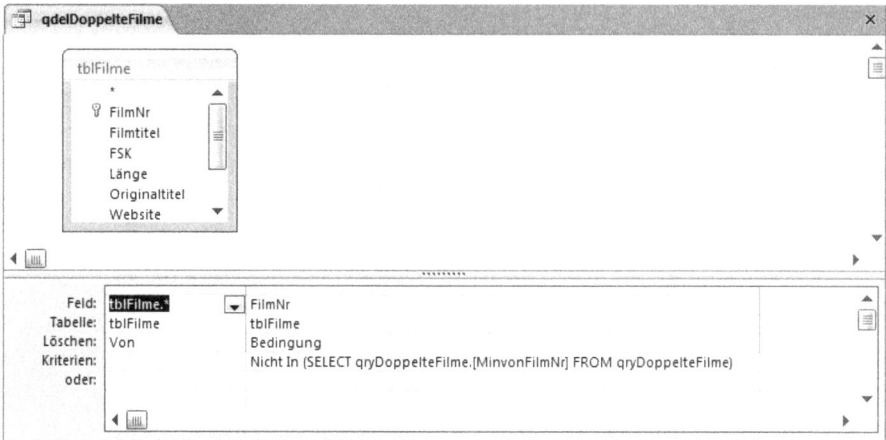

In der *Kriterien*-Zeile zu *FilmNr* sehen Sie auf der rechten Seite, in Klammern eingeschlossen, eine SELECT-Abfrage. Diese Abfrage hat als Ergebnis alle Filmnummern der Abfrage *qryDoppelteFilme*. Durch die Anweisung *Nicht In* wird erreicht, dass die Filme gelöscht werden, die nicht zur Ergebnismenge der Abfrage *qryDoppelteFilme* gehören.

Zusammenfassung

Aktionsabfragen sind Abfragen, die den Datenbestand selbst in einer Tabelle ändern.

- Der erste Abschnitt befasste sich mit dem Thema Aktualisierungsabfrage. Wie wird eine einfache Aktualisierungsabfrage definiert (Seite 383), wie lassen sich Aktualisierungsabfragen mit Bedingungen formulieren (Seite 386) bzw. wie lassen sich mehrere Tabellen aktualisieren (Seite 388)?
- Im folgenden Abschnitt ab Seite 390 wurde das Thema Anfügeabfrage behandelt.
- Es besteht zudem die Möglichkeit, per Abfrage eine neue Tabelle anzulegen (Seite 393).
- Vorsichtig solle man mit Löschabfragen umgehen (Seite 395). Dabei können sowohl Duplikate aus einer Tabelle gelöscht werden als auch die Datensätze, die einer definierten Bedingung genügen.

Kapitel 20

Die Abfragesprache SQL

In diesem Kapitel:

SQL und Access-Abfragen	400
SQL-Grundlagen	401
UNION-Abfragen	408
Unterabfragen	409
Datendefinitionsabfragen	418
SQL-Pass-Through-Abfragen	420
Der Nachschlage-Assistent	420
Zusammenfassung	423

Grundlage aller Access-Abfragen ist die Datenbankabfragesprache SQL, »Structured Query Language«. SQL ist ursprünglich eine Entwicklung von IBM und hat sich in den letzten Jahren als der Standard für relationale Datenbanken durchgesetzt.

SQL wurde vom »American National Standards Institute« (ANSI) normiert. Die ursprüngliche Normierung wurde im Laufe der Jahre weiterentwickelt. Es existieren heute mehrere durch Jahreszahlen gekennzeichnete Richtlinien: SQL-89, SQL-92 und SQL-93 (SQL-3). Die verschiedenen Normvarianten unterscheiden sich in Sprachumfang und Leistung.

Die verschiedenen Datenbankhersteller haben die SQL-Normen ganz oder teilweise in ihren Produkten umgesetzt. Leider haben sich die Datenbankanbieter bisher nicht auf eine einheitliche Linie festgelegt. Fast alle haben ihre Implementierung von SQL durch eigene Erweiterungen ergänzt, so dass sich die SQL-Varianten der einzelnen Produkte teilweise erheblich unterscheiden.

Microsoft Access unterstützt SQL-89 Level 1 mit einigen eigenen Erweiterungen. Damit kommt Access nicht an den Leistungsumfang von Datenbanken im Mainframe- oder Unix-Umfeld heran, die heute in den meisten Fällen SQL-92 unterstützen. Access ist über die »Open Database Connectivity« (ODBC)-Schnittstelle in der Lage, auf SQL-Datenbanken wie IBM DB2, Oracle, Informix und viele andere zuzugreifen. Allerdings ist der Zugriff auf SQL-89-Befehle beschränkt, es sei denn, man umgeht Access-SQL durch so genannte Pass-Through-Abfragen, in denen beliebige SQL-Kommandos erlaubt sind. Obwohl aus Datenbanksicht SQL-89 nicht mehr dem letzten Stand der Technik entspricht, ist die Implementierung von SQL in Access trotzdem leistungsfähig und einfach in der Anwendung. Durch die Kombination von Access mit einer »großen« SQL-Datenbank lassen sich zudem auch große Anwendungssysteme entwickeln. Für die Anbindung wird die ODBC-bzw. OLE-DB-Schnittstelle verwendet.

An einigen Stellen verweisen wir auf die Unterschiede zwischen Access- und Standard-SQL. Insbesondere bei der Nutzung von ODBC für den Zugriff auf andere SQL-Datenbanken ist die Kenntnis der Besonderheiten wichtig, da alle Access-spezifischen Funktionen und Konstrukte lokal von Access und nicht von der SQL-Server-Datenbank abgearbeitet werden. Hierdurch kann es zu erheblichen Leistungseinbußen kommen.

Der Sprachumfang von SQL setzt sich aus zwei Teilen zusammen: der »Data Definition Language« (DDL) und der »Data Manipulation Language« (DML). Mit DDL lassen sich Tabellenstrukturen anlegen, ändern und löschen sowie Indizes bestimmen. Die DML dient zur Abfrage der Daten bzw. zum Verändern und Löschen von Datenbeständen. In Access wird im Allgemeinen nur mit der DML gearbeitet, da Tabellen und Indizes mit den Werkzeugen in Access erstellt werden.

SQL und Access-Abfragen

Der Access-Anwender hat im Normalfall wenig mit SQL zu tun, denn die Benutzerschnittstelle von Access verbirgt SQL hinter »Abfragen«. Eine Abfrage wird von Access immer in die Sprache SQL übersetzt. Sie können im Abfragefenster jederzeit auf die SQL-Darstellung umschalten bzw. die SQL-Befehle verändern, ergänzen oder in die Zwischenablage kopieren, um die Befehle in anderen Access-Programmteilen zu verwenden.

Es gibt allerdings einige SQL-Befehle, die nicht in der Entwurfsansicht eingegeben werden können. Diese müssen Sie daher direkt im SQL-Darstellungsfenster erfassen. Wir werden Ihnen die Sonderfälle im Laufe des Kapitels beschreiben.

Eine weitere Besonderheit von Access sind Nachschlagefelder, die wir für unsere Kino-Beispielanwendung auch vielfach eingesetzt haben. In Abfragen wertet Access die Nachschlagefelder aus, d. h., es wird immer der nachgeschlagene Wert gezeigt. Beispielsweise ist die *FilmNr* in der Tabelle tblWochen eigentlich ein *Long Integer*, der auf den entsprechenden Film verweist. Da die FilmNr als Nachschlagefeld vereinbart ist, wird der jeweilige Filmtitel aus tblFilme im Ergebnis einer Abfrage dargestellt. In den Beispielen dieses Kapitels werden wir die automatische Nachschlagefunktion vernachlässigen, da sonst viele Beispiele nicht zu überschauen wären.

SQL-Views

Access-Abfragen entsprechen den in den SQL-Standards definierten »Views«. Ein View ist eine Sicht auf die Daten von Tabellen. Dazu wird eine SQL-Abfrage unter einem Namen abgelegt. Auf eine View kann wie auf eine Tabelle zugegriffen werden.

In Access-Datenbanken sind Views nicht wie im SQL-Standard definiert, hier übernehmen Abfragen die gleiche Aufgabe. Eine in Access vereinbarte Abfrage kann ebenso als Basis einer neuen Abfrage dienen.

Allerdings besteht ein erheblicher Unterschied zwischen Standard-SQL und Access, denn in Access ist es möglich, Datensätze einer Abfrage, auch wenn sie auf mehreren Tabellen oder anderen Abfragen basiert, zu verändern. In vielen anderen SQL-Datenbanken können immer nur Tabellen oder Abfragen, denen nur eine Tabelle zugrunde liegt, bearbeitet werden. Microsoft nennt diese bearbeitbaren Abfragen »Dynasets«. Dynasets erleichtern die Arbeit mit SQL-Datenbanken erheblich.

SQL-Grundlagen

Wir möchten Ihnen in diesem Abschnitt die wichtigsten SQL-Befehle und ihre Syntax beschreiben. Arbeiten Sie viel mit Access-Abfragen, und haben Sie komplexe Probleme zu lösen, ergibt es Sinn, sich direkt mit SQL zu beschäftigen. Benötigen Sie nur ab und zu direkt SQL, beispielsweise für Unterabfragen, die im Abschnitt »Unterabfragen« besprochen werden, oder für Kombinations- oder Listenfelder in Formularen, so können Sie den folgenden Weg wählen:

1. Erstellen Sie Ihre Abfrage in der bekannten Weise in der Entwurfsansicht.

Abbildg. 20.1   Abfrage in der Entwurfsansicht

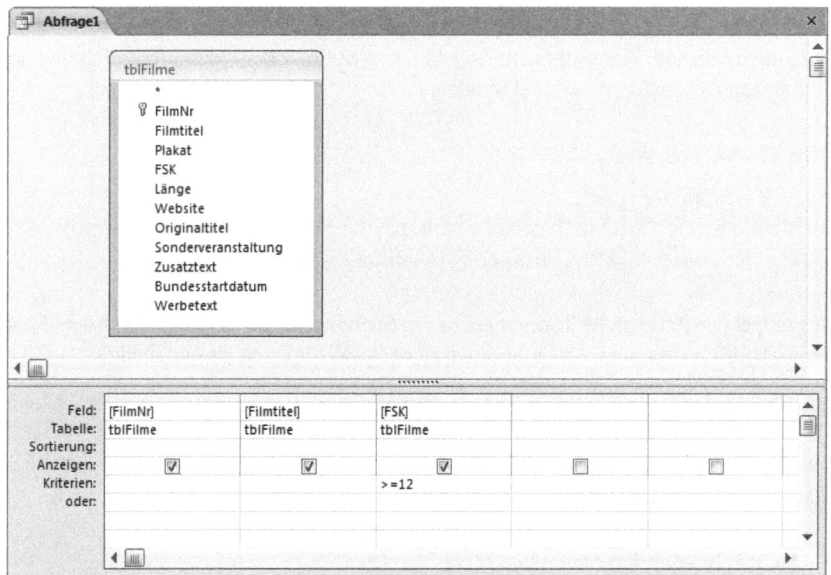

2. Schalten Sie beispielsweise mithilfe der Schaltfläche *Ansicht* und dem Eintrag *SQL-Ansicht* auf die SQL-Darstellung um.

Abbildg. 20.2   Die Abfrage in der SQL-Darstellung

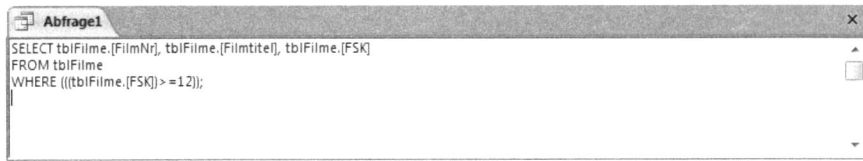

3. Sie können nun den von Access erzeugten SQL-Text in die Zwischenablage kopieren und an den benötigten Stellen einfügen.

Diese Methode hat den Vorteil, dass die SQL-Befehle garantiert fehlerfrei sind.

Auswahlabfragen mit SELECT

Eine Auswahlabfrage, die immer mit dem Befehl SELECT beginnt, besteht aus einer Reihe von Teilen, von denen einige optional sind. In den folgenden Abschnitten möchten wir Ihnen die einzelnen SQL-Bestandteile einer Auswahlabfrage beschreiben.

Die Basissyntax eines SELECT-Befehls lautet

```
SELECT Spaltenliste
FROM Tabellenliste
[WHERE Bedingung]
[ORDER BY Sortierfelder]
```

wobei die eckigen Klammern nicht Teil des Befehls sind, sondern nur die optionalen Teile WHERE und ORDER BY kennzeichnen sollen. In den nächsten Abschnitten werden neben den eckigen Klammern auch geschweifte Klammern eingesetzt, die einen Teil des Befehls festlegen, der zwingend vorhanden sein soll. Der senkrechte Strich »|« steht für »oder«, d.h., die durch den Strich getrennten Teile können alternativ verwendet werden.

Der SELECT-Befehl

SELECT wird in der Form

```
SELECT {* | Ausdruck1 [AS Alias1] [, Ausdruck2 [AS Alias2] [,...] ]}
```

eingesetzt. Die Ausdrücke können entweder Spaltenbezeichnungen, berechnete Spalten oder SQL-Aggregatfunktionen sein. Das Sternchen steht für alle Spalten einer Tabelle.

Tabellenauswahl mit FROM

Die Tabellen oder Abfragen, auf die sich der SELECT-Befehl bezieht, werden hinter der FROM-Klausel angegeben, in der Form

```
FROM Tabelle_oder_Abfrage [AS Alias]
```

Bedingungen mit WHERE

Die Syntax für Bedingungen lautet

```
WHERE Ausdruck1 [ {AND | OR} Ausdruck2 [...] ]
```

Eine Auswahlabfrage beispielsweise, die die Daten des Films »Luther« zeigen soll, lässt sich als

```
SELECT * FROM tblFilme WHERE Filmtitel = "Vitus"
```

schreiben. Um die Ausdrücke der WHERE-Bedingung zu formulieren, stehen Ihnen neben den Grundrechenarten der Textverknüpfungsoperator und weitere Operatoren zur Verfügung (siehe Kapitel 15 und 16).

In den vergangenen Kapiteln haben Sie die Operatoren »Zwischen ... Und ...« und »Wie« kennen gelernt. Der erste Operator wird mit BETWEEN ... AND ... übersetzt, der zweite mit LIKE.

Sortieren mit ORDER BY

Die Ergebnisdaten der SELECT-Abfrage können mit ORDER BY sortiert werden. Allgemein lautet der Befehl:

```
ORDER BY Spalte1 [{ASC | DESC}] [, Spalte2 [{ASC | DESC}][,...]]
```

Möchten Sie die Filmtitel der Tabelle *tblFilme* sortiert ausgeben, können Sie das wie folgt formulieren:

```
SELECT * FROM tblFilme ORDER BY Filmtitel
```

Die Zusätze ASC (ascending) für eine aufsteigende und DESC (descending) für eine absteigende Sortierung sind optional, wobei ASC als Standardwert verwendet wird.

Verknüpfungen mit INNER JOIN, LEFT JOIN und RIGHT JOIN

Natürlich lassen sich auch verknüpfte Tabellen bzw. Abfragen mit dem SELECT-Befehl darstellen. Eine einfache Verknüpfung könnte beispielsweise so aussehen:

```
SELECT Spaltenliste FROM Tabelle1, Tabelle2 WHERE Tabelle1.Spalte1 = Tabelle2.Spalte2
```

Access verwendet die modernere Form

```
SELECT Spaltenliste FROM Tabelle1 {INNER | LEFT | RIGHT} JOIN Tabelle2 ON
Tabelle1.Spalte1 = Tabelle2.Spalte2
```

für Verknüpfungen, mit deren Hilfe sich sowohl Inklusions- als auch Exklusionsverknüpfungen schreiben lassen.

Die Zusätze ALL, DISTINCT und DISTINCTROW

Die Zusätze ALL, DISTINCT und DISTINCTROW werden direkt hinter den SELECT-Befehl in der Form

SELECT [{ALL | DISTINCT | DISTINCTROW }] *Spaltenliste*

geschrieben. Verwenden Sie keines der drei zusätzlichen Befehlswörter, so verwendet Access automatisch ALL. ALL bewirkt, dass alle Ergebnisdatensätze einer Abfrage ausgegeben werden.

Mit DISTINCT werden alle doppelten Datensätze unterdrückt, wobei doppelte Datensätze aufgrund der in der SELECT-Klausel angegebenen Spalten bestimmt werden. Das Prädikat DISTINCT entspricht der Funktion zur Vermeidung von Duplikaten, die in Kapitel 18 im Abschnitt »Abfrageergebnisse ohne Duplikate« beschrieben ist.

Der Access-spezifische Zusatz DISTINCTROW eliminiert doppelte Datensätze des Abfrageergebnisses basierend auf allen Spalten einer verknüpften Abfrage. DISTINCTROW hat keinen Effekt bei Abfragen mit nur einer Tabelle oder wenn keine oder eine Spalte einer verknüpften Tabelle im SELECT-Befehl definiert ist. Access setzt DISTINCTROW ein, um Abfragen mit mehreren Tabellen bearbeitbar zu halten, also zur Definition von Dynasets.

Das Prädikat TOP

Der Zusatz TOP wird als Ergänzung des SELECT-Befehls

SELECT [{ALL | DISTINCT | DISTINCTROW}] [TOP n [PERCENT]] *Spaltenliste*

eingesetzt. TOP ermittelt die besten *n* Zeilen bzw. die besten *n* Prozent eines Abfrageergebnisses. Beachten Sie dabei, dass Sie TOP immer zusammen mit ORDER BY verwenden, damit die besten Zeilen auf Basis der Sortierung herausgefiltert werden, sonst erhalten Sie ein eher zufälliges Ergebnis.

Das Prädikat TOP entspricht der Funktion zur Ermittlung von Spitzenwerten, die in Kapitel 18 im Abschnitt »Nur die Besten anzeigen« beschrieben ist.

Die WITH OWNERACCESS OPTION-Deklaration

Für jede Abfrage kann im Dialogfeld *Abfrageeigenschaften* bestimmt werden, wer diese Abfrage benutzen darf. In der Zeile *Ausführungsberechtigungen* können Sie einstellen, ob jeder Benutzer oder nur der Eigentümer die Abfrage ausführen kann. Legen Sie fest, dass nur der Eigentümer einer Abfrage die Abfrage ausführen darf, so hängt Access an die SELECT-Abfrage die Befehlswörter WITH OWNERACCESS OPTION an.

```
SELECT Spaltenliste
FROM Tabellenliste
[WHERE Bedingung]
[ORDER BY Sortierfelder]
[WITH OWNERACCESS OPTION]
```

Der Befehl WITH OWNERACCESS OPTION ist eine Access-spezifische Erweiterung.

Aggregatfunktionen

In den Spaltenlisten des SELECT-Befehls und in Bedingungen der WHERE-Klausel können Sie Aggregatfunktionen einsetzen, wie es in Kapitel 18 beschrieben ist. Die folgende Tabelle führt die im Entwurfsfenster eingesetzten deutschen Funktionsnamen und die englischen Entsprechungen für die SQL-Befehle auf.

Tabelle 20.1 Aggregatfunktionen

Deutsche Bezeichnung	Englische Bezeichnung	Erklärung
Mittelwert([*Spalte*])	AVG([*Spalte*])	Errechnung des Durchschnitts der Spaltenwerte
Anzahl([*Spalte*])	COUNT([*Spalte*])	Anzahl der Spaltenwerte, die verschieden von Null sind
Anzahl(*)	COUNT(*)	Anzahl aller Spaltenwerte
Summe([*Spalte*])	SUM([*Spalte*])	Summe der Spaltenwerte
Min([*Spalte*])	MIN([*Spalte*])	Minimum der Spaltenwerte
Max([*Spalte*])	MAX([*Spalte*])	Maximum der Spaltenwerte
ErsterWert([*Spalte*])	FIRST([*Spalte*])	Spaltenwert der ersten Zeile des Ergebnisses
LetzterWert([*Spalte*])	LAST([*Spalte*])	Spaltenwert der letzten Zeile des Ergebnisses
StdAbw([*Spalte*])	STDEV([*Spalte*])	Standardabweichung der Spaltenwerte
Var([*Spalte*])	VAR([*Spalte*])	Varianz der Spaltenwerte

Gruppenbildung mit GROUP BY

Mithilfe des Befehls GROUP BY können Sie die Ergebnismenge einer Abfrage gruppieren und beispielsweise Aggregatfunktionen jeweils auf die Gruppen anwenden. GROUP BY kann durch HAVING ergänzt werden. Mit HAVING lassen sich die durch GROUP BY ermittelten Werte weiter auswerten.

```
SELECT Spaltenliste
FROM Tabellenliste
[WHERE Bedingung]
[GROUP BY Bedingung]
[HAVING Bedingung]
[ORDER BY Sortierfelder]
```

Die Syntax der GROUP BY-Klausel ist

```
GROUP BY Gruppenausdruck1 [, Gruppenausdruck2 [,...]]
```

Gruppenbedingungen mit HAVING

Die Syntax der die Gruppen einschränkenden HAVING-Klausel lautet

```
HAVING Ausdruck1 [{AND | OR} Ausdruck2 [...]]
```

Beispiele für GROUP BY und HAVING finden Sie in Kapitel 18, im Abschnitt »Gruppierte Daten mit Bedingungen«. Sehen Sie sich am besten die dort besprochenen Abfragen in der SQL-Darstellung an.

Aktionsabfragen in SQL formulieren

Die folgenden Abschnitte enthalten die SQL-Schreibweisen für die in Kapitel 19 beschriebenen Aktionsabfragen.

Aktualisierungsabfragen mit UPDATE

Aktualisierungsabfragen werden allgemein als

```
UPDATE Tabelle_oder_Abfrage
SET Spalte1 = Ausdruck1 [, Spalte2 = Ausdruck2] [,...]
[WHERE Bedingungen]
```

formuliert. Verwenden Sie den UPDATE-Befehl, um Spalten einer Tabelle zu aktualisieren, müssen Sie sicherstellen, dass die Abfrage bearbeitbar, also ein Dynaset ist.

Anfügeabfragen mit INSERT INTO

Anfügeabfragen mit INSERT INTO können in zwei Varianten eingesetzt werden, wobei die Entwurfsansicht von Access nur die erste Variante unterstützt. Mit

```
INSERT INTO Zieltabelle [(Spalte1 [, Spalte2 [,...]])] Select-Abfrage
```

können Sie Ergebnisdatensätze aus einer SELECT-Abfrage in eine andere Tabelle einfügen. Wenn Sie keine Zielspalten angeben, müssen die Spaltennamen des Abfrageergebnisses mit den Spaltennamen der Zieltabelle übereinstimmen.

In der SQL-Darstellung können Sie auch die zweite Form

```
INSERT INTO Zieltabelle [(Spalte1 [, Spalte2 [,...]])]
VALUES (wert1 [, Wert2 [,...]])
```

des INSERT INTO-Befehls einsetzen. Mit seiner Hilfe können Sie direkt Werte in eine Tabelle eingeben, beispielsweise mit

```
INSERT INTO tblFilme (Filmtitel, FSK, Länge)
VALUES ("Vitus", 12, 123)
```

einen neuen Datensatz für den Film »Vitus« anlegen.

Neue Tabelle erstellen mit SELECT INTO

Ein weiterer Access-spezifischer Befehl ist SELECT INTO, um aus dem Ergebnis einer Abfrage eine neue Tabelle zu erstellen.

```
SELECT Spalte1 [,Spalte2 [,...]] INTO NeueTabelle
FROM Tabellenliste
[WHERE Bedingungen]
[ORDER BY Sortierfelder]
```

Löschen von Daten mit DELETE

Mithilfe von DELETE löschen Sie Datensätze aus einer oder mehreren Tabellen.

```
DELETE [Tabelle.*]
FROM From_Klausel
[WHERE Bedingungen]
```

Kreuztabellen erstellen mit TRANSFORM

Der TRANSFORM-Befehl für Kreuztabellenabfragen ist eine Access-spezifische SQL-Erweiterung. Die Syntax lautet:

```
TRANSFORM Aggregatfunktion
Select-Abfrage
PIVOT Spaltenkopffeld [IN (Wert1, [Wert2 [,...]])]
```

Abfrageparameter

Wie in Kapitel 15 im Abschnitt »Parameterabfragen« beschrieben, können Sie Parameter für Ihre Abfragen vereinbaren, die zur Ausführungszeit der Abfrage festgelegt werden. Die SQL-Syntax ist:

```
PARAMETERS Parameter1 Datentyp1 [, Parameter2 Datentyp2 [,...]];
SQL-Abfrage
```

Als Datentypen für Parameter können die in Tabelle 20.2 aufgeführten Bezeichnungen und die angegebenen Synonyme verwendet werden. Da Access auch die Synonymbezeichnungen versteht, ist es möglich, parametrisierte Abfragen aus anderen SQL-Datenbanksystemen zu übernehmen.

Tabelle 20.2 Datentypen für Parameter

SQL-Datentyp und Synonyme	Entspricht Access-Datentyp
BIT, BOOLEAN, LOGICAL, LOGICAL1, YESNO	Ja/Nein
BYTE, INTEGER1	Zahl (Byte)
COUNTER, INCREMENT	AutoWert (Long Integer)
CURRENCY, MONEY	Währung
DATETIME, DATE, TIME	Datum/Zeit
SHORT, INTEGER2, SMALLINT	Zahl (Integer)
LONG, INT, INTEGER, INTEGER4	Zahl (Long Integer)
SINGLE, FLOAT4, IEEESINGLE, REAL	Zahl (Single)
DOUBLE, FLOAT, FLOAT8, IEEEDOUBLE, NUMBER, NUMERIC	Zahl (Double)
TEXT, ALPHANUMERIC, CHAR, CHARACTER, STRING, VARCHAR	Text

Tabelle 20.2 Datentypen für Parameter *(Fortsetzung)*

SQL-Datentyp und Synonyme	Entspricht Access-Datentyp
LONGTEXT, LONGCHAR, MEMO, NOTE	*Memo*
LONGBINARY, GENERAL, OLEOBJECT	*OLE-Objekt*
GUID	*Replikations-ID*

UNION-Abfragen

UNION-Abfragen werden von Access nur direkt in SQL formuliert unterstützt. Es gibt keine Möglichkeit, UNION-Abfragen im Entwurfsfenster zu definieren. Der UNION-Befehl dient dazu, mehrere Abfrageergebnisse zu einem Ergebnis zusammenzuführen. Das Ergebnis kann nur gelesen, nicht aber bearbeitet werden. Die allgemeine Syntax lautet:

```
Select-Abfrage1
UNION [ALL]
Select-Abfrage2
[UNION [ALL]
Select-Abfrage3]
[...]
```

Standardmäßig eliminiert Access doppelte Datensätze bei der UNION-Zusammenführung. Verwenden Sie den optionalen Parameter ALL, so werden die doppelten Datensätze belassen. Diese Option kann die Ausführung von UNION-Abfragen insbesondere bei großen Datenbeständen erheblich beschleunigen.

Das folgende Beispiel listet alle Datensätze der Spalten *Datum* und *Anzahl* der Tabellen *tblKinokasse* und *tblKinokasseArchiv* auf. Auf diese Weise kann beispielsweise für Auswertungen auf die aktuellen und die archivierten Daten gleichzeitig zugegriffen werden.

```
SELECT Datum, Anzahl FROM tblKinokasse
UNION
SELECT Datum, Anzahl FROM tblKinokasseArchiv;
```

Alle SELECT-Abfragen müssen die gleiche Anzahl von Spalten aufweisen, wobei die Namen der Spalten unerheblich sind, denn Access führt die ersten Spalten, die zweiten Spalten usw. zusammen.

Die Überschriften der Spalten werden immer aus den Spaltennamen der ersten SELECT-Abfrage übernommen.

Soll das Ergebnis einer UNION sortiert vorliegen, können Sie dem letzten SELECT-Befehl eine ORDER BY-Klausel hinzufügen. Nur die Sortierung mit ORDER BY des letzten SELECTs wird ausgewertet, auch wenn für die anderen SELECT-Befehle Sortierungen vereinbart sind. Beachten Sie dabei, dass sich die Spaltennamen des ORDER BY des letzten SELECTs an den Spaltennamen der ersten SELECTs orientieren, wie es das nächste Beispiel zeigt:

```
SELECT Nachname FROM Adressenliste
UNION
SELECT Mitarbeitername FROM Mitarbeiter
ORDER BY Nachname
```

> **HINWEIS** Sie können keine *OLE-Objekt*- und keine *Anlagen*-Felder in UNION-Abfragen aufnehmen.

> **HINWEIS** Werden in einer Spalte der UNION verschiedene Datentypen durch die verschiedenen SELECTs zusammengesetzt, so konvertiert Access die Datentypen auf einen gemeinsamen Datentyp, der mit allen kompatibel ist.

Unterabfragen

In dem vorangegangenen Kapitel haben wir Ihnen bereits an verschiedenen Stellen gezeigt, wie Abfragen auf Abfragen basieren können. Mit SQL (und auch mit Access) können Sie darüber hinaus Abfragen erstellen, in denen Abfragen eingebettet sind: Unterabfragen. Typischerweise werden Unterabfragen in der WHERE-Klausel, also für Abfragekriterien, eingesetzt.

Die Unterstützung von Unterabfragen durch die Abfragen-Entwurfsansicht von Access ist nicht sehr ausgereift, so dass Sie nicht umhin kommen, Ihre Unterabfragen direkt in SQL zu formulieren.

SQL bietet für Unterabfragen in WHERE-Klauseln drei Varianten an:

```
... WHERE Ausdruck [NOT] IN (Select-Abfrage)
... WHERE Spalte1 {= | <> | < | <= | > | >=}[{ANY | SOME | ALL}] (Select-Abfrage)
... WHERE [NOT] EXISTS (Select-Abfrage)
```

> **HINWEIS** Anstelle von Unterabfragen lassen sich meist auch verknüpfte Abfragen verwenden. Allerdings sind Unterabfragen in vielen Fällen besser zu verstehen, so dass Sie die Richtigkeit des Ergebnisses besser einschätzen können.

Wir möchten Ihnen in den folgenden Abschnitten Beispiele mit Unterabfragen für die verschiedenen Unterabfragenvarianten vorstellen.

Überprüfung auf Zugehörigkeit

Mithilfe des IN-Operators können Sie die Zugehörigkeit zu einer Ergebnismenge testen. Das folgende Beispiel soll diesen Sachverhalt erklären. Es sollen die Artikel ermittelt werden, die im April 2007 verkauft wurden.

Abbildg. 20.3 zeigt die entsprechende Abfrage mit Unterabfrage in der Entwurfsansicht.

Da die Unterabfrage nicht vollständig zu sehen ist, empfiehlt es sich, die Zoom-Darstellung einzusetzen. Selektieren Sie mit dem Mauszeiger die Kriterienzeile der Spalte *Artikelnummer* und drücken Sie dann die Tastenkombination ⇧+F2. Sogleich blendet Access den Inhalt des selektierten Feldes im Dialogfeld *Zoom* ein.

Abbildg. 20.3 Unterabfrage in der Entwurfsansicht

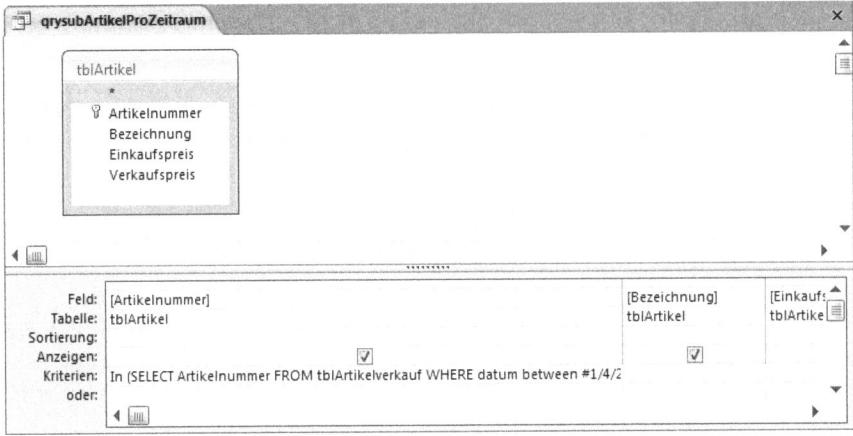

Abbildg. 20.4 In der *Zoom*-Darstellung

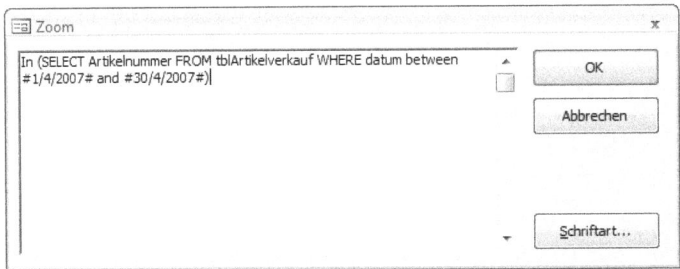

Die Unterabfrage ermittelt die Artikelnummern aller Artikel, die im angegebenen Zeitraum verkauft wurden. Die vollständige SQL-Abfrage lautet:

```
SELECT tblArtikel.Artikelnummer, tblArtikel.Bezeichnung FROM tblArtikel
WHERE tblArtikel.Artikelnummer In (SELECT ArtikelNummer FROM tblArtikelVerkauf WHERE Datum
BETWEEN #1/4/2007# And #30/4/2007#);
```

Wie liest man eine solche SQL-Abfrage am besten? Beginnen Sie von hinten: Die in runde Klammern eingeschlossene Unterabfrage ermittelt die Artikelnummern aller im Zeitraum verkauften Artikel, d.h., das Ergebnis dieser Abfrage ist eine lange Liste mit Artikelnummern. Die eigentliche Abfrage hat als Ergebnis Artikelnummer und Bezeichnung aller Artikel die »IN« der Ergebnisliste der Unterabfrage sind. Jede Artikelnummer der eigentlichen Abfrage von *tblArtikel* wird also daraufhin geprüft, ob sie in der Ergebnismenge der Unterabfrage vorkommt.

HINWEIS Beachten Sie, dass die Unterabfrage für die Verwendung mit IN nur eine Ergebnisspalte aufweisen darf, sonst wird von Access eine Fehlermeldung eingeblendet.

Unterabfragen

Natürlich hätte man die Fragestellung auch mit einer verknüpften Abfrage beantworten können, wie es in Abbildg. 20.5 gezeigt ist. Übrigens ist dabei in den Eigenschaften der Abfrage die Option *Keine Duplikate* auf Ja gesetzt worden, da die Bezeichnungen in der so gestellten Abfrage mehrfach in der Ergebnismenge erscheinen.

Abbildg. 20.5 Die Lösung per Verknüpfung

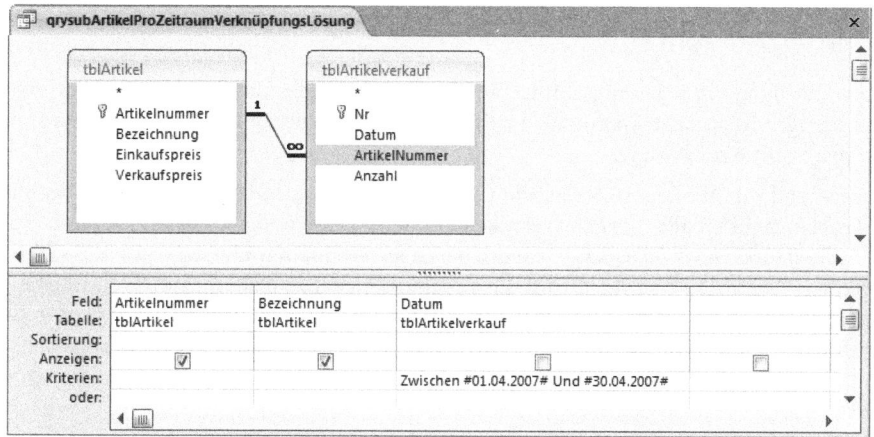

Die meisten Access-Anwender bevorzugen die Lösung mithilfe der verknüpften Abfrage, aber nicht immer ist dies der einfachere Weg. Lassen Sie uns nun die Fragestellung der Abfrage herumdrehen: Welche Artikel aus der Tabelle *tblArtikel* wurden nicht im April 2007 verkauft?

Bei der Abfrage mit der Unterabfrage (Abbildg. 20.3) genügt als einziges zusätzliches Befehlswort Nicht, um das richtige Abfrageergebnis zu erhalten: Wir ermitteln alle Artikelnummern, die NICHT IN der Unterabfragen-Ergebnismenge vorkommen.

Abbildg. 20.6 Das Befehlswort NICHT ist eingefügt

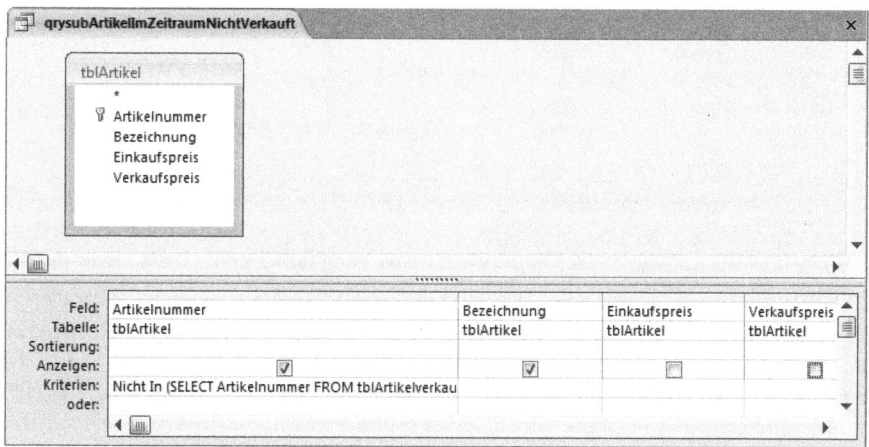

Das Ergebnis mit unseren Beispieldaten ist der eine im April nicht verkaufte Artikel.

Abbildg. 20.7 Der im April nicht verkaufte Artikel

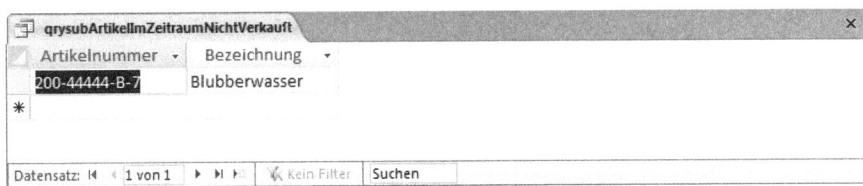

Die Erstellung einer Lösungsabfrage auf Basis verknüpfter Tabellen gestaltete sich für CineCity schwieriger als gedacht. Damit Sie die Probleme nachvollziehen können, zeigen wir Ihnen die einzelnen Schritte zur Lösung:

Ausgehend von Abbildg. 20.5 versucht CineCity den folgenden Lösungsansatz: In der Tabelle *tblArtikel* befinden sich alle möglichen Artikelnummern. Diese sollen komplett aufgelistet, und aus der Tabelle *tblArtikelverkauf* sollen entweder die dazu verknüpften Einträge oder NULL-Einträge gezeigt werden. Um dies zu erreichen, wird die Beziehung zwischen beiden Tabellen bearbeitet. Mit einem Doppelklick auf die Beziehungslinie rufen wir das Dialogfeld *Verknüpfungseigenschaften* auf und wählen die zweite Option, um eine Links-Inklusionsverknüpfung zu erhalten. Wird die Beziehungslinie nicht bearbeitet, enthält die Ergebnismenge nur die Artikel, für die Einträge in der Tabelle *tblArtikelverkauf* vorliegen.

Abbildg. 20.8 Als Links-Inklusionsverknüpfung

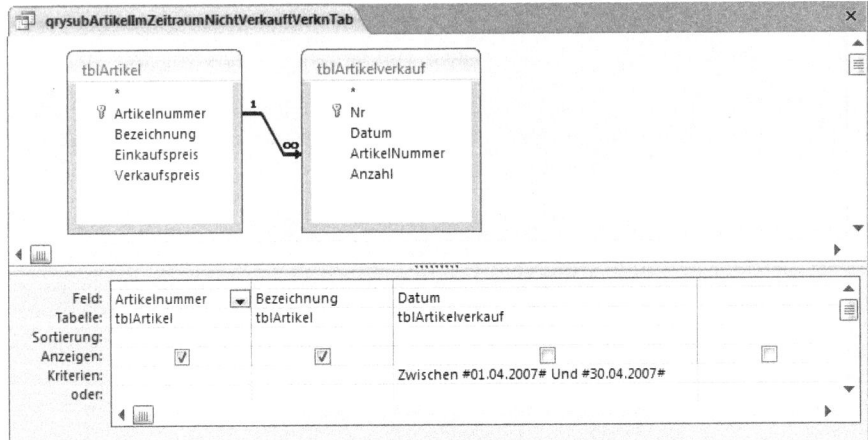

Das Ergebnis der Abfrage ist allerdings eine Enttäuschung für CineCity. Statt wie erwartet alle Artikelnummern aus *tblArtikel* zu sehen, werden nur diejenigen angezeigt, die im April 2007 verkauft wurden.

Eigentlich sollten alle Artikel aus *tblArtikel* aufgeführt werden, und in der Spalte *Artikelnummer* der Tabelle *tblArtikelverkauf* sollten NULL-Einträge stehen, wenn dieser Artikel nicht im Zeitraum verkauft wurde. Dann hätten nur noch die Datensätze mit den NULL-Einträgen herausgefiltert werden müssen und voilà, das Ergebnis wäre da. Aber statt der möglichen 15 Artikel aus *tblArtikel* sind nur 14 zu sehen.

Abbildg. 20.9 Artikelliste – Blubberwasser fehlt

Was also ist schief gegangen? Bei der Verknüpfung der beiden Tabellen wird für die Artikel, die nicht in *tblArtikelverkauf* im Zeitraum verkauft wurden, nicht nur für die *ArtikelNummer*, sondern auch für die Spalte *Datum* NULL angegeben. Nachdem Access die Daten verknüpft hat, wird die Bedingung für das Datum angewendet. Da das Datum NULL nicht im April 2007 liegt, wird also der Datensatz mit den NULL-Einträgen nicht herausgefiltert. Also muss die Bedingung in der Form erweitert werden, dass sie auch die NULL-Einträge ermittelt. In Abbildg. 20.10 sehen Sie die entsprechende Bedingung, die mit »oder« an die Zeitraumbedingung angefügt worden ist.

Zusätzlich wurde die Spalte *ArtikelNummer* der Tabelle *tblArtikelverkauf* in die Abfrage aufgenommen. Sie dient zum besseren Verständnis des Abfrageergebnisses.

Abbildg. 20.10 Erweiterte Bedingung

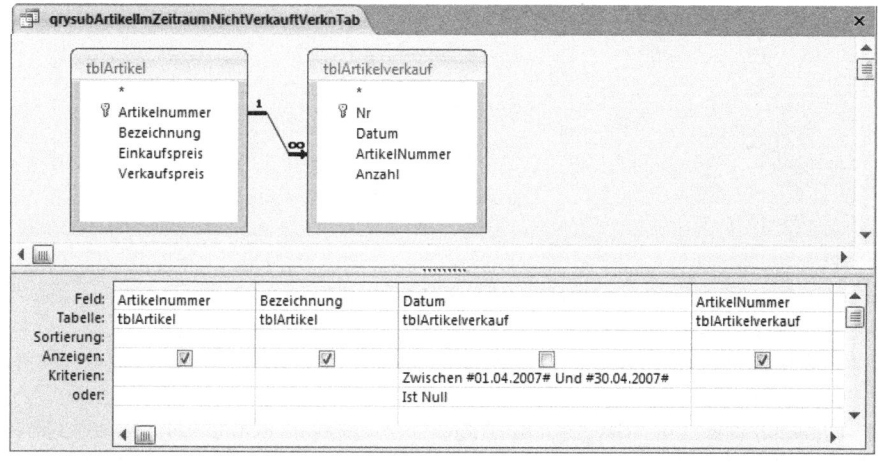

Das Ergebnis der Abfrage umfasst nun die 15 Artikel und den entsprechenden NULL-Eintrag.

Abbildg. 20.11 Das korrekte Ergebnis

tblArtikel.ArtikelNummer	Bezeichnung	tblArtikelverkauf.ArtikelNummer
032-01234-A-7	Gummibärchen	Gummibärchen
032-01235-A-7	Schokoriegel	Schokoriegel
032-01236-A-7	Erdnüsse	Erdnüsse
034-10000-A-7	Popcorn	Popcorn
034-20000-A-7	Nacho-Chips	Nacho-Chips
03F-00001-B-7	Eis am Stiel	Eis am Stiel
03F-00002-B-7	Eiskonfekt	Eiskonfekt
03F-00003-B-7	Eisbecher	Eisbecher
100-00001-D-15	Baseballmütze	Baseballmütze
100-00002-E-15	T-Shirt	T-Shirt
200-12345-B-7	Wasser kl. Flasche	Wasser kl. Flasche
200-12346-B-7	Wasser gr. Flasche	Wasser gr. Flasche
200-22222-B-7	Limonade	Limonade
200-33333-B-7	Cola	Cola
200-44444-B-7	Blubberwasser	

Die vollständige Abfrage, die nun nur jene Artikel ausgibt, die nicht im angegebenen Zeitraum verkauft wurden, zeigt Abbildg. 20.12. Für die *ArtikelNummer* der Tabelle *tblArtikelVerkauf* ist nun noch die Bedingung Ist NULL vereinbart worden, um nur die Datensätze zu zeigen, für die keine Artikelverkaufsdaten vorliegen.

Abbildg. 20.12 Vollständige Verknüpfungsabfrage

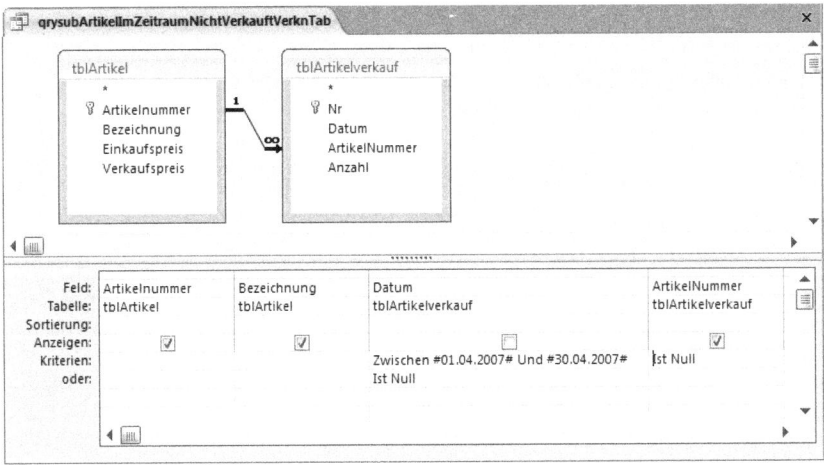

Wie Sie sehen, ist die Abfrage mit Unterabfrage aus Abbildg. 20.6 in diesem Fall sehr viel einfacher und verständlicher.

In Unterabfragen können Aggregatfunktionen verwendet werden. In Abbildg. 20.13 ist eine Abfrage dargestellt, in der Filmnummer und -titel jener Filme ermittelt werden, die länger als eine Woche im Programm waren.

In der Unterabfrage wurde die Funktion Anzahl() eingesetzt, die in SQL in der englischen Form COUNT() verwendet werden muss, um die Anzahl der Wochen festzustellen.

Abbildg. 20.13   Unterabfrage mit Aggregatfunktion

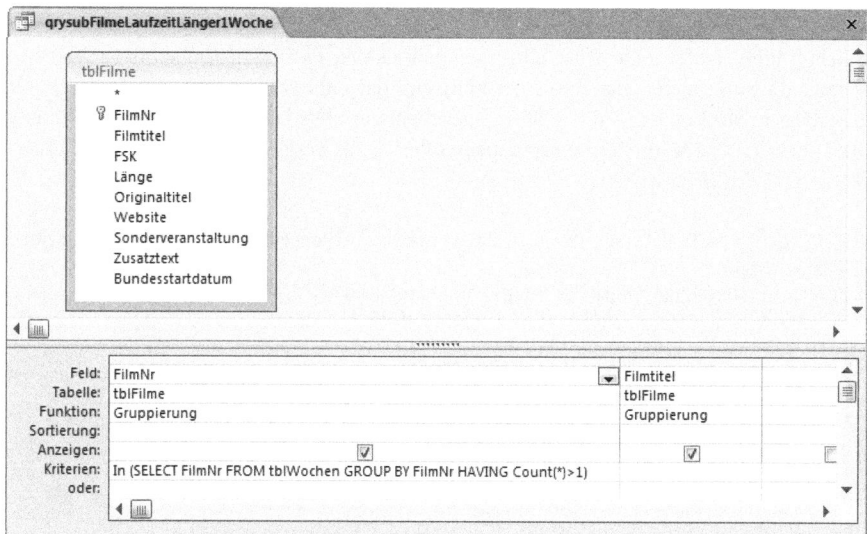

Das folgende SQL-Listing zeigt den vollständigen Abfragetext.

```
SELECT tblFilme.FilmNr, tblFilme.Filmtitel
FROM tblFilme
GROUP BY tblFilme.FilmNr, tblFilme.Filmtitel
HAVING tblFilme.FilmNr In (SELECT FilmNr FROM tblWochen GROUP BY FilmNr HAVING Count(*)>1);
```

Unterabfragen mit »IN« werden auch vom Abfrage-Assistenten zur Duplikatsuche verwendet, wie in Kapitel 18 beschrieben. Eine Lösung zur Entfernung doppelter Datensätze mithilfe einer »IN«-Unterabfrage finden Sie am Ende von Kapitel 19.

Vergleiche mit Unterabfrageergebnissen

Unterabfragen können in der WHERE-Klausel auch für Vergleiche mit den Operatoren =, <, <=, > und >= herangezogen werden.

Welche Filme haben eine längere Filmdauer als der Film »Dreamgirls«? Mithilfe einer Unterabfrage, die die Länge des gewünschten Films ermittelt, lassen sich die Filme herausfiltern, deren Laufzeit länger ist. Der Titel des Films wird über den Parameter abgefragt (Abfrage *qrysubFilmeLängerAlsFilm*).

```
SELECT tblFilme.Filmtitel, tblFilme.Länge
FROM tblFilme
WHERE tblFilme.Länge > (SELECT Länge
FROM tblFilme
WHERE Filmtitel =[Länger als Film?])
ORDER BY tblFilme.Länge DESC
```

Beachten Sie dabei, dass die Unterabfrage nur einen Wert zurückliefern darf, mit dem verglichen wird, nicht aber eine Menge an Werten wie oben für den IN-Operator.

Das zweite Beispiel zeigt, dass Abfragen mit Unterabfragen schnell sehr komplex werden und auch mit JOINs kombiniert werden können.

Welchen Film haben mehr Zuschauer gesehen als den Film »Die Queen«? Verglichen wird in der Abfrage die Summe der Besucher eines Films mit der Zahl der Besucher des Films, der für den Parameter [Mehr Zuschauer als im Film:] angegeben wird. Die Unterabfrage gibt auch hier genau einen Wert zurück, der für alle Filme der Tabelle *tblFilme* als Vergleichskriterium dient (Abfrage: *qrysubVergleichMehrZuschauerAls*).

```
SELECT tblFilme.Filmtitel, Sum(tblKinokasse.AnzahlPersonen) AS [Summe von AnzahlPersonen]
FROM (tblFilme
INNER JOIN tblWochen ON tblFilme.FilmNr = tblWochen.FilmNr)
INNER JOIN (tblTermine INNER JOIN tblKinokasse
ON tblTermine.TerminNr = tblKinokasse.TerminNr)
ON tblWochen.WochenNr = tblTermine.WochenNr
GROUP BY tblFilme.Filmtitel
HAVING Sum(tblKinokasse.AnzahlPersonen)
>
(SELECT Sum(k.AnzahlPersonen)
FROM (tblFilme AS f
INNER JOIN tblWochen AS w ON f.FilmNr = w.FilmNr)
INNER JOIN (tblTermine AS t
INNER JOIN tblKinokasse AS k ON t.TerminNr = k.TerminNr)
ON w.WochenNr = t.WochenNr
WHERE f.Filmtitel = [Mehr Zuschauer als im Film:])
ORDER BY Sum(tblKinokasse.AnzahlPersonen) DESC
```

Das nächste Beispiel zeigt, dass für Unterabfragen Spaltenwerte und Vergleiche gleichzeitig in einer Abfrage verwendet werden können. Aber nicht immer kann Access auf diese Weise definierte Abfragen ausführen, teilweise werden die Ausdrücke einfach zu komplex.

Wie viele Besucher kamen während der Laufzeit des Films »Happy Feet« insgesamt ins Kino? Ausgegeben werden sollen Anfang und Ende der Laufzeit und die Zahl der Besucher in CineCity in dieser Zeit.

In Abbildg. 20.14 sehen Sie die Abfrage in der Entwurfsansicht. Für die drei rechten Spalten sind Unterabfragen vereinbart.

Abbildg. 20.14 Abfrage in der Entwurfsansicht

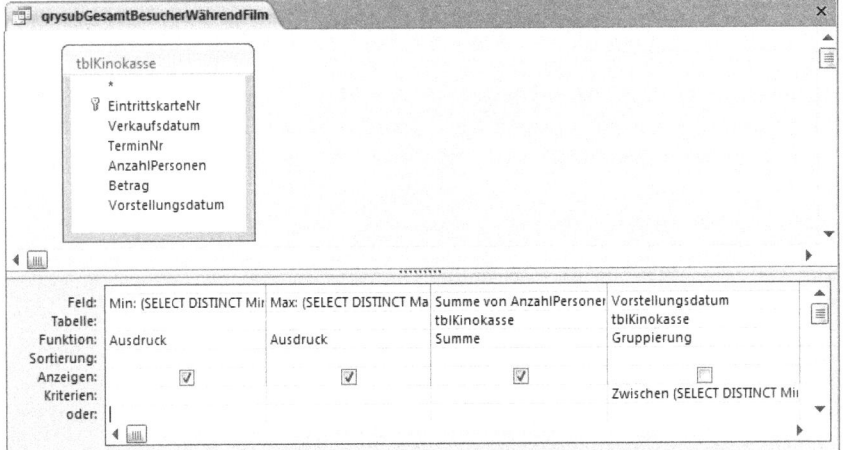

Die vollständige Abfrage ist aufwändig:

```
SELECT
(SELECT DISTINCT Min(tblWochen.Kalenderwoche) FROM tblFilme INNER JOIN tblWochen ON
tblFilme.FilmNr = tblWochen.FilmNr WHERE tblFilme.Filmtitel=[Film]) AS [Min],
(SELECT DISTINCT Max(tblWochen.Kalenderwoche) FROM tblFilme INNER JOIN tblWochen ON
tblFilme.FilmNr = tblWochen.FilmNr WHERE tblFilme.Filmtitel=[Film]) AS [Max],
Sum(tblKinokasse.AnzahlPersonen) AS [Summe von AnzahlPersonen]
FROM tblKinokasse
GROUP BY tblKinokasse.Vorstellungsdatum
HAVING tblKinokasse.Vorstellungsdatum BETWEEN
(SELECT DISTINCT Min(tblWochen.Kalenderwoche) FROM tblFilme INNER JOIN tblWochen ON
tblFilme.FilmNr = tblWochen.FilmNr WHERE tblFilme.Filmtitel=[Film])
AND
(SELECT DISTINCT Max(tblWochen.Kalenderwoche) FROM tblFilme INNER JOIN tblWochen ON
tblFilme.FilmNr = tblWochen.FilmNr WHERE tblFilme.Filmtitel=[Film])
```

Lassen Sie sich von der Länge der Abfrage nicht irritieren. Lesen Sie sie Teil für Teil, also Unterabfrage für Unterabfrage. Am besten, Sie orientieren sich dabei an den Klammern, die die Unterabfragen einschließen.

Unterabfragen mit dem ALL- und dem ANY-Operator

Die Operatoren =, <, <=, > und >= lassen sich auch dann einsetzen, wenn die Unterabfrage eine Gruppe von Daten zurückliefert. Allerdings müssen Sie dann die Operatoren ALL und ANY einsetzen.

Für den ALL-Operator gilt:

- Wenn die Unterabfrage eine leere Spalte als Ergebnis hat, so gibt der ALL-Test den Wert Wahr (TRUE) zurück.
- Ist der Vergleich mit allen Datenwerten, die die Unterabfrage zurückliefert, wahr, so liefert ALL ebenfalls den Wert Wahr (TRUE).
- Hat der Vergleich mit einem der Datenwerte der Unterabfrage den Wert Falsch, so gibt ALL Falsch zurück.
- Wenn keiner der Vergleiche mit den Datenwerten der Unterabfrage den Wert Falsch ergibt, aber einer der Vergleiche den Wert NULL, so ist das Ergebnis von ALL auch NULL.

Für den ANY-Operator gilt:

- Wenn die Unterabfrage eine leere Spalte als Ergebnis hat, so gibt der ANY-Test den Wert Falsch (FALSE) zurück.
- Ist der Vergleich mit mindestens einem der Datenwerte, die die Unterabfrage zurückliefert, wahr, so liefert ANY ebenfalls den Wert Wahr (TRUE).
- Hat der Vergleich mit allen Datenwerten der Unterabfrage den Wert Falsch, so gibt ANY Falsch zurück.
- Wenn keiner der Vergleiche mit den Datenwerten der Unterabfrage den Wert Wahr ergibt, aber einer der Vergleiche den Wert NULL, so ist das Ergebnis von ANY auch NULL.

Die Operatoren ANY und ALL werden nur selten eingesetzt. Sie sollten sie nur verwenden, wenn Sie sicher im Umgang mit SQL sind und die Ergebnisse auf Plausibilität kontrollieren können.

Unterabfragen mit EXISTS

Mithilfe des Befehlswortes EXISTS ermitteln Sie, ob eine Unterabfrage ein Ergebnis zurückliefert. Abfragen mit EXISTS verwenden normalerweise so genannte korrelierte Unterabfragen. Bei diesen Unterabfragen wird ein Wert der die Unterabfrage umgebenden Abfrage in der Bedingung der Unterabfrage verwendet, d.h., für jeden Wert der Abfrage wird die Unterabfrage mit der entsprechenden Bedingung ausgeführt.

Für welche Filme aus der Tabelle *tblFilme* existieren keine Einträge in der Tabelle *tblWochen*? In der SQL-Abfrage wird die *FilmNr* von *tblFilme* in der Bedingung der Unterabfrage eingesetzt (Abfrage: *qrysubFilmeNichtGeplant*).

```
SELECT tblFilme.Filmtitel
FROM tblFilme
WHERE
Exists (SELECT * FROM tblWochen
WHERE tblFilme.FilmNr = tblWochen.FilmNr)=False
ORDER BY tblFilme.Filmtitel
```

Datendefinitionsabfragen

In den folgenden Abschnitten soll die Erstellung und Änderung von Tabellen mithilfe von SQL-Datendefinitionsbefehlen (»SQL-Data Definition Language«, abgekürzt »DDL«) beschrieben werden. Nach unserer Erfahrung werden die hier beschriebenen Befehle in Access selten eingesetzt, aber für einige Aufgaben sind sie notwendig.

Zur Erstellung einer Datendefinitionsabfrage rufen Sie in der Abfrage-Entwurfsansicht die Registerkarte *Entwurf*/Gruppe *Abfragetyp*/Schaltfläche Datendefinition auf, um ein Fenster zur Erfassung von DDL-Befehlen zu öffnen.

DDL-Befehle für Tabellen

Mit CREATE TABLE und ALTER TABLE stehen Ihnen Befehle zum Erstellen und Ändern von Tabellen zur Verfügung.

Erstellen einer Tabelle

Die allgemeine Form des SQL-DDL-Befehls zur Erstellung einer Tabelle lautet:

```
CREATE TABLE Tabelle (Feld1 Typ [(Größe)][Index1], Feld2 Typ [(Größe)][Index2], ...)
```

Die Bezeichnungen der Feldtypen, z.B. Text, Integer, Double usw., können Sie der Access-Hilfe entnehmen. Für [Index] können Sie eine CONSTRAINT-Klausel einsetzen, die weiter unten beschrieben ist. Mit dem Befehl

```
CREATE TABLE tblFilme (FilmNr COUNTER, Filmtitel TEXT, Zusatztext MEMO)
```

legen Sie beispielsweise eine Tabelle tblFilme mit drei Feldern an.

Ändern einer Tabelle

Mithilfe der DLL-Anweisung ALTER TABLE können Sie neue Felder zu Tabellen hinzufügen bzw. Felder aus Tabellen löschen.

```
ALTER TABLE Tabelle {ADD {COLUMN Feld Typ[(Größe)] [CONSTRAINT Index] | CONSTRAINT
Mehrfelderindex} |
DROP {COLUMN Feld I CONSTRAINT Indexname } }
```

lautet die allgemeine Form des Befehls. So fügt beispielsweise der Befehl

```
ALTER TABLE tblFilme ADD COLUMN Original Text (50)
```

der Tabelle *tblFilme* ein Feld Original vom Typ Text mit der Länge 50 Zeichen hinzu. Mit

```
ALTER TABLE tblFilme DROP COLUMN Original
```

entfernen Sie das Feld wieder.

Löschen einer Tabelle

Eine Tabelle kann mit dem Befehl DROP gelöscht werden, beispielsweise entfernt die Befehlszeile

```
DROP TABLE tblFilme
```

die Tabelle *tblFilme* aus der Datenbank.

DDL-Befehle für Indizes

Mithilfe der Befehle CREATE INDEX und DROP INDEX können Sie neue Schlüssel erstellen bzw. vorhandene löschen.

Erstellen eines Indexes

Der SQL-DDL-Befehl CREATE INDEX ermöglicht es Ihnen, einen neuen Index zu einer Tabelle hinzuzufügen. Allgemein wird der Befehl durch

```
CREATE [ UNIQUE ] INDEX Index
ON Tabelle (Feld [ASC|DESC][, Feld [ASC|DESC], ...])
[WITH { PRIMARY | DISALLOW NULL | IGNORE NULL }]
```

beschrieben. In der einfachsten Form erzeugt

```
CREATE INDEX Original ON tblFilme (Original)
```

einen aufsteigenden Index für das Feld Original der Tabelle *tblFilme*, während

```
CREATE INDEX FilmNr ON tblFilme (FilmNr) WITH PRIMARY
```

einen Primärschlüssel erstellen würde.

Löschen eines Indexes

Der folgende Befehl löscht einen Index einer Tabelle:

```
DROP INDEX Index ON Tabelle
```

Referentielle Integrität und Beziehungen

Sie können Indizes für bestimmte Felder einer Tabelle entweder mit CREATE INDEX erstellen oder mithilfe des CONSTRAINT-Befehls in einem CREATE TABLE- oder ALTER TABLE-Statement.

```
CONSTRAINT Name {PRIMARY KEY | UNIQUE |
REFERENCES FremdeTabelle |[(FremdesFeld1, FremdesFeld2)]}
```

Mithilfe der CONSTRAINT-Anweisung kann zum einen ein normaler Index erstellt, zum anderen eine Beziehung zwischen Tabellen erzeugt werden.

Ändern von Zugriffsberechtigungen

Zugriffsberechtigungen auf Daten und Datenbankobjekte können Sie mit den Befehlen GRANT und REVOKE vergeben oder entziehen.

Nicht unterstützte SQL-DDL-Befehle

Einige SQL-DDL-Befehle, beispielsweise CREATE VIEW, können nicht für Access-Datenbanken eingesetzt werden, sondern lassen sich nur in Access-Projekten verwenden.

SQL-Pass-Through-Abfragen

SQL-Pass-Through-Abfragen sind Abfragen, die nicht von Access ausgeführt, sondern an ein anderes SQL-Datenbanksystem zur Abarbeitung weitergegeben werden. In diesen Abfragen lassen sich beliebige SQL-Befehle des Zieldatenbanksystems verwenden, auch wenn die Befehle selbst in Access nicht unterstützt werden.

Der Nachschlage-Assistent

Nachdem Sie jetzt in diesem und den vorangegangenen Kapiteln vieles über Abfragen erfahren haben, möchten wir nun noch einmal auf den Nachschlage-Assistenten eingehen, den Sie in Kapitel 10, »Einen Tabellenentwurf anlegen«, kennen gelernt haben.

Sie erinnern sich wahrscheinlich, dass es der Nachschlage-Assistent ermöglicht, aufgrund von Einträgen in einer Spalte bezogene Werte in einer anderen Tabelle nachzuschlagen. Hinter dieser Nachschlagefunktion steckt, Sie haben es sich bestimmt schon gedacht, eine SQL-Abfrage.

Der Nachschlage-Assistent

Bearbeiten Sie nachträglich die Abfrage, die der Nachschlage-Assistent erstellt hat, so erhalten Sie die Abfrage-Entwurfsansicht. Anhand des folgenden Beispiels möchten wir Ihnen den Vorgang erläutern.

Die vom Nachschlage-Assistenten erstellte Abfrage für das Feld *FilmNr* der Tabelle *tblWochen*, die zu einer Filmnummer den Filmtitel anzeigt, soll so verändert werden, dass zusätzlich die Länge des Films dargestellt wird.

Öffnen Sie die Tabelle *tblWochen* in der Entwurfsansicht. Setzen Sie die Schreibmarke in das Feld *FilmNr* und wechseln Sie im unteren Bereich auf das Registerblatt *Nachschlagen*.

Abbildg. 20.15 Entwurfsansicht der Tabelle *tblWochen*

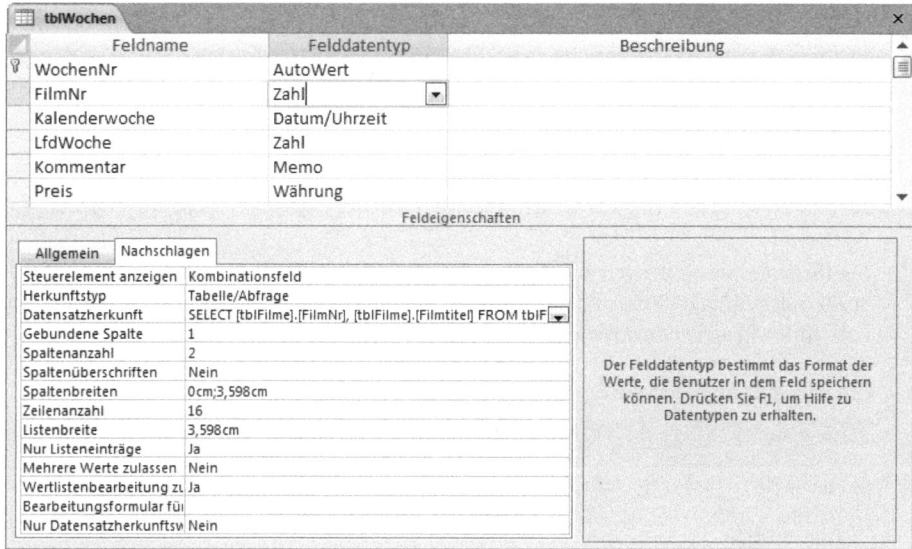

In der Zeile *Datensatzherkunft* wird die SQL-Abfrage gezeigt, die für die Nachschlagefunktion verwendet wird.

Selektieren Sie mit der Maus die Zeile *Datensatzherkunft* und klicken Sie dann auf die nun erscheinende Schaltfläche mit den drei Punkten rechts außen an der Zeile. Sie erhalten daraufhin ein Fenster angezeigt, in dem der Entwurf der Nachschlagen-Abfrage dargestellt ist.

Ändern Sie nun die Abfrage nach Ihren Vorstellungen ab. Beachten Sie aber, dass das Feld *FilmNr* erhalten bleiben muss, denn es dient der Verknüpfung. Nehmen Sie die Spalte *Länge* in die Abfrage auf. Nach dem Schließen des Entwurfsfensters und Bestätigen der Warnmeldung wird die geänderte Abfrage in der Tabellenentwurfsansicht eingetragen.

Abbildg. 20.16 Nachschlagen-Abfrage

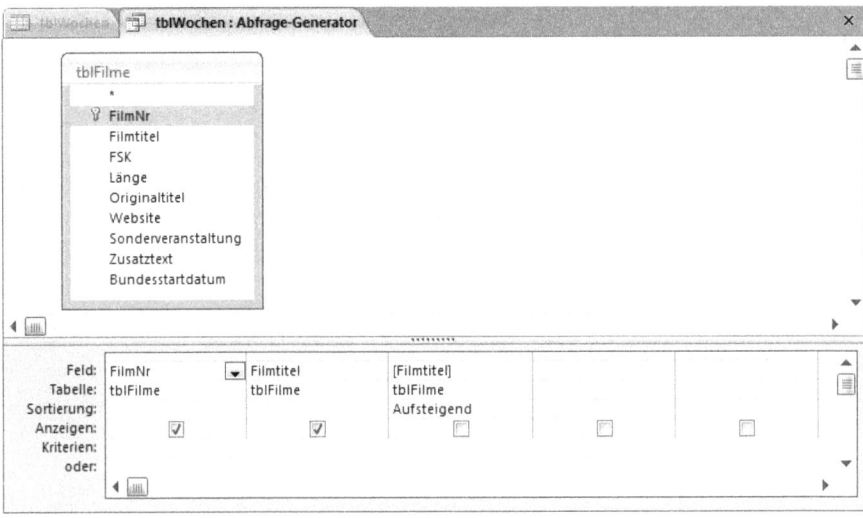

Modifizieren Sie nun noch die Anzahl der Spalten in der Zeile *Spaltenanzahl* entsprechend den Spalten der Abfrage. Zusätzlich können Sie die Breite der einzelnen Spalten, getrennt durch Semikola, unter *Spaltenbreiten* festlegen.

Abbildg. 20.17 Anzahl der Spalten und die Breite der zweiten Spalte müssen passen

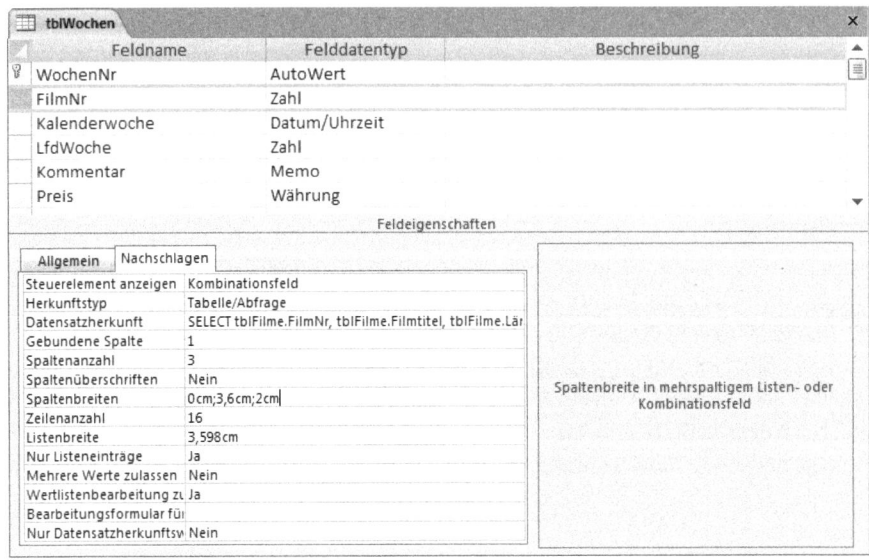

Speichern Sie die geänderte Tabelle, und öffnen Sie sie in der Datenblattansicht. Für das Feld *FilmNr* haben wir in Abbildg. 20.18 das Kombinationsfeld zum Nachschlagen aufgeklappt, in dem nun der Filmtitel und die Länge zu sehen sind.

Abbildg. 20.18   Geöffnete Nachschlageliste

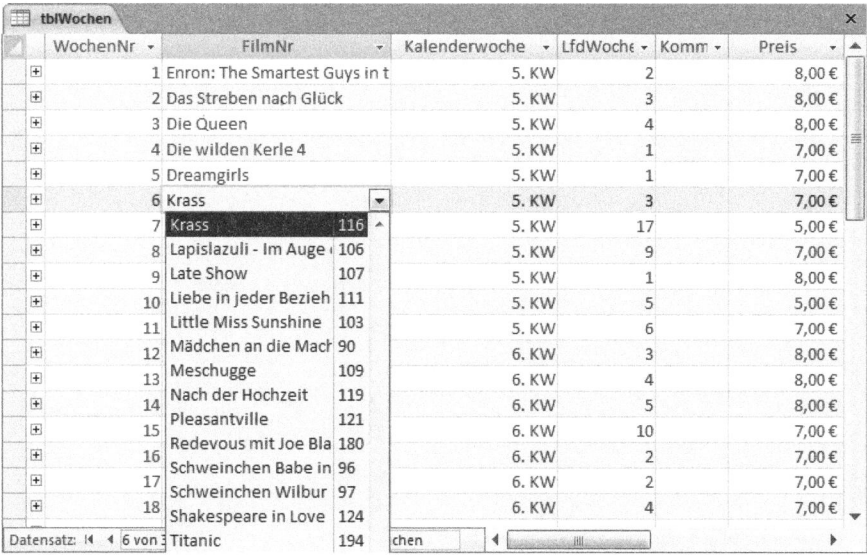

Zusammenfassung

Dieses Kapitel befasste sich mit den Grundlagen von SQL. SQL-Kenntnisse sind zwar im Umgang mit Access nicht zwingend notwendig, aber häufig hilfreich.

- Der erste Abschnitt ab Seite 401 beschrieb die SQL-Grundlagen. Vor allem der SELECT-Befehl stand im Mittelpunkt dieses Abschnitts. Zudem wurde beschrieben, wie sich Aktionsabfragen in SQL (Seite 406) sowie Abfrage-Parameter (Seite 407) definieren lassen.

- Im Entwurfsfenster einer Abfrage ist es nicht möglich, mehrere Abfrageergebnisse zu einem Ergebnis zusammenzufassen. Das ist nur direkt mit SQL machbar. Dazu wird der UNION-Befehl benötigt, der ab Seite 408 besprochen wurde.

- Auch für Unterabfragen, das sind Abfragen in die weitere Abfragen eingebettet sind, ist SQL zwingend notwendig. Verschiedene Unterabfragen konnten Sie ab Seite 409 kennen lernen.

- Ein weiterer Abschnitt ab Seite 418 befasste sich mit dem Erstellen und Verändern von Tabellen mithilfe von SQL-Befehlen.

- Der letzte Abschnitt dieses Kapitels ab Seite 420 zeigte den SQL-Code, der bei der Verwendung des Nachschlage-Assistenten erzeugt wird.

Teil D
Formulare

In diesem Teil:

Kapitel 21	Der Formularentwurf	427
Kapitel 22	Steuerelemente für Formulare	457
Kapitel 23	Unterformulare	493
Kapitel 24	Formulare für Fortgeschrittene	523
Kapitel 25	Ungebundene Formulare und modale Dialogfelder	549
Kapitel 26	Diagrammformulare	559
Kapitel 27	PivotTable- und PivotChart-Ansicht	581

Für die Gestaltung von Bildschirmmasken, in Access Formulare genannt, setzt Ihnen das Programm (fast) keine Grenzen. In diesem Abschnitt sollen die vielfältigen Möglichkeiten vorgestellt werden, die Ihnen für eine Präsentation der Daten zur Verfügung stehen.

Formulare können nicht nur der Darstellung von Daten aus Tabellen und Abfragen dienen, sondern auch als »ungebundene« Formulare ohne direkte Verbindung zu einer Tabelle oder Abfrage als Dialogfelder, Bedienungselemente usw. eingesetzt werden. Darüber hinaus ist es möglich, Formulare zu verschachteln, also Formulare innerhalb von Formularen zu verwenden.

Teil D Formulare

Folgende Themen werden in den Kapiteln dieses Abschnitts besprochen:

- Die einfache Gestaltung von Formularen in der Entwurfsansicht
- Alle Steuerelemente, die auf Formularen eingesetzt werden können
- Gebundene und ungebundene Formulare
- Formulare mit Diagrammen
- Die Nutzung von PivotTable- und PivotChart-Ansichten in Formularen
- Die Einbindung von Makros und Visual Basic-Programmen und viele weitere Möglichkeiten

Kapitel 21

Der Formularentwurf

In diesem Kapitel:

Ein neues Formular erstellen	428
Steuerelemente bearbeiten	432
Das Eigenschaftenblatt	448
Formulardarstellungen	451
Formular mit Kopf und Fuß	453
Zusammenfassung	456

Die einfachste Art, ein Formular anzulegen, besteht darin, auf der Registerkarte *Erstellen* die Schaltfläche *Formular* oder den Formular-Assistenten zu verwenden. Allerdings ist man dabei durch die vorgegebenen Layouts gebunden und kann das Formular nicht so gestalten, wie man es sich zuvor überlegt hat.

In diesem Kapitel lernen Sie, wie Sie ein Formular von Anfang an selbst gestalten können. Sie werden sehen, wie Sie mit einem leeren Formularentwurf beginnen können und nacheinander alle Elemente für Ihr Formular darauf platzieren.

Zum Erstellen von Formularen sind zwei Ansichten wichtig: die Formular- und die Entwurfsansicht. In der Entwurfsansicht kreieren Sie das Formular, in der Formularansicht kontrollieren Sie Ihren Entwurf. Möchten Sie von der einen Ansicht in die andere umschalten, verwenden Sie dazu die Schaltflächen rechts auf der unteren Statusleiste. Das erste Symbol schaltet um auf die Formularansicht, das letzte auf die Entwurfsansicht.

HINWEIS Zusätzlich gibt es die Ansicht *Layout*, in der viele Änderungen an der Formulargestaltung intuitiv möglich sind. Da aber einige Gestaltungsmöglichkeiten nur in der Entwurfsansicht gegeben sind, wird diese hier vorgezogen.

Ein neues Formular erstellen

Unserer Erfahrung nach ist es hier wieder am einfachsten, Sie nehmen Papier und Bleistift zur Hilfe und planen Ihr Formular erst einmal ohne den Computer. Möchten Sie Ihren Entwurf dann umsetzen, gehen Sie so vor:

1. Wählen Sie die Registerkarte *Erstellen* aus.
2. Klicken Sie auf die Schaltfläche *Formularentwurf*.

Es wird eine neue Registerkarte in der Formularentwurfsansicht geöffnet. Sie sehen eine weiße Fläche, die mit waagrechten und senkrechten Linien versehen wurde – dem so genannten Raster. Oben und links ist ein Lineal angebracht, das Ihnen das Platzieren der Objekte auf Ihrem Formularentwurf erleichtert. Diese weiße Fläche ist der Hintergrund für Ihr zu entwerfendes Formular.

Um ein Formular gestalten zu können, wird zudem die Registerkarte *Entwurf* eingeblendet. Darauf finden Sie zum einen verschiedene Elemente, die Sie auf das Formular legen können, zum anderen Werkzeuge, zum Gestalten und Einstellen des Formulars.

Ein neues Formular erstellen

Abbildg. 21.1 Hier soll ein Formular in der Entwurfsansicht erstellt werden

Steuerelemente hinzufügen

Um mit dem Design des Formulars zu beginnen, soll der noch leere Formularentwurf mit Feldern gefüllt werden. Diese hinzugefügten Felder werden als Steuerelemente bezeichnet.

Klicken Sie auf die Schaltfläche *Vorhandene Felder hinzufügen*. In der Formularentwurfsansicht wird die *Feldliste* auf dem Bildschirm angezeigt. Die Feldliste enthält die in Ihrer Datenbank angelegten Tabellen, deren Felder Sie für das Formular verwenden können. Klicken Sie auf das Pluszeichen vor einem Tabellennamen, so werden zusätzlich die Felder der Tabelle angezeigt.

Abbildg. 21.2 Feldliste mit Tabellen

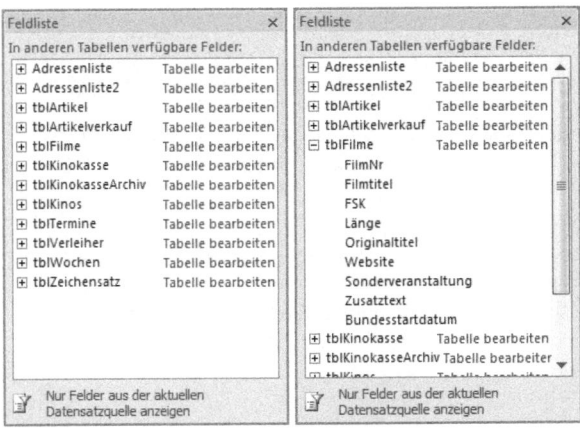

Kapitel 21 Der Formularentwurf

Um die Felder auf Ihr Formular zu bringen gibt es drei Möglichkeiten: Entweder Sie klicken ein Feld in der Feldliste an und ziehen es auf den Formularentwurf, wie Sie es in Abbildg. 21.3 sehen können.

Abbildg. 21.3   Hier wird ein Feld auf den Formularentwurf gezogen

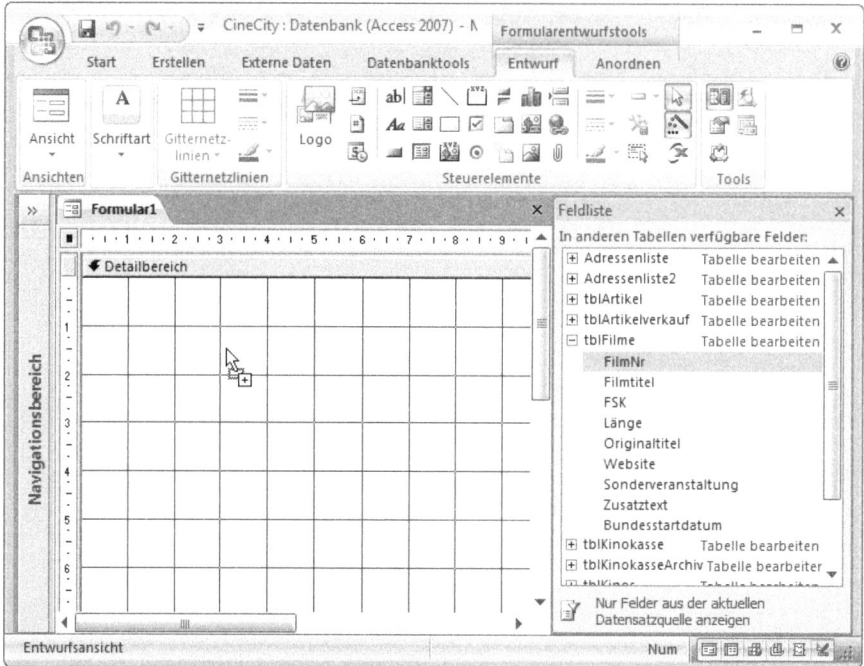

Oder Sie klicken das Feld in der Feldliste an und drücken dann auf die ⏎-Taste. Oder Sie klicken das Feld mit einem Doppelklick an.

HINWEIS   Steuerelemente, die Sie aus der Feldliste auf das Formular ziehen, werden als »gebundene Steuerelemente« bezeichnet, da sie mit einem bestimmten Feld einer Tabelle verbunden sind.

Klicken Sie hintereinander mehrere Felder mithilfe des Doppelklicks oder der ⏎-Taste ein, so ordnet Access die Felder automatisch untereinander an, wie es Abbildg. 21.4 zeigt.

Normalerweise verwendet Access den Feldtyp *Text* bei Feldern, die in den Formularbereich gezogen werden. Möchten Sie dagegen ein anderes Werkzeug für das Feld verwenden, müssen Sie erst das Werkzeug wählen und dann das Feld aus der Feldliste herunterziehen (siehe auch Kapitel 22, »Steuerelemente für Formulare«).

TIPP   Wird der angezeigte Bereich des Formulars beim Arbeiten zu klein, setzen Sie den Mauszeiger auf den Formularrand, so dass sich der Cursor in eine schwarze Linie mit zwei Pfeilen umwandelt. Klicken Sie damit auf den Rand und ziehen Sie den Bereich größer.

Abbildg. 21.4 Untereinander angeordnete Felder

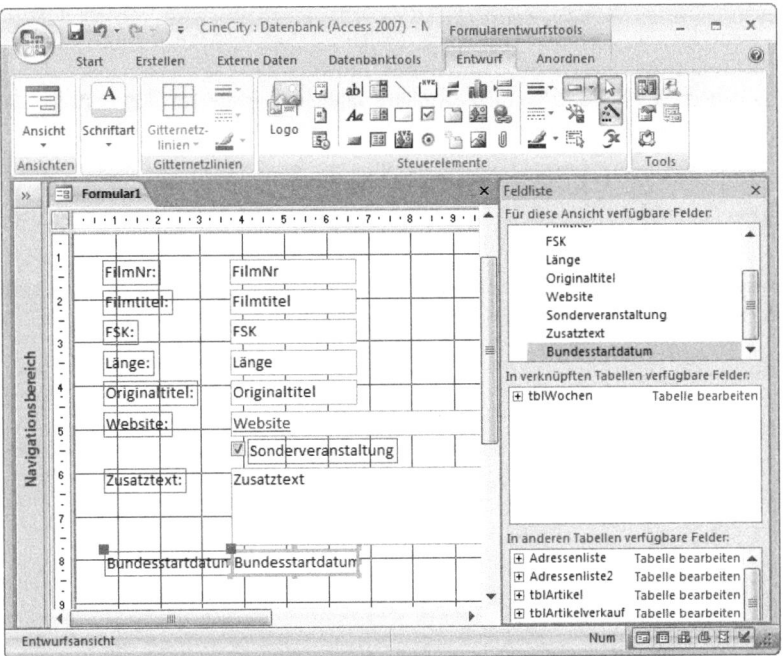

Abbildg. 21.5 Der Formularhintergrund wird vergrößert

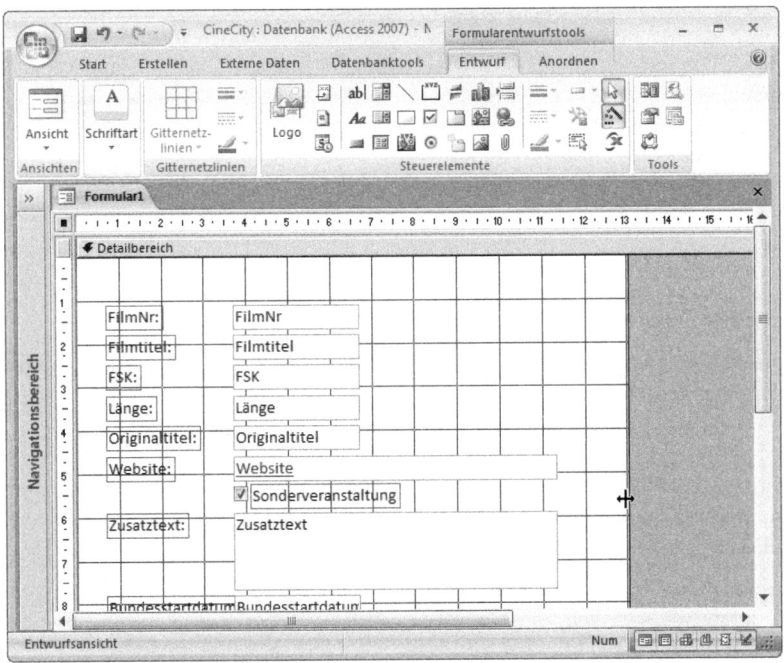

Kapitel 21 Der Formularentwurf

Das Formular speichern

Präfix »frm« — Spätestens, wenn Sie das Formular verlassen, werden Sie zum Speichern aufgefordert. Es ist allerdings durchaus sinnvoll, auch schon vorher den Entwurf mit [Strg]+[S] oder der Schaltfläche *Speichern* zu sichern. Verwenden Sie für Formulare dabei immer die Vorsilbe »frm«. Nennen Sie das aktuelle Formular also beispielsweise *frmFilme*.

Steuerelemente bearbeiten

Ein Steuerelement auf dem Formularentwurf besteht im Beispiel aus zwei Bereichen: dem eigentlichen Feld und dem dazugehörenden Bezeichnungsfeld.

Abbildg. 21.6 Teile eines Steuerelements

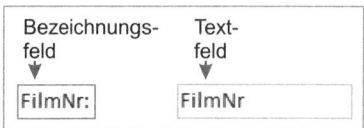

Steuerelemente markieren

Um ein Steuerelement weiter bearbeiten zu können, müssen Sie es zunächst markieren. Sie markieren ein Steuerelement einfach durch Anklicken. Je nachdem, ob Sie dabei auf das Bezeichnungsfeld oder das Textfeld klicken, erhält dieses Feld einen farbigen Rahmen mit acht Quadraten zur Kennzeichnung der Markierung, während für das jeweils andere Element nur ein Quadrat links oben angezeigt wird. Die meisten Formatierungseinstellungen beziehen sich nur auf das achtfach markierte Element.

Abbildg. 21.7 Markierte Steuerelemente

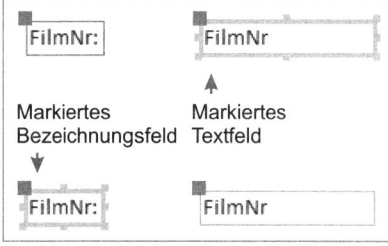

Möchten Sie mehrere Steuerelemente gleichzeitig markieren, weil Sie diese beispielsweise zusammen verschieben möchten, so halten Sie die [⇧]-Taste gedrückt und klicken Sie die Steuerelemente nacheinander alle an.

Alternativ können Sie – solange der Zeiger links oben in der Toolbox gedrückt ist – auf irgendeine Stelle des Hintergrunds klicken, die Maustaste gedrückt halten und ein Rechteck aufziehen. Alle Steuerelemente, die ganz oder teilweise im Rechteck liegen, werden markiert.

Steuerelemente bearbeiten

> **TIPP** Wurden beim Markieren versehentlich zu viele Steuerelemente selektiert, können Sie bei gedrückter ⇧-Taste alle diejenigen Steuerelemente erneut anklicken, die aus der Markierung herausgenommen werden sollen.

Steuerelemente löschen

Das gesamte Steuerelement löschen Sie, indem Sie es zunächst markieren und dann auf die `Entf`-Taste Ihrer Tastatur drücken. Sie können zum Löschen auch den Befehl *Löschen* aus dem Kontextmenü verwenden.

Möchten Sie nur das Bezeichnungsfeld löschen, gehen Sie dazu wie folgt vor:

1. Markieren Sie beispielsweise das Bezeichnungsfeld der *FilmNr* und
2. löschen Sie es durch Drücken der `Entf`-Taste.
3. Löschen Sie auch das Bezeichnungsfeld des *Originaltitels* und der *Website*.

Abbildg. 21.8   Drei Bezeichnungsfelder wurden gelöscht

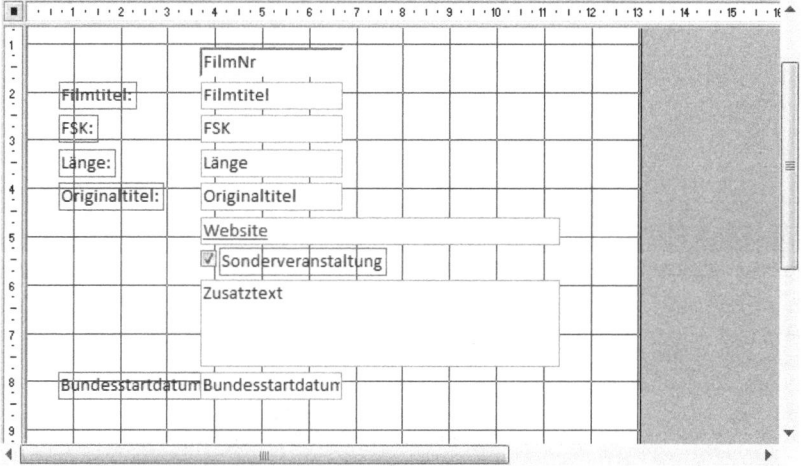

Steuerelemente verschieben

Sie haben die Möglichkeit, Bezeichnungs- und Textfelder zusammen oder auch getrennt zu verschieben. Stellen Sie den Mauszeiger auf den Rand eines markierten Steuerelements (aber nicht auf die Quadrate!), dann verwandelt sich

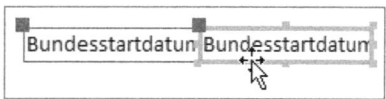

der Mauszeiger in ein kleines schwarzes Kreuz. Klicken Sie damit den Rahmen des Steuerelements an und verschieben Sie es durch Ziehen mit gedrückter Maustaste. Alternativ klicken Sie direkt in das nicht markierte Steuerelement, halten dabei die Maustaste gedrückt und verschieben es.

Soll nur das Bezeichnungs- oder nur das Textfeld verschoben werden, benutzen Sie dazu das große Quadrat an der linken oberen Ecke des entsprechenden Feldes. Stellen Sie den Cursor auf dieses Quadrat, wird er ebenfalls zu einem Kreuz mit dem Sie das entsprechende Feld verschieben können.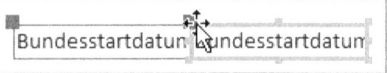

Ordnen Sie bitte die Felder so an wie in Abbildg. 21.9 gezeigt.

Abbildg. 21.9 Angeordnete Steuerelemente

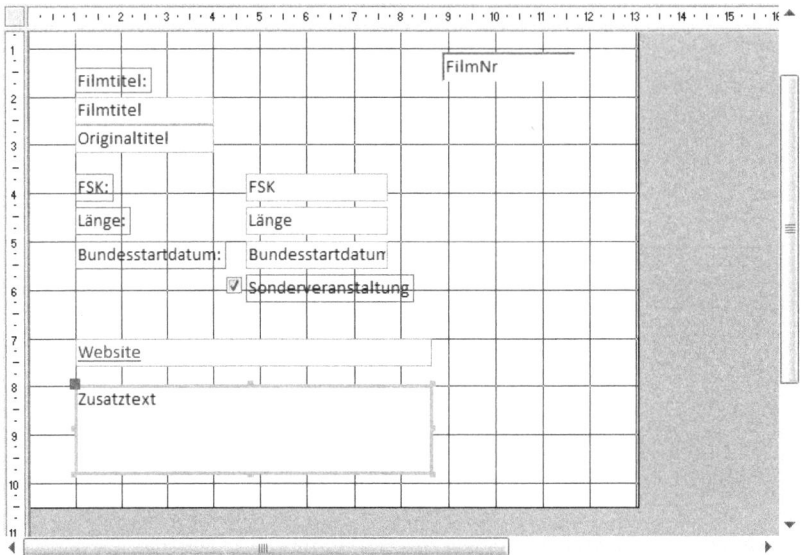

> **HINWEIS** Verändern Sie durch Verschieben bzw. Löschen die Reihenfolge der Felder, so stimmt die Reihenfolge nicht mehr, in der die Felder beispielsweise bei der Eingabe von Daten mit der ⇥-Taste hintereinander angesprungen werden. Eine neue Reihenfolge können Sie über das Kontextmenü zum Formular und den Befehl *Aktivierreihenfolge* oder mit der Schaltfläche *Aktivierreihenfolge* (Registerkarte *Anordnen*) festlegen. Der Befehl wird im Abschnitt »Die Reihenfolge der Steuerelemente festlegen« beschrieben.

Gruppieren von Steuerelementen

Mithilfe der Schaltfläche *Gruppieren* können Sie eine Gruppe von markierten Steuerelementen zu einer festen Gruppe zusammenführen, die nun nur noch als ganze Gruppe formatiert und verschoben werden kann. Wählen Sie ein gruppiertes Steuerelement aus, so werden dadurch alle zur Gruppe gehörenden Elemente markiert und mit einem um die Gruppe herum platzierten Rahmen dargestellt.

Abbildg. 21.10 Gruppierte Steuerelemente werden mit Rahmen dargestellt

Mit der Schaltfläche *Gruppierung aufheben* lösen Sie die Gruppe wieder auf.

Raster

Im Normalfall ist das Hilfsraster für die Positionierung der Felder eingeschaltet. Das Raster kann über die Schaltfläche *Raster* (Registerkarte *Anordnen*) oder den Kontextmenübefehl *Raster* ein- und ausgeschaltet werden.

Darüber hinaus kann man mit der Schaltfläche *Am Raster ausr.* die Positionierung der Felder vereinfachen, denn ist die Option eingeschaltet, werden Felder beim Verschieben am Raster »eingerastet«.

Der Abstand zwischen den einzelnen Rasterlinien ist horizontal und vertikal standardmäßig entsprechend der Auflösung des verwendeten Monitors auf 5 oder 10 Einheiten pro Zentimeter eingestellt. Sie können die Werte auf dem Eigenschaftenblatt des Formulars verändern:

1. Klicken Sie dazu zunächst auf den Formularmarkierer, das kleine Feld in der linken oberen Ecke am Kreuzungspunkt der Lineale. Ist der Formularmarkierer aktiviert, sehen Sie ein kleines schwarzes Quadrat.

Abbildg. 21.11 Formularmarkierer

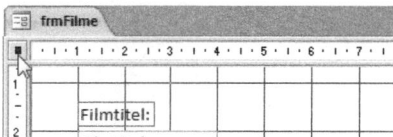

Kapitel 21 Der Formularentwurf

2. Das Eigenschaftenblatt zum Formular können Sie entweder mit der Schaltfläche *Eigenschaftenblatt*, mit dem Kontextmenübefehl *Eigenschaften* oder der Tastenkombination [Alt]+[↵] aufrufen. Im Kombinationsfeld auf dem Eigenschaftenblatt muss *Formular* ausgewählt sein. Erscheint auf Ihrem System ein Eigenschaftenblatt mit anderer Auswahl und anderen Inhalten, so klicken Sie nachträglich auf den Formularmarkierer oder wählen Sie im Kombinationsfeld den Eintrag *Formular*.

3. Klicken Sie nun auf die Registerkarte *Format* und verschieben Sie mithilfe der Bildlaufleiste den angezeigten Bereich so weit, bis Sie die beiden Zeilen *Raster X* und *Raster Y* sehen.

Abbildg. 21.12 Eigenschaftenblatt zum Formular

Der Wert für die Rastereinstellung gibt an, wie viele Rasterpunkte pro Zentimeter vereinbart werden. Es können Werte von 1 bis 64 angegeben werden. Je nach Auflösung des Monitors werden bei Werten von mehr als 6 oder 10 Rasterpunkten pro Zentimeter die Rasterpunkte nicht mehr angezeigt.

Abbildg. 21.13 Formularentwurf mit Rasterpunkten

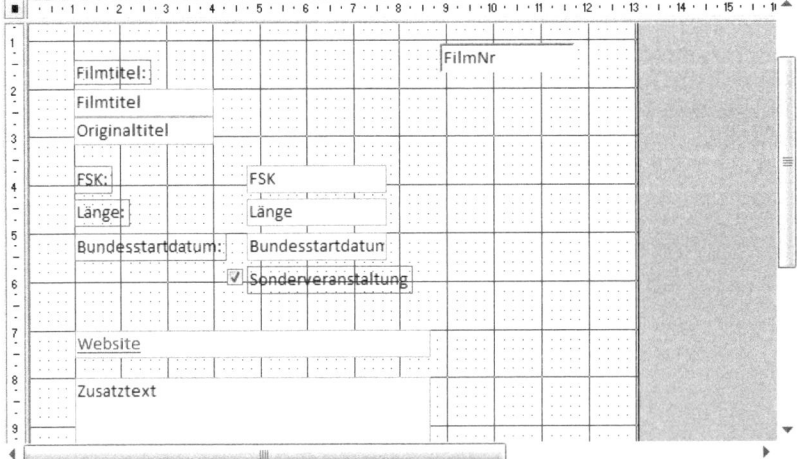

Steuerelemente vergrößern/verkleinern

Der nächste Schritt zur Gestaltung des Formulars wird darin bestehen, die einzelnen Felder auf die richtige Größe anzupassen. Einige, wie das Textfeld des Titels, sollen dazu vergrößert werden, andere sollen kleiner werden. Beginnen wir mit dem Textfeld des Titels.

1. Selektieren Sie das Textfeld *Filmtitel*, so dass das Textfeld acht Markierungspunkte erhält.
2. Bewegen Sie den Mauszeiger direkt auf das rechte mittlere Markierungsquadrat.
3. Ist aus dem Cursor ein kleiner Doppelpfeil geworden, dann klicken Sie damit auf das Quadrat, wobei Sie die Maustaste gedrückt halten.

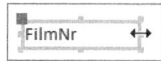

4. Ziehen Sie nun das Feld in die gewünschte Größe.

Haben Sie das Raster eingeschaltet, so spüren Sie beim Ziehen, dass das Feld an den Punktlinien »einrastet«.

Jede Größenänderung der Steuerelemente lässt sich über die acht Markierungsquadrate vornehmen:

- über die rechten und linken mittleren Markierungsquadrate für Änderungen an der Breite;
- über die oberen und unteren mittleren Markierungsquadrate für Änderungen an der Höhe;
- über die Markierungsquadrate in den Ecken variieren Sie gleichzeitig die Breite und die Höhe.

Vergrößern und verkleinern Sie entsprechend die anderen Textfelder wie in Abbildg. 21.14 gezeigt.

Abbildg. 21.14   Textfelder wurden vergrößert und verkleinert

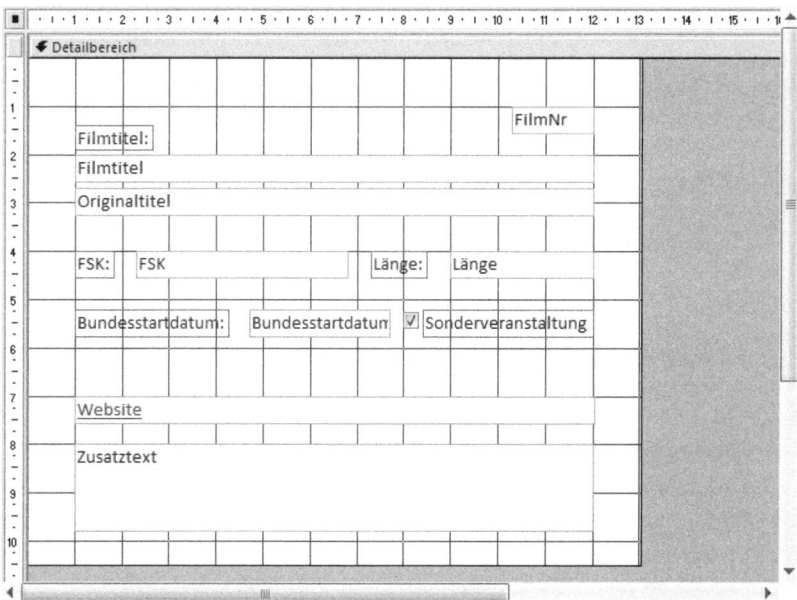

Steuerelemente aneinander ausrichten und anpassen

Damit ein Formular strukturiert aufgebaut und einheitlich aussieht, können Sie mehrere Steuerelemente aneinander ausrichten. Haben Sie *Am Raster ausrichten* eingeschaltet, klappt das auch ganz gut mit der Maus, aber gerade, wenn man viele Steuerelemente ausrichten muss, ist es einfacher, den entsprechenden Access-Befehl zu verwenden.

1. Markieren Sie die Felder, die ausgerichtet werden sollen.

2. Auf der Registerkarte *Anordnen* in der Gruppe *Ausrichtung bestimmen* finden Sie verschiedene Schaltflächen zum Ausrichten. Zum Ausrichten können Sie ebenso das Kontextmenü zu den markierten Steuerelementen verwenden. Klicken Sie auf *Ausrichten*, aktivieren Sie ein weiteres Menü mit den verschiedenen Möglichkeiten zum Ausrichten.

Ausgerichtet wird an dem am weitesten rechts stehenden Steuerelement, wenn rechtsbündig ausgerichtet wird, bzw. an dem am weitesten links stehenden, wenn linksbündig ausgerichtet wird usw.

Abbildg. 21.15 Formular in der Fomularansicht

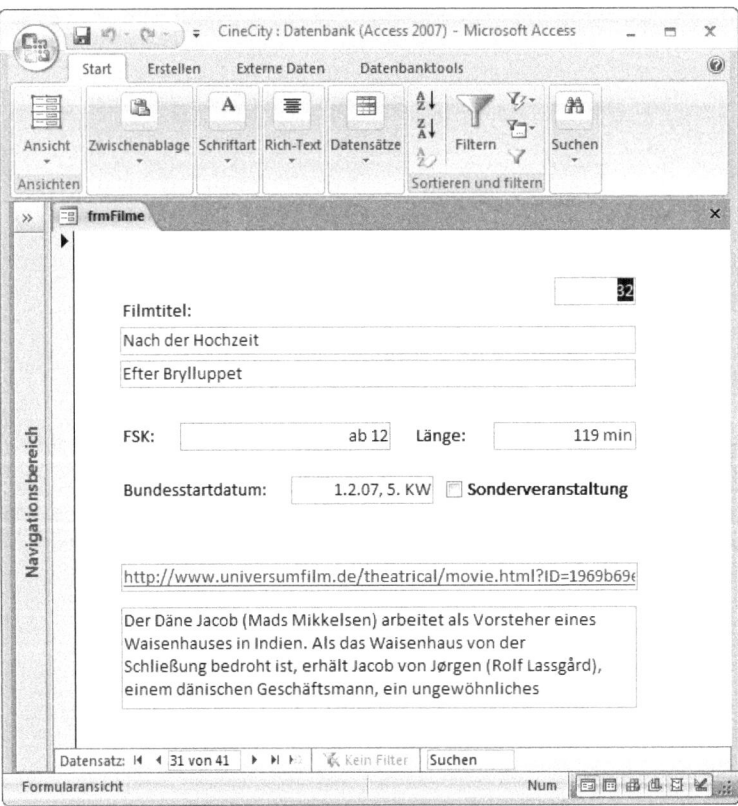

Steuerelemente bearbeiten

Hilfreich ist auch die Möglichkeit, die gleiche Größe für mehrere markierte Steuerelemente einzustellen. Markieren Sie dazu die Elemente und verwenden Sie im Kontextmenü den Befehl *Größe anpassen,* oder verwenden Sie auf der Registerkarte *Anordnen* die entsprechenden Schaltflächen. Dabei können Sie auswählen, ob Sie die Größe der Elemente an das größte, kleinste, breiteste oder schmalste Element anpassen möchten.

Zudem besteht die Möglichkeit, beispielsweise Bezeichnungsfelder genau so groß einzustellen, wie der Text ist. Sie finden die Schaltfläche *Größe anpassen* in derselben Gruppe wie die anderen Schaltflächen zur Größenanpassung. Sie finden dort ebenfalls die Schaltfläche *Größe ans Raster anpassen*.

Um den Abstand der Steuerelemente aneinander anzugleichen, können Sie die Schaltflächen *Vertikalen Abstand ausgleichen* bzw. *Horizontalen Abstand ausgleichen* verwenden.

Möchten Sie die markierten Steuerelemente weiter auseinander rücken, verwenden Sie die Schaltflächen *Vertikalen* bzw. *Horizontalen Abstand vergrößern*. Um die Steuerelemente näher zusammen zu rücken, benutzen Sie die Schaltflächen *Vertikalen* bzw. *Horizontalen Abstand verkleinern*.

Wenn sich auf Ihrem Formular Steuerelemente überlappen oder überlagern, so können Sie die Darstellungsreihenfolge mithilfe der Schaltflächen *In den Vordergrund* bzw. *In den Hintergrund* bestimmen.

Alle zuvor besprochenen Befehle finden Sie auch im jeweiligen Kontextmenü.

Steuerungslayouts verwenden

Steuerungslayouts werden in der Layoutansicht automatisch verwendet, in der Entwurfsansicht jedoch nicht. Sie unterscheiden sich zur Gruppierung dadurch, dass hierbei die äußere Form festgelegt ist. Sie können Steuerelemente gruppieren, dann können Sie zusammen verschoben, bearbeitet etc. werden, aber durch die Gruppierung ändern Sie nicht ihre Positionen zueinander. Weisen Sie mehreren Steuerelementen ein Steuerungslayout zu, so werden die Steuerelemente entsprechend dem gewählten Steuerungslayout verschoben, die Text- und Bezeichnungsfelder werden entsprechend dem größten alle gleich groß formatiert.

Falls Sie das möchten, können Sie Ihren Feldern auch nachträglich ein Steuerungslayout zuweisen.

Markieren Sie dazu die Felder, und wählen Sie dann auf der Registerkarte *Anordnen* in der Gruppe *Layout bestimmen* die Schaltfläche *Tabelle* oder *Gestapelt* aus.

Haben Sie bereits ein Steuerungslayout einigen Feldern übertragen und möchten weitere Felder hinzufügen, so betätigen Sie die ⬜-Taste und ziehen das auf dem Formular eingefügte Feld auf das Steuerungslayout. Eine Linie gibt Ihnen die Einfügestelle an.

Das Steuerungslayout entfernen Sie mithilfe der Schaltfläche *Entfernen*, die sich ebenfalls in der Gruppe *Layout bestimmen* befindet. Einzelne Steuerelemente entfernen Sie aus dem Steuerungslayout, indem Sie sie anklicken, das Kontextmenü zum Steuerelement aktivieren und darin *Layout/ Entfernen* auswählen.

Kapitel 21 Der Formularentwurf

Steuerelemente an Formulargröße anpassen

Anker

Soll Ihr Formular auch auf anderen PCs eingesetzt werden, deren Bildschirme unter Umständen eine andere Auflösung haben als Ihr Computer, dann können die Funktionen, die über die Schaltfläche *Anker* aufgerufen werden, hilfreich sein.

Standardmäßig ist für ein Formular definiert, dass alle Schaltflächen links oben auf einem Formular angeordnet sind. D.h., auch wenn Sie das Formular länger und breiter ziehen, bleiben die Steuerelemente links oben positioniert.

Es besteht aber – wie Sie in Abbildg. 21.16 sehen können – auch die Möglichkeit, ein oder mehrere Steuerelemente rechts oben oder links oder rechts unten zu verankern. Dann bleiben bei Vergrößerung des Formulars diese Steuerelemente an dem vereinbarten Ort.

Abbildg. 21.16 Verschiedene Ankerfunktionen

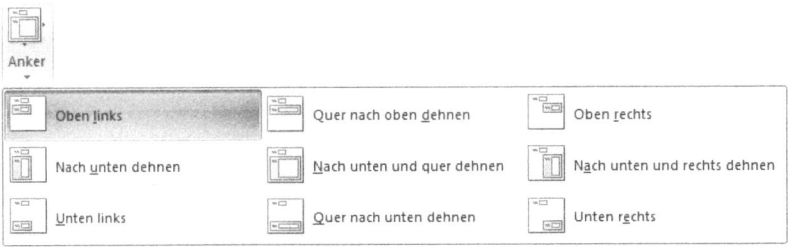

Zudem können Sie für ein Steuerelement definieren, dass es sich ausdehnt, wenn mehr Platz zur Verfügung steht. Das ist beispielsweise eine Einstellung, die für das Feld *Zusatztext* sinnvoll ist. In Abbildg. 21.17 wurde das Feld *Zusatztext* mit der Einstellung *Nach unten dehnen* versehen. Links im Bild steht für das Formular nur wenig Platz zur Verfügung, entsprechend ist das *Zusatztext*-Feld einzeilig. Ist das Formular größer, wird auch das Feld für den *Zusatztext* angepasst.

Abbildg. 21.17 Die Größe des Feldes *Zusatztext* wird automatisch angepasst

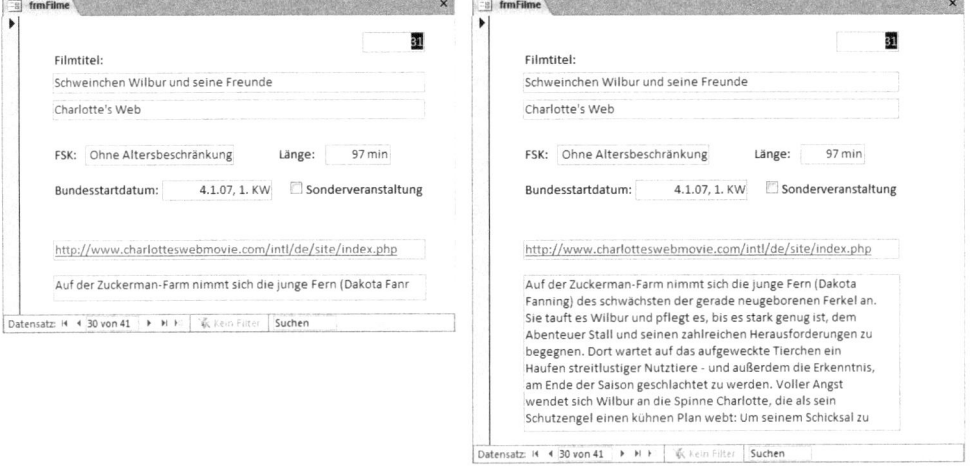

Bearbeiten von Bezeichnungsfeldern

Als Text für Bezeichnungsfelder werden die Feldnamen der zugrunde liegenden Tabellen verwendet und bei den meisten ein zusätzlicher Doppelpunkt eingefügt. Diese Texte lassen sich für Formulare bei Bedarf leicht verändern. Wir möchten beispielsweise die Doppelpunkte aus den Bezeichnungsfeldern löschen:

1. Klicken Sie dazu mit dem Mauszeiger in den Text des markierten Bezeichnungsfeldes.
2. Löschen Sie den überflüssigen Doppelpunkt mit der `Entf`-Taste.

Abbildg. 21.18   In allen Bezeichnungsfeldern wurden die Doppelpunkte gelöscht

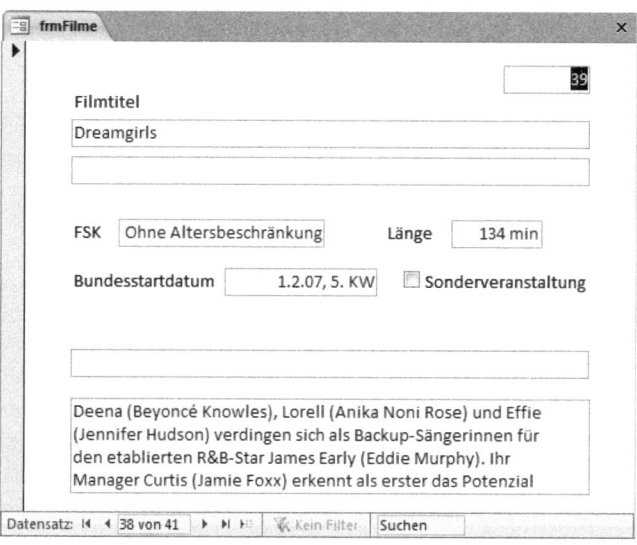

HINWEIS   Bezeichnungsfelder lassen sich per Doppelklick auf die Größe einstellen, die für die Darstellung des Textes im Bezeichnungsfeld benötigt wird. Klicken Sie dazu einfach doppelt auf eines der acht Markierungsquadrate des Bezeichnungsfeldes.

Steuerelemente formatieren

Durch bestimmte Farben können Sie dem Anwender bzw. sich selbst Hinweise über die Bedeutung von Feldern geben. Sie können z.B. Primärschlüsselfelder, Pflichtfelder, in die eine Eingabe erfolgen muss, reine Ausgabefelder usw. mit festgelegten Farben definieren, so dass auf jedem Formular ein Wiedererkennungseffekt eintritt.

Die entsprechenden Schaltflächen finden Sie auf der Registerkarte *Entwurf* in den Gruppen *Schriftart* und *Steuerelemente*.

Abbildg. 21.19 Schaltflächen zum Formatieren von Steuerelementen

So lassen sich die Schriftart, der Schriftgrad, der Schriftstil und die Textausrichtung festlegen ebenso wie die Farben für den Hintergrund, den Text und die Rahmen, außerdem die Rahmenbreite und Spezialeffekte. Übrigens lassen sich Felder auch als durchsichtig definieren. Wählen Sie dazu als Hintergrund- und Linienfarbe *Transparent* aus. Das ist für Felder wie die *FilmNr* sinnvoll, um zu kennzeichnen, dass in dieses Feld keine Eingabe vorgenommen werden kann, da beispielsweise die Nummerierung der Filme automatisch erfolgt.

Abbildg. 21.20 Formatierungsmöglichkeiten für Steuerelemente

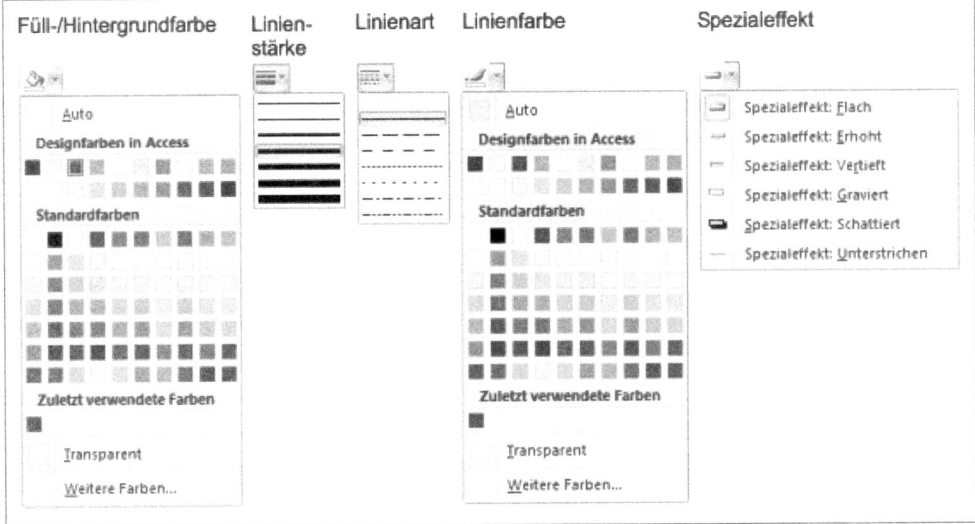

In Abbildg. 21.21 sehen Sie das an den Hintergrund angepasste Feld. So kommt niemand auf die Idee in dieses Feld eine Eingabe vornehmen zu wollen.

Mit der Schaltfläche *Linienstärke* können Sie besonders zu kennzeichnenden Feldern einen zusätzlichen optischen Effekt geben. Mithilfe der Schaltfläche *Spezialeffekt* lassen sich Felder besonders hervorheben. Sie können Felder erhöht, vertieft, graviert, unterstrichen oder schattiert darstellen.

Abbildg. 21.21 Das Feld der Filmnummer ohne Hintergrund

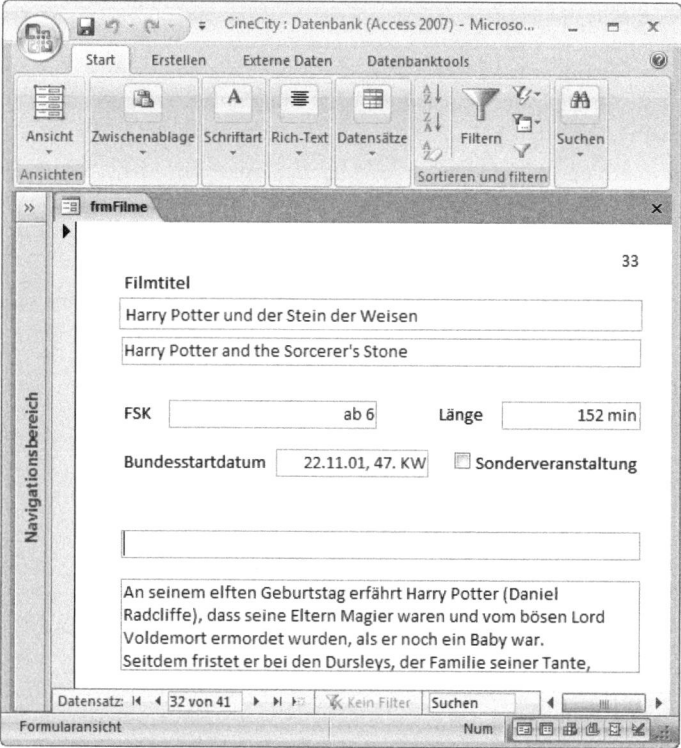

Gleiche Formatierungen für mehrere Steuerelemente

Möchten Sie gleichbleibende Eigenschafteneinstellungen für mehrere Steuerelemente vereinbaren, so können Sie

- die Formatierung eines Steuerelements mit der Schaltfläche *Format übertragen* (Registerkarte *Start*) für ein anderes Steuerelement übernehmen,

- mehrere Steuerelemente gleichzeitig markieren und die Eigenschaften für die selektierten Elemente auf dem Eigenschaftsblatt setzen, wobei dann auf dem Eigenschaftsblatt nur die Eigenschaften gezeigt werden, die für alle markierten Elemente zutreffen,

- die gewünschten Einstellungen an einem Steuerelement vornehmen und diese mithilfe der Schaltfläche *Steuerelementvorgaben festlegen* (Registerkarte *Entwurf*) für alle weiteren Steuerelemente dieser Art definieren oder

- Sie definieren die gewünschten Eigenschaften als Standardeinstellung (siehe Kapitel 22, »Steuerelemente für Formulare«, Abschnitt »Standardeigenschaften«).

HINWEIS Alternativ können Sie auch mehrere Steuerelemente als Gruppe definieren (Schaltfläche *Gruppieren*, Registerkarte *Anordnen*) und dann gemeinsam formatieren.

Bedingte Formatierung

Access ermöglicht es Ihnen, die Formatierung eines Steuerelements an Bedingungen zu knüpfen, beispielsweise kann der Feldinhalt rot dargestellt werden, wenn ein bestimmter Wert überschritten wird. Es besteht auch die Möglichkeit, dass sich die Farbe eines Steuerelements ändert, wenn es mit der Maus angeklickt wird.

Um eine bedingte Formatierung zu vereinbaren, selektieren Sie das gewünschte Steuerelemente, und rufen Sie dann über die Schaltfläche *Bedingt* (Registerkarte *Entwurf*, Gruppe *Schriftart*) das in Abbildg. 21.22 gezeigte Dialogfeld auf, in dem bis zu drei bedingte Formatierungen für ein Steuerelement definiert werden können.

Zuerst wird nur eine Bedingung im Dialogfeld gezeigt. Mithilfe der Schaltfläche *Hinzufügen* können Sie die beiden weiteren Bedingungen einblenden. Mit *Löschen* entfernen Sie die selektierte Bedingung.

Abbildg. 21.22   Bedingte Formatierung

Im oberen Bereich des Dialogfelds, in der Gruppe *Standardformatierung*, stellen Sie die Formatierungsattribute ein, die verwendet werden sollen, wenn keine der darunter vereinbarten Bedingungen zutrifft.

Drei Bedingungsvarianten werden unterstützt: *Feldwert ist*, *Ausdruck ist* und *Feld hat Fokus*. In Abbildg. 21.23 sind die drei verschiedenen Varianten für das Feld *FSK* des Formulars *frmFilme* vereinbart worden.

Abbildg. 21.23   Drei Bedingungen

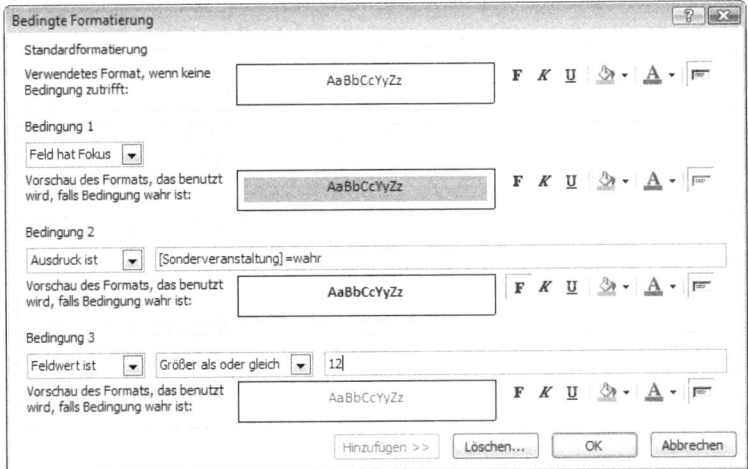

Steuerelemente bearbeiten

Bedingung für *Feld hat Fokus*

Ein Steuerelement besitzt den Fokus, wenn es mit der Maus oder der Tastatur angewählt ist, also aktiv ist. Sie können eine Formatierung definieren (in Abbildg. 21.23 ist es farbig hinterlegt), wenn das Feld selektiert wird. Verlassen Sie das Feld, wird die normale Formatierung wieder hergestellt. Beachten Sie, dass die Bedingung *Feld hat Fokus* nur für die erste der drei möglichen Bedingungen eingestellt werden kann.

Bedingung für *Feldwert ist*

Über *Feldwert ist* kann die Formatierung aufgrund des Inhalts des Steuerelements bestimmt werden. Für den Feldwert stehen Ihnen alle Vergleichsmöglichkeiten wie <, <=, >, >=, =, Zwischen usw. zur Verfügung.

Bedingung für *Ausdruck ist*

Die dritte Bedingungsvariante erlaubt die Angabe eines beliebigen Ausdrucks. Ist der Ausdruck wahr, so wird die definierte Formatierung angewendet. In Abbildg. 21.23 wird das Steuerelement fett formatiert, wenn der Film als Sonderveranstaltung vereinbart ist.

Logos und Bilder einfügen

Auf dem Formular soll neben den bisher verwendeten Steuerelementen ein weiteres nämlich das Firmenlogo eingefügt werden. Es liegt als BMP-Datei auf der CD-ROM zum Buch vor und kann daher auch von Ihnen auf das Formular gelegt werden.

1. Klicken Sie auf die Schaltfläche *Logo* auf der Registerkarte *Entwurf*.
2. Wählen Sie im Dialogfeld das CD-ROM-Laufwerk aus. Im Ordner zu *Teil_D* auf der CD-ROM zum Buch finden Sie die Datei *CineLogo.bmp*.
3. Doppelklicken Sie auf den Dateinamen, so dass das Bild in Ihr Formular eingefügt wird.

Abbildg. 21.24   Ein Logo auf dem Formularentwurf

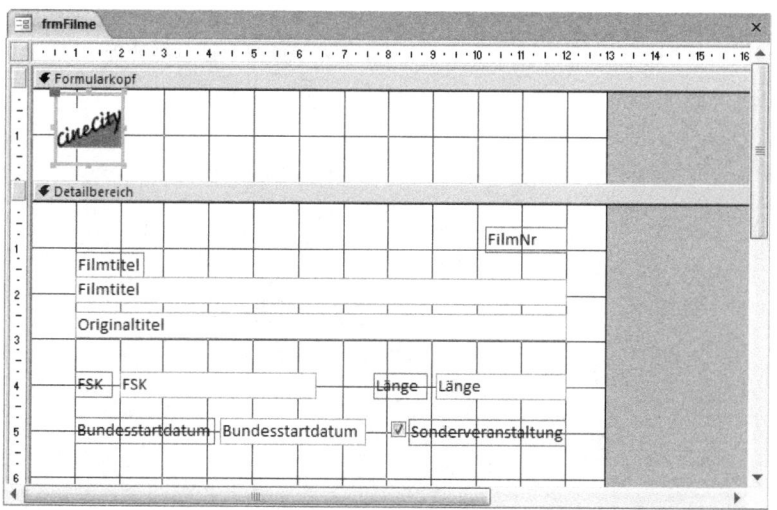

Access aktiviert für das Logo einen Formularkopf und fügt es dort ein. Das wollten wir eigentlich nicht, darum soll im Folgenden das Logo verschoben und der Formularkopf wieder ausgeblendet werden.

4. Verschieben und vergrößern Sie das Bild.
5. Um den Formularkopf wegzuschalten, klicken Sie mit der rechten Maustaste auf die Leiste des Formularkopfs und wählen im Kontextmenü *Formularkopf/-fuß* aus.

Abbildg. 21.25   Den Formularkopf deaktivieren

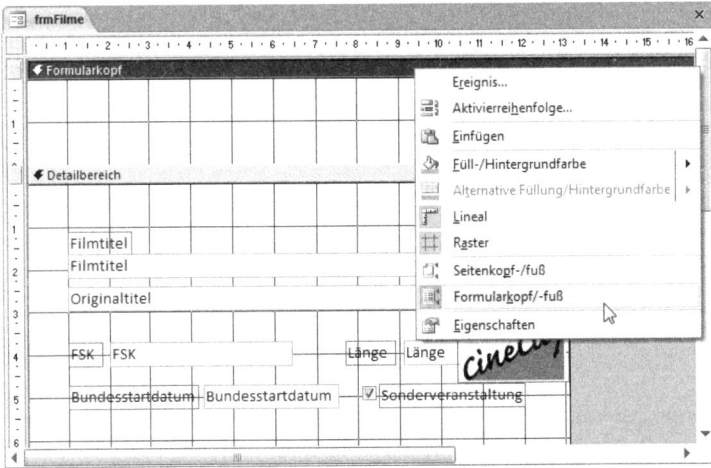

Wenn Sie möchten, können Sie nun das Logo noch mit einem Schatten versehen oder es höher- oder tieferlegen.

6. Klicken Sie das Logo doppelt an, um das Eigenschaftenblatt zu aktivieren.
7. Suchen Sie auf dem Eigenschaftenblatt auf der Registerkarte *Format* nach *Spezialeffekt*.
8. Aktivieren Sie die Liste zu *Spezialeffekt* und wählen Sie darin *Erhöht* aus.

Abbildg. 21.26   Formular mit Logo

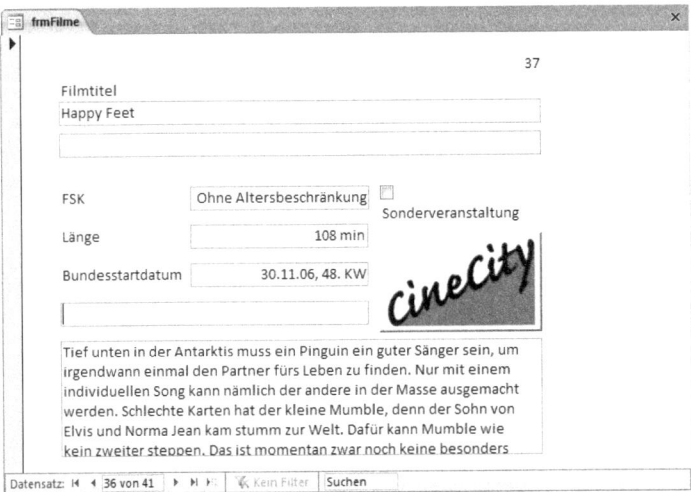

Steuerelemente deaktivieren

Die *FilmNr* ist ein AutoWert, der vom Anwender nicht verändert werden kann, da er von Access automatisch vergeben wird. Eigentlich wäre es schöner, wenn es auf dem Formular gar nicht erst zu aktivieren wäre, also gar nicht angesprungen wird.

1. Markieren Sie das Feld *FilmNr*.
2. Rufen Sie das Eigenschaftsblatt auf.
3. Aktivieren Sie die Registerkarte *Daten*.
4. Wählen Sie hinter *Aktiviert* die Option *Nein* aus.

   Nun kann man das Feld der Filmnummer nicht mehr bearbeiten, es wird von Access nur die aktuelle Nummer angezeigt.

> **HINWEIS** Setzen Sie die Option *Aktiviert* auf *Nein*, so wird das entsprechende Feld grau im Formular dargestellt.

5. Möchten Sie das Feld sperren, aber Ihre eigene Feldformatierung beibehalten, so bestimmen Sie für *Gesperrt* den Wert *Ja*.

Abbildg. 21.27   Nun wird das Nummernfeld nicht mehr angesprungen

Die Reihenfolge der Steuerelemente festlegen

Wechseln Sie in einem Formular in der Formularansicht die einzelnen Felder mithilfe der ⇥-Taste, so werden die Felder in der Reihenfolge angesprungen, wie sie auf das Formular gelegt wurden. Bis dann das Formular fertig erstellt wird, hat sich oft die Reihenfolge wieder geändert. Möchten Sie, dass in Ihrem Formular die einzelnen Felder in der Reihenfolge angesprungen werden, wie sie im Formular angeordnet sind, so verfahren Sie folgendermaßen:

1. Mit der Schaltfläche *Aktivierreihenfolge* öffnen Sie ein Dialogfeld, das Ihnen die Möglichkeit gibt, die Reihenfolge der einzelnen Felder zu ändern.

   Im Dialogfeld sind die einzelnen Felder in der Reihenfolge angeordnet, in der sie zurzeit nacheinander angesprungen werden.

Abbildg. 21.28   Die Reihenfolge, in der die Felder auf dem Formular aktiviert werden

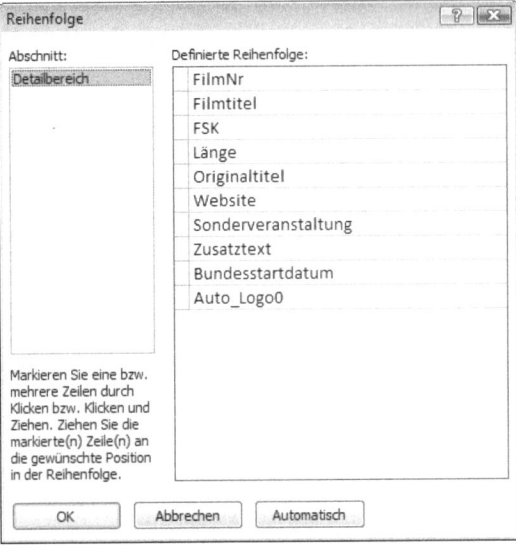

2. Klicken Sie nun im Dialogfeld den Zeilenmarkierer des Feldes an, das Sie verschieben möchten.
3. Schieben Sie dann Ihren Mauszeiger auf den invers dargestellten Zeilenmarkierer und
4. ziehen Sie damit das Feld an die gewünschte Stelle.

Am schnellsten lässt sich meistens mit der Schaltfläche *Automatisch* im Dialogfeld *Reihenfolge* die Reihenfolge bestimmen. Mithilfe dieser Schaltfläche legen Sie die Reihenfolge, in der die Felder angesprungen werden, aufgrund ihrer Position auf dem Formular fest.

Das Eigenschaftenblatt

Sie haben in diesem Kapitel bereits das Eigenschaftenblatt zu Formularen, Bildern und Textfeldern kennen gelernt. Eigenschaftenblätter gibt es auch zum Detailbereich und jedem platzierten Steuerelement.

Sie rufen das Eigenschaftenblatt entweder durch einen Doppelklick auf das entsprechende Steuerelement oder den Bereich auf, oder indem Sie das Element markieren und die Schaltfläche *Eigenschaften* anklicken. Möchten Sie das Eigenschaftenblatt des gesamten Formulars aktivieren, klicken Sie auf den Formularmarkierer, das Quadrat links oben am Schnittpunkt der beiden Lineale. Sollten Sie nicht ganz sicher sein, ob auf dem Eigenschaftenblatt die Eigenschaften des richtigen Steuerelements angezeigt werden, so kontrollieren Sie den Eintrag in der Titelleiste des Eigenschaftenblatts. Dort ist das Element angegeben, auf das sich die aktuelle Anzeige im Fenster bezieht. Auf dem geöffneten Eigenschaftenblatt bietet das Feld am Kopf des Formulars eine Wechselmöglichkeit zu den einzelnen Formularelementen.

Haben Sie genügend Platz auf Ihrem Bildschirm, können Sie das Eigenschaftenblatt geöffnet lassen und nur bei Bedarf verwenden. Dann werden darin automatisch die Daten zu dem Objekt angezeigt, das Sie gerade selektiert haben.

Das Eigenschaftenblatt

Auf einem Eigenschaftenblatt können Sie sich alle Einstellungsdaten oder nur eine Auswahl anzeigen lassen. Durch Klicken auf die Registerkarten oben im Fenster können Sie zwischen *Format*, *Daten*, *Ereignis*, *Andere* oder *Alle* wählen.

Die folgenden vier Abbildungen zeigen Ihnen die Einstellungsmöglichkeiten für die einzelnen Eigenschaftengruppen des Feldes *FilmNr*.

Selektieren Sie auf dem Eigenschaftenblatt die Registerkarte *Format*, so werden alle Optionen zur Gestaltung des Feldes, wie z.B. Schriftart, Schriftgrad und vieles mehr angezeigt. Des Weiteren lassen sich hier auch Zahlenformate definieren.

Abbildg. 21.29 **Eigenschaften zu** *Format* **des Feldes** *FilmNr*

In den *Daten*-Eigenschaften legen Sie beispielsweise fest, woher die Daten stammen und mit welchem Eingabeformat eingetippt werden soll. Hier können Sie auch nachträglich die Zuordnung zwischen einem Steuerelement und einem Feld ändern. Aktivieren Sie die Liste hinter *Steuerelementinhalt*, und wählen Sie ein anderes Feld aus. Dadurch wird eine Verbindung zwischen einem Steuerelement und dem entsprechenden Feld der Tabelle oder Abfrage, die dem Formular zugrunde liegt, aufgebaut.

Abbildg. 21.30 **Eigenschaften zu** *Daten* **des Feldes** *FilmNr*

Die Registerkarte *Ereignis* benötigen Sie nur, wenn Sie selbst geschriebene Makros und Visual Basic-Programme mit dem Feld verknüpfen, wie wir es in späteren Kapiteln beschreiben werden.

Abbildg. 21.31 Eigenschaften zu *Ereignis* des Feldes *FilmNr*

Weitere Eigenschaften des Feldes, wie beispielsweise *Name* und *Statusleistentext*, finden Sie auf der Registerkarte *Andere*.

Abbildg. 21.32 Eigenschaften *Andere* zu *FilmNr*

HINWEIS Jedes Steuerelement auf einem Formular besitzt einen Namen, mit dem es angesprochen werden kann. Der Name ist frei wählbar und muss nicht mit dem Namen des Feldes übereinstimmen, das unter *Steuerelementinhalt* selektiert ist. Beim Anlegen der Felder auf einem Formular sind die Einträge bei *Name* und *Steuerelementinhalt* gleich, d.h., das Steuerelement wird nach der Feldbezeichnung benannt. Bei der Weiterverwendung von Namen in Formularen, bei Makros und Visual Basic-Programmen kann das zu Problemen führen, sodass man den

Namen unterschiedlich zur Feldbezeichnung des Steuerelementinhalts wählen sollte. Oft werden zu den Namen einfach Vorsilben für den entsprechenden Feldtyp verwendet, wie *txtFilmtitel* für ein Textfeld oder *chkSonderveranstaltung* für ein Kontrollkästchen (check box). Im nächsten Kapitel werden die verschiedenen Steuerelemente besprochen. Dort werden wir dann auch die verwendeten Präfixe angeben.

Formulardarstellungen

Jedes Formular kann die Daten der zugrunde liegenden Tabelle in drei verschiedenen Darstellungen zeigen: *Einzelnes Formular*, *Endlosformular* und *Datenblattansicht*.

Einzelnes Formular

Die Ansicht *Einzelnes Formular* haben Sie bereits im vorherigen Teil kennen gelernt, diese Ansicht ist normalerweise automatisch eingestellt. Hierbei wird immer genau ein Datensatz auf dem Formular angezeigt.

Endlosformular

Im Folgenden soll das Formular *frmKinos* als Endlosformular erstellt werden. Bei einem *Endlosformular* sind alle Datensätze hintereinander angeordnet, d.h., mehrere Sätze sind auf einen Blick zu erfassen.

1. Erstellen Sie ein neues Formular in der Entwurfsansicht, das auf der Tabelle *tblKinos* basiert.
2. Öffnen Sie nun direkt das Eigenschaftenblatt für das Formular mit einem Klick auf die Schaltfläche *Eigenschaften*.
3. Selektieren Sie die Registerkarte *Format*. Dort finden Sie die Option *Standardansicht*.
4. Ändern Sie den Eintrag *Einzelnes Formular* in *Endlosformular*.

Abbildg. 21.33 Endlosformular zur Darstellung

5. Für den Formularentwurf schieben Sie nun nacheinander die einzelnen Felder der Tabelle *tblKinos* auf den Formularentwurf.
6. Löschen Sie die einzelnen Bezeichnungsfelder.
7. Schieben Sie alle Textfelder hintereinander (verbreitern Sie dabei gegebenenfalls den Hintergrund des Formulars).
8. Stellen Sie ihre Größe richtig ein. Achten Sie dabei mithilfe des Lineals darauf, dass die Abstände zwischen den einzelnen Feldern gleich groß sind. Dabei können Sie die Funktion der Schaltfläche *Horizontalen Abstand ausgleichen* zur Hilfe nehmen.
9. Richten Sie nun alle Felder oben aus, damit sie auf einer Höhe angeordnet werden.
10. Schieben Sie dann alle Felder möglichst weit nach oben in den Detailbereich und verkleinern Sie den unteren Rand, denn dieser Rand wird im Endlosformular zwischen den einzelnen Zeilen ständig wiederholt.

Abbildg. 21.34   Der formatierte Formularentwurf

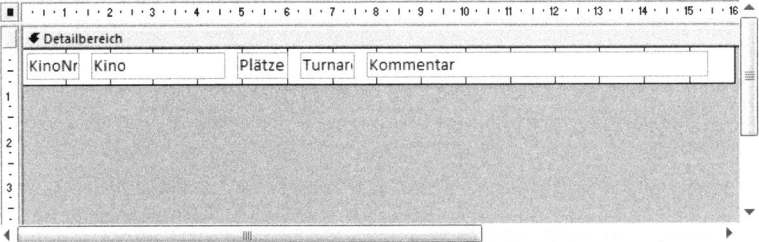

Bei dieser Art von Formular ist es sinnvoll, eine Kopfzeile einzurichten, in die man die Feldnamen der angeordneten Felder zur besseren Orientierung anordnen kann (siehe Abschnitt »Formular mit Kopf und Fuß«).

Datenblattansicht

Die *Datenblattansicht* entspricht der Ansicht, in der Tabellen und Abfragen am Bildschirm gezeigt werden.

Abbildg. 21.35   Ein Formular als Datenblatt

tblKinos				
KinoNr	Kino	Plätze	Turnaround	Kommentar
1	Alpha	726	60	
2	Beta	439	60	
3	Gamma	319	60	
4	Delta	319	60	
5	Epsilon	271	45	
6	Zeta	271	45	
7	Eta	232	45	
8	Theta	232	45	
9	Iota	174	45	
(Neu)		0		

Geteilte Ansicht

In der geteilten Ansicht wird sowohl die Datenblattansicht als auch ein einzelnes Formular übereinander verwendet.

Abbildg. 21.36 Adressformular mit geteilter Ansicht

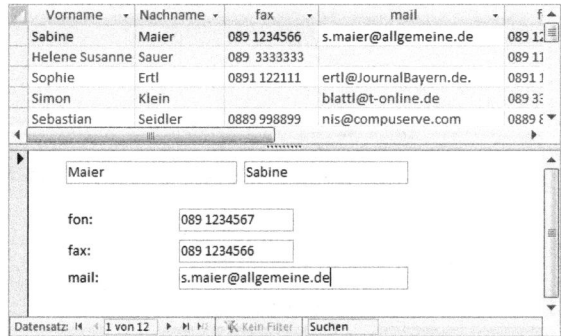

Die Ansichten *PivotTable* und *PivotChart* werden in Kapitel 27 besprochen.

Formular mit Kopf und Fuß

Für Formulare lassen sich sehr einfach Kopf- und Fußzeilen definieren. Den Formularkopf kann man für Überschriften verwenden, auf dem Formularfuß werden oft Seitenzahlen eingefügt. Gerade bei Endlosformularen ist es zudem sinnvoll, auf dem Formularkopf Spaltenüberschriften vorzusehen. Dabei werden immer Formularkopf und -fuß im Formular angezeigt, der mittlere Bereich mit den eigentlichen Daten wird entsprechend der Position des aktuellen Datensatzes verschoben.

Abbildg. 21.37 Das fertig formatierte Endlosformular

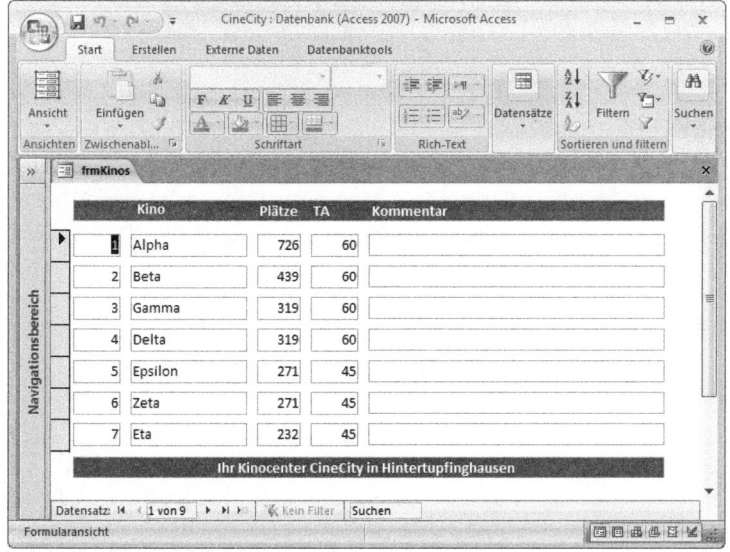

Kapitel 21 Der Formularentwurf

Im Folgenden soll beschrieben werden, wie mithilfe von Formularkopf und -fuß das in Abbildg. 21.37 dargestellte Formular gestaltet wurde.

1. Klicken Sie auf die Schaltfläche *Formularkopf/-fuß* auf der Registerkarte *Anordnen*. Dadurch erhalten Sie in der Formularansicht drei Bereiche, Formularkopf, Detailbereich und Formularfuß, angezeigt. Der Detailbereich wurde von uns bereits verwendet, um die Felder einzutragen. Ein Formularkopf wurde von Access bereits beim Einfügen des Logos aktiviert (siehe »Logos und Bilder einfügen«).

Abbildg. 21.38   Ein Formular mit Formularkopf und -fuß

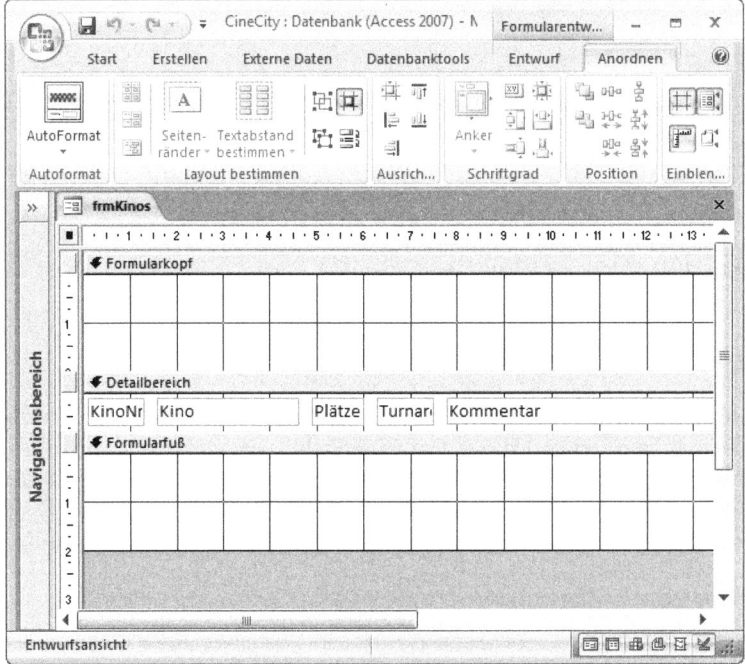

Im nächsten Schritt soll der Formularkopf gestaltet werden. Die Spaltenüberschriften wurden als Bezeichnungsfelder eingefügt.

2. Wählen Sie dazu auf der Registerkarte *Entwurf* in der Gruppe *Steuerelemente* die Schaltfläche *Bezeichnungsfeld* aus.
3. Ziehen Sie nun auf dem Formularentwurf ein Rechteck auf und
4. tippen Sie für das erste Bezeichnungsfeld *Kino* ein.

Abbildg. 21.39 Das erste neu eingefügte Bezeichnungsfeld

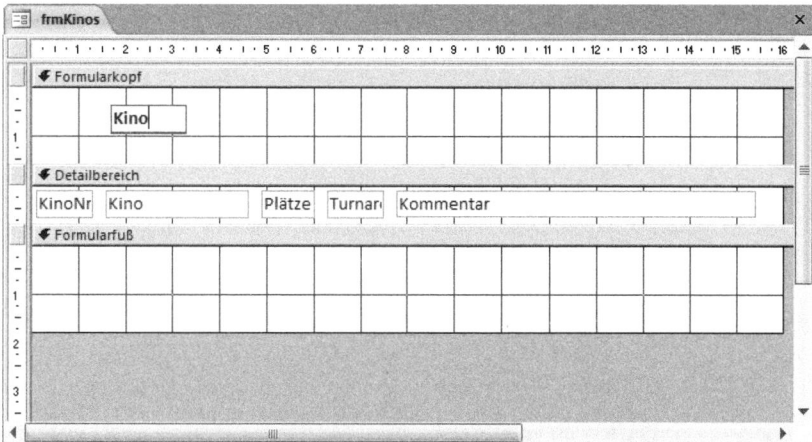

5. Erstellen Sie dann die Bezeichnungsfelder für *Plätze*, *TA* (Turnaround) und Kommentar. Formatieren Sie alle Texte der Bezeichnungsfelder fett.
6. Verschieben Sie alle Bezeichnungsfelder so, dass sie genau über den Textfeldern des Detailbereichs beginnen.
7. Ordnen Sie alle Bezeichnungsfelder in der gleichen Höhe an (beispielsweise mithilfe der Schaltfläche *Unten ausrichten* auf der Registerkarte *Anordnen*).
8. Wählen Sie danach das Werkzeug *Rechteck* aus der Gruppe *Steuerelemente* (Registerkarte *Entwurf*) und ziehen Sie damit ein Rechteck so auf, dass es genau so breit ist wie die Textfelder des Detailbereichs.
9. Um das Rechteck hinter die Bezeichnungsfelder zu legen, verwenden Sie die Schaltfläche *In den Hintergrund* (Registerkarte *Anordnen*, Gruppe *Position*).
10. Aktivieren Sie das Eigenschaftsblatt für das Rechteck und wählen Sie eine geeignete Farbe als *Hintergrundfarbe* aus.
11. Stellen Sie des Weiteren für den *Spezialeffekt* die Option *Flach* ein.
12. Bei Bedarf können Sie für die Bezeichnungsfelder als Textfarbe *Weiß* einstellen.
13. Zum Schluss wurde im Fußbereich noch ein Bezeichnungsfeld eingefügt, mit einer Farbe versehen und eine weiße Textfarbe zugewiesen.
14. Schieben Sie nun die drei Bereiche zusammen, indem Sie für den Formularkopf den Detailbereich an seiner obersten Linie soweit wie möglich nach oben ziehen, für den Detailbereich den Formularfuß möglichst weit hochschieben und für den Formularfuß das untere Ende des angezeigten Hintergrunds nach oben schieben.

Abbildg. 21.40 Der fertige Entwurf des Endlosformulars

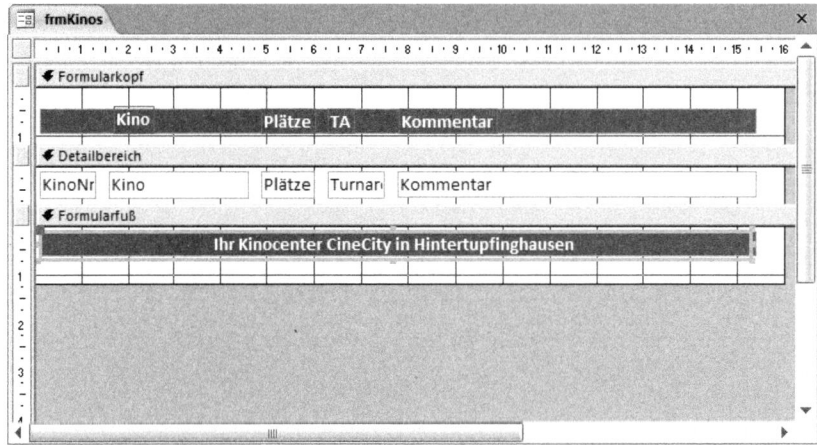

HINWEIS   Möchten Sie in Ihrem Formular nur einen Formularkopf und keinen -fuß (oder umgekehrt), schieben Sie den Bereich, den Sie nicht verwenden möchten, so weit zusammen, dass er in der Formularansicht nicht angezeigt wird.

Zusammenfassung

Dieses Kapitel beschrieb die Möglichkeiten, die Ihnen das Erstellen und Bearbeiten eines Formularentwurfs bietet.

- Das Kapitel begann damit, Ihnen zu zeigen, wie Sie ein Formular in der Entwurfsansicht anlegen (Seite 428) und speichern (Seite 432) können.

- Der folgende große Abschnitt ab Seite 432 befasste sich mit dem Hinzufügen und dem Bearbeiten der Steuerelemente auf einem Formular.

- Für jedes Formular, jedes Steuerelement und jeden Bereich auf dem Formular können Sie wichtige Einstellungen über das Eigenschaftenblatt vornehmen. Ab Seite 448 wurden die einzelnen Registerblätter des Eigenschaftenblatts beschrieben.

- Es kann zwischen drei Formulardarstellungen gewählt werden, wie Sie ab Seite 451 nachlesen können.

- Am Ende des Kapitels ab Seite 453 wurde Ihnen beispielhaft dargestellt, wie ein Formularkopf bzw. -fuß erstellt und bearbeitet werden kann.

Kapitel 22

Steuerelemente für Formulare

In diesem Kapitel:

Das Steuerelement *Textfeld*	458
Das Steuerelement *Bezeichnungsfeld*	462
Das Steuerelement *Kombinationsfeld*	464
Das Steuerelement *Listenfeld*	474
Das Steuerelement *Befehlsschaltfläche*	474
Die Steuerelemente *Optionsgruppe* und *Optionsfeld*	477
Das Steuerelement *Umschaltfläche*	481
Das Steuerelement *Kontrollkästchen*	482
Die Steuerelemente *Register* und *Seite*	482
Bilder für Formulare	485
Das Steuerelement *Bild*	486
Das Steuerelement *Objektfeld*	487
Das Steuerelement *Gebundenes Objektfeld*	489
Die Steuerelemente *Linie* und *Rechteck*	489
Die Steuerelemente *Hyperlink* und *Anlage*	489
Das Steuerelement *Seitenumbruch*	490
Standardeigenschaften	491
Zusammenfassung	492

Kapitel 22 Steuerelemente für Formulare

In diesem Kapitel sollen die einzelnen Steuerelemente beschrieben werden, die Sie zum Gestalten eines Formulars verwenden können. Sie finden die Steuerelemente auf der Registerkarte *Anordnen*. Einige davon wurden bereits im vorangegangenen Kapitel verwendet. Wir wollen sie Ihnen nun nacheinander vorstellen, mit Ausnahme der Steuerelemente *Unterformular* und *Diagramm einfügen*. Diese Steuerelemente sind so vielseitig, dass wir ihnen eigene Kapitel gewidmet haben, nämlich Kapitel 23, »Unterformulare« sowie Kapitel 26, »Diagrammformulare«.

Fast alle Werkzeuge zum Einfügen von Steuerelementen verwenden Sie in der gleichen Art und Weise:

1. Klicken Sie auf die Schaltfläche mit dem benötigten Steuerelement.
2. Ziehen Sie damit auf dem Formularentwurf ein Rechteck auf.

Je nachdem, welches Werkzeug Sie ausgewählt hatten, blinkt die Eingabemarke (*Bezeichnungsfeld*) und wartet auf Ihre Eingabe, begrüßt Sie ein Assistent (*Kombinationsfeld* oder *Optionsgruppe*) oder Sie haben das Objekt durch das Aufziehen des Rechtecks bereits fertig erstellt (*Rechteck*, *Linie*).

Das Steuerelement *Textfeld*

Das Textfeld ist das am häufigsten eingesetzte Steuerelement auf einem Formular. Es wird für die Eingabe von Daten und die Auswertung von Funktionen verwendet. In Textfeldern können Sie beliebige Texte bis zu einer Länge von 65.535 Zeichen anzeigen lassen bzw. erfassen. Die Texte können ein- oder mehrzeilig sein.

Sie können gebundene, ungebundene sowie berechnete Textfelder anlegen. Fügen Sie ein Textfeld über die Liste vorhandener Felder ein, so ist das Textfeld automatisch mit dem entsprechenden Feld einer Tabelle verbunden; es handelt sich um ein gebundenes Textfeld. Erstellen Sie ein Textfeld mithilfe der gleichnamigen Schaltfläche der Registerkarte *Anordnen*, so erstellen Sie ein ungebundenes Textfeld, das Sie aber auch noch nachträglich über das Eigenschaftenblatt (Registerkarte *Daten*, Eigenschaft *Steuerelementinhalt*) mit einem Tabellenfeld verbinden können. Über berechnete Textfelder, also Textfelder, die Formeln enthalten, lesen Sie weiter in Abschnitt »Berechnungen in Textfeldern« auf Seite 459.

Präfix »txt«   Verwenden Sie für ein Textfeld das Präfix »txt«.

Mehrzeilige Textfelder

Verwenden Sie auf Ihren Formularen Textfelder, die langen, mehrzeiligen Text darstellen sollen, können Sie über die Eigenschaften *Linker Rand*, *Oberer Rand*, *Rechter Rand*, *Unterer Rand* und *Zeilenabstand* auf dem Eigenschaftenblatt die Gestaltung beeinflussen.

> **HINWEIS** Beachten Sie dabei, dass Sie einen Zeilenumbruch in ein Textfeld nur mit der Tastenkombination `Strg`+`↵` aufnehmen können.

Formatierung für Textfelder

Standardmäßig kann der Text in einem Textfeld nur in einer Schriftart, -größe und -auszeichnung dargestellt werden. Möchten Sie formatierte Texte in einer Datenbank ablegen, so ist das nur möglich, wenn das Textfeld auf einem Memofeld basiert, für das als *Textformat* die Option *Rich-Text* gewählt wurde. Kontrollieren Sie, ob für das Textfeld im Formular auf dem Eigenschaftenblatt ebenfalls die Eigenschaft *Textformat* auf *Rich-Text* eingestellt ist (Registerkarte *Daten*).

> **HINWEIS** Sollten Sie in Ihrem Textfeld seltsame Zeichen finden (wie beispielsweise <font size=4><strong> und </font></strong>), so handelt es sich hier um ein Textfeld für das *Nur-Text* als *Textformat* eingestellt ist, obwohl das zugrunde liegende Memofeld als *Rich-Text* formatiert ist. Die seltsamen Texte geben die HTML-Codierung der verwendeten Formatierung an.

Des Weiteren können Sie beispielsweise mit Anlagen arbeiten, um formatierte Texte in der Datenbank zu speichern. Als Anlage kann beispielsweise ein Word- oder WordPad-Text aufgenommen werden. Sie finden weitere Informationen zu Anlagen ab Seite 489.

Berechnungen in Textfeldern

Unter anderem lassen sich Textfelder zur Berechnung von Formeln nutzen. Wir möchten dazu in einem neuen Textfeld auf dem Formular *frmFilme* die Länge des Films plus einer maximalen Turnaround-Zeit von 60 Minuten berechnen. Die exakten Turnaround-Zeiten stehen zwar in der Tabelle *tblKinos* zur Verfügung, aber hier geht es zunächst nur um ein einfaches Rechenbeispiel.

1. Öffnen Sie den Entwurf des in Kapitel 21 angelegten Formulars *frmFilme*.
2. Wählen Sie das Werkzeug *Textfeld* auf der Registerkarte *Entwurf* aus und ziehen Sie auf dem Formularentwurf ein neues Textfeld auf.

   Das neue Textfeld wird mit dem Text *Ungebunden* versehen. Das bedeutet, dass das Textfeld nicht mit einem Feld einer Tabelle der Datenbank verbunden ist und somit auch nicht den Inhalt eines Felds anzeigt. Im nächsten Schritt möchten wir den Inhalt des Textfelds vereinbaren:
3. Öffnen Sie das Eigenschaftenblatt zu diesem Textfeld und aktivieren Sie die Registerkarte *Daten*.
4. Klicken Sie auf dem Eigenschaftenblatt in das Eingabefeld hinter *Steuerelementinhalt* und anschließend auf die Schaltfläche mit den drei Punkten, um den Ausdrucks-Generator zu aktivieren.
5. Beginnen Sie im Ausdrucks-Generator mit einem Gleichheitszeichen.
6. Wählen Sie dann im mittleren Listenfeld aus, mit welchem Feld Sie rechnen wollen. Für dieses Beispiel doppelklicken Sie auf das Feld *Länge*.
7. Fügen Sie nun ein Pluszeichen sowie die Zahl 60 ein und klicken Sie auf *OK*.

Abbildg. 22.1   Formel im Ausdrucks-Generator

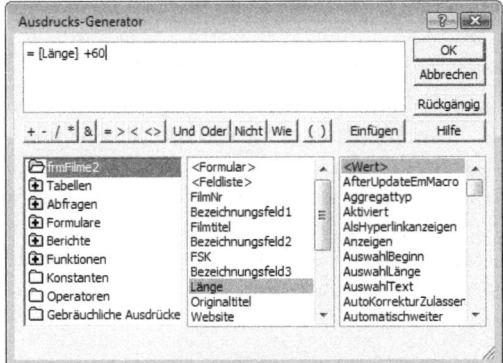

Im Eingabefeld hinter *Steuerelementinhalt* erscheint so die Formel: =[Länge]+60. Durch die eckigen Klammern wird gekennzeichnet, dass es sich um einen Feldnamen handelt. Sie hätten diese Formel auch direkt in das Eingabefeld eintippen können.

Abbildg. 22.2 Die Formel auf dem Eigenschaftenblatt

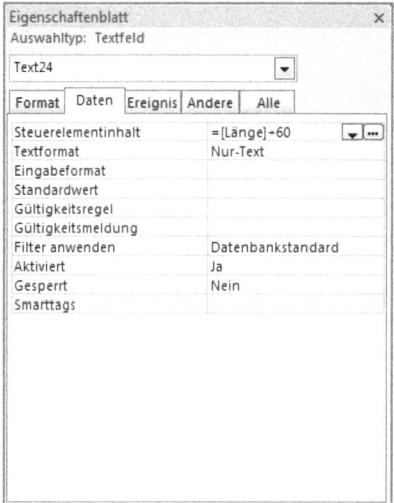

> **HINWEIS** Der Ausdrucks-Generator (Abbildg. 22.1) kann das Eingeben von Formeln erleichtern. Im linken unteren Listenfeld können Sie zwischen einem Objekt der Datenbank (Tabelle, Abfrage usw.), Funktionen, Konstanten und Ausdrücken wählen. Dabei sind zunächst alle diejenigen Kategorien, deren Ordner ein Pluszeichen tragen, mit Doppelklick zu öffnen. Im geöffneten Ordner ist dann eine weitere Auswahl zu treffen. Entsprechend der Auswahl erscheinen in der Mitte des Ausdrucks-Generators Unterkategorien. Rechts sehen Sie die einzelnen Elemente, die Sie mit einem Doppelklick in das Formelfeld übernehmen. Der Vorteil des Ausdrucks-Generators besteht darin, dass Sie sich nicht merken müssen, wie Felder von Tabellen (nämlich mit eckigen Klammern) eingefügt werden oder welche Parameter für bestimmte Funktionen benötigt werden (siehe dazu auch Anhang B). Für einfache Formeln ist er eigentlich zu umständlich. Eine so einfache Formel wie in unserem Beispiel würde man – wenn man weiß, dass Felder mit ihrem Namen und in eckige Klammern eingegeben werden – einfach in das Eingabefeld hinter *Steuerelementinhalt* eintippen.

Schalten Sie um in die Formularansicht und kontrollieren Sie, ob es funktioniert.

In ein Feld mit einer Formel können keine Daten per Hand eingegeben werden, es rechnet nur nach der angegebenen Formel Werte aus. Allerdings kann es im Formular beispielsweise mit der ⇥-Taste angesprungen werden. Um das zu verhindern, können Sie auf dem Eigenschaftenblatt zum jeweiligen Feld auf der Registerkarte *Daten* die Option *Aktiviert* auf *Nein* und *Gesperrt* auf *Ja* setzen. Dabei ist es wichtig, dass Sie nicht nur die Aktivierung des Feldes ausschalten, sondern auch das Feld sperren, da es sonst lediglich als »nicht aktiviert« – also grau – dargestellt wird. Sperren Sie es zusätzlich, sieht es aus wie jedes andere Feld auch, aber es wird nicht angesprungen.

Abbildg. 22.3   Das Formular mit einem rechnenden Textfeld

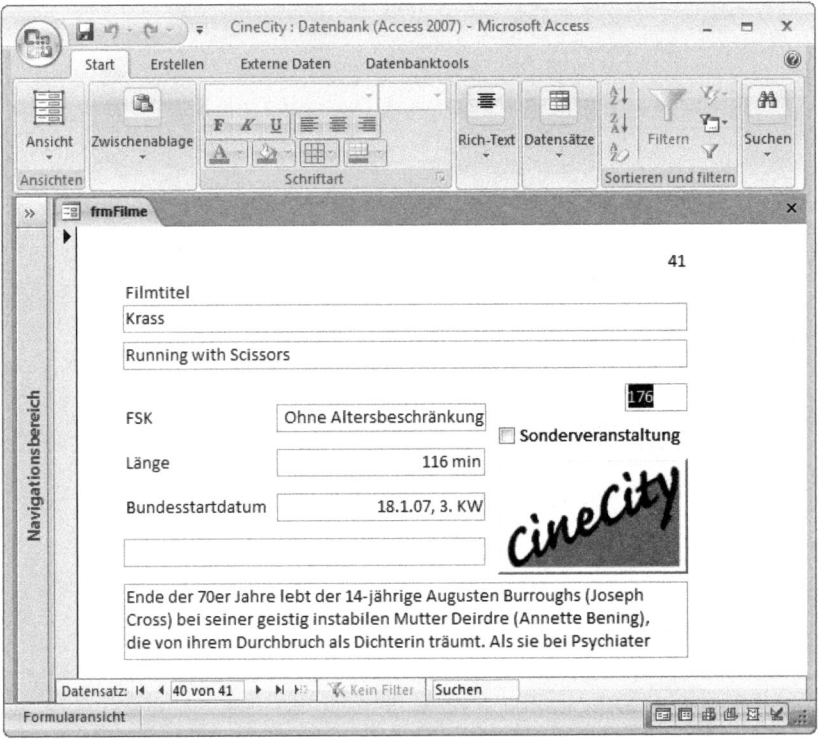

Abbildg. 22.4   Falsche und richtige Einstellung

Zudem möchten wir, dass der Inhalt des neuen Textfeldes im selben Format angezeigt wird wie der Inhalt des Feldes der *Länge*. Klicken Sie im Formularentwurf auf das Textfeld zu Länge und sehen auf dem Eigenschaftsblatt auf der Registerkarte *Format* hinter *Format* die eingetragene Formatierung nach. Klicken Sie nun auf das neue Textfeld und fügen dieselbe Formatierung für dieses Textfeld ein.

HINWEIS   Berechnete Textfelder werden immer dann aktualisiert, wenn Sie eine Eingabe oder eine Veränderung in einem der Felder auf dem Formular vornehmen, das im Textfeld berechnet wird oder wenn Sie auf einen neuen Datensatz weiterblättern.

Abbildg. 22.5   Formatierung für das neue Textfeld

Das Steuerelement *Bezeichnungsfeld*

Mit dem Werkzeug *Bezeichnungsfeld* können Sie beliebige Texte in Ihr Formular einfügen. Ein Bezeichnungsfeld ist ein reines Ausgabefeld, für das keine Verbindung zur Tabelle oder Abfrage besteht, die Ihrem Formular zugrunde liegt. Wir haben Bezeichnungsfelder bereits im vorangegangenen Kapitel verwendet, um Spaltenüberschriften für ein Endlosformular im Formularkopf zu platzieren.

Präfic »lbl«

Ein Bezeichnungsfeld wird im Englischen *label* genannt. Entsprechend wurde als Präfix für ein Bezeichnungsfeld »lbl« festgelegt.

Mithilfe eines Bezeichnungsfelds soll nun die Beschriftung des im vorherigen Abschnitt angelegten Textfelds angelegt werden.

1. Wählen Sie die Schaltfläche *Bezeichnung* aus und klicken Sie mit der Maus an die Stelle, an der das neue Bezeichnungsfeld positioniert werden soll.
2. Schreiben Sie dann Länge + TA.

Das Bezeichnungsfeld erhält nach Verlassen eine farbige linke obere Ecke. Klicken Sie erneut das Feld an, wird ein Ausrufezeichen als Warnung angezeigt. Schieben Sie den Mauszeiger darauf, so erscheint wie in Abbildg. 22.6 dargestellt die Beschreibung des Fehlers.

Abbildg. 22.6   Beschreibung des Fehlers nach Einfügen eines Bezeichnungsfelds

3. Klicken Sie auf das Dreieck, das neben dem Ausrufezeichen angezeigt wird und wählen Sie wie in Abbildg. 22.7 *Steuerelement mit Bezeichnungsfeld assoziieren* aus.

Das Steuerelement Bezeichnungsfeld

Abbildg. 22.7   Bezeichnungsfeld soll mit einem anderen Steuerelement verbunden werden

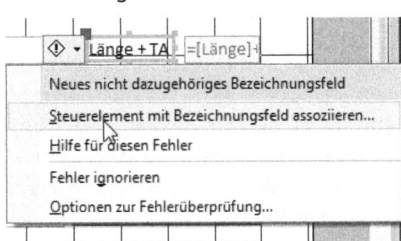

4. Wählen Sie dann im dadurch aktivierten Dialogfeld das neue Textfeld aus.

Abbildg. 22.8   Auswahl des Textfelds, das mit dem Bezeichnungsfeld verbunden werden soll

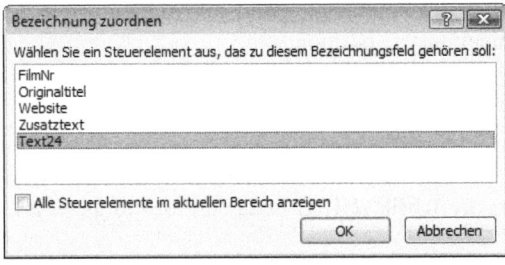

Dadurch gehören das Bezeichnungs- und das Textfeld zusammen. Markieren Sie das Bezeichnungsfeld, so erhält auch das Textfeld ein Markierungsquadrat links oben und umgekehrt.

Abbildg. 22.9   Das ergänzte Formular

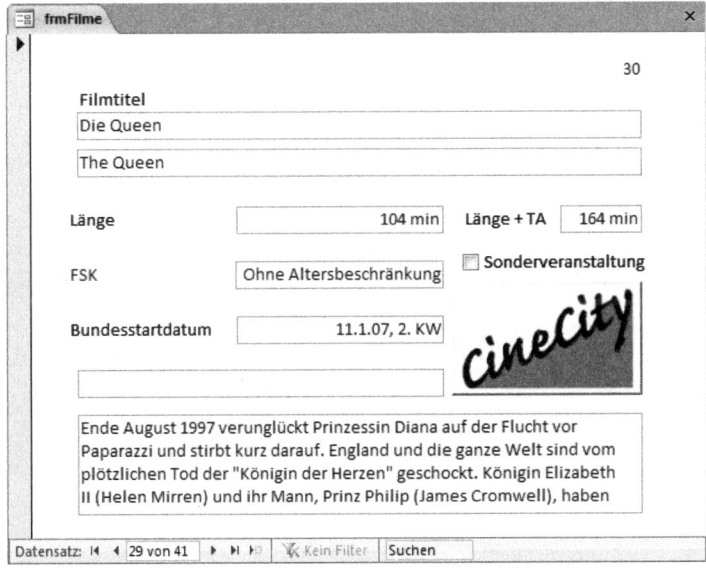

Das Steuerelement *Kombinationsfeld*

Kombinationsfelder sind eine Mischung aus Eingabefeld und Listenfeld. Kombinationsfelder haben gegenüber Textfeldern den Vorteil, dass sie Ihnen Werte oder Texte zur Auswahl geben. Klappen Sie einfach die Liste des Kombinationsfeldes auf und treffen Sie Ihre Auswahl. Oder tippen Sie den ersten oder die ersten Buchstaben Ihrer Auswahl ein, um Access zu veranlassen, den entsprechenden Eintrag anzuspringen. Dadurch, dass sich die Liste nach der Auswahl wieder schließt, ist ein Kombinationsfeld eine Platz sparendere Variante als ein Listenfeld.

Präfix »cbo«

Kombinationsfelder heißen englisch *combo box*. Entsprechend wird das Präfix mit »cbo« angegeben.

Einfache Kombinationsfelder

Nachschlagefelder werden automatisch als Kombinationsfeld auf ein Formular platziert. Aber auch andere Felder lassen sich als Kombinationsfeld positionieren.

Aus Nachschlagefeldern werden Kombinationsfelder

Tabellenfelder, die als Nachschlagefeld definiert wurden, werden automatisch zu Kombinationsfeldern, wenn Sie das Feld auf ein Formular ziehen. Erstellen Sie beispielsweise ein neues Formular und ziehen Sie das Feld *FilmNr* aus der Tabelle *tblWochen* darauf, so wird dieses als Kombinationsfeld eingefügt.

Ein einfaches Kombinationsfeld einfügen

Als folgendes Beispiel soll ein Kombinationsfeld erstellt werden, das nicht als Nachschlagefeld definiert ist. Für das Feld der Filmnummer bietet sich ein Kombinationsfeld förmlich an: Niemand muss sich die Nummer der Filme merken, die Titel werden im Kombinationsfeld zur Auswahl angezeigt und die Filmnummer beispielsweise in der Tabelle *tblWochen* gespeichert.

1. Erstellen Sie das neue Formular als Entwurf und aktivieren Sie zunächst das Eigenschaftsblatt zum Formular.
2. Auf dem Registerblatt *Daten* tragen Sie hinter *Datensatzquelle* die Tabelle ein, in der die im Kombinationsfeld auszuwählenden Daten gespeichert sind. Im Beispiel soll also die Tabelle *tblWochen* die Grundlage für das Formular darstellen.

Abbildg. 22.10   Hier wurde die Datensatzquelle für das Formular definiert

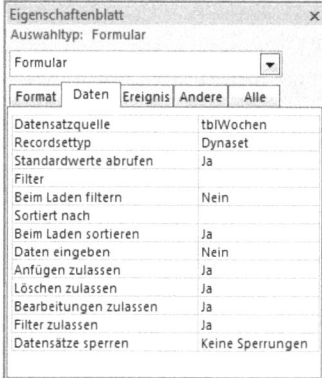

Das Steuerelement Kombinationsfeld

3. Bevor Sie nun das Werkzeug *Kombinationsfeld* auswählen, achten Sie darauf, dass der *Steuerelement-Assistent* (Registerkarte *Entwurf*) aktiviert ist.

4. Selektieren Sie nun das Werkzeug *Kombinationsfeld* und ziehen Sie damit ein Rechteck auf dem Formularentwurf auf. Sofort startet der Kombinationsfeld-Assistent.
5. Die erste Option im ersten Dialogfeld ermöglicht es Ihnen, Daten aus einem Feld einer auszuwählenden Tabelle oder Abfrage in der Liste des Kombinationsfeldes zur Auswahl zu stellen. Das ist genau das, was für das Formular *frmWochen* gewünscht wird: Es sollen die Filmtitel der Tabelle *tblFilme* in der Liste des Kombinationsfeldes dargestellt werden.

Alternativ besteht hier auch die Möglichkeit, die Begriffe für die Auswahlliste im nächsten Dialogfeld selbst einzutippen (siehe dazu Abschnitt »Kombinationsfeld mit eigenen Werten« in diesem Kapitel), oder Sie verwenden das Kombinationsfeld zum leichteren Auswählen eines bestimmten Datensatzes in der Tabelle (siehe Abschnitt »Kombinationsfeld als Suchhilfe« in diesem Kapitel).

Abbildg. 22.11   Woher sollen die Daten für das Kombinationsfeld kommen?

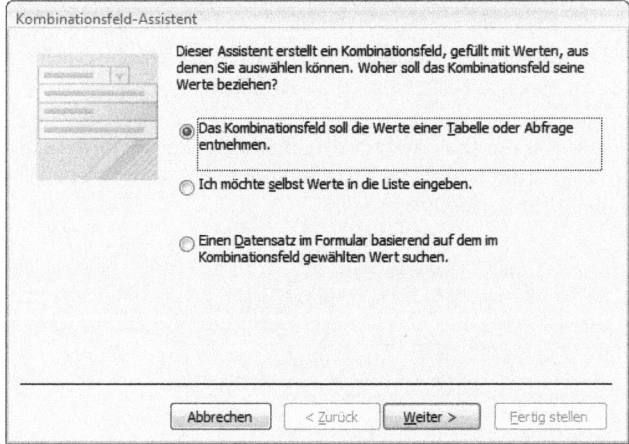

6. Mit der ersten Auswahl erscheint sogleich eine Auswahl aller Tabellen und Abfragen, damit Sie die richtige auswählen können. Klicken Sie hier im Auswahlfeld der Tabellen auf *tblFilme*.
7. Verschieben Sie dann im nächsten Schritt die Felder in das rechte Auswahlfeld, die im Kombinationsfeld angeboten und ausgewählt werden sollen – für das Beispiel *FilmNr* und *Filmtitel*.
8. Danach können Sie bei Bedarf eine Sortierung vorgeben.
9. Das folgende Dialogfeld ermöglicht, (bei Bedarf) die Breite des zu erstellenden Kombinationsfeldes zu verändern. Hier wird auch empfohlen, die Schlüsselspalte zu unterdrücken (Standardeinstellung). Das ist im Beispiel die Spalte mit den Filmnummern.

Abbildg. 22.12 Die Spalte, die auf dem Formular dargestellt werden soll

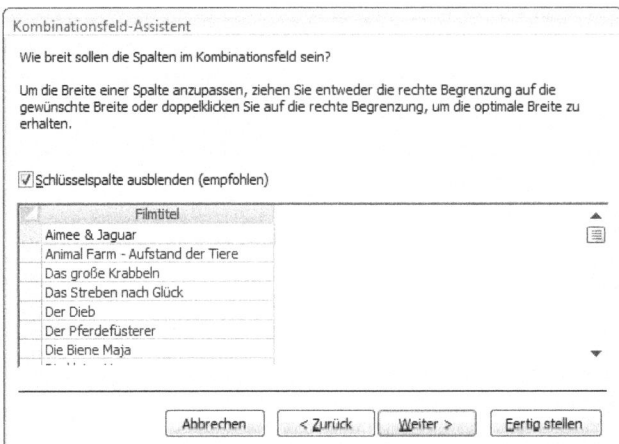

10. Da die ausgewählte Filmnummer in der Tabelle *tblWochen* gespeichert werden soll, ist im nächsten Dialogfeld das entsprechende Feld (*FilmNr*) auszuwählen.

HINWEIS Haben Sie in diesem Dialogfeld nicht die Möglichkeit, *FilmNr* auszuwählen, haben Sie es zuvor versäumt, das Formular an eine Tabelle binden. Erst dann stehen Ihnen die Felder der entsprechenden Tabelle zur Verfügung.

Abbildg. 22.13 Werte sollen im Feld *FilmNr* gespeichert werden

11. Legen Sie nun im letzten Schritt die gewünschte Beschriftung des Kombinationsfeldes (beispielsweise *Film*) fest.

Kombinationsfeld mit eigenen Werten

Haben Sie den Kombinationsfeld-Assistenten gestartet, fragt bereits das erste Dialogfeld ab, woher die Daten kommen sollen (siehe Abbildg. 22.13). Im vorangegangenen Beispiel haben wir sie aus einer zweiten Tabelle nachschlagen lassen, in diesem Beispiel wollen wir sie selbst vorgeben. Dazu verwenden wir das *FSK*-Feld der Tabelle *tblFilme*.

1. Öffnen Sie also den Entwurf des Formulars *frmFilme*.
2. Fügen Sie auf dem Formular ein neues Kombinationsfeld ein und wählen Sie im ersten Schritt das zweite Optionsfeld zu *Ich möchte selbst Werte ...* an.

> **HINWEIS** In diesem Fall brauchen Sie, um Werte im Feld *FSK* speichern zu können, das Formular nicht an die Tabelle *tblFilme* zu binden, da das Feld *FSK* bereits zuvor im Formular verwendet wurde, und dafür eine Abfrage erstellt worden war, die das Feld enthält. Die Abfrage finden Sie auf dem Eigenschaftsblatt zum Formular auf der Registerkarte *Daten* hinter *Datensatzquelle*. Klicken Sie einfach auf die Schaltfläche mit den drei Punkten.

3. Im nächsten Schritt definieren Sie dann ein Kombinationsfeld mit zwei Spalten. In die erste Spalte tragen Sie die Werte ein, die später in die Tabelle eingetragen werden sollen: 6, 12, 16, 18, 0; in die zweite Spalte schreiben Sie: ab 6, ab 12, ab 16, ab 18, keine.

Abbildg. 22.14   Die beiden Spalten des Kombinationsfeldes

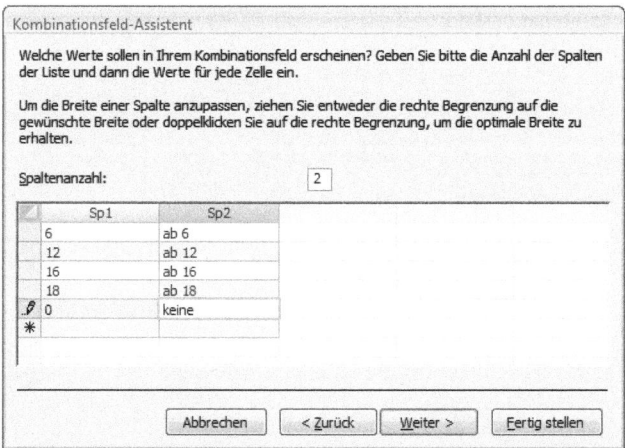

4. Wählen Sie dann diejenige Spalte aus, deren Werte in die Tabelle eingetragen werden sollen, das ist in unserem Beispiel die erste.
5. Im folgenden Dialogfeld geben Sie an, dass die Werte im Feld *FSK* gespeichert werden sollen.

Abbildg. 22.15   Die Werte der ersten Spalte sollen gespeichert werden

6. Dann erhält das Kombinationsfeld seinen Namen und fertig!

Verwenden Sie das neue Kombinationsfeld, so werden zurzeit beide eingetragenen Spalten angezeigt, wenn Sie die Liste öffnen. Im geschlossenen Kombinationsfeld wird aber nur die erste Spalte dargestellt.

Abbildg. 22.16   Das Formular mit dem Kombinationsfeld

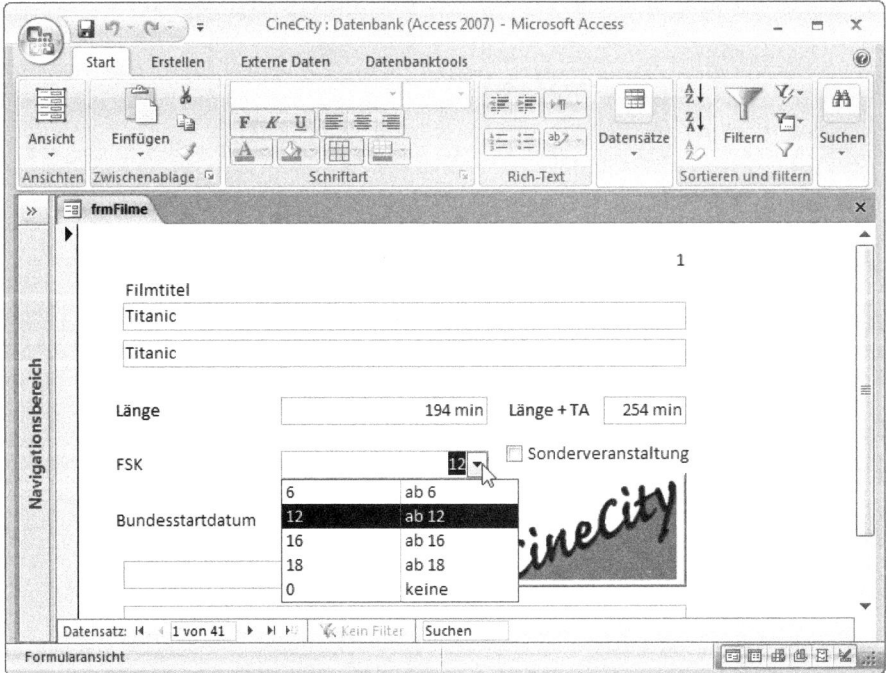

Möchten Sie die Anzeige der ersten Spalte unterdrücken und in der Liste nur die zweite Spalte anzeigen?
1. Schalten Sie zurück in die Entwurfsansicht.
2. Klicken Sie das neue Kombinationsfeld an.
3. Öffnen Sie das Eigenschaftenblatt zum Kombinationsfeld.
4. Auf der Registerkarte *Format* finden Sie zu *Spaltenbreiten* zwei Einträge. Ändern Sie den ersten der beiden Werte auf 0, so wird in der Liste nur noch die zweite Spalte angezeigt.
5. Ändern Sie zudem die *Listenbreite* so, dass sie genauso breit angezeigt wird, wie die sichtbare Spalte. Geben Sie keine Listenbreite für die zweite Spalte an, dann passt Access die Breite automatisch an die Größe des Kombinationsfeldes an.

Abbildg. 22.17　Die erste Spalte wird unterdrückt

Kombinationsfeld zum Nachschlagen

Ein Kombinationsfeld lässt sich sehr elegant dazu verwenden, mehr Informationen aus einer anderen Tabelle nachzuschlagen als im Beispiel in Abschnitt »Ein einfaches Kombinationsfeld einfügen« in diesem Kapitel, in dem nur der Filmtitel nachgeschlagen wurde. In diesem Beispiel soll über die *FilmNr* sowohl der Filmtitel als auch der Originaltitel, die Länge und das Mindestalter nachgeschlagen werden.

1. Erstellen Sie dazu ein neues Formular in der Entwurfsansicht und wählen Sie als Basis für das neue Formular auf dem Eigenschaftenblatt auf der Registerkarte *Daten* die Tabelle *frmWochen* aus.
2. Starten Sie den Kombinationsfeld-Assistenten und wählen Sie erneut die erste Option aus.
3. Wählen Sie dann im Assistenten aus der Tabelle *tblFilme* die Felder *FilmNr*, *Filmtitel*, *FSK*, *Länge*, *Original* und *Bundesstartdatum* aus.
4. Der Wert soll auch in diesem Beispiel wieder im Feld *FilmNr* gespeichert werden.

Abbildg. 22.18   Die Felder für das Kombinationsfeld

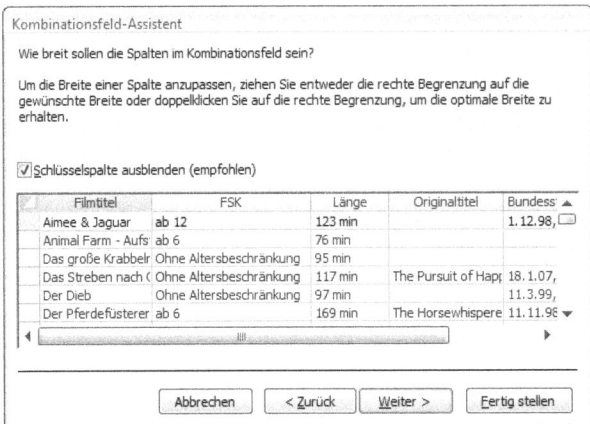

Damit werden zwar alle ausgewählten Felder im neuen Kombinationsfeld dargestellt, aber nur, wenn die Liste aufgeklappt ist. Ist ein Film ausgewählt, können Sie im Formular trotzdem weder den Originaltitel noch die Filmlänge ablesen. Wir hätten aber gerne auch die anderen Angaben im Formular dargestellt.

1. Beginnen Sie damit, das Kombinationsfeld auf dem Eigenschaftenblatt mit dem Namen *cboFilmNr* zu versehen.
2. Legen Sie dann für den Originaltitel unter dem neuen Kombinationsfeld ein Textfeld an.
3. Aktivieren Sie das Eigenschaftenblatt und nennen Sie das Textfeld *txtOriginal*.
4. Tragen Sie – ebenfalls auf dem Eigenschaftenblatt – hinter Steuerelementinhalt =[cboFilmNr].Column(4) ein.

Abbildg. 22.19   Steuerelementinhalt mit Formel

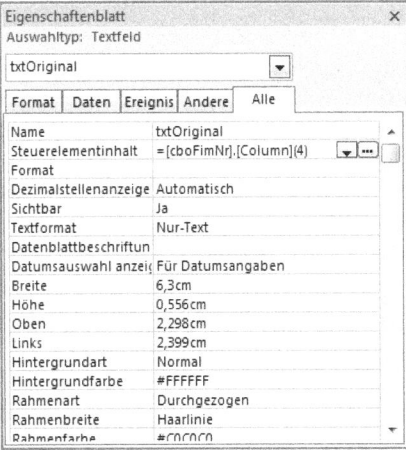

Mit diesem Ausdruck wählen Sie im Kombinationsfeld *cboFilmNr* die Spalte mit der Nummer 4 aus. Hierbei ist darauf zu achten, dass Access in diesem Fall bei 0 zu zählen anfängt: Spalte 0: *FilmNr*; Spalte 1: *Filmtitel*; Spalte 2: *FSK* usw. und Spalte 4: *Original*.

Das Steuerelement Kombinationsfeld

5. Erstellen Sie nun weitere Textfelder für FSK, *Länge* sowie das Bundesstartdatum und tragen Sie =[cboFilmNr].Column(2) bzw. =[cboFilmNr].Column(3) oder =[cboFilmNr].Column(5) ein.

Abbildg. 22.20   Kombinationsfeld und vier Nachschlagefelder

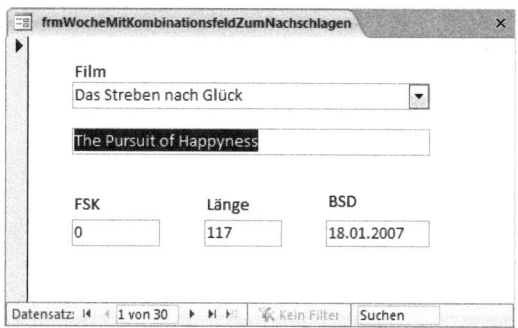

6. Wenn Sie möchten, können Sie jetzt auf dem Eigenschaftenblatt die Spaltenbreiten für das Kombinationsfeld so einstellen, dass darin nur der Filmtitel ausgewählt werden kann. Je nachdem, welcher Filmtitel aktiviert wird, ändern sich automatisch die Darstellungen der Textfelder.

Kombinationsfeld als Suchhilfe

Ein Kombinationsfeld kann auch dazu eingesetzt werden, nach bestimmten Datensätzen in einem Formular zu suchen. Um diese Anwendungsmöglichkeit demonstrieren zu können, kopieren Sie das Formular *frmFilme* und nennen es *frmFilmeMitSuchfeld*. Für dieses Formular soll jetzt ein Fußbereich erstellt werden, in den das Kombinationsfeld als Suchhilfe eingefügt werden soll.

1. Zunächst sorgen Sie dafür, dass das Formular auf dem Eigenschaftenblatt mit der Tabelle *tblFilme* verbunden ist, damit das Kombinationsfeld arbeitet.
2. Erstellen Sie den Fußbereich mithilfe der Schaltfläche *Formularkopf/-fuß*, die Sie auf der Registerkarte *Anordnen* finden.
3. Schieben Sie den Kopfbereich zusammen, so dass kein Kopf im Formular angezeigt wird.

Abbildg. 22.21   Formular mit zusammengeschobenem Formularkopf

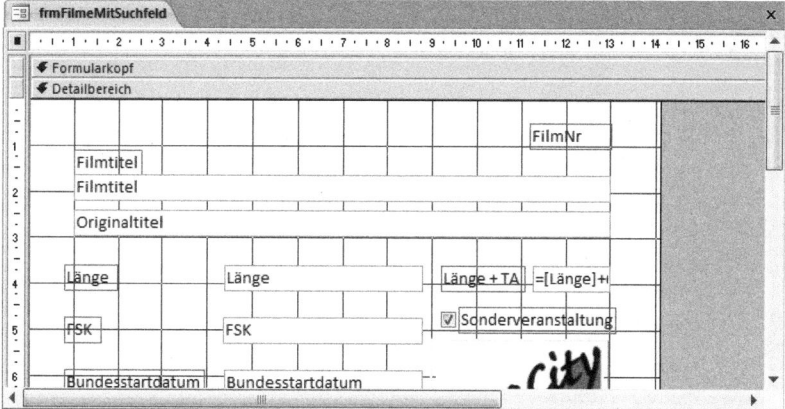

4. Erstellen Sie im Fußbereich ein neues Kombinationsfeld. Wählen Sie dabei bereits im ersten Schritt des Assistenten die dritte Option im Dialogfeld *Einen Datensatz im Formular basierend auf ...* aus.
5. Wählen Sie im nächsten Dialogfeld den *Filmtitel* aus.
6. Benennen Sie das Bezeichnungsfeld beispielsweise mit *Suche nach*.

Abbildg. 22.22   Formular *frmFilme* mit Suchhilfe im Formularfuß

Wählen Sie nun im Kombinationsfeld im Formularfuß einen bestimmten Filmtitel aus, so wird sogleich im Formular der gesamte dazugehörende Datensatz angezeigt.

Kombinationsfeld nachträglich ändern

Für die *Datensatzherkunft* eines Kombinationsfeldes wird auf dem Eigenschaftsblatt eine SQL-Abfrage eingetragen, die sich auch nachträglich ändern lässt.

Abbildg. 22.23   SQL-Abfrage für Daten

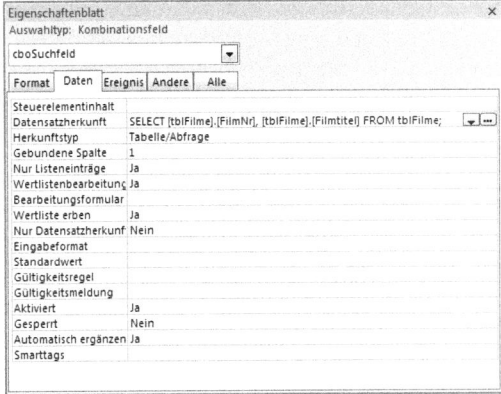

In dem im vorherigen Abschnitt erstellten Kombinationsfeld zum Suchen eines Datensatzes soll beispielsweise die Sortierreihenfolge geändert werden. Standardmäßig zeigt Access die einzelnen Datensätze in der Reihenfolge an, in der sie eingegeben wurden. Zum Suchen wäre es natürlich viel einfacher, wenn die Einträge im Kombinationsfeld alphabetisch sortiert wären. Daher soll nun die Sortierreihenfolge geändert werden.

1. Aktivieren Sie die Registerkarte *Daten* des Eigenschaftsblatts zum neuen Kombinationsfeld.
2. Klicken Sie auf die Punkte zum Feld *Datensatzherkunft*, so wird Ihnen der zur SQL-Abfrage gehörende Abfrage-Generator geöffnet.

Abbildg. 22.24   Änderung im Abfragefenster zur SQL-Abfrage

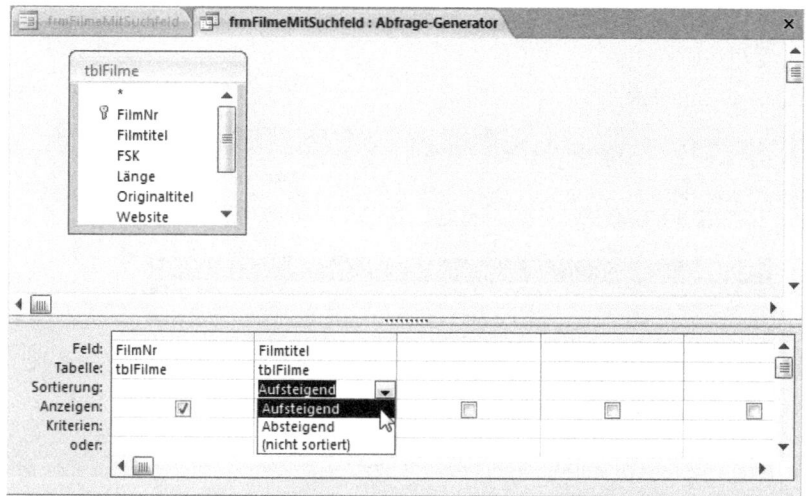

Hier können Sie nun die Sortierung für die Filmtitel leicht ändern und erhalten so im Kombinationsfeld auf dem Formular eine sortierte Filmtitelliste.

3. Speichern Sie die geänderte Abfrage und speichern Sie zudem das Formular.

Abfragen und Tabellen als Datensatzherkunft

Der Kombinationsfeld-Assistent erzeugt normalerweise eine SQL-Abfrage als *Datensatzherkunft*. Wie Sie bereits wissen, kann hier anstelle des SQL-Befehls auch der Name einer Tabelle stehen. Es ist aber ebenso möglich, den Namen einer Abfrage einzutragen. Um eine vorhandene Abfrage für die *Datensatzherkunft* auszuwählen, klappen Sie das Kombinationsfeld auf.

Wenn Sie den Abfrage-Generator für eine SQL-Abfrage geöffnet haben, so wie es in Abbildg. 22.26 gezeigt ist, können Sie das Fenster einfach schließen, um die Abfrage als *Datensatzherkunft* zu übernehmen. Alternativ bietet es sich an, die Abfrage aus dem Abfrage-Entwurfsfenster heraus zu speichern. Die Abfrage wird dann als ganz normale Abfrage unter einem Namen in Access abgelegt. Als *Datensatzherkunft* erscheint dann nur der Name der Abfrage.

Das Steuerelement *Listenfeld*

Präfix »lst«

Im Prinzip ist ein Listenfeld ein aufgeklapptes Kombinationsfeld. Es wird seltener eingesetzt, vielleicht weil es mehr Platz verbraucht und somit unhandlicher als ein Kombinationsfeld ist. Im Englischen wird ein Listenfeld mit *list box* bezeichnet, entsprechend heißt das Präfix eines Listenfeldes »lst«.

Der Vorteil eines Listenfeldes ist, dass mehrere Spalten dargestellt werden können, was mit einem Kombinationsfeld nur im aufgeklappten Zustand möglich ist.

In Abbildg. 22.27 wurde ein neues Formular in der Entwurfsansicht erstellt. Das Formular wurde dann mit der Tabelle *tblWochen* verbunden und ein Listenfeld mit Details der Tabelle *tblFilme* erstellt. Wählen Sie also eine neue Wochennummer aus, werden automatisch die Filmdaten dazu angezeigt.

Abbildg. 22.25 Formular mit Listenfeld

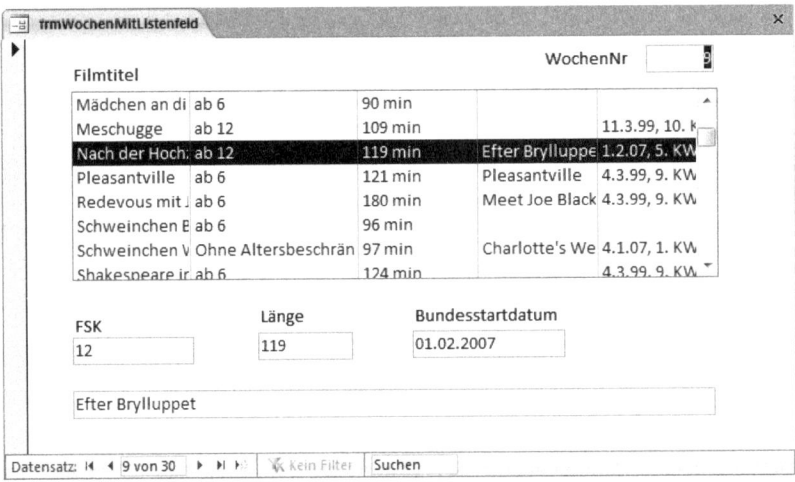

TIPP Wird das Listenfeld mit einem horizontalen Bildlaufbalken angezeigt, können Sie vielleicht eine der Spalten verkleinern, um Platz einzusparen.

Das Steuerelement *Befehlsschaltfläche*

Befehlsschaltflächen werden in erster Linie beim Programmieren verwendet. Zuvor geschriebene Programme lassen sich mithilfe von Befehlsschaltflächen sehr bequem starten. Allerdings sind bereits einige Makro-Programme für bestimmte Operationen vorgesehen und werden durch den Befehlsschaltflächen-Assistenten angeboten.

Präfix »cmd«

Die Befehlsschaltfläche wird im Englischen als *command button* bezeichnet, die Vorsilbe heißt somit »cmd«.

Auf dem Formular *frmWocheMitKombinationsfeldZumNachschlagen* soll eine Schaltfläche eingefügt werden, mit deren Hilfe man das Formular *frmFilme* sehr einfach aktivieren kann.

Das Steuerelement Befehlsschaltfläche

1. Öffnen Sie die Entwurfsansicht des Formulars *frmWocheMitKombinationsfeldZumNachschlagen*.
2. Wählen Sie dann das Werkzeug *Schaltfläche* auf der Registerkarte *Entwurf* aus und ziehen Sie damit ein Rechteck an der Stelle auf, wo die Schaltfläche liegen soll. Sogleich startet der Befehlsschaltflächen-Assistent.
3. Klicken Sie in der Kategorie *Formularoperationen* die Aktion *Formular öffnen* an.

Abbildg. 22.26   Auswahl einer Aktion für eine Befehlsschaltfläche

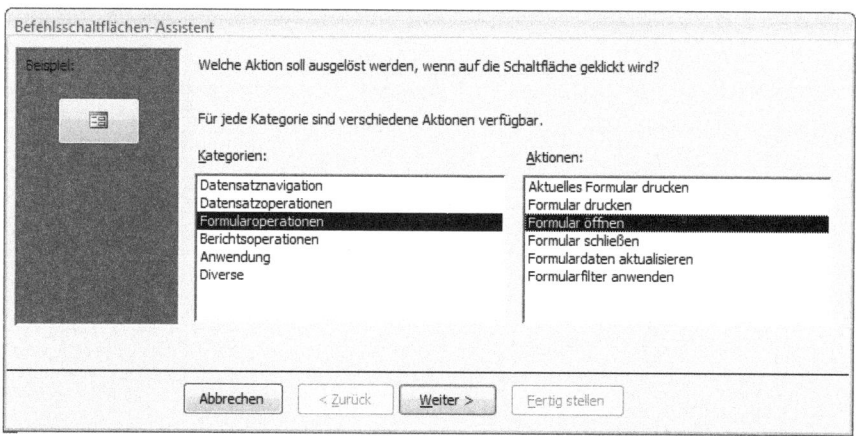

4. Selektieren Sie dann im nächsten Schritt das Formular, das geöffnet werden soll: *frmFilme*.
5. Lassen Sie sich alle Daten im Formular anzeigen. Alternativ können Sie auch angeben, dass Sie sich nur einen Datensatz anzeigen lassen möchten. Dann müssen Sie im nächsten Schritt die Felder angeben, die in beiden Tabellen übereinstimmen.
6. Legen Sie anschließend entweder fest, ob die Befehlsschaltfläche einen bestimmten einzugebenden Text tragen soll oder ein Symbol. Im Beispiel wurde als Text für die Schaltfläche `Formular frmFilme öffnen` eingegeben.

Abbildg. 22.27   Die Beschriftung für die Schaltfläche wird festgelegt

7. Im letzten Dialogfeld des Assistenten wurde die Befehlsschaltfläche mit dem Namen *cmdFormularFilme* versehen.

Abbildg. 22.28   Das Formular mit der neuen Schaltfläche

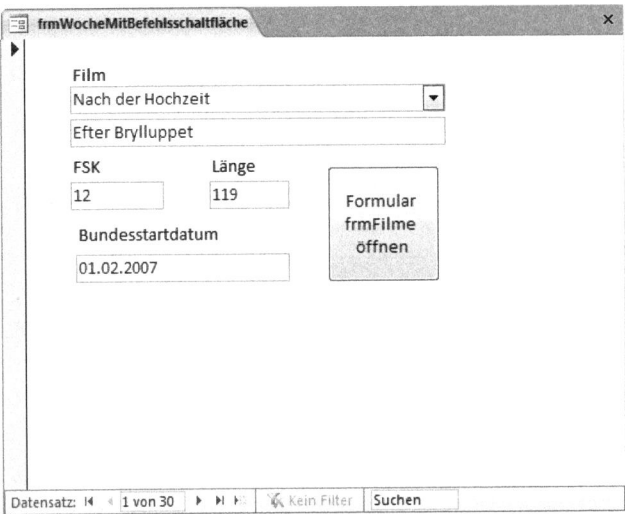

Auf dem Eigenschaftenblatt zur Befehlsschaltfläche finden Sie auf der Registerkarte *Ereignis* hinter *Beim Klicken* den Eintrag [*Eingebettetes Makro*]. Das bedeutet, dass beim Klicken auf die Befehlsschaltfläche ein Makro abläuft. Möchten Sie sich einmal ansehen, wie das Makro aussieht, klicken Sie auf die entsprechende Schaltfläche mit den drei Punkten.

Abbildg. 22.29   Das Makro zur Schaltfläche

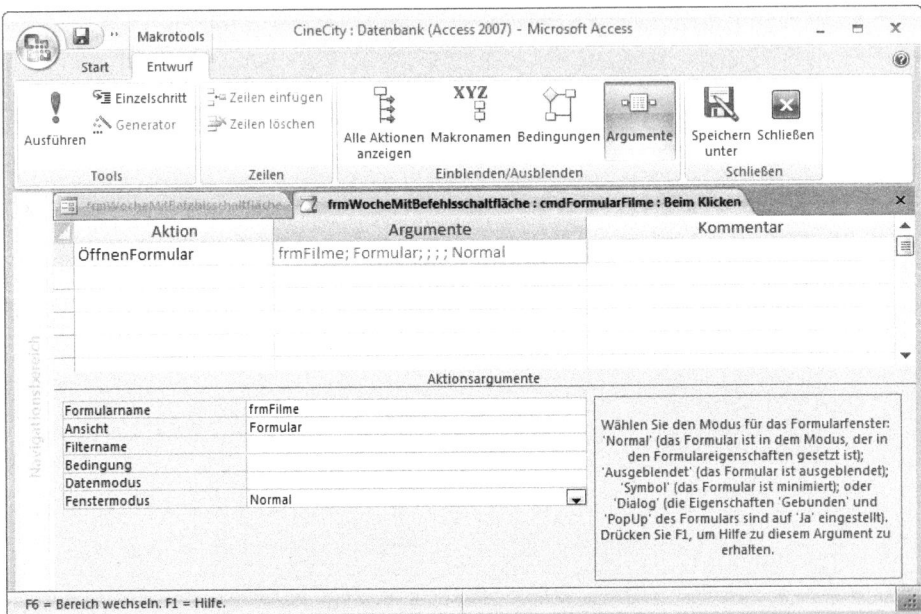

Das Makro besteht aus einem einzigen Befehl, hier als Aktion bezeichnet: ÖffneFormular. Die Argumente dieser Aktion, also beispielsweise welches Formular geöffnet und in welcher Ansicht es geöffnet werden soll, sind im unteren Teil des Fensters aufgeführt und können dort bei Bedarf geändert werden. Die Bearbeitung und das Erstellen solcher Makros wird in Teil G behandelt.

Zurück zu Access gelangen Sie mit der Schaltfläche *Schließen*.

Die Steuerelemente *Optionsgruppe* und *Optionsfeld*

Ein Optionsfeld wird auf einem Formular eingesetzt, wenn nur wenige gültige Eingaben für ein Feld erlaubt oder sinnvoll sind, z.B. bei *Ja/Nein*-Feldern. Im folgenden Abschnitt sollen die drei Optionsfeld-Varianten besprochen werden: Optionsfelder, Umschaltflächen und Kontrollkästchen.

Präfix »opt«   Mithilfe des Werkzeugs *Optionsfeld* können Sie Formularfelder erzeugen, die nur zwei Zustände kennen: Ein ausgefüllter Kreis bedeutet »Ja«, ein leerer »Nein«. Das für das Optionsfeld verwendete Präfix lautet »opt«.

> **HINWEIS**   Setzen Sie die Eigenschaft *Dreifacher Status* eines Optionsfeldes auf *Ja*, so werden NULL-Werte durch ein Abblenden des Optionsfeldes dargestellt. Normalerweise werden NULL-Werte wie »Nein«-Werte angezeigt.

Als Beispiel zum Ausprobieren soll nun auf dem Formular *frmFilme* das Feld *Sonderveranstaltung* als Optionsfeld realisiert werden.

Abbildg. 22.30   Das neue Optionsfeld

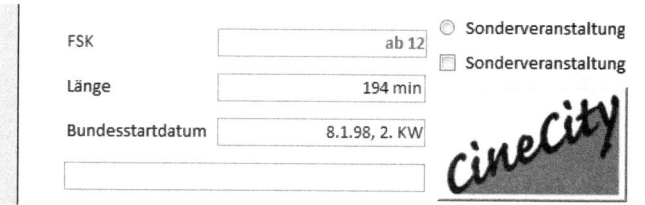

1. Wählen Sie dazu das Werkzeug *Optionsfeld* aus und ziehen Sie auf dem Formular ein Rechteck auf.
2. Ändern Sie den Text des Bezeichnungsfeldes in *Sonderveranstaltung*.

   Im letzten Schritt müssen Sie dafür sorgen, dass das neu eingefügte Optionsfeld eine Verbindung zum Feld *Sonderveranstaltung* der Tabelle *tblFilme* erhält, damit es auch die Werte anzeigt, die in die Tabelle eingetragen sind und andererseits auch Änderungen, die im Formular vorgenommen werden, in die Tabelle eingetragen werden.
3. Klicken Sie auf den Kreis des neu eingefügten Steuerelements und aktivieren Sie das Eigenschaftenblatt.
4. Selektieren Sie die Registerkarte *Daten* und tippen Sie hinter *Steuerelementinhalt* Sonderveranstaltung – oder bei Bedarf einen anderen Namen eines Tabellenfeldes – ein. Alternativ können Sie auch auf die Schaltfläche mit dem Dreieck klicken und in der Auswahlliste das gewünschte Feld aussuchen.

Abbildg. 22.31   Hier wurde die Verbindung zum Tabellenfeld *Sonderveranstaltung* erstellt

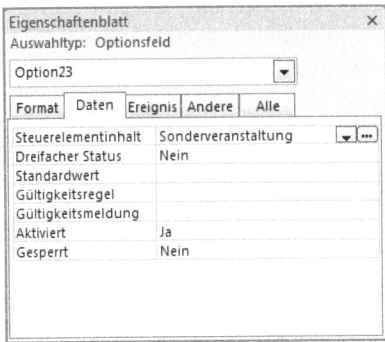

Optionsfelder in einer Optionsgruppe

Noch interessanter wird die Kombination mehrerer Optionsfelder zu einer Gruppe. In einer solchen Optionsgruppe lässt sich nur eines der angebotenen Optionsfelder auswählen. Dies möchten wir an dem folgenden Beispiel erklären.

Für das Feld *FSK* (Mindestalter) in der Tabelle *tblFilme* gibt es eigentlich nur fünf Auswahlmöglichkeiten: Für einen Film gilt das Mindestalter von 6, 12, 16, 18 oder keine Altersbegrenzung. Dafür lässt sich sehr schön eine Optionsgruppe mit fünf Optionsfeldern verwenden.

Abbildg. 22.32   Formular mit einer Optionsgruppe

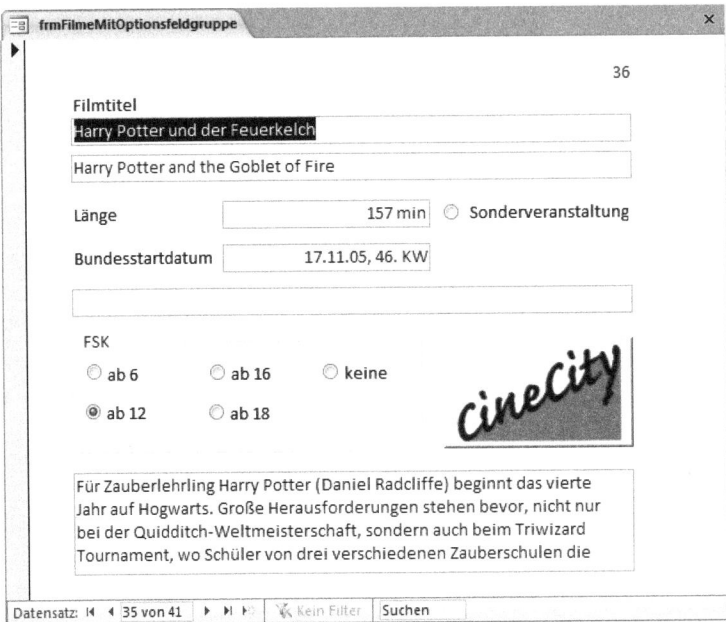

Die Steuerelemente Optionsgruppe und Optionsfeld

Um die Optionsgruppe zu erstellen, lassen wir uns vom Optionsgruppen-Assistenten unterstützen (achten Sie darauf, dass die Schaltfläche *Steuerelement-Assistenten* aktiviert ist).

Mithilfe des Werkzeugs *Optionsgruppe* wird auf dem Formular die Größe der Gruppe durch Aufziehen eines Rechtecks festgelegt. Access öffnet anschließend das erste Dialogfeld des Optionsgruppen-Assistenten, in das die Begriffe eingetragen werden können, die in der Optionsgruppe jeweils hinter den einzelnen Optionsfeldern erscheinen sollen.

Abbildg. 22.33 Beschriftung der einzelnen Optionsfelder

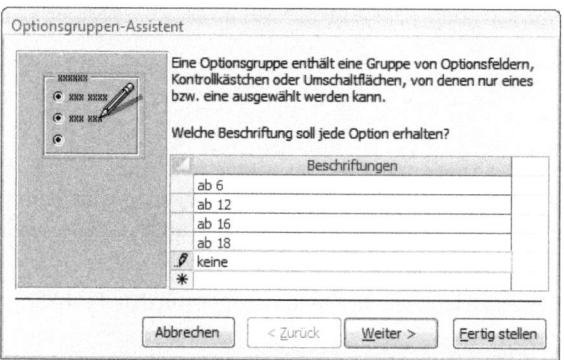

Durch die Festlegung einer Standardauswahl können Sie definieren, dass eine der Auswahlmöglichkeiten vorbesetzt sein soll. Damit können Sie beispielsweise bei der Eingabe von Daten einige Mausklicks sparen. In unserem Fall soll keine Standardauswahl vorgegeben werden, da man hier nicht davon ausgehen kann, dass eine Auswahl bevorzugt verwendet wird.

Abbildg. 22.34 Soll ein Standardwert vorgegeben werden?

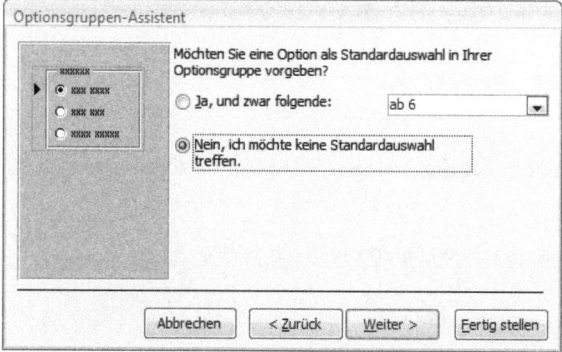

Im nächsten Schritt des Assistenten können Sie den einzelnen Einträgen der Optionsgruppe Werte zuweisen. Diese Werte werden später in der Anwendung bei einer Auswahl der jeweiligen Option als Ergebniswert zurückgegeben.

Abbildg. 22.35 Werte, die in die Tabelle übertragen werden sollen

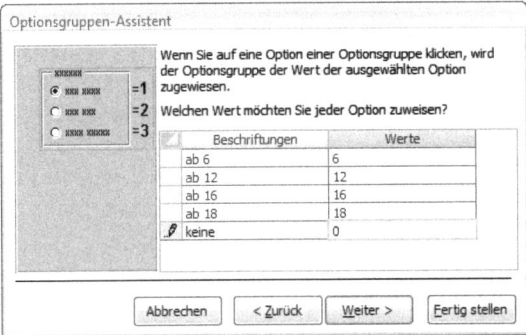

Das folgende Dialogfeld ermöglicht es Ihnen, die Optionsgruppe mit einem Feld Ihrer zugrunde liegenden Tabelle zu verbinden. Der Ergebniswert aus der Optionsgruppe wird dann in das entsprechende Feld Ihrer Datentabelle eingetragen bzw. ein in der Datentabelle vorhandener Wert wird in der Optionsgruppe angezeigt.

Wir haben, wie Sie in Abbildg. 22.39 sehen können, die Optionsgruppe mit dem Feld *FSK* verbunden.

Abbildg. 22.36 In welchem Feld soll der Wert in der Tabelle gespeichert werden?

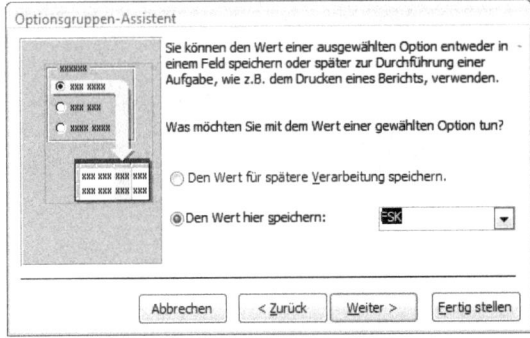

Legen Sie nun fest, welche Steuerelemente und welchen Stil Sie für die Optionsgruppe in Ihrem Formular verwenden möchten.

Abbildg. 22.37 Wie soll die Optionsgruppe, wie die einzelnen Optionsfelder aussehen?

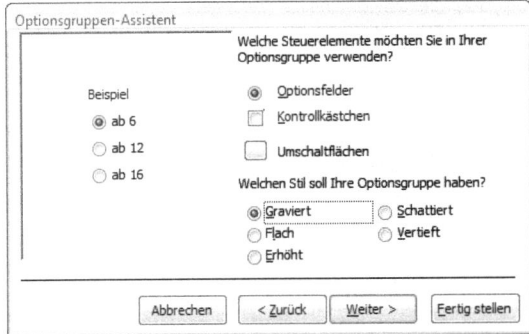

> **HINWEIS** Eigentlich sind Optionsfelder diejenigen Steuerelemente, die in Optionsgruppen angeordnet werden: Sie wählen eine Option von mehreren aus. Kontrollkästchen (und seltener Umschaltflächen) werden für einfache Ja/Nein-Felder verwendet.

Im nun folgenden letzten Dialogfeld des Assistenten bestimmen Sie die Beschriftung für Ihre Optionsgruppe. Nennen Sie sie einfach *FSK*. Jetzt müssen Sie lediglich in der Entwurfsansicht des Formulars noch das Layout anpassen, um zu dem in Abbildg. 22.35 gezeigten Ergebnis zu kommen.

Das Steuerelement *Umschaltfläche*

Das Steuerelement *Umschaltfläche* ermöglicht Ihnen die Einrichtung von beschrifteten Schaltflächen auf dem Formular. Im einfachsten Fall können Sie mit einer Umschaltfläche ein *Ja/Nein*-Feld anzeigen. Auch Umschaltflächen können in einer Optionsgruppe zusammengefasst werden, werden aber in der Regel dazu verwendet, darzustellen, dass eine bestimmte Funktion aktiviert oder nicht aktiviert ist.

Präfix »tgl« Für eine Umschaltfläche (engl. *toggle*) verwendet man das Präfix »tgl«.

1. Wählen Sie die *Umschaltfläche* aus und ziehen Sie auf dem Formularentwurf ein Rechteck auf, das so groß ist, wie die Schaltfläche werden soll.
2. Den Text der Umschaltfläche können Sie selbst festlegen: Klicken Sie einfach auf die eingefügte Umschaltfläche, so dass die Eingabemarke erscheint, und tippen Sie los.
3. Vergessen Sie nicht, dass die Umschaltfläche mit dem eigentlichen Feld der Tabelle, das sie repräsentieren, verbunden werden muss. Aktivieren Sie dazu das Eigenschaftsblatt zur Umschaltfläche und tragen Sie auf der Registerkarte *Daten* hinter *Steuerelementinhalt* Sonderveranstaltung ein.

Abbildg. 22.38 Formular mit Umschaltfläche

Das Steuerelement *Kontrollkästchen*

Mithilfe des Steuerelements *Kontrollkästchen* können Sie Formularfelder erzeugen, die nur zwei Zustände kennen: ein- oder ausgeschaltet. Dieses Werkzeug wird fast ausschließlich für *Ja/Nein*-Felder verwendet und in der Regel nicht in Optionsgruppen zusammengefasst. Ist das Kästchen selektiert, so wird *Ja* in die Tabelle eingetragen, fehlt der kleine Haken, entsprechend *Nein*.

Präfix »chk«

Als Präfix wird für ein Kontrollkästchen »chk« verwendet, da es im Englischen als *check box* bezeichnet wird.

1. Wählen Sie das *Kontrollkästchen* aus und ziehen Sie auf dem Formularentwurf ein Rechteck auf.
2. Den Text des Beschriftungsfeldes können Sie leicht durch Anklicken und Überschreiben ändern.
3. Verbinden Sie dann das Kontrollkästchen mit dem richtigen Feld der Tabelle, indem Sie den Namen des entsprechenden Feldes auf der Registerkarte *Daten* des Eigenschaftsblatts hinter *Steuerelementinhalt* eingeben.

Die Steuerelemente *Register* und *Seite*

Das *Register*-Steuerelement ermöglicht es Ihnen, Ihre eigenen Registerkarten auf Ihrem Formular zu definieren. Das ist vor allem dann hilfreich, wenn viele Details auf einem Formular dargestellt werden sollen. Dann besteht mit einem *Register*-Steuerelement die Möglichkeit, die Details nach Themen sortiert auf verschiedenen Registerkarten abzulegen.

Im Folgenden soll für die Filmtabelle ein neues Formular mit einem *Register*-Steuerelement erstellt werden.

Abbildg. 22.39 Formular mit Registerkarten

Die Steuerelemente Register und Seite

Dazu wurde zunächst die Tabelle *tblFilme* um das *Anlage*-Feld *Plakat* ergänzt. Danach kann das Formular folgendermaßen erzeugt werden:

1. Erstellen Sie einen neuen Formularentwurf, der auf dem Eigenschaftenblatt (Registerkarte *Daten*, Eigenschaft *Datensatzquelle*) mit der Tabelle *tblFilme* verbunden wird.
2. Ziehen Sie das Feld *Filmtitel* auf den Entwurf, löschen sein Bezeichnungsfeld und ziehen es etwa 10 cm breit.
3. Wählen Sie dann das *Register*-Steuerelement aus und ziehen im Entwurf ein Rechteck auf. In das Rechteck wird ein Registerelement mit zwei Registerkarten eingefügt.
4. Ziehen Sie nun die Felder *FilmNr*, *Länge*, *FSK* und *Bundesstartdatum* aus der Feldliste auf die erste Registerkarte. Ordnen Sie die Bezeichnungsfelder und die Textfelder linksbündig an.

Abbildg. 22.40   Die erste Registerkarte mit ihren Feldern

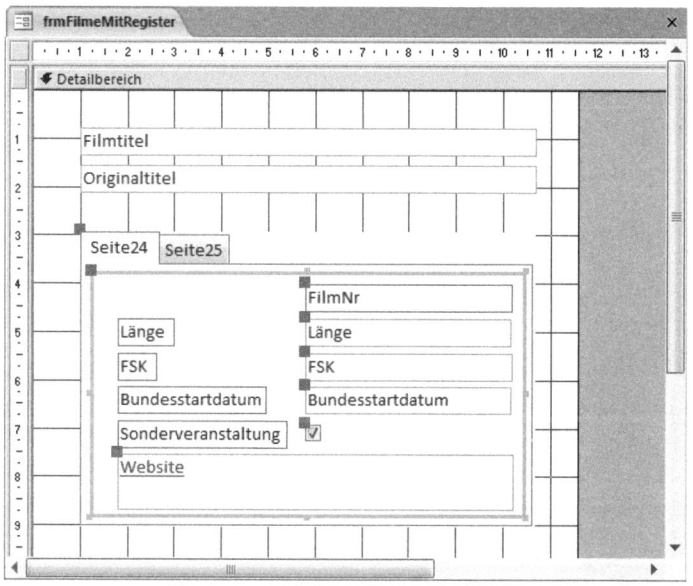

HINWEIS   Um ein Steuerelement, das auf dem Formular angeordnet ist, auf ein Registerblatt zu positionieren, ist es nicht ausreichend, das Steuerelement einfach zu verschieben. Gehen Sie dazu wie folgt vor:

1. Selektieren Sie das Steuerelement.
2. Übernehmen Sie es mit [Strg]+[X] in die Zwischenablage.
3. Selektieren Sie das Registerblatt, auf welchem das Steuerelement platziert werden soll.
4. Fügen Sie das Steuerelement aus der Zwischenablage mit [Strg]+[V] ein.

5. Klicken Sie nun auf den Reiter der zweiten Registerkarte und ziehen das Feld *Zusatztext* darauf. Ziehen Sie das Objektfeld in die gewünschte Größe.

6. Um die dritte Registerkarte einzufügen, markieren Sie das eingefügte Register-Steuerelement und verwenden die Schaltfläche *Seite einfügen*, oder Sie klicken mit der rechten Maustaste auf einen der Reiter und wählen im Kontextmenü *Seite einfügen* aus.
7. Legen Sie auf die dritte Registerkarte das Feld *Plakat*.
8. Stellen Sie sowohl für *Hintergrundart* als auch für *Rahmenart Transparent* ein.
9. Im nächsten Schritt sollen nun die Reiter umbenannt werden. Klicken Sie dazu nacheinander die einzelnen Registerkarten an und tippen Sie auf dem Eigenschaftsblatt den gewünschten Namen im Feld *Name* (Registerkarte *Andere*) ein.

Abbildg. 22.41   Der Registerreiter erhält einen neuen Namen

10. Ziehen Sie jetzt das Register-Steuerelement in die richtige Größe. Um es zu markieren, klicken Sie einen der Registerreiter an. Schieben Sie dann noch den Formularentwurf in die gewünschte Größe und speichern Sie das neue Formular.

TIPP   Beachten Sie, dass *Register*-Steuerelemente aus dem eigentlichen Register und den Registerkarten bestehen, die getrennt voneinander formatiert und bearbeitet werden können.

Präfix »reg« bzw. »pge«   Das *Register*-Steuerelement erhält das Präfix »reg«, während den Namen der einzelnen Registerkarten »pge« für *page*, d.h. Seite, vorangestellt werden sollte.

Abbildg. 22.42   Links: markiertes Register-Steuerelement; rechts: markierte Seite

Bilder für Formulare

Es gibt verschiedene Möglichkeiten, ein Bild in ein Formular einzufügen: als gebundenes oder ungebundenes Bild oder als OLE-Objekt. Ein gebundenes Bild wird in einer Tabelle gespeichert. Es ist abhängig vom aktuellen Datensatz. Wählen Sie einen neuen Datensatz aus, ändert sich das im Formular dargestellte Bild. So könnte man beispielsweise für jeden einzelnen Film das eingescannte Kinoplakat als gebundenes Bild speichern.

Ein ungebundenes Bild wird dagegen im Entwurf des Formulars gespeichert. Wenn Sie einen neuen Datensatz anzeigen lassen, ändert sich das Bild nicht. Das Logo auf dem Formular *frmFilme* wurde als ungebundenes Bild eingefügt.

Ungebundene Bilder

Wie Sie ein ungebundenes Bild erstellen, hängt davon ab, ob Sie das Bild direkt im Formular bearbeiten möchten oder nicht. Soll das Bild nicht aktualisiert werden, so fügen Sie es am besten mit dem Steuerelement *Bild* ein. Bilder, die mit diesem Steuerelement eingefügt wurden, haben den Vorteil, dass sie viel schneller geladen werden, als Bilder in Objektfeldern.

Soll ein Bild jedoch häufig bearbeitet werden, ist das Steuerelement *Objektfeld* zu verwenden. Sie können das Bild dann per Doppelklick in seiner Anwendung öffnen und bearbeiten.

Gebundenes Bild

Gebundene Bilder, also Bilder, die als OLE-Objekt in der Tabelle vorgesehen sind, werden mit dem Steuerelement *Gebundenes Objektfeld* auf einem Formular realisiert. Auch sie können nachträglich per Doppelklick geöffnet und bearbeitet werden.

Wann verwendet man was?

Tabelle 22.1 soll verdeutlichen, für welche Aufgaben welches Steuerelement am besten geeignet ist. Zudem wird die Art der Einfügung angegeben. Neben Bildern sind hier auch andere Objekte wie Excel-Diagramme und Word-Texte berücksichtigt.

Tabelle 22.1 Bilder einfügen

Situation	Steuerelement	Einfügeart
Logo, das nicht aktualisiert werden muss	Bild	Eingebettet; es sei denn, es wird sehr häufig eingefügt und erzeugt so eventuell Plattenplatzprobleme
Bild, das häufig aktualisiert werden muss	Objektfeld	Eingebettet
Diagramm aus Microsoft Excel mit den aktuellen Umsatzstatistiken	Objektfeld	Verknüpft
Ein Bild pro Film mit dem Ankündigungsplakat, das in der Tabelle *tblFilme* für jeden Film gespeichert werden soll	Gebundenes Objektfeld	Eingefügt
Zusatzwerbetext mit Formatierungen in Microsoft Word in der Tabelle *tblFilme*	Gebundenes Objektfeld	Verknüpft und als Symbol angezeigt

Größeneinstellungen

Für ein eingefügtes Bild oder Objektfeld stehen Ihnen drei Optionen für die Größenanpassung zur Verfügung:

- Mit *Dehnen* wird das Bild so gedehnt oder gestaucht, dass es exakt in das aufgezogene Rechteck hineinpasst.
- Beim *Zoomen* wird das Bild ebenfalls an die Größe des aufgezogenen Rechtecks angepasst, das Seitenverhältnis des Bildes allerdings beibehalten.
- Wählen Sie *Abschneiden*, werden alle Teile des Bildes abgeschnitten, die über das aufgezogene Rechteck hinausragen.

Während gebundene Objektfelder und Bilder standardmäßig mit der Einstellung *Zommen* eingefügt werden, werden ungebundene Objektfelder abgeschnitten eingefügt.

Hintergrundbilder für Formulare

Soll ein Formular ein Hintergrundbild erhalten, das wie ein Wasserzeichen hinter den einzelnen Texten und Steuerelementen liegt, fügen Sie es als ungebundenes Bild ein. Verfahren Sie dazu so:

1. Aktivieren Sie die Registerkarte *Format* des Eigenschaftsblatts zum Formular.
2. Hinter *Bild* finden Sie im Moment den Eintrag (*keines*). Klicken Sie auf die Schaltfläche mit den drei Punkten, so öffnen Sie das Dialogfeld *Grafik einfügen*.
3. Stellen Sie den entsprechenden Ordner ein und wählen Sie das gewünschte Bild per Doppelklick aus. Es wird mit seinem Pfad auf dem Eigenschaftsblatt eingetragen.

Das Bild wird im Formular in der Mitte eingefügt. Es besteht die Möglichkeit, dieses Bild mehrfach nebeneinander einzufügen. Das ist vor allem bei kleinen Bildern interessant. Wählen Sie dazu für *Bild nebeneinander* die Einstellung *Ja* aus.

Das Steuerelement *Bild*

Mithilfe des Steuerelements *Bild* fügen Sie ungebundene, meist eingebettete Bilder ein. Wir haben in Kapitel 21, »Der Formularentwurf«, bereits das Logo als Bild – wenn auch über die Schaltfläche *Logo* – eingefügt.

1. Wählen Sie im Formularentwurf das Steuerelement *Bild* aus.
2. Ziehen Sie damit im Entwurf ein Rechteck auf, so startet automatisch das Dialogfeld *Grafik einfügen*.
3. Wählen Sie darin das gewünschte Bild aus.

Auf der Registerkarte *Format* lässt sich die *Größenanpassung* (*Abschneiden*, *Dehnen*, *Zoomen*), *Bildausrichtung*, *Größe*, *Rahmenfarbe* etc. einstellen. Hier ist es aber auch möglich, ein Bild mit einem Hyperlink zu versehen und so durch einen Klick auf das Bild eine Datei (auf dem PC, in einem Netzwerk oder im Internet) zu öffnen.

Präfix »img« — Bilder (engl. *images*) erhalten das Präfix »img«.

Schaltfläche *Logo*

Mithilfe der Schaltfläche *Logo* fügen Sie ebenfalls ein Bild ein. Allerdings wird dieses im Formularkopf eingefügt. Dieses Logo verfügt aber ansonsten über dieselben Eigenschaften wie ein als Steuerelement *Bild* eingefügtes Bild.

Einbetten oder verknüpfen?

Standardmäßig fügt Access Bilder mit dem Steuerelement *Bild* eingebettet in das Formular ein. Das bedeutet, das Bild wird direkt in der Datenbank gespeichert. Verwenden Sie ein solches Bild mehrmals in der Datenbank, wie beispielsweise ein Logo, das auf jedem Formular und jedem Bericht wieder erscheint, ist es unter Umständen sinnvoller, das Bild verknüpft einzufügen. Dann wird in der Datenbank jeweils nur die Verknüpfung gespeichert. Das Bild selbst wird nur einmal auf der Festplatte gespeichert und nicht mehrmals in der Datenbankdatei.

Soll das eingebettete Bild in ein verknüpftes geändert werden, ändern Sie auf der Registerkarte *Format* des Eigenschaftenblatts den *Bildtyp Eingebettet* in *Verknüpft* ab.

Das Steuerelement *Objektfeld*

Mithilfe des Steuerelements *Objektfeld* lassen sich Bilder, aber auch Texte, Spreadsheets und andere Datenbanken als ungebundene Objekte einfügen. Als Voraussetzung muss das Programm, dessen Objekte eingefügt werden sollen, OLE beherrschen.

Präfix »ole«: Objektfeldern wird die Abkürzung »ole« vorangestellt, die den »OLE«-Charakter dieser Felder beschreibt.

Im folgenden Beispiel soll der in Excel erstellte Einsatzplan der Kinomitarbeiter per Doppelklick aus dem Formular *frmKinos* heraus aufgerufen werden können. Da der Plan in Excel ständig auf dem Laufenden gehalten wird, ist es sinnvoll, ihn als OLE-Objekt auf das Formular zu platzieren.

1. Wählen Sie das Steuerelement *Objektfeld* aus.
2. Ziehen Sie damit ein Rechteck auf dem Formularentwurf auf, so wird automatisch das Dialogfeld *Microsoft Office Access* geöffnet.
3. Wählen Sie als *Objekttyp Microsoft Excel-Arbeitsblatt*. Sie können hier zudem auswählen, ob diese Tabelle neu erstellt werden soll oder ob Sie eine bereits erstellte Tabelle öffnen möchten. Je nachdem, was Sie auswählen, wird entweder Excel mit einem leeren Spreadsheet gestartet, oder Sie erhalten ein Eingabefeld für den Pfad und den Tabellennamen.
4. Wählen Sie in diesem Dialogfeld zudem aus, ob Sie die Tabelle oder nur das Symbol von Excel im Formular sehen wollen. Im Beispiel wurde *Als Symbol darstellen* angeklickt.
5. Haben Sie *Aus Datei erstellen* ausgewählt, besteht in einem weiteren Dialogfeld die Möglichkeit, einzustellen, ob das Objekt eingebettet werden soll (dann verliert es die Verbindung zum Originalobjekt) oder ob es verknüpft werden soll, damit die Änderungen, die an der Originaldatei vorgenommen werden, automatisch aktualisiert werden (im Beispiel wurde die Datei verknüpft).

Abbildg. 22.43   Ein Objektfeld erstellen

6. Um den Text unter dem angezeigten Symbol zu ändern, klicken Sie im Dialogfeld *Microsoft Office Access* auf die Schaltfläche *Symbol ändern*. Hinter *Beschriftung* können Sie nun unten im Dialogfeld *Symbol wechseln* den gewünschten Text modifizieren.
7. Öffnen Sie das Eigenschaftenblatt zum Objektfeld und kontrollieren Sie die Optionen *Aktiviert* (*Ja*) und *Gesperrt* (*Nein*), sonst lässt sich das Objektfeld im Formular nicht per Doppelklick aktivieren bzw. es lässt sich nicht ändern.
8. Für das Objektfeld in Abbildg. 22.44 kann zudem als *Hintergrundart* und für die *Rahmenart* die Option *Transparent* und als *Spezialeffekt Flach* ausgewählt werden.

Abbildg. 22.44   Formular mit neuem Objektfeld

WICHTIG   Wenn Sie eine Verknüpfung zu einem Programm oder einer Datei in Ihr Formular aufnehmen, müssen Sie sicherstellen, dass sich Programm oder Datei auch an der Stelle befinden, die in der Verknüpfung angegeben ist.

Das Steuerelement *Gebundenes Objektfeld*

Sind in einer Tabelle OLE-Felder vorgesehen worden, können diese als gebundene Objektfelder auf ein Formular gelegt werden. Ziehen Sie dazu einfach das Feld aus der Feldliste auf den Formularentwurf.

Alternativ können Sie auch mit dem Werkzeug *Gebundenes Objektfeld* ein Rechteck auf dem Formularentwurf aufziehen und das Feld nachträglich mit dem Objektfeld verbinden. Aktivieren Sie dazu das Eigenschaftenblatt zu *Gebundenes Objektfeld*, wählen die Registerkarte *Daten* aus und tippen den Namen des OLE-Feldes hinter *Steuerelementinhalt* ein.

Präfix »ole«

Gebundene Objektfelder erhalten ebenso wie ungebundene Objektfelder das Präfix »ole«.

Die Steuerelemente *Linie* und *Rechteck*

Die Steuerelemente *Linie* und *Rechteck* benötigt man nur zur besseren Gestaltung von Formularen.

Das Steuerelement *Linie* benötigt man, um Unterteilungen auf einem Formular festlegen zu können. Mithilfe der Registerkarte *Formular* des Eigenschaftenblatts lassen sich verschiedene Linienstärken, -typen, -farben und einige Effekte definieren.

Mit dem Steuerelement *Rechteck* können Sie verschiedene Bereiche durch farbige Umrandungen oder Flächen voneinander abheben. Auch für dieses Steuerelement finden Sie alle wichtigen Einstellungsmöglichkeiten auf der Registerkarte *Format*.

> **TIPP** Gibt es bei übereinander liegenden Steuerelementen mit der Reihenfolge Probleme, verwenden Sie im Menü *Format* die beiden Optionen *In den Vordergrund* bzw. *In den Hintergrund*.

Die Steuerelemente *Hyperlink* und *Anlage*

Fast alle Steuerelemente können als Hyperlinks geschaltet werden. Ein Hyperlink ist ein Querverweis auf eine Internetadresse, eine Datei oder ein Access-Objekt. Da Hyperlinks eine Komponente der Interneteigenschaften von Access sind, werden sie im Teil I beschrieben.

Auf das letzte Registerblatt des Formulars *frmFilmeMitRegister* wurde bereits ein Feld für eine Anlage eingefügt.

Die Standardeinstellung für eine Anlage ist auf dem Registerblatt *Format* unter *Anzeigen als* mit *Bild/Symbol* festgelegt. Handelt es sich bei dem als Anlage gespeicherten Objekt um ein Bild, wird dieses angezeigt, handelt es sich beispielsweise um einen Word-Text oder eine Excel-Datei, so ist das Programmsymbol zu sehen.

In Abbildg. 22.45 sehen Sie eine Symbolleiste zur Anlage, die Ihnen das Umschalten zwischen zwei eingefügten Objekten ermöglicht. Sie erscheint, wenn Sie auf einem Formular eine Anlage mit der Maus anklicken.

Abbildg. 22.45   Umschalten zwischen zwei gespeicherten Anlagen

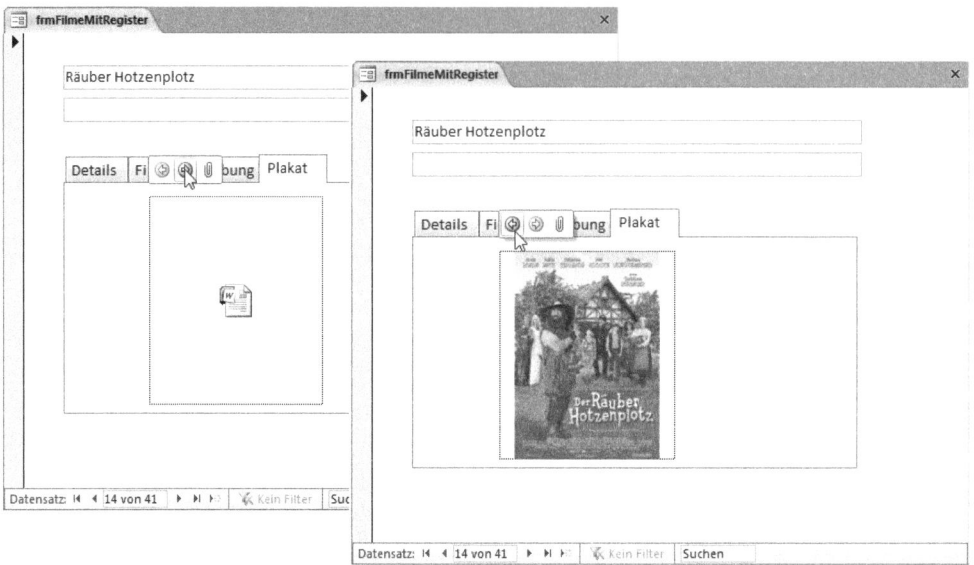

Mithilfe des Kontextmenüs und dem Befehl *Anlagen verwalten* oder der Büroklammer im Menü in Abbildg. 22.46 lassen sich neue Anlagen einfügen, Anlagen öffnen oder löschen.

Abbildg. 22.46   Analgen bearbeiten

Das Steuerelement *Seitenumbruch*

Wird ein Formular sehr lang und ist es nicht mehr vernünftig überschaubar, kann es sinnvoll sein, das Formular so zu ändern, dass die einzelnen Steuerelemente auf zwei Seiten verteilt dargestellt werden. Achten Sie bei der Aufteilung mithilfe des vertikalen Lineals darauf, dass beide Teile gleich groß sind.

1. Wählen Sie dann das Steuerelement *Seitenumbruch* aus und ziehen dort eine Linie, wo Sie den Umbruch definieren möchten.

    Er wird links durch eine kurze Linie angezeigt. In der Formularansicht kennzeichnet der Seitenumbruch die Stelle, die bei der Verwendung der Tasten `Bild↑` und `Bild↓` angesprungen werden soll.

2. Im nächsten Schritt wählen Sie dann das Eigenschaftenblatt des Formulars aus und ändern die Eigenschaft *Zyklus* zu *Aktuelle Seite*.

   Mit dieser Einstellung ist gewährleistet, dass Sie beim Verwenden der ⇆-Taste immer auf der entsprechenden Seite bleiben. Erst die Verwendung der Taste `Bild↓` lässt Sie zur Folgeformularseite wechseln.

3. Bei Bedarf können Sie zudem den *Rahmen* des Formulars, der standardmäßig als *Veränderbar* definiert wird, auf *Dünn* schalten (Registerkarte *Format*).

   Damit geben Sie dem Benutzer nicht mehr die Möglichkeit, das Dialogfeld des Formulars zu vergrößern und sich so Steuerelemente anzeigen zu lassen, die Sie für die zweite Seite definiert haben.

4. Schalten Sie zudem die Bildlaufleisten aus (Registerkarte *Format*, Eigenschaft *Bildlaufleiste* auf *Nein* schalten), sodass der Benutzer keine Möglichkeit hat, Ihre Einstellung des Formulars zu verändern.

5. Jetzt ist es wichtig, die Größe des Formularentwurfs so zu wählen, dass in der Formularansicht zum einen alle, zum anderen nur die gewünschten Steuerelemente dargestellt werden.

Insgesamt ist es eher mühsam, mit mehreren Formularseiten und Seitenumbrüchen zu arbeiten. Sehr viel leichter erreichen Sie einen ähnlichen Effekt, wenn Sie das *Register*-Steuerelement verwenden. Dann können Sie mehrere Registerkarten definieren und auch so mehr Informationen auf einem Formular positionieren.

Präfix »brk« Seitenumbrüche werden durch das Präfix »brk« für *break* gekennzeichnet.

Standardeigenschaften

Alle Steuerelemente lassen sich vielfältig formatieren. Möchten Sie mehrere Steuerelemente in der gleichen Formatierung auf Ihr Formular platzieren, so müssen Sie entweder die Formate immer wieder neu vereinbaren oder mit der Schaltfläche *Format übertragen* kopieren.

Alternativ können Sie auch die Standardeigenschaften für Steuerelemente ändern, d.h., jedes neue Steuerelement wird in der Art und Weise formatiert, wie es in den Standardeigenschaften für den entsprechenden Steuerelementtyp angegeben ist. Um die Standardeinstellung der Eigenschaften für ein Steuerelement zu vereinbaren, gehen Sie wie folgt vor:

1. Aktivieren Sie das Eigenschaftenblatt.
2. Selektieren Sie das Steuerelement, dessen Standardeigenschaften Sie einstellen möchten. Beachten Sie dabei, dass vorher kein Steuerelement markiert ist. In der Titelleiste des Eigenschaftenblatts sollte nun *Standard: ...* erscheinen.
3. Legen Sie die gewünschten Eigenschaftswerte fest.

Erstellen Sie nun ein neues Steuerelement, werden die vereinbarten Standardeigenschaften verwendet.

Abbildg. 22.47   Standardeigenschaften für Textfelder

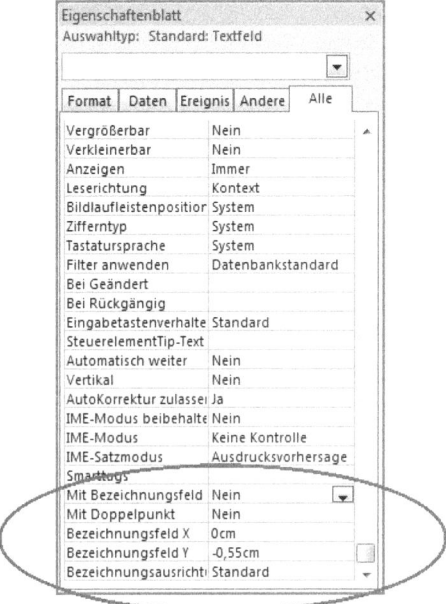

Beachten Sie die fünf letzten Eigenschaften auf dem Standard-Eigenschaftenblatt (Abbildg. 22.47). Diese Eigenschaften können nur auf dem Standard-Eigenschaftenblatt bestimmt werden.

- Setzen Sie *Mit Bezeichnungfeld* auf *Ja*, erhält ein neues Steuerelement automatisch ein zugehöriges Bezeichnungsfeld.
- Der Text im Bezeichnungsfeld wird mit einem Doppelpunkt abgeschlossen, wenn Sie die Option *Mit Doppelpunkt* setzen.
- Die Einstellungen für *Bezeichnungsfeld X* bzw. *Y* legen die Position des Bezeichnungsfeldes relativ zum Steuerelement fest.
- Die *Bezeichnungsausrichtung* bestimmt, ob der Bezeichnungstext linksbündig, zentriert oder rechtsbündig ausgerichtet werden soll. Selektieren Sie *Standard*, entscheidet Access die Ausrichtung anhand des Bezeichnungstextes, d.h., Zahlen als Bezeichnungstexte werden rechtsbündig dargestellt.

Zusammenfassung

Dieses Kapitel befasste sich mit den einzelnen Steuerelementen. Anhand von vielen Beispielen wurden die Steuerelemente in Access und viele ihrer Eigenschaften besprochen.

Kapitel 23

Unterformulare

In diesem Kapitel:

Unterformulare mit dem Formular-Assistenten	494
Unterformulare mit und ohne Assistenten	512
Verschachtelte Unterformulare	514
Synchronisierte Unterformulare	517
Zusammenfassung	522

Kapitel 23 Unterformulare

Unterformulare sind eine elegante Möglichkeit, Daten aus Tabellen oder Abfragen darzustellen, die zueinander in 1:n-Beziehungen stehen. Die Anzeige solcher Master-Detail-Beziehungen ist zwar auch mit Kombinations- oder Listenfeldern möglich, allerdings erlauben Unterformulare darüber hinaus, dass Sie sowohl die Daten der Mastertabelle als auch die der Detailtabelle bearbeiten können.

Mit dem Formular-Assistenten lassen sich mit wenigen Schritten Formulare mit Unterformularen erstellen. Anschließend zeigen wir Ihnen weitere Techniken im Umgang mit Unterformularen bis hin zu Anwendungen mit mehreren synchronisierten bzw. verschachtelten Unterformularen.

Unterformulare mit dem Formular-Assistenten

Es soll ein Formular erstellt werden, das für jedes Kino die Vorstellungstermine zeigt.

1. Wählen Sie die Registerkarte *Erstellen* und darauf die Schaltfläche *Weitere Formulare*. Im so aktivierten Menü klicken Sie auf den *Formular-Assistenten*.
2. Selektieren Sie dann für das Beispiel die Tabelle *tblKinos* und übernehmen Sie alle Felder.
3. Wählen Sie danach im Kombinationsfeld *Tabellen/Abfragen* die Tabelle *tblTermine* aus und selektieren Sie des Weiteren die Felder *Kommentar*, *Tag* und *Zeit*.

Abbildg. 23.1   Auswahl der benötigten Felder

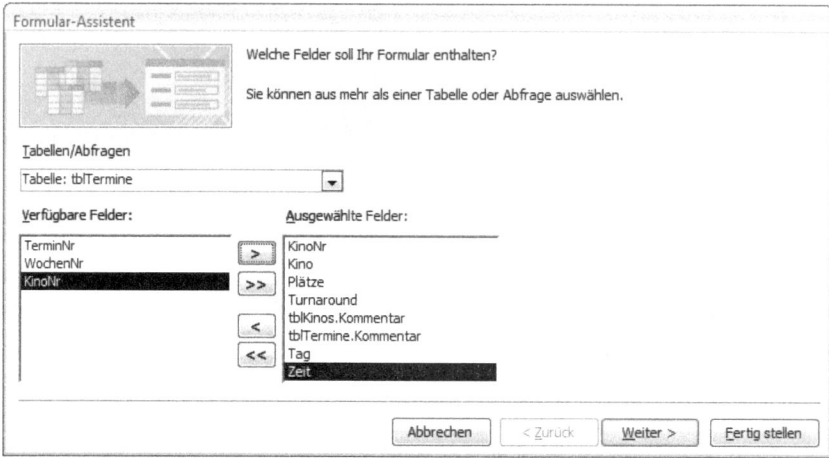

> **HINWEIS**   Zwischen den Tabellen, deren Felder Sie in die Liste *Ausgewählte Felder* aufnehmen, muss eine direkte oder indirekte Beziehung existieren, die im Dialogfeld *Beziehungen* (Schaltfläche *Beziehungen*, Registerkarte *Datenbanktools*) definiert sein muss.

Das nächste Dialogfeld des Formular-Assistenten bietet Ihnen auf der rechten Seite unter der Vorschau zwei Darstellungsoptionen für das zu generierende Formular: Entweder wird ein Formular mit Unterformular erzeugt oder es werden zwei Formulare miteinander verknüpft.

Abbildg. 23.2   Formular mit Unterformular

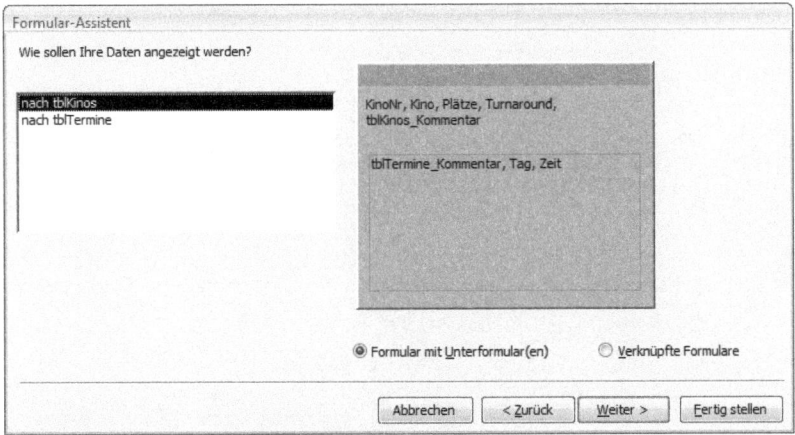

Das Bild in der Vorschau hängt davon ab, welchen Eintrag Sie im Listenfeld auf der linken Seite selektiert haben. Wählen Sie links die Tabelle aus, deren Felder auf dem Hauptformular dargestellt werden sollen.

Abbildg. 23.3 zeigt den Aufbau verknüpfter Formulare. Das erste Formular wird um eine Befehlsschaltfläche ergänzt, die das zweite Formular mit den entsprechenden Detaildaten öffnet.

Abbildg. 23.3   Zwei verknüpfte Formulare

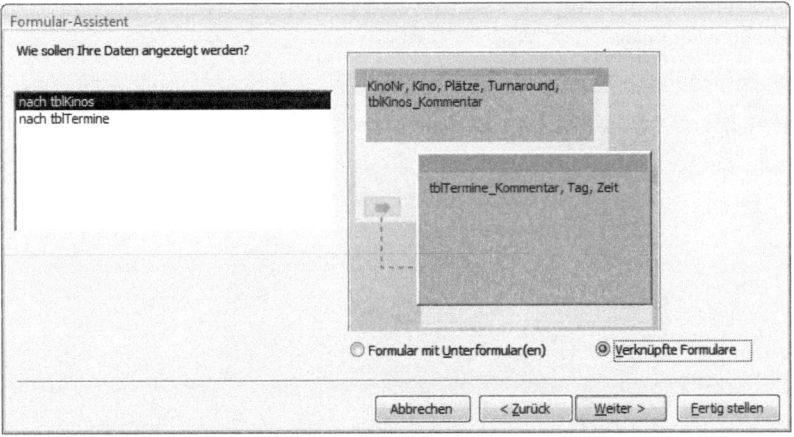

4. Um unser Beispiel weiter zu verfolgen, wählen Sie auf der linken Seite *nach tblKinos* (da wir erst die Kinos und dann im Unterformular die Termine sehen möchten) und auf der rechten Seite *Formular mit Unterformular(en)* aus.
5. Im nächsten Dialogfeld des Assistenten selektieren Sie, ob die Detaildaten im Unterformular in der Datenblatt- oder Tabellenansicht gezeigt werden sollen. Entscheiden Sie sich für die Datenblattansicht.
6. Wählen Sie ein Format, bevor Sie im letzten Dialogfeld des Assistenten die beiden vom Assistenten erzeugten Formulare benennen.

Abbildg. 23.4 Benennen Sie beide Formulare

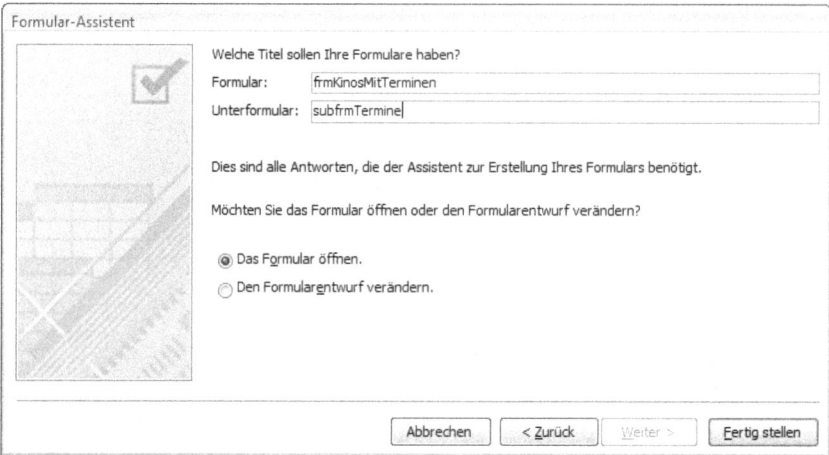

Wir empfehlen Ihnen, wieder die entsprechenden Abkürzungen vor die Namen der Formulare zu setzen: »frm« für Formulare und »subfrm« für Unterformulare. So haben Sie später leicht den Überblick, welche Formulare dafür gedacht waren, als Unterformulare in Formularen eingesetzt zu werden.

Abbildg. 23.5 zeigt das vom Assistenten erzeugte Formular mit Unterformular. Das Unterformular wird in der Tabellenblattansicht dargestellt. Sie können in den Daten im Unterformular blättern und Änderungen vornehmen.

Abbildg. 23.5 Das erzeugte Formular

Die Entwurfsansicht für das Formular mit Unterformular

Schalten Sie in die Entwurfsansicht um, um sich den Zusammenhang zwischen Formular und Unterformular anzusehen: Access ermöglicht die gleichzeitige Bearbeitung von Haupt- und Unterformularen, d.h., der Entwurf des Unterformulars wird in der Entwurfsansicht des Hauptformulars gezeigt. Beachten Sie dabei, dass das Unterformular trotzdem ein eigenständiges Formular ist und unter einem eigenen Namen in der Access-Datenbank abgelegt wird. Es lässt sich auch ohne das Hauptformular aufrufen und bearbeiten.

HINWEIS Von Zeit zu Zeit kann es beim Aufruf von Hauptformularen in der Entwurfsansicht dazu kommen, dass anstelle des Unterformulars nur das leere, weiße Unterformular-Steuerelement gezeigt wird. Damit Access die richtige Ansicht zeigt, schließen Sie am einfachsten alle Formulare und versuchen es dann erneut. Normalerweise werden nun die Haupt- und Unterformulare korrekt im Entwurf dargestellt.

Erstaunlicherweise sieht das Formular in der Entwurfsansicht dem zuvor abgebildeten Unterformular nicht sehr ähnlich. Der Entwurf zeigt das Formular als *Einzelnes Formular*, das nur in der *Datenblattansicht* angezeigt wird.

Abbildg. 23.6   Das Formular in der Entwurfsansicht

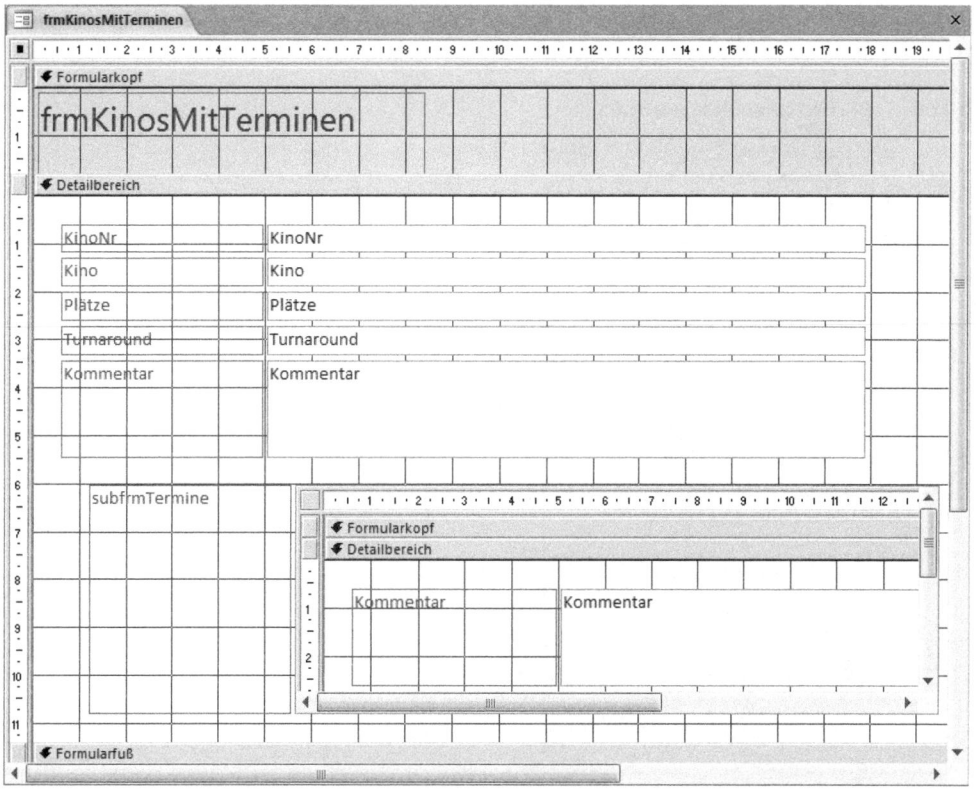

Markieren von Unterformular-Steuerelementen

Innerhalb eines Unterformular-Steuerelements können Sie alle Steuerelemente mit der Maus selektieren und bearbeiten, so wie wir es für Formulare beschrieben haben.

Beachten Sie dabei, dass Sie auch das Unterformular-Steuerelement selbst selektieren und dessen Eigenschaften einstellen können, wie es im nächsten Abschnitt beschrieben wird. Um das Unterformular-Steuerelement zu markieren, klicken Sie auf den Rand des Steuerelements; es wird ein farbiger Rahmen eingeblendet.

Abbildg. 23.7   Markiertes Unterformular

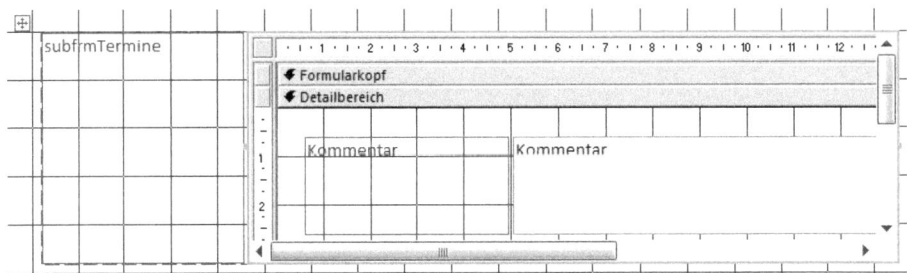

Verknüpfung zwischen Haupt- und Unterformular

Der Zusammenhang zwischen Formular und Unterformular wird über die Eigenschaften des *Unterformular*-Steuerelements hergestellt.

Abbildg. 23.8   Eigenschaften des Unterformulars

Unterformulare mit dem Formular-Assistenten

In der Zeile *Herkunftsobjekt* wird in den Eigenschaften des Unterformulars der Name des Formulars angegeben, das im *Unterformular*-Steuerelement dargestellt werden soll. Es empfiehlt sich, den *Namen* des Steuerelements gleich der Bezeichnung des *Herkunftsobjekts* zu wählen, um Verwirrungen vorzubeugen.

Mithilfe der Eigenschaften *Verknüpfen von* und *Verknüpfen nach* wird die Verknüpfung zwischen Haupt- und Unterformular aufgebaut. Im Feld *Verknüpfen von* geben Sie das Feld des Unterformulars an, in *Verknüpfen nach* das Feld des Hauptformulars, die miteinander in Beziehung gebracht werden sollen.

Nach unserer Meinung sind die Bezeichnungen *Verknüpfen von* und *Verknüpfen nach* unglücklich gewählt. *Von* wo *nach* wo wird denn nun verknüpft? Häufig kann man sich nicht merken, in welche der Eigenschaften der Feldname von Haupt- bzw. Unterformular eingetragen werden muss. Aber gegen diese Gedächtnisschwäche hat Microsoft einen Assistenten parat: *Feldverknüpfungs-Assistent für Unterformulare*.

Der Assistent wird über die Schaltfläche mit den drei Punkten gestartet, die am rechten Rand der Eigenschaftsfelder *Verknüpfen von* bzw. *Verknüpfen nach* eingeblendet wird, wenn Sie den Mauszeiger in eines der Felder positionieren.

Abbildg. 23.9   Unterstützung bei der Verknüpfung

Im Kombinationsfeld auf der linken Seite können Sie eines der Felder der Tabelle oder Abfrage des Hauptformulars, auf der rechten Seite des Unterformulars selektieren. Es kann dabei hilfreich sein, sich die Vorschläge von Access mithilfe der Schaltfläche *Vorschlagen* anzusehen.

Die Verknüpfung zwischen Haupt- und Unterformular kann aus bis zu drei Feldern bestehen (wenn Sie eine zweite Kombination bestimmen, blendet der Assistent eine dritte Zeile mit Kombinationsfeldern ein).

WICHTIG   Vertrauen Sie dem Feldverknüpfungs-Assistenten nicht blindlings! Der Assistent versucht die Verknüpfung zwischen Haupt- und Unterformular durch Auswertung der Beziehungen zwischen den zugrunde liegenden Tabellen und Abfragen bzw. aufgrund der Namensgleichheit von Feldern aufzubauen. Das klappt nicht immer!

HINWEIS   Der Eintrag *Verknüpfen nach*, der sich auf das Hauptformular bezieht, kann entweder die Bezeichnung eines Feldes oder die Bezeichnung eines Steuerelements des Hauptformulars beinhalten. Ein Hauptformular kann daher gebunden oder ungebunden sein (Kapitel 25). In *Verknüpfen von* können nur Feldbezeichnungen verwendet werden. Daraus folgt, dass Unterformulare immer gebunden sein müssen.

Das Unterformular bearbeiten

Im Folgenden soll das Unterformular näher betrachtet werden. Für das Beispiel wurde im Assistenten bestimmt, dass das Unterformular in der Tabellenansicht, also als Endlosformular gezeigt werden soll. Öffnen Sie einfach das Unterformular *subfrmTermine*. Sie können es aus dem Hauptformular heraus mithilfe der Schaltfläche *Unterformular in neuem Fenster* öffnen. Oder, wenn das Hauptformular nicht geladen ist, öffnen Sie es einfach aus dem Navigationsbereich heraus.

Abbildg. 23.10   Entwurfsansicht des Unterformulars

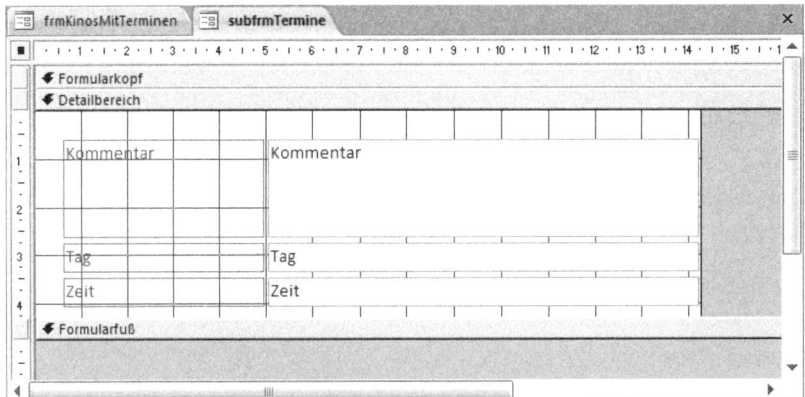

Das vom Assistenten generierte Unterformular soll so überarbeitet werden, dass zuerst der Tag und die Uhrzeit und dahinter der Kommentar angezeigt wird. Zudem können die Spaltenüberschriften und andere überflüssige Formularelemente ausgeschaltet werden. Außerdem soll in das Unterformular das Feld *Kalenderwoche* der Tabelle *tblWochen* aufgenommen werden, denn jeder Eintrag in die Tabelle *tblTermine* ist ja einer Woche zugeordnet.

Eine neue Abfrage definieren

Um das Feld *Kalenderwoche* in das Unterformular aufzunehmen, muss eine neue Abfrage definiert werden, auf der das Unterformular basieren soll. Die Abfragen-Entwurfsansicht kann direkt aus dem Feld *Datensatzquelle* auf dem *Eigenschaftenblatt* des Unterformulars aufgerufen werden.

1. Aktivieren Sie das *Eigenschaftenblatt* zum (Unter-)formular.
2. Wählen Sie dann das Feld hinter *Datensatzquelle* aus und klicken Sie auf die Schaltfläche mit den drei Punkten rechts außen an diesem Feld.

   Sie erhalten daraufhin ein Dialogfeld angezeigt, das Sie fragt, ob Sie eine Abfrage erstellen möchten, die auf der Tabelle basieren soll, die zurzeit dem Unterformular zugrunde liegt.

Abbildg. 23.11   Hier soll eine Abfrage erstellt werden

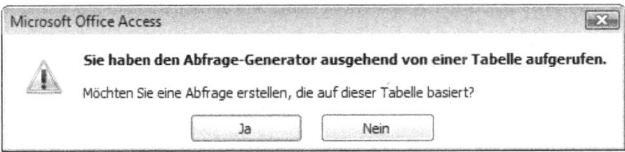

3. Nehmen Sie nun in der Abfrage auch die Tabelle *tblWochen* auf.

4. Fügen Sie das Feld *Kalenderwoche* aus der Tabelle *tblWochen* ein und dann alle Felder aus der Tabelle *tblTermine*.
5. Legen Sie nun die Sortierung nach *Kalenderwoche*, *Tag* und *Zeit* fest.

Abbildg. 23.12   Die neue Abfrage im Abfrage-Generator

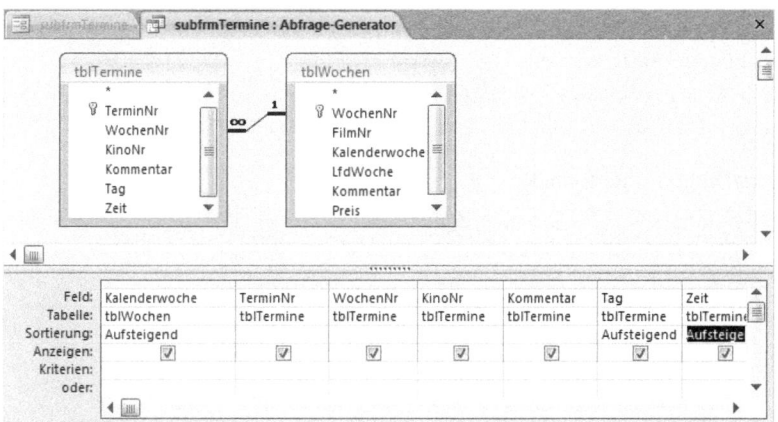

6. Speichern Sie die Abfrage und schließen Sie dann den Abfrage-Generator.

ACHTUNG   In der Access 2007-Version, die zum Schreiben dieses Buches verwendet wurde, gibt es beim nachträglichen Erstellen und Ändern von Abfragen für Formulare und Berichte bisweilen Probleme. Haben Sie – wie oben beschrieben – die Abfrage erstellt, gespeichert und sie dann geschlossen, so kann es sein, dass Sie danach feststellen werden, dass die Abfrage für das Formular gar nicht geändert wurde. Und zwar speichert Access die Änderungen an der Abfrage nur dann, wenn Sie das Eigenschaftenblatt nicht geschlossen haben. Sollten Sie es aber vor dem Schließen des Abfrage-Generators geschlossen haben, so werden die Änderungen – egal, wie oft Sie speichern – nicht übernommen. Aktivieren Sie also das Eigenschaftenblatt bevor Sie den Abfrage-Generator schließen!

Haben die Änderungen funktioniert, wurde die folgende Abfrage zusammengestellt bzw. in der Abfragen-Entwurfsansicht definiert:

```
SELECT tblWochen.Kalenderwoche, tblTermine.TerminNr, tblTermine.WochenNr,
tblTermine.KinoNr, tblTermine.Kommentar, tblTermine.Tag, tblTermine.Zeit
FROM tblTermine INNER JOIN tblWochen ON tblTermine.WochenNr = tblWochen.WochenNr
ORDER BY tblWochen.Kalenderwoche, tblTermine.Tag, tblTermine.Zeit;
```

Den Layoutentwurf anpassen

Um das Layout für das Unterformular optimal zu gestalten, führen Sie folgende Schritte aus:

1. Beginnen Sie bei der Bearbeitung des Unterformulars damit, das Steuerungslayout zu entfernen. Verwenden Sie dazu die Schaltfläche *Entfernen* der Gruppe *Layout bestimmen* auf der Registerkarte *Anordnen*. Löschen Sie die Bezeichnungsfelder.
2. Aktivieren Sie die Liste der vorhandenen Felder und fügen Sie die Kalenderwoche ein. Löschen Sie auch hier das Bezeichnungsfeld.

3. Löschen Sie das Textfeld *Tag* und ergänzen Sie das Formular um ein Kombinationsfeld. Brechen Sie dazu den Kombinationsfeld-Assistenten gleich ab und wählen Sie für das neue Kombinationsfeld hinter *Steuerelementinhalt* das Feld *Tag* aus. Nennen Sie das Kombinationsfeld *cboTag*.
4. Verschieben Sie die Felder so, dass erst die *Kalenderwoche*, dann der *Tag*, die *Zeit* zum Schluss der *Kommentar* angezeigt werden. Formatieren Sie die *Rahmenart* der Felder *Transparent*.
5. Formatieren Sie den Detailbereich des Formulars möglichst eng, um mehr Zeilen im Unterformular darstellen zu können.
6. Schalten Sie die *Navigationsschaltflächen* und die *Datensatzmarkierer* auf dem Eigenschaftenblatt des Formulars ab und erlauben Sie nur die horizontale Bildlaufleiste.

Abbildg. 23.13 Überarbeitetes Unterformular

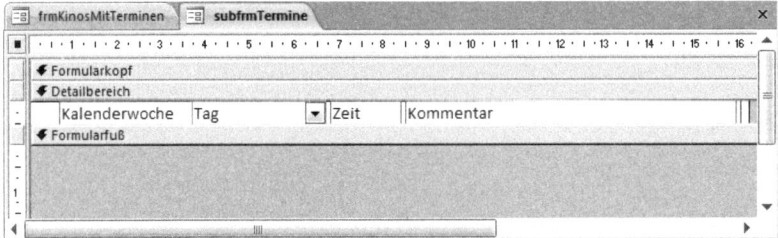

Wie Sie sich vielleicht noch aus dem ersten Teil des Buches erinnern, wird der *Tag* als eine Zahl zwischen 1 und 7 festgelegt, die den Wochentag (gezählt ab Donnerstag, denn ein neues Kinoprogramm beginnt immer donnerstags) repräsentiert, an dem ein Film gezeigt wird. Neben den Werten 1 bis 7 wurden die Werte 8, 9, 10 und 11 festgelegt. Sie stehen für »Do/So-Mi«, »Fr/Sa«, »Sa/So« und die gesamte Woche. Diese Zuordnung wurde getroffen, damit beispielsweise, wenn ein Film die ganze Woche zur gleichen Zeit läuft, nur ein Termineintrag benötigt wird und nicht sieben.

Für das Kombinationsfeld wird entsprechend eine Werteliste zusammengestellt, wie es in Abbildg. 23.14 gezeigt ist. Des Weiteren müssen Sie den *Herkunftstyp* in *Wertliste* ändern, die *Spaltenanzahl* muss *2* zeigen und die *Spaltenbreite* die Werte *0cm;2cm*.

Abbildg. 23.14 Datensatzherkunft des Kombinationsfeldes

Für das endgültige Formular wurde das Beschriftungsfeld zum Unterformular gelöscht. Auch dazu müssten Sie über die Schaltfläche *Entfernen* die Struktur zwischen dem Unterformular und seinem Beschriftungsfeld auflösen, sonst löschen Sie mit dem Beschriftungsfeld auch das Unterformular.

TIPP Hatten Sie das Unterformular als Tabelle angelegt, so fügt Access ein Bild in den Hintergrund ein. Falls Sie dieses Hintergrundbild auch eher verärgert als erfreut, können Sie auf dem Eigenschaftenblatt zum Unterformular auf der Registerkarte *Format* den Eintrag hinter *Bild* löschen.

Ziehen Sie schließlich das Unterformular auf die richtige Position und in die benötigte Breite. Das Formular mit dem überarbeiteten Unterformular ist in Abbildg. 23.15 dargestellt.

Abbildg. 23.15   Das Hauptformular mit dem überarbeiteten Unterformular

Eine (etwas aufwändige) Überarbeitung

Mit dem nun erstellten Formular zur Darstellung von Kinos und Terminen tritt ein Problem auf, das wir in vielfältiger Form in Firmen und in unseren Seminaren kennen gelernt haben: Für ein Kino werden alle Termine gezeigt, und zwar für alle Wochen, d.h., die Menge der Datensätze im Unterformular ist sehr groß und damit sehr unübersichtlich. Damit ergibt sich die Frage: Wie können die im Unterformular gezeigten Datensätze zusätzlich eingeschränkt werden?

Wir möchten Ihnen in diesem Abschnitt eine überarbeitete Version des Formulars vorstellen, die die Auswahl einer Kalenderwoche erlaubt, für die dann die entsprechenden Termine im Unterformular gezeigt werden. Die Überarbeitung ist teilweise etwas aufwändig, zeigt aber sehr gut, wie die verschiedenen Steuerelemente miteinander verknüpft werden können bzw. wie Sie aus dem Hauptformular Inhalte des Unterformulars ansprechen können und umgekehrt. Allerdings muss für die Realisierung der neuen Funktionen ein wenig programmiert werden.

In Abbildg. 23.16 ist das Endergebnis der Überarbeitung dargestellt. Folgende Funktionen wurden eingebaut:

- Im Formularkopf wurde ein Kombinationsfeld hinzugefügt, das die Auswahl einer Kalenderwoche ermöglicht. Im Unterformular werden dann nur noch die Termine dieser Woche gezeigt, wobei allerdings zusätzlich, wie in Abbildg. 23.16 zu sehen ist, ein Eintrag »*** Alle Wochen ***« im Kombinationsfeld die Darstellung aller Termine in einem Kino ermöglicht.
- Im Unterformular wird nun anstelle des Kommentars zum Termin der Titel des Films eingeblendet.

Abbildg. 23.16   Fertiges Formular

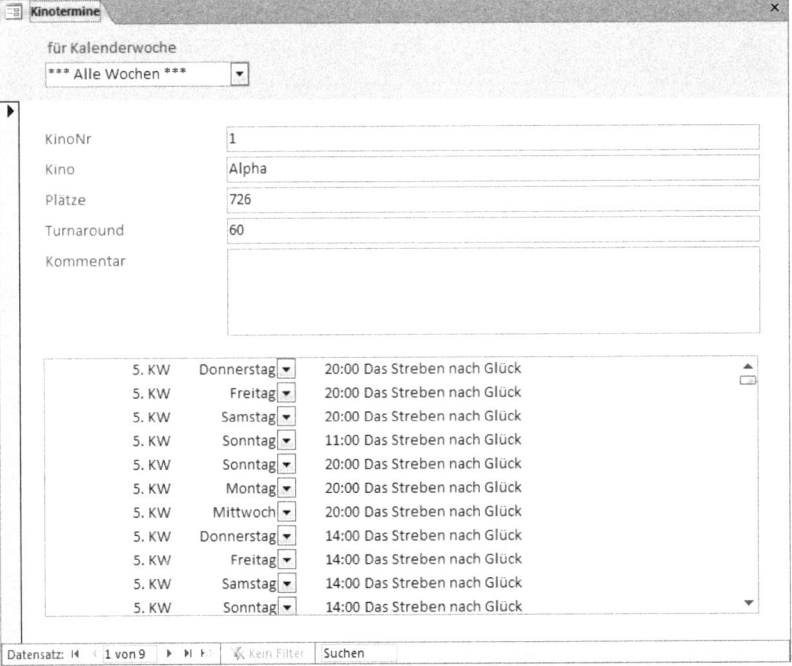

Vorbereitung

1. Das im vorangegangenen Abschnitt erstellte Formular wurde unter dem Namen *frmKinosTermine* gespeichert, um es weiter zu bearbeiten. Ebenso wurde das Unterformular kopiert und *subfrmKinosTermine* genannt.
2. Auf dem Eigenschaftenblatt des Formulars wurde auf der Registerkarte *Format* im Feld *Beschriftung* der neue Name *Kinotermine* eingetragen.
3. Zudem wurde im Formularkopf das Bezeichnungsfeld mit dem Formulartitel gelöscht.

Im Folgenden möchten wir Ihnen zeigen, wie die weitere Überarbeitung erfolgte:

1. Schritt: Das Kombinationsfeld

Über das Kombinationsfeld im Formularkopf kann die gewünschte Kalenderwoche selektiert werden. Zusätzlich steht der Eintrag »*** Alle Wochen ***« zur Verfügung. Das Kombinationsfeld ist ungebunden, zeigt also nicht den Inhalt eines Feldes der dem Formular zugrunde liegenden Tabelle.

Um das Kombinationsfeld zu erstellen, führen Sie die folgenden Schritte durch:

1. Erzeugen Sie im Formularkopf des Hauptformulars mithilfe der entsprechenden Schaltfläche ein neues Kombinationsfeld. Im Normalfall wird der Kombinationsfeld-Assistent geöffnet, nachdem Sie das Feld positioniert haben. Brechen Sie den Assistenten über die entsprechende Schaltfläche ab, denn wir werden alle Eintragungen direkt auf dem Eigenschaftsblatt vornehmen.
2. Geben Sie dem Kombinationsfeld zuerst den Namen *cboWoche*. Stellen Sie dann den Mauszeiger in die Zeile *Datensatzherkunft* und klicken Sie auf die Schaltfläche mit den drei Punkten rechts außen an der Zeile, um das Abfrage-Entwurfsfenster zu öffnen.
3. Die erste Version der Abfrage können Sie in Abbildg. 23.17 sehen. Sie besteht aus zwei Spalten: der Kalenderwoche, aufsteigend sortiert, und noch einmal der Kalenderwoche, diesmal mithilfe der Format()-Funktion als `Format(tblWochen.Kalenderwoche;"ww"". KW ""jjjj"" (ab: ""tt\.mm\.jjjj")"` formatiert.

Abbildg. 23.17   Erste Version der Abfrage für das Kombinationsfeld

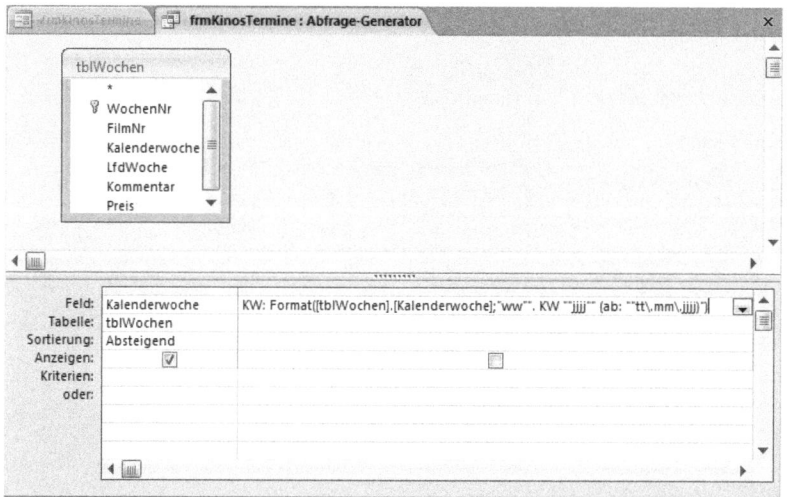

Zusätzlich soll nun der Eintrag »*** Alle Wochen ***« im Kombinationsfeld gezeigt werden. Dieser Eintrag, der ja nicht in der Tabelle *tblWochen* vorkommt, wird mit einem Trick erzeugt, der auf dem SQL-Befehl UNION basiert. Den UNION-Befehl, der zwei oder mehr Abfrageergebnisse zusammenführt, haben Sie schon in Kapitel 20, »Die Abfragesprache SQL«, kennen gelernt.

4. Schalten Sie, um den UNION-Befehl eingeben zu können, aus der Abfrage-Entwurfsansicht in die SQL-Ansicht der Abfrage um.

Mithilfe des UNION-Befehls wird eine Zeile mit den Spaltenwerten #1/1/3000# und *** Alle Wochen *** an die Liste der Kalenderwochen angehängt. Da das Gesamtergebnis der UNION-Abfrage nach der Kalenderwoche absteigend (DESC) sortiert wird, steht der zusätzliche Eintrag am Anfang der Liste, da der 1.1.3000 doch weit in der Zukunft liegt.

Kapitel 23 Unterformulare

Abbildg. 23.18 Die SQL-Abfrage für das Kombinationsfeld

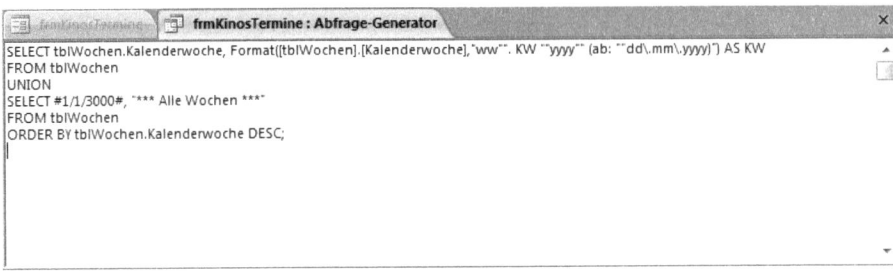

Wählt der Anwender später im Formular den Eintrag »*** Alle Wochen ***«, wird der Datumswert 1.1.3000 als Ergebnis des Kombinationsfeldes zurückgegeben. Das zweite Unterformular zur Darstellung der Termine wird, wie Sie weiter unten nachlesen können, so modifiziert, dass es auf dieses Datum entsprechend reagiert.

Abbildg. 23.19 zeigt die weiteren Eintragungen für die Eigenschaften des Kombinationsfeldes.

Abbildg. 23.19 Die Eigenschaften für das Kombinationsfeld *cboWoche*

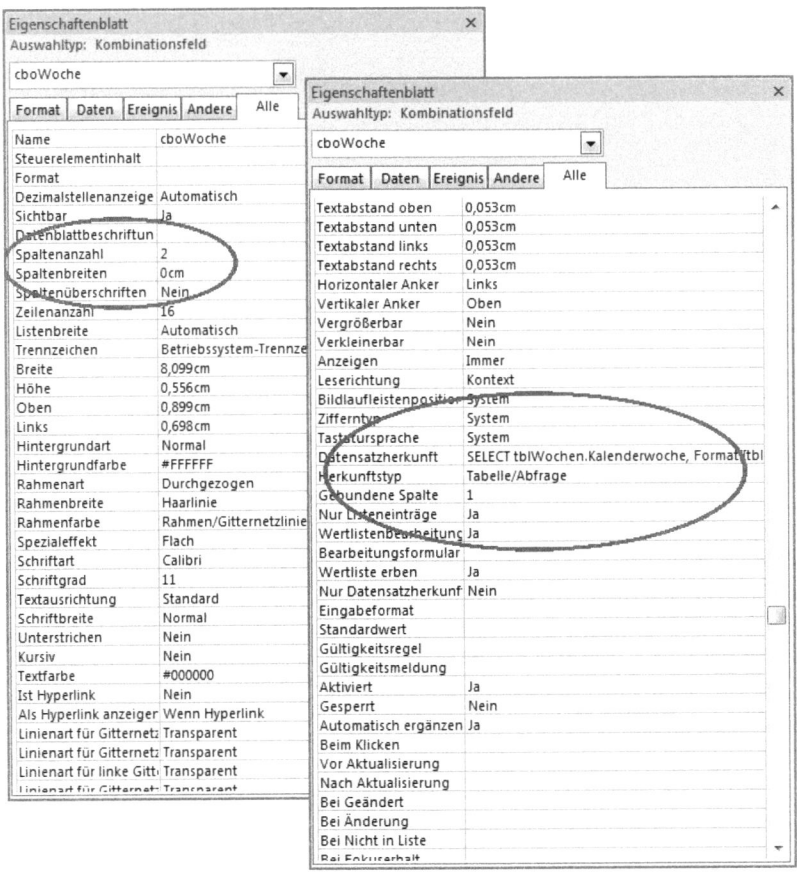

Die *Spaltenzahl* ist mit *2* angegeben, wobei die *Spaltenbreite* der ersten Spalte, der unformatierten Kalenderwoche, auf *0 cm* gesetzt ist. Für die zweite Spalte wurde eine Breite nicht explizit angegeben. Access verwendet dann die zur Verfügung stehende Breite des Kombinationsfeldes.

Die erste Spalte wird als *gebundene Spalte* bezeichnet, denn diese Werte sollen im Unterformular, wie weiter unten beschrieben, ausgewertet werden.

Damit sieht die Auswahlliste des Kombinationsfeldes aus, wie wir es geplant hatten.

Abbildg. 23.20   Das Kombinationsfeld mit seinem neuen Eintrag

2. Schritt: Das Unterformular

Im zweiten Schritt muss nun das Unterformular *subfrmKinosTermine* dazu gebracht werden, die Auswahl der Kalenderwoche im Kombinationsfeld auszuwerten und nur die entsprechenden Werte zu zeigen. Lassen Sie sich mithilfe der Schaltfläche *Unterformular* in neuem Fenster die Entwurfsansicht des Unterformulars anzeigen.

Auf dem Eigenschaftenblatt des Unterformulars soll nun die *Datensatzquelle* verändert werden. Stellen Sie den Mauszeiger auf die entsprechende Zeile auf dem Eigenschaftenblatt und rufen Sie über die Schaltfläche am rechten Rand den Abfrage-Generator auf.

Abbildg. 23.21 zeigt die neue Abfrage für das Unterformular. Zusätzlich zu den Tabellen *tblTermine* und *tblWochen* wurde die Tabelle *tblFilme* aufgenommen, über die die Spalte *Filmtitel* verfügbar wird. Der Filmtitel soll ja, so wurde es in der Aufgabenstellung festgelegt, anstelle des Kommentars im Unterformular erscheinen. Deshalb muss er natürlich in der Abfrage vereinbart werden.

In der Spalte *Kalenderwoche* ganz links im Entwurfsfenster ist die Verbindung der Abfrage zu der im Kombinationsfeld *cboWoche* des Hauptformulars angegebenen Kalenderwoche definiert. Die Formel der *Kriterien*-Zeile lautet:

```
Wie Wenn([Formulare]![frmKinosTermine].[cboWoche] = #01.01.3000#; "*";
[Formulare]![frmKinosTermine].[cboWoche])
```

Lassen Sie uns die Formel in kleine Teile zerlegen: Beginnen wir mit dem Ausdruck [Formulare]![frmKinosTermine].[cboWoche]. Sie können diesen Ausdruck wie folgt lesen: Aus der Menge der Formulare nimm das Formular frmKinosTermine und gib den Wert des Steuerelements cboWoche zurück. Bedingung dafür ist, dass das Formular geöffnet ist, was in unserem Fall unproblematisch ist, denn das Hauptformular zu einem Unterformular ist natürlich immer geladen. Weitere Informationen zu der Schreibweise des Ausdrucks erhalten Sie im nächsten Kapitel.

Die Wenn()-Bedingung liefert Wie "*" zurück, wenn der Wert von *cboWoche* der 1.1.3000 ist. Dieser Wert wird vom Kombinationsfeld aufgrund der UNION-Abfrage zurückgegeben, wenn der Eintrag »*** Alle Wochen ***« selektiert ist. Durch den WIE-Operator wird dann die Auswahl der Datensätze vorgenommen.

Abbildg. 23.21 Die geänderte Datensatzquelle des Unterformulars

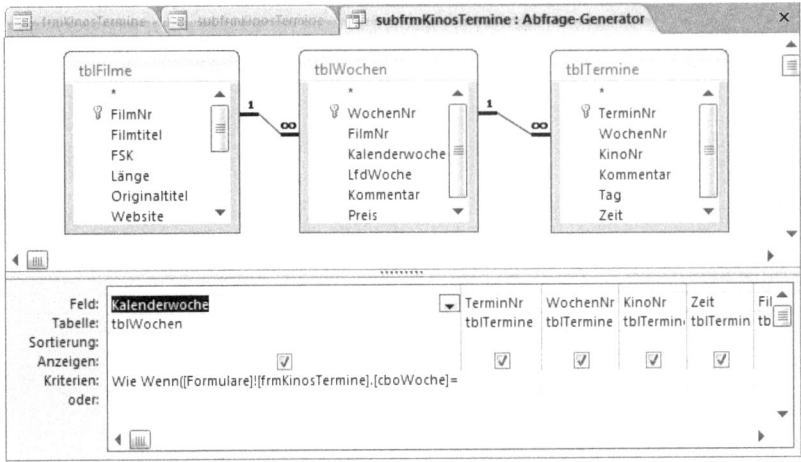

Speichern Sie die neue Abfrage im Abfrage-Generator. Speichern und schließen Sie dann das Unterformular.

3. Schritt: Die Programmierung

Ein ganz klein wenig Programmierung ist notwendig, damit die Auswahl der Kalenderwoche im Hauptformular eine entsprechende Anzeige der Daten im Unterformular bewirkt. Da Access die Daten nicht aktualisiert, also die Abfrage des Unterformulars erneut ausführt, nur weil eine Auswahl im Kombinationsfeld stattgefunden hat, muss die Auswahl eine entsprechende Aktion auslösen.

> **HINWEIS** Allerdings können Sie ein Programm in Access nur dann starten, wenn Sie Access zuvor erlaubt haben, Programm-Code oder Makros auszuführen. Wird die Sicherheits-Statusleiste eingeblendet, so klicken Sie auf die Schaltfläche *Optionen* und wählen *Diesen Inhalt aktivieren* aus. Alternativ können in den *Access-Optionen* im *Vertrauensstellungscenter* über die Schaltfläche *Einstellungen für das Vertrauensstellungscenter* die *Einstellungen für Makros* auf *Alle Makros aktivieren* abändern. Um diese Einstellung wirksam werden zu lassen, müssen Sie allerdings Access schließen und wieder starten. Zu den Sicherheitseinstellungen siehe Kapitel 40.

Jede Auswahl, jeder Klick und jede sonstige Operation im Kombinationsfeld löst Access-intern ein Ereignis aus, d.h., Windows teilt Access mit, dass der Benutzer in das Kombinationsfeld geklickt oder hineingeschrieben hat. Access ist in der Lage, auf die Ereignisse zu reagieren, die das Kombinationsfeld betreffen.

In den Eigenschaften des Kombinationsfeldes finden Sie im unteren Bereich (bzw. über die Registerkarte *Ereignis*) eine Reihe von Einträgen, die mit *Beim* oder *Bei* beginnen. Diese Ereignisse des Kombinationsfeldes können Sie abfangen und entsprechend darauf reagieren. Die Reaktion auf ein Ereignis besteht im Aufruf eines Makros oder eines Visual Basic-Programms.

Im Beispiel soll das Ereignis *Beim Klicken* ein Programm starten, das die Daten im Unterformular aktualisiert. *Beim Klicken* tritt auf, wenn eine neue Auswahl im Kombinationsfeld selektiert wird. Stellen Sie also den Mauszeiger in die entsprechende Zeile und betätigen Sie die Schaltfläche mit den drei Punkten rechts außen.

Abbildg. 23.22   Für das Ereignis *Beim Klicken*

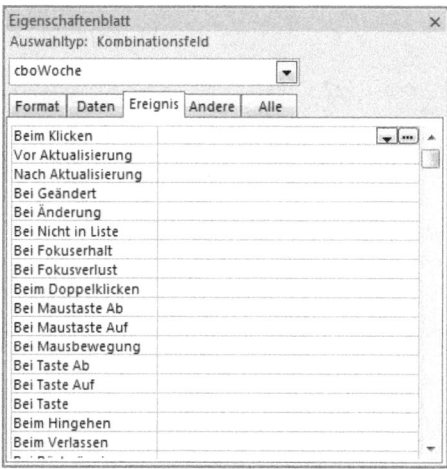

Access blendet nun das Dialogfeld *Generator auswählen* ein. Sie können darin bestimmen, ob Sie über den *Ausdrucks-Generator* den Aufruf eines Visual Basic-Programms zusammenstellen, mit dem *Makro-Generator* ein Makro schreiben oder über den *Code-Generator* ein Visual Basic-Programm für das Formular erfassen wollen.

Abbildg. 23.23   Auswahl des Generators

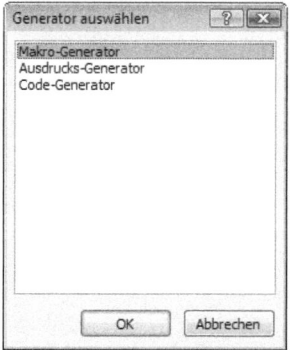

Programmierung mit dem Makro-Generator

Wählen Sie den Makro-Generator, so wird das Makro-Entwurfsfenster angezeigt. In Kapitel 33 beschreiben wir den Umgang mit Makros ausführlich. Wählen Sie als Makro-Aktion im Kombinationsfeld *AktualisierenDaten* aus und geben Sie als zu aktualisierendes Steuerelement *cboWoche* an, wie es Abbildg. 23.24 zeigt.

Speichern Sie das Makro mithilfe der *Speichern*-Schaltfläche auf der *Symbolleiste für den Schnellzugriff* und schließen Sie das Makro-Entwurfsfenster mit der Schaltfläche *Schließen*.

Wählen Sie nun im Formular einen Eintrag im Kombinationsfeld *cboWoche*, so wird die Liste im Unterformular aktualisiert.

Abbildg. 23.24 Aktualisieren der Daten des Kobinationsfelds *cboWoche*

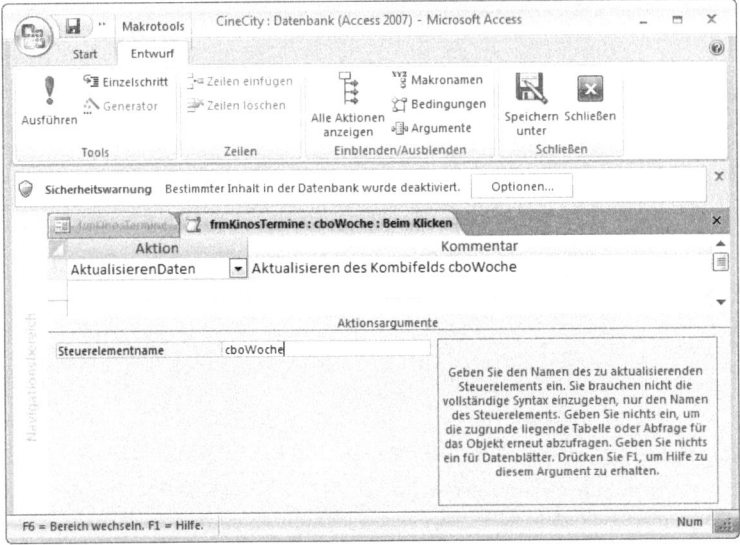

Programmierung mit dem Code-Generator

Löschen Sie gegebenenfalls den Eintrag in der Zeile *Beim Klicken*, klicken Sie auf die Schaltfläche mit den drei Punkten und wählen Sie für dieses Beispiel den *Code-Generator*. Access öffnet jetzt ein Fenster, in dem wahrscheinlich auch auf Ihrem System die gleichen Texte wie in Abbildg. 23.25 zu sehen sind.

Abbildg. 23.25 Das Visual Basic-Editor-Fenster

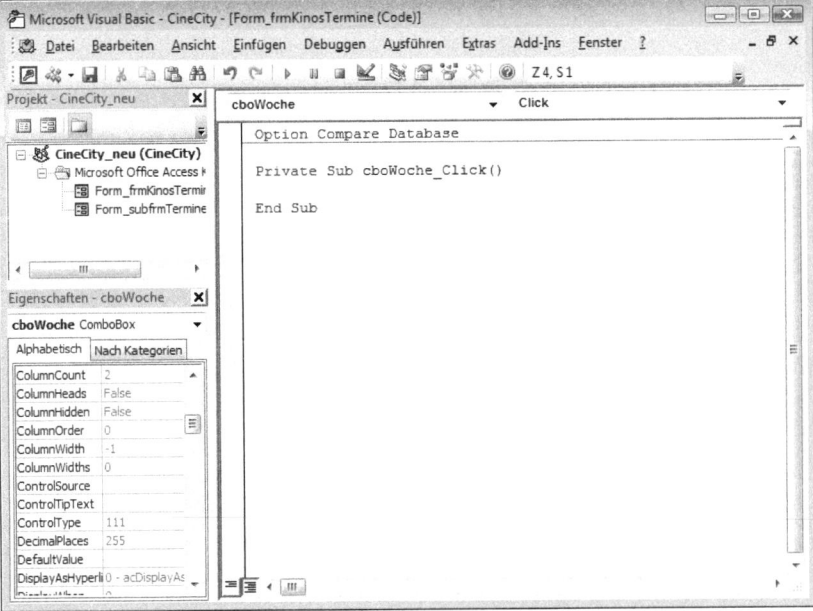

Unterformulare mit dem Formular-Assistenten

In Kapitel 34 beschreiben wir den Visual Basic-Editor ausführlich. An dieser Stelle ist nur das Fenster oben rechts im Editor von Interesse. Wenn Sie die im Folgenden beschriebenen Eingaben durchführen, schließen Sie danach anschließend einfach den Editor, um in Access zurückzukehren.

Access hat den leeren Rahmen einer Ereignisfunktion erstellt, die den Namen cboWoche_Click() trägt. In diesen Rahmen schreiben Sie nun den Befehl, der eine Aktualisierung des Unterformulars bewirkt. Er lautet:

```
subfrmKinosTermine.Requery
```

Die Bezeichnung subfrmKinosTermine ist der Name des *Unterformular*-Steuerelements. Für dieses Steuerelement wird die Aktion Requery durchgeführt, die eine Aktualisierung der Inhalte des Steuerelements bewirkt.

Damit schon beim Laden des Hauptformulars die richtigen Daten im Unterformular gezeigt werden und im Kombinationsfeld der Eintrag »*** Alle Wochen ***« vorselektiert ist, müssen Sie ein Programm für das Ereignis *Bei Laden* für das Hauptformular erstellen. In Abbildg. 23.26 sehen Sie das vollständige Programm.

Abbildg. 23.26 Vollständiges Programm

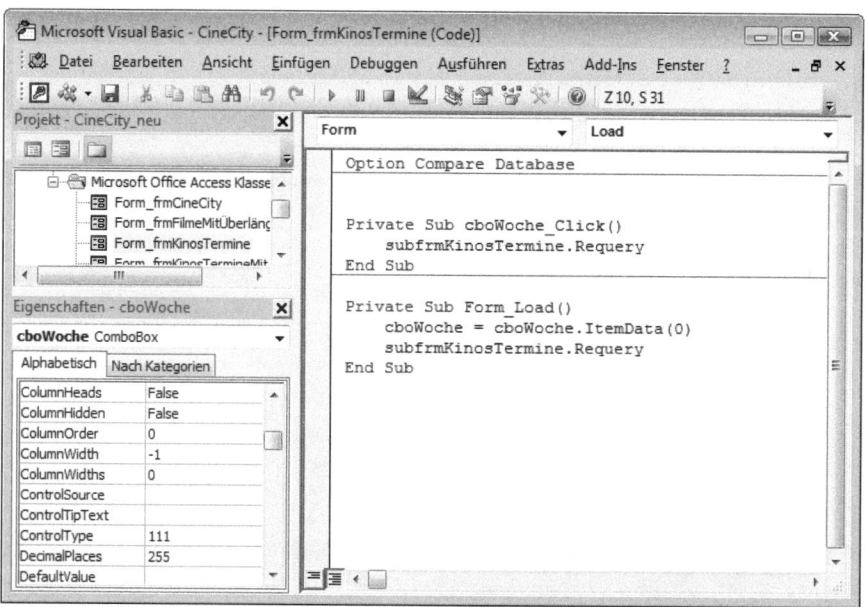

Der Befehl cboWoche.Value = cboWoche.ItemData(0) selektiert den ersten Eintrag der Liste im Kombinationsfeld.

Damit ist die Überarbeitung des Formulars beendet. Probieren Sie nun die neuen Funktionen aus, damit Sie sehen, wie durch eine Auswahl im Kombinationsfeld die Daten im Unterformular entsprechend eingeschränkt werden.

Kapitel 23 Unterformulare

Unterformulare mit und ohne Assistenten

Neben der Generierung von Unterformularen mit dem Formular-Assistenten gibt es noch weitere Möglichkeiten, ein Unterformular auf einem Formular zu platzieren.

Aus der Navigationsleiste ziehen

Die schnellste und einfachste Möglichkeit, ein Unterformular zu erstellen, ist per Drag & Drop eine Tabelle, eine Abfrage oder ein Formular auf Ihr Formular zu ziehen.

Lassen Sie sich dazu die Navigationsleiste anzeigen, klicken Sie mit der Maus auf das gewünschte Objekt und ziehen es auf Ihr Formular. Legen Sie das Objekt im Formular ab, indem Sie die Maustaste loslassen, so wird bei einigen Objekten automatisch der Unterformular-Assistent gestartet.

Die Schaltfläche Unterformular verwenden

Als weitere Möglichkeit, ein Unterformular zu erstellen, dient Ihnen die entsprechende Schaltfläche *Unterformular/-bericht* der Registerkarte *Entwurf* in der Formular-Entwurfsansicht. Gehen Sie wie folgt vor:

1. Plazieren Sie alle benötigten Felder auf dem Hauptformular.
2. Klicken Sie dann erst auf die Schaltfläche *Unterformular/-bericht* und ziehen Sie auf dem Formular einen Rahmen auf.
3. Legen Sie im ersten Dialogfeld des *Unterformular-Assistenten* fest, aus welchen Daten das Unterformular erstellt werden soll.

Abbildg. 23.27   Woher kommen die Daten?

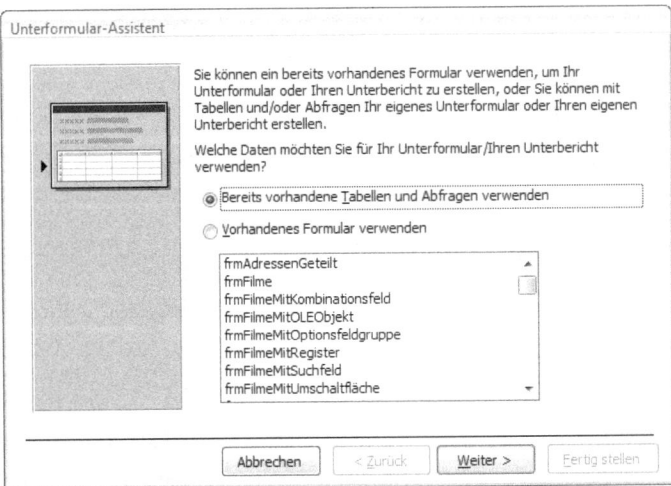

Selektieren Sie die Option *Vorhandenes Formular verwenden*, können Sie eines Ihrer bereits bestehenden Formulare als Unterformular nutzen.

Für unser Beispiel wurde die erste Option angewählt. Abbildg. 23.28 zeigt das nächste Dialogfeld des Assistenten, in dem Sie die Felder zur Darstellung im Unterformular bestimmen können.

Abbildg. 23.28 Auswahl der Felder

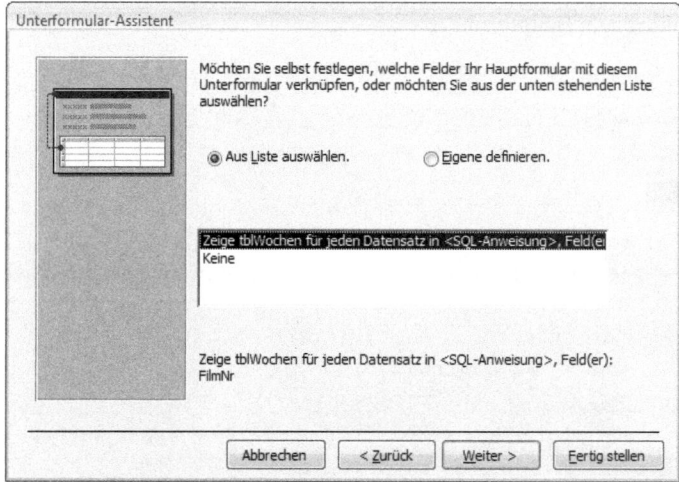

Aufgrund der von Ihnen gewählten und der bereits auf dem Hauptformular angelegten Felder versucht der Assistent eine Verknüpfung zwischen dem Hauptformular und dem zu erstellenden Unterformular zu finden. Die Vorschläge des Assistenten werden im nächsten Dialogfeld des Assistenten aufgeführt.

Abbildg. 23.29 Verknüpfungsauswahl

Aber mit der Option *Eigene definieren* können Sie auch auf das in Abbildg. 23.30 gezeigte Dialogfeld umschalten und selbst Hand anlegen.

Abbildg. 23.30 Eigene Verknüpfungsbedingungen festlegen

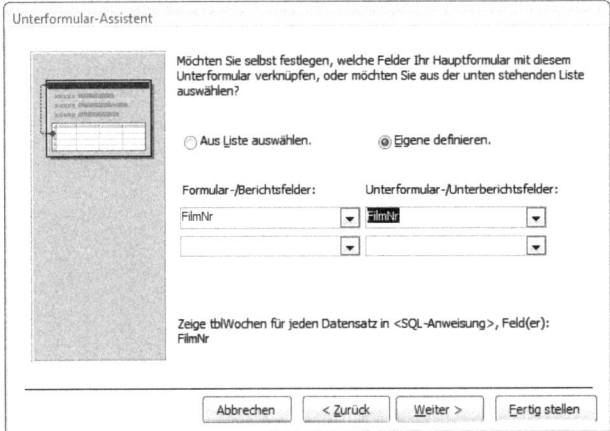

Verschachtelte Unterformulare

Access bietet auch die Möglichkeit, Unterformulare ineinander zu verschachteln. Die Verschachtelung ist auf sieben Ebenen beschränkt.

Für CineCity soll ein Formular erstellt werden, das zu jedem Film die Kalenderwochen zeigt. Für jede Kalenderwoche, in der der entsprechende Film gezeigt wird, sollen die einzelnen Vorstellungstermine eingeblendet werden.

Abbildg. 23.31 stellt das fertige Formular mit den ineinander verschachtelten Unterformularen vor. Das innere Formular zur Darstellung der Termine wird in der Datenblattansicht gezeigt. Es ist mit dem Unterformular zur Darstellung der Kalenderwochen verknüpft. Dieses Formular wiederum besitzt eine Verknüpfung zum Hauptformular.

Abbildg. 23.31 Verschachtelte Unterformulare

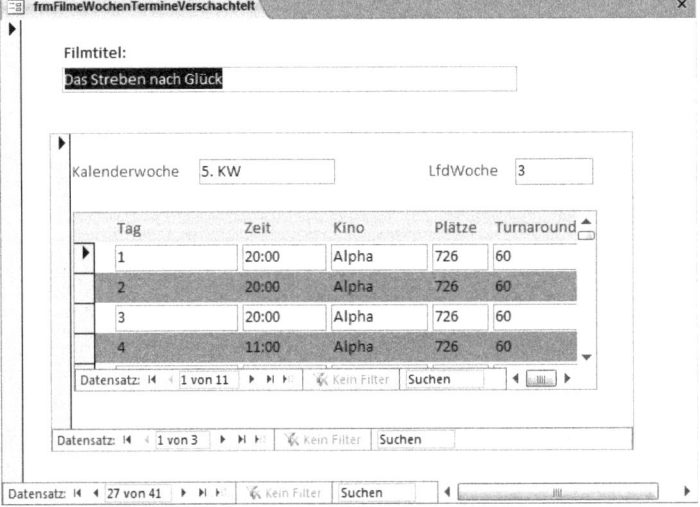

Verschachtelte Unterformulare

ACHTUNG Nur das innere Formular kann in der Datenblatt- oder Endlosdarstellung gezeigt werden.

Zur Erstellung eines verschachtelten Formulars empfehlen wir Ihnen das folgende Vorgehen:

1. Schritt: Erstellen des Unterformulars

Zunächst soll das Unterformular erstellt werden, das ein weiteres Unterformular enthalten soll.

1. Erstellen Sie ein neues Formular in der Entwurfsansicht.
2. Legen Sie auf dem Eigenschaftenblatt als *Datensatzquelle* des Formulars *tblWochen* fest.
3. Aktivieren Sie nun die Liste der vorhandenen Felder, so können Sie die Felder *Kalenderwoche* und *LfdWoche* auf das Formular ziehen.
4. Speichern Sie das Unterformular unter dem Namen *subfrmWochenMitTerminen*.
5. Fügen Sie nun über die Schaltfläche *Unterformular/-bericht* das Unterformular ein.
6. Wählen Sie im Unterformular-Assistent zunächst die Tabelle *tblTermine* aus und fügen die Felder *Tag*, *Zeit* und *WochenNr* ein.
7. Wählen Sie danach die Tabelle *tblKinos* aus und fügen Sie *KinoNr*, *Kino*, *Plätze* sowie *Turnaround* ein.

Abbildg. 23.32 Felder für das Unterformular

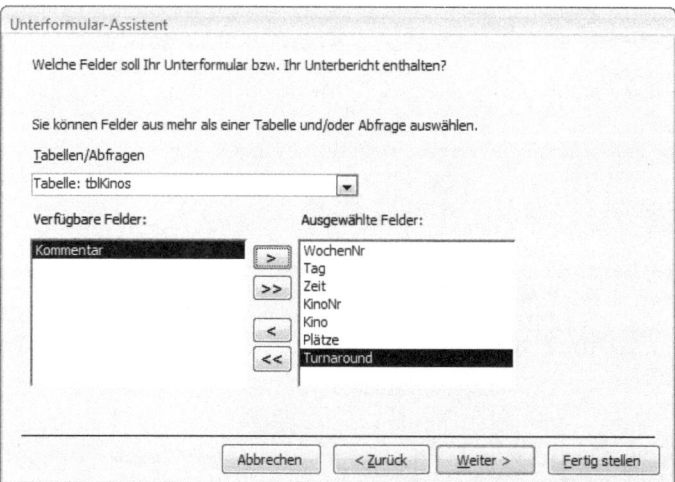

8. Legen Sie im weiteren Verlauf des Assistenten fest, dass Sie eigene Verknüpfungen definieren möchten, und lassen Sie dann das Formular erstellen.
9. Bearbeiten Sie im nächsten Schritt das neu angelegte Unterformular: Lassen Sie sich mithilfe der Schaltfläche *Unterformular in neuem Fenster* den Entwurf anzeigen.

10. Legen Sie als Steuerungslayout auf der Registerkarte *Anordnen* das Layout *Tabelle* fest. Schieben Sie die Felder nach oben, löschen Sie das Feld *WochenNr* und verkleinern Sie zudem den Detailbereich.

Abbildg. 23.33   Verknüpfungen zwischen Haupt- und Unterformular

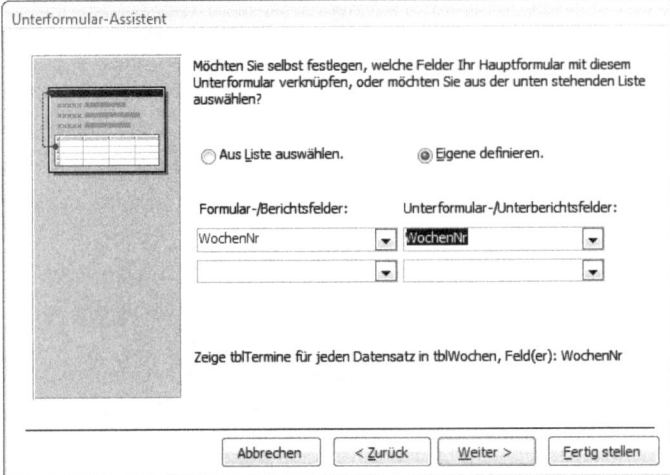

11. Stellen Sie nun auf dem Eigenschaftenblatt *Endlosformular* als *Standardansicht* ein.
12. Speichern Sie das Unter-Unterformular unter dem Namen *subfrmTermineUndKino*.

Abbildg. 23.34   Das Unterformular subfrmWochenMitTerminen mit dem Unterformular subfrmTermineUndKino

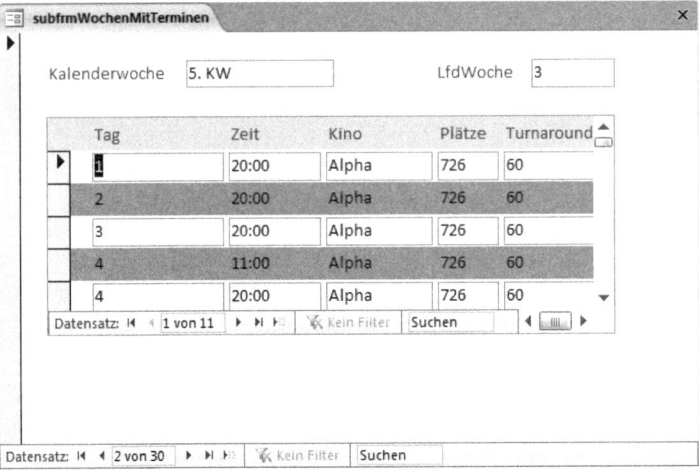

2. Schritt: Das Hauptformular

Nach Fertigstellung der Unterformulare definieren Sie nun das Hauptformular:
1. Erstellen Sie ein neues Formular in der Entwurfsansicht.
2. Legen Sie auf dem Eigenschaftenblatt als *Datensatzquelle* das Formular *tblFilme* fest.
3. Öffnen Sie das Blatt mit den vorhandenen Feldern (Registerkarte *Entwurf*, Schaltfläche *Vorhandene Felder hinzufügen*) und ziehen Sie das Feld *Filmtitel* auf das Formular.
4. Lassen Sie sich den Navigationsbereich anzeigen, klicken Sie auf das Unterformular *subfrmWochenMitTerminen* und ziehen Sie es auf das Hauptformular.

Abbildg. 23.35 Das Hauptformular beim Rüberziehen des Unterformulars

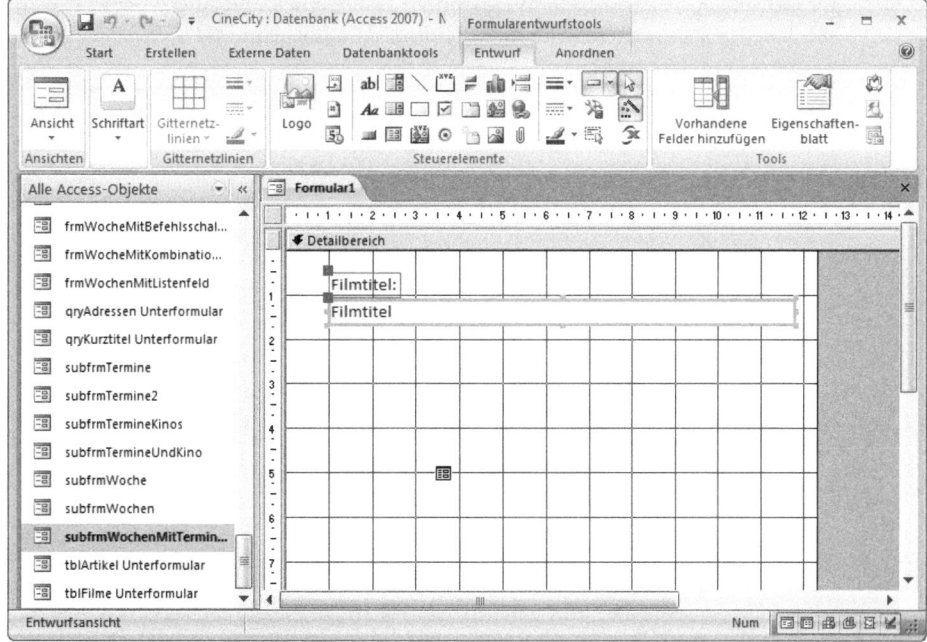

Vermutlich müssen Sie jetzt die Unterformulare noch bearbeiten, bis das Formular so aussieht wie Sie es sich vorgestellt haben. Öffnen Sie das Unterformular mithilfe der Schaltfläche *Unterformular in eigenem Fenster*.

HINWEIS   Beachten Sie bei verschachtelten Formularen, dass hier teilweise viele Daten bewegt werden müssen, um die Anzeige zu aktualisieren. Das kann deutliche Leistungseinbußen zur Folge haben, was bedeutet, dass die Formulare nur langsam mit Daten gefüllt werden.

Synchronisierte Unterformulare

Sie können auf einem Formular problemlos mehrere Unterformulare nebeneinander platzieren. Jedes der Unterformulare kann mit dem Hauptformular verknüpft sein. Darüber hinaus besteht die Möglichkeit, Unterformulare zu synchronisieren. Dabei bestimmt beispielsweise die Auswahl im ersten Unterformular, was im zweiten Unterformular gezeigt wird. Lassen Sie uns dies an einem Beispiel verdeutlichen.

Für jeden *Filmtitel* sollen in einem Unterformular die *Kalenderwoche* und die *LfdWoche* gezeigt werden, in denen dieser Film gezeigt wird. Zu jeder Kalenderwoche sollen dann in einem weiteren Unterformular die Termine, also *Tag* und *Zeit*, dargestellt werden.

Wie schon oft in Access erlebt, führt der schnellste Weg zum Ergebnis über einen Assistenten. Der Formular-Assistent verfügt über die Fähigkeit, synchronisierte Unterformulare zu generieren. Da bietet es sich natürlich an, diesen Assistenten einzusetzen.

Starten Sie den Formular-Assistenten und selektieren Sie im zweiten Dialogfeld die Felder *Filmtitel* aus *tblFilme*, *Kalenderwoche* und *LfdWoche* aus *tblWochen* und zuletzt *Tag* und *Zeit* aus *tblTermine*. Die Tabellen stehen zueinander in Beziehung, da *tblFilme* mit *tblWochen* verknüpft ist, ebenso wie *tblWochen* mit *tblTermine*.

Abbildg. 23.36 Auswahl der Felder

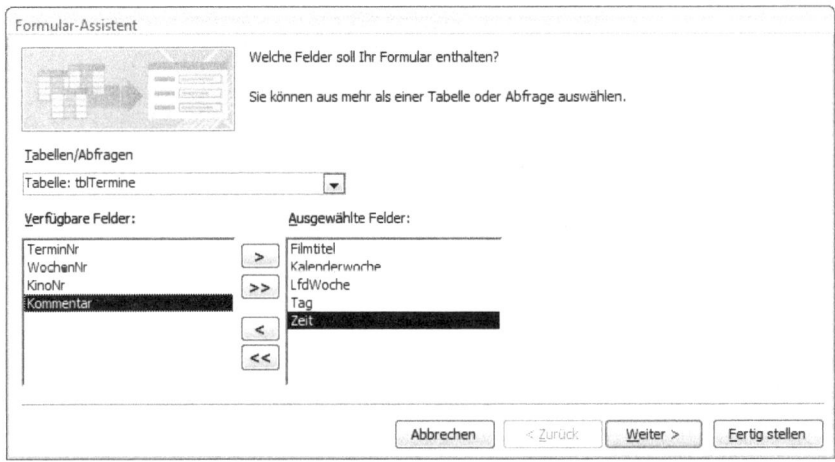

Die Beziehungen zwischen den Tabellen werden vom Assistenten ausgewertet, um die Darstellung des nächsten Dialogfeldes aufzubauen.

Abbildg. 23.37 Aufteilung in zwei Unterformulare

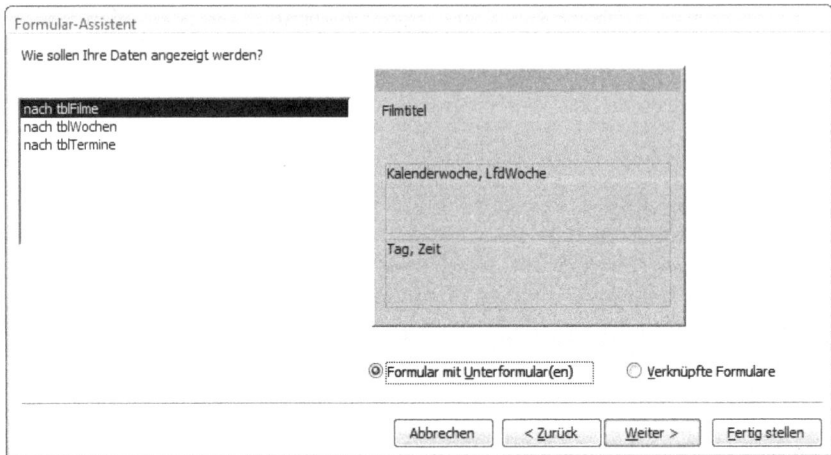

Nach der Fertigstellung des Formulars entsteht, je nach der von Ihnen im Assistenten gewählten Formatierung, ein Formular ähnlich zu dem in Abbildg. 23.38. Hierbei wählten wir die Datenblattansicht für beide Unterformulare.

Abbildg. 23.38   Mit synchronisierten Unterformularen

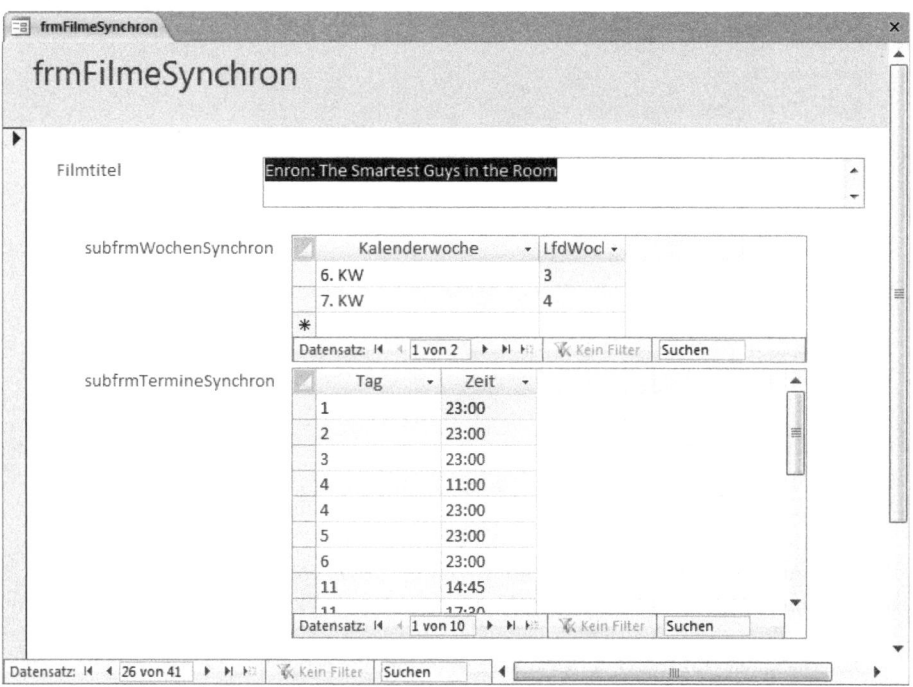

Stellen Sie den Mauszeiger im oberen Unterformular auf eine bestimmte Woche, so werden im unteren Formular sofort die dazugehörigen Termine eingeblendet.

HINWEIS   In Abbildg. 23.38 sind die Bezeichnungen für Haupt- und Unterformular direkt auf dem Formular zu sehen. Die Bezeichnungen enden alle mit »Synchron«. Wir empfehlen Ihnen, die Bezeichnungen von Haupt- und Unterformularen um eine entsprechende Kennung zu erweitern, damit Sie ersehen können, welche Haupt- und Unterformulare zusammengehören. Bei CineCity gibt es beispielsweise eine Reihe von Unterformularen, die mit *subfrmTermine* beginnen, die aber ganz unterschiedliche Aufgaben und Layouts haben.

Sehen Sie sich nun die vom Assistenten generierten Formulare etwas genauer an. In Abbildg. 23.39 sind die Eigenschaften des unteren Unterformulars für die Darstellung der Termine abgebildet.

Die Eigenschaft *Verknüpfen nach* enthält den Verweis auf die entsprechende Woche des Unterformulars, in dem *Kalenderwoche* und *LfdWoche* dargestellt werden. Mit [subfrmWochenSynchron].Form! [WochenNr] wird der aktuelle Wert von WochenNr im Steuerelement subfrmWochenSynchron ermittelt. Dies könnte man auch kürzer als [subfrmWochenSynchron]![WochenNr] schreiben.

Abbildg. 23.39 Eigenschaften des zweiten Unterformulars

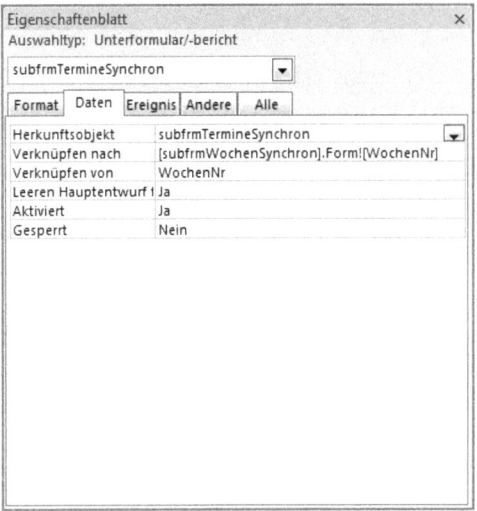

Der Verweis bezieht sich übrigens immer auf die *WochenNr* des aktuellen Datensatzes. Sie könnten jetzt einwenden, wie auf die *WochenNr* verwiesen werden kann, die weder im Unterformular dargestellt wird, noch im Assistenten (Abbildg. 23.36) selektiert wurde? Das ist leicht zu erklären: Die Datensatzquelle für die Unterformulare ist immer die gesamte Tabelle, also *tblWochen* bzw. *tblTermine*, auch wenn nur ausgewählte Felder im Formular gezeigt werden.

In Kapitel 24 erläutern wir Ihnen die verschiedenen Schreibweisen für Verweise, die verwendet werden können, um auf Steuerelemente in Formularen zuzugreifen. Wann wird ein Punkt gesetzt und wann ein Ausrufezeichen? Warum erscheint manchmal die Fehlermeldung »#Name?«? Diese und andere Fragen werden wir dort beantworten.

Der Verweis in der Eigenschaft *Verknüpfen nach* des zweiten Unterformulars reicht aber noch nicht aus. Das Unterformular für die Termine muss vom Unterformular der Wochen informiert werden, dass eine Änderung stattgefunden hat, d.h. dass vom Anwender eine andere Woche selektiert wurde. Diese Information geht vom Unterformular *subfrmWochenSynchron* aus. Öffnen Sie also das Formular in der Entwurfsansicht.

Abbildg. 23.40 Das erste Unterformular

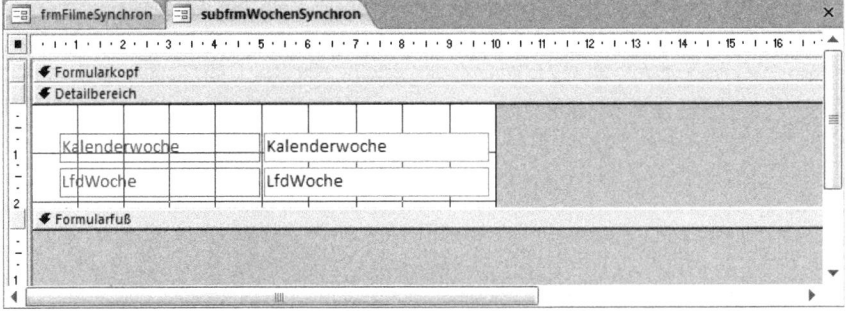

Synchronisierte Unterformulare

Wie erfährt man nun, ob etwas Besonderes für das Formular vereinbart wurde? Am einfachsten, indem man sich die Eigenschaften des Formulars und gegebenenfalls die Eigenschaften der Steuerelemente ansieht.

In den Eigenschaften des Formulars ist für das Ereignis *Beim Anzeigen* eine Ereignisprozedur, also ein Visual Basic-Programm, definiert.

Abbildg. 23.41 Die Formularereignisse

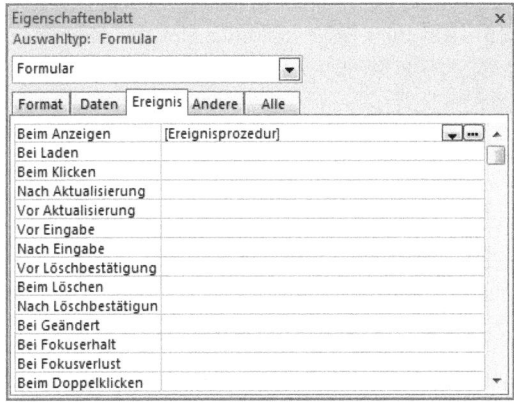

Über die Schaltfläche rechts in der Zeile *Beim Anzeigen* rufen Sie das Modulfenster des Formulars auf. Für das Ereignis wurde vom Formular-Assistenten ein größerer Programmblock eingesetzt.

Abbildg. 23.42 Das Programm für das Ereignis *Beim Anzeigen*

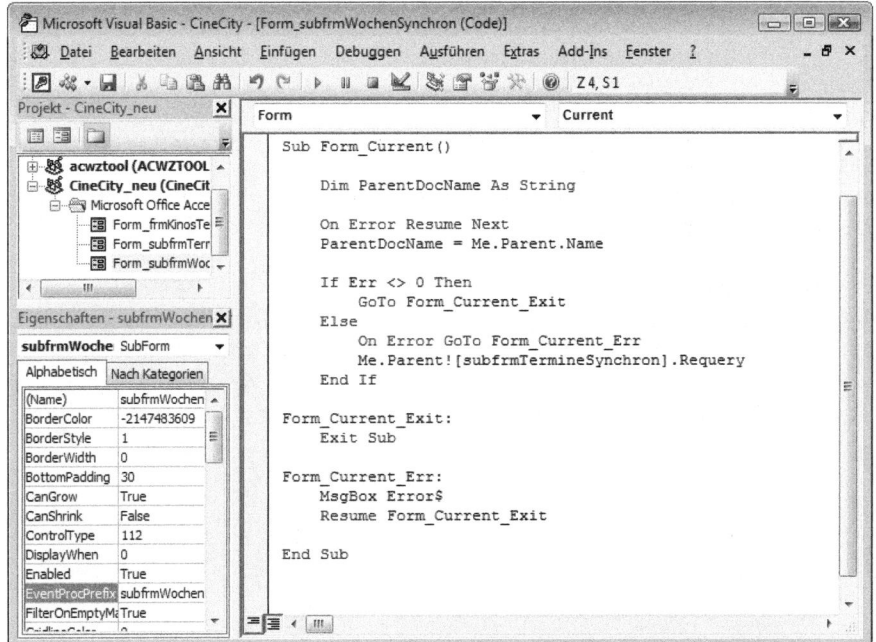

Die entscheidende Zeile des Programms lautet: Me.Parent![subfrmTermineSynchron].Requery. Die Methode Requery, die eine Aktualisierung der Daten eines Steuerelements bewirkt, wurde schon im Abschnitt »Eine (etwas aufwändige) Überarbeitung« in diesem Kapitel besprochen. Me ist ein Verweis auf das Formular selbst, die Eigenschaft Parent spricht den »Elternteil« des Formulars an, d.h., das Formular *subfrmWochenSynchron* ist ein Abkömmling des Formulars *frmFilmeSynchron*.

Der restliche Programmabschnitt behandelt nur den Fall, dass kein Elternteil vorhanden ist, also Parent keinen Wert haben kann. Wird *subfrmWochenSynchron* als Formular, nicht als Unterformular, eingesetzt, so ist die Eigenschaft Parent ohne Wert. Wird auf die Eigenschaft zugegriffen, obwohl sie keinen Wert hat, stoppt das Programm mit einer Fehlermeldung. Um dies zu vermeiden, hat der Assistent entsprechende Programmzeilen um die Requery-Anweisung herum erstellt.

Zusammenfassung

In diesem Kapitel lag der Schwerpunkt auf dem Erstellen von Unterformularen.

- Im ersten Abschnitt ab Seite 494 erfuhren Sie, wie sich ein Unterformular relativ einfach mithilfe des Formular-Assistenten erstellen lässt.
- Das erstellte Unterformular wurde im darauf folgenden Abschnitt überarbeitet (Seite 503).
- Es gibt auch einen speziellen Unterformular-Assistenten, der ein Unterformular auf einem fertigen Formular einfügen kann (Seite 512). Auch verschachtelte (Seite 514) bzw. synchronisierte (Seite 517) Unterformulare sind in Access möglich.

Kapitel 24

Formulare für Fortgeschrittene

In diesem Kapitel:

Werte nachschlagen mit Domänenaggregatfunktionen	526
Zugriff auf Daten anderer Formulare	530
Start-Einstellungen	536
Verschiedene Bildschirmauflösungen	537
Musterformulare	537
Ereignisse für Formulare und Steuerelemente	538
Standardwerte	546
Werte übernehmen	546
Zusammenfassung	547

Kapitel 24 Formulare für Fortgeschrittene

Access-Formulare bieten ungeahnte Möglichkeiten! Einen Teil davon möchten wir Ihnen in diesem Kapitel vorstellen. Allerdings bewegen wir uns dabei in kleinen Schritten auf die Programmierung zu, d.h., im Laufe des Kapitels werden immer mehr Makros und Visual Basic-Programme eingesetzt.

WICHTIG   Voraussetzung für die Arbeit mit den Formularen in diesem Kapitel ist, dass Sie die Ausführung von VBA-Makros zulassen. Am einfachsten klicken Sie auf der Sicherheits-Statusleiste auf die Schaltfläche *Optionen* und wählen die Option *Diesen Inhalt aktivieren* aus. Mehr zum Thema Sicherheit finden Sie in Kapitel 40.

Aggregatfunktionen in Formularen

In Formularen werden Ergebnismengen von Abfragen zur Ansicht oder zur Bearbeitung dargestellt. Auch wenn Sie als Datenbasis eine Tabelle angeben, so ist dies eigentlich ein einfacher Fall einer Abfrage, die alle Spalten und Zeilen der Tabelle zurückliefert.

In Kapitel 18, »Auswertungen«, stellten wir Ihnen die Aggregatfunktionen vor, mit denen Sie die Ergebnismengen von Abfragen mit Funktionen wie Summe, Anzahl, Mittelwert usw. auswerten können. Die Aggregatfunktionen lassen sich auch in Formularen auf die Ergebnismenge der dem Formular zugrunde liegenden Abfrage anwenden.

Im Folgenden soll ein Formular erstellt werden, das für jeden Film die Kalenderwochen und die dazugehörigen Vorstellungstermine anzeigt. In Abbildg. 24.1 sehen Sie das Formular *frmFilmeWochenTermineT* mit synchronisierten Unterformularen realisiert, wie wir es in Kapitel 23, »Unterformulare«, beschrieben haben.

Abbildg. 24.1   Formular mit synchronisierten Unterformularen

Aggregatfunktionen in Formularen

Sowohl das Unterformular der Kalenderwochen als auch das Unterformular der Vorstellungstermine wurden durch jeweils ein neues Textfeld ergänzt, in dem die Anzahl der Vorstellungswochen bzw. -termine angegeben ist.

Das Vorgehen zur Erstellung des Textfeldes ist auf beiden Unterformularen gleich. Deshalb möchten wir Ihnen im Folgenden nur die Lösung für das Formular der Kalenderwochen vorstellen.

Im Fußbereich des Formulars wurde, wie in Abbildg. 24.2 gezeigt, ein Textfeld erstellt. Um die Anzahl der Kalenderwochen zu ermitteln, wird im Eigenschaftenfenster für das Textfeld als *Steuerelementinhalt* die Formel =Anzahl([WochenNr]) eingetragen.

Abbildg. 24.2   Das Unterformular in der Entwurfsansicht

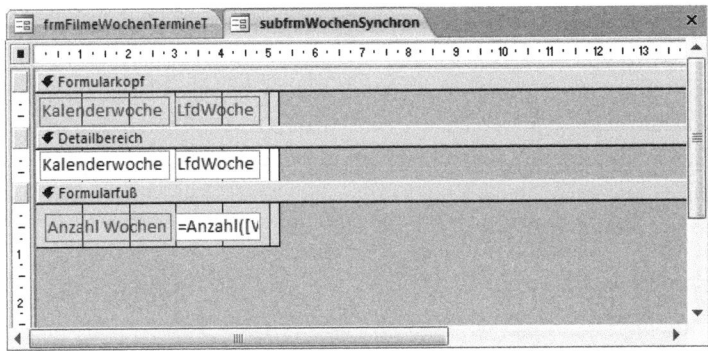

Beachten Sie, dass der ermittelte Wert einer Aggregatfunktion in einem Formular von der zugrunde liegenden Datensatzgruppe abhängt. Setzen Sie einen Filter, so bezieht sich die Aggregatfunktion nur auf die gefilterten Daten.

Es ist sinnvoll, die Eigenschaften *Aktiviert* auf *Nein* und *Gesperrt* auf *Ja* zu setzen, damit das Feld nicht per Maus oder Tastatur angewählt werden kann.

Abbildg. 24.3   Eigenschaften des Textfeldes

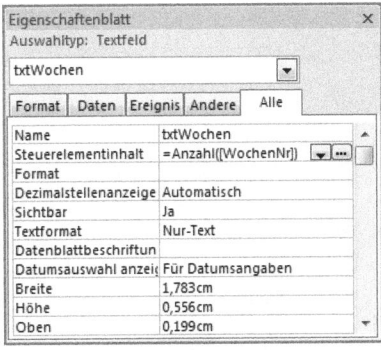

In vielen Anwendungen wird die Aggregatfunktion Summe() eingesetzt, beispielsweise bei einem Formular zur Rechnungsschreibung, in dem im Hauptformular der Rechnungskopf und im Unterformular die Rechnungspositionen gezeigt werden. Sie können dann mithilfe der Summenfunktion die Rechnungspositionen aufaddieren.

Kapitel 24 Formulare für Fortgeschrittene

Werte nachschlagen mit Domänenaggregatfunktionen

Mithilfe der Access-Domänenaggregatfunktionen können Sie statistische Werte ermitteln. Domänenaggregatfunktionen beziehen sich auf Domänen (engl. domain), und darunter versteht man eine Datensatzgruppe.

So arbeiten Sie mit Domänenaggregatfunktionen

Die Arbeitsweise der Domänenaggregatfunktionen lässt sich am einfachsten anhand eines Beispiels beschreiben.

Auf einem Formular werden die Stammdaten der Filme aus der Tabelle *tblFilme* dargestellt. In einem zusätzlichen Feld soll nun angegeben werden, wie viele Wochen der Film bereits gezeigt wurde.

Auf dem in Kapitel 21, »Der Formularentwurf«, erstellten Formular zur Darstellung der Daten der Tabelle *tblFilme* wurde unten das Textfeld zur Anzeige der Website gelöscht und ein neues Textfeld aufgenommen, das mit *Anzahl der Wochen* beschriftet wurde.

Abbildg. 24.4 Neues Feld für die Anzahl der Wochen

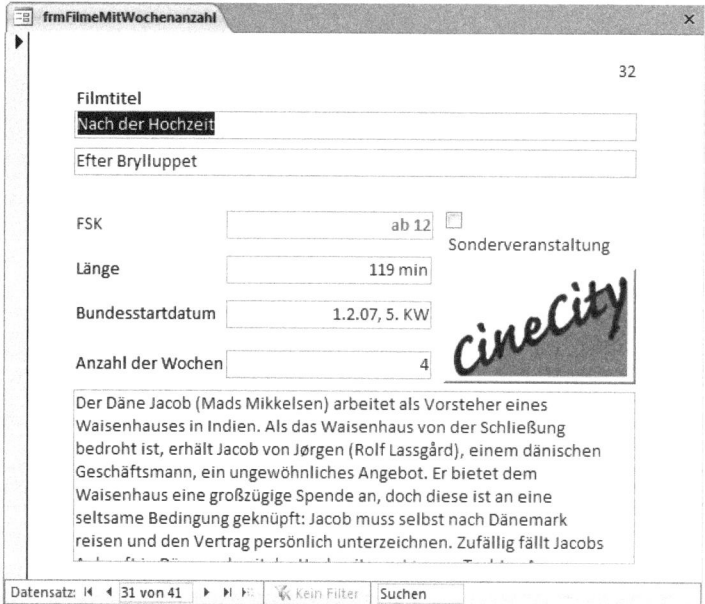

In diesem Feld erscheint nun die Anzahl der Wochen, die der Film gelaufen ist. Die Anzahl wird aus der Tabelle *tblWochen* ermittelt, indem die Einträge gezählt werden, die für den aktuellen Film vorliegen.

Als *Steuerelementinhalt* wird für das neue Feld in den Eigenschaften die Formel =DomAnzahl("Wochen Nr"; "tblWochen"; "FilmNr=" & [FilmNr]) erfasst.

Abbildg. 24.5   Eigenschaften des Textfeldes

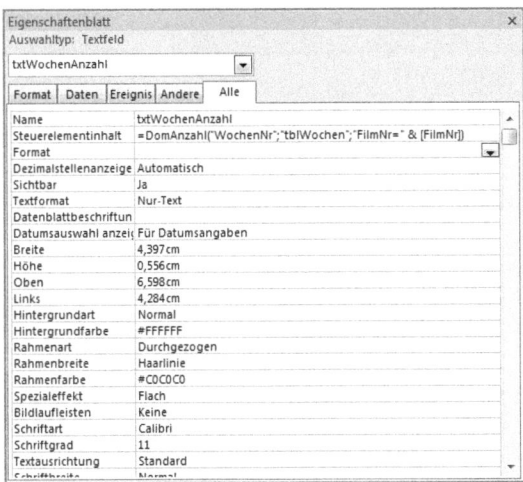

Die drei Parameter der Funktion DomAnzahl() lassen sich mit den Teilen einer SQL-SELECT-Anweisung vergleichen. Stellen Sie sich die Parameter der Domänenaggregatfunktion DomAnzahl(Ausdruck; Domäne; Kriterien) als Parameter des Befehls SELECT Ausdruck FROM Domäne WHERE Kriterien vor. Die Kriterien sind optional; geben Sie keine Einschränkung an, werden alle Datensätze der Domäne ausgewertet.

Beachten Sie, dass der Ausdruck einer Domänenaggregatfunktion nur eine Ergebnisspalte beinhalten kann, Sie können also nicht wie bei einem SELECT-Befehl mehrere Spaltenausdrücke durch Kommata getrennt aufführen. Eine Domänenaggregatfunktion bezieht sich immer nur auf eine Spalte. Der Ausdruck kann aber auch eine Formel sein.

Als Domäne geben Sie den Namen einer Tabelle oder Abfrage an, aus der die Ergebnisspalte entnommen werden soll. Die Abfrage muss eine Auswahlabfrage sein, Aktionsabfragen sind nicht zulässig.

Im Parameter Kriterien bestimmen Sie, nach welcher Bedingung die Aggregatfunktion errechnet werden soll. Für die Bedingung stehen Ihnen weitgehend die gleichen Möglichkeiten wie für die WHERE-Klausel einer Auswahlabfrage zur Verfügung, beispielsweise können mehrere Bedingungen mit AND oder OR verknüpft werden. Beachten Sie, dass die Befehlswörter in Englisch gegeben werden müssen, so wie es in Kapitel 20, »Die Abfragesprache SQL«, beschrieben worden ist.

Die Domänenaggregatfunktionen im Überblick

Die folgende Tabelle führt die Domänenaggregatfunktionen auf, sie entsprechen den SQL-Aggregatfunktionen, die Sie schon in Teil C kennen gelernt haben.

Tabelle 24.1   Domänenaggregatfunktionen

Access	Beschreibung
DomMittelwert	Ermittelt den Mittelwert
DomAnzahl	Ermittelt die Anzahl
DomWert	Schlägt einen Wert nach

Tabelle 24.1　Domänenaggregatfunktionen *(Fortsetzung)*

Access	Beschreibung
DomMin	Ermittelt den kleinsten Wert
DomMax	Ermittelt den größten Wert
DomStAbw	Gibt die Standardabweichung einer Stichprobe an
DomStAbwn	Gibt die Standardabweichung einer Grundgesamtheit an
DomSumme	Ermittelt die Summe
DomVarianz	Gibt die Varianz einer Stichprobe an
DomVarianzen	Gibt die Varianz einer Grundgesamtheit an

Weitere Beispiele

Wie lang ist die durchschnittliche Länge aller Filme? Mit `=DomMittelwert("Länge";"tblFilme")` erhalten Sie darauf eine Antwort.

Eine weitere interessante Fragestellung könnte lauten: Ermitteln Sie die Anzahl der Vorstellungstermine für einen Film. Die Nummer des Films wird im Formular im Feld *txtFilmNr* angezeigt.

Um diese Aufgabe zu lösen, muss als Domäne eine Abfrage verwendet werden, denn die Anzahl der Vorstellungstermine für einen Film lässt sich nur durch eine Abfrage ermitteln, in der die Tabellen *tblTermine* und *tblWochen* verknüpft werden. Außerdem müssen Sie berücksichtigen, dass es mehr Vorstellungstermine gibt als in Tabelle *tblTermine* aufgeführte Termine, da die Werte für *Tag* ja zum Teil mehrere Tage umfassen. Wenn beispielsweise 11 eingetragen ist, ist ja die gesamte Woche gemeint.

Abbildg. 24.6　Zuerst die Tage aufschlüsseln

TagNr	EinzelTag	Benennung
1	1	Donnerstag
2	2	Freitag
3	3	Samstag
4	4	Sonntag
5	5	Montag
6	6	Dienstag
7	7	Mittwoch
8	1	Do/So-Mi
8	4	Do/So-Mi
8	5	Do/So-Mi
8	6	Do/So-Mi
8	7	Do/So-Mi
9	2	Fr/Sa
9	3	Fr/Sa
10	3	Sa/So
10	4	Sa/So
11	1	Ganze Woche
11	2	Ganze Woche
11	3	Ganze Woche
11	4	Ganze Woche
11	5	Ganze Woche
11	6	Ganze Woche
11	7	Ganze Woche
0	0	

Werte nachschlagen mit Domänenaggregatfunktionen

Zunächst muss also eine zusätzliche Tabelle erstellt werden, in der die in *tblTermine* im Feld *Tag* gemachten Eintragungen aufgeschlüsselt werden.

Nun wenden wir uns der eigentlichen Abfrage zu, die den Namen *qryAnzahlTermine* erhält.

Abbildg. 24.7   Abfrage zur Ermittlung der Anzahl der Termine pro Film

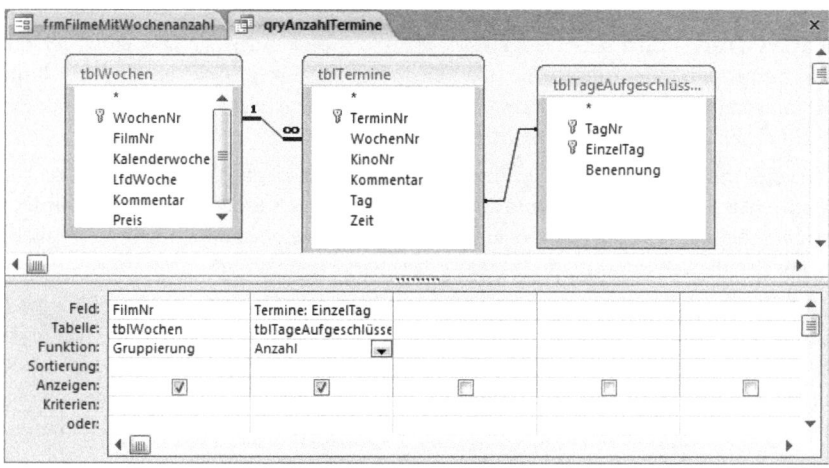

Mithilfe der Domänenaggregatfunktion DomWert() können Sie nun die Aufgabe lösen: =DomWert ("Termine"; "qryAnzahlTermine"; "FilmNr=" & [FilmNr]).

Im nächsten Beispiel soll die Länge des Films »Krass« ermittelt und in einem Feld auf dem Formular angegeben werden. Für den Steuerelementinhalt eines Textfeldes definieren Sie: =DomWert("Länge"; "tblFilme"; "Filmtitel= 'Krass'")

Variablen in Zeichenketten

An dieser Stelle möchten wir Sie auf einen kleinen Exkurs über Anführungszeichen in Zeichenketten (engl. strings) mitnehmen, denn diese haben schon manchen Access-Anwender fast zum Wahnsinn getrieben.

Fangen wir mit etwas Einfachem an: Für eine Domänenaggregatfunktionen soll als Kriterium FilmNr = 3 festgelegt werden. Da der Domänenaggregatfunktion eine Zeichenkette als Parameter übergeben werden muss, wird einfach "FilmNr = 3" geschrieben. Schwieriger wird es schon, wenn nicht immer der Wert 3 verwendet werden soll, sondern der aktuelle Wert eines Tabellen- oder Formularfeldes. Dann wird geschrieben: "FilmNr=" & [txtFilmNr]. Mithilfe des Operators & werden dabei zwei Teilzeichenketten zusammengefügt, wobei Access so intelligent ist, die Zahl, die in *txt-FilmNr* übergeben wird, automatisch in eine Zeichenkette umzuwandeln.

Umständlicher wird die Definition einer Bedingung mit einem Datumswert. Der einfache Fall lautet: "Bundesstartdatum = #2.2.2007#". Möchten Sie das Datum aus dem Feld *txtDatum* in die Bedingung einbeziehen, wird daraus "Bundesstartdatum = #" & [txtDatum] & "#". Auch hierbei wandelt Access den Datumswert wieder automatisch in eine Zeichenkette, einen String, um.

Die Schwierigkeiten beginnen, wenn Sie Kriterien erstellen, die Zeichenketten als Variablen in Zeichenketten enthalten. Um beispielsweise eine Domänenaggregatfunktion nur auf den Film »Vitus« anzuwenden, definieren Sie `"Filmtitel=Vitus"`. Das Ergebnis dieser Formel ist der Ergebniswert *#Fehler*. Nein, so funktioniert es leider nicht, denn der Text »Vitus« gehört selbst in Anführungszeichen, also benötigen wir hier Anführungszeichen innerhalb von Anführungszeichen.

Prinzipiell stehen Ihnen zwei mögliche Schreibweisen zur Verfügung: Entweder als `"Filmtitel='Vitus'"` oder als `"Filmtitel=""Vitus"""`. Verwenden Sie also entweder die einfachen Anführungszeichen oder setzen Sie die normalen Anführungszeichen doppelt hintereinander. Access interpretiert die Zeichenfolge `""` als ein Anführungszeichen innerhalb einer Zeichenkette, also nicht als Zeichenkettenbegrenzung.

Die Variante mit den einfachen Anführungszeichen kann dann zu Fehlern führen, wenn Sie beispielsweise den Film »My best Friend's Wedding« selektieren möchten. Hierbei kommt es zu einer Fehlermeldung, denn jetzt treten die einfachen Anführungszeichen ja nicht mehr als Pärchen auf. Hier wäre also die Schreibweise `"Filmtitel=""`"My best Friend's Wedding"`"""` besser.

Betrachten wir nun die Variante, dass der Filmtitel mit dem Inhalt des Feldes *txtFilmtitel* verglichen werden soll. Wie Sie sich denken können, ist die Schreibweise `"Filmtitel=" & [txtFilmtitel]` nicht richtig, denn so entsteht wieder die oben beschriebene Problematik wie bei `"Filmtitel=Vitus"`. Also ran an die Anführungszeichen! Mit `"Filmtitel=""" & [txtFilmtitel] & """"` kommen Sie der Sache näher, obwohl die Anzahl der Anführungszeichen deutlich zugenommen hat. Sie hätten aber auch alternativ `"Filmtitel='" & [txtFilmtitel] & "'"` schreiben können.

Beide Schreibweisen können zu Fehlern führen. Diese treten immer dann auf, wenn in *txtFilmtitel* eine Zeichenkette übergeben wird, die ihrerseits ein ' oder " enthält. Bei ' funktioniert die erste Variante, bei " die zweite. Was aber, wenn *txtFilmtitel* den Eintrag Joe's "Stummer" Kurzfilm enthält? Nun funktioniert keine der beiden vorgestellten Varianten. Das Problem lässt sich nur lösen, indem eine Visual Basic-Funktion programmiert wird, die alle ' und " verdoppelt in die Zeichenkette einbaut. In Teil G stellen wir Ihnen eine solche Funktion vor.

Zugriff auf Daten anderer Formulare

In vielen Anwendungen ist es notwendig, auf Werte in Steuerelementen in Unterformularen oder anderen geöffneten Formularen zuzugreifen.

Daten aus Unterformularen

In Kapitel 23, »Unterformulare«, wurde das Formular *frmKinosTermine* erstellt, das das Unterformular *subfrmKinosTermine* mit den Vorstellungen des entsprechenden Kinos zeigt.

Diese beiden Formulare wurden kopiert, *frmKinosTermineMitAnzahl* und *subfrmTermine2* genannt und wurden folgendermaßen bearbeitet:

Um eine bessere Übersicht über die tatsächliche Anzahl der Termine zu erhalten, soll im Unterformular statt *Tag* aus *tblTermine* jetzt *EinzelTag* aus *tblTageAufgeschlüsselt* angezeigt werden. Dazu haben wir zur SQL-Abfrage für die Datensatzquelle des Unterformulars *tblTageAufgeschlüsselt* hinzugefügt und auf dem Eigenschaftsblatt zur Abfrage eingestellt, dass keine Duplikate zugelassen werden sollen. Für das neu hinzugefügte Feld *EinzelTag* wurde eine aufsteigende Sortierung vereinbart. Als Steuerelementinhalt für das Feld *cboTag* im Unterformular wurde *EinzelTag* ausgewählt. Damit wird jetzt im Unterformular eine nach einzelnen Tagen aufgeschlüsselte Liste der Termine angezeigt.

Zugriff auf Daten anderer Formulare

Abbildg. 24.8 Das überarbeitete Ausgangsformular

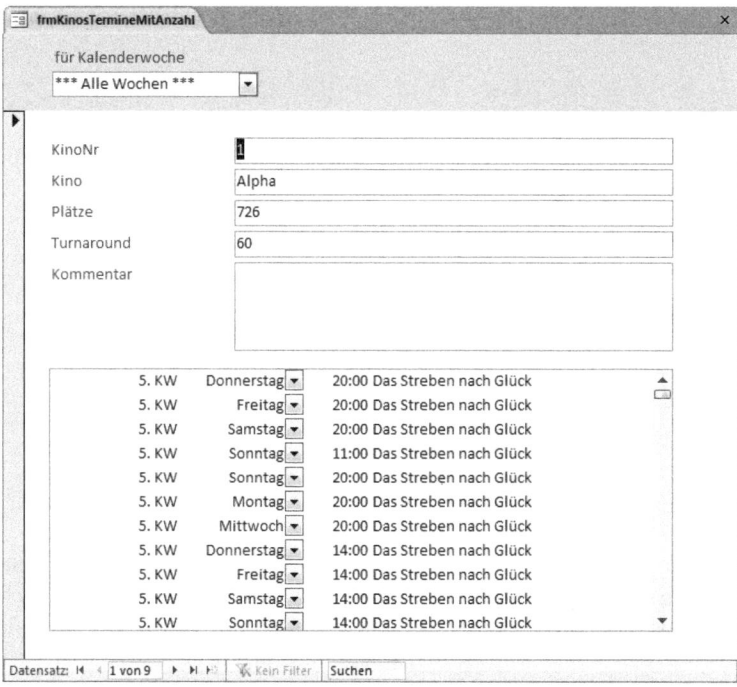

In dem oberen Teil des Formulars soll ein Textfeld aufgenommen werden, in dem die maximal mögliche Besucheranzahl bestimmt wird. Diese Angabe errechnet sich aus der Multiplikation der Sitzplätze im Kino mit der Anzahl der Vorstellungen.

Um die Anzahl der Termine zu errechnen, ist es am einfachsten, Sie erweitern das Unterformular um ein Feld, in dem die Anzahl ermittelt wird. Abbildg. 24.9 zeigt das neu hinzugekommene Feld im Fußbereich des Formulars.

Abbildg. 24.9 Neues Textfeld im Formularfuß des Unterformulars

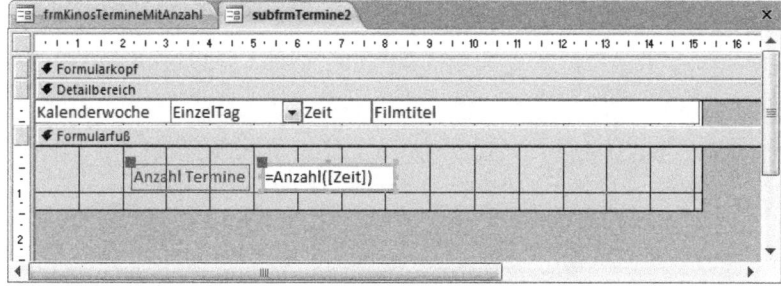

Für das Feld, mit *txtAnzahlTermine* benannt, erfassen Sie als *Steuerelementinhalt* die Formel `=Anzahl([Zeit])`. Die Aggregatfunktion `Anzahl()`, die im Abschnitt »Aggregatfunktionen in Formularen« schon beschrieben wurde, ermittelt die Anzahl der Datensätze der Abfrageergebnismenge, die im Formular zur Verfügung gestellt werden.

Abbildg. 24.10   Eigenschaften des neuen Textfeldes

In Abbildg. 24.11 ist das geänderte Unterformular in der Formularansicht dargestellt. Beachten Sie, dass sich eine Einschränkung der gezeigten Termine durch die Auswahl einer Kalenderwoche im Kombinationsfeld im Kopfbereich des Hauptformulars auch auf die errechnete Anzahl der Termine auswirkt, denn durch die Auswahl wird die Abfrageergebnismenge des Unterformulars neu bestimmt.

Abbildg. 24.11   Formular mit geändertem Unterformular

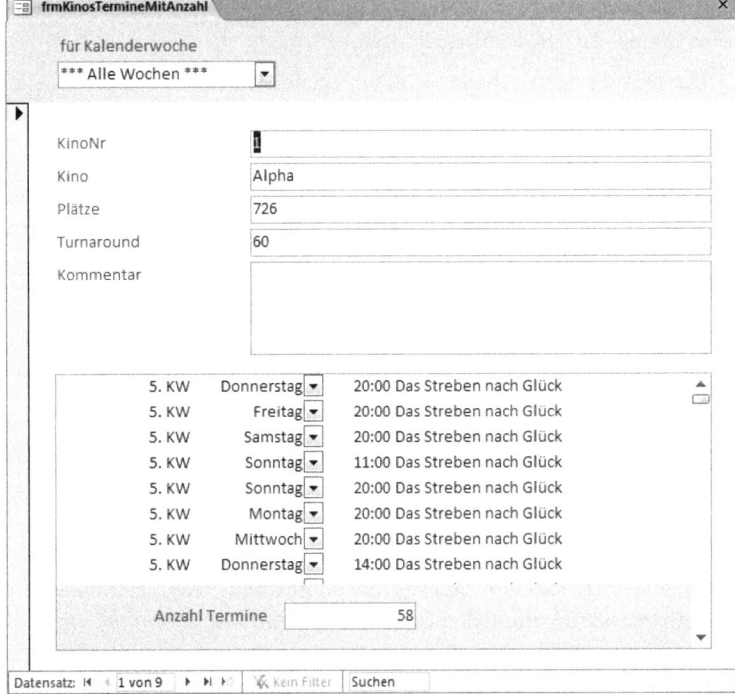

Zugriff auf Daten anderer Formulare

Im nächsten Schritt soll nun ein Textfeld im Hauptformular erstellt werden, in dem die maximale Anzahl von Besuchern ermittelt werden soll.

Abbildg. 24.12 Neues Textfeld *txtMaxBesucherzahl*

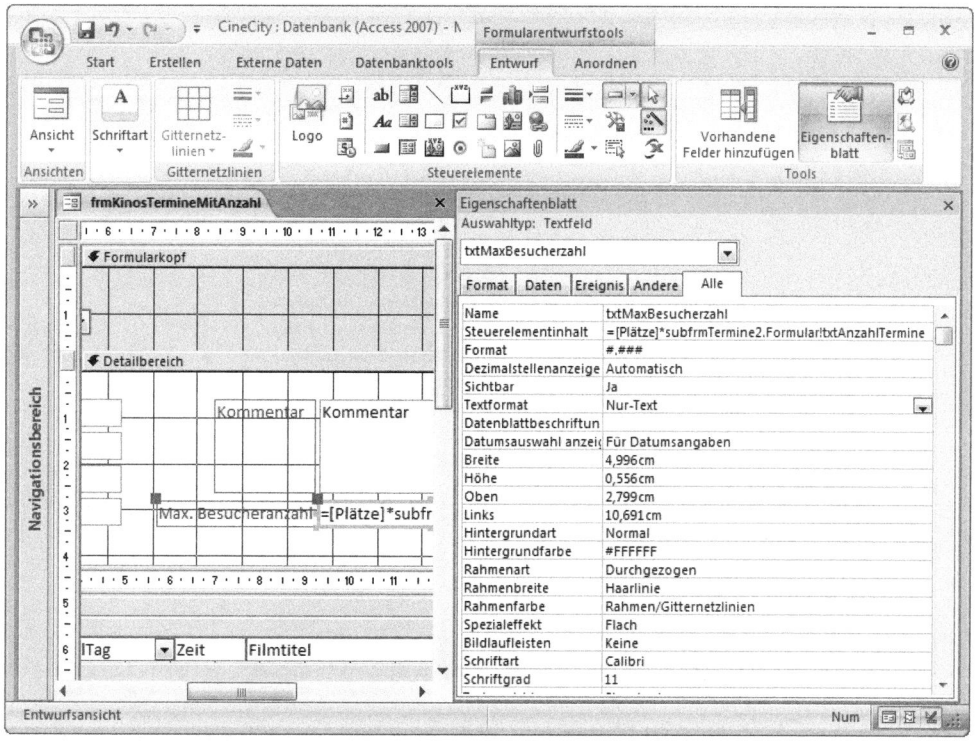

Die Formel zur Berechnung der maximalen Besucherzahl lautet: `=[Plätze]*[subfrmTermine2].Formular![txtAnzahlTermine]`. Der Teil `[Plätze]` der Formel bezieht sich auf das entsprechende Textfeld. Hier fehlt übrigens das Präfix »txt«, da dieses Feld vom Assistenten erstellt wurde. Der Assistent gibt den Steuerelementen Namen, die dem Namen des Feldes der Tabelle oder Abfrage entsprechen.

Der zweite Teil der Formel, `[subfrmTermine2].Formular![txtAnzahlTermine]`, greift auf den im Unterformular errechneten Wert der Anzahl der Termine zu. Dies ist die Kurzschreibweise für einen Verweis auf ein Steuerelement im Unterformular. Die verschiedenen Verweisschreibweisen erläutern wir Ihnen im nächsten Abschnitt des Kapitels.

Abbildg. 24.13   Das fertige Formular

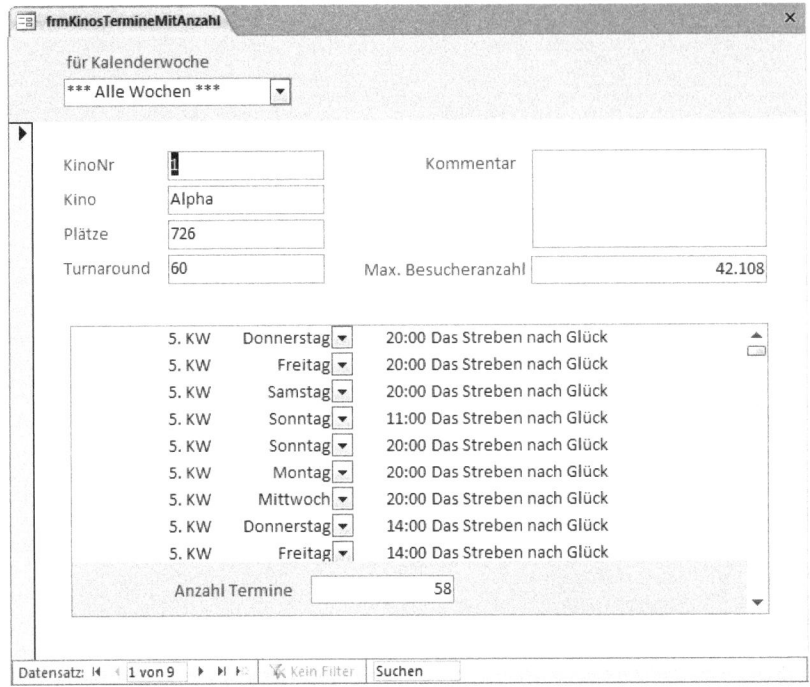

Allgemeine Schreibweise für den Formularzugriff

Wir möchten Ihnen im Folgenden Schreibweisen vorstellen, mit deren Hilfe Sie auf Steuerelemente in beliebigen geöffneten Formularen oder Unterformularen zugreifen können.

Zugriff auf Formulare

Für den Verweis auf ein Steuerelement eines Formulars setzt sich der Befehl wie folgt zusammen:

```
Formulare![Name des Formulars].Controls![Name des Steuerelements]
```

Lesen Sie den Befehl so: Aus der Menge der Formulare nimm das angegebene Formular. Und aus der Menge der Steuerelemente (engl. controls) verwende das genannte Steuerelement. Die eckigen Klammern sind übrigens optional und nur dann notwendig, wenn der Name des Formulars bzw. des Steuerelementes Leer- oder Sonderzeichen enthält.

Möchten Sie beispielsweise die Anzahl der Plätze des im Formular *frmKinos* gezeigten Kino-Datensatzes in einem anderen Formular verwenden, geben Sie für den Steuerelementinhalt eines Textfeldes an: =Formulare!frmKinos.Controls!Plätze. Übrigens können Sie auch anstelle des Wortes Formulare die englische Variante Forms benutzen.

Zugriff auf Daten anderer Formulare

Die meisten Access-Anwender verwenden die Kurzschreibweise des beschriebenen Befehls in der Form

`Formulare![Name des Formulars].[Name des Steuerelements]`

Es fehlt die Angabe `Controls`, die von Access für Formulare als Standard definiert ist und deshalb nicht explizit angegeben werden muss.

Zugriff auf Unterformulare

Im Abschnitt »Daten aus Unterformularen« weiter oben in diesem Kapitel wurde in einem Hauptformular auf einen Wert in einem Unterformular des Hauptformulars verwiesen und zwar als `Name des [Unterformular-Steuerelements].Formulare![Name des Steuerelements auf dem Unterformular]`. Oben im Beispiel lautete der Befehl beispielsweise `[subfrmTermine].Formular![txtAnzahlTermine]`. Eigentlich ist diese Schreibweise die Kurzform für `[Name des Unterformular-Steuerelements].Formular.Controls![Name des Steuerelements auf dem Unterformular]`.

Möchten Sie auf ein Unterformular aus einem anderen Formular, also nicht aus dem Hauptformular, verweisen, so schreiben Sie

`Formulare![Name des Hauptformulars]![Name des Unterformular-Steuerelements].Formular.Controls![Name des Steuerelements]`

oder kurz

`Formulare![Name des Hauptformulars]![Name des Unterformular-Steuerelements].Formular![Name des Steuerelements]`

Und um es noch komplizierter zu machen, mit:

`Formulare![Name des Hauptformulars]![Name des Unterformular-Steuerelements 1].Formular.Controls![Name des Unterformular-Steuerelements 2].Formular.Controls![Name des Steuerelements]`

greifen Sie auf verschachtelte Unterformulare zu, also auf ein Unterformular auf einem Unterformular. Verschachtelte Unterformulare wurden in Kapitel 23 beschrieben.

> **HINWEIS** Sollten Sie nun etwas verwirrt sein ob der vielen Ausrufezeichen und Punkte und sich fragen, wann kommt denn nun ein Punkt und wann ein Ausrufezeichen, so warten Sie ein wenig, wir werden dies ausführlich in Teil G erläutern. Vereinfacht kann man sagen, dass ein Ausrufezeichen hinter etwas gesetzt wird, das Sie erstellt haben, also ein Formular oder ein Steuerelement. Alles nach dem Ausrufezeichen bezieht sich auf das Objekt vor dem Ausrufezeichen und kann eine Eigenschaft sein oder eine Auflistung von Elementen, beispielsweise die Menge aller Steuerelemente des Objekts (siehe oben `Controls`).

Start-Einstellungen

Möchten Sie, dass ein bestimmtes Formular direkt nach dem Öffnen der Access-Datenbank geladen und angezeigt wird, so können Sie diese und weitere Einstellungen in den Access-Optionen vereinbaren. Rufen Sie dazu das Dialogfeld der *Access-Optionen* auf und wählen *Aktuelle Datenbank* aus.

Abbildg. 24.14 Start-Einstellungen

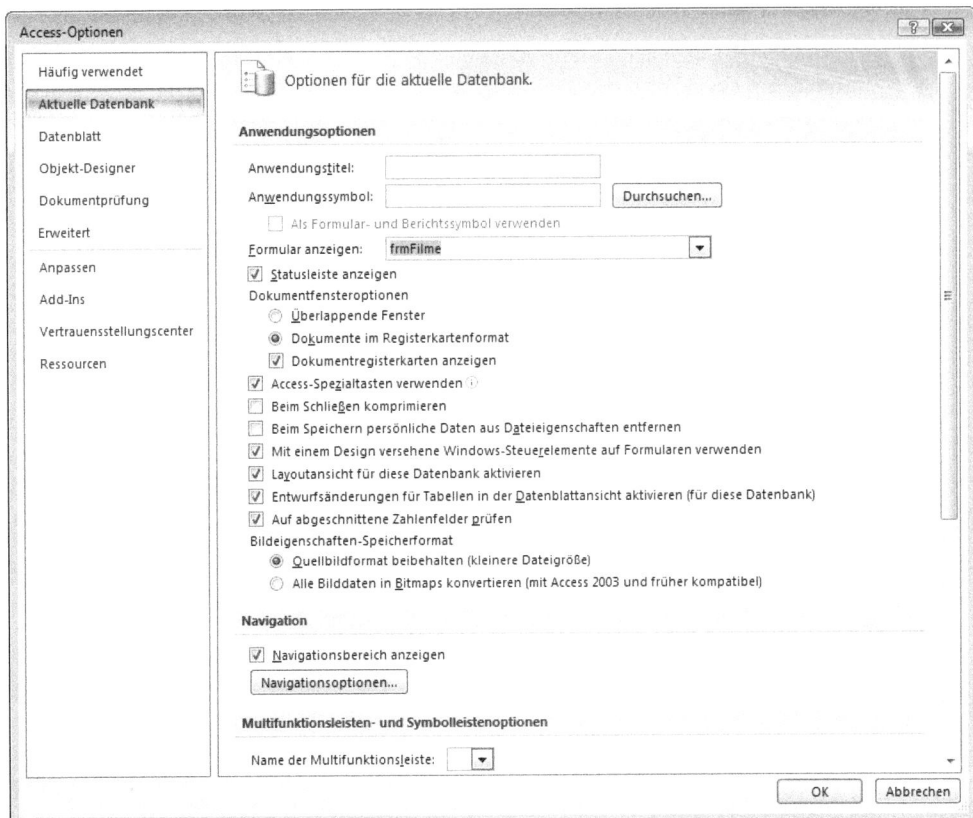

- Unter *Anwendungstitel* können Sie eine Überschrift angeben, die anstelle des Textes *Microsoft Access* in der Titelleiste des Access-Fensters gezeigt wird.
- Als *Anwendungssymbol* bestimmen Sie eine Icon- (Endung .ICO) oder bmp-Datei, die statt des Access-Schlüsselsymbols in der Titelleiste dargestellt wird.
- Hinter *Formular anzeigen* selektieren Sie das Formular, das nach dem Öffnen der Datenbank angezeigt werden soll.
- Unter *Dokumentfensteroptionen* können Sie festlegen, ob Sie mit Registerkarten oder wie in vorherigen Access-Versionen mit überlappenden Fenstern arbeiten möchten.

Alle weiteren Einstellungsmöglichkeiten beschreiben wir Ihnen in Kapitel 39.

Verschiedene Bildschirmauflösungen

Es gibt häufig Probleme mit unterschiedlichen Bildschirmauflösungen, wenn Sie für andere Personen und andere Computer mit unbekannten Bildschirmauflösungen Formulare entwickeln. Ist Ihr Bildschirm beispielsweise auf eine Auflösung von 1.280 x 1.024 Punkten eingestellt und entwickeln Sie Formulare, die die Auflösung voll ausnutzen, so sehen Anwender, die Ihr Formular auf einem Monitor mit einer Auflösung von 1.024 x 768 verwenden, leider nur Teile des Formulars auf dem Bildschirm. Und umgekehrt wird bei einem Formular, das für eine niedrige Auflösung entwickelt wurde, nur ein Teil der Bildschirmfläche bei hoher Auflösung genutzt.

Auf dieses Problem hat Microsoft mit den Anker-Funktionen (Registerkarte *Anordnen*) reagiert. Soll Ihre Anwendung noch auf anderen Rechnern eingesetzt werden, so sollten Sie Ihre Formulare für die schlechteste Auflösung anpassen. Verwenden Sie dann für ein unten angeordnetes Feld beispielsweise die Anker-Funktion

- *Nach unten und quer dehnen* (damit wird ihr Feld sowohl nach unten als auch nach rechts vergrößert, falls mehr Platz auf dem Formular zur Verfügung steht) oder
- *Nach unten und rechts dehnen* (damit bleibt das Steuerelement in seiner Breite erhalten, bleibt aber am rechten Rand verankert und wird nur in der Höhe vergrößert) oder
- *Quer nach unten dehnen* (damit bleibt der Abstand zum Feld vom unteren Rand gleich groß, das Feld kann aber in der Breite vergrößert werden).

Abbildg. 24.15   Die verschiedenen Anker-Funktionen

Musterformulare

Im Laufe der Arbeit mit Formularen werden Sie Ihren eigenen Stil der Gestaltung entwickeln oder Sie gestalten Ihre Formulare nach Vorgaben Ihrer Firma, des Anwenders oder Ihres Kunden. Um die grundlegende Formatierung nicht für jedes Formular von neuem zu definieren, stehen Ihnen zwei Hilfsmittel zur Verfügung: Standardeinstellungen und Musterformulare. Die Möglichkeit, Standardeinstellungen für Steuerelemente zu vereinbaren, stellten wir Ihnen im letzten Abschnitt von Kapitel 22 vor. Die Standardeinstellungen beziehen sich aber immer nur auf das Formular, in dem sie vereinbart wurden. Deshalb möchten wir Ihnen nun zeigen, wie Sie ein Musterformular erstellen können, das allen neuen Formularen zugrunde gelegt wird.

1. Legen Sie ein neues Formular mit der gewünschten Formatierung für Formular und Steuerelemente an. Sie können aber auch jedes vorhandene Formular als Mustervorlage festlegen.
2. Rufen Sie das Dialogfeld *Access-Optionen* über die Office-Schaltfläche auf.
3. Wählen Sie *Objekt-Designer* aus und
4. tippen Sie den Namen des Formulars, das als Vorlage dienen soll, im Feld *Formularvorlage* ein.

Abbildg. 24.16 Benennung einer Mustervorlage

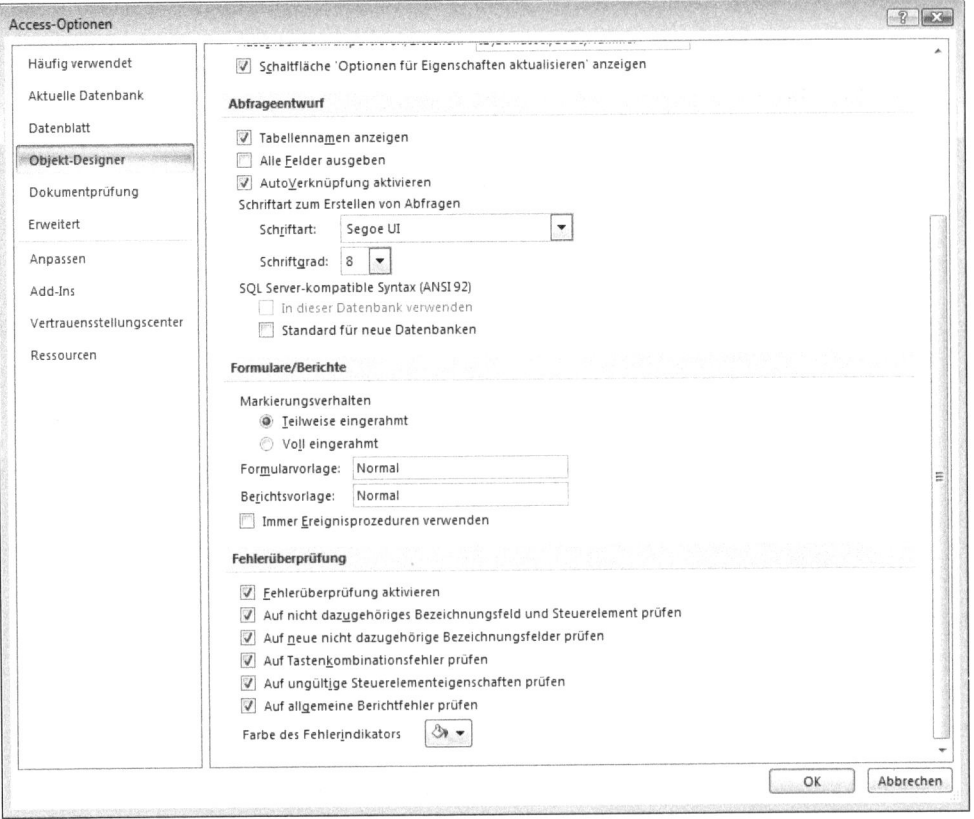

Das als Formularvorlage angegebene Formular wird nun für alle neuen Formulare verwendet, die nicht mit einem der Assistenten angelegt werden.

Ereignisse für Formulare und Steuerelemente

Jetzt wird es Zeit, einmal etwas zu den Ereignissen zu sagen, die sich in einem Access-Formular ereignen können.

Die Ereignissteuerung

Windows-Programme, also auch Access, sind in fast allen Fällen ereignisgesteuert. In einem Fenster eines Programms kann sich einiges ereignen: ein Mausklick hier oder dort, das Fenster wird verschoben oder geschlossen, Tasten werden gedrückt und vieles mehr. Auf alle diese Ereignisse muss ein Windows-Programm reagieren: wenn Klick hier, dann tu dieses usw. Manchmal kann es auch sinnvoll sein, ein Ereignis zu ignorieren, also auf einen Klick oder eine andere Aktion keine Reaktion zu zeigen.

Ereignisse für Formulare und Steuerelemente

Welche Ereignisse sind für Formulare bzw. Steuerelemente interessant? Wie kann ein Formular bzw. ein Steuerelement auf bestimmte Ereignisse reagieren? Und welche spezifischen Ereignisse für Formulare oder Steuerelemente lassen sich nutzen? Die folgenden Abschnitte sollen Ihnen einen Einblick in die Ereignissteuerung von Access-Formularen geben.

Abbildg. 24.17 zeigt die Ereignisse, die für ein Formular auftreten können. Im Bild ist die Registerkarte *Ereignis* des Eigenschaftsblatts eines Formulars zu sehen.

Abbildg. 24.17 Formularereignisse

Für jedes der Ereignisse in Formularen und Steuerelementen kann ein Makro oder ein Visual Basic-Programm ablaufen. Programmierer nennen diesen Vorgang »ein Ereignis abfangen«. Jetzt ist natürlich von Interesse, welche Ereignisse durch welche Aktionen ausgelöst werden. Die meisten Aktionen, wie beispielsweise der Wechsel zu einem anderen Datensatz, lösen mehr als ein Ereignis aus. Und es werden Ereignisse des Formulars sowie der betroffenen Steuerelemente auftreten.

In den beiden folgenden Tabellen sind die wichtigsten Aktionen für Formulare bzw. für Steuerelemente aufgeführt und welche Ereignisse in welcher Reihenfolge dabei auftreten.

Kapitel 24 Formulare für Fortgeschrittene

Tabelle 24.2 Ereignisreihenfolgen für Formulare

Aktion	Ereignisreihenfolge
Öffnen eines Formulars	Beim Öffnen Beim Laden Bei Größenänderung Bei Aktivierung Beim Anzeigen
Schließen eines Formulars	Beim Entladen Bei Deaktivierung Beim Schließen
Löschen von Datensätzen	Beim Löschen Vor Löschbestätigung Nach Löschbestätigung
Tastatureingabe	Bei Taste Ab Bei Taste Bei Geändert Bei Taste Auf
Im Formular zu einem anderen Datensatz wechseln	Beim Anzeigen Vor Aktualisierung Nach Aktualisierung Beim Anzeigen
Erstellen eines neuen Datensatzes	Beim Anzeigen Beim Hingehen Beim Fokuserhalt Vor Eingabe Nach Eingabe

Tabelle 24.3 Ereignisreihenfolgen für Steuerelemente

Aktion	Ereignisreihenfolge
Verlassen eines Steuerelements	Beim Verlassen Beim Fokusverlust
Fokus auf ein Steuerelement setzen	Beim Hingehen Beim Fokuserhalt
Ändern und Aktualisieren von Daten in einem Steuerelement	Vor Aktualisierung Nach Aktualisierung Beim Verlassen Beim Fokusverlust
Klick auf ein Steuerelement	Bei Maustaste Ab Bei Maustaste Auf Beim Klicken

In Teil G beschreiben wir Ihnen die Programmierung mit Makros und mit Visual Basic. Dort gehen wir auf die verschiedenen Ereignisse genauer ein und zeigen Ihnen Anwendungsbeispiele.

In den weiteren Abschnitten dieses Kapitels und im weiteren Verlauf des Buches werden wir die Beispiele durch kleine Programm-»Häppchen« garnieren. Vieles lässt sich so realisieren, ohne dass Sie dazu »richtig« programmieren müssen.

Zum Beispiel: Felder ein- und ausblenden

Ein typisches Beispiel, wo ein kleines Programm sehr hilfreich sein kann, ist das Ein- und Ausblenden von Steuerelementen aufgrund bestimmter Bedingungen: Auf dem Formular *frmFilme* soll der Text »Überlänge« eingeblendet werden, wenn ein Film länger als 120 Minuten läuft.

Jedes Steuerelement besitzt die Eigenschaft *Sichtbar*. Diese Eigenschaft lässt sich nicht nur in der Entwurfsansicht bestimmen, sie kann auch in der Formularansicht geändert werden. Der Text »Überlänge« soll also immer dann sichtbar sein, wenn der aktuelle Datensatz einen Film enthält, der eine Länge von mehr 120 Minuten aufweist. Andernfalls ist der Text unsichtbar.

Bevor ein Datensatz im Formular gezeigt wird, tritt das Ereignis *Beim Anzeigen* auf. Für dieses Ereignis wird also nun ein Programm erstellt. Für dieses Programm stehen Ihnen zwei Varianten zur Verfügung: Makros und Visual Basic-Befehle. Makros sind schneller zu lernen und haben den Vorteil, dass alle Befehlswörter in Deutsch sind. Visual Basic-Programme sind professioneller, viel flexibler und leistungsfähiger, aber dafür müssen englische Befehlswörter eingesetzt werden. Wir stellen Ihnen in den beiden folgenden Abschnitten beide Varianten vor.

1. Zuerst erstellen Sie ein neues Bezeichnungsfeld mit dem Text *Überlänge* auf dem Formular. Geben Sie dem Feld den Namen *lblÜberlänge*, wie es in Abbildg. 24.18 zu sehen ist.

Abbildg. 24.18   Das Formular *frmFilmeMitÜberlängenanzeige*

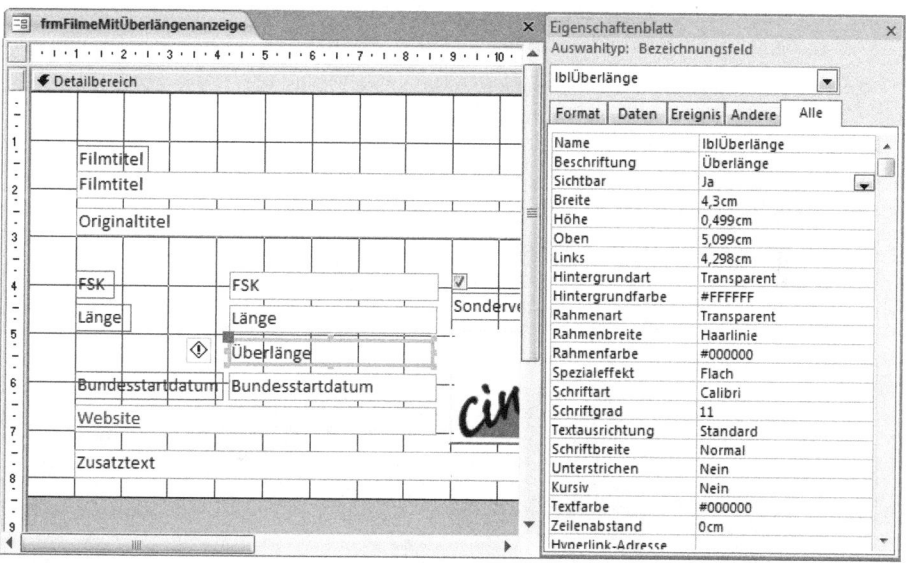

2. Auf dem Registerblatt *Ereignis* auf dem Eigenschaftenblatt des Formulars klicken Sie anschließend in der Zeile *Beim Anzeigen* auf die Schaltfläche mit den drei Punkten, um das Dialogfeld *Generator auswählen* einzublenden.

Abbildg. 24.19   Auswahl des Generators

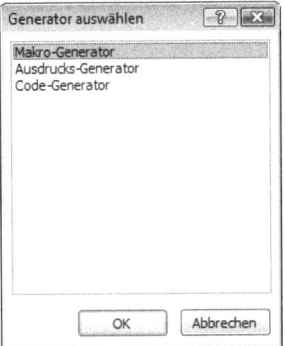

Die Makro-Lösung

Für die Makro-Lösung selektieren Sie im Dialogfeld *Generator auswählen* den Eintrag *Makro-Generator*. Eine Beschreibung der wichtigsten Makrobefehle und ihrer Anwendung erhalten Sie in Kapitel 33, »Makros«.

Daraufhin wird das Makro-Entwurfsfenster eingeblendet. In der Spalte *Aktion* selektieren Sie, was das Makro tun soll. Sie können in den Zeilen untereinander mehrere Aktionen angeben, die dann nacheinander abgearbeitet werden.

Für unser Beispiel soll mit der ersten Aktion eine Eigenschaft festgesetzt werden, nämlich die Eigenschaft *Sichtbar* des Bezeichnungsfeldes *lblLänge*. Wählen Sie also im Kombinationsfeld die Aktion *FestlegenEigenschaft* aus.

Abbildg. 24.20   Auswahl der Makro-Aktion

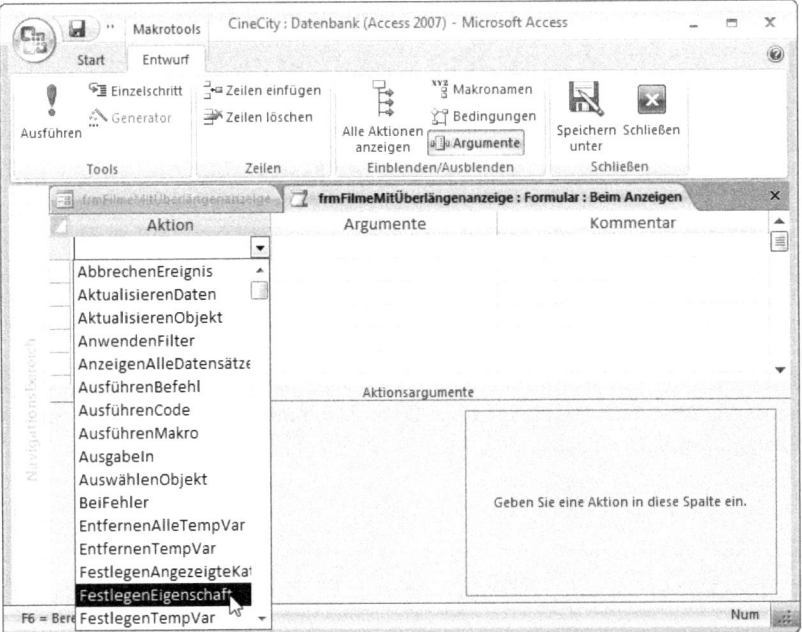

Nach der Selektion der Aktion werden im unteren Bereich des Entwurfsfensters drei Zeilen für die Argumente der Aktion eingeblendet. Legen Sie hier das Steuerelement fest, dessen Eigenschaft geändert werden soll, legen Sie die gewünschte Eigenschaft (hier *Sichtbar*) fest und den benötigten Wert (*0* für unsichtbar und *-1* für sichtbar).

Abbildg. 24.21 Was soll passieren?

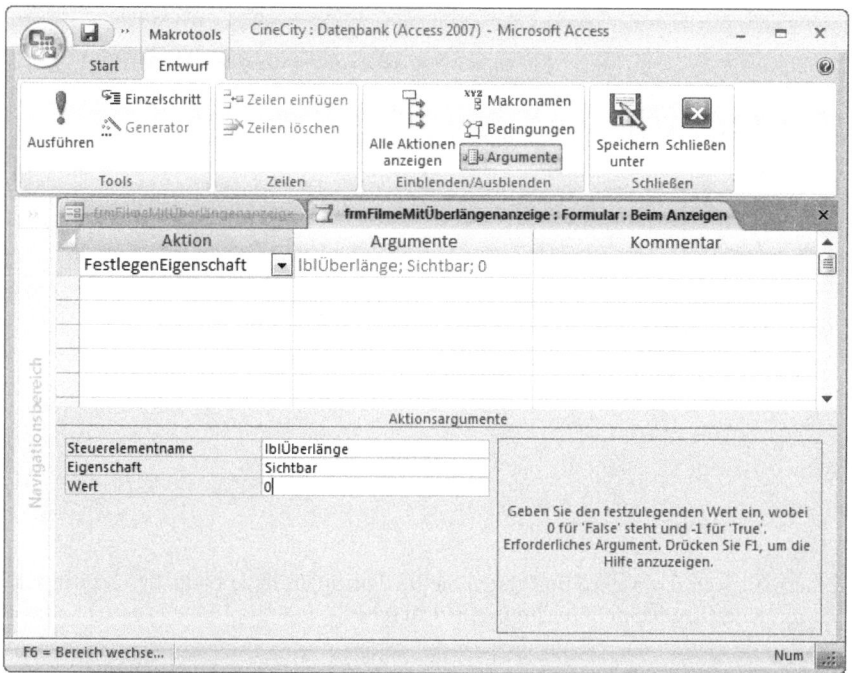

In der vorliegenden Form würde das Makro immer dann, wenn es aufgerufen wird, die Eigenschaft *Sichtbar* des Bezeichnungsfeldes auf *Nein* setzen. Na, so war das ja nicht gedacht! Es fehlt noch die Bedingung, dass dies nur passieren soll, wenn die Länge des Films mehr als 120 Minuten beträgt. Dazu müssen Sie mit der Schaltfläche *Bedingungen* die Bedingungsspalte im Makro-Entwurfsfenster einblenden.

In Abbildg. 24.22 ist das fertige Makro eingeblendet. Was kam hinzu? In der Spalte *Bedingung* wurde für die oben erfasste *FestlegenEigenschaft*-Aktion die Bedingung [Länge]<=120 vereinbart.

Anschließend wurde in der zweiten Zeile für die Bedingung [Länge]>120 die Aktion *FestlegenEigenschaft* mit der Eigenschaft *Sichtbar* für das Feld *lblÜberlänge* mit *-1* (also wahr) vereinbart.

Abbildg. 24.22 Makro mit Bedingungen

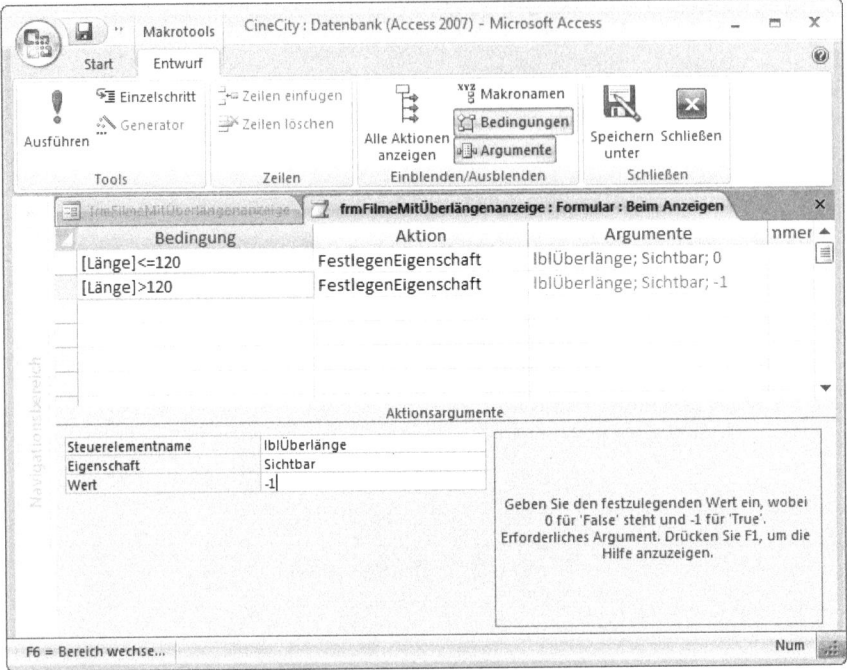

Speichern Sie nun das Makro und testen Sie Ihr Formular. In Abbildg. 24.23 ist unser Beispielformular mit eingeblendetem Bezeichnungsfeld zu sehen.

Abbildg. 24.23 Formular mit eingeblendetem Text

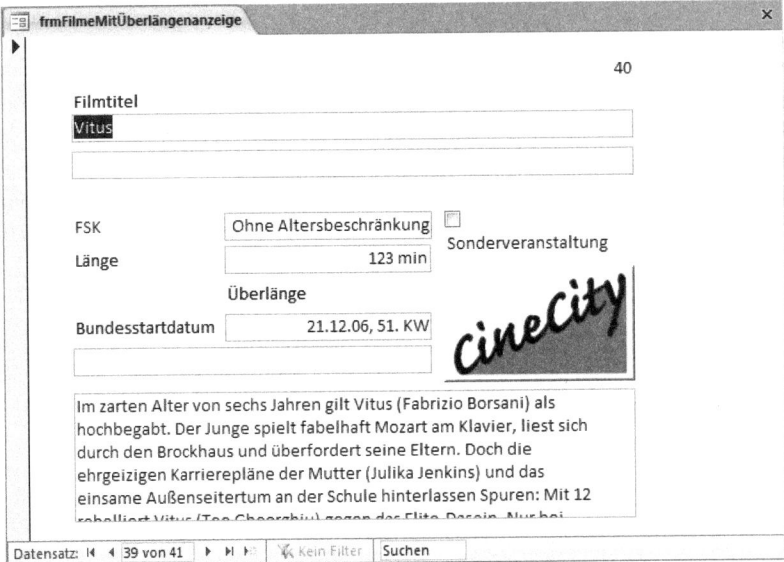

HINWEIS Dieses Makro ist jetzt fest mit dem Beschriftungsfeld verbunden. Es wird als eingebettetes Makro bezeichnet. Wird ein Objekt kopiert, das ein eingebettetes Makro besitzt, so wird das Makro mit kopiert. Dafür erscheint es aber nicht im Navigationsbereich, in dem nur eigenständige Makros angezeigt werden.

Die Visual Basic-Lösung

Die Visual Basic-Lösung ist deutlich englischer. Selektieren Sie, um ein Visual Basic-Programm zu erstellen, im Dialogfeld *Generator auswählen* (Abbildg. 24.19) den Punkt *Code-Generator*. Damit rufen Sie ein Fenster auf, in dem Sie Ihre Programme erfassen können.

Der Rahmen für die Visual Basic-Routine, die beim Ereignis *Beim Anzeigen* aufgerufen werden soll, wird durch `Private Sub Form_Current ... End Sub` vorgegeben. *Current* ist der englische Begriff, der in Access für *Beim Anzeigen* verwendet wird.

Abbildg. 24.24 Die Visual Basic-Lösung

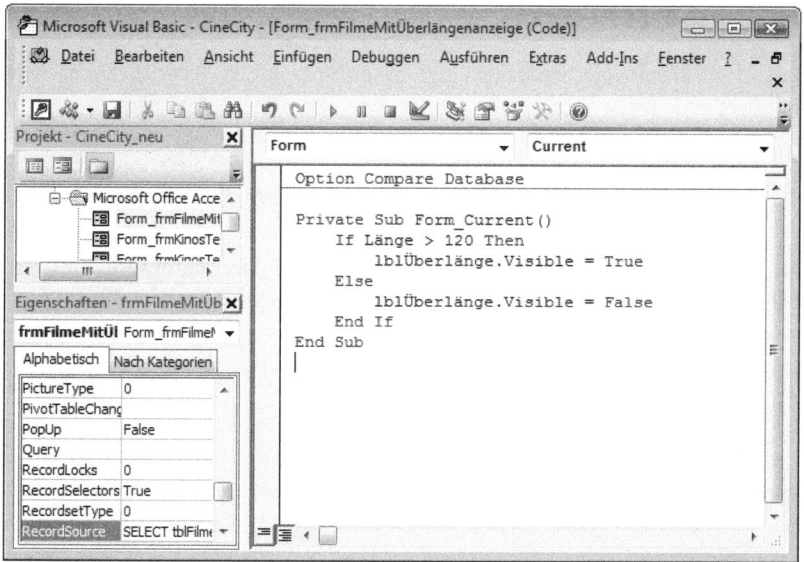

Abbildg. 24.24 zeigt das kleine Programm mit einer Wenn-dann-Konstruktion, die Sie in Teil G ausführlich kennen lernen werden. Nach unserer Meinung ist die Visual Basic-Variante einfacher und besser lesbar, allerdings muss man die englischen Begriffe lernen. Beispielsweise steht im Programm statt »Sichtbar« das Wort »Visible«.

Standardwerte

Für die meisten Steuerelemente können Sie Standardwerte vereinbaren, also Werte, die bei einer Neueingabe eines Datensatzes in die entsprechenden Steuerelemente vorab eingetragen werden. Setzen Sie dazu in den Eigenschaften eines Steuerelements entsprechend die Eigenschaft *Standardwert*.

Der Standardwert kann auch mithilfe einer Formel bestimmt werden. Stellen Sie sich vor, bei der Neueingabe von Kinos soll der Standardwert für den Turnaround, also die Anzahl der Minuten, die zwischen zwei Vorstellungen benötigt wird, gesetzt werden. Anstelle eines festen Wertes soll der Turnaround aber mit dem längsten Turnaround vorbesetzt werden, der für die Kinos erfasst wurde. Die Eigenschaft *Standardwert* für das Feld *Turnaround* wird auf dem Formular also mit =DomMax("Turnaround";"tblKinos") vereinbart (siehe Abschnitt »Werte nachschlagen mit Domänenaggregatfunktionen« in diesem Kapitel). Jedes Mal, wenn eine neue Datensatzeingabe begonnen wird, wird der Standardwert neu errechnet.

Werte übernehmen

Stellen Sie sich vor, Sie müssten 30 Vorstellungstermine für eine Kalenderwoche für ein Kino neu erfassen. Wahrscheinlich würden Sie sich nach dem dritten oder vierten Termin ärgern, dass Sie alle Daten immer neu eingeben müssen, obwohl sich die Termine doch nur in Tag und Uhrzeit unterscheiden. Access kennt standardmäßig keine Funktion zur Übernahme von Werten aus der vorangegangenen Eingabe. Aber mit einem kleinen Programm können Sie Ihr Formular entsprechend ergänzen.

Die Lösung basiert darauf, dass nach dem Abspeichern eines neuen Datensatzes für von Ihnen bestimmte Steuerelemente der Standardwert (siehe Abschnitt »Standardwerte«) mit dem aktuellen Wert des Steuerelements umdefiniert wird. Beginnen Sie jetzt einen neuen Datensatz, werden von Access automatisch die Steuerelemente mit ihren Standardwerten vorbesetzt.

Für das Ereignis *Nach Aktualisierung* des Formulars muss ein kleines Visual Basic-Programm in der Form

```
Private Sub Form_Afterupdate()
    Steuerelement.DefaultValue = "'" & Steuerelement.Value & "'"
End Sub
```

erfasst werden.

Für jedes Steuerelement, für das der Wert bei der Eingabe übernommen werden soll, geben Sie eine entsprechende Zeile ein, wie hier für *txtFilmtitel* und *txtLänge* zu sehen.

```
Private Sub Form_Afterupdate()
    txtFilmtitel.DefaultValue = "'" & txtFilmtitel.Value & "'"
    txtLänge.DefaultValue = "'" & txtLänge.Value & "'"
End Sub
```

> **HINWEIS** Beachten Sie, dass alle Standardwerte (DefaultValue) als Zeichenketten, eingeschlossen in Anführungszeichen, übergeben werden müssen. Hierbei können die oben im Abschnitt »Variablen in Zeichenketten« geschilderten Probleme auftreten.

Zusammenfassung

In diesem Kapitel wurden unterschiedliche Themengebiete zusammengefasst, die über das einfache Erstellen von Formularen hinausgehen.

- Das Kapitel begann damit zu zeigen, wie sich Aggregatfunktionen in Formularen verwenden lassen (Seite 524).
- Danach wurden Domänenaggregatfunktionen besprochen (Seite 526), das sind Funktionen, die sich auf Datensatzgruppen beziehen.
- Ein weiterer Abschnitt ab Seite 530 befasste sich mit dem Zugriff auf Daten, die sich in anderen Formularen befinden, beispielsweise in Unterformularen.
- Mithilfe von Start-Einstellungen kann man beispielsweise definieren, welches Formular angezeigt wird, wenn die Datenbank gestartet wird (Seite 536).
- In Access lassen sich Musterformulare anlegen, um eine gleiche Formatierung aller Formulare zu vereinfachen. Wie das geht, finden Sie ab Seite 537.
- Sowohl Formulare als auch Steuerelemente können auf bestimmte Ereignisse reagieren (Seite 538). Es besteht die Möglichkeit, beim Eintreffen eines bestimmten Ereignisses mit einem Makro-Programm – was für kleine Probleme einfacher erscheint – bzw. mit einem Visual Basic-Programm zu reagieren, was letztendlich die flexiblere Lösung ist, die Profis wählen würden.

Kapitel 25

Ungebundene Formulare und modale Dialogfelder

In diesem Kapitel:

Formulare ohne Datenbasis	550
Modale Dialogfelder erstellen	553
Zusammenfassung	557

Ungebundene Formulare sind Formulare, die unabhängig von einer Tabelle oder Abfragen sind. Die bisher gezeigten Formulare basieren auf den Daten einer Tabelle oder Abfrage, d.h., sie dienen dazu, die zugrunde liegenden Daten anzusehen, zu verändern, zu ergänzen oder zu löschen.

Wir möchten Ihnen in diesem Kapitel erläutern, welche Möglichkeiten Sie mit ungebundenen Formularen haben, die nicht fest an eine Datenbasis gebunden sind. Zudem zeigen wir Ihnen, wie Sie modale Dialogfelder erstellen– das sind Dialogfelder, die so lange über dem sie aufrufenden Fenster geöffnet bleiben, bis sie explizit geschossen werden.

Formulare ohne Datenbasis

Es soll ein Formular entwickelt werden, das beim Laden der Datenbank eingeblendet wird und dem Anwender den Aufruf von weiteren Formularen oder andere Arbeitsschritte ermöglicht. Das fertige Formular stellt Ihnen Abbildg. 25.1 vor.

Abbildg. 25.1   Das Startformular

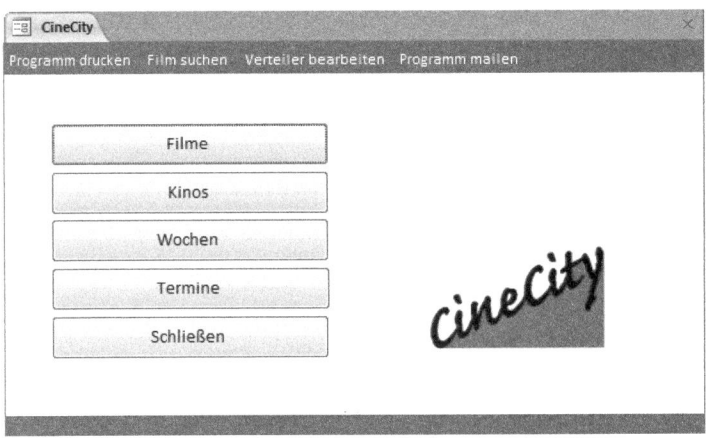

Ungebundene Formulare werden wie gebundene Formulare erstellt, außer dass für das Formular keine Tabelle oder Abfrage als Datenbasis ausgewählt wird.

Eigenschaften für das neue Formular

Erstellen Sie einen neuen Formularentwurf. In Abbildg. 25.2 ist das Eigenschaftsblatt des neuen Formulars eingeblendet. Die Zeile *Datensatzquelle* ist und bleibt leer, also hat das Formular keine Verbindung zu einer Tabelle oder Abfrage.

> **HINWEIS**   Wir empfehlen Ihnen, zuerst die Eigenschaften *Datensatzmarkierer*, *Navigationsschaltflächen*, *Trennlinien* und *Bildlaufleisten* auf dem Registerblatt *Format* auf *Nein* zu setzen, denn diese Eigenschaften sind nur für gebundene Formulare sinnvoll. Zusätzlich können Sie auch die *Schließen*- und die *MinMax-Schaltflächen* ausschalten.

Abbildg. 25.2   Formular ohne *Datensatzquelle*

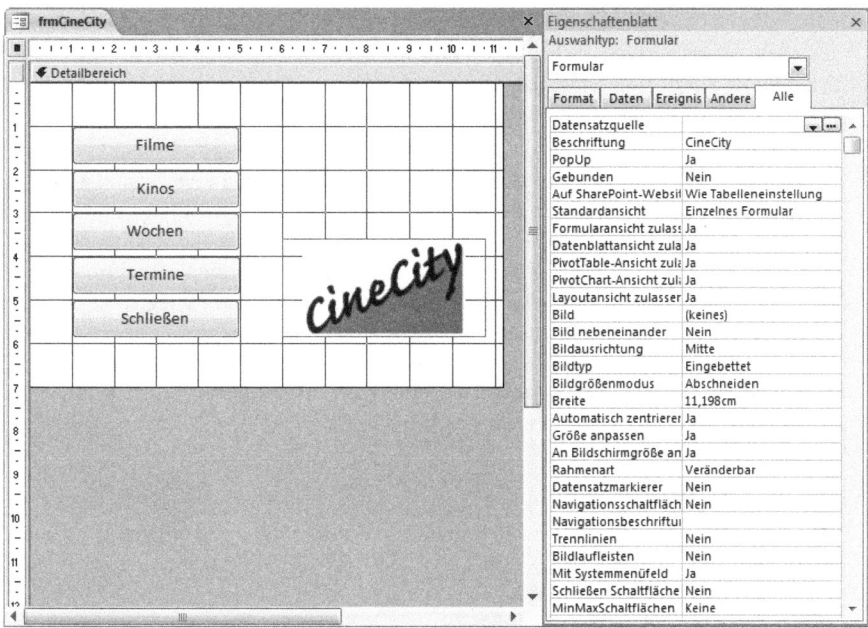

WICHTIG   Auf dem Eigenschaftenblatt zum Formular finden Sie auf dem Registerblatt *Andere* in der zweiten Zeile die Eigenschaft *Gebunden*. Diese Eigenschaft bezieht sich nicht darauf, ob das Formular an eine Tabelle oder Abfrage gebunden ist, sondern darauf, ob das Formular »modal« dargestellt werden soll. Normalerweise können Sie in Access mehrere Formulare zur gleichen Zeit geöffnet haben und zwischen den Formularen wechseln. Ist ein Formular modal, so bedeutet dies, dass Sie erst dann zu einem anderen Formular wechseln können, wenn Sie das modale Formular geschlossen haben (siehe Abschnitt »Modale Dialogfelder« weiter unten in diesem Kapitel).

Die Gestaltung des Formulars

1. Im nächsten Schritt wurden fünf Befehlsschaltflächen auf dem Formular platziert. Die vier ersten Schaltflächen wurden mithilfe des Befehlsschaltflächen-Assistenten so zusammengestellt, dass sie die entsprechenden Formulare zur Eingabe und Ansicht der Daten für Filme, Kinos usw. aufrufen (siehe Kapitel 22, Abschnitt »Das Steuerelement *Befehlsschaltfläche*«).
2. Die fünfte Schaltfläche beendet die Anwendung, für sie wurde im Befehlsschaltflächen-Assistenten in der Kategorie *Anwendung* die Aktion *Anwendung beenden* selektiert.
3. Das Logo von CineCity ist als Bild in das Formular aufgenommen worden.

TIPP   Übrigens lassen sich Bilder wie Befehlsschaltflächen verwenden. Ein Klick auf ein Bild kann also ein entsprechendes Ereignis auslösen, für das ein Makro oder ein Visual Basic-Programm erstellt werden kann. Bilder unterstützen die Ereignisse *Beim Klicken*, *Beim Doppelklicken*, *Bei Maustaste Auf*, *Bei Maustaste Ab* und *Bei Mausbewegung*

4. Schalten Sie nun Formularkopf- und fuß mithilfe der Schaltfläche *Formularkopf-/fuß* auf der Registerkarte *Anordnen* ein und legen Sie die Hintergrundfarbe fest.

5. Erstellen Sie im nächsten Schritt die Links im Formularkopf ebenfalls mithilfe des Werkzeuges *Schaltfläche* auf der Registerkarte *Entwurf*. Für den ersten Link legen Sie fest, dass der Bericht *rptFilmdetails* geöffnet werden soll. Für die anderen Links brechen Sie jeweils den Befehlsschaltflächen-Assistenten ab.

6. Nun sollen die Schaltflächen so formatiert werden, dass sie nicht wie Schaltflächen, sondern wie Links aussehen. Aktivieren Sie das Eigenschaftsblatt zur Schaltfläche und definieren Sie die *Hintergrundart* für die Schaltfläche als *Transparent*. Damit sieht die Schaltfläche nicht mehr wie eine Schaltfläche aus, sondern Sie sehen nur noch die vereinbarte Beschriftung. Ändern Sie nun noch die Eigenschaft *Cursor beim Bewegen*. Anstelle von *Standard* legen Sie *Mauszeiger-Handsymbol (Hyperlink)* fest. Bei Bedarf können Sie zudem die Schriftgröße etwas verringern.

Abbildg. 25.3   Eigenschaften, die aus einer Schaltfläche einen Hyperlink machen

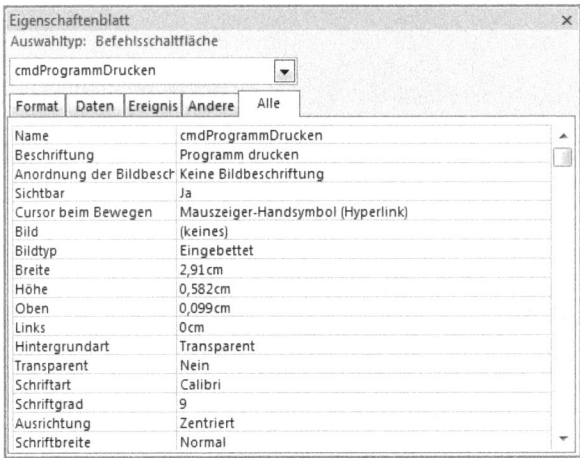

TIPP   Wenn Sie möchten, können Sie für diese Links ebenso wie für die Schaltflächen mithilfe der Taste (Alt) eine Tastenkombination definieren, um die zur Schaltfläche gehörende Funktionalität aufzurufen. Legen Sie beispielsweise für den Link *Bericht drucken* auf dem Eigenschaftsblatt in Beschriftung die Zeile *Bericht &drucken* fest.

 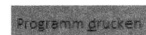

Auf dem Formular erscheint der Buchstabe hinter dem &-Zeichen dann unterstrichen und Sie wissen, dass Sie diesen Buchstaben zusammen mit der (Alt)-Taste als Tastenkombination verwenden können.

Als Startformular festlegen

Damit das Formular beim Laden der Datenbank automatisch aufgerufen wird, legen Sie es als Startformular im Dialogfeld *Access-Optionen/Aktuelle Datenbank* fest (siehe dazu Kapitel 24, Abschnitt »Start-Einstellungen«).

Modale Dialogfelder erstellen

Dialogfelder sind Ihnen aus Access und anderen Windows-Anwendungen bekannt. Ihre Besonderheit ist, dass sie zuerst geschlossen werden müssen, bevor Sie in der Anwendung eine andere Funktion aufrufen können, und dass Dialogfelder immer über allen anderen Fenstern liegen.

Access ermöglicht es, Formulare so zu definieren, dass sie sich wie Dialogfelder verhalten. In Access-Anwendungen können Dialogfelder zur Anzeige von Meldungen, zur Eingabe von Werten usw. eingesetzt werden. Nach unserer Erfahrung werden Dialogfelder allerdings meist nur in Visual Basic-Programme eingebunden eingesetzt. In Teil G, der sich mit der Programmierung von Access beschäftigt, werden Sie dazu noch einige Hinweise erhalten.

Im folgenden Beispiel soll ein Dialogfeld geöffnet werden, das es ermöglicht einen Film auszuwählen. Wird die Auswahl im Dialogfeld bestätigt, wird dadurch ein weiteres aktiviert, das die Detaildaten zum ausgewählten Film anzeigt.

Zwei modale Dialogfelder erstellen

Es sollen also im Folgenden die beiden Dialogfelder *frmFilmsuche* und *frmFilmdetails* erstellt werden.

1. Wählen Sie die Registerkarte *Erstellen*, klicken Sie auf die Schaltfläche *Weitere Formulare* und wählen Sie in der Auswahlliste *Modales Dialogfeld* aus.

   Access legt mit diesem Befehl ein Formular an, auf das bereits zwei Schaltflächen platziert wurden.

Abbildg. 25.4   Es wurde ein modales Dialogfeld angelegt

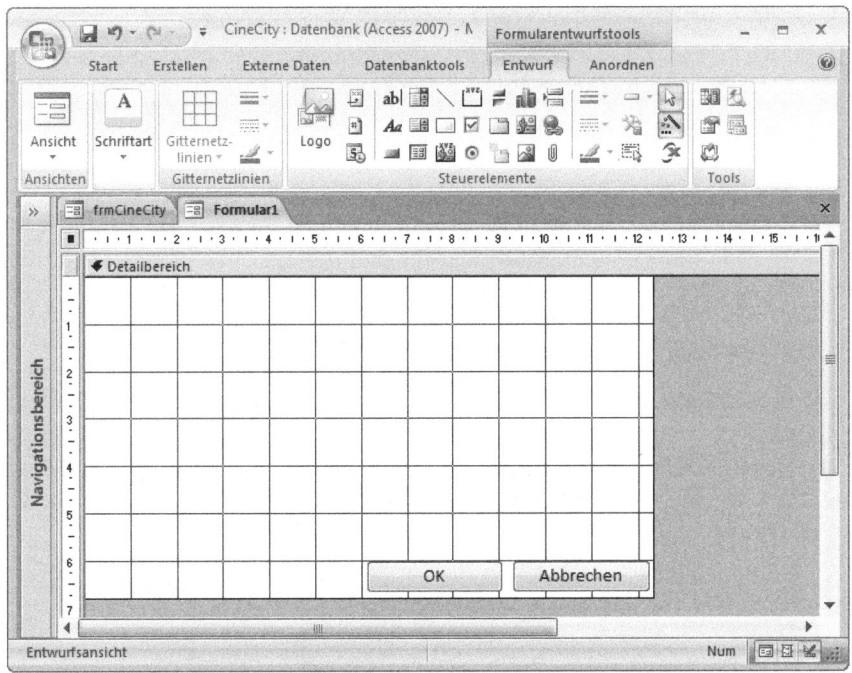

2. Beginnen Sie damit, dem Formular als *Datensatzquelle* die Tabelle *tblFilme* zuzuweisen.

Kapitel 25 Ungebundene Formulare und modale Dialogfelder

3. Positionieren Sie dann ein Kombinationsfeld zum Auswählen des Films mithilfe des Kombinationsfeld-Assistenten auf dem Formular. Wählen Sie im ersten Dialogfeld des Assistenten die dritte Option *Einen Datensatz … suchen* aus. Verwenden Sie für das Kombinationsfeld die Felder *FilmNr* und *Filmtitel*.
4. Geben Sie dem Kombinationsfeld auf dem Eigenschaftenblatt den Namen *cboSuchfeld*.
5. Benennen Sie die Schaltfläche *OK* mit *cmdOK* und die Schaltfläche *Abbrechen* mit *cmdAbbrechen*.

> **HINWEIS** Standardmäßig werden für die Schaltflächen *OK* und *Abbrechen* auf der Registerkarte *Andere* die beiden Eigenschaften *Standard* mit *Ja* für die Schaltfläche *OK* und *Abbrechen* mit *Ja* für die Schaltfläche *Abbrechen* belegt. Damit wird die Schaltfläche *OK* auch ausgelöst, wenn Sie die ⏎-Taste betätigen bzw. die Schaltfläche *Abbrechen*, wenn Sie auf Esc tippen.

6. Speichern Sie das Formular und nennen es *frmFilmsuche*.

Abbildg. 25.5 Das Formular *frmFilmsuche*

7. Erstellen Sie im nächsten Schritt ein weiteres modales Dialogfeld.
8. Legen Sie auch für das neue Formular als *Datensatzquelle* die Tabelle *tblFilme* fest.
9. Ziehen Sie dann die benötigten Felder aus der Feldliste und speichern Sie das Formular unter dem Namen *frmFilmdetails*.
10. Zudem haben wir eine Schaltfläche gelöscht und für die zweite die Aufschrift *Schließen* verwendet und sie *cmdSchließen* genannt.

Abbildg. 25.6 Das zweite Formular *frmFilmdetails*

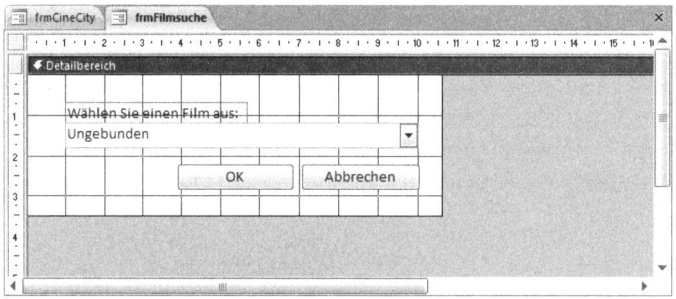

Die Formularaufrufe erzeugen

Die Formulare sind jetzt fertig, allerdings muss nun festgelegt werden, wer welches Formular aufruft. Der Link *Film suchen* auf dem Formular *frmCineCity* soll das Formular *frmFilmsuche* öffnen. Darin wird ein Film ausgewählt und ein Klick auf die Schaltfläche *OK* soll danach das Formular *frmFilmdetails* aktivieren.

1. Beginnen Sie auf dem Formular *frmCineCity*, indem Sie das Eigenschaftsblatt zum Link *Film suchen* aktivieren.
2. Aktivieren Sie das Makro zum Ereignis *Beim Klicken* und fügen Sie die Aktion *ÖffnenFormular* ein. Tragen Sie den Namen des zu öffnenden Formulars – hier *frmFilmsuche* – hinter dem Argument *Formularname* ein.

HINWEIS Das Argument *Fenstermodus* hat nur dann einen Einfluss auf das aufzurufende Formular, wenn es als Standardformular erstellt wurde, nicht wenn Sie – wie hier im Beispiel – ein modales Formular erzeugt haben.

Abbildg. 25.7 Makro für den Link *Film suchen* im Formular *frmCineCity*

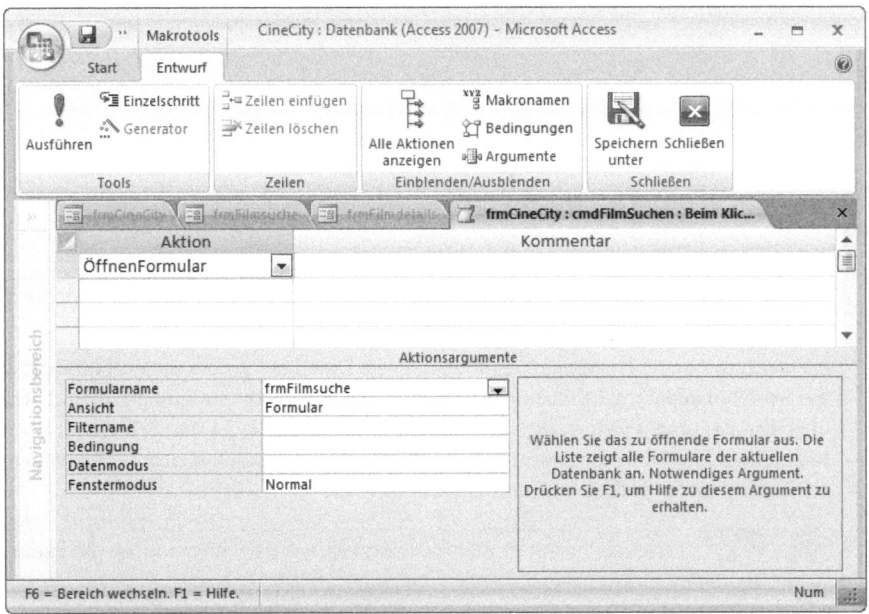

3. Speichern und schließen Sie das Makro.
4. Wechseln Sie zum Entwurf des Formulars *frmFilmsuche* und aktivieren Sie zur Schaltfläche *OK* das Eigenschaftsblatt. Rufen Sie den Makro-Generator zum Ereignis *Beim Klicken* auf.

Abbildg. 25.8   Makro für die *OK*-Schaltfläche auf dem Formular *frmFilmsuche*

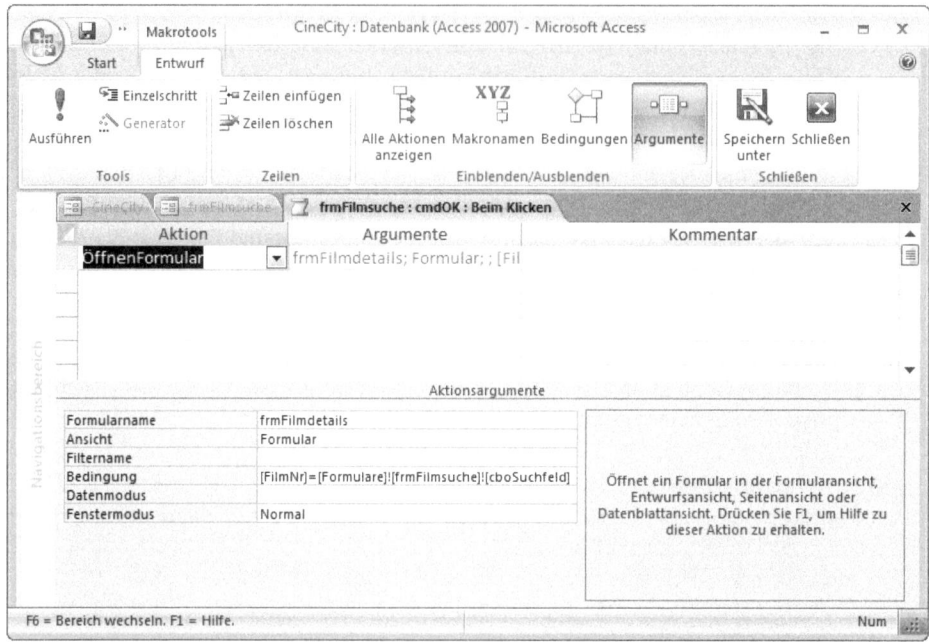

Das Makro enthält – wenn Sie es öffnen – die Aktion *Schließen*, die dafür sorgt, dass das Formular nach einem Klick auf die Schaltfläche geschlossen wird.

5. Löschen Sie die *Schließen*-Zeile.
6. Fügen Sie die Aktion *ÖffnenFormular* ein und geben Sie den Formularnamen mit *frmFilmdetails* an.

Da das aufgerufene Formular *frmFilmdetails* die Daten des ausgesuchten Films darstellen soll, muss das neue Formular auch Informationen über den ausgewählten Film erhalten. Diese übergeben Sie über das Argument *Bedingung*. In Abbildg. 25.8 sehen Sie in der Zeile *Bedingung* die eingefügte Bedingung: Die Filmnummer im aufzurufenden Formular soll gleich der Nummer des im Kombinationsfeld *cboSuchfeld* ausgewählten Films sein.

> **HINWEIS**   Erstellen Sie ein modales Dialogfeld, werden automatisch die Eigenschaften *Popup* sowie *Gebunden* auf *Ja* gesetzt. Ist die Eigenschaft *Popup* aktiviert, wird das Formular immer über allen anderen offenen Formularen angeordnet. Ist die Eigenschaft *Gebunden* aktiviert, so wird das Formular modal angezeigt, d.h., Sie können kein anderes Formular aktivieren, bis Sie das aktuelle, als modal definierte Formular, geschlossen haben.

Da die beiden neuen Formulare als modale Dialogfelder definiert sind, liegen sie solange über dem Formular, das sie aufgerufen hat, bis sie geschlossen werden, wie Sie in Abbildg. 25.9 sehen können.

Abbildg. 25.9   Drei übereinander liegende Formulare

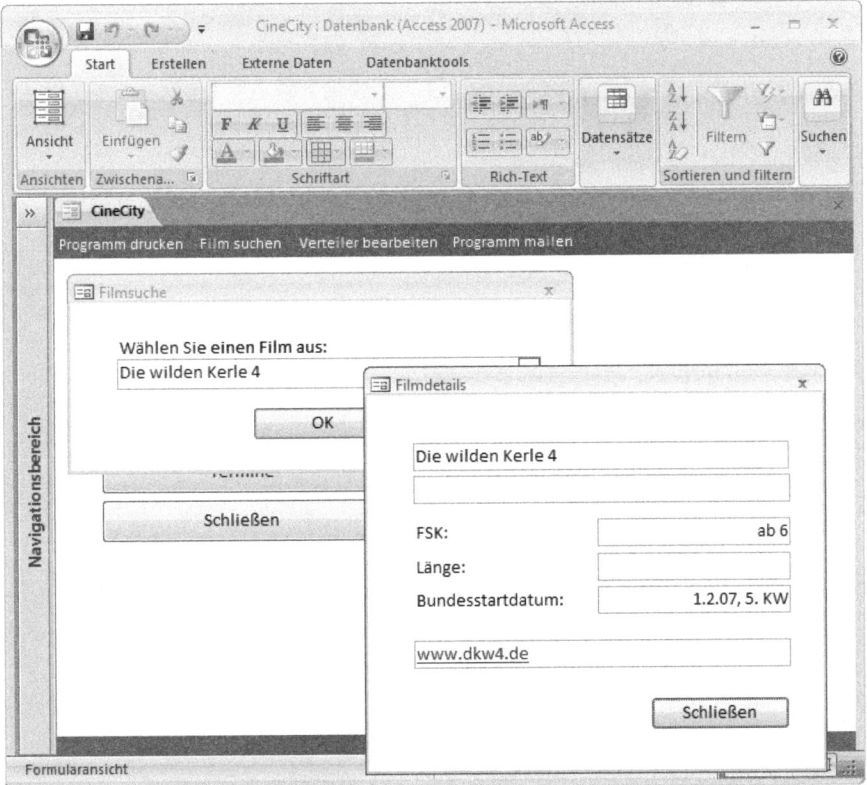

Zusammenfassung

Ungebundene Formulare werden beispielsweise als Startformulare eingesetzt, über die sich weitere Formulare aufrufen lassen. Ungebundene Formulare basieren weder auf den Daten einer Tabelle noch auf denen einer Abfrage.

- Der erste Abschnitt dieses Kapitels beschrieb das Erstellen und wichtige Einstellungen eines Startformulars (Seite 550).
- Dann wurde ab Seite 553 das Erstellen eines modalen Dialogfelds beschrieben sowie die Makros, die für das Öffnen weiterer Formulare zuständig sind. Im Beispiel wurde beim Öffnen eine Bedingung mitgegeben (siehe Seite 555), um einen ausgewählten Datensatz anzuzeigen.

Kapitel 26

Diagrammformulare

In diesem Kapitel:

Der Diagramm-Assistent	560
Gestalten von Diagrammen	566
Diagrammobjekte auf Formularen	575
Zusammenfassung	580

CineCity bevorzugt es, lange Zahlenkolonnen in anschaulichen Diagrammen darzustellen. Und auch dabei unterstützt ein Access-Assistent. Diagramme lassen sich übrigens sowohl auf Formularen als auch auf Berichten verwenden.

In diesem Kapitel möchten wir Ihnen zeigen, wie Sie mit wenigen Handgriffen ein Diagramm auf Ihr Formular zaubern. Im nächsten Kapitel beschreiben wir dann mit der PivotChart-Ansicht eine weitere Möglichkeit zur grafischen Auswertung Ihrer Datenbestände.

Zur Darstellung der in diesem Kapitel beschriebenen Diagramme setzt Access das Programm Microsoft Graph ein, das mit Access ausgeliefert wird. Die Möglichkeiten der Formatierung und Gestaltung entsprechen ungefähr denen, die Ihnen das Programm Microsoft Excel bietet. Sind Sie mit Excel-Diagrammen vertraut, sollte Ihnen die Arbeit mit Diagrammen in Access keine Probleme bereiten.

Der Diagramm-Assistent

In Diagrammen können die Daten aus Tabellen und Abfragen gezeigt werden. In den meisten Fällen werden Sie eine Abfrage erstellen, die jene Werte liefert, die auf dem Diagramm dargestellt werden sollen.

Die Verkaufserlöse am Kinokiosk sollen monatsweise für die jeweiligen Artikel in ein Diagramm eingetragen werden. Die in Abbildg. 26.1 gezeigte Abfrage liefert drei Ergebnisspalten: die Artikelbezeichnung, den Monat, formatiert in der Form jjjj/mm, damit die Spalte zuerst nach Jahren und dann nach Monaten sortiert wird, und die Summe der Verkaufserlöse des entsprechenden Monats.

Abbildg. 26.1   Abfrage für das Diagramm

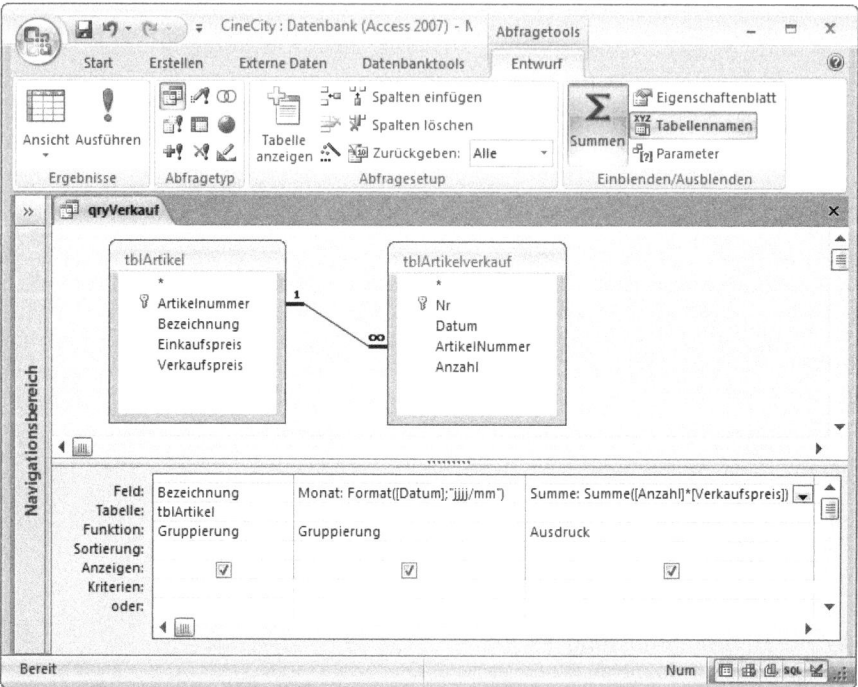

Der Diagramm-Assistent

1. Erstellen Sie zunächst ein neues Formular in der Formularentwurfsansicht.
2. Vergrößern Sie gegebenenfalls den leeren Formularhintergrund, indem Sie mit dem Mauszeiger die rechte untere Ecke greifen und weiter nach rechts unten ziehen.

3. Klicken Sie dann auf die Schaltfläche *Diagramm einfügen*, die Sie in der Gruppe *Steuerelemente* auf der Registerkarte *Entwurf* finden. Ziehen Sie mit dem Mauszeiger, der über dem Formularhintergrund eine gekreuzte Form annimmt, ein Rechteck auf, das die Größe des später erstellten Diagramms bestimmt.

Abbildg. 26.2 Rahmen des neuen Diagramms mit gestartetem Diagramm-Assistenten

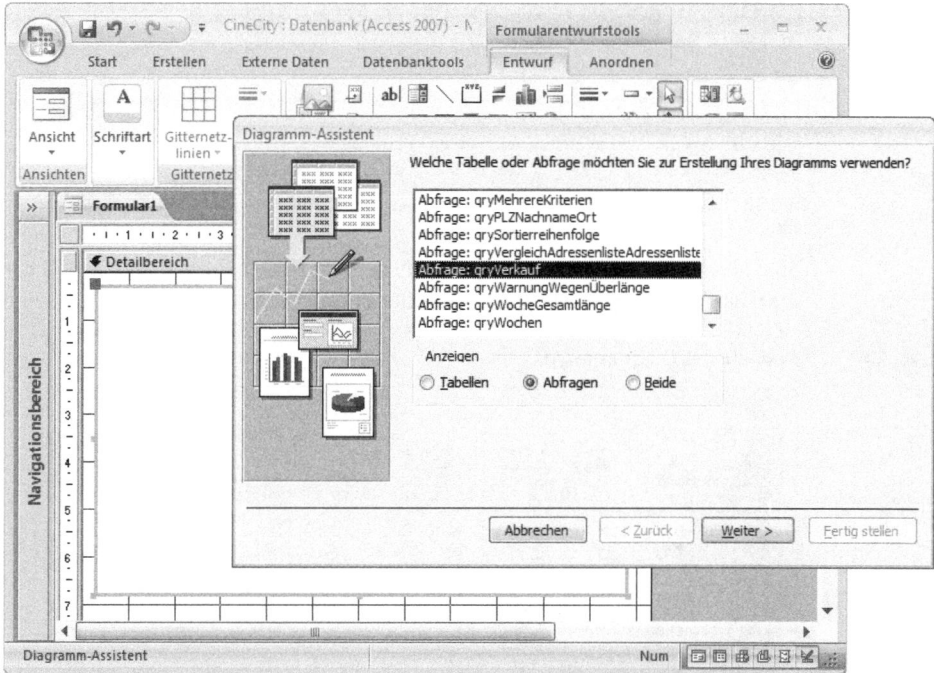

4. Selektieren Sie die gewünschte Datenquelle, hier für unser Beispiel die Abfrage *qryVerkauf*.
5. Im nächsten Dialogfeld des Assistenten legen Sie die Felder fest, die im Diagramm dargestellt werden sollen. Im Beispiel werden alle drei Felder der Abfrage verwendet.

Übernehmen Sie nur ein Feld in die Liste *Felder für das Diagramm*, werden die Werte des Feldes auf der x-Achse aufgetragen und die Anzahl, wie oft der entsprechende Wert in der Ergebnismenge vorkommt, als y-Wert dargestellt.

Selektieren Sie zwei Felder, wird eines als x-, das andere als y-Wert aufgetragen. Drei Felder werden in der Form eingesetzt, dass mehrere Datenreihen gleichzeitig im Diagramm dargestellt werden.

Kapitel 26 Diagrammformulare

Abbildg. 26.3 Bestimmung der Felder

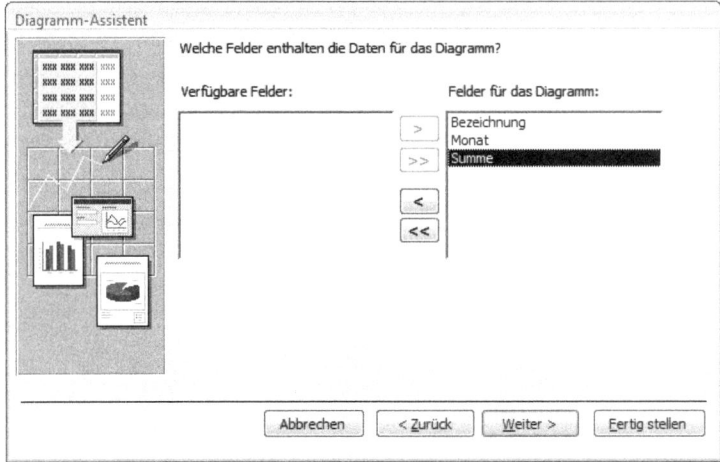

Sind Sie mit der Schaltfläche *Weiter* zum nächsten Dialogfeld weitergegangen, haben Sie jetzt die Qual der Wahl: Welche Diagrammvariante ist für Ihre Daten sinnvoll?

Abbildg. 26.4 Auswahl des Diagrammtyps

6. Für unser Beispiel wählen wir den einfachsten, aber sehr anschaulichen Diagrammtyp »Säulendiagramm« in der linken oberen Ecke aus.

Welcher Diagrammtyp für Ihre Zahlenwerte geeignet ist, hängt davon ab, was Sie darstellen möchten. Säulen- und Balkendiagramme sind sinnvoll, wenn Daten auf einer Zeitachse angeordnet werden sollen. Kreis- und Tortendiagramme eignen sich für die Darstellung von Prozentwerten usw.

Nach der Auswahl des Diagrammtyps wird im nächsten Dialogfeld ein Beispieldiagramm des gewählten Typs gezeigt. Bestimmen Sie nun, auf welcher Achse welche Daten aufgetragen werden sollen. Der Assistent hat die Felder schon zugeordnet, Sie können dies aber leicht ändern.

Der Diagramm-Assistent

Abbildg. 26.5   Welche Daten werden wo gezeigt?

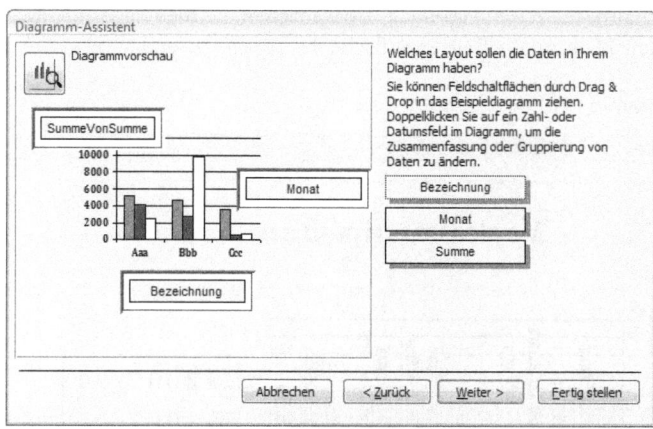

Die auf der rechten Seite des Dialogfeldes gezeigten Schaltflächen mit den Feldnamen können mit der Maus an die gewünschte Position im Diagramm gezogen werden. Ein Doppelklick auf eine der Schaltflächen im Diagramm öffnet ggf. ein entsprechendes Dialogfeld, in dem Sie weitere Auswertungseinstellungen vornehmen können.

7. Das letzte Dialogfeld des Assistenten ermöglicht es Ihnen, Ihrem Diagramm eine Überschrift, hier als Namen bezeichnet, zuzuweisen. Wir haben hier *Verkaufssummen* eingetragen. Außerdem wählen Sie darauf aus, ob eine Legende gezeigt werden soll.
8. Nach einem Klick auf die Schaltfläche *Fertig stellen* erscheint das neue Diagramm *Verkaufssummen*. Es enthält allerdings noch nicht die Daten der Abfrage *qryVerkauf*, sondern Beispielwerte.

Abbildg. 26.6   Diagramm mit Beispielwerten

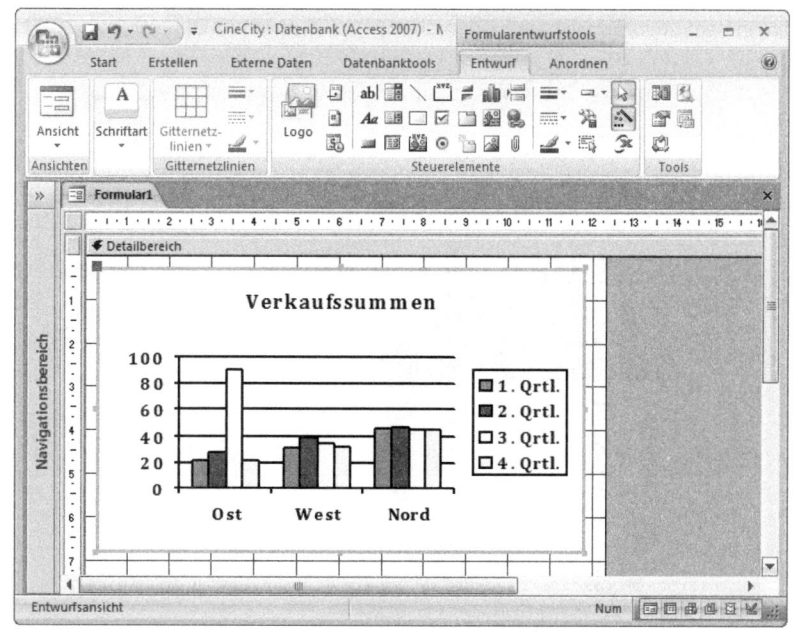

9. Um die richtigen Werte anzuzeigen, verlassen Sie die Entwurfsansicht des Formulars mit einem Klick auf die Schaltfläche *Formularansicht*. Dort machen Sie die neuen Inhalte des Diagramms durch einen Rechtsklick auf die freie Randfläche des Formulars endgültig sichtbar.

Abbildg. 26.7   Das fertige Diagramm

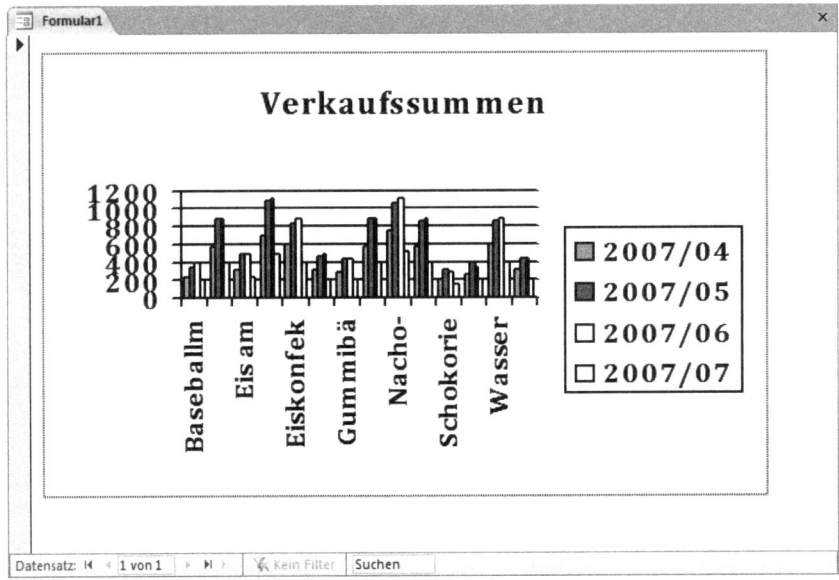

Schalten Sie nun in die Entwurfsansicht des Formulars zurück, damit Sie sehen können, wie Formular und Diagramm vom Assistenten generiert wurden.

Abbildg. 26.8   Formular in der Entwurfsansicht mit Eigenschaften des Diagramm-OLE-Feldes

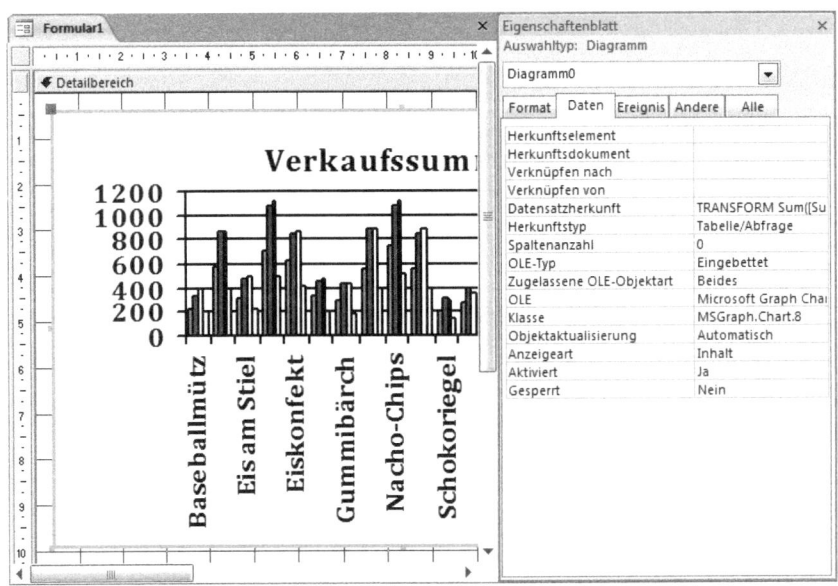

Das Formular ist ungebunden, d.h., es hat keine Verbindung mit einer Tabelle oder Abfrage. Es empfiehlt sich, für das Formular die Navigationsschaltflächen, den Datensatzmarkierer und eventuell auch die Bildlaufleisten abzuschalten.

Auf dem Eigenschaftenblatt zum Diagramm finden Sie unter anderem die Eigenschaft OLE, die das Programm beinhaltet, das zur Darstellung des Objektinhaltes eingesetzt wird. *Herkunftstyp* und *Datensatzherkunft* beschreiben, welche Daten im Diagramm angezeigt werden sollen.

Die *Datensatzherkunft* wird durch den Assistenten in Form einer Kreuztabellenabfrage erstellt, die hier mit dem SQL-Befehl TRANSFORM beginnt. Die Abfrage können Sie sich im Abfrage-Entwurfsfenster ansehen, das über die Schaltfläche mit den drei Punkten in der Zeile *Datensatzherkunft* aufgerufen wird.

Abbildg. 26.9   Die Abfrage für das Diagramm

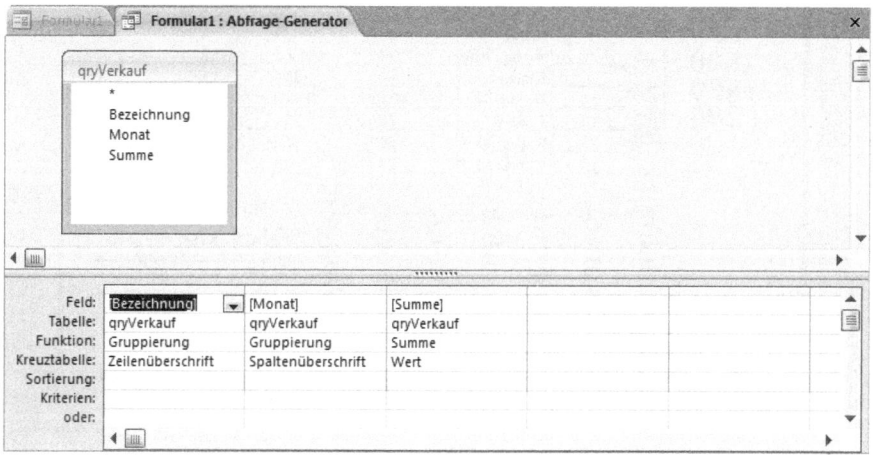

Das Abfrageergebnis wird an Microsoft Graph weitergegeben, das die Daten aufbereitet und in das Diagramm umwandelt.

Aktivieren des Diagramms

Möchten Sie das Diagramm bearbeiten, um beispielsweise den Diagrammtyp zu ändern oder die Bestandteile des Diagramms zu formatieren, doppelklicken Sie in der Entwurfs- oder in der Formularansicht auf das Steuerelement mit dem Diagramm. Dadurch wird Microsoft Graph aktiviert.

Sie können die Bearbeitungsansicht von Microsoft Graph durch Klick in den freien Bereich der Hintergrundfläche wieder verlassen und damit zu Access zurückkehren.

In dieser Ansicht finden Sie auch die Hilfe für Microsoft Graph über *?/Microsoft Graph-Hilfe* oder Taste [F1].

HINWEIS   Übrigens können Sie mithilfe der [F9]-Taste Ihr Diagramm aktualisieren, dadurch wird das Diagramm mit den neuesten Datenwerten dargestellt. Das ist dann sinnvoll, wenn beispielsweise der Datenbestand in einem Netzwerk verwaltet wird und andere Anwender zwischenzeitlich Daten verändert haben.

Kapitel 26 Diagrammformulare

Abbildg. 26.10 Microsoft Graph aktiviert

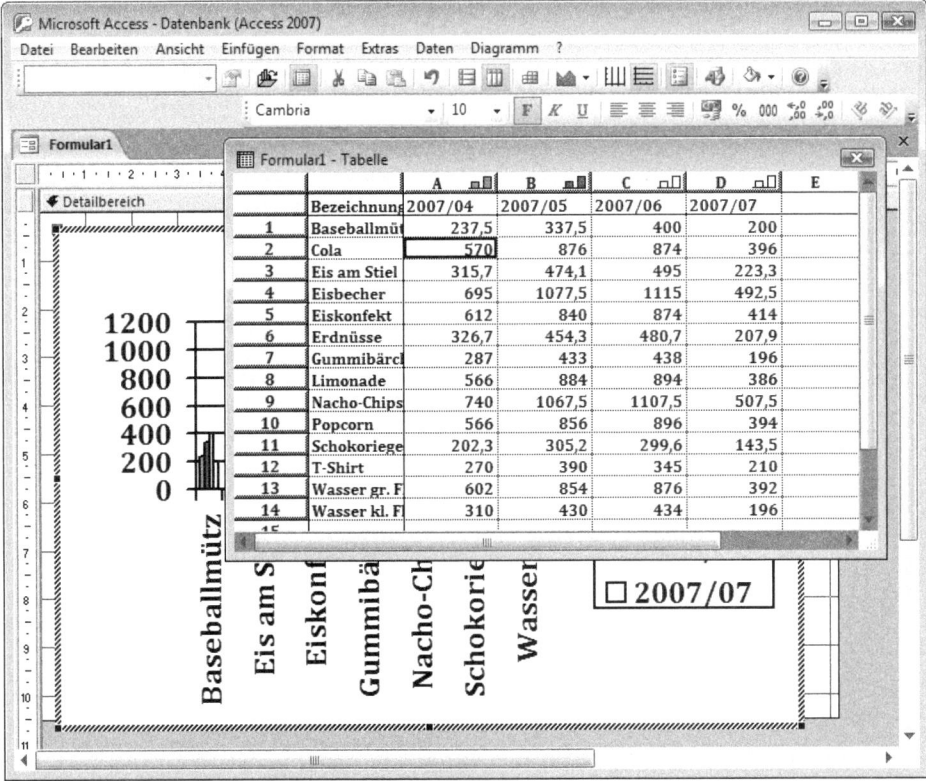

Gestalten von Diagrammen

In diesem Abschnitt beschreiben wir Ihnen die wichtigsten Gestaltungsmöglichkeiten von Diagrammen.

Die Diagrammgröße ändern

Die Größe eines Diagramms auf einem Formular wird zum einen von der Größe des Steuerelements bestimmt, also des zu Beginn aufgezogenen Rahmens, zum anderen durch die Größe des eigentlichen Objekts, das innerhalb des Steuerelements liegt.

Klicken Sie das eigentliche Diagramm doppelt an, so wird das Diagramm mit einem schraffierten grauen Rahmen dargestellt. Mit ihm steuert man die Größe des Diagrammobjekts. Der aufgezogene Rahmen besitzt den dünnen Rahmen von Steuerelementen.

Abbildg. 26.11 Rahmen von Diagramm-Objekt und Steuerelement

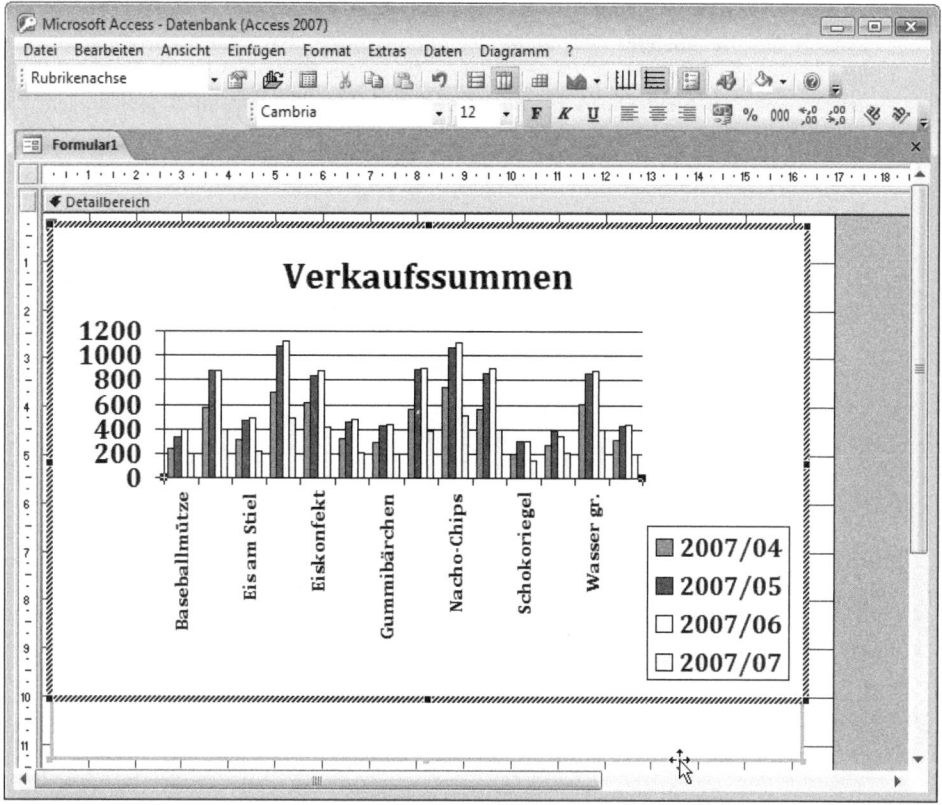

Um die Aktivierung des Objekts zu beenden, klicken Sie einfach mit der Maus irgendwo außerhalb des breiten grauen Rahmens.

Wenn das Diagrammobjekt aktiviert ist, können Sie die Größe des Diagrammobjekts mithilfe der schwarzen Markierungspunkte des grauen Rahmens verändern. Leider stellt Microsoft Graph in dieser Ansicht nur Änderungen der Proportionen dar. Um die tatsächliche Änderung der Diagramm-Abmessungen begutachten zu können, müssen Sie in die Entwurfsansicht oder Formularansicht zurückwechseln.

Für das Objektfeld ist vom Diagramm-Assistenten die Eigenschaft *Größenanpassung* mit *Dehnen* eingestellt worden. Mit der Einstellung *Abschneiden* können die Abmessungen des Objekts derart vergrößern werden, dass es nicht mehr in das Steuerelement passt.

TIPP Wir empfehlen Ihnen, die Eigenschaft *Größenanpassung* auf *Zoomen* festzulegen, dann bestimmt die Größe des Steuerelements die Abmessung des Objekts.

Den Diagrammtyp ändern

Mithilfe des Menübefehls *Diagramm/Diagrammtyp* bzw. der Schaltfläche *Diagrammtyp* verändern Sie die Art des Diagramms. Die möglichen Varianten haben Sie bereits in Abbildg. 26.4 kennen gelernt. Im Dialogfeld *Diagrammtyp* werden zu jedem Diagrammtyp verschiedene Varianten als Untertypen angegeben.

Abbildg. 26.12   Mögliche Diagrammtypen zum Auswählen

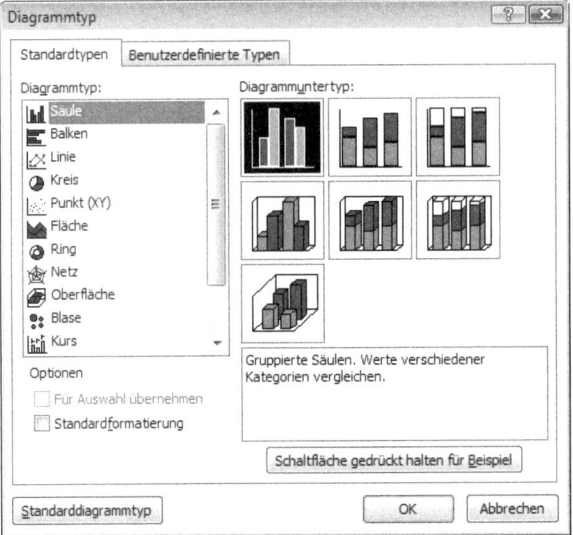

Bestandteile eines Diagramms auswählen

Wir möchten Ihnen nun die Bestandteile des Diagramms vorstellen. Aktivieren Sie das Diagrammfenster und öffnen Sie das Kombinationsfeld *Diagrammobjekte*. Wählen Sie das gewünschte Diagrammobjekt an, um es zu markieren. Die Markierung wird durch acht schwarze Quadrate um das markierte Element herum angezeigt.

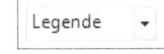

Alternativ können Sie auch den entsprechenden Bestandteil mit der Maus anklicken oder alle Teile mithilfe der Pfeiltasten nach rechts und links durchlaufen.

Abbildg. 26.13 Die verfügbaren Diagrammobjekte

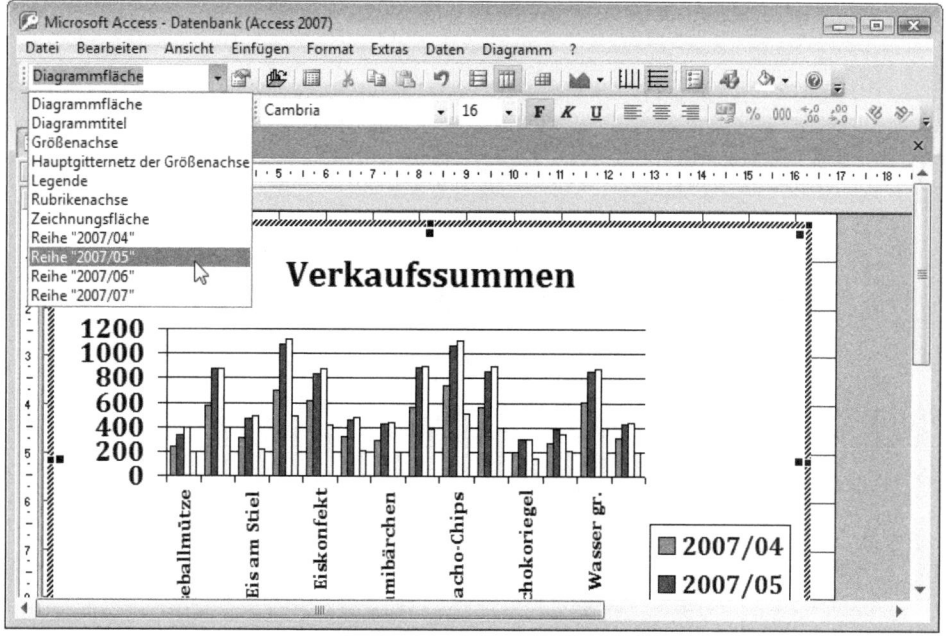

Die Diagrammfläche

Für die Diagrammfläche lässt sich einfach ihre Lage und Größe ändern. Sie können die Diagrammfläche aber auch nach Belieben mit Farben und Mustern versehen.

So ändern Sie die Größe der Diagrammfläche

Markieren Sie die Diagrammfläche und ziehen Sie an einem der Markierungsquadrate, um die Diagrammfläche in der Größe zu ändern.

So formatieren Sie die Diagrammfläche

Um die Diagrammfläche zu verändern, öffnen Sie das Dialogfeld *Diagrammfläche formatieren* mit einer der folgenden Varianten: Doppelklicken Sie auf die Diagrammfläche, öffnen Sie ihr Kontextmenü und wählen *Diagrammfläche formatieren* aus, wählen Sie, nachdem Sie die Diagrammfläche markiert haben, den Menübefehl *Format/Markierte Diagrammfläche* oder klicken Sie auf die Schaltfläche *Eigenschaften*.

Abbildg. 26.14 Dialogfeld zum Formatieren der Diagrammfläche

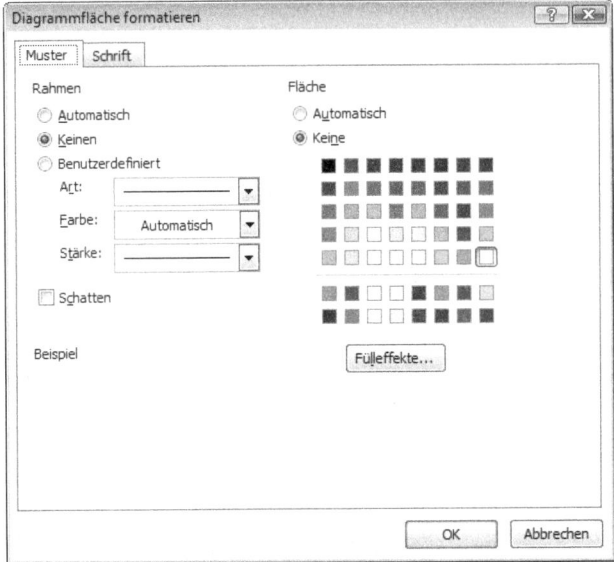

Der Diagrammtitel

Der Diagrammtitel lässt sich wie zuvor beschrieben verschieben. Er kann auch editiert und formatiert werden.

So editieren Sie den Diagrammtitel

Markieren Sie den Diagrammtitel und klicken dann auf den Text, so können Sie an der Stelle der Einfügemarke den Text editieren. Er lässt sich so korrigieren, ergänzen oder auch löschen. Schneller löschen Sie den Diagrammtitel direkt über das Kontextmenü zum Diagrammtitel (Befehl *Clear*).

So formatieren Sie den Diagrammtitel

Öffnen Sie über das Kontextmenü, das Menü *Format*, die Tastenkombination [Strg]+[1], mit einem Doppelklick auf den Diagrammtitel oder mithilfe der Schaltfläche *Eigenschaften* das Dialogfeld *Diagrammtitel formatieren*. Auf drei Registerkarten lässt sich die Schriftart, -größe und Auszeichnung des Textes, seine Ausrichtung im Markierungsrahmen sowie das Markierungsrechteck selbst formatieren. Zudem stehen auf der Format-Symbolleiste die bekannten Schaltflächen zur Verfügung.

So fügen Sie einen Diagrammtitel ein

Haben Sie den Diagrammtitel versehentlich gelöscht oder möchten Sie nachträglich einen Diagrammtitel einfügen, wählen Sie den Menübefehl *Diagramm/Diagrammoptionen* aus. Auf der Registerkarte *Titel* besteht die Möglichkeit, den Diagrammtitel sowie die Beschriftung der einzelnen Achsen festzulegen.

Abbildg. 26.15 Festlegen des Diagrammtitels

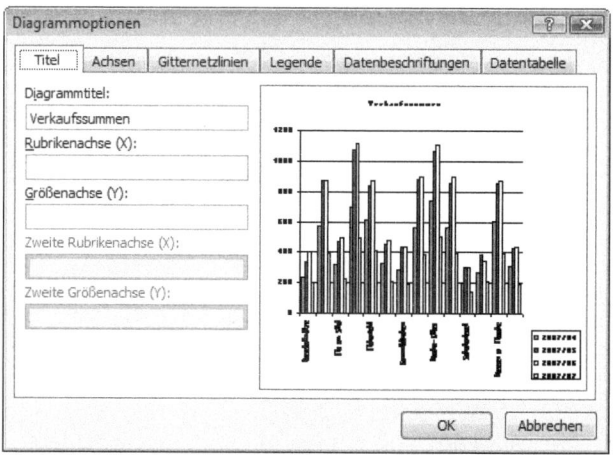

> **HINWEIS** Zweizeilige (also durch ⏎ getrennte) Titelzeilen werden auch im Dialogfeld untereinander dargestellt. Das bedeutet, dass Sie im Dialogfeld immer nur die erste Zeile sehen können.

> **HINWEIS** Bestätigen Sie die Neueingabe oder Änderung im Dialogfeld, wird der Diagrammtitel oben in der Mitte eingefügt. Hatten Sie zuvor ein anderes Element an dieser Stelle platziert, wird dieses einfach weggeschoben.

Freier Text

Wenn Sie möchten, können Sie auch freien Text in Ihrem Diagramm positionieren. Achten Sie darauf, dass gerade kein Text markiert ist, und schreiben Sie dann einfach los. In der Mitte der Diagrammfläche erscheint der eingetippte Text in einem schraffierten Markierungsrahmen. Freier Text lässt sich verschieben, editieren und formatieren, wie zuvor beschrieben.

Gitternetzlinien

Gitternetzlinien lassen sich am einfachsten mit den entsprechenden Schaltflächen der Standard-Symbolleiste ein- und ausschalten. Ansonsten besteht dazu auch die Möglichkeit auf der Registerkarte *Gitternetzlinien* des Dialogfeldes *Diagrammoptionen* (*Diagramm/Diagrammoptionen*).

Soll die Formatierung von Gitternetzlinien geändert werden, verwenden Sie eine der fünf bereits zuvor aufgezählten Möglichkeiten, das Dialogfeld *Gitternetzlinien formatieren* zu öffnen. Neben der Farbe, Art und Stärke der Linien (auf der Registerkarte *Muster*) können Sie auf der Registerkarte *Skalierung* den größten und kleinsten Wert der Achse (zu der die Gitternetzlinie gehört), die Intervalle für die eingezeichneten Linien und einiges mehr festlegen.

Abbildg. 26.16 Intervalle für Gitternetzlinien festlegen

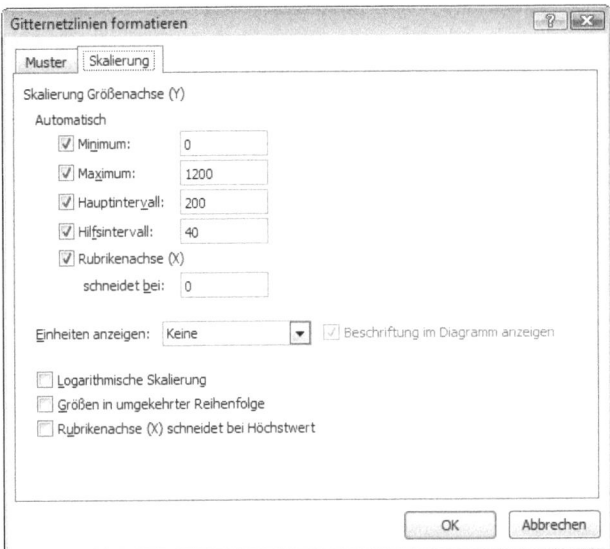

Die Legende

Die Legende lässt sich mithilfe der gleichlautenden Schaltfläche der Standard-Symbolleiste leicht ein- und ausschalten. Mit der Maus können Sie die Lage der Legende, aber auch die Größe des Rahmens bearbeiten. Über das Dialogfeld *Legende formatieren* lässt sich die verwendete Schrift sowie die Formatierung des rechteckigen Hintergrunds ändern.

Die Datenreihen

Klicken Sie in einem Säulen- bzw. Balkendiagramm auf eine der Säulen oder Balken, markieren Sie damit die gesamte Datenreihe und nicht nur den einzelnen Datenpunkt. Soll allerdings nur eine Säule markiert werden, markieren Sie zunächst die ganze Datenreihe und klicken dann die Säule erneut an.

Ändern von Werten der Datenreihe

Sollen Werte der Datenreihe geändert werden, wechseln Sie beispielsweise mit dem Menübefehl *Ansicht/Datenblatt* zum Datenblatt mit den dargestellten Werten. Jede Manipulation der Daten wird sofort im Diagramm aktualisiert. Ebenfalls mit dem Menübefehl *Ansicht/Datenblatt* gelangen Sie zurück zu Ihrem Diagramm.

Ist unter dem Diagramm ein Teil des Datenblatts sichtbar und mit der Maus anklickbar, können Sie so schneller zwischen dem Datenblatt und dem Diagramm hin- und herwechseln.

Formatieren der Datenreihen

Das Dialogfeld *Datenreihen formatieren* enthält je nach ausgewählter Darstellungsart unterschiedliche Registerkarten:

Muster	Auf dieser Registerkarte lässt sich die Füllung der Datenreihe (bei Säulen, Balken oder Kreissegmenten) sowie ihre Umrandung definieren. Über die Schaltfläche *Fülleffekte* erhalten Sie die Möglichkeit, Farbverläufe verschiedener Farben und Schattierungen auszuwählen. Für Linien- oder Netzdiagramme lässt sich auf der Registerkarte *Muster* ebenfalls die Art der Datenpunktmarkierung, ihre Farbe, Größe und Lage bestimmen.
Achsen	Soll die markierte Datenreihe einer zweiten Achse zugewiesen werden, so können Sie die Zuweisung auf der Registerkarte *Achsen* vornehmen
Fehlerindikatoren	Bei Bedarf lassen sich Fehlerbalken einzeichnen
Form	Diese Registerkarte ermöglicht die Darstellung unterschiedlicher Formen für 3D-Objekte der ausgewählten Datenreihe
Datenbeschriftung	Hier können Sie bestimmen, ob neben einem Datenpunkt sein Wert oder seine x-Achsen-Beschriftung aufgeführt wird
Optionen	Auf der Registerkarte *Optionen* lassen sich Abstände zwischen Datenreihen (für Säulen und Balkendiagramme) oder aber Verbindungslinien für Datenpunkte einer Datenreihe (für Liniendiagramme) definieren

Datenreihe in Spalte oder Zeile

Per Mausklick lässt sich die Darstellung der Spalten der Tabelle in die Darstellung der Zeilen umschalten. Im verwendeten Beispiel wurden die Spalten als Datenreihen verwendet. In einer Spalte stehen die Verkaufszahlen der einzelnen Produkte für jeden benannten Monat, als x-Achse werden einzelne Produkte aufgeführt. Mit dieser Darstellung können Sie die Umsätze einer Ware über den Verlauf der Monate hinweg miteinander vergleichen.

Abbildg. 26.17   Zeilen als Datenreihen

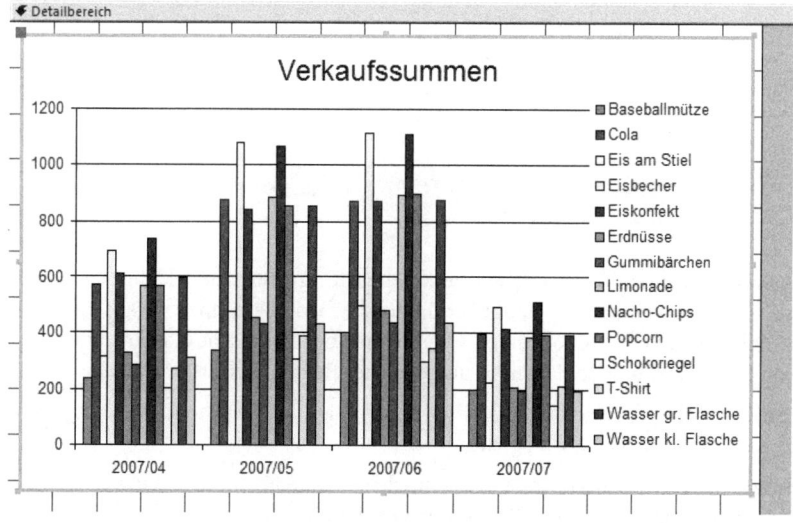

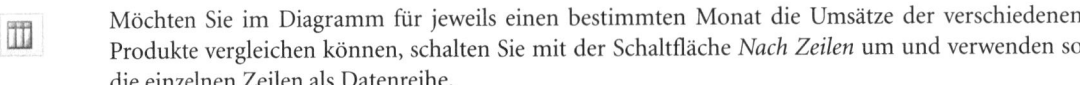Möchten Sie im Diagramm für jeweils einen bestimmten Monat die Umsätze der verschiedenen Produkte vergleichen können, schalten Sie mit der Schaltfläche *Nach Zeilen* um und verwenden so die einzelnen Zeilen als Datenreihe.

Um wieder zur ursprünglichen Darstellung zu gelangen, verwenden Sie die Schaltfläche *Nach Spalten*.

Die Achsen und ihre Beschriftungen

Möchten Sie die Achsen oder ihre Beschriftung verändern, öffnen Sie das jeweils zu einer Achse gehörende Dialogfeld *Achsen formatieren*.

Auf der Registerkarte *Muster* können Sie nicht nur die Stärke, Farbe und Linienart der markierten Achse festlegen, sondern auch bestimmen, wie die Unterteilungen auf der Achse aussehen sollen. Wollen Sie nur Hauptstriche verwenden oder das Intervall zwischen den Hauptstrichen durch Hilfsstriche weiter unterteilen? Sollen die Striche außen an der Achse dargestellt werden oder innen? Wo sollen die Hauptstriche der Achsen dargestellt werden?

Abbildg. 26.18 Formatierung und Unterteilung der Achsen festlegen

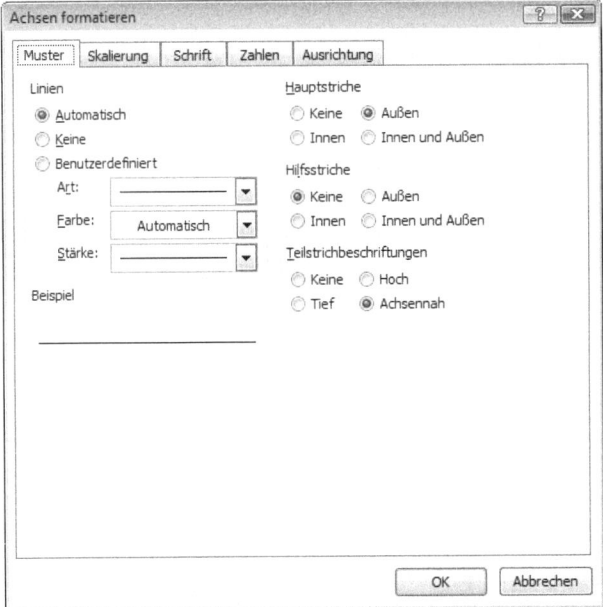

Die Registerkarte *Skalierung* erlaubt die Festlegung des größten und kleinsten Wertes der Achse sowie des Intervalls zwischen den Haupt- und Hilfsstrichen. Sie können darauf zudem festlegen, wo die zweite Achse die markierte schneiden soll, ob eine logarithmische Skalierung verwendet werden soll oder ob die Darstellung der Daten in umgekehrter Reihenfolge erfolgen soll.

Die Formatierung der Teilstrichbeschriftung lässt sich auf der Registerkarte *Schrift* definieren, ihre Ausrichtung auf der letzten Registerkarte.

Die Registerkarte *Zahlen* bietet Ihnen verschiedene Zahlenformate für die Beschriftung an. Bei Bedarf können Sie dort auch eigene Zahlenformate definieren.

Diagrammobjekte auf Formularen

Die mit dem im Abschnitt »Der Diagramm-Assistent« beschriebenen Diagramm-Assistenten erzeugten Diagrammformulare zeigen alle Daten der zugrunde liegenden Tabelle oder Abfrage. Wir möchten Ihnen in diesem Abschnitt beschreiben, wie Sie ein Diagrammobjekt in der Entwurfsansicht auf ein Formular platzieren können sowie ein Diagrammobjekt mit Inhalten eines gebundenen Formulars verbinden.

Im oben beschriebenen Beispiel wurden alle Daten der Abfrage *qryVerkauf* dargestellt, d.h. alle Artikel über alle Monate. Es soll nun ein Formular erstellt werden, das erlaubt, im Diagramm nur die Daten eines ausgewählten Artikels zu zeigen.

Zwei Lösungen für die gestellte Aufgabe möchten wir Ihnen im Folgenden skizzieren: mit einem gebundenen Formular und mit einem Kombinationsfeld.

Gebundenes Formular mit Diagramm

1. Erstellen Sie ein neues Formular in der Entwurfsansicht und verbinden Sie es mit der Abfrage *qryVerkauf*, indem Sie auf dem Eigenschaftenblatt zum Formular hinter Datensatzquelle ebendiese Abfrage auswählen.

Abbildg. 26.19   Formular mit Textfeld

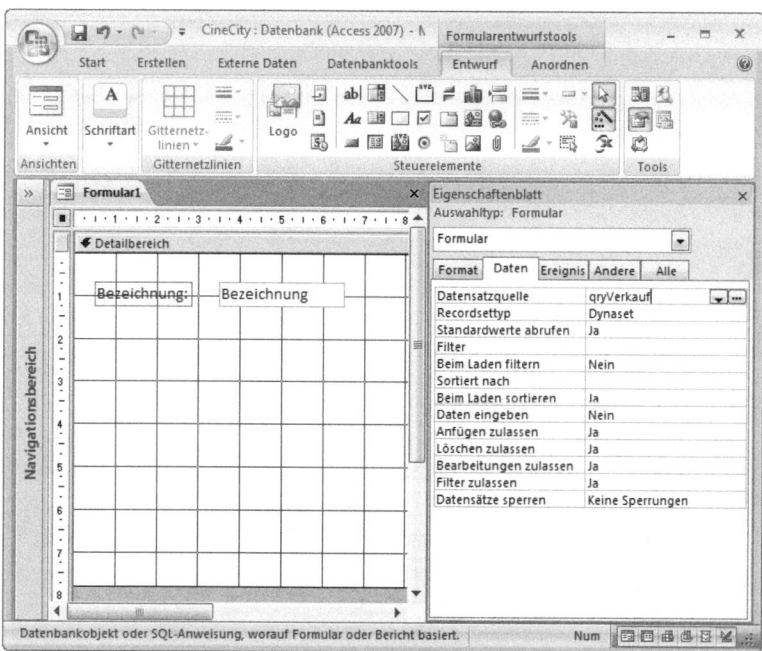

2. Wählen Sie die Schaltfläche *Diagramm einfügen* und ziehen Sie auf dem Formular ein Rechteck auf. Anschließend wird der Diagramm-Assistent gestartet.

3. Selektieren Sie im ersten Dialogfeld des Assistenten wiederum die Abfrage *qryVerkauf* als Datenbasis.

Kapitel 26 Diagrammformulare

4. Übernehmen Sie im zweiten Dialogfeld alle drei Felder der Abfrage in das Diagramm.
5. Im darauf folgenden Dialogfeld des Assistenten bestimmen Sie die Zuordnung der Felder zu den Achsen des Diagramms. Übernehmen Sie dabei die vorgeschlagene Anordnung.
6. Im nächsten Schritt (Abbildg. 26.20) wird die Verbindung zwischen Formular und Diagramm hergestellt. Auf der linken Seite wird das entsprechende Feld der Datenherkunft des Formulars, rechts das des Diagramms festgelegt. Der Assistent schlägt hier in unserem Beispiel die richtigen Felder vor.

Abbildg. 26.20 Zuordnung zwischen Diagramm und Formular

Nach der Beendigung des Assistenten sollte die in Abbildg. 26.21 dargestellte Entwurfsansicht zu sehen sein. Die Entwurfsansicht des Diagramms zeigt allerdings zunächst wieder die Musterdaten von Microsoft Graph.

Abbildg. 26.21 Formular in der Entwurfsansicht mit Musterdaten

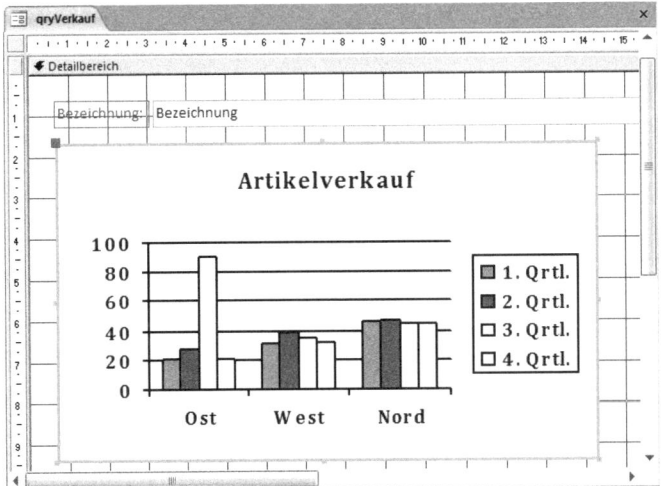

Sowie Sie aus der Entwurfsansicht in die Formularansicht umschalten, werden die richtigen Daten gezeigt.

Abbildg. 26.22 Formularansicht

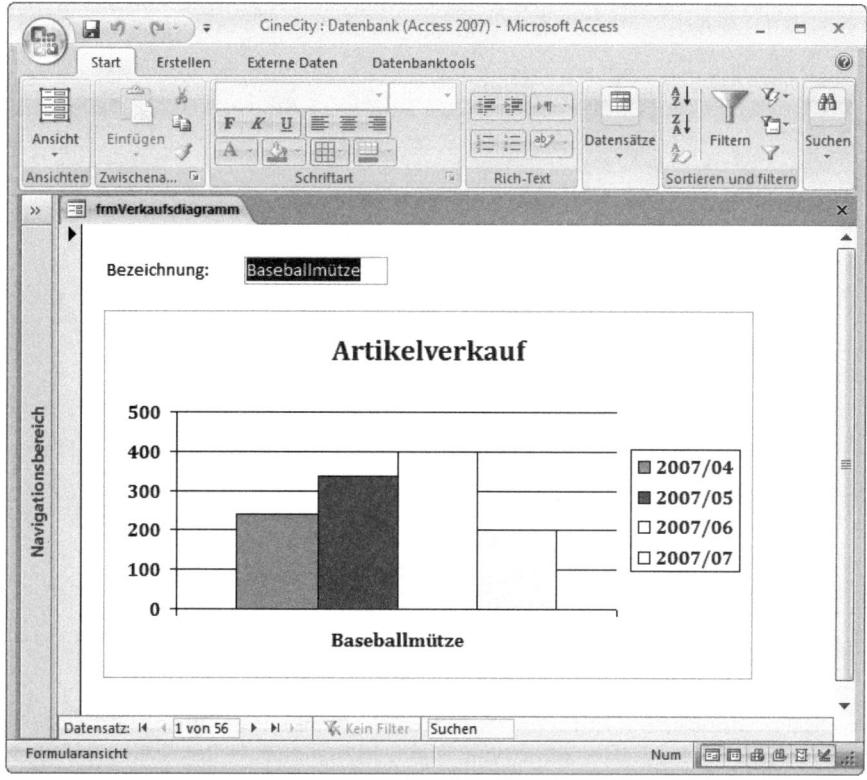

Blättern Sie nun mithilfe der Navigationsschaltflächen am unteren Formularrand durch die Daten des Formulars, wird das Diagramm für die jeweiligen Artikel aktualisiert.

Leider funktioniert das Ganze noch nicht so, wie man es gerne hätte. In der Abfrage *qryVerkauf* kommt jede Artikelbezeichnung so oft vor, wie Werte für einen Monat vorliegen. Deshalb muss man mehrere Datensätze weit blättern, um zu einem neuen Artikel zu gelangen.

Um dieses zu vermeiden, ist es am einfachsten, die *Datensatzquelle* des Formulars dahingehend abzuändern, dass jede Artikelbezeichnung nur einfach vorkommt.

1. Löschen Sie auf dem Eigenschaftenblatt die eingetragene Abfrage.
2. Klicken Sie auf die Schaltfläche mit den drei Punkten und fügen Sie – wie es Abbildg. 26.23 zeigt – die Abfrage *qryVerkauf* im Abfrage-Generator ein.
3. Fügen Sie im unteren Bereich das Feld *Bezeichnung* ein und definieren Sie eine Gruppierung. So können Sie erreichen, dass im Ergebnis der Abfrage keine doppelten Bezeichnungen sind.
4. Definieren Sie schließlich noch eine aufsteigende Sortierung.

Kapitel 26 Diagrammformulare

Abbildg. 26.23 Geänderte Datenherkunft

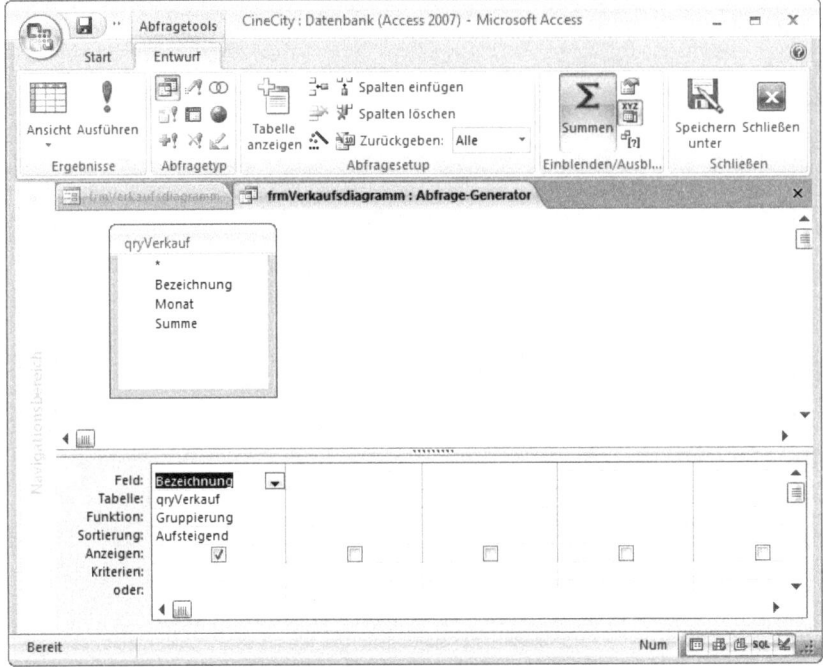

Das fertige Formular mit einem überarbeiteten Diagramm zeigt Abbildg. 26.24. Durch die geänderte Abfrage des Formulars werden nur noch 14 Datensätze in der Navigationsleiste angeboten, vorher (Abbildg. 26.22) waren es 56.

Abbildg. 26.24 Fertiges Formular

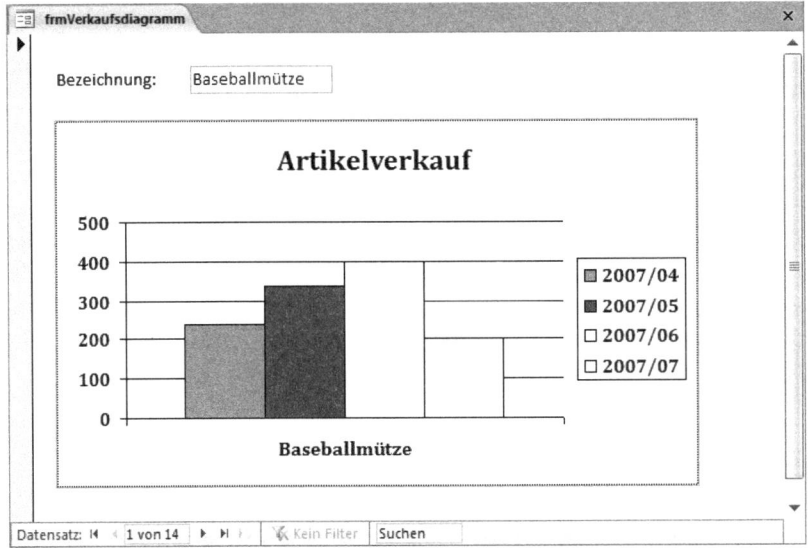

Durch Kombinationsfeld gesteuertes Diagramm

Wir möchten Ihnen jetzt zeigen, wie ein Diagramm mithilfe eines Steuerelements, hier mit einem Kombinationsfeld, gesteuert werden kann. Der Unterschied zu der oben beschriebenen Lösung ist, dass das Formular dabei nicht gebunden, also an eine Tabelle oder Abfrage geknüpft ist.

Am einfachsten ist es nun, das oben erstellte Formular abzuändern:

1. Rufen Sie dazu die Eigenschaften des Formulars auf und entfernen Sie den Eintrag für *Datensatzherkunft*.
2. Löschen Sie das Textfeld und fügen Sie ein Kombinationsfeld ein, das die Daten der Abfrage *qryVerkauf* anzeigt. (Im Prinzip könnte man das vorliegende Textfeld auch über das Kontextmenü und den Befehl *Ändern zu/Kombinationsfeld* in ein Kombinationsfeld umwandeln, allerdings arbeitet dann in der vorliegenden Version das Kombinationsfeld nicht korrekt.)
3. Aktivieren Sie das Eigenschaftenblatt zum Kombinationsfeld und vereinbaren Sie als Namen *cboBezeichnung*. Das Feld hinter *Steuerelementinhalt* muss leer sein, denn das Kombinationsfeld soll ungebunden sein. Der *Herkunftstyp* der im Kombinationsfeld zu zeigenden Daten ist *Tabelle/Abfrage*. Die Abfrage für die *Datensatzherkunft* muss der in Abbildg. 26.23 gezeigten Abfrage entsprechen, fügen Sie also die Gruppierung noch ein.

Abbildg. 26.25   Eigenschaften des Kombinationsfeldes

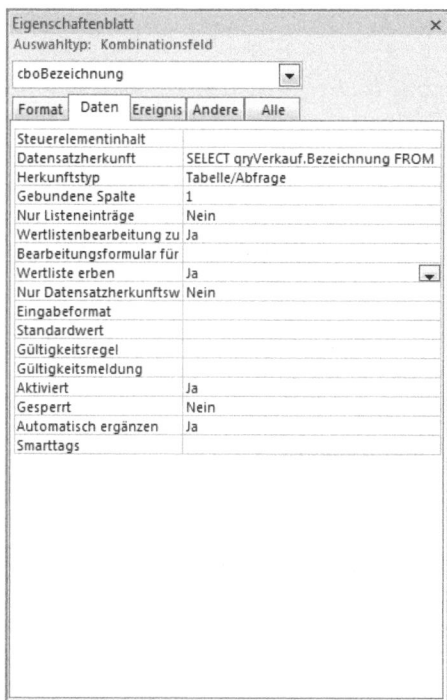

Die letzten Einstellungen werden in den Eigenschaften des Steuerelements für das Diagramm vorgenommen, die Abbildg. 26.26 zeigt.

Kapitel 26 Diagrammformulare

Abbildg. 26.26 Eigenschaften des Diagramms

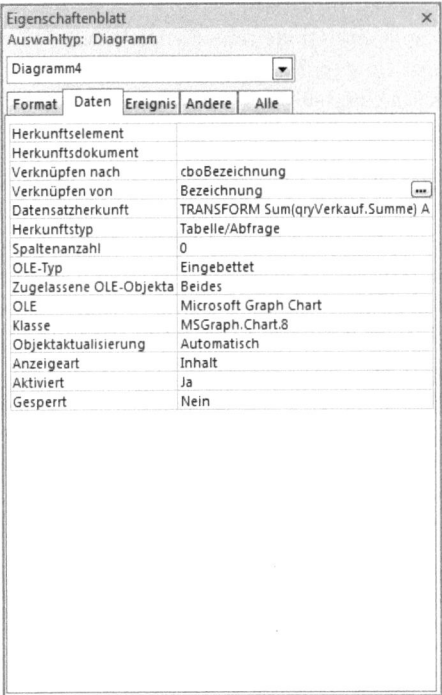

Ändern Sie auf dem Eigenschaftenblatt die Eigenschaft *Verknüpfen nach* zu *cboBezeichnung*.

Mehr Änderungen müssen an Formular und Steuerelementen nicht vorgenommen werden. Wenn Sie das Formular in der Formularansicht aufrufen, bewirkt jede Neuauswahl im Kombinationsfeld eine Neuanzeige des Diagramms mit den entsprechenden Werten.

Zusammenfassung

Dieses Kapitel befasste sich mit dem Erstellen und Bearbeiten von Diagrammen.

- Ein Diagramm lässt sich am einfachsten mithilfe des Diagramm-Assistenten erstellen, der ab Seite 560 beschrieben wurde.
- Im darauf folgenden Abschnitt ab Seite 566 geht es darum, ein fertig gestelltes Diagramm nachträglich zu bearbeiten.
- Beschrieben wurde auch die Möglichkeit, ein Diagramm auf ein Formular zu platzieren (Seite 575).

Kapitel 27

PivotTable- und PivotChart-Ansicht

In diesem Kapitel:

PivotTable-Ansicht erstellen	582
PivotChart-Ansicht erstellen	586
Zusammenfassung	592

Im Bereich der Datenauswertung stehen Ihnen in Access 2007 mit den Ansichten *PivotTable* und *PivotChart* leistungsstarke Funktionen zur Verfügung. Für geöffnete Formulare, Tabellen oder Abfragen können Sie über die Auswahlliste der Schaltfläche *Ansicht* – ganz links auf den Registerkarten *Start* bzw. *Entwurf* – eine der beiden Pivot-Ansichten wählen. Alternativ verwenden Sie die entsprechenden Schaltflächen unten rechts auf der Statuszeile. Wenn Sie ein Objekt zum ersten Mal in einer der beiden Ansichten öffnen, ist die jeweilige Pivot-Ansicht noch leer.

PivotTable-Ansicht erstellen

Möchten Sie auf Grundlage einer Abfrage eine PivotTable-Ansicht erstellen, haben Sie zwei Möglichkeiten. Entweder

- Sie nutzen die Abfrage als Datenbasis für ein Formular, für das Sie dann die PivotTable-Ansicht erstellen, oder
- Sie wählen in der in der Entwurfsansicht geöffneten Abfrage über die Schaltfläche *Ansicht* (Registerkarte *Entwurf*) oder die Schaltfläche *PivotTable-Ansicht* rechts unten auf der Stautszeile die gewünschte Pivot-Ansicht aus.

Da Sie, wie oben bereits erwähnt, beim ersten Wechsel immer eine noch leere PivotTable-Ansicht vor sich haben, kommt in beiden Fällen das eigentliche Erstellen der Ansicht erst jetzt.

Es soll ein Formular mit einer Übersicht der Umsätze je Artikel erzeugt werden, die eine Auswertung für verschiedene Zeiträume zulässt. Grundlage hierfür soll die in Teil C erstellte Abfrage *qryArtikelUmsätze* sein, die um das Feld *Artikelnummer* ergänzt wurde und unter dem Namen *qryArtikelUmsätzeErweitert* gespeichert wurde.

Abbildg. 27.1   Abfrage, für die eine PivotTable-Ansicht erstellt werden soll

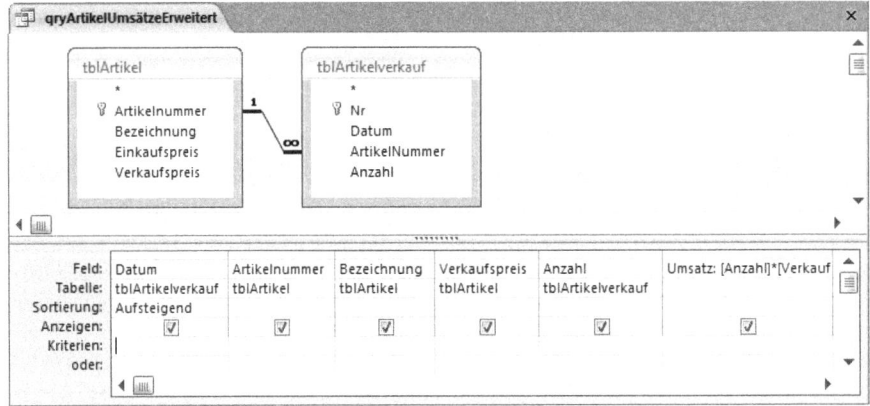

1. Markieren Sie im Navigationsbereich eine Abfrage als Grundlage für ein Formular, für das Sie dann die geplante PivotTable-Ansicht erstellen.
2. Wählen Sie die Registerkarte *Erstellen* und klicken dort im Katalog der Schaltfläche *Weitere Formulare* auf *PivotTable*.

3. Access erstellt nun ein Formular mit einer leeren PivotTable-Ansicht – zuerst einmal noch unter dem Namen der zugrunde liegenden Abfrage.

4. Zu den einzelnen Bereichen der noch leeren PivotTable-Ansicht müssen nun Felder aus der Feldliste hinzugefügt werden.

Abbildg. 27.2   Noch leere PivotTable-Ansicht und Feldliste

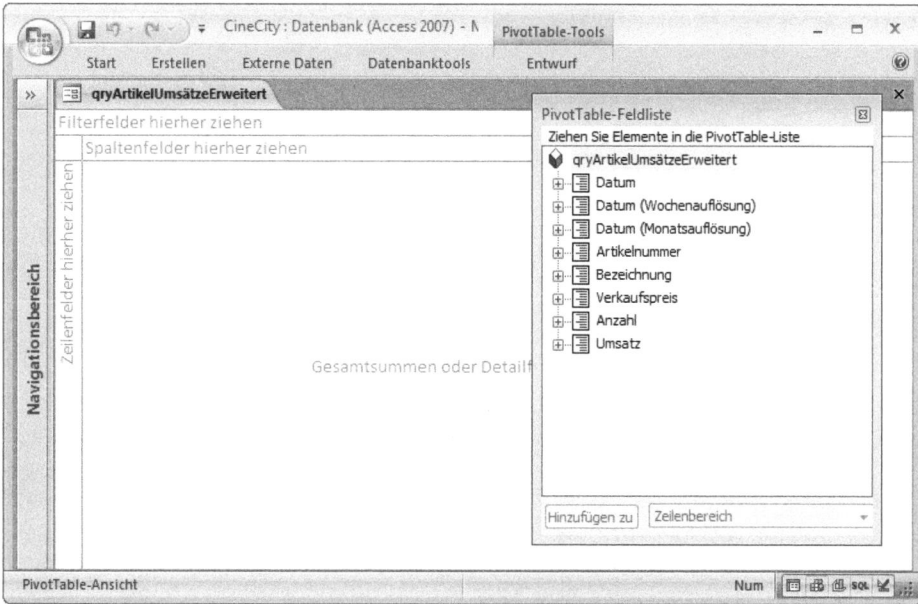

5. Ziehen Sie das Feld *Bezeichnung* als *Zeilenfeld* an den linken Rand, das Feld *Datum (Monatsauflösung)* in den oberen Bereich für *Spaltenfelder* und das Feld *Umsatz* in den Bereich für *Gesamtsummen oder Detailfelder*. Eingefügte Felder werden in der Feldliste fett markiert. In der Beispieltabelle ist der Umsatz pro Verkauf erfasst und muss noch summiert werden.

6. Klicken Sie in der PivotTable-Ansicht mit der rechten (!) Maustaste auf das Feld *Umsatz* und wählen Sie über das Kontextmenü *AutoBerechnen/Summe*. Alternativ können Sie den Befehl auch über die Schaltfläche *AutoBerechnen* auf der Registerkarte *Entwurf* ausführen.

7. Um nicht mehr die Detailbeträge, sondern nur noch die Summen angezeigt zu bekommen, lassen Sie sich in der PivotTable-Ansicht für das Feld *Summe Umsatz* das Kontextmenü anzeigen und wählen dort *Details ausblenden*.

8. Speichern Sie das Formular unter dem Namen *frmArtikelumsätzeAuswertung*.

Wenn Sie nun noch auf das Pluszeichen vor der Jahreszahl klicken, bekommen Sie eine quartalsweise Auflistung angezeigt.

Abbildg. 27.3   PivotTable-Ansicht mit Umsatzsumme je Produkt je Zeitraum

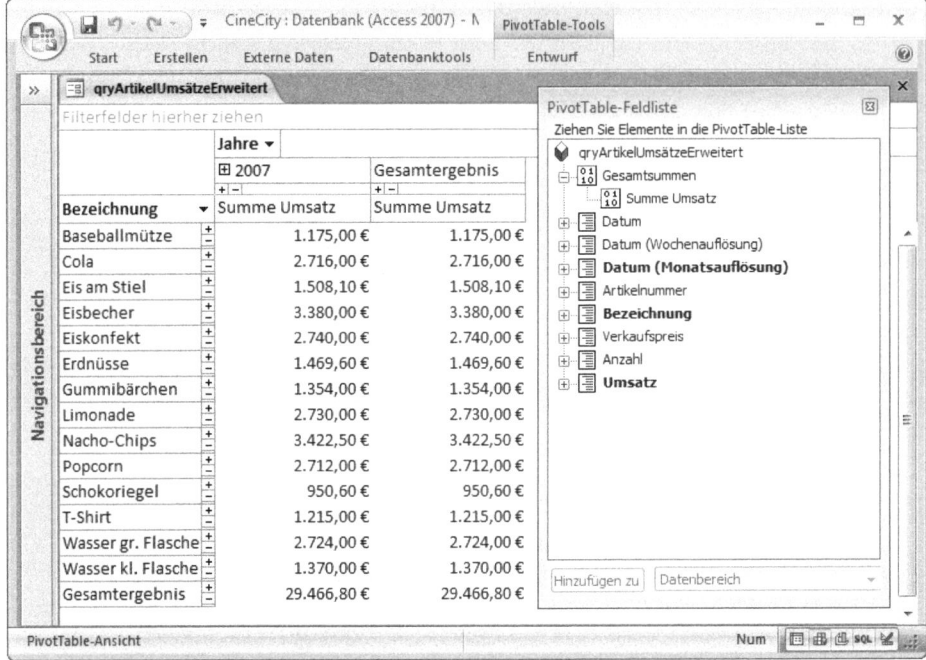

Klicken Sie auf das Pluszeichen vor einem Quartal wird eine Auflistung für die entsprechenden Monate angezeigt. Mit einem Klick auf das dann erscheinende Minuszeichen vor dem Quartal schließen Sie die Monatsansicht wieder.

Felder entfernen, verschieben und hinzufügen

Ein zur PivotTable-Ansicht hinzugefügtes Feld können Sie zwischen den unterschiedlichen Bereichen der Ansicht verschieben. Dabei werden automatisch die entsprechenden Darstellungen und Berechnungen geändert. Um ein Feld aus der PivotTable-Ansicht zu löschen, markieren Sie es und drücken dann die `Entf`-Taste. In der Anzeige der Feldliste steht das Feld weiterhin zur Verfügung.

Filterfeld hinzufügen

Sie können von den in der PivotTable-Ansicht verfügbaren Daten nur einen Teil anzeigen lassen, indem Sie ein Filterfeld hinzufügen. In der Abfrage *qryArtikelumsätzeErweitert* ist im Feld *Anzahl* angegeben, wie viel Stück eines Produktes je Buchung verkauft wurden. Möchten Sie die Anzahl als Filterkriterium hinzufügen, ziehen Sie das Feld *Anzahl* aus der Feldliste in die PivotTable-Ansicht ganz oben in den *Filterfelder*-Bereich.

Nachdem Sie auf den kleinen Pfeil neben dem Feld geklickt haben, sehen Sie die Liste der vorhandenen Elemente. Entfernen Sie ein Häkchen vor einem Element, werden die hierfür in der PivotTable-Ansicht enthaltenen Daten nicht angezeigt oder berechnet. So können Sie aus den vorhandenen Beispieldaten diejenigen „herausfiltern", bei denen je Buchung mehr als drei Stück eines Produkts verkauft wurden. Um Sie daran zu erinnern, dass infolge dieser Auswahl ein Teil der Daten verborgen ist, ist der Dropdown-Pfeil des Filterfeldes blau gekennzeichnet.

Auch für Spalten- und Zeilenfelder können Sie in dieser Form eine Auswahl treffen. So lassen sich beispielsweise nur die Daten für den Cola- und Gummibärchenverkauf anzeigen.

Abbildg. 27.4   Elemente auswählen in unterschiedlichen Feldern

Berechnetes Feld hinzufügen

Zu einer PivotTable-Ansicht können Sie berechnete Felder hinzufügen, die von Ihnen erstellte Ausdrücke enthalten.

In unserem Beispiel soll neben der Bezeichnung auch die Produktkategorie aufgeführt werden. Das Kürzel für die Produktkategorie ist in den ersten drei Stellen der Artikelnummer enthalten. Diese drei Stellen sollen in einem berechneten Feld ausgeschnitten werden.

Um ein berechnetes Feld zu definieren, klicken Sie auf der Registerkarte *Entwurf* auf die Schaltfläche *Formeln* und wählen die Option *Berechnetes Detailfeld erstellen*.

Auf dem Registerblatt *Berechnung* im Eigenschaftenfenster geben Sie dem Feld zunächst einen Namen. Als Ausdruck zum Ausschneiden der Produktkategorie fügen Sie `left(Artikelnummer,3)` hinzu. Access benötigt hier die englische Schreibweise.

Abbildg. 27.5   Name und Ausdruck für berechnetes Feld eintragen

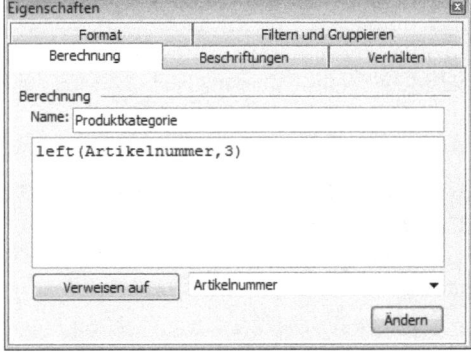

Nach einem Klick auf *Ändern* können Sie das neu definierte Feld aus der Feldliste in den gewünschten Bereich der PivotTable-Ansicht ziehen. In unserem Beispiel könnte das Feld *Produktkategorie* als zweites Zeilenfeld hinzugefügt werden.

Abbildg. 27.6 Die Produktkategorie wurde berechnet

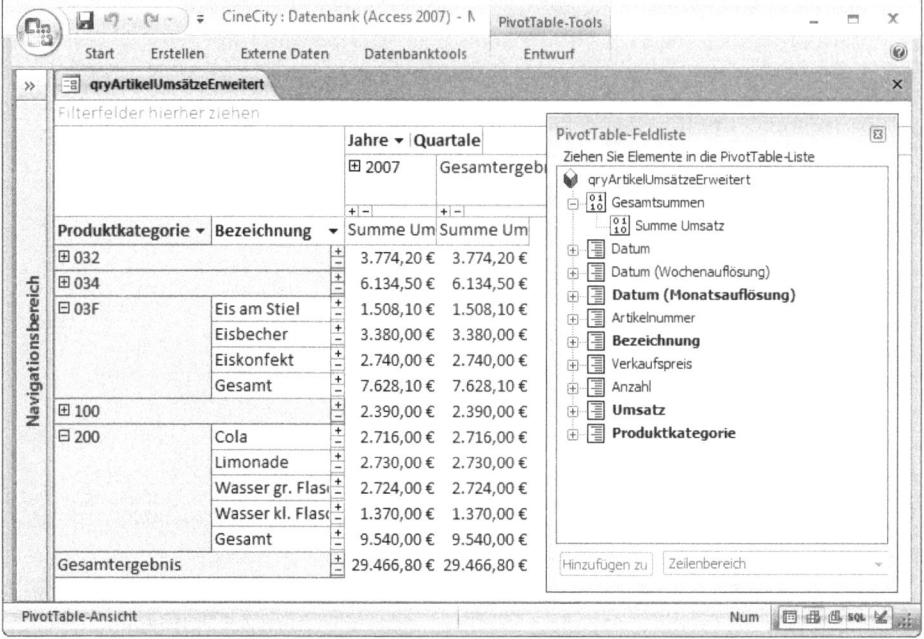

PivotChart-Ansicht erstellen

Haben Sie bereits eine PivotTable-Ansicht für das betreffende Objekt erstellt, werden die Daten beim Wechsel zur PivotChart-Ansicht in Diagrammform angezeigt.

TIPP   Sollte Ihnen Access den Wechsel auf eine PivotChart-Ansicht verwehren, kontrollieren Sie die Einstellung auf dem Eigenschaftenblatt zum Formular. Dort muss die Option *PivotChart-Ansicht zulassen* auf *Ja* gesetzt sein.

Abbildg. 27.7 PivotChart-Ansicht eines Formulars zugänglich machen

Die PivotChart-Ansicht verwendet automatisch Microsoft Office Chart zur Anzeige des Diagramms. Wurde noch keine PivotTable-Ansicht definiert, ist die PivotChart-Ansicht hingegen beim ersten Öffnen leer.

Abbildg. 27.8   PivotChart-Ansicht mit Angaben aus PivotTable-Ansicht

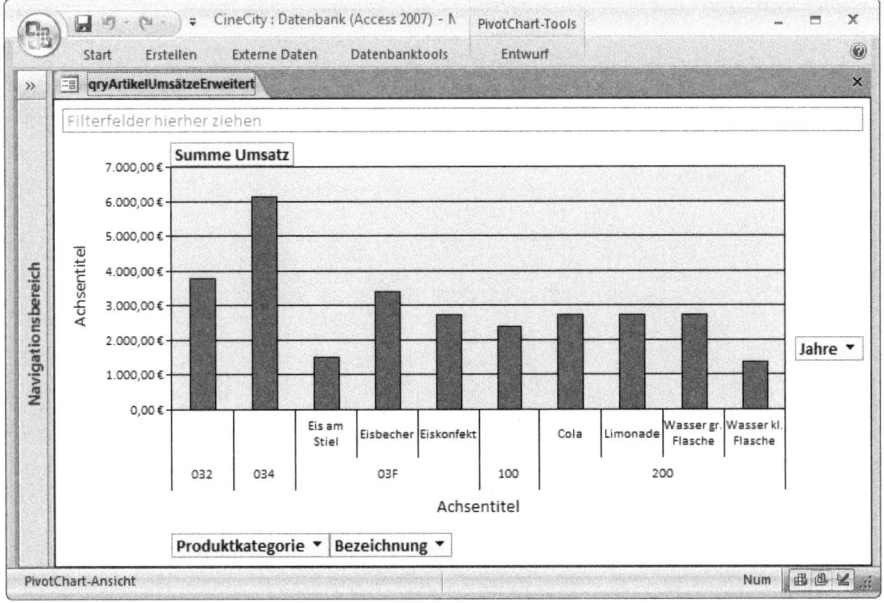

Von der PivotTable- zur PivotChart-Ansicht

Änderungen am Layout der PivotTable-Ansicht wirken sich auch auf die PivotChart-Ansicht aus und umgekehrt. In einer Darstellung, die die Verkaufszahlen in Quartalen anzeigt (wie in Abbildg. 27.8), differieren die Verkaufszahlen sehr stark, da das zweite Quartal die Verkaufszahlen von April, Mai und Juni enthält, das dritte Quartal aber nur die Zahlen aus dem Juli. Sinnvoller ist im vorliegenden Beispiel eine Darstellung der einzelnen Monate. Dazu wurde in der PivotTable-Ansicht die Darstellung der Monatsumsätze aktiviert.

Abbildg. 27.9   Die PivotTable-Ansicht wurde geändert

Kapitel 27 PivotTable- und PivotChart-Ansicht

Entsprechend ändert sich die PivotChart-Ansicht und zeigt jetzt mit den monatlichen Umsätzen vergleichbare Daten an.

Abbildg. 27.10 Die PivotChart-Ansicht mit monatlichen Umsätzen

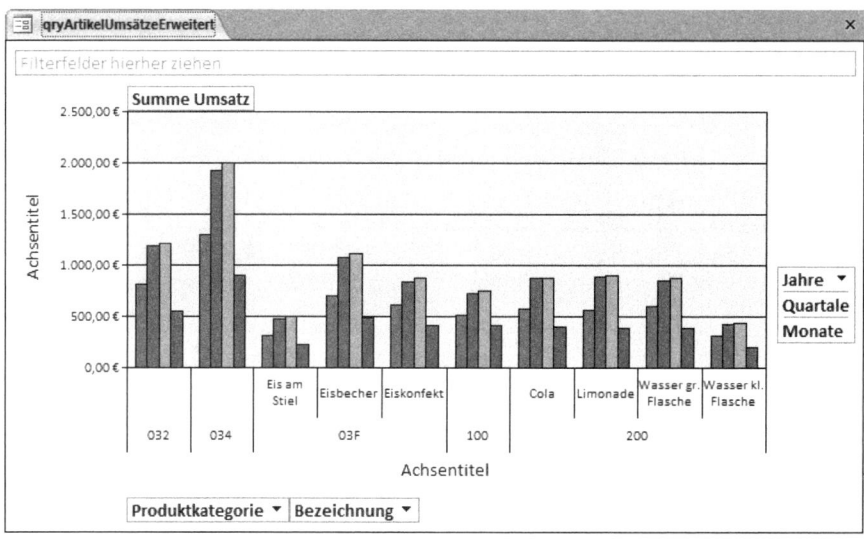

Bei Bedarf lässt sich mit einem Klick auf die Schaltfläche *Legende anzeigen* in der PivotChart-Symbolleiste eine Legende einblenden, die das Lesen der Ansicht vereinfacht, wenn mehrere Diagrammfarben vergeben wurden.

Abbildg. 27.11 Überarbeitete PivotChart-Ansicht

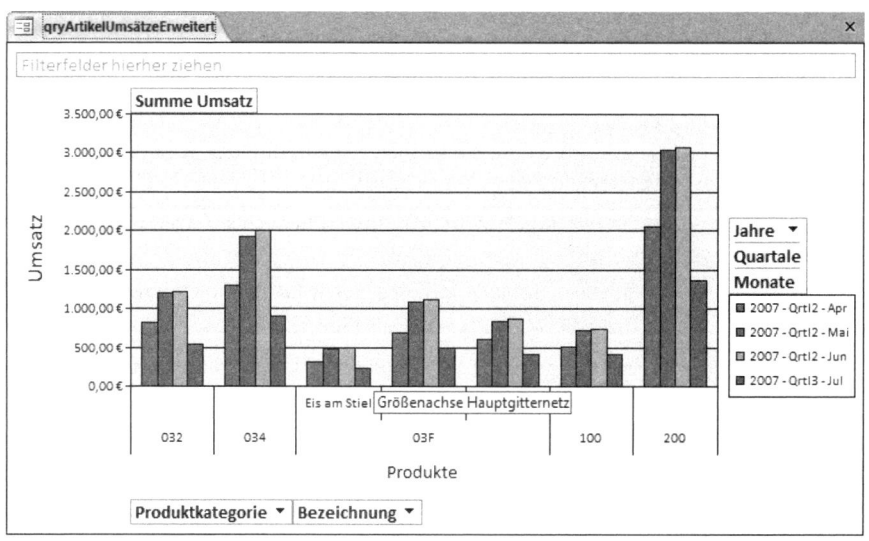

Mit leerer PivotChart-Ansicht beginnen

Nutzen Sie die PivotChart-Ansicht für ein Objekt zum ersten Mal, und haben Sie zuvor noch keine PivotTable-Ansicht erstellt, müssen Sie die PivotChart-Ansicht komplett neu erstellen. Das funktioniert im Prinzip genauso wie bei der PivotTable-Ansicht, d.h., Sie müssen Felder aus der Feldliste in die unterschiedlichen Bereiche der Ansicht ziehen.

Die Beispiel-PivotChart-Ansicht soll als Kreisdiagramm für die Abfrage *qryKartenverkauf* erstellt werden, in der die verkauften Karten je Film je Kino aufgeführt sind.

Zum Erstellen der PivotChart-Ansicht können Sie jetzt analog zum Vorgehen bei der PivotTable-Ansicht verfahren, indem Sie ein Formular auf Grundlage der Abfrage *qryKartenverkauf* erzeugen, für das Sie dann die PivotChart-Ansicht erstellen. Alternativ können Sie auch direkt von der Entwurfsansicht der Abfrage über die Auswahlliste der Schaltfläche *Ansicht* (Registerkarte *Ansicht*) oder die Schaltfläche *PivotChart-Ansicht* rechts unten auf der Statuszeile zur PivotChart-Ansicht wechseln.

Abbildg. 27.12 Abfrage zur Auswertung der Kartenverkäufe

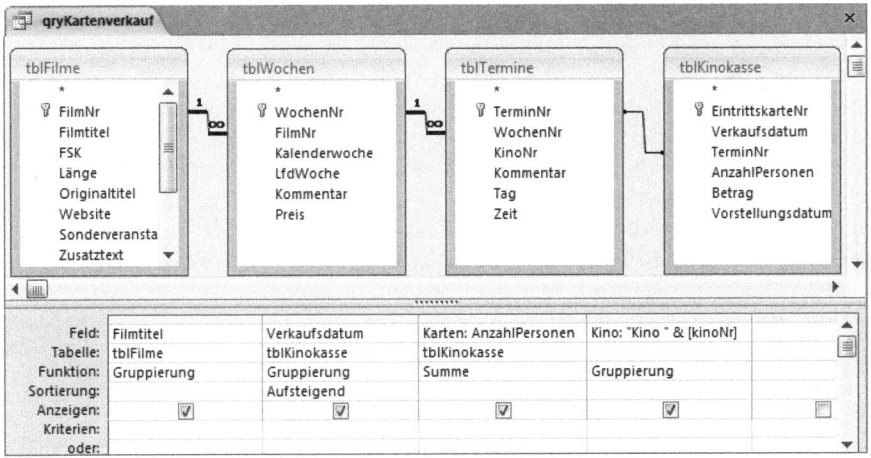

Markieren Sie den Diagrammbereich, so können Sie mithilfe der Schaltfläche *Diagrammtyp ändern* das Dialogfeld *Eigenschaften* aufrufen.

Klicken Sie zum Ausprobieren des *Kreis*-Typs im linken Bereich auf *Kreis* und wählen Sie rechts das erste Symbol aus.

Ziehen Sie nun aus der Feldliste das Feld *Karten* auf den Bereich für Datenfelder, das Feld *Filmtitel* wird Rubrikenfeld und fügen Sie *Verkaufsdatum* als Filterfeld hinzu.

Das Ergänzen einer Legende ist genau wie in der PivotTable-Ansicht möglich. Auf der Registerkarte *Entwurf* finden Sie die Schaltfläche *Legende*.

Abbildg. 27.13   Diagrammtyp *Kreis* ist gewählt

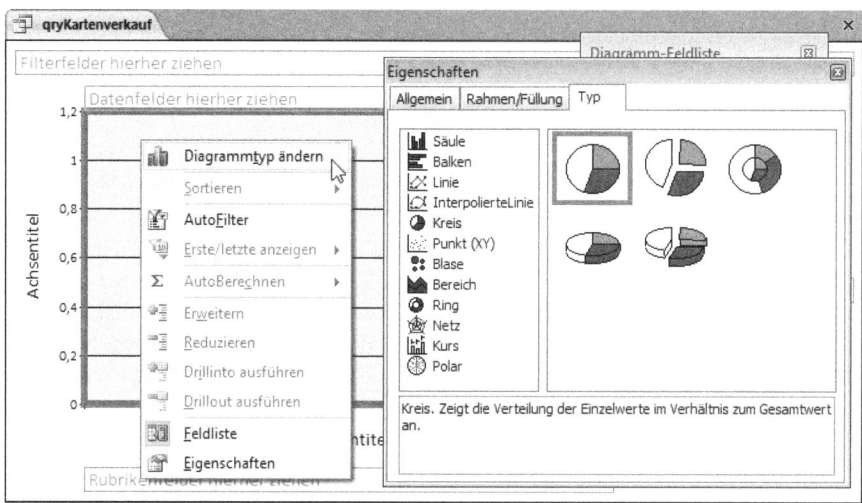

 Über das Dialogfeld *Eigenschaften* des Diagrammarbeitsbereichs (aufzurufen über das Kontextmenü zum Diagrammbereich) erreichen Sie auf der Registerkarte *Allgemein* (im Bereich *Hinzufügen*) die Schaltfläche *Titel hinzufügen*. Damit fügen Sie im oberen Bereich der PivotChart-Ansicht eine Überschrift ein. Auf dem Registerblatt *Format* im Eigenschaftenfenster des Titels können Sie die Beschriftung nach Ihren Wünschen ändern. Wie im Eigenschaftenfenster der Legende können Sie auch für den Diagramm-Titel die Position innerhalb des Diagrammbereichs einstellen.

Abbildg. 27.14   Eigenschaften zum Diagrammtitel

Filtern Sie nach Klick auf die kleinen Pfeile neben den jeweiligen Feldern die gewünschten Filme und Verkaufsdaten aus.

Abbildg. 27.15 PivotChart-Ansicht mit Kreis-Diagramm

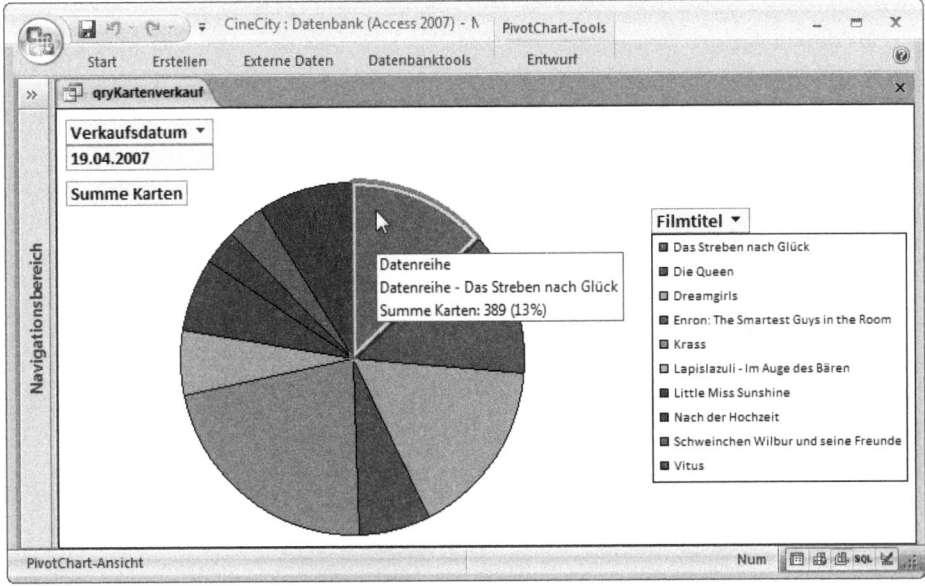

MehrfachDiagrammbereich nutzen

 Mit einem Klick auf die Schaltfläche *Mehrere Diagramme zeichnen* im Dialogfeld *Eigenschaften* (Registerkarte *Allgemein*) blenden Sie in die PivotChart-Ansicht einen Bereich (*Dropzone*) für MehrfachDiagramm-Felder ein. Durch Ziehen eines Feldes auf diesen Bereich können Sie eine Ansicht mit mehreren Diagrammen erzeugen. In unserem Beispiel wurde das Feld *Kino* als MehrfachDiagramm-Feld eingesetzt.

Abbildg. 27.16 Mehrere Diagramme

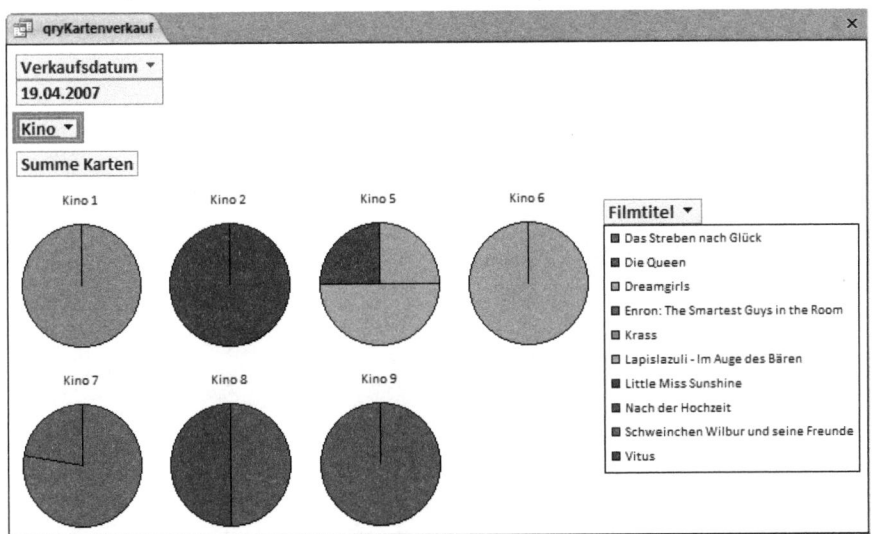

Kapitel 27 PivotTable- und PivotChart-Ansicht

Zusammenfassung

In diesem Kapitel wurde Ihnen das Erstellen von Datenauswertungen in der PivotTable- bzw. PivotChart-Ansicht vorgestellt.

- Als Beispiel wurde zunächst eine Übersicht der Umsätze pro Artikel mithilfe einer PivotTable-Ansicht angelegt und bearbeitet (Seite 582).
- Im zweiten Abschnitt wurde ab Seite 586 zunächst gezeigt, wie Sie aus einer PivotTable-Ansicht eine PivotChart-Ansicht erstellen bzw. wie Sie ein Pivot-Diagramm direkt erzeugen können.

Teil E
Berichte

In diesem Teil:

Kapitel 28	Berichte gestalten	595
Kapitel 29	Berichte für Fortgeschrittene	627
Kapitel 30	Formulare für Berichte	653

Die AutoBerichte, der Berichts-Assistent und der Etiketten-Assistent wurden bereits in Kapitel 6, »Berichte – echt einfach«, vorgestellt. In diesem Teil soll nun gezeigt werden, wie vielfältig Berichte in der Entwurfsansicht gestaltet werden können.

- In Kapitel 28, »Berichte gestalten«, erläutern wir Ihnen die Möglichkeiten zur Gestaltung von Berichten mit Titelseiten, Seitenkopf und -fuß. Es wird der Umgang mit Steuerelementen auf Berichten erläutert und an Beispielen demonstriert. Sie lernen, wie Sie Datensätze gruppieren, Seitenzahlen auf Berichten einfügen, mehrspaltige Berichte definieren und in Berichten rechnen können.

- Auch Berichte lassen sich mit Visual Basic-Prozeduren und Makros erweitern und ergänzen. In Kapitel 29, »Berichte für Fortgeschrittene«, zeigen wir weitere Techniken für Berichte. Sie erfahren, wie Sie die Seitenzahlen der ersten Berichtsseite festlegen, wie Sie Berichte abwechselnd mit grauen und weißen Zeilen formatieren, wie Sie – abhängig von vorgegebenen Bedingungen – an derselben Stelle Texte oder ein Bild einfügen und wie Sie Unterberichte anlegen und formatieren.

Teil E **Berichte**

- Um die in Berichten auszugebenden Daten auszuwählen oder einzuschränken, werden in vielen Fällen den Berichten Formulare vorgeschaltet, die eine entsprechende Auswahl ermöglichen. In Kapitel 30, »Formulare für Berichte«, stellen wir Ihnen verschiedene Varianten vor, wie Sie Formulare mit Berichten verbinden können.

Kapitel 28

Berichte gestalten

In diesem Kapitel:

Berichte in der Entwurfsansicht erstellen	596
Bericht mit Seitenkopf	598
Bericht mit abwechselnd grauen und weißen Zeilen	602
Berichte gruppieren und sortieren	604
Seitenzahlen	611
Bilder und Diagramme	612
Mehrspaltige Berichte	612
Rechnen in Berichten	618
Datensätze nummerieren	623
Berichte an Drucker anpassen	624
Zusammenfassung	625

Kapitel 28 Berichte gestalten

In diesem Kapitel möchten wir Ihnen zeigen, welche Möglichkeiten Access zur Gestaltung von Berichten bietet. Wir stellen Ihnen vor, wie Sie Ihre Daten sortieren und gruppieren und für jede Gruppe von Daten bestimmte Ausgaben und Einstellungen definieren. Interessant ist auch die Ausgabe von mehrspaltigen Berichten, die wir Ihnen ebenso wie Rechenoperationen, z.B. das Aufaddieren von Teil- und Endsummen, erläutern werden.

Berichte in der Entwurfsansicht erstellen

Um einen leeren Berichtsentwurf zu generieren, den Sie dann mit den einzelnen Steuerelementen füllen, gehen Sie folgendermaßen vor:

1. Aktivieren Sie die Registerkarte *Erstellen*.
2. Wählen Sie darauf den *Berichtentwurf* aus.

Abbildg. 28.1   Leerer Bericht mit Seitenkopf und -fuß

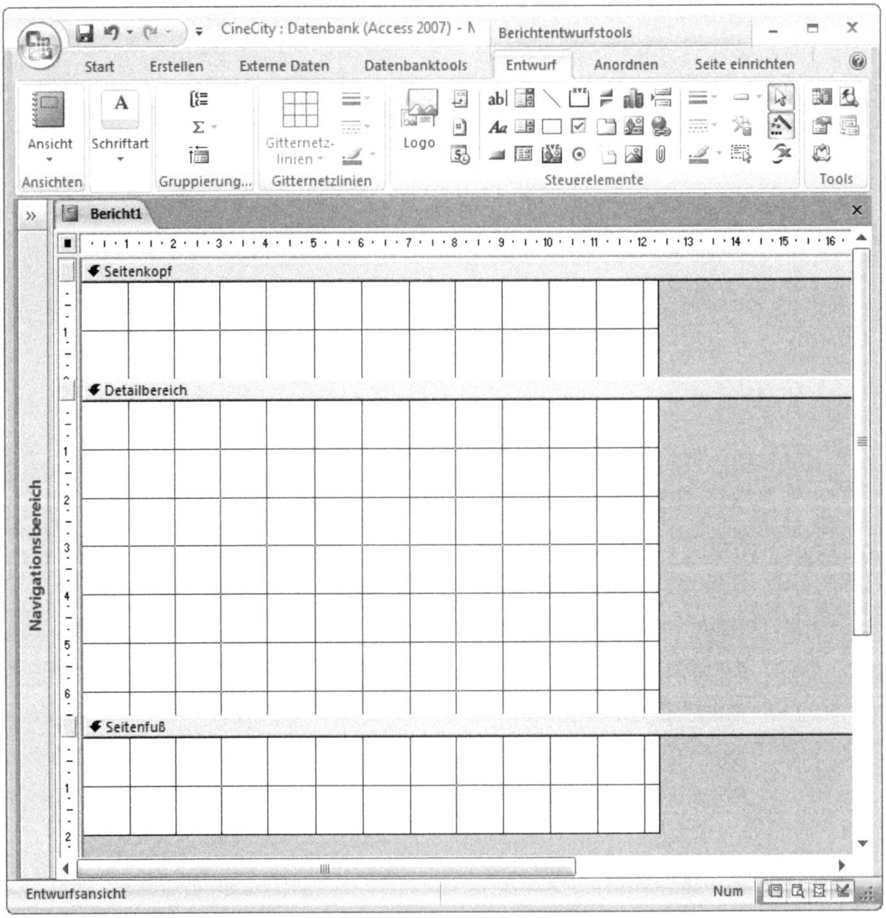

Aufbau eines Berichts

Standardmäßig enthält der Bericht außer dem Detailbereich einen Seitenkopf und einen Seitenfuß. Zusätzlich können für Berichte auf der Registerkarte *Anordnen* Berichtskopf sowie Berichtsfuß eingeschaltet werden. Weiterhin lassen sich für Gruppierungen Gruppenkopf- und Gruppenfußbereiche definieren.

Ein Berichtskopf und -fuß erscheint jeweils nur einmal ganz am Anfang und am Ende eines Berichts. Damit lassen sich Vorseiten wie beispielsweise ein Berichtstitelblatt oder Anhänge gestalten.

Ein Seitenkopf und -fuß wird auf jeder Seite des Berichts abgebildet. Sollen sie auf der ersten Seite des Berichts nicht gedruckt werden, rufen Sie das Eigenschaftsblatt zum Bericht auf, indem Sie auf den Berichtsmarkierer zeigen und ihn dann doppelt anklicken. Auf der Registerkarte *Format* kann man für den Seitenkopf und -fuß festlegen, ob sie auf allen Seiten erscheinen oder im Berichtskopf und/oder Berichtsfuß nicht angezeigt werden sollen.

Abbildg. 28.2   Hier wird festgelegt, wo der Seitenfuß angezeigt werden soll

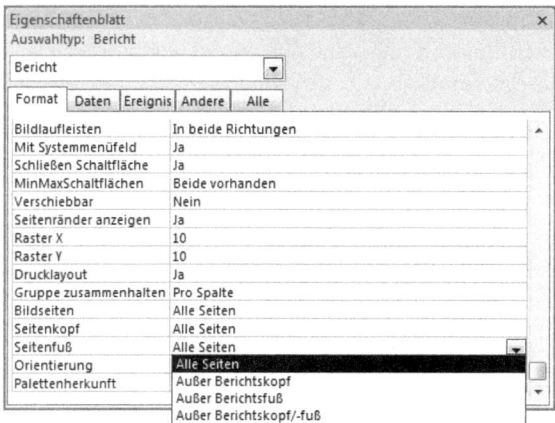

Durch die Bildung von Gruppen besteht die Möglichkeit, Daten auf einem Bericht zu gliedern. Beispielsweise können Sie eine Adressliste nach Anfangsbuchstaben gruppieren. Daraufhin wird immer dann ein Gruppenwechsel durchgeführt, wenn Adressen mit einem anderen Anfangsbuchstaben ausgegeben werden sollen, also wenn beispielsweise nach allen Namen mit »A« der erste Name mit »B« erscheint. Für eine Gruppe kann ein Gruppenkopf und ein -fuß vereinbart werden, die beim Gruppenwechsel gedruckt werden. Access erlaubt es Ihnen, bis zu neun ineinander verschachtelte Gruppen zu definieren.

Ansichten

Um Ihren Bericht zu gestalten, stehen Ihnen alle in Kapitel 22, 23 und 26 beschriebenen Steuerelemente zur Verfügung, wobei jedoch einige, wie z.B. das Listenfeld, nur selten auf Berichten zum Einsatz kommen.

Für Berichte gibt es vier Ansichten: *Entwurfsansicht*, *Layoutansicht*, *Seitenansicht* und *Berichtsansicht*. Sie finden alle Ansichten rechts auf der Statusleiste, im Kontextmenü zum Bericht oder im Menü zur Schaltfläche *Ansicht*. Die Layout- sowie die Entwurfsansicht sind zum Gestalten des

Berichts vorgesehen. Ähnlich wie beim Erstellen von Formularen ist in der Layoutansicht das intuitivere Gestalten möglich, alle Möglichkeiten zur Gestaltung können Sie aber erst in der Entwurfsansicht verwenden. In der Berichtsansicht können Sie Ihren Bericht betrachten, allerdings sehen Sie den Bericht als eine Art Endlosbericht ohne die Seitenunterteilung. Um feststellen zu können, was noch auf der Seite platziert wurde und was bereits auf die nächste Seite gerutscht ist, verwenden Sie die *Seitenansicht*.

Bericht mit Seitenkopf

Als Beispiel soll eine Liste ausgegeben werden, die für die verschiedenen Kalenderwochen die einzelnen Kinos mit den darin laufenden Filmen ausgibt. Als zusätzliche Informationen zu den Filmen werden die laufende Woche, FSK und die Länge ausgegeben.

Die Abfrage

Die Lösung erfolgt in zwei Schritten: Zunächst muss eine Abfrage definiert werden, die die benötigten Daten zur Verfügung stellt. Anschließend kann der neue Bericht definiert werden.

Der erste Schritt besteht darin, die in Abbildg. 28.3 dargestellte Abfrage *qryKinoProgramm* zu erstellen. Damit sind alle benötigten Daten zur Verfügung gestellt.

Abbildg. 28.3   Abfrage für den Bericht

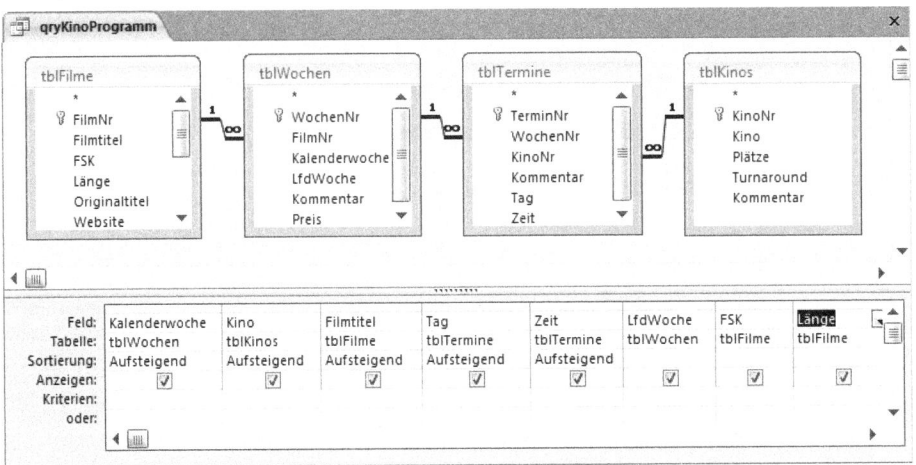

Bericht an Abfrage binden

Ist die Abfrage erstellt, muss im nächsten Schritt der Bericht mit der Abfrage verbunden werden.

1. Erzeugen Sie – falls nicht bereits geschehen – einen neuen Bericht in der Entwurfsansicht.
2. Aktivieren Sie das Eigenschaftsblatt zum Bericht und wählen Sie als *Datensatzquelle* die Abfrage *qryKinoProgramm* aus.

Abbildg. 28.4 Bericht wurde mit Abfrage *qryKinoProgramm* verbunden

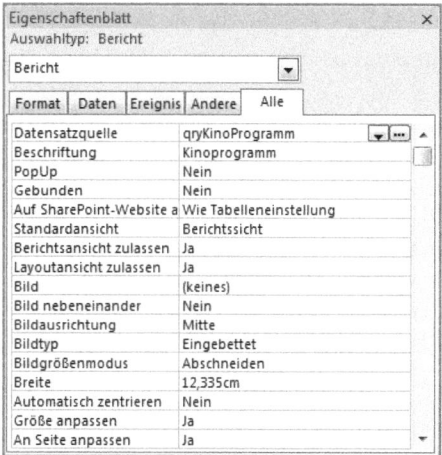

Der Seitenkopf des Berichts

Gestalten Sie nun im nächsten Schritt den Seitenkopf.

1. Legen Sie ein Bezeichnungsfeld mit dem Inhalt *CineCity - Kinoprogramm* an und formatieren es in großer Fettschrift.
2. Zudem soll im Seitenkopf die Kalenderwoche platziert und formatiert werden. Um gewährleisten zu können, dass der Text und der Eintrag für die Kalenderwochen hintereinander eingetragen werden, wird dazu ein ungebundenes Textfeld verwendet, mit `="Woche ab dem " & [Kalenderwoche]` als *Steuerelementinhalt*. Das Format des Textfeldes wird dann auf dem Eigenschaftenblatt definiert.

Abbildg. 28.5 Der Seitenkopf für den Bericht

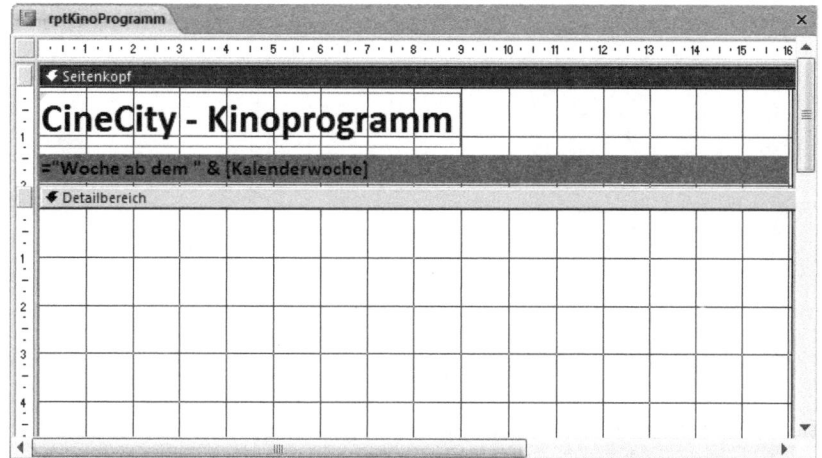

Der Detailbereich: Daten zum Filmtitel

Als Nächstes werden die Felder im Detailbereich auf dem Bericht platziert.

1. Ziehen Sie die Felder *Kino* und *Filmtitel* aus der *Feldliste* und löschen Sie jeweils die Bezeichnungsfelder.
2. Um die laufende Woche und die Angaben für FSK zusammen darstellen zu können, wird ein Textfeld mit dem Steuerelementinhalt `=[LfdWoche] & ". Woche / " & Wenn([FSK]>0;"ab " & [FSK] & " Jahre";"o.A.")` erstellt. Dabei liest der erste Teil das Feld *LfdWoche* aus und fügt einfach einen Punkt und den Text »Woche« an. Im zweiten Teil wird die *FSK* angegeben. Ist in diesem Feld ein Wert größer als »0« gespeichert, wird die Zahl zusammen mit einem vorangestellten »ab« und dem nachgestellten »Jahre« ausgegeben. Steht im Feld »0« (also keine Altersbeschränkung), soll der Text »o.A.« (ohne Altersbeschränkung) dargestellt werden.
3. Auch das Textfeld für die Länge ist zusammengesetzt, es enthält `="Länge: " & [Länge] & " min."`.

Abbildg. 28.6 Detailbereich des Berichts

Abbildg. 28.7 So sieht der Bericht bisher aus

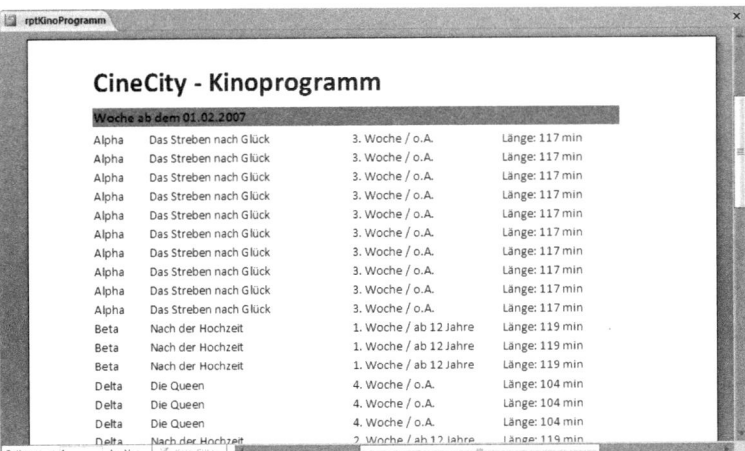

Sehen Sie sich diesen Bericht in der Seitenansicht an, werden Sie feststellen, dass er noch nicht so aussieht, wie man sich den Bericht vorgestellt hat. Außer, dass sowieso noch der Tag und die Uhrzeit fehlen, wird auch der Name des Kinos und der Filmtitel in jeder Zeile wiederholt. Soll eine solche Wiederholung unterdrückt werden, müssen Sie Ihre Daten gruppieren (siehe Abschnitt »Berichte gruppieren und sortieren«).

Der Detailbereich: die Termine

Im nächsten Schritt soll das Feld mit den Wochentagen eingefügt werden. In der Datenbank werden ja nur Zahlen zwischen 1 und 11 gespeichert. Mit diesen Zahlen kann niemand etwas anfangen, sie sollen im Bericht durch ihre Bedeutung ersetzt werden. Dazu verwendet man am einfachsten ein Kombinationsfeld.

1. Starten Sie den Kombinationsfeld-Assistenten und geben Sie an, dass Sie die zu verwendende Liste selbst füllen möchten (Kapitel 22).
2. In der Liste werden dann in der ersten Spalte alle Zahlen zwischen 1 und 11 eingegeben, in der zweiten Spalte Abkürzungen der Tage »Do.« bis »Mi.« sowie der Kombinationen von Tagen, die Sie im Dialogfeld in Abbildg. 28.8 sehen.

Abbildg. 28.8   Eingabe der Listenwerte

3. Legen Sie danach im Assistenten fest, dass die Werte im Feld *Tag* gespeichert werden sollen.
4. Im Bericht löschen Sie dann das Bezeichnungsfeld des Kombinationsfeldes.
5. Aktivieren Sie das Eigenschaftsblatt zum Kombinationsfeld und fügen Sie als *Name* die Bezeichnung *cboTag* ein. Wechseln Sie zur Registerkarte *Format* und überschreiben Sie die erste angegebene Spaltenbreite mit *0 cm*, die zweite Spaltenbreite können Sie löschen, damit sie automatisch an die Breite des Kombinationsfeldes angepasst wird.
6. Ändern Sie zudem den Eintrag *Nein* hinter *Duplikate ausblenden* in *Ja*, so werden später in gruppierten Berichten Angaben zu Tagen, die mehrmals hintereinander in der Liste stehen, unterdrückt, wenn sie ein weiteres Mal auftauchen.
7. Jetzt fehlt nur noch ein einfaches Textfeld mit den Zeiten hinter den Angaben der Tage. Sie können das Feld *Tag* aus der Feldliste ziehen und das Format *Zeit, 24 Std* vereinbaren.

> **TIPP**   Möchten Sie gerne, dass im Bericht nicht einfach nur »20:00«, sondern »20:00 Uhr« steht, legen Sie ein Textfeld auf den Bericht, löschen das Bezeichnungsfeld und fügen in das Textfeld `=Format([Zeit];"Zeit, 24Std") & " Uhr"` ein.

Abbildg. 28.9 Aktueller Stand des Berichts

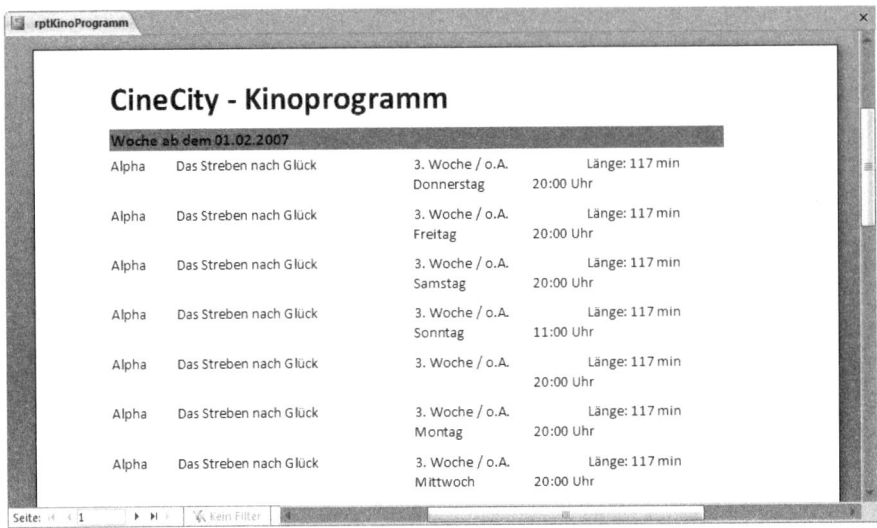

Im nächsten Schritt sollen nun einige Felder des Berichts gruppiert werden. Damit lässt sich beispielsweise der in jeder Zeile wiederholte Kinoname unterbinden.

Bericht mit abwechselnd grauen und weißen Zeilen

In diesem Beispiel soll ein Bericht erstellt werden, der abwechselnd weiß und grau hinterlegte Zeilen anzeigen soll.

Abbildg. 28.10 Filmübersicht mit Streifen

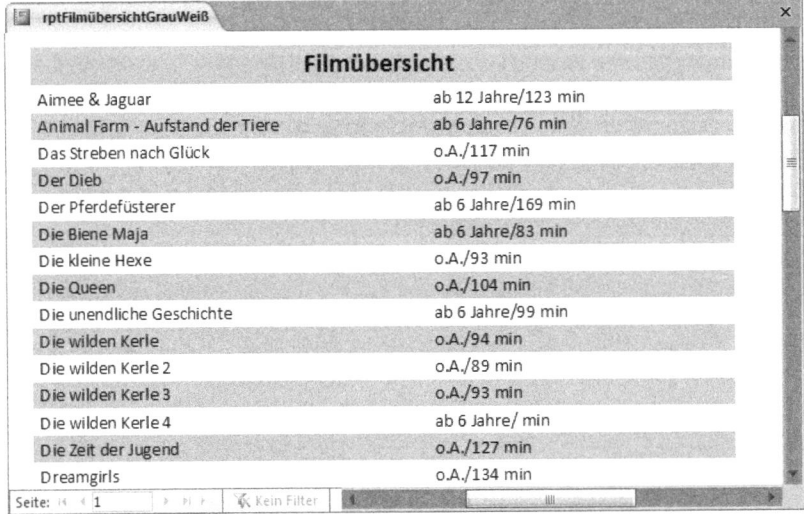

Bericht mit abwechselnd grauen und weißen Zeilen

1. Erstellen Sie einen Bericht in der Entwurfsansicht.
2. Da zudem die einzelnen Filme alphabetisch sortiert angezeigt werden sollen, wird zunächst als *Datensatzquelle* für den Bericht auf dem Eigenschaftenblatt eine Abfrage definiert (siehe Abbildg. 28.11).

Abbildg. 28.11 Abfrage mit sortierten Filmtiteln

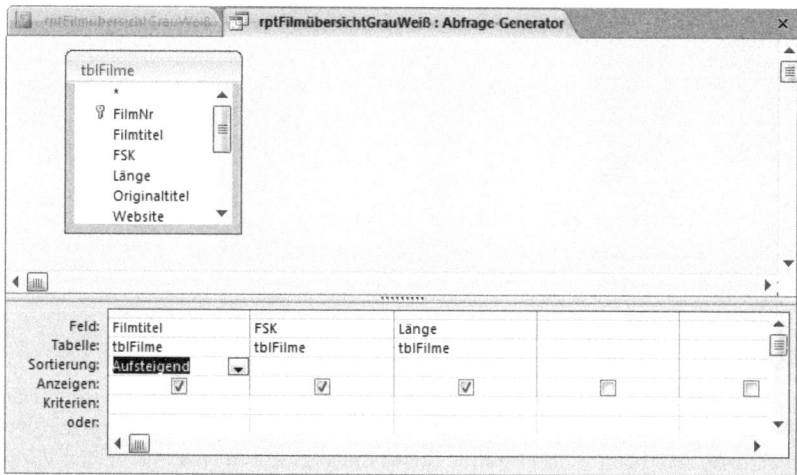

3. Legen Sie dann im Detailbereich ein Textfeld für den Filmtitel fest und definieren Sie ein weiteres Textfeld, das den *Steuerelementinhalt* `=(Wenn([FSK]>0;"ab " & [FSK] & " Jahre";"o.A.")) & "/" & [Länge] & " min"` enthält.
4. Definieren Sie beide Textfelder als transparent.

Abbildg. 28.12 Der Bericht im Entwurf

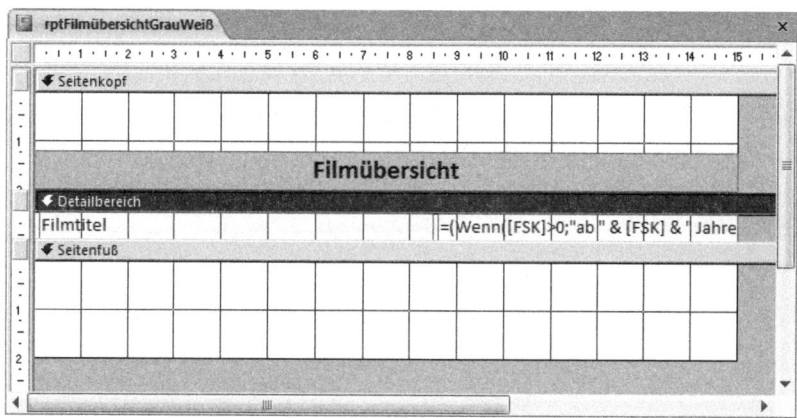

5. Definieren Sie schließlich zum Detailbereich auf dem Eigenschaftenblatt eine *Hintergrundfarbe* und eine *Alternative Hintergrundfarbe*.

Abbildg. 28.13   Hintergrund- und alternative Hintergrundfarbe festlegen

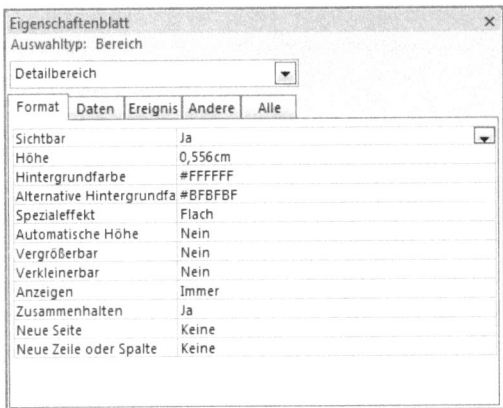

Berichte gruppieren und sortieren

Gruppierungen werden in Berichten dann eingesetzt, wenn sich Felder für jeden Datensatz wiederholen, wie Sie es in Abbildg. 28.9 sehen können. Schöner wäre es, wenn man eine Überschrift »Alpha« hätte und keine Wiederholung dieses Eintrags für jeden aufgeführten Film. Entsprechend müsste auch der Filmtitel mit allen Angaben nicht für jeden Termin erneut ausgegeben werden. Wäre die Kalenderwoche nicht im Seitenkopf eingetragen, würde auch sie für jeden Termin wiederholt werden. Um die Wiederholungen zu unterdrücken, ist es sinnvoll, Gruppierungen zu definieren. Im Beispiel würde man die Felder *Kalenderwoche*, *Kinos* und *Filmtitel* gruppieren.

 Die Schaltfläche *Gruppieren und sortieren* bzw. der Befehl *Sortieren und gruppieren* im Kontextmenü zum Detailbereich aktiviert den in Abbildg. 28.14 gezeigten Bereich.

Abbildg. 28.14   Gruppierung oder Sortierung anlegen

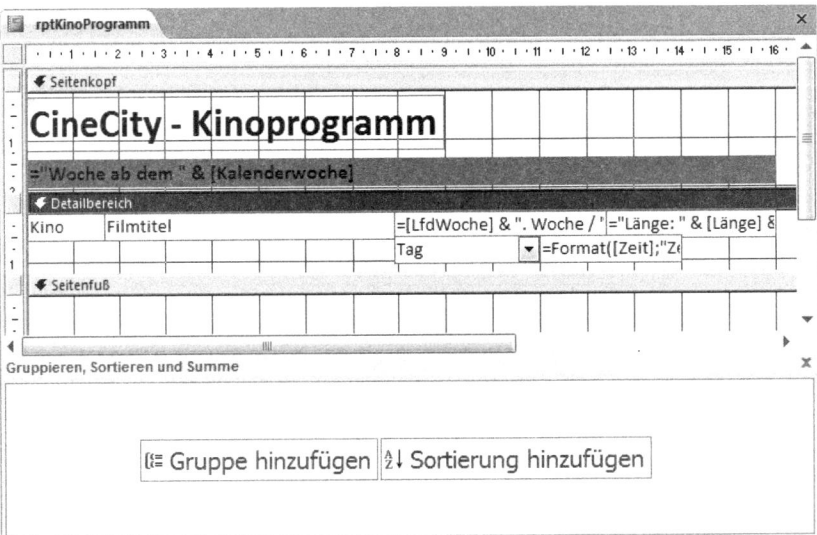

Gruppen für das Kinoprogramm

Klicken Sie auf *Gruppe hinzufügen*, so wird eine Liste aller verfügbaren Felder angezeigt. Wählen Sie *Kalenderwoche* aus.

Abbildg. 28.15 Feld für die Gruppierung auswählen

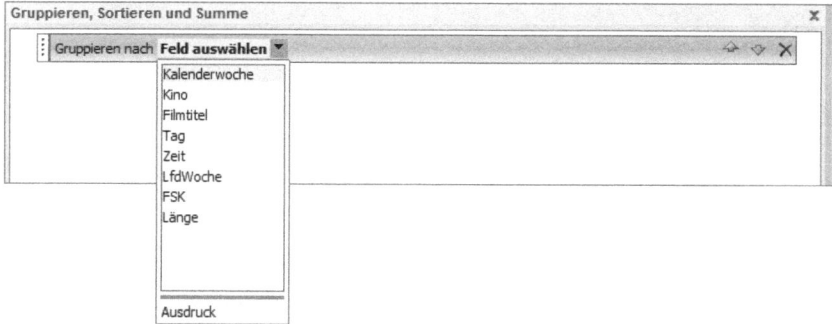

Fügen Sie des Weiteren Gruppierungen für die Felder *Kino* und *Filmtitel* ein, indem Sie wieder auf *Gruppe hinzufügen* klicken.

Abbildg. 28.16 Es können weitere Gruppierungen angelegt werden

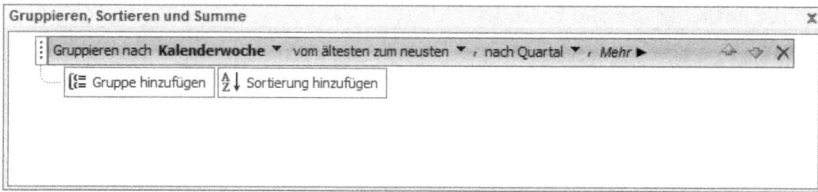

Außerdem sollen die Felder *Tag* und *Zeit* sortiert im Bericht ausgegeben werden. Entsprechend wird für diese beiden Felder *Sortierung hinzufügen* selektiert.

Abbildg. 28.17 Festgelegte Gruppierungen und Sortierungen

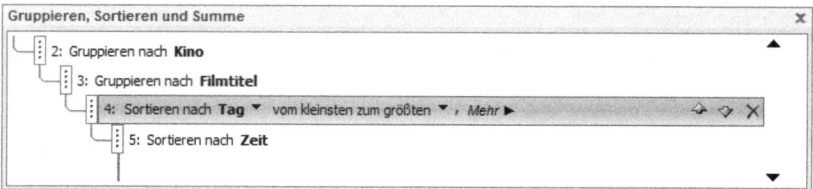

Schließen Sie das Feld *Gruppieren, Sortieren und Summe* mit einem Klick auf das Kreuz ganz rechts und sehen sich Ihren Entwurf an, so werden Sie feststellen, dass Access drei gleich große Kopfbereiche eingefügt hat. Das ist im Beispiel auch ganz sinnvoll, so kann die Angabe der Kalenderwoche oder der Kinos als Gruppenkopf verwendet werden und muss nicht vor jeder Filmangabe wiederholt werden. Ebenso wäre es sinnvoll, die Filmtitel zu gruppieren, da sie zu verschiedenen Terminen gespielt werden.

Kapitel 28 Berichte gestalten

Abbildg. 28.18   Berichtsentwurf mit den Gruppenköpfen für die Kalenderwochen, Kinos und Filmtitel

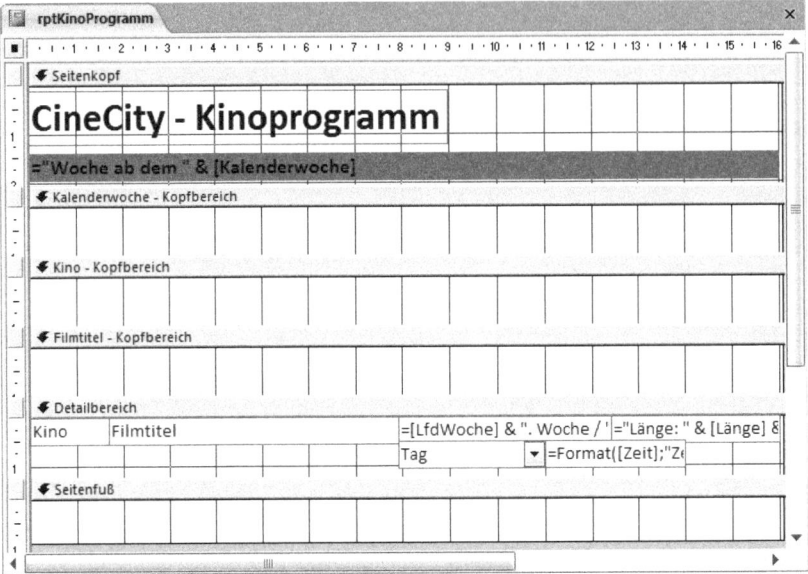

Ihre nächste Aufgabe besteht darin, die einzelnen Felder auf die Gruppenköpfe zu verteilen. So wurden die Textfelder für die Kalenderwoche und das Kino in die entsprechenden Kopfbereiche verschoben. Im Kopfbereich *Filmtitel* werden alle Angaben der einzelnen Filme aufgeführt. Ausgenommen davon sind die Termine der Filmvorführungen, die im Detailbereich bleiben.

Abbildg. 28.19   Gefüllte Gruppenköpfe

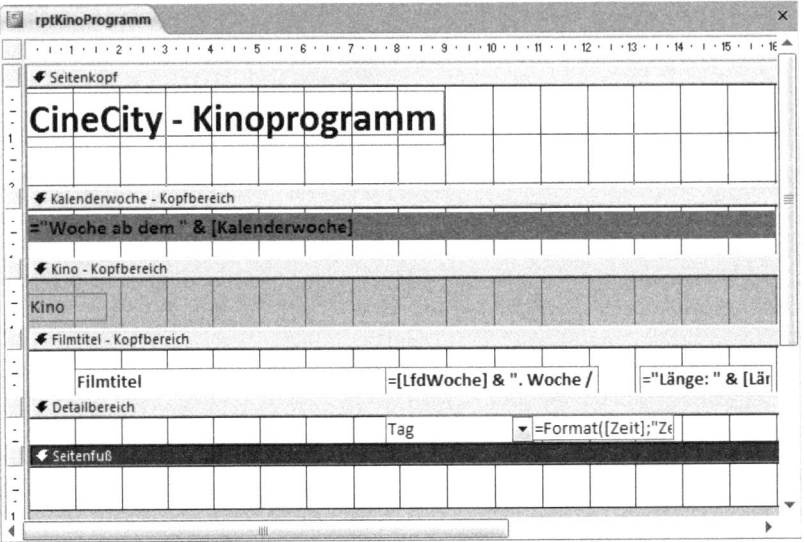

Abbildg. 28.20 zeigt, wie das Ganze in der Seitenansicht aussieht.

Abbildg. 28.20 Seitenansicht des neuen Berichts

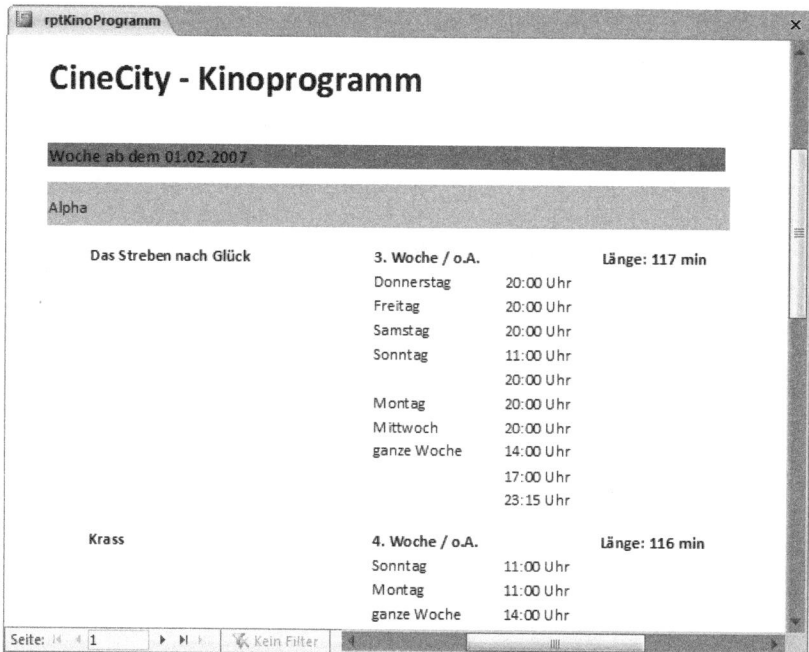

HINWEIS In Abbildg. 28.20 sehen Sie die Auswirkung der Eigenschaft *Duplikate ausblenden* der Registerkarte *Format* zu dem Kombinationsfeld. Die Angaben »Sonntag« oder »ganze Woche« für den Film »Streben nach Glück« tauchen im Bericht nur einmal auf und werden nicht wiederholt.

Einstellungen für das Gruppieren

Im Beispiel haben wir die Standardeinstellungen für das Gruppieren übernommen. Es gibt aber einige Einstellungen, die Sie vielleicht ändern möchten.

Aktivieren Sie erneut das Feld zum Gruppieren mithilfe der Schaltfläche *Gruppieren und sortieren*. Klicken Sie auf eine Gruppierung, so sehen Sie dahinter die Sortierung angegeben und können sich über *Mehr* weitere Optionen zur Gruppierung anzeigen lassen.

Abbildg. 28.21 Es lassen sich weitere Optionen zum Gruppieren einblenden

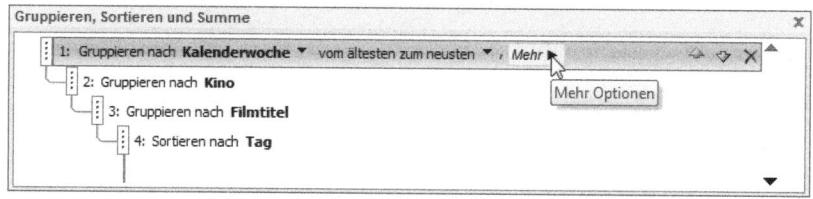

Hier kann zunächst die Sortierung definiert werden. Bei Texten kann man *von A nach Z* oder umgekehrt auswählen, bei Datumswerten *vom ältesten zum neusten*, bei Zahlen *vom kleinsten zum größten*. Dahinter lässt sich das Intervall festlegen in dem gruppiert werden soll. Das Intervall hängt vom Datentyp des Feldes und der Einstellung der Option *Gruppieren nach* ab. Für Textfelder beispielsweise können Sie mit einem Intervall von *2* festlegen, dass nach den beiden ersten Buchstaben eines Wortes gruppiert werden soll. Für Datums-/Zeitfelder, die nach Jahren gruppiert werden, bewirkt eine *2*, dass im Zweijahres-Rhythmus gruppiert wird.

Des Weiteren sehen Sie, dass der Kopfzeilenbereich standardmäßig eingeschaltet war, während die Gruppierung *ohne Fußzeilenbereich* dargestellt wurde. Einen Fußzeilenbereich benötigen Sie beispielsweise, falls Sie in Ihrem Bericht mehrere Positionen addieren möchten (siehe »Rechnen in Berichten«). Dafür lässt sich hier auch gleich eine Summe definieren.

Fügen Sie einen Titel ein, so erscheint der als Bezeichnungsfeld vor dem entsprechenden Feld.

In unserem Beispiel wäre es sinnvoll, die Kopfzeile und wenigstens den ersten Datensatz zusammenzuhalten, damit nicht unten auf einer Seite der Kopf einer Gruppe angezeigt wird und auf der folgenden Seite die dazugehörenden Daten. Klicken Sie also das Dreieck hinter *Gruppe nicht auf einer Seite zusammenhalten* an und ändern Sie entsprechend die Einstellung. Diese Einstellung sollte für alle drei Gruppen geändert werden.

Abbildg. 28.22 Gruppenkopf und erster Datensatz sollen zusammenhalten

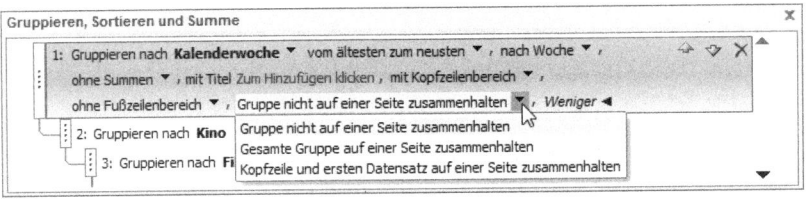

Zudem können Sie in der vergrößerten Gruppierungszeile die Reihenfolge der Gruppierung mit einem Klick auf den entsprechenden Pfeil ändern oder die Gruppierung ganz löschen.

Abbildg. 28.23 Hier lässt sich die Gruppierung verschieben

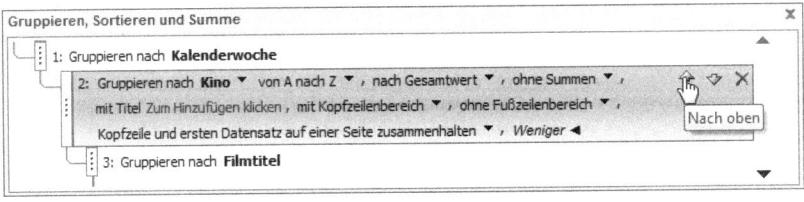

Schalten Sie zurück in die Entwurfsansicht und aktivieren Sie das Eigenschaftsblatt zu einem der Gruppenköpfe. Hierin lassen sich weitere interessante Einstellungen vornehmen.

Abbildg. 28.24 Eigenschaftenblatt zum ersten Gruppenkopf

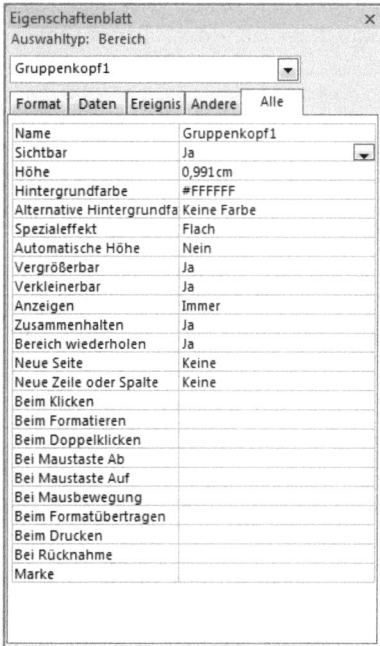

Sichtbar

Mithilfe der Eigenschaft *Sichtbar* bestimmen Sie, ob ein Steuerelement im Ausdruck ausgegeben wird. Es gibt Felder, die nur für Zwischenrechnungen verwendet werden und die nicht im Bericht erscheinen sollen. Diese können dann unsichtbar geschaltet werden.

Vergrößerbar und Verkleinerbar

Zwei auf Berichten häufig verwendete Eigenschaften sind *Vergrößerbar* und *Verkleinerbar*. Aktivieren Sie *Vergrößerbar*, so vergrößert Access während des Ausdrucks die Höhe des Steuerelements in der Weise, dass die gesamten im Feld auszugebenden Daten gezeigt werden können. Haben Sie beispielsweise ein Textfeld in einer bestimmten Breite vereinbart, in dem nun ein Text ausgegeben werden soll, der länger als die definierte Breite ist, so wird der Text zwei- oder mehrzeilig gedruckt. Dabei versucht Access, den Zeilenumbruch nach Möglichkeit an einem Leerzeichen durchzuführen.

HINWEIS Wenn Sie für ein Steuerelement die Eigenschaft *Vergrößerbar* festlegen, setzt Access automatisch auch die Eigenschaft *Vergrößerbar* für den Bereich, in dem das Feld liegt.

Die Eigenschaft *Verkleinerbar* bewirkt, dass die vertikale Höhe des Feldes an die tatsächlich von den jeweiligen Daten benötigte Höhe angepasst wird.

Diese Eigenschaft wird häufig eingesetzt, um die Ausgabe von unnötigen Leerzeilen zu vermeiden. Stellen Sie sich vor, Sie haben auf Ihrem Bericht die Felder *Straße* und *Postfach* untereinander angegeben. Jedes der beiden Steuerelemente steht alleine in seiner Zeile, d.h., links und rechts davon gibt es keine anderen Angaben. Jetzt soll die Zeile mit dem Postfach unterdrückt werden, wenn für eine Adresse kein Postfach angegeben wurde. Das Gleiche gilt für die Straße. Vereinbaren Sie einfach *Verkleinerbar* für beide Felder. Ist ein Feld leer, wird dadurch die Höhe des Feldes auf Null gesetzt.

HINWEIS   Beachten Sie, dass sich Felder, für die *Verkleinerbar* oder *Vergrößerbar* angegeben ist, nicht überlappen, denn dann kann Access eine Verkleinerung oder Vergrößerung nicht durchführen.

Zusammenhalten

Ist diese Option aktiviert, bewirkt sie, dass der Bereich, für den sie eingestellt ist, zusammengehalten wird. Sollte der Text eines Bereichs nicht mehr auf eine Seite unten passen, wird der gesamte zusammengehaltene Bereich auf der nächsten Seite ausgedruckt. Sollte der zusammengehaltene Bereich länger als eine Seite sein, druckt ihn Access ab der nächsten Seite und setzt das Drucken auf den folgenden Seiten fort.

Bereich wiederholen

Diese Option bewirkt, dass Gruppenköpfe auf einer neuen Seite wiederholt werden. Das erleichtert in der Regel die Orientierung.

So wurde im Beispiel sowohl für den Kopfbereich der Kalenderwoche als auch für den der Kinos und Filmtitel eine Wiederholung definiert. Dadurch erscheint beispielsweise auf jeder Seite die aktuelle Kalenderwoche, das aktuelle Kino und der aktuelle Filmtitel.

Abbildg. 28.25   Seite 4 mit der Kalenderwoche und der Angabe des Kinos

Neue Seite

Es besteht die Möglichkeit, Seitenumbrüche vor und/oder nach Gruppenköpfen zu definieren. Mit der Einstellung in Abbildg. 28.24 wurde festgelegt, dass vor dem Gruppenkopf der Kalenderwoche eine neue Seite beginnen soll. In der Liste zu dieser Einstellung können Sie ebenfalls einen Seitenumbruch nach dem Gruppenkopf auswählen, dann findet nach jedem Gruppenkopf ein Seitenwechsel statt. Oder Sie legen einen Umbruch vor und nach einem Gruppenkopf fest, dann steht der Gruppenkopf jeweils alleine auf einer Seite.

Neue Zeile oder Spalte

Mit dieser Option lässt sich eine Leerzeile vor und/oder nach dem Bereich des Gruppenkopfes definieren. Verwenden Sie mehrere Spalten, legen Sie so fest, dass der Gruppenkopf und die Daten in einer neuen Spalte beginnen.

Seitenzahlen

Eigentlich fehlen jetzt nur noch Seitenzahlen für den Bericht. Sie fügen eine Seitenzahl in der Entwurfsansicht sehr einfach mit der Schaltfläche *Seitenzahlen einfügen* ein. Im dadurch aktivierten Dialogfeld können Sie das Format der Seitenzahl, ihre Position und Ausrichtung bestimmen. Außerdem lässt sich die Seitenzahl für die erste Seite unterdrücken.

Abbildg. 28.26   Seitenzahlen für Berichte

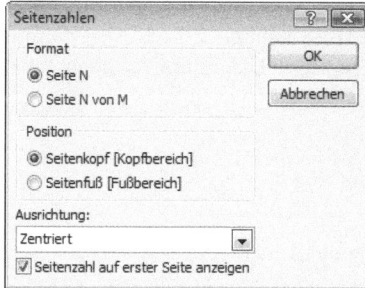

Im Beispiel wurde eine Seitenzahl im Format *Seite N von M* im Seitenfuß zentriert eingefügt. Wie Sie in Abbildg. 28.27 sehen können, wird die aktuelle Seitenzahl in einem Textfeld durch den Platzhalter [*Seite*], die Gesamtseitenzahl des Berichts durch [*Seiten*] beschrieben

Abbildg. 28.27 Berichtsentwurf mit Seitenzahl

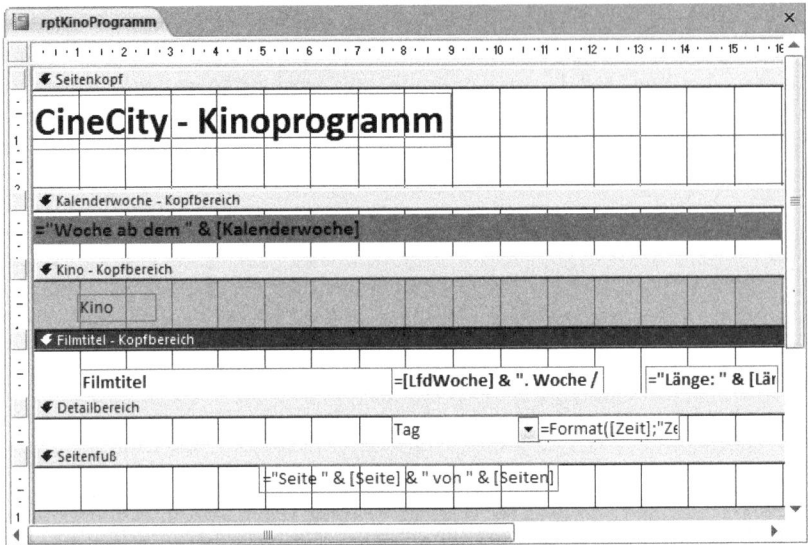

Bilder und Diagramme

Bilder und Diagramme werden in Berichten wie in Formularen gehandhabt. Möchten Sie also ein Bild einfügen, lesen Sie über den Umgang mit Bildern in Kapitel 22 nach. Diagramme lassen sich mit dem Diagramm-Assistenten in Berichten einfügen. Der Diagramm-Assistent sowie die Überarbeitung von Diagrammen ist in Kapitel 26 beschrieben.

Mehrspaltige Berichte

Wir möchten Ihnen im Folgenden die Generierung eines mehrspaltigen Berichts vorstellen. Wir werden als Beispiel ein Telefonverzeichnis verwenden. Dem Verzeichnis liegen hier die Telefon- und Faxnummern sowie die E-Mail-Adressen der Tabelle *Adressenliste* zugrunde.

Den Detailbereich der Telefonliste erstellen

Der Detailbereich besteht aus den Namen in der Form, dass Nachname und Vorname durch Komma getrennt werden sollen, sowie den verschiedenen Nummern.

1. Beginnen Sie damit den Bericht mit der Tabelle *Adressenliste* zu verbinden: Wählen Sie auf dem Eigenschaftsblatt zum Formular hinter *Datensatzquelle* die Tabelle *Adressenliste* aus.
2. Erzeugen Sie dann für die Namen ein ungebundenes Textfeld mit =[Nachname] & ", " & [Vorname].
3. Ziehen Sie die einzelnen Felder der benötigten Nummern aus der Feldliste auf den Berichtsentwurf. Kürzen Sie die Texte der Bezeichnungsfelder ab und richten Sie Bezeichnungs- und Textfelder aus.

Mehrspaltige Berichte

> **HINWEIS** Da die E-Mail-Adressen häufig sehr lang sind, wurde das Bezeichnungsfeld zur E-Mail-Adresse gelöscht und das Textfeld entsprechend lang gezogen.

Abbildg. 28.28 Erste Schritte zur Adressenliste

Textfeld für weitere Telefonnummern unterdrücken und verkleinern von Datensätzen zulassen

Nur für einige der eingetragenen Namen gibt es eine eingetragene *Weitere Telefon-Nr.* Daher soll das Bezeichnungsfeld gelöscht und das zweite Feld der Telefonnummern nur dann angezeigt werden, wenn es eine Nummer zum Anzeigen gibt.

> **HINWEIS** Stellen Sie dazu für das Textfeld *WeitereTelefon-Nr* auf dem Eigenschaftenblatt auf der Registerkarte *Format* hinter der Option *Verkleinerbar* die Auswahl *Ja* ein. Dadurch wird die Anzeige des Feldes unterdrückt, wenn keine weitere Telefonnummer existiert.

> **TIPP** Wird das Feld der weiteren Telefonnummern weggelassen, so erscheint der Abstand eventuell zwischen der Telefonnummer und der Faxnummer größer als zwischen der Faxnummer und der E-Mail-Adresse. Das kann passieren, wenn sowohl zwischen den Telefonnummern als auch zwischen der weiteren Telefonnummer und der Faxnummer ein Abstand definiert ist. Um dies zu vermeiden, müssten alle Felder ohne Abstand direkt untereinander gehängt werden.

Dabei ist allerdings zu beachten, dass kein Feld über dem Feld liegt, das verkleinert wird, da die Funktion *Verkleinerbar* dann nicht mehr funktioniert. Am sichersten ist es, wenn Sie das Eigenschaftenblatt verwenden. Tragen Sie für alle Felder eine bestimmte Höhe ein und legen Sie den Eintrag für *Oben* so fest, dass er der Höhe plus dem Wert für *Oben* des darüber liegenden Feldes entspricht.

Abbildg. 28.29   Unterdrückte weitere Telefonnummer

Haben Sie das Textfeld der Telefonnummer verkleinert, ist es sinnvoll, auch den Detailbereich zu verkleinern, damit er sich anpasst, wenn das Textfeld nicht angezeigt wird. Markieren Sie dazu den Detailbereich und wählen Sie für die Eigenschaft *Verkleinerbar* ebenfalls *Ja* aus.

Abbildg. 28.30   Berichtsentwurf des Detailbereichs der Telefonliste

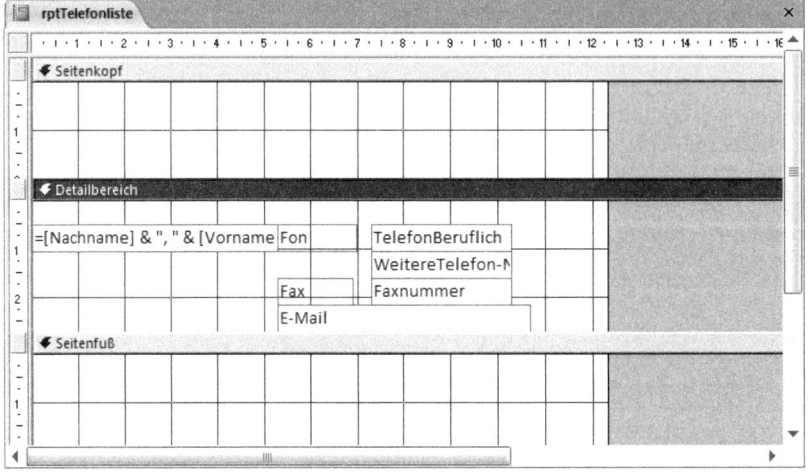

Definition der Spalten

Die Telefonliste soll in zwei Spalten gedruckt werden. Diese Einstellung nehmen Sie im Dialogfeld *Seite einrichten* auf der Registerkarte *Spalten* vor. Rufen Sie das Dialogfeld über die Schaltfläche *Seite einrichten* auf der gleichnamigen Registerkarte auf.

Abbildg. 28.31   Einstellen von zwei 9,5 cm breiten Spalten mit einem Abstand von 0,5 cm

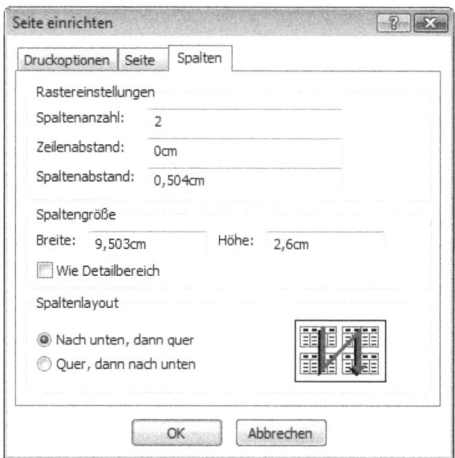

Neben der Anzahl der Spalten, deren Breite und Abstand zueinander, können Sie hier auch die Reihenfolge festlegen, wie die Spalten gefüllt werden sollen.

HINWEIS   Bei dem Einstellen der Spaltenbreite ist darauf zu achten, dass die Breite der Seitenränder (Registerkarte *Druckoptionen*) addiert zu dem Doppelten der Spaltenbreite (bei zwei definierten Spalten) und dem Abstand zwischen den Spalten den Wert von 21 cm (der Breite einer DIN-A4-Seite) nicht überschreitet. Ist der Bericht im Querformat definiert, stehen Ihnen 29,7 cm zur Verfügung.

Alphabetische Sortierung der Liste

Die Liste soll nun im nächsten Schritt alphabetisch sortiert werden.

1. Aktivieren Sie den Bereich *Gruppieren, Sortieren und Summe*.
2. Fügen Sie das Feld *Nachname* ein, geben Sie an, dass nach dem ersten Zeichen gruppiert werden soll, definieren Sie einen Gruppenkopf und stellen Sie für den Gruppenkopf ein, dass er mit dem ersten Datensatz zusammenhalten soll.

Abbildg. 28.32   Einstellungen für den Gruppenkopf *Nachname*

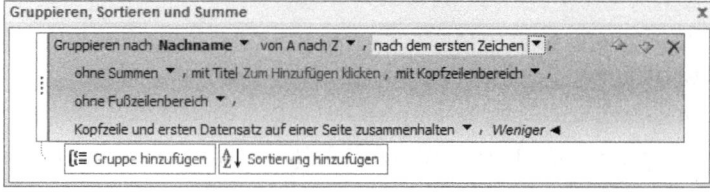

Da Sie nach dem ersten Buchstaben gruppieren, ist eine zweite Sortierung notwendig wie Sie in Abbildg. 28.33 sehen können. Dort sind zwar die Namen richtig gruppiert, aber innerhalb der Gruppe wurde nicht korrekt sortiert.

Abbildg. 28.33 Gruppierte, aber unsortierte Liste

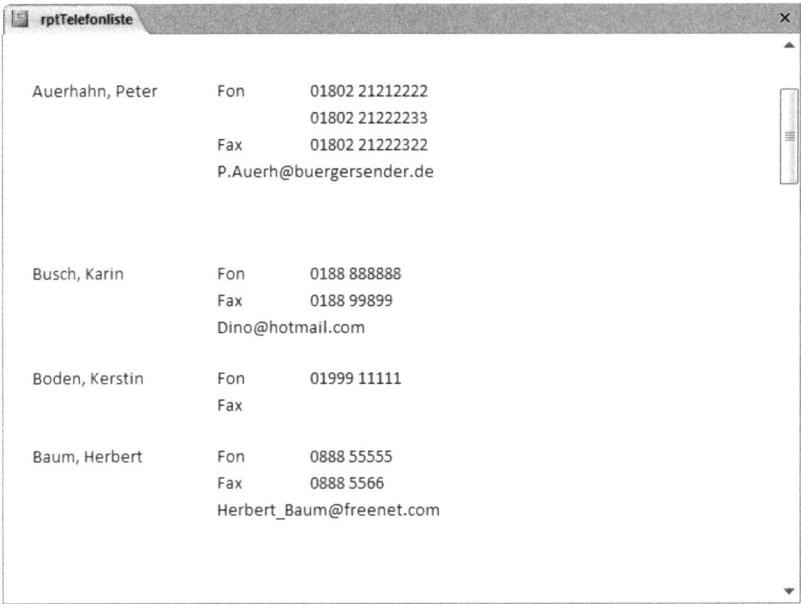

Definieren Sie also auch eine Sortierung der Nachnamen. Damit auch Namen wie Haase und Hahn, Schmidt und Schmitt richtig einsortiert werden, haben wir eine Sortierung über die 10 ersten Zeichen vereinbart.

Abbildg. 28.34 Sortierung nach den zehn ersten Zeichen

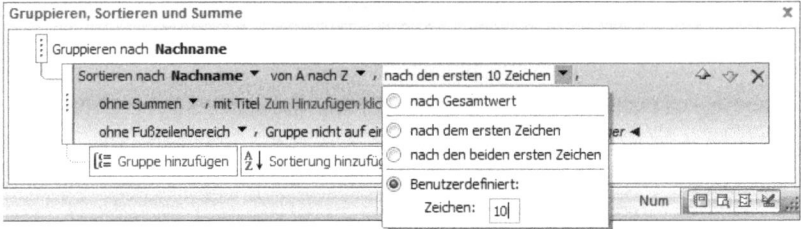

Trennlinie zwischen den Buchstabengruppen

Schön wäre es jetzt noch, wenn man eine Trennung der einzelnen Buchstaben durch Zwischenüberschriften einfügen könnte.

Fügen Sie in den Kopfbereich des Nachnamen ein Textfeld mit dem Inhalt =Links([Nachname];1) ein.

Diese Funktion zeigt den ersten Buchstaben von links des ersten Namens der Gruppierung an.

Abbildg. 28.35   Gruppenkopf mit erstem Buchstabe

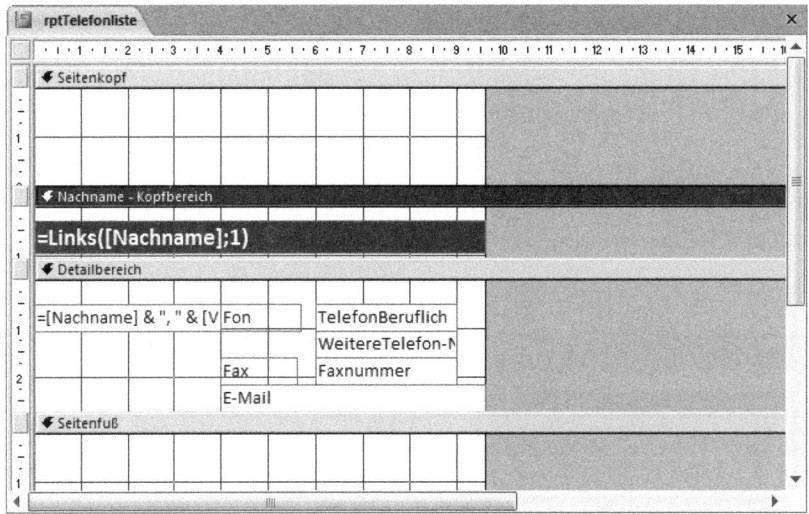

Mit der in Abbildg. 28.35 dargestellten Formatierung des Textfeldes (dunkler Hintergrund mit weißer Schrift) erhalten Sie die folgende Vorschau auf Ihre Telefonliste.

Abbildg. 28.36   Telefonliste

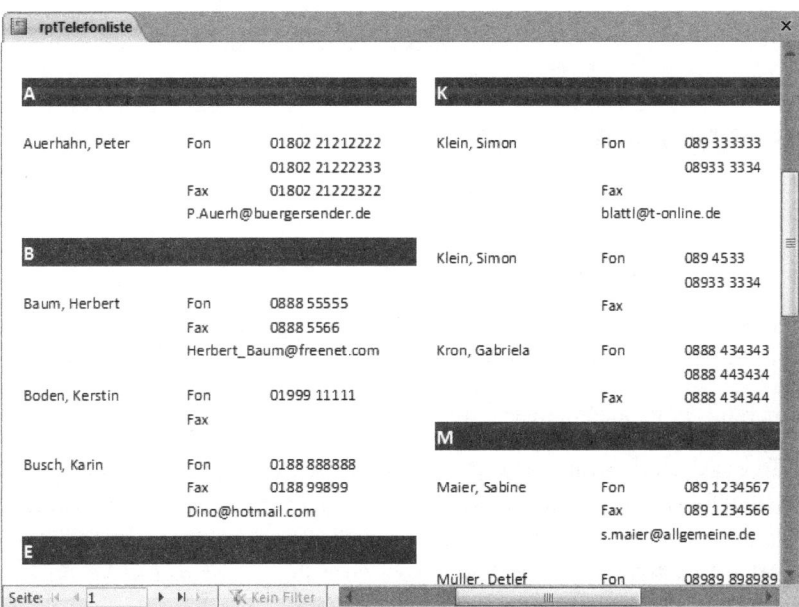

Achten Sie darauf, dass im Dialogfeld *Seite einrichten* (Abbildg. 28.31) das *Spaltenlayout* auf *Nach unten, dann quer* eingestellt ist.

Überschrift zur Telefonliste

Die Telefonliste soll nun noch eine Überschrift erhalten, die über die gesamte Seitenbreite reicht.

Definieren Sie im Seitenkopf ein Bezeichnungsfeld, das Sie beliebig formatieren können und das Sie so breit ziehen, wie Ihre Spalten, zusammen mit dem Abstand zwischen den Spalten, breit sind.

Abbildg. 28.37 Telefonliste mit Überschrift

Rechnen in Berichten

Müssen Sie in Ihren Berichten Berechnungen vornehmen, können Sie beliebige Formeln angeben und Aggregatfunktionen nutzen, wie dies in Teil D für Formulare beschrieben wurde. Beachten Sie dabei, dass Sie Berechnungen nicht nur im Bericht, sondern auch schon in der Abfrage, die dem Bericht zugrunde liegt, durchführen können.

> **HINWEIS** Erzeugen Sie Berichte mit dem Berichts-Assistenten, so können Sie dort über die Schaltfläche *Zusammenfassungsoptionen* Berechnungen mit Aggregatfunktionen vereinbaren.

Als Beispiel soll im Folgenden monatsweise eine Aufstellung der Umsätze der am Kinokiosk verkauften Artikel angefertigt werden.

1. Zunächst wurde eine Abfrage erzeugt, die sowohl die *Artikelnummern*, die *Bezeichnungen* und das *Datum* aufführt als auch die *Umsätze* berechnet.

Rechnen in Berichten

Abbildg. 28.38   Die Abfrage, auf der der neue Bericht basieren soll

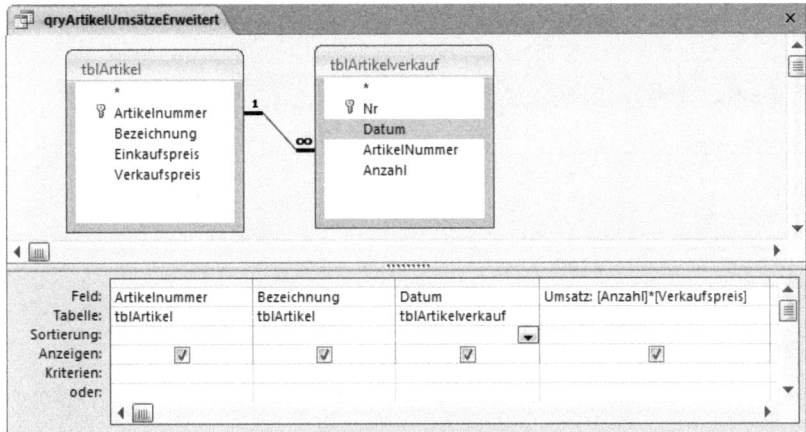

2. Erzeugen Sie einen neuen Bericht in der Entwurfsansicht und verbinden Sie über das Eigenschaftenblatt und die Eigenschaft *Datensatzquelle* den Bericht mit der Abfrage *qryArtikelumsätzeErweitert*.
3. Ziehen Sie nun die Felder *Datum*, *Artikelnummer*, *Bezeichnung* und *Umsatz* auf den Berichtsentwurf und löschen Sie die Bezeichnungsfelder.
4. Gruppieren Sie das *Datum* nach Monaten und legen Sie sowohl einen Gruppenkopf als auch einen Gruppenfuß an.
5. Auch die *Artikelnummer* soll gruppiert werden und zwar nach dem Gesamtwert. Für die Artikelnummer soll nur ein Gruppenfuß definiert werden. Zudem soll jeweils für jede Artikelnummer die Summe über den jeweiligen Umsatz bestimmt und im Gruppenfuß angezeigt werden. Die benötigte Definition sehen Sie in Abbildg. 28.39.

Abbildg. 28.39   Hier soll die Summe über alle im angegebenen Monat verkauften Artikel einer Artikelnummer berechnet werden

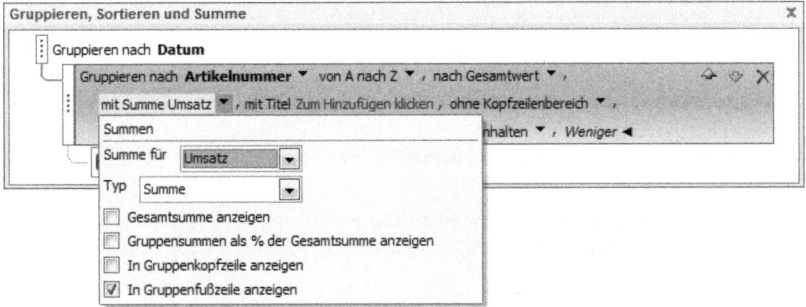

In der Entwurfsansicht ziehen Sie die Felder aus dem Detailbereich in den Artikelnummer-Gruppenfuß, wie es Abbildg. 28.40 zeigt. Dort sehen Sie auch das von Access angelegte Textfeld mit dem Steuerelementinhalt =Summe([Umsatz]).

Abbildg. 28.40 Der Berichtsentwurf mit der Summe über den Umsatz

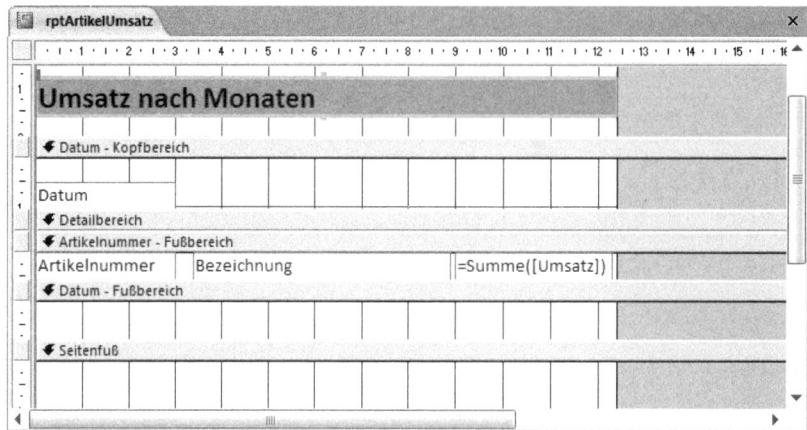

Die Angabe der Monate über der Aufstellung der Artikel soll in der Form »Mai 2007«, »Juni 2007« usw. erfolgen.

1. Markieren Sie das Textfeld.
2. Wählen Sie auf dem Eigenschaftenblatt die Registerkarte *Format* aus und definieren Sie das Format für das Datum mit *mmmm jjjj*.

   Weiterhin sollen die Zahlen der Aufstellung mit Tausenderpunkt, zwei Nachkommastellen und dem Euro-Währungssymbol versehen werden.
3. Wählen Sie das Textfeld im Entwurf aus.
4. Definieren Sie dann das Zahlenformat *#.##0,00 €*.

Damit sieht die monatliche Aufstellung aus, wie in Abbildg. 28.41 gezeigt.

Abbildg. 28.41 Monatliche Aufstellung der Umsätze des Kinokiosks

Rechnen in Berichten

Neben der Summe über alle Artikel soll zudem der Nettopreis aller Artikel und die Mehrwertsteuer errechnet werden.

1. Beginnen Sie damit, das Textfeld, in dem die Summe über alle Umsätze einer Artikelnummer berechnet wurde, mit *txtUmsatz* zu benennen.
2. Erstellen Sie dann die Berechnung des Nettoumsatzes in einem Textfeld mit dem Inhalt =[txtUmsatz]/1,19. Benennen Sie das Textfeld mit *txtNetto*.
3. Errechnen Sie die Mehrwertsteuer im Textfeld *txtMwst* aus den beiden Textfeldern durch die Differenz: =[txtUmsatz]-[txtNetto].

Abbildg. 28.42   Berechnung des Nettopreises und der Mehrwertsteuer

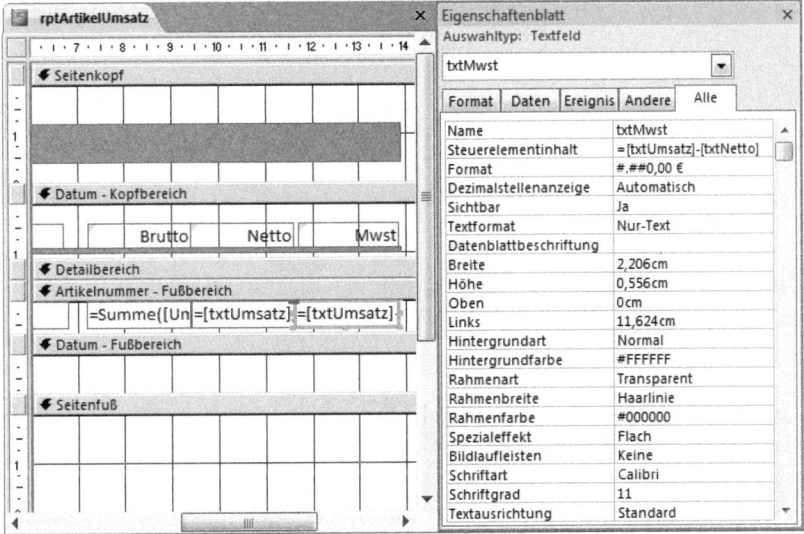

Zum Schluss soll unter den Spalten der Artikelumsätze eine zusammenfassende Zeile definiert werden, die die Spalten pro Monat addiert, wie Sie es in Abbildg. 28.43 sehen können.

Abbildg. 28.43   Monatsweise addierte Umsätze

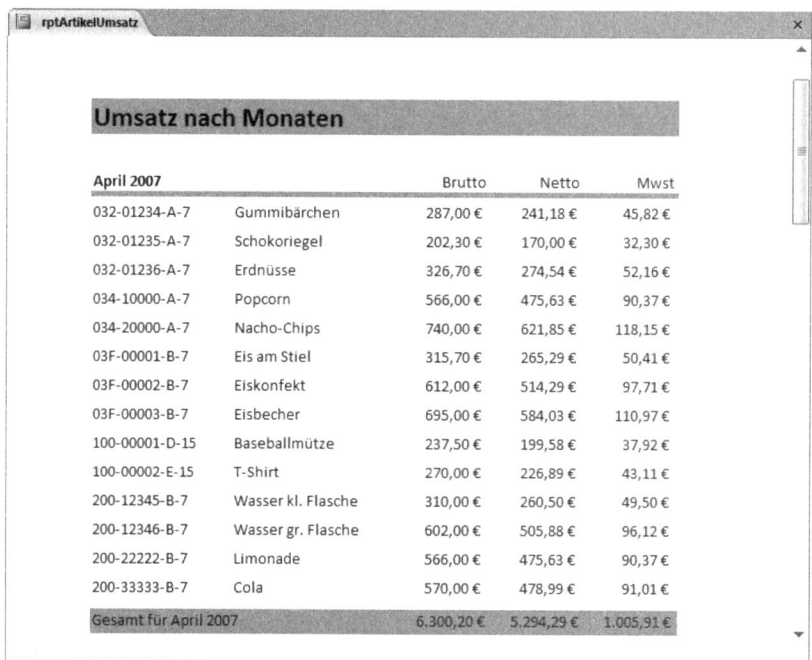

1. Dazu verwenden Sie den Fußbereich des Datums. Das Textfeld *txtSummeBrutto* mit dem Inhalt =Summe([Umsatz]) addiert über alle innerhalb der Gruppe *Datum* aufgeführten Umsätze. Damit summieren Sie alle Umsätze aller aufgeführten Artikel.
2. Die beiden anderen Summen lassen sich dann wieder aus der ersten berechnen.
3. Um das Textfeld zu gestalten, fügen Sie beispielsweise ="Gesamt für " & Format([Datum];"mmmm jj") ein.

Abbildg. 28.44   Der neue Datums-Fußbereich

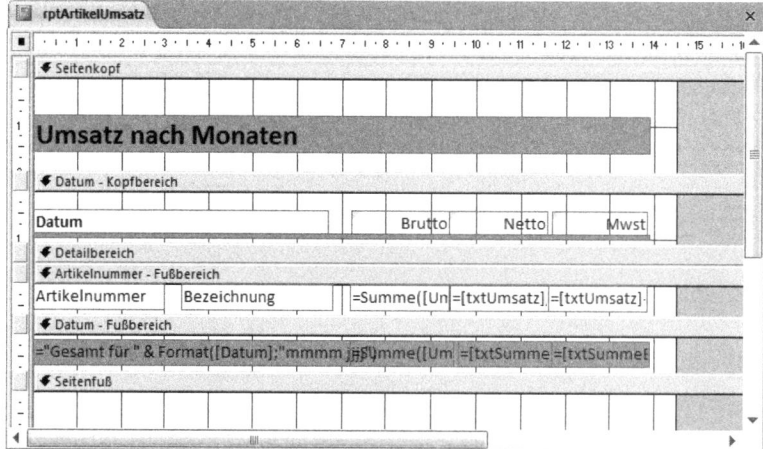

Datensätze nummerieren

In diesem Beispiel möchten wir Ihnen zeigen, wie Sie Datensätze nummerieren können. Als Beispiel dient die Aufstellung aller Filme pro Kalenderwoche in Abbildg. 28.45.

Abbildg. 28.45 Filmübersicht pro Kalenderwoche

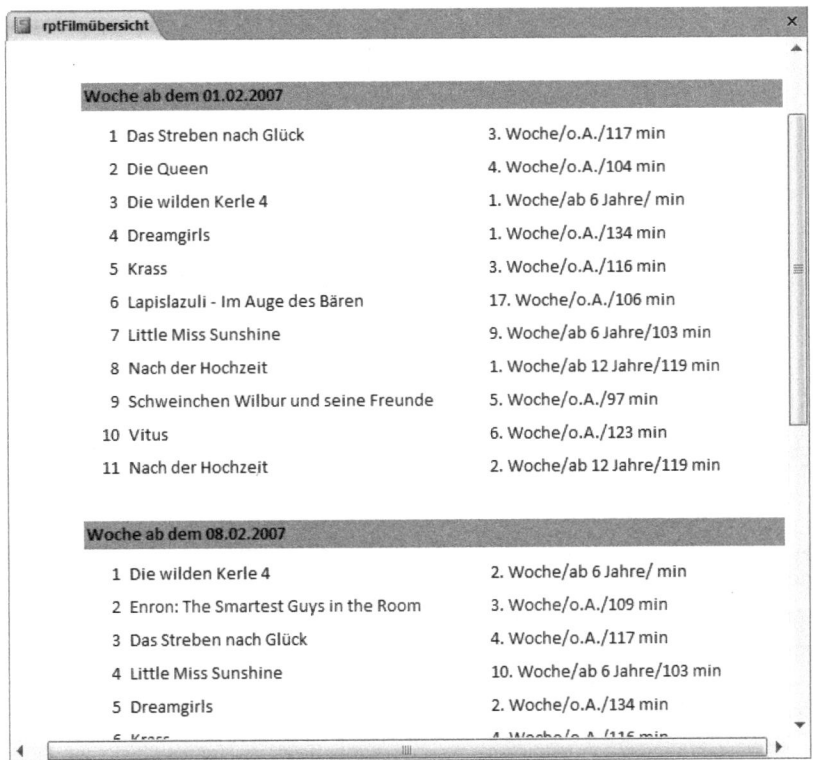

1. Erstellen Sie zunächst wieder eine Abfrage, die die Daten (*Kalenderwoche*, *Filmtitel*, *Lfd.Woche*, *FSK* und *Länge*) bereitstellt.
2. Legen Sie einen neuen Bericht in der Entwurfsansicht an und legen Sie die neue Abfrage als Datensatzquelle für den Bericht fest.
3. Legen Sie ein Textfeld für die Kalenderwoche an, wie in Abbildg. 28.5 gezeigt, und gruppieren Sie über die Kalenderwoche. Definieren Sie einen Gruppenkopf und legen Sie fest, dass die gesamte Gruppe zusammenhalten soll.
4. Um die Nummerierung für den Detailbereich zu definieren, fügen Sie ein Textfeld mit dem Inhalt =1 ein.
5. Aktivieren Sie das Eigenschaftenblatt zum Textfeld und stellen Sie auf der Registerkarte *Daten* für *Laufende Summe* die Option *Über Gruppe* ein.

Abbildg. 28.46   Einstellungen für ein Textfeld mit Nummerierung

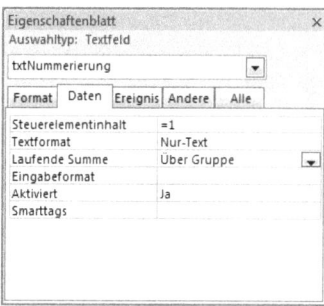

Damit wird innerhalb der Gruppe in jedem der Textfelder zum vorherigen eine 1 addiert.

6. Legen Sie ein neues Textfeld für die Angaben über den Film an. Hier wurden mit

```
=[LfdWoche] & ". Woche/" & (Wenn([FSK]>0;"ab " & [FSK] & " Jahre";"o.A.")) & "/" &
[Länge] & " min"
```

7. die Angaben über die laufende Woche, die FSK und die Länge in einem Text zusammengefasst.

Berichte an Drucker anpassen

Vielleicht ist Ihnen bereits aufgefallen, dass in einem exakt angepassten Bericht, der auf einem anderen Drucker ausgedruckt wird, plötzlich die Zeilen nicht mehr stimmen, es Leerseiten gibt oder Teile von Datensätzen verschwinden.

Dies liegt daran, dass die Eigenschaften des Druckers in einem Bericht direkt gespeichert werden. Drucken Sie den Bericht auf einem anderen Drucker aus, so kann es zu Problemen kommen. Möchten Sie dies verhindern, erstellen Sie jeweils angepasste Berichte für die verschiedenen Drucker. Gehen Sie dabei so vor:

1. Wählen Sie einen Drucker aus: Aktivieren Sie die Registerkarte *Seite einrichten* und klicken Sie dort auf die Schaltfläche *Seite einrichten*. Wählen Sie dann im Dialogfeld die Registerkarte *Seite* aus, klicken Sie auf die Schaltfläche *Drucker* und selektieren Sie den gewünschten.

Abbildg. 28.47   Drucker für den Bericht auswählen

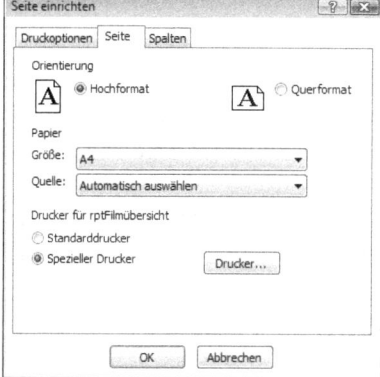

2. Erstellen Sie nun den Bericht und speichern Sie ihn unter einem Namen, an dem Sie erkennen können, für welchen Drucker er erstellt wurde.
3. Wählen Sie dann einen anderen Drucker aus und passen Sie den Bericht an diesen entsprechend an.
4. Speichern Sie den Bericht nun unter einem anderen Namen.

Zusammenfassung

Das Erstellen und Bearbeiten von Berichten war Gegenstand dieses Kapitels.

- Zunächst wurden Sie damit vertraut gemacht, Berichte in der Entwurfsansicht zu erstellen (Seite 596), Steuerelemente auf dem Berichtsentwurf zu platzieren sowie einen Seitenkopf zu definieren (Seite 598).
- Ein wichtiger Abschnitt dieses Kapitels ab Seite 602 befasste sich damit, Berichtsdaten zu gruppieren und zu sortieren.
- Sie erfuhren ab Seite 611 wie sich Seitenzahlen für den Bericht definieren lassen.
- In Access lassen sich auch mehrspaltige Berichte erstellen. Anhand einer Telefonliste wurde Ihnen ab Seite 612 der Umgang mit einem zweispaltigen Bericht demonstriert.
- Auch in Berichten sind Berechnungen möglich. Wie sich einfache Berechnungen einfügen lassen, aber beispielsweise auch Summen über Gruppen bestimmen lassen, das zeigte der Abschnitt ab Seite 618.
- Am Ende des Kapitels wurde Ihnen gezeigt, wie Sie Datensätze nummerieren können (Seite 623) und wie sich Berichte an den verwendeten Drucker anpassen lassen (Seite 624).

Kapitel 29

Berichte für Fortgeschrittene

In diesem Kapitel:

Leere Berichte vermeiden	628
Die im Formular getroffene Auswahl drucken	632
Seitenzahl der ersten Seite festlegen	636
Namensbereich einer Seite eines Verzeichnisses angeben	638
Felder ein- und ausblenden	640
Zeichenketten während der Formatierung zusammensetzen	644
Unterberichte	647
Zusammenfassung	652

Kapitel 29 Berichte für Fortgeschrittene

In diesem Kapitel möchten wir Ihnen weitere Möglichkeiten vorstellen, wie sich Berichte gestalten lassen. Viele der im Folgenden verwendeten Beispiele enthalten Makros oder kleine, oft nur dreizeilige Programmteile, die durch ein bestimmtes Ereignis im Bericht ausgelöst werden.

Leere Berichte vermeiden

Rufen Sie einen Bericht auf, und die zugrunde liegende Abfrage liefert keine Daten zurück – beispielsweise aufgrund der von Ihnen gewählten Einschränkungen – erhalten Sie einen leeren Bericht angezeigt. Möchten Sie leere Berichte vermeiden, können Sie mithilfe eines Makros oder einer kleinen Prozedur ein entsprechendes Dialogfeld anzeigen lassen, welches Ihnen mitteilt, dass es keine Daten für den Bericht gibt.

Wie das funktioniert, möchten wir Ihnen an einem kleinen Beispiel zeigen: Im Folgenden soll ein Bericht erstellt werden, der abhängig von der Kalenderwoche die aktuell laufenden Filme abfragt.

1. Beginnen Sie damit, einen Berichtsentwurf zu erstellen.
2. Legen Sie dann als *Datensatzquelle* des Berichts die in Abbildg. 29.1 dargestellt Parameter-Abfrage fest, indem Sie im Feld hinter *Datensatzquelle* auf die Schaltfläche mit den drei Punkten klicken.
3. Speichern und schließen Sie die Abfrage.

Abbildg. 29.1   Parameter-Abfrage für den Bericht

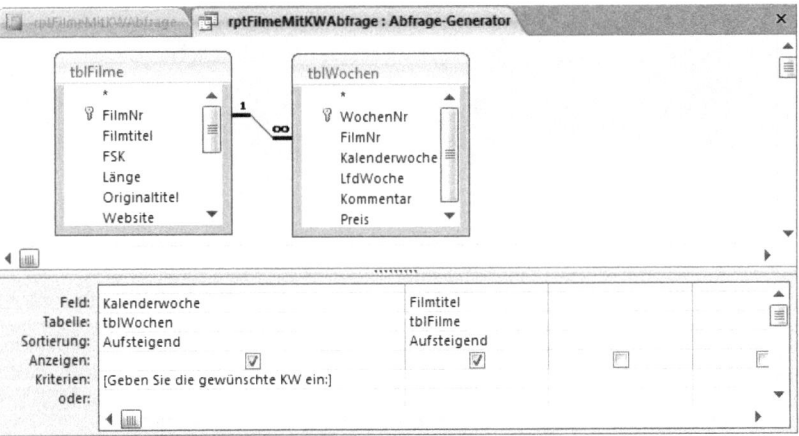

4. Erzeugen Sie nun einen einfachen Bericht, der die gruppierte Kalenderwoche mit Kopfbereich und die Filmtitel im Detailbereich enthält.

Abbildg. 29.2　Berichtsentwurf

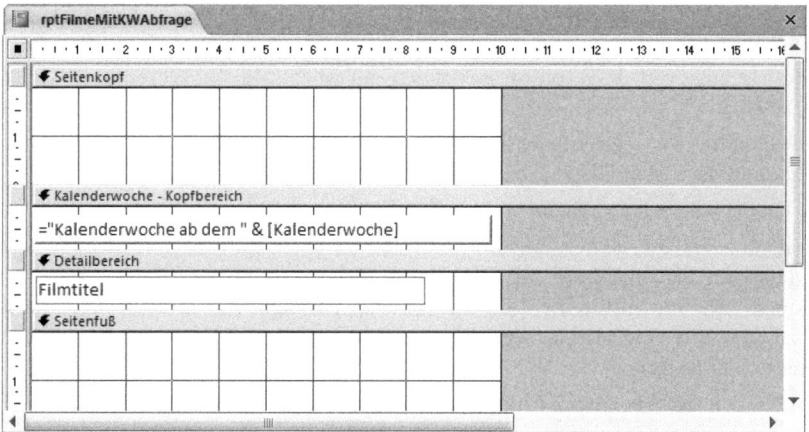

Schalten Sie jetzt in die Seitenansicht um, erfolgt zunächst die Parameterabfrage:

Abbildg. 29.3　Abfrage der gewünschten Kalenderwoche

Wurde die Kalenderwoche richtig eingegeben, erscheint der gewünschte Bericht.

Abbildg. 29.4　Alle Filme der gewünschten Kalenderwoche

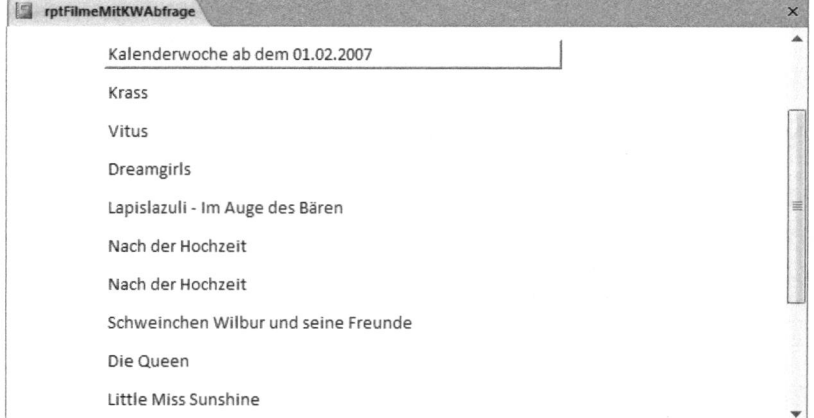

Reaktion auf Falscheingabe per Makro

Geben Sie ein falsches Datum ein oder ein Datum, für das keine Daten existieren, wird Ihnen ein leerer Bericht angezeigt. Dies soll im Folgenden mit einem Makro verhindert werden (siehe dazu Abbildg. 29.5).

1. Aktivieren Sie das Eigenschaftsblatt zum Bericht und aktivieren Sie darin die Registerkarte *Ereignis*. In der Liste finden Sie das Ereignis *Bei Ohne Daten*.
2. Klicken Sie auf die Schaltfläche mit den drei Punkten und wählen Sie *Makro-Generator* aus.
3. Verwenden Sie die Aktion *Meldung* und geben als Argument für *Meldung* den Text der gewünschten Warnmeldung ein. Die Aktion *Meldung* erzeugt ein Dialogfeld mit dem angegebenen Text. Zudem können Sie festlegen, ob ein Signalton ertönen soll, welches Zeichen neben dem Text eingeblendet wird (*Typ*) und was in der Titelleiste des Dialogfeldes angezeigt werden soll (*Titel*).
4. Danach können Sie mit der Aktion *AbbrechenEreignis* dafür sorgen, dass das Erstellen des Berichts abgebrochen wird.

Abbildg. 29.5   Aufruf eines Dialogfeldes mit Fehlermeldung

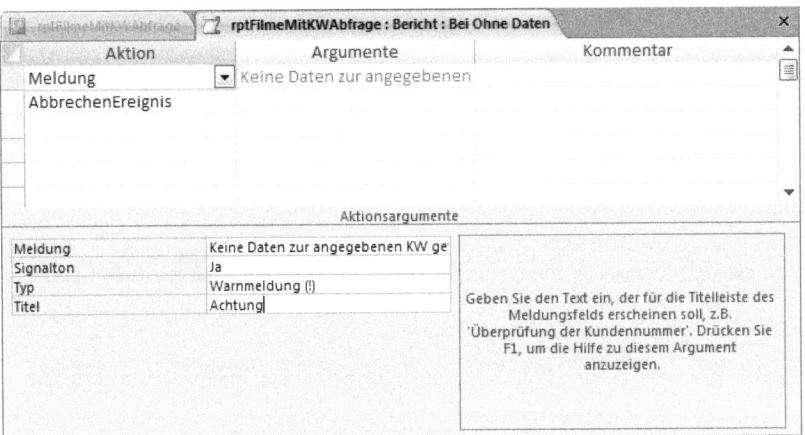

Dieses Makro erzeugt bei der Falscheingabe des Datums folgende Fehlermeldung.

Abbildg. 29.6   Die mit der Funktion MsgBox erzeugte Fehlermeldung

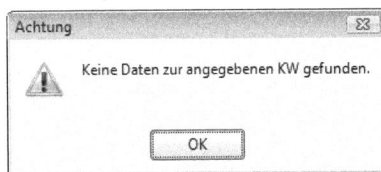

Reaktion auf Falscheingabe per VBA

Möchten Sie per VBA auf die Falscheingabe des Datums reagieren, denken Sie zunächst erst einmal daran, die Ausführung von VBA in der Sicherheits-Statuszeile oder im Vertrauensstellungscenter zu erlauben.

1. Aktivieren Sie das Eigenschaftenfenster zum Bericht und aktivieren Sie darin die Registerkarte *Ereignis*. In der Liste finden Sie das Ereignis *Bei Ohne Daten*.
2. Klicken Sie auf die Schaltfläche mit den drei Punkten und wählen Sie *Code-Generator* aus.
3. Ergänzen Sie die vorbereitete Prozedur um die beiden Zeilen, die Sie in Abbildg. 29.7 sehen.

Abbildg. 29.7   Aufruf eines Dialogfeldes mit Fehlermeldung

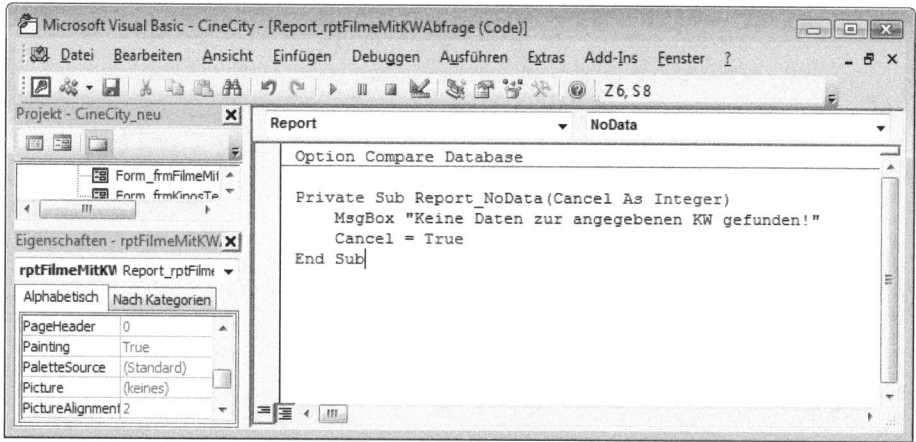

Die erste Zeile bewirkt, dass ein Meldungsdialogfeld (MsgBox = Messagebox) eingeblendet wird, das den in Anführungszeichen angegebenen Text anzeigt.

Das Dialogfeld enthält außer dem Text standardmäßig eine *OK*-Schaltfläche. Klicken Sie auf diese Schaltfläche, wird durch die zweite Zeile der Abbruch der Anzeige des Berichts bewirkt.

Abbildg. 29.8   Die mit der Funktion MsgBox erzeugte Fehlermeldung

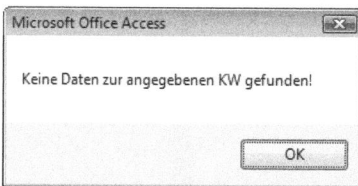

Die im Formular getroffene Auswahl drucken

In vielen Anwendungen möchte man die in einem Formular gezeigten Daten ausdrucken. Man könnte zwar einfach das Formular drucken, aber das bringt die Daten nicht in der gewünschten Form zu Papier.

Wir möchten Ihnen hier eine Lösung vorstellen, bei der über eine Befehlsschaltfläche auf einem Formular ein Bericht aufgerufen wird. Die Besonderheit hierbei ist: Wenn Sie für Ihr Formular einen Filter aktiviert haben, werden nur die gefilterten Daten gedruckt.

Wie das funktioniert, soll im Folgenden am Beispiel der Adressenliste gezeigt werden. Auf dem noch zu erstellenden Formular *frmAdressenliste* soll ein formularbasierter Filter aufgerufen und ausgeführt werden.

Abbildg. 29.9 Es sollen alle Personen gefiltert werden, deren Nachname mit *M* beginnt

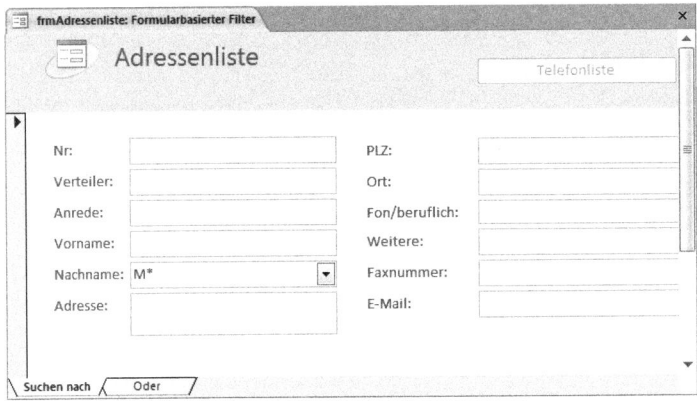

Ist der Filter ausgeführt, wird die Schaltfläche zum Aufrufen der Telefonliste freigegeben und ein Klick darauf, so ruft das Formular die Telefonliste in der Seitenansicht auf.

Abbildg. 29.10 Bericht mit den im Formular gefilterten Datensätzen

Schließen Sie den Bericht und entfernen Sie den Filter im Formular wieder.

Vorbereitung

1. Erstellen Sie mithilfe des Formular-Assistenten auf Grundlage der Tabelle *Adressenliste* ein einfaches Formular mit dem Namen *frmAdressenliste*
2. Fügen Sie darauf eine Befehlsschaltfläche ein, die den Bericht *rptTelefonliste* in der Vorschau aufruft und geben Sie der Schaltfläche auf der letzten Registerkarte des Befehlsschaltflächen-Assistenten den Namen *cmdTelefonliste*.

Auswahl per Makro treffen

Access legt so für Sie zur neuen Schaltfläche für das Ereignis *Beim Klicken* ein Makro an. Die nächste Aufgabe besteht nun darin, dem Bericht mitzuteilen, welche Datensätze angezeigt werden sollen.

Dazu kann man eine Bedingung definieren, die den Filter an die Telefonliste übergibt (siehe Abbildg. 29.11).

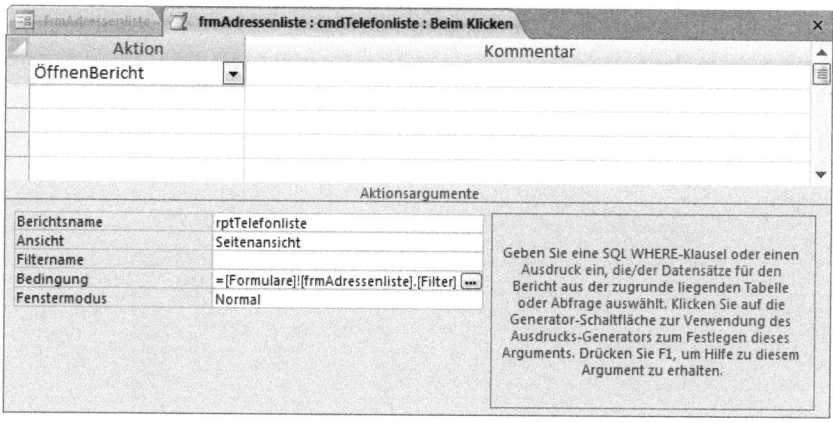

Abbildg. 29.11 Makro mit Bedingung zum Öffnen der Telefonliste

Haben Sie auf dem Formular alle Filter gelöscht und wird kein Filter übergeben, wird die gesamte Telefonliste angezeigt.

Auswahl per VBA treffen

Möchten Sie das Problem per VBA lösen, so verwenden Sie auf dem Eigenschaftsblatt der Schaltfläche für das Ereignis *Beim Klicken* den *Code-Generator*. Der Befehl zum Öffnen eines Berichts heißt DoCmd.OpenReport. Geben Sie diesen Befehl ein, so erhalten Sie in einem Feld alle möglichen Argumente für diesen Befehl aufgeführt. Wir wollen dem Bericht zunächst den benötigten Namen übergeben (dazu benötigen wir das Argument *ReportName*) und festlegen, dass er in der Seitenansicht geöffnet werden soll (dazu wird das Argument *View* verwendet).

Kapitel 29 Berichte für Fortgeschrittene

Abbildg. 29.12 Befehl zum Öffnen eines Berichts

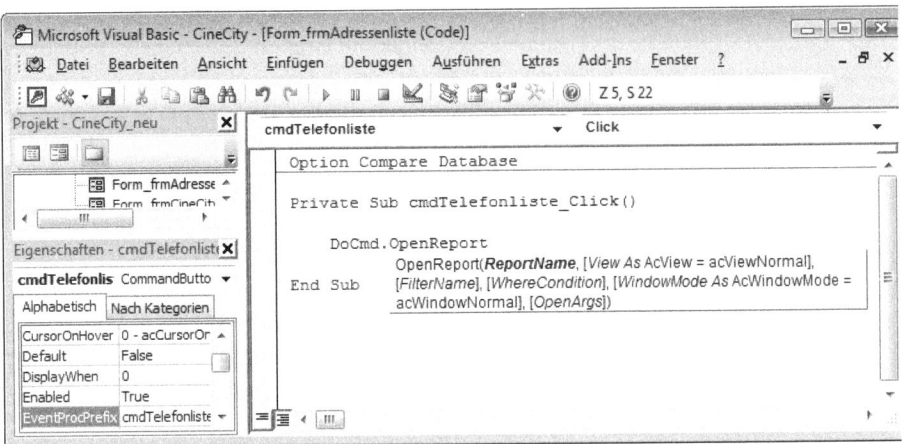

Geben Sie einfach hinter openReport die Namen der benötigten Argumente, dann »:=« und schließlich das Argument ein. Also ergänzen Sie den Befehl zum einen durch ReportName:="rptTelefonliste" und zum anderen durch View:=acViewPreview. Das Argument acViewPreview finden Sie, wenn Sie nach der Auflistung acView in der Hilfe suchen. Dort sind alle verwendbaren Parameter angegeben.

Möchten Sie nun auch den Filter übergeben, ergänzen Sie die Argumentliste um WhereCondition:= Forms!frmAdressenliste.Filter. Die WhereCondition ist eine Art WHERE-Klausel für den Bericht.

Den vollständigen Code sehen Sie in Abbildg. 29.13.

Abbildg. 29.13 Den Bericht *rptTelefonliste* in der Seitenansicht mit übergebenem Filter öffnen

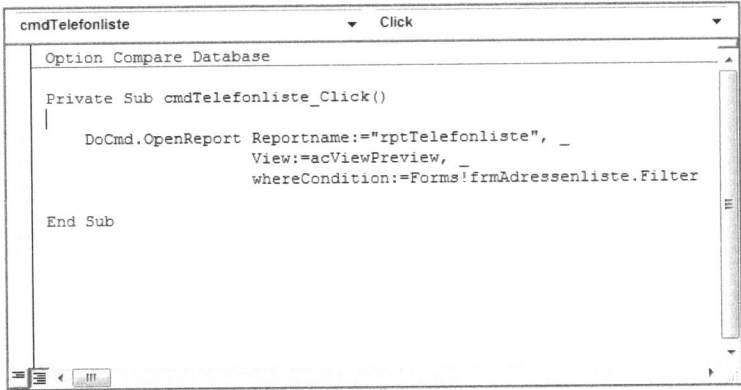

HINWEIS Da die Programmzeile so lang ist, dass sie nicht vollständig im Programmfenster angezeigt werden würde, wurde sie mithilfe des Fortführungszeichens »_« umgebrochen. Es ist zudem in der Regel übersichtlicher, wenn Sie die einzelnen Argumente untereinander anordnen.

Die im Formular getroffene Auswahl drucken

> **TIPP** Sie können obigen Code verkürzen, indem Sie anstelle des Ausdrucks Forms!frmAdressenliste.Filter einfach Me.Filter schreiben. Mit Me wird hierbei das aktuelle Formular bezeichnet.

Nur den aktuellen Datensatz drucken

Möchten Sie jetzt nicht nur gefilterte Datensätze drucken, sondern (wenn kein Filter definiert ist) den aktuellen Datensatz ausgeben, erweitern Sie einfach das Makro oder die Ereignisprozedur.

Makro-Erweiterung

Im Prinzip müssen Sie jetzt zwei Bedingung definieren: Wenn der Filter aktiv ist, dann soll entsprechend der Filterung die Telefonliste dargestellt werden, ist kein Filter gesetzt, dann soll die Nummer des aktuellen Datensatzes übergeben und nur dieser in der Liste angezeigt werden.

Dazu kann die *FilterAktiv*-Eigenschaft folgendermaßen verwendet werden:

Ist die Eigenschaft *FilterAktiv* wahr, dann rufe den Bericht mit gefilterten Daten auf.

Ist die Eigenschaft *FilterAktiv* falsch, dann rufe den Bericht mit dem aktuellen Datensatz auf. Dazu wird die Nummer des aktuellen Datensatzes übergeben.

Klicken Sie auf die Schaltfläche *Bedingung*, um vor den Makroaktionen eine weitere Spalte einzuschalten, die die Bedingung für die dahinterstehende Aktion aufnehmen kann.

Abbildg. 29.14   Zwei Bedingungen mit Aktionen

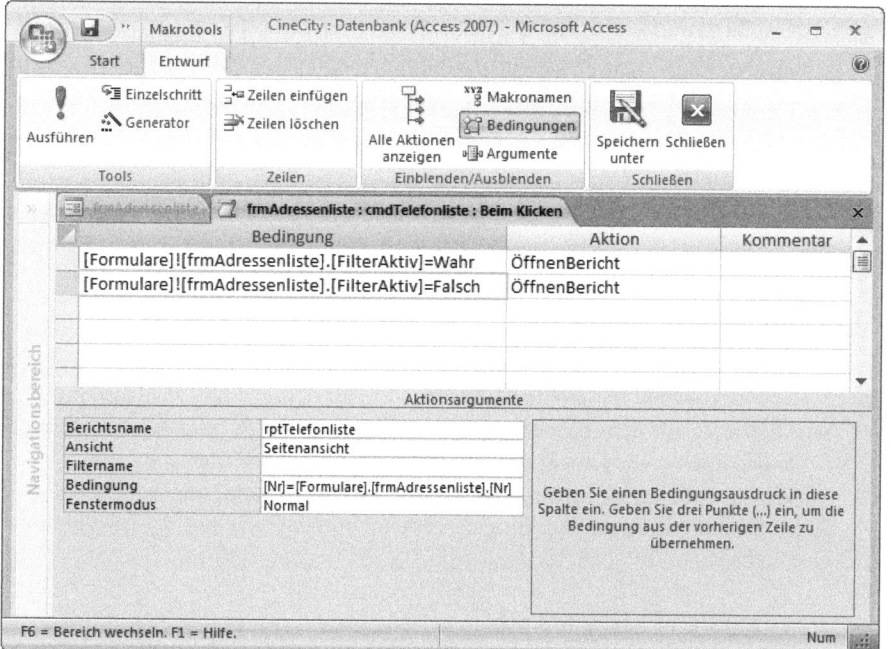

VBA-Erweiterung

Programmieren Sie in VBA, erstellen Sie eine If-Else-End If-Konstruktion, wie im nächsten Listing gezeigt.

Im Prinzip verwenden Sie die gleiche Eigenschaft, um herauszufinden, ob ein Filter gesetzt ist, nur hier mit dem englischen Namen: *FilterOn*. Ist die Eigenschaft *FilterOn* wahr, dann soll der Bericht mit der Filterbedingung geöffnet werden, ansonsten ist der Bericht mit dem aktuellen Datensatz zu öffnen.

```
Private Sub cmdTelefonliste_Click()
    If Me.FilterOn = True Then
        DoCmd.OpenReport Reportname:="rptTelefonliste", _
                        View:=acPreview, _
                        whereCondition:=Me.Filter
    Else
        DoCmd.OpenReport Reportname:="rptTelefonliste", _
                        View:=acPreview, _
                        whereCondition:="Nr=" & [Nr]
    End If
End Sub
```

Kopieren Sie den gesamten Befehl DoCmd.OpenReport und fügen Sie ihn in der Zeile nach dem Else ein. Ersetzen Sie in der neuen Zeile Me.Filter durch "Nr=" & [Nr]. Damit wird die Nummer des aktuellen Adressen-Datensatzes übergeben. Mit dem Feld *Nr* sind alle Adressen durchnummeriert.

Seitenzahl der ersten Seite festlegen

Möchten Sie, dass die Zählung Ihrer Berichtsseiten nicht auf Seite 1 beginnt, sondern auf einer von Ihnen festgelegten Seite, können Sie das am einfachsten mithilfe eines dreizeiligen Programms erledigen.

Hier erst einmal die Vorbereitung:

1. Legen Sie die Seitenzahl für den Bericht über die gleichnamige Schaltfläche auf der Befehlsregisterkarte *Entwurf* fest.
2. Fügen Sie einen Berichtskopf mithilfe der Schaltfläche *Berichtskopf/-fuß* (Registerkarte *Anordnen*) ein.

Die Ereignisprozedur

1. Wählen Sie zunächst den Berichtskopf aus.
2. Selektieren Sie auf dem Eigenschaftsblatt die Registerkarte *Ereignis* und wählen Sie für *Beim Formatieren* in der Liste des Kombinationsfeldes [*Ereignisprozedur*] aus.
3. Klicken Sie dann auf die Schaltfläche mit den drei Punkten und wählen Sie Code-Generator aus. Fügen Sie die im folgenden Listing dargestellte mittlere Zeile mit der gewünschten Seitenzahl, hier 7, ein.

```
Private Sub Berichtskopf_Format(Cancel As Integer, FormatCount As Integer)
    Me.Page = 7
End Sub
```

Seitenzahl der ersten Seite festlegen

4. Speichern Sie und wechseln Sie nun zurück zu Access.
5. Rufen Sie die Seitenansicht auf und kontrollieren Sie die erste Seite Ihres Berichts.

Die eingefügte Zeile Me.Page= ist einfach zu verstehen: Mit Me wird das aktuelle geöffnete Objekt bezeichnet, in diesem Fall also der aktuelle Bericht. Für ihn wird mit Page die Seitenzahl festgelegt.

Veränderbare erste Seite

Beginnt Ihr Bericht nicht immer auf derselben Seitenzahl, sondern möchten Sie beim Aufruf des Berichts festlegen, mit welcher Seitennummer der Bericht beginnen soll, können Sie eine Prozedur schreiben, die vor dem Ausdruck oder vor der Seitenansicht in einem Dialogfeld die gewünschte Seitenzahl abfragt.

1. Beginnen Sie damit, die Zeile Me.Page=7 durch Me.Page=intSeite zu ersetzen.
2. Im nächsten Schritt fügen Sie ganz oben im Programm hinter dem Eintrag *Option Compare Database* eine Leerzeile ein und geben darin Dim intSeite As Integer ein.

   Damit haben Sie soeben eine so genannte Variable definiert, die in allen darunter aufgeführten Programmen gilt. Mehr zu Variablen und ihren Gültigkeitsbereichen finden Sie in Kapitel 34.

Abbildg. 29.15   Erster Teil des neuen Programms

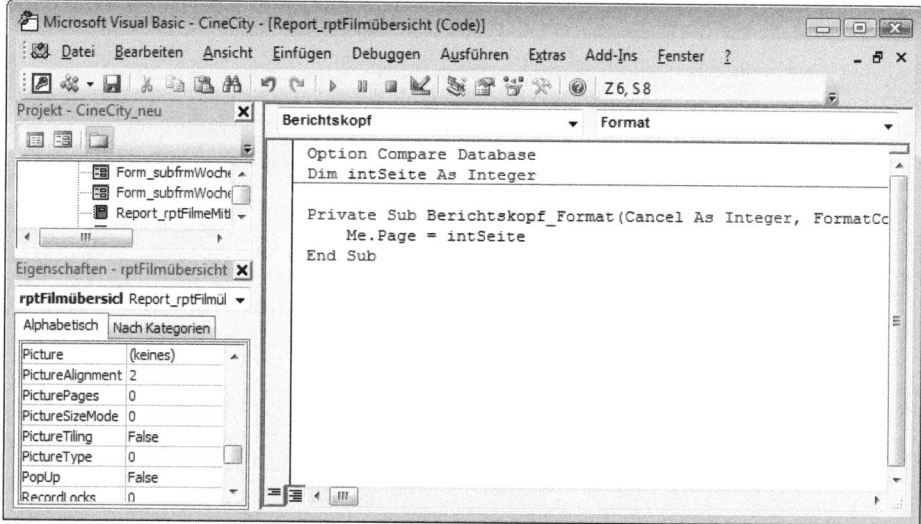

3. Wählen Sie jetzt oben im Programmfenster im linken Kombinationsfeld *Report* aus und im rechten *Open*.
4. Ergänzen Sie dann die zweite Prozedur wie in Abbildg. 29.16 gezeigt.

   Sie rufen in der zweiten Prozedur ein Dialogfeld auf, das die Eingabe eines Wertes ermöglicht und an die neu definierte Variable intSeite weitergibt.

Abbildg. 29.16   Die fertigen Prozeduren

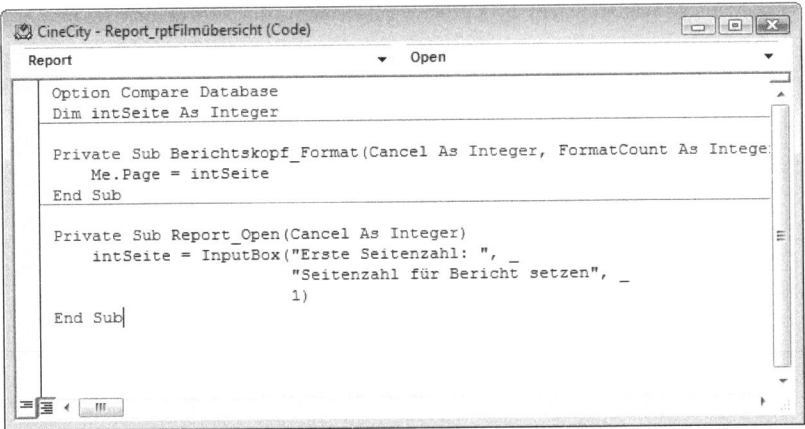

5. Speichern und schließen Sie das Programmfenster.

Sobald Sie jetzt in die Seitenvorschau wechseln oder den Bericht ausdrucken, wird ein Dialogfeld angezeigt, das die gewünschte erste Seitenzahl abfragt.

Abbildg. 29.17   Abfrage der ersten Seitenzahl

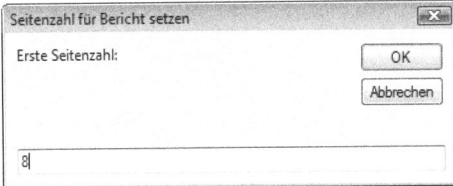

Ein solches Dialogfeld wird durch den Aufruf der InputBox in der zweiten Prozedur definiert. Die hier eingetippte Zahl wird der Variablen intSeite übergeben, die in der ersten Prozedur die Seitenzahl festlegt.

Namensbereich einer Seite eines Verzeichnisses angeben

Für die in Kapitel 27 erstellte Telefonliste soll unten auf der Seite der erste und der letzte Name der Seite angegeben werden. Damit soll auf einen Blick eine Übersicht über die Namen der Seite ermöglicht werden. In Abbildg. 29.18 können Sie sehen, wie dieser Überblick in der Fußzeile aussehen soll.

Um den Bereich der Namen auf der Seite darzustellen, muss man ein wenig tricksen. Wenn Access die Fußzeile formatiert, hat es nur noch Zugriff auf den letzten Datensatz, der auf die Seite gedruckt wird. Um den Bereich der Namen *Von – Bis* darzustellen, müssen Sie aber auch den Namen des ersten Datensatzes kennen. Der Trick besteht darin, den Namen des ersten Datensatzes zu speichern, wenn Access darauf Zugriff hat, nämlich beim Formatieren des Seitenkopfes. Am einfachsten geht das, wenn der Name während des Ereignisses *Beim Formatieren* in ein unsichtbares Textfeld im Seitenkopf geschrieben wird, bis er in der Fußzeile zusammen mit dem letzten Namen der Seite (dem aktuellen Nachnamen) benötigt wird. Dieser Trick hat einen Nachteil: Er funktioniert nur am Ende einer Seite, also für die Fußzeile, da Access eine Seite von oben nach unten formatiert.

Abbildg. 29.18 Die Fußzeile verschafft einen Überblick über die Seite

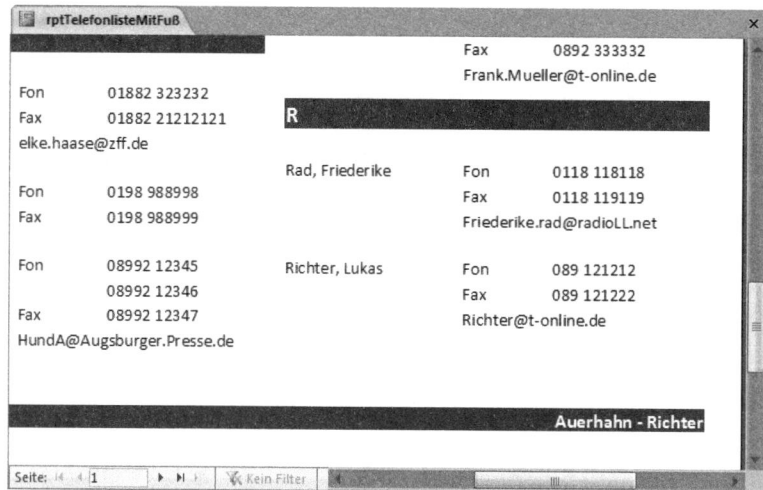

Und so geht's:

1. Platzieren Sie im Seitenkopf ein Textfeld, das Sie *txtKopf* (Registerkarte *Andere*, Eigenschaft *Name*) nennen und unsichtbar formatieren (Registerkarte *Format*, Eigenschaft *Sichtbar*).
2. Aktivieren Sie das Eigenschaftenblatt zum Seitenkopf, selektieren Sie die Registerkarte *Ereignis* und wählen Sie in der Liste zu *Beim Formatieren* die Option *Ereignisprozedur* aus.
3. Klicken Sie nun auf die Schaltfläche mit den drei Punkten, um den Code der Ereignisprozedur aufzurufen.
4. Geben Sie, wie es Abbildg. 29.19 zeigt, den Code `Me!txtKopf=Me!Nachname` ein.

Abbildg. 29.19 Eingegebener Code

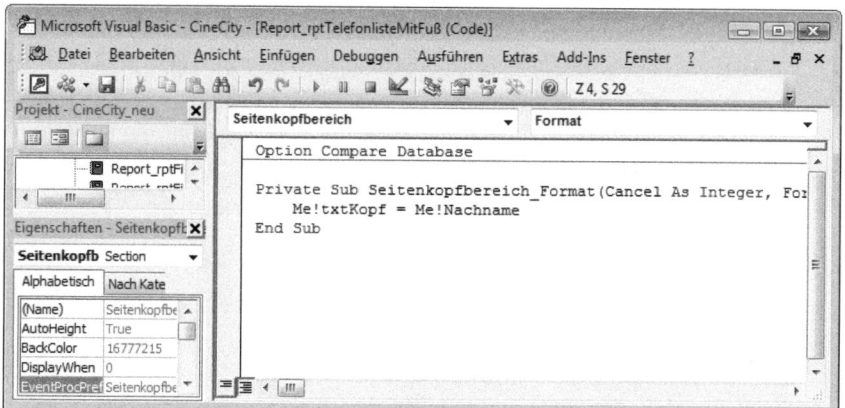

5. Speichern und schließen Sie das Programmfenster.

   Damit wird beim Formatieren des Kopfbereichs der Name des ersten Datensatzes in das Textfeld *txtKopf* übergeben.

6. Erstellen Sie nun das Textfeld für die Fußzeile mit dem Steuerelementinhalt =[txtKopf] & " - " & [Nachname].

Abbildg. 29.20   Die fertig definierte Fußzeile

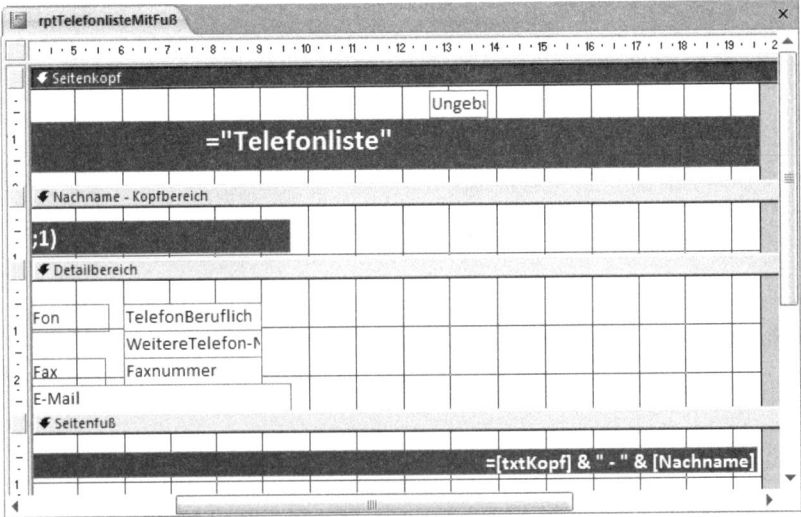

Felder ein- und ausblenden

In manchen Anwendungen steht man vor dem Problem, dass in bestimmten Fällen Texte oder Bilder angezeigt werden, sie ansonsten aber unterdrückt werden sollen. In diesem Abschnitt möchten wir Ihnen zeigen, wie Sie Felder und Bilder ein- und ausblenden können.

Als Beispiel dient eine Übersicht über die Kinofilme, in der das Icon mit dem Schriftzug »Neu« eingeblendet werden soll, wenn der Film die erste Woche läuft. Gibt es eine Vorschau für einen neuen Film, soll ein Beschriftungsfeld mit der Aufschrift »Preview« eingeblendet werden.

1. Im ersten Schritt wurde wieder eine passende Abfrage erstellt, die die Felder *Kalenderwoche* (absteigend sortiert), *Filmtitel* (aufsteigend sortiert), *WochenNr* und *LfdWoche* enthält.

2. Stellen Sie in den Eigenschaften der Abfrage für *Keine Duplikate* die Auswahl *Ja* ein, damit pro Kalenderwoche der Film nur einmal angezeigt wird.

Felder ein- und ausblenden

Abbildg. 29.21   Im Bericht werden die drei Felder der ersten Spalte nach Bedarf eingeschaltet

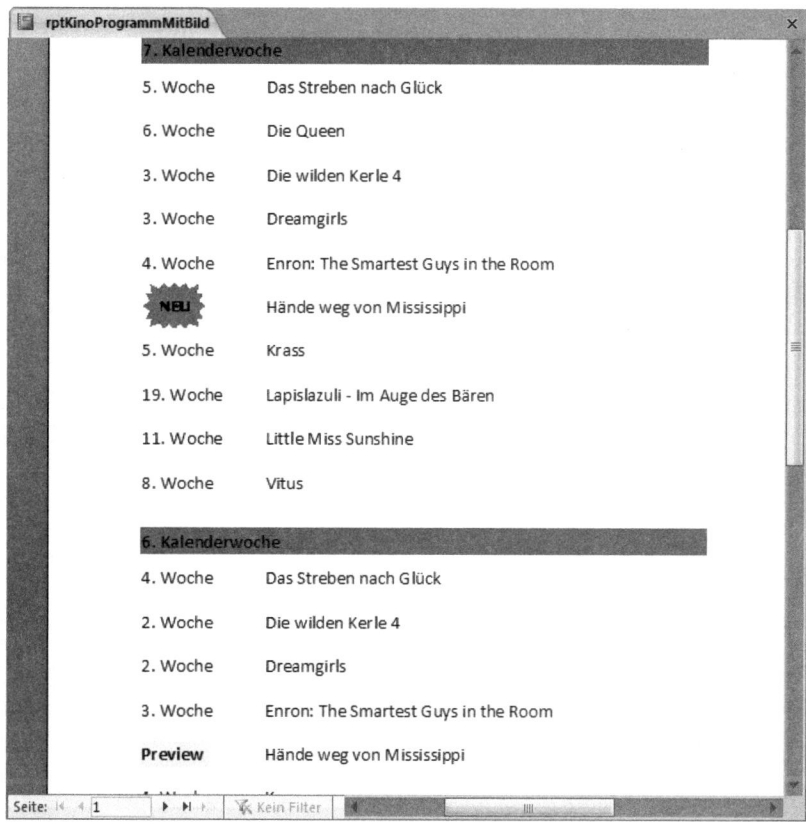

Abbildg. 29.22   Abfrage für die Filmübersicht mit ein- und ausgeblendetem Bild

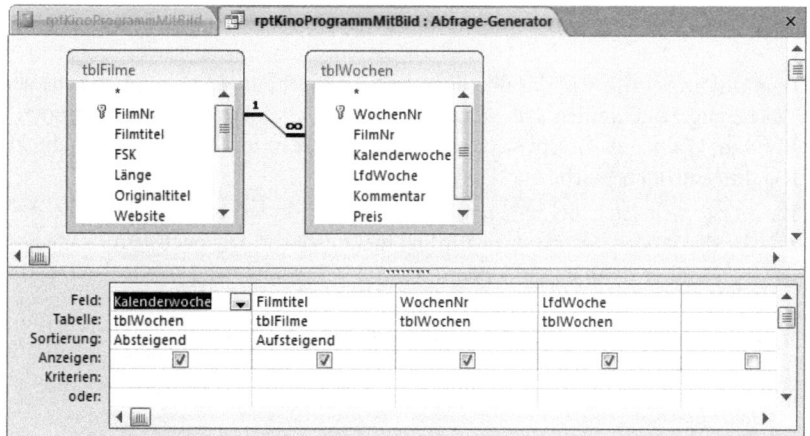

3. Erstellen Sie einen einfachen Berichtsentwurf, wie Sie ihn in Abbildg. 29.23 sehen können. Dabei wurde ein Textfeld mit der Bedingung =Wenn([LfdWoche]>1;[LfdWoche] & ". Woche") eingefügt. Diese Bedingung bewirkt, dass nur dann die laufende Woche des Films angezeigt wird, wenn ein Film bereits länger als eine Woche läuft.

4. Gruppieren Sie den Bericht nach der Kalenderwoche und stellen Sie ebenfalls im Bereich *Gruppieren, Sortieren und Summe* ein, dass nach Filmtiteln aufsteigend sortiert werden soll.

Abbildg. 29.23   Erster Entwurf

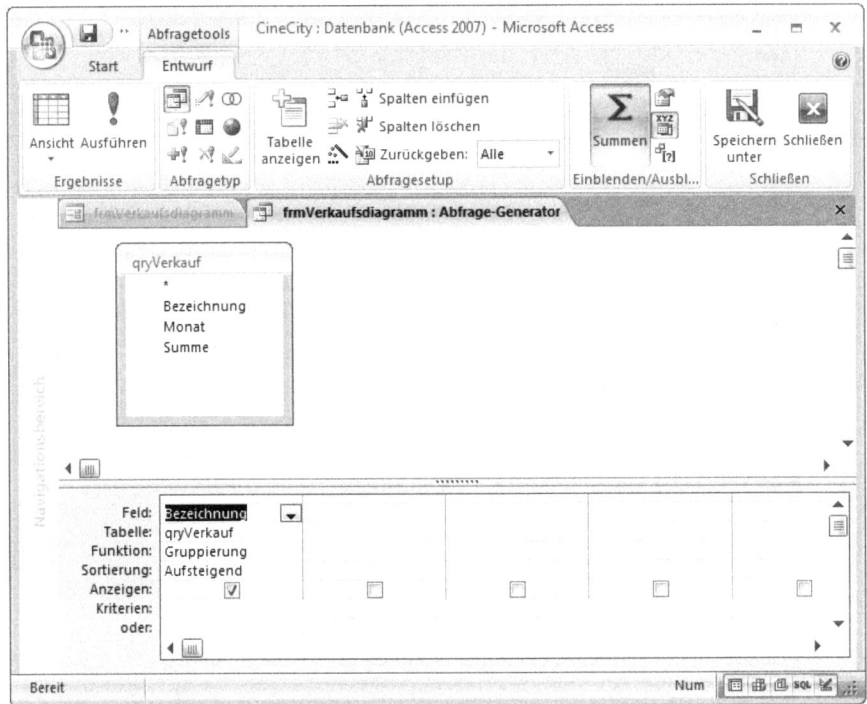

5. Im nächsten Schritt wird das Bild über die Schaltfläche *Bild* eingefügt, das anstelle der laufenden Woche angezeigt werden soll, wenn der Film die erste Woche läuft. Sie finden es auf der CD-ROM im Ordner zu diesem Kapitel. Verkleinern Sie es und schieben Sie es direkt über das Textfeld der laufenden Woche.

Lassen Sie sich jetzt die Seitenansicht zeigen, so finden Sie in jeder Zeile das Icon über der Angabe der Woche. So war das natürlich nicht gedacht! Die nächste Aufgabe besteht also darin, das Icon immer dann auszublenden, wenn der Text angezeigt werden soll. Dazu benötigen wir wieder ein bisschen Programmcode.

6. Beginnen Sie damit, dem Icon den Namen *imgNew* zuzuweisen.

Felder ein- und ausblenden

Abbildg. 29.24   Das im Entwurf eingefügte Icon über dem Textfeld der laufenden Woche

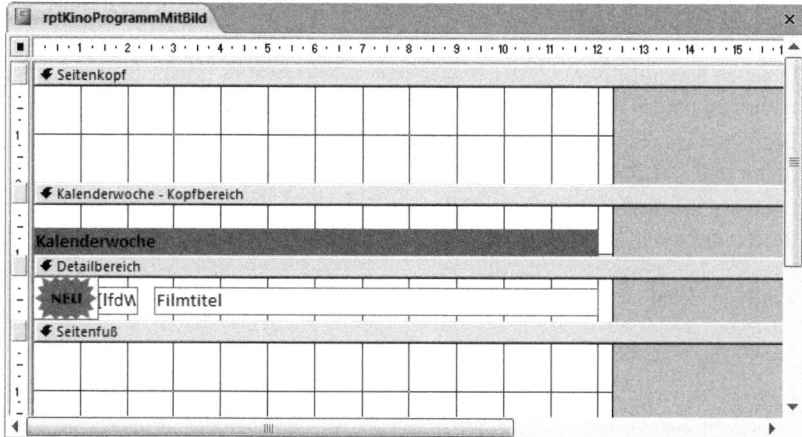

7. Selektieren Sie dann den Detailbereich und definieren Sie für das Ereignis *Beim Formatieren* die folgende Ereignisprozedur.

Abbildg. 29.25   Die Ereignisprozedur für das Ereignis *Beim Formatieren* des Detailbereichs

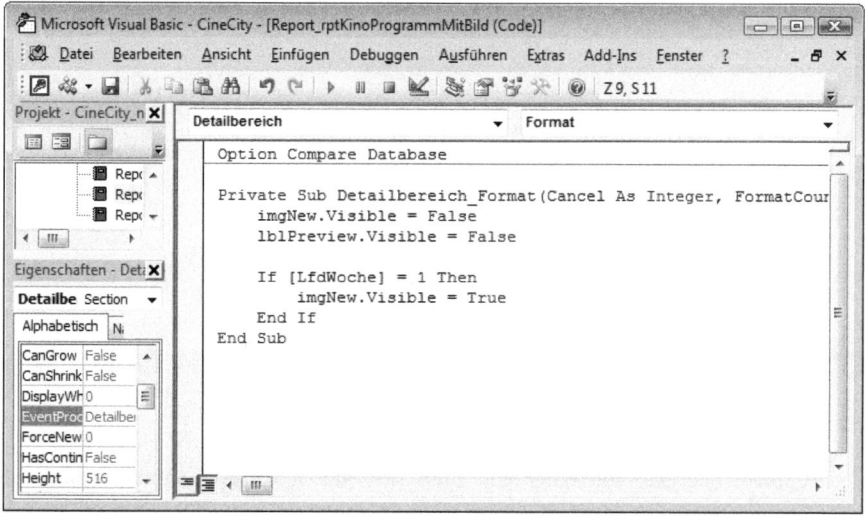

Die Prozedur beginnt damit, das Icon imgNew unsichtbar zu machen, indem sie die Eigenschaft Visible des Icons auf False setzt. Damit wird das Bild zunächst einmal nicht angezeigt. Das Icon soll nur dann angezeigt werden, wenn das Feld [LfdWoche] den Wert 1 aufweist. In diesem Fall wird die Eigenschaft Visible auf True gesetzt.

Sehen Sie sich jetzt das Ergebnis an, so werden Sie feststellen, dass es einige Filme gibt, für die weder das Textfeld mit der laufenden Woche angezeigt, noch das Icon eingeblendet wird. Es gibt einige Filme, für die eine Vorschau (im Filmgeschäft: Preview) stattfindet.

Kapitel 29 Berichte für Fortgeschrittene

Für Filme, die als Preview gezeigt werden, wurde für die laufende Woche (*LfdWoche*) der Wert »0« erfasst. Für sie soll im Folgenden ein eigenes Bezeichnungsfeld mit der Aufschrift »Preview« erstellt werden.

1. Erstellen Sie zunächst ein Bezeichnungsfeld mit *Preview* als Inhalt. Formatieren Sie das Bezeichnungsfeld nach Belieben und schieben Sie es über das Icon.
2. Benennen Sie dann das Bezeichnungsfeld mit *lblPreview* und öffnen Sie erneut die Ereignisprozedur zum Detailbereich.
3. Ergänzen Sie die Prozedur für das Preview-Feld wie in Abbildg. 29.26 gezeigt: Zunächst wird das Bezeichnungsfeld *lblPreview* unsichtbar geschaltet. Dann wird die If-Konstruktion um eine weitere Abfrage erweitert: Wenn der Wert des [LfdWoche]-Feldes gleich 0 ist, soll das Preview-Feld sichtbar werden.

Abbildg. 29.26   Die für das Preview-Feld ergänzte Prozedur

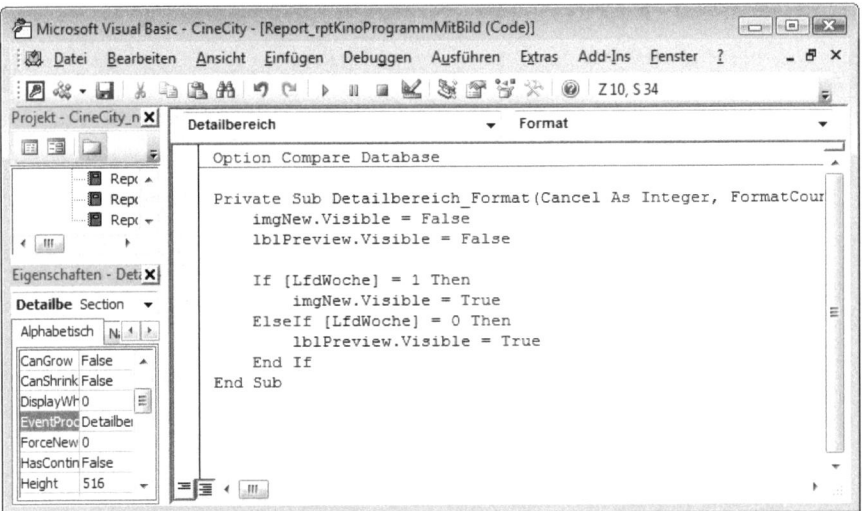

Zeichenketten während der Formatierung zusammensetzen

Für dieses Beispiel soll einer der alten Berichte des Kinoprogramms (siehe Abbildg. 28.25) verwendet werden. Darin sind die Termine der Filme untereinander angeordnet, was viel Platz verbraucht. Schöner wäre es, wenn man die Zeiten so zusammensetzen könnte, dass alle Termine für einen Tag hintereinander angeordnet sind, wie Sie es in Abbildg. 29.27 sehen.

1. Kopieren Sie dazu den Bericht *rptKinoProgramm* und speichern Sie ihn unter dem Namen *rptKinoProgrammMitZusammenfassung* ab.
2. Gruppieren Sie dann für den *Tag* und legen sowohl einen Kopf- als auch einen Fußzeilenbereich an.

Zeichenketten während der Formatierung zusammensetzen

Abbildg. 29.27 Termine der Filme übersichtlicher angeordnet

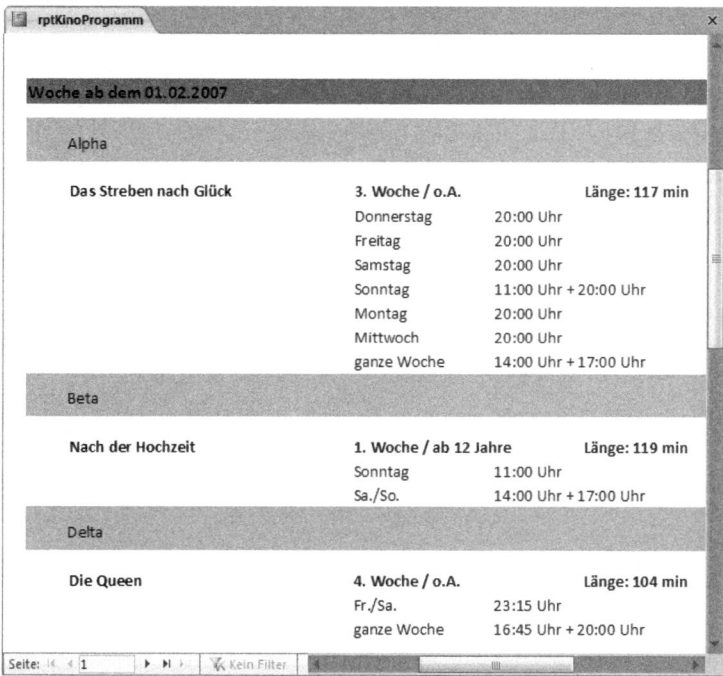

Das Problem besteht jetzt darin, für jeden Tag die Zeiten mit Pluszeichen aneinander zu hängen. Die Lösung des Problems ist etwas trickreich: In Abbildg. 29.28 sind im *Tag-Fußbereich* zwei Steuerelemente gezeigt. Im linken wird der Tag ausgegeben, das rechte Steuerelement ist ein ungebundenes Textfeld (mit dem Name *txtZeit2*), in dem die zusammengesetzten Zeiten gedruckt werden sollen.

Abbildg. 29.28 Entwurfsansicht des Berichts

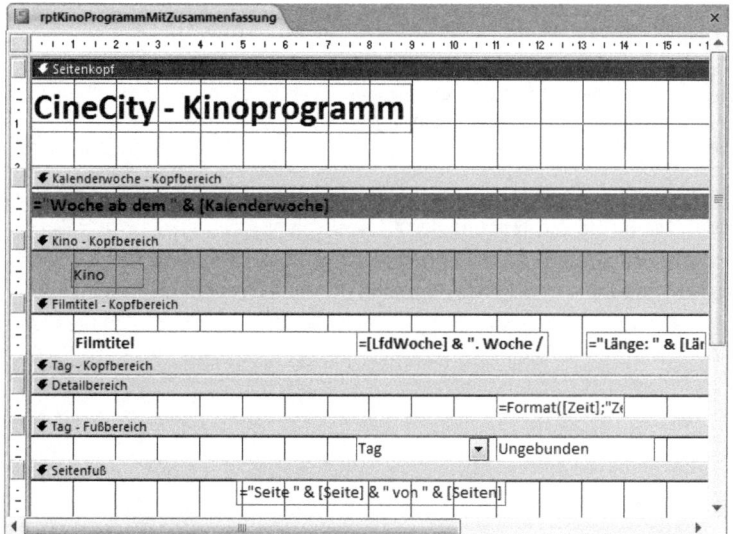

Kapitel 29 Berichte für Fortgeschrittene

Die Zeiten werden wie folgt zusammengesetzt: Für jeden Tag wird der Detailbereich so oft formatiert, wie Zeiten für den Tag vorhanden sind. Jede einzelne Zeit wird im Steuerelement *txtZeit* im Detailbereich ausgegeben. Allerdings wurde das Steuerelement *txtZeit* unsichtbar gemacht und gleichzeitig wurde für den Detailbereich und das Steuerelement *txtZeit* die Eigenschaft *Verkleinerbar* auf *Ja* gesetzt. Dadurch wird die Ausgabe des Detailbereichs komplett unterdrückt, aber trotzdem tritt für jede Zeit, die unsichtbar im Detailbereich ausgegeben wird, das Ereignis *Beim Formatieren* ein.

Danach wurde eine Ereignisprozedur für das Ereignis *Beim Formatieren* erstellt, die im folgenden Listing als Sub `Detailbereich_Format` dokumentiert ist. In dieser Prozedur wird jede Zeit der Variablen `strZeit` zugewiesen, die für das ganze Programm des Berichts definiert wurde. Wird mehr als eine Zeit angehängt, werden die einzelnen Zeiten durch »+« verbunden.

Sind keine Zeiten mehr zu formatieren, wird der Gruppenfuß für den Wochentag ausgegeben. In der Prozedur `Gruppenfuß1_Format` wird die in *strZeit* zusammengestellte Zeichenkette der Zeiten dem ungebundenen Textfeld *txtZeit2* übergeben.

```
Dim strZeit As String

Private Sub Detailbereich_Format(Cancel As Integer, _
                                 FormatCount As Integer)
    ' Feld txtZeit im Detailbereich ist unsichtbar
    If strZeit = "" Then
        ' für die erste Zeit in strZeit
        strZeit = Format([txtZeit], "HH:MM")
    Else
        ' für alle weiteren Zeiten
        strZeit = strZeit & " + " & Format([txtZeit], "HH:MM")
    End If
End Sub

' Gruppenfuß für den Wochentag
Private Sub Gruppenfuß1_Format(Cancel As Integer, _
                               FormatCount As Integer)
    ' Zeitkette ausgeben
    txtZeit2 = strZeit
End Sub

' Gruppenkopf für den Wochentag
Private Sub Gruppenkopf2_Format(Cancel As Integer, _
                                FormatCount As Integer)
    ' String neu initialisieren
    strZeit = ""
End Sub
```

Bei jedem neuen Wochentag wird für den Gruppenkopf in der Prozedur `Gruppenkopf2_Format` die Variable `strZeit` zurückgesetzt, so dass das Sammeln der Zeiten erneut beginnen kann.

Unterberichte

Ebenso wie sich für Formulare Unterformulare einsetzen lassen, können auf Berichten Unterberichte verwendet werden. Durch die Gruppierungsmöglichkeiten benötigt man Unterberichte sehr viel seltener als Unterformulare, aber Unterberichte erlauben interessante Gestaltungen.

Unterberichte verhalten sich genauso wie Unterformulare, auch der zur Erstellung von Unterberichten einsetzbare Assistent ist der gleiche wie für Unterformulare (siehe Kapitel 23, »Unterformulare«).

Ein zweispaltiger Unterbericht

Im Kinoprogramm sollen die Termine zweispaltig, allerdings ohne die im vorangegangenen Abschnitt vorgestellte Zusammenfassung, gezeigt werden, so wie dies in Abbildg. 29.29 dargestellt ist.

Abbildg. 29.29 Kinoprogramm mit zweispaltiger Terminauflistung

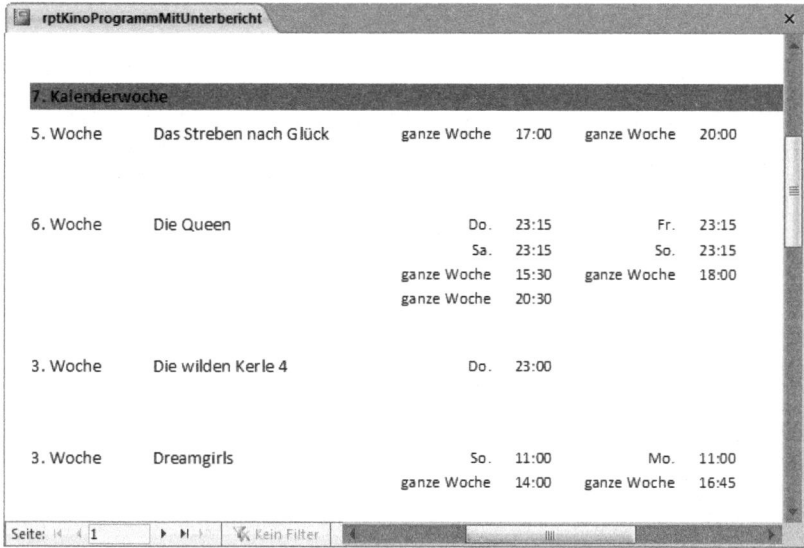

Unterbericht erstellen

Es wird ein Unterbericht erstellt, für den die Felder *WochenNr*, *Tag* und *Zeit* der Tabelle *tblTermine* selektiert werden. Verknüpfen Sie den Bericht mit dem Unterbericht über das Feld *WochenNr* und nennen Sie den Unterbericht *subrptTermine*. Abbildg. 29.30 zeigt den auf dem Bericht angeordneten Unterbericht.

Kapitel 29 Berichte für Fortgeschrittene

Abbildg. 29.30 Bericht mit Unterbericht-Steuerelement

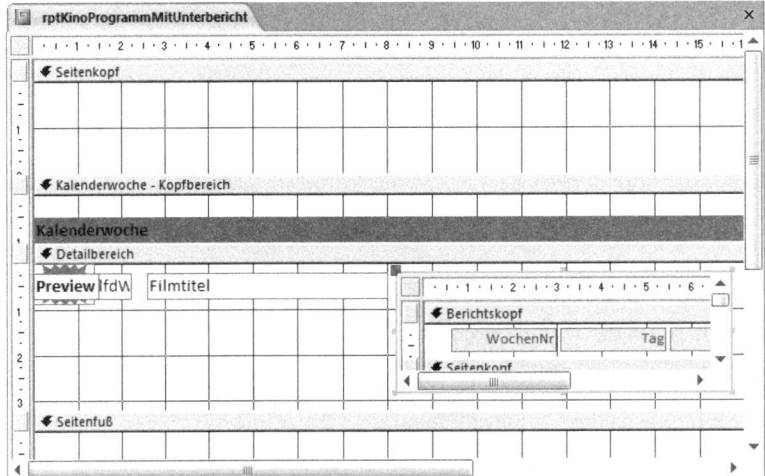

Auf dem Eigenschaftenblatt wurde für den Unterbericht die Eigenschaft *Verkleinerbar* auf *Ja* gesetzt, damit bei nur wenigen Terminen der Unterbericht in der Höhe angepasst wird. Achten Sie darauf, dass die Eigenschaft *Vergrößerbar* den Wert *Nein* hat, denn sonst werden die Termine im Unterbericht nur einspaltig dargestellt, denn das Unterbericht-Steuerelement würde in der Höhe entsprechend gestreckt werden.

Auch für den gesamten Detailbereich wurden die beiden Eigenschaften gesetzt. Ein Nachteil der so maximal festgelegten Höhe des Unterberichts besteht darin, dass, falls mehr Termine vorliegen, als im Steuerelement gezeigt werden können, diese einfach nicht gezeigt werden!

Unterbericht bearbeiten

Im nächsten Schritt wird der mit dem Unterberichts-Assistenten erzeugte Unterbericht überarbeitet. Öffnen Sie dazu den Unterbericht *subrptTermine* mithilfe der Schaltfläche *Unterbericht in neuem Fenster* auf der Registerkarte *Entwurf*.

1. Entfernen Sie zunächst das Steuerungslayout, um die Bezeichnungsfenster sowie das *WochenNr*-Feld zu löschen. Die Wochennummer wird nur für die Verknüpfung benötigt.
2. Entfernen Sie zudem den Berichts- und den Seitenkopf und stellen Sie die *Alternative Farbe* für den Detailbericht auf *Keine Farbe* um.
3. Für den Tag wurde mit dem Assistenten ein Kombinationsfeld angelegt, das aus der Zahl für den jeweiligen Tag durch eine Werteliste einen Text mit dem Namen des Tages macht. Folgende Tabelle gibt die dabei verwendeten Werte noch einmal an.

Tabelle 29.1 Wochentagswerte

Wochentag/Kombination	Wert
Donnerstag	1
Freitag	2
Samstag	3

Tabelle 29.1 Wochentagswerte *(Fortsetzung)*

Wochentag/Kombination	Wert
Sonntag	4
Montag	5
Dienstag	6
Mittwoch	7
Do/So-Mi	8
Fr/Sa	9
Sa/So	10
Ganze Woche	11

Abbildg. 29.31 Das überarbeitete Unterformular

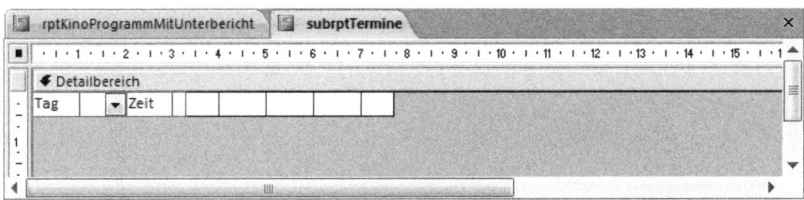

Damit der Unterbericht im Hauptbericht zweispaltig dargestellt wird, vereinbaren Sie über die Schaltfläche *Seite einrichten* (auf der gleichnamigen Registerkarte) der Entwurfsansicht des Unterberichts auf der Registerkarte *Spalten* die *Spaltenanzahl*.

Abbildg. 29.32 Spaltendefinition

Sieben auf einen Streich

Eine übersichtliche Lösung des Kinoprogramms zeigt Abbildg. 29.33. Hier werden die Vorstellungszeiten für jeden Tag getrennt dargestellt.

Abbildg. 29.33 Die Zeiten für jeden Tag

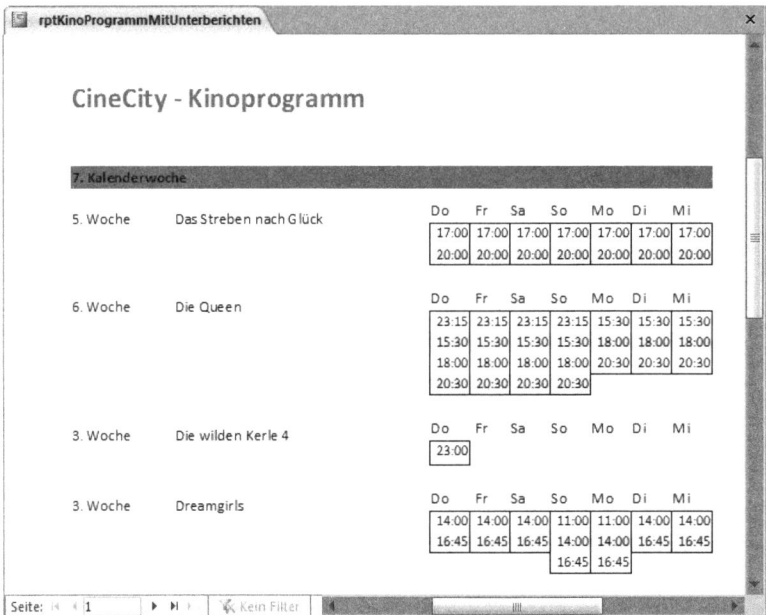

Für den Bericht wurden sieben Unterberichte eingesetzt, nämlich je einen für die Termine eines Tages. In jedem der Unterberichte werden genau nur die Vorstellungszeiten des jeweiligen Tages ausgegeben. Abbildg. 29.34 zeigt den Aufbau des Berichts in der Entwurfsansicht.

Abbildg. 29.34 Ein Unterformular für jeden Tag

Jeder der Unterberichte ist über die Wochennummer mit dem Hauptbericht verknüpft, wie es in Abbildg. 29.35 auf dem Eigenschaftsblatt eines der Unterberichte dargestellt ist. Alle Unterberichte sind zudem als *Verkleinerbar* und *Vergrößerbar* definiert.

Abbildg. 29.35 Eigenschaftenblatt zu einem Unterformular

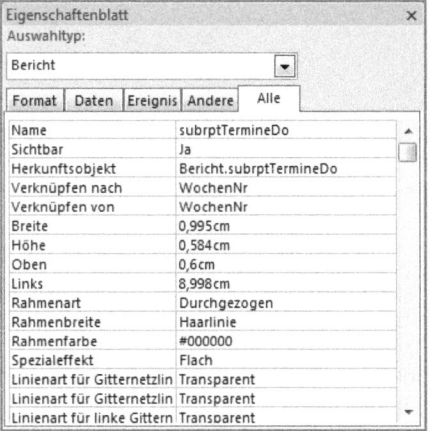

Die Unterberichte für jeden Tag

Am Beispiel des Unterberichts für die Termine am Donnerstag möchten wir Ihnen zeigen, wie die Unterberichte für die einzelnen Wochentage aufgebaut sind. Das Layout des Unterberichts illustriert Abbildg. 29.36.

Abbildg. 29.36 Das Layout eines Unterformulars

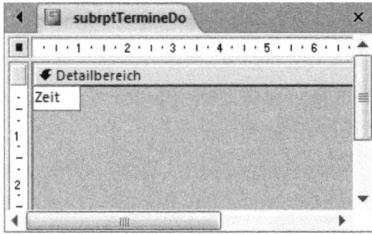

Die sieben Unterberichte unterscheiden sich in ihren Abfragen, denn hier wird festgelegt, für welchen Tag die Zeiten zusammengestellt werden sollen.

In der *Kriterien*-Zeile der Abfrage-Entwurfsansicht sehen Sie die Bedingung für Dienstage: *1 Oder 8 Oder 11*. Wie kommt es dazu? Sie erinnern sich wahrscheinlich, dass zum einen die Tage von Donnerstag bis Mittwoch durchnummeriert sind und zum anderen spezielle Einträge für Do/So-Mi, Fr/Sa, Sa/So und die ganze Woche existieren. Tabelle 29.1 auf Seite 648 gibt einen Überblick über die Werte.

Abbildg. 29.37 Abfrage des Unterformulars

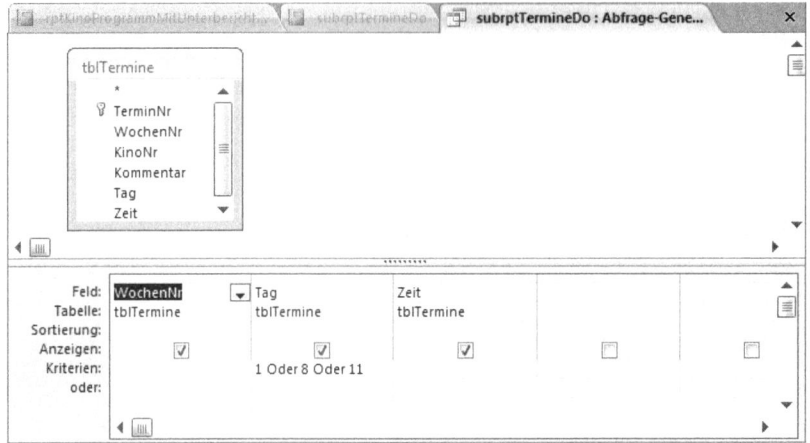

Die Bedingung für den Donnerstag in der Form *1 Oder 8 Oder 11* berücksichtigt, dass der Termin im Unterbericht für den Donnerstag gezeigt werden muss, wenn er für den Donnerstag, für Do/So-Mi oder für die ganze Woche definiert ist. Entsprechend gilt beispielsweise die Bedingung *3 Oder 9 Oder 10 Oder 11* für Samstage.

Zusammenfassung

Dieses Kapitel behandelt einzelne spezielle Fragestellungen zum Thema Berichte.

- Zunächst wurde ab Seite 628 der Frage nachgegangen, wie sich leere Berichte vermeiden lassen.
- Wie nur die in einem Formular ausgewählten Daten gedruckt werden können, erfuhren Sie in dem darauf folgenden Abschnitt ab Seite 632.
- Nicht immer soll ein erstellter Bericht auf Seite 1 beginnen. Wie Sie die Seitenzahl der ersten Berichtsseite festlegen können, wurde ab Seite 636 beschrieben.
- In umfangreichen Berichten möchte man in der Fußzeile angeben, welche Daten auf der vorliegenden Seite angezeigt werden. In dem ab Seite 638 besprochenen Beispiel wurde der erste und der letzte aufgeführte Name einer Telefonliste abgedruckt.
- Manchmal steht man vor dem Problem, dass einzelne Felder auf einem Bericht nicht für jeden, sondern nur für ausgewählte Datensätze abgebildet werden sollen. Ein Beispiel in dem dieses Problem gelöst wurde, fanden Sie ab Seite 640.
- Wie Sie in einem Bericht einen (mehrspaltigen) Unterbericht anlegen können, das beschrieb Ihnen der letzte Abschnitt, der auf Seite 647 beginnt.

Kapitel 30

Formulare für Berichte

In diesem Kapitel:

Einschränkung mit Parametern	654
Ein Formular für den Bericht	654
Mit vorgeschaltetem Formular	658
Ein Listenauswahl-Dialogfeld	661
Zusammenfassung	664

Kapitel 30 Formulare für Berichte

In vielen Fällen möchte man vor dem Ausdruck eines Berichts die auszudruckenden Daten einschränken, beispielsweise das Kinoprogramm nur für eine bestimmte Woche oder eine Rechnung nur für eine bestimmte Rechnungsnummer ausgeben. In diesem Kapitel stellen wir Ihnen drei Varianten vor, wie Sie vor dem Druck die gewünschten Einschränkungen angeben können.

Einschränkung mit Parametern

Am einfachsten ist es, für die dem Bericht zugrunde liegende Abfrage Parameter zu definieren. Enthält eine Abfrage Parameter, so werden diese nacheinander (wenn es mehrere sind) beim Aufruf des Berichts von Access abgefragt.

Parameterabfragen wurden im gleichnamigen Abschnitt in Kapitel 15, »Einfache Abfragen«, ausführlich erläutert.

Ein Formular für den Bericht

Die Lösung mit der Parameterabfrage ist nicht sehr elegant und sie bietet dem Anwender wenig Komfort bei der Festlegung von Beschränkungswerten. Wir möchten Ihnen im Folgenden eine bessere Lösung vorstellen.

Das Kinoprogramm soll für eine bestimmte Woche ausgegeben werden. Dabei soll die Woche aus einer Liste möglicher Wochen selektiert werden.

Das Dialogfeld in Abbildg. 30.1 erlaubt die Auswahl einer Woche.

Abbildg. 30.1 Das Auswahlformular

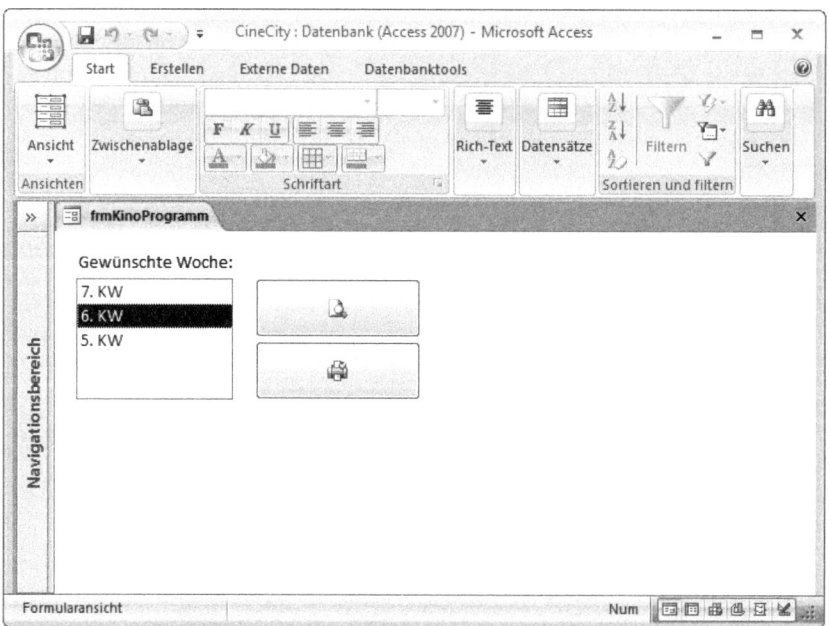

Über die Schaltflächen auf der rechten Seite kann das Kinoprogramm für die ausgewählte Woche in der Vorschauansicht gezeigt oder direkt gedruckt werden. Der Abfrage, die als Grundlage für den Bericht des Kinoprogramms dient, wird das in der Liste der Wochen ausgewählte Datum übergeben. Das Ergebnis der Abfrage sind dann nur die Vorstellungen der entsprechenden Woche.

Abbildg. 30.2 Der eingeschränkte Bericht

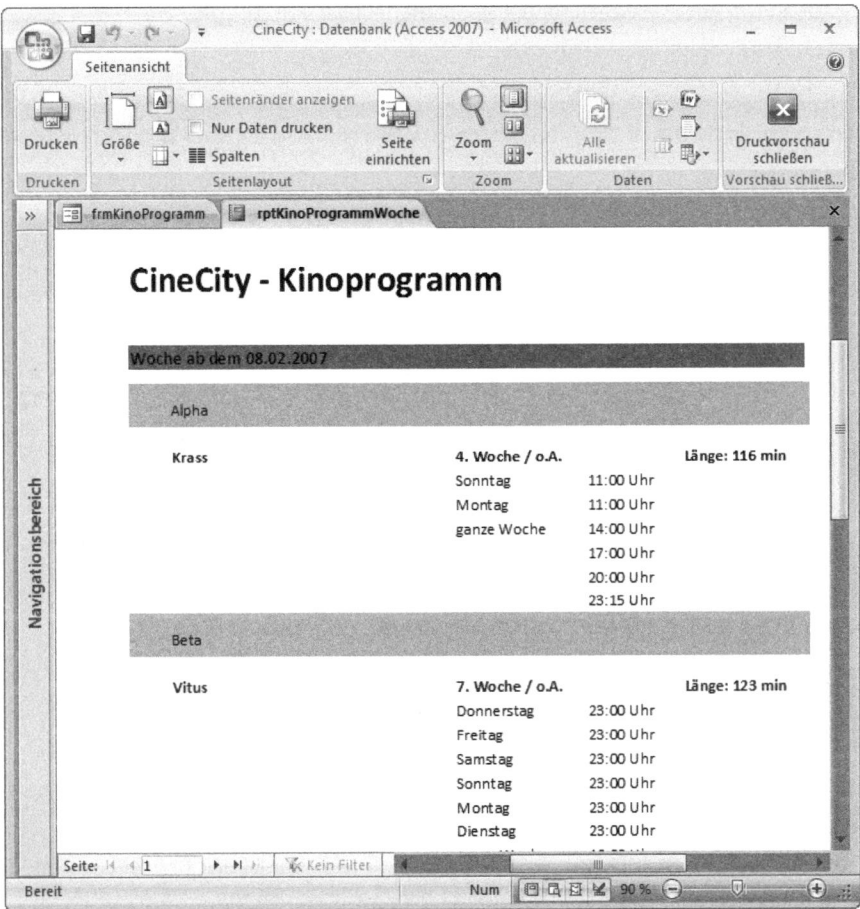

Erstellen des Formulars

1. Erstellen Sie ein Formular in der Entwurfsansicht, und nennen Sie das Formular *frmKino-Programm*.
2. Schalten Sie den Steuerelement-Assistenten aus, und platzieren Sie auf dem Formular ein Listenfeld.
3. Aktivieren Sie das Eigenschaftenblatt zum Listenfeld und nennen Sie es *lstWoche*.

4. Wechseln Sie auf dem Eigenschaftsblatt zum Registerblatt *Daten* und klicken Sie hinter *Datensatzherkunft* auf die Schaltfläche mit den drei Punkten, um den Abfrage-Generator zu aktivieren. Fügen Sie in der Abfrage die Tabelle *tblWochen* hinzu und wählen Sie dann das Feld *Kalenderwochen* aus, das absteigend sortiert dargestellt werden soll.

5. Stellen Sie auf dem Eigenschaftsblatt für die Abfrage ein, dass Duplikate ausgeblendet werden.

Abbildg. 30.3   Abfrage im Abfrage-Generator mit Eigenschaftsblatt

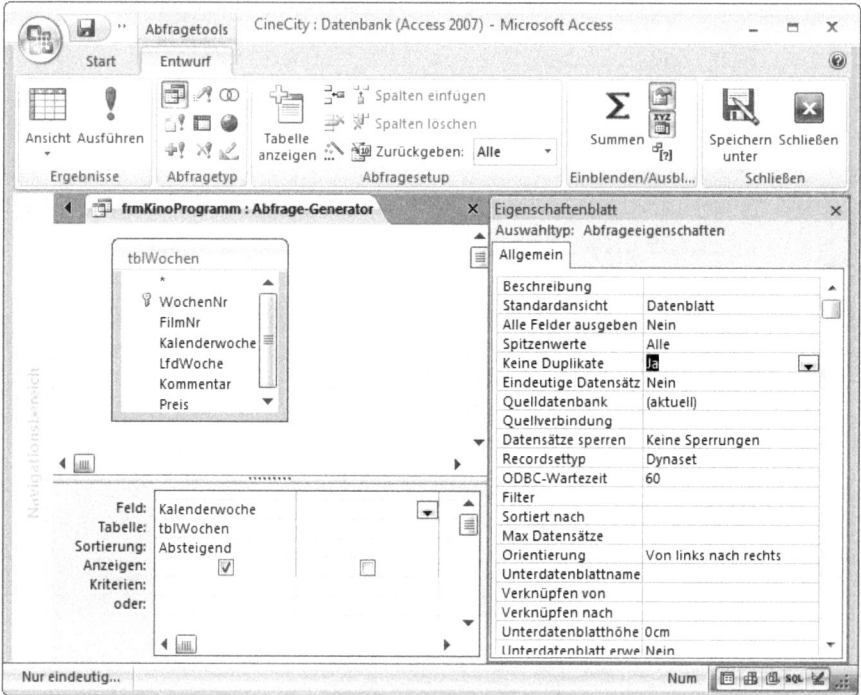

6. Schalten Sie für das Formular die Bildlaufleisten, den Datensatzmarkierer sowie die Navigationsschaltflächen aus.

Bevor Sie nun die Schaltflächen einfügen, sollten Sie erst einmal den Bericht erstellen, der über das Formular gedruckt bzw. in der Seitenansicht dargestellt werden soll.

Erstellen des Berichts

Um den Bericht zu erstellen, kopieren Sie zum einen den Bericht *rptKinoProgramm*, zum anderen die Abfrage *qryKinoProgramm*, auf der der Bericht basiert. Nennen Sie den neuen Bericht *rptKinoProgrammWoche* und die neue Abfrage *qryKinoProgrammWoche*.

1. Ergänzen Sie die Abfrage um die Bedingung `Formulare![frmKinoProgramm].[lstWoche]` für die Spalte *Kalenderwoche*.

   Die Schreibweisen für Verweise auf Steuerelemente in Formularen haben wir in Kapitel 24, »Formulare für Fortgeschrittene«, erläutert. Damit erfolgt die Übernahme der im Formular gewählten Woche als Bedingung in die Abfrage.

Abbildg. 30.4   Die Abfrage zum Bericht

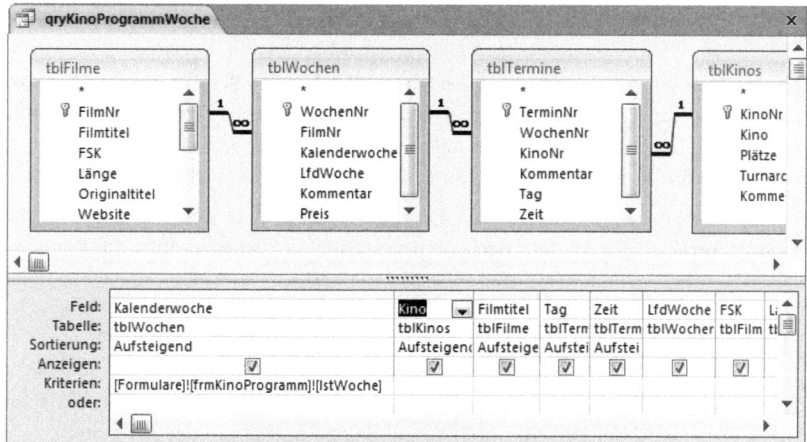

2. Ändern Sie nun in der Datenherkunft des Berichts die angegebene Abfrage *qryKinoProgramm* zu *qryKinoProgrammWoche*.

Abbildg. 30.5   Der Bericht in der Entwurfsansicht

3. Schließen Sie nun den Bericht.

Das Formular wird vervollständigt

1. Aktivieren Sie den Steuerelement-Assistenten.
2. Fügen Sie auf dem Formular eine Befehlsschaltfläche ein. Wählen Sie dazu in der Kategorie *Berichtsoperationen* die Aktion *Berichtsvorschau* aus. Geben Sie dann als zu öffnenden Bericht *rptKinoProgrammWoche* an.
3. Erstellen Sie eine weitere Befehlsschaltfläche zum Drucken des Berichts.

Aktivieren Sie dann das Formular (Abbildg. 30.1), wählen Sie eine Woche aus und rufen Sie über eine der beiden Schaltflächen den Bericht auf, wird der gewählte Wert im Listenfeld des Dialogfeldes an die Abfrage übergeben.

Ein Nachteil der vorgestellten Lösung besteht darin, dass der Bericht immer über das Formular aufgerufen werden muss. Starten Sie direkt den Bericht, kann die Abfrage den Bedingungswert nicht aus dem Formular übernehmen. Dies hat zur Folge, dass die Abfrage den Bedingungswert als Parameter interpretiert und ihn in einem normalen Parameterdialogfeld vom Anwender erfragt.

Gegenüber der Lösung mit der reinen Parameterabfrage liegt der Vorteil darin, dass Sie mehrere Bedingungswerte auf Ihrem dem Bericht vorgeschalteten Formular abfragen können.

Mit vorgeschaltetem Formular

In diesem Abschnitt präsentieren wir Ihnen eine Lösung, die die oben beschriebene ergänzt und erweitert. Dabei wird der Bericht durch Visual Basic-Routinen in der Art gestaltet, dass beim Aufruf des Berichts automatisch das Formular zur Abfrage der Woche und – als Erweiterung – des gewünschten Kinos aufgerufen wird.

Die hier vorgestellte Lösungsvariante basiert auf kurzen Visual Basic-Prozeduren. Sollten Sie die Programmstrukturen nicht auf Anhieb verstehen, so empfehlen wir Ihnen, zuerst in Teil G die Einführung in die Visual Basic-Programmierung zu lesen.

Das vorgeschaltete Formular

In Abbildg. 30.6 ist das erweiterte Formular mit den beiden Listenfeldern für die *Woche* und das *Kino* dargestellt.

Abbildg. 30.6   Das erweiterte Formular für das Kinoprogramm

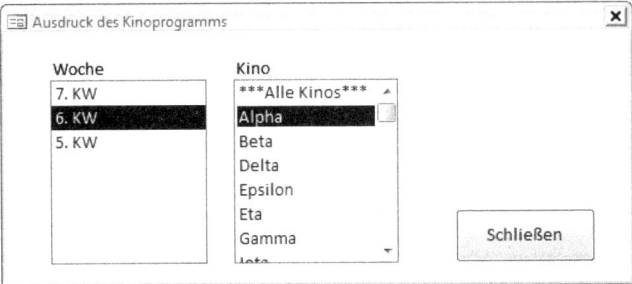

1. Dazu wurde das Formular *frmKinoProgramm* kopiert und als *frmKinoProgramm2* eingefügt.
2. Löschen Sie die beiden Schaltflächen.
3. Schalten Sie den Steuerelement-Assistenten aus, und fügen Sie dann ein neues Listenfeld ein. Nennen Sie es *lstKino*.
4. Klicken Sie auf die Schaltfläche mit den drei Punkten hinter *Datensatzquelle*. Schalten Sie in die SQL-Ansicht um und fügen Sie den folgenden UNION-Befehl ein.

```
SELECT DISTINCTROW  tblKinos.Kino
FROM tblKinos
UNION
SELECT "*** Alle Kinos ***"
FROM tblKinos
ORDER BY tblKinos.Kino;
```

Bevor wir Ihnen nun die weiteren Einstellungen dieses Dialogfeldes erläutern, lassen Sie uns zuerst einen Blick auf den Bericht werfen.

Die Ereignisprozeduren des Berichts

Das Layout des Berichts *rptKinoProgrammMitFormular* entspricht dem in Abbildg. 30.5 vorgestellten Bericht.

1. Kopieren Sie die Abfrage und speichern Sie sie unter *qryKinoProgrammWoche2*.
2. Löschen Sie in der Abfrage die Bedingung zur Kalenderwoche.
3. Kopieren Sie dann auch *rptKinoProgramm* und speichern Sie den Bericht unter *rptKinoProgrammMitFormular*.
4. Ändern Sie auf dem Registerblatt *Daten* die *Datensatzquelle* zu *qryKinoProgrammWoche2*.

Neu sind Ereignisprozeduren, die das Formular laden und aufgrund der Auswahl im Formular einen Filter setzen. Das Besondere an diesem Bericht ist, dass beim Öffnen des Berichts das in Abbildg. 30.6 gezeigte Dialogfeld eingeblendet wird. Verfahren Sie dazu folgendermaßen:

5. Fügen Sie im Eigenschaftenfenster des Berichts eine Ereignisprozedur für das Ereignis *Beim Öffnen* hinzu.
6. Fügen Sie in der Ereignisprozedur folgende Zeilen ein.

```
Private Sub Report_Open(Cancel As Integer)
    ' Öffnen des Formulars
    DoCmd.OpenForm "frmKinoProgramm2", WindowMode:=acDialog
    ' Zusammenstellen des Filters
    Me.Filter = ""
    If Forms![frmKinoProgramm2].[lstWoche] <> "" Then
        Me.Filter = "[Kalenderwoche]=#" _
                    & Format( _
                    CDate(Forms![frmKinoProgramm2].[lstWoche]), _
                    "mm\/dd\/yyyy") & "#"
    End If
    If Forms!frmKinoProgramm2.lstKino <> "***Alle Kinos***" Then
        If Me.Filter <> "" Then
            Me.Filter = Me.Filter & " AND "
        End If
        Me.Filter = Me.Filter & "[Kino]=""" & _
        Forms!frmKinoProgramm2.lstKino & """"
    End If
    ' Aktivieren des Filters
    If Me.Filter <> "" Then
        Me.FilterOn = True
        Me.FilterOnload = True
    End If
End Sub
```

Zuerst wird das Formular im Dialogmodus (`WindowMode:=acDialog`) geöffnet. Dies hat zur Folge, dass der Bericht erst dann weiter abläuft, wenn das Formular geschlossen oder unsichtbar wird.

Anstelle des Bedingungsparameters, der im Abschnitt »Ein Formular für den Bericht« für die Abfrage zur Übergabe der Einschränkungsbedingung benutzt wurde, arbeiten wir in diesem Beispiel mit einem Filter. Durch das Setzen der *Filter*-Eigenschaft wird das Abfrageergebnis für den Bericht eingeschränkt. Der Vorteil des Filters ist, dass die dem Bericht zugrunde liegende Abfrage nicht verändert werden muss.

Lassen Sie uns das Programm gemeinsam Zeile für Zeile durchgehen: Zuerst soll eine Filterbedingung für die Woche, beispielsweise in der Form `Kalenderwoche=#02/01/2007#`, zusammengesetzt werden, wobei das Datum in der englischen Schreibweise übergeben werden muss.

Die Woche, die im vorgeschalteten Dialogfeld angegeben wird, wird als Zeichenkette unter dem Namen des Listenfeldes *lstWoche* übergeben. Mithilfe der Funktion `CDate()` wird die Zeichenkette wieder in einen Datumswert konvertiert, der anschließend der `Format()`-Funktion übergeben wird, um eine Zeichenkette in der benötigten englischen Schreibweise zu erstellen. Zugegebenermaßen ist dies etwas mühsam, insbesondere, da auch in der Formatierungsanweisung der `Format()`-Funktion getrickst werden muss.

Nachdem der Filter für das Datum zusammengebaut wurde, wird anschließend überprüft, ob für das Kino im Dialogfeld der Eintrag »*** Alle Kinos ***« angegeben worden ist. Ist dies nicht der Fall, wird der Befehl

```
Me.Filter = Me.Filter & " [Kino]=""" & _
    Forms!frmKinoProgramm2.lstKino & """"
```

ausgeführt, über den dem schon erstellten Filter die Bedingung für das Kino angehängt wird. Dabei wird der Name des Kinos in Anführungszeichen eingeschlossen. Mit dem Befehl `Me.FilterOn = True` wird der Filter aktiviert, `Me.FilterOnload=True` aktiviert den Filter beim Laden des Berichts.

Der Trick mit dem Formular

Das Programm, das beim Öffnen des Berichts ausgeführt wird, ruft also das Dialogfeld auf und setzt dann die *Filter*-Eigenschaft des Berichts. Wenn es doch so einfach wäre ...

Das Dialogfeld wird aufgerufen. Sie geben Ihre Einschränkungen mithilfe der Listenfelder ein. Sie schließen das Dialogfeld. Mit den von Ihnen gewählten Werten wird die Filterbedingung gesetzt. Und schon erhalten Sie die Fehlermeldung aus Abbildg. 30.7 angezeigt!

Abbildg. 30.7   Wo ist es hin, das Formular?

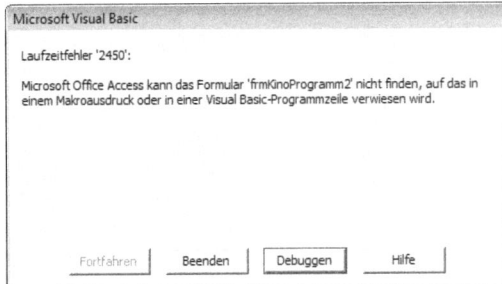

Was ist passiert? Nach dem Schließen des vorgeschalteten Dialogfeldes zeigt der Verweis Forms! [frmKinoProgramm2].[lstWoche] ins Leere. Fazit: Das Formular darf erst dann geschlossen werden, wenn die Zuweisung an die *Filter*-Eigenschaft erfolgt ist.

Um für dieses Problem eine Lösung zu finden, muss man etwas über das Verhalten von Dialogfeldern in Windows wissen. Wenn ein Dialogfeld in einer Applikation geöffnet wird, so liegt es ganz oben, d.h. über allen anderen Fenstern der Applikation. Sie können kein anderes Fenster der Applikation aktivieren, solange das Dialogfeld sichtbar ist. Die Betonung liegt auf »sichtbar«. Ein Dialogfeld wird unsichtbar, wenn Sie es schließen oder die Eigenschaft *Sichtbar* (engl. visible) des Dialogfeldes auf *Nein* setzen.

Diese Eigenschaft von Dialogfeldern wird nun genutzt. Fügen Sie eine neue Befehlsschaltfläche ein, die Sie *cmdHide* nennen. Für die Befehlsschaltfläche auf dem vorgeschalteten Formular wird für das Ereignis *Beim Klicken* das folgende Programm vereinbart, um es unsichtbar zu machen.

```
Private Sub cmdHide_Click()
    Me.Visible = False
End Sub
```

Dadurch wird erreicht, dass beim Öffnen des Berichts im Programm nach der Zeile

```
DoCmd.OpenForm "frmKinoProgramm2", WindowMode:=acDialog
```

mit dem nächsten Befehl zum Zuweisen des Filters fortgefahren wird. Um das Dialogfeld trotz allem endgültig zu schließen, wird für das Ereignis *Beim Aktivieren* des Berichts

```
Private Sub Report_Activate()
    DoCmd.Close acForm, "frmKinoProgramm2"
End Sub
```

vereinbart. Das Ereignis tritt nach *Beim Öffnen* ein und schließt das unsichtbare Dialogfeld.

Ein Listenauswahl-Dialogfeld

Wir möchten Ihnen im Folgenden ein Dialogfeld vorstellen, in dem der Anwender die gewünschte Ausgabeliste anwählen kann.

Das Dialogfeld ist so programmiert, dass bei Auswahl der Option *Filmliste nach FSK* die Optionsgruppe *FSK* aktiv geschaltet wird und dann eine Selektion der Altersstufe erfolgen kann.

Die erste und die dritte Option der Gruppe *Filmlisten* rufen den gleichen Bericht auf, allerdings mit anderen Bedingungen. Die zweite Option selektiert einen eigenen Bericht.

Abbildg. 30.8 Dialogfeld für die Listenausgabe

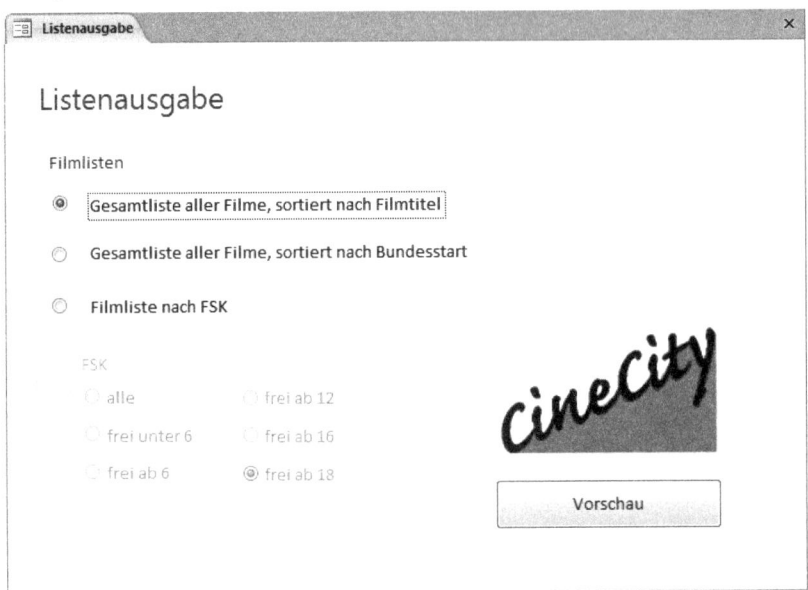

Abbildg. 30.9 Option *Filmliste nach FSK* selektiert

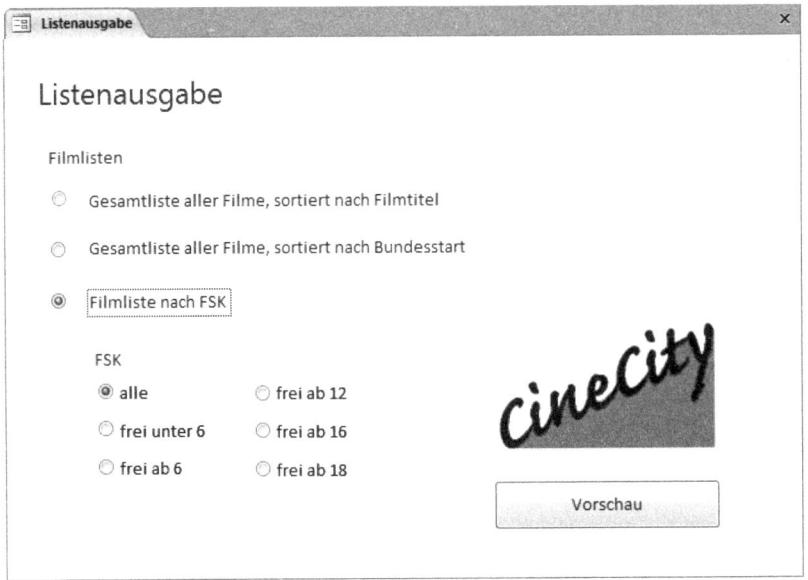

Anlegen des Formulars

Beim Anlegen der Optionsgruppe *fraFSK* definieren Sie die in Abbildg. 30.10 dargestellten Werte. Diese Werte werden später beim Erstellen der entsprechenden Berichte gebraucht.

Abbildg. 30.10 Definition der Beschriftungen und Werte für die Optionsgruppe *fraFSK*

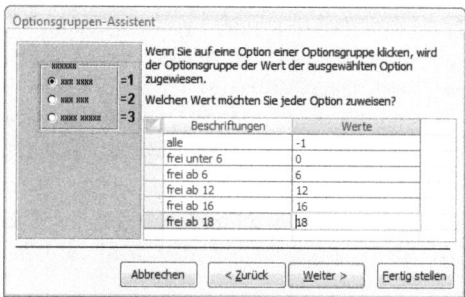

Nennen Sie die erste Optionsgruppe *fraFilmlisten*, die zweite *fraFSK*.

Die Gruppe *KSF* ist standardmäßig deaktiviert: auf dem Eigenschaftenblatt (Registerblatt *Daten*) die Eigenschaft *Aktiviert* auf *Nein* gesetzt. Nach dem Laden des Formulars ist die erste Option vorselektiert. Dies wurde durch Setzen der Eigenschaft *Standardwert* für die Optionsgruppe *Filmlisten* auf den Wert *1* erreicht. Der Wert 1 ist der ersten Option zugeordnet, die Werte 2 und 3 entsprechend den weiteren Optionen.

Die Formularprozeduren

In Abbildg. 30.11 sind die für das Formular definierten Ereignisprozeduren abgebildet.

Abbildg. 30.11 Prozeduren für das Formular *Drucklisten*

```
Option Compare Database

Private Sub fraFilmlisten_Click()
    Select Case fraFilmlisten.Value
    Case 1, 2:
        fraFSK.Enabled = False
    Case 3:
        fraFSK.Enabled = True
    End Select
End Sub

Private Sub cmdVorschau_Click()
    Select Case fraFilmlisten.Value
    Case 1:
        DoCmd.OpenReport "rptFilmliste", acViewPreview
    Case 2:
        DoCmd.OpenReport "rptFilmlisteNachBundesstartdatum", acViewPrevi
    Case 3:
        If fraFSK = -1 Then
            DoCmd.OpenReport "rptFilmliste", acViewPreview
        Else
            DoCmd.OpenReport "rptFilmliste", acViewPreview, _
                             wherecondition:="FSK<=" & fraFSK
        End If
    End Select
End Sub
```

Lassen Sie uns zuerst das Programm zum Aktivieren bzw. Deaktivieren der Gruppe *FSK* betrachten. Für die Optionsgruppe *Filmlisten* ist die in Abbildg. 30.11 oben gezeigte Routine für das Ereignis *Beim Klicken* geschrieben worden. Die Routine deaktiviert die Gruppe *FSK* (und die in ihr enthaltenen Optionsfelder), wenn der Rückgabewert der Optionsgruppe *Filmlisten* (*fraFilmlisten*) 1 oder 2 ist. Wird die dritte Option der Filmlisten angeklickt, so wird in *fraFilmlisten_Click* so verzweigt, dass *fraFSK*, also die Optionsgruppe *FSK* aktiviert wird.

Wird die dritte *Filmlisten*-Option angeklickt, ist eine Auswahl in der Gruppe *FSK* möglich, wobei der Eintrag *Alle* als Standardwert definiert ist, d.h., er ist vorselektiert. Aus der Auswahl in der Optionsgruppe *FSK* wird für den DoCmd.OpenReport-Befehl eine Bedingung (WhereCondition) zusammengestellt. Hierbei werden die im Optionsgruppen-Assistenten (Abbildg. 30.10) festgelegten Werte verwendet: Damit erhielten die Optionsfelder in der Gruppe für die jeweilige Eigenschaft *Optionswert* die Werte -1 für *Alle*, 0 für *frei unter 6*, 6 für *ab 6*, 12 für *ab 12* usw.

Durch die If-Abfrage wird keine *WhereCondition* für den Bericht vereinbart, wenn *FSK* den Wert -1 für der Eintrag *Alle* hat. Sollen die Filme frei ab 12 ausgegeben werden, wird die *WhereCondition* "FSK>=12" definiert.

Zusammenfassung

In diesem Kapitel wurden mehrere Möglichkeiten beschrieben, anhand von Formularen die Daten für einen Bericht auszuwählen.

- Zunächst wurde im Abschnitt ab Seite 654 ein Formular erstellt, das die Auswahl bestimmter Daten für einen Bericht ermöglicht. Danach wurde gezeigt, wie ein entsprechender Bericht mit dazugehörender Abfrage angepasst werden muss, um auf die Auswahl im Formular zu reagieren.

- Im folgenden Abschnitt ab Seite 658 wurde gezeigt, wie der Aufruf des Berichts geändert werden kann, so dass vor dem Anzeigen des Berichts automatisch das Formular für die Auswahl der Berichtsdaten aufgerufen werden kann.

Teil F

Dienstprogramme und Datenweitergabe

In diesem Teil:

Kapitel 31	Datenbank-Dienstprogramme	667
Kapitel 32	Verknüpfungen zwischen Access und anderen Office-Programmen	679

In diesem Teil möchten wir Ihnen zwei sehr unterschiedliche Themen präsentieren. Wir stellen Ihnen zuerst die Dienstprogramme vor, die Access zur Verwaltung, Pflege und Dokumentation Ihrer Datenbanken anbietet. Anschließend beschreiben wir, wie Sie Ihre Access-Daten in Microsoft Word, Microsoft Excel oder anderen Applikationen weiterverarbeiten können.

In Kapitel 31, Datenbank-Dienstprogramme, erfahren Sie, wie Sie

- Datenbanken komprimieren und reparieren können,
- eine Leistungsanalyse durchführen lassen
- Ihre Datenbank dokumentieren,
- Access-Datenbanken der Vorgängerversionen konvertieren und
- die Objektnamen-Autokorrektur verwenden.

Teil F — Dienstprogramme und Datenweitergabe

Kapitel 32, Office-Verknüpfungen, zeigt:

- den Datentransfer zu Microsoft Word und Microsoft Excel,
- das Erzeugen von Serienbriefen mit Word und weitere Themen.

Kapitel 31

Datenbank-Dienstprogramme

In diesem Kapitel:

Komprimieren und Reparieren	668
Datenbankanalyse	668
Konvertieren von Datenbanken	675
Objektnamen-Autokorrektur	676
Zusammenfassung	678

Kapitel 31 Datenbank-Dienstprogramme

In diesem Kapitel beschreiben wir eine Reihe von Dienstprogrammen, die Sie zur Verwaltung Ihrer Datenbanken einsetzen können.

Komprimieren und Reparieren

Zu den wichtigsten Diensten in Access gehören die Komprimierung und Reparatur von Datenbanken.

Während der Arbeit mit Datenbanken kann es vorkommen, dass durch Programmabstürze, Hardware- oder Netzwerkfehler Datenbanken nicht korrekt geschlossen werden. Dies hat teilweise sehr nachhaltige Folgen: Wird beispielsweise ein Datensatz in eine Tabelle geschrieben und ein Fehler tritt auf, bevor Access auch die Indizes der Tabelle aktualisieren kann, so ist es möglich, dass (falls Ihre Datensätze nach einem Index sortiert angezeigt werden) der Datensatz fehlt, weil für ihn kein Eintrag im Index vorliegt. Solche Fehler sind sehr unangenehm, denn sie fallen nur selten sofort auf ...

Daher sollten Sie regelmäßig Ihre Datenbanken mit der Komprimierungs- und Reparaturfunktion von Access bearbeiten. Dies dauert meist nur wenige Minuten und gibt Ihnen die Sicherheit, dass Ihre Datenbanken konsistent sind!

Der Stellenwert der Komprimierung wird sofort deutlich, wenn wir Ihnen erläutern, wie Access Daten und Objekte in ACCDB-Datenbanken ablegt.

Daten und Objekte wie Formulare, Berichte usw. werden von Access in einer einzigen Datei, nämlich der ACCDB-Datenbankdatei gespeichert. Stellen Sie sich nun vor, Sie löschen ein Formular aus Ihrer Datenbank. Dann wird es aus der Datei entfernt, und an der Stelle, an der es gespeichert war, ist nun freier Speicherplatz. Eine solche Lücke in der Datenbankdatei entsteht auch dann, wenn Sie das Formular bearbeitet haben und die neue Version nur wenig mehr Speicherplatz als die alte benötigt. Dann wird das Formular vollständig an einer anderen Stelle in der ACCDB-Datei abgelegt. Allgemein lässt sich feststellen, dass Access-Dateien mit der Zeit immer größer werden.

Also sollten Sie Ihre Datenbanken regelmäßig komprimieren. Rufen Sie dazu einfach über die Microsoft Office-Schaltfläche den Befehl *Verwalten/Datenbank komprimieren und reparieren* auf.

PROFITIPP   Sie können einstellen, dass eine Datenbank beim Schließen automatisch komprimiert wird. Klicken Sie dazu die Option *Beim Schließen komprimieren* im Bereich *Anwendungsoptionen* an, den Sie über die *Office*-Schaltfläche/*Access-Optionen*/*Aktuelle Datenbank* erreichen.

HINWEIS   Wenn mehrere Benutzer gleichzeitig auf eine Datenbank zugreifen, so kann diese nicht komprimiert und repariert werden. Um eine Datenbank komprimieren und reparieren zu können, darf sie nur von einem Benutzer zur selben Zeit geöffnet werden.

Datenbankanalyse

Zur Analyse Ihrer Datenbank stellt Ihnen Access drei Assistenten zur Verfügung: den Tabellenanalyse-, den Leistungsanalyse- und den Dokumentations-Assistenten.

Der Tabellenanalyse-Assistent

Den Tabellenanalyse-Assistenten haben wir bereits in Kapitel 14, »Der Tabellenanalyse-Assistent«, beschrieben.

Der Assistent zur Leistungsanalyse

Nichts ist nerviger, als vor dem Computer zu sitzen und darauf zu warten, dass er endlich mit der ihm übertragenen Aufgabe fertig wird. Auch wenn die Rechner immer schneller werden, können immer noch erhebliche Wartezeiten auftreten, wenn große Datenmengen bewegt werden. Der Leistungsanalyse-Assistent versucht, Schwachstellen in Ihrer Access-Anwendung aufzuspüren und macht Vorschläge für ihre Beseitigung.

Sie rufen den Assistenten über die Schaltfläche *Leistung wird analysiert* (Registerkarte *Datenbanktools*) auf. Bestimmen Sie dann im Dialogfeld *Assistent zur Leistungsanalyse* die Datenbankobjekte, die der Assistent überprüfen soll.

Abbildg. 31.1 Auswahl der zu überprüfenden Objekte

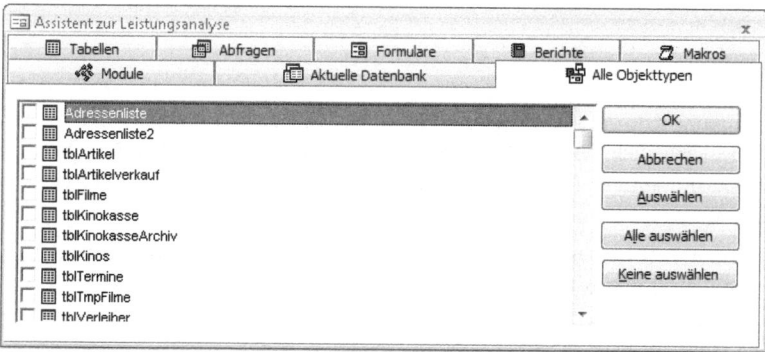

Möchten Sie alle Objekte Ihrer Datenbank auf mögliche Leistungsschwachstellen hin untersuchen lassen, selektieren Sie die Registerkarte *Alle Objekttypen* und klicken auf die Schaltfläche *Alle auswählen*.

Abbildg. 31.2 stellt Ihnen ein typisches Ergebnis der Leistungsanalyse vor. Der Assistent gibt Ihnen Empfehlungen und macht Vorschläge, wie Sie die Leistung Ihrer Datenbank verbessern können.

Selektieren Sie einen Vorschlag oder eine Empfehlung (von denen, die mit Ausrufungs- oder Fragezeichen versehen sind), so aktiviert der Assistent die Schaltfläche *Optimieren*. Betätigen Sie die Schaltfläche, werden alle markierten Vorschläge und Empfehlungen vom Assistenten entsprechend korrigiert.

Kapitel 31 Datenbank-Dienstprogramme

Abbildg. 31.2 Mit den besten Empfehlungen

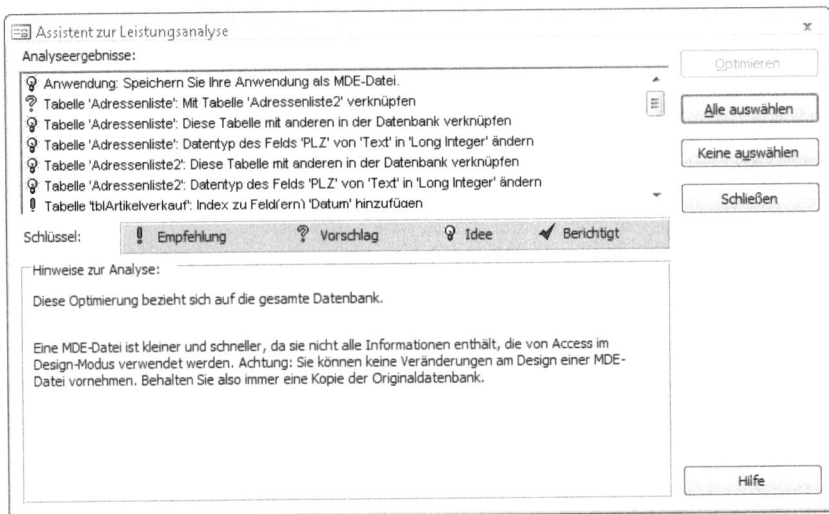

Der Dokumentierer

Die Dokumentation von Access-Anwendungen ist ein schwieriges Problem und zwar sowohl technisch als auch menschlich. Technisch insofern, als dass Access-Formulare, Berichte usw. schwer zu dokumentieren sind, und menschlich, weil die meisten Anwender und Programmierer dazu neigen, die Dokumentation als ungeliebte Nebensache abzutun oder ganz zu vergessen.

Der Beitrag von Access zur Dokumentation ist der Dokumentierer, ein Assistent, der die Definitionen aller Access-Datenbankobjekte ausdrucken kann. Sie rufen den Assistenten über die Schaltfläche *Datenbankdokumentierer* (Registerkarte *Datenbanktools*) auf. Treffen Sie dann im Dialogfeld *Dokumentierer* eine Auswahl der zu dokumentierenden Objekte.

Abbildg. 31.3 Auswahl der zu dokumentierenden Objekte

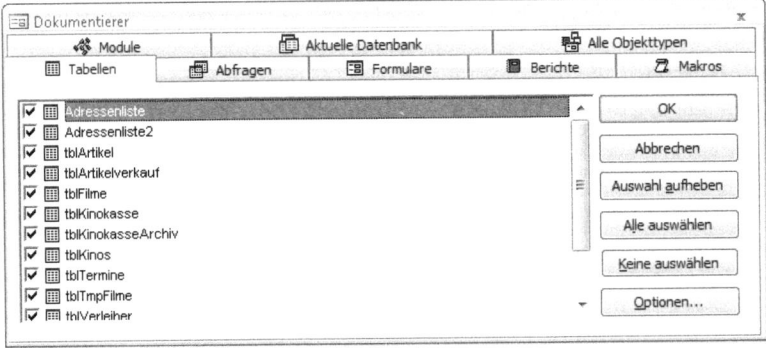

Über die Schaltfläche *Optionen* im Dialogfeld *Dokumentierer* blenden Sie das Dialogfeld *Tabellendefinition drucken* ein, in dem Sie vereinbaren, welche Bestandteile Ihrer Datenbankobjekte berücksichtigt werden sollen.

Abbildg. 31.4   Was soll dokumentiert werden?

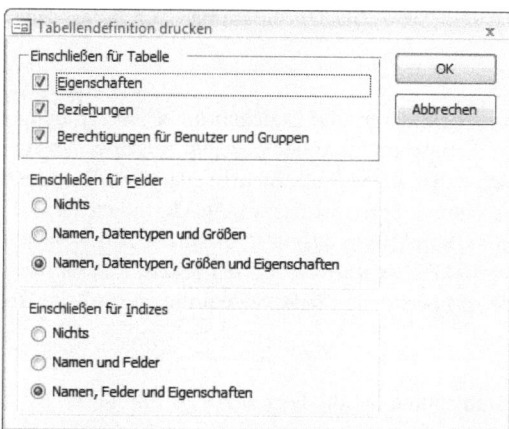

Der Assistent erstellt in den meisten Fällen einen langen und unübersichtlichen Ausdruck, der als alleinige Dokumentation nach unserer Meinung nicht ausreicht. Aber machen Sie sich selbst ein Bild davon ...

Abbildg. 31.5   Die fertige Dokumentation

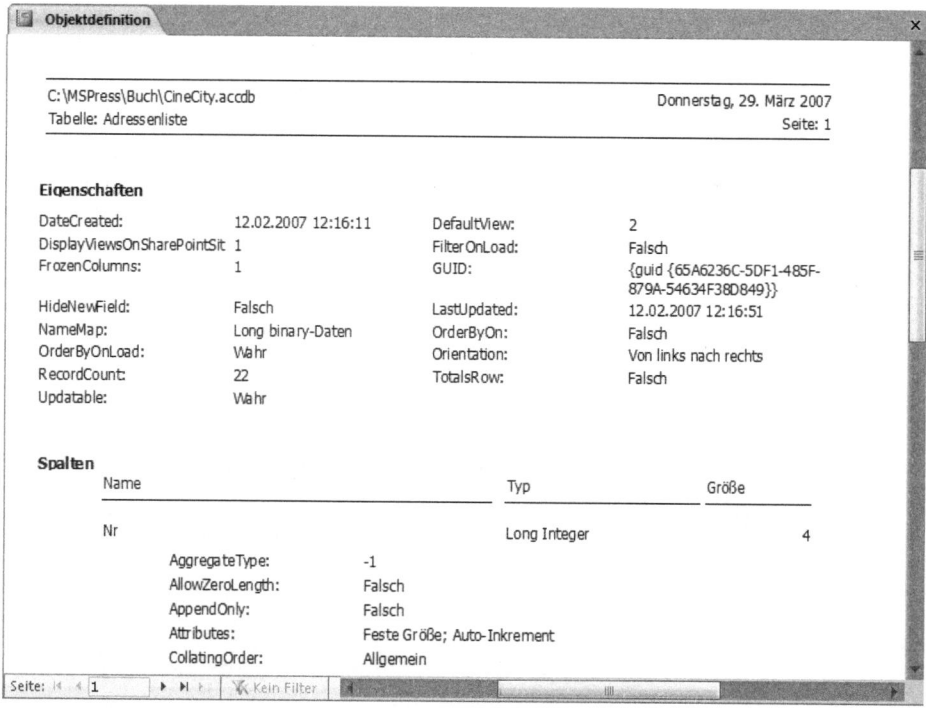

Da viele Anwender und Programmierer mit der von Microsoft angebotenen Dokumentation unzufrieden sind, werden inzwischen eine Reihe von Zusatzprogrammen zur Access-Dokumentation angeboten.

PROFITIPP

Insbesondere die Dokumentation von Formularen und Berichten ist schwierig, denn nur schwer lassen sich Berechnungen, Auswertungen und Abhängigkeiten zwischen den Steuerelementen beschreiben. Wir empfehlen daher, die vom Assistenten generierte Dokumentation in eine Textverarbeitung zu übernehmen. Dies ist leicht möglich, indem Sie in der Seitenansicht des Berichtes *Objektdefinition* die Schaltfläche *In eine RTF-Datei exportieren* betätigen und so die Ausgabe des Assistenten in ein RTF-Dokument umsetzen lassen, das Sie dann in Word laden können. Sie können nun in Word überflüssige Teile löschen und zusätzliche Dokumentationstexte aufnehmen.

Für die Dokumentation von Formularen sollten Sie die Formulare als Bild in die Dokumentation aufnehmen. Gehen Sie dazu wie folgt vor:

1. Rufen Sie das gewünschte Formular in der Formularansicht auf.
2. Betätigen Sie die Tastenkombination [Alt]+[Druck], um das Access-Fenster als Bild in die Windows-Zwischenablage zu kopieren.
3. Wechseln Sie über die Taskleiste zu Microsoft Word.
4. Übernehmen Sie das Bild des Access-Fensters beispielsweise mit [Strg]+[V] in das Word-Dokument.

Dokumentation von Beziehungen

Für die Dokumentation von Beziehungen bietet Ihnen Access zwei Optionen: entweder Sie verwenden erneut den *Datenbankdokumentierer* auf der Registerkarte *Datenbanktools* oder Sie lassen sich die Beziehungen über die Schaltfläche *Beziehungen* (Registerkarte *Datenbanktools*) anzeigen und klicken dann auf die Schaltfläche *Beziehungsbericht* (Registerkarte *Entwurf*).

Haben Sie den Datenbankdokumentierer aufgerufen, selektieren Sie dort auf dem Registerblatt *Aktuelle Datenbank* die Option *Beziehungen*.

Abbildg. 31.6   Auswahl für Beziehungen

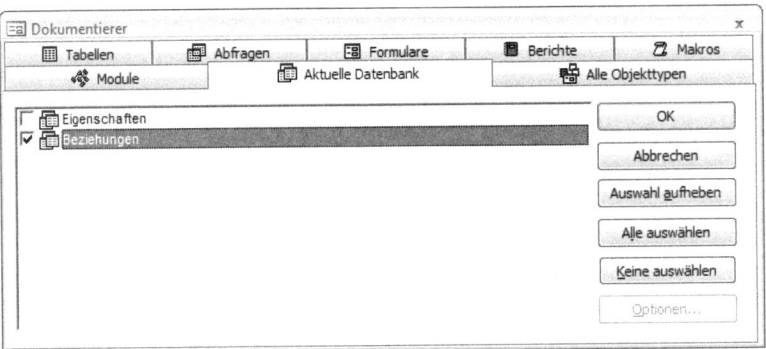

Datenbankanalyse

Abbildg. 31.7 zeigt das Dokumentationsergebnis. Die Beziehungen werden untereinander aufgeführt.

Abbildg. 31.7 Dokumentierte Beziehungen

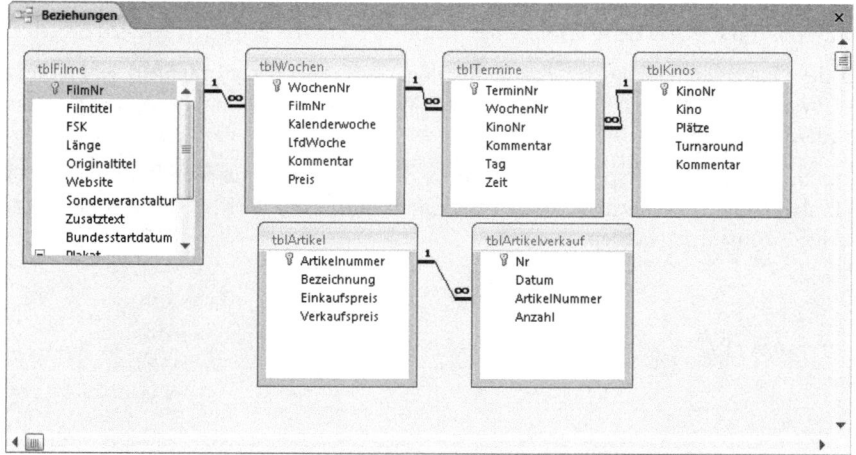

Die Darstellung ist nicht sehr übersichtlich, deshalb sollten Sie die im Folgenden beschriebene Dokumentationsmethode für Beziehungen einsetzen. Schließen Sie dazu die Seitenansicht des Berichtes *Objektdefinition*.

Öffnen Sie das *Beziehungen*-Fenster (Kapitel 12) über die Schaltfläche *Beziehungen* (Registerkarte *Datenbanktools*).

Abbildg. 31.8 Beziehungsfenster

Wählen Sie nun die Schaltfläche *Beziehungsbericht* (Registerkarte *Beziehungstools-Entwurf*). Access erstellt jetzt einen Bericht mit der Dokumentation der Beziehungen, wobei die Anordnung der Tabellen im *Beziehungen*-Fenster im Bericht entsprechend wiedergegeben wird.

Abbildg. 31.9 Beziehungsbericht

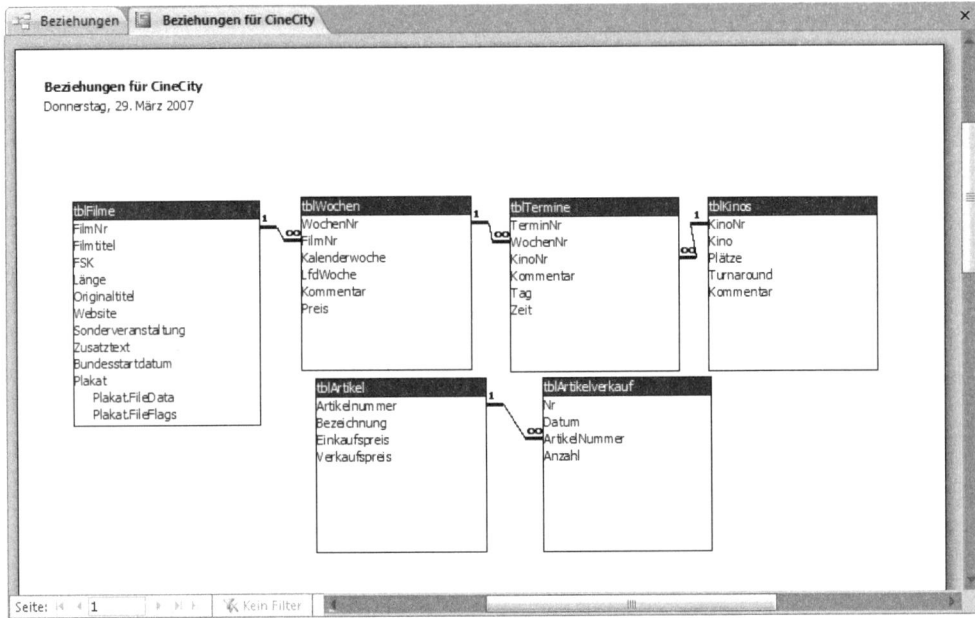

Der erstellte Beziehungsbericht ist in den meisten Fällen sehr viel übersichtlicher als die mit dem Dokumentierer erzeugte Beziehungsdarstellung.

Der Beziehungsbericht kann über Schaltfläche *Office*/Befehl *Speichern unter*/*Objekt speichern als* unter einem Namen abgespeichert werden. Es ist ein normaler Access-Bericht, der auch in der Entwurfsansicht bearbeitet werden kann. Abbildg. 31.10 zeigt den hier als Beispiel generierten Bericht im Entwurf, wobei für die selektierte Feldliste der Tabelle *tblFilme* das Eigenschaftsblatt eingeblendet ist.

Auf dem Eigenschaftsblatt für das in Abbildg. 31.10 selektierte Listenfeld sehen Sie, dass Access eine Werteliste erzeugt hat, deren einzelne Werte die Feldbezeichnungen der dokumentierten Tabelle sind.

Wenn Sie den *Herkunftstyp* zu *Feldliste* sowie die *Datensatzherkunft* ändern, so wie es in Abbildg. 31.11 dargestellt ist, erreichen Sie, dass bei jedem Aufruf des Berichts die aktuellen Feldnamen der Tabelle dokumentiert werden.

Abbildg. 31.10 Entwurfsansicht des Beziehungsberichts

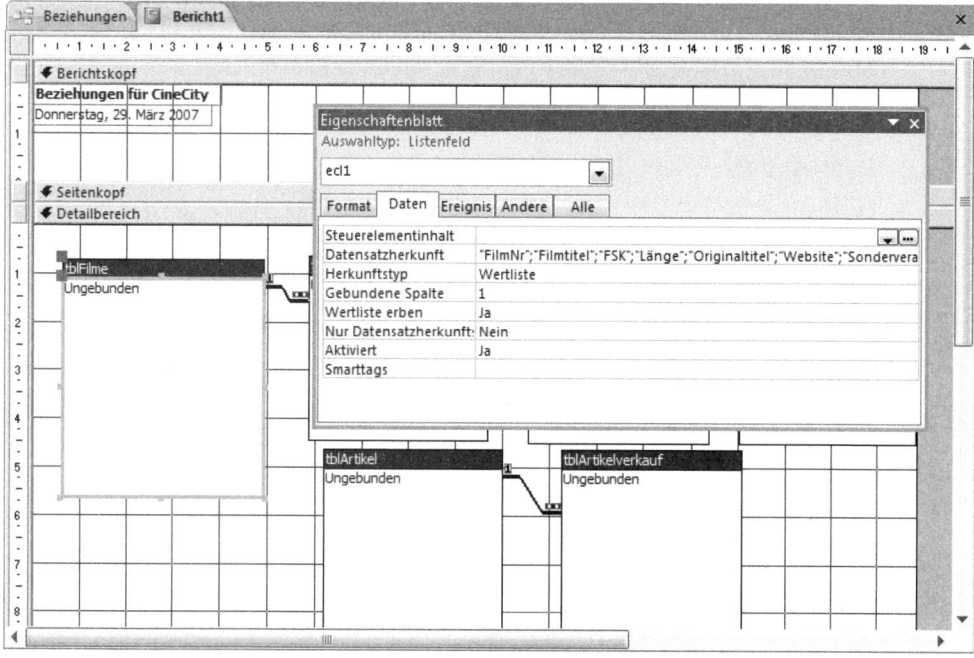

Abbildg. 31.11 Geänderter Herkunftstyp

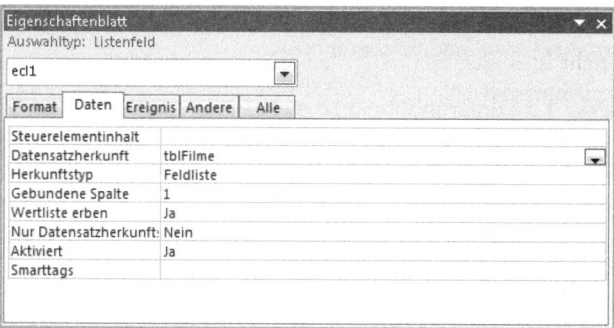

Beachten Sie dabei aber, dass, wenn neue Felder zu der dokumentierten Tabelle hinzugekommen sind, diese nur dann im Bericht zu sehen sind, wenn das Listenfeld lang genug ist. Ist die Länge des Listenfeldes nicht ausreichend, werden Einträge gegebenenfalls nicht angezeigt.

Konvertieren von Datenbanken

In Microsoft Office Access 2007 können Sie Datenbanken, die mit Access 2002-2003 oder Access 2000 erstellt wurden, öffnen und bearbeiten, ohne sie zu konvertieren. Beim Versuch, eine mit Access 97 erstellte Datenbank zu öffnen, gibt es zwei Vorgehensweisen: konvertieren oder angepasst öffnen. Dabei erhalten Sie das in Abbildg. 31.12 dargestellte Dialogfeld eingeblendet.

Datenbanken, die mit Access 2.0 oder Access 95 erstellt worden sind, können nicht direkt in das Access 2007 Dateiformat konvertiert werden, sondern müssen zuerst mithilfe einer der früheren Access-Versionen (2000 bis 2003) auf deren Stand konvertiert werden. Das einfache Öffnen und Bearbeiten der Daten ohne Konvertierung ist nur unter Einschränkungen möglich.

Abbildg. 31.12   Dialogfeld beim Öffnen von Access 97-Datenbanken

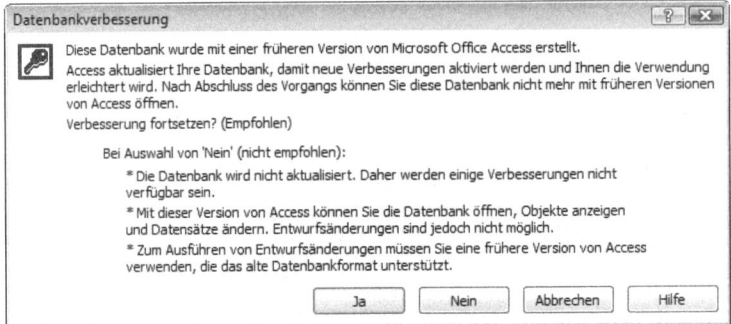

Konvertieren einer Datenbank

Wählen Sie die Schaltfläche *Ja*, wird die Datenbank entweder in eine Access 2000-, 2002-2003- oder eine Access 2007-Datenbank umgewandelt, je nachdem, was in den *Access-Optionen* in der Kategorie *Häufig verwendet* als *Standarddateiformat* eingestellt ist. Sie können eine konvertierte Datenbank dann nicht mehr mit den alten Access-Versionen verwenden. Übrigens bleibt bei der Konvertierung die Original-Datenbank erhalten, Access erzeugt bei der Konvertierung eine neue Datei.

Eine Konvertierung ist notwendig, wenn Sie mit Access 97 nicht nur Daten, Formulare, Berichte usw. nutzen wollen, sondern diese auch modifizieren möchten.

HINWEIS   Zum Aufruf der Konvertierungsfunktion steht Ihnen über die *Office*-Schaltfläche/Befehl *Speichern unter/Datenbank in anderem Format speichern* eine Auswahl von möglichen Konvertierungsformaten (Access 2000 oder 2002-2003) zur Verfügung.

Datenbank angepasst öffnen

Laden Sie die Datenbank durch Auswahl der Option *Nein*, im Dialogfeld *Datenbankverbesserung*, wird die Datenbank so umgesetzt, dass Sie damit arbeiten können. Das bedeutet, Sie können auf die Daten in der Datenbank lesend und schreibend zugreifen und alle Objekte wie Abfragen, Formulare usw. nutzen, diese aber nicht ändern.

Objektnamen-Autokorrektur

Stellen Sie sich vor, Sie haben eine umfangreiche Datenbankanwendung erstellt. Nun fällt Ihnen auf, dass Sie einen ärgerlichen Schreibfehler bei einem Feldnamen in einer Tabelle haben, also beispielsweise in der Kino-Tabelle statt *Kino* leider *Kini* getippt hatten. Wenn Sie nun den Feldnamen in der Tabelle ändern, so müssen Sie anschließend alle Vorkommen des Feldnamens in Abfragen, Formulare und Berichten ändern, sonst werden viele Fehlermeldungen angezeigt …

Mithilfe der Objektnamen-Autokorrektur können Sie den Vorgang des Umbenennens automatisieren. Wenn sie eingeschaltet ist, werden Änderungen beispielsweise eines Feldnamens überall dort geändert, wo er verwendet wird, wobei die Objektnamen-Autokorrektur so geschaltet werden kann, dass alle Änderungen protokolliert werden.

HINWEIS Beachten Sie, dass die Objektnamen-Autokorrektur in folgenden Objekten keine Ersetzungen vornimmt:

- Makros (Kapitel 33, »Makros«)
- Visual-Basic-Code (in Formularen, Berichten und Modulen)
- Access-Projekten
- Ungültigen SQL-Anweisungen

Einschalten der Objektnamen-Autokorrektur

In den *Optionen für Objektnamen-Autokorrektur* (erreichbar über die *Office*-Schaltfläche/*Access-Optionen*/*Aktuelle Datenbank*) wird die Objektnamen-Autokorrektur in drei Stufen eingeschaltet.

1. Als ersten Schritt müssen Sie das erste Kontrollkästchen *Informationen aufzeichnen* aktivieren. In der Access-Version, die zum Schreiben des Buches verwendet wurde, lautet diese Bezeichnung irrtümlich *Änderungen für Objektnamen-Autokorrektur protokollieren*.

Abbildg. 31.13   Dialogfeld *Access-Optionen* zum Aktivieren der Objektnamen-Autokorrektur

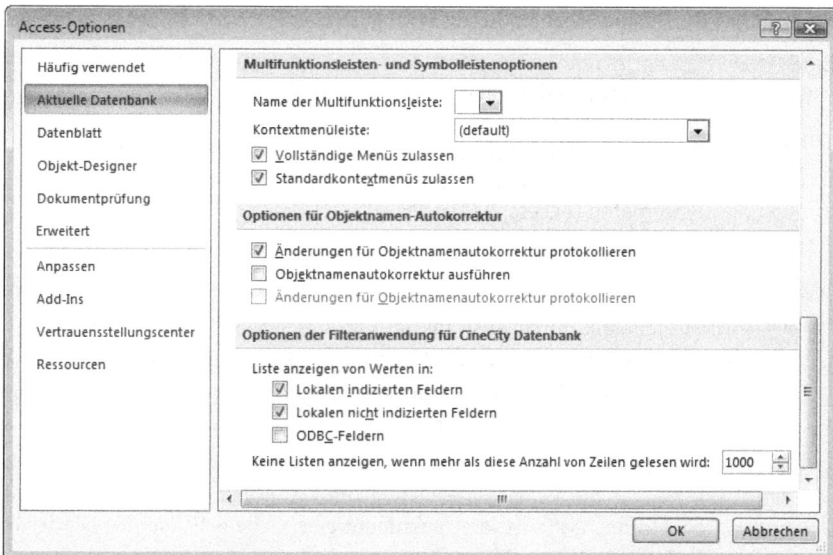

Nach dem Aktivieren der Option erhalten Sie die folgende Meldung, die Sie darauf hinweist, dass in der Datenbank entsprechende Daten erstellt werden müssen.

Bisher werden die Umbenennungen nur protokolliert, es werden noch keine automatischen Änderungen in der Datenbank durchgeführt.

Abbildg. 31.14   Warnmeldung

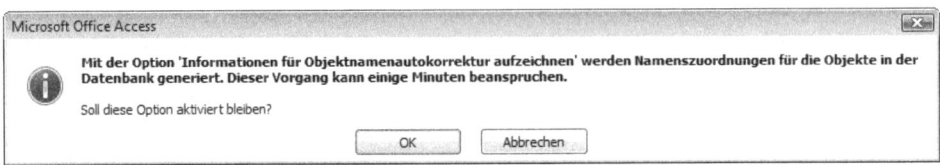

2. Aktivieren Sie das Kontrollkästchen *Objektnamenautokorrektur ausführen*, so werden die protokollierten Änderungen für jedes Objekt durchgeführt.

3. Schalten Sie die dritte Option *Änderungen für Objektnamenautokorrektur protokollieren* ein, so wird jeder der Korrekturschritte in der Tabelle *Objektnamen-Autokorrektur-Protokoll* festgehalten. Die Tabelle wird von Access selbst angelegt und ist dementsprechend im Navigationsbereich bei den *Tabellen*-Objekten zu finden.

Als Beispiel haben wir in der Tabelle *tblFilme* das Feld *Filmtitel* in *Titel* umbenannt. Anschließend öffnen wir die Abfrage *qryFilmeOhneOriginaltitel*, die einen Verweis auf das Feld *Filmtitel* enthält. Access korrigiert *Filmtitel* zu *Titel* und protokolliert den Vorgang, wie es die nächste Abbildung zeigt.

Abbildg. 31.15   Tabelle *Objektnamen-Autokorrekturprotokoll*

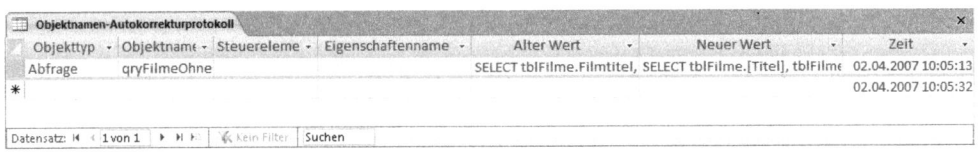

HINWEIS   Beachten Sie, dass Access zwischen Feld-, Steuerelement- und Eigenschaftsnamen unterscheidet. Ändern Sie beispielsweise einen Feldnamen einer Tabelle, wird ein gleichnamiges Steuerelement nicht umbenannt.

Zusammenfassung

Dieses Kapitel stellte Hilfsprogramme innerhalb von Access vor, die Ihnen unter Umständen nützlich sein können.

- Um Datenbankfehler zu bereinigen, die beispielsweise beim Absturz der Datenbank aufgetreten sind, ist der Reparierdienst der Datenbank sehr hilfreich. Ebenso ist es sinnvoll, die Datenbank ab und an zu komprimieren. Wie das geht, beschrieb Ihnen der erste Abschnitt des Kapitels ab Seite 668.

- Ebenso nützlich ist der Assistent zur Leistungsanalyse, der ab Seite 669 beschrieben wurde. Mit seiner Hilfe können Sie diejenigen Stellen in Ihrer Anwendung aufspüren kann, die Wartezeiten verursachen. Hilfreich ist auch der Dokumentierer (Seite 670), der Sie bei der Dokumentation der Formulare, Berichte etc. unterstützt.

- Haben Sie eine Datenbank vorliegen, die mit einer älteren Access-Version erstellt wurde, so werden Sie automatisch dazu aufgefordert, diese Datenbank zu konvertieren (Seite 675).

- Im letzten Abschnitt erläuterten wir Ihnen die Möglichkeiten der Objektnamen-Autokorrektur. Sie korrigiert Verweise zwischen Datenbankobjekten und vereinfacht so das Weitergeben von Änderungen an Objekt-, Eigenschaften- und Steuerelementnamen innerhalb der Datenbank.

Kapitel 32

Verknüpfungen zwischen Access und anderen Office-Programmen

In diesem Kapitel:

Über die Zwischenablage	680
Serienbriefe mit Microsoft Word	685
Zugriff auf Excel-Daten	691
Export von Daten	694
Zusammenfassung	695

Kapitel 32 Verknüpfungen zwischen Access und anderen Office-Programmen

Access macht es Ihnen einfach, Ihre Access-Daten zu Microsoft Word zu transferieren oder Ihre Tabellen und Abfrageergebnisse in Microsoft Excel auszuwerten. Interessant ist die Verbindung von Access zu Word insbesondere für Serienbriefe. Sie können beispielsweise in Access zusammengestellte Adressdaten an Word zur Erstellung von Serienbriefen weitergeben.

Über die Zwischenablage

Die Weitergabe von Daten über die Zwischenablage ist eine Funktion, die fast alle Windows-Anwendungen beherrschen. In Kapitel 3 hatten wir Ihnen die Arbeit mit der Zwischenablage bereits kurz vorgestellt.

Dabei werden zwei Zwischenablagen unterschieden: die Office-Zwischenablage und die System-Zwischenablage. Beim Kopieren verschiedener Elemente in Access werden diese Elemente in die Office-Zwischenablage kopiert, deren Inhalt Sie sich über die kleine Schaltfläche rechts unten in der Gruppe *Zwischenablage* (Registerkarte *Start*) in jedem beliebigen Office-Programm anzeigen lassen können.

Abbildg. 32.1 Die Office-Zwischenablage

Das zuletzt kopierte Element ist automatisch auch Inhalt der System-Zwischenablage. Beim Verwenden der Schaltfläche *Einfügen* oder der Tastenkombination [Strg] + [V] wird der Inhalt der System-Zwischenablage eingefügt. Inhalte der Office-Zwischenablage rufen Sie ausschließlich im Aufgabenbereich *Zwischenablage* auf.

Über die Zwischenablage

Übrigens unterstützt die Microsoft Office-Zwischenablage nicht das Kopieren ganzer Access-Objekte wie Formulare oder Berichte, ebenso wenig wie den Befehl *Inhalte einfügen*. Hier ist in beiden Fällen die Systemzwischenablage zuständig.

Daten aus Tabellen und Abfragen

Führen Sie die Übernahme der Daten über die Zwischenablage mit den folgenden Schritten durch:

1. Rufen Sie die gewünschte Tabelle oder Abfrage in der Datenblattansicht auf.
2. Markieren Sie die zu übertragenden Daten, beispielsweise ganze Zeilen oder Spalten bzw. nur die gewünschte Zelle. Möchten Sie einen Block von Zellen selektieren, so halten Sie die ⇧-Taste gedrückt, während Sie mit der Maus die linke obere und die rechte untere Zelle des Blocks anklicken.
3. Wählen Sie Schaltfläche *Kopieren* auf der Registerkarte *Start* aus.

   Die Befehle *Ausschneiden* oder *Löschen* sind übrigens nicht aktiviert, solange nicht ganze Zeilen bzw. Datensätze oder ganze Spalten markiert sind. Möchten Sie Daten ausschneiden oder löschen, so erhalten Sie zuvor von Access eine Bestätigungsmeldung eingeblendet, ob Sie die Daten auch wirklich aus der Tabelle oder Abfrage entfernen möchten.

   Mit dem Befehl Ausschneiden oder Kopieren werden die Daten in die Zwischenablage eingefügt.

Abbildg. 32.2   Markierter Tabellenbereich in Zwischenablage eingefügt

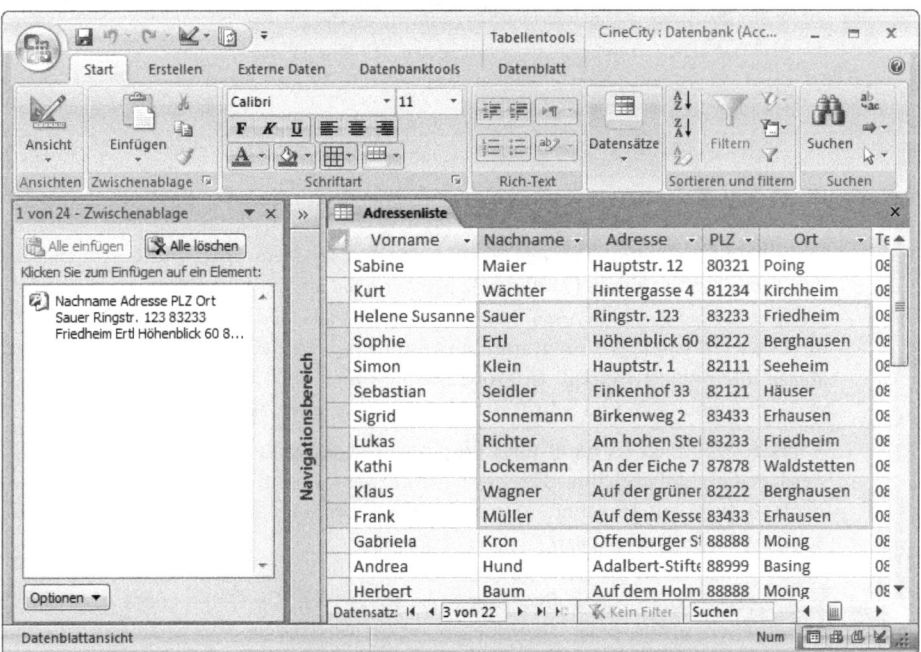

4. Starten Sie nun Word, Excel oder eine andere Applikation oder wechseln Sie über die Taskleiste zum gewünschten Programm, falls es schon geöffnet ist.

Kapitel 32 Verknüpfungen zwischen Access und anderen Office-Programmen

5. Übernehmen Sie die Daten aus der Zwischenablage durch Aufruf des Befehls *Einfügen im Kontextmenü*. Alternativ klicken Sie die Schaltfläche *Einfügen* auf der Registerkarte *Start*.

Abbildg. 32.3   Markierte Daten in Word eingefügt

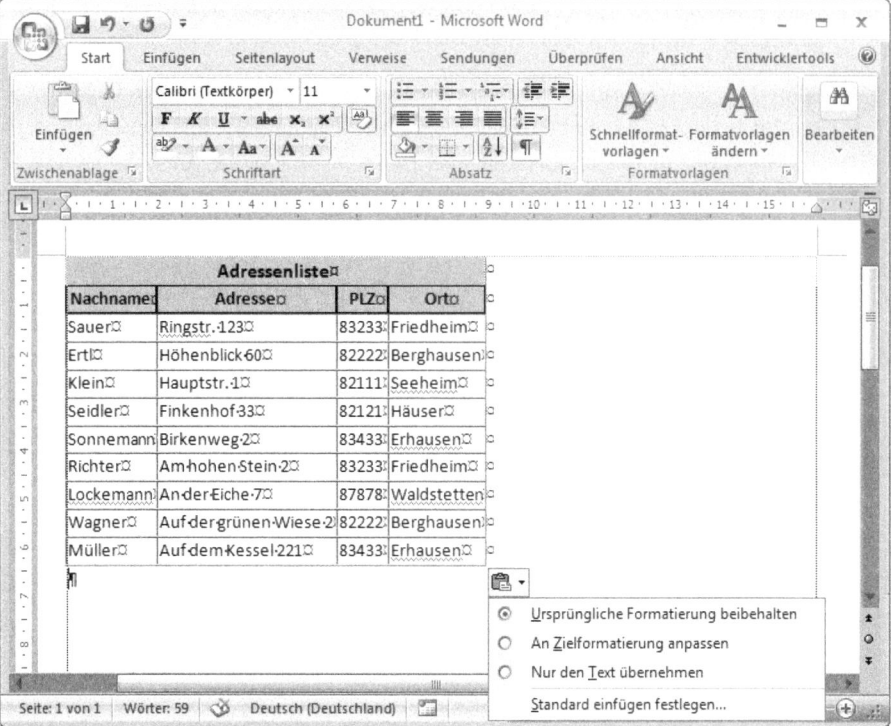

Die Schaltfläche *Einfügeoptionen* wird direkt unter Ihrer eingefügten Auswahl angezeigt, nachdem Sie den Text eingefügt haben (Abbildg. 32.3). Wenn Sie auf die Schaltfläche klicken, wird eine Liste angezeigt, in der Sie auswählen können, wie die Informationen in Ihr Dokument eingefügt werden. Wie die Daten im jeweiligen Programm ankommen, hängt davon ab, wie die Daten aus der Zwischenablage interpretiert werden. In Word beispielsweise wird automatisch eine Word-Tabelle angelegt, wobei Spaltenbreiten und Schriftformatierungen erhalten bleiben.

Abbildg. 32.4 zeigt in Excel über die Office-Zwischenablage eingefügte Access-Daten. Auch hier werden die Feldbezeichnungen als Überschriften übernommen. Außerdem wird der Name der Access-Tabelle mit eingefügt. Wie in Word erscheint direkt nach dem Einfügen die »schwebende« Schaltfläche *Einfügeoptionen*.

TIPP   Bei großen Datenmengen sollten Sie die Daten nicht über die Zwischenablage weitergeben, sondern die Daten besser exportieren (siehe Abschnitt »Export von Daten«).

Abbildg. 32.4   In Excel übernommene Daten

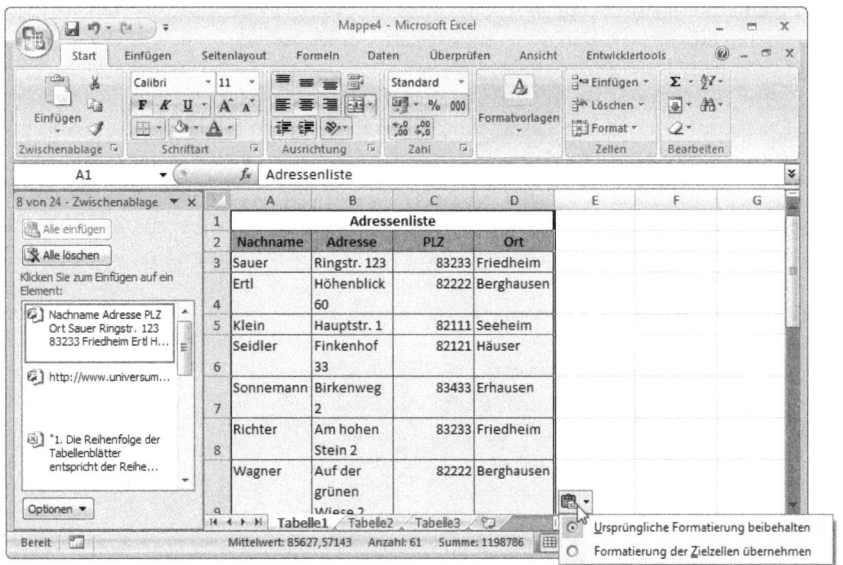

Daten aus Formularen

Möchten Sie die Daten des aktuellen Datensatzes aus einem Formular in die Zwischenablage kopieren, so müssen Sie zuerst den Datensatz mithilfe des Datensatzmarkierers selektieren, wie es in Abbildg. 32.5 dargestellt ist. Wählen Sie nun *Kopieren*.

Abbildg. 32.5   Markierter Datensatz

Kapitel 32 Verknüpfungen zwischen Access und anderen Office-Programmen

Möchten Sie nicht nur den einen aktuellen Datensatz übertragen, sondern die gesamte Datensatzgruppe, die dem Formular zugrunde liegt, so wechseln Sie in die Datenblattansicht des Formulars und markieren Sie dort die Daten, die transferiert werden sollen.

HINWEIS Es werden die für die Daten definierten Anzeigeformate weitgehend mit übertragen. Das ist in den meisten Fällen sehr hilfreich, denn die Daten werden dann in Word oder Excel korrekt angezeigt.

Wir haben beispielsweise den in Abbildg. 32.5 gezeigten Datensatz in die Zwischenablage kopiert und in Excel eingefügt. Abbildg. 32.6 zeigt das Ergebnis des Datentransfers.

Abbildg. 32.6 Sinnvolle Übernahme der Anzeigeformate

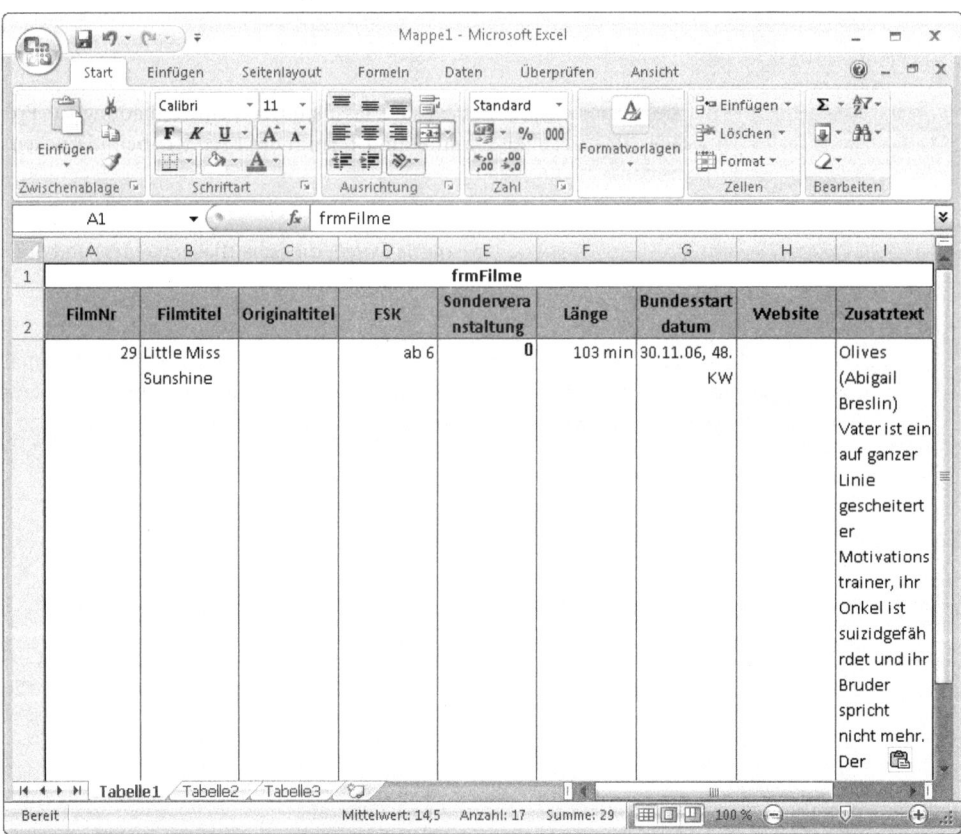

Serienbriefe mit Microsoft Word

Access-Daten und Word-Dokumente lassen sich mithilfe der Serienbrieffunktionen zusammenführen, um Rundschreiben, Werbebriefe und vieles mehr zu erstellen.

Für Serienbriefe können Sie entweder aus Word auf Access-Datenbanken, d.h. auf Tabellen und Abfragen, zugreifen, oder Sie können aus Access heraus die Word-Serienbrieffunktionen nutzen. Wir möchten Ihnen in diesem Abschnitt die Erstellung von Serienbriefen aus Access heraus erläutern.

PROFITIPP Verwenden Sie als Datenbasis für den Seriendruck anstelle einer Tabelle eine Abfrage, so stehen Ihnen alle Möglichkeiten der Auswertung und Sortierung für die Abfrage zur Verfügung.

Den Brief anlegen

An alle Adressen, die in der Tabelle *Adressenliste* erfasst sind, soll eine Einladung zur Premiere eines Films versendet werden. Dabei sollen Filmtitel und Termin der Premiere beim Drucken der Serienbriefe eingegeben werden.

1. Selektieren Sie die Tabelle *Adressenliste* im Navigationsbereich.
2. Rufen Sie nun über die Registerkarte *Externe Daten*, die Schaltfläche *Weitere* und *Seriendruck mit Microsoft Office Word* den *Microsoft Word-Seriendruck-Assistenten* auf.

Abbildg. 32.7   Vorhandenes oder neues Seriendruck-Dokument?

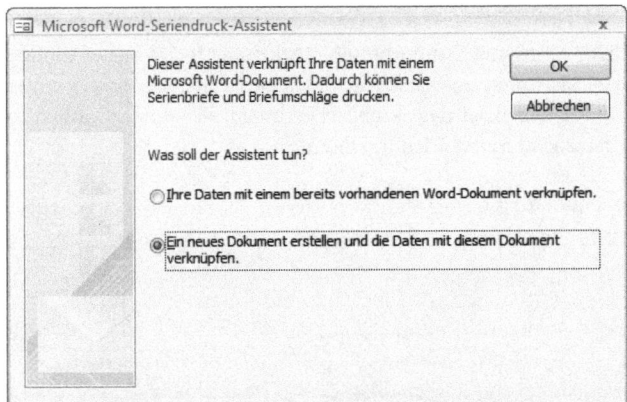

3. Da wir für unser Beispiel noch kein Serienbriefdokument in Word vorbereitet haben, selektieren Sie im Dialogfeld des Assistenten die zweite Option: *Ein neues Dokument erstellen ....*

Als Nächstes wird Word aufgerufen. Zudem wird automatisch der Seriendruck-Assistent von Word im Aufgabenbereich auf der rechten Seite des Programmfensters aktiviert.

Abbildg. 32.8   Word mit Seriendruck-Assistent

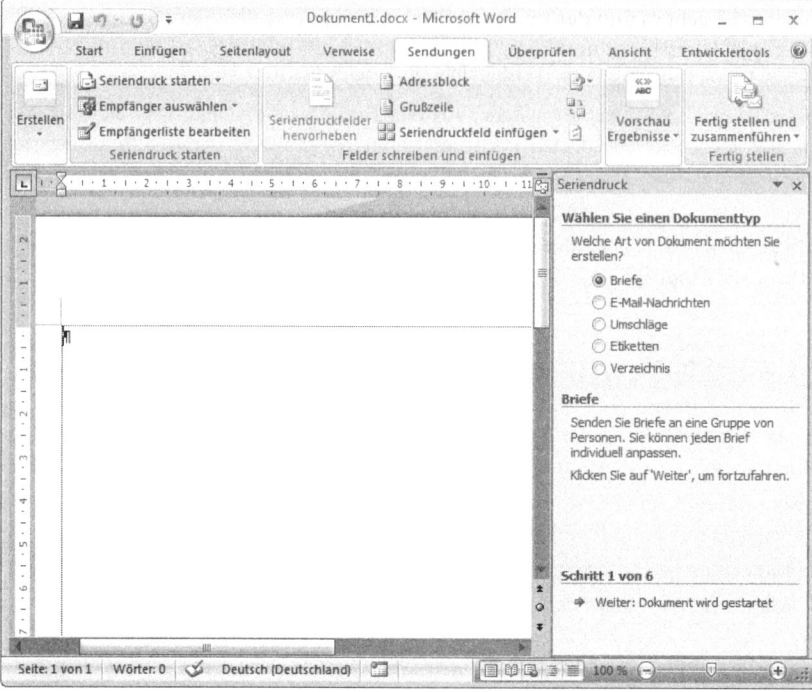

4. Für die Schritte 1 bis 3 (Schritt 1 siehe Abbildg. 32.8, Schritte 2-4 siehe Abbildg. 32.9) müssen Sie nichts weiter tun, als unten auf *Weiter* zu klicken, da Sie (Schritt 1) einen Brief erstellen möchten, (Schritt 2) für den Brief das aktuelle Dokument verwenden wollen sowie (Schritt 3) die ausgewählte Adressenliste verwenden möchten.

Abbildg. 32.9   Die Schritte zum Serienbriefe

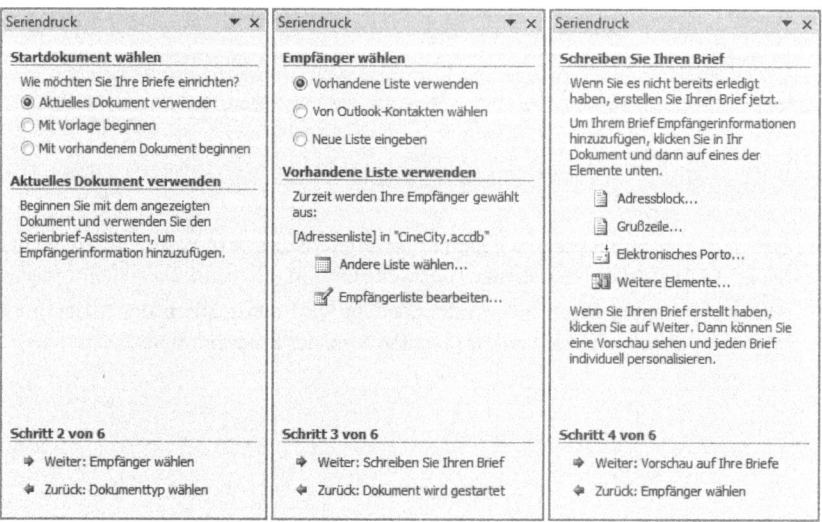

Einen Adressblock einfügen

In Schritt 4 geht es nun darum, Ihren Brief anzulegen. In den meisten Fällen benötigen Sie erst einmal einen Adressblock und können den entsprechenden Eintrag im Assistenten anwählen. Sie rufen damit das in Abbildg. 32.10 dargestellte Dialogfeld auf, in dem Sie festlegen können, welches Aussehen Ihr Adressblock haben soll.

Abbildg. 32.10 Legen Sie die Form des Adressblocks fest

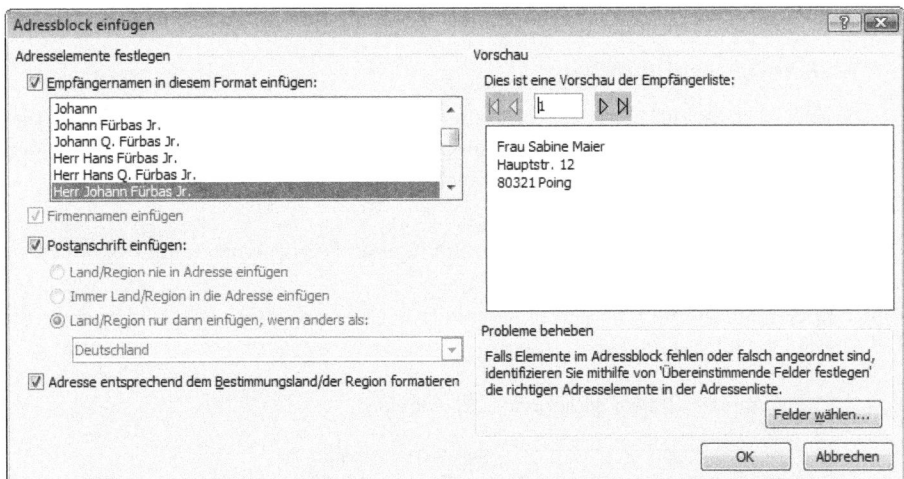

Bevor Sie Ihre Auswahl bestätigen, ist es sinnvoll, die Zuweisung der im Adressblock verwendeten Felder zu kontrollieren. Klicken Sie dazu auf die Schaltfläche *Felder wählen*.

Abbildg. 32.11 Die Zuordnung der Felder überprüfen bzw. festlegen

Kapitel 32 Verknüpfungen zwischen Access und anderen Office-Programmen

Im Dialogfeld *Übereinstimmende Felder festlegen* hat Access bereits einige Zuordnungen getroffen. Wenn die von Ihnen definierten Felder mit den Feldnamen übereinstimmen, die Access erwartet, wurden entsprechende Zuordnungen festgelegt. Da, wo Access aber beispielsweise den Feldnamen *Firma* erwartet, wurde das zuzuordnende Feld in der CineCity-Datenbank *Verteiler* genannt. Diese Zuordnung müssen Sie also jetzt noch definieren. Weitere Zuordnungen brauchen Sie nicht vornehmen.

Für den Adressblock wird eine Feldfunktion eingefügt, die mit «*Adresse*» bezeichnet wird. Möchten Sie ausprobieren, was Access für diese Feldfunktion einfügt, so klicken Sie auf der Seriendruck-Symbolleiste auf die Schaltfläche *Vorschau Ergebnisse*.

Die Briefanrede einfügen

Um den Brief fortzuführen, soll jetzt eine Briefanrede eingefügt werden. Falls Sie die Adressaten Ihrer Briefe nicht einfach mit »Hallo« ansprechen möchten, müssen Sie unterscheiden, ob in der Anrede Herr oder Frau steht, um »Sehr geehrte Frau ...« bzw. »Sehr geehrter Herr ...« schreiben zu können.

Eine solche Unterscheidung können Sie mithilfe einer *Regel* definieren. Im Dokument wurde bereits *Sehr* eingetragen.

1. Klicken Sie auf die Schaltfläche *Regeln* der Registerkarte *Sendungen* und in der geöffneten Auswahlliste auf *Wenn...Dann... Sonst*.

Abbildg. 32.12   Für die Anrede wird ein Bedingungsfeld eingefügt

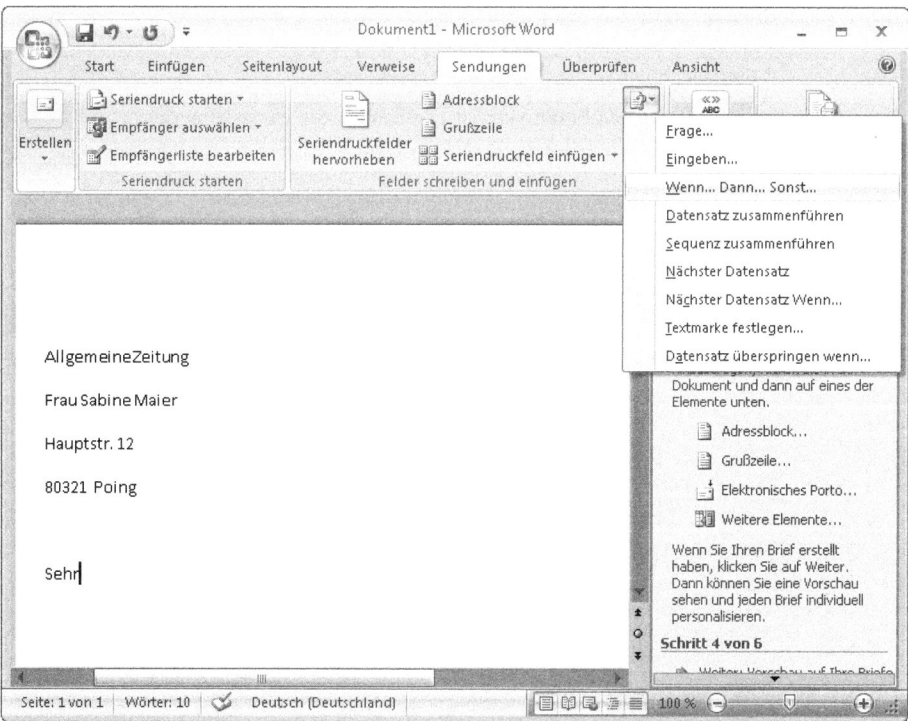

2. Sie öffnen damit ein Dialogfeld, das Sie bei der Definition der Wenn-Dann-Bedingung unterstützt. Abbildg. 32.13 zeigt die benötigte Bedingung: Wenn im Feld *Anrede Frau* eingetragen ist, dann soll für die Anrede *geehrte Frau* eingesetzt werden, ansonsten soll die Anrede mit *geehrter Herr* weitergeführt werden.

Abbildg. 32.13   Definition der Wenn-Dann-Bedingung für die Briefanrede

Jetzt fehlt nur noch der zu verwendende Nachname.

3. Öffnen Sie dazu mit der Schaltfläche *Seriendruckfeld einfügen* die folgende Auswahlliste und wählen Sie darin das Feld *Nachname* aus.

Abbildg. 32.14   Mit dem Nachnamen wird die Anrede vervollständigt

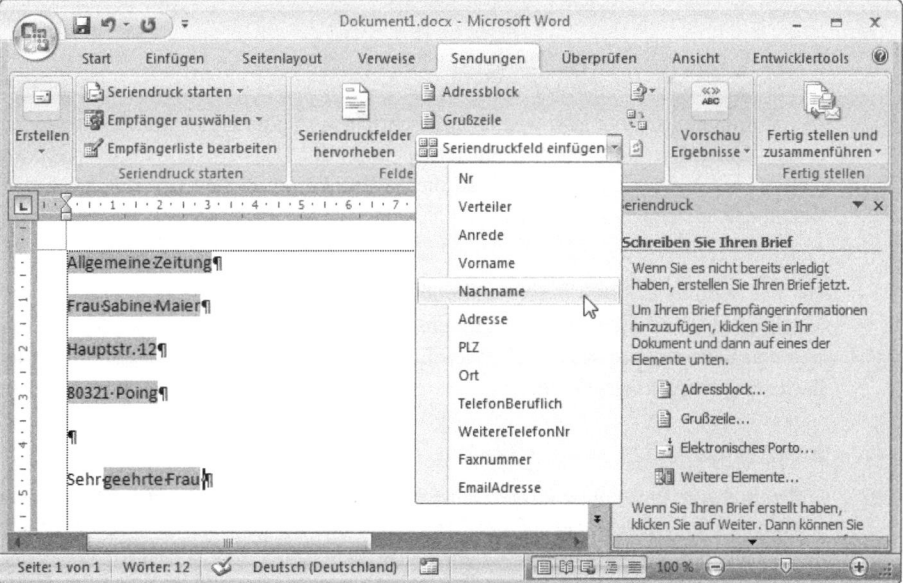

Eine Briefanrede von Access einfügen lassen

Es besteht auch die Möglichkeit, eine Briefanrede von Access einfügen zu lassen. Allerdings funktioniert die nur dann, wenn Sie im Feld *Anrede* in der Datenbank überall Herr und nicht Herrn eingetragen haben. Dann wird zwar die Anrede im Adressblock falsch, aber die Briefanrede funktioniert … .

Möchten Sie die automatische Briefanrede verwenden, klicken Sie im vierten Fenster des Seriendruck-Assistenten auf den Eintrag *Grußzeile*. Sie öffnen so ein Dialogfeld, in dem Sie das Format für die Briefanrede festlegen können.

Abbildg. 32.15   Access soll die Briefanrede einfügen

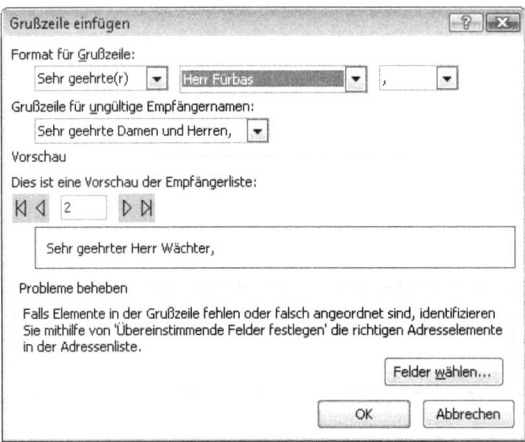

Die Serienbriefe kontrollieren

Angenommen, Ihr Brief ist soweit fertig geschrieben, so können Sie ihn im fünften Schritt des Seriendruck-Assistenten kontrollieren. Sie finden hier Schaltflächen, um durch die einzelnen Briefe zu blättern, Sie können nach einem bestimmten Empfänger suchen bzw. Sie können Empfänger Ihrer Datenbank ausschließen.

Empfänger ausschließen

Möchten Sie, dass nicht für jeden Datensatz Ihrer Datenbank ein Brief erzeugt wird, so lassen Sie sich den Brief eines auszuschließenden Empfängers anzeigen und klicken Sie dann auf die Schaltfläche *Empfänger ausschließen*.

Empfängerliste bearbeiten

Sollen mehrere Empfänger ausgeschlossen werden bzw. haben Sie einen Empfänger zu viel ausgeschlossen, können Sie die Empfängerliste bearbeiten. Die Häkchen zu Beginn jeder Zeile in Abbildg. 32.16 legen fest, ob ein Brief erstellt wird oder nicht.

Abbildg. 32.16 Die Empfängerliste kann bearbeitet werden

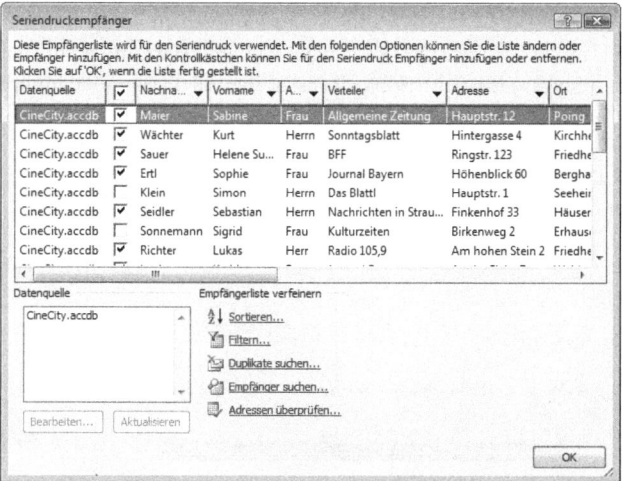

Nun soll endlich gedruckt werden

Wechseln Sie nun zum letzten Schritt des Assistenten. Ein Klick auf *Drucken* schickt alle Serienbriefe an den Drucker.

Es besteht hier aber auch die Möglichkeit, für bestimmte Briefe ein neues Dokument anzulegen, um eine Auswahl der Briefe nachträglich zu bearbeiten oder um sie aufzuheben. Klicken Sie dazu auf *Individuelle Briefe bearbeiten*.

Zugriff auf Excel-Daten

Access bietet Ihnen einen direkten Zugriff auf Tabellendaten in Excel-Arbeitsblättern. Eine Excel-Tabelle können Sie in Access-Abfragen, -formularen und -berichten verwenden, als wäre es eine Access-Tabelle. Abbildg. 32.17 zeigt eine Excel-Tabelle mit neuen Artikeln für den Kinokiosk.

Abbildg. 32.17 Excel-Tabelle mit neuen Artikeln

Kapitel 32 Verknüpfungen zwischen Access und anderen Office-Programmen

In Kapitel 13, »Tabellen verknüpfen und importieren«, haben wir ausführlich beschrieben, wie Sie eine Verknüpfung zu einer fremden Datei aufbauen können.

1. Klicken Sie in Access auf die Schaltfläche *Excel* (Registerkarte *Externe Daten*, Gruppe *Importieren*).
2. Im sich öffnenden Dialogfeld wählen Sie dann die gewünschte Excel-Arbeitsmappe aus und aktivieren die Verknüpfungsoption.
3. Nach der Auswahl der Excel-Tabelle wird der *Verknüpfungs-Assistent für Kalkulationstabellen* gestartet, dessen erstes Dialogfeld Sie in Abbildg. 32.18 sehen. Enthält Ihre Excel-Arbeitsmappe mehrere Tabellenblätter oder benannte Bereiche, so können Sie im Dialogfeld die gewünschte Auswahl treffen.

Abbildg. 32.18 Struktur der Excel-Tabelle

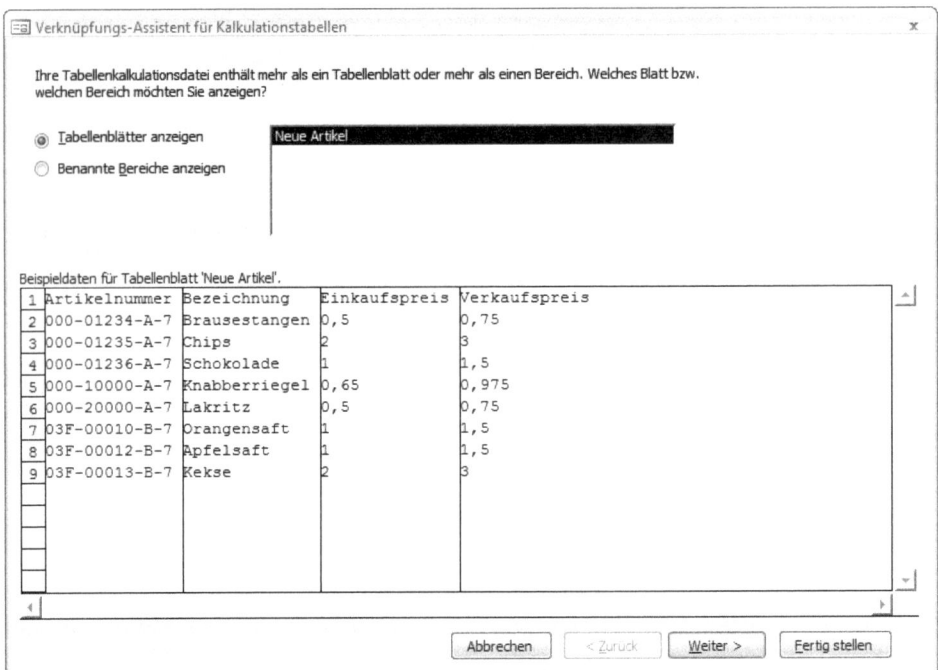

4. Im zweiten Dialogfeld des Assistenten geben Sie an, ob die Excel-Tabelle Überschriften enthält, die dann als Feldnamen für die Daten in Access verwendet werden.

Abbildg. 32.20 zeigt die verknüpfte Excel-Tabelle im Navigationsbereich. Access macht sie in der Liste der *Tabellen*-Objekte durch ein entsprechendes Symbol kenntlich. Wir haben dem Namen der Tabelle zusätzlich das Präfix »xls« vorangestellt.

Abbildg. 32.19 Enthält die erste Zeile die Spaltenüberschriften?

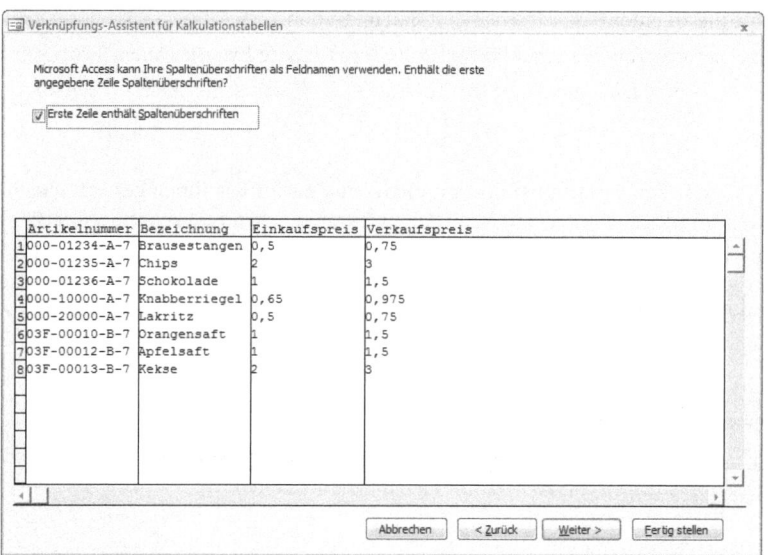

Abbildg. 32.20 Eingebundene Excel-Tabelle

Verwenden Sie die verknüpfte Excel-Tabelle nun wie jede andere Access-Tabelle in Ihren Abfragen, Formularen und Berichten. Beachten Sie dabei, dass der Zugriff auf die Excel-Daten, insbesondere, wenn die Excel-Tabelle in Verknüpfungen (JOINS) in Abfragen verwendet wird, deutlich langsamer als mit reinen Access-Tabellen abläuft.

Kapitel 32 Verknüpfungen zwischen Access und anderen Office-Programmen

PROFITIPP
Das Programm Microsoft Office Excel 2007 ermöglicht einen direkten Zugriff auf Access-Daten. Aus Excel heraus können Access-Formulare und -Berichte für Excel-Tabellendaten angelegt werden.

Export von Daten

In Kapitel 13, »Tabellen verknüpfen und importieren«, haben wir Ihnen gezeigt, wie Sie Daten aus anderen Programm aufnehmen und verarbeiten können. Dieser Abschnitt soll erläutern, welche Möglichkeiten Access bietet, die Daten anderen Programmen bereitzustellen, die Daten also aus Access zu exportieren. Prinzipiell steht Ihnen dazu der oben beschriebene Weg über die Zwischenablage zur Verfügung, der aber nicht immer zum gewünschten Ergebnis führt. Und außerdem müssen dabei Sender und Empfänger der Daten auf dem gleichen Rechner installiert sein.

Um eine Tabelle oder Abfrage zu exportieren, gehen Sie so vor:

1. Selektieren Sie das Objekt im Navigationsbereich.
2. Wählen Sie dann auf der Registerkarte *Externe Daten* eine der Schaltflächen der Gruppe *Exportieren*, evtl. die Schaltfläche *Weitere* mit vielen Möglichkeiten.

Abbildg. 32.21   Auswahl des Fremdformats

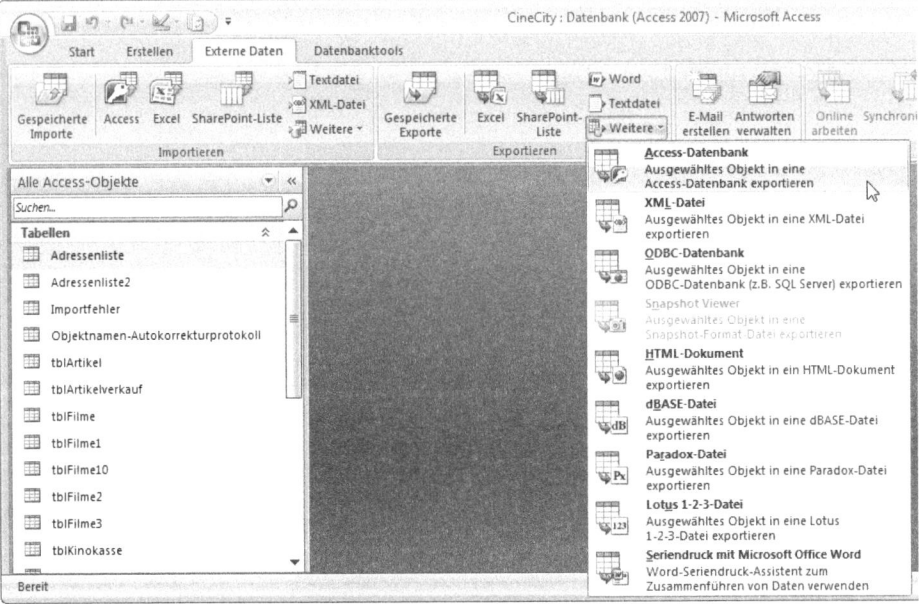

Die Verfügbarkeit der gezeigten Formate hängt von der auf Ihrem Rechner vorgenommenen Access-Installation ab.

Zudem besteht die Möglichkeit, direkt im Mircrosoft Download Center einen AddIn herunterzuladen, der die Ausgabe im PDF-Format erlaubt.

Zusammenfassung

In diesem Kapitel wurden Möglichkeiten vorgestellt, Access mit anderen Office-Programmen zu verknüpfen.

- Möchten Sie Daten von Access an eine andere Office-Anwendung weitergeben, so ist die einfachste Möglichkeit das Kopieren über die Zwischenablage (Seite 680).
- Eine häufig verwendete Verknüpfung zwischen Word und Access sind Serienbriefe. Das Anlegen eines Serienbriefes wird ab Seite 685 beschrieben.
- Excel-Daten lassen sich direkt mit Access-Tabellen, -formularen oder -berichten verknüpfen. Wie das geht finden Sie ab Seite 691.
- Ebenso ist es möglich, Access-Daten über die Export-Funktion an andere Anwendungen weiterzugeben (Seite 694).

Teil G
Programmierung

In diesem Teil:

Kapitel 33	Makros	699
Kapitel 34	Visual Basic für Applikationen	717
Kapitel 35	Einführung in die Objekttechnik	759
Kapitel 36	Funktionen und Methoden	769
Kapitel 37	Datenzugriff mit ADO	785
Kapitel 38	Datenzugriff mit DAO	821

Viele der Möglichkeiten und Leistungen von Microsoft Access können nur aus Programmen heraus angesprochen und genutzt werden. Access kennt zwei Varianten der Programmierung: Makros und Visual Basic für Applikationen (VBA). In diesem Teil möchten wir Ihnen beide Varianten vorstellen, den Schwerpunkt dabei aber auf VBA legen, denn die Makroprogrammierung ist begrenzt und ermöglicht nicht den Zugriff auf die gesamte Access-Funktionalität.

Visual Basic für Applikationen ist inzwischen die Programmiersprache für alle Microsoft Office-Anwendungen. VBA wird in Word, Excel, PowerPoint, Project usw. eingesetzt. Beherrschen Sie die Grundlagen von VBA, können Sie in allen Office-Anwendungen programmieren.

Beachten Sie, dass für die Programmierung von Visual Basic, aber auch für einige Makros, die VBA-Makros über die Statusleiste aktiviert werden müssen (siehe dazu auch Kapitel 40).

Die Kapitel in diesem Teil haben die folgenden Inhalte:

- In Kapitel 33 möchten wir Ihnen die Programmierung mit Makros vorstellen. Makros haben den Vorteil, dass sie ohne Programmierkenntnisse zu nutzen sind und deutschsprachige Befehle verwenden.

- Die Grundlagen von VBA werden in Kapitel 34 behandelt. Wir erklären Ihnen, wie die Programmiersprache aufgebaut ist und welche grundlegenden Befehle Sie kennen sollten. Darüber hinaus werden die Funktionen besprochen, die Sie auf der Suche nach Programmierfehlern unterstützen.

- In Access und VBA wird häufig mit Objekten programmiert. Ein Objekt ist ein Gegenstand, der bestimmte Eigenschaften aufweist und auf den bestimmte Methoden angewendet werden können. In Kapitel 35 möchten wir Sie mit Objekten und deren Verwendung in der Programmierung vertraut machen.

- In Kapitel 36 möchten wir Ihnen einige der in Access eingebauten Funktionen und Objekte vorstellen, die für Ihre Programme hilfreich sein können.

- Kapitel 37 behandelt den Datenzugriff aus VBA-Programmen heraus mithilfe der »*ActiveX Data Objects*«-Bibliothek, ADO. ADO stellt Ihnen Objekte, Methoden und Eigenschaften zur Verfügung, mit deren Hilfe Sie Daten abfragen und verändern können.

- In den vorangegangenen Versionen von Access wurde der Datenzugriff mithilfe der »*Data Access Objects*«, DAO, realisiert. Auch Access verwendet für viele Funktionen intern noch immer die DAO-Bibliothek. Kapitel 38 beschreibt deshalb den Einsatz von DAO.

Kapitel 33

Makros

In diesem Kapitel:

Schnell ein paar Schritte	700
Einfache Makros	700
Das AutoExec-Makro	708
Fehlerbehandlung	709
Die Makroaktionen	711
Makros zu Visual Basic konvertieren	715
Zusammenfassung	715

Schnell ein paar Schritte

In Teil D, »Formulare«, haben Sie schon einen kurzen Blick auf Makros werfen können. Bei Makros handelt es sich um Befehlsabfolgen, die es Ihnen unter anderem erlauben, auf Formular- und Berichtsereignisse zu reagieren. Für viele einfache Aufgaben sind Makros die schnellste Lösung, da sie nur geringe Programmierkenntnisse erfordern.

In Access 2007 hat Microsoft zudem einige Nachteile der Vorgängerversionen beseitigt. Wurde früher die Ausführung von Makros bei Fehlern angehalten, so lassen sich in der aktuellen Version Fehler genau wie in Visual Basic abfangen und behandeln. Darüber hinaus lassen sich jetzt Makros ähnlich wie Visual Basic mit Code Behind Forms an Ereignisse binden. Diese so genannten eingebetteten Makros unterscheiden sich von den eigenständigen Makros dahingehend, dass sie nicht im Navigationsbereich erscheinen und fest an das Objekt und sein Ereignis gebunden sind. Dies geht sogar soweit, dass eingebettete Makros auch in Kopien der Objekte vorhanden sind. Weitere Vorteile von Makros sind nach wie vor die leichte Zusammenstellung und die deutschen Befehle. Allerdings werden die Makros sehr schnell sehr komplex, wenn die zu lösenden Probleme schwieriger werden.

Wir empfehlen den Teilnehmern in unseren Seminaren, sich in erster Linie mit Visual Basic auseinander zu setzen. Zwar ist am Anfang der Lernaufwand höher, dafür stößt man auch nicht an Grenzen, wie es mit Makros schnell passieren kann. In professionellen Access-Programmen werden, von wenigen Ausnahmen abgesehen, keine Makros eingesetzt.

Einfache Makros

Wir möchten Ihnen einige kurze und einfache Makrolösungen präsentieren, die zeigen sollen, wie Sie mit wenigen Mausklicks Abläufe automatisieren können. Es gibt grundsätzlich zwei unterschiedliche Arten, Makros zu programmieren: Entweder Sie erstellen eigenständige Makros, die unter einem bestimmten Namen im Navigationsbereich abgelegt sind, oder Sie erstellen eingebettete Makros, die an ein bestimmtes Steuerelement, einen Bericht oder ein Formular gebunden sind und nur im Zusammenhang mit diesem Objekt verwendet werden.

Ein eigenständiges Makro erstellen

Einige Mitarbeiter von CineCity erhalten eine Programmübersicht und eine Filmliste ausgedruckt, die nach Wochen geordnet ist. Da immer ein Ausdruck beider Listen hintereinander erfolgt, soll ein Makro erstellt werden, der beide Berichte hintereinander aufruft.

Beginnen Sie mit der Erstellung eines neuen Makros, indem Sie die Registerkarte *Erstellen* aktivieren. Klicken Sie in der Gruppe *Andere* auf die Schaltfläche *Neues Objekt: Makro*, um das Entwurfsfenster für Makros aufzurufen. Hier kann auch *Modul* oder *Klassenmodul* als Symbol eingestellt sein, in diesem Fall können Sie *Makro* mit Hilfe des Pfeils auswählen.

Einfache Makros

Ein Makro wird Befehl für Befehl zeilenweise eingegeben. Wählen Sie im Kombinationsfeld zu *Aktion* die gewünschte Makroaktion aus. Eine vollständige Liste aller Befehle und ihre Beschreibung finden Sie im Abschnitt »Die Makroaktionen« weiter hinten in diesem Kapitel.

Zur Lösung der oben gestellten Aufgabe wählten wir *ÖffnenBericht* als *Aktion* an. Im unteren Bereich des Entwurfsfensters können Sie nun unter *Berichtsname* den aufzurufenden Bericht selektieren. In *Ansicht* wird bestimmt, ob der Bericht direkt gedruckt, zuerst in der Seitenansicht oder in der Entwurfsansicht gewählt werden soll.

Abbildg. 33.1 Makro mit zwei Aktionen

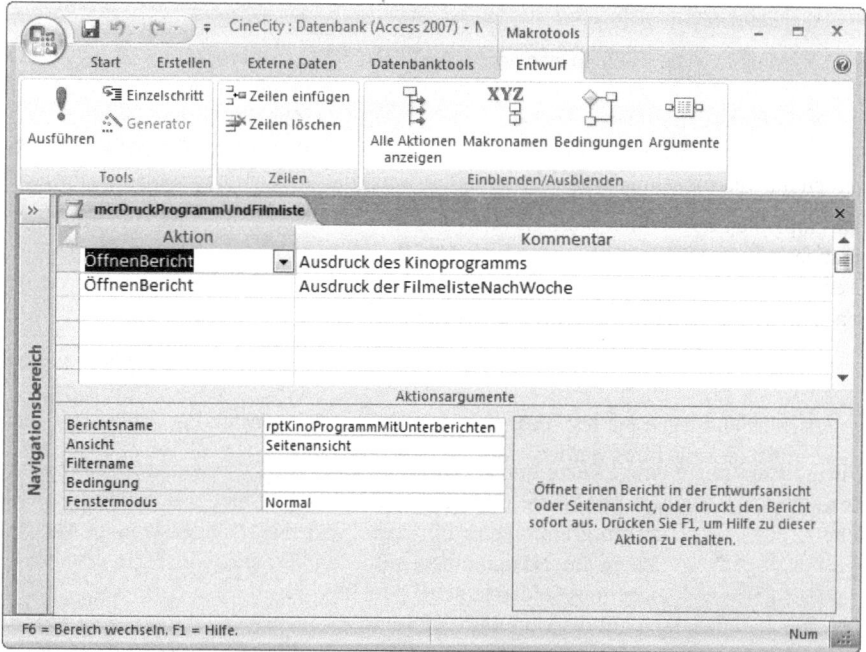

In der zweiten Zeile des Makros, wie in Abbildg. 33.1 gezeigt, werden die Angaben für den zweiten Bericht vereinbart.

Präfix »mcr« Speichern Sie nun das eigenständige Makro unter dem Namen *mcrDruckProgrammUndFilmliste*. Makros sollten das Präfix »mcr« erhalten. Sie haben soeben ein eigenständiges Makro erstellt, das einen eigenen Namen hat und im Navigationsbereich aufruf- und bearbeitbar ist.

Über die Schaltfläche *Ausführen* veranlassen Sie Access, das Makro zu starten und abzuarbeiten.

Im nächsten Schritt soll für das eigenständige Makro eine Schaltfläche definiert werden, über die das Makro bequem gestartet werden kann. Diese Schaltfläche soll auf dem Formular *frmKinosTermineMitAnzahl* platziert werden und soll das Makro *mcrDruckProgrammUndFilmliste* aufrufen.

Kapitel 33 Makros

1. Öffnen Sie das Formular in der Entwurfsansicht, wählen Sie das Werkzeug *Schaltfläche* aus und klicken Sie im Formularentwurfsbereich auf die Stelle, an der die Schaltfläche platziert werden soll. Ist der Steuerelement-Assistent aktiviert, wird der Befehlsschaltflächen-Assistent gestartet.
2. Selektieren Sie im Befehlsschaltflächen-Assistenten die in Abbildg. 33.2 gezeigte Aktion für die Befehlsschaltfläche.

Abbildg. 33.2 Aktion für Befehlsschaltfläche festlegen

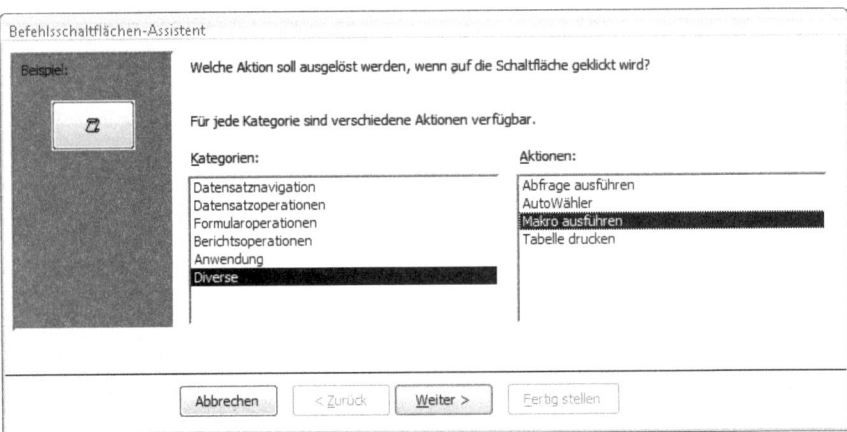

3. Anschließend legen Sie fest, dass das oben definierte eigenständige Makro mit dieser Befehlsschaltfläche ausgeführt werden soll.

Abbildg. 33.3 Auswahl des Makros

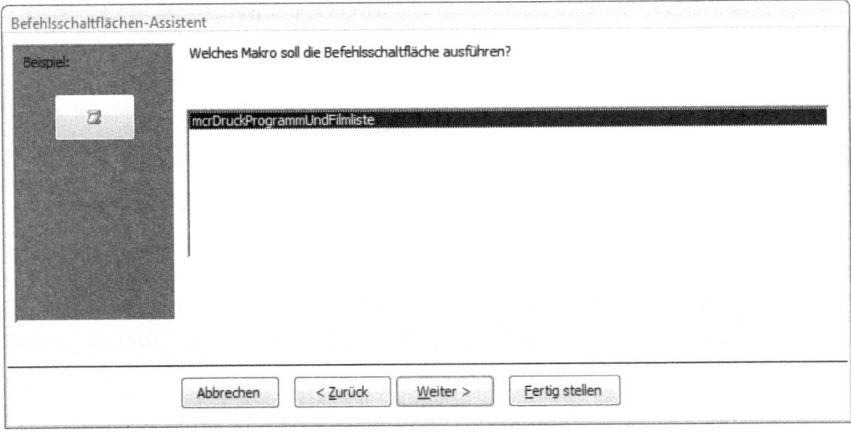

4. Als Text auf der Befehlsschaltfläche definieren wir *Programm und Filmliste drucken*. Der Name der Schaltfläche wurde mit *cmdPrint* festgelegt.

Abbildg. 33.4   Befehlsschaltfläche auf dem Formular

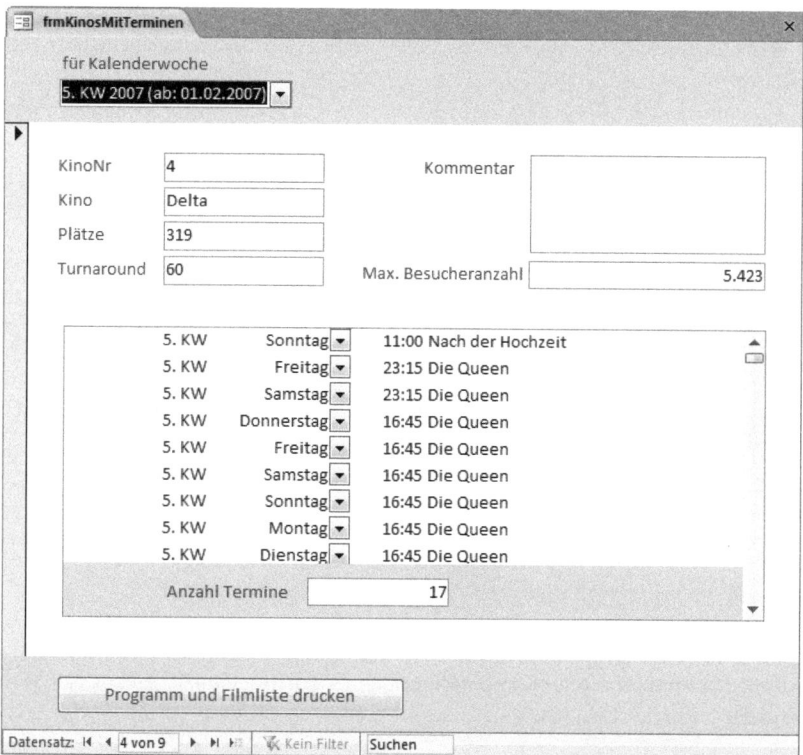

Betätigen Sie nun in der Formularansicht die Befehlsschaltfläche, werden die beiden Berichte hintereinander ausgedruckt.

Eingebettete Makros

In diesem Abschnitt möchten wir nun ein eingebettetes Makro erstellen, ein Makro, das mit einem bestimmten Steuerelement verbunden ist. Das kann das Laden eines Formulars sein, ein Doppelklick auf ein Bild, das Öffnen eines Kombinationsfeldes oder ganz einfach das Klicken auf eine Schaltfläche. Wir erstellen im folgenden Beispiel eine Befehlsschaltfläche mit einem eingebundenen Makro.

1. Wählen Sie also den Befehl *Schaltfläche* auf der Registerkarte *Entwurf*.
2. Die Ausführung des Befehlsschaltflächen-Assistenten brechen Sie diesmal ab.
3. Aktivieren Sie dann das Eigenschaftenblatt der Befehlsschaltfläche. Auf der Registerkarte *Ereignisse* klicken Sie hinter *BeimKlicken* auf die Schaltfläche mit den drei Punkten.
4. Wählen Sie im Dialogfeld den Makro-Generator, mit dessen Hilfe sich ein eingebettetes Makro erstellen lässt.

Dies führt uns zu der Entwurfsansicht, die wir bereits bei den eigenständigen Makros kennen gelernt haben. Um zum selben Ergebnis zu gelangen, wählen wir die Aktionen analog zum vorangegangen Beispiel aus. Nach dem Speichern des Makros, wird unter *BeimKlicken* auf dem Eigenschaftenblatt (siehe Abbildg. 33.7) angezeigt, dass ein eingebettetes Makro auf das Ereignis reagiert.

Abbildg. 33.5   In ein Ereignis eingebettetes Makro

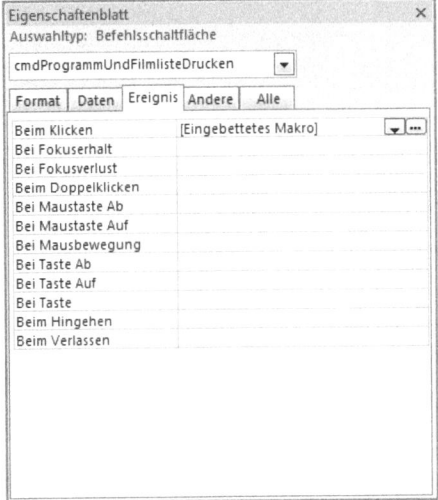

Alle oder einzelne Wochen drucken

Im Folgenden soll das eigenständige Makro *mcrDruckProgrammUndFilmliste* erweitert werden: Es sollen nur die Berichte für die im Kombinationsfeld der Kalenderwoche selektierten Wochen ausgegeben werden.

Wir möchten Ihnen die Lösung des Problems in zwei Schritten beschreiben. In zwei Schritten deshalb, weil für den Eintrag »*** Alle Wochen ***« eine besondere Behandlung notwendig ist.

Wie Sie in Abbildg. 33.1 sehen, können im unteren Bereich für die Aktion *ÖffnenBericht* neben den Angaben für *Berichtsname* und *Ansicht* auch Angaben zu einem *Filternamen* und einer *Bedingung* festgelegt werden.

Für unser Beispiel haben wir für beide *ÖffnenBericht*-Einträge als Bedingung [Kalenderwoche]= [Formulare]![frmKinosTermineMitAnzahl].[cboWoche] festgelegt. Das Feld links des Gleichheitszeichens bezieht sich auf das entsprechende Feld im Bericht (hier *rptKinoProgrammMitUnterberichten* bzw. *rptFilmübersicht*), auf der rechten Seite steht ein Verweis auf das Formular.

Nun muss noch der Eintrag »*** Alle Wochen ***« abgefangen werden. Wie Sie sich vielleicht erinnern, hatten wir in Kapitel 23, »Unterformulare«, mithilfe eines UNION-Befehls das Kombinationsfeld so vereinbart, dass bei Auswahl von »*** Alle Wochen ***« der Wert 1.1.3000 zurückgeliefert wird. Im Makro soll nun ausgewertet werden, ob das Kombinationsfeld den 1.1.3000 oder ein anderes Datum zurückgibt.

Blenden Sie dazu zuerst mithilfe der Schaltfläche *Bedingungen* die Bedingungsspalte für Makros ein. In der Spalte können Sie nun für jede Zeile eine Bedingung angeben. Der Makrobefehl der entsprechenden Zeile wird nur ausgeführt, wenn die Bedingung erfüllt ist. In Abbildg. 33.6 ist das Makro-Entwurfsfenster mit eingeblendeter Bedingungsspalte dargestellt, in der die Bedingungen abgebildet sind.

Abbildg. 33.6   Makro mit Bedingungen erweitert

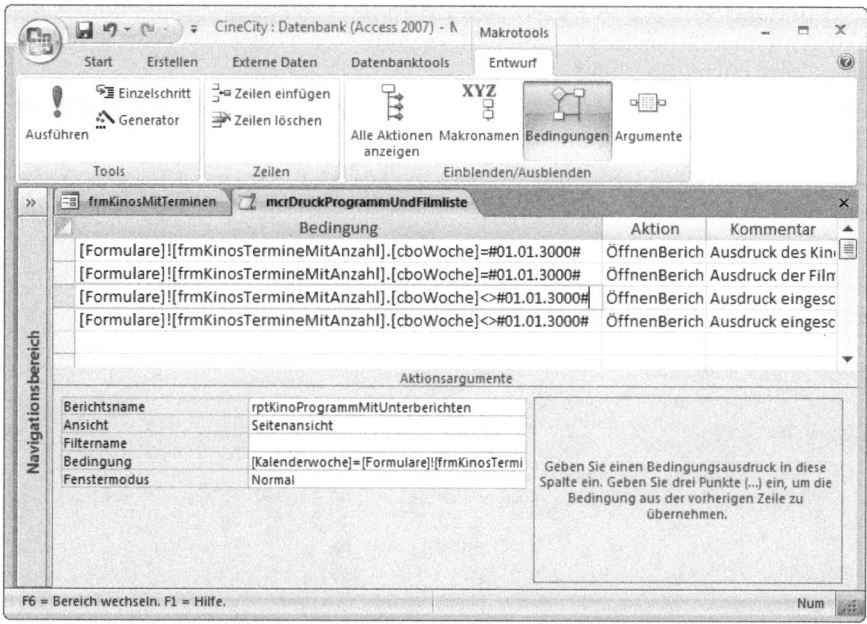

Für unser Beispiel sind die gezeigten Bedingungen aufwändig, denn für jede Zeile wird erneut eine Bedingung gestellt. In Abbildg. 33.7 verwenden wir eine andere Schreibweise. Drei Pünktchen als Bedingung bedeuten, dass für diese Makrozeile die Bedingung aus der Zeile oberhalb gilt.

Abbildg. 33.7   Makro mit Bedingungen abgekürzt

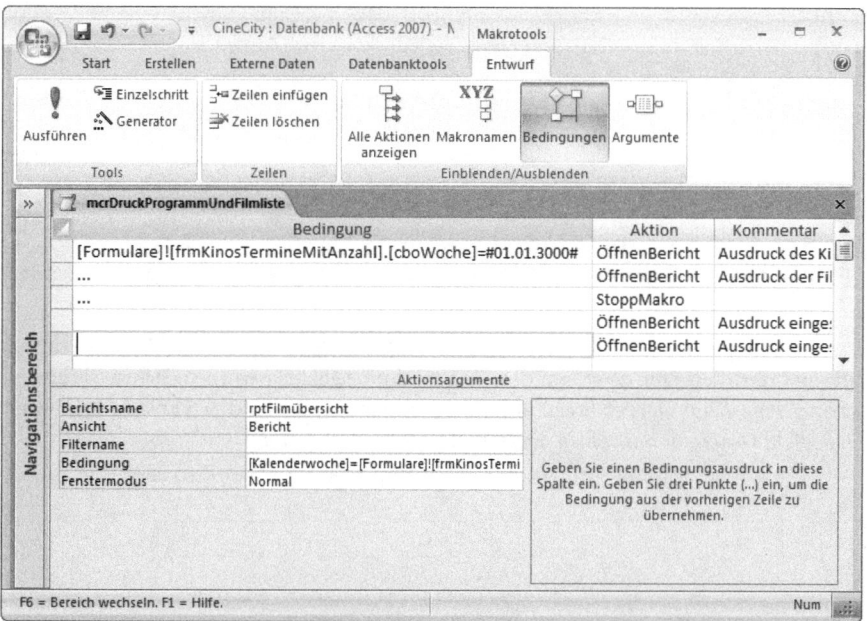

Beachten Sie die Aktion *StoppMakro*, die das Makro anhält, wenn die Aktionen für die Bedingung [Formulare]![frmKinosTermineMitAnzahl]![cboWoche] = #01.01.3000# ausgeführt wurden. Fehlt die Aktion, müssen für die letzten beiden Zeilen auch Bedingungen vereinbart werden, sonst werden diese Zeilen immer ausgeführt.

Aufruf eines Formulars

Das Formular *frmKinosTermineMitAnzahl* (Abbildg. 33.4) soll jetzt dahingehend ergänzt werden, dass ein Doppelklick auf einen Filmtitel im Unterformular ein Dialogfeld aufruft, in dem alle Daten zum Film dargestellt werden.

Laden Sie das Formular und selektieren Sie *subfrmTermine2* in der Entwurfsansicht. Rufen Sie dann das Eigenschaftsblatt für das Feld *Filmtitel* auf.

Abbildg. 33.8 Selektiertes Feld *Filmtitel*

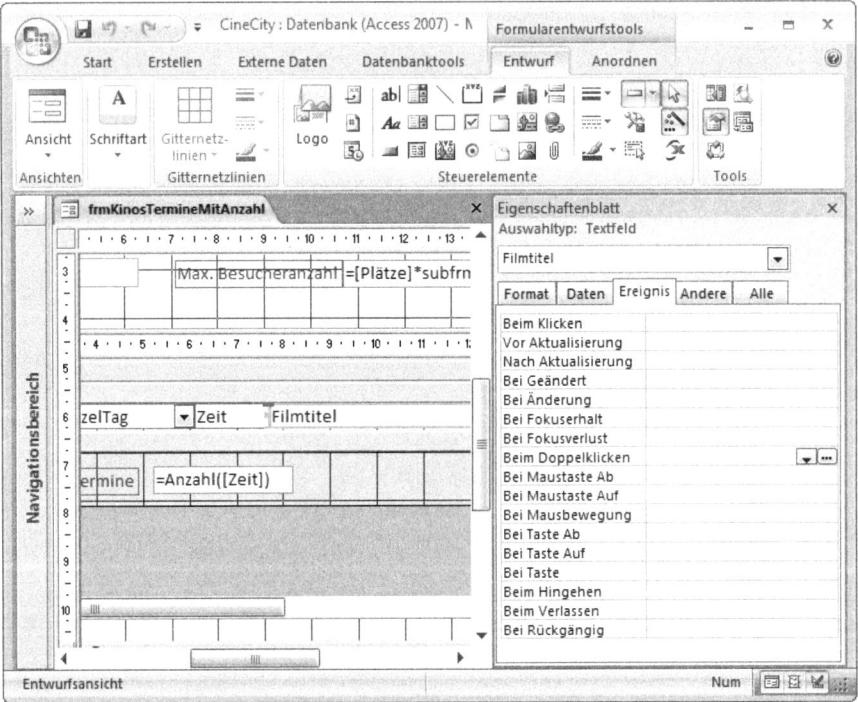

Für das Ereignis *Beim Doppelklicken* soll ein Makro aufgerufen werden, das das Formular *frmFilme* lädt und dort den Film zeigt, auf dessen Titel doppelgeklickt wurde. Klicken Sie also in der Eigenschaftenzeile *Beim Doppelklicken* auf die Schaltfläche mit den drei Punkten und wählen dann im Dialogfeld *Generator auswählen* den Eintrag *Makro-Generator*.

Einfache Makros

Abbildg. 33.9   Entwurfsfenster für neues Makro

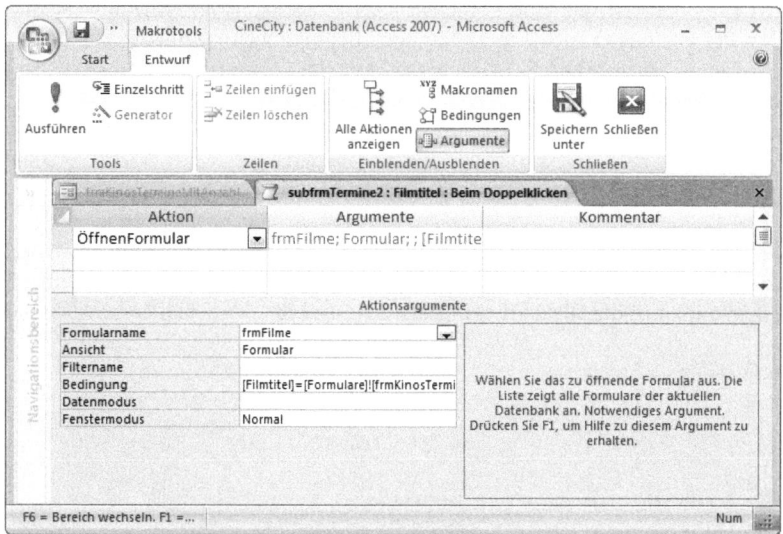

Für die Aktion *ÖffnenFormular* wurden folgende Einstellungen vorgenommen: als *Formularname* frmFilme, als *Ansicht* Formular und als *Bedingung* [Filmtitel]=[Formulare]![frmKinosTermineMit Anzahl]![subfrmTermine2].[Formular]![Filmtitel].

Die *Bedingung* filtert die Datensätze für das Formular in der Weise, dass nur der Film gezeigt wird, dessen Titel dem Feld im Unterformular entspricht.

Abbildg. 33.10   Formular mit Details zum Film

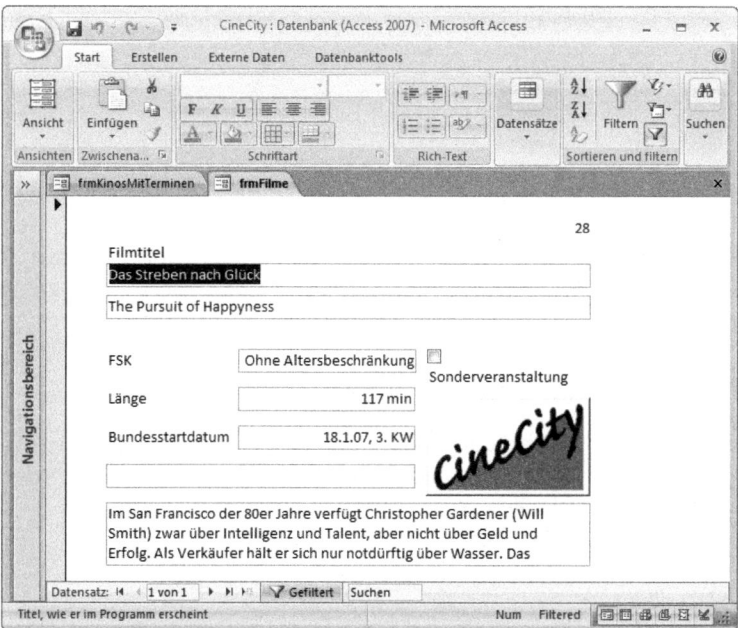

Speichern Sie das Makro und schließen Sie dann den Makro-Editor. Speichern Sie nun auch die Änderungen am Unterformular und schließen Sie es. Öffnen Sie das Formular *frmKinosTermine-MitAnzahl* in der Formularansicht und klicken Sie doppelt auf einen der Filmtitel. Jetzt sollte das Formular *frmFilme* geladen werden. In der Statusleiste des Formulars wird übrigens angezeigt, dass hier gefilterte Daten gezeigt werden (siehe Abbildg. 33.10 unten).

Gruppenmakros

Access erlaubt es, mehrere Makros zu einer Makrogruppe zusammenzufassen. Die einzelnen Untermakros werden über einen Namen angesprochen, der in der Spalte *Makroname* angegeben werden kann. Die Spalte wird in der Makro-Entwurfsansicht mithilfe der Schaltfläche *Makronamen* eingeblendet.

Abbildg. 33.11 Makrogruppe

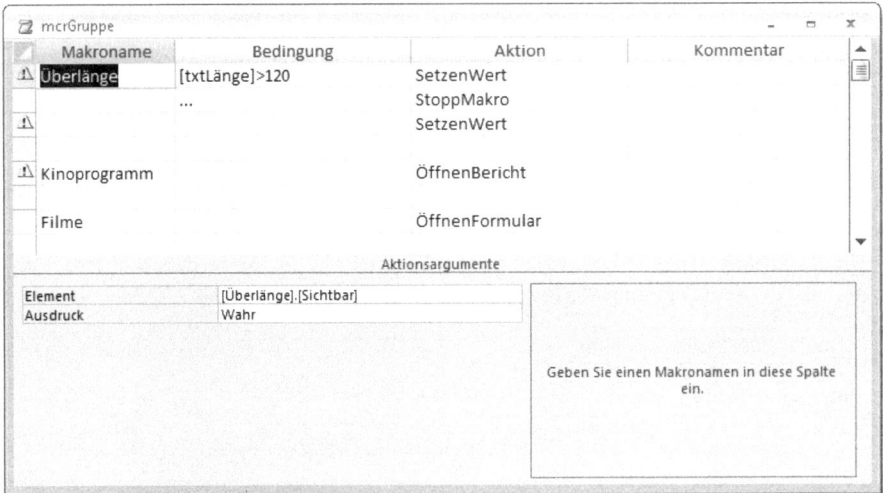

Jedes der Untermakros beginnt in der Zeile, die seinen Namen festlegt, und endet in der ersten leeren Zeile.

Ein Untermakro wird über die aus Makro- und Untermakroname zusammengesetzte Bezeichnung, beispielsweise *mcrGruppe.Überlänge*, aufgerufen.

Das AutoExec-Makro

Eine besondere Bedeutung hat ein Makro, das den Namen *AutoExec* trägt. Ein solches Makro wird beim Öffnen der Datenbank automatisch ausgeführt. Möchten Sie also beim Laden der Datenbank bestimmte Einstellungen vornehmen oder ein Formular aufrufen, so vereinbaren Sie die entsprechenden Makrobefehle im *AutoExec*-Makro.

Ein Beispiel für den Einsatz eines AutoExec-Makros finden Sie in der von Microsoft ausgelieferten Beispieldatenbank *Nordwind 2007*. Möchten Sie die Nordwinddatenbank starten, gehen Sie so vor: Nach dem Programmaufruf von Access wählen Sie im Dialogfeld *Erste Schritte* die *Lokalen Vorlagen*. Eine dieser Vorlagen ist *Nordwind 2007*. Der Dateiname dieser Vorlage lautet übrigens *Northwind.accdt*

PROFITIPP   Möchten Sie beim Laden einer Datenbank, dass das *AutoExec*-Makro nicht ausgeführt wird, so halten Sie beim Bestätigen des Datenbanknamens die ⇧-Taste gedrückt.

HINWEIS   Haben Sie nicht nur ein *AutoExec*-Makro, sondern auch noch in den *Access-Optionen* (Kategorie *Aktuelle Datenbank*) ein Startformular festgelegt, wird beim Laden der Datenbank erst das Startformular geöffnet und dann das *AutoExec*-Makro ausgeführt.

Fehlerbehandlung

Access 2007 bietet die Möglichkeit, Laufzeitfehler zu behandeln. Laufzeitfehler und andere Fehlerarten werden wir in Kapitel 34, »Visual Basic für Applikationen«, anhand der Fehlerbehandlung in Visual Basic näher erläutern. Hier sei deshalb nur kurz erwähnt, dass Laufzeitfehler während des Programmablaufs auftreten können und zum Beispiel durch den Zugriff auf ein nicht vorhandenes Objekt verursacht werden.

Als Beispiel nehmen wir den Aufruf des Formulars *frmFilme* aus dem vorangegangenen Abschnitt. Nennen wir das zu öffnende Formular in *frmKinofilme* um, dann erscheint beim Doppelklicken eine von Access generierte Fehlermeldung, wie sie in Abbildg. 33.12 zu sehen ist.

Abbildg. 33.12   Von Access generierte Fehlermeldung

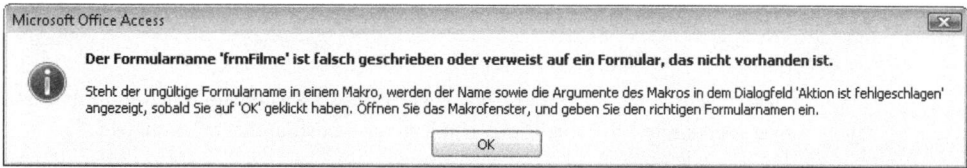

In diesem Fall hat der Anwender sogar noch Glück, dass der Text selbst für einen Laien verständlich ist. In anderen Fällen ist es durchaus möglich, dass die Meldung keinen Rückschluss auf das Problem zulässt.

Sobald man diese Meldung bestätigt, tritt ein weiteres Problem auf. Es öffnet sich ein Dialogfeld in dem man lediglich die Möglichkeit hat, das Makro anzuhalten.

Um dieses Dialogfeld dem Anwender zu ersparen und die von Access generierte Fehlermeldung durch eine eigene zu ersetzen, soll das Makro zum Textfeld *Filmtitel* (siehe Abbildg. 33.9) um die Aktion *BeiFehler* ergänzt werden. Diese Aktion besitzt die beiden Aktionsargumente *Gehe Zu* und *Makroname*. Wählt man für *Gehe Zu* den Wert *Nächster* aus, wird mit der Aktion fortgefahren, die in der Aktionsfolge unmittelbar auf die fehlgeschlagene Aktion folgt. Wählt man hingegen *Makroname* aus, wird das Makro ausgeführt, dessen Name man im zweiten Aktionsargument angegeben hat. Beim dritten Wert *Fehlgeschlagen* reagiert Access wie man es ohne eigene Fehlerhandlung kennt.

Da ein eigenes Dialogfeld angezeigt werden soll, wählen Sie einen Makronamen aus und geben im zweiten Aktionsargument den Namen des Makros ein, das bei dem Auftreten eines Fehlers ausgeführt werden soll. Diesen Namen verwenden Sie für eine weitere Aktion, die Sie dem Makro hinzufügen. Hierzu muss die Spalte *Makronamen* in der Entwurfsansicht eingeblendet sein. Als Aktion wählen Sie *Meldung* aus und vergeben als *Titel* und *Meldung* den gewünschten Text. Das geänderte Makro ist in Abbildg. 33.13 zu sehen.

Abbildg. 33.13 Das Makro mit Fehlerbehandlung

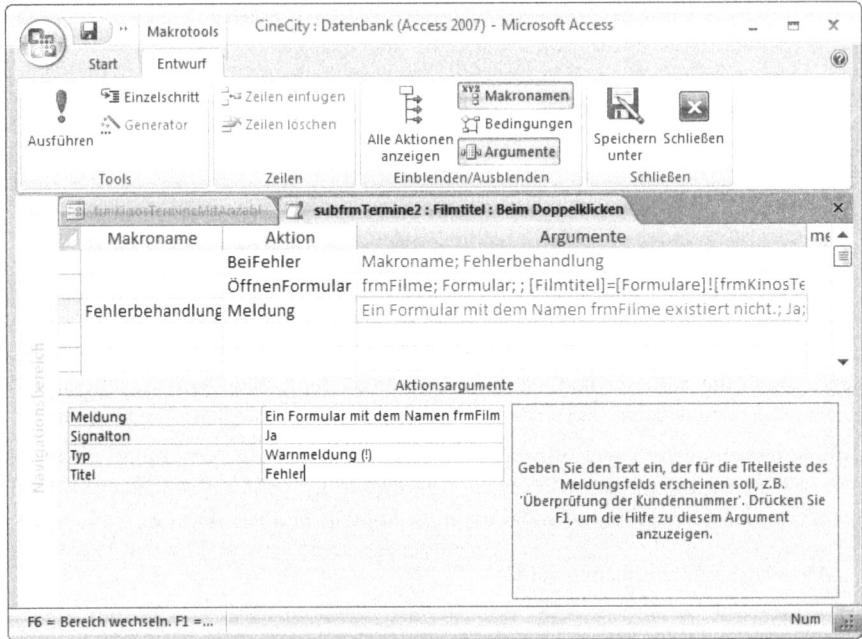

Doppelklicken Sie nun im Formular *frmKinosTermineMitAnzahl* auf einen Filmtitel, erscheint nicht die von Access erzeugte Fehlermeldung, sondern das selbstdefinierte Dialogfeld.

Abbildg. 33.14 Selbstdefinierte Fehlermeldung

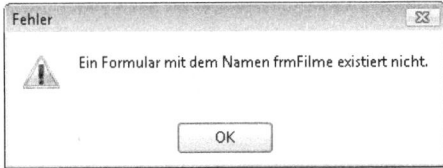

HINWEIS Achten Sie darauf, dass die Aktion *BeiFehler* als erste Aktion in Ihrem Makro aufgeführt ist. Mit dieser Aktion werden lediglich Fehler behandelt, die der *BeiFehler*-Aktion im Ablauf folgen. Außerdem sollten Sie daran denken, dass Aktionen, die dem Makro folgen, das bei einem Fehler ausgeführt wird, ebenfalls ausgeführt werden.

Die Makroaktionen

In der folgenden Tabelle sind alle Access-Makroaktionen kurz beschrieben.

> **HINWEIS** Einige Makros aus Tabelle 33.1 stehen standardmäßig nicht in dem Auswahlfeld für Makroaktionen zur Verfügung. Um auch diese Makros verwenden zu können, muss die Schaltfläche *Alle Aktionen anzeigen* auf der Registerkarte *Entwurf* aktiviert sein. Bitte beachten Sie aber, dass diese Aktionen nicht ausgeführt werden, wenn die Datenbank beim Öffnen nicht als vertrauenswürdig eingestuft wird (Mehr zum Thema vertrauenswürdige Ordner und zum Sicherheitskonzept von Access finden Sie in Kapitel 40).

Tabelle 33.1 Die Makroaktionen

Befehl	Beschreibung
AbbrechenEreignis	Bricht ein Ereignis ab, beispielsweise die Aktualisierung von Daten
AktualisierenDaten	Aktualisiert die Daten in einem Steuerelement des aktiven Formulars oder Berichts durch erneutes Abfragen der Datenherkunft des Steuerelements; ist kein Steuerelement angegeben, so fragt die Aktion die Datenherkunft des Objekts selbst ab
AktualisierenObjekt	Führt alle noch nicht durchgeführten Bildschirmaktualisierungen für ein bestimmtes Datenbankobjekt (oder das aktive Datenbankobjekt, wenn kein Objekt angegeben wurde) durch
AnwendenFilter	Wendet einen Filter, eine Abfrage oder eine SQL-WHERE-Klausel auf eine Tabelle, ein Formular oder einen Bericht an
AnzeigenAlleDatensätze	Entfernt alle zugewiesenen Filter aus der aktiven Tabelle, der Abfrageergebnismenge oder dem Formular
AusführenAnwendung	Führt eine auf Windows oder MS-DOS basierende Anwendung wie Microsoft Excel oder Microsoft Word aus Access heraus aus
AusführenBefehl	Führt einen Microsoft Access-Befehl aus, der in einer Access-Menüleiste oder -Symbolleiste bzw. in einem Kontextmenü angezeigt wird.
AusführenCode	Ruft eine Visual Basic-Funktion auf, die in einem Access-Modul gespeichert ist
AusführenGespeichertImportExport	Führt eine gespeicherte Import- oder Exportspezifikation aus, die mithilfe des Import-Assistenten oder des Export-Assistenten erstellt worden ist. Hat dieselbe Wirkung wie der manuelle Aufruf *Externe Daten/Gespeicherte Importe* bzw. *Gespeicherte Exporte/ Datentasks verwalten*, Registerkarte *Gespeicherte Importe* bzw. *Gespeicherte Exporte*
AusführenMakro	Führt ein Makro aus
AusführenSQL	Führt eine Access-Aktionsabfrage aus
AusgabeIn	Gibt die Daten des angegebenen Access-Datenbankobjekts (Datenblatt, Formular, Bericht oder Modul) in einer Datei in einem der folgenden Formate aus: Microsoft Excel (*.xlsx), Microsoft Excel 5-7 (*.xls), Microsoft Excel 97 bis 2003 (*.xls), Excel Binärarbeitsmappe (*.xlsb), Rich Text Format (*.rtf), HTML (*.htm; *.html), Text Files (*.txt), PDF-Format (*.pdf) oder XPS (*.xps).
AuswählenObjekt	Wählt ein bestimmtes Datenbankobjekt aus

Tabelle 33.1   Die Makroaktionen *(Fortsetzung)*

Befehl	Beschreibung
BeiFehler	Steuert durch die Aktionsargumente, was geschehen soll, wenn in einem Makro ein Fehler auftritt (das allgemeine Verhalten, wenn ein Fehler entdeckt wird und den Aufruf eines Makros zur Fehlerbehandlung)
Drucken	Druckt das aktive Objekt (Datenblätter, Berichte, Formulare und Module)
Echo	Ist Echo eingeschaltet, werden alle Makroaktionen während der Ausführung angezeigt
EinblendenSymbolleiste	Blendet eine eingebaute oder benutzerdefinierte Symbolleiste ein bzw. aus
EntfernenAlleTempVar	Entfernt alle mit der FestlegenTempVar-Aktion erstellten temporären Variablen, sobald deren Verwendung beendet ist.
EntfernenTempVar	Zum Entfernen einer einzelnen temporären Variable. Legen Sie die Argumente auf den Namen der zu entfernenden temporären Variable fest.
FestlegenAngezeigteKategorien	Ermöglicht die Festlegung, welche Kategorien in der Titelleiste des Navigationsbereichs unter Navigieren zur Kategorie angezeigt werden, um zu verhindern, dass Benutzer den Navigationsbereich wechseln
FestlegenEigenschaft	Legt eine Eigenschaft für ein Steuerelement in einem Formular oder Bericht fest
FestlegenTempVar	Erstellt eine temporäre Variable und legt sie mit Hilfe eines Ausdrucks als Argument auf einen bestimmten Wert fest. Die Variable kann dann als Bedingung oder Argument in nachfolgenden Aktionen verwendet werden. Sie ist global, lässt sich also auch in einem anderen Makro, in einer Ereignisprozedur, einem VBA-Modul oder in einem Formular bzw. Bericht verwenden.
GeheZuDatensatz	Selektiert den angegebenen Datensatz als aktuellen Datensatz in einer geöffneten Tabelle, einem geöffneten Formular oder in einem Abfrageergebnis
GeheZuSeite	Setzt den Fokus im aktiven Formular auf das erste Steuerelement auf einer bestimmten Seite eines mehrseitigen Formulars
GeheZuSteuerelement	Setzt den Fokus auf das angegebene Feld oder Steuerelement im aktuellen Datensatz des geöffneten Formulars, Formulardatenblatts, Tabellendatenblatts oder Abfragedatenblatts
HinzufügenMenü	Mit dieser Aktion können Sie Menüleisten erstellen
KopierenDatenbankdatei	Erstellt eine Kopie der aktuellen Datenbank von Microsoft SQL Server 7.0 oder höher, die mit einem Access-Projekt verbunden ist
KopierenObjekt	Kopiert das angegebene Datenbankobjekt in eine andere Microsoft Access-Datenbank oder unter einem anderen Namen in die gleiche Datenbank
LöschenMakroFehler	Nach dem Behandeln eines Fehlers sind die im MakroFehler-Objekt infolge der BeiFehler-Aktion gespeicherten Informationen zu diesem Fehler nicht mehr aktuell, so dass man sie mit der LöschenMakroFehler-Aktion löschen kann, um den Speicherplatz frei zu geben. Späteres Betrachten des MakroFehler-Objektes zeigt dann, ob ein weiterer Fehler aufgetreten ist.

Tabelle 33.1   Die Makroaktionen *(Fortsetzung)*

Befehl	Beschreibung
LöschenObjekt	Löscht ein angegebenes Datenbankobjekt
MakroEinzelschritt	Die MakroEinzelschritt-Aktion lässt sich direkt vor der Aktion, die die mutmaßliche Ursache eines Problems ist, einem Makro hinzufügen. Sie erlaubt, die Makroausführung anzuhalten und das Dialogfeld Einzelschritt zu öffnen.
Maximieren	Zeigt das aktive Fenster im Vollbildmodus an
Meldung	Zeigt ein Meldungsfeld an, das eine Warnung oder Informationen enthält
Minimieren	Minimiert das aktuelle Fenster auf eine kleine Titelleiste im unteren Bereich des Access-Fensters
NavigierenZu	Steuert das Anzeigen von Datenbankobjekten im Navigationsbereich
ÖffnenAbfrage	Öffnet eine Auswahl- oder Kreuztabellenabfrage und zeigt sie in der Datenblatt-, Entwurfs- oder Seitenansicht
ÖffnenBericht	Öffnet einen Bericht in der Entwurfsansicht, der Seitenansicht oder druckt den Bericht unmittelbar aus
ÖffnenDatenzugriffsseite	Öffnet eine Datenzugriffsseite in der Browser- oder Entwurfsansicht
ÖffnenDiagramm	Öffnet ein Datenbankdiagramm (nur Access-Projekte)
ÖffnenFormular	Öffnet ein Formular in der Formular- oder Entwurfsansicht
ÖffnenFunktion	Führt in einem Access-Projekt eine benutzerdefinierte Funktion des SQL Servers bzw. MSDE aus
ÖffnenGespeicherteProzedur	Führt eine gespeicherte Prozedur (stored procedure) aus (nur Access-Projekte)
ÖffnenModul	Öffnet ein angegebenes Visual Basic-Modul so, dass eine bestimmte Prozedur angezeigt wird
ÖffnenSicht	Öffnet eine Sicht (view) (nur Access-Projekte)
ÖffnenTabelle	Öffnet eine Tabelle in der Datenblatt-, Entwurfs- oder Seitenansicht
Positionieren	Verschiebt die Position oder ändert die Größe des aktiven Fensters
Sanduhr	Ändert den Mauszeiger zu einer Sanduhr
Schließen	Schließt ein bestimmtes Access-Fenster oder, wenn kein Fenster angegeben wird, das aktive Fenster
SchließenDatenbank	Schließt die aktuelle Datenbank
SendenObjekt	Sendet ein Datenblatt, Formular, Modul oder einen Bericht per E-Mail
SetzenMenüelement	Legt für das aktive Fenster den Status der Menüelemente (Aktiviert, Deaktiviert, Mit Häkchen, Ohne Häkchen) auf der benutzerdefinierten Menüleiste oder der globalen Menüleiste fest
SetzenWert	Setzt den Wert eines Feldes, eines Steuerelements oder einer Eigenschaft in einem Formular, einem Formulardatenblatt oder einem Bericht
Signalton	Gibt einen Signalton über den Lautsprecher des Computers aus

Tabelle 33.1 Die Makroaktionen *(Fortsetzung)*

Befehl	Beschreibung
Speichern	Speichert das angegebene Objekt oder, falls kein Objekt angegeben wurde, das aktive Objekt
SperrenNavigationsbereich	Verhindert, dass Benutzer im Navigationsbereich angezeigte Datenbankobjekte löschen oder in die Zwischenablage ausschneiden
StoppAlleMakros	Beendet alle Makros, die momentan ausgeführt werden
StoppMakro	Beendet das momentan ausgeführte Makro
SuchenDatensatz	Sucht das erste Vorkommen der Daten, die die in den Argumenten der Aktion SuchenDatensatz festgelegten Kriterien erfüllen
SuchenNachDatensatz	Sucht nach einem bestimmten Datensatz in einer Tabelle, einer Abfrage, einem Formular oder einem Bericht
SuchenWeiter	Sucht den nächsten Datensatz, der die Kriterien erfüllt, die durch die vorhergehende Aktion SuchenDatensatz angegeben wurden
Tastaturbefehle	Sendet Tastenanschläge direkt an Microsoft Access oder eine aktive, auf Windows basierende Anwendung
TransferArbeitsblatt	Importiert oder exportiert Daten zwischen der aktuellen Microsoft Access-Datenbank und einer Tabellenkalkulationsdatenbank
TransferDatenbank	Importiert oder exportiert Daten zwischen der aktuellen Microsoft Access-Datenbank und einer anderen Datenbank
TransferSharePointListe	Importiert oder verknüpft Daten von einer Microsoft Windows SharePoint Services 3.0-Website
TransferSQLDatenbank	Führt in Access-Projekten einen Datenbank-Transfer zwischen Datenbanken in Microsoft SQL Server 7.0 oder höher durch
TransferText	Importiert oder exportiert Text zwischen der aktuellen Microsoft Access-Datenbank und einer Textdatei
UmbenennenObjekt	Benennt ein Datenbankobjekt um
Verlassen	Beendet Microsoft Access. Mit der Aktion Beenden können Sie außerdem verschiedene Optionen für die Speicherung von Datenbankobjekten vor dem Beenden von Microsoft Access festlegen.
Warnmeldungen	Schalten Systemmeldungen ein oder aus
Wiederherstellen	Stellt die ursprüngliche Größe eines maximierten oder minimierten Fensters wieder her

HINWEIS Fast alle Aktionen, die Sie mithilfe von Makros auslösen können, lassen sich auch mit Visual Basic realisieren. In Kapitel 36, »Funktionen und Methoden«, beschreiben wir das *DoCmd*-Objekt, das die entsprechenden Methoden bereitstellt.

Makros zu Visual Basic konvertieren

Makros lassen sich mit wenig Aufwand in Visual Basic-Funktionen konvertieren. Selektieren Sie dazu im Navigationsbereich das entsprechende Makro, aktivieren Sie die Registerkarte *Datenbanktools* und klicken Sie auf die Schaltfläche *Makros zu Visual Basic konvertieren*.

Access fragt im nächsten Dialogfeld ab, ob eine Fehlerbehandlung integriert und Makrokommentare einbezogen werden sollen.

Abbildg. 33.15 Konvertierungseinstellungen

Das konvertierte Makro wird im Navigationsbereich in der Gruppe *Module* unter dem gleichen Namen abgelegt, allerdings wird der Text *KonvertiertesMakro-* vorangestellt. Über das Kontextmenü ist aber das Umbenennen sehr einfach möglich.

Zusammenfassung

Um in Access zu programmieren, gibt es zwei Möglichkeiten: Die Makroprogrammierung mit deutschen Befehlen, die zunächst einfacher und sicherer erscheint, aber für große Projekte ungeeignet ist, sowie die VBA-Programmierung, die auf den ersten Blick abschreckend wirkt, für größere Programmiervorhaben aber unerlässlich ist.

Dieses Kapitel behandelte die Makroprogrammierung.

- Sie lernten anhand von Beispielen sowohl eingebettete als auch eigenständige Makros kennen.
- Anhand einiger einfacher Beispiele wurde Ihnen gezeigt, wie Sie ein neues Makro anlegen, wie Sie Makroaktionen auswählen, wie Sie definieren können, dass ein Makro über eine Befehlsschaltfläche gestartet wird, sowie wie Bedingungen für Makroaktionen festgelegt werden (Seite 700).
- Außerdem haben wir Ihnen gezeigt, wie Sie in Makros Fehler selbst behandeln können.
- Ab Seite 12 wurden Ihnen die wichtigsten Makroaktionen kurz beschrieben.
- Der letzte Abschnitt ab Seite 715 zeigte Ihnen, wie sich Makros zu Visual Basic-Funktionen umwandeln lassen.

Kapitel 34

Visual Basic für Applikationen

In diesem Kapitel:

In Access programmieren	718
Variablen	724
Prozeduren und Funktionen	732
Bedingte Anweisungen	737
Springen mit GoTo	740
Schleifen für sich wiederholende Programmteile	741
Fehlersuche und -behandlung	745
Zusammenfassung	758

Kapitel 34 Visual Basic für Applikationen

Im vorliegenden Kapitel sollen die Grundlagen von »Visual Basic für Applikationen« (VBA) besprochen werden. Diese Form von Basic wurde mittlerweile in fast allen Microsoft Office-Produkten implementiert. Das bedeutet: Haben Sie einmal VBA gelernt, können Sie es in Access ebenso wie in Word, Excel, Visio oder Project anwenden.

WICHTIG Ein VBA-Programm lässt sich nur dann ausführen, wenn Ihre Datenbank in einem vertrauenswürdigen Ordner liegt oder wenn Sie auf der Statusleiste über die Schaltfläche *Optionen* den Inhalt der Datenbank aktiviert haben. Die Statusleiste lässt sich übrigens über die Registerkarte *Datenbanktools* ein- und ausblenden. Zu weiteren Informationen zum Thema Sicherheit lesen Sie bitte Kapitel 40.

In Access programmieren

In einigen der vorherigen Teile dieses Buches sind Ihnen bereits Programmierbeispiele begegnet. Dabei wurden für Formulare oder Berichte kurze Programme für bestimmte Ereignisse erstellt, die zu dem Formular oder Bericht gehören. So kann eine Ereignisprozedur ausgeführt werden, wenn eine Schaltfläche gedrückt oder wenn der Seitenkopf eines Berichts formatiert wird. Solche Prozeduren nennt man neudeutsch »Code behind Forms«, Code hinter Formularen (bzw. Berichten).

Eine zweite Möglichkeit, Programme in Access zu schreiben, besteht darin, eigenständige Module zu programmieren. Dies ist immer dann sinnvoll, wenn Programm-Code in mehreren Formularen oder Berichten verwendet werden soll oder wenn die Programme eigenständige Aufgaben erledigen.

»Code behind Forms« erstellen

»Code behind Forms« wird zu einem bestimmten Ereignis auf einem Formular oder Bericht erstellt. Sie erstellen ein solches Modul, indem Sie zu einem Steuerelement oder Bereich eines Formulars oder Berichts das Eigenschaftenblatt aktivieren, auf der Registerkarte *Ereignis* das gewünschte Ereignis suchen, auf die Schaltfläche mit den drei Punkten klicken und im nächsten Dialogfeld den *Code-Generator* auswählen. Es öffnet sich das Code-Fenster mit einer vorbereiteten Prozedur, die Sie jetzt vervollständigen können.

Eigenständige Module erstellen

Sie können eine eigenständige Prozedur erstellen, indem Sie auf der Multifunktionsleiste die Registerkarte *Datenbanktools* aktivieren. Klicken Sie in der Gruppe *Makro* auf die Schaltfläche *Visual Basic*, um das Entwurfsfenster für Module, den Visual Basic-Editor, aufzurufen.

Wählen Sie nun im Menü *Einfügen* den Befehl *Modul*. Dadurch wird ein Modulblatt angezeigt und Sie können den benötigten Code eingeben.

In Access programmieren

Abbildg. 34.1 Das (fast) leere Code-Fenster

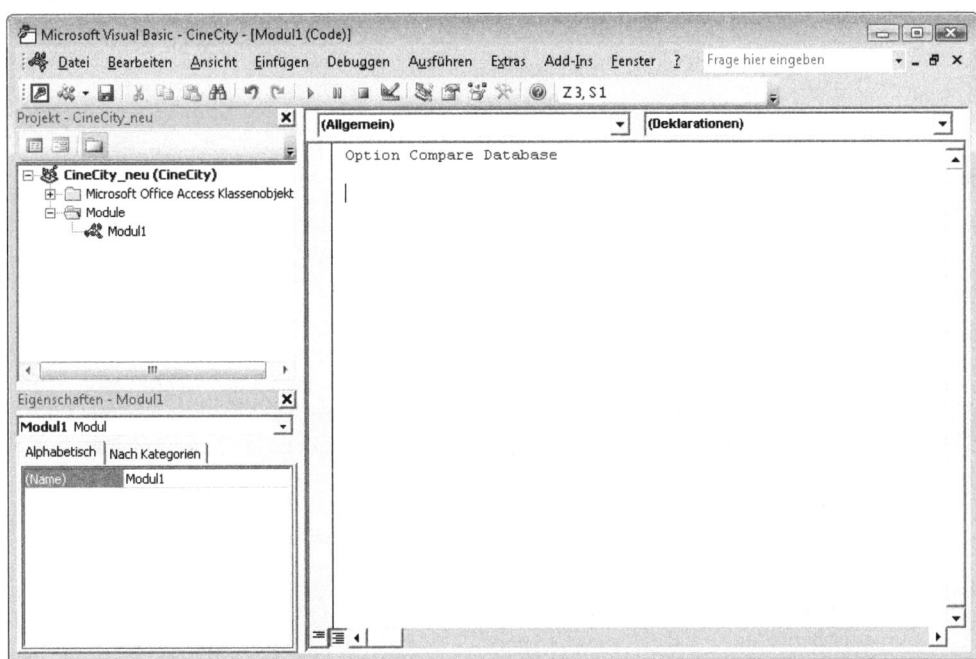

Standardmäßig sind im Fenster des Visual Basic-Editors drei Unterfenster eingeblendet, drei weitere können bei Bedarf aufgerufen werden:

Tabelle 34.1 Elemente des Visual Basic-Editors

Element	Beschreibung
Projekt-Explorer	Im Projekt-Explorer (Abbildg. 34.1, links oben) finden Sie alle Bestandteile des aktuellen Programmierprojekts, also Module sowie Code für Formulare und Berichte
Eigenschaftenfenster	Im Eigenschaftenfenster (Abbildg. 34.1, links unten) werden Eigenschaften des Objekts gezeigt, für das Sie gerade Code erfassen
Code-Fenster	Im Code-Fenster (Abbildg. 34.1, rechts oben) erstellen Sie Ihr Programm
Direktfenster	Im Direktfenster können aus Ihrem Programm Informationen angezeigt werden bzw. Sie können dort Befehle eingeben
Lokal-Fenster	Hier lassen sich Inhalte von Variablen einsehen
Überwachungsfenster	Im Überwachungsfenster können Sie bestimmte Variablen überwachen

Die Anordnung und Größe der Fenster lässt sich verändern und sie können über das Menü *Ansicht* aus- und eingeblendet werden.

Programmieren im Code-Fenster

Zunächst ist im Code-Fenster nur eine Zeile mit einer Deklaration zu sehen. Sie legt fest, dass für alle Vergleiche von Zeichenketten die in der Datenbank definierte Sortierreihenfolge verwendet wird, die auch für Tabellen und Abfragen genutzt wird. Die Sortierreihenfolge ist insbesondere für Vergleiche mit Sonderzeichen und Umlauten wichtig.

> **PROFITIPP**
>
> Für eine weitere Deklaration sollten Sie unbedingt sorgen: Rufen Sie im Visual Basic-Editor den Menübefehl *Extras/Optionen* auf und wählen Sie die Registerkarte *Editor* aus. Aktivieren Sie in der Gruppe *Code-Einstellungen* das Kontrollkästchen zu *Variablendeklaration erforderlich*.

Diese zweite Deklaration zwingt Sie, alle Variablen zu deklarieren, die Sie in Ihren Prozeduren verwenden. Sie müssen also gleich zu Beginn des Moduls festlegen, von welchem Datentyp sie sind. Das ist zwar nicht unbedingt notwendig und erscheint manchmal auch richtig lästig, schützt aber vor Fehlern, vor allem vor Tippfehlern. Verwenden Sie nämlich in Ihrem Programm eine nicht deklarierte Variable, erhalten Sie eine Fehlermeldung angezeigt und können Tippfehlern so leicht auf die Schliche kommen.

> **HINWEIS** Haben Sie das Kontrollkästchen zu *Variablendeklaration erforderlich* aktiviert, so geschieht erst einmal gar nichts. Schließen Sie das Visual Basic-Fenster über *Datei/Schließen und zurück zu Microsoft Office Access* und öffnen Sie den Visual Basic-Editor erneut über die Schaltfläche *Visual Basic*, so erscheint die zusätzliche Zeile `Option Explicit`, die zur Variablendeklaration zwingt.

Wir möchten Ihnen im Folgenden zeigen, wie Sie das (sehr) einfache Modul

```
Sub AufrufMsgBox()
    MsgBox "Einen wunderschönen Tag!"
End Sub
```

eingeben. Beginnen Sie damit, die erste Zeile im Code-Fenster zu tippen. Beenden Sie die Zeile mit der ⏎-Taste, so fügt Access automatisch die letzte Programmzeile ein, die das Modul abschließt. Aber nicht nur das! Hatten Sie sub klein eingetippt, wird es von Access nach dem Bestätigen der Zeile mit einem großen Anfangsbuchstaben geschrieben und zudem blau dargestellt. So werden so genannte Schlüsselwörter gekennzeichnet.

Starten Sie nun mit der zweiten Zeile. Klicken Sie zunächst auf die ⭾-Taste, um die zweite Zeile gegenüber dem Rest einzurücken. Geben Sie nun msgbox mit anschließendem Leerzeichen ein, so aktiviert Access die Automatische QuickInfo, um Sie mit Infos für die Parameter der ausgewählten Funktion zu unterstützen. Lassen Sie sich davon nicht stören, sondern geben Sie die Anführungszeichen sowie den restlichen Text ein und verlassen die Zeile. Auch in dieser Zeile wird die Schreibweise von MsgBox (kurz für Messagebox) geändert. Access hat die Funktion mit dem Namen MsgBox erkannt und die Schreibweise an die korrekte Schreibweise der Funktion angepasst.

Abbildg. 34.2   Die Automatische QuickInfo als Direkthilfe zur Funktion

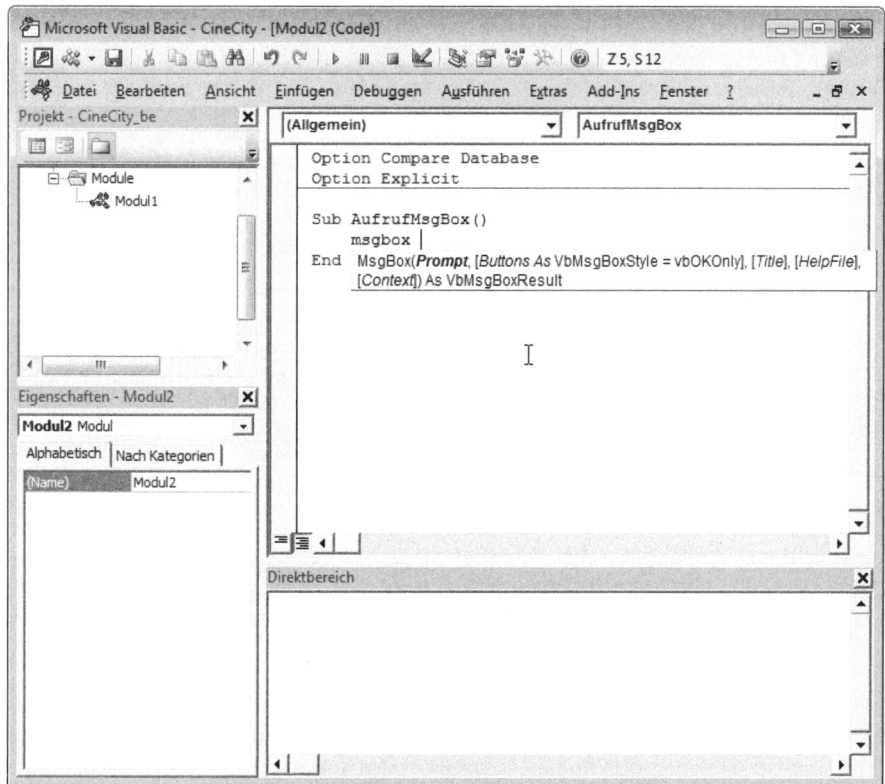

Schlüsselwörter

Sowohl Sub als auch End Sub sind spezielle Visual Basic-Ausdrücke, so genannte Schlüsselwörter. Sie werden zur besseren Erkennung blau dargestellt, falls sie von Access als Schlüsselwörter erkannt werden. Erkennt Access ein Schlüsselwort, passt es auch automatisch die Schreibweise an: Klein geschriebene Schlüsselwörter werden groß geschrieben.

PROFITIPP

Sie sollten sich angewöhnen, Schlüsselwörter, aber auch die Namen von Access-Funktionen, klein einzugeben. Haben Sie sich nicht vertippt, setzt sie Access um, und Sie haben eine Kontrolle, ob Sie die Wörter richtig eingegeben haben.

TIPP   Sollten Sie Probleme mit der dunkelblauen Schrift der Schlüsselwörter haben und sie nur schwer von der normalen schwarzen Schrift unterscheiden können, wählen Sie nach Aufruf des Menübefehls *Extras/Optionen* auf der Registerkarte *Editorformat* in der Gruppe *Code-Farben* für *Schlüsselworttext* eine andere Farbe aus.

Groß-/Kleinschreibung

Es gibt für Visual Basic eine so genannte Konvention für Namen, die vorsieht, dass Schlüsselwörter, Namen für Funktionen, Objekte, Variablen etc. grundsätzlich groß geschrieben werden. Besteht ein Name aus mehreren Wörtern (wie MsgBox), so wird jedes Einzelwort groß, aber alles zusammen in einem Wort geschrieben.

Diese Schreibweise ist ziemlich gut lesbar, daher ist es sinnvoll, sie generell, also auch für eigene Modul- oder Variablennamen zu verwenden. Entsprechend war auch für den Namen des Moduls AufrufMsgBox verwendet worden.

Einrückungen

Ebenfalls hilfreich für die bessere Lesbarkeit von Programmen ist das Einrücken verschiedener Ebenen im Programm. Man kann sich die Zeilen Sub und End Sub wie eine Klammer um das gesamte Programm vorstellen. Einrückungen sind vor allem bei Schleifen und Wenn-Dann-Blöcken wichtig, die wir später beschreiben. Man kann mit ihrer Hilfe leichter erkennen, welcher Teil wozu gehört oder ob beispielsweise ein Teil einer Wenn-Dann-Konstruktion fehlt.

Zeilenfortführung

Anweisungen, die länger als eine Zeile sind, können in der folgenden Zeile fortgeführt werden. Um anzuzeigen, dass die beiden Zeilen zusammengehören, wird ein Leerzeichen und ein Unterstrich (»_«) als Letztes in der fortzuführenden Zeile eingefügt.

Kommentarzeilen

Kommentare erleichtern das Lesen und Verstehen von Programmen. Sie sind vor allem dann wichtig, wenn andere Personen die Module weiterbearbeiten sollen, oder wenn Sie nach einigen Monaten wieder versuchen, Ihr eigenes Programm zu verstehen.

Kommentarzeilen werden durch ein Hochkomma »'« eingeleitet und im Code-Fenster grün dargestellt.

So lassen Sie Ihr Programm laufen

Ist das Programm eingegeben, möchten Sie natürlich sehen, ob es auch funktioniert.

> **HINWEIS** Die Ausführung von Visual Basic Code ist in Office 2007 aus Sicherheitsgründen standardmäßig deaktiviert. Bevor Sie das Programm ausführen können, müssen Sie die entsprechenden Sicherheitsrichtlinien ändern. Hierzu betätigen sie die Office-Schaltfläche und wählen die Schaltfläche Access-Optionen aus. Unter Vertrauensstellungscenter öffnen Sie mit der gleichnamigen Schaltfläche Einstellungen für das Vertrauensstellungscenter, wählen unter Einstellungen für Makros die Option *Alle Makros aktivieren* aus und bestätigen beide Dialoge mit *OK*.

Positionieren Sie den Mauszeiger innerhalb Ihrer Prozedur und klicken Sie dann einfach auf die Schaltfläche *Sub/UserForm ausführen* oder verwenden Sie die F5 -Taste. Sogleich erscheint das von Ihnen mit MsgBox definierte Dialogfeld am Bildschirm.

Abbildg. 34.3   Das programmierte Dialogfeld

> **HINWEIS**   Mit dem Befehl *Debuggen/Kompilieren von CineCity* werden alle Programme von Access vorverarbeitet und auf ihre syntaktische Korrektheit überprüft. Zwar kompiliert Access automatisch während der Ausführung eines Programms die Teile, die ausgeführt werden, aber alle anderen werden nicht berücksichtigt. Durch die Kompilierung des gesamten Programms erreichen Sie, dass Ihr gesamtes Programm bzw. alle Ihre Module überprüft werden.

Das Direktfenster

Alternativ können Sie das Direktfenster verwenden, um das Programm zu starten. Sollte es nicht zu sehen sein, aktivieren Sie es über den Menübefehl *Ansicht/Direktfenster*.

1. Tippen Sie den Namen des Programms ein und
2. bestätigen Sie über die ⏎-Taste.

Abbildg. 34.4   Das Direktfenster zum Starten des Programms

Eine ausführliche Beschreibung des Direktfensters und seiner Möglichkeiten finden Sie im Abschnitt »Arbeiten mit dem Direktfenster«.

Der Projekt-Explorer

Im Projekt-Explorer finden Sie sowohl alle Formulare und Berichte mit Code als auch die eigenständigen Module. Sie befinden sich in zwei unterschiedlichen Ordnern. Der Ordner *Microsoft Office Access Klassenobjekte* beinhaltet alle Formulare und Berichte mit VB-Code, im Ordner *Module* befinden sich die eigenständigen Module.

Wie Sie in Abbildg. 34.5 in der Mitte sehen können, wurden in diesem Buch bereits einige Beispiele für »Code behind Forms« besprochen. Die Programme, die in diesem Kapitel erstellt werden, befinden sich auf eigenen Modulblättern.

Kapitel 34 Visual Basic für Applikationen

Um sich den Code auf einem bestimmten Modulblatt anzusehen oder um den Code zu einem Formular oder Bericht anzuzeigen, klicken Sie doppelt auf den entsprechenden Eintrag im Projekt-Explorer.

Abbildg. 34.5 Verschiedene Ansichten des Projekt-Explorers

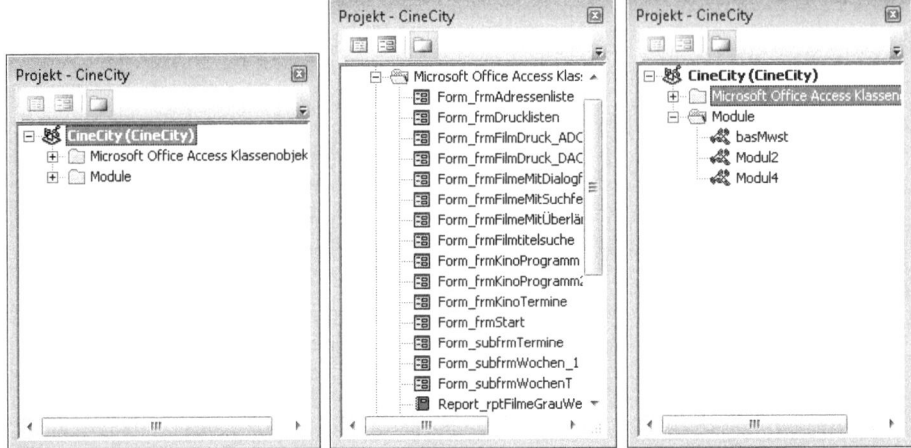

Variablen

Um Berechnungen in Programmen durchführen zu können, müssen Werte in der Regel zwischengespeichert werden, wozu Variablen verwendet werden. Sie können sich eine Variable wie eine elektronische Schublade vorstellen, in die genau ein Wert eines bestimmten Typs hineingelegt oder herausgenommen werden kann. Der Name der Variablen ist die Aufschrift auf der Schublade.

Variablen deklarieren

Eine Variable zu deklarieren bedeutet, sie festzulegen. Das geschieht zum einen über ihren Namen, zum anderen über ihren Datentyp. In Access gibt es zwei Möglichkeiten, Variablen zu deklarieren. Variablen können explizit sowie implizit deklariert werden.

Explizite Deklaration von Variablen

Mit der Anweisung Option Explicit (Menübefehl *Extras/Optionen*, Registerkarte *Editor*, Option *Variablendeklaration erforderlich*) sind Sie gezwungen, Variablen vor ihrer Verwendung zu deklarieren. Sie sollten sich dies auf jeden Fall angewöhnen, um Fehler zu vermeiden.

Die Deklaration kann wie in den folgenden Zeilen erfolgen:

```
Dim intAnzahl As Integer
Dim dblNetto As Double
Dim strName As String
```

Damit werden die Variablen intAnzahl, dblNetto und strName als Integer, Double bzw. String (also Text) festgelegt. Deklarieren Sie eine Variable in der Form

```
Dim xyz
```

so erhält die Variable automatisch den Datentyp Variant. Mehrere Deklarationen lassen sich, durch Komma getrennt, hinter einem Dim-Befehl angeben:

```
Dim strTmp As String, intZähler As Integer, dblWert As Double
```

> **HINWEIS**   Eine Deklaration in der Form
>
> ```
> Dim strFilmtitel, strOriginal, strKommentar As String
> ```
>
> ist zwar gültig und syntaktisch korrekt, allerdings wird nur die Variable strKommentar als Variable vom Typ String deklariert. Die beiden anderen erhalten den Typ Variant. In den meisten Programmen sollte dies nicht zu Problemen führen, aber es kann durchaus eine Fehlerquelle sein.

Implizite Deklaration von Variablen

Ist in einem Modul der Befehl Option Explicit nicht angegeben, verwendet Access die implizite Deklaration von Variablen. Das bedeutet, eine Variable wird mit ihrer ersten Verwendung eingeführt und automatisch deklariert. Wir möchten Ihnen von der Verwendung der impliziten Deklaration abraten, denn sie kann zu Fehlern führen. Im Modul in Abbildg. 34.6 wird implizit deklariert.

Abbildg. 34.6   Implizite Deklaration

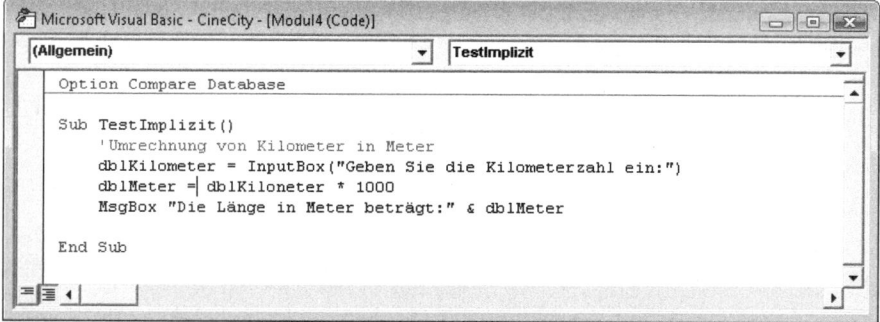

Egal, welchen Kilometerwert Sie angeben, das Ergebnis in der MsgBox ist immer »Die Länge in Meter ist: 0«. Sehen Sie den Fehler? In der vierten Zeile wurde dblKiloneter anstelle von dblKilometer geschrieben. Aufgrund der impliziten Deklaration bemerkt Access den Schreibfehler nicht, sondern erzeugt eine neue Variable mit dem Namen dblKiloneter, die standardmäßig mit dem Wert 0 initialisiert ist.

Hätten Sie die explizite Deklaration verwendet, so hätte Access Sie beim Starten des Programms auf den Fehler aufmerksam gemacht, wie Sie in Abbildg. 34.7 sehen können.

Abbildg. 34.7 Fehlermeldung bei expliziter Deklaration

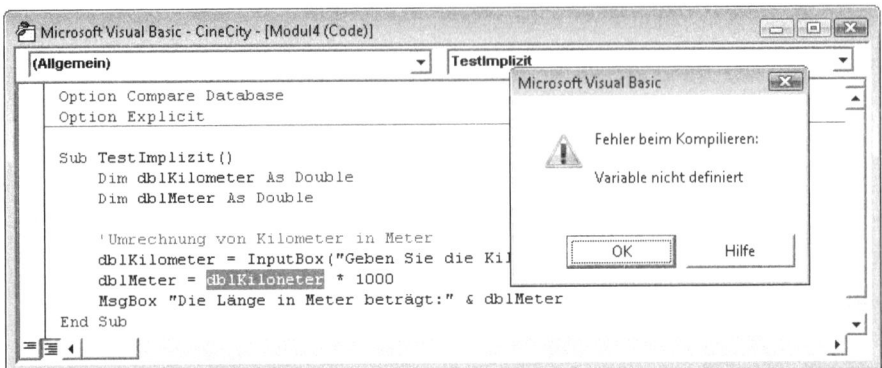

Variablentypen

Access verwendet standardmäßig für alle Variablen den Datentyp Variant, wenn Sie es nicht anders angeben. Dieser Datentyp kann numerische Daten, Zeichenfolgen, Datums- und Zeitwerte, Datenfelder oder Objekte speichern. Die Arbeit mit diesem Datentyp ist zwar sehr einfach; effizienter jedoch ist es, einer Variablen den Datentyp zuzuweisen, den Sie wirklich benötigen. Beispielsweise benötigt eine Variable vom Datentyp Variant 16 Byte Speicherplatz im Hauptspeicher. Werden für diese Variable aber nur ganze Zahlen kleiner als 255 verwendet, ist es sinnvoller, sie als Byte zu speichern, da für diesen Datentyp nur ein Byte zum Speichern benötigt wird. Zudem muss beim Kompilieren von Variablen des Datentyps Variant der Compiler jeweils entscheiden, welcher Datentyp für die Variable wirklich verwendet wird, was den Vorgang des Kompilierens aufwändiger macht. Zuletzt hilft das Deklarieren einer Variablen mit einem bestimmten Datentyp, Fehler zu vermeiden. Soll eine Variable von einem bestimmten Datentyp sein und wird ihr beispielsweise ein Wert von einem falschen Datentyp zugewiesen, gibt es eine Fehlermeldung. Der Typ Variant hingegen ermöglicht jede Zuweisung.

Tabelle 34.2 zeigt die möglichen Datentypen in Access mit ihren Wertebereichen und dem benötigten Speicherplatz an.

Tabelle 34.2 Aufstellung der in Access verwendeten Datentypen

Datentyp	Art	Wertebereich	Interne Größe
Byte	Ganze Zahl	0...255	1 Byte
Integer	Ganze Zahl	-32.768 bis 32.767	2 Bytes
Long Integer	Ganze Zahl	-2.147.483.648 bis 2.147.483.647	4 Bytes
Single	Fließkommazahlen (Dezimalzahlen)	Zahlen mit insgesamt sieben Stellen	4 Bytes
Double	Fließkommazahlen (Dezimalzahlen)	Zahlen mit insgesamt 15 Stellen	8 Bytes
Decimal	Fließkommazahlen (Dezimalzahlen)	Zahlen mit insgesamt 28 Stellen	12 Bytes

Tabelle 34.2 Aufstellung der in Access verwendeten Datentypen *(Fortsetzung)*

Datentyp	Art	Wertebereich	Interne Größe
Currency	Festkommazahlen (für Währung)	15 Vor- und vier Nachkommastellen	8 Bytes
Boolean	Wahrheitswerte	True oder False	2 Bytes
Date	Datums-Zeit-Werte	1.1.100 bis 31.12.9999	8 Bytes
Object	Objektvariable	Verweist auf Objekt	
String	Text variabler Länge	Kann bis etwa zwei Milliarden Zeichen enthalten	10 Bytes plus Textlänge
Variant (mit Zahlen)		Numerische Werte im Bereich des Datentyps Double	16 Bytes
Variant (mit Zeichen)			22 Bytes plus Textlänge

Die aufgeführten Datentypen für Zahlen haben nicht alle dieselbe Wichtigkeit. Für ganze Zahlen wird man in der Regel den Datentyp Integer verwenden, es sei denn, die verwendeten Werte sind mit Sicherheit kleiner als 255, dann kann der Datentyp Byte verwendet werden. Der Vorteil dieses Datentyps liegt darin, dass er mit der Hälfte des Speicherplatzes auskommt. Sind die zu verwendenden Zahlen größer als 32.000, dann kommt der Datentyp Long in Betracht. Rechnet man mit Zahlen, die Nachkommastellen enthalten, wird man normalerweise den Datentyp Double verwenden.

Namen für Variablen

Variablennamen sollten so gewählt sein, dass der Name eine Aussage über die Variable macht. Dazu werden oft mehrere Wörter oder Silben hintereinander verwendet. Variablennamen müssen mit einem Buchstaben beginnen und dürfen bis zu 256 Zeichen umfassen. In Variablennamen sind Zahlen, aber keine Leerzeichen, Punkte oder andere Sonderzeichen außer dem Unterstrich »_« erlaubt. Zudem dürfen Schlüsselwörter nicht für Variablennamen verwendet werden.

Grundsätzlich werden alle Namen in Visual Basic in einem Wort geschrieben. Besteht ein Name aus mehreren Wörtern, so wird jedes einzelne Wort groß geschrieben.

Es ist oft hilfreich, Variablen so zu benennen, dass Sie auf den ersten Blick erkennen können, um welchen Typ es sich handelt. Die folgende Tabelle zeigt die Abkürzungen der einzelnen Variablentypen mit einem Beispiel. Diese Regeln für VBA stammen von Greg Reddick und werden kurz als RVBA-Konventionen bezeichnet. Die vollständigen RVBA-Namenskonventionen können Sie in Anhang A nachschlagen.

Tabelle 34.3 Abkürzungen und Beispiele zur Namenskonvention

Variablentyp	Präfix	Beispiel
Byte	byte	Dim byteSorte as Byte
Integer	int	Dim intZähler As Integer
Long	lng	Dim lngEinwohner As Long

Tabelle 34.3 Abkürzungen und Beispiele zur Namenskonvention *(Fortsetzung)*

Variablentyp	Präfix	Beispiel
Single	sng	`Dim sngMwSt As Single`
Double	dbl	`Dim dblMenge As Double`
Currency	cur	`Dim curBrutto As Currency`
Boolean (Yes/No)	bool	`Dim boolNeuKunde As Boolean`
Date (Date/Time)	date	`Dim dateBeitrittsDatum As Date`
Object	obj	`Dim objFormular As Object`
String	str	`Dim strNachname As String`
Variant	var	`Dim varEingabe As Variant`

Variablen eingeben

Möchten Sie Variablen in Programmen eingeben, sollten Sie Folgendes beachten:

Dezimalzahlen	Für Dezimalzahlen müssen Punkte verwendet werden, um Nachkommastellen abzutrennen, wie `dblBetrag = 0.99`
Texteingabe	Texte werden einer Variablen in Anführungszeichen übergeben, wie `strName = "Klein"`
Datumseingaben	Soll ein Datum einer Variablen übergeben werden, so ist es von »#«-Zeichen einzurahmen. Zudem ist die amerikanische Schreibweise zu verwenden, also erst der Monat, dann der Tag und zuletzt das Jahr. Getrennt werden die Angaben durch einen Schrägstrich. Für den 11. Mai 2007 beispielsweise übergibt man `dateGeburtsdatum = #5/11/2007#`

HINWEIS   Wer sich gar nicht mit der amerikanischen Schreibweise des Datums anfreunden kann, dem sei die Funktion `DateValue` empfohlen. Damit kann die Datumsübergabe auch durch `dateGeburtstag = DateValue("11.5.2007")` erfolgen.

Beispiele

Im Folgenden zeigen wir Ihnen einige Beispiele für Variablendeklarationen und -zuweisungen. Wir haben für einen Datentyp Hinweise eingefügt, die die Überschreitung des zulässigen Wertebereichs betreffen. Weisen Sie einer Variablen vom Typ `Byte` den Wert 1000 zu, so wird Access den Laufzeitfehler 6, »Überlauf«, auslösen, der auf die Überschreitung des Wertebereichs hinweist, denn eine Variable vom Typ `Byte` kann nur Werte zwischen 0 und 255 aufnehmen.

```
Dim byteZeichen As Byte
byteZeichen = 65
' Die folgende Zeile erzeugt den Laufzeitfehler 6, »Überlauf«
byteZeichen = 1000
...
Dim intFilmlänge As Integer
intFilmlänge = 90
' Die folgende Zeile erzeugt den Laufzeitfehler 6
intFilmlänge = 123456789
...
Dim sngMwst As Single
sngMwst = 0.16
...
Dim dblEinnahmen As Double
dblEinnahmen = 1234567.12
...
Dim curKasse As Currency
curKasse = 1234567.12
...
Dim boolSonderveranstaltung As Boolean
boolSonderveranstaltung = False
...
Dim dateVorstellung As Date
dateVorstellung = #3/8/07#
dateVorstellung = DateValue("8.3.2007")
...
Dim strFilmtitel As String
strFilmtitel = "Bobby"
...
Dim varNichtsIstUnmöglich As Variant
varNichtsIstUnmöglich = 1234
varNichtsIstUnmöglich = "Bobby"
varNichtsIstUnmöglich = #3/8/07#
...
```

Konstanten

Werden in einem Programm Werte verwendet, die sich nicht ändern, so können diese als Konstanten definiert werden. Zu ihrer Kennzeichnung verwendet man das Präfix »con«. Ihre Deklaration erfolgt folgendermaßen:

```
Const conPi As Double = 3.14159265358
Const conMaxBesucher As Integer = 450
```

Für Konstanten muss nicht unbedingt ein Datentyp angegeben werden. Beispielsweise ist

```
Const conMinTurnaround = 30
```

ausreichend, allerdings wird die Konstante vom Datentyp Variant eingerichtet.

Felder

Werte gleicher Art können zu einem so genannten Feld zusammengefasst werden. Dabei werden die einzelnen Elemente mit demselben Namen über unterschiedliche Indizes angesprochen. Angenommen, Sie arbeiten mit den drei Mehrwertsteuersätzen 0%, 7% und 19%. Dann könnten Sie mit

```
Dim adblMwst(2) As Double
```

das Feld `adblMwst` deklarieren. Um den einzelnen Elementen des Feldes Werte zuzuweisen, schreiben Sie einfach

```
adblMwst(0) = 0
adblMwst(1) = 0.07
adblMwst(2) = 0.19
```

Innerhalb Ihres Programms könnten Sie dann mit

```
dblBrutto = dblNetto * adblMwst(intIndex)
```

den Bruttobetrag in Abhängigkeit der Variablen `intIndex` berechnen. Ist `intIndex` gleich 1, wird mit 7% gerechnet, ist `intIndex` gleich 2, mit 19%. Beachten Sie beim Arbeiten mit Feldern, dass der Index bei Null zu zählen anfängt. Das erste Element des Feldes wird immer mit dem Index 0 angesprochen, nicht mit 1.

> **HINWEIS** Sollten Sie damit Probleme haben, dass Datenfelder bei 0 beginnen und nicht bei 1, können Sie auf der Seite der Deklarationen den Eintrag `Option Base 1` verwenden und damit alle Felder dazu zwingen, mit dem Zählen bei 1 zu beginnen.

Die Array-Funktion

Die Array-Funktion unterstützt Sie bei der Zuweisung von Werten zu den Elementen der Felder. Dabei wird allen Werten einer Array-Funktion der Datentyp `Variant` zugewiesen. Möchten Sie das bereits zuvor verwendete Feld für die Mehrwertsteuer mit der Array-Funktion füllen, deklarieren Sie zunächst einmal das Feld durch

```
Dim avarMwst As Variant
```

und schreiben dann

```
avarMwst = Array(0, 0.07, 0.19)
```

um das Feld mit Werten zu füllen. Die einzelnen Werte der Liste werden dabei durch Kommata voneinander getrennt.

Gültigkeitsbereiche

Sowohl Variablen als auch Konstanten können in unterschiedlichen Bereichen verfügbar gemacht werden. Prinzipiell haben Variablen und Konstanten drei verschiedene Gültigkeitsebenen.

Gültigkeit auf Prozedurebene

Variablen und Konstanten, die auf der Prozedurebene definiert sind, gelten lokal nur innerhalb der Prozedur, in der sie deklariert sind. Außerhalb der Prozedur können diese Variablen nicht verwendet werden. Die Deklaration dieser Variablen oder Konstanten erfolgt in der entsprechenden Prozedur.

Sie deklarieren solche Variablen zu Beginn der entsprechenden Prozedur mit der Anweisung Dim.

```
Sub BerechnungNetto()
    Dim dblNetto As Double
    Dim dblBrutto As Double
    Dim dblMwst As Double
    ...
End Sub
```

Die Variablen dblNetto, dblBrutto und dblMwst werden innerhalb der Prozedur BerechnungNetto() deklariert und gelten auch nur, solange diese Prozedur abgearbeitet wird. Ist die Berechnung beendet, gibt es die Variablen nicht mehr.

Schreiben Sie jetzt noch eine Prozedur

```
Sub BerechnungTest()
    dblNetto = 1000
End Sub
```

im gleichen Modul wie die Prozedur BerechnungNetto(), so wird Access beim Kompilieren einen Fehler melden, denn innerhalb der Prozedur BerechnungTest() ist die Variable dblNetto nicht definiert, da sie nur in der Prozedur BerechnungNetto() gültig ist.

Gültigkeit auf privater Modulebene

Innerhalb eines Moduls können mehrere Prozeduren definiert werden. Sollen Variablen und Konstanten für alle Prozeduren eines Moduls gelten, werden sie modulweit deklariert. Dazu deklarieren Sie sie nicht innerhalb der Prozedur, sondern am Anfang des Moduls im Bereich *Deklarationen* hinter dem Eintrag Option Explicit. Die Deklaration kann zwar mit Dim durchgeführt werden, sinnvoller ist aber die Verwendung von Private, um anzuzeigen, dass es sich um eine Variable handelt, die auf privater Modulebene gilt.

Die Variable mdblNetto, die in Abbildg. 34.8 als Variable auf privater Modulebene deklariert wurde, gilt in allen Prozeduren des Moduls basMwSt.

HINWEIS Verwenden Sie für Variablen auf privater Modulebene das Präfix »m«, wie Sie es in Abbildg. 34.8 sehen können.

Abbildg. 34.8 Deklaration einer Variablen auf privater Modulebene

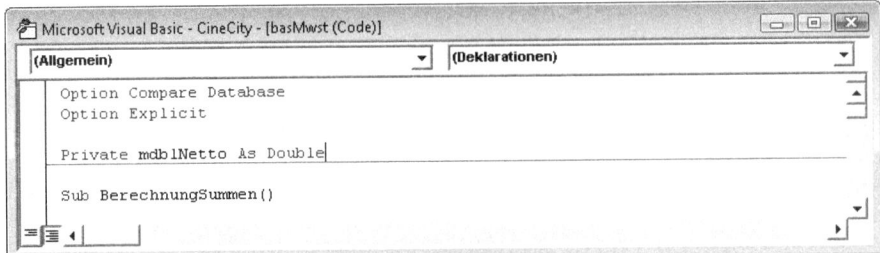

Gültigkeit auf öffentlicher Modulebene

Variablen mit Gültigkeit auf öffentlicher Modulebene gelten in der gesamten Datenbank. Sie können sowohl aus Formularen oder Berichten als auch aus anderen Modulen heraus aufgerufen werden. Sie deklarieren öffentliche Variablen im Deklarationsbereich eines Moduls mit der Deklaration Public.

Abbildg. 34.9 Deklaration einer Variablen auf öffentlicher Modulebene

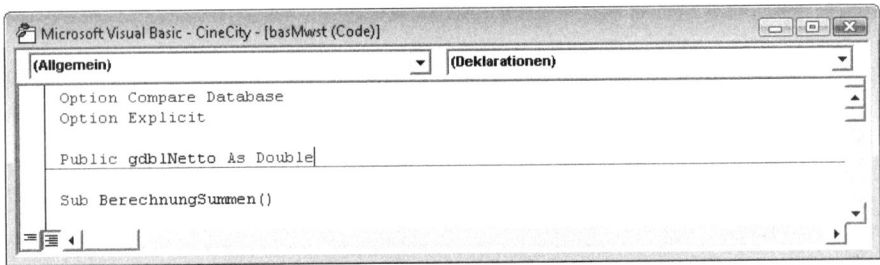

HINWEIS Verwenden Sie für die Namen von öffentlichen Variablen oder Konstanten das Präfix »g« (kurz für global).

Prozeduren und Funktionen

Vereinfachen Sie Ihre Programmierarbeit, indem Sie Ihre Programme in kleine logische Einheiten unterteilen. Solche Einheiten, als Unterprogramme bezeichnet, können beispielsweise häufig wiederkehrende Berechnungen sein. Es gibt zwei wichtige Gründe, die dafür sprechen, Programme in mehrere Unterprogramme aufzuteilen. Zum einen lassen sich solche Einheiten einfacher testen und auf Fehler untersuchen, als ein sehr langes Programm. Zum anderen können die Unterprogramme auch in anderen Programmen verwendet werden.

In Visual Basic werden zwei Arten von Unterprogrammen unterschieden: Prozeduren und Funktionen. Eine Prozedur führt eine Reihe von Anweisungen aus, ohne nach ihrer Beendigung einen Wert zurückzugeben. Eine Funktion wird dazu verwendet, einen Wert zu berechnen und zurückzugeben. Sie lässt sich daher auch in Rechnungen und Ausdrücken direkt einsetzen.

Prozeduren

Allgemein erfolgt die Definition einer Prozedur durch die folgenden Zeilen:

```
[Private | Public] Sub Name [(ArgListe)]
    [Anweisungen]
    [Exit Sub]
    [Anweisungen]
End Sub
```

Dabei legen die ersten optionalen Argumente Private bzw. Public den Gültigkeitsbereich der Prozedur fest. Prozeduren in Modulen sind standardmäßig öffentlich (Public), können aber mit dem Zusatz Private auf die Modulebene beschränkt werden. Prozeduren, die Sie in Formularen oder Berichten als »Code behind Forms« erstellen, erhalten übrigens automatisch den Zusatz Private.

Werden einer Prozedur Werte übergeben, geschieht das in Klammern hinter dem Namen der Prozedur. Sollen mehrere Argumente verwendet werden, werden diese durch Kommata voneinander getrennt.

```
Private Sub StandardWertSetzen(strTable As String, _
strField As String, varDefault As Variant)
```

End Sub beendet das mit Sub begonnene Programm. Die Anweisung Exit Sub erlaubt das vorzeitige Verlassen einer Prozedur.

Namen für Prozeduren

Für Prozeduren sollten Sie sprechende Namen verwenden. Setzt sich der Name einer Prozedur aus mehreren Wörtern zusammen, beginnen Sie jedes einzelne Wort mit einem Großbuchstaben.

So starten Sie eine Prozedur

Möchten Sie eine Prozedur starten, platzieren Sie den Cursor im Code der Prozedur und klicken entweder auf die Schaltfläche *Sub/UserForm ausführen* oder starten Sie sie mit der F5-Taste. Alternativ lässt sich eine Prozedur im Direktfenster über die Eingabe ihres Namens starten.

Prozedur ruft Prozedur

Rufen Sie eine Prozedur aus einer anderen Prozedur heraus auf, so geschieht das wie in folgendem Listing. Dabei ruft die Prozedur *TestStandardSetzen* eine zweite Prozedur mit dem Namen *StandardWertSetzen* auf.

```
Sub TestStandardSetzen()
    Dim strTbl As String
    Dim strFld As String
    Dim varDflt As Variant

    strTbl = "tblFilme"
    strFld = "Länge"
    varDflt = "90"

    StandardWertSetzen strTbl, strFld, varDflt
End Sub
```

Alternativ können Sie eine Prozedur auch mit

```
Call StandardWertSetzen(strTbl, strFld, varDflt)
```

aufrufen. Beachten Sie dabei, dass nur in der Version mit `Call` die Argumente in Klammern gesetzt werden!

Funktionen

Funktionen sind Unterprogramme, die einen Wert zurückgeben. Allgemein wird eine Funktion durch

```
[Public | Private] Function Name [(ArgListe)] [As Typ]
    [Anweisungen]
    [Name = Ausdruck]
    [Exit Function]
    [Anweisungen]
    [Name = Ausdruck]
End Function
```

definiert. Auch für Funktionen gilt, dass sie standardmäßig öffentlich sind, durch den Zusatz `Private` jedoch auf Modulebene beschränkt werden können.

Für den Rückgabewert einer Funktion können Sie einen Datentyp vereinbaren. Geben Sie keinen expliziten Datentyp an, so ist der Rückgabewert vom Typ `Variant`.

> **HINWEIS** Möchten Sie Funktionen aus dem Direktfenster heraus aufrufen, so setzen Sie vor den Funktionsnamen ein Fragezeichen. Im Abschnitt »Fehlersuche« weiter hinten in diesem Kapitel rufen wir Funktionen direkt aus dem Direktfenster auf.

Argumente für Funktionen

Funktionen können Argumente übergeben werden, die innerhalb der Funktion weiterverwendet werden können. Bei der Definition der Funktion werden die zu übergebenden Argumente festgelegt.

Für die folgende Beispielfunktion wurde ein Argument vereinbart:

```
Function FilmLänge(strFilmtitel As String) As Integer
    ...
End Function
```

Verwenden Sie die Funktion in einem Programm, müssen Sie einen Wert oder eine Variable als Argument übergeben, beispielsweise in der Form

```
MsgBox "Die Filmlänge ist " & Filmlänge("Krass") & " min."
```

oder

```
Dim strFilm As String
strFilm = "Krass"
MsgBox "Die Filmlänge ist " & Filmlänge(strFilm) & " min."
```

Beachten Sie dabei, dass die zu übergebenden Variablen vom gleichen Datentyp wie die Argumente sein müssen.

Sie können mehrere Argumente, durch Kommata voneinander getrennt, angeben, z.B.:

```
Function Kinobelegung(lngKinoNr As Long, dateWoche As Date, _
                     intTag As Integer) As Integer
...
End Function
```

Beachten Sie dabei, dass Sie die Argumentenliste auch in der Form

```
Function Kinobelegung(lngKinoNr, dateWoche, intTag As Integer)
```

vereinbaren können. Dies hat zur Folge, dass die ersten beiden Parameter implizit als vom Typ Variant deklariert werden.

Zwei Versionen der Argumentübergabe

Für die Übergabe von Argumenten an Funktionen und Prozeduren unterstützt VBA zwei Verfahren, mit denen Argumente übergeben werden können: per Referenz (by reference) oder als Wert (by value).

Wir haben das folgende kleine Beispiel programmiert, um Ihnen die beiden Verfahren erläutern zu können.

Abbildg. 34.10 Ein kleines Beispiel

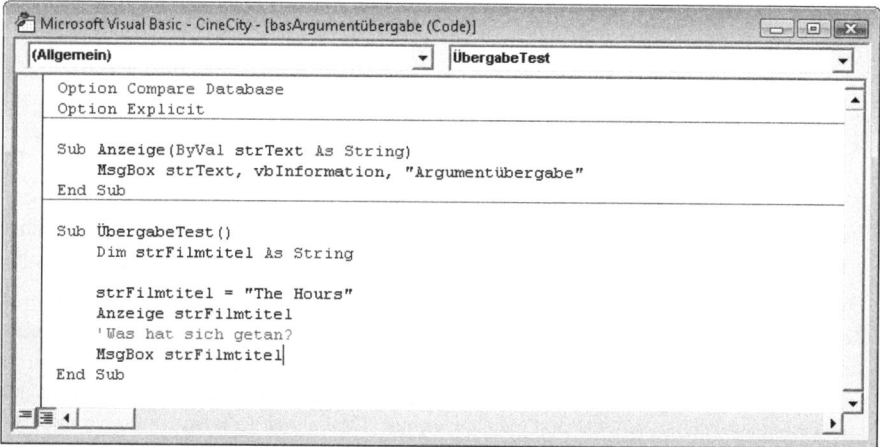

HINWEIS   Platzieren Sie den Maus-Cursor in dem Programm, das Sie starten möchten, bevor Sie auf die Schaltfläche *Sub/UserForm ausführen* klicken. Befindet sich der Maus-Cursor in der Funktion, öffnet sich ein Dialogfeld, in dem Sie erst den Namen der Prozedur, die Sie starten möchten, anklicken, und dann auf die Schaltfläche *Ausführen* klicken müssen.

Als Standard: Per Referenz

Wenn nicht anders angegeben, werden Argumente per Referenz übergeben. In unserem Beispielmodul ist für die Prozedur Anzeige ein Argument strText As String definiert. In der Prozedur ÜbergabeTest() wird Anzeige aufgerufen, wobei die Variable strFilmtitel übergeben wird.

Der an die Prozedur Anzeige übergebene Filmtitel wird in einer MsgBox angezeigt. So weit keine Besonderheiten! Was aber passiert, wenn in der Prozedur Anzeige die Variable strText verändert wird? In Abbildg. 34.11 sehen Sie die beiden von uns geänderten Prozeduren. In der Prozedur Anzeige wird in der Zeile strText = ">" & strText & "<" der Inhalt der Variablen um die französischen Anführungszeichen ergänzt.

Die Prozedur ÜbergabeTest wurde um eine Zeile erweitert, die den Inhalt der Variablen strFilmtitel in einem Meldungsdialogfeld einblendet.

Abbildg. 34.11 Geändertes Beispielprogramm

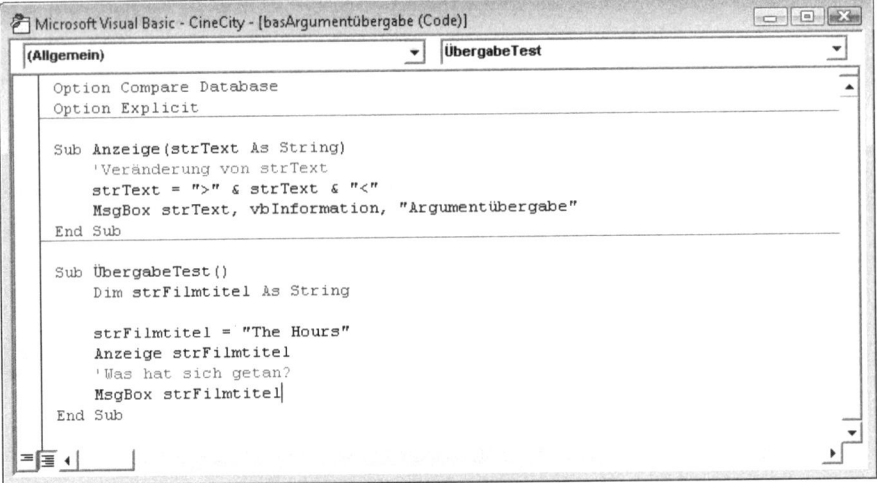

Welches Ergebnis erhalten wir durch die Änderungen? Beide Meldungsdialogfelder, also zuerst das von Anzeige, dann das von ÜbergabeTest, zeigen »The Hours« mit den französischen Anführungszeichen an. Die Änderung von strText in Anzeige hat also auch strFilmtitel in ÜbergabeTest modifiziert.

Die Erklärung für dieses Phänomen liegt in der Argumentenübergabe per Referenz. Hierbei wird der Prozedur als Argument nicht der Wert der Variablen strFilmtitel übergeben, sondern nur die Adresse im Speicher des Computers, an der die Variable liegt. Eigentlich erhält die Variable strFilmtitel durch die Übergabe an Anzeige nur einen zweiten Namen, nämlich strText, für die gleiche Speicherstelle, d.h. für den gleichen Inhalt. Deshalb ist jede Änderung von strText auch eine Änderung an strFilmtitel.

Zwar wird die Argumentenübergabe per Referenz standardmäßig verwendet, Sie können aber durch Voranstellen des Befehlsworts ByRef eine Übergabe per Referenz explizit festlegen, beispielsweise mit

```
Sub Anzeige(ByRef strText As String)
```

Nur auf Anforderung: Als Wert

Beim zweiten Argumentenübergabeverfahren werden keine Referenzen auf Speicherstellen übergeben, sondern eine Kopie des Wertes der Variablen. In Abbildg. 34.12 ist dargestellt, dass die Prozedur Anzeige durch das Befehlswort ByVal entsprechend umgestellt wurde.

Abbildg. 34.12 Argumentenübergabe als Wert

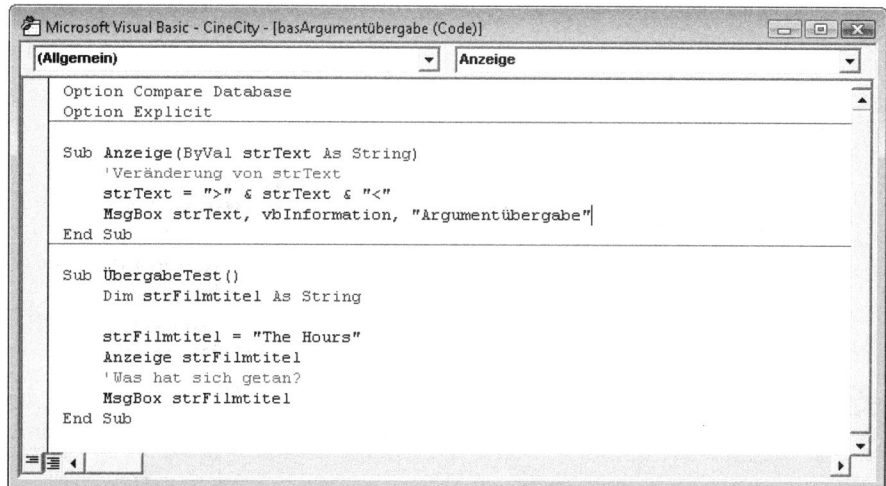

Starten Sie nun die Prozedur ÜbergabeTest, so werden wieder hintereinander die beiden Dialogfelder gezeigt, wobei diese nun unterschiedliche Inhalte zeigen. Im ersten Meldungsdialog (in Anzeige) wird der Filmtitel mit Kleiner-/Größerzeichen eingeblendet, während im zweiten Dialogfeld (in ÜbergabeTest) keine zusätzlichen Zeichen gezeigt werden.

PROFITIPP Wir empfehlen, möglichst immer die Argumente ByVal zu übergeben, denn damit können Sie Fehler vermeiden, die durch unbeabsichtigtes Ändern von Variablen in einem Unterprogramm entstehen können.

HINWEIS Die RVBA-Namenskonventionen empfehlen, den Namen aller Argumente, die als Referenz übergeben werden, den Buchstaben »r« voranzustellen. Lesen Sie dazu den Anhang A.

Bedingte Anweisungen

Möchten Sie in einem Programm unter bestimmten Bedingungen andere Befehle ausführen als unter anderen, so können Sie solche bedingte Anweisungen am einfachsten mit einer If- oder Case-Anweisung realisieren.

If-Abfragen

Die einfachste Form einer If-Abfrage lautet:

```
If Bedingung Then [Anweisung]
```

Also: Wenn die angegebene Bedingung erfüllt ist, tue das, was unter Anweisung vereinbart ist. Die allgemeine Form lautet:

```
If Bedingung Then
    [Anweisungen]
[ElseIf Bedingung-n Then
    [elseifAnweisungen] ...
[Else
    [elseAnweisungen]]
End If
```

Dabei sind alle Teile optional, die in eckigen Klammern im Text stehen. Mit ElseIf leiten Sie weitere Bedingungen ein. Eine If-Anweisung wird mit End If abgeschlossen.

> **TIPP** Gerade bei verschachtelten If-Anweisungen ist es hilfreich, mit Einrückungen zu arbeiten. Dann können Sie beispielsweise sofort erkennen, ob es zu einem If auch ein End If gibt.

Für das folgende Beispiel soll eine Rabattstaffelung dargestellt werden. Dabei soll für eine abgenommene Stückzahl von 1000 10% Rabatt gegeben werden. Für Stückzahlen zwischen 500 und 999 werden 5% und für Stückzahlen zwischen 100 und 499 nur noch 1% Rabatt gewährt.

```
If intAnzahl >= 1000 Then
    dblRabatt = 0.1
ElseIf intAnzahl >= 500 Then
    dblRabatt = 0.05
ElseIf intAnzahl >= 100 Then
    dblRabatt = 0.01
Else
    dblRabatt = 0
End If
```

Vergleichsoperatoren

Die Vergleichsoperatoren, die für If-Abfragen in den Bedingungen verwendet werden können, sind in Tabelle 34.4 dargestellt. Dabei ist darauf zu achten, dass Werte gleichen Feldtyps miteinander verglichen werden. So lassen sich beispielsweise Zahlen nicht mit Texten vergleichen.

Tabelle 34.4 Vergleichsoperatoren für bedingte Anweisungen

Operator	Bedeutung
=	Gleich
<	Kleiner als
<=	Kleiner oder gleich

Tabelle 34.4 Vergleichsoperatoren für bedingte Anweisungen *(Fortsetzung)*

Operator	Bedeutung
>	Größer
>=	Größer oder gleich
<>	Ungleich

Zudem können Sie in einer Bedingung auch logische Operatoren verwenden, wie sie in Tabelle 34.5 dargestellt sind.

Tabelle 34.5 Logische Operatoren für bedingte Anweisungen

Operator	Beispiel	Bedeutung
Not	Not (intAnzahl < 10)	intAnzahl größer oder gleich 10
And	intAnzahl > 10 And intAnzahl < 90	intAnzahl größer 10 und kleiner 90, also zwischen 10 und 90
Or	intAnzahl < 10 Or intAnzahl > 20	intAnzahl entweder kleiner 10 oder größer als 20

Zwei mit Or verbundene Bedingungen sind dann erfüllt, wenn eine der beiden erfüllt ist. Im Unterschied dazu ist eine mit And verbundene Bedingung nur dann erfüllt, wenn beide Bedingungen wahr sind. Es besteht zudem die Möglichkeit, mehrere logische Operatoren zusammen in einer Bedingung zu verwenden, wie in

```
Not (intAnzahl < 10) And Not (intAnzahl > 90)
```

Da es nicht immer ganz einfach ist festzulegen, wie welcher Operator arbeitet, stellt die folgende Tabelle eine Zusammenfassung des Zusammenspiels der einzelnen Operatoren dar. Dabei bedeutet die Bedingung True, dass die angegebene Bedingung erfüllt ist. Ist das Ergebnis gleich True, heißt das, dass die Verkettung der beiden Bedingungen als wahr angegeben wird.

Tabelle 34.6 Zusammenspiel der logischen Operatoren

Bedingung 1	Operator	Bedingung 2	Ergebnis
True	And	True	True
True	And	False	False
False	And	True	False
False	And	False	False
True	Or	True	True
True	Or	False	True
False	Or	True	True
False	Or	False	False
	Not	True	False
	Not	False	True

Case-Anweisungen

Außer mit der If-Anweisung besteht auch die Möglichkeit, mithilfe von Case-Anweisungen zu verzweigen. Diese Struktur ist gerade bei vielen Verzweigungen oft übersichtlicher. Die allgemeine Form der Case-Anweisung lautet:

```
Select Case Testausdruck
[Case Ausdrucksliste-n
        [Anweisungen-n]] ...
[Case Else
        [elseAnw]]
End Select
```

Die im vorangegangenen Abschnitt verwendete Rabattstaffel stellt sich mit der Case-Anweisung wie folgt dar:

```
Select Case intAnzahl
Case Is >= 1000
    dblRabatt = 0.1
Case Is >= 500
    dblRabatt = 0.05
Case Is >= 100
    dblRabatt = 0.01
Case Else
    dblRabatt = 0
End Select
```

Springen mit GoTo

Mit dem Befehl GoTo kann eine bestimmte, mit einer Zeilennummer oder mit einem Text bezeichnete Zeile angesprungen werden. Mit diesem Befehl können Sie nur innerhalb der aktuellen Prozedur springen. GoTo-Anweisungen werden verwendet, um Laufzeitfehler abzufangen, wie im Abschnitt »Fehlersuche und -behandlung« weiter unten in diesem Kapitel beschrieben ist. Zu viele GoTo-Anweisungen sollten beim Programmieren vermieden werden, denn der Programm-Code wird dadurch schwer lesbar – eigentlich sollten Sie überhaupt keine GoTo-Befehle verwenden. Als Sprungmarke wurde im folgenden Beispiel Ende angegeben. Um die Zeile zu bezeichnen, in die gesprungen werden soll, wird vor die Zeile ein Ende: eingefügt:

```
...
If intAnzahl > 10000 Then GoTo Ende
...
Ende:
...
End Sub
```

Schleifen für sich wiederholende Programmteile

Benötigt man in einem Programm bestimmte Programmzeilen mehrmals hintereinander, verwendet man Schleifen, um die Programmzeilen nicht mehrfach eingeben zu müssen. Dabei gibt es vier verschiedene Varianten von Schleifen: Do...Loop, For...Next, For Each...Next und While...Wend, die nacheinander in diesem Abschnitt besprochen werden.

Die Schleife Do...Loop

Die Do...Loop-Schleife gibt es in zwei verschiedenen Varianten. Eine Do...Loop-Schleife wiederholt die eingeschlossenen Anweisungen entweder bis (Until) eine angegebene Bedingung den Wert True erhält oder solange (While) die Bedingung den Wert True hat.

Allgemein lässt sich eine solche Schleife durch

```
Do [{Until | While} Bedingung]
    [Anweisungen]
    [Exit Do]
    [Anweisungen]
Loop
```

oder auch durch

```
Do
    [Anweisungen]
    [Exit Do]
    [Anweisungen]
Loop [{Until | While} Bedingung]
```

definieren. Mithilfe der Zeile Exit Do können Sie bei Bedarf die Do...Loop-Schleife auch vorzeitig verlassen.

In Abbildg. 34.13 sehen Sie ein kleines Programm, das eine Do...Loop-Schleife verwendet. Innerhalb der Schleife wird mit InputBox ein Eingabedialogfeld aufgerufen, in dem ein Nettobetrag abgefragt wird. Aus diesem Nettobetrag werden mithilfe der eingebundenen Funktionen BerechneMwst() und BerechneBrutto() die Mehrwertsteuer und der Bruttowert berechnet, danach werden Netto-, Brutto- und der Mehrwertsteuerbetrag aufsummiert. Die Schleife wird so lange durchlaufen, bis in der InputBox der Wert 0 (der als Standardwert definiert ist) zurückgegeben wird, bis also keine Eingabe mehr vorgenommen wird. Dann gibt ein Meldungsdialogfeld (MsgBox) die Summen aus.

Abbildg. 34.13 Beispiel einer Do...Loop-Schleife

```
Option Compare Database
Option Explicit
Public gdblNetto As Double

Sub BerechnungSummen()
    Dim dblMwst As Double
    Dim dblBrutto As Double

    Dim dblSummeNetto As Double
    Dim dblSummeMwst As Double
    Dim dblSummeBrutto As Double

    Do
        mdblNetto = InputBox("Eingabe des Nettowertes", , 0)
        If mdblNetto <> 0 Then
            dblMwst = BerechneMwst()
            dblBrutto = BerechneBrutto()

            dblSummeNetto = dblSummeNetto + mdblNetto
            dblSummeMwst = dblSummeMwst + dblMwst
            dblSummeBrutto = dblSummeBrutto + dblBrutto

        End If

    Loop Until mdblNetto = 0
    MsgBox ("Es ergaben sich die folgenden Summen: " & vbCrLf & _
            "Netto: € " & dblSummeNetto & vbCrLf & _
            "Brutto: € " & dblSummeBrutto & vbCrLf & _
            "Mwst: € " & dblSummeMwst)
End Sub
```

HINWEIS In der MsgBox für die Anzeige des Ergebnisses wird die vordefinierte Konstante vbCrLf verwendet, um eine neue Zeile im Dialogfeld zu erzeugen.

Die Schleife For...Next

Für die For...Next-Schleife ist ein Zähler erforderlich, der das Durchlaufen der Schleife steuert. Die allgemeine Form einer For...Next-Schleife lautet:

```
For Zähler = Anfang To Ende [Step Schritt]
    [Anweisungen]
    [Exit For]
    [Anweisungen]
Next [Zähler]
```

Für den Zähler ist der Anfangswert, der Endwert und die Schrittweite anzugeben, falls sie von 1 abweicht.

Im folgenden Beispielprogramm läuft der Zähler intWochentag von 1 bis 7. Da keine alternative Schrittweite angegeben ist, werden die Anweisungen der Schleife sieben Mal aufgerufen. Durch die Anweisung Next wird der Wert des Zählers um 1 erhöht.

Abbildg. 34.14   Die For...Next-Schleife

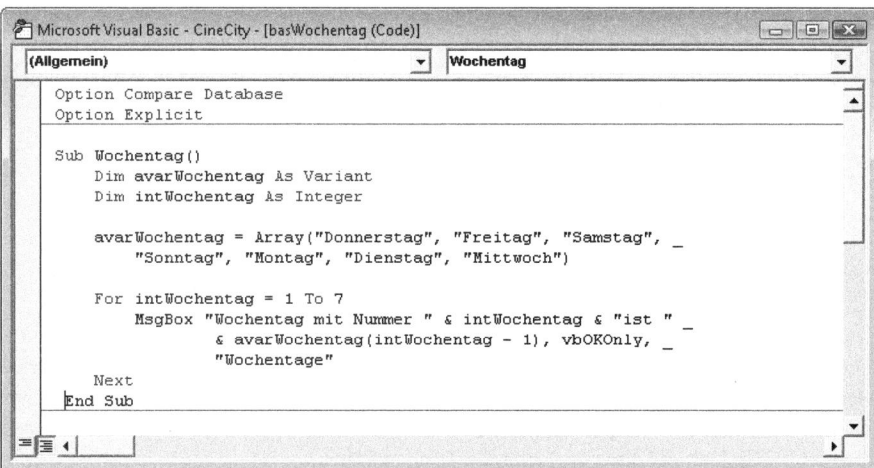

Jedes Mal wird ein Dialogfeld angezeigt, das die Zuweisung der Zahlen 1 bis 7 zu den entsprechenden Wochentagen Donnerstag bis Mittwoch ausgibt.

Abbildg. 34.15   Das angezeigte Dialogfeld

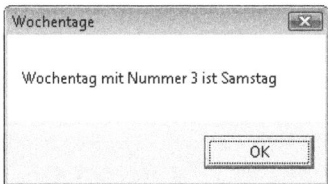

Möchten Sie eine andere Schrittweite als 1 verwenden, können Sie mit Step die Schrittweite variieren. So lässt sich wie im folgenden Beispiel

```
For intJahre = 2 To 40 Step 2
    ...
Next
```

eine größere Schrittweite oder wie in

```
For intJahre = 40 To 2 Step -2
    ...
Next
```

gar eine negative Schrittweite angeben. Im ersten Beispiel wird die Schleife für die Werte 2, 4, 6, ... 40 durchlaufen, im zweiten Beispiel für die Werte 40, 38, 36, ... 2.

Die Schleife For Each...Next

Die For Each...Next-Schleife bearbeitet alle Elemente eines Datenfeldes oder einer Auflistung (Kapitel 35), ohne dass Sie vorher wissen müssen, um wie viele Elemente es sich dabei handelt. Die allgemeine Form einer solchen Schleife lautet:

```
For Each Element In Gruppe
    [Anweisungen]
    [Exit For]
    [Anweisungen]
Next [Element]
```

Das folgende Beispiel verwendet die For Each...Next-Schleife, um nacheinander alle Elemente des Datenfeldes avarWochentag zu durchlaufen. Interessant dabei ist, dass die Schleifenvariable, hier im Beispiel varWochentag, nicht ein Zähler, z.B. vom Typ Integer, ist, sondern den gleichen Datentyp wie die Elemente des zu durchlaufenden Datenfeldes hat. varWochentag beinhaltet in der Schleife also im Beispiel jeweils die entsprechende Zeichenkette.

```
Sub Wochentage()
    Dim avarWochentag As Variant
    Dim varWochentag As Variant
    
    avarWochentag = Array("Donnerstag", "Freitag", "Samstag", _
        "Sonntag", "Montag", "Dienstag", "Mittwoch")
    
    For Each varWochentag In avarWochentag
        MsgBox "Vorstellungstermine am " & varWochentag & ": " _
            & Vorstellungstermine(varWochentag)
    Next
    
End Sub

Function Vorstellungstermine(varTag As Variant) As String
    ' Gibt für jeden Tag Termine zurück
    Select Case varTag
    Case "Donnerstag"
        Vorstellungstermine = "20:00"
    Case "Freitag"
        Vorstellungstermine = "20:00 + 22:00"
    Case "Samstag"
        Vorstellungstermine = "15:00 + 20:00 + 22:00"
    Case "Sonntag"
        Vorstellungstermine = "15:00 + 20:00 + 22:00"
    Case "Montag"
        Vorstellungstermine = "20:00 + 22:00"
    Case "Dienstag"
        Vorstellungstermine = "20:00"
    Case "Mittwoch"
        Vorstellungstermine = "20:00"
    End Select
End Function
```

Im Programm wird die Schleife sieben Mal durchlaufen. Bei jedem Durchlauf wird ein Meldungsdialog entsprechend dem in Abbildg. 34.16 gezeigt.

Abbildg. 34.16   Meldungsdialog

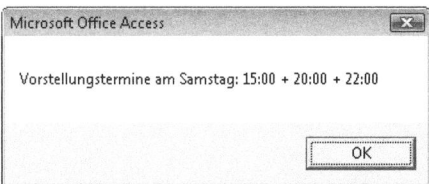

Die Funktion Vorstellungstermine() ist in der vorliegenden Form natürlich nicht sehr sinnvoll. In den Kapiteln 37 und 38 stellen wir Ihnen vor, wie Sie eine solche Funktion beispielsweise um einen Datenbankzugriff auf die Tabellen mit den Terminen erweitern können.

Die Schleife While...Wend

Eine weitere Schleifenkonstruktion steht Ihnen mit den Befehlen While...Wend zur Verfügung. Die While...Wend-Schleife gilt inzwischen allerdings als veraltet. Microsoft empfiehlt die Do...Loop-Schleife als flexiblere und besser strukturierte Variante. Deshalb nur ganz kurz die allgemeine Form:

```
While Bedingung
     [Anweisungen]
Wend
```

Die Schleife wird ausgeführt, solange die angegebene Bedingung den Wert True ergibt.

Fehlersuche und -behandlung

Vielleicht kennen Sie die Geschichte von der Weltraumsonde, die an ihrem Ziel vorbei geflogen ist, weil im Programm ein Punkt anstelle eines Kommas (oder war es umgekehrt?) vorkam. Programmierfehler treten immer wieder auf und unterlaufen dem/der besten Programmierer/in. Wir möchten Ihnen in diesem Abschnitt zeigen, wie Sie Fehler in Ihren Programmen aufspüren können und welche Befehle Ihnen Access bietet, um Fehler nach ihrem Auftreten zu behandeln, also im Programm eine geeignete Reaktion auf einen Fehler zu definieren.

In Programmen auftretende Fehler lassen sich in drei Klassen aufteilen:

- Syntaxfehler sind Fehler, die beim Schreiben des Programms auftreten, beispielsweise wenn Sie sich verschreiben oder falsche Befehlsworte verwenden. Diese Fehler meldet Access normalerweise schon bei der Eingabe bzw. beim Kompilieren.
- Laufzeitfehler sind Fehler, die während der Ausführung eines syntaktisch korrekten Programms auftreten. Ein Laufzeitfehler führt, sofern er nicht durch Fehlerbehandlungsroutinen abgefangen wird, zu einem Abbruch des Programms. Ausgelöst werden Laufzeitfehler beispielsweise durch ungültige mathematische Operationen, beispielsweise in dblY = 100/dblX, wenn dblX den Wert 0 hat, oder durch fehlerhafte Datenbankzugriffe.
- Logische Programmfehler sind Fehler, die durch eine fehlerhafte Logik im Programm entstehen. Ein Beispiel dafür wäre eine Abfrage, die die falschen Werte zurückliefert und so zu Fehlern führt.

Wir möchten Ihnen in diesem Abschnitt zeigen, wie Sie Ihr Programm nach logischen Programmfehlern durchsuchen und wie Sie Fehlerbehandlungsbefehle für Laufzeitfehler in Ihre Programme einbauen können. Am einfachsten ist es natürlich, fehlerfrei zu programmieren! Wir möchten daher mit einem Abschnitt über die Vermeidung von Fehlern beginnen.

Fehlervermeidung

Die folgenden Strategien helfen bei der Vermeidung von Programmierfehlern, denn die besten Fehler sind natürlich die, die gar nicht erst gemacht werden!

Kommentieren Sie Ihre Programme

So merkwürdig es klingt, aber viele Fehler werden beim Kommentieren von Funktionen und Prozeduren entdeckt. Beschreiben Sie ausführlich, was in einem Programm, einer Funktion oder einer Prozedur vorgeht, denn spätestens in vier Wochen wissen Sie selbst nicht mehr, warum Sie eine Prozedur so und nicht anders programmiert haben und was Sie sich dabei gedacht hatten.

Kommentare werden in Access mit einem einfachen Anführungszeichen oder dem Befehlswort REM eingeleitet.

Verwendung der RVBA-Namenskonventionen

Nutzen Sie die RVBA-Namenskonventionen, wie wir es weiter vorn in diesem Kapitel im Abschnitt »Namen für Variablen« beschrieben haben. Benennen Sie Ihre Variablen nach dem RVBA-Schema, können Sie am Namen erkennen, von welchem Datentyp die Variable ist. Dadurch werden Zuweisungs- und Konvertierungsfehler vermieden. Eine vollständige Beschreibung der RVBA-Konventionen finden Sie in Anhang A.

Kleine Einheiten

Zerlegen Sie Ihre Programme in kleine, überschaubare Einheiten. Durch eine Aufteilung großer Programmteile in viele kurze Funktionen und Prozeduren behalten Sie einen besseren Überblick über Ihr Programm und können es einfacher testen.

Deklaration von Variablen

Verwenden Sie in allen Modulen den Befehl Option Explicit. Ist der Befehl vereinbart, müssen Sie alle Variablen vor ihrer Verwendung zuerst deklarieren. Eine Deklaration wird mithilfe des Befehls Dim durchgeführt, den Sie in diesem Kapitel schon kennen gelernt haben. Übrigens sind in allen Beispielprogrammen in diesem Buch die Variablen deklariert worden.

Sie können Option Explicit von Access automatisch in jedes Programm einfügen lassen, wie im Abschnitt »Explizite Deklaration von Variablen« weiter oben in diesem Kapitel beschrieben.

Vorsicht bei der Übergabe von Parametern

Im Abschnitt »Prozeduren und Funktionen« haben wir Ihnen die beiden Übergabemöglichkeiten (ByVal/ByRef) von Argumenten für Funktionen und Prozeduren erläutert. Dabei haben wir Sie auf die manchmal fehlerträchtige Übergabe ByRef hingewiesen, die normalerweise für die Übergabe von Argumenten verwendet wird. Übergeben Sie Argumente nach Möglichkeit immer ByVal, also als Wert, um Nebenwirkungen zu vermeiden.

Fehlersuche

Die Suche nach Fehlern in Programmen wird von Programmierern/innen als »Debuggen« bezeichnet. Der Legende nach soll in einem der ersten Rechnersysteme ein Fehler durch einen (echten) Käfer (bug) entstanden sein, der auf den Verbindungsleitungen zwischen Komponenten krabbelte. Wir stellen Ihnen nun die Access-Funktionen vor, mit deren Hilfe Sie Ihr Programm »entkäfern« können.

> **TIPP** Für die Fehlersuche stellt Ihnen der Visual Basic-Editor die Symbolleiste *Debuggen* zur Verfügung. Schalten Sie die Symbolleiste mit *Ansicht/Symbolleisten/Debuggen* ein.

Zuerst möchten wir Ihnen eine Funktion präsentieren, bei deren Ausführung Access einen Laufzeitfehler meldet. Die Funktion soll eine übergebene Zeichenkette rückwärts zurückgeben.

```
Function Rückwärts(ByVal str As String) As String
    Dim strTmp As String
    Dim i As Integer

    ' str von hinten nach vorne durchlaufen
    For i = Len(str) To 0 Step -1
        strTmp = strTmp & Mid(str, i, 1)
    Next
    Rückwärts = strTmp
End Function
```

In der Funktion werden zwei Access-Funktionen verwendet: Len() und Mid(). Len(Zeichenkette) gibt die Länge der als Parameter übergebenen Zeichenkette zurück, während Mid(Zeichenkette, Start, Anzahl) aus einer Zeichenkette ab der Position Start eine Anzahl von Zeichen zurückgibt.

Rufen Sie die Funktion beispielsweise aus dem Direktfenster mit ?Rückwärts("CineCity") auf, sollte als Ergebnis »ytiCeniC« ausgegeben werden. Leider meldet sich Access aber mit dem in Abbildg. 34.17 gezeigten Laufzeitfehler.

Abbildg. 34.17 Ein Laufzeitfehler ist aufgetreten

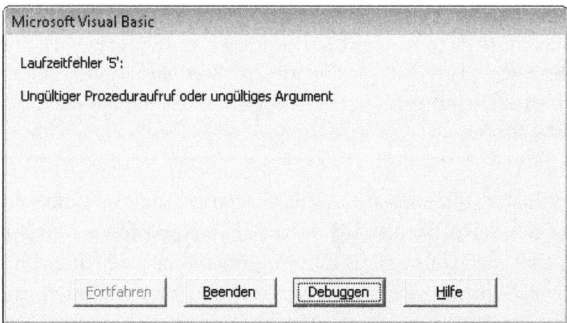

Klicken Sie auf die Schaltfläche *Debuggen*, so blendet Access das Code-Fenster mit der Funktion ein und markiert die Zeile gelb, in der der Fehler aufgetreten ist.

Abbildg. 34.18 In der markierten Zeile ist der Fehler aufgetreten

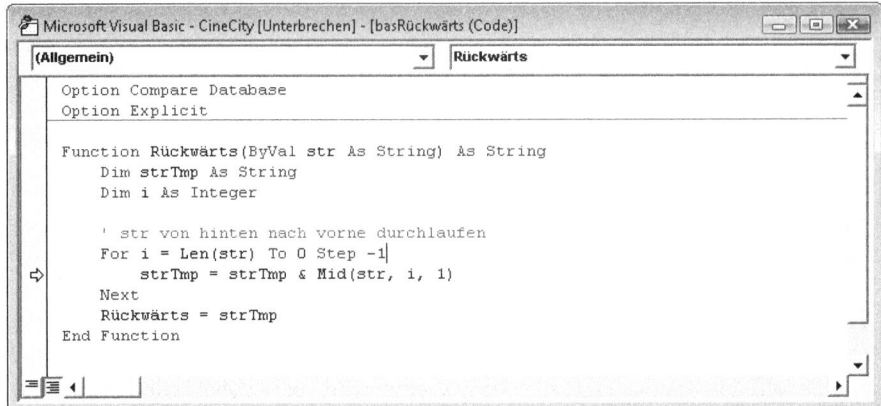

Zuerst empfiehlt es sich, die aktuellen Inhalte der Variablen anzusehen, die in der markierten Programmzeile auftreten. Platzieren Sie dazu einfach den Mauszeiger über einer der Variablen, dann erscheint nach einer kurzen Wartezeit eine QuickInfo, die den aktuellen Inhalt der Variablen zeigt.

Alternativ können Sie die Variable markieren und mit der Schaltfläche *Aktuellen Wert anzeigen* oder dem Befehl *Debuggen/Aktuellen Wert anzeigen* den Wert in einem Dialogfeld einblenden lassen.

Abbildg. 34.19 Der aktuelle Wert der Variable

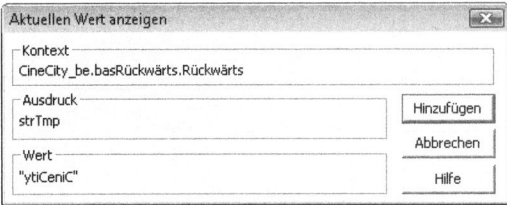

> **HINWEIS** Übrigens steckt der Fehler in unserer Beispielsfunktion in der Variablen i. Sie hat in dem Moment, in dem der Fehler auftritt, den Wert 0. Die Funktion Mid(str,i,1) greift also auf das nullte Zeichen der Zeichenkette str zu. Dies löst den Fehler aus, denn Zeichen in einer Zeichenkette werden ab 1 gezählt. Um den Fehler zu beseitigen, muss die For-Next-Schleife nicht bis 0, sondern nur bis zum Wert 1 laufen.

Das Dialogfeld in Abbildg. 34.19 bietet Ihnen über die Schaltfläche *Hinzufügen* eine weitere interessante Option. Durch Betätigung der Schaltfläche wird das Überwachungsfenster eingeblendet und die Variable dort eingetragen. Dabei wird während des Programmablaufs jede Änderung des Inhalts der Variablen sofort in der Überwachungszeile angezeigt. Weitere Informationen zum Überwachungsfenster erhalten Sie im Abschnitt »Überwachung«.

Abbildg. 34.20 Mit eingeblendeter Überwachungszeile

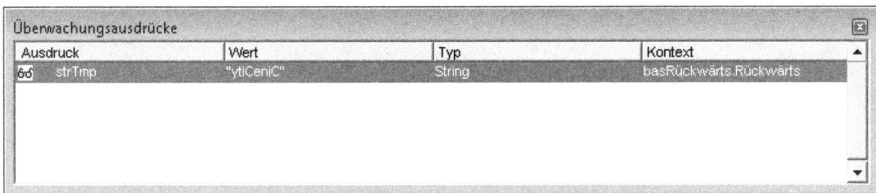

Die Testhilfen

Wir möchten Ihnen jetzt erläutern, wie Sie ein Programm auf der Suche nach dem Fehler Schritt für Schritt durchlaufen und die Überwachungszeile im Direktfenster nutzen können. Um Ihnen die Möglichkeiten besser beschreiben zu können, haben wir die oben vorgestellte Funktion Rückwärts() um die folgende Routine ergänzt. In der Routine wird eine Zeichenkette vom Benutzer abgefragt und diese dann umgedreht angezeigt. Der Vorgang wird so lange wiederholt, bis keine Eingabe mehr vorgenommen wird.

```
Sub RückwärtsTest()
    Dim strTmp As String
    
    Do
        ' Eingabe einer Zeichenkette
        strTmp = InputBox(Prompt:="Texteingabe:", Default:="")
        If strTmp <> "" Then
            ' Ausgabe der umgedrehten Zeichenkette
            MsgBox Prompt:=Rückwärts(strTmp)
        End If
    Loop Until strTmp = ""
    
End Sub
```

Im Code-Fenster stehen Ihnen Schaltflächen und Menübefehle zur Verfügung, mit deren Hilfe Sie Ihr Programm Zeile für Zeile abarbeiten lassen können. Auf diese Weise ist es leicht nachzuvollziehen, welche Befehle in Ihrem Programm wann abgearbeitet werden. Darüber hinaus können Sie die Inhalte Ihrer Variablen zu jeder Zeit kontrollieren.

Im Normalfall ist der erste Schritt, im Programm Haltepunkte zu setzen. An einem Haltepunkt stoppt die Programmausführung und Sie können die Kontrolle über die weitere Ausführung des Programms übernehmen.

Um einen Haltepunkt zu setzen, stellen Sie den Cursor in die entsprechende Zeile und klicken dann auf die Schaltfläche *Haltepunkt ein/aus*. Alternativ können Sie einen Haltepunkt auch mit einem Klick auf den grauen Streifen links im Code-Fenster vor der entsprechenden Zeile setzen, entweder mithilfe der Taste F9 oder über den Menübefehl *Debuggen/Haltepunkt ein/aus*. Ein Haltepunkt wird im Programm als dunkelroter Balken angezeigt.

HINWEIS Beachten Sie, dass Haltepunkte nur für Zeilen mit ausführbaren Befehlen gesetzt werden können, also nicht für Kommentarzeilen oder Ähnliches.

Abbildg. 34.21   Ein Haltepunkt wurde gesetzt

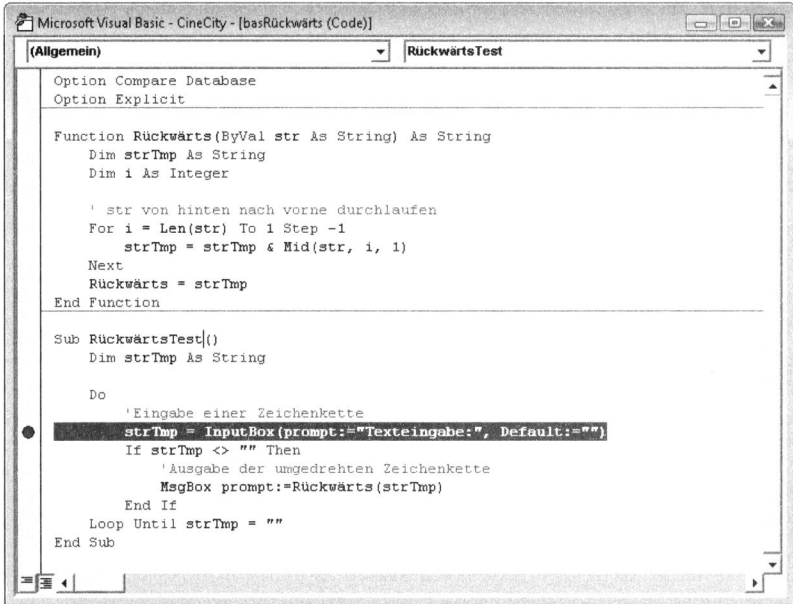

Rufen Sie Ihre Funktion oder Prozedur aus dem Direktfenster heraus auf, läuft sie bis zum Haltepunkt ab. Erreicht sie den Haltepunkt, wird das Code-Fenster aktiviert und die aktuelle Programmzeile gelb markiert.

Abbildg. 34.22   Das Programm wurde angehalten

Fehlersuche und -behandlung

 Mithilfe der Schaltfläche *Einzelschritt* (oder F8 bzw. dem Menübefehl *Debuggen/Einzelschritt*) können Sie ein Programm Befehl für Befehl durchlaufen. Ein Klick auf die Schaltfläche veranlasst Access, den nächsten Befehl in der Reihenfolge auszuführen und die gelbe Markierung entsprechend zu setzen.

In Abbildg. 34.23 sehen Sie, dass, nachdem wir die Schaltfläche *Einzelschritt* vier Mal angeklickt haben, die gelbe Zeile inzwischen in der Funktion Rückwärts() zu sehen ist.

Die Schritte lassen sich leicht nachvollziehen: Im ersten Schritt wird die Inputbox zur Eingabe einer Zeichenkette eingeblendet. Hier haben wir CineCity eingegeben. Im nächsten Programmschritt wird verglichen, ob das Ergebnis der Eingabe in strTmp eine leere Zeichenfolge ist. Da dies nicht der Fall war, verzweigt das Programm in die If-Konstruktion hinein. Damit die MsgBox etwas anzeigen kann, muss zuerst die Funktion Rückwärts() ausgewertet werden.

Bei der schrittweisen Ausführung des Programms springen wir nun in die Funktion hinein und führen diese Schritt für Schritt aus.

Abbildg. 34.23 In Schritten in die Funktion hinein

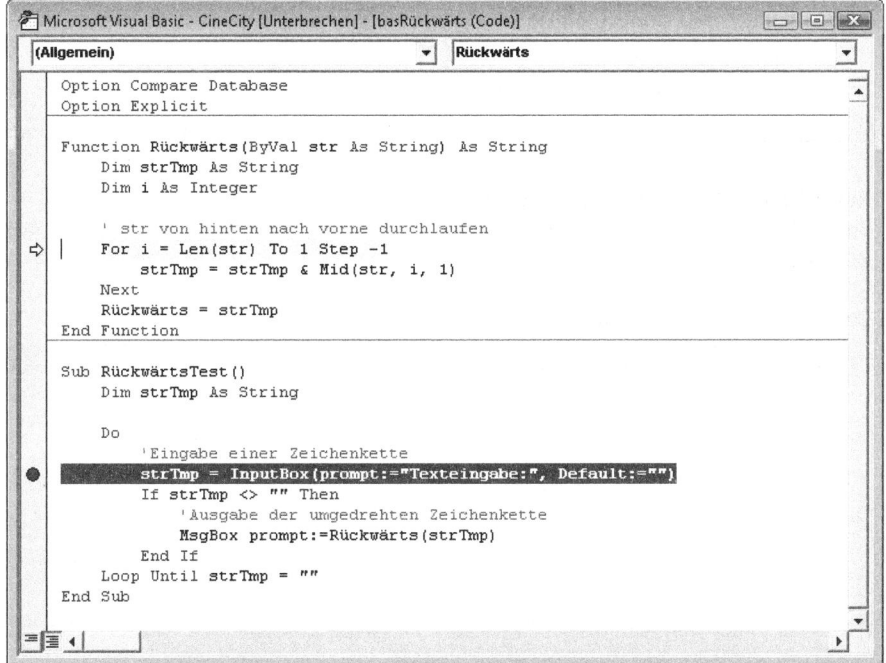

 Access bietet mit der Schaltfläche *Prozedurschritt* (oder ⇧+F8 bzw. dem Menübefehl *Debuggen/Prozedurschritt*) die Möglichkeit, statt schrittweise in eine Funktion oder Prozedur hineinzulaufen, sie auszuführen und mit dem nächsten Schritt des aktuellen Programms fortzufahren.

 Die Schaltfläche *Prozedur abschließen* ermöglicht es Ihnen, aus einer Funktion oder Prozedur mit einem Sprung in die aufrufende Funktion oder Prozedur zurückzukehren. Stellen Sie sich vor, Sie hätten das Programm in Einzelschritten abgearbeitet und wären dabei versehentlich in die Funktion

Rückwärts() hineingelaufen, oder es würde sich nicht lohnen, alle Schritte der Funktion einzeln zu durchlaufen, so können Sie mit *Prozedur abschließen* zurück in die Prozedur RückwärtsTest() springen und dort die restlichen Zeilen der Prozedur ausführen lassen.

Mit der Schaltfläche *Sub/UserForm ausführen* (F5) oder dem Menübefehl *Ausführen/Sub/UserForm ausführen*) weisen Sie Access an, das Programm im normalen Modus weiter auszuführen. Die Ausführung wird am Programmende oder am nächsten Haltepunkt gestoppt.

Die Schaltfläche *Unterbrechen* bzw. alternativ der Aufruf des Menübefehls *Ausführen/Unterbrechen* stoppt die Progammausführung. Alle öffentlichen Variablen behalten aber ihren Wert.

Mit der Schaltfläche *Zurücksetzen* erreichen Sie ebenfalls, dass das Programm angehalten wird, allerdings werden Aufrufeliste und alle Variablen auf Modulebene neu initialisiert.

Besonderheiten beim Testen von Formularen und Berichten

Testen Sie »Code behind Forms« in Formularen und Berichten, so müssen Sie in Ihrem Programm einen oder mehrere Haltepunkte setzen. Das Programm eines Formulars oder Berichts wird ereignisgesteuert aufgerufen, d.h., eine Prozedur wird erst dann ausgeführt, wenn das entsprechende Ereignis aufgetreten ist. Richten Sie also für die Ereignisprozeduren entsprechende Haltepunkte ein.

Arbeiten mit dem Direktfenster

Wir möchten Ihnen beschreiben, wie Sie das Direktfenster zum Testen Ihrer Programme nutzen können.

Debug. Print

Mithilfe des Befehls Debug.Print können Sie aus Ihrem Programm heraus Ausgaben im unteren Bereich des Direktfensters erzeugen. In Abbildg. 34.24 wurde die Beispielfunktion so erweitert, dass innerhalb der For...Next-Schleife der Wert der Variablen i und strTmp ausgegeben wird.

Abbildg. 34.24   Mit eingefügtem Debug.Print-Befehl

```
Option Compare Database
Option Explicit

Function Rückwärts(ByVal str As String) As String
    Dim strTmp As String
    Dim i As Integer

    ' str von hinten nach vorne durchlaufen
    For i = Len(str) To 1 Step -1
        'Ausgabe von i im Testfenster
        Debug.Print "i= "; i; "strTmp = "; strTmp
        strTmp = strTmp & Mid(str, i, 1)
    Next
    Rückwärts = strTmp
End Function

Sub RückwärtsTest()
    Dim strTmp As String
```

Nach oder beim schrittweisen Ablauf des Programms können Sie die Debug.Print-Ausgaben im unteren Direktfenster-Bereich sehen.

Abbildg. 34.25   Die Debug.Print-Ausgabe

```
Direktbereich
?Rückwärts("CineCity")
i=  8 strTmp =
i=  7 strTmp = y
i=  6 strTmp = yt
i=  5 strTmp = yti
i=  4 strTmp = ytiC
i=  3 strTmp = ytiCe
i=  2 strTmp = ytiCen
i=  1 strTmp = ytiCeni
i=  0 strTmp = ytiCeniC
```

Übrigens wurde hier wieder die fehlerhafte Funktion eingesetzt. Direkt nach Ausgabe des letzten Debug.Print-Befehls wurde die Ausführung der Funktion mit der Fehlermeldung beendet. Die Ausgabe im Direktfenster hilft jetzt bei der Ermittlung des Fehlers: Für i = 0 ist die Eingabe CineCity schon komplett in strTmp zu ytiCeniC umgedreht. Da nach dem Debug.Print-Befehl aber in der Reihenfolge noch einmal die Zeile strTmp = strTmp & Mid(str, i, 1) abgearbeitet werden würde, zeigt es sich, dass dieser letzte Durchlauf der Schleife unnötig und in diesem Fall auch fehlerhaft ist.

Lokale Überwachung   Während der schrittweisen Abarbeitung eines Programms können im Lokalfenster alle Variablen des aktuellen Programms gezeigt werden, wie es in Abbildg. 34.26 illustriert ist. Sie schalten das Lokalfenster mit *Ansicht/Lokalfenster* ein.

Abbildg. 34.26   Anzeige der lokalen Variablen

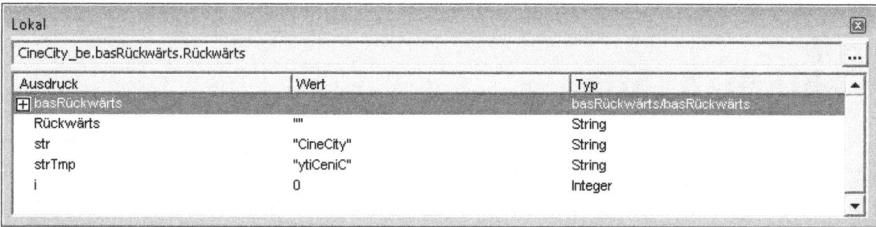

Überwachung

Bei größeren Programmen mit sehr vielen Variablen kann die Darstellung der lokalen Überwachung sehr unübersichtlich werden. Access bietet Ihnen daher im Überwachungsfenster weitere Möglichkeiten. Sie rufen das Fenster über *Ansicht/Überwachungsfenster* auf.

Direkte Überwachung   Über den Menübefehl *Debuggen/Überwachung hinzufügen* können Sie mithilfe des in Abbildg. 34.27 gezeigten Dialogfeldes eine Variable oder einen Ausdruck in die Überwachung im Überwachungsfenster aufnehmen.

Abbildg. 34.27   Eine Variable überwachen

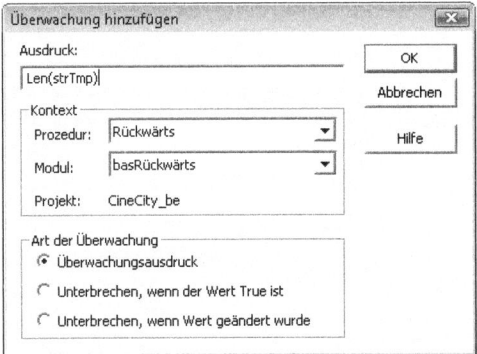

Überwachte Variablen und Ausdrücke werden im oberen Bereich des Direktfensters eingeblendet.

Abbildg. 34.28   Überwachungsausdrücke im Überwachungsfenster

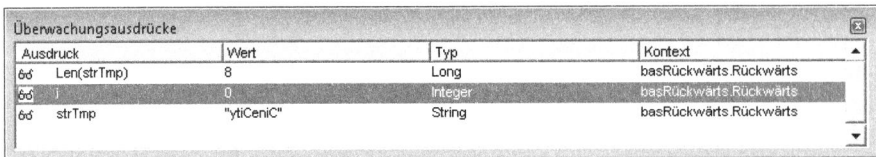

Zusätzlich zu der einfachen Überwachung von Variablen ist es möglich, über die im Dialogfeld in Abbildg. 34.27 gezeigten Optionen in der Gruppe *Art der Überwachung* einzustellen, dass das Programm bei bestimmten Zuständen anhält.

Fehlerbehandlung

Wir möchten Ihnen nun die Technik beschreiben, die Access zur Behandlung von Laufzeitfehlern verwendet. Ist keine spezielle Behandlung von Laufzeitfehlern in Ihren Programmen vorgesehen, führt Access eine Standardbehandlung durch, d.h., das Programm wird mit einer Fehlermeldung abgebrochen.

Eine Fehlerbehandlung muss für jede Prozedur und jede Funktion einzeln vereinbart werden, sie hat also auch nur Auswirkungen auf die Prozedur und Funktion, in der sie definiert ist.

On Error GoTo Label

Jede Fehlerbehandlung wird mit On Error GoTo Label eingeleitet, wobei Label für eine Sprungmarke steht. Tritt ein Laufzeitfehler auf, wird die Programmausführung an der Stelle *Label* fortgeführt. Im folgenden Listing wurde die oben verwendete Funktion Rückwärts() um eine Fehlerbehandlung ergänzt.

```
Function RückwärtsMitFehlerbehandlung(ByVal str As String) _
                                  As String
    Dim strTmp As String
    Dim i As Integer

    ' Fehlerbehandlung einrichten
    On Error GoTo err_Rückwärts

    ' str von hinten nach vorne durchlaufen
    For i = Len(str) To 0 Step -1
        ' Ausgabe von i im Direktfenster
        Debug.Print "i = "; i, "strTmp = "; strTmp
        strTmp = strTmp & Mid(str, i, 1)
    Next
    RückwärtsMitFehlerbehandlung = strTmp
    ' Funktion verlassen, damit nicht
    ' die Fehlerbehandlung aufgerufen wird
    Exit Function

    ' Fehlerbehandlung
err_Rückwärts:
    ' Verzweigen je nach Fehlernummer
    Select Case Err.Number
        Case 5:
            ' Fehler ignorieren und mit der
            ' nächsten Befehlszeile weitermachen, die
            ' auf die fehlerhafte Zeile folgt
            Resume Next
        Case Else
            ' Für alle anderen Fehler
            MsgBox "Laufzeitfehler: " & Err.Number & _
                                " - " & Err.Description
            ' Leere Zeichenkette zurückgeben
            RückwärtsMitFehlerbehandlung = ""
    End Select
End Function
```

In der Beispielfunktion wird ab der Sprungmarke err_Rückwärts der aufgetretene Fehler behandelt. Dabei muss sichergestellt werden, dass die Befehle der Fehlerbehandlung nicht abgearbeitet werden, wenn kein Fehler ausgelöst wurde. In den meisten Fällen wird daher direkt vor der Sprungmarke der Fehlerbehandlung der Befehl `Exit Function` bzw. `Exit Sub` eingefügt.

On Error Resume Next Möchten Sie beim Auftreten eines Fehlers direkt mit der Programmzeile weitermachen, die auf die Zeile folgt, die den Fehler ausgelöst hat, verwenden Sie den Befehl `On Error Resume Next`.

Die Fehlerbehandlung mit `On Error Resume Next` wird oft eingesetzt, wenn Fehler mit Absicht ausgelöst werden. In der folgenden Funktion wird auf die Eigenschaft `Parent` eines Formulars zugegriffen. Das ist aber nur dann fehlerfrei möglich, wenn das betreffende Formular als Unterformular eingesetzt wird. Ist das Formular frm kein Unterformular, wird ein Fehler ausgelöst, dessen Fehlernummer verschieden von 0 ist, und somit wird der Rückgabewert der Funktion den Wert `False` erhalten.

Kapitel 34 Visual Basic für Applikationen

```
Function IstUnterformular(frm As Form) As Boolean
    Dim strTmp As String

    On Error Resume Next
    strTmp = frm.Parent.Name
    IstUnterformular = (Err.Number = 0)
End Function
```

On Error GoTo 0
: Um die eigene Fehlerbehandlung innerhalb einer Prozedur oder Funktion wieder abzuschalten, wird der Befehl On Error GoTo 0 eingesetzt. Die Sprungmarke 0 ist eine Access-interne Adresse. Das Programm verzweigt zu dieser internen Adresse, selbst wenn Sie in Ihr Programm eine gleichnamige Sprungmarke einfügen. Das bedeutet für die Programmausführung, dass Access die Kontrolle über die Fehlerbehandlung zurückerhält.

Resume
: Ist es möglich, innerhalb Ihrer Fehlerbehandlung den aufgetretenen Fehler zu beheben, kann durch Resume die Abarbeitung Ihres Programms mit der Programmzeile fortgesetzt werden, die den Fehler ausgelöst hat.

Resume Next
: Mit Resume Next veranlassen Sie, dass das Programm an der Zeile fortgeführt wird, die der Zeile mit dem Fehler folgt.

Resume Label
: Durch den Befehl Resume Label können Sie gezielt eine Stelle im Programm anspringen, an der Ihr Programm fehlerfrei fortgeführt werden kann.

Das Zusammenwirken der Fehlerbefehle

In Abbildg. 34.29 ist das Zusammenwirken der verschiedenen Befehle gezeigt. Sie können in der Abbildung insbesondere die Wirkungsweise der Resume-Befehle erkennen.

Abbildg. 34.29 Das Zusammenwirken der Fehlerbefehle

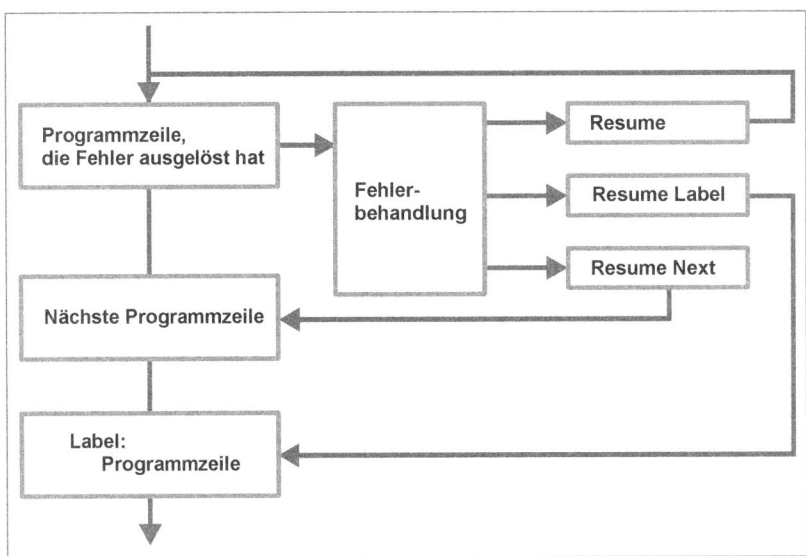

Das Err-Fehlerobjekt

Jeder Fehler wird von Access in einem Err-Objekt abgelegt, dessen Eigenschaften Sie in Ihrem Programm abrufen bzw. dessen Methoden Sie in fortgeschrittenen Programmen verwenden können. Die beiden wichtigsten Eigenschaften haben wir oben im Beispielprogramm schon verwendet: Err.Number enthält die Nummer des Fehlers, in Err.Description befindet sich die zugehörige Fehlerbeschreibung.

> **TIPP** Über die Access-Hilfe können Sie sich eine Liste der »Auffangbaren Fehler« mit Fehlernummern und den entsprechenden Beschreibungen einblenden lassen.

Abbildg. 34.30 zeigt einen Ausschnitt aus der Fehlerliste. Übrigens gibt es eine weitere Liste für Fehler, die durch Datenbankoperationen (siehe Kapitel 37 und 38) ausgelöst werden können.

Abbildg. 34.30 Fehlerliste

Zu jedem Fehler können Sie durch einen Klick auf den blau unterstrichenen Beschreibungstext weitere Informationen erhalten.

Zusammenfassung

Dieses Kapitel bot einen Einstieg in die Visual Basic-Programmierung.

- Zunächst wurde Ihnen gezeigt, dass es zwei verschiedene Möglichkeiten gibt, in Access Programme zu schreiben: Sie können zum einen »Code behind Forms« erzeugen, das sind Programme, die direkt zu Steuerelementen auf Formularen oder Berichten programmiert werden. Oder Sie erstellen eigenständige Module, die sich unabhängig von einem speziellen Steuerelement aufrufen lassen (Seite 718).

- Sie erfuhren ab Seite 721, was Schlüsselwörter sind, wie Zeilenfortführungen und Kommentarzeilen gekennzeichnet werden, sowie wie Sie ein Programm starten können.

- Variablen werden in der Programmierung verwendet, um Werte zwischenzuspeichern (Seite 724). Sie wissen nun, wie und warum Variablen deklariert werden, welche Variablentypen es gibt und was bei dem Benennen von Variablen zu beachten ist. Zudem haben Sie Konstanten und Felder kennen gelernt und erfahren, dass man Variablen unterschiedlich deklarieren kann, so dass sie in unterschiedlichen Bereichen gültig sind.

- Es ist häufig sinnvoll, größere Programme in mehrere Prozeduren oder Funktionen aufzuteilen. Worin sich Prozeduren und Funktionen unterscheiden, wie sie zu definieren und aufzurufen sind und was bei der Argumentübergabe zu beachten ist, das alles erfuhren Sie ab Seite 732.

- Mithilfe von bedingten Anweisungen lassen sich Abzweigungen in Programmabläufen definieren. Sie lernten hier die If-Abfragen (Seite 738) sowie die Case-Anweisungen (Seite 740) als Möglichkeiten kennen, um Verzweigungen zu definieren.

- Benötigen Sie sich wiederholende Programmteile, so können Sie so genannte Schleifen programmieren. Je nach Problemstellung kann dazu eine Do...Loop-, eine For...Next- oder eine For Each...Next-Schleife besser geeignet sein. Die Definitionen der einzelnen Schleifenvarianten finden Sie ab Seite 741.

- Der letzte Abschnitt dieses Kapitels (Seite 745) behandelte die Fehlersuche und -behandlung. Dabei wurden Themen besprochen wie Fehlervermeidung, die Fehlersuche mithilfe des Debuggers sowie die Fehlerbehandlung zur Vermeidung von Laufzeitfehlern.

Kapitel 35

Einführung in die Objekttechnik

In diesem Kapitel:

Objekte und ihre Hierarchie	760
Methoden	765
Eigenschaften	766
Der With-Befehl	767
Zusammenfassung	767

Access erlaubt die Programmierung mit einer Programmiertechnik, deren Bedeutung in der letzten Zeit ständig gewachsen ist: der Objektorientierung. Wir möchten Ihnen in diesem Kapitel beschreiben, welche Bedeutung die Objektorientierung für die Realisierung von Access-Anwendungen hat und wie Sie sie schnell und effizient einsetzen können.

»Visual Basic für Applikationen« (VBA) ist eine teilweise objektorientierte Programmiersprache. Das heißt, alle Befehle und Anweisungen beziehen sich auf Objekte, wie beispielsweise Tabellen, Formulare, Berichte o. Ä. Jedes Objekt kann über Eigenschaften und Methoden verfügen. Übrigens können Sie mit VBA auch eigene Objekte erstellen und programmieren.

Um Ihnen zu verdeutlichen, was unter Objektorientierung zu verstehen ist, nehmen Sie als Beispiel das Objekt »Auto«. Ein Auto hat bestimmte Eigenschaften wie Farbe, Anzahl der Räder, Leistung des Motors usw. Auf ein Auto können verschiedene Methoden angewendet werden, beispielsweise Öffnen einer Tür oder Beschleunigen.

Objekte können ihrerseits wieder Objekte enthalten. So besitzt ein Auto einen Motor, der seinerseits als Objekt zu beschreiben ist, denn er besitzt Eigenschaften (z.B. die Zylinderanzahl) und Methoden (Drehzahl ändern). In einem Motorobjekt wiederum können weitere Objekte wie Zündung, Anlasser, Lichtmaschine usw. identifiziert werden. So entsteht eine Objekthierarchie.

Viele Objekte eines Autos, wie beispielsweise Radmuttern, werden mehrfach verwendet. Jede Radmutter für sich ist ein Objekt. Zur leichteren Verwaltung der Radmuttern bietet es sich an, eine Liste aller Radmutterobjekte zu führen. In der Programmierung werden solche Listen »Auflistungen« oder »Collections« genannt.

Objekte und ihre Hierarchie

Als Objekt wird in Visual Basic allgemein alles bezeichnet, was programmiert und kontrolliert werden kann. Ein Objekt repräsentiert damit ein Element aus Access. Die Objekte sind hierarchisch in verschiedene Ebenen aufgeteilt. Die höchste Ebene ist das Application-Objekt. Es enthält als nächste Ebene Formulare, Berichte, Datenzugriffsobjekte und mehr. Ein Objekt kann selbst weitere Objekte enthalten, d.h., ein Formular kann Steuerelemente enthalten, die ihrerseits Objekte sind.

Eine Auflistung ist eine Liste von gleichartigen Objekten. Alle Formulare in Access werden beispielsweise in der Auflistung Forms verwaltet. Die Auflistung Forms besteht damit also aus Form-Objekten. Für den Namen der Auflistung wird die Pluralform des Objektnamens verwendet. Die englischen Bezeichnungen für Auflistungen unterscheiden sich durch das angehängte »s« zur Bildung des Plurals (Form – Forms). Übrigens ist auch eine Auflistung selbst ein Objekt.

In Abbildg. 35.1 ist die Access-Objekthierarchie dargestellt. Das Application-Objekt mit den Objekten DoCmd und Screen beschreiben wir in Kapitel 36, »Funktionen und Methoden«, das Objekt DBEngine beschreibt den Access-Datenbankkern. In den Auflistungen Forms und Reports befinden sich alle geöffneten Formular- oder Berichtsobjekte, da sich jedes geöffnete Formular bzw. jeder geöffnete Bericht als Objekt ansprechen lässt.

Abbildg. 35.1   Die Access-Objekthierarchie

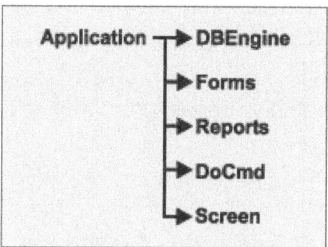

Der Objektkatalog

Wir möchten Ihnen zuerst ein Hilfsmittel vorstellen, mit dem Sie den Überblick über alle Objekte, Eigenschaften und Methoden erhalten können: den Objektkatalog. Er steht in der Modulansicht von Modulen, Formularen und Berichten im Visual Basic-Editor zur Verfügung.

 Um den Objektkatalog zu öffnen, beginnen Sie im Visual Basic-Editor ein neues Modul. Der Objektkatalog wird über die gleichnamige Schaltfläche, den Menübefehl *Ansicht/Objektkatalog* oder die F2-Taste geöffnet.

Abbildg. 35.2   Der Objektkatalog

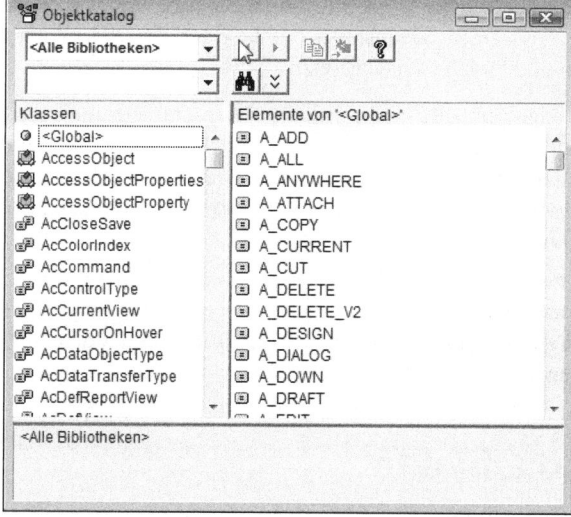

Die in Access zur Verfügung stehenden Objekte sind in Bibliotheken aufgeteilt. Normalerweise sehen Sie, wie wir es in Abbildg. 35.4 durch das aufgeklappte Kombinationsfeld links oben zeigen, verschiedene Bibliotheken. *Access* ist beispielsweise die allgemeine Access-Programmbibliothek, *CineCity* steht stellvertretend für die aktuell geladene Datenbank und die in ihr definierten Funktionen, *ADODB* ist die Bibliothek der Datenzugriffsobjekte (ADO, »ActiveX Data Objects«) und *VBA* ist die allgemeine »Visual Basic für Applikationen«-Bibliothek.

Abbildg. 35.3   Die Access-Bibliotheken

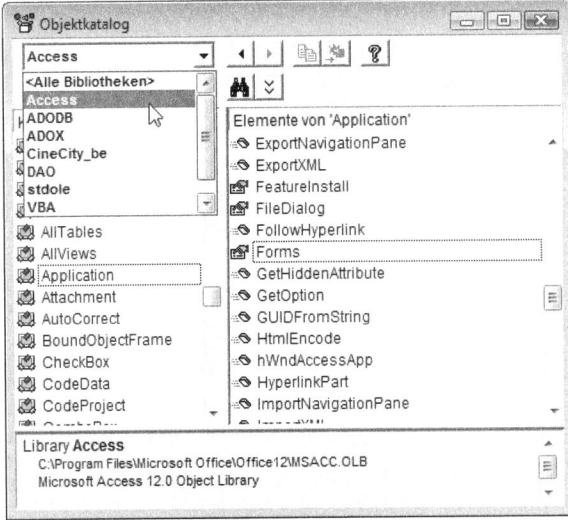

Im unteren Teil des Bildes sind Objekte und Konstanten der *Access*-Bibliothek zu sehen. Selektiert ist links das `Application`-Objekt, rechts die Eigenschaft `Forms`, die selbst ein Objekt, oder genauer, eine Auflistung ist. Zum rechts selektierten Eintrag werden Informationen im unteren Bereich des Dialogfeldes gezeigt. Im Objektkatalog werden verschiedene Symbole für die Darstellung von Eigenschaften, Methoden, Konstanten und Ereignissen eingesetzt.

Gewählte Einträge in Ihr Programm aufnehmen

Möchten Sie selektierte Objekte in Ihr Programm aufnehmen, betätigen Sie die links dargestellte Schaltfläche. Der markierte Text wird in die Zwischenablage aufgenommen und kann in Ihrem Programm mit *Bearbeiten/Einfügen* eingesetzt werden.

Zum Suchen nach bestimmten Begriffen, Methoden oder Eigenschaften verwenden Sie das Kombinationsfeld unterhalb des Auswahlfeldes für die Bibliotheken. Durch Betätigung der Schaltfläche mit dem Fernglas wird der Suchvorgang gestartet und das Ergebnis in dem um den Bereich *Suchergebnisse* erweiterten Dialogfeld angezeigt.

Auflistungen und Objekte

In der Regel durchläuft man die einzelnen Hierarchiestufen, um ein Objekt zu finden und anzusprechen. Die Hierarchieebenen werden in einer Anweisung durch Punkte und/oder Ausrufezeichen voneinander getrennt. Beispielsweise wird mit

```
Application.Forms("frmFilme").Controls("txtFilmtitel").Value = "Krass"
```

oder verkürzt, da das Befehlswort `Application` in Access selbst nicht notwendig ist,

```
Forms("frmFilme").Controls("txtFilmtitel").Value = "Krass"
```

dem Steuerelement `txtFilmtitel` auf dem Formular `frmFilme` der Wert `Krass` zugewiesen. Hierbei trennen die Punkte jeweils die verschiedenen Objekte und Auflistungen der unterschiedlichen Hierarchieebenen voneinander ab. Der letzte Punkt steht zwischen dem Objekt und seiner Eigenschaft `Value`. In der Regel ist es nicht immer notwendig, den gesamten Pfad aufzuführen. Wie weit oben in der Hierarchie der Ebenen zu beginnen ist, hängt vom Kontext ab, in dem die Anweisung aufgerufen wird. Programmieren Sie innerhalb des Formulars *frmFilme*, so schreiben Sie nur:

```
Controls("txtFilmtitel").Value = "Krass"
```

Auf Objekte in Auflistungen zugreifen

Um Objekte in Auflistungen anzusprechen, bietet Access verschiedene Varianten an. In einer Auflistung kann jedes Objekt über seinen Namen in der Form `Auflistung("Objektname")` angesprochen werden. Der `Objektname` wird als Zeichenkette übergeben. In einem Programm könnte die Übergabe der Objektnamen auch in der Form

```
Dim strFormName As String
Dim strSteuerelement As String

strFormName = "frmFilme"
strSteuerelement = "txtFilmtitel"
Forms(strFormName).Controls(strSteuerelement).Value = "Krass"
```

durchgeführt werden. Diese Schreibweise hat Vorteile, z.B. wenn auf einem Formular fünf Steuerelemente angeordnet sind, die mit `txtFeld1` bis `txtFeld5` benannt sind. Mit

```
Dim strTmp As String
Dim intCnt As Integer

For intCnt = 1 To 5
    ' Zusammensetzen von Text und Ziffer
    strTmp = "txtFeld" & intCnt
    Forms("frmFilme").Controls(strTmp).Visible = False
Next
```

werden alle fünf Steuerelemente unsichtbar geschaltet.

Eine weitere, insbesondere in Access häufig eingesetzte Schreibweise ist `Auflistung!Objektname`, bei der Auflistung und Objektname durch ein Ausrufezeichen getrennt werden. Unser Beispiel könnte also auch als

```
Forms!frmFilme.Controls!txtFilmtitel.Value = "Krass"
```

formuliert werden. Enthält der Objektname Leerzeichen, so muss er in eckige Klammern eingeschlossen werden, wie beispielsweise

```
Forms![frmFilme 1].Controls![txtFilmtitel].Value = "Krass"
```

Kapitel 35 Einführung in die Objekttechnik

Alternativ steht Ihnen ein Zugriff über die Indexnummer eines Objekts in der Auflistung wie `Auflistung(Index)` zur Verfügung. Mit

```
Dim intCnt As Integer

For intCnt = 0 To Forms!frmFilme.Controls.Count - 1
    Forms!frmFilme.Controls(intCnt).Visible = False
Next
```

werden alle Steuerelemente des Formulars unsichtbar gemacht, vorausgesetzt allerdings, es ist geöffnet. Count ist übrigens eine Eigenschaft der Auflistung `Controls`, die die Anzahl der Objekte in der Auflistung enthält. Zum Durchlaufen einer Auflistung eignet sich besonders der Befehl `For Each...Next`, denn dafür muss Ihnen die Zahl der Elemente nicht bekannt sein. Die `For Each`-Schleife ermöglicht es, Auflistungen von Objekten zu durchlaufen, wobei die Schleifenvariable selbst ein Objekt ist.

```
Dim ctl As Control

For Each ctl In Forms!frmFilme.Controls
    ctl.Visible = True
Next
```

Standardeigenschaften

Access definiert für fast alle Objekte so genannte Standardeigenschaften. Das sind Eigenschaften, die automatisch verwendet werden, wenn keine Eigenschaft angegeben ist. Beispielsweise kann statt

```
Forms!frmFilme.Controls!txtFilmtitel.Value = "Krass"
```

auch

```
Forms!frmFilme.Controls!txtFilmtitel = "Krass"
```

geschrieben werden. Und da die Auflistung `Controls` die Standardeigenschaft eines Formularobjekts ist, können Sie abgekürzt anstelle von

```
Forms!frmFilme.Controls!txtFilmtitel = "Krass"
```

auch folgende Zeile schreiben:

```
Forms!frmFilme!txtFilmtitel = "Krass"
```

> **TIPP** In der Regel finden Sie hinter einem Ausrufezeichen ein selbst generiertes Objekt, beispielsweise ein Formular oder einen Bericht. Das Ausrufezeichen zeigt auch an, dass das folgende Objekt Element einer Auflistung ist. Hinter einem Punkt folgt hingegen eine Auflistung, Eigenschaft oder Methode.

Zuweisungen an Objektvariablen

Auflistungen und Objekte können mit Objektvariablen in einem Programm verwaltet werden. Im folgenden Programmfragment wird eine Variable frm vom Typ Form deklariert. Mithilfe des Befehls Set wird der Objektvariablen ein Wert zugewiesen.

```
Dim intCnt As Integer
Dim ctl As Control
Dim frm As Form

Set frm = Forms!frmFilme
For Each ctl In frm.Controls
    MsgBox ctl.Name
Next
```

Entsprechend kann auch eine Objektvariable für eine Auflistung vereinbart werden:

```
Dim frms As Forms
Dim frm As Form
Set frms = Forms
Set frm = frms!frmFilme
```

Methoden

Als Methode wird ein Vorgang, eine Tätigkeit bezeichnet, die mit oder von einem Objekt ausgeführt werden kann. Die Methode SetFocus setzt den Fokus auf ein Steuerelement, aktiviert es also, um es zu bearbeiten.

```
Dim ctl As Control

Set ctl = Forms!frmFilme!txtFilmtitel
ctl.SetFocus
```

Viele Methoden übergeben Argumente, um deren Ausführung zu spezifizieren. Beispielsweise wird mit der Methode OpenForm des DoCmd-Objekts

```
DoCmd.OpenForm "frmFilme"
```

das Argument "frmFilme" übergeben. Der Befehl öffnet das angegebene Formular am Bildschirm. Nähere Informationen zum DoCmd-Objekt erhalten Sie in Kapitel 36, »Funktionen und Methoden«. Die allgemeine Form der OpenForm-Methode lautet:

```
DoCmd.OpenForm Formularname [, Ansicht] [, Filtername] [, Bedingung] _ [, Datenmodus]
[, Fenstermodus] [, Öffnungsargumente]
```

In Visual Basic gibt es zwei verschiedene Möglichkeiten, um Argumente einer Methode zu übergeben: entweder durch deren Reihenfolge oder durch ihren Namen.

Übergabe in der Reihenfolge

Die Übergabe durch die Reihenfolge der Argumente spart zwar unter Umständen Tipparbeit, hat aber den Nachteil, dass die in der Syntax beschriebene Reihenfolge der Argumente strikt eingehalten werden muss. Mit dieser Methode lautet unser OpenForm-Befehl, wenn das Formular im Ansichtsmodus acNormal mit der Bedingung "[txtFilmtitel] = 'Krass'" geöffnet werden soll, folgendermaßen:

```
DoCmd.OpenForm "frmFilme", acNormal, , "[txtFilmtitel] = 'Krass'"
```

Benötigen Sie einen Parameter nicht, muss trotzdem das entsprechende Komma gesetzt werden, wobei Kommata am Ende der Zeile weggelassen werden können.

Diese Methode hat einen ganz eindeutigen Nachteil: Sie müssen immer die Reihenfolge der Argumente, die Sie verwenden, im Kopf haben. Eine falsche Reihenfolge erzeugt unter Umständen auch einen anderen Ausgang des Befehls.

Benannte Argumente

Access bietet zudem die Möglichkeit, mit benannten Argumenten zu arbeiten (siehe Kapitel 36). Beispielsweise öffnet

```
DoCmd.OpenForm "frmFilme", _
WhereCondition:="[txtFilmtitel] = 'Krass'", View:=acNormal
```

das Formular mit den angegebenen Argumenten. Bei benannten Argumenten ist es nicht notwendig, auf die Reihenfolge und die richtige Anzahl von Kommata zwischen den Parametern zu achten.

Eigenschaften

Eigenschaften beschreiben Objekte. Sie geben beispielsweise deren Farbe, Größe oder Namen wieder. Es gibt bestimmte Eigenschaften, die existieren nur für ein einziges Objekt, andere Eigenschaften gibt es für viele verschiedene Objekte. Im Gegensatz zu Methoden werden für Eigenschaften keine Argumente übergeben. Wie in

```
Forms("frmFilme").Controls("txtFilmtitel").Enabled = False
```

wird zunächst das Objekt benannt, nach dem Punkt dann die Eigenschaft und durch ein Gleichheitszeichen getrennt der neue Wert der Eigenschaft. Soll eine Eigenschaft nicht neu gesetzt, sondern abgefragt werden, kann dies beispielsweise mit

```
boolAktiv = Forms("frmFilme").Controls("txtFilmtitel").Enabled
```

geschehen.

Der With-Befehl

Der VBA-Befehl With spart beim Umgang mit Objekten einiges an Schreibarbeit. Im folgenden Programmfragment werden mehrere Eigenschaften eines Steuerelements in einem Formular gesetzt und die Methode SetFocus ausgeführt.

```
...
txtFilmtitel.Visible = True
txtFilmtitel.Enabled = True
txtFilmtitel.FontItalic = True
txtFilmtitel.StatusBarText = "Eingabe des Filmtitels"
txtFilmtitel.SetFocus
...
```

Durch den Befehl With kann die Wiederholung des Namens des Objekts vermieden werden:

```
...
With txtFilmtitel
    .Visible = True
    .Enabled = True
    .FontItalic = True
    .StatusBarText = "Eingabe des Filmtitels"
    .SetFocus
End With
```

Zusammenfassung

Access ermöglicht die so genannte objektorientierte Programmierung.

- Als *Objekt* wird in Access alles bezeichnet, was programmiert werden kann, wie Formulare, Steuerelemente, Fenster etc. Gibt es mehrere Objekte einer Art (beispielsweise mehrere Formulare) so werden sie in einer so genannten *Auflistung* oder *Collection* zusammengefasst (Seite 760). Dabei wird ein Objekt in der Einzahl bezeichnet, wenn es sich um eine Auflistung handelt, wird der Plural verwendet.

- Alle Auflistungen bzw. Objekte sind innerhalb von Access in einer bestimmten *Hierarchie* angeordnet, die in der Hilfe nachgeschlagen werden kann. Hilfreich für einen Überblick über alle Auflistungen und Objekte ist auch der Objektkatalog (Seite 761).

- Der *Zugriff* auf Auflistungen bzw. deren Objekte ist ab Seite 763 beschrieben.

- Auflistungen und Objekte verfügen über spezielle *Methoden*, die Tätigkeiten beschreiben, die mit oder von einer Auflistung oder einem Objekt ausgeführt werden können. Wie Sie diese verwenden können, erfahren Sie auf Seite 765.

- Auflistungen und Objekte werden durch ihre *Eigenschaften* beschrieben. Wie Werte für Eigenschaften übergeben bzw. abgefragt werden, das erfahren Sie auf Seite 766.

- Der With-Befehl erspart Ihnen viel Schreibarbeit im Zusammenhang mit Auflistungen und Objekten. Er wird auf Seite 767 beschrieben.

Kapitel 36

Funktionen und Methoden

In diesem Kapitel:

Benannte Argumente	770
Zeichenfolgenverarbeitung	771
Datenfelder	773
Rechnen mit Datum und Uhrzeit	774
Dateien und Ordner	775
Das Application-Objekt	775
Zusammenfassung	784

Kapitel 36 Funktionen und Methoden

In diesem Kapitel möchten wir Ihnen einige häufig eingesetzte Funktionen und Methoden nach Themen und Einsatzgebieten geordnet vorstellen. Eine Aufstellung der wichtigsten Funktionen finden Sie im Anhang B oder in der Access-Hilfe.

Wie wir in unseren Seminaren immer wieder erleben, ist es für viele Access-Anwender sehr verwirrend, dass eine ganze Reihe von Funktionen in einer deutschen und einer englischen Variante zur Verfügung stehen. In Abfragen, Formularen und Berichten müssen die deutschen Varianten verwendet werden, während Sie in allen Visual Basic-Programmen die englische Schreibweise benutzen müssen. Interessanterweise können Sie in Abfragen, Formularen und Berichten die englischen Befehle verwenden, allerdings werden diese von Access automatisch eingedeutscht. Im Anhang B finden Sie auch zwei Tabellen mit den Übersetzungen der Funktionen.

Benannte Argumente

Eine große Zahl der Funktionen und Methoden in Access unterstützen benannte Argumente. Bei einem benannten Argument wird der Name des Arguments dem Wert vorangestellt. Wir empfehlen Ihnen, benannte Argumente nach Möglichkeit zu nutzen, denn sie vereinfachen das Lesen von Programmen und verringern Fehler bei der Übergabe von Argumenten.

Die Funktion Left() beispielsweise gibt eine Zeichenkette zurück, die eine Anzahl von Zeichen links vom linken Ende einer übergebenen Zeichenkette enthält.

```
str = Left("CineCity",4)
```

ergibt z.B. das Ergebnis "Cine". Die Funktion unterstützt benannte Argumente, deshalb ließe sich der Aufruf auch als

```
str = Left(String:="CineCity", Length:=4)
```

formulieren. Werden die Argumente benannt, ist ihre Reihenfolge bei der Übergabe ohne Belang, d. h., es könnte auch

```
str = Left(Length:=4, String:="CineCity")
```

geschrieben werden. Benannte Argumente zeigen ihre Vorteile vor allem dann, wenn Sie Prozeduren oder Funktionen aufrufen, für die fünf, sechs oder mehr Argumente übergeben werden können. Sie werden im weiteren Verlauf des Buches Prozeduren kennen lernen, deren Aufruf wie

```
Testprozedur "CineCity",1, , , "Krass"
```

aussehen kann. Hierbei wurde der Prozedur Testprozedur jeweils ein Wert für den ersten, zweiten und fünften Parameter übergeben. Wichtig ist, die Kommata für die übersprungenen Argumente zu setzen (und sich dabei nicht zu verzählen). Mit benannten Argumenten erhält der Aufruf mit

```
Testprozedur Kino:="CineCity",Tag:=1, Filmtitel:="Krass"
```

eine einfachere und übersichtlichere Form.

Zeichenfolgenverarbeitung

In fast allen Datenbankanwendungen müssen Zeichenfolgen bearbeitet und ausgewertet werden. Wir möchten Ihnen in diesem Abschnitt einige der Funktionen vorstellen, die Access hierfür anbietet.

In den vorangegangenen Kapiteln wiesen wir Sie an einigen Stellen darauf hin, dass es bei Bedingungen für WHERE-Klauseln zu Problemen mit Anführungszeichen innerhalb von Zeichenfolgen kommen kann (siehe Kapitel 24). Um die geschilderten Probleme zu umgehen, ist es sinnvoll, alle Anführungszeichen in Zeichenketten vor der Verwendung als WHERE-Klausel durch doppelte Anführungszeichen zu ersetzen, also beispielsweise »"« durch »""« und »'« durch »''«.

Die folgende Funktion AnführungszeichenVerdoppeln() durchsucht eine Zeichenkette nach Anführungszeichen und verdoppelt diese. Dabei werden die Funktion Len() zur Bestimmung der Länge einer Zeichenkette und die Funktion Mid() zum Herausschneiden eines bestimmten Zeichens aus der Zeichenkette eingesetzt.

```
Function AnführungszeichenVerdoppeln( _
            ByVal varOriginal As Variant) As Variant
    Dim strTmp As String
    Dim strChr As String
    Dim i As Integer

    ' Auf Null überprüfen
    If IsNull(varOriginal) Then
        AnführungszeichenVerdoppeln = Null
        Exit Function
    End If
    ' varOriginal von vorne nach hinten durchlaufen
    For i = 1 To Len(varOriginal)
        ' i-tes Zeichen herausschneiden
        strChr = Mid(varOriginal, i, 1)
        ' ist es ein " oder ein '
        If strChr = """" Then
            ' gegen "" tauschen
            strTmp = strTmp & """"""
        ElseIf strChr = "'" Then
            ' gegen '' tauschen
            strTmp = strTmp & "''"
        Else
            ' ansonsten
            strTmp = strTmp + strChr
        End If
    Next i
    ' strTmp als Ergebnis zurückgeben
    AnführungszeichenVerdoppeln = strTmp
End Function
```

HINWEIS Die Funktion erhält als Parameter die Zeichenkette als Variant, ebenso wird das Ergebnis als Variant zurückgegeben. Wir verwenden Variant anstelle des Typs String, da es sonst in Formularen und Berichten zu Problemen bei der Übergabe von Inhalten von Steuerelementen kommen kann.

Das folgende Listing zeigt eine etwas allgemeinere Lösung. Die Funktion SuchenUndErsetzen() lässt sich zum Austauschen von beliebigen Zeichen und Zeichenketten verwenden. (Für die reine Funktionalität können Sie dazu auch die Funktion Replace() von Access verwenden. Das folgende Listing zeigt aber sehr schön den Umgang mit einigen Funktionen zur Zeichenfolgenverarbeitung. Daher wird die Funktion auch weiterhin in diesem Buch verwendet.) In der Funktion wird die Funktion Left() verwendet, die eine angegebene Anzahl von Zeichen vom linken Rand der Zeichenkette zurückliefert.

```
Function AnführungszeichenErsetzen( _
                 ByVal varOriginal As Variant) As Variant
    AnführungszeichenErsetzen = SuchenUndErsetzen( _
                 varOriginal, """", """""")
    AnführungszeichenErsetzen = SuchenUndErsetzen( _
                 varOriginal, "'", "''")
End Function

Function SuchenUndErsetzen(ByVal varOriginal As Variant, _
                  ByVal strSuchen As String, _
                  ByVal strErsetzen As String) _
                  As Variant
    Dim intSuchLänge As Integer
    Dim intErsetzenLänge As Integer
    Dim intPos As Integer

    If IsNull(varOriginal) Then
        SuchenUndErsetzen = Null
    Else
        intSuchLänge = Len(strSuchen)
        intErsetzenLänge = Len(strErsetzen)

        intPos = 1
        Do
            intPos = InStr(intPos, varOriginal, strSuchen)
            If intPos > 0 Then
                varOriginal = Left(varOriginal, intPos - 1) & _
                strErsetzen & Mid(varOriginal, _
                                  intPos + intSuchLänge)
                intPos = intPos + intErsetzenLänge
            End If
        Loop Until intPos = 0
    End If
    SuchenUndErsetzen = varOriginal
End Function
```

Weitere Funktionen für die Bearbeitung von Zeichenketten sind Right(), um Zeichen vom Ende einer Zeichenkette zu ermitteln, InStr(), um das Vorkommen bestimmter Zeichen oder Zeichenketten in einer Zeichenfolge aufzuspüren wie im Beispiel oben und Trim(), um Leerzeichen am Anfang und am Ende einer Zeichenkette zu entfernen.

Datenfelder

Drei Funktionen für die Arbeit mit Datenfeldern (so genannten Arrays) möchten wir Ihnen präsentieren. Wie in Kapitel 34 beschrieben, werden Datenfelder mit dem Dim-Befehl dimensioniert. Beispielsweise erzeugt

```
Dim aWochentage(6) As String
```

ein Feld mit sieben Zeichenketten. Mit

```
aWochentage(0) = "So"
aWochentage(1) = "Mo"
```

können Sie Werte an das Datenfeld zuweisen. In Access ist eine Funktion implementiert, die Ihnen das Füllen von Datenfeldern erleichtert. Mit Array() können Sie die Inhalte eines Datenfeldes festlegen. Wichtig ist dabei, dass die Array-Variable als vom Typ Variant deklariert sein muss.

```
Dim aWochentage As Variant
aWochentage = Array("So", "Mo", "Di", "Mi", "Do", "Fr", "Sa")
```

Möchten Sie jetzt eine Schleife programmieren, die alle Elemente des Arrays ausgibt, so ergibt sich das Problem, dass Sie nun die Elemente zählen müssen, um die obere Grenze des Datenfeldes zu bestimmen. Das folgende Programmfragment gibt alle Tage im Testfenster aus.

```
Dim aWochentage As Variant
Dim i As Integer

aWochentage = Array("So", "Mo", "Di", "Mi", "Do", "Fr", "Sa")
For i = 0 To 6
    Debug.Print aWochentage(i); " ";
Next
Debug.Print
```

Die Elemente zu zählen und diese Werte als Grenzen in Schleifen festzulegen, kann zu Fehlern in Programmen führen. Stellen Sie sich vor, es wird die Fünftagewoche eingeführt und die Einträge für Samstag und Sonntag werden herausgenommen. Dann wird die For-Next-Schleife mit einem Fehler abbrechen, denn Sie versuchen dann, auf Elemente von aWochentage zuzugreifen, die nicht existieren.

Wir empfehlen Ihnen, die Funktionen LBound() und UBound() zur Bestimmung der unteren und oberen Grenzen eines Datenfeldes zu verwenden. Die Schleife im oben gezeigten Programmteil hätte dann folgendes Aussehen:

```
For i = LBound(aWochentage) To UBound(aWochentage)
    Debug.Print aWochentage(i); " ";
Next
```

Rechnen mit Datum und Uhrzeit

Mit Day(), Month() bzw. Year() ermitteln Sie Tag, Monat bzw. Jahr eines als Argument übergebenen Datumswerts. Mit Weekday() erhalten Sie eine Zahl zwischen 1 und 7, je nachdem, auf welchen Wochentag das übergebene Datum fällt.

Now liefert als Ergebniswert das heutige Datum und die Zeit zurück, während Date nur das heutige Datum zurückgibt.

Das nächste Listing zeigt eine Lösung, den Wochentag des übergebenen Datums als Zeichenkette zurückzugeben.

```
Function Wochentag(dateTag As Date) As String
    Dim aWochentage As Variant

    aWochentage = Array("So", "Mo", "Di", "Mi", "Do", "Fr", "Sa")
    Wochentag = aWochentage(WeekDay(dateTag) - 1)
End Function
```

Übrigens können Sie es einfacher haben, wenn Sie die Format()-Funktion zu Hilfe nehmen:

```
Function Wochentag2(dateTag As Date) As String
    Wochentag2 = Format(dateTag, "ddd")
End Function
```

Zum Rechnen mit Datumswerten bieten sich auch die Funktionen DateAdd(), DateDiff(), DateSerial() und DatePart() an. Im nächsten Listing wird die Funktion DateAdd() verwendet, die zu einem Tag eine Anzahl von Tagen, Wochen, Monaten usw. hinzuzählt. Das erste Argument der Funktion ist ein String, der die Beschreibung für den zweiten Parameter enthält, also ob Tage, Wochen, Monate usw. zum Addieren übergeben werden.

```
Function Wochen(dateTag As Date, dblWochen As Double) As Date
    ' Formatstring ww als Wochen
    Wochen = DateAdd("ww", dblWochen, dateTag)
End Function
```

Arbeiten Sie mit SQL-Befehlen in Ihren Visual Basic-Programmen, so müssen Datumswerte in der Form #mm/tt/jjjj#, also in amerikanischer Datumsschreibweise, eingeschlossen von »#«-Zeichen, angegeben werden. Die folgende Funktion

```
Function DateString(d As Date) As String
    ' Gibt einen Datumswert in der Form #mm/dd/yyyy# zurück
    DateString = "#" & Month(d) & "/" & Day(d) & _
                                    "/" & Year(d) & "#"
End Function
```

erstellt eine solche Datumszeichenkette. Mit der Funktion DateValue() können Sie übrigens ein in einer beliebigen Schreibweise angegebenes Datum in einen Datumswert umwandeln.

Dateien und Ordner

Access bietet Funktionen und Anweisungen, um Verzeichnisse zu erstellen, zu wechseln, umzubenennen, zu löschen und weitere Operationen durchzuführen.

Der folgende Ausschnitt eines Programms legt einen neuen Ordner an, kopiert eine Datei hinein, macht diesen Ordner zum aktuellen Ordner und benennt die Datei um. Als Voraussetzung für diesen Vorgang muss der Ordner *C:\CineCity* angelegt sein und die Datei *CineArchiv.accdb* enthalten.

```
Const conOrdner = "C:\CineCity"
Const conArchiv = "C:\CineArchiv"

MkDir conArchiv
FileCopy conOrdner & "\CineArchiv.accdb", _
        conArchiv & "\CineArchiv.accdb"
ChDir conArchiv
Name "CineArchiv.accdb" As "CineArchiv2.accdb"
```

Das Application-Objekt

Das Application-Objekt bezieht sich auf die Access-Anwendung selbst. Alle Access-Objekte sind letztendlich aus dem Application-Objekt abgeleitet. Wir möchten Ihnen in diesem Abschnitt einige interessante und nützliche Methoden und Eigenschaften des Objekts vorstellen.

Alle Eigenschaften und Methoden des Application-Objekts können in Access direkt verwendet werden, es muss also kein besonderer Bezug auf das Objekt genommen werden. So ist der folgende Befehl sowohl als Application.CurrentObjectName als auch als CurrentObjectName einsetzbar. Der Befehl liefert übrigens den Namen des aktiven Objekts zurück.

In den folgenden Abschnitten werden drei Objekte, Screen, DoCmd und DBEngine, sowie drei Methoden, XMLExport, XMLImport und SysCmd des Application-Objekts beschrieben.

Das Screen-Objekt

Das Screen-Objekt des Application-Objekts gibt Ihnen Zugriff auf aktive Objekte und Steuerelemente sowie den Mauszeiger.

Mit den Eigenschaften Screen.ActiveForm, Screen.ActiveReport und Screen.ActiveDatasheet können Sie auf das momentan aktive Objekt zugreifen. Screen.ActiveControl ist das aktive Steuerelement, Screen.PreviousControl ist das Steuerelement, das zuvor aktiv war. Insbesondere Screen.Previous Control wird in vielen Anwendungen eingesetzt, um zu ermitteln, von wo aus ein Benutzer ein Steuerelement angewählt hat.

Durch Setzen der Eigenschaft Screen.MousePointer können Sie den Mauszeiger verändern. Die folgende Tabelle zeigt die für den Cursor zulässigen Werte:

Tabelle 36.1 Cursor-Einstellungen

Wert	Cursor
0	Normaler Mauszeiger
1	Pfeil
3	Text
7	Diagonal
9	Horizontal
11	Sanduhr
Alle anderen Werte	Keine Auswirkung, werden wie 0 behandelt

Das DoCmd-Objekt

Mithilfe des DoCmd-Objekts, das Bestandteil des Application-Objekts ist, können Access-Aktionen wie Öffnen und Schließen von Formularen und Berichten, Ändern des Maus-Cursors oder Setzen von Steuerelementwerten durchgeführt werden.

DoCmd unterstützt bis auf wenige Ausnahmen alle Access-Aktionen, die mit Makros ausgelöst werden können. In VBA-Programmen benötigen Sie in den meisten Fällen nur einige wenige DoCmd-Methoden, denn die meisten Aktionen lassen sich auch mit den entsprechenden VBA-Befehlen aufrufen. Tabelle 36.2 führt die Methoden des DoCmd-Objekts mit den jeweiligen VBA-Alternativen auf. Übrigens entsprechen die Methoden des DoCmd-Objekts den Befehlen, die für Makros vereinbart werden können.

In der folgenden Tabelle wird bei vielen Methoden des DoCmd-Objekts als Parameter ein Objekttyp verlangt. Gültige Werte für den Objekttyp sind die Konstanten acTable, acQuery, acForm, acReport, acMacro und acModule.

Tabelle 36.2 Methoden des *DoCmd*-Objekts

DoCmd-Methode	Anwendung
DoCmd.AddMenu Menüname, Menümakroname[, Statusleistentext]	Fügt ein benutzerdefiniertes Menü für ein Formular oder einen Bericht hinzu
DoCmd.ApplyFilter [Filtername] [, Bedingung]	Setzt einen Filter; als **Bedingung** können Sie eine gültige SQL-WHERE-Klausel ohne das Wort WHERE angeben
DoCmd.Beep	Piep!
DoCmd.CancelEvent	Bricht das laufende Ereignis ab
DoCmd.ClearMacroError	Löscht die Informationen eines Fehlers im MacroError-Objekt
DoCmd.Close [Objekttyp, Objektname], [Speichern]	Schließt ein Formular oder einen Bericht; der Parameter **Speichern** ermöglicht mit acSaveNo Änderungen zu verwerfen, mit acSaveYes zu speichern oder mit acPrompt vor der Speicherung nachzufragen
DoCmd.CloseDatabase	Schließt die aktuelle Datenbank
DoCmd.CopyDatabaseFile (Name und Pfad der Zieldatei[,bestehende Datei überschreiben] [,alle anderen Benutzer trennen])	Kopiert die mit dem aktuellen Access-Projekt verbundene Microsoft SQL Server-Datenbank.

Tabelle 36.2 Methoden des *DoCmd*-Objekts *(Fortsetzung)*

DoCmd-Methode	Anwendung
DoCmd.CopyObject [Zieldatenbank], [Neuer Name], [Objekttyp des Zielobjekts], [Name des Quellobjekts]	Kopiert ein Access-Objekt
DoCmd.DeleteObject [Objekttyp, Objektname]	Löscht ein Access-Objekt
DoCmd.DoMenuItem Menüleiste, Menüname, Befehl [, Unterbefehl] [, Version]	Ruft einen Menübefehl auf
DoCmd.Echo	Verwenden Sie statt DoCmd.Echo besser Application.Echo
DoCmd.FindNext	Sucht den nächsten Datensatz; muss nach DoCmd.FindRecord aufgerufen werden
DoCmd.FindRecord Suchen nach [, Vergleichen] [, Groß-/Kleinschreibung] [, Suchen] [, Wie formatiert] [, Nur aktuelles Feld] [, Am Anfang beginnen]	Sucht einen Datensatz; für Vergleichen kann acAnywhere (Teil des Feldinhalts), acEntire (Gesamter Feldinhalt) oder acStart (Anfang des Feldinhalts) angegeben werden; die Suchrichtung (Suchen) kann mit acUp (Oben), acDown (Unten) bzw. acSearchAll (Alle) vorgegeben werden; Nur aktuelles Feld wird mit acCurrent (Aktuelles Feld) oder acAll (Alle Felder) bestimmt
DoCmd.GoToControl Steuerelementname	Aktiviert ein Steuerelement; verwenden Sie besser den Befehl Steuerelement.SetFocus
DoCmd.GoToPage [Seitenzahl] [, Rechts, Unten]	Springt zu einer bestimmten Seite eines Formulars; die Methode ist allerdings veraltet, verwenden Sie besser Formular.GotoPage
DoCmd.GoToRecord [Objekttyp, Objektname] [, Datensatz] [, Offset]	Springt zu einem bestimmten Datensatz; geben Sie Objekttyp und Objektname nicht an, wird das aktuelle Objekt verwendet; für den Parameter Datensatz verwenden Sie eine der Konstanten acPrevious (Vorheriger), acNext (Nächster), acFirst (Erster), acLast (Letzter), acGoTo (Gehe zu) oder acNewRec (Neu)
DoCmd.Hourglass Sanduhr	Schaltet den Sanduhr-Mauszeiger ein oder aus
DoCmd.LockNavigationPane	Objekte im Navigationsbereich können durch den Benutzer nicht mehr gelöscht werden bzw. ausgeschnitten und in die Zwischenablage kopiert werden
DoCmd.Maximize	Maximiert das aktuelle Fenster
DoCmd.Minimize	Minimiert des aktuelle Fenster
DoCmd.MoveSize [Rechts] [, Unten] [, Breite] [, Höhe]	Verändert oder verschiebt das aktuelle Fenster; alle Angaben müssen in der Windows-Einheit twips angegeben werden (ein twips ist 1/1440 Zoll lang bzw. 567 twips ergeben 1 cm)
DoCmd.NavigateTo	Beinflusst die Anzeige der Objekte im Navigationsbereich. Achten Sie darauf, dass die möglichen Werte für Group abhängig von dem Wert sind, den Sie für Category ausgewählt haben. Diese Aktion hat in der uns vorliegenden Version noch nicht funktioniert.

Tabelle 36.2 Methoden des *DoCmd*-Objekts *(Fortsetzung)*

DoCmd-Methode	Anwendung
DoCmd.OpenDataAccessPage Seitenname [, Seitenansicht]	Öffnet eine Datenzugriffsseite
DoCmd.OpenDiagram Diagrammname	Öffnet ein Datenbankdiagramm (nur Access-Projekte)
DoCmd.OpenForm Formularname [, Ansicht] [, Filtername] [, Bedingung] [, Datenmodus] [, Fenstermodus] [, Öffnungsargumente]	öffnet ein Formular; für den Parameter Ansicht verwenden Sie die Konstanten acNormal (Formularansicht), acDesign (Entwurfsansicht), acPreview (Seitenansicht) acFormDS (Datenblattansicht), acFormPivotChart (PivotChart-Ansicht) oder acFormPivotTable (PivotTable-Ansicht); als Bedingung können Sie eine gültige SQL-WHERE-Klausel ohne das Wort WHERE angeben; der Parameter Datenmodus erlaubt die Verwendung der Konstanten acFormAdd (Hinzufügen), acFormEdit (Bearbeiten), acFormReadOnly (Schreibgeschützt) oder acFormPropertySetting; der Fenstermodus kann acNormal (Normal), acHidden (Ausgeblendet), acIcon (Symbol), acDialog (Dialog) oder acWindowNormal sein
DoCmd.OpenFunction Funktionsname, [,Ansicht] [,Datenmodus]	Öffnet eine benutzerdefinierte Funktion in einer Microsoft SQL Server-Datenbank, um sie in einem Microsoft Access-Projekt (Kapitel 42) auszuführen; für den Parameter Ansicht verwenden Sie die Konstanten acViewNormal (Formularansicht), acViewDesign (Entwurfsansicht), acViewPreview (Seitenansicht), acViewPivotChart (PivotChart-Ansicht) oder acViewPivotTabel (PivotTable-Ansicht)
DoCmd.OpenModule [Modulname] [, Prozedurname]	Öffnet ein Modul
DoCmd.OpenQuery Abfragename [, Ansicht] [, Datenmodus]	Ruft eine Abfrage auf; für den Parameter Ansicht verwenden Sie die Konstanten acViewNormal (Formularansicht), acViewDesign (Entwurfsansicht), acViewPreview (Seitenansicht), acViewPivotChart (PivotChart-Ansicht) oder acViewPivotTabel (PivotTable-Ansicht); für Datenmodus geben Sie eine der Konstanten acAdd (Hinzufügen), acEdit (Bearbeiten) oder acReadOnly (Schreibgeschützt) an
DoCmd.OpenReport Berichtsname [, Ansicht] [, Filtername] [, Bedingung] [, Fenstermodus] [, Öffnungsargumente]	Öffnet einen Bericht; für den Parameter Ansicht verwenden Sie die Konstanten acViewNormal (Formularansicht), acViewDesign (Entwurfsansicht), acViewPreview (Seitenansicht), acViewPivotChart (PivotChart-Ansicht) oder acViewPivotTabele (PivotTable-Ansicht); als Bedingung können Sie eine gültige SQL-WHERE-Klausel ohne das Wort WHERE angeben; der Fenstermodus kann acNormal (Normal), acHidden (Ausgeblendet), acIcon (Symbol), acDialog (Dialog) oder acWindowNormal sein
DoCmd.OpenStoredProcedure Prozedurename [, Ansichtsmodus] [, Datenmodus]	Führt eine gespeicherte Prozedur aus (nur Access-Projekte)
DoCmd.OpenTable Tabellenname [, Ansicht] [, Datenmodus]	Öffnet eine Tabelle (*Ansicht* und *Datenmodus* siehe DoCmd.OpenQuery)
DoCmd.OpenView Ansichtsname [, Ansichtmodus] [, Datenmodus]	Führt eine gespeicherte Abfrage aus (nur Access-Projekte)

Tabelle 36.2 Methoden des *DoCmd*-Objekts *(Fortsetzung)*

DoCmd-Methode	Anwendung
DoCmd.OutputTo Objekttyp [, Objektname] [, Ausgabeformat] [, Ausgabedatei] [, Autostart] [, Vorlagedatei] [, Codierung]	Gibt ein Objekt in eine Datei aus; das *Ausgabeformat* wird beispielsweise durch **acFormatXLS** (Excel), **acFormatRTF** (Rich-Text-Format), **acFormatTXT** (Text) oder **acFormatHTML** bestimmt; ist **AutoStart** True, wird automatisch, je nach *Ausgabeformat*, Excel, Word, Notepad oder der Internet Explorer gestartet; für die Ausgabe im HTML-Format kann eine Vorlagedatei festgelegt werden
DoCmd.PrintOut [Druckbereich] [, Von, Bis] [, Druckqualität] [, Exemplare] [, Exemplare sortieren]	Gibt auf dem Drucker aus; als *Druckbereich* können Sie **acPrintAll** (Alles drucken), **acSelection** (Markierung drucken) oder **acPages** (Seiten drucken) festlegen; die **Druckqualität** wird mit **acHigh** (Hoch), **acMedium** (Mittel), **acLow** (Niedrig) oder **acDraft** (Entwurf) bestimmt
DoCmd.Quit [Option]	Beendet das Programm; die Methode ist veraltet, verwenden Sie besser **Application.Quit**
DoCmd.Rename Neuer Name [, Objekttyp, Alter Name]	Benennt ein Objekt um
DoCmd.RepaintObject [Objekttyp, Objektname]	Aktualisiert die Bildschirmanzeige
DoCmd.Requery [Steuerelementname]	Fragt die Datengrundlage erneut ab; die Methode ist veraltet, verwenden Sie **Objekt.Requery**
DoCmd.Restore	Stellt die ursprüngliche Fenstergröße wieder her
DoCmd.RunCommand Befehl	Führt einen eingebauten Menü- oder Symbolleistenbefehl aus
DoCmd.RunMacro Makroname [, Wiederholungen] [, Wiederholbedingung]	Führt Makro aus
DoCmd.RunSavedImportExport	Führt den gespeicherten Export bzw. Import aus, dessen Spezifikation unter **SavedImportExportName** angegeben wird
DoCmd.RunSQL SQL-Anweisung	Führt den SQL-Befehl aus; verwenden Sie alternativ **Datenbank.Execute**
DoCmd.Save [Objekttyp, Objektname]	Speichert das Access-Objekt
DoCmd.SearchForRecord	Zugriff auf einen spezifischen Datensatz; als **AcDataObjectType** kann **acActiveDataObject** (aktives Objekt), **acDataForm** (Formular), **acDataFunction** (benutzerdefinierte Funktion; nur in Access-Projekten), **acDataQuery** (Ansicht), **acDataReport** (Report), **acDataServerView** (Serveransicht; nur in Access-Projekten), **acDataStoredProcedure** (gespeicherte Prozedur; nur in Access-Projekten) und **acDataTable** (Tabelle) verwendet werden. Geben Sie keinen Wert für **AcDataObjectType** an, wird **acActiveDataObject** verwendet. **ObjectName** ist der Name des Objekts, in dem die Suche stattfinden soll. Mit dem Parameter **acRecord** legt man fest, wo die Suche beginnen soll. Mögliche Werte sind **acFirst** (beim ersten Datensatz), **acGoto** (beim angegebenen Datensatz), **acLast** (beim letzten Datensatz), **acNewRec** (bei einem neu erzeugten Datensatz), **acNext** (beim nächsten Datensatz) und **acPrevious** (beim vorhergehenden Datensatz). Wird kein Wert angegeben, beginnt die Suche beim ersten Datensatz. Mit dem Parameter **WhereCondition** können Sie die Suche auf bestimmte Datensätze einschränken.

Tabelle 36.2 Methoden des *DoCmd*-Objekts *(Fortsetzung)*

DoCmd-Methode	Anwendung
DoCmd.SelectObject Objekttyp, Objektname [, Im Datenbankfenster]	Selektiert ein Access-Objekt ; wird für den Parameter **Im Datenbankfenster** der Wert **True** übergeben, wird das Objekt im Datenbankfenster markiert
DoCmd.SendObject [Objekttyp] [, Objektname] [, Ausgabeformat] [, An] [, Cc] [, Bcc] [, Betreff] [, Nachricht] [, Nachricht bearbeiten]	Verschickt das angegebene Access-Objekt per E-Mail (**Objekttyp** siehe **DoCmd.Close**)
DoCmd.SetDisplayedCategories	Legt fest, welche Kategorien dem Benutzer im Navigationsbereich zur Verfügung stehen. Über den Parameter Show geben Sie an, ob die Kategorie, die für **Category** ausgewählt wurde, sichtbar sein soll.
DoCmd.SetMenuItem Menüindex [, Befehlsindex] [, Unterbefehlsindex] [, Kennzeichen]	Schaltet einen Menüpunkt um
DoCmd.SetProperty	Ändert die Eigenschaft eines Objekts. In **ControlName** geben Sie an, welches Feld bzw. Steuerelement geändert werden soll. Lassen Sie den Parameter weg, wird die Eigenschaft des aktuellen Formulars oder aktuellen Berichts geändert. Für **acProperty** kann **acPropertyBackColor** (Hintergrundfarbe), **acPropertyCaption** (Beschreibung) ,**acPropertyEnabled** (aktiviert), **acPropertyForeColor** (Vordergrundfarbe), **acPropertyHeight** (Höhe), **acPropertyLeft** , **acPropertyLocked** (gesperrt), **acPropertyTop** , **acPropertyVisible** (sichtbar), **acPropertyWidth** (Breite). Mit **Value** geben Sie den Wert an, auf den die Eigenschaft festgelegt werden soll.
DoCmd.SetWarnings Warnmeldungen	Schaltet Access-Warnmeldungen ein oder aus
DoCmd.ShowAllRecords	Setzt den Filter zurück
DoCmd.ShowToolbar Symbolleistenname [, Einblenden]	Blendet Symbolleisten aus oder ein; für **Einblenden** kann **acToolbarYes** (Ja), **acToolbarWhereApprop** (Sofern passend) oder **acToolbarNo** (Nein) verwendet werden
DoCmd.SingleStep	Die Makroausführung wird angehalten und das Dialogfeld Einzelschritt wird geöffnet
DoCmd.TransferDatabase [Transfertyp], Datenbankformat, Datenbankname [, Objekttyp], Herkunft, Ziel [, Nur Struktur] [, Anmeldename speichern]	Importiert oder exportiert eine Datenbank; für **Transfertyp** kann **acImport** (Importieren), **acExport** (Exportieren) oder **acLink** (Einbinden) bestimmt werden
DoCmd.TransferSharePointList	Importiert die Daten einer Windows SharePoint Services-Website bzw. stellt eine Verknüpfung dazu her; als AcSharePointList TransferType kann **acImportSharePointList** (Importieren) oder **acLinkSharePointList** (Verknüpfen) verwendet werden

Tabelle 36.2   Methoden des *DoCmd*-Objekts *(Fortsetzung)*

DoCmd-Methode	Anwendung
DoCmd.TransferSpreadsheet [Transfertyp] [, Dateiformat], Tabellenname, Dateiname [, Besitzt Feldnamen] [, Bereich]	Importiert oder exportiert eine Tabelle; für Transfertyp kann acImport (Importieren), acExport (Exportieren) oder acLink (Einbinden) bestimmt werden. Wenn Sie kein Dateiformat angeben, wird die Standardkonstante acSpreadsheet TypeExcel12XML verwendet. Durch Änderung der Konstantenendung können die Excel-Versionen 3 bis 12 gewählt werden. Mit acSpreadsheetTypeLotusWK1 bis acSpreadsheetType LotusWK4 werden die entsprechenden Lotus-Versionen angesprochen.
DoCmd.TransferSQLDatabase(Server, Datenbank, [sichere Verbindung nutzen], [Login], [Password], [alle Daten übertragen])	Überträgt die gesamte angegebene Microsoft SQL Server-Datenbank in eine andere SQL Server-Datenbank (nur Access-Projekte)
DoCmd.TransferText [Transfertyp] [, Spezifikationsname], Tabellenname, Dateiname [, Besitzt Feldnamen] [, HTML-Tabellenname] [, Codepage]	Importiert oder exportiert einen Text; als Transfertyp kann acImportDelim (Import mit Trennzeichen), acImportFixed (Import mit festgelegtem Format), acExportDelim (Export mit Trennzeichen), acExportFixed (Export mit festgelegtem Format), acExportMerge (Export von Serienbriefdatei), acLink Delim (Verknüpfen mit Trennzeichen) oder acLinkFixed (Verknüpfen mit festgelegtem Format) verwendet werden; mit acExportHTML, acImportHTML und acLinkHTML werden HTML-Dateien transferiert

Die ExportXML- und die ImportXML-Funktion

Das Application-Objekt bietet mit den beiden Methoden zum XML-Im- und Export die Möglichkeit, den Datenaustausch über das XML-Format mit VBA zu steuern. In Kapitel 42 geben wir eine Einführung in den Umgang mit XML.

Das folgende Beispiel exportiert die Tabelle tblArtikel in der aktuellen Datenbank als XML-Datei in einen Ordner *XMLExport* auf Laufwerk *C*.

```
Sub XMLExport()
    ExportXML _
        ObjectType:=acExportTable, _
        DataSource:=" tblArtikel", _
        DataTarget:="C:\XMLExport\tblArtikel.xml"
End Sub
```

Mit dem folgenden Code importieren Sie die im oberen Beispiel exportierte XML-Datei in die aktuelle Datenbank. Neben der bestehenden Tabelle tblArtikel wird dabei eine neue Tabelle tblArtikel1 angelegt.

```
Sub XMLImport()
    ImportXML("C:\XMLExport\tblArtikel.xml")
End Sub
```

Die SysCmd-Methode

Die SysCmd-Methode ermöglicht die Abfrage einer Reihe von Access-Einstellungen und Statusangaben. Zusätzlich können Sie Text und Fortschrittsbalken in der Access-Statuszeile mithilfe der Funktion steuern. SysCmd wird in zwei Varianten eingesetzt, nämlich

```
Rückgabewert = SysCmd(Aktion[, Text][, Wert])
```

oder

```
Objektzustand = SysCmd(Aktion[, Objekttyp][, Objektname])
```

In der folgenden Tabelle sind die für Aktion möglichen Konstanten aufgeführt.

Tabelle 36.3 *SysCmd*-Konstanten

Konstante	Beschreibung
acSysCmdInitMeter	Initialisiert die Fortschrittsanzeige der Statusleiste
acSysCmdUpdateMeter	Aktualisiert die Fortschrittsanzeige mit dem angegebenen Wert
acSysCmdRemoveMeter	Entfernt die Fortschrittsanzeige der Statusleiste
acSysCmdSetStatus	Bestimmt den Text in der Statusleiste
acSysCmdClearStatus	Setzt den Text in der Statusleiste zurück
acSysCmdRuntime	Gibt den Wert **True** (–1) zurück, wenn eine Laufzeitversion von Microsoft Access ausgeführt wird
acSysCmdAccessVer	Liefert die Versionsnummer von Microsoft Access zurück
acSysCmdAccessDir	Gibt den Namen des Ordners zurück, in dem sich MSACCESS.exe befindet
acSysCmdIniFile	Gibt den Namen der von Microsoft Access verwendeten .INI-Datei zurück
acSysCmdProfile	Gibt die Einstellung von **/profile** zurück, die der Benutzer angegeben hat, wenn er Microsoft Access über die Befehlszeile gestartet hat
acSysCmdClearHelpTopic	Setzt die Hilfe zurück
acSysCmdGetObjectState	Gibt den Zustand des angegebenen Datenbankobjekts zurück; Sie müssen die Argumente **Objekttyp** (acTable, acQuery, acForm, acReport, acMacro oder acModule) und **Objektname** angeben

Die folgende Funktion zeigt eine Anwendung der SysCmd-Funktion. Die Funktion gibt zurück, ob ein bestimmtes Datenbankobjekt (Tabelle, Abfrage, Formular, Bericht, Makro oder Modul) geöffnet ist.

Die Funktion erwartet als erstes Argument den Namen des Objekts. Das zweite Argument übergibt den Typ des Objekts, also eine der Konstanten acTable, acQuery, acForm, acReport, acMacro oder acModule. Da in den meisten Fällen die Funktion eingesetzt wird um zu überprüfen, ob ein bestimmtes Formular geöffnet ist, wurde der zweite Parameter als Optional definiert. Wird das Argument nicht angegeben, wird automatisch angenommen, dass es sich bei dem als ersten Parameter übergebenen Namen um ein Formular handelt.

```
Function IsOffen(strName As String, _
                Optional varObjType As Variant) As Boolean
    ' Wurde der Parameter varObjType übergeben?
    If IsMissing(varObjType) Then
        ' Standardwert ist acForm für Formulare
        varObjType = acForm
    End If
    ' Rückgabewert
    IsOffen = (SysCmd(acSysCmdGetObjectState, _
varObjType, strName) <> 0)
End Function
```

Das DBEngine-Objekt

Das DBEngine-Objekt ermöglicht den Zugriff auf den ACE-Datenbankkern von Access. In diesem Abschnitt möchten wir Ihnen eine der Methoden des Objekts vorstellen: das Komprimieren einer Datenbank.

Die Methode CompactDatabase dient zur Reparatur und Komprimierung von Access-Datenbankdateien. Bei der Komprimierung werden ungenutzte Bereiche der Datei freigegeben und die Daten gegebenenfalls in der Datei neu angeordnet.

Beim Komprimieren wird die unkomprimierte Datenbank unter der Endung .BAK gespeichert. Falls die alte Datenbank mit einem Kennwort geschützt ist, muss dieses mit angegeben werden.

Das folgende kurze Programm zeigt eine typische Anwendung der Methode CompactDatabase, allerdings ohne Fehlerbehandlung. Die Datenbank, die repariert und komprimiert werden soll, muss dazu geschlossen sein, auf sie darf niemand aktiv zugreifen.

```
Sub ReparierenUndKomprimieren(strName As String)

    Dim strACCDB As String
    Dim strBAK As String
    Dim strKOMP As String

    ' Falls der Name der Datenbank mit der Endung accdb
    ' angegeben wurde, strACCDB diese Endung zuweisen
    ' strName enthält nur den Namen ohne Endung
    If Right(strName, 4) = ".accdb" Then
        strACCDB = strName
        strName = Left(strName, Len(strName) - 4)
    Else
        strACCDB = strName + ".accdb"
    End If
    ' Für Kopie der unkomprimierten Datenbank
    strBAK = strName + ".BAK"
    ' Für temporäre Zwischendatei
    strKOMP = strName + "TempKomp.accdb"

    ' Reparieren und komprimieren
    DBEngine.CompactDatabase strACCDB, strKOMP
```

```
          ' Löschen einer evtl. vorhandenen Sicherungsdatei
          ' Existiert die Sicherungsdatei nicht, Fehler ignorieren
          On Error Resume Next
          Kill strBAK
          On Error GoTo 0

          ' Umbenennen zu Sicherungsdatei
          Name strACCDB As strBAK
          ' Umbenennen der komprimierten Datei
          Name strKOMP As strACCDB
      End Sub
```

Zusammenfassung

In diesem Kapitel wurden häufig verwendete Funktionen und Methoden vorgestellt. Sie verwenden Funktionen in Formularen, Abfragen und Berichten mit ihren deutschen Bezeichnungen, in VBA-Programmen hingegen mit ihren englischen.

- Im ersten Abschnitt ab Seite 770 lernten Sie den Umgang mit benannten Argumenten kennen. Viele Funktionen und Methoden unterstützen benannte Argumente. Für Sie ist das vielleicht zunächst gewöhnungsbedürftig, aber benannte Argumente verhindern einiges an Schreibarbeit und helfen Fehler zu vermeiden.

- Im folgenden Abschnitt werden einige Funktionen dargestellt, die Zeichenfolgen verarbeiten (Seite 771). Ab Seite 773 ging es um die Arbeit mit Datenfelder. Der Abschnitt ab Seite 774 behandelte Funktionen, die das Rechnen mit Datumswerten und Uhrzeiten ermöglichen.

- Es folgt ab Seite 775 ein größerer Abschnitt, der das Application-Objekt sowie drei Objekte des Application-Objekts: das Screen-, das DoCmd- und das DBEngine-Objekt; und drei Methoden: XMLExport, XMLImport und SysCmd. zum Thema hat.

Kapitel 37

Datenzugriff mit ADO

In diesem Kapitel:

Der Aufbau der Datenzugriffsobjekte	789
Connections	790
Recordsets	790
Abfragen ausführen	804
Zugriff auf Tabellendefinitionen	815
Zusammenfassung	819

Kapitel 37 Datenzugriff mit ADO

Möchten Sie in Ihren Visual Basic-Programmen auf die Daten in Tabellen zugreifen, sie ändern oder löschen sowie Abfragen ausführen, so müssen Sie die in Access zur Verfügung stehenden Datenzugriffsschnittstellen einsetzen. Access 2007 bietet Ihnen zwei Schnittstellen an: ADO, »ActiveX Data Objects«, und DAO, »Data Access Objects«. Wahrscheinlich liegt Ihnen die Frage auf den Lippen, warum Access über zwei Schnittstellen verfügt? Dazu möchten wir Ihnen kurz den Werdegang von Access in den letzten Jahren beschreiben.

Die (Erfolgs-)Geschichte von Access begann so richtig mit Version 2.0. Der für Access entwickelte Datenbankkern, die so genannte Jet-Engine, sowie das MDB-Format für Datenbanken setzten sich durch. Für die Programmierung, damals noch mit Access Basic, wurde die DAO-Schnittstelle verwendet. Die »Data Access Objects« waren speziell für Access entwickelt worden und boten den Zugriff auf alle Daten und Objekte einer Access-Datenbank.

In den folgenden Versionen 95 und 97 wurde DAO verbessert und erweitert. DAO gilt heute als eine ausgereifte und stabile Schnittstelle. Leider hatte DAO ein Manko: DAO ist eigentlich nur für lokale Access-Datenbanken ausgelegt. Zum einen sind Access-Datenbankzugriffe auf Datenbestände auf einem Netzwerkserver nicht sehr effektiv. Zum anderen kam in den letzten Jahren zunehmend die Anforderung hinzu, aus Access auf Datenbestände anderer Datenbanken zuzugreifen, insbesondere auf Datenbanken wie Oracle, IBM DB2, Microsoft SQL-Server und andere, die im Netzwerk auf Datenbankservern ablaufen. Auf diese Datenbanken kann Access nur über die ODBC-Schnittstelle (»Open Database Connectivity«) zugreifen. Leider ist für viele Datenbankoperationen die Zugriffsgeschwindigkeit auf die Daten unzureichend, so dass viele Kunden auf Microsoft einwirkten, hier effektivere Mechanismen zur Verfügung zu stellen. Microsoft erweiterte daraufhin DAO um die ODBCDirect-Komponente, die eine direktere Programmierung der ODBC-Schnittstelle erlaubt.

Parallel dazu entwickelte Microsoft, ursprünglich für Internet-Applikationen, die Datenzugriffsschnittstelle ADO, »ActiveX Data Objects«. ADO ist für den Zugriff auf Datenbestände über das Netzwerk konzipiert und verwendet dazu die OLEDB-Schnittstelle, eine Erweiterung und Ergänzung der ODBC-Schnittstelle. ADO soll in der Zukunft alle anderen Datenzugriffsschnittstellen ablösen.

Mit der Version Access 2000 hat Microsoft den Zugriff auf Datenbankserver, insbesondere auf den Microsoft SQL-Server, erweitert. Dazu gehört die Verwendung von ADO und spezieller Access-Datenbanken, so genannte Projekte. Access-Projekte haben die Dateiendung *.adp* und dienen als Front-End für Microsofts SQL Server.

Durch die Hinzunahme von ADO kann Access wesentlich besser auf Datenbankserver zugreifen, aber innerhalb von Access führt ADO für den Anwender zu Verwirrungen, da DAO ebenfalls noch vorhanden ist. Wir möchten versuchen, Ihnen das Zusammenspiel (oder auch manchmal das Gegeneinander) der verschiedenen Komponenten in Access zu erläutern:

Bei normalen Access-Datenbanken wird für Tabellen, Abfragen, Formulare und Berichte intern die DAO-Bibliothek eingesetzt. In Modulen sowie in Modulen von Formularen und Berichten (»Code behind Forms«) wird standardmäßig ADO verwendet.

In den Access-Projekten, den speziellen Access-Datenbanken für den Zugriff auf Datenbankserver, wird für alle Komponenten ADO benutzt. Während DAO auch in Access 2007 für ACCDB-Datenbanken integraler Bestandteil ist, verhält sich ADO eher wie eine zusätzlich aufgesetzte Schnittstelle.

Die Unterschiede sind vielfältig: DAO (in Access 2007 in der Version 12.0) verwendet die Access Database Engine 12.0 (ACE), eine Erweiterung der bis Access 2003 verwendeten Jet Engine. Die Access Database Engine verfügt über den in Teil C beschriebenen SQL-Sprachumfang. ADO (in Access 2007 in der Version 6.0) dagegen greift auf Datenbanken für den ACE 12.0-OLEDB-Provider zu. Dieser hat einen gegenüber ACE 12.0 erweiterten SQL-Wortschatz und verfügt über erweiterte Möglichkeiten.

DAO kann direkt auf ACE-Tabellen und Abfragen zugreifen und beispielsweise deren Strukturen verändern. Mit DAO lässt sich z.B. relativ einfach ein neues Feld zu einer Tabelle hinzufügen. ADO verfügt selbst über keine einfachen Möglichkeiten zur Änderung von Strukturen, sondern muss dafür die Hilfe der zusätzlichen Schnittstelle ADOX in Anspruch nehmen.

ADO oder DAO?

Wahrscheinlich stellt sich Ihnen nun die Frage: ADO oder DAO? Wir möchten Ihnen die Vor- und Nachteile der beiden Zugriffsschnittstellen kurz gegenüberstellen:

Pro ADO:

- erlaubt den einfachen Zugriff auf Datenbankserver
- der SQL-Sprachumfang beim Zugriff auf Jet-Datenbanken ist erweitert

Contra ADO:

- beim Zugriff auf Access-Objekte, beispielsweise Abfragen mit Parametern, muss die zusätzliche ADOX-Bibliothek verwendet werden
- beim Zugriff auf die Daten gebundener Formulare und Berichte muss DAO eingesetzt werden

Pro DAO:

- bessere Einbindung in Access
- gute Dokumentation in der Access-Hilfe

Contra DAO:

- gegenüber ADO eingeschränkter SQL-Sprachumfang
- unzureichend beim Zugriff auf Datenbankserver
- Weiterentwicklung durch Microsoft ungewiss

In diesem Kapitel möchten wir Ihnen den Datenzugriff mit ADO beschreiben. Im folgenden Kapitel 38 stellen wir Ihnen DAO vor. Wir haben versucht, die gleichen Beispiele in beiden Kapiteln zu verwenden, so dass Sie die Lösung einer Aufgabenstellung mit ADO und DAO vergleichen können.

ACHTUNG Wir möchten dieses Kapitel zuerst mit einem theoretischen Überblick über die ADO-Datenzugriffsobjekte beginnen, damit Sie die verschiedenen Komponenten und Objekte kennen lernen und einordnen können. Wenn Sie mit dem grundlegenden Aufbau, insbesondere der Art und Weise, wie die verschiedenen Objekte aufeinander aufbauen, vertraut sind, können Sie sehr schnell die Möglichkeiten der Datenzugriffsobjekte nutzen.

Kapitel 37 Datenzugriff mit ADO

WICHTIG   Sie können die ADO-Datenzugriffsobjekte nur verwenden, wenn Sie einen Verweis auf die entsprechende Objektbibliothek aktiviert haben. Rufen Sie das Dialogfeld *Verweise* im *Visual Basic-Editor* über *Extras/Verweise* auf und selektieren Sie den Eintrag *Microsoft ActiveX Data Objects 6.0 Library*.

Abbildg. 37.1   Verweis auf ADO

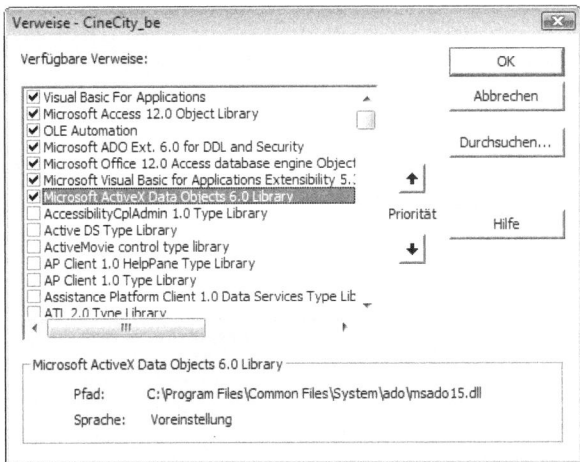

Es ist möglich, die ADO- und die DAO-Bibliothek gleichzeitig zu selektieren. Da in den Bibliotheken aber namensgleiche Objekte (z.B. `Recordset`) existieren, müssen Sie dann vor dem Namen des Objekts die Bibliothek angeben, beispielsweise als `ADODB.Recordset` oder `DAO.Recordset`. Wir verwenden prinzipiell diese Schreibweise.

WICHTIG   ADO-Objekte werden dynamisch mithilfe des Befehlsworts `New` erzeugt. Es ist notwendig, erzeugte Objekte vor dem Beenden des Programms wieder zu vernichten, insbesondere wenn Sie Objekte global definiert haben. Mit

```
Set object = Nothing
```

vernichten Sie ein Objekt `object`. Erzeugen Sie ein Objekt innerhalb einer Prozedur, so wird normalerweise das Objekt beim Beenden der Prozedur vernichtet. Es zeugt aber von gutem Programmierstil, Objekte explizit zu vernichten. In den Beispielen in diesem Kapitel werden daher alle erzeugten Objekte mit dem entsprechenden Befehl zerstört.

Der Aufbau der Datenzugriffsobjekte

Abbildg. 37.2 zeigt den hierarchischen Aufbau der Datenzugriffsobjekte. Alle dargestellten Objekte sind Auflistungen, d.h., es können ein oder mehrere Objekte des entsprechenden Typs existieren.

Abbildg. 37.2 Aufbau der Datenzugriffsobjekte

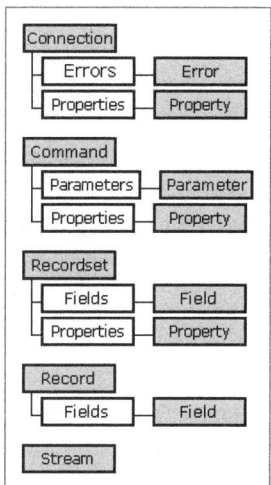

In Tabelle 37.1 werden die ADO-Objekte beschrieben.

Tabelle 37.1 ADO-Objekte

Objekt	Beschreibung
Connection	Das **Connection**-Objekt dient zum Aufbau einer Verbindung zur Datenquelle
Command	**Command**-Objekte ermöglichen die Ausführung von Abfragen mit Parametern. Das Ergebnis der Abfrage wird in einem **Recordset**-Objekt zurückgegeben.
Recordset	Ein **Recordset**-Objekt enthält die Menge aller Datensätze, die von einer Abfrage zurückgegeben werden. Als Abfrage kann der Name einer Tabelle oder Access-Abfrage oder ein SQL-Befehl angegeben werden.
Record	Entspricht einer Reihe im **Recordset**. Daneben können mit dem **Record**- und dem **Stream**-Objekt auch Daten verarbeitet werden, die nicht in einer relationalen Datenbank erfasst sind.
Stream	Siehe **Record**-Objekt

Connections

Zu einer Datenbank muss zuerst eine Verbindung, eine Connection, aufgebaut werden, beispielsweise mit

```
Dim conn As New ADODB.Connection
conn.Open "Provider=Microsoft.ACE.OLEDB.12.0;" & _
    "Data Source=C:\Users\Natascha\Documents\Kinocenter\Kinoprogramm\CineCity.accdb;" & _
    "User ID=Admin;"
```

Beachten Sie das Befehlswort New in der Dimensionierungsanweisung, denn es ist notwendig, vor dem Öffnen einer Verbindung ein Connection-Objekt neu zu erzeugen.

In diesem Kapitel beschränken wir uns auf die Verbindung, die Access für den Zugriff auf die aktuelle Datenbank zur Verfügung stellt und werden nicht weiter auf die Open-Methode eingehen.

```
Dim conn As ADODB.Connection
Set conn = CurrentProject.Connection
```

CurrentProject ist ein Verweis auf die aktuelle Datenbank. Die Eigenschaft Connection enthält den Verweis auf das entsprechende Connection-Objekt. Hierbei muss kein neues Objekt erzeugt werden, deshalb kann beim Dim-Befehl auf New verzichtet werden.

Recordsets

Einem Recordset liegt immer eine Tabelle, eine Abfrage oder direkt ein SQL-Befehl zugrunde. Jedes Recordset erhält aufgrund der Datenbasis entsprechende Felder, die in einer Fields-Auflistung verwaltet werden.

Ein Recordset wird mithilfe des Befehls Open() geöffnet.

```
Dim rs As New ADODB.Recordset
rs.Open Quelle, ActiveConnection, CursorType, LockType, Options
```

Der CursorType-Parameter

Der CursorType eines Recordsets kann mithilfe einer der in der folgenden Tabelle aufgeführten Konstanten festgelegt werden.

Tabelle 37.2 Recordset-Typen

Konstante	Beschreibung
adOpenKeyset	Ein Recordset vom Typ **Keyset** (Schlüsselgruppe) besteht aus Zeigern auf die Daten von Tabellen oder Abfragen, d.h., es wird nur ein eindeutiger Schlüssel für jeden Datensatz in den lokalen Speicher geladen. Die Daten können editiert werden.
adOpenDynamic	Ein Recordset dieses Typs verhält sich ähnlich wie ein **Keyset**. Für Access-Datenbanken werden dynamische Recordsets als **Keyset** definiert.

Tabelle 37.2 Recordset-Typen *(Fortsetzung)*

Konstante	Beschreibung
adOpenStatic	Ein statisches Recordset enthält eine Kopie der Daten zu einem bestimmten Zeitpunkt (snapshot). Änderungen durch andere Benutzer, die nach der Erstellung des Recordsets aufgetreten sind, werden nicht berücksichtigt.
adOpenForwardOnly	Ein Recordset dieses Typs verhält sich wie ein statisches Recordset, kann aber nur von vorne nach hinten durchlaufen werden

Der LockType-Parameter

Wenn mehrere Benutzer gleichzeitig versuchen, Daten einer Tabelle zu verändern, kann es vorkommen, dass zwei Benutzer den gleichen Datensatz gleichzeitig ändern. Um zu vermeiden, dass die Benutzer sich gegenseitig die Daten überschreiben, kann durch den Einsatz von Sperren, Locks, der Zugriff organisiert werden. Der LockType-Parameter muss daher eigentlich nur angegeben werden, wenn Sie die Daten des Recordsets verändern möchten, allerdings auch dann, wenn nur ein Benutzer auf die Daten zugreift. In Kapitel 41, »Einsatz in Mehrbenutzerumgebungen«, werden die verschiedenen Locking-Konstanten ausführlich beschrieben. In diesem Kapitel verwenden wir immer die Konstante adLockOptimistic.

Tabelle 37.3 Locking-Konstanten

Konstante	Beschreibung
adLockBatchOptimistic	Verwendet eine optimistische Sperrmethode bei Sammelaktualisierungen
adLockReadOnly	Dies ist der Standardwert. Die Daten des Recordsets können nicht verändert werden.
adLockOptimistic	Die Daten des Recordsets können geändert werden, wobei die optimistische Sperrmethode eingesetzt wird
adLockPessimistic	Die Daten des Recordsets können geändert werden, wobei die pessimistische Sperrmethode eingesetzt wird

HINWEIS   Verwenden Sie als LockType eine der Konstanten adLockOptimistic, adLockBatchOptimistic oder adLockPessimistic, so wird automatisch ein Recordset vom CursorType adOpenKeyset verwendet.

Der Options-Parameter

Der optionale Parameter Options ermöglicht Ihnen, den Inhalt des Parameters Quelle genauer zu bestimmen, um so ADO bei der Auswertung behilflich zu sein. Durch die Angabe des Parameters muss ADO nicht die Auswerteroutinen durch Analyse von Quelle selbst festlegen.

Tabelle 37.4 Options-Konstanten

Konstante	Beschreibung
adCmdUnknown	Dies ist der Standardwert. ADO muss selbst bestimmen, wie das Argument Quelle ausgewertet wird.
adCmdText	Quelle enthält eine Zeichenkette mit der entsprechenden SQL-Abfrage

Tabelle 37.4 Options-Konstanten *(Fortsetzung)*

Konstante	Beschreibung
adCmdTable	**Quelle** enthält den Namen einer Tabelle. ADO erstellt selbsttätig eine SQL-Abfrage, die alle Zeilen mit allen Spalten der Tabelle zurückgibt.
adCmdTableDirect	**Quelle** enthält den Namen einer Tabelle. Alle Zeilen und Spalten werden direkt zurückgegeben.
adCmdStoredProc	**Quelle** enthält den Namen einer gespeicherten Prozedur, in Access also den Namen einer Abfrage.
adCmdFile	**Quelle** enthält den Dateinamen eines dauerhaft gespeicherten **Recordset**

Einsatzbeispiele

Wir möchten Ihnen im Folgenden einige kleine Beispiele zum Öffnen von Recordsets geben. Zuerst wird die Tabelle *tblFilme* mit den Standardeinstellungen geöffnet. Geben Sie keinen CursorType an, so wird die Tabelle im Modus adOpenForwardOnly geöffnet. Wird auch kein LockType festgelegt, ist die Tabelle schreibgeschützt, als LockType wird also adLockReadOnly verwendet.

```
Dim rst As New ADODB.Recordset
rst.Open "tblFilme", CurrentProject.Connection
```

CurrentProject gibt einen Verweis auf das aktuell geöffnete Datenbankobjekt zurück, also auf die Datenbank, in der die Programmzeilen ausgeführt werden.

Im zweiten Beispiel wird eine Tabelle zum Bearbeiten geöffnet. Die verschiedenen Möglichkeiten des Lockings, also des Sperrens von Datensätzen insbesondere im Mehrbenutzerbetrieb, werden in Kapitel 41 beschrieben.

```
Dim rst As New ADODB.Recordset
rst.Open "tblWochen", ActiveConnection:=CurrentProject.Connection, _
CursorType:=adOpenKeyset, _
LockType:=adLockOptimistic
```

Ein Recordset, dem eine gespeicherte Abfrage zugrunde liegt, öffnen Sie übrigens mit den gleichen Befehlen, denn Abfragen und Tabellen werden an dieser Stelle gleich behandelt.

Die nächsten Zeilen laden die Daten der Tabelle *tblFilme* nach dem Filmtitel sortiert als statisches Recordset (Snapshot), d.h., die Ergebnismenge im Recordset kann nicht verändert werden.

```
Dim rst As New ADODB.Recordset
rst.Open "SELECT * FROM tblFilme ORDER BY Filmtitel", _
    ActiveConnection:=CurrentProject.Connection, _
    CursorType:=adOpenStatic
```

Mit Recordsets arbeiten

Jetzt haben Sie zwar erfahren, wie ein Recordset geöffnet wird, aber die Frage ist nun, was kann man damit eigentlich machen?

Es soll eine Funktion geschrieben werden, die alle Filmtitel der Tabelle *tblFilme* hintereinander, alphabetisch sortiert und durch Schrägstriche getrennt als String zurückgibt.

Die folgende Funktion löst die gestellte Aufgabe:

```
Function AlleFilmtitel_ADO() As String
    Dim rst As New ADODB.Recordset
    Dim conn As ADODB.Connection
    Dim strTmp As String

    Set conn = CurrentProject.Connection
    ' Recordset öffnen
    rst.Open "SELECT Filmtitel FROM tblFilme ORDER BY Filmtitel", _
                ActiveConnection:=conn

    ' Zwischenspeicher-String leeren
    strTmp = ""
    ' Recordset von vorne nach hinten durchlaufen
    Do Until rst.EOF
        If strTmp = "" Then
            ' Beim ersten Mal
            strTmp = rst!Filmtitel
        Else
            ' Dann immer mit Schrägstrich
            strTmp = strTmp & "/" & rst!Filmtitel
        End If
        ' Zum nächsten Datensatz weitergehen
        rst.MoveNext
    Loop
    ' Zwischenspeicher-String als Funktionsergebnis umkopieren
    AlleFilmtitel_ADO = strTmp
    ' Recordset schließen
    rst.Close
    Set rst = Nothing
End Function
```

In der Funktion wird zuerst das Recordset auf Basis der als Parameter angegebenen SQL-Abfrage geöffnet. In die Variable strTmp soll die Liste der Filmtitel gespeichert werden, sie wird daher geleert. Dieser Schritt ist nicht unbedingt nötig, aber sicher ist sicher.

In der Do Until-Schleife wird in der If-Abfrage überprüft, ob strTmp leer ist. In diesem Fall wird der erste If-Zweig ausgeführt, ansonsten der zweite. Damit wird erreicht, dass vor dem ersten Titel kein Schrägstrich erscheint.

Mithilfe der Methode MoveNext wird der interne Datensatzzeiger des Recordsets zum nächsten Datensatz weiterbewegt. Anschließend beginnt der nächste Schleifendurchlauf. Die Schleife wird so lange durchlaufen, bis rst.EOF wahr wird. EOF, »End Of File«, wird wahr, wenn der Datensatzzeiger »hinter« dem letzten Datensatz des Recordsets steht.

Zuletzt wird der zwischengespeicherte String strTmp als Rückgabewert an die Funktion übergeben und dann das Recordset geschlossen.

Zugriff auf Felder des Recordsets

In der oben beschriebenen Funktion wird auf den Filmtitel des aktuellen Datensatzes mit `rst!Filmtitel` zugegriffen. Wir möchten Ihnen zeigen, welche Schreibweisen für den Zugriff auf den Datensatzinhalt möglich sind.

Ausführlich lautet die vollständige Schreibweise, um auf den Inhalt des Feldes `Filmtitel` zuzugreifen:

```
rst.Fields("Filmtitel").Value
```

Da `Value` die Standardeigenschaft ist, reicht es aus,

```
rst.Fields("Filmtitel")
```

zu schreiben. Möchten Sie es kürzer, so wie wir es oben im Beispiel verwendet haben, so verwenden Sie die Form mit dem Ausrufezeichen:

```
rst!Filmtitel
```

Sollte der Feldname ein Leerzeichen enthalten, wird

```
rst![Film Titel]
```

in eckige Klammern eingeschlossen.

Die Methoden und Eigenschaften des Recordset-Objekts

In der folgenden Tabelle finden Sie die wichtigsten Recordset-Methoden und -Eigenschaften mit einer kurzen Beschreibung. Im Anschluss an die Tabelle geben wir Ihnen Beispiele zu den Methoden.

Tabelle 37.5   Recordset-Methoden und -Eigenschaften

Methode/Eigenschaft	Beschreibung
AbsolutePosition	Gibt die relative Datensatznummer des aktuellen Datensatzes im Recordset zurück
AddNew	Hängt einen neuen, leeren Datensatz an das Recordset an
BOF	Begin Of File (BOF) ist dann wahr, wenn der Datensatzzeiger vor dem ersten Datensatz des Recordsets steht
Bookmark	Lesezeichen (siehe Abschnitt »So setzen Sie Lesezeichen«)
CancelBatch	Schließt ein noch offenes Batch-Update
CancelUpdate	Bricht einen **AddNew**-Vorgang bzw. die Änderungen an einem Datensatz ab
Clone	Klont ein Recordset
Close	Schließt das Recordset

Tabelle 37.5 Recordset-Methoden und -Eigenschaften *(Fortsetzung)*

Methode/Eigenschaft	Beschreibung
`CompareBookmarks`	Vergleicht zwei Lesezeichen
`Delete`	Löscht den aktuellen Datensatz
`EOF`	»End Of File« (EOF) ist dann wahr, wenn der Datensatzzeiger hinter dem letzten Datensatz des Recordsets steht
`Filter`	Definiert eine Filterbedingung
`Find Kriterien`	Sucht den ersten Datensatz, der den Kriterien entspricht (Abschnitt »Datensätze suchen«)
`GetRows`	Übernimmt Datensätze in ein Array
`GetString`	Gibt das Recordset als String aus
`Move Zeilen [,Start]`	Bewegt die angegebene Anzahl von **Zeilen**, bei negativen Werten rückwärts, bei positiven vorwärts; der optionale Parameter **Start** ist eine Zeichenfolge und kennzeichnet ein Lesezeichen (**Bookmark**)
`MoveFirst`	Bewegt den Datensatzzeiger zum ersten Datensatz
`MoveLast`	Bewegt den Datensatzzeiger zum letzten Datensatz
`MoveNext`	Bewegt den Datensatzzeiger zum nächsten Datensatz
`MovePrevious`	Bewegt den Datensatzzeiger zum vorhergehenden Datensatz
`NextRecordset`	Entfernt das aktuelle Recordset und gibt mit verschiedenen Einstellungsmöglichkeiten das nächste Recordset zurück
`RecordCount`	Gibt die Anzahl der Datensätze im Recordset zurück
`Requery`	Frischt den Recordset auf, aktualisiert also die Pointer-Liste im lokalen Arbeitsspeicher
`Save`	Führt die Speichern-Aktion aus
`Seek Schlüsselwerte, SeekOption`	Sucht in einem indizierten Recordset vom Typ **adCmdTableDirect**
`Sort`	Legt ein Sortierkriterium fest
`Supports`	Zeigt an, ob ein Recordset eine bestimmte Aktion unterstützt (siehe nächsten Abschnitt)
`Update`	Schreibt einen editierten oder neuen Datensatz
`UpdateBatch`	Schreibt alle anstehenden, zu einem Batch zusammengefassten Dateieingaben

Welche Funktionen unterstützt das Recordset?

Welche Funktionen von einem Recordset unterstützt werden, können Sie mithilfe der Eigenschaft Supports ermitteln. Die Eigenschaft gibt True oder False zurück, je nachdem, ob die Funktion unterstützt wird oder nicht. Möchten Sie beispielsweise erfahren, ob das von Ihnen geöffnete Recordset das Ändern der Daten erlaubt, verwenden Sie den folgenden Befehl:

```
...
If rst.Supports(adUpdate) Then
...
```

In der folgenden Tabelle sind die wichtigsten Parameter für die Supports-Eigenschaft aufgeführt.

Tabelle 37.6 Konstanten für die Eigenschaft Supports

Konstante	Beschreibung
adAddNew	Neue Datensätze können hinzugefügt werden
adBookmark	Mit der **Bookmark**-Eigenschaft kann auf bestimmte Datensätze zugegriffen werden
adDelete	Datensätze können gelöscht werden
adUpdate	Daten können geändert werden

Durch Recordsets bewegen

Mit den Methoden des Recordsets-Objekts, die mit Move beginnen, können Sie den Datensatzzeiger innerhalb des Recordsets bewegen. Mit MoveNext gehen Sie einen Datensatz weiter, mit MovePrevious einen zurück. MoveLast springt zum letzten, MoveFirst zum ersten Datensatz.

Was ist beim Verschieben des Datensatzzeigers innerhalb des Recordsets zu beachten?

Anfang und Ende des Recordsets

Ist die Position des aktuellen Datensatzes der letzte Datensatz des Recordsets und bewegen Sie den Positionszeiger mit MoveNext weiter, wird die Eigenschaft EOF wahr, d.h., sie erhält den Wert True. Es gibt jetzt keinen aktuellen Datensatz, denn der Positionszeiger enthält einen ungültigen Wert. Versuchen Sie jetzt, auf Daten des aktuellen Datensatzes zuzugreifen, erhalten Sie die in Abbildg. 37.4 dargestellte Fehlermeldung angezeigt.

Abbildg. 37.3 Fehlermeldung bei EOF-/BOF-Fehler

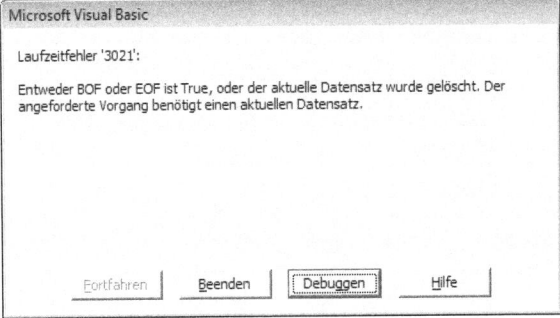

Die gleiche Fehlermeldung wird ausgegeben, wenn Sie versuchen, mit MoveNext noch weiter über das Ende hinauszugehen, d.h. wenn EOF wahr ist, führt jede Bewegung des Positionszeigers nach hinten zu einem Fehler. Laufzeitfehler können durch Fehlerbehandlungsroutinen abgefangen werden.

Leere Recordsets

Es kann vorkommen, dass das geöffnete Recordset keine Datensätze enthält. Mit der Befehlsfolge

```
...
If rst.BOF And rst.EOF Then
    ' Leeres Recordset
...
```

können Sie prüfen, ob ein Recordset Daten enthält. Sind sowohl die Eigenschaft BOF als auch EOF wahr, ist das Recordset folglich leer.

Anzahl der Datensätze

Mit der Eigenschaft RecordCount lässt sich die Anzahl der Datensätze eines Recordsets bestimmen. RecordCount gibt nur dann die exakte Anzahl der Datensätze für ein Recordset rst zurück, wenn die Eigenschaft rst.Supports(adApproxPosition) oder rst.Supports(adBookmark) den Wert True zurückliefert. Es kann passieren, dass zur Ermittlung der Anzahl der Datensätze erst alle Datensätze abgerufen werden müssen, was erhebliche Zeit in Anspruch nehmen kann.

Datensätze suchen

Stellen Sie sich vor, Sie suchen alle Filme, deren Filmtitel mit dem Buchstaben »B« beginnt. Die Namen der Filme sollen dann im Direktfenster mithilfe des Befehls Debug.Print ausgegeben werden.

Für die Suche von Datensätzen nach bestimmten Bedingungen stehen Ihnen die Varianten

- Einschränken des Recordsets durch eine SQL-Abfrage mit WHERE-Klausel,
- Suchen mit den Find-Methoden,
- Suchen mit der Seek-Methode und
- Setzen von Filter-Bedingungen zur Verfügung.

Das erste Verfahren sollten Sie bei der Arbeit mit Recordsets prinzipiell vorziehen. Es ist immer schneller und einfacher, die Auswahl der Datensätze von Access aufgrund einer Abfrage oder einer SQL-Zeichenfolge vornehmen zu lassen. Die zweite Variante erlaubt das gezielte Auffinden von Datensätzen in Recordsets, während die Variante mit Seek nur für Recordsets vom Typ adTableDirect geeignet ist. Vom vierten Verfahren würden wir Ihnen eher abraten, denn es ist sehr langsam.

Suchen per SQL-Abfrage

Stellen Sie Ihre Suchbedingung schon beim Öffnen des Recordsets, indem Sie den Namen einer geeigneten Abfrage oder einen entsprechenden SQL-Befehl angeben.

WICHTIG ADO in Verbindung mit dem OLEDB-ACE-12.0-Provider unterstützt für den SQL-Befehl LIKE die Platzhalter »%« anstelle von »*« und »_« anstelle des »?«. Die Notation mit »%« und »_« entspricht dem SQL-Standard!

Für die Aufgabe oben könnte die Lösung also wie folgt aussehen:

```
Sub Filme_ADO()
    Dim rst As New ADODB.Recordset

    rst.Open _
        "SELECT Filmtitel " & _
        "FROM tblFilme " & _
        "WHERE Filmtitel LIKE 'D%'" & _
        "ORDER BY Filmtitel", _
        ActiveConnection:=CurrentProject.Connection

    Do Until rst.EOF
        Debug.Print rst!Filmtitel
        rst.MoveNext
    Loop
    rst.Close
    Set rst = Nothing
End Sub
```

Die Abfrage kann man sich übrigens in der Abfrage-Entwurfsansicht zusammenstellen und danach als SQL-Text über die Zwischenablage ins Programm einfügen.

Suchen mit den Find-Methoden

Mithilfe der Find-Methode können Sie Datensätze nach bestimmten Kriterien innerhalb eines Recordsets finden. Die allgemeine Syntax lautet:

```
recordset.Find Kriterium, ZeilenÜberspringen, Suchrichtung, Start
```

wobei Kriterium für eine Zeichenfolge mit der Bedingung steht. Die einsetzbaren Bedingungen entsprechen denen der WHERE-Klausel von SQL-Abfragen, allerdings ohne das Befehlswort WHERE.

Das folgende Programmbeispiel zeigt die Anwendung der Methode:

```
Sub Filme_Find_ADO()
    Dim rst As New ADODB.Recordset

    rst.Open _
        "SELECT Filmtitel " & _
        "FROM tblFilme " & _
        "ORDER BY Filmtitel", _
        ActiveConnection:=CurrentProject.Connection, _
        CursorType:=adOpenStatic

    ' den ersten Datensatz mit der Bedingung suchen
    rst.Find "Filmtitel LIKE 'D%'"
    ' Schleife ausführen, solange noch Datensätze gefunden werden
    Do Until rst.EOF
        Debug.Print rst!Filmtitel
        ' Weitersuchen, ab dem folgenden Datensatz
        rst.Find "Filmtitel LIKE 'D%'", SkipRecords:=1
    Loop
    rst.Close
    Set rst = Nothing
End Sub
```

> **HINWEIS** Mit Find kann ein Recordset nicht nur von vorne nach hinten, sondern auch von hinten nach vorne durchsucht werden. Voraussetzung dafür ist allerdings, dass das Recordset nicht vom CursorType adOpenForwardOnly ist.

Für die Suchrichtung von hinten nach vorne geben Sie bei der Find-Methode den Parameter SearchDirection:=adSearchBackward an.

> **HINWEIS** Beachten Sie bei der Zusammenstellung des Kriteriums für die Find-Methode, dass hier eine Zeichenfolge übergeben werden muss.

Suchen in Recordsets vom Typ Table mit Seek

Sie können die Methode Seek einsetzen, die eine beschleunigte Suche unter direkter Zuhilfenahme eines Indexes ermöglicht. Die Suche mit Seek ist sehr schnell, denn hier muss Access nicht selbst ermitteln, mit welchem Index die Suche am besten durchgeführt wird, sondern Sie geben den Index direkt an.

Trotzdem sind einige Nachteile für die Seek-Methode zu bedenken. Sie müssen den Namen des Indexes wissen, über den gesucht werden soll und der dann fest im Programm verankert wird. Übrigens hat der Primärschlüssel bei Access-Datenbanken den Namen »PrimaryKey«.

Die allgemeine Form der Methode lautet:

```
recordset.Seek Schlüsselwerte, SuchOption
```

wobei SuchOption eine der Konstanten adSeekAfterEQ, adSeekAfter, adSeekBeforeEQ, adSeekBefore, adSeekFirstEQ oder adSeekLastEQ sein kann. Wenn der Index aus mehr als einem Feld zusammengesetzt ist, geben Sie die entsprechenden Suchwerte mit Array(Wert1, Wert2, ...) an.

Beachten Sie, dass das Recordset mit der Option adCmdTableDirect geöffnet werden muss.

Das folgende Programmbeispiel zeigt die Verwendung von Seek:

```
Sub Filme_Seek_ADO()
    Dim rst As New ADODB.Recordset

    rst.Index = "Filmtitel"
    rst.Open "tblFilme", _
        ActiveConnection:=CurrentProject.Connection, _
        CursorType:=adOpenKeyset, _
        Options:=adCmdTableDirect

    rst.Seek Array("D"), adSeekAfter

    If Not rst.EOF Then
        Do
            Debug.Print rst!Filmtitel
            rst.MoveNext
        Loop Until rst!Filmtitel >= "E"
    End If
    rst.Close
    Set rst = Nothing
End Sub
```

Setzen von Filterbedingungen

Mit einer Filterbedingung können Sie die Datensätze eines Recordsets einschränken, wobei Ihnen für den Filter die Möglichkeiten der WHERE-Klausel zur Verfügung stehen. Allerdings gelten diese Filtereinschränkungen nicht für das geöffnete Recordset, sondern nur für ein neues Recordset auf Basis des geöffneten. Es werden also nur die Datensätze gefiltert, die die Ergebnismenge des ersten Recordsets bilden. Das folgende Programm zeigt die Anwendung der Filter-Eigenschaft.

```
Sub Filme_Filter_ADO()
    Dim rst As New ADODB.Recordset
    Dim rstFilter As New ADODB.Recordset

    rst.Open _
        "SELECT Filmtitel " & _
        "FROM tblFilme " & _
        "ORDER BY Filmtitel", _
        ActiveConnection:=CurrentProject.Connection, _
        CursorType:=adOpenStatic

    ' Filterbedingung setzen
    rst.Filter = "Filmtitel LIKE 'A%'"

    ' Neues Recordset auf Basis des alten erstellen
    Set rstFilter = rst

    ' Neues Recordset durchlaufen
    Do Until rstFilter.EOF
        Debug.Print rstFilter!Filmtitel
        rstFilter.MoveNext
    Loop
    rstFilter.Close
    Set rstFilter = Nothing
    Set rst = Nothing
End Sub
```

Recordsets sortieren

Für die Sortierung von Recordsets stehen Ihnen zwei unterschiedliche Verfahren zur Verfügung:

- Sortieren Sie durch eine ORDER BY-Klausel in der SQL-Abfrage oder
- sortieren Sie mit der Sort-Eigenschaft des Recordsets.

Für die beiden Varianten gelten im Prinzip die gleichen Aussagen, wie wir sie im Abschnitt »Datensätze suchen« für die Filter-Eigenschaft getroffen haben. Verwenden Sie nach Möglichkeit immer ORDER BY, und verzichten Sie auf den Einsatz der Eigenschaft Sort.

Nach dem Öffnen eines Recordsets mit der Option adCmdTableDirect sind die Datensätze nach dem Primärschlüssel der zugrunde liegenden Tabelle geordnet. Um die Sortierung zu ändern, muss im Programm die Eigenschaft Index des Recordsets eingestellt werden, so wie dies schon im Abschnitt »Suchen in Recordsets vom Typ Table mit Seek« beschrieben wurde. Diese Eigenschaft kann nur für adCmdTableDirect-Recordsets eingestellt werden, anderenfalls kommt es zu einer Fehlermeldung. Durch Setzen der Index-Eigenschaft, z.B. in der Form

```
Dim rstTable As New ADODB.Recordset
rstTable.Open "tblFilme", _
    ActiveConnection:=CurrentProject.Connection, _
    CursorType:=adOpenKeyset, _
    Options:=adCmdTableDirect
rstTable.Index = "Filmtitel"
```

liegen die Datensätze nach »Filmtitel« sortiert vor.

So setzen Sie Lesezeichen

Oft ist es in Programmen notwendig, sich die Position bestimmter Datensätze zu merken, um später darauf zurückkommen zu können. Access arbeitet mit so genannten Lesezeichen, englisch »Bookmarks«. Access führt für jeden Datensatz eines Recordsets eine eindeutige Markierung. Diese Markierung kann in einer eigenen Variablen gespeichert werden, um so später als Sprungadresse zu dienen. Nicht alle Recordsets ermöglichen das Setzen von Lesezeichen. Die Eigenschaft Bookmarkable des Recordsets zeigt die Lesezeichenunterstützung an.

Das folgende Programmfragment weist das Lesezeichen des aktuellen Datensatzes einer Variablen zu und setzt am Ende die Position des aktuellen Datensatzes auf den Datensatz, zu dem das gespeicherte Lesezeichen gehört.

```
Dim varMeinLesezeichen As Variant
...
' Speichern meines Lesezeichens
varMeinLesezeichen = rst.Bookmark
...
rst.MoveFirst
...
' und zurück zu meinem Lesezeichen
rst.Bookmark = varMeinLesezeichen
```

Bearbeiten von Recordset-Daten

In Recordsets können Sie je nach Typ Veränderungen an den Daten vornehmen bzw. neue Datensätze hinzufügen.

Ob die Daten in einem Recordset bearbeitbar sind, können Sie mit der Eigenschaft Supports(adUpdate) ermitteln. Bearbeitbare Recordsets liefern für Supports(adUpdate) den Wert True zurück.

Daten verändern

Verändern Sie die Daten des aktuellen Datensatzes, wird die Änderung mit der Update-Methode geschrieben. Erst nach dem Update sind die Bearbeitungen dauerhaft gespeichert. Bewegen Sie vor dem Update den Positionszeiger zu einem anderen Datensatz, werden die Änderungen nicht in die Tabelle geschrieben.

Mithilfe der folgenden Prozedur können Sie die Verkaufspreise aller Artikel in der Tabelle *tblArtikel* um einen als Parameter übergebenen Prozentwert erhöhen oder senken. Mit

```
Preiserhöhung_ADO 0.1
```

würden beispielsweise alle Artikel 10% teurer.

```
Sub Preiserhöhung_ADO(dblProzent As Double)

    Dim rst As New ADODB.Recordset

    rst.Open "tblArtikel", _
        ActiveConnection:=CurrentProject.Connection, _
        CursorType:=adOpenKeyset, _
        LockType:=adLockOptimistic

    ' Ist das Recordset bearbeitbar?
    If rst.Supports(adUpdate) Then
        ' Alle Datensätze durchlaufen
        Do Until rst.EOF
            ' Preis hochsetzen
            rst!Verkaufspreis = rst!Verkaufspreis * (1 + dblProzent)
            ' Datensatzänderungen speichern
            rst.Update
            ' Zum nächsten Datensatz gehen
            rst.MoveNext
        Loop
    End If
    rst.Close
    Set rst = Nothing
End Sub
```

Wenn Sie versuchen, den aktuellen Datensatz eines Recordsets zu ändern, dessen Eigenschaft Supports(adUpdate) den Wert False hat, wird die folgende Fehlermeldung ausgegeben.

Abbildg. 37.4   Fehlermeldung, wenn Recordset nicht geändert werden kann

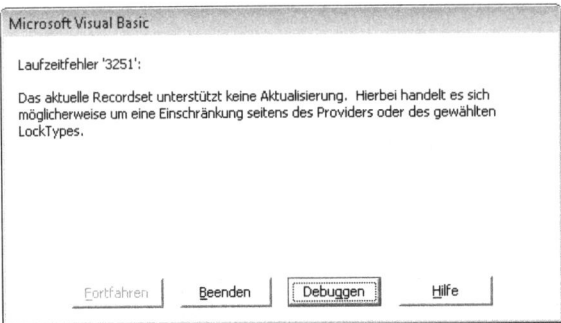

Neue Datensätze hinzufügen

Mithilfe der AddNew-Methode wird dem Recordset ein neuer Datensatz hinzugefügt. Durch den Aufruf von AddNew wird im internen Puffer ein leerer Datensatz erzeugt. Leer heißt, dass alle Felder den Wert Null erhalten.

Anschließend können den Feldern Werte zugewiesen werden. Nach einem Update werden die Daten in die zugrunde liegenden Tabellen geschrieben.

```
Sub NeuerFilm_ADO()
    Dim rst As New ADODB.Recordset

    rst.Open "tblFilme", _
        ActiveConnection:=CurrentProject.Connection, _
        CursorType:=adOpenKeyset, _
        LockType:=adLockOptimistic

    With rst
        If .Supports(adUpdate) Then
            ' Neuen Datensatz anlegen
            .AddNew
            ' mit Daten füllen
            !Filmtitel = "Am Limit"
            !Länge = 97
            ' Datum in englischer Schreibweise
            !Bundesstartdatum = #3/22/2007#
            ' Neuen Datensatz speichern
            .Update
        End If
    End With
    rst.Close
    Set rst = Nothing
End Sub
```

Datensätze löschen

Sie können den aktuellen Datensatz mithilfe der Methode Delete löschen. Die folgende Prozedur löscht die Einträge in der Tabelle *tblFilme*, die den als Parameter für die Prozedur angegebenen Filmtitel haben.

```
Sub FilmLöschen_ADO(strFilmtitel As String)
    Const conSQL = "SELECT * FROM tblFilme"

    Dim rst As New ADODB.Recordset
    Dim strSQL As String

    ' Wenn kein Filmtitel angegeben
    If strFilmtitel = "" Then
        ' Routine verlassen
        Exit Sub
    End If

    ' Zusammenstellen der Abfrage
    strSQL = conSQL & " WHERE Filmtitel ='" & strFilmtitel & "'"
    ' Öffnen des Recordsets
    rst.Open strSQL, _
        ActiveConnection:=CurrentProject.Connection, _
        CursorType:=adOpenKeyset, _
        LockType:=adLockOptimistic
```

```
        With rst
            ' Recordset bearbeitbar?
            If .Supports(adUpdate) Then
                Do Until .EOF
                    ' Datensatz löschen
                    .Delete
                    ' zum nächsten Datensatz gehen
                    .MoveNext
                Loop
            Else
                MsgBox "Recordset nicht bearbeitbar!"
            End If
        End With
        rst.Close
        Set rst = Nothing
End Sub
```

HINWEIS Beachten Sie, dass der Positionszeiger nach dem Löschvorgang immer noch auf den gerade gelöschten Datensatz zeigt.

Ist SQL doch besser?

Wir möchten Ihnen zu bedenken geben, dass sich alle Änderungen an Datensätzen auch mit SQL vornehmen lassen. Der SQL-Befehl UPDATE ermöglicht die schnelle Änderung von Datensatzgruppen, mit INSERT INTO können Sie neue Datensätze aufnehmen.

Abfragen ausführen

Mit der Open-Methode für Recordsets lassen sich, wie beschrieben, gespeicherte Auswahlabfragen öffnen oder SQL-Zeichenfolgen direkt eingeben. Für die Bearbeitung von Aktions-, Datendefinitions- und Parameterabfragen benötigen Sie Command-Objekte bzw. können Sie die Execute-Methode des Connection-Objekts einsetzen.

Die Execute-Methode des Connection-Objekts

An einem kurzen Beispiel möchten wir Ihnen den Einsatz einer Aktualisierungsabfrage in einem Programm erläutern. Liefern Abfragen keine Datensätze zurück, sondern führen sie eine Aktion durch, werden sie mit der Methode Execute des Connection-Objekts ausgeführt.

```
Sub PreiserhöhungUm15Prozent_ADO()

    Dim conn As ADODB.Connection
    Dim lngRecordsAffected As Long

    Set conn = CurrentProject.Connection
    ' Preiserhöhung durchführen
    conn.Execute "UPDATE tblArtikel SET Verkaufspreis = " & _
            "[Verkaufspreis]*1.15", lngRecordsAffected
    Debug.Print lngRecordsAffected & " Artikel geändert."
End Sub
```

Möchten Sie eine gespeicherte Access-Abfrage verwenden, so wird darauf über ihren Namen zugegriffen.

```
Sub PreiserhöhungMitAbfrage_ADO()

    Dim conn As ADODB.Connection
    Dim lngRecordsAffected As Long

    Set conn = CurrentProject.Connection

    ' Die Aktualisierungsabfrage "qupdArtikelPreiserhöhung"
    ' erhöht die Preise um 15%
    conn.Execute "qupdArtikelPreiserhöhung", lngRecordsAffected
    Debug.Print lngRecordsAffected & " Artikel geändert."
End Sub
```

Die Abfrage *qupdArtikelPreiserhöhung* war übrigens mit UPDATE tblArtikel SET tblArtikel.Verkaufspreis = Runden([Verkaufspreis]*1.15, 2) vereinbart.

Versuchen Sie Auswahl-, Kreuztabellen- oder Union-Abfragen mit der Methode Execute auszuführen, erhalten Sie eine Fehlermeldung angezeigt.

Parameter-Abfragen

Im Folgenden möchten wir Ihnen die Arbeit mit Parameterabfragen (Kapitel 15) beschreiben. Die Parameter einer Abfrage können aus Ihrem Programm heraus gefüllt werden.

Die Ausführung von Parameterabfragen ist nicht so einfach wie die Ausführung einer normalen Abfrage mithilfe eines Recordsets bzw. mithilfe der Execute-Methode. Hier zeigt es sich, dass ADO nachträglich in Access aufgenommen wurde.

Für die Ausführung einer Parameterabfrage benötigen Sie ein Command-Objekt. Ein Command-Objekt verfügt über eine Auflistung aller Parameter Parameters. Sie können die Parameter mit den entsprechenden Werten füllen und die Abfrage dann mit der Methode Execute des Command-Objekts ausführen. Execute gibt ein Recordset-Objekt zurück.

Um die Parameter zu setzen, können Sie verschiedene Schreibweisen verwenden, die verallgemeinert die im Folgenden aufgeführten Formen haben. Die vollständige Schreibweise lautet

```
cmd.Parameters("ParameterName").Value = Wert
```

wobei Wert für eine Zahl, einen String oder einen anderen Typ stehen kann. Da Value die Standardeigenschaft ist, kann .Value wie in

```
cmd.Parameters("ParameterName") = Wert
```

weggelassen werden. Access gibt sich auch mit

```
cmd("[ParameterName]") = Wert
```

zufrieden. Sie können die Parameter auch durchzählen und

```
cmd.Parameters(0) = Wert
```

oder

```
cmd(0) = Wert
```

verwenden.

Parameterabfrage mit Command-Objekt

Im folgenden Beispiel wird ein Command-Objekt mit einer Abfrage mit einem Parameter erzeugt, die Abfrage ausgeführt und die Daten im Direktfenster ausgegeben. Das so erzeugte Command-Objekt ist temporär, die Abfrage wird nicht in Access gespeichert.

```
Sub ParameterAbfrageDirekt_ADO()
    Dim cmd As New ADODB.Command
    Dim rst As ADODB.Recordset
    Dim fld As ADODB.Field

    Set cmd.ActiveConnection = CurrentProject.Connection

    cmd.CommandText = _
"select FilmNr,Filmtitel,Länge from tblFilme where filmtitel like [Welche    Filme?]"
    cmd.Parameters("[Welche Filme?]") = "L%"

    ' Recordset erzeugen
    Set rst = cmd.Execute

    ' Datensätze im Testfenster ausgeben
    Do Until rst.EOF
        ' Die Inhalte der Felder ausgeben,
        ' durch Schrägstrich getrennt
        For Each fld In rst.Fields
            Debug.Print fld.Name; "="; fld.Value; "/";
        Next
        ' Neue Zeile erzeugen
        Debug.Print
        rst.MoveNext
    Loop
    rst.Close
    Set cmd = Nothing
End Sub
```

Beachten Sie, dass der Name des Parameters mit den eckigen Klammern angegeben werden muss.

Übrigens zeigt die Prozedur, wie die Auflistung Fields eines Recordsets verwendet werden kann, um eine vorher unbekannte Anzahl von Feldern auszugeben.

Es kann mit ADO auch die Schreibweise für Parameter eingesetzt werden, wie sie beispielsweise für *Gespeicherte Prozeduren* (»Stored Procedures«) für den Microsoft SQL-Server und andere Datenbanken verwendet wird. Dazu wird der Parameter in der Abfrage mit einem Fragezeichen dargestellt.

```
...
cmd.CommandText = "select * from tblFilme where filmtitel like ?"
cmd.Parameters(0) = "L%"
...
```

Mithilfe der Methode CreateParameter des Command-Objekts lassen sich benannte Parameter generieren.

Zugriff auf Access-Parameterabfragen

Zuerst möchten wir Ihnen die Abfrage *qryFilmeStartdatum* in Abbildg. 37.5 vorstellen.

Abbildg. 37.5   Abfrage mit Parameter

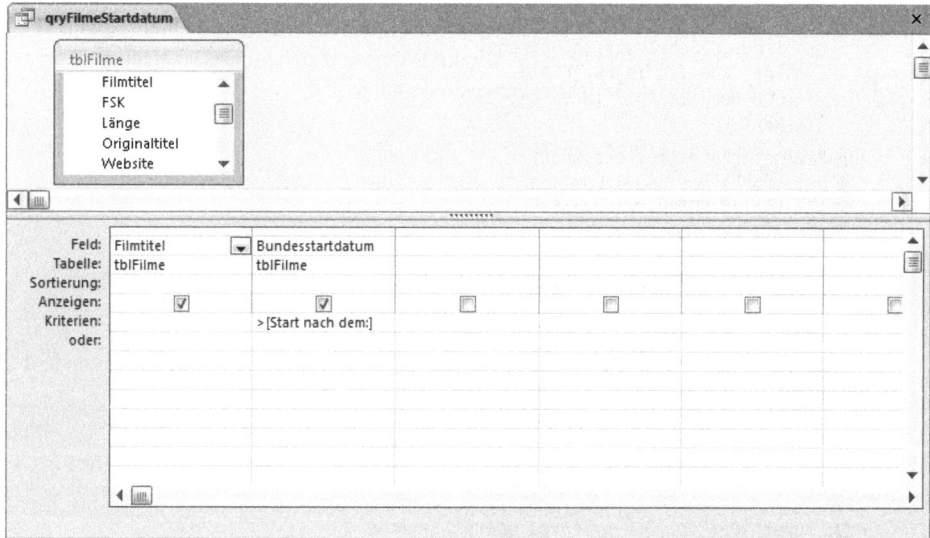

Beim Ausführen der Abfrage wird der Parameter [*Start nach dem:*] abgefragt.

Das folgende Programm-Listing zeigt die Übergabe der Parameter an die Access-Parameterabfrage. Dem Command-Objekt ist nicht bekannt, wie die Parameter heißen oder wie viele Parameter in der Abfrage vereinbart wurden.

```
Sub Parameterabfrage_ADO()
    Dim cmd As New ADODB.Command
    Dim rst As ADODB.Recordset
    Dim conn As ADODB.Connection
    Dim fld As ADODB.Field
    Dim lngRecordsAffected As Long

    ' Aktuelle Datenbank benutzen
    Set conn = CurrentProject.Connection

    ' Verbindung zuweisen
    Set cmd.ActiveConnection = conn
```

```
         ' Name der gespeicherten Abfrage
         cmd.CommandText = "qryFilmeStartdatum"

         ' Es ist eine Access-Abfrage
         cmd.Properties("Jet OLEDB:Stored Query") = True

         ' Öffnen des Recordsets
         Set rst = cmd.Execute( _
             RecordsAffected:=lngRecordsAffected, _
             Parameters:=Array(#1/25/2007#), _
             Options:=adCmdTable)

         ' Datensätze im Testfenster ausgeben
         Do Until rst.EOF
             ' Die Inhalte der Felder ausgeben,
             ' durch Schrägstrich getrennt
             For Each fld In rst.Fields
                 Debug.Print fld.Value; "/";
             Next
             ' Neue Zeile erzeugen
             Debug.Print
             rst.MoveNext
         Loop
         rst.Close
         Set cmd = Nothing
End Sub
```

Die Übergabe der Werte an die Parameter der Abfrage erfolgt mit dem Execute-Befehl. Dabei werden die Werte in einem Feld mithilfe des Array-Befehls zusammengefasst.

Damit ADO über die Art der Abfrage informiert wird, sollten Sie den Befehl

```
...
cmd.Properties("Jet OLEDB:Stored Query") = True
...
```

in Ihre Prozeduren einbauen.

Zugriff auf Access-Parameterabfragen mit ADOX

Benötigen Sie in Ihrem Programm Anzahl, Art und Namen der Parameter, so müssen Sie die ADOX-Bibliothek (»ADO Extensions«) einsetzen. ADOX erweitert ADO um Objekte, Methoden und Eigenschaften zur Erstellung und Änderung der Struktur von Datenbanken, Tabellen und Abfragen.

Um die ADOX-Bibliothek nutzen zu können, müssen Sie im Visual Basic-Editor über *Extras/Verweise* den Eintrag *Microsoft ADO Ext. 6.0 for DDL and Security* aktivieren.

Abfragen ausführen

Abbildg. 37.6   Verweis auf die ADOX-Bibliothek

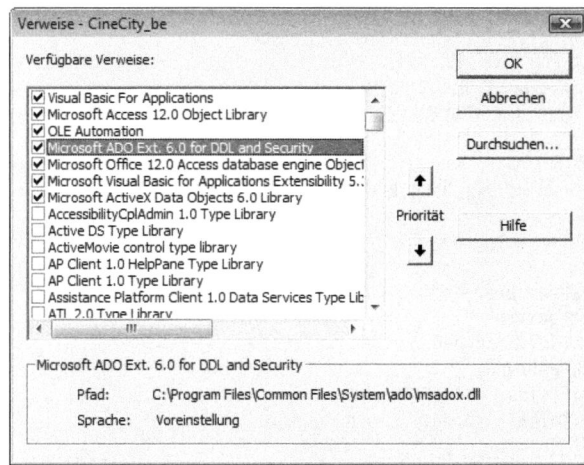

Die ADOX-Bibliothek umfasst die folgenden Objekte:

Tabelle 37.7   ADOX-Objekte

Objekt	Beschreibung
Catalog	Ist das übergeordnete Objekt für alle Datenbankstrukturinformationen
Tables	Ist eine Auflistung aller Tabellen und Auswahlabfragen
Views	Ist eine Auflistung aller Abfragen ohne Parameter
Procedures	Ist eine Auflistung aller Parameterabfragen
Users	Ist eine Auflistung aller Benutzer
Groups	Ist eine Auflistung aller Benutzergruppen

Unser Beispiel für die Abfrage *qryFilmeStartdatum* (Abbildg. 37.5) wird mit ADOX wie folgt realisiert:

```
Sub ParameterabfrageMitADOX_ADO()

    Dim cat As New ADOX.Catalog

    Dim rst As New ADODB.Recordset
    Dim conn As ADODB.Connection
    Dim fld As ADODB.Field
    Dim cmd As ADODB.Command

    ' Aktuelle Datenbank benutzen
    Set conn = CurrentProject.Connection
```

```
' Abfrage öffnen
Set cat.ActiveConnection = conn
Set cmd = cat.Procedures("qryFilmeStartdatum").Command

' Parameter setzen
cmd.Parameters("[Start nach dem:]") = #1/25/2007#

' Öffnen des Recordsets
rst.Open cmd, , adOpenForwardOnly, adLockReadOnly, adCmdStoredProc

' Datensätze im Testfenster ausgeben
Do Until rst.EOF
    ' Die Inhalte der Felder ausgeben,
    ' durch Schrägstrich getrennt
    For Each fld In rst.Fields
        Debug.Print fld.Value; "/";
    Next
    ' Neue Zeile erzeugen
    Debug.Print
    rst.MoveNext
Loop
rst.Close
End Sub
```

HINWEIS Beachten Sie, dass bei Parametern gespeicherter Access-Abfragen die eckigen Klammern mit angegeben werden müssen.

Im folgenden Programmfragment werden alle für eine Abfrage definierten Parameter nacheinander in einer Inputbox abgefragt. Alle Parameter sind in der Auflistung Parameters eines Command-Objekts definiert.

```
Dim cmd as ADODB.Command
Dim par As ADODB.Parameter
...
For Each par In cmd.Parameters
    ' Abfrage der Eingabe vom Benutzer
    par.Value = InputBox("Geben Sie den Wert für " & _
            "den Parameter " & par.Name & " an:")
Next
...
```

Ein Anwendungsbeispiel

In folgendem Beispiel möchten wir Ihnen den Einsatz der oben beschriebenen Datenzugriffsobjekte zeigen.

Es soll ein Formular erstellt werden, das in einem Listenfeld alle Filmtitel zeigt. Zusätzlich zu den Filmtiteln soll der Eintrag »*** Alle Filme ***« zur Auswahl stehen. Im Listenfeld sollen ein oder mehrere Filme per Klick selektierbar sein. Mithilfe einer Befehlsschaltfläche soll dann ein Bericht in der Vorschau aufgerufen werden, der die im Listenfeld markierten Filme darstellt.

Abbildg. 37.7   Formular mit Mehrfachauswahl-Listenfeld

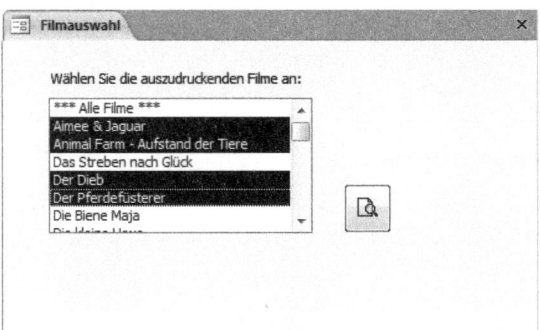

Den Bericht *rptFilmlisteMehrfachauswahl*, der nur die Daten der ausgewählten Filme enthält, zeigt Abbildg. 37.8.

Abbildg. 37.8   Bericht mit den ausgewählten Filmen

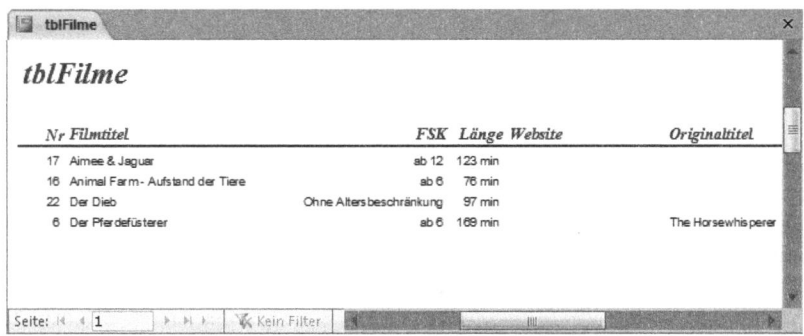

Erstellen Sie zuerst ein ungebundenes Formular mit dem Namen *frmFilmDruck_ADO*, also ein Formular ohne Datenbasis, wie wir es in Kapitel 25 erläutert haben. Legen Sie auf das Formular ein Listenfeld, dem die folgende Abfrage als Datenherkunft zugrunde liegt:

```
SELECT DISTINCTROW tblFilme.FilmNr, tblFilme.Filmtitel
FROM tblFilme
UNION
SELECT 0, "*** Alle Filme ***"
FROM tblFilme
ORDER BY tblFilme.Filmtitel;
```

Mit dem Trick der UNION-Abfrage wird der Eintrag »*** Alle Filme ***« erzeugt. Abbildg. 37.9 zeigt das Eigenschaftenfenster des Listenfeldes.

Abbildg. 37.9 Eigenschaften des Listenfeldes (Darstellung gekürzt)

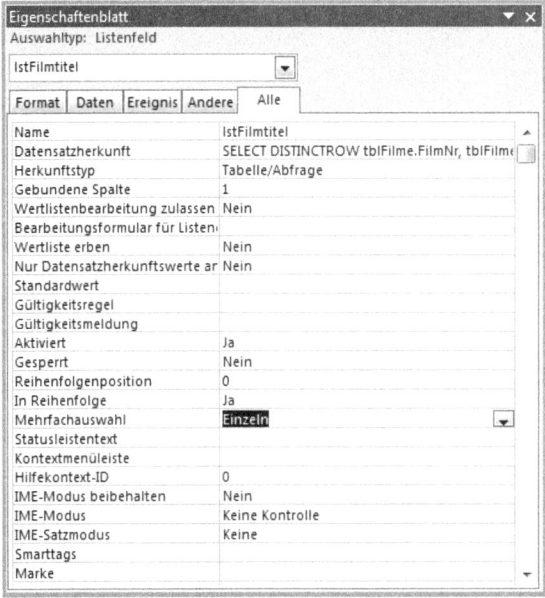

Um zu erreichen, dass gleichzeitig mehrere Filme im Listenfeld selektiert werden können, wurde die Eigenschaft *Mehrfachauswahl* auf *Einzeln* gesetzt. Damit ist es möglich, mit der Maus einfach mehrere Einträge gleichzeitig anzuklicken, wobei ein erneuter Klick auf eine schon selektierte Zeile die Markierung wieder aufhebt. Statt eines Klicks mit der Maus können Sie auch mit den Pfeiltasten die gewünschte Zeile anwählen und den Eintrag mit der `Leertaste` selektieren.

Alternativ bietet die Eigenschaft *Mehrfachauswahl* noch die Einstellungsmöglichkeit *Erweitert*. Durch *Erweitert* können Sie mehrere Einträge des Listenfeldes gleichzeitig selektieren, allerdings nur bei gedrückter `Strg`-Taste. Dafür lassen sich Markierungen erweitern, indem bei gedrückter `◇`-Taste vom vorher ausgewählten Element bis zum aktuellen Element selektiert werden kann.

Wie kann nun dem Bericht mitgeteilt werden, welche Filme markiert wurden? Mehrere Lösungen sind denkbar: Eine davon wäre beispielsweise, ein zusätzliches Ja/Nein-Feld in die Tabelle *tblFilme* aufzunehmen und vor dem Aufruf des Berichts für alle selektierten Filme das jeweilige Feld auf Ja zu setzen. Wir haben uns für eine andere Variante entschieden. Hierbei wird eine Hilfstabelle *tblTmpFilme* eingesetzt, deren Struktur Abbildg. 37.10 zeigt.

Bevor der Bericht *rptFilmlisteMehrfachauswahl* aufgerufen wird, wird die Tabelle geleert und dann mit den Filmnummern der im Listenfeld des Formulars selektierten Filme gefüllt.

Die Abfrage, die dem Bericht *rptFilmlisteMehrfachauswahl* zugrunde liegt, ist in Abbildg. 37.11 abgebildet. Durch eine einfache Verknüpfung zwischen *tblFilme* und *tblTmpFilme* werden nur die Filme ausgegeben, die einen Eintrag in der temporären Tabelle haben.

Abbildg. 37.10 Struktur der Tabelle *tblTmpFilme*

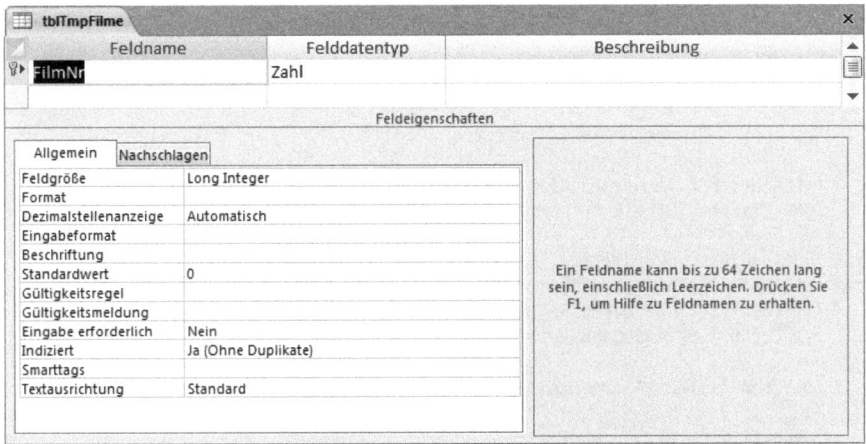

Abbildg. 37.11 Abfrage des Berichts

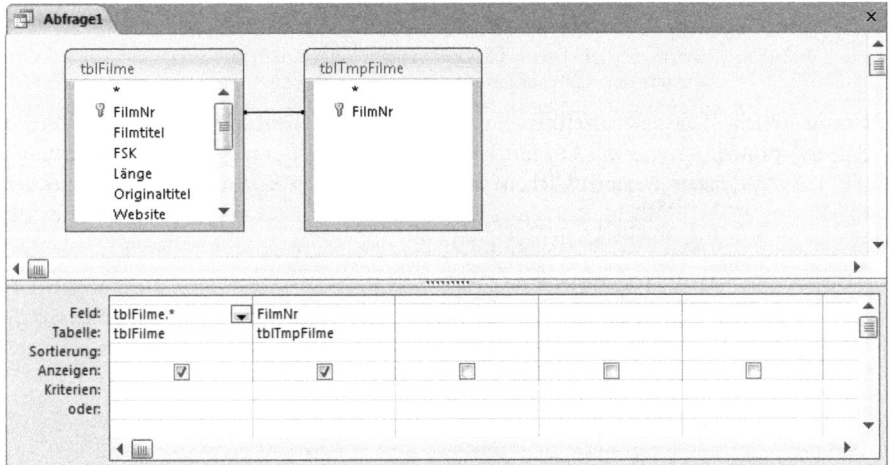

Das Programm für das Leeren der Tabelle *tblTmpFilme*, das Füllen mit den entsprechenden Filmnummern der selektierten Listeneinträge und der Aufruf des Berichts ist im Formular (Abbildg. 37.10) der Befehlsschaltfläche für die Vorschau zugeordnet.

Für das Formular *frmFilmDruck_ADO* wird die folgende Prozedur für das Ereignis *Beim Klicken* der Befehlsschaltfläche *cmdVorschau* erstellt:

Kapitel 37 Datenzugriff mit ADO

```
Private Sub cmdVorschau_Click()
    Dim lstListe As ListBox
    Dim varTmp As Variant
    Dim rst As New ADODB.Recordset
    Dim conn As ADODB.Connection

    Set conn = CurrentProject.Connection

    ' Löschen der temporären Tabelle
    conn.Execute "DELETE * FROM tblTmpFilme"

    ' Öffnen des Recordsets
    rst.ActiveConnection = conn
    rst.LockType = adLockOptimistic
    rst.CursorType = adOpenKeyset

    rst.Open "select * from tblTmpFilme"

    ' Für alle selektierten Einträge im Listenfeld
    For Each varTmp In lstFilmtitel.ItemsSelected
        ' Wert 0 steht für "*** Alle Filme ***"
        If lstFilmtitel.ItemData(varTmp) = 0 Then
            ' Alle FilmNrn aus tblFilme umkopieren
            conn.Execute "INSERT INTO tblTmpFilme " & _
                "(FilmNr) SELECT FilmNr FROM tblFilme"
            ' Abbruch der FOR-Schleife, da alle weiteren
            ' Selektionen nun uninteressant sind
            Exit For
        Else
            ' Neuen Datensatz in temporärer Tabelle anlegen
            rst.AddNew
            ' FilmNr auf Listenfeld zuweisen
            rst!FilmNr = lstFilmtitel.ItemData(varTmp)
            ' Datensatz speichern
            rst.Update
        End If
    Next
    rst.Close
    Set rst = Nothing

    ' Bericht in der Vorschau ausgeben
    DoCmd.OpenReport "rptFilmlisteMehrfachauswahl", acViewPreview

End Sub
```

Zuerst wird im Programm ein Verweis auf die aktuelle Datenbank der Variablen conn zugewiesen. Für das conn-Verbindungsobjekt wird die Methode Execute mit einer Löschabfrage für die Tabelle *tblTmpFilme* ausgeführt. Die nun leere Tabelle wird als Recordset rst geöffnet.

Die Auflistung ItemsSelected des Listenfeld-Steuerelements enthält die Zeilennummern aller markierten Listenfeld-Einträge. Mit For Each wird die Auflistung durchlaufen. Dabei enthält varTmp die jeweilige Zeilennummer.

Durch lstFilmtitel.ItemData(varTmp) wird für jeden Schleifendurchlauf die Filmnummer des jeweiligen selektierten Eintrags ermittelt. ItemData gibt die gebundene Spalte des Listenfeldes zurück.

Ergibt lstFilmtitel.ItemData(varTmp) den Wert 0, so wurde der Eintrag »*** Alle Filme ***« selektiert. In diesem Fall werden mithilfe einer INSERT INTO-Abfrage, die über die Methode Execute ausgeführt wird, alle Filmnummern aus *tblFilme* in *tblTmpFilme* umkopiert.

Ansonsten werden für alle selektierten Einträge des Listenfeldes über AddNew neue Datensätze in *tblTmpFilme* angelegt.

Zugriff auf Tabellendefinitionen

Mit der Hilfe von ADOX (siehe Abschnitt »Zugriff auf Access-Parameterabfragen mit ADOX«) können die Tabellen einer Datenbank verwaltet werden.

Das folgende Unterprogramm ermittelt einige Eigenschaften für alle Tabellen der aktuellen Datenbank. Mithilfe einer For Each-Schleife werden alle Tabellenobjekte durchlaufen und die entsprechenden Eigenschaften im Direktfenster ausgegeben:

```
Sub AlleTabellenMitADOX_ADO()
    Dim conn As ADODB.Connection
    Dim cat As New ADOX.Catalog
    Dim tbl As ADOX.Table
    Dim prp As ADOX.Property

    Set conn = CurrentProject.Connection
    Set cat.ActiveConnection = conn

    For Each tbl In cat.Tables
        Debug.Print tbl.Name; " (Typ: "; tbl.Type; ") ";
        Debug.Print "vom "; tbl.DateCreated; "/"; tbl.DateModified
        For Each prp In tbl.Properties
            Debug.Print Spc(10); prp.Name; " = "; prp.Value
        Next
    Next
    Set cat = Nothing
End Sub
```

Abbildg. 37.12 Eigenschaften der Tabellen

Die folgende Tabelle listet einige der Eigenschaften von Table-Objekten auf:

Tabelle 37.8 Ausgewählte Tabelleneigenschaften

Eigenschaft	Beschreibung
Name	Gibt den Namen der Tabelle an
DateCreated	Gibt das Erstellungsdatum der Tabelle an
DateModified	Gibt das Datum der letzten Bearbeitung an
Type	Siehe Tabelle 37.10
Columns	Gibt eine Auflistung von Column-Objekten zurück, die die Felder einer Tabelle beschreiben
Indexes	Gibt eine Auflistung von Index-Objekten zurück, die die Indizes einer Tabelle beschreiben
Keys	Gibt eine Auflistung von Key-Objekten zurück, die die Beziehungen zwischen Tabellen beschreiben
Properties	Gibt eine Auflistung von Property-Objekten zurück, die weitere Eigenschaften beschreiben

Für die Tabellentypen (Eigenschaft Type) sind die in der folgenden Tabelle aufgeführten Konstanten in ADOX definiert.

Tabelle 37.9 Konstanten für Tabellentypen

Konstante	Beschreibung
TABLE	Tabelle
VIEW	Auswahlabfrage ohne Parameter
LINK	Verknüpfte Tabelle
ACCESS TABLE	Access-Systemtabelle
SYSTEM TABLE	ACE-Systemtabelle
PASS-THROUGH	Verknüpfte ODBC-Tabelle

Die folgende Funktion ermittelt die Existenz einer Tabelle in der Tables-Auflistung.

Zugriff auf Tabellendefinitionen

```
Function TableExists_ADO(ByVal strTableName As String) As Boolean

    Dim conn As ADODB.Connection
    Dim cat As New ADOX.Catalog
    Dim tbl As ADOX.Table

    Set conn = CurrentProject.Connection
    Set cat.ActiveConnection = conn

    For Each tbl In cat.Tables
        If tbl.Name = strTableName Then
            TableExists_ADO = True
            Set cat = Nothing
            Exit Function
        End If
    Next
    TableExists_ADO = False
    Set cat = Nothing
End Function
```

Die Auflistung Columns

Jede Tabelle besteht aus Feldern, die mithilfe von Column-Objekten in einer Columns-Auflistung beschrieben werden. Die folgende Routine listet für alle Tabellen der aktuellen Datenbank die Felder auf. Dabei wird die anschließend aufgelistete Funktion FeldTyp() verwendet, die den Typ des jeweiligen Feldes als String zurückgibt.

```
Sub TabellenFelderMitADOX_ADO()

    Dim cat As New ADOX.Catalog
    Dim conn As ADODB.Connection
    Dim col As ADOX.Column
    Dim tbl As ADOX.Table

    Set conn = CurrentProject.Connection
    Set cat.ActiveConnection = conn
    ' Für alle Tabellen
    For Each tbl In cat.Tables
If tbl.Type="TABLE" then
        Debug.Print "Tabellenfelder für : "; tbl.Name
        For Each col In tbl.Columns
            Debug.Print " --- "; col.Name; " ("; FeldTyp(col); ")"
        Next
End If
    Next
    Set cat = Nothing
End Sub
```

Kapitel 37 Datenzugriff mit ADO

Die folgende Tabelle enthält einige der in einem `Column`-Objekt verwalteten Eigenschaften.

Tabelle 37.10 Feldeigenschaften

Eigenschaft	Beschreibung
Name	Gibt den Namen des Feldes zurück
Type	Gibt den Datentyp (Tabelle 37.13) zurück
DefinedSize	Liefert die Größe des Feldes
Precision	Gibt die Genauigkeit bei numerischen Spalten an
Attributes	Beschreibt die Attribute eines Feldes. Sie können sein: **Null** – undefiniert, **adColFixed** – mit fester Länge oder **adColNullable** – kann Nullwerte enthalten.
Properties	Enthält eine **Property**-Auflistung mit spezifischen Eigenschaften

Feldtypen werden durch Integer-Werte dargestellt. Damit nicht mit Zahlen für die Typen gearbeitet werden muss, sind in ADOX Konstanten für die verschiedenen Feldtypen definiert. Die folgende Tabelle gibt Ihnen einen Überblick über die wichtigsten vordefinierten Typ-Konstanten.

Tabelle 37.11 Konstanten für Feldtypen

Konstante	Beschreibung
adBoolean	Boolescher Wert (True/False, 1 Bit)
adUnsignedTinyInt	8-Bit Byte
adSmallInt	16-Bit Integer
adInteger	32-Bit Integer
adSingle	Fließkommazahl mit einfacher Genauigkeit
adDouble	Fließkommazahl mit doppelter Genauigkeit
adDecimal	Dezimalzahl
adCurrency	Währungsdaten
adDate	Datums-/Zeitwert
adWChar	Text variabler Länge
adBinary	Binärdaten
adLongWChar	Memo-Feld
adLongVarBinary	Binärdaten variabler Länge, z.B. OLE-Objekte
adGUID	GUID-Wert zur Replikation
adEmpty	Kein Wert

Die folgende Funktion gibt eine Zeichenfolge mit dem ausgeschriebenen Text des jeweiligen Feldtyps zurück. Übergeben wird der Funktion ein Objekt vom Typ Column.

```
Function FeldTyp(fld As ADOX.Column) As String
    Select Case fld.Type
        Case adBoolean:
            FeldTyp = "Boolean"
        Case adUnsignedTinyInt:
            FeldTyp = "Byte"
        Case adSmallInt:
            FeldTyp = "Integer"
        Case adInteger:
            FeldTyp = "Long Integer"
        Case adCurrency:
            FeldTyp = "Währung (Currency)"
        Case adSingle:
            FeldTyp = "Single"
        Case adDouble:
            FeldTyp = "Double"
        Case adDecimal:
            FeldTyp = "Dezimal"
        Case adDate:
            FeldTyp = "Datum (Date)"
        Case adWChar, adVarWChar:
            FeldTyp = "Text"
        Case adLongVarBinary:
            FeldTyp = "Binärdaten (Bitmap, OLE-Objekt)"
        Case adLongVarWChar:
            FeldTyp = "Memo"
        Case adGUID:
            FeldTyp = "GUID"
        Case adBinary:
            FeldTyp = "Binärdaten"
        Case adEmpty:
            FeldTyp = "Kein Wert"
        Case Else
            FeldTyp = "Unbekannt"
    End Select
End Function
```

Zusammenfassung

Access stellt zwei Schnittstellen zur Verfügung, um auf die Daten einer Tabelle zuzugreifen. In diesem Kapitel wurde die Schnittstelle ADO (ActiveX Data Objects) beschrieben.

- Nachdem Ihnen zunächst der Aufbau des ADO-Modells vorgestellt wurde (Seite 789), wurden in den folgenden Abschnitten die ADO-Objekte Connections und Recordsets beschrieben.
- Das Connection-Objekt (Seite 790) wird vor dem Öffnen einer Datenbank verwendet, um eine neue Verbindung aufzubauen.

- Mithilfe des Recordset-Objekts greifen Sie auf die Daten einer Tabelle, Abfrage oder das Ergebnis eines SQL-Befehls zu. Der Abschnitt ab Seite 790 beschrieb, wie man ein Recordset öffnet, damit arbeitet und sich darin bewegt. Man kann die Anzahl der Datensätze im Recordset bestimmen, Recordsets sortieren oder nach bestimmten Datensätzen suchen und auch die Daten eines Recordsets bearbeiten.
- Der folgende Abschnitt ab Seite 804 beschäftigte sich mit dem Thema Abfragen. Sie lernten, wie Sie eine Aktualisierungsabfrage sowie eine Parameterabfrage erstellen können.
- Im letzten Abschnitt ab Seite 815 drehte es sich um den Zugriff auf Tabellendefinitionen.

Kapitel 38
Datenzugriff mit DAO

In diesem Kapitel:

Der Aufbau der Datenzugriffsobjekte	822
Recordsets	823
Abfragen nutzen mit QueryDefs	836
DBEngine und Database	845
Zugriff auf Tabellendefinitionen	846
Zusammenfassung	851

Kapitel 38 Datenzugriff mit DAO

Sollen Datenbankoperationen in Visual Basic-Programmen eingesetzt werden, können Sie dazu neben der in Kapitel 37 vorgestellten ADO-Schnittstelle auch die so genannten Datenzugriffsobjekte, »Data Access Objects« (DAO), verwenden. Sie waren in den Access-Versionen vor Access 2000 die grundlegende Schnittstelle für alle Datenbankoperationen aus Visual Basic heraus.

ACHTUNG   Wir möchten dieses Kapitel zuerst mit einem theoretischen Überblick über die DAO-Datenzugriffsobjekte beginnen, damit Sie die verschiedenen Komponenten und Objekte kennen lernen und einordnen können. Wenn Sie mit dem grundlegenden Aufbau, insbesondere der Art und Weise, wie die verschiedenen Objekte aufeinander aufbauen, vertraut sind, können Sie sehr schnell die Möglichkeiten der Datenzugriffsobjekte nutzen.

PROFITIPP   Sie können die DAO-Datenzugriffsobjekte nur verwenden, wenn Sie einen Verweis auf die entsprechende Objektbibliothek aktiviert haben. Rufen Sie das Dialogfeld *Verweise* im *Visual Basic-Editor* über *Extras/Verweise* auf und selektieren Sie den Eintrag *Microsoft Office 12.0 Access database engine Object Library*.

Beachten Sie, dass die Access-Vorgängerversionen die Bibliothek DAO 3.6 oder früher verwenden. Wenn Sie eine Access-Datenbankdatei einer der Vorgängerversionen in Access 2007 verwenden, kann es zu Konflikten kommen, wenn sowohl DAO 3.6 oder früher als auch die Bibliothek *Microsoft Office 12.0 Access database engine Object Library* aktiv sind. Die neue Bibliothek unterstützt alle wesentlichen Funktionen der alten Versionen.

Abbildg. 38.1   Verweis auf DAO

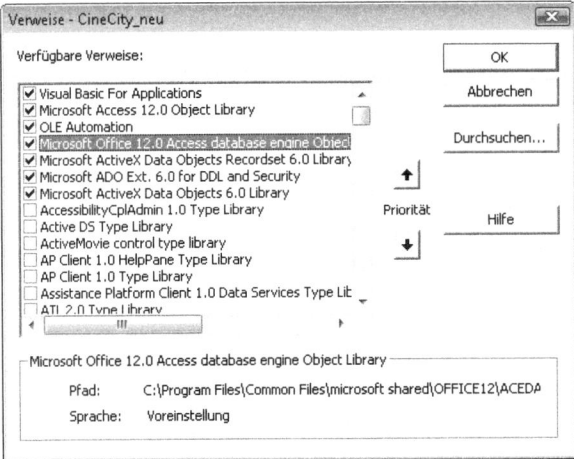

Der Aufbau der Datenzugriffsobjekte

Abbildg. 38.2 zeigt den hierarchischen Aufbau der Datenzugriffsobjekte. Alle dargestellten Objekte bis auf DBEngine sind Auflistungen, d.h., es können ein oder mehrere Objekte des entsprechenden Typs existieren.

Abbildg. 38.2   Aufbau der Datenzugriffsobjekte

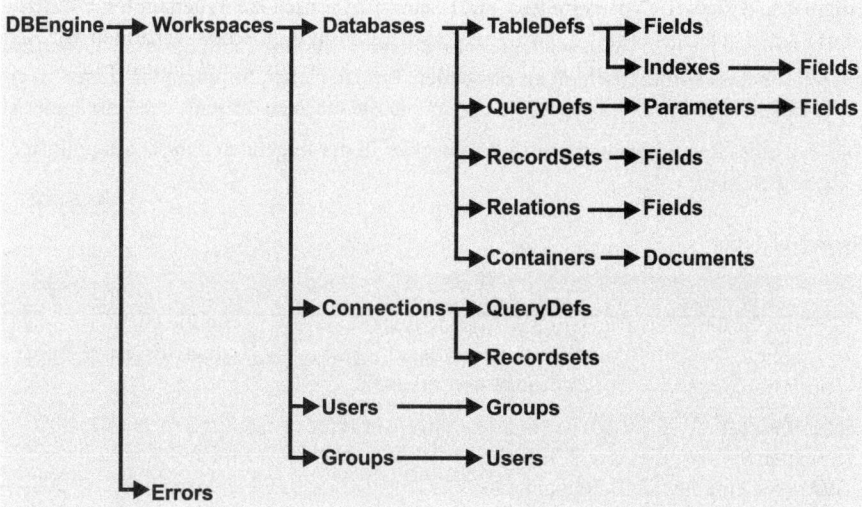

Der Datenbankkern von Access ist die Jet-Database-Engine, die als Objekt DBEngine die oberste Ebene der DAO-Datenzugriffsobjekte bildet. Auf dem DBEngine-Objekt können mehrere Arbeitsbereiche, Workspaces, aufsetzen. Im Normalfall (und hier im Buch) wird nur ein Arbeitsbereich verwendet. Dieser ist standardmäßig definiert. In einem Arbeitsbereich können eine oder mehrere Datenbanken, Databases, geöffnet sein. Auch hier wird in den meisten Fällen nur eine Datenbank, nämlich die aktuelle, verwendet. Innerhalb einer Datenbank existieren ein oder mehrere TableDef-Objekte. Jedes TableDef-Objekt repräsentiert eine lokale oder verknüpfte Tabelle. Für jedes TableDef-Objekt ist eine Auflistung der Felder, Fields, vorhanden, in der die Felder der Tabelle mit ihren Eigenschaften beschrieben werden. Zusätzlich enthält das TableDef-Objekt eine Auflistung aller Indizes, Indexes.

Alle Abfragen lassen sich mithilfe von QueryDef-Objekten ansprechen und ausführen. Die Felder einer Abfrage befinden sich in der dazugehörigen Fields-Auflistung, während die Abfrageparameter in der Auflistung Parameters beschrieben werden.

Die meistgenutzten Objekte sind Recordsets. Ein Recordset ist eine Datensatzgruppe: die Menge aller Datensätze einer Tabelle oder das Ergebnis einer Abfrage. Im weiteren Verlauf des Kapitels werden wir uns in erster Linie mit Recordsets beschäftigen.

Alle weiteren Datenzugriffsobjekte sind nur für die fortgeschrittene Programmierung interessant und sollen daher hier nicht weiter beschrieben werden.

Recordsets

Einem Recordset liegt immer eine Tabelle, eine Abfrage oder direkt ein SQL-Befehl zugrunde. Jedes Recordset erhält aufgrund der Datenbasis entsprechende Felder, die in einer Fields-Auflistung verwaltet werden.

Ein Recordset wird mithilfe des Befehls OpenRecordset() geöffnet.

```
Set recordset = Datenbank.OpenRecordset(Quelle [,Typ [,Optionen]])
```

Der Befehl kann auch statt für die Datenbank für ein Recordset-, QueryDef- oder TableDef-Objekt eingesetzt werden, wie wir es im Abschnitt »Abfragen nutzen mit QueryDefs« erläutern.

Die Parameter Typ und Optionen der OpenRecordset()-Methode sind optional. Geben Sie keinen Typ an, weist Access automatisch einen passenden Typ zu. Geben Sie einen falschen Typ an (versuchen Sie beispielsweise, eine verknüpfte Tabelle mit dbOpenTable zu öffnen), wird ein Fehler ausgelöst.

Der Typ eines Recordsets kann mithilfe einer der in der folgenden Tabelle aufgeführten Konstanten festgelegt werden.

Tabelle 38.1   Recordset-Typen

Konstante	Beschreibung
dbOpenTable	Mit einem Recordset vom Typ **Table** greifen Sie direkt auf eine lokale Tabelle zu, also eine in der aktuellen Datenbank abgelegte Tabelle. Die Daten der Tabelle können bearbeitet werden.
dbOpenDynaset	Ein Recordset vom Typ **Dynaset** besteht aus Zeigern auf die Daten von Tabellen oder Abfragen, d.h. es wird nur ein eindeutiger Schlüssel für jeden Datensatz in den lokalen Speicher geladen. Die Daten können in den meisten Fällen editiert werden.
dbOpenSnapshot	Ein **Snapshot** repräsentiert eine Kopie der Daten zu einem bestimmten Zeitpunkt. Änderungen, die nach der Erstellung des Snapshot-Recordsets aufgetreten sind, werden nicht berücksichtigt. Die Daten in einem Snapshot können nicht bearbeitet werden.
dbOpenForwardOnly	Ein Recordset dieses Typs verhält sich wie ein Snapshot, kann aber nur von vorne nach hinten durchlaufen werden.

Für den Parameter Optionen des OpenRecordset()-Befehls lässt sich eine Vielzahl von Parametern angeben, von denen wir Ihnen zwei vorstellen möchten. Mit dbReadOnly können Sie das Recordset nur für Leseoperationen öffnen, während dbAppendOnly nur das Anfügen neuer Datensätze erlaubt.

Einsatzbeispiele

Wir möchten Ihnen im Folgenden einige kleine Beispiele zum Öffnen von Recordsets geben. Zuerst wird die Tabelle *tblFilme* mit den Standardeinstellungen geöffnet. Liegt die Tabelle in der aktuellen Datenbank vor, wird sie mit dbOpenTable geöffnet, ist sie verknüpft, wird automatisch dbOpenDynaset benutzt.

```
Dim rst As DAO.Recordset
Set rst = CurrentDB.OpenRecordset("tblFilme")
```

CurrentDB gibt einen Verweis auf das aktuell geöffnete Datenbankobjekt zurück, also auf die Datenbank, in der die Programmzeilen ausgeführt werden.

Im zweiten Beispiel wird eine Tabelle mit der Option dbReadOnly geöffnet, die Daten der Tabelle können also nur gelesen werden.

```
Dim rst As DAO.Recordset
Set rst = CurrentDb.OpenRecordset("tblWochen", , dbReadOnly)
```

Ein Recordset, dem eine gespeicherte Abfrage zugrunde liegt, öffnen Sie mit:

```
Dim rst As DAO.Recordset
Set rst = CurrentDb.OpenRecordset("qryKinoAuslastung")
```

Die nächsten Zeilen laden die Daten der Tabelle *tblFilme* nach dem Filmtitel sortiert als Snapshot, d. h., die Ergebnismenge im Recordset kann nicht verändert werden.

```
Dim rst As DAO.Recordset
Set rst = CurrentDb.OpenRecordset("SELECT * FROM tblFilme " & _
        "ORDER BY Filmtitel", dbOpenSnapshot)
```

Mit Recordsets arbeiten

Jetzt haben Sie zwar erfahren, wie ein Recordset geöffnet wird, aber die Frage ist nun, was kann man damit eigentlich machen?

Es soll eine Funktion geschrieben werden, die alle Filmtitel der Tabelle *tblFilme* hintereinander, alphabetisch sortiert und durch Schrägstriche getrennt als String zurückgibt.

Die folgende Funktion löst die gestellte Aufgabe:

```
Function AlleFilmtitel_DAO() As String
    Dim rst As DAO.Recordset
    Dim strTmp As String

    ' Recordset öffnen
    Set rst = CurrentDb.OpenRecordset( _
"SELECT Filmtitel FROM tblFilme ORDER BY Filmtitel")

    ' Zwischenspeicher-String leeren
    strTmp = ""
    ' Recordset von vorne nach hinten durchlaufen
    Do Until rst.EOF
        If strTmp = "" Then
            ' Beim ersten Mal
            strTmp = rst!Filmtitel
        Else
            ' Dann immer mit Schrägstrich
            strTmp = strTmp & "/" & rst!Filmtitel
        End If
        ' Zum nächsten Datensatz weitergehen
        rst.MoveNext
    Loop
    ' Zwischenspeicher-String als Funktionsergebnis umkopieren
    AlleFilmtitel_DAO = strTmp
    ' Recordset schließen
    rst.Close
End Function
```

In der Funktion wird zuerst das Recordset auf Basis der als Parameter angegebenen SQL-Abfrage geöffnet. In die Variable strTmp soll die Liste der Filmtitel gespeichert werden, sie wird daher geleert. Dieser Schritt ist nicht unbedingt nötig, aber sicher ist sicher.

In der Do Until-Schleife wird in der If-Abfrage überprüft, ob strTmp leer ist. In diesem Fall wird der erste If-Zweig ausgeführt, ansonsten der zweite. Damit wird erreicht, dass vor dem ersten Titel kein Schrägstrich erscheint.

Mithilfe der Methode MoveNext wird der interne Datensatzzeiger des Recordsets zum nächsten Datensatz weiterbewegt. Anschließend beginnt der nächste Schleifendurchlauf. Die Schleife wird so lange durchlaufen, bis rst.EOF wahr wird. EOF, »End Of File«, wird wahr, wenn der Datensatzzeiger »hinter« dem letzten Datensatz des Recordsets steht.

Zuletzt wird der zwischengespeicherte String strTmp als Rückgabewert an die Funktion übergeben und dann das Recordset geschlossen.

Zugriff auf Felder des Recordsets

In der oben beschriebenen Funktion wird auf den Filmtitel des aktuellen Datensatzes mit rst!Filmtitel zugegriffen. Wir möchten Ihnen zeigen, welche Schreibweisen für den Zugriff auf den Datensatzinhalt möglich sind.

Ausführlich lautet die vollständige Schreibweise, um auf den Inhalt des Feldes Filmtitel zuzugreifen:

```
rst.Fields("Filmtitel").Value
```

Da Value die Standardeigenschaft ist, reicht es aus,

```
rst.Fields("Filmtitel")
```

zu schreiben. Möchten Sie es kürzer, so wie wir es oben im Beispiel verwendet haben, so verwenden Sie die Form mit dem Ausrufezeichen:

```
rst!Filmtitel
```

Sollte der Feldname ein Leerzeichen enthalten, wird

```
rst![Film Titel]
```

in eckige Klammern eingeschlossen.

Die Methoden des Recordset-Objekts

In der folgenden Tabelle finden Sie die wichtigsten Recordset-Methoden mit einer kurzen Beschreibung. Im Anschluss an die Tabelle geben wir Ihnen Beispiele zu den Methoden.

Tabelle 38.2 Recordset-Methoden

Methode	Beschreibung
MoveFirst	Bewegt den Datensatzzeiger zum ersten Datensatz
MoveLast	Bewegt den Datensatzzeiger zum letzten Datensatz
MoveNext	Bewegt den Datensatzzeiger zum nächsten Datensatz
MovePrevious	Bewegt den Datensatzzeiger zum vorhergehenden Datensatz

Tabelle 38.2 Recordset-Methoden *(Fortsetzung)*

Methode	Beschreibung
Move Zeilen [,Start]	Bewegt die angegebene Anzahl von Zeilen, bei negativen Werten rückwärts, bei positiven vorwärts; der optionale Parameter **Start** ist eine Zeichenfolge und kennzeichnet ein Lesezeichen (**Bookmark**)
FindFirst Kriterien	Sucht den ersten Datensatz, der den Kriterien entspricht (siehe alle **Find**-Methoden im Abschnitt »Datensätze suchen«)
FindLast Kriterien	Sucht den letzten Datensatz, der den Kriterien entspricht
FindNext Kriterien	Sucht den nächsten Datensatz, der den Kriterien entspricht
FindPrevious Kriterien	Sucht den vorhergehenden Datensatz, der den Kriterien entspricht
Seek Vergleich, Schlüssel1, Schlüssel2, ...	Sucht in einem indizierten Recordset vom Typ **Tabelle** (**table**)
AddNew	Hängt einen neuen, leeren Datensatz an das Recordset an
Edit	Schaltet den aktuellen Datensatz in den Editiermodus
Update	Schreibt einen editierten oder neuen Datensatz
Delete	Löscht den aktuellen Datensatz
CancelUpdate	Bricht einen **Edit**- oder **AddNew**-Vorgang ab
Requery	Frischt den Recordset auf, aktualisiert also die Pointer-Liste im lokalen Arbeitsspeicher
GetRows	Übernimmt Datensätze in ein Array
Clone	Klont ein Recordset
Close	Schließt das Recordset
RecordCount	Gibt die Anzahl der Datensätze im Recordset zurück; **RecordCount** ist bei einem Dynaset erst dann aktuell, wenn mit **MoveLast** auf den letzten Datensatz gesprungen wurde
BOF	Bedeutet »Begin Of File« und ist dann wahr, wenn der Datensatzzeiger vor dem ersten Datensatz des Recordsets steht
EOF	Bedeutet »End Of File« und ist dann wahr, wenn der Datensatzzeiger hinter dem letzten Datensatz des Recordsets steht
NoMatch	Meldet eine ergebnislose Suche (siehe Abschnitt »Datensätze suchen«)
Bookmark	Bedeutet Lesezeichen (siehe Abschnitt »So setzen Sie Lesezeichen«)
AbsolutePosition	Gibt die relative Datensatznummer des aktuellen Datensatzes im Recordset zurück
PercentPosition	Gibt einen Prozentwert zurück, der die ungefähre Position des aktuellen Datensatzes im Recordset wiedergibt; die Eigenschaft **PercentPosition** ist vom Typ **Single**
Filter	Definiert eine Filterbedingung
Sort	Legt ein Sortierkriterium fest
Updatable	Zeigt an, ob ein Recordset bearbeitbar ist (wenn wahr) oder nicht (wenn falsch)

Durch Recordsets bewegen

Mit den Methoden des Recordsets-Objekts, die mit Move beginnen, können Sie den Datensatzzeiger innerhalb des Recordsets bewegen. Mit MoveNext gehen Sie einen Datensatz weiter, mit MovePrevious einen zurück. MoveLast springt zum letzten, MoveFirst zum ersten Datensatz.

Was ist beim Verschieben des Datensatzzeigers innerhalb des Recordsets zu beachten?

Anfang und Ende des Recordsets

Ist die Position des aktuellen Datensatzes der letzte Datensatz des Recordsets und bewegen Sie den Positionszeiger mit MoveNext weiter, wird die Eigenschaft EOF wahr, d.h., sie erhält den Wert True. Es gibt jetzt keinen aktuellen Datensatz, denn der Positionszeiger enthält einen ungültigen Wert. Versuchen Sie jetzt, auf Daten des aktuellen Datensatzes zuzugreifen, erhalten Sie die in Abbildg. 38.3 dargestellte Fehlermeldung angezeigt.

Abbildg. 38.3   Fehlermeldung bei EOF-/BOF-Fehler

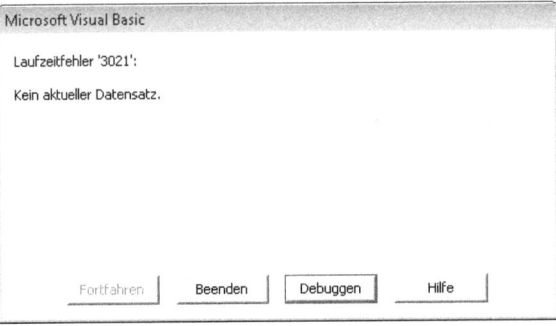

Die gleiche Fehlermeldung wird ausgegeben, wenn Sie versuchen, mit MoveNext noch weiter über das Ende hinauszugehen, d.h., wenn EOF wahr ist, führt jede Bewegung des Positionszeigers nach hinten zu einem Fehler. Laufzeitfehler können durch Fehlerbehandlungsroutinen abgefangen werden.

Leere Recordsets

Es kann vorkommen, dass das mit OpenRecordset() geöffnete Recordset keine Datensätze enthält. Mit der Befehlsfolge

```
...
If rst.BOF And rst.EOF Then
    ' Leeres Recordset
...
```

können Sie prüfen, ob ein Recordset Daten enthält. Sind sowohl die Eigenschaft BOF als auch EOF wahr, ist das Recordset folglich leer.

Anzahl der Datensätze

Mit der Eigenschaft `RecordCount` lässt sich die Anzahl der Datensätze eines Recordsets bestimmen. Hierbei werden Recordsets der Typen `Table`, `Dynaset` und `Snapshot` unterschiedlich behandelt.

Bei einem Snapshot gibt `RecordCount` immer die Anzahl der Datensätze des Snapshots zurück. Die Zahl kann sich im Laufe der Arbeit mit dem Snapshot nicht ändern, denn, auch wenn andere Benutzer die dem Snapshot zugrunde liegenden Daten modifizieren oder ergänzen, ändert sich der Snapshot nicht, da er eine Kopie der ursprünglichen Daten enthält.

Wird ein Recordset als `Table` geöffnet, also direkt eine lokale Tabelle verwendet, so gibt `RecordCount` die Anzahl der Datensätze zum Zeitpunkt des Öffnens an.

Bei einem Dynaset liefert `RecordCount` nur dann das richtige Ergebnis, wenn Sie vorher den Positionszeiger mit `MoveLast` auf den letzten Datensatz gerichtet haben, denn Access liest, insbesondere bei größeren Datenmengen, die Daten eines Dynasets nur portionsweise ein. Das MoveLast-Kommando kann bei großen Datenmengen einige Zeit benötigen. Sie sollten Ihr Programm dann so schreiben, dass Sie ohne die Information über die aktuelle Anzahl der Datensätze auskommen.

Datensätze suchen

Stellen Sie sich vor, Sie suchen alle Filme, deren Filmtitel mit dem Buchstaben »D« beginnen. Die Namen der Filme sollen dann im Testfenster mithilfe des Befehls `Debug.Print` ausgegeben werden.

Für die Suche von Datensätzen nach bestimmten Bedingungen stehen Ihnen die Varianten

- Einschränken des Recordsets durch eine SQL-Abfrage mit WHERE-Klausel,
- Suchen mit den Find-Methoden,
- Suchen mit der Seek-Methode und
- Setzen von Filter-Bedingungen zur Verfügung.

Das erste Verfahren sollten Sie bei der Arbeit mit Recordsets prinzipiell vorziehen. Es ist immer schneller und einfacher, die Auswahl der Datensätze von Access aufgrund einer Abfrage oder einer SQL-Zeichenfolge vornehmen zu lassen. Die zweite Variante erlaubt das gezielte Auffinden von Datensätzen in Dynasets, Snapshots und Tables, während die Variante mit Seek nur für Recordsets vom Typ `Table` geeignet ist. Vom vierten Verfahren würden wir Ihnen eher abraten, denn es ist sehr langsam.

Suchen per SQL-Abfrage

Stellen Sie Ihre Suchbedingung schon beim Öffnen des Recordsets, indem Sie den Namen einer geeigneten Abfrage oder einen entsprechenden SQL-Befehl angeben.

Für die Aufgabe oben könnte die Lösung also wie folgt aussehen:

```
Sub Filme_DAO()
    Dim rst As DAO.Recordset

    Set rst = CurrentDb.OpenRecordset( _
        "SELECT Filmtitel " & _
        "FROM tblFilme " & _
        "WHERE Filmtitel LIKE 'D*'" & _
        "ORDER BY Filmtitel;")

    Do Until rst.EOF
        Debug.Print rst!Filmtitel
        rst.MoveNext
    Loop
    rst.Close
End Sub
```

Die Abfrage kann man sich übrigens in der Abfrage-Entwurfsansicht zusammenstellen und danach als SQL-Text über die Zwischenablage ins Programm einfügen.

Suchen mit den Find-Methoden

Alle Find-Methoden arbeiten mit der gleichen Syntax wie die hier als Beispiel gezeigte FindFirst-Methode:

```
recordset.FindFirst Kriterium
```

wobei Kriterium für eine Zeichenfolge mit der Bedingung steht. Die einsetzbaren Bedingungen entsprechen denen der WHERE-Klausel von SQL-Abfragen, allerdings ohne das Befehlswort WHERE.

Das folgende Programmbeispiel zeigt die Anwendung der Methoden:

```
Sub Filme_Find_DAO()
    Dim rst As DAO.Recordset

    Set rst = CurrentDb.OpenRecordset( _
        "SELECT Filmtitel " & _
        "FROM tblFilme " & _
        "ORDER BY Filmtitel;")

    ' den ersten Datensatz mit der Bedingung suchen
    rst.FindFirst "Filmtitel LIKE 'D*'"
    ' Schleife ausführen, solange noch Datensätze gefunden werden
    Do Until rst.NoMatch
        Debug.Print rst!Filmtitel
        ' Weitersuchen
        rst.FindNext "Filmtitel LIKE 'D*'"
    Loop
    rst.Close
End Sub
```

In der Funktion wird den Methoden FindFirst und FindNext jeweils das Suchkriterium übergeben. Die Eigenschaft NoMatch besitzt so lange den Wert Falsch, bis kein Datensatz mehr gefunden wird, der der Bedingung der Find-Methoden entspricht.

> **HINWEIS** Beachten Sie bei der Zusammenstellung des Kriteriums für die Find-Methoden, dass hier eine Zeichenfolge übergeben werden muss.

Suchen in Recordsets vom Typ Table mit Seek

In Recordsets vom Typ Table können Sie die Methode Seek einsetzen, die eine beschleunigte Suche unter direkter Zuhilfenahme eines Indexes ermöglicht. Die Suche mit Seek ist sehr schnell, denn hier muss Access nicht selbst ermitteln, mit welchem Index die Suche am besten durchgeführt wird, sondern Sie geben den Index direkt an.

Trotzdem sind einige Nachteile für die Seek-Methode zu bedenken. Sie müssen den Namen des Indexes wissen, über den gesucht werden soll und der dann fest im Programm verankert wird. Übrigens hat der Primärschlüssel den Namen »PrimaryKey«. Über die Indexes-Auflistung können Sie die Namen der Indizes auch im Programm ermitteln. Des Weiteren erhalten Sie eine Fehlermeldung, wenn Sie die Seek-Methode auf Dynasets oder Snapshots anwenden.

Die allgemeine Form der Methode lautet:

```
Tabelle.Seek Vergleich, Schlüssel1, Schlüssel2, ...
```

wobei Vergleich eine der Zeichenfolgen "=", "<=", "<", ">=", ">" sein kann. Wenn der Index aus mehr als einem Feld zusammengesetzt ist, geben Sie entsprechend viele Suchwerte (Schlüssel) an.

Das folgende Programmbeispiel zeigt die Verwendung von Seek:

```
Sub Filme_Seek_DAO()
    Dim rst As DAO.Recordset

    Set rst = CurrentDb.OpenRecordset("tblFilme", dbOpenTable)

    rst.Index = "Filmtitel"
    rst.Seek ">", "D"

    If Not rst.NoMatch Then
        Do
            Debug.Print rst!Filmtitel
            rst.MoveNext
        Loop Until rst!Filmtitel >= "E"
    End If
    rst.Close
End Sub
```

Setzen von Filterbedingungen

Mit einer Filterbedingung können Sie die Datensätze eines Recordsets einschränken, wobei Ihnen für den Filter die Möglichkeiten der WHERE-Klausel zur Verfügung stehen. Allerdings gelten diese Filtereinschränkungen nicht für das geöffnete Recordset, sondern nur für ein neues Recordset auf

Basis des geöffneten. Es werden also nur die Datensätze gefiltert, die die Ergebnismenge des ersten Recordsets bilden. Filter können nicht für Table-Recordsets gesetzt werden. Das folgende Programm zeigt die Anwendung der Filter-Eigenschaft.

```
Sub Filme_Filter_DAO()
    Dim rst As DAO.Recordset
    Dim rstFilter As DAO.Recordset

    Set rst = CurrentDb.OpenRecordset( _
        "SELECT Filmtitel " & _
        "FROM tblFilme " & _
        "ORDER BY Filmtitel;")

    ' Filterbedingung setzen
    rst.Filter = "Filmtitel LIKE 'D*'"

    ' Neues Recordset auf Basis des alten erstellen
    Set rstFilter = rst.OpenRecordset()

    ' Neues Recordset durchlaufen
    Do Until rstFilter.EOF
        Debug.Print rstFilter!Filmtitel
        rstFilter.MoveNext
    Loop
    rstFilter.Close
    rst.Close
End Sub
```

Recordsets sortieren

Bei der Sortierung von Recordsets müssen wiederum die Recordset-Typen Table, Dynaset und Snapshot unterschieden werden.

Sortierte Table-Recordsets

Nach dem Öffnen eines Recordsets vom Typ Table sind die Datensätze nach dem Primärschlüssel der zugrunde liegenden Tabelle geordnet. Um die Sortierung zu ändern, muss im Programm die Eigenschaft Index des Recordsets eingestellt werden, so wie dies schon im Abschnitt »Suchen in Recordsets vom Typ Table mit Seek« beschrieben wurde. Diese Eigenschaft kann nur für Table-Recordsets eingestellt werden, anderenfalls kommt es zu einer Fehlermeldung. Durch Setzen der Index-Eigenschaft, z.B. in der Form

```
Dim rstTable As DAO.Recordset
Set rstTable = CurrentDb().OpenRecordset("tblFilme")
rstTable.Index = "Filmtitel"
```

liegen die Datensätze nach »Filmtitel« sortiert vor.

In Dynasets und Snapshots sortieren

Für die Sortierung von Dynasets und Snapshots stehen Ihnen zwei unterschiedliche Verfahren zur Verfügung:

- Sortieren Sie durch eine ORDER BY-Klausel in der SQL-Abfrage oder
- sortieren Sie mit der Sort-Eigenschaft des Recordsets.

Für die beiden Varianten gelten im Prinzip die gleichen Aussagen, wie wir sie in Abschnitt »Datensätze suchen« für die Filter-Eigenschaft getroffen haben. Verwenden Sie nach Möglichkeit immer ORDER BY, und verzichten Sie auf den Einsatz der Eigenschaft Sort.

So setzen Sie Lesezeichen

Oft ist es in Programmen notwendig, sich die Position bestimmter Datensätze zu merken, um später darauf zurückkommen zu können. Access arbeitet mit so genannten Lesezeichen, englisch »Bookmarks«. Access führt für jeden Datensatz eines Recordsets eine eindeutige Markierung. Diese Markierung kann in einer eigenen Variablen gespeichert werden, um so später als Sprungadresse zu dienen. Nicht alle Recordsets ermöglichen das Setzen von Lesezeichen. Die Eigenschaft Bookmarkable des Recordsets zeigt die Lesezeichenunterstützung an.

Das folgende Programmfragment weist das Lesezeichen des aktuellen Datensatzes einer Variablen zu und setzt am Ende die Position des aktuellen Datensatzes auf den Datensatz, zu dem das gespeicherte Lesezeichen gehört.

```
Dim strMeinLesezeichen As String
...
' Speichern meines Lesezeichens
strMeinLesezeichen = rst.Bookmark
...
rst.MoveFirst
...
' und zurück zu meinem Lesezeichen
rst.Bookmark = strMeinLesezeichen
```

Bearbeiten von Recordset-Daten

In Recordsets vom Typ Table und in bearbeitbaren Dynasets können Sie Veränderungen an den Daten vornehmen bzw. neue Datensätze hinzufügen.

Ob die Daten in einem Recordset bearbeitbar sind, können Sie mit der Eigenschaft Updatable ermitteln. Bearbeitbare Recordsets liefern für Updatable den Wert True zurück.

Daten verändern

Um den aktuellen Datensatz zu ändern, kopieren Sie mithilfe der Methode Edit die Daten in einen internen Puffer. Sind die Daten bearbeitet, wird die Änderung mit der Update-Methode geschrieben. Erst nach dem Update sind die Bearbeitungen dauerhaft gespeichert. Bewegen Sie vor dem Update den Positionszeiger zu einem anderen Datensatz, werden die Änderungen nicht in die Tabelle geschrieben.

Mithilfe der folgenden Prozedur können Sie die Verkaufspreise aller Artikel in der Tabelle *tblArtikel* um einen als Parameter übergebenen Prozentwert erhöhen oder senken. Mit

```
Preiserhöhung 0.1
```

würden beispielsweise alle Artikel 10% teurer.

```
Sub Preiserhöhung_DAO(dblProzent As Double)

    Dim rst As DAO.Recordset

    Set rst = CurrentDb.OpenRecordset("tblArtikel")

    ' Ist das Recordset bearbeitbar?
    If rst.Updatable Then
        ' Alle Datensätze durchlaufen
        Do Until rst.EOF
            ' Datensatz bearbeiten
            rst.Edit
            ' Preis hochsetzen
            rst!Verkaufspreis = rst!Verkaufspreis * (1 + dblProzent)
            ' Datensatzänderungen speichern
            rst.Update
            ' Zum nächsten Datensatz gehen
            rst.MoveNext
        Loop
    End If
    rst.Close
End Sub
```

Wenn Sie versuchen, die Methode Edit auf ein Recordset anzuwenden, dessen Eigenschaft Updatable den Wert False hat, wird die folgende Fehlermeldung ausgegeben.

Abbildg. 38.4   Fehlermeldung, wenn Recordset nicht geändert werden kann

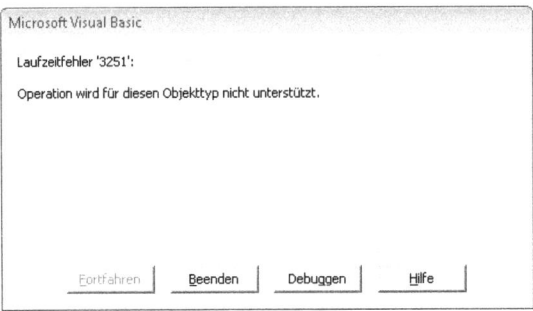

Neue Datensätze hinzufügen

Mithilfe der AddNew-Methode wird dem Recordset ein neuer Datensatz hinzugefügt. Durch den Aufruf von AddNew wird im internen Puffer ein leerer Datensatz erzeugt. Leer heißt, dass alle Felder den Wert Null erhalten.

Anschließend können den Feldern Werte zugewiesen werden. Nach einem Update werden die Daten in die zugrunde liegenden Tabellen geschrieben.

```
Sub NeuerFilm_DAO()
    Dim rst As DAO.Recordset

    Set rst = CurrentDb.OpenRecordset("tblFilme")

    With rst
        If .Updatable Then
            ' Neuen Datensatz anlegen
            .AddNew
            ' mit Daten füllen
            !Filmtitel = "Am Limit"
            !Länge = 97
            ' Datum in englischer Schreibweise
            !Bundesstartdatum = #3/22/07#
            ' Neuen Datensatz speichern
            .Update
        End If
    End With
    rst.Close
End Sub
```

Datensätze löschen

Sie können den aktuellen Datensatz mithilfe der Methode Delete löschen. Die folgende Prozedur löscht die Einträge in der Tabelle *tblFilme*, die den als Parameter für die Prozedur angegebenen Filmtitel haben.

```
Sub FilmLöschen_DAO(strFilmtitel As String)
    Const conSQL = "SELECT * FROM tblFilme"

    Dim rst As DAO.Recordset
    Dim strSQL As String

    ' Wenn kein Filmtitel angegeben
    If strFilmtitel = "" Then
        ' Routine verlassen
        Exit Sub
    End If

    ' Zusammenstellen der Abfrage
    strSQL = conSQL & " WHERE Filmtitel ='" & strFilmtitel & "'"
    ' Öffnen des Recordsets
    Set rst = CurrentDb.OpenRecordset(strSQL)

    With rst
        ' Recordset bearbeitbar?
        If .Updatable Then
            Do Until .EOF
                ' Datensatz löschen
                .Delete
                ' Zum nächsten Datensatz gehen
                .MoveNext
            Loop
        Else
            MsgBox "Recordset nicht bearbeitbar!"
        End If
    End With
    rst.Close
End Sub
```

> **HINWEIS** Beachten Sie, dass der Positionszeiger nach dem Löschvorgang immer noch auf den gerade gelöschten Datensatz zeigt.

Ist SQL doch besser?

Wir möchten Ihnen zu bedenken geben, dass sich alle Änderungen an Datensätzen auch mit SQL vornehmen lassen. Der SQL-Befehl UPDATE ermöglicht die schnelle Änderung von Datensatzgruppen, mit INSERT INTO können Sie neue Datensätze aufnehmen.

Abfragen nutzen mit QueryDefs

Mit der `OpenRecordset`-Methode lassen sich, wie beschrieben, gespeicherte Auswahlabfragen öffnen oder SQL-Zeichenfolgen direkt eingeben. Für die Bearbeitung von Aktions-, Kreuztabellen-, Datendefinitions- und Parameterabfragen benötigen Sie `QueryDef`-Objekte.

Mit QueryDef-Objekten arbeiten

An einem kurzen Beispiel möchten wir Ihnen den Einsatz einer Aktualisierungsabfrage in einem Programm erläutern. Auf die entsprechende gespeicherte Abfrage wird über ihren Namen zugegriffen. Jede gespeicherte Abfrage ist Bestandteil der `QueryDefs`-Auflistung. Liefern Abfragen keine Datensätze zurück, sondern führen sie eine Aktion durch, werden sie mit der Methode Execute ausgeführt.

```
Sub PreiserhöhungMitAbfrage_DAO()

    Dim db As DAO.Database
    Dim qry As DAO.QueryDef
    Dim rst As DAO.Recordset

    Set db = CurrentDb()

    ' Die Aktualisierungsabfrage "qupdArtikelPreiserhöhung"
    ' erhöht die Preise um 15%
    Set qry = db.QueryDefs("qupdArtikelPreiserhöhung")

    ' Ausführen der Abfrage
    qry.Execute

    Debug.Print qry.RecordsAffected & " Artikel geändert."
End Sub
```

Die Abfrage *qupdArtikelPreiserhöhung* war übrigens mit UPDATE tblArtikel SET tblArtikel.Verkaufspreis = [Verkaufspreis]*1.15 vereinbart.

Versuchen Sie Auswahl-, Kreuztabellen- oder Union-Abfragen mit der Methode Execute auszuführen, erhalten Sie eine Fehlermeldung angezeigt. Deshalb kann es sinnvoll sein, den Typ der Abfrage zu überprüfen. In der Eigenschaft Type des QueryDef-Objektes wird der Typ der Abfrage zurückgegeben. Verwenden Sie die in der folgenden Tabelle angegebenen Konstanten, um eine Typüberprüfung vorzunehmen.

Tabelle 38.3 Konstanten für Abfragetypen

Konstante	Beschreibung
dbQSelect	Auswahlabfrage
dbQAction	Aktionsabfrage
dbQCrosstab	Kreuztabellenabfrage
dbQDelete	Löschabfrage
dbQUpdate	Aktualisierungsabfrage
dbQAppend	Anfügeabfrage
dbQMakeTable	Tabellenerstellungsabfrage
dbQSetOperation	UNION-Abfrage

Das folgende Programm zeigt, wie aufgrund des Typs der Abfrage verzweigt werden kann:

```
Sub AbfrageAusführen_DAO()

    Dim db As DAO.Database
    Dim qry As DAO.QueryDef
    Dim rst As DAO.Recordset
    Dim fld As DAO.Field
    Dim strQry As String

    Set db = CurrentDb()

    strQry = InputBox("Name der Abfrage")
    ' Öffnen der vorhandenen Abfrage.
    ' Falls die Abfrage nicht vorhanden ist, bricht
    ' die Prozedur mit einer Fehlermeldung ab.
    Set qry = db.QueryDefs(strQry)
    ' Nur Auswahl-, UNION- oder Kreuztabellenabfragen
    If qry.Type = dbQSelect Or qry.Type = dbQSetOperation _
                    Or qry.Type = dbQCrosstab Then
        ' Öffnen des Recordsets
        Set rst = qry.OpenRecordset()
        ' Für alle Datensätze
        Do Until rst.EOF
            ' Alle Felder hintereinander ausgeben,
            ' getrennt durch Schrägstrich
            For Each fld In rst.Fields
                Debug.Print fld; "/";
            Next
            ' Neue Zeile im Testfenster beginnen
            Debug.Print
            rst.MoveNext
        Loop
        rst.Close
    Else
        ' Aktionsabfrage ausführen
        qry.Execute
        Debug.Print qry.RecordsAffected & " Datensätze"
    End If
End Sub
```

Übrigens zeigt die Prozedur, wie die Auflistung Fields eines Recordsets verwendet werden kann, um eine vorher unbekannte Anzahl von Feldern auszugeben.

Ausführung mit der Methode Execute

Eine Aktionsabfrage lässt sich direkt ausführen, d.h., Sie geben dazu der Methode Execute() die in SQL formulierte Abfrage als Parameter mit. Es handelt sich hierbei allerdings um eine Methode der Datenbank, nicht um die eines QueryDef-Objektes.

```
Sub PreiserhöhungUm10Prozent_DAO()

    Dim db As DAO.Database

    Set db = CurrentDb()
    ' Preiserhöhung um 10% durchführen
    db.Execute ( "UPDATE tblArtikel " & _
                "SET Verkaufspreis = [Verkaufspreis]*1.1")
End Sub
```

Eigenschaften von QueryDef-Objekten

QueryDef-Objekte verfügen über eine Vielzahl von Eigenschaften, die in der folgenden Tabelle aufgeführt sind.

Tabelle 38.4 Eigenschaften des *QueryDef*-Objektes

Eigenschaft	Beschreibung
DateCreated	Gibt das Erstellungsdatum zurück
LastUpdated	Liefert das Datum der letzten Änderung
Name	Gibt den Namen der Abfrage an
RecordsAffected	Gibt die Anzahl der Datensätze zurück, die von der Abfrage betroffen sind
SQL	Gibt eine SQL-Zeichenfolge an
Type	Gibt den Typ der Abfrage an
Updatable	Gibt an, dass das Dynaset der Abfrage bearbeitbar ist, wenn Updatable wahr ist

Parameterabfragen erzeugen

Im Folgenden möchten wir Ihnen die Arbeit mit Parameterabfragen beschreiben. Die Parameter einer Abfrage können aus Ihrem Programm heraus gefüllt werden.

Parameterabfragen lassen sich nicht direkt in der OpenRecordset-Methode verwenden, sondern Sie müssen immer zuerst ein QueryDef-Objekt erzeugen und die Parameter setzen.

Abfragen nutzen mit QueryDefs

Jede Parameterabfrage besitzt eine Parameters-Auflistung, in der die einzelnen Parameter beschrieben sind. Jedes Parameter-Objekt verfügt über die Eigenschaften Name, Type und Value. Um die Parameter zu setzen, können Sie verschiedene Schreibweisen verwenden, die verallgemeinert die im Folgenden aufgeführten Formen haben. Die vollständige Schreibweise lautet

```
qry.PARAMETERS("ParameterName").Value = Wert
```

wobei Wert für eine Zahl, einen String oder einen anderen Typ stehen kann. Da Value die Standardeigenschaft ist, kann .Value wie in

```
qry.Parameters("ParameterName") = Wert
```

weggelassen werden. Access gibt sich auch mit

```
qry("ParameterName") = Wert
```

zufrieden. Sie können die Parameter auch durchzählen und

```
qry.Parameters(0) = Wert
```

verwenden. Für das erste Beispiel möchten wir Ihnen zuerst die Abfrage *qryFilmeStartdatum* in Abbildg. 38.5 vorstellen.

Abbildg. 38.5 Abfrage mit Parameter

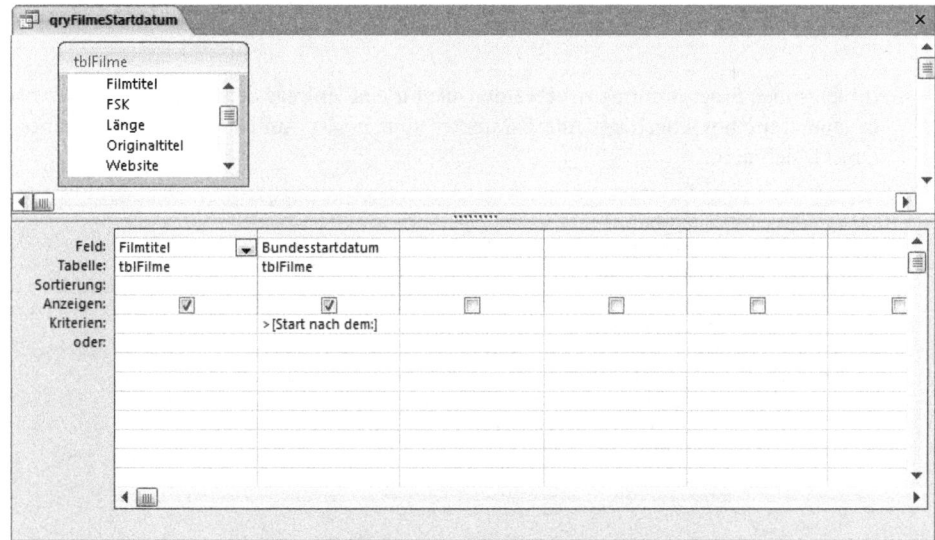

Beim Ausführen der Abfrage wird der Parameter [*Start nach dem:*] abgefragt. Wir verwenden die Abfrage nun in der folgenden Prozedur:

Kapitel 38 Datenzugriff mit DAO

```
Sub Parameterabfrage_DAO()

    Dim db As DAO.Database
    Dim qry As DAO.QueryDef
    Dim rst As DAO.Recordset
    Dim fld As DAO.Field

    ' Aktuelle Datenbank benutzen
    Set db = CurrentDb()

    ' Abfrage öffnen
    Set qry = db.QueryDefs("qryFilmeStartdatum")

    ' Parameter direkt setzen
    qry("Start nach dem:") = #1/25/2007#

    ' Öffnen des Recordsets
    Set rst = qry.OpenRecordset()

    ' Datensätze im Testfenster ausgeben
    Do
        ' Die Inhalte der Felder ausgeben,
        ' durch Schrägstrich getrennt
        For Each fld In rst.Fields
            Debug.Print fld.Value; "/";
        Next
        ' Neue Zeile erzeugen
        Debug.Print
        rst.MoveNext
    Loop Until rst.EOF
    rst.Close
End Sub
```

Im folgenden Programmfragment werden alle für eine Abfrage definierten Parameter nacheinander in einer Inputbox abgefragt. Alle Parameter sind in der Auflistung Parameters eines Recordset-Objekts definiert.

```
Dim qry As DAO.QueryDef
Dim para As DAO.Parameter
Dim strParameter As String
...
For Each para In qry.Parameters
    ' Abfrage der Eingabe vom Benutzer
    strParameter = InputBox("Geben Sie den Wert für " & _
            "den Parameter " & para.Name & " an:")
    ' Zuweisung des Wertes an Parameter
    para = strParameter
Next
...
```

Ein Anwendungsbeispiel

In folgendem Beispiel möchten wir Ihnen den Einsatz der oben beschriebenen Datenzugriffsobjekte zeigen.

Es soll ein Formular erstellt werden, das auf einem Listenfeld alle Filmtitel zeigt. Zusätzlich zu den Filmtiteln soll der Eintrag »*** Alle Filme ***« zur Auswahl stehen. Im Listenfeld sollen ein oder mehrere Filme per Klick selektierbar sein. Mithilfe einer Befehlsschaltfläche soll dann ein Bericht in der Vorschau aufgerufen werden, der die im Listenfeld markierten Filme darstellt.

Abbildg. 38.6   Formular mit Mehrfachauswahl-Listenfeld

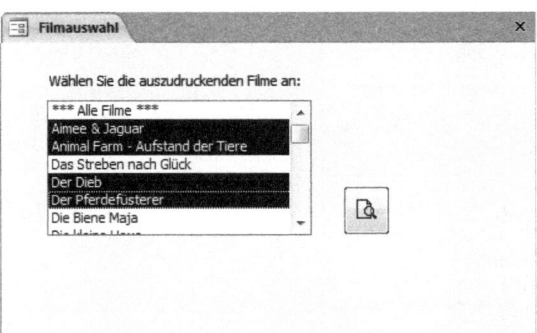

Den Bericht *rptFilmlisteMehrfachauswahl*, der nur die Daten der ausgewählten Filme enthält, zeigt Abbildg. 38.7.

Abbildg. 38.7   Bericht mit den ausgewählten Filmen

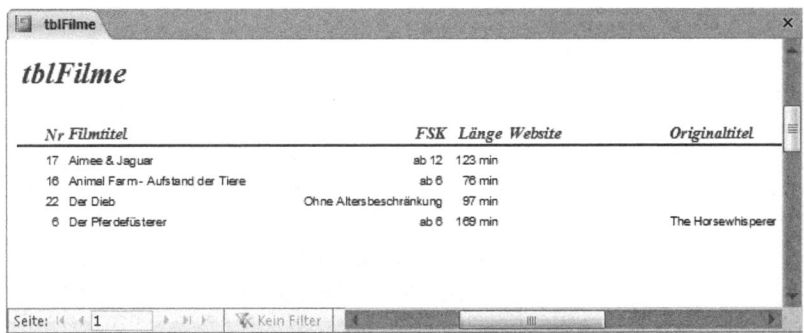

Erstellen Sie zuerst ein ungebundenes Formular mit dem Namen *frmFilmDruck_DAO*, also ein Formular ohne Datenbasis, wie wir es in Kapitel 25 erläutert haben. Legen Sie auf das Formular ein Listenfeld, dem die folgende Abfrage als Datenherkunft zugrunde liegt:

```
SELECT DISTINCTROW tblFilme.FilmNr, tblFilme.Filmtitel
FROM tblFilme
UNION
```

Kapitel 38 Datenzugriff mit DAO

```
SELECT 0, "*** Alle Filme ***"
FROM tblFilme
ORDER BY tblFilme.Filmtitel;
```

Mit dem Trick der UNION-Abfrage wird der Eintrag »*** Alle Filme ***« erzeugt. Abbildg. 38.8 zeigt das Eigenschaftenfenster des Listenfeldes.

Abbildg. 38.8 Eigenschaften des Listenfeldes (Inhalt gekürzt)

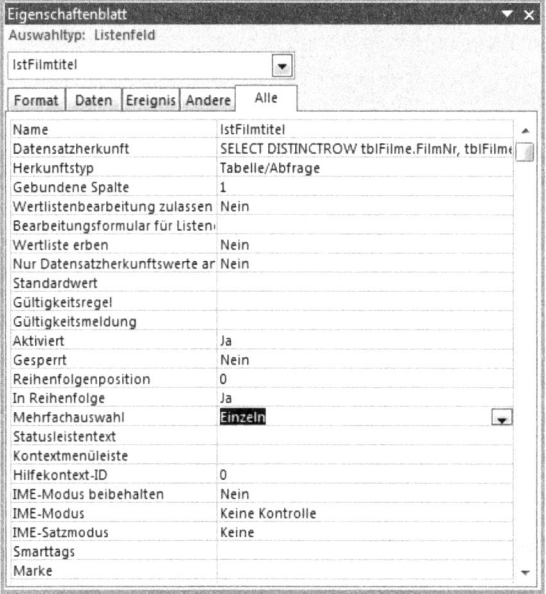

Um zu erreichen, dass gleichzeitig mehrere Filme im Listenfeld selektiert werden können, wurde die Eigenschaft *Mehrfachauswahl* auf *Einzeln* gesetzt. Damit ist es möglich, mit der Maus einfach mehrere Einträge gleichzeitig anzuklicken, wobei ein erneuter Klick auf eine schon selektierte Zeile die Markierung wieder aufhebt. Statt eines Klicks mit der Maus können Sie auch mit den Pfeiltasten die gewünschte Zeile anwählen und den Eintrag mit der Leertaste selektieren.

Alternativ bietet die Eigenschaft *Mehrfachauswahl* noch die Einstellungsmöglichkeit *Erweitert*. Durch *Erweitert* können Sie mehrere Einträge des Listenfeldes gleichzeitig selektieren, allerdings nur bei gedrückter Strg-Taste. Dafür lassen sich Markierungen erweitern, indem bei gedrückter ⇧-Taste vom vorher ausgewählten Element bis zum aktuellen Element selektiert werden kann.

Wie kann nun dem Bericht mitgeteilt werden, welche Filme markiert wurden? Mehrere Lösungen sind denkbar: Eine davon wäre beispielsweise, ein zusätzliches Ja/Nein-Feld in die Tabelle *tblFilme* aufzunehmen und vor dem Aufruf des Berichts für alle selektierten Filme das jeweilige Feld auf Ja zu setzen. Wir haben uns für eine andere Variante entschieden. Hierbei wird eine Hilfstabelle *tblTmp-Filme* eingesetzt, deren Struktur Abbildg. 38.9 zeigt.

Abfragen nutzen mit QueryDefs

Abbildg. 38.9 Struktur der Tabelle *tblTmpFilme*

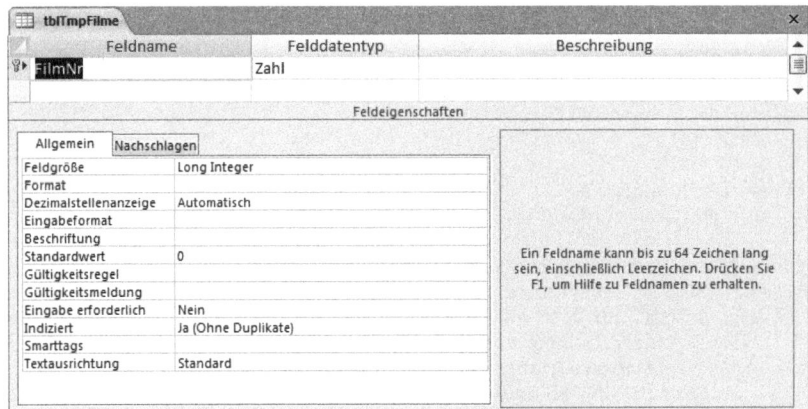

Bevor der Bericht *rptFilmlisteMehrfachauswahl* ausgerufen wird, wird die Tabelle geleert und dann mit den Filmnummern der im Listenfeld des Formulars selektierten Filme gefüllt.

Die Abfrage, die dem Bericht *rptFilmlisteMehrfachauswahl* zugrunde liegt, ist in Abbildg. 38.10 abgebildet. Durch eine einfache Verknüpfung zwischen *tblFilme* und *tblTmpFilme* werden nur die Filme ausgegeben, die einen Eintrag in der temporären Tabelle haben.

Abbildg. 38.10 Abfrage des Berichts

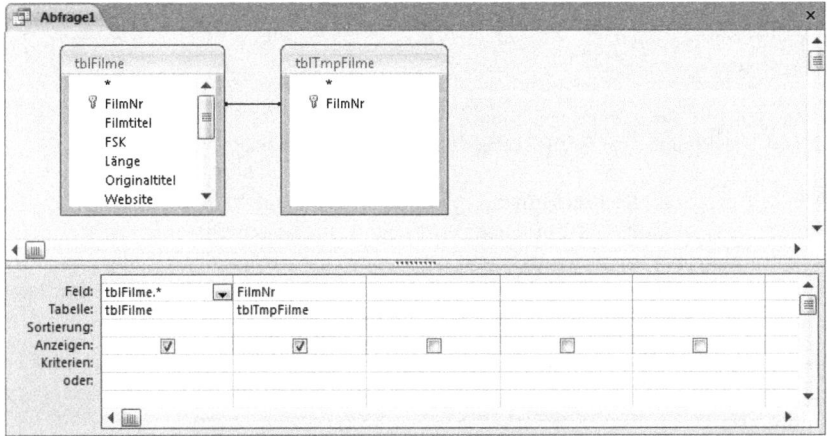

Das Programm für das Leeren der Tabelle *tblTmpFilme*, das Füllen mit den entsprechenden Filmnummern der selektierten Listeneinträge und der Aufruf des Berichts ist im Formular (Abbildg. 38.9) der Befehlsschaltfläche für die Vorschau zugeordnet.

Für das Formular *frmFilmDruck_DAO* wird die folgende Prozedur für das Ereignis *Beim Klicken* der Befehlsschaltfläche *cmdVorschauDAO* erstellt:

```
Private Sub cmdVorschauDAO_Click()
    Dim lstListe As ListBox
    Dim varTmp As Variant
```

```
            Dim rst As DAO.Recordset
            Dim db As DAO.Database

            Set db = CurrentDb()

            ' Löschen der temporären Tabelle
            db.Execute "DELETE * FROM tblTmpFilme"

            ' Öffnen des Recordsets
            Set rst = db.OpenRecordset("tblTmpFilme")

            ' Für alle selektierten Einträge im Listenfeld
            For Each varTmp In lstFilmtitel.ItemsSelected
                ' Wert 0 steht für "*** Alle Filme ***"
                If lstFilmtitel.ItemData(varTmp) = 0 Then
                    ' Alle FilmNrn aus tblFilme umkopieren
                    db.Execute "INSERT INTO tblTmpFilme " & _
                               "(FilmNr) SELECT FilmNr FROM tblFilme"
                    ' Abbruch der FOR-Schleife, da alle weiteren
                    ' Selektionen nun uninteressant sind
                    Exit For
                Else
                    ' Neuen Datensatz in temporärer Tabelle anlegen
                    rst.AddNew
                    ' FilmNr auf Listenfeld zuweisen
                    rst!FilmNr = lstFilmtitel.ItemData(varTmp)
                    ' Datensatz speichern
                    rst.Update
                End If
            Next
            rst.Close

            ' Bericht in der Vorschau ausgeben
            DoCmd.OpenReport "rptFilmlisteMehrfachauswahl", acViewPreview

        End Sub
```

Zuerst wird im Programm ein Verweis auf die aktuelle Datenbank der Variablen db zugewiesen. Für das db-Datenbankobjekt wird die Methode Execute mit einer Löschabfrage für die Tabelle *tblTmp-Filme* ausgeführt. Die nun leere Tabelle wird als Recordset rst geöffnet.

Die Auflistung ItemsSelected des Listenfeld-Steuerelements enthält die Zeilennummern aller markierten Listenfeld-Einträge. Mit For Each wird die Auflistung durchlaufen. Dabei enthält varTmp die jeweilige Zeilennummer.

Durch lstFilmtitel.ItemData(varTmp) wird für jeden Schleifendurchlauf die Filmnummer des jeweiligen selektierten Eintrags ermittelt. ItemData gibt die gebundene Spalte des Listenfeldes zurück.

Ergibt lstFilmtitel.ItemData(varTmp) den Wert 0, so wurde der Eintrag »*** Alle Filme ***« selektiert. In diesem Fall werden mithilfe einer INSERT INTO-Abfrage, die über die Methode Execute ausgeführt wird, alle Filmnummern aus *tblFilme* in *tblTmpFilme* umkopiert.

Ansonsten werden für alle selektierten Einträge des Listenfeldes über AddNew neue Datensätze in *tblTmpFilme* angelegt.

DBEngine und Database

In diesem Abschnitt möchten wir Ihnen einige Eigenschaften und Methoden der Objekte DBEngine und Database erläutern.

Das DBEngine-Objekt

Die DBEngine, die »Datenbankmaschine«, repräsentiert die Access zugrunde liegende Microsoft Jet Database Engine. Access 97 (8.0) liegt die Jet-Version 3.5, Access 2003, Access 2002 und Access 2000 die Version 3.6 zugrunde. Für Microsoft Office Access 2007 wurde die Jet Engine in Access Database Engine umbenannt und die Versionsnummer auf 12.0 erhöht. Sie können die Version wie folgt auch selbst ermitteln:

```
Sub DBEngineVersion()
    MsgBox "Version des Jet-Datenbankkerns: " & DBEngine.Version
End Sub
```

Die Auflistung Workspaces

In einem Workspace-Objekt (»Workspace« ist übersetzbar mit »Arbeitsbereich«) werden Datenbanken, Benutzer und Transaktionen verwaltet. Alle Workspace-Objekte werden in der Workspaces-Auflistung aufgeführt. Normalerweise wird nur der Standard-Workspace genutzt, der in der Auflistung über Workspaces(0) angesprochen wird. Workspaces werden im Zusammenhang mit dem Sicherheitssystem von Access eingesetzt, welches wir in Kapitel 40 vorstellen werden.

Die Auflistung Databases

In jedem Workspace können eine oder mehrere Datenbanken geöffnet werden. Die Datenbanken werden in der Databases-Auflistung verwaltet. Die Datenbank mit dem Pfad

```
DBEngine.Workspaces(0).Databases(0)
```

ist die Standarddatenbank. Sie finden hierfür auch oft die abgekürzte Schreibweise DBEngine(0)(0), die etwas Schreibarbeit spart.

Die aktuelle Datenbank

Einfacher lässt sich die aktuelle Datenbank mithilfe der Funktion CurrentDb() (oder auch einfach CurrentDb geschrieben) abfragen. Microsoft empfiehlt die Verwendung von CurrentDb(), da hier eine neue, aktuelle Instanz der Datenbank geöffnet wird, im Gegensatz zu DBEngine.Workspaces(0).Databases(0) bzw. DBEngine(0)(0), bei denen keine Aktualisierung der Datenbankobjekte durchgeführt wird. Die Funktion CurrentDb() liefert als Ergebnis ein Objekt vom Typ Database zurück. Im folgenden Codefragment wird CurrentDb eingesetzt.

```
Dim db As DAO.Database
Set db = CurrentDb()
```

Wir möchten Ihnen empfehlen, die Zuweisung von `CurrentDb` an eine (evtl. globale) Variable zu Beginn einer Anwendung durchzuführen und im weiteren Verlauf des Programms nur noch mit der Variablen zu arbeiten, denn der Nachteil von `CurrentDb` ist die Ausführungsgeschwindigkeit: `CurrentDb` ist sehr langsam.

Eine Datenbank öffnen

Mithilfe der Methode `OpenDatabase()` können Sie eine beliebige Datenbank öffnen. In einem `Database`-Objekt befinden sich Auflistungen der Tabellen, Abfragen usw.

Die Datenbank *CineArchiv* im Ordner *CineCity* öffnen Sie beispielsweise mit den folgenden Zeilen:

```
Dim dbArchiv As DAO.Database
Set dbArchiv = DAO.OpenDatabase("C:\CineCity\CineArchiv.accdb")
```

Zugriff auf Tabellendefinitionen

Die Tabellen einer Datenbank werden in der Auflistung `TableDefs` innerhalb eines Datenbankobjekts verwaltet. In der Auflistung befinden sich alle Tabellen, also sowohl Systemtabellen als auch ausgeblendete und eingebundene Tabellen.

Das folgende Unterprogramm ermittelt einige Eigenschaften für alle Tabellen der aktuellen Datenbank. Mithilfe einer For Each-Schleife werden alle Tabellenobjekte durchlaufen und die entsprechenden Eigenschaften im Testfenster ausgegeben:

```
Sub AlleTabellen_DAO()

    Dim db As DAO.Database
    Dim tbl As DAO.TableDef

    Set db = CurrentDb()

    ' Für alle Tabellen in der TableDefs-Auflistung
    For Each tbl In db.TableDefs
        Debug.Print tbl.Name; " – ";  tbl.DateCreated; " – ";
        Debug.Print tbl.LastUpdated; " – "; tbl.RecordCount
    Next
End Sub
```

Abbildg. 38.11 Eigenschaften der Tabellen

```
Direktbereich
MSysQueries – 12.02.2007 08:00:54  – 12.02.2007 08:00:54  – 748
MSysRelationships – 12.02.2007 08:00:54  – 12.02.2007 08:00:54  – 4
tblArtikel – 14.02.2007 15:17:16  – 19.02.2007 09:46:50  – 15
tblArtikelverkauf – 17.02.2007 13:19:44  – 19.02.2007 09:46:51  – 10724
tblFilme – 12.02.2007 08:02:01  – 05.03.2007 11:07:27  – 41
tblKinokasse – 18.02.2007 08:05:32  – 18.02.2007 08:05:35  – 46497
tblKinokasseArchiv – 22.02.2007 14:14:47  – 22.02.2007 14:14:47  – 92994
tblKinos – 18.02.2007 09:16:01  – 18.02.2007 09:16:32  – 9
tblTermine – 18.02.2007 09:03:47  – 18.02.2007 09:16:32  – 125
tblTmpFilme – 28.03.2007 13:25:15  – 28.03.2007 13:25:15  – 4
tblVerleiher – 18.02.2007 07:47:51  – 18.02.2007 07:47:51  – 0
tblWochen – 12.02.2007 08:02:02  – 18.02.2007 09:14:47  – 30
tblZeichensatz – 12.02.2007 15:08:19  – 12.02.2007 15:08:20  – 256
```

Zugriff auf Tabellendefinitionen

Die folgende Tabelle listet einige der Eigenschaften von TableDef-Objekten auf.

Tabelle 38.5 Ausgewählte Tabelleneigenschaften

Eigenschaft	Beschreibung
Name	Gibt den Namen der Tabelle an
Updatable	Bestimmt, dass das Tabellenobjekt verändert werden kann, wenn die Eigenschaft den Wert **Wahr** zurückgibt
DateCreated	Gibt das Erstellungsdatum der Tabelle an
LastUpdated	Gibt das Datum der letzten Bearbeitung an
Connect	Erhält bei verknüpften Tabellen einen String mit dem Pfad und dem Namen der verknüpften Datenquelle
SourceTableName	Beinhaltet bei verknüpften Tabellen den Namen der Tabelle der verknüpften Datenquelle
Attributes	Attribute einer Tabelle (ĺ Tabelle 38.6)
RecordCount	Gibt die Anzahl der Datensätze in der Tabelle an; bei verknüpften **TableDef**-Objekten hat die **RecordCount**-Eigenschaft immer den Wert –1
ValidationRule	Gibt die Gültigkeitsregel für die Tabelle an
ValidationText	Gibt den Text an, der bei Verletzung der Gültigkeitsregel der Tabelle angezeigt wird

Für die Tabellenattribute (Eigenschaft Attributes) sind die in der folgenden Tabelle aufgeführten Konstanten in Access definiert.

Tabelle 38.6 Konstanten für Tabellenattribute

Konstante	Beschreibung
dbSystemObject	Systemtabelle
dbHiddenObject	Ausgeblendete Tabelle
dbAttachedTable	Eingebundene Tabelle
dbAttachedODBC	Eingebundene ODBC-Tabelle
dbAttachSavePWD	Eingebundene Tabelle, für die Benutzerkennung und Passwort gespeichert wird
dbAttachExclusive	Exklusiv eingebundene Tabelle

Die folgende Funktion ermittelt die Existenz einer Tabelle in der TableDefs-Auflistung, wobei auch ausgeblendete Tabellen und Systemobjekte berücksichtigt werden.

```
Function TableExists_DAO(ByVal strTableName As String) As Boolean

    Dim tbl As DAO.TableDef

    For Each tbl In CurrentDb().TableDefs
        If tbl.Name = strTableName Then
            TableExists_DAO = True
            Exit Function
        End If
    Next
    TableExists_DAO = False
End Function
```

Die Auflistung Fields

Jede Tabelle besteht aus Feldern, die mithilfe von Field-Objekten in einer Fields-Auflistung beschrieben werden. Die folgende Routine listet für alle Tabellen der aktuellen Datenbank die Felder auf. Dabei wird die anschließend aufgelistete Funktion FeldTyp() verwendet, die den Typ des jeweiligen Feldes als String zurückgibt.

```
Sub TabellenFelder_DAO()

    Dim db As DAO.Database
    Dim tbl As DAO.TableDef
    Dim fld As DAO.Field

    Set db = CurrentDb()

    ' Für alle Tabellen der TableDefs-Auflistung
    For Each tbl In db.TableDefs
        With tbl
            Debug.Print "Tabellenfelder für : "; .Name

            ' Für alle Felder der jeweiligen Tabelle
            For Each fld In .Fields
                With fld
                    Debug.Print "FELD: "; .Name
                    Debug.Print "Feldtyp="; FeldTyp_DAO(fld)
                    Debug.Print "Size="; .Size
                    Debug.Print
                End With
            Next
        End With
        Debug.Print
    Next
End Sub
```

Zugriff auf Tabellendefinitionen

```
Function FeldTyp_DAO(fld As DAO.Field) As String
    Select Case fld.Type
        Case dbBoolean:
            FeldTyp_DAO = "Boolean"
        Case dbByte:
            FeldTyp_DAO = "Byte"
        Case dbInteger:
            FeldTyp_DAO = "Integer"
        Case dbLong:
            FeldTyp_DAO = "Long Integer"
        Case dbCurrency:
            FeldTyp_DAO = "Währung (Currency)"
        Case dbSingle:
            FeldTyp_DAO = "Single"
        Case dbDouble:
            FeldTyp_DAO = "Double"
        Case dbDate:
            FeldTyp_DAO = "Datum (Date)"
        Case dbText:
            FeldTyp_DAO = "Text"
        Case dbLongBinary:
            FeldTyp_DAO = "Binärdaten (Bitmap, OLE-Objekt)"
        Case dbMemo:
            FeldTyp_DAO = "Memo"
        Case dbGUID:
            FeldTyp_DAO = "GUID"
        Case dbAttachment:
            FeldTyp_DAO = "Anlagedaten"
        Case Else
            FeldTyp_DAO = "Unbekannt"
    End Select
End Function
```

Die folgende Tabelle enthält die in einem `Field`-Objekt verwalteten Eigenschaften. Beachten Sie dabei, dass `Field`-Objekte nicht nur in `TableDef`-Objekten, sondern auch in `Recordset`-Objekten verwendet werden.

Tabelle 38.7   Feldeigenschaften

Eigenschaft	Beschreibung
Name	Gibt den Namen des Feldes zurück
Type	Gibt den Datentyp (siehe Tabelle 38.9) zurück
Size	Liefert die Größe des Feldes
Attributes	Liefert die Attribute (siehe Tabelle 38.11)
AllowZeroLength	Erlaubt Null-Werte im Feld, wenn die Eigenschaft wahr ist
CollatingOrder	Gibt die länderspezifische Sortierreihenfolge für das Feld an
DefaultValue	Liefert den Standardwert
Required	Gibt an, dass eine Eingabe in das Feld erforderlich ist, wenn die Eigenschaft wahr ist

Tabelle 38.7 Feldeigenschaften *(Fortsetzung)*

Eigenschaft	Beschreibung
ValidationRule	Gibt die Gültigkeitsregel für das Feld an
ValidationText	Liefert den Gültigkeitstext bei Verletzung der Gültigkeitsregel
SourceField	Gibt den Originalnamen des Feldes zurück; in Abfragen können Ergebnisfelder benannt werden, so dass die Eigenschaft **Name** den in der Abfrage verwendeten Namen zurückgibt, während **SourceField** den eigentlichen Namen enthält
SourceTable	Liefert den Namen der Originaltabelle zurück (siehe **SourceField**)

Fields-Auflistungen werden neben Tabellen auch für Recordsets, Indizes und Relationen verwendet, wie es im weiteren Verlauf des Kapitels beschrieben wird.

Feldtypen werden durch Integer-Werte dargestellt. Damit nicht mit Zahlen für die Typen gearbeitet werden muss, sind in Access Konstanten für die verschiedenen Feldtypen definiert. Die folgende Tabelle gibt Ihnen einen Überblick über die vordefinierten Typ-Konstanten.

Tabelle 38.8 Konstanten für Feldtypen

Konstante	Beschreibung
dbBoolean	Boolescher Wert (True/False, 1 Bit)
dbByte	8-Bit Byte
dbInteger	16-Bit Integer
dbLong	32-Bit Integer
dbSingle	Fließkommazahl mit einfacher Genauigkeit
dbDouble	Fließkommazahl mit doppelter Genauigkeit
dbCurrency	Währungsdaten
dbDate	Datums-/Zeitwert
dbText	Text variabler Länge
dbMemo	Memo-Feld
dbLongBinary	Binärdaten variabler Länge, z.B. OLE-Objekte
dbGUID	GUID-Wert zur Replikation
dbAttachment	Anlage einer oder mehrerer Dateien

Die folgende Funktion gibt eine Zeichenfolge mit dem ausgeschriebenen Text des jeweiligen Feldtyps zurück. Übergeben wird der Funktion ein Objekt vom Typ Field.

Ebenso wie die Feldtypen werden auch Feldattribute mithilfe von vordefinierten Konstanten beschrieben. Die folgende Tabelle dient zum Nachschlagen der Konstanten.

Tabelle 38.9   Konstanten für Feldattribute

Konstante	Beschreibung
dbFixedField	Feste Feldgröße
dbVariableField	Variable Feldgröße
dbAutoIncrField	AutoWert-Feld
dbUpdatableField	Aktualisierbares Feld
dbDescending	Feld mit absteigender Sortierreihenfolge
dbSystemField	Feld wird bei der Replikation verwendet

Es können mehrere Attribute gleichzeitig für ein Feld vereinbart werden. Beispielsweise kann ein Feld gleichzeitig die Attribute dbFixedField und dbUpdatableField haben. Die verschiedenen Konstanten für die Attribute repräsentieren jeweils einen Wert und werden für mehrere Attribute addiert.

Nicht alle Eigenschaften eines Feldes können zur Laufzeit verändert werden, für viele Eigenschaften verfügen Sie nur über eine Leseberechtigung während des Programmablaufs. Das folgende Programm setzt für ein Feld die Eigenschaft DefaultValue. Sie können also in Ihrer Anwendung den Standardwert eines Feldes neu festlegen. Der geänderte Wert wird in der Tabellendefinition hinterlegt und bleibt dauerhaft erhalten.

```
Sub StandardwertSetzen_DAO(strTable As String, _
                   strField As String, _
                   varDefault As Variant)

Dim db as Database
Dim tbl As DAO.TableDef
    Dim fld As DAO.Field

Set db=CurrentDb
    Set tbl = db.TableDefs(strTable)
    Set fld = tbl.Fields(strField)
    fld.DefaultValue = VarDefault

End Sub
```

Zusammenfassung

Dieses Kapitel beschäftigte sich mit den Datenzugriffsobjekten, der zweiten Schnittstelle, die in Access verwendet werden kann und mit DAO (Data Access Objects) bezeichnet wird.

- Zunächst wurde der hierarchische Aufbau der Datenzugriffsobjekte gezeigt (Seite 822).
- Danach dreht es sich ab Seite 823 auch bei DAO um das Arbeiten mit Recordsets. Ähnlich wie im vorangegangenen Kapitel wurde das Arbeiten mit Recordsets, das Bewegen durch Recordsets, das Sortieren von Recordsets sowie das Suchen von Datensätzen in Recordsets beschrieben.

Kapitel 38 Datenzugriff mit DAO

- Der folgende Abschnitt (Seite 836) befasste sich mit QueryDefs, einer Auflistung, die alle gespeicherten Abfragen enthält.
- Sie fanden ab Seite 845 einen kurzen Abschnitt, der einige Eigenschaften und Methoden der `DBEngine`- bzw. `Database`-Objekte beschrieb.
- Der letzte Abschnitt dieses Kapitels ab Seite 846 befasste sich ebenfalls mit dem Zugriff auf Tabellendefinitionen, diesmal mithilfe von DAO.

Teil H
Erstellung kompletter Anwendungen

In diesem Teil:

Kapitel 39	Eigenständige Anwendungen erstellen	855
Kapitel 40	Datenbankkennwörter und Datensicherheit	865
Kapitel 41	Einsatz in Mehrbenutzerumgebungen	875

Möchten Sie mit Access eigenständige und vollständige Applikationen erstellen, so müssen eine Reihe von Vorkehrungen getroffen werden, damit Anwender ohne Access-Kenntnisse die Anwendung problemlos bedienen können. Zusätzlich muss gegebenenfalls ein Schutz der Daten gewährleistet sein. Greifen mehrere Benutzer gleichzeitig auf dieselben Daten zu, muss sichergestellt sein, dass sie sich nicht gegenseitig behindern.

- In Kapitel 39, »Eigenständige Anwendungen erstellen«, werden Themen wie automatischer Programmstart, Start-Einstellungen und eine benutzerdefinierte Symbolleiste besprochen.
- Mit Kennwörtern für die Datenbank und die Sicherheit der Daten beschäftigt sich das Kapitel 40.
- Die Besonderheiten beim Betrieb einer Applikation in einer Mehrbenutzerumgebung zeigt das Kapitel 41 in diesem Teil auf.

Kapitel 39

Eigenständige Anwendungen erstellen

In diesem Kapitel:

Start der Anwendung	856
Front-End und Back-End	861
ACCDE-Datenbanken	861
Anpassen der Symbolleiste für den Schnellzugriff	862
Zusammenfassung	864

Kapitel 39: Eigenständige Anwendungen erstellen

In diesem Kapitel möchten wir Ihnen beschreiben, wie Sie Ihre Access-Datenbanken so konfigurieren können, dass sie als eigenständige Anwendungen verwendet werden können. Das bedeutet, dass Access vor dem Benutzer der Datenbank versteckt wird und nur noch die fertige Anwendung, die sich aus Tabellen, Abfragen, Formularen, Berichten usw. zusammensetzt, genutzt werden kann.

Möchten Sie eigenständige und professionelle Access-Applikationen weitergeben oder verkaufen, so sollten Sie die Microsoft Access 2007 Developer Extensions sowie die Microsoft Access 2007 Runtime verwenden, die beide in der Version 2007 zum ersten Mal kostenlos von Microsoft zur Verfügung gestellt werden. Die Access 2007 Runtime ist eine Laufzeitversion von Access, damit Access-Applikationen auch ohne Access ablaufen können, d.h., der Anwender selbst benötigt keine Access-Lizenz. Die Access 2007 Developer Extensions enthalten

- die Möglichkeit Access mit einem Versionsmanagementwerkzeug wie Visual Source Safe zu verwenden;
- einen Installations-Assistenten, der beispielsweise aus Ihren Anwendungsdatenbanken und dem Laufzeitmodul ein Installationspaket erstellt, und
- die Möglichkeit Datenbanken als Vorlagen (ACCDTs) zu speichern.

Start der Anwendung

Welche Einstellungen sind für den Start von eigenständigen Anwendungen sinnvoll? In vorangegangenen Kapiteln hatten wir Ihnen die Einrichtung von Start-Formularen bzw. von AutoExec-Makros erläutert. In diesem Abschnitt möchten wir alles noch einmal zusammenfassen, was den Start einer Anwendung betrifft, und Ihnen weitere Hinweise und Möglichkeiten schildern.

Start-Formular und AutoExec-Makros

Sie können nach dem Öffnen einer Datenbank automatisch ein Formular laden oder einen Makro-Ablauf mit einem AutoExec-Makro starten. Das Start-Formular definieren Sie in den Access-Optionen, während ein AutoExec-Makro einfach nur den Namen *AutoExec* erhalten muss.

HINWEIS Sie können sowohl ein Start-Formular als auch ein AutoExec-Makro einsetzen. Dabei wird zuerst das Formular geöffnet und danach das AutoExec-Makro ausgeführt.

Die Start-Einstellungen

Klicken Sie auf die Office-Schaltfläche, wählen Sie Access-Optionen und dann die Kategorie *Aktuelle Datenbank*, so gelangen sie zu den *Anwendungoptionen*.

Gleich unter *Anwendungsoptionen* legen Sie den *Anwendungstitel* fest, der die Beschriftung der Access-Titelleiste bestimmt, und das *Anwendungssymbol*, das das Access-eigene Symbol oben links in der Titelleiste ersetzt (siehe Kapitel 24, »Formulare für Fortgeschrittene«). Durch Setzen des Häkchens vor *Als Formular- und Berichtssymbol verwenden* legen Sie fest, dass das gewählte Icon auch die Standardsymbole in Formularen und Berichten ersetzt.

Abbildg. 39.1   Einstellungen der Access-Optionen

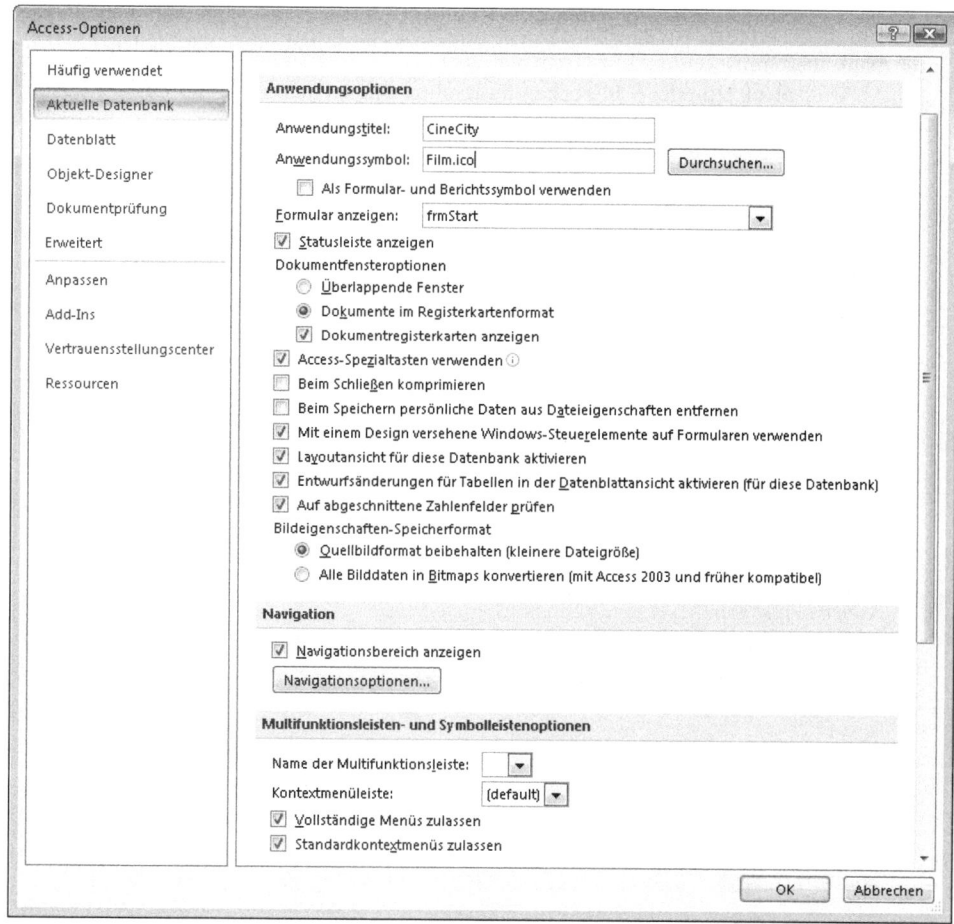

Schalten Sie die Option *Navigationsbereich anzeigen* aus, so hat der Anwender keinen direkten Zugriff auf den Navigationsbereich. Es ist aber möglich, den Navigationsbereich mit der Taste [F11] einzublenden.

Haben Sie eigene Symbol- und Multifunktionsleisten für Ihre Access-Anwendung erstellt, können Sie diese unter *Multifunktionsleiste* und *Kontextmenüleiste* so festlegen, dass sie automatisch eingeblendet werden. Im Abschnitt »Anpassen der Symbolleiste für den Schnellzugriff« beschreiben wir deren Erstellung.

Möchten Sie vermeiden, dass der Anwender Access-Funktionen direkt ausführen kann, schalten Sie die Option *Access-Spezialtasten verwenden* aus, so dass die entsprechenden Tastenkombinationen, beispielsweise [F11] zum Aufruf des Navigationsbereichs, unwirksam werden.

AutoExec-Makros

AutoExec-Makros ermöglichen die Vereinbarung von Makrobefehlen, die beim Laden der Datenbank ausgeführt werden. Der Nachteil gegenüber der Lösung mit einem Start-Formular ist, dass im Makro-Ablauf keinerlei Fehlerbehandlung durchgeführt werden kann. Oft wird einfach mit dem ersten Makrobefehl ein Visual Basic-Programm aufgerufen (siehe Kapitel 33, »Makros«).

Unterdrücken von AutoExec-Makros und Start-Formular

Sie können den Aufruf des Start-Formulars bzw. die Ausführung des AutoExec-Makros unterdrücken, wenn Sie beim Öffnen der Datenbank die ⇧-Taste gedrückt halten.

PROFITIPP

Sie können die Funktion der ⇧-Taste beim Öffnen einer Datenbank unterdrücken, indem Sie die *AllowByPassKey*-Eigenschaft verwenden. Nähere Details erfahren Sie in der Access-Hilfe.

Anzeige für Objekte

Standardmäßig werden Objekte in Access im Registerkartenformat geöffnet. Wenn Sie nicht möchten, dass der Anwender zwischen geöffneten Objekten über die Registerkarten wechseln kann, dann deaktivieren Sie die Option *Dokumentregister anzeigen*. Das Ergebnis sehen sie in Abbildg. 39.2 .

Abbildg. 39.2   Registerkarten ausgeblendet

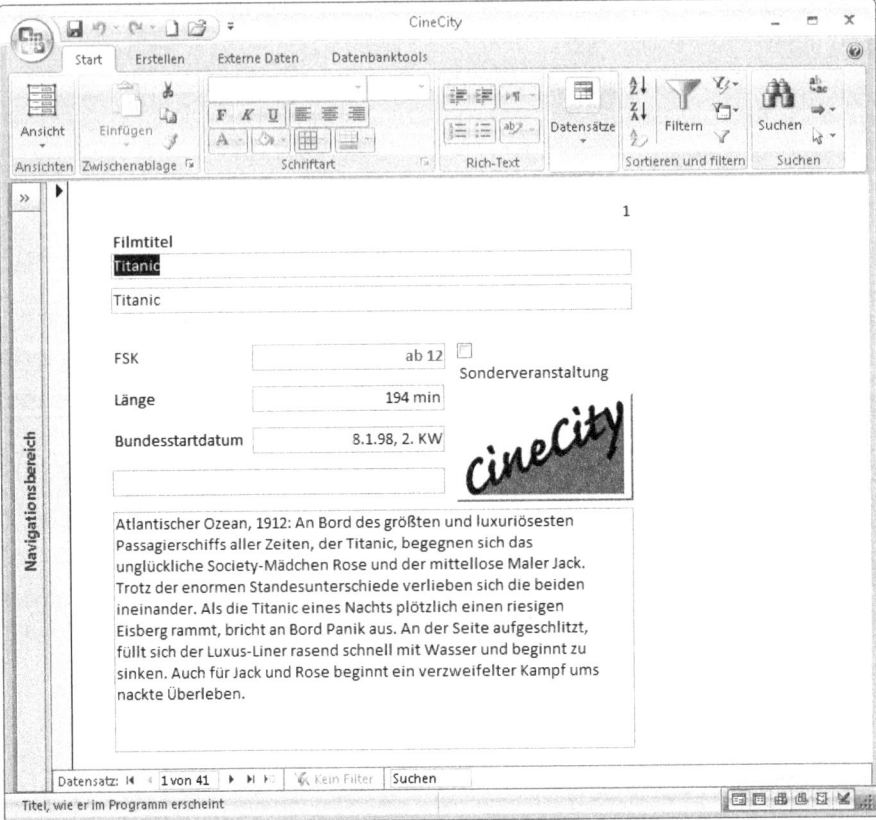

Möchten Sie Objekte in einzelnen Fenstern angezeigt bekommen, so wie es in bisherigen Access-Versionen der Fall war, dann wählen Sie die Option *Überlappende Fenster* aus. Jedes Objekt öffnet sich dann in einem eigenen Fenster, wie in Abbildg. 39.3 das Formular *frmFilme*.

Abbildg. 39.3   Formular als überlappendes Fenster

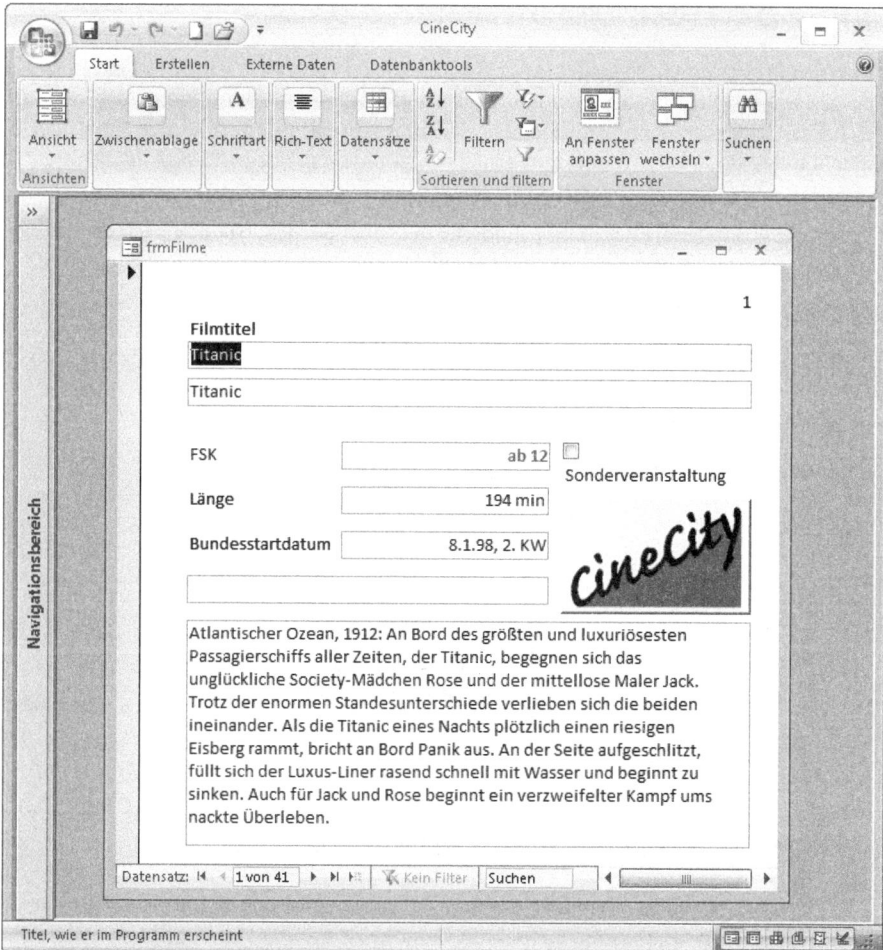

Hintergrundbilder

Normalerweise wird beim Start von Access bzw. der Access-Laufzeitumgebung das Microsoft Access-Logo als Hintergrundbild eingeblendet. Sie können das Logo beim Starten durch ein eigenes Bild ersetzen. Erstellen Sie dazu im Verzeichnis Ihrer Anwendung eine Windows-Bitmap, die den gleichen Namen wie Ihre Datenbankdatei hat, wird die Bitmap eingeblendet.

Eine Windows-Bitmap erstellen Sie mit einem Grafikprogramm, im einfachsten Fall mit Windows Paint. Windows-Bitmaps haben die Endung *.bmp*.

Für CineCity wurde in unserem Beispiel *CineCity.bmp* erstellt und in das Verzeichnis kopiert, in dem sich *CineCity.mdb* befindet. Beim Öffnen dieser Datei wird, bis die Datenbank geladen ist, die Bitmap eingeblendet.

Ein Begrüßungsformular

In vielen Programmen, so auch bei Access, Excel oder Word, wird beim Start ein Begrüßungsformular gezeigt. Ein Begrüßungsformular, englisch »Splashscreen«, wird insbesondere dann eingesetzt, wenn das Laden der Applikation einige Zeit in Anspruch nimmt und der Anwender damit schon mal eine Meldung vom Programm erhält. Oft werden auf Begrüßungsbildschirmen Bedienungshinweise oder Copyrightvermerke angezeigt.

Es soll ein Formular als Begrüßungsbildschirm erstellt werden, das sich nach einiger Zeit von selbst wieder schließt, aber vorher noch das eigentliche Start-Formular der Anwendung lädt.

Abbildg. 39.4 zeigt einen einfachen Begrüßungsbildschirm: Ein Formular mit dem Logo, das über die Schaltfläche *Logo* auf der Registerkarte *Entwurf* auf das Formular gelegt wurde. Auf dem Eigenschaftenblatt zum Formular wurden Datensatzmarkierer, Bildlaufleisten und einiges mehr abgeschaltet.

Abbildg. 39.4   Begrüßungsformular in der Entwurfsansicht

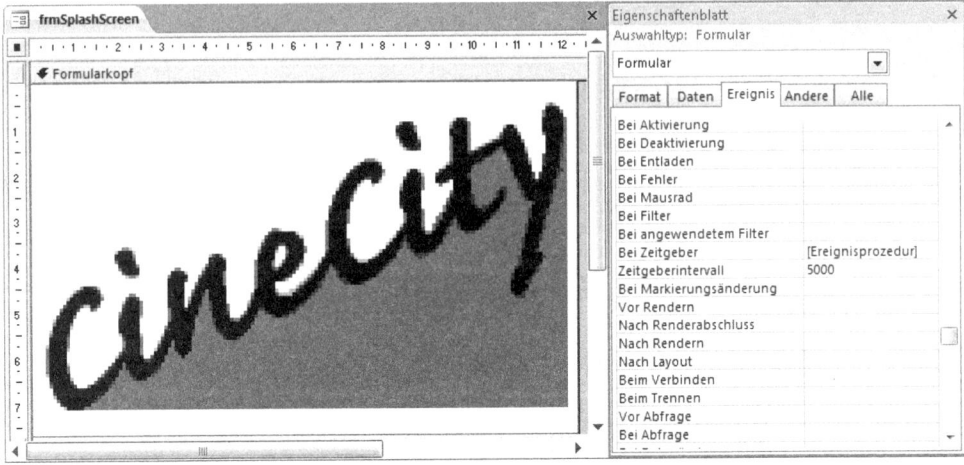

Der Trick des Formulars besteht darin, dass es sich selbsttätig nach einer gewissen Zeit schließt. Dazu wird die Eigenschaft *Zeitgeberintervall* des Formulars verwendet. In der Eigenschaft wird festgelegt, nach welcher Zeit, angegeben in Millisekunden, die Ereignisprozedur *Bei Zeitgeber* ausgeführt wird. Wir haben 5.000 Millisekunden, also fünf Sekunden, vereinbart.

Abbildg. 39.5 zeigt die für das Formular vereinbarten Prozeduren. Form_Timer() wird nach Ablauf der im *Zeitgeberintervall* angegebenen Zeit ausgeführt und startet zuerst das Formular *frmCineCity*. Anschließend wird wieder der Begrüßungsbildschirm aktiviert und dann geschlossen.

Abbildg. 39.5   Ereignisprozeduren des Begrüßungsformulars

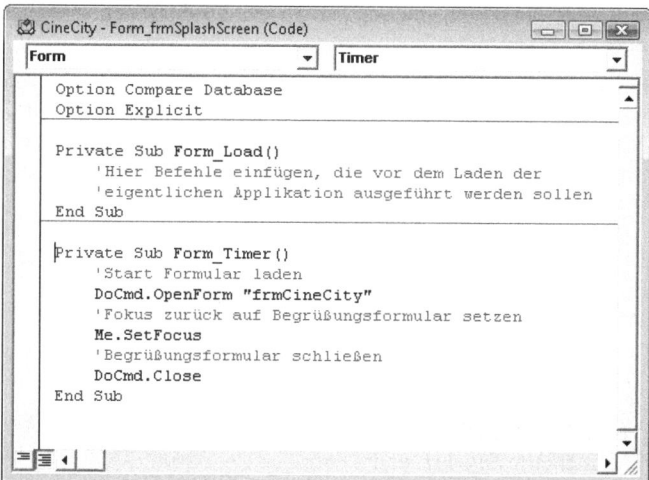

Front-End und Back-End

Für eigenständige Applikationen empfiehlt es sich, die Datenbank in zwei Teile zu trennen: Das Front-End mit allen Abfragen, Formularen, Berichten und Programmen und das Back-End, das nur die Daten enthält. Die Aufteilung hat den Vorteil, dass neue, aktualisierte Front-End-Datenbanken einkopiert werden können, ohne dass davon der Datenbestand des Anwenders berührt ist.

Die Aufteilung in Front-End und Back-End haben wir in Kapitel 13, »Tabellen verknüpfen und importieren«, im Abschnitt »Verteilung: Daten und Programme« erläutert.

ACCDE-Datenbanken

Wenn Sie Ihre Datenbanken mit den von Ihnen entwickelten Formularen, Berichten und Programmen an andere Anwender weitergeben, möchten Sie vielleicht verhindern, dass Modifikationen von anderen vorgenommen werden können.

Sie haben zwei Möglichkeiten, dies zu erreichen: Sie können die Datenbank so sichern, dass nur Anwender mit dem richtigen Kennwort Zugriff erhalten. Dieser Zugriff lässt sich detailliert bestimmen, d.h., Sie können festlegen, welcher Anwender der Datenbank Änderungen vornehmen darf, wer Daten ansehen und modifizieren kann und vieles mehr. Wir beschreiben Ihnen diese Funktionen in Kapitel 40, »Zugriffsrechte und Datensicherheit«.

Die zweite Möglichkeit um zu verhindern, dass der Anwender Änderungen an Formularen, Berichten und Programmen vornimmt, ist die Umwandlung einer ACCDB-Datenbankdatei in eine ACCDE-Datei. ACCDE-Datenbanken sind Access-ACCDB-Datenbanken, aus denen sämtliche änderbaren Anteile von Formularen, Berichten und Programmen entfernt wurden. Alle Datenbankobjekte wie Formulare, Berichte usw. liegen ausschließlich in kompilierter Form vor. Mit ACCDE-Dateien können Sie sicherstellen, dass der Anwender eine Version Ihrer Datenbank erhält, an der keinerlei Änderungen vorgenommen werden können, denn er kann nicht mehr in den Entwurfsmodus wechseln.

Um eine ACCDB-Datenbank in die ACCDE-Form umzuwandeln, führen Sie auf der Registerkarte *Datenbanktools* den Befehl *ACCDE erstellen aus*. Während der Konvertierung werden alle Module kompiliert und die Datenbank komprimiert.

Beachten Sie, dass nur Datenbanken im Access 2007-Format in ACCDE-Dateien umgewandelt werden können. Datenbanken im Access 2002/2003-Format können in MDE-Dateien, das ACCDE Pendant älterer Access-Versionen, umgewandelt werden. Wollen Sie von einer Datenbank im Access 2000-Format eine ACCDE-Datei erstellen, dann müssen Sie die Datenbank zunächst über die Office Schaltfläche und Konvertieren in das Access 2007-Format konvertieren.

Anpassen der Symbolleiste für den Schnellzugriff

Wie in allen Microsoft Office 2007-Anwendungen können Sie die Multifunktionsleiste an Ihre eigenen Bedürfnisse anpassen. Access erlaubt Ihnen zudem, die Multifunktionsleiste um eigene Registerkarten und Gruppen zu erweitern. Hierfür verwenden Sie entweder eine Systemtabelle namens *USysRibbons*, in der Sie Ihre Multifunktionsleiste definieren, oder Sie laden die Definition von einem beliebigen Ort mit der Methode *Application.LoadCustumUI*. In beiden Fällen werden die Multifunktionsleisten mit Hilfe von XML definiert. Etwas komfortabler lassen sich die Multifunktionsleisten mit der Unterstützung von Microsoft Visual Studio 2005-Tools für 2007 Microsoft Office System (VSTO 2005 SE) erzeugen.

Um die Anpassung an der *Symbolleiste für den Schnellzugriff* vorzunehmen, klicken Sie auf den Pfeil rechts neben der Symbolleiste. Daraufhin öffnet sich ein Menü, wie es in Abbildg. 39.6 zu sehen ist.

Abbildg. 39.6   Anpassung der Symbolleiste für den Schnellzugriff

Hier finden Sie bereits einige Befehle, die sich einfach über einen Mausklick in die Symbolleiste aufnehmen bzw. von der Symbolleiste entfernen lassen. In der Symbolleiste sind sichtbare Befehle mit einem Häkchen versehen. Ist der gesuchte Befehl nicht in dem Menü aufgeführt, können Sie mit dem Befehl *Weitere Befehle* einen Dialog öffnen, in dem alle in Access enthaltenen Befehle für die Anpassung der Symbolleiste zur Verfügung stehen.

Abbildg. 39.7   Dialog zur Anpassung der Symbolleiste für den Schnellzugriff

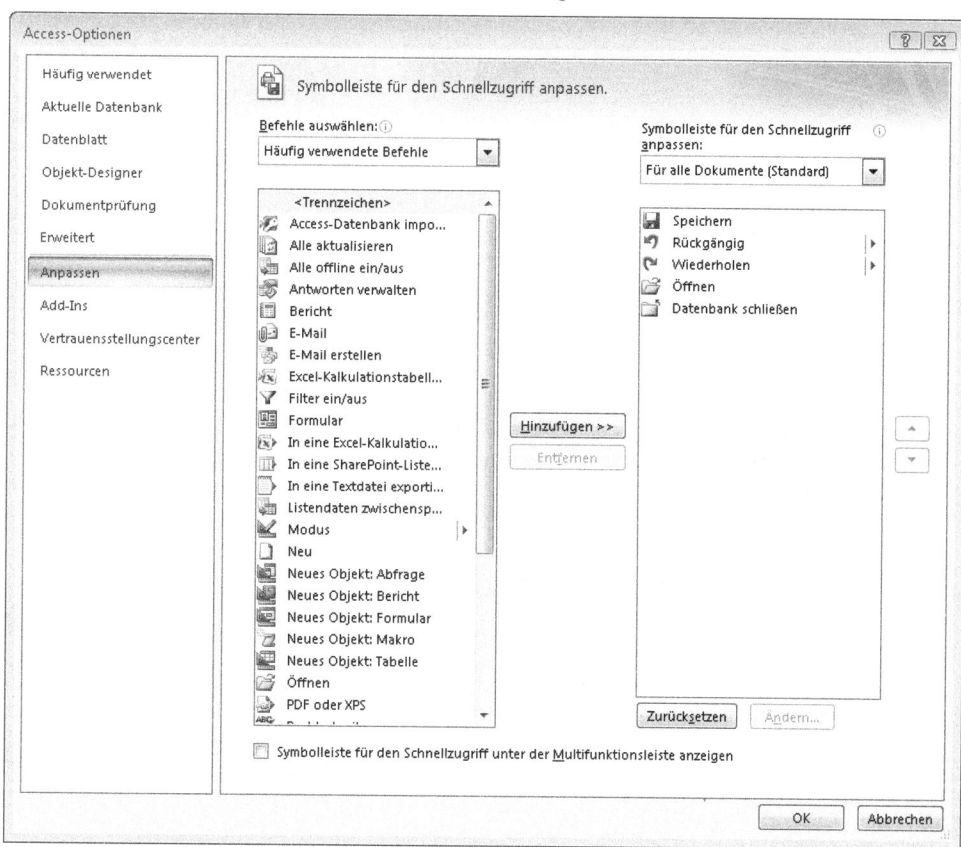

In Abbildg. 39.7 sehen Sie im linken Listenfeld die verfügbaren Befehle aufgeführt, während im rechten Listenfeld die Befehle, die bereits der Symbolleiste zugeordnet sind, angeordnet werden. Über das Kombinationsfeld *Befehle auswählen* lässt sich die Auswahl der verfügbaren Befehle im linken Listenfeld einschränken.

Um der Symbolleiste einen Befehl hinzuzufügen, wählen Sie den entsprechenden Befehl in der linken Liste aus und klicken dann auf *Hinzufügen*. Der Befehl wird daraufhin auch in der rechten Liste angezeigt. In Abbildg. 39.7 ist zu erkennen, dass wir die Befehle *Öffnen* und *Datenbank schließen* der Liste hinzugefügt haben.

Wollen Sie einen Befehl aus der Symbolleiste entfernen, wählen Sie ihn in der rechten Liste aus und klicken auf die Schaltfläche *Entfernen*.

Mithilfe der Schaltfläche *Zurücksetzen* lässt sich die Symbolleiste wieder auf den Standardzustand zurücksetzen.

Schließlich kann die Reihenfolge, in der die Befehle auf der Symbolleiste erscheinen, mithilfe der beiden Pfeile rechts neben dem Listenfeld verändert werden. Hierzu wählen Sie einen Befehl aus dem Listenfeld aus und verschieben ihn mit den Pfeiltasten an die gewünschte Position.

Kapitel 39 Eigenständige Anwendungen erstellen

Nachdem Sie die Befehle Ihren Anforderungen angepasst haben, bestätigen Sie die Auswahl mit der Schaltfläche *OK*. Anschließend werden die neuen Befehle in der Symbolleiste aufgeführt.

Alle Änderungen, die wir bisher an der Symbolleiste vorgenommen haben, sind global, d.h., sie sind in jeder Datenbank sichtbar. Möchten Sie, dass die Anpassungen nur für die aktuelle Datenbank vorgenommen werden, dann wählen Sie im Dialog aus Abbildg. 39.7 rechts oben im Kombinationsfeld *Symbolleiste für den Schnellzugriff anpassen* die aktuelle Datenbank aus. Alle Befehle, die Sie dann in das rechte Listenfeld übertragen, werden ausschließlich in dieser Datenbank in der Symbolleiste angezeigt.

Schließlich lässt sich noch die Position der Symbolleiste verändern. Bei Bedarf kann die Symbolleiste unterhalb der Multifunktionsleiste angezeigt werden, was den Umsteigern von älteren Access-Versionen vertrauter sein dürfte. Sie erreichen dies, indem Sie im Menü aus Abbildg. 39.6 den Befehl *Unter der Multifunktionsleiste anzeigen* verwenden.

Zusammenfassung

In diesem Kapitel beschrieben wir Ihnen

- zunächst die Start-Einstellungen für Access-Datenbanken,
- ab Seite 861 finden Sie Informationen zu ACCDE-Datenbanken und
- am Ende haben wir Ihnen ausführlich die Anpassung der *Symbolleiste für den Schnellzugriff* dargestellt.

Kapitel 40

Datenbankkennwörter und Datensicherheit

In diesem Kapitel:
Ein Kennwort für die ganze Datenbank	866
Sicherheit von Visual Basic-Programmen	868
Zusammenfassung	874

Kapitel 40 Datenbankkennwörter und Datensicherheit

Access bietet Ihnen die Möglichkeit, den Zugriff auf Ihre Datenbank einzuschränken, indem Sie die ganze Datenbank mit einem Kennwort schützen, wobei die Datenbank auch gleichzeitig verschlüsselt wird. Darüber hinaus bietet Access zahlreiche Möglichkeiten, das System vor dem Ausführen von schadhaften Visual Basic Programmcodes, im Folgenden der Einfachheit halber mit Makro bezeichnet, fremder Access-Datenbanken zu schützen.

HINWEIS In älteren Access Versionen bestand außerdem die Möglichkeit dem Benutzer der Datenbank bestimmte Berechtigungen für Daten und Programme zu erteilen. Öffnen Sie in Access 2007 Datenbanken der Version 2002 bzw. 2003 dann besteht diese Möglichkeit auch in Access 2007.

Ein Kennwort für die ganze Datenbank

Um Ihre Datenbank vor unerlaubtem Zugriff zu sichern, können Sie der gesamten Datenbank ein Kennwort zuweisen. Jeder Benutzer der Datenbank muss dieses Kennwort kennen, um auf die Daten, Formulare, Berichte usw. zugreifen zu können.

Dabei wird beim Datenbankkennwort nicht nach verschiedenen Benutzern unterschieden. Es gibt nur ein Kennwort, das jeder wissen muss, der die Datenbank benutzen will.

Kennwort vereinbaren

Klicken Sie auf der Registerkarte Datenbanktools auf die Schaltfläche *Mit Kennwort verschlüsseln*, um ein Kennwort zu vereinbaren. Tippen Sie im Dialogfeld das gewünschte Kennwort ein. Das Kennwort kann bis zu 20 beliebige Zeichen enthalten. Die Eingabe erfolgt verdeckt, d.h., die von Ihnen getippten Zeichen werden durch Sternchen dargestellt. Damit sich durch die verdeckte Eingabe kein Schreibfehler einschleicht, müssen Sie Ihr Kennwort im unteren Eingabefeld wiederholen.

Abbildg. 40.1 Dialogfeld zum Zuweisen eines Datenbankkennwortes

Beachten Sie, dass Access bei Kennwörtern Klein- und Großschreibung unterscheidet.

Erhalten Sie die in Abbildg. 40.2 gezeigte Fehlermeldung beim Vereinbaren des Kennwortes, so müssen Sie Ihre Datenbank im Exklusivmodus öffnen, um ein Kennwort festlegen zu können.

Für eine im Exklusivmodus geöffnete Datenbank wird sichergestellt, dass sie durch maximal einen Benutzer zur gleichen Zeit geöffnet werden kann. Verwenden Sie Ihre Datenbank in einem Netzwerk, so können normalerweise mehrere Benutzer gleichzeitig von verschiedenen Rechnern aus auf die Datenbank zugreifen. Dabei kann jeder Benutzer ein Datenbankkennwort vereinbaren. Letztendlich würde dann das Kennwort gelten, das zuletzt definiert wurde. Sie können sich vorstellen, dass das zu einiger Verwirrung führen würde. Deshalb müssen Sie die Datenbank zur Vereinbarung des Datenbankkennwortes exklusiv öffnen.

Abbildg. 40.2   Zuweisung des Kennwortes nur im Exklusivmodus!

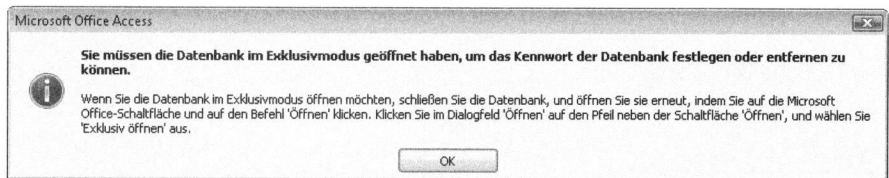

Rufen Sie dazu mit dem Befehl *Office-Schaltfläche/Öffnen* das in Abbildg. 40.3 dargestellte Dialogfeld auf und selektieren Sie dort durch einen Klick auf den Pfeil neben *Öffnen* die Option *Exklusiv öffnen*. Legen Sie jetzt das Datenbankkennwort fest.

Abbildg. 40.3   Einschalten des Exklusivmodus

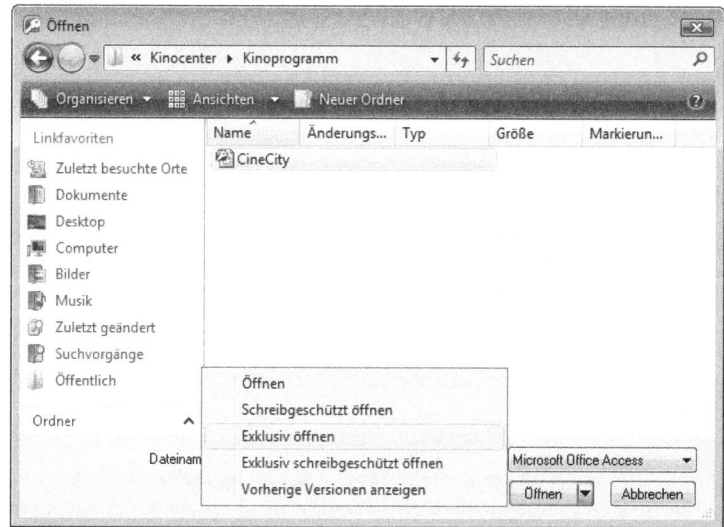

Aufrufen einer kennwortgeschützten Datenbank

Öffnen Sie eine mit einem Kennwort geschützte Datenbank, so werden Sie zuerst nach dem Kennwort gefragt.

Abbildg. 40.4   Abfrage des Kennwortes

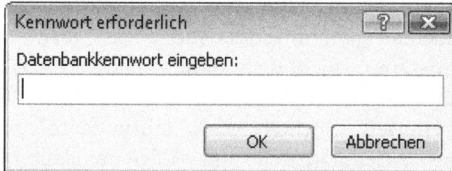

Datenbankkennwort löschen

Sie löschen das Kennwort über die Schaltfläche *Datenbank entschlüsseln* auf der Registerkarte *Datenbanktools*. Um das Kennwort löschen zu können, müssen Sie es allerdings kennen, denn Access lässt sich die Löschung des Kennwortes durch das Kennwort selbst bestätigen. Auch hier gilt, dass die Datenbank im Exklusivmodus geöffnet sein muss.

Abbildg. 40.5   Löschen des Kennwortes

Sicherheit von Visual Basic-Programmen

Öffnen Sie eine Datenbank, wird Ihnen im Normalfall in der Statuszeile eine Sicherheitswarnung wie in Abbildg. 40.6 gezeigt.

Abbildg. 40.6   Hinweis über deaktivierte Inhalte

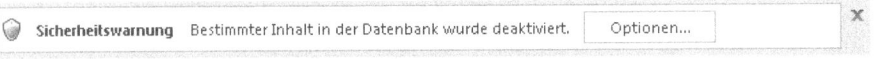

> **TIPP**   Haben Sie die Statusleiste mit einem Klick auf das Kreuz rechts oben ausgeblendet, können Sie sie leicht wieder auf der Registerkarte *Datenbanktools* in der Gruppe *Einblenden/Ausblenden* aktivieren.

Visual Basic für Applikationen (VBA) erlaubt die Programmierung fast unbeschränkter Funktionalität. Es ist beispielsweise kein Problem, ein Access-Programm zu erstellen, das irreparable Schäden an den Systemdateien und Daten auf Ihrem PC anrichten kann. Natürlich werden Sie selbst vermeiden, in Ihren Programmen solche Funktionen einzubauen, aber es besteht die Möglichkeit, dass Sie von irgendjemand eine Access-Datenbank erhalten und beim Öffnen der Datenbank wird auf Ihrem PC ein destruktives Programm ausgeführt ...

Genau diese Möglichkeit nutzen die Programmierer von bösartigen Makroviren. Stellen Sie sich vor, Sie erhalten eine E-Mail mit einer angehängten Datenbank. Nichts ahnend öffnen Sie die Datenbank und schon startet ein Programm, das beispielsweise alle Dateien von Ihrer Festplatte löscht. Deshalb unsere Empfehlung: Auf jeden Fall ein Virenschutzprogramm installieren!

Aber auch Microsoft hat Access (und die anderen Programme des Office-Pakets) inzwischen so ausgestattet und konfiguriert, dass bösartige Programme nicht mehr ohne weiteres ausgeführt werden. Hierzu werden VBA-Makros jeder Datenbank, die Sie öffnen, grundsätzlich deaktiviert. Sie erhalten deshalb den in Abbildg. 40.6 dargestellten Hinweis. Möchten Sie die Inhalte trotzdem aktivieren, dann klicken Sie auf die Schaltfläche *Optionen* in der Statuszeile und wählen im dadurch aktivierten

Dialogfeld die Option *Diesen Inhalt aktivieren* aus. Dadurch werden alle Inhalte für diese Sitzung aktiviert. Wenn Sie die Datenbank allerdings das nächste Mal öffnen, sind die Inhalte wieder deaktiviert. Um die Inhalte nicht bei jedem Öffnen der Datenbank aktivieren zu müssen, bietet Access verschiedene Lösungen an: Beispielsweise lässt sich die Sicherheitsstufe für Makros einstellen, was aber Auswirkungen auf jede Datenbank hat. Während die anderen Methoden *Verpacken und signieren* sowie *Vertrauenswürdige Speicherorte* nur die Ausführung von Makros bestimmter Datenbanken ändern.

> **HINWEIS** Bitte beachten Sie, dass Sie trotz Deaktivierung der Makros, Zugriff auf Tabellen und Abfragen haben. Auf Objekte wie Formulare haben Sie ebenfalls Zugriff. Allerdings werden hier die Makros nicht ausgeführt, was abhängig von den implementierten VBA-Makros zum Fehlverhalten der Objekte führen kann.

Sicherheitsstufen für die Ausführung von Makros

Um zu den Einstellungen für die Sicherheitsstufen zu gelangen, wählen Sie in den *Access-Optionen* das Vertrauensstellungscenter aus. Kicken Sie dort auf die Schaltfläche *Einstellungen für Vertrauensstellungscenter*, wodurch das Dialogfeld von Abbildg. 40.7 aktiviert wird.

Abbildg. 40.7   Einstellung der Sicherheitsstufe für Makros

Die niedrigste Sicherheitsstufe nennt sich *Alle Makros aktivieren*. Mit dieser Option werden alle Makros jeder Datenbank ohne Nachfragen ausgeführt.

Diese Einstellung beinhaltet ein großes Sicherheitsrisiko. Auch wenn Sie in der Regel keine fremden Datenbanken verwenden, raten wir von dieser Einstellung dringend ab. Erfahrungsgemäß werden Sie früher oder später doch eine fremde Datenbank öffnen und dann können mit dieser Einstellung ihre Daten bereits verloren sein.

Alle Makros außer digital signierten Makros deaktivieren ist die nächst höhere Sicherheitseinstellung. Sie bietet schon bedeutend mehr Schutz, da lediglich Makros, die digital signiert sind und deren Herausgeber Sie vertrauen, aktiviert werden. Alle anderen Makros werden deaktiviert. Eine Meldung über deaktivierte Inhalte wird nicht angezeigt. Öffnen Sie eine digital signierte Datenbank, deren Herausgeber Sie nicht vertrauen, erscheint ein Dialogfeld, in dem Ihnen Access anbietet, diesen Herausgeber zu Ihrer Liste der vertrauenswürdigen Herausgeber hinzuzufügen. Wie Sie Datenbanken selbst digital signieren können, zeigen wir Ihnen später.

Alle Makros mit Benachrichtigung deaktivieren ist die zweithöchste Sicherheitsstufe und gleichzeitig die Standardeinstellung. Bei dieser Einstellung werden alle Makros deaktiviert. Sie erhalten in der Statuszeile eine Meldung, dass Access Makros der Datenbank deaktiviert hat.

Alle Makros ohne Benachrichtigung deaktivieren ist die höchste Sicherheitsstufe. Die Makros jeder Datenbank werden deaktiviert, bis auf Makros von Datenbanken, die sich an einen vertrauenswürdigen Speicherort befinden. Eine Meldung über die Deaktivierung erhalten Sie nicht.

Vertrauenswürdige Speicherorte

In Access 2007 können Sie so genannte vertrauenswürdige Speicherorte definieren. Makros von Datenbanken, die sich in diesen Speicherorten befinden, werden uneingeschränkt ausgeführt, unabhängig von der gewählten Sicherheitsstufe. So können Sie zum Beispiel das Verzeichnis, in dem Sie Ihre eigenen Datenbanken erstellen, freigeben, während alle anderen Datenbanken aus anderen Verzeichnissen nach wie vor den hohen Sicherheitsbestimmungen unterliegen.

Um einen vertrauenswürdigen Speicherort zu definieren, öffnen Sie das Vertrauensstellungscenter und wählen Sie anschließend links die Kategorie *Vertrauenswürdiger Speicherort* aus. In einer nun rechts erscheinenden Liste, sehen Sie alle vertrauenswürdigen Speicherorte aufgelistet (siehe Abbildg. 40.8).

Abbildg. 40.8   Liste der festgelegten vertrauenswürdigen Speicherorte

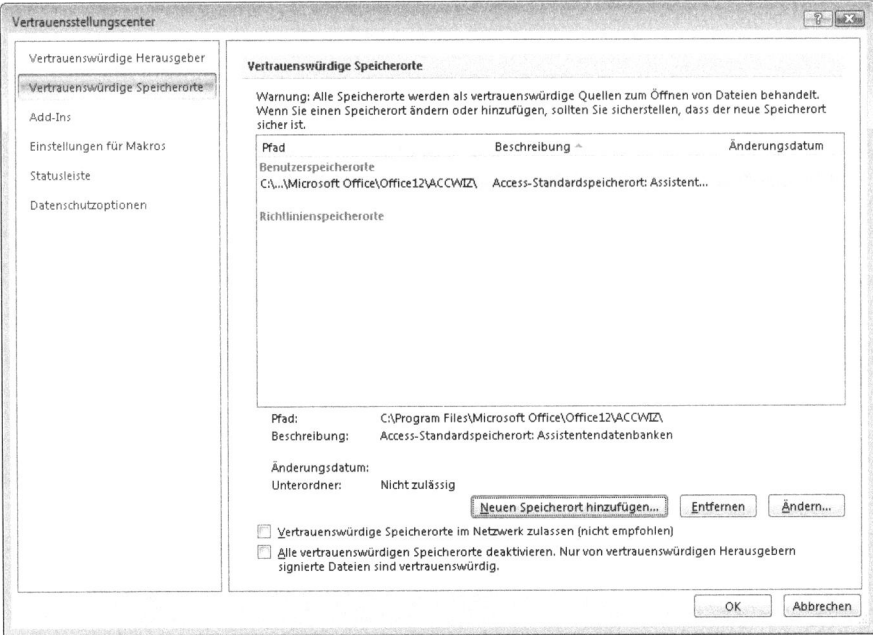

Standardmäßig sollten hier eigentlich die Pfade C:\Programme\Microsoft Office\Templates sowie C:\Programme\Microsoft Office\Office12\Startup vereinbart sein, was aber in der uns vorliegenden Version noch nicht der Fall war.

Sicherheit von Visual Basic-Programmen

Einen neuen Speicherort fügen Sie hinzu, indem Sie die Schaltfläche *Neuen Speicherort hinzufügen* ausführen, worauf sich ein Dialog wie in Abbildg. 40.9 öffnet.

Abbildg. 40.9 Definieren eines neuen vertrauenswürdigen Speicherortes

Hier können Sie entweder den gewünschten Pfad manuell in das obere Textfeld eintragen oder über die Schaltfläche *Durchsuchen* einen Dialog öffnen, in dem Sie das gesuchte Verzeichnis auswählen können. Zusätzlich haben Sie die Möglichkeit, Unterordner automatisch als vertrauenswürdige Speicherorte hinzufügen zu lassen. Dies erreichen Sie durch Auswählen der Option *Unterordner dieses Speicherorts sind ebenfalls vertrauenswürdig*. Geben Sie eine Beschreibung im unteren Textfeld an, dann wird diese neben dem Pfad in der Liste von Abbildg. 40.8 angezeigt.

Sobald Sie Ihren Pfad mit *OK* bestätigt haben, erscheint er in der Liste der vertrauenswürdigen Speicherorte.

Definierte vertrauenswürdige Speicherorte lassen sich mit den Schaltflächen *Entfernen* und *Ändern* entsprechend bearbeiten.

Befindet sich Ihr Rechner in einem lokalen Netzwerk, und möchten Sie ein Verzeichnis auf einem Laufwerk eines anderen Rechners als vertrauenswürdigen Speicherort definieren, dann schalten Sie die Option *Vertrauenswürdige Speicherorte im Netzwerk zulassen* ein.

Zertifikate

Neben einem vertrauenswürdigen Speicherort können sich vertrauenswürdige Quellen auch mit einem so genannten Zertifikat ausweisen. Firmen und Privatpersonen können von Zertifizierungsstellen Zertifikate erhalten, die ihre Identität bestätigen. Die Ausgabe und die Verwendung von Zertifikaten, auch als »elektronische Unterschriften« bezeichnet, ist in Deutschland, Österreich und der Schweiz gesetzlich geregelt. Privatpersonen und kleine Firmen verwenden Zertifikate zurzeit nur ganz selten, da der Aufwand zur Erlangung eines Zertifikats sowie die anfallenden Gebühren zu hoch sind.

Bei Interesse an einem Zertifikat für Sie als Privatperson oder für Ihre Firma können Sie sich an eine Zertifizierungsstelle wenden. Eine Liste aller Zertifizierungsstellen erhalten Sie im Internet unter der Adresse www.pki-page.org.

Eigene Zertifikate

Wenn Sie Ihre Makros an Kollegen oder Freunde weitergeben wollen, dann ist die Beantragung eines Zertifikats meist zu aufwändig und zu teuer. Sie können sich mit dem Hilfsprogamm SelfCert ein eigenes Zertifikat erstellen, mit dem Sie Ihre Makros signieren können. Das Programm finden Sie normalerweise im Ordner \Programme\Microsoft Office\Office12 unter dem Namen SelfCert.exe oder über Start/Alle Programme/Microsoft Office/Microsoft Office Tools/Digitale Zertifikat für VBA-Projekte.

Abbildg. 40.10 Zum Erstellen eines *Digitalen Zertifikats*

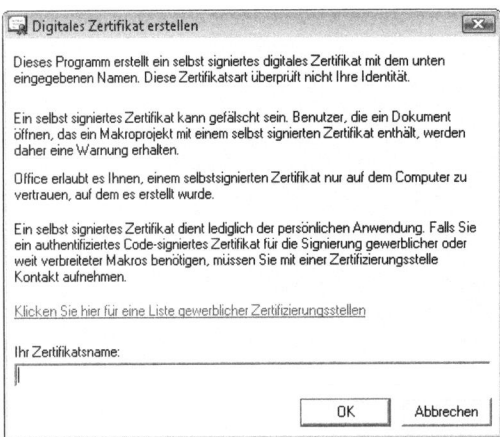

Geben Sie hier Ihren Namen oder den Namen Ihrer Firma an. Das Programm bestätigt die Erstellung des digitalen Zertifikats mit einem Dialogfeld.

Packen und Signieren von Datenbanken

Um eine Datenbank mit Ihrem Zertifikat zu signieren, wählen Sie in Access Office-Schaltfläche/Veröffentlichen/Packen und signieren aus. Anschließend öffnet sich ein Dialog, in dem alle auf Ihrem System vorhandenen digitalen Signaturen angezeigt werden.

Abbildg. 40.11 Dialog zur Auswahl einer vorhandenen Signatur

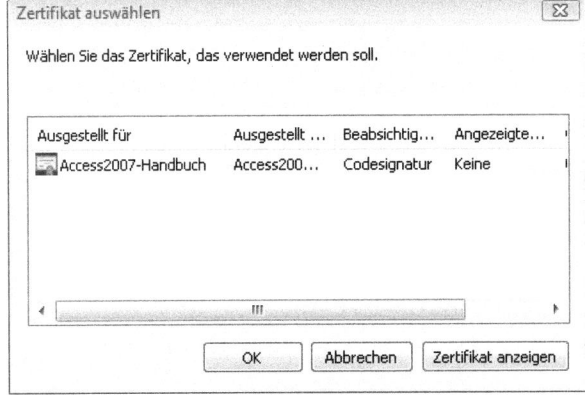

Sicherheit von Visual Basic-Programmen

Wählen Sie hier Ihr zuvor erstelltes Zertifikat aus und bestätigen es mit OK. Anschließend erscheint der Dialog aus Abbildg. 40.12. Hier können Sie die Datenbank speichern. Achten Sie darauf, dass die Datenbank in einem anderen Format, dem ACCDC-Format abgespeichert wird. Mit dem Speichern wird die Datenbank nicht nur mit der digitalen Signatur signiert, sondern auch gleichzeitig gepackt, was die Weitergabe der Datenbank erleichtert. Um die Datei zu erzeugen, führen Sie den Befehl *Erstellen* aus.

Abbildg. 40.12 Packen einer Datenbank in das ACCDC-Format

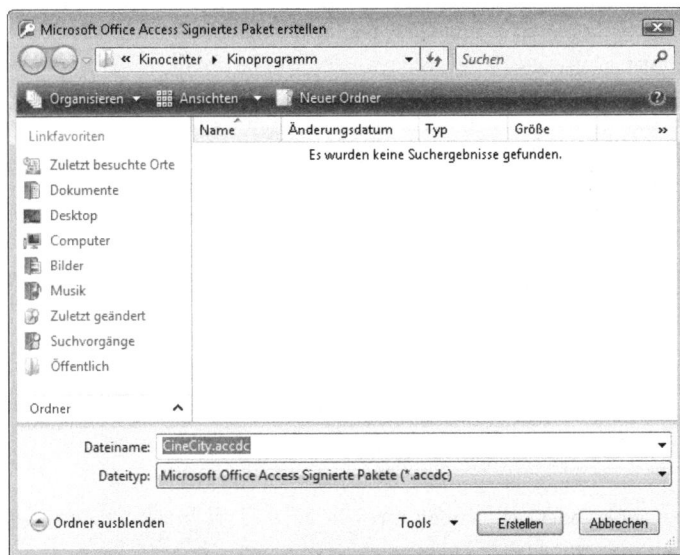

Wenn Sie die gepackte und signierte Datenbank später öffnen möchten, wählen Sie im *Öffnen*-Dialogfeld die entsprechende Datei aus. Achten Sie darauf, dass der Dateityp *Microsoft Office Access Signierte Pakete* ausgewählt ist.

Da Sie sich selbst noch nicht zu den vertrauenswürdigen Herausgebern hinzugefügt haben, erscheint zunächst der Dialog aus Abbildg. 40.13.

Abbildg. 40.13 Bisher nicht als vertrauenswürdig eingestufter Herausgeber

Kapitel 40 — Datenbankkennwörter und Datensicherheit

Wenn Sie jetzt den Befehl *Gesamten Inhalt des Herausgebers vertrauen* ausführen, werden Sie der Liste der vertrauenswürdigen Herausgeber hinzugefügt, und falls die Sicherheitsstufe auf *Alle Makros außer digital signierte Makros deaktivieren* eingestellt ist, werden auch alle Makros aktiviert. Wählen Sie hingegen *Öffnen* aus, dann wird der Herausgeber nicht zu den vertrauenswürdigen Herausgebern hinzugefügt und alle Makros werden deaktiviert. Je nach Sicherheitseinstellung erhalten Sie darüber eine Information in der Statuszeile oder eben nicht.

Sobald Sie einen der beiden Befehle ausgeführt haben, öffnet sich ein Dialog, wo Sie die entpackte Datenbank speichern können. Sie arbeiten dann immer auf der entpackten Datenbank weiter.

Haben Sie zuvor den Befehl *Gesamten Inhalt des Herausgebers vertrauen* ausgewählt, finden Sie sich in der Liste der vertrauenswürdigen Herausgeber wieder. Um das zu überprüfen, wechseln Sie zum Vertrauensstellungscenter und wählen dort *Vertrauenswürdige Herausgeber* aus. In der rechten Liste in Abbildg. 40.14 soll nun ihr zuvor erstelltes Zertifikat aufgeführt sein. Um einem vertrauenswürdigen Herausgeber nachträglich das Vertrauen zu entziehen, wählen Sie den entsprechenden Herausgeber in der Liste aus und führen Sie anschließend den Befehl *Entfernen* aus.

Abbildg. 40.14 Liste der vertrauenswürdigen Herausgeber

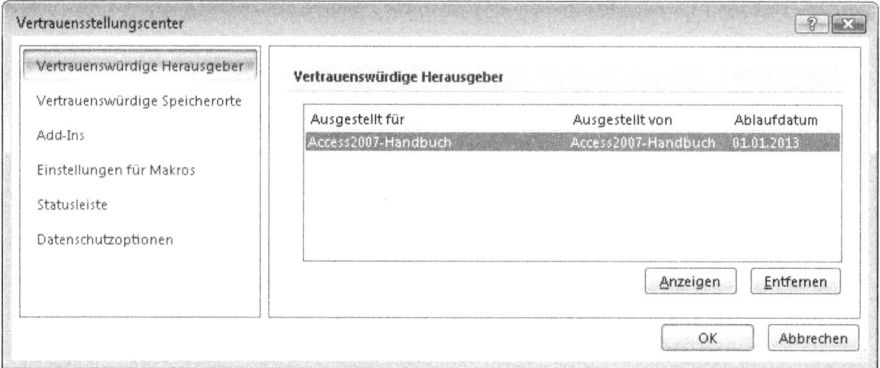

Zusammenfassung

In diesem Kapitel fanden Sie Informationen zur Datensicherheit.

- Das Kapitel begann mit dem Sichern von Datenbanken mit einem Kennwort.
- Darüber hinaus haben wir Ihnen ausführlich beschrieben, wie Sie Ihr System vor schadhaften VBA-Makros schützen können.

Kapitel 41

Einsatz in Mehrbenutzerumgebungen

In diesem Kapitel:

Datenzugriffe im Netzwerk	876
Die Verfahren zur Datensatzsperrung	878
Zusammenfassung	882

Kapitel 41 Einsatz in Mehrbenutzerumgebungen

Access-Datenbanken können prinzipiell im Netzwerk eingesetzt werden, so dass mehrere Benutzer Zugriff auf die gleichen Daten erhalten. Dazu wird einfach die Datenbank auf einem Netzwerklaufwerk bereitgestellt. Mehrere Benutzer können gleichzeitig die gleiche Datenbank öffnen und mit den darin vorhandenen Daten arbeiten. Dies wird als Mehrbenutzer- oder Multi-User-Zugriff bezeichnet.

In der Praxis wird in den meisten Fällen eine Trennung zwischen den eigentlichen Daten und den Formularen, Berichten usw. vorgenommen, indem eine Aufteilung in Front-End und Back-End vorgenommen wird. In Kapitel 13, »Tabellen verknüpfen und importieren«, haben wir Ihnen diese Möglichkeiten im Abschnitt »Verteilung: Daten und Programme« schon beschrieben.

Das Grundproblem aber bleibt das gleiche, ob Sie mit einer Datei oder einer Verteilung auf Front-End und Back-End arbeiten: Es muss sichergestellt werden, dass sich die verschiedenen Benutzer nicht gegenseitig stören und einander unbeabsichtigt Daten überschreiben.

Mit dem folgenden kleinen Szenario möchten wir Ihnen beschreiben, welche Probleme in einer Mehrbenutzerumgebung auftreten können.

Stellen Sie sich vor, CineCity betreibt ein Reservierungssystem für Kinoplätze. An mehreren Telefonannahmeplätzen werden Reservierungen entgegengenommen. Alle Mitarbeiter an den Annahmeplätzen greifen auf die gleiche Reservierungstabelle zu. Nun rufen zwei Kunden an, die beide die letzten drei Karten für den Film »Krass« reservieren möchten. Der Reservierungsauftrag von Kunde A wird von Mitarbeiter X angenommen, während Kunde B mit Mitarbeiter Y telefoniert. Mitarbeiter X sieht in der Reservierungstabelle nach und erhält die Angabe über die drei freien Plätze auf dem Bildschirm. Mitarbeiter Y führt zur gleichen Zeit den gleichen Vorgang aus. Beide sagen nun ihrem Kunden, dass die drei Plätze frei wären und reservieren sie. Nun, Sie können sich vorstellen, welchen Ärger es später im Kino geben würde: Beide Kunden haben eine Reservierung für die gleichen Plätze!

Die Vergabe der Plätze kann nur nach dem Schema: »Wer zuerst kommt, mahlt zuerst!« erfolgen. Wenn die erste Reservierung erfolgt ist, müssen alle anderen Benutzer, die gleichzeitig dieselben Daten verwenden, von der Änderung informiert werden. Für unser Beispiel heißt das, in dem Moment, wenn der erste Mitarbeiter die Reservierung vorgenommen hat, darf eine weitere Reservierung der Plätze nicht mehr durchgeführt werden.

Access bietet eine Reihe von Möglichkeiten und Befehlen, den gleichzeitigen Zugriff mehrerer Benutzer durch so genannte Sperrungen, engl. »Lockings«, zu regeln.

Datenzugriffe im Netzwerk

Greifen mehrere Benutzer gleichzeitig auf dieselbe Datenbank zu, muss der gegenseitige Zugriff geregelt sein. Nehmen mehrere Benutzer Änderungen an dem gleichen Datensatz vor, müssen die Benutzer über diesen mehrfachen Zugriff informiert werden, denn sonst werden die Daten gespeichert, die zuletzt in die Datenbank geschrieben wurden.

WICHTIG Beim Einsatz von Access in einer Netzwerkumgebung sollten Sie beachten, dass Access hier für eine sehr hohe Netzwerklast verantwortlich sein kann. Wenn mehrere Anwender mit dem auf ihrem PC installierten Access auf eine Access-ACCDB-Datenbank zugreifen, die auf einem Netzwerkserver abgelegt ist, findet die eigentliche Datenverarbeitung trotzdem auf den jeweiligen lokalen PCs statt. Durchsucht einer der Anwender die Access-Datenbank, so wird die Sucharbeit von seinem lokalen PC geleistet, der sich dazu die Daten vom Netzwerkserver über das Netzwerk lädt. Dabei kann es schon vorkommen, dass für die lokale Verarbeitung fast die gesamte ACCDB über das Netzwerk transportiert wird. Und wenn dies mehrere Anwender gleichzeitig tun, wird das Netzwerk entsprechend stark belastet.

Datenzugriffe im Netzwerk

Für große Datenbanken im Netzwerk empfiehlt sich der Einsatz eines Datenbankservers. Ein Datenbankserver, wie beispielsweise der Microsoft SQL Server, ist ein Programm, das auf dem Netzwerkserver installiert wird. Vom Client, also dem lokalen PC, erhält der Datenbankserver Anfragen, meist in Form von SQL-Abfragen. Der Datenbankserver ermittelt das Ergebnis der Abfrage und sendet das Ergebnis an den Client. Für die Ermittlung des Ergebnisses werden die Daten nur innerhalb des Servers verarbeitet, über das Netzwerk werden nur Anfrage und Ergebnis transportiert.

Allgemeine Einstellungen

Wir möchten Ihnen die standardmäßigen Sperrmechanismen anhand der Einstellungsmöglichkeiten in Access erläutern. Unter der Kategorie *Erweitert* in den Access-Optionen werden Ihnen eine Reihe von Festlegungen für den Mehrbenutzerbetrieb geboten.

Abbildg. 41.1 Mehrbenutzereinstellungen

Wenn eine Datenbank von einem Benutzer geöffnet wird, darf sie nicht im exklusiven Modus geladen werden, denn dann hat nur ein Benutzer »exklusiv« Zugriff auf die Datenbank. Die Standardeinstellung, die auch im Dialogfeld eingetragen ist, ist der Modus *Freigegeben*. Dabei müssen alle Benutzer, die auf eine Datenbank gleichzeitig zugreifen, *Freigegeben* selektiert haben.

In der Gruppe *Standard bei Datensatzsperrung* wird festgelegt, nach welchem Verfahren die gleichzeitige Änderung von Datensätzen behandelt werden soll. Die folgende Tabelle erläutert die verschiedenen Verfahren, die im Abschnitt »Die Verfahren zur Datensatzsperrung« beschrieben werden.

Tabelle 41.1 Sperrverfahren

Sperrverfahren	Beschreibung
Keine Sperrungen	Es wird das optimistische Sperrverfahren verwendet, d.h., gesperrt wird erst beim Speichern des Datensatzes.
Alle Datensätze	Hierbei werden alle Datensätze gesperrt; dies bedeutet, dass andere Benutzer keine Datensätze hinzufügen oder ändern, sondern nur lesend darauf zugreifen können.
Bearbeiteter Datensatz	Es wird das pessimistische Sperrverfahren verwendet, d.h., die Sperre für einen Datensatz wird beim Editieren des Datensatzes gesetzt.

Für jedes Formular müssen Sie die Sperreinstellungen auf dem Eigenschaftenblatt (Registerblatt *Daten*) zum Formular explizit bestimmen.

In den Access-Versionen vor Access 2000 sperrte Access nicht einzelne Datensätze, sondern Seiten (pages) mit 2.048 Bytes, d.h., alle Datensätze, die sich auf der entsprechenden Seite befanden, wurden gesperrt. Das hatte unter Umständen zur Folge, dass Datensätze unnötig gesperrt wurden, nur weil sie sich zufällig auf einer gesperrten Seite befanden.

Durch Ausschalten der Option *Datenbanken mit Sperrung auf Datensatzebene öffnen* im Dialogfeld aus Abbildg. 41.1 verhält sich Access 2007 beim Sperren wie die Vorgängerversionen.

Beachten Sie dabei, dass Memo- und OLE-Felder getrennt gespeichert und behandelt werden. Ihre Größe zählt nicht bei der Berechnung, wie viele Datensätze auf eine Seite passen. Der Vorteil der seitenweisen Sperrung liegt in dem geringeren Verwaltungsaufwand und einem im Allgemeinen besseren Leistungsverhältnis.

HINWEIS Alle Informationen, die Access zum Sperren von Datensätzen benötigt, werden in einer Datei gespeichert, die den gleichen Namen wie die entsprechende Datenbank hat, allerdings mit der Endung LACCDB.

HINWEIS Access beherrscht auch die Transaktionsverarbeitung. Unter einer Transaktion versteht man eine Datenbankoperation, bei der mehrere Teilschritte zusammengefasst sind. Bei der Ausführung der Transaktion müssen entweder alle Teilschritte ausgeführt werden oder keiner der Teilschritte. Als Beispiel lässt sich eine Kontobewegung auf der Bank nennen: Die Transaktion besteht aus dem Vorgang Abbuchen vom einen Konto und Buchen auf das andere Konto. Nur wenn beide Vorgänge funktioniert haben, ist das Geld transferiert.

Die Verfahren zur Datensatzsperrung

Im Folgenden möchten wir Ihnen die verschiedenen Verfahren zur Sperrung von Datensätzen vorstellen, die Access unterstützt. Übrigens werden für Snapshots prinzipiell keine Sperren gesetzt.

Optimistisches Sperren von Datensätzen

Wir möchten Ihnen zunächst das optimistische Sperren in Formularen und Programmen beschreiben.

Optimistisches Sperren in Formularen

Beim optimistischen Sperren wird erst in dem Moment gesperrt, in dem ein geänderter Datensatz geschrieben werden soll. Wurde der Datensatz in der Zwischenzeit, also in der Zeit zwischen dem Beginn der Bearbeitung und dem Schreiben (Update) von einem anderen Benutzer geändert, erhalten Sie bei der Arbeit mit einem Formular die folgende Mitteilung und Ihre Änderungen werden ignoriert, sobald Sie das Dialogfeld bestätigen.

Abbildg. 41.2   Meldung bei Schreibkonflikt

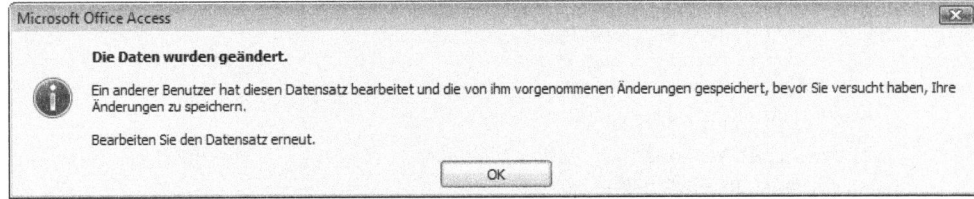

Optimistisches Sperren in Programmen

Gesperrt wird erst zum Zeitpunkt des Befehls Update, wenn also die Änderungen am Datensatz in die Tabelle geschrieben werden. Ist der Datensatz in der Zwischenzeit von einem anderen Benutzer verändert worden oder ist er gesperrt, werden entsprechende Laufzeitfehler ausgelöst. Hier zuerst die ADO-Variante:

```
Sub ADO_SperrTestOptimistisch()
    Dim conn As ADODB.Connection
    Dim rst As New ADODB.Recordset

    Set conn = CurrentProject.Connection
    ' Optimistisch sperren
    rst.Open "tblFilme", ActiveConnection:=conn, _
             LockType:=adLockOptimistic

    On Error GoTo err_SperrTest

    rst!Filmtitel = "Krass"

    ' Jetzt wird gesperrt
    rst.Update
exit_SperrTest:
    rst.Close
    Exit Sub

err_SperrTest:
    MsgBox "Fehler: " & Err.Number & ": " & Err.Description
    Resume exit_SperrTest
End Sub
```

In einem DAO-Programm wird das optimistische Sperren durch die Eigenschaft LockEdits = False eingeschaltet.

```
Sub DAO_OptimistischesSperren()

    Dim db As DAO.Database
    Dim rst As DAO.Recordset

    Set db = CurrentDb()
    Set rst = db.OpenRecordset("tblFilme")

    ' Optimistisch sperren
    rst.LockEdits = False

    On Error GoTo err_SperrTest

    rst.Edit
    ' ...
    rst!Filmtitel = "Krass"
    ' ...
    ' Jetzt wird gesperrt
    rst.Update

exit_SperrTest:
    rst.Close
    Exit Sub

err_SperrTest:
    MsgBox "Fehler: " & Err.Number & " »" & Err.Description & "«"
    Resume exit_SperrTest
End Sub
```

Pessimistisches Sperren von Datensätzen

Beim pessimistischen Sperren wird ein Datensatz in dem Moment gesperrt, in dem die Bearbeitung beginnt.

Pessimistisches Sperren von Formularen

Das pessimistische Sperren wird auf dem Eigenschaftsblatt des Formulars mit der Option *Bearbeiteter Datensatz* als Einstellung für das Sperrverhalten eingeschaltet.

In unserem Beispiel in Abbildg. 41.3 hat ein anderer Benutzer den Datensatz des Films »Verrückt nach Mary« pessimistisch gesperrt. Sie können keine Änderungen vornehmen. Access zeigt dies durch das Sperrzeichen im Datensatzmarkierer an.

Einer der Nachteile des pessimistischen Sperrens besteht darin, dass eine Sperre zeitlich sehr lange gesetzt bleiben kann. Beginnt beispielsweise ein Anwender die Änderung eines Datensatzes und wird dann für längere Zeit aus dem Raum gerufen, so bleibt die Sperre bestehen, bis der Bearbeitungsvorgang abgebrochen oder gespeichert wird.

Die Verfahren zur Datensatzsperrung

Abbildg. 41.3   Formular mit Sperrzeichen im Datensatzmarkierer

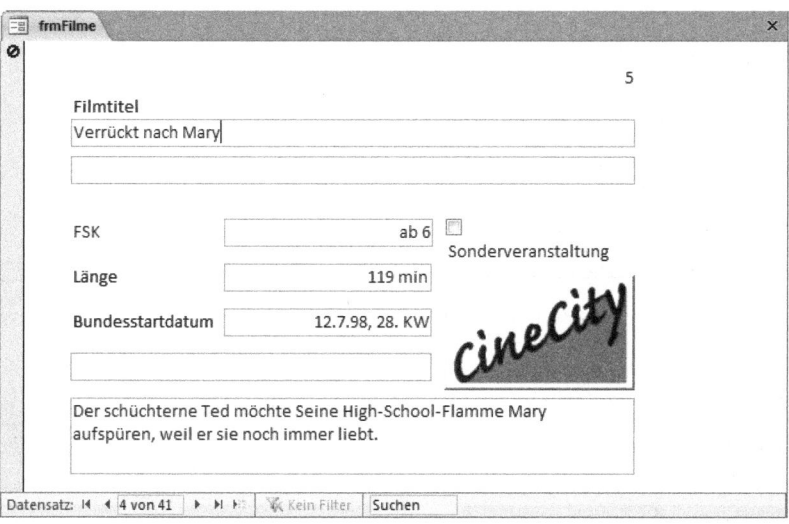

Pessimistisches Sperren in Programmen

Die Voreinstellung für Sperren in Programmen ist das pessimistische Verfahren. Hierbei wird der Datensatz in dem Moment gesperrt, in dem er bearbeitet wird. Mit ADO wird wie folgt pessimistisch gesperrt:

```
Sub ADO_SperrTestPessimistisch()
    Dim conn As ADODB.Connection
    Dim rst As New ADODB.Recordset

    Set conn = CurrentProject.Connection
    ' Pessimistisch (= Standardeinstellung)
    rst.Open "tblFilme", ActiveConnection:=conn, _
             LockType:=adLockPessimistic

    On Error GoTo err_SperrTest

    ' Jetzt wird gesperrt
    rst!Filmtitel = "Krass"
    rst.Update
exit_SperrTest:
    rst.Close
    Exit Sub

err_SperrTest:
    MsgBox "Fehler: " & Err.Number & ": " & Err.Description
    Resume exit_SperrTest
End Sub
```

In der DAO-Version wird mithilfe des Befehls `LockEdits = True` das pessimistische Sperren eingeschaltet, wie es das nächste Beispielprogramm zeigt. Die Sperre wird mit der Ausführung des Befehls `Edit` gesetzt und nach `Update` aufgehoben.

```
Sub DAO_SperrTestPessimistisch()

    Dim db As DAO.Database
    Dim rst As DAO.Recordset

    Set db = CurrentDb()
    Set rst = db.OpenRecordset("tblFilme")

    ' Pessimistisch (= Standardeinstellung)
    rst.LockEdits = True

    On Error GoTo err_SperrTest

    ' Jetzt wird gesperrt
    rst.Edit
    ' ...
    rst!Filmtitel = "Krass"
    ' ...
    rst.Update

exit_SperrTest:
    rst.Close
    Exit Sub

err_SperrTest:
    MsgBox "Fehler: " & Err.Number & " »" & Err.Description & "«"
    Resume exit_SperrTest
End Sub
```

Komplettsperrung

Neben dem optimistischen und pessimistischen Sperrverfahren können Sie auch noch eine Komplettsperrung veranlassen. Vereinbaren Sie auf dem Eigenschaftenblatt eines Formulars für die Sperrung *Alle Datensätze*, so werden sämtliche Datensätze des Dynasets gesperrt. Diese Variante wird nur sehr selten eingesetzt, beispielsweise für Administrationsaufgaben.

Zusammenfassung

In diesem Kapitel konnten Sie lesen,

- wie Access im Netzwerk betrieben werden kann und welche Besonderheiten beim Mehrbenutzerzugriff zu beachten sind.
- Ab Seite 878 beschrieben wir Ihnen die Methoden zur Datensatzsperrung, mit deren Hilfe Mehrbenutzerzugriffe koordiniert werden. Es wurden die beiden Varianten Optimistische (ab Seite 878) und Pessimistische Sperrung (ab Seite 880) erläutert.

Teil I
Access im Internet

In diesem Teil:

Kapitel 42	Hyperlinks, HTML- und XML-Ausgabe	885
Kapitel 43	Windows SharePoint Services	899

In allen Komponenten von Office 2007, also auch in Access, spielen Internettechniken und -verfahren eine immer größere Rolle.

Wir möchten Ihnen in diesem Teil die Internetfunktionen von Access vorstellen. Darüber hinaus möchten wir Ihnen Verfahren und Produkte vorstellen, um Access-Daten im Internet oder Intranet zu veröffentlichen.

- Wir beschreiben
- den Einsatz von Hyperlinks,
- die Ausgabe von statischen HTML-Dateien,
- den Umgang mit XML,
- Microsoft SharePoint Services als komplette Internet-Umgebung auf Basis von Windows Server 2003, die die Internet-Veröffentlichung von Access-Daten ermöglichen.

Kapitel 42

Hyperlinks, HTML- und XML-Ausgabe

In diesem Kapitel:

Einsatz von Hyperlinks	886
HTML-Ausgabe mit Access	888
XML	892
Zusammenfassung	897

Kapitel 42 Hyperlinks, HTML- und XML-Ausgabe

Wir haben dieses Kapitel in drei Abschnitte aufgeteilt: Im ersten Abschnitt beschreiben wir den Einsatz von Hyperlinks. Insbesondere möchten wir erklären, wie Sie die Hyperlinks auch ohne Internet für die tägliche Arbeit einsetzen können. Der zweite Abschnitt soll Ihnen die Fähigkeiten von Access im Hinblick auf das Internet beschreiben und aufzeigen, welche Vorteile Sie aus den neuen Funktionen ziehen können. Im dritten Abschnitt geben wir Ihnen einen kurzen Einblick in die XML-Funktionen von Access 2007.

Einsatz von Hyperlinks

Ein Hyperlink ist ein Querverweis zu Inhalten im Internet bzw. Intranet in Form einer URL-Adresse oder auch zu Inhalten auf lokalen Festplatten. Sie können Hyperlinks in Access mit und ohne Verbindung zum Internet oder einem Intranet nutzen.

Hyperlinks lassen sich in zwei Varianten in Access verwenden: als Datentypen für Tabellenfelder oder als Querverweise auf Formularen.

Der Datentyp »Hyperlink«

In Kapitel 10, »Einen Tabellenentwurf anlegen«, haben wir Ihnen im Abschnitt »Der Felddatentyp Hyperlink« die Definition und die Nutzung von Hyperlink-Feldern in Tabellen beschrieben.

Hyperlinks auf Formularen

Hyperlinks lassen sich auch direkt auf Formularen nutzen. Im folgenden Bild sehen Sie rechts oberhalb von *Sonderveranstaltung* den Hyperlink *frmKinos*. Ein Klick auf diesen Hyperlink ruft das Formular *frmKinos* auf.

Abbildg. 42.1   Formular mit Hyperlink

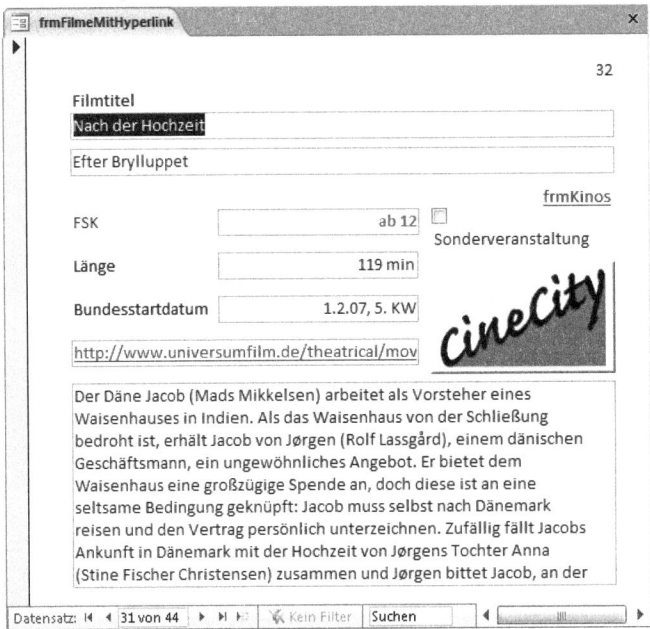

Einsatz von Hyperlinks

Zur Erstellung des Hyperlinks haben wir in der Entwurfsansicht des Formulars mit der Schaltfläche *Hyperlink einfügen* auf der Registerkarte *Entwurf* das folgende Dialogfeld geöffnet.

Abbildg. 42.2   Einfügen eines neuen Hyperlinks

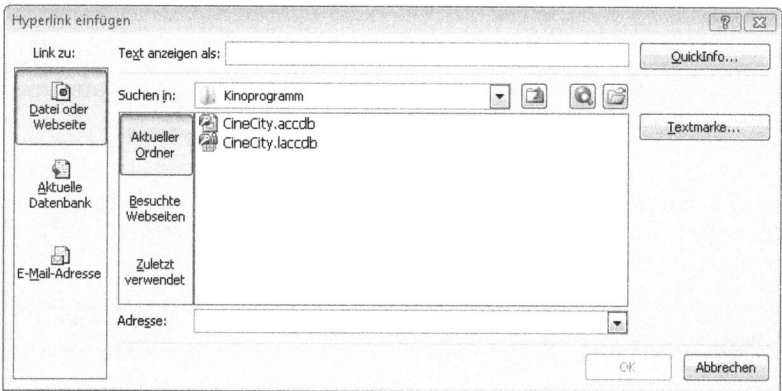

Für einen Hyperlink können Sie den Link sowie den anzuzeigenden Text festlegen. Den Text, der auf dem Formular für den Link eingeblendet wird, legen Sie unter *Text anzeigen als* fest.

Für die Definition des Hyperlinks stehen Ihnen die drei Optionen auf der linken Seite des Dialogfeldes zur Verfügung.

Hyperlink: Datei oder Webseite

Die Auswahl *Datei oder Webseite* (Abbildg. 42.2) ermöglicht den Verweis auf eine beliebige Datei auf Ihrem Rechner bzw. im Netzwerk. Je nach Typ der Datei wird später beim Anklicken des Hyperlinks auf Ihrem Formular das richtige Programm zur Anzeige der Datei gestartet. Die Schaltfläche *Datei* ermöglicht Ihnen eine bequeme Auswahl der entsprechenden Datei. Wählen Sie beispielsweise ein Word-Dokument, so öffnet ein Klick auf den Hyperlink Word und das Dokument wird geladen.

Mithilfe der Schaltfläche *Webseite* mit dem Weltkugelsymbol starten Sie den Internet Explorer, mit dessen Hilfe Sie eine Webseite auf Ihrem Rechner, in Ihrem Netzwerk oder im weltweiten Internet auswählen können. Haben Sie die gewünschte Webseite aufgerufen, aktivieren Sie Access, ohne den Internet Explorer zu schließen, um die Adresse der Webseite in das Dialogfeld *Hyperlink einfügen* zu übernehmen.

Hyperlink: Aktuelle Datenbank

Selektieren Sie im Dialogfeld *Hyperlink einfügen* die Auswahl *Aktuelle Datenbank*, werden Ihnen die Objekte Ihrer Datenbank zur Verknüpfung mithilfe des Hyperlinks angeboten, wie es Abbildg. 42.3 zeigt.

Mithilfe der Pluszeichen vor den Objektbezeichnungen klappen Sie die jeweilige Liste mit Objekten auf. Selektieren Sie das gewünschte Objekt, das mit dem Hyperlink aufgerufen werden soll.

Hyperlinks sind eine einfache und schnelle Methode, Formulare und Berichte aufzurufen, denn mit wenigen Klicks haben Sie einen entsprechenden Hyperlink auf Ihrem Formular eingerichtet.

Kapitel 42 Hyperlinks, HTML- und XML-Ausgabe

Abbildg. 42.3   Verknüpfung zu welchem Objekt?

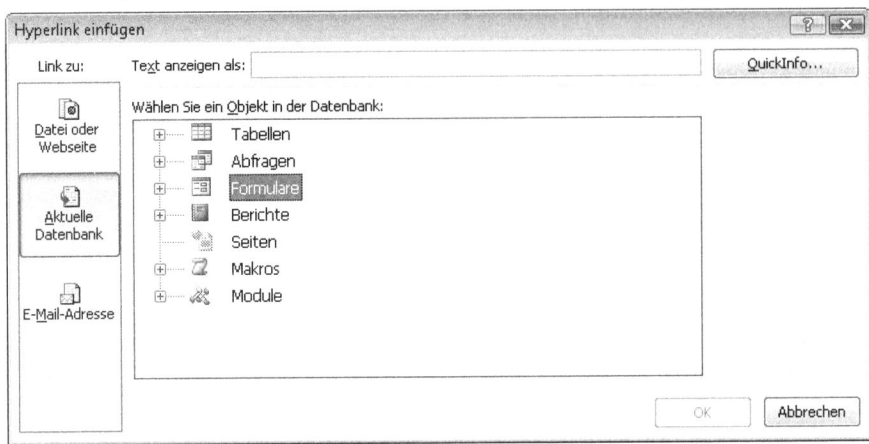

Hyperlink: E-Mail-Adresse

Mithilfe der Option *E-Mail-Adresse* im Dialogfeld *Hyperlink einfügen* können Sie vereinbaren, dass ein Klick auf den Hyperlink das auf Ihrem Rechner eingerichtete E-Mail-Programm aufruft und die Empfängeradresse dort direkt einträgt. Bei der Office-Installation werden als E-Mail-Programm normalerweise Outlook Express (gehört zum Internet Explorer) bzw. Outlook eingerichtet.

Abbildg. 42.4   Hyperlink: *E-Mail-Adresse*

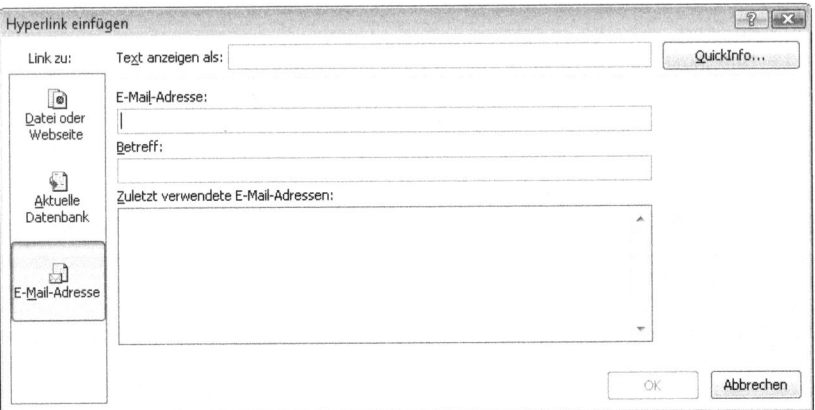

HTML-Ausgabe mit Access

HTML-Dateien werden normalerweise auf einen Internetserver gespielt und können dann über die Internetadresse des Servers abgerufen werden. Testen können Sie die HTML-Ausgabe auch ohne Server. Laden Sie dazu einfach die von Access erzeugte HTML-Datei mit dem Microsoft Internet Explorer.

HTML-Ausgabe mit Access

Bei der statischen HTML-Ausgabe werden die Daten des ausgewählten Access-Objekts als Tabelle in eine HTML-Datei geschrieben. Diese Ausgabe wird deshalb als statisch bezeichnet, weil die HTML-Datei den Stand der Daten zum Zeitpunkt der Erzeugung der HTML-Datei widerspiegelt. Spätere Änderungen an den Daten werden nicht in der HTML-Datei berücksichtigt. Soll ein neuerer Stand der Daten bereitgestellt werden, so muss die HTML-Datei neu generiert werden.

In diesem Abschnitt zeigen wir Ihnen die statische Ausgabe einer Tabelle als HTML-Datei. Statisch bedeutet, dass die HTML-Ausgabe den Stand der Daten in der Datenbank zurzeit der Erstellung der HTML-Datei widerspiegelt, also werden spätere Änderungen an den Daten nicht automatisch in die HTML-Datei übernommen.

Selektieren Sie zum Erstellen der HTML-Datei in Access die gewünschte Tabelle und wählen Sie dann auf der Registerkarte *Externe Daten* in der Gruppe *Exportieren* die Schaltfläche *Weitere* aus. Nachdem Sie in der Liste das HTML-Dokument ausgewählt haben, legen Sie im Dialogfeld *Exportieren* den gewünschten Dateinamen fest.

Abbildg. 42.5   HTML-Export

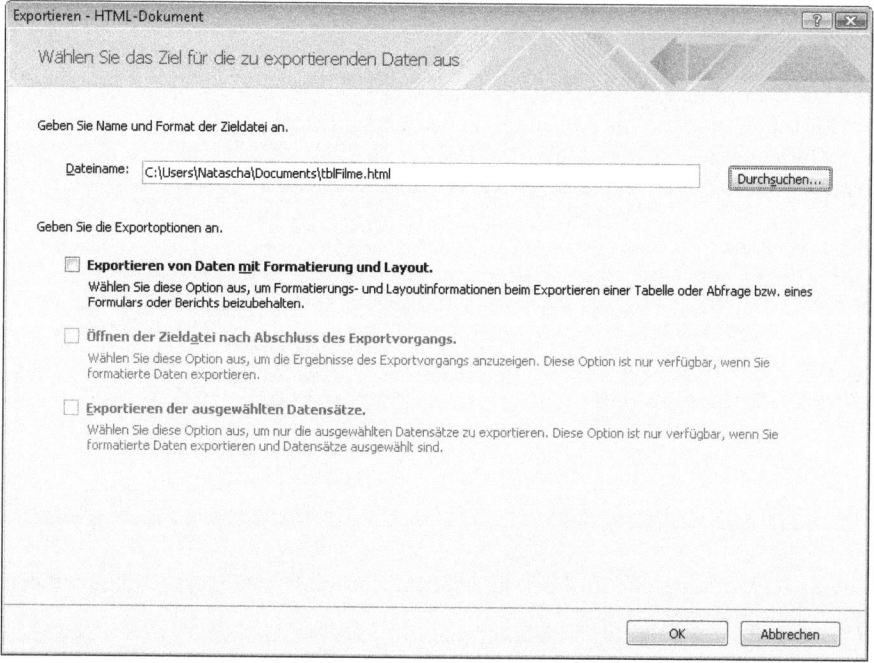

Durch Selektieren der Option *Exportieren von Daten mit Formatierung und Layout* erhält die in HTML erzeugte Tabelle zusätzlich Spaltenüberschriften. Ferner werden hierdurch die beiden anderen Optionen freigeschaltet. Für die Option *Exportieren der ausgewählten Datensätze* ist es außerdem erforderlich, dass Sie die zuvor selektierte Tabelle in Datenblattansicht geöffnet und darin Datensätze markiert haben.

Haben Sie die Option *Exportieren von Daten mit Formatierung und Layout* selektiert, wird nach dem Bestätigen des Dialogfeldes das Dialogfeld *HTML-Ausgabeoptionen* eingeblendet. Es ermöglicht die Auswahl einer HTML-Vorlagedatei mit zusätzlichen Texten und die Codierung für die zu erzeugende HTML-Datei.

Kapitel 42   Hyperlinks, HTML- und XML-Ausgabe

Abbildg. 42.6   HTML-Ausgabeoptionen

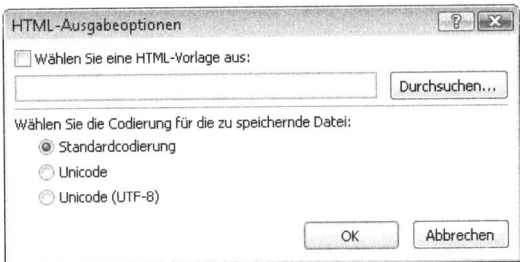

In Abbildg. 42.7 sehen Sie das erstellte HTML-Dokument im Internet Explorer.

Abbildg. 42.7   Die erzeugte HTML-Datei

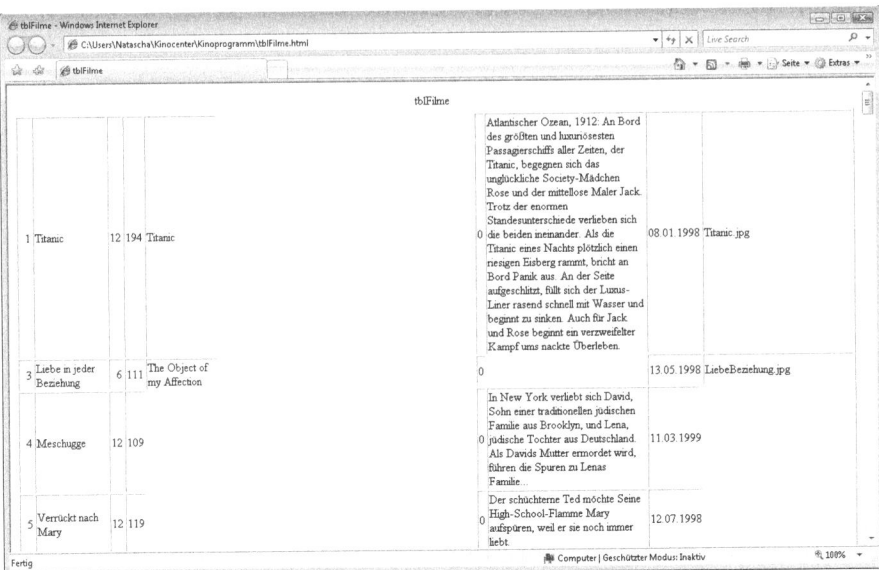

Soll die HTML-Datei nun im Internet veröffentlicht werden, so muss sie dazu auf einen Internet Server kopiert werden.

HINWEIS   Übrigens werden beim Export von Berichten die Berichte in kleine HTML-Dateien zerlegt, die jeweils eine Seite des Berichts abbilden. Bei der Darstellung des Berichts im Browser werden unterhalb der Daten Schaltflächen zum Blättern im Bericht gezeigt.

Nachdem der Export abgeschlossen ist, bietet Ihnen Access an, die Schritte des Exports zur Wiederverwendung zu speichern (siehe Abbildg. 42.8).

HTML-Ausgabe mit Access

Abbildg. 42.8   Exportschritte speichern

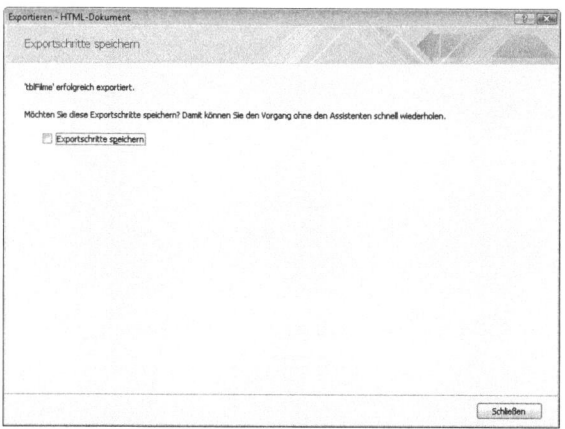

Sobald Sie die Option *Exportschritte speichern* aktiviert haben, wird der Dialog um Textfelder und Optionen erweitert. In dem Textfeld *Speichern unter* geben Sie den Namen ein, unter dem die Exportschritte gespeichert werden sollen (siehe Abbildg. 42.9).

Abbildg. 42.9   Namen für gespeicherten Export vergeben

Optional lässt sich eine Beschreibung des Exports hinterlegen. Mit der Option *Outlook-Aufgabe erstellen* wird in Outlook eine Aufgabe erzeugt, die Sie an den nächsten durchzuführenden Export erinnern soll. Nachdem Sie alle erforderlichen Angaben gemacht haben, speichern Sie sie mit der Schaltfläche *Export speichern* ab. Um den Export zu einem späteren Zeitpunkt durchzuführen, wählen Sie auf der Registerkarte *Externe Daten* die Schaltfläche *Gespeicherte Exporte* aus. Anschließend öffnet sich ein Dialog in dem alle gespeicherten Importe aufgelistet werden (siehe Abbildg. 42.10).

Abbildg. 42.10 Liste der gespeicherten Exporte

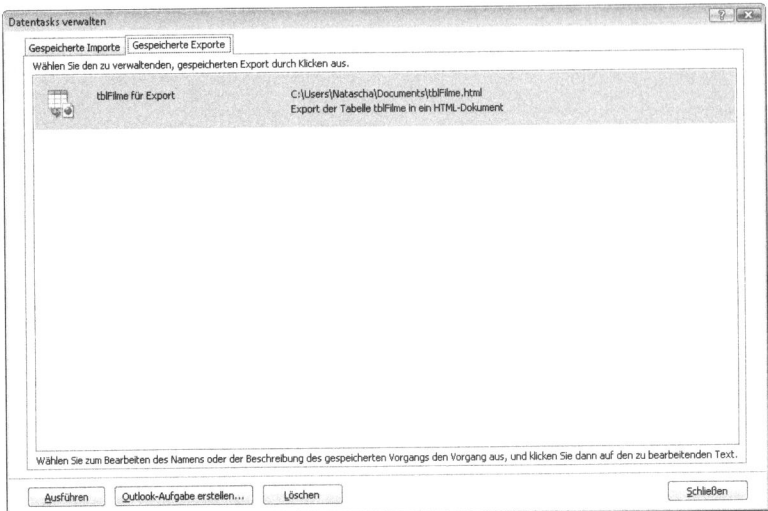

XML

Mit XML (»Extensible Markup Language«) unterstützt Access ein Format, das die Weitergabe von Daten zwischen unterschiedlichen Systemen und Anwendungen ermöglicht. XML hat sich in der letzten Zeit als ein Standard zur Beschreibung von Daten und Datenstrukturen etabliert.

Dazu verwendet XML das Konzept der selbstbeschreibenden Dokumente, die alle Informationen enthalten, die notwendig sind, um sie in ihrem Anwendungsumfeld zu bearbeiten. XML wird vom World Wide Web Consortium (W3C) standardisiert, das beispielsweise auch den Sprachumfang HTML festgelegt hat.

Um XML in der Praxis sinnvoll einsetzen zu können, gibt es mittlerweile eine Vielzahl begleitender Standards wie z.B. XHTML, XML Namespaces, XML Schema, XSLT und XPath.

Tags in XML

XML besteht aus »Tags«. Ein »Tag« ist ein Block, der von den Zeichen < und > eingeschlossen wird. Ein Element ist ein Block, der von einem öffnenden und einem schließenden (mit zusätzlichem /) Tag umgeben wird, also beispielsweise

```
<FILMTITEL>Happy Feet</FILMTITEL>
Ein Tag kann zusätzliche Attribute aufweisen, wie z.B.
<FILMTITEL SPRACHE="DE">Happy Feet</FILMTITEL>
Tags können mehrere Zeilen einschließen und andere Tags beinhalten:
<Film>
<Filmtitel>Dreamgirls</Filmtitel>
<FSK>Ohne Altersbeschränkung</FSK>
<Länge>134</Länge>
</Film>
```

Beachten Sie, dass Tags auf Groß- und Kleinschreibung achten, so sind <FILMTITEL>, <Filmtitel> und <FilmTitel> drei verschiedene Tags.

Zusätzlich können in XML Verarbeitungsanweisungen angegeben werden, die mit <?name data?> definiert werden, beispielsweise <?xml version="1.0"?>, um den Versionsstand der XML-Datei festzulegen.

> **HINWEIS** In HTML sind die einsetzbaren Tags wie beispielsweise <HTML> ... </HTML> oder <b> ... </b> vordefiniert. Dagegen erlaubt XML die Festlegung eigener Tags.

Wenn die elementaren Regeln für den Einsatz der Tags befolgt werden, erhält man ein XML-Dokument, das »wohlgeformt« ist. Die wichtigsten Anforderungen an ein wohlgeformtes XML-Dokument sind:

- Es muss genau ein Element geben, das alle anderen enthält.
- Für alle Elemente müssen die öffnenden und schließenden Tags vorhanden sein, oder das Element muss im Tag explizit als leer gekennzeichnet werden.
- Alle Tags müssen richtig verschachtelt sein.
- Alle Attribute müssen einen Wert haben, der von einfachen oder doppelten Anführungszeichen eingeschlossen ist.
- Der benutzte Zeichensatz muss am Anfang des Dokuments definiert werden, wenn er nicht mit der Zeichencodierung UTF-8 oder UTF-16 gespeichert ist.

Was ist der Unterschied zwischen XML und HTML?

XML ist wie HTML eine Beschreibungssprache, wobei es grob gesagt bei HTML um das Aussehen und bei XML um den Inhalt geht. Die Beschreibungen in einer HTML-Datei definieren die Art und Weise, in der die enthaltenen Daten angezeigt werden sollen. Mit XML hingegen wird die logische Struktur der enthaltenen Daten erfasst.

Dieser Unterschied wird deutlich, wenn Sie sich die Schreibweise der beiden Sprachen anschauen. Sowohl in HTML als auch in XML werden so genannte Tags verwendet. Als Tag wird ein von den Zeichen < und > eingeschlossener Block bezeichnet. Der HTML-Tag <b>65779</b> gibt beispielsweise nur an, dass die betreffende Zahlenfolge fett geschrieben werden soll. Am XML-Tag <Postleitzahl>65779</Postleitzahl> kann dagegen sofort abgelesen werden, um was es sich bei der Zahl handelt.

Mit Access XML-Dateien erstellen

Um eine XML-Datei zu erstellen, nutzen Sie die Exportfunktion von Access. Dabei ist es möglich, neben den in ein XML-Dokument exportierten Daten in einem so genannten Schema die Struktur anzugeben. Das Schema kann in einer eigenen Datei gespeichert werden. Zusätzlich können Sie in einer weiteren Datei ein so genanntes Stylesheet speichern, in dem beschrieben ist, wie die Daten präsentiert werden sollen, wobei mit Präsentation beispielsweise die Anzeige in einem Browser gemeint sein kann.

Um eine XML-Datei im Browser anzeigen zu können, werden also drei Dateien angelegt – im Gegensatz zu einer einzigen HTML-Datei, die hierfür notwendig wäre. Diese Aufteilung der Informationen bewährt sich aber, wenn es nicht nur um die Anzeige, sondern um den Austausch von Daten geht. Das werden Sie sehen, wenn wir uns im nächsten Abschnitt mit dem Importieren beschäftigen.

In Access können Sie Tabellen, Abfragen, Formulare oder Berichte in XML exportieren. Als Beispiel soll die Tabelle aus dem vorigen Beispiel diesmal nach XML exportiert werden.

Dazu klicken Sie wie beim HTML-Export auf die Schaltfläche *Weitere* auf der Registerkarte *Externe Daten* (Gruppe Exportieren). Wählen Sie diesmal *XML-Datei* statt *HTML-Dokument* in der Liste aus. Im daraufhin erscheinenden Dialogfeld geben Sie den Dateinamen an, unter dem die XML-Datei gespeichert werden soll (siehe Abbildg. 42.11).

Abbildg. 42.11 Dateinamen für XML-Datei vergeben

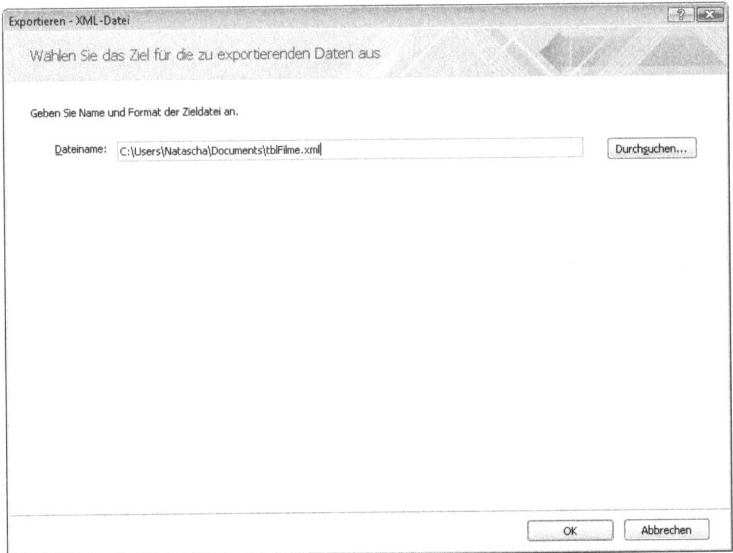

Nachdem Sie den Dateinamen mit einem Klick auf die Schaltfläche *OK* bestätigt haben, setzen Sie im Dialogfeld *XML exportieren* neben den ersten beiden auch das Häkchen vor *Präsentation Ihrer Daten (XSL)*, damit die exportierte Datei anschließend im Browser angezeigt wird. Wenn Sie auf *OK* klicken, werden die Exportdateien erstellt.

Abbildg. 42.12 Auswahl der zu exportierenden Informationen

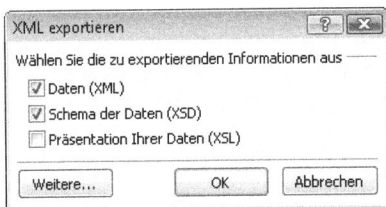

XML

Um die zusätzlichen Einstellungsmöglichkeiten kennen zu lernen, klicken Sie im Dialogfeld *XML exportieren* auf *Weitere*.

Abbildg. 42.13 Exportieren statischer Daten

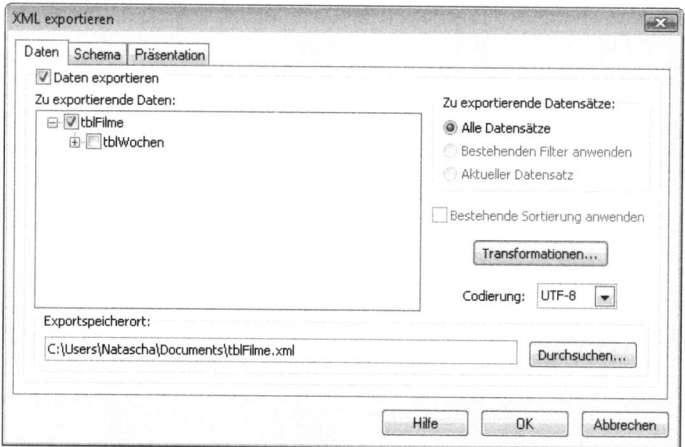

Auf der Registerkarte *Daten* können Sie gegebenenfalls *Exportspeicherort* und die *Codierung* der Daten ändern sowie verknüpfte Tabellendaten hinzufügen.

Auf dem Registerblatt *Schema* definieren Sie, ob und wie eine XSD-Datei erstellt werden soll. Sie können einstellen, ob die Schemadatei Informationen über den Primärschlüssel und die Indizes der Datenquelle enthalten soll. Zusätzlich können Sie die Eigenschaften von Tabellen und Feldern in das Schema aufnehmen lassen. Soll keine separate XSD-Datei erstellt werden, können Sie die Option *Schema in exportiertes XML-Datendokument einbetten* wählen.

Abbildg. 42.14 Schemainformationen einstellen

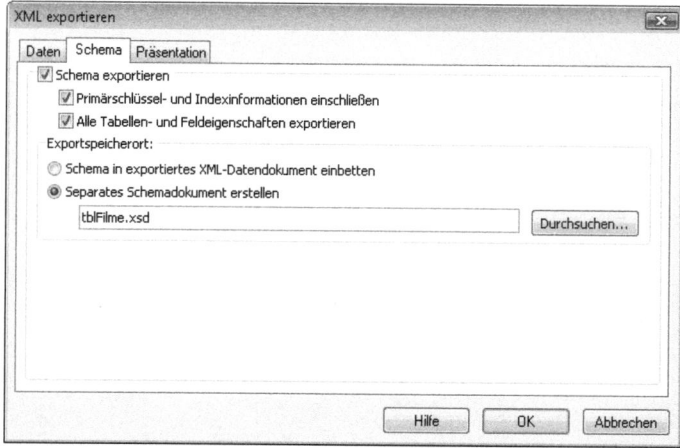

Auf dem dritten Registerblatt, *Präsentation*, haben Sie die Möglichkeit, Informationen für die Gestaltung der XML-Datei festzulegen. Dabei können Sie angeben, ob diese Informationen auf dem *Client (HTML)* oder *Server (ASP)* ausgewertet werden sollen. Die erstellte XSL-Datei enthält Informationen über die Darstellung und das Layout der Daten und erzeugt zusätzlich den für das Anzeigen erforderlichen HTML- oder ASP-Code. Der zusätzliche Code ist in der Programmiersprache VB-Script realisiert. Die VBScript-Teile verhindern leider, dass die XSL-Datei problemlos mit Nicht-Microsoft-Produkten wie FireFox, Mozilla oder Apache Web Server eingesetzt werden kann.

Abbildg. 42.15 Präsentationseinstellungen

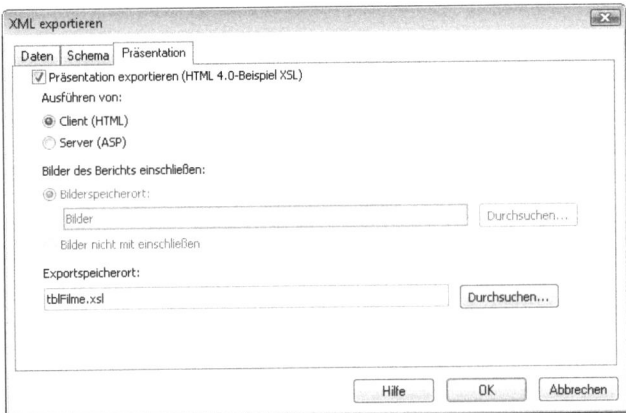

Erfolgt die Auswertung auf einem Microsoft Information Server, wird die erzeugte ASP-Datei auf dem Server abgearbeitet. Das Ergebnis wird dann als HTML-Code an den Browser geschickt.

XML-Daten importieren

In Access können Sie XML-Dateien importieren, die von beliebigen Anwendungen erzeugt wurden. Als Beispiel sollen jetzt die oben erzeugten Dateien importiert werden. Dazu klicken Sie die Schaltfläche *XML-Datei* auf der Registerkarte *Externe Daten* an und geben im sich anschließend öffnenden Dialog den Namen der zuvor erzeugten XML-Datei ein.

Abbildg. 42.16 XML-Datei zum Import auswählen

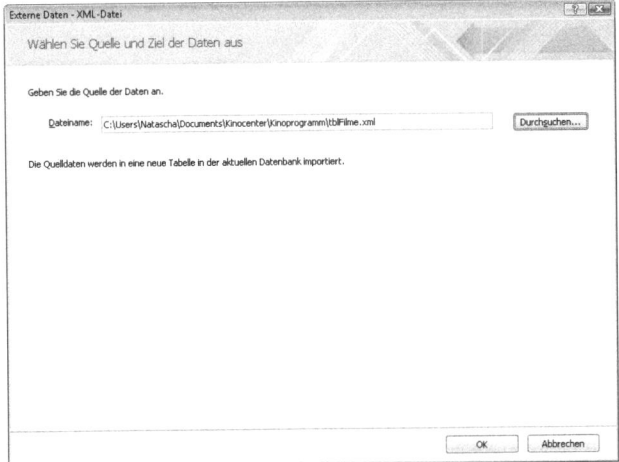

Nach einem Klick auf *OK* bekommen Sie das Dialogfeld *XML-Import* angezeigt, auf dem sich die *Importoptionen* einstellen lassen.

Abbildg. 42.17 Importoptionen einstellen

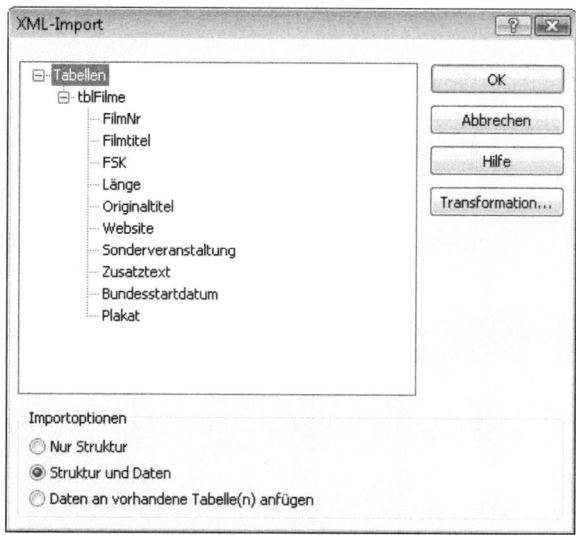

Zusammenfassung

In diesem Kapitel konnten Sie lesen:

- Wie Sie Hyperlinks einsetzen können,
- wie Sie eine statische HTML-Seite erzeugen können (ab Seite 888) und

wie Sie XML-Daten exportieren (siehe Seite 896) und importieren (siehe Seite 893) können.

Kapitel 43

Windows SharePoint Services

In diesem Kapitel:

Was ist SharePoint?	900
Aufbau und Konfiguration einer SharePoint-Website	901
SharePoint-Listen	909
SharePoint-Listen für Access-Daten	917
Zusammenfassung	923

Kapitel 43 Windows SharePoint Services

Um die Zusammenarbeit von Office-Benutzern zu verbessern, bietet Microsoft als Bestandteil des Microsoft Windows 2003 Servers die Windows SharePoint Services aktuell in der Version 3.0 an. Windows SharePoint Services sind eine auf Internet-Techniken bestehende Plattform, die zur Bereitstellung von Websites mit Inhalten dient. Die Inhalte können in einem Browser ebenso wie mit Office-Programmen angesehen und genutzt werden.

Die Windows SharePoint Services setzen Windows 2003 Server voraus. Microsoft bietet für die SharePoint Services zwei verschiedene Installationen an, Single Server und Server Farm. Letztere ist für große Webseiten gedacht und bezüglich der Installation und Verwaltung komplexer als die Single Server Variante. Wir beziehen uns im Folgenden ausschließlich auf die Single Server Installation. Alle SharePoint-Daten werden in einer Microsoft SQL Server-Datenbank gespeichert, wobei die Single Server Installation die Datenbank in Form der von Microsoft frei angebotenen SQL Server Express Edition gleich mitbringt, während die Server Farm Variante den SQL Server 2005 oder den SQL Server 2000 mit Service Pack 3a als vorhandene Datenbank verlangt.

Auf dem Windows 2003 Server wird bei der Installation von Windows SharePoint Services eine Website für die zentrale Administration der gesamten SharePoint-Installation eingerichtet. Diese Website dient zur Festlegung allgemeiner technischer Einstellungen und wird in diesem Kapitel nicht beschrieben.

Was ist SharePoint?

Vielleicht geht es Ihnen wie den meisten Access-Anwendern und Sie haben noch nie etwas von SharePoint gehört. Deshalb einige einleitende Worte, für was SharePoint, man könnte es etwa mit »Verteilungspunkt« übersetzen, eingesetzt werden kann.

Verbesserung der Zusammenarbeit

In den meisten Firmen beschränkt sich die Zusammenarbeit von Office-Benutzern auf die gemeinsame Ablage von Office-Dateien in freigegebenen Verzeichnissen auf einem Server. SharePoint bietet mit so genannten Dokumentbibliotheken eine zentrale Verwaltung von Office-Dokumenten, die eine Versionierung von Dokumenten ermöglicht. Außerdem wird die Bearbeitung von Dokumenten koordiniert, so dass mehrere Benutzer ein und dasselbe Dokument gleichzeitig bearbeiten können.

Zentrale Informationsbereitstellung

SharePoint bietet die zentrale Bereitstellung von Informationen in beliebig definierbaren Listen. Die Listen können von den Benutzern, entsprechende Zugriffsberechtigungen vorausgesetzt, angesehen, bearbeitet und erweitert werden.

Mit SharePoint können fast unbegrenzt viele Websites bereitgestellt werden; es ist sogar möglich, dass Benutzer, die entsprechende Berechtigung vorausgesetzt, selbst Websites erstellen und veröffentlichen.

Es ist möglich, Daten aus Access-Datenbanken als SharePoint-Liste bereitzustellen und so im Internet oder Intranet zu veröffentlichen.

Zentraler Kalender

Termine und Ereignisse für die Mitarbeiter von Arbeitsgruppen sowie gemeinsame Adress- und Kontaktlisten können in vordefinierten SharePoint-Listen verwaltet werden.

Wissensmanagement

SharePoint bietet sich auch als Plattform zum Management von Wissen an. Fragen, Antworten, Problemlösungen und vieles mehr kann in vordefinierten Listen gesammelt und nach Bedarf durchsucht werden.

Intern und extern

SharePoint lässt sich als Internet-Anwendung sowohl intern als auch extern bereitstellen, so dass beispielsweise Mitarbeiter von zuhause aus über das Internet auf ihre in SharePoint verwalteten Dokumente zugreifen können.

> **HINWEIS** Die Verwaltung von SharePoint-Benutzern basiert auf Windows-Benutzerkonten oder Active Directory-Konten. Den dort angelegten Benutzern und Benutzergruppen lassen sich innerhalb von SharePoint detaillierte Berechtigungen vergeben. Die Zuweisung der Berechtigungen erfolgt in SharePoint über so genannte Berechtigungsstufen, die jeweils mehrere der 33 verschiedenen Berechtigungen, die SharePoint kennt, zusammenfassen können. Standardmäßig existieren fünf vorgegebene Berechtigungsstufen. SharePoint erlaubt es Ihnen darüber hinaus weitere Berechtigungsstufen aus den 33 Berechtigungen zusammenzustellen.

Benutzer bzw. Benutzergruppen können in SharePoint in Gruppen zusammengefasst werden. SharePoint besitzt drei Standardgruppen:

- *Besucher* haben einen lesenden Zugriff auf die entsprechende Website.
- *Mitglieder* können Inhalte der Website anzeigen, hinzufügen, aktualisieren und löschen.
- *Besitzer* haben die volle Kontrolle über eine SharePoint-Website.

Neben den drei Standardgruppen können beliebig viele benutzerdefinierte Gruppen angelegt werden, die jeweils mit spezifischen Benutzerrechten ausgestattet werden können.

Aufbau und Konfiguration einer SharePoint-Website

Die Windows SharePoint Services werden im Browser über die Eingabe der entsprechenden Web-Adresse aufgerufen. In den meisten Fällen ist dies der Name des Windows 2003 Servers in Ihrem Netzwerk, also beispielsweise http://beispielserver2003.

> **HINWEIS** Die im Folgenden beschriebenen Funktionen und Beispiele sind nur mit einem Benutzer nachvollziehbar, der der SharePoint-Gruppe *Besitzer* angehört. Windows-Administratoren sind dieser Gruppe automatisch zugeordnet.

Kapitel 43 Windows SharePoint Services

Wenn Sie nach der Installation von Windows SharePoint Services die oben genannte Web-Adresse aufrufen, finden Sie die mit der Installation standardmäßig erstellte Stammwebsite namens Teamwebsite vor (siehe Abbildg. 43.1).

Abbildg. 43.1 Standard Sharepoint-Website nach Installation der Windows SharePoint Services

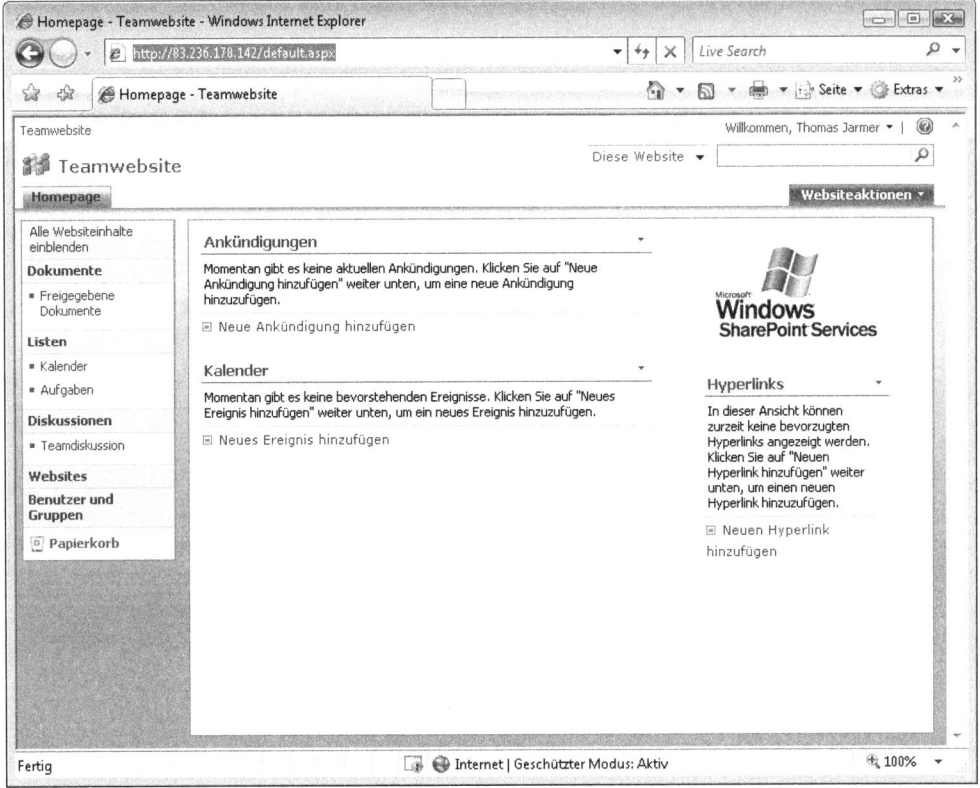

Stammwebsites stellen die obersten Websites in einer Hierarchie von Websites auf dem SharePoint-Server dar. Eine Stammwebsite gemeinsam mit all ihren Unterwebsites wird als Websitesammlung bezeichnet. Jeder Stammwebsite und jeder Unterwebsite können beliebig viele Unterwebsites hinzugefügt werden.

Eine SharePoint-Seite besteht aus mehreren Bereichen:

Leiste für häufig verwendete Hyperlinks	Die Registerkarten der Leiste für häufig verwendete Hyperlinks können sowohl auf andere Websites innerhalb von SharePoint, als auch auf Websites außerhalb von SharePoint verweisen.
Websiteaktionen	Über diese Schaltfläche können neue Websites, Listen und Bibliotheken erstellt werden. Außerdem können Sie hierüber die angezeigten Webparts definieren und Einstellungen der Website ändern. Webparts sind Softwaremodule, die eine bestimmte Funktionalität bereitstellen. Alle SharePoint-Listen sind Webparts.

Schnellstartleiste	Hier können Links zum schnellen Aufrufen von SharePoint-Komponenten Ihrer Website festgelegt werden
Suchfunktion	Die Suchfunktion durchsucht alle Inhalte der Website oder einer SharePoint-Komponente
Webpart-Bereiche	Auf einer SharePoint-Website können mehrere als Webparts bezeichnete Komponenten, wie hier auf der Homepage Ankündigungen, Kalender und Hyperlinks angeordnet werden

Oben rechts auf jeder SharePoint-Website finden Sie, gekennzeichnet mit einer Lupe, ein Suchfeld. Vor diesem Suchfeld befindet sich ein Kombinationsfeld, in dem Sie das Ziel der Suche auswählen können. Dies kann entweder die ganze Website oder auch nur eine Liste sein. Nachdem Sie ein Objekt ausgewählt und den Suchbegriff eingegeben haben, wird der gesamte Inhalt des Objekts und gegebenenfalls der Inhalt aller darin gespeicherten Dateien nach dem Begriff durchsucht, und Sie erhalten einer Trefferliste zurück.

Über dem Suchfeld befindet sich ein Hyperlink mit Ihrem Namen. Wenn Sie den Hyperlink anklicken, öffnet sich eine Liste mit folgenden Optionen:

Tabelle 43.1 Persönliche Einstellungen

Option	Beschreibung
Eigene Einstellungen	Über diese Option gelangen Sie zu einer Seite, wo Ihre persönlichen Einstellungen, wie der Name, der rechts oben auf jeder Seite angezeigt wird, und Ihre E-Mail-Adresse, an die der SharePoint-Server Ihre Benachrichtigungen sendet, vornehmen können. Benachrichtigungen sind ein Service des SharePoint-Servers, Sie über Änderungen an SharePoint-Listen zu informieren. Für welche SharePoint-Listen Sie Benachrichtigungen erhalten wollen, können Sie hier ebenfalls festlegen. Schließlich lassen sich auf dieser Seite länderspezifische Einstellungen abweichend von den Einstellungen des SharePoint-Servers konfigurieren.
Als anderer Benutzer anmelden	Hier können Sie sich mit einer anderen Benutzerkennung am SharePoint-Server anmelden
Abmelden	Sie werden als Benutzer vom SharePoint-Server abgemeldet
Diese Seite personalisieren	Eine SharePoint-Website kann, entsprechende Berechtigungen vorausgesetzt, personalisiert werden. Das bedeutet, Sie können Ihre SharePoint-Seiten nach Ihren Vorstellungen gestalten. Die Einstellungen für Ihre Seite werden in SharePoint für Ihre Benutzerkennung gespeichert.

Websiteeinstellungen

Über *Websiteaktionen\Websiteeinstellungen* können Sie eine Verwaltungsseite aufrufen, die Ihnen die Administration Ihrer Website ermöglicht. Auf der Verwaltungsseite finden Sie unterhalb der Websiteinformationen vier Bereiche aufgelistet: *Benutzer und Berechtigungen*, *Aussehen und Verhalten*, *Galerien* und *Websiteverwaltung*.

Abbildg. 43.2 Websiteeinstellungen

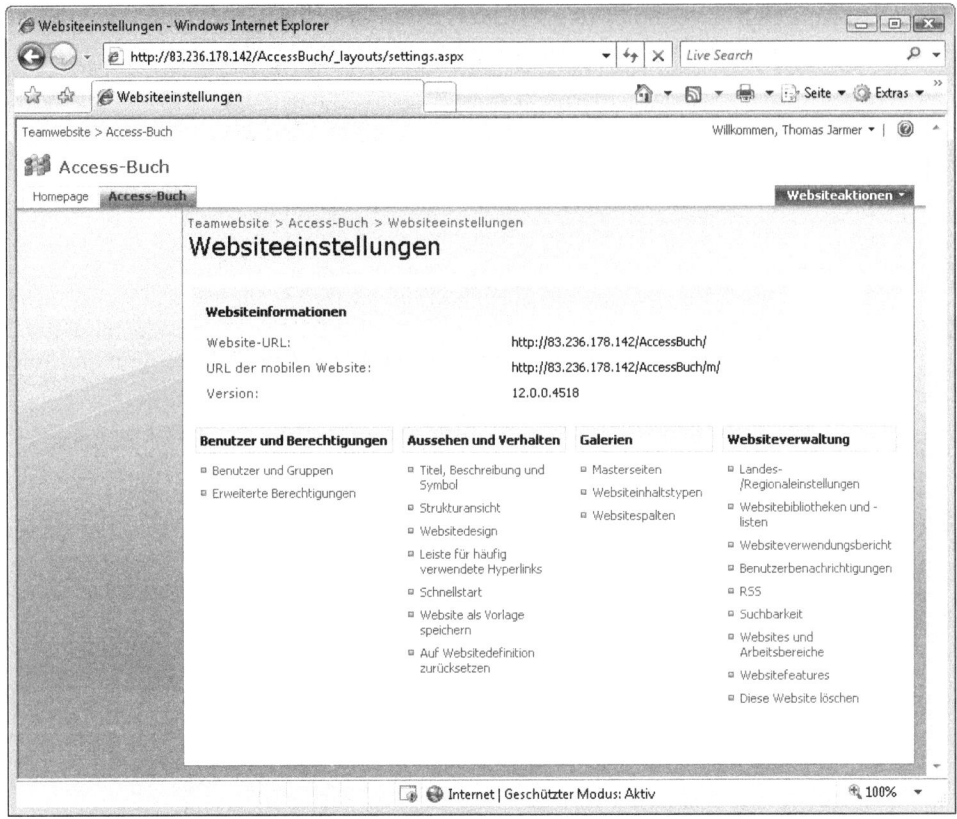

Benutzer und Berechtigungen

Die Verwaltung und Konfiguration der Berechtigungen kann mit den Optionen folgender Tabelle vorgenommen werden:

Tabelle 43.2 Berechtigungsmöglichkeiten für eine Website

Optionen	Beschreibung
Benutzer und Gruppen	Hier können Sie neue Benutzer oder Gruppen für den Zugriff auf die Website berechtigen, eine neue SharePoint-Gruppe erstellen, Benutzer und Gruppen Berechtigungen entziehen und die Share-Point-Gruppen dieser Website konfigurieren. Ferner können Sie von hier aus Benutzer bzw. Gruppen der Website eine Nachricht schicken.
Erweiterte Berechtigungen	Über diese Option können Berechtigungsstufen erstellt, geändert und gelöscht werden. Die Zuordnung der Berechtigungsstufen zu den Benutzern ist hier ebenfalls konfigurierbar.

Aussehen und Verhalten

Einfache Anpassungen für das Aussehen und Verhalten der Website lassen sich mit den in der folgenden Tabelle aufgeführten Optionen vornehmen.

Tabelle 43.3 Anpassungsmöglichkeiten für das Aussehen und Verhalten Ihrer Website

Optionen	Beschreibung
Titel, Beschreibung und Symbol	Diese Option ermöglicht es Ihnen, den Titel, eine weitergehende Beschreibung sowie ein Symbol der Website zu ändern.
Strukturansicht	Hier können Sie die Schnellstartleiste ein- und ausblenden. Außerdem bietet diese Option die Anzeige einer Strukturansicht an, einer zusätzlichen physikalischen Sicht auf die SharePoint-Listen.
Websitedesign	SharePoint wird mit einer großen Zahl von vorgefertigten Designs ausgeliefert. Sie können hier eines der Designs auf Ihre Website anwenden.
Leiste für häufig verwendete Hyperlinks	Hier können Sie festlegen, ob die Hyperlinks von der darüberliegenden Website übernommen werden sollen oder ob die Website ein Leiste mit eigenständigen Hyerlinks erhält.
Schnellstart	Mit dieser Option lassen sich in der Schnellstartleiste Überschriften erstellen oder die Reihenfolge der Objekte ändern. Außerdem können der Schnellstartleiste neue Hyperlinks hinzugefügt werden.
Website als Vorlage speichern	SharePoint bietet standardmäßige einige Vorlagen für die Erstellung neuer Websites. Mit dieser Option lassen sich eigene Vorlagen erstellen.
Auf Websitedefinition zurücksetzen	Hierüber können Sie eine Seite oder die komplette Website auf die Vorlagendefinition zurücksetzen. Dadurch werden alle Änderungen entfernt, die Sie nach Erstellen der Website vorgenommen haben. Denken Sie daran, dass damit auch alle Inhalte, die auf dieser Website erzeugt wurden, ebenfalls unwiderruflich verloren gehen.

PROFITIPP

> Eine weitergehende Anpassung und Umgestaltung von SharePoint-Websites können Sie mithilfe des Programms Microsoft SharePoint Designer 2007 vornehmen. Der SharePoint Designer kann SharePoint-Websites direkt zur Bearbeitung aufrufen und stellt eine Reihe von Werkzeugen bereit.

Galerien

In der Gruppe *Galerie* können erweiterte Einstellungen für Aussehen und Inhalt der Website oder Websitesammlung vorgenommen werden.

Tabelle 43.4 Erweiterte Einstellungen für Aussehen und Inhalt Ihrer Website

Optionen	Beschreibung
Masterseiten	Mit Masterseiten können Sie das Aussehen Ihrer Website über alle Seiten hinweg festlegen.
Websiteinhaltstypen	Unter dieser Option lassen sich neue Websiteinhaltstypen erstellen. Websiteinhaltstypen legen die Informationen fest, die gemeinsam mit Elementtypen wie Dokumente oder Liste gespeichert werden.

Kapitel 43 Windows SharePoint Services

Tabelle 43.4 Erweiterte Einstellungen für Aussehen und Inhalt Ihrer Website *(Fortsetzung)*

Optionen	Beschreibung
Websitespalten	SharePoint verwaltet Informationen zur SharePoint-Liste in Websitespalten. Hier können Sie neue Websitespalten erstellen, die sich dann einem Websiteinhaltstyp zuweisen lassen.
Websitevorlagen	Mithilfe dieser Option lassen sich Websitevorlagen erstellen, die in der Websitesammlung verwendet werden können. Diese Option existiert nur für Stammwebsites.
Listenvorlagen	Mithilfe dieser Option können Vorlagen, nach denen Listen erzeugt werden, für die gesamte Websitesammlung erstellt werden. Diese Option existiert nur für Stammwebsites.
Webparts	Hier lassen sich für diese Website und alle Unterwebsites Webparts erstellen. Diese Option existiert nur für Stammwebsites.

Websiteverwaltung

Jede SharePoint-Website kann aus einer Vielzahl von untergeordneten Websites bestehen. Die aktuelle und alle untergeordneten Websites können von hier aus administriert werden.

Tabelle 43.5 Verwaltungsmöglichkeiten für Ihre Website

Verwaltungsmöglichkeit	Beschreibung
Landes-/Regionaleinstellungen	Legt unter anderem Einstellungen wie Gebietsschema und Zeitzone fest
Websitebibliotheken und -listen	Passt das Design vorhandener Listen bzw. Bibliotheken an. Außerdem können neue Listen der Website hinzugefügt werden.
Websiteverwendungsbericht	Zeigt Statistiken über die Verwendung der Website von Benutzern an, falls die Protokollierung und die Verarbeitung der Verwendungsanalyse aktiviert sind
Benutzerbenachrichtigungen	Verwaltet die Benutzerbenachrichtigungen für Benutzer
RSS	Ermöglicht die Aktivierung/Deaktivierung von RSS-Feeds für die ganze Websitesammlung. Daneben lassen sich die webseitweiten Kanalelemente für RSS-Feeds einstellen.
Suchbarkeit	Legt zum Beispiel fest, ob die Website in Suchergebnissen angezeigt werden soll
Websites und Arbeitsbereiche	Verwaltet alle Websites unterhalb dieser Website
Websitefeatures	Aktiviert und deaktiviert die Teamzusammenarbeitsfunktionen, wie Dokumentbibliotheken und Probleme
Diese Website löschen	Löscht die Website, auf der Sie sich gerade befinden. Beachten Sie, dass dadurch alle Unterwebsites der Website ebenfalls gelöscht werden.

Aufbau und Konfiguration einer SharePoint-Website

Eine neue SharePoint-Website erstellen

Bisher haben wir Ihnen SharePoint anhand der standardmäßig erzeugten Website gezeigt. Jetzt möchten wir Ihnen zeigen, wie man selbst eine neue SharePoint-Website erstellt.

Abbildg. 43.3   Dialog zur Erstellung einer neuen Website

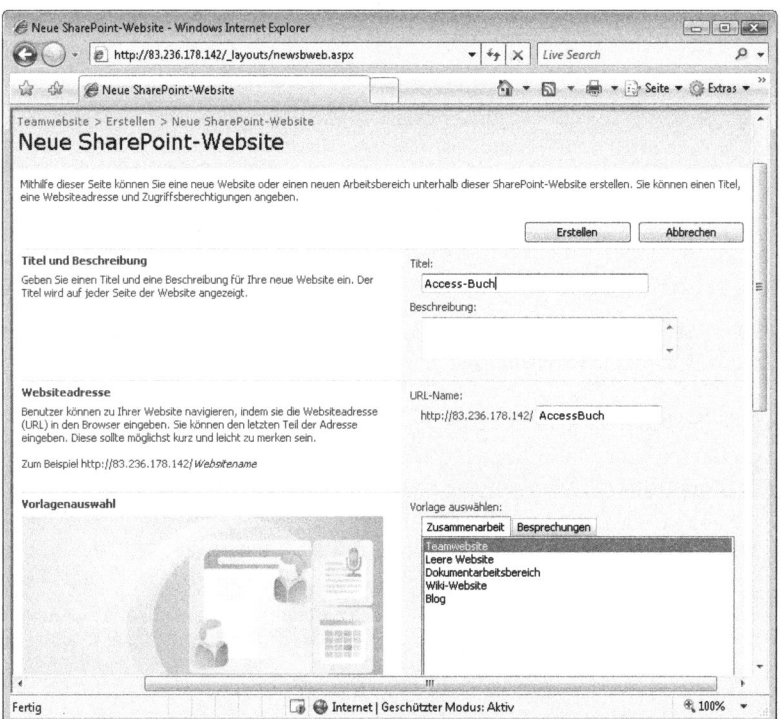

Im obersten Textfeld geben Sie den Namen der neuen Website ein. Dieser Titel wird auf jeder Seite der Website links oben angezeigt. Darunter können Sie zusätzlich eine Beschreibung der Website erfassen.

Unter URL-Name können Sie den Verzeichnisnamen angeben, unter dem die Website erreichbar ist. Die komplette URL Ihrer Website besteht aus der oben genannten URL des Windows 2003 Servers und dem von Ihnen vergebenen Namen. Bei der Vergabe des Namens sind Sie an die Regeln zum Bilden von URL-Adressen gebunden und können deshalb zum Beispiel keine Umlaute in dem Namen verwenden.

In der folgenden Liste können Sie eine SharePoint-Vorlage auswählen. SharePoint bietet Ihnen eine Auswahl von Vorlagen, auf denen verschiedene Komponenten, so genannte SharePoint-Listen, je nach Vorlagenschwerpunkt zusammengestellt sind. Eine kurze Beschreibung der Vorlagen finden Sie in der folgenden Tabelle. Alle auf Basis der Vorlagen erstellten Websites können Sie mit wenig Aufwand an Ihre Bedürfnisse anpassen.

Tabelle 43.6   SharePoint-Websitevorlagen

Vorlage	Beschreibung
Teamsite	Ist die Standardsite für die Zusammenarbeit von Teams, die gemeinsame Informationen, Dokumente und Termin haben
Leere Website	Können Sie mit beliebigen SharePoint-Komponenten füllen
Dokumentarbeitsbereich	Ist eine Vorlage, um eine Website zu erstellen, die eine Dokumentbibliothek, eine Aufgabenliste und eine Hyperlinkleiste enthält
Wiki-Webseite	Können Anwender verwenden, um selbst Webseiten zu erzeugen, zu editieren und untereinander zu verlinken. Dabei lassen sich alle Aktionen im Browser ausführen.
Blog	Ist die geläufige Abkürzung für Weblog. Darüber stellt ein Benutzer, der Autor des Blogs, anderen Benutzer Informationen zur Verfügung. Jeder Eintrag wird automatisch mit dem Datum und der Uhrzeit versehen. Die anderen Benutzer haben die Möglichkeit, diese Informationen zu kommentieren.
Standard-Besprechungsarbeitsbereich	Ermöglicht die Planung und Organisation von Besprechungen mit Tagesordnung, Teilnehmerliste und vielem mehr
Leerer Besprechungsarbeitsbereich	Einen Besprechungsarbeitsbereich, den Sie mit SharePoint-Komponenten füllen können
Entscheidung-Besprechungsarbeitsbereich	Entspricht dem Besprechungsarbeitsbereich und ist um Dokumentbibliotheken und Aufgabenlisten ergänzt
Sozialer Besprechungsarbeitsbereich	Entspricht dem Besprechungsarbeitsbereich und ist geeignet, um Feste, Geburtstagsfeiern oder ähnliches zu organisieren
Mehrseitiger Besprechungsarbeitsbereich	Ist derart gestaltet, dass Sie die SharePoint-Komponenten auf mehrere Seiten verteilen können, um so einen besseren Überblick zu behalten

Für unsere erstellte Website haben wird die Vorlage *Teamwebsite* verwendet. Wenn Sie diese Vorlage selektieren, wird die folgende Website erstellt.

Nachdem Sie festgelegt haben, ob die Berechtigungen von der Website darüber geerbt werden sollen, oder ob Sie lieber die Berechtigungen selbst vergeben, müssen Sie sich noch entscheiden, ob diese Website in der Schnellstartleiste der Website darüber angezeigt werden soll und ob diese Website die Leiste der häufig verwendeten Hyperlinks der darüberliegenden Website verwenden soll.

Sobald Sie Ihre Einstellungen bestätigen, wird eine neue Website erstellt (siehe Abbildg. 43.4).

Abbildg. 43.4   Die selbsterstellte SharePoint-Website

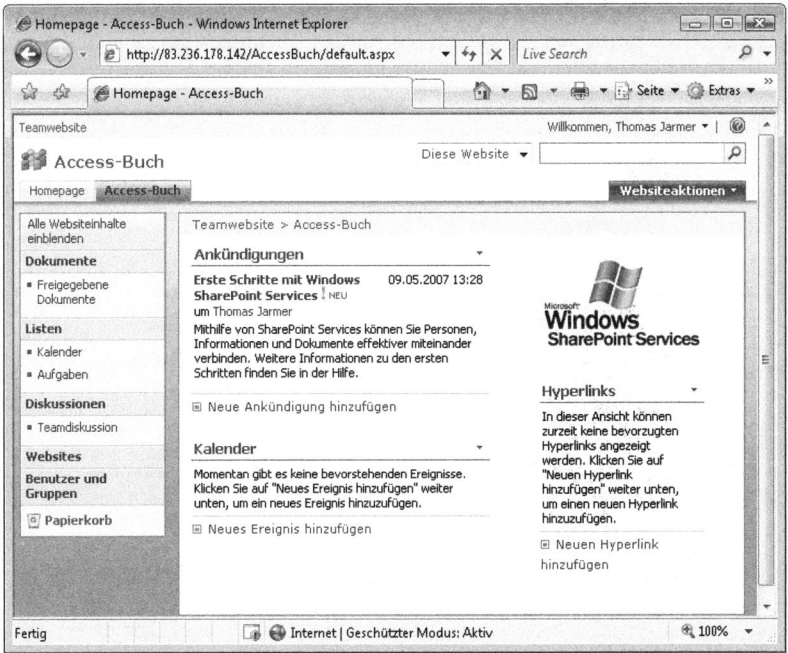

SharePoint-Listen

Die neu erstellte Teamwebsite (siehe Abbildg. 43.4) stellt die vordefinierten SharePoint-Listen *Ankündigungen, Kalender, Kontakte, Hyperlinks, Aufgaben und Teamdiskussion* bereit. Neben den auf der Teamwebsite in der Schnellstartleiste dargestellten Listen stellt Ihnen SharePoint noch eine Reihe weiterer vordefinierter Listen zur Verfügung, die Sie für Ihre Website nutzen und anpassen können. Diese Listen können Sie über *Websiteaktionen\Erstellen* erreichen. Zusätzlich besteht die Möglichkeit, eigene benutzerdefinierte Listen zu definieren. Die vordefinierten Listen lassen sich auch als Grundlage neuer Listen verwenden.

In den folgenden Abschnitten möchten wir Ihnen die verschiedenen vordefinierten Listen kurz vorstellen, um dann anschließend die Möglichkeiten der Zusammenarbeit mit Access zu zeigen.

TIPP   Alle vordefinierten Listen lassen sich über Websiteaktionen\Erstellen aufrufen, denn nur ein Teil der Listen ist in der Schnellstartleiste abrufbar.

TIPP   Alle vordefinierten SharePoint-Listen können zum einen als Basis neuer Listen dienen und zum anderen mit wenigen Schritten angepasst werden. So kann jede Liste um die Felder ergänzt werden, die Sie zur Erledigung Ihrer Aufgaben benötigen. Zusätzlich lassen sich für alle SharePoint-Listen Ansichten definieren, mit deren Hilfe die Daten in anderer Zusammenstellung, Einschränkung und Sortierung angezeigt werden können.

SharePoint-Liste Ankündigungen

Hiermit lassen sich Informationen bereitstellen, die alle Benutzer der SharePoint-Website lesen können. Jede Ankündigung kann mit einem Ablaufdatum versehen werden, nach dem die Ankündigung nicht mehr gezeigt wird.

Abbildg. 43.5   SharePoint-Liste *Ankündigungen*

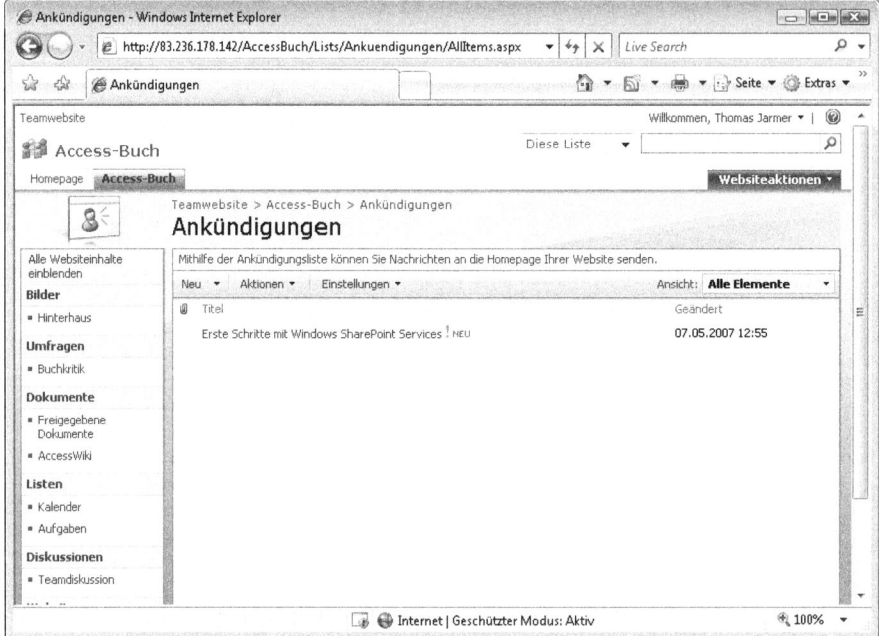

Um einen neuen Eintrag zu erstellen, wählen Sie nach einem Klick auf die Schaltfläche *Neu* den Punkt *Neues Element* aus, worauf in die entsprechende Maske gewechselt wird. Neue Einträge sind sofort für alle SharePoint-Benutzer sichtbar.

SharePoint-Liste Kalender

Die Liste *Kalender* bietet einen Kalender mit Terminplanungsfunktionen an. Es ist möglich, diesen Kalender mit Microsoft Outlook zu verknüpfen.

Jeder berechtigte Benutzer kann Termine und Ereignisse in den Kalender eintragen.

SharePoint-Listen

Abbildg. 43.6 SharePoint-Liste *Kalender*

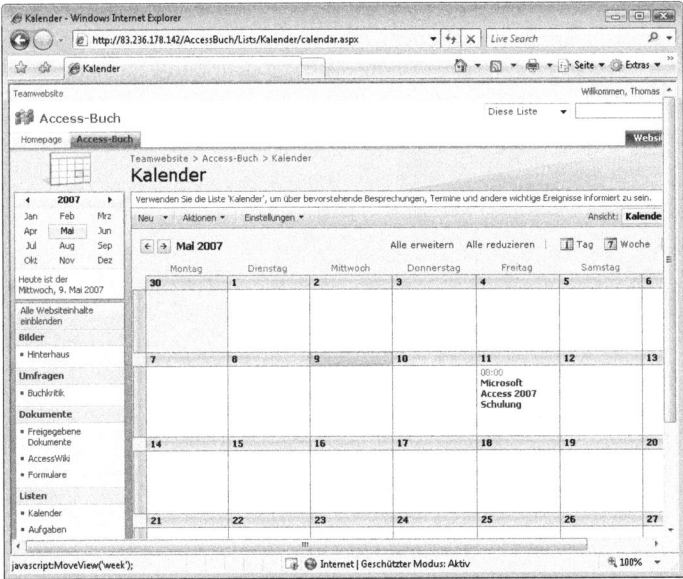

SharePoint-Liste Hyperlinks

Hyperlinks ermöglichen beliebige Verweise auf andere Internet- oder Intranet-Angebote (siehe Abbildg. 43.4 rechts). Auf diese Weise können Sie beispielsweise alle Verweise bereitstellen, die für die Mitarbeiter Ihrer Firma von Interesse sind.

SharePoint-Liste Kontakte

Hier lassen sich Adressen mit Telefonnummern usw. speichern. Auch die Kontakt-Liste kann mit Microsoft Outlook verknüpft werden.

Abbildg. 43.7 SharePoint-Liste *Kontakte*

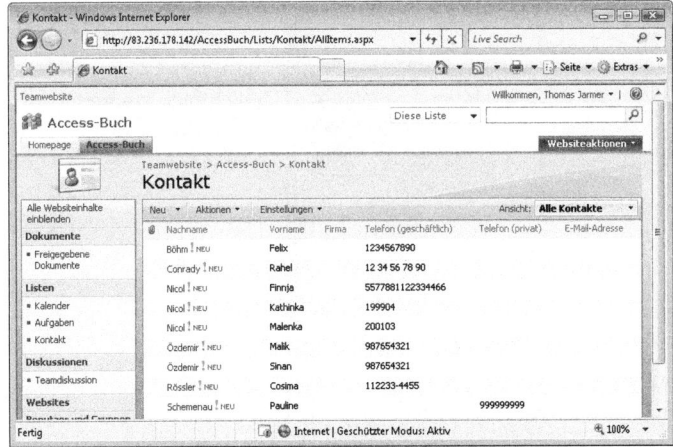

SharePoint-Liste Aufgaben

Offene Aufgaben lassen sich für alle SharePoint-Benutzer mit dieser Liste verwalten. Jede Aufgabe kann einem Mitarbeiter zugeordnet werden. Zusätzlich kann der Status, die Priorität und gegebenenfalls der Fertigstellungsgrad festgelegt werden.

Abbildg. 43.8   SharePoint-Site *Aufgaben*

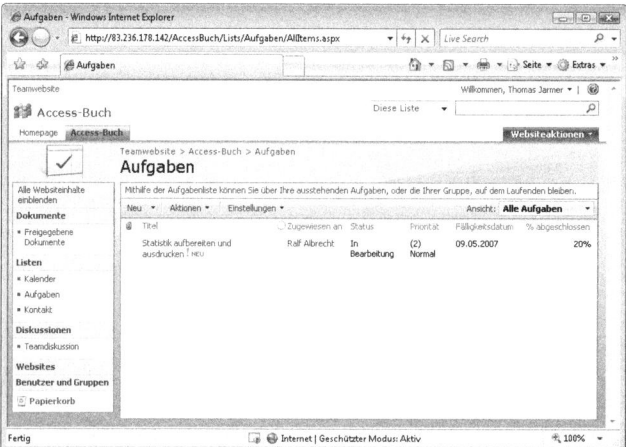

Über die *Aufgaben*-Liste können Sie beispielsweise eine einfache Projektsteuerung realisieren. Fügen Sie der SharePoint-Liste dafür die Felder wie beispielsweise Projektbezeichnungen, interne Nummern, Budgetzahlen und vieles mehr hinzu. Die Anpassung von SharePoint-Listen erreichen Sie über *Einstellungen\Spalten erstellen* in der jeweiligen SharePoint-Liste.

SharePoint-Liste Projekte

Die SharePoint-Liste Projekte ist weitgehend mit der Liste *Aufgaben* identisch, bietet aber darüber hinaus einen Kalender an, in dem Zeitraum und Status in einem visualisiert werden.

Abbildg. 43.9   SharePoint-Liste *Projekte*

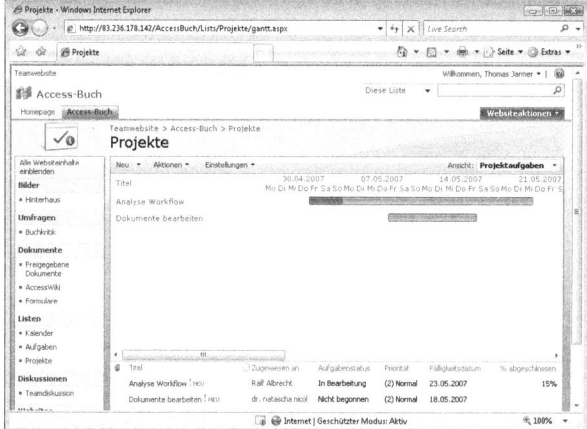

SharePoint-Liste Probleme

Die SharePoint-Liste *Probleme* bietet, wie der Name schon sagt, eine Möglichkeit der Verwaltung von Problemen. Auftretende Probleme können priorisiert und kategorisiert sowie Mitarbeitern zugewiesen werden. SharePoint speichert jede Änderung der Daten eines Problemeintrags und erlaubt so die Aufstellung einer Historie einer Problemlösung.

Abbildg. 43.10 SharePoint-Liste *Probleme*

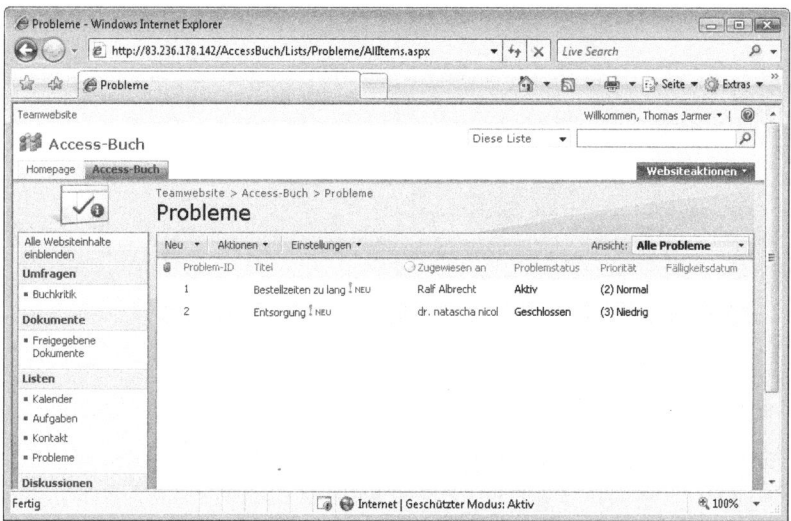

SharePoint-Liste Diskussionen

Mithilfe der SharePoint-Liste *Diskussionen* können die Benutzer der SharePoint-Website miteinander diskutieren. Jeder Beitrag zu einer Diskussion und alle Antworten darauf werden auf dem SharePoint-Server gespeichert; jede Diskussion kann so nachvollzogen werden.

Die Darstellung der Diskussionsbeiträge wird standardmäßig als so genannter Diskussionsfaden gezeigt. Hierbei werden Fragen und Antworten grafisch als Baum aufgezeichnet, so dass sich alle Beiträge sowohl thematisch als auch zeitlich einordnen lassen.

SharePoint-Liste Umfragen

Mit wenig Aufwand können Sie SharePoint dazu nutzen, eine Umfrage durchzuführen, um beispielsweise die Zufriedenheit mit Ihrer Betriebskantine oder die Stimmungslage vor Weihnachten abzufragen.

Zuerst müssen die Fragen definiert werden, die in der Umfrage gestellt werden sollen. In SharePoint können beliebig viele Umfragen angelegt werden. In Abbildg. 43.11 sehen Sie beispielhaft eine Maske, die ein Teilnehmer einer Umfrage erhalten könnte.

SharePoint protokolliert mit, welcher Benutzer an einer Umfrage teilgenommen hat, so dass kein Teilnehmer die Fragen mehrfach ausfüllen kann.

Abbildg. 43.11 Teilnahme an einer Umfrage

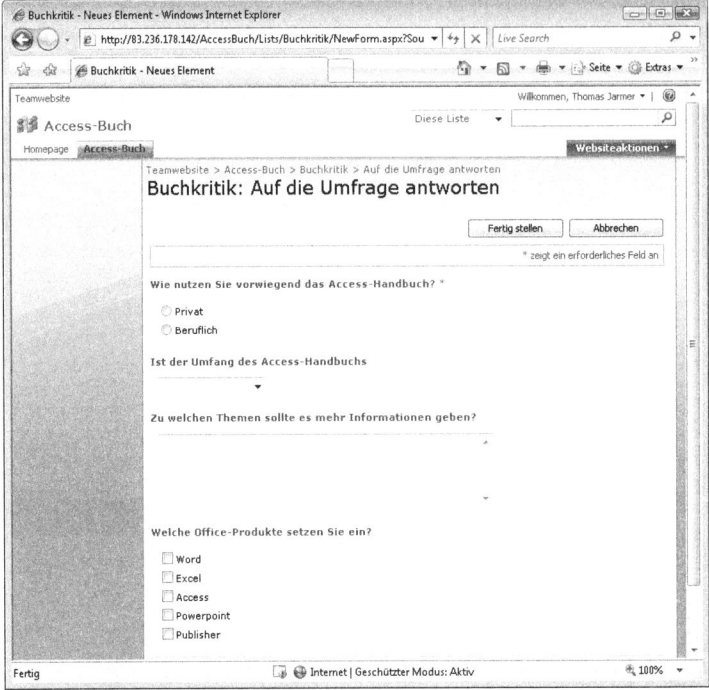

Jede Umfrage kann ausgewertet werden. Die nächste Abbildung zeigt Ihnen das Ergebnis unserer Beispielumfrage.

Abbildg. 43.12 Ergebnis einer Umfrage

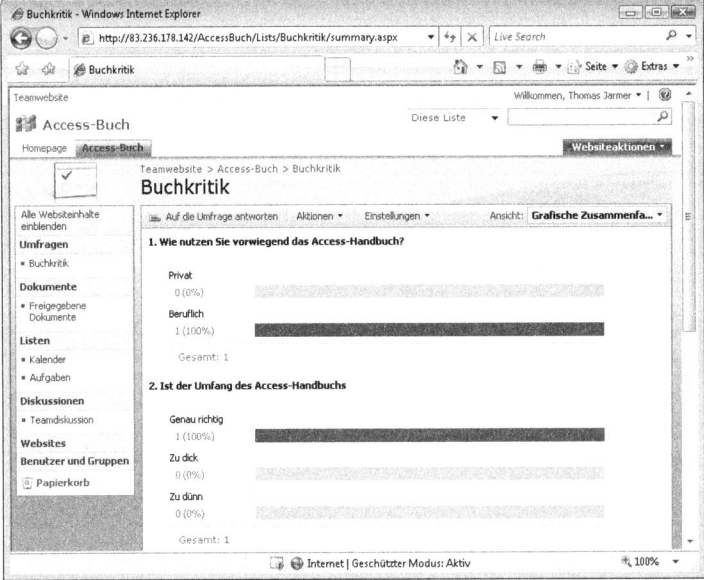

SharePoint-Liste Dokumentbibliotheken

Eine der für den Office-Anwender interessantesten Funktionen von SharePoint sind Dokumentbibliotheken.

Abbildg. 43.13 SharePoint-Dokumentbibliothek

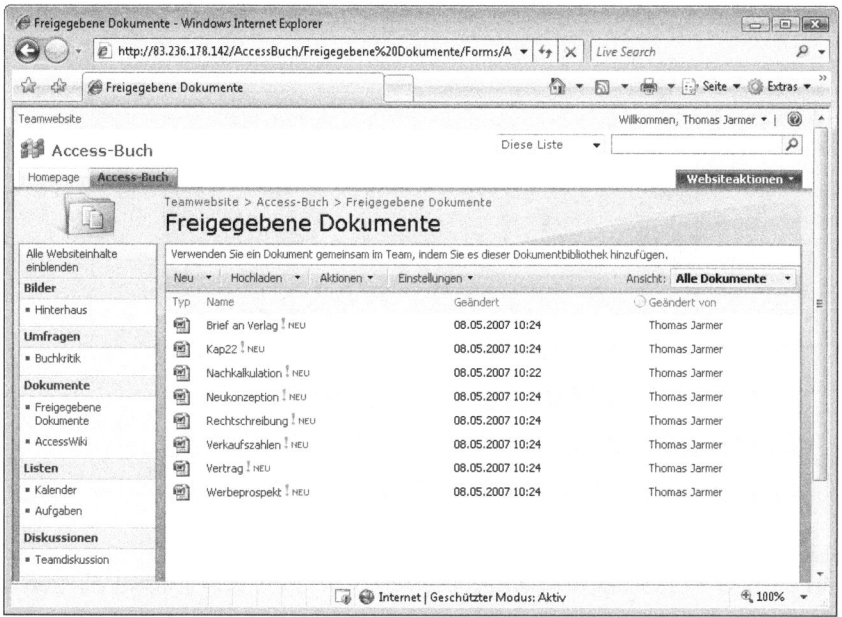

Es ist möglich, Dokumente einer Dokumentbibliothek mit Office-Programmen wie Word, Excel oder PowerPoint zu öffnen, zu bearbeiten und dann direkt in die Dokumentbibliothek zu speichern.

Dokumentbibliotheken sind eine einfache und bequeme Möglichkeit, Dokumente, die beispielsweise eine ganze Abteilung einer Firma betreffen, so bereitzustellen, dass z.B. alle Änderungen protokolliert und der Zugriff auf Dokumente kontrolliert wird. Mitarbeiter, die mit ihrem PC an das lokale Netzwerk angeschlossen sind, können ebenso die Dokumente benutzen, als auch über das Internet auf den SharePoint-Server zugreifende Kollegen. Das lästige Hin- und Herkopieren von Dateien (und die ewige Frage: „Wer hat denn die aktuelle Version?") könnte damit der Vergangenheit angehören.

SharePoint-Liste Bildbibliotheken

Bildbibliotheken ermöglichen die Veröffentlichung von Bildern und Grafiken, beispielsweise den Fotos des letzten Betriebsausflugs oder der Bürorenovierung.

In eine Bildbibliothek können Bilder hochgeladen werden. SharePoint kann dabei mit dem Microsoft Office Picture Manager zusammenarbeiten, einem Programm, das zum Lieferumfang von Microsoft Office gehört. Das Programm erlaubt das Hochladen vieler Bilder ebenso wie die Bearbeitung von Bildern.

Abbildg. 43.14 SharePoint-Bildbibliothek

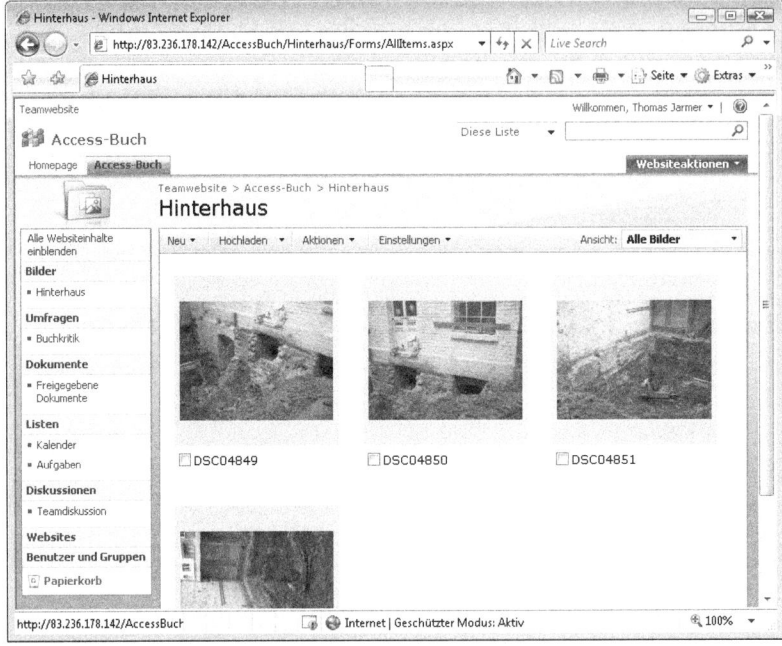

In SharePoint werden die Bilder im Original gespeichert, wobei SharePoint kleine Vorschauansichten der Bilder erstellen kann, die schneller angezeigt werden als die gegebenenfalls großen Originale.

Abbildg. 43.15 Microsoft Office Picture Manager

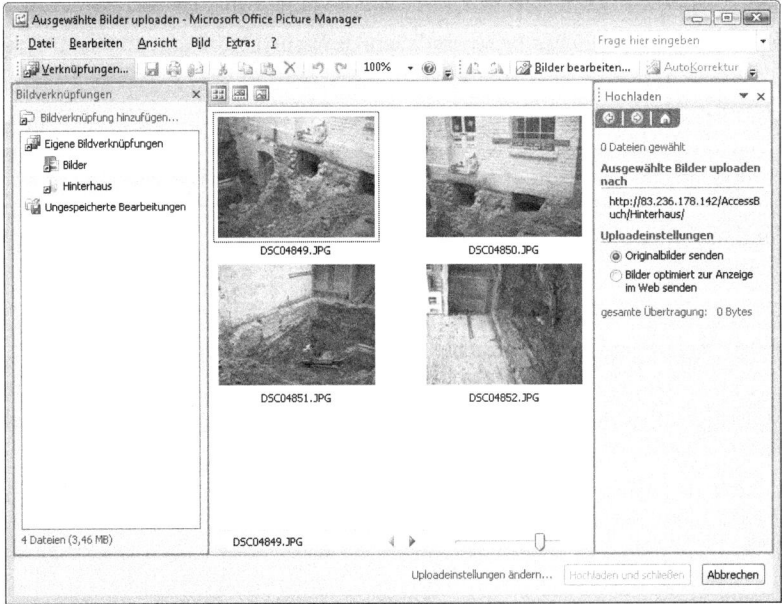

SharePoint-Liste Wiki-Website

Auf einer Wiki-Website können die Anwender gemeinsam den Inhalt editieren, neue Seiten hinzufügen und Seiten untereinander verlinken. Wenn Sie auf einer Wiki-Seite auf *Bearbeiten* klicken, gelangen Sie auf einen Seite, auf der man den Inhalt editieren kann (siehe Abbildg. 43.16). Dabei gibt man den Inhalt in das große Textfeld ein. Die Formatierung erfolgt über die Schaltflächen oberhalb des Textfeldes und verfügt über Möglichkeiten einfacher Textverarbeitungsprogramme.

Abbildg. 43.16 Wiki-Editor

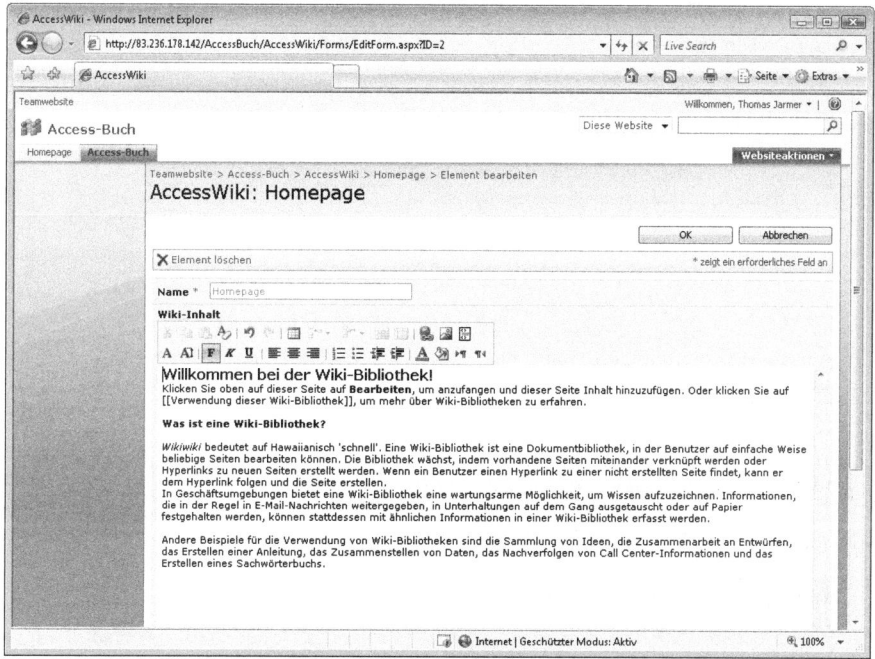

Wollen Sie einen Link zu einer anderen Wiki-Seite erstellen, dann schreiben Sie den Namen der Seite eingefasst von doppelten eckigen Klammern an die Stelle im Textfeld, wo der Link später erscheinen soll. Existiert keine Wiki-Seite mit dem Namen innerhalb der Klammern, dann wird automatisch eine neue Seite mit diesem Namen erzeugt.

SharePoint-Listen für Access-Daten

Access-Daten lassen sich mit wenigen Schritten auf einer SharePoint-Seite veröffentlichen. Ebenso ist es möglich, Daten einer SharePoint-Liste direkt in Access zu bearbeiten.

Exportieren von Access-Daten

Um Access-Daten auf einer SharePoint-Seite bereitzustellen, führen Sie bitte die im Folgenden beschriebenen Schritte aus. Für den Export zu SharePoint wurde die in Abbildg. 43.17 gezeigte Abfrage definiert, die die entsprechenden Daten selektiert.

HINWEIS Bei den uns vorliegenden Access- und SharePoint-Versionen gab es Probleme beim Hochladen von Feldern, in denen Hyperlinks gespeichert waren. Wir haben deshalb das Feld *Website* nicht in die Abfrage *qryFilmeWeb* aufgenommen.

Abbildg. 43.17 Abfrage für Filmliste

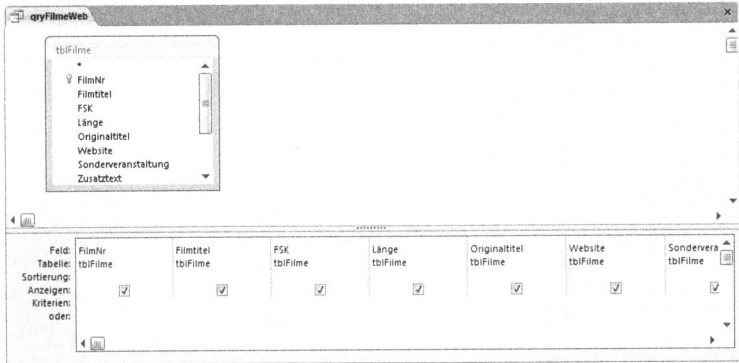

1. Im Navigationsbereich selektieren Sie nun die Abfrage und wählen dann Registerkarte *Externe Daten*/Gruppe *Exportieren*/Schaltfläche *SharePoint-Liste* aus. Sie erhalten anschließend das in der nächsten Abbildung dargestellte Dialogfeld.

Abbildg. 43.18 Festlegen des SharePoint-Servers

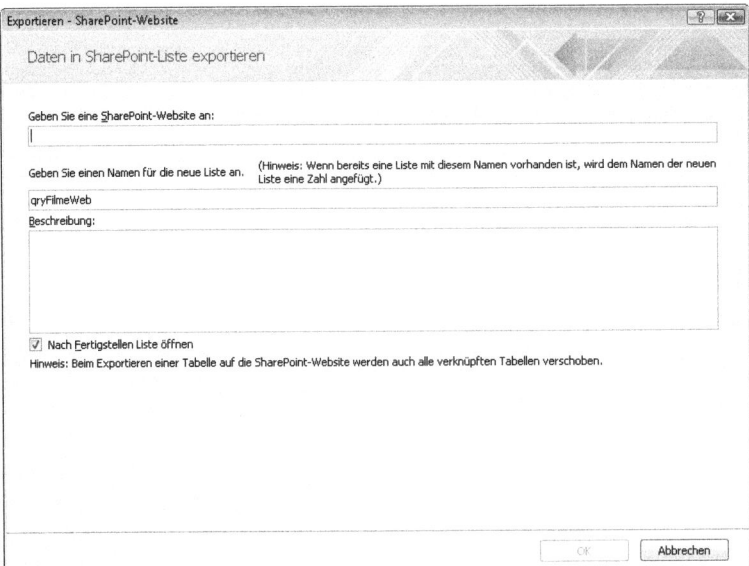

SharePoint-Listen für Access-Daten

2. Wählen Sie den SharePoint-Server an, in dem Sie als *Website* die Internet-Adresse des Servers angeben.
3. Passen Sie *Listenname* und *Beschreibung* nach Ihren Vorstellungen an.
4. Nach Bestätigung des Dialogfelds wird, wenn Sie die Option *Nach Fertigstellung Liste öffnen* angeklickt haben, die SharePoint-Website mit Ihren Daten aufgerufen, wie es Abbildg. 43.19 illustriert.

Abbildg. 43.19 Access-Daten in SharePoint

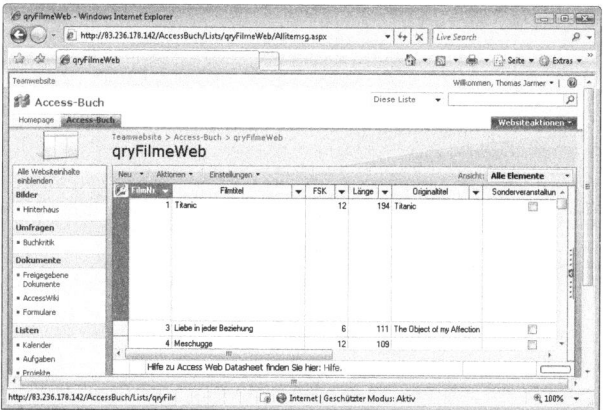

WICHTIG Beachten Sie, dass beim Export der Access-Daten zu SharePoint eine Kopie der Daten in der dem SharePoint-Server zugrunde liegenden Microsoft SQL Server-Datenbank angelegt wird. Ändern Sie Daten in Access, sind diese Änderungen nicht in SharePoint zu sehen.

Verknüpfen von SharePoint-Listen

Access ermöglicht es Ihnen, Daten in SharePoint-Listen direkt einzubinden, so dass Sie die Daten in Access ansehen und bearbeiten können. Wir möchten Ihnen im Folgenden zeigen, wie Sie die Daten, die Sie im vorherigen Abschnitt auf den SharePoint-Server kopiert haben, so in Access verknüpfen, dass Ihre Änderungen an den Daten in Access sofort in SharePoint sichtbar sind und umgekehrt.

PROFITIPP

Die Einbindung von SharePoint-Listen funktioniert auch über das Internet! Wenn der SharePoint-Server nicht in Ihrem lokalen Netzwerk angeschlossen, sondern über eine Internet-Adresse erreichbar ist, kann er, vorausgesetzt, die entsprechenden Sicherheitseinstellungen erlauben es, trotzdem direkt in Ihr Access verknüpft werden. Auf diesem Wege kann beispielsweise der Datenaustausch mit entfernten Niederlassungen oder Mitarbeitern mit Heimarbeitsplätzen realisiert werden.

Zusätzlich können natürlich auch die anderen Funktionen von SharePoint über das Internet genutzt werden, wie beispielsweise die Speicherung von Word- oder Excel-Dokumenten auf den SharePoint-Server.

Folgende Schritte sind zur Einbindung einer SharePoint-Liste in Access durchzuführen:

1. Rufen Sie *Externe Daten/Importieren/SharePoint-Liste* auf.
2. Selektieren Sie im Dialogfeld die Option *Erstellen Sie eine Verknüpfung zur Datenquelle, in dem Sie eine verknüpfte Tabelle erstellen* und geben Sie im Textfeld wieder die Adresse des SharePoint-Servers und den Pfad zur Website an, falls Sie die Liste auf eine Unterwebsite exportiert haben. Anschließend klicken Sie auf *Weiter*.

Abbildg. 43.20   Auswahl der SharePoint-Website

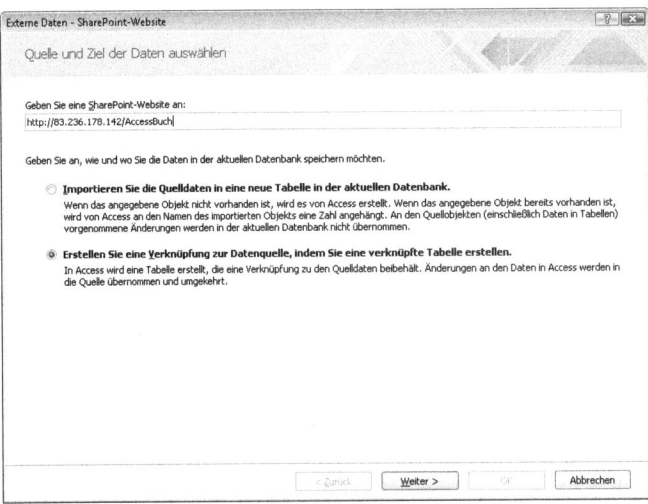

3. Nun wird der angegebene SharePoint-Server angefragt und liefert, wie in Abbildg. 43.21 gezeigt, die SharePoint-Listen zurück, für die Sie eine Zugriffsberechtigung haben.

Abbildg. 43.21   Auswahl der SharePoint-Liste

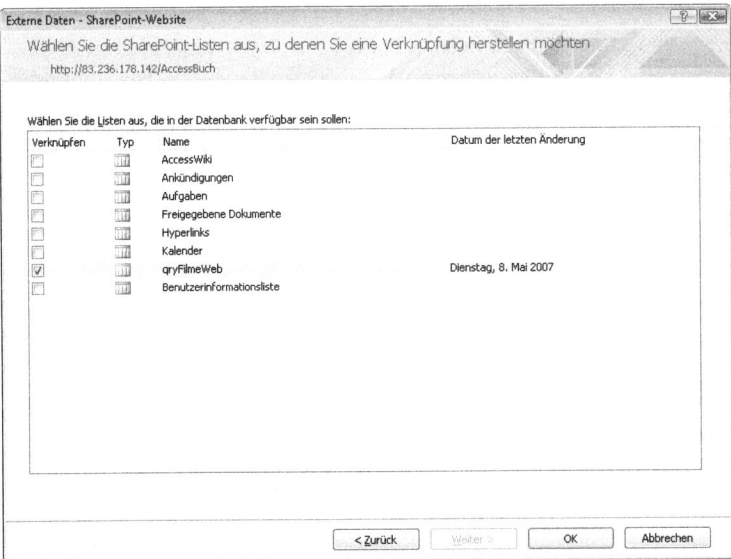

4. Selektieren Sie die Liste *qryFilmeWeb*, die die Daten enthält, die beispielhaft im letzten Abschnitt auf den SharePoint-Server exportiert wurden.

Abbildg. 43.22   SharePoint-Liste als Tabellenverknüpfung

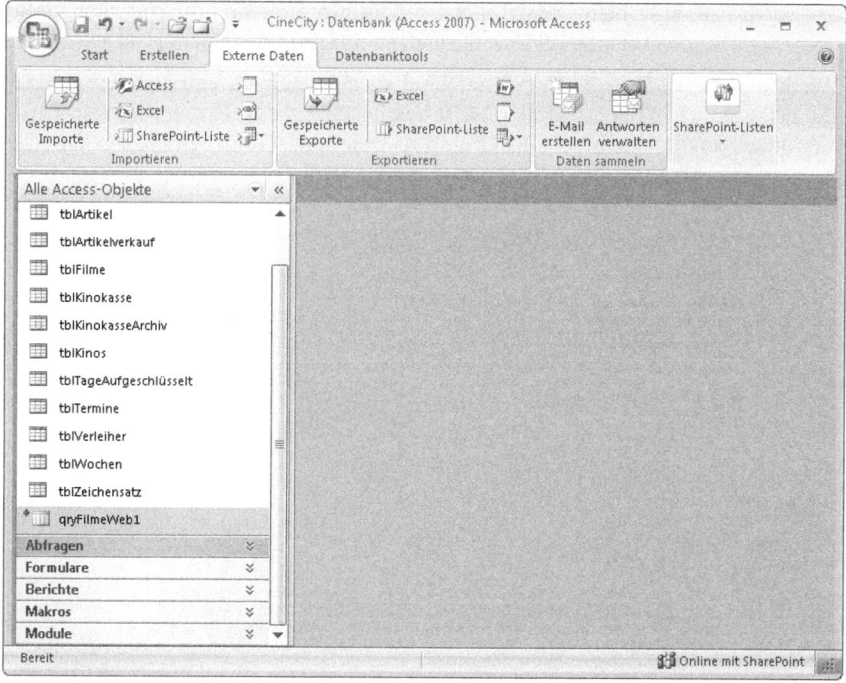

In Abbildg. 43.22 sehen Sie die eingebundene SharePoint-Liste. Wenn Sie die Liste zur Bearbeitung in Access öffnen, erhalten Sie die folgende Ansicht.

Abbildg. 43.23   Verknüpfte Tabelle zu einer SharePoint-Liste

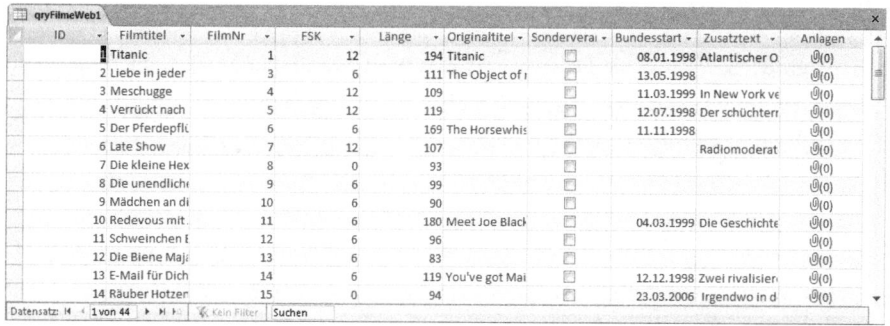

Die Darstellung der SharePoint-Liste weist eine Besonderheit auf. In der ersten Spalte von rechts sehen Sie ein Feld namens *Anlagen*, das in der ursprünglichen Access-Tabelle nicht existiert. Wird eine Access-Tabelle nach SharePoint exportiert, dann fügt der SharePoint-Server der resultierenden SharePoint-Liste automatisch einige Felder hinzu. Das Feld Anlagen ist eines von diesen Feldern. Mit diesem Feld ist es möglich, Dateien in einem Datensatz zu speichern. Das Hinzufügen funktioniert analog zu den Feldern vom Datentyp Anlage in Access, nur dass eben die Datei nicht in der Access-Datenbank, sondern auf dem SharePoint-Server gespeichert wird. Sie können die anderen von SharePoint erzeugten Felder sichtbar machen, in dem Sie auf den Spaltenkopf rechtsklicken und dort *Spalten einblenden* auswählen. Anschließend bekommen Sie eine Liste mit allen verfügbaren Feldern angezeigt. Die gewünschten Felder müssen dann nur noch mit einem Häkchen markiert werden.

Wir haben die verknüpfte SharePoint-Liste als Basis für ein einfaches Formular verwendet. Die Daten lassen sich in der gewohnten Weise bearbeiten. Jede Änderung wird sofort an SharePoint weitergegeben, so dass SharePoint-Benutzer ihre Änderungen sofort anschauen können.

Abbildg. 43.24 Einsatz der SharePoint-Liste als Formulardatenbasis

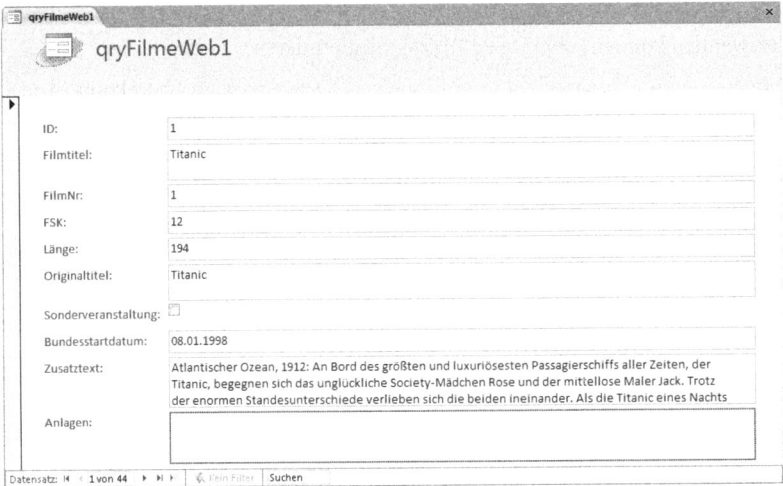

Sie können die kompletten Daten auf den SharePoint-Server kopieren und anschließend Verknüpfungen zur Ihren Formularen und Berichten herstellen lassen. In diesem Fall dient Access nur noch als Front-End, während der SharePoint-Server das Back-End System darstellt.

Daneben gibt es die Möglichkeit, die Access-Daten auf dem SharePoint-Server zu veröffentlichen. Hier werden zwar auch die Daten von Access nach SharePoint kopiert, allerdings besteht danach keine Verbindung zwischen beiden Systemen. D. h., Änderungen an Daten in SharePoint haben keine Auswirkungen auf die Daten in Access und umgekehrt. Wollen Sie in SharePoint die aktuellen Daten aus Access abrufen, müssen Sie die Datenbank erneut veröffentlichen.

Zusammenfassung

SharePoint ist ein Programm zum Bereitstellen von Informationen und Dokumenten im Intranet und Internet.

In diesem Kapitel wird ein Einblick in die verschiedenen Möglichkeiten und Komponenten von SharePoint gegeben.

- Ab Seite 901 wurde gezeigt, wie SharePoint-Websites aufgebaut sind und wie sie sich konfigurieren lassen.
- So haben Sie ab Seite 907 erfahren, wie neue Websites unter SharePoint angelegt werden können und welche Vorlagen dafür bereitgestellt werden.
- SharePoint-Listen sind ein zentrales Thema. Es gibt vordefinierte Listen, die Sie für Ihre Anwendung verwenden können (ab Seite 909), oder Sie definieren sich eigene.
- Ab Seite 918 wurde besprochen, wie Sie Access-Daten in eine SharePoint-Liste exportieren können. Dabei wird eine Kopie der Daten auf dem SharePoint-Server angelegt.

Am Schluss des Kapitels wurde aufgezeigt, wie SharePoint-Listen in Access eingebunden werden können, so dass Datenänderungen von Access zu SharePoint und umgekehrt übertragen werden.

Teil K
Anhang

In diesem Teil:

Anhang A	Die Reddick-VBA-Namenskonventionen	927
Anhang B	Operatoren und Funktionen	941
Anhang C	Spezifikationen und Felddatentypen	955

Anhang A

Die Reddick-VBA-Namenskonventionen

In diesem Kapitel:

Einführung in die ungarische Notation	928
Typkürzel	929
Prozeduren	931
Präfixe	931
Suffixe	933
Applikationen und Erweiterungen für Komponenten	934

Anhang A Die Reddick-VBA-Namenskonventionen

Greg Reddick ist Präsident der Gregory Reddick & Associates, einer Unternehmensberatungsfirma, die auf Entwicklungen mit Microsoft Access, Visual Basic und C++ spezialisiert ist. Er arbeitete vier Jahre im Access-Entwicklungsteam bei Microsoft.

Der vorliegende Text ist eine eigene Übersetzung und Überarbeitung des Artikels »The Reddick VBA Naming Conventions«. Mit den Reddick-VBA (RVBA)-Namenskonventionen soll eine Richtlinie für die Benennung von Objekten in Microsoft Visual Basic for Applications (VBA) geschaffen werden. VBA ist als einheitliche Programmiersprache in Microsoft Access, Microsoft Word, Microsoft Excel und Microsoft Project implementiert worden. In dem hier abgedruckten Text sind nur die Teile aufgeführt, die für Access von Bedeutung sind.

Konventionen stellen eine Möglichkeit der Standardisierung für die Programmierung von Applikationen dar. Diese Konventionen sind als Richtlinie gedacht. Sollten Sie mit einem Teil nicht einverstanden sein, so ersetzen Sie ihn durch das, was in Ihren Augen besser funktioniert. Allerdings sollten Sie dabei bedenken, wer die Änderungen noch sehen wird, und einen Kommentar in den Kopf des Moduls übernehmen, der die Änderungen beschreibt.

Einige der hier dargestellten Typkürzel wurden gegenüber vorherigen Konventionen geändert. Es ist Ihre Entscheidung, welche der Typkürzel Sie verwenden möchten, die neuen oder die alten. An einigen Stellen werden in diesem Dokument die alten Typkürzel in { geschweiften Klammern } dargestellt.

Einführung in die ungarische Notation

Die RVBA-Konventionen basieren auf der ungarischen Notation, die nach der Heimat von Charles Simonyi benannt wurde, dem Erfinder dieses Stils der Objektbenennung. (Anmerkung der Übersetzer: Charles Simonyi ist Mitarbeiter von Microsoft und hat dort die Entwicklung von Microsoft Word geleitet.) Das Ziel der ungarischen Notation besteht darin, Informationen über ein Objekt prägnant und effizient auszudrücken. Die ungarische Notation ist gewöhnungsbedürftig, wird sie jedoch einmal angenommen, gerät sie schnell zur zweiten Natur. Das Format eines ungarischen Objektnamens wird durch

```
[Prefix]Tag[BaseName[Suffix]] bzw. auf deutsch [Präfix]Typkürzel[BasisName[Suffix]]
```

beschrieben. Hierbei bezeichnen die eckigen Klammern die optionalen Teile des Objektnamens. Die einzelnen Komponenten werden im Folgenden beschrieben.

Das Präfix ergänzt das Typkürzel um zusätzliche Informationen. Für das Präfix werden Kleinbuchstaben verwendet. Sie werden in der Regel einer vorgegebenen Liste entnommen, die später in diesem Artikel beschrieben wird.

Das Typkürzel, im Englischen kurz mit »Tag« benannt, besteht aus einer kurzen Folge von Buchstaben, die den Typ des Objekts anzeigt. Für das Typkürzel werden Kleinbuchstaben verwendet. Auch hierzu gibt es eine standardisierte Liste, die später im Artikel aufgeführt wird.

Der BasisName besteht aus einem oder mehreren Wörtern, die beschreiben, was das Objekt repräsentiert. Der erste Buchstabe jedes Wortes wird groß geschrieben.

Das Suffix bietet zusätzliche Informationen zur Bedeutung des BasisNamens. Der erste Buchstabe jedes Wortes des Suffixes wird groß geschrieben. Im Artikel finden Sie eine standardisierte Liste der Suffixe.

Beachten Sie dabei, dass der einzige wirklich benötigte Teil das Typkürzel ist. Dies erscheint nicht sehr logisch, wahrscheinlich haben Sie das Gefühl, dass der Basisname der wichtigste Teil eines Objektnamens ist. Aber stellen Sie sich eine allgemeine Prozedur vor, die für irgendein Formular verwendet werden kann. Dabei ist die Tatsache wichtig, dass die Routine für ein Formular funktioniert, nicht was das Formular darstellt. Weil die Routine für Formulare verschiedener Art verwendet werden kann, benötigen Sie nicht zwingenderweise einen Basisnamen. Setzen Sie allerdings mehr als ein Objekt desselben Typs in einer Routine ein, müssen Sie für alle bis auf ein Objekt Basisnamen verwenden, um sie unterscheiden zu können.

Typkürzel

Verwenden Sie Typkürzel, um den Datentyp eines Objekts anzuzeigen. Der folgende Abschnitt zeigt Ihnen, wie die Typkürzel zu verwenden sind.

Typkürzel für Variablen

Verwenden Sie die in Tabelle A.1 aufgeführten Typkürzel für VBA-Datentypen. Das Typkürzel »obj« kann durch das Typkürzel des jeweiligen Objekts einer Applikation wie Microsoft Access, Excel oder Word ersetzt werden (siehe Abschnitt »Applikationen und Erweiterungen für Komponenten«).

Tabelle A.1 Typkürzel für VBA-Variablen

Typkürzel	Variablentyp
byte {byt}	Byte
bool {f}	Boolean
int	Integer
lng	Long
sng	Single
dbl	Double
cur	Currency
date {dtm}	Date
obj	Object
str	String
stf	String (feste Länge)
var	Variant

Hier sind einige Beispiele:

```
lngCount
intValue
strInput
```

Sie sollten alle Variablen explizit in jeweils einer Zeile deklarieren. Verwenden Sie nicht die alte Basic-Deklaration der Variablen, wie %, & und $. Sie sind überflüssig, wenn Sie die Namenskonventionen verwenden. Zudem gibt es für einige Datentypen wie Boolean keine Zeichen. Deklarieren Sie alle Variablen des Datentyps Variant, dem Standarddatentyp, auch entsprechend als Variant wie

```
Dim intTotal As Integer
Dim varField As Variant
Dim strName As String
```

Zusammenstellen von Eigenschaften-Namen

Eigenschaften einer Klasse erzeugen ein spezielles Problem: Sollen für sie die Namenskonventionen verwendet werden, um den Typ anzuzeigen? Sie sollten sie verwenden, um konsistent zu dem Rest der Namenskonventionen zu sein. Allerdings ist es erlaubt, Namen für Eigenschaften ohne Typkürzel zu verwenden, vor allem dann, wenn die Klasse von einem Kunden verwendet werden soll, der nicht an die Namenskonventionen gewöhnt ist.

Typkürzel für Auflistungen

Verwenden Sie für Auflistungen (Collections) spezielle Typkürzel, die sich aus dem Datentyp der Auflistung und dem Buchstaben »s« zusammensetzen. Haben Sie beispielsweise eine Auflistung von Zahlen des Datentyps Long, würde das entsprechende Kürzel der Auflistung lngs heißen. Theoretisch kann eine Auflistung Objekte verschiedener Datentypen enthalten. Möchten Sie verschiedene Datentypen in einer Auflistung verwenden, verwenden Sie das Typkürzel »objs«. Beispiele sind

```
intsEntries
frmsCustomerData
objsMisc
```

Typkürzel für Konstanten

Konstanten sind immer von einem bestimmten Datentyp. Da VBA den Datentyp für Sie bestimmt, falls Sie ihn nicht selbst festlegen, sollten Sie für eine Konstante immer den Datentyp spezifizieren. Konstanten, die im allgemeinen Deklarationsbereich eines Moduls deklariert werden, sollten immer das führende Schlüsselwort »Private« oder »Public« verwenden und zudem als Präfix »m« oder »g« verwenden. Eine Konstante wird dann durch den Buchstaben »c« am Ende des Datentyps gekennzeichnet, wie

```
Const intcGray As Integer = 3
Private Const mdblcPi As Double = 3.14159265358
```

Die oben beschriebene Technik wird empfohlen, um Konstanten zu benennen. Sollte für Sie jedoch der Umstand wichtiger sein, dass Sie mit Konstanten arbeiten als deren Datentyp, sollten Sie alternativ den allgemeinen Typkürzel »con« verwenden.

```
Const conPi As Double   = 3.14159265358
```

Prozeduren

In VBA-Prozeduren sind verschiedenste Objekte zu benennen: die Prozeduren selbst, Sprungmarken und Parameter. Diese Objekte sollen im Folgenden beschrieben werden.

Prozedurnamen

Ereignisprozeduren werden von VBA benannt; diese Namen können Sie nicht verändern. Sie sollten die Großschreibung verwenden, die das System vorschlägt. Schreiben Sie für benutzerdefinierte Prozedurnamen den ersten Buchstaben jedes Wortes groß, wie

```
cmdOK_Click
GetTitelBarString
PerformInitialization
```

Für Prozeduren sollte immer der Gültigkeitsbereich angegeben werden, wenn sie deklariert werden.

```
Public Function GetTitelBarString() As String
Private Sub PerformInitialization()
```

Parameter benennen

Sie sollten für alle Parameter den Zusatz ByVal oder ByRef verwenden, auch wenn ByRef Standardwert ist und somit redundant. Parameter für Prozeduren werden genauso benannt wie einfache Variablen desselben Typs, außer dass Argumente, die »by Reference« übergeben werden, den Zusatz »r« erhalten, wie

```
Public Sub TestValue(ByVal intInput As Integer, _
    ByRef rlngOutput As Long)
Private Function GetValue(ByVal strKey As String, _
    ByRef rgph As Glyph) As Boolean
```

Sprungmarken

Sprungmarken werden mit Großbuchstaben für jedes Wort benannt:

```
ErrorHandler:
ExitProcedure:
```

Präfixe

Ein Präfix soll einen Typkürzel dahingehend verändern, dass mehr Informationen über das Objekt zur Verfügung stehen.

Präfixe für Datenfelder (Arrays) von Objekten

Verwenden Sie für Datenfelder des Typs Objekt die Vorsilbe »a« wie

```
aintFontSizes
astrNames
```

Präfixe für Indizes

Bezeichnen Sie einen Index in einem Datenfeld mit der Vorsilbe »i«, und aus Gründen der Konsistenz sollten Sie als Datentyp immer Long Integer verwenden. Sie können auch das Index-Präfix verwenden, um auf andere aufgezählte Objekte hinzuweisen wie auf Auflistungen benutzerdefinierter Klassen, z.B.

```
iaintFontSize
iastrNames
igphsGlyphCollection
```

Präfixe für Gültigkeitsbereiche und Lebensdauern

Für jede Variable gibt es in VBA drei Gültigkeitsebenen: Public, Private and Local. Eine Variable hat zusätzlich eine Lebensdauer der aktuellen Prozedur oder der Länge des Programms. Verwenden Sie die in Tabelle A.2 dargestellten Präfixe, um auf die Gültigkeitsebene und Lebensdauer hinzuweisen.

Tabelle A.2 Präfixe für Gültigkeit und Lebensdauer

Präfix	Objekttyp
(keinen)	Lokale Variable, Lebenszeit auf Prozedurebene mit »Dim« deklariert
s	Lokale (static) Variable, Lebenszeit auf Programmebene mit »Static« deklariert
m	Private (Modul) Variable, Lebenszeit auf Programmebene mit »Private« deklariert
g	Public (globale) Variable, Lebensdauer auf Programmebene mit »Public« deklariert

Die Präfixe »m« und »g« werden auch verwendet, um die Gültigkeitsebenen anderer Objekte, z.B. von Konstanten, darzustellen:

```
intLocalVariable
mintPrivateVariable
gintPublicVariable
mdblcPi
```

VBA erlaubt verschiedene Typ-Deklarationen, um die Rückwärts-Kompatibilität zu ermöglichen. Das ältere Schlüsselwort »Global« sollte immer durch »Public«, »Dim« und »Static« durch »Private« ersetzt werden.

Andere Präfixe

In Tabelle A.3 werden weitere Präfixe aufgeführt und beschrieben.

Tabelle A.3 Andere häufig verwendete Präfixe

Präfix	Objekttyp
c	Zähler (Count) eines Objekttyps
h	Zeiger (Handle) auf ein Windows-Objekt
r	Parameter

Hier zwei Beispiele:

```
castrArray
hWndForm
```

Suffixe

Suffixe werden für weitere Informationen über eine Variable verwendet. Wahrscheinlich werden Sie eigene Nachsilben erstellen, die speziell an Ihre Entwicklungen angepasst sind.

Tabelle A.4 Häufig verwendete Suffixe

Suffix	Objekttyp
Min	Ist das absolut erste Element eines Feldes oder einer Liste
First	Ist das erste Element, das in einem Feld oder einer Liste während der aktuellen Operation verwendet wird
Last	Ist das letzte Element, das in einem Feld oder einer Liste während der aktuellen Operation verwendet wird
Lim	Ist die obere Grenze von Elementen, die in einem Feld oder einer Liste verwendet werden. **Lim** ist kein gültiger Index. Normalerweise gilt **Lim=Last+1**.
Max	Ist das absolut letzte Element eines Feldes oder einer Liste
Cnt	Wird mit Datenbankelementen verwendet, um anzuzeigen, dass es sich um einen Zähler handelt. Zähler (in Access:AutoWert) werden vom System automatisch hochgezählt, sie sind Zahlen vom Typ **Long** oder **ReplicationsID**.

Sehen Sie hier einige Beispiele:

```
iastrNamesMin
iastrNamesMax
iaintFontSizesFirst
igphsGlyphCollectionLast
lngCustomerIdCnt
varOrderIdCnt
```

Applikationen und Erweiterungen für Komponenten

Jede Applikation mit VBA und jede Komponente, die installiert werden kann, hat eine eigene Menge von verwendbaren Objekten. Dieser Abschnitt definiert Typkürzel für die Objekte in den verschiedenen Applikationen und Komponenten.

Access-Objekte

Tabelle A.5 führt die Typkürzel für Access-Objektvariablen auf. Außer, dass diese Typkürzel im Programm-Code verwendet werden, um auf die entsprechenden Objekttypen zu verweisen, werden dieselben Typkürzel auch dazu benutzt, um diese Objekte in Formularen und Berichten zu benennen.

Tabelle A.5 Typkürzel für Access-Objektvariablen

Typkürzel	Objekttyp (deutsch)	Objekttyp (englisch)
app	Applikation	Application
chk	Kontrollkästchen	CheckBox
cbo	Kombinationsfeld	ComboBox
cmd	Befehlsschaltfläche	CommandButton
ctl	Steuerelement	Control
ctls	Steuerelemente	Controls
ocx	Zusatzsteuerelement	CustomControl
dcm	DoCmd	DoCmd
frm	Formular	Form
frms	Formulare	Forms
grl	Gruppenebene	GroupLevel
img	Bild	Image
lbl	Bezeichnungsfeld	Label
lin	Linie	Line
lst	Listenfeld	ListBox
bas (oder mdl)	Modul	Module
ole	OLE-Objekt	ObjectFrame
opt	Optionsfeld	OptionButton

Tabelle A.5 Typkürzel für Access-Objektvariablen *(Fortsetzung)*

Typkürzel	Objekttyp (deutsch)	Objekttyp (englisch)
fra	Optionsgruppe	OptionGroup (frame)
brk	Seitenumbruch	PageBreak
pal	Farbpalette	PaletteButton
prps	Eigenschaften	Properties
shp	Rechteck	Rectangle (shape)
rpt	Bericht	Report
rpts	Berichte	Reports
scr	Bildschirm	Screen
sec	Bereich	Section
sfr	Unterformular	SubForm
srp	Unterbericht	SubReport
txt	Textfeld	TextBox
tgl	Umschaltfläche	ToggleButton

Dazu zwei Beispiele:

```
txtName
lblInout
```

ADO-Objekte

ADO, »ActiveX Data Objects«, sind eine Programmierschnittstelle für Datenzugriffe. Die für ADO zu verwendenden Typkürzel sind in Tabelle A.6 aufgelistet.

Tabelle A.6 ADO-Objekt-Typkürzel

Typkürzel	Objekttyp
cnn oder conn	Connection
cmd	Command
rs	Recordset
fld	Field
par	Parameter

Anhang A Die Reddick-VBA-Namenskonventionen

ADOX-Objekte

ADOX, »ADO Extensions«, sind eine Programmierschnittstelle für den Zugriff auf Datenbankstrukturen.

Tabelle A.7 ADOX-Objekt-Typkürzel

Typkürzel	Objekttyp
cat	Catalog
sp	Procedures (stored procedures)
vw	View
tbl	Table
idx	Index
col	Column
ky oder key	Key
cmd	Command
prm	Parameter
usr	User
grp	Group

DAO-Objekte

DAO, »Data Access Objects«, ist die Programmierschnittstelle zur Jet Database Engine, die sich Access, Visual Basic und C++ teilen. Die für DAO zu verwendenden Typkürzel sind in Tabelle A.8 zu sehen.

Tabelle A.8 DAO-3.5-Objekt-Typkürzel

Typkürzel	Objekttyp
cnt	Container
cnts	Containers
db	Database
dbs	Databases
dbe	DBEngine
doc	Document
docs	Documents
err	Error
errs	Errors
fld	Field
flds	Fields

Tabelle A.8 DAO-3.5-Objekt-Typkürzel *(Fortsetzung)*

Typkürzel	Objekttyp
grp	Group
grps	Groups
idx	Index
idxs	Indexes
prm	Parameter
prms	Parameters
pdbe	PrivDBEngine
prp	Property
prps	Properties
qry	QueryDef
qrys	QueryDefs
rst	Recordset
rsts	Recordsets
rel	Relation
rels	Relations
tbl	TableDef
tbls	TableDefs
usr	User
usrs	Users
wrk	Workspace
wrks	Workspaces

Auch hierzu zwei Beispiele:

```
rstCustomers
idxPrimaryKey
```

Tabelle A.9 listet die Typkürzel auf, die in einer Datenbank den Typ der Objekte identifizieren.

Tabelle A.9 Typkürzel für Access-Datenbankobjekte

Typkürzel	Objekttyp
tbl	Table
qry	Query
frm	Form

Tabelle A.9 Typkürzel für Access-Datenbankobjekte *(Fortsetzung)*

Typkürzel	Objekttyp
rpt	Report
mcr	Macro
bas	Module

Bei Bedarf können Sie auch exaktere Typkürzel oder Suffixe verwenden, um den Zweck und Typ eines Datenbankobjektes zu identifizieren. Setzen Sie Suffixe ein, benutzen Sie die in Tabelle A.9 dargestellten Typkürzel, um den Typ darzustellen. Verwenden Sie entweder Typkürzel oder Suffix, aber nicht beide gleichzeitig. Typkürzel und Suffixe sind in Tabelle A.10 dargestellt.

Tabelle A.10 Spezielle Objekttypkürzel und -suffixe für Access-Datenbankobjekte

Typkürzel	Suffix	Objekttyp
tlkp	Lookup	Table (lookup)
qsel	(none)	Query (select)
qapp	Append	Query (append)
qxtb	Xtab	Query (crosstab)
qddl	DDL	Query (DDL)
qdel	Delete	Query (delete)
qflt	Filter	Query (filter)
qlkp	Lookup	Query (lookup)
qmak	MakeTable	Query (make table)
qspt	PassThru	Query (SQL pass-through)
qtot	Totals	Query (totals)
quni	Union	Query (union)
qupd	Update	Query (update)
fdlg	Dlg	Form (dialog)
fmnu	Mnu	Form (menu)
fmsg	Msg	Form (message)
fsfr	SubForm	Form (subform)
rsrp	SubReport	Form (subreport)
mmnu	Mnu	Markro (menu)

Sehen Sie dazu folgende Beispiele:

```
tblValiNamesLookup
tlkpValidNames
fmsgError
mmnuFileMnu
```

Verwenden Sie keine Leerzeichen, um Objekte in einer Datenbank zu benennen. Schreiben Sie besser den ersten Buchstaben für jedes Wort groß. Schreiben Sie anstatt `Quarterly Sales Values Table` besser `tblQuarterlySalesValues`.

Zurzeit wird darüber diskutiert, ob Felder einer Tabelle Typkürzel erhalten sollen oder nicht. Ob Sie welche verwenden, liegt bei Ihnen. Falls Sie welche benutzen möchten, nehmen Sie die Typkürzel aus Tabelle A.11.

Tabelle A.11   Typkürzel für Felder (falls Sie sich dafür entscheiden)

Typkürzel	Objekttyp
bin	Binary
byte	Byte
lng	AutoWertfelder (sequentiell oder zufällig) des Typs **Long** (verwendet mit Suffix **Cnt**)
cur	Currency
date	Date/Time
dbl	Double
guid	»Globally unique identifier«, für Replikation von AutoWert-Feldern eingesetzt
int	Integer
lng	Long
mem	Memo
ole	OLE
sng	Single
str	Text
bool	Yes/No

Anhang B

Operatoren und Funktionen

In diesem Kapitel:

Operatoren	942
Funktionen	943
Funktionsnamen deutsch/englisch	947
Funktionsnamen englisch/deutsch	950
Anweisungen	953

Anhang B Operatoren und Funktionen

Operatoren

Operatoren werden in allen Programmteilen von Access verwendet. Sie sind für Bedingungen in Tabellen und Abfragen, Formeln in Formularen sowie Berichten und für vieles mehr notwendig.

Tabelle B.1 Arithmetische Operatoren

Operator	Beschreibung
^	Potenziert eine Zahl mit einem Exponenten
-	Negiert eine Zahl
*	Multipliziert zwei Zahlen
/	Dividiert zwei Zahlen, das Ergebnis ist eine Fließkomma-Zahl
\	Dividiert zwei Zahlen, das Ergebnis ist ganzzahlig
Mod	Dividiert zwei Zahlen und gibt den Rest als Ergebnis zurück (modulo)
+	Addiert zwei Zahlen
-	Subtrahiert zwei Zahlen
&	Textverkettung von Zeichenfolgen

Tabelle B.2 Vergleichsoperatoren

Operator	Beschreibung
=	Gleich
<>	Ungleich
<	Kleiner als
>	Größer als
<=	Kleiner als oder gleich
>=	Größer als oder gleich
Wie (Like)	Vergleich von Zeichenfolgen
Is	Vergleich von Objekten

Tabelle B.3 Logische Operatoren

Operator	Beschreibung
Nicht (Not)	Logisches Nicht (Negation)
Und (And)	Logisches Und (Konjunktion)
Oder (Or)	Logisches Oder (Disjunktion)
ExOder (Xor)	Logisches exklusives Oder (Exklusion)
Äqv (Eqv)	Logische Gleichheit (Äquivalenz)
Imp	Logische Einschließung (Implikation)

Tabelle B.4 Weitere Operatoren

Operator	Beschreibung
Zwischen...Und (Between...And)	Bestimmt, ob ein Ausdruck zwischen zwei Werten liegt
In	Vergleicht den Wert eines Ausdrucks mit mehreren Werten aus einer Liste
Ist Null (Is Null)	Bestimmt, ob ein Wert **Null**, also ohne Wert ist

Funktionen

Im Folgenden erhalten Sie eine Liste mit Funktionen, die Sie in Abfragen, Formularen und Berichten einsetzen können. Diese Liste umfasst nicht alle Funktionen, die in Access möglich sind, sondern nur die am häufigsten verwendeten.

Aufgeführt sind nur die englischen Versionen der Funktionen. Benötigen Sie für Abfragen, Formulare, Berichte und Makros die deutschen Funktionsnamen, so verwenden Sie die entsprechende Übersetzungstabelle (Tabelle B.7).

HINWEIS Beachten Sie, dass bei der Verwendung der deutschen Funktionsnamen in Abfragen, Formularen, Berichten und Makros die Argumente durch Semikolon getrennt werden, während die englischen Funktionen in Visual Basic Kommata zur Trennung verwenden.

Tabelle B.5 Funktionen

Funktion	Beschreibung
Abs(Zahl)	Gibt den Absolutwert der **Zahl** zurück
Array(ArgListe)	Gibt einen Variant mit einem Datenfeld zurück. **ArgListe** enthält die Elemente des Datenfelds durch Kommata getrennt.
Asc(string)	Gibt den Zeichencode des ersten Buchstabens der Zeichenfolge zurück; **string** ist ein benanntes Argument, das eine gültige Zeichenfolge beschreibt
Atn(Zahl)	bberechnet den Arcustangens einer **Zahl**
CBool(Ausdruck)	Wandelt einen Ausdruck in den Datentyp Boolean um. **Ausdruck** kann eine beliebige numerische Zahl oder eine Zeichenfolge sein; ist der Wert ungleich Null, so gibt **CBool True** zurück, andernfalls **False.**
CByte(Ausdruck)	Wandelt einen Ausdruck in den Datentyp Byte um. **Ausdruck** kann eine beliebige numerische Zahl oder eine Zeichenfolge sein.
CCur(Ausdruck)	Wandelt einen Ausdruck in den Datentyp Currency um. **Ausdruck** kann eine beliebige numerische Zahl oder eine Zeichenfolge sein.
CDate(Ausdruck)	Wandelt einen Ausdruck in den Datentyp Date um. **Ausdruck** kann ein beliebiger als Datum erkennbarer Ausdruck sein, wie ein Datum als Zeichenfolge.
CDbl(Ausdruck)	Wandelt einen Ausdruck in den Datentyp Double um. **Ausdruck** kann eine beliebige numerische Zahl oder eine Zeichenfolge sein.
Chr(Zeichencode)	Gibt ein Zeichen abhängig vom eingegebenen Code zurück. **Zeichencode** ist eine Zahl, die ein bestimmtes Zeichen kennzeichnet, **Chr(13)** beispielsweise steht für einen Zeilenumbruch, **Chr(65)** für den Buchstaben »A«.

Anhang B Operatoren und Funktionen

Tabelle B.5 Funktionen *(Fortsetzung)*

Funktion	Beschreibung
CInt(Ausdruck)	Wandelt einen Ausdruck in den Datentyp Integer um. **Ausdruck** kann eine beliebige numerische Zahl oder eine Zeichenfolge sein.
CLng(Ausdruck)	Wandelt einen Ausdruck in den Datentyp Long um. **Ausdruck** kann eine beliebige numerische Zahl oder eine Zeichenfolge sein.
Cos(Zahl)	Errechnet den Cosinus von **Zahl** im Bogenmaß
CSng(Ausdruck)	Wandelt einen Ausdruck in den Datentyp Single um. **Ausdruck** kann eine beliebige numerische Zahl oder eine Zeichenfolge sein.
CStr(Ausdruck)	Wandelt einen Ausdruck in den Datentyp String um
CurDir [(Laufwerk)]	Gibt den aktuellen Pfad zurück. **Laufwerk** ist eine Zeichenfolge, die angibt, auf welchem Laufwerk der aktuelle Pfad zurückgegeben werden soll.
CurrentDb()	Gibt einen Verweis auf das aktuelle Datenbankobjekt zurück
CVar(Ausdruck)	Wandelt einen Ausdruck in den Datentyp Variant um. **Ausdruck** kann eine beliebige numerische Zahl oder eine Zeichenfolge sein.
Date	Gibt das aktuelle Systemdatum zurück
DateAdd (interval, number, date)	Gibt einen Wert des Datentyps Variant zurück. Dieser Wert enthält ein Datum, das um einen vorgegebenen Zeitraum in der Zukunft liegt. **Interval** ist eine Zeichenfolge, die das zu addierende Intervall festlegt; **number** ist ein numerischer Ausdruck, der die Anzahl der Intervalle definiert; **date** ist ein Datum, zu dem das Intervall addiert werden soll. Als Zeichenfolge für das Intervall werden folgende Ausdrücke verwendet: **yyyy** (Jahr), **q** (Quartal), **m** (Monat), **y** (Tag des Jahres), **d** (Tag), **w** (Wochentag), **ww** (Woche), **h** (Stunde), **n** (Minute) und **s** (Sekunde).
DateDiff interval, date1, date2, firstdayofweek [, firstweekofyear]])	Gibt die Anzahl von Intervallen zwischen zwei definierten Terminen an. **Interval** ist eine Zeichenfolge, die das zu addierende Intervall festlegt (siehe **DateAdd()**); **date1, date2** sind zwei Termine zur Berechnung; **firstdayofweek** ist eine Konstante, die den ersten Tag der Woche festlegt, standardmäßig ist der Sonn-tag der erste Tag der Woche; **firstweekofyear** ist eine Konstante, die die erste Woche des Jahres festlegt; standardmäßig wird die Woche zur ersten, in der der 1. Januar liegt.
DatePart(interval, date [, firstdayofweek [, firstweekofyear]])	Gibt einen bestimmten Teil eines vorgegebenen Datums zurück. **Interval** ist eine Zeichenfolge, die das zu addierende Intervall festlegt (siehe **DateAdd()**); **date** ist ein Datum zum Auswerten; **firstdayofweek** ist eine Konstante, die den ersten Tag der Woche festlegt, standardmäßig ist der Sonntag der erste Tag der Woche; **firstweekofyear** ist eine Konstante, die die erste Woche des Jahres festlegt, standardmäßig wird die Woche zur ersten, in der der 1. Januar liegt.
DateSerial(year, month, day)	Gibt einen Datumswert mit dem angegebenen Tag, Monat und Jahr zurück
DateValue(Datum)	Wandelt eine Zeichenfolge in einen Datumswert um
Day(Datum)	Gibt einen Wert vom Datentyp Variant zurück, der den Tag des Monats angibt, also eine Zahl zwischen 1 und 31
Dir[(Pfadname [, Attribute])]	Gibt den Namen einer Datei oder eines Verzeichnisses zurück
EOF(Dateinummer)	Überprüft, ob das Ende einer Datei erreicht ist. Die **Dateinummer** wird durch den Befehl **Open** vergeben.

Tabelle B.5 Funktionen *(Fortsetzung)*

Funktion	Beschreibung
Exp(Zahl)	Gibt e (die Basis des natürlichen Logarithmus) potenziert mit **Zahl** zurück
FileDateTime(Pfadname)	Gibt Datum und Uhrzeit der Erstellung bzw. letzten Änderung der angegebenen Datei zurück
FileLen(Pfadname)	Gibt die Größe einer Datei in Byte an
Fix(Zahl)	Gibt den ganzzahligen Anteil einer Zahl zurück, schneidet bei positiven und negativen Zahlen die Nachkommastellen einfach ab
Format(Ausdruck [, Format [, ErsterWochentag [, ErsteWocheImJahr]]])	Formatiert einen **Ausdruck** nach den unter **Format** angegebenen Vorgaben
GetAttr(Pfadname)	Gibt einen Wert zurück, der Aufschluss über die Dateiattribute gibt
Hex(Zahl)	Gibt **Zahl** in hexadezimaler Form zurück
Hour(Uhrzeit)	Gibt einen Wert vom Typ Variant zurück, der die Stunde als Zahl zwischen 0 und 23 angibt
Inputbox(prompt[,title] [, default] [, xpos] [, ypos], [helpfile, context])	Aktiviert ein Dialogfeld mit Eingabefeld. **Inputbox** ergibt nach Betätigen einer der Schaltflächen einen String mit dem Inhalt des Textfeldes. **Prompt** ist ein Text, der im Dialogfeld erscheinen soll; **title** ist eine Zeichenfolge, die in der Titelleiste des Dialogfeldes angezeigt werden soll; **default** ist ein Standardwert, der verwendet werden soll, wenn der Anwender keine Eingabe vornimmt; **xpos** gibt den horizontalen Abstand (in twips) des linken Rands des Dialogfeldes vom linken Rand des Bildschirms an; **ypos** gibt den vertikalen Abstand des oberen Rands des Dialogfeldes vom oberen Rand des Bildschirms an; **helpfile** ist ein Zeichenfolgenausdruck, der die Hilfedatei mit der kontextbezogenen Hilfe für das Dialogfeld angibt; **context** ist ein numerischer Ausdruck mit der Hilfekontextkennung.
InStr([start,]string1, string2[, compare])	Sucht das Vorkommen einer Zeichenfolge in einer anderen
Int(Zahl)	Gibt den ganzzahligen Anteil einer Zahl zurück, rundet positive Zahlen immer ab, gibt für negative Zahlen die ganze Zahl zurück, die kleiner oder gleich dem Argument ist
IsArray(VarName)	Gibt **True** zurück, falls die Variable ein Datenfeld ist, sonst **False**. **VarName** kann eine beliebige Variable sein.
IsDate(Varname)	Gibt **True** zurück, falls die Variable **Varname** ein Datumswert ist
IsEmpty(Varname)	Gibt **True** zurück, falls die Variable **Varname** ein leerer Variant ist
IsNull(Varname)	Gibt **True** zurück, falls die Variable **Varname** den Wert **Null** hat
IsNumeric(Varname)	Gibt **True** zurück, falls die Variable **Varname** einen numerischen Wert enthält
IsObject(Varname)	Gibt **True** zurück, falls die Variable **Varname** ein Objekt ist
LBound(Datenfeldname [,Dimension])	Gibt den kleinsten verfügbaren Index eines Datenfeldes zurück
LCase(Zeichenfolge)	Wandelt die angegebenen Zeichen in kleine Buchstaben um
Left(string, length)	Gibt **length** Zeichen links vom Ende von **string** zurück

Anhang B Operatoren und Funktionen

Tabelle B.5   **Funktionen** *(Fortsetzung)*

Funktion	Beschreibung
Len(String)	Liefert die Länge einer Zeichenfolge zurück
Log(Zahl)	Berechnet den Logarithmus von **Zahl**
LTrim(Zeichenfolge)	Entfernt führende Leerzeichen in einer **Zeichenfolge**
Mid(ZnFVariable, Anfang [,Länge])	Liefert **Länge** Zeichen, gezählt vom **Anfang**, aus der Zeichenfolgevariablen **ZnFVariable** zurück. Ist **Länge** nicht angegeben, werden alle Zeichen bis zum Ende des Strings zurückgegeben.
Minute(Uhrzeit)	Gibt einen Wert vom Typ Variant zurück, der die Minute als Zahl zwischen 0 und 59 angibt
Month(Datum)	Gibt eine Zahl zwischen 1 und 12 zurück
Msgbox(prompt [, buttons] [, title] [, helpfile, context])	Aktiviert ein Meldungsdialogfeld, das erst wieder verschwindet, wenn der Anwender eine Schaltfläche betätigt (siehe **InputBox()**)
Now	Gibt das aktuelle Systemdatum sowie die aktuelle Systemuhrzeit zurück
Oct(Zahl)	Gibt **Zahl** in oktaler Form zurück
Option Base{0|1}	Legt die Untergrenzen in einem Datenfeld mit **0** bzw. **1** fest. Die Funktion wird auf Modulebene verwendet. Der Standardwert ist **0**.
Right(string, length)	Gibt **length** Zeichen rechts vom Ende von **string** zurück
Rnd [(Zahl)]	Gibt eine Zufallszahl zurück, dabei bestimmt der Wert von **Zahl**, wie die Zufallszahl generiert wird
RTrim(Zeichenfolge)	Entfernt nachgestellte Leerzeichen in einer **Zeichenfolge**
Second(Uhrzeit)	Gibt einen Wert vom Typ Variant (Integer) zurück, der die Sekunde als Zahl zwischen 0 und 59 angibt
Sgn(Zahl)	Bestimmt das Vorzeichen der angegebenen **Zahl**. Gibt **1** für Zahlen größer 0, **0** für 0 und **-1** für Zahlen kleiner 0 zurück.
Sin(Winkel)	Errechnet den Sinus von **Winkel** im Bogenmaß
Space(Zahl)	Gibt einen String mit **Zahl** Leerzeichen zurück
Sqr(Zahl)	Berechnet die Quadratwurzel aus **Zahl**
Str(Zahl)	Wandelt **Zahl** in eine Zeichenfolge um
StrComp(string1, string2[, compare])	Vergleicht zwei Zeichenketten
Tan(Winkel)	Von **Winkel** wird der Tangens im Bogenmaß errechnet
Time	Gibt die aktuelle Uhrzeit des Systems zurück
TimeSerial(hour, minute, second)	Gibt einen Wert vom Typ Variant mit der angegebenen Sekunde, Minute und Stunde zurück
TimeValue(Zeichenfolge)	Gibt einen Wert vom Typ Date zurück. **Zeichenfolge** ist ein Datum, das aus dem Bereich 1. Januar 100 bis 31. Dezember 9999 gewählt werden kann.
Trim(Zeichenfolge)	Entfernt führende und nachgestellte Leerzeichen in einer **Zeichenfolge**

Tabelle B.5 Funktionen *(Fortsetzung)*

Funktion	Beschreibung
UBound(Datenfeldname [, Dimension])	Gibt den größten verfügbaren Index eines Datenfeldes zurück
UCase(Zeichenfolge)	Wandelt die angegebene **Zeichenfolge** in Großbuchstaben um
Val(string)	Gibt die Zahlen aus einem **string** zurück
Weekday (date, [firstdayofweek])	Gibt den Wochentag als ganze Zahl zurück; gezählt wird ab Sonntag
Year(Datum)	Gibt eine ganze Zahl als Jahreszahl zurück

Funktionsnamen deutsch/englisch

Tabelle B.6 Funktionsnamenübersetzung deutsch-englisch

Deutsch	Englisch
Abs	Abs
ArcTan	Atn
Asc	Asc
Auswerten	Eval
Bereich	Partition
BW	PV
Cos	Cos
DatAdd	DateAdd
DatDiff	DateDiff
DatSeriell	DateSerial
DatTeil	DatePart
Datum	Date
DatWert	DateValue
DIA	SYD
Eingabefeld	InputBox
Exponential	Exp
Farbe	QBColor
Fix	Fix
Format	Format
GDA	DDB
Glätten	Trim

Anhang B Operatoren und Funktionen

Tabelle B.6   Funktionsnamenübersetzung deutsch-englisch *(Fortsetzung)*

Deutsch	Englisch
Großbst	UCase
Hex	Hex
InStr	InStr
Int	Int
IstDatum	IsDate
IstLeer	IsEmpty
IstNull	IsNull
IstNumerisch	IsNumeric
Jahr	Year
Jetzt	Now
KAPZ	PPmt
Kleinbst	LCase
Länge	Len
LeerZchn	Space
LGlätten	LTrim
LIA	SLN
Links	Left
Logarithmus	Log
Meldung	MsgBox
Minute	Minute
Mittelwert	Avg
Monat	Month
Oktal	Oct
QWurzel	Sqr
Rechts	Right
RGB	RGB
RGlätten	RTrim
RMZ	Pmt
Schalter	Switch
Sekunde	Second
Sin	Sin
StAbw	StDev

Tabelle B.6 Funktionsnamenübersetzung deutsch-englisch *(Fortsetzung)*

Deutsch	Englisch
StAbwn	StDevP
Str	Str
String	String
StrVgl	StrComp
Stunde	Hour
Summe	Sum
Tag	Day
Tan	Tan
Teil	Mid
Umgebung	Environ
VarTyp	VarType
Vorzchn	Sgn
Wenn	IIF
Wert	Val
Wochentag	Weekday
ZBoolean	CBool
ZByte	CByte
Zchn	Chr
ZCurrency	CCur
ZDate	CDate
ZDouble	CDbl
Zeit	Time
Zeitgeber	Timer
ZeitSeriell	TimeSerial
ZeitSeriellStr	TimeValue
ZINS	Rate
ZINSZ	IPmt
ZInteger	CInt
ZLong	CLng
ZSingle	CSng
ZString	CStr
ZVariant	CVar

Anhang B Operatoren und Funktionen

Tabelle B.6 Funktionsnamenübersetzung deutsch-englisch *(Fortsetzung)*

Deutsch	Englisch
ZW	FV
ZZG	Rnd
ZZR	NPer

Funktionsnamen englisch/deutsch

Tabelle B.7 Funktionsnamenübersetzung englisch-deutsch

Englisch	Deutsch
Abs	Abs
Asc	Asc
AscB	AscB
Atn	ArcTan
CBool	ZBoolean
CByte	ZByte
CCur	ZCurrency
CDate	ZDate
CDbl	ZDouble
Choose	Wählen
Chr	Zchn
CInt	ZInteger
CLng	ZLong
Cos	Cos
CSng	ZSingle
CStr	ZString
CurDir	AktVerz
CVar	ZVariant
Date	Datum
DateAdd	DatAdd
DateDiff	DatDiff
DatePart	DatTeil
DateSerial	DatSeriell
DateValue	DatWert
Day	Tag

Tabelle B.7 Funktionsnamenübersetzung englisch-deutsch *(Fortsetzung)*

Englisch	Deutsch
DDB	GDA
Dir	Verz
Environ	Umgebung
Exp	Exponential
Fix	Fix
Format	Format
FV	ZW
Hex	Hex
Hour	Stunde
IIF	Wenn
InputBox	Eingabefeld
InStr	InStr
Int	Int
IPmt	ZINSZ
IsDate	IstDatum
IsEmpty	IstLeer
IsNull	IstNull
IsNumeric	IstNumerisch
LCase	Kleinbst
Left	Links
Len	Länge
Log	Log
LTrim	LGlätten
Mid	Teil
MidB	TeilB
Minute	Minute
Month	Monat
MsgBox	Meldung
Now	Jetzt
NPer	ZZR
Oct	Oktal
Partition	Bereich
Pmt	RMZ

Anhang B Operatoren und Funktionen

Tabelle B.7 Funktionsnamenübersetzung englisch-deutsch *(Fortsetzung)*

Englisch	Deutsch
PPmt	KAPZ
PV	BW
QBColor	Farbe
Rate	ZINS
RGB	RGB
Right	Rechts
Rnd	ZZG
RTrim	RGlätten
Second	Sekunde
Sgn	Vorzchn
Shell	Ausführen
Sin	Sin
SLN	LIA
Space	LeerZchn
Sqr	QWurzel
Str	Str
StrComp	StrVgl
String	String
Switch	Schalter
SYD	DIA
Tan	Tan
Time	Zeit
Timer	Zeitgeber
TimeSerial	ZeitSeriell
TimeValue	ZeitSeriellStr
Trim	Glätten
UCase	Großbst
Val	Wert
VarType	VarTyp
Weekday	Wochentag
Year	Jahr

Anweisungen

Im Folgenden erhalten Sie eine Liste mit Anweisungen, die Sie in Ihrem VBA-Code einsetzen können. Diese Liste umfasst nicht alle Anweisungen, die in Access möglich sind, sondern nur die am meisten verwendeten.

Tabelle B.8 Anweisungen

Anweisung	Beschreibung
ChDir Pfad	Wechselt den Ordner
ChDrive Laufwerk	Wechselt das Laufwerk
Close [Dateinummerliste]	Schließt eine Datei; **Dateinummerliste** kann eine oder mehrere Nummern enthalten; ohne Nummer werden alle geöffneten Dateien geschlossen
Const KonstName [As Typ] = Ausdruck	Deklariert eine Konstante mit dem Wert **Ausdruck**
Dim VarName [([Dimensionen])] [As [New] Typ] [, VarName[([Dimensionen])] [As [New] Typ]]...	Deklariert Variablen und reserviert Speicherplatz; **VarName** enthält den Namen der zu deklarierenden Variablen; **Dimensionen** gibt die Dimensionen bei einem Datenfeld an; **New** erstellt eine neue Instanz einer Objektvariablen; **Typ** legt den Datentyp für die Variable fest
DoEvents	Der Befehl ermöglicht Windows, auf andere Ereignisse zu reagieren; in einer zeitlich lang laufenden Schleife sollte der Befehl eingesetzt werden, damit die Schleife nicht das gesamte Windows-System blockiert
Erase Datenfeldliste	Löscht die Inhalte von Datenfeldern
FileCopy source, destination	Kopiert eine Datei
Input# Dateinummer, VarListe	Liest die unter **VarListe** angegebenen Variablen aus der Datei ein
Kill(Pfadname)	Löscht die angegebene Datei; es besteht die Möglichkeit, die Platzhalter »*« und »?« für mehrere oder einzelne Zeichen einzusetzen
Line Input# Dateinummer, Stringvariable	Liest eine Zeile aus einer Textdatei und weist sie der angegebenen **Stringvariablen** zu
MkDir Pfad	Erstellt ein neues Verzeichnis
Name AlterPfad As NeuerPfad	Ändert den Namen einer Datei oder eines Verzeichnisses
Open Pfad [For Modus] [Access Zugriff] [Sperre] As [#]Dateinummer [Len=Satzlänge]	Ermöglicht die Eingabe in bzw. Ausgabe aus einer Datei; **Modus** kann als Append, Binary, Input, Output oder Random gesetzt werden; **Sperre** wird als Shared, Lock Read, Lock Write, Lock Read oder Write bestimmt
Option Base{0|1}	Legt die Untergrenzen in einem Datenfeld mit **0** bzw. **1** fest; wird auf Modulebene verwendet; der Standardwert ist 0
Print# Dateinummer, [Ausgabeliste]	Gibt Daten nach den Angaben der **Ausgabeliste** in eine Datei aus

Tabelle B.8 Anweisungen *(Fortsetzung)*

Anweisung	Beschreibung
`Private VarName [([Dimensionen])] [As [New] Typ] [,VarName[([Dimensionen])][As [New] Typ]]...`	Legt den Gültigkeitsbereich für Variablen als privat fest; wird auf Modulebene verwendet (siehe **Dim**)
`Public VarName [([Dimensionen])] [As [New] Typ] [,VarName[([Dimensionen])] [As [New] Typ]]...`	Legt den Gültigkeitsbereich für Variablen als öffentlich fest; wird auf Modulebene verwendet (siehe **Dim**)
`Randomize [Zahl]`	Initialisiert den Zufallszahlengenerator; **Zahl** gibt den Startwert zum Initialisieren an
`ReDim [Preserve] VarName (Dimensionen) [As Typ] [, VarName(Dimensionen) [As Typ]]...`	Reserviert Speicherplatz für dynamische Datenfelder; mit **Preserve** kann der Inhalt eines Datenfelds bei einer dynamischen Vergrößerung behalten werden
`RmDir Pfad`	Löscht ein Verzeichnis; **Pfad** ist eine Zeichenfolge, die das zu löschende leere Verzeichnis mit Pfad angibt
`SetAttr pathname, attributes`	Setzt Attribute für eine Datei
`Static VarName [([Dimensionen])] [As [New] Typ][,VarName [([Dimensionen])][As [New] Typ]]...`	Legt fest, dass Variablen, die als **Static** deklariert sind, ihren Wert auch über die Lebensdauer der Prozedur hinaus behalten, in der sie definiert sind (siehe **Dim**)

Anhang C

Spezifikationen und Felddatentypen

In diesem Kapitel:

Spezifikationen	956
Datentypen für Tabellenfelder	958

Spezifikationen

Datenbank-Spezifikationen	
Maximale Größe einer MDB-Datenbank	2 Gbyte
Anzahl der Objekte in einer Datenbank	32.768
Anzahl der Module (einschl. Formulare und Berichte für die die Eigenschaft *EnthältModul* auf *Wahr* gesetzt wurde)	1.000
Anzahl der Zeichen für einen Objektnamen	64
Anzahl gleichzeitiger Benutzer	255
Anzahl Zeichen für ein Kennwort	20
Anzahl Zeichen in einem Benutzernamen	20
Tabellen-Spezifikationen	
Anzahl der Zeichen in einem Tabellen- oder Feldnamen	64
Anzahl der Felder in einer Tabelle	255
Anzahl der geöffneten Tabellen	2.048
Maximale Größe einer Tabelle	2 GByte
Anzahl der Zeichen in einem Feld vom Datentyp Text	255
Anzahl der Zeichen in einem Feld vom Datentyp Memo	65.535 (2 GByte, wenn die Daten aus mit Hilfe eines VBA-Programms eingegeben werden)
Größe eines Feldes vom Datentyp OLE-Objekt	1 GByte
Anzahl der Indizes in einer Tabelle	32
Anzahl der Felder in einem Index	10
Anzahl der Zeichen in einer Gültigkeitsmeldung bzw. in einer Tabellen- oder Feldbeschreibung	255
Anzahl der Zeichen in einer Gültigkeitsregel	2.048
Anzahl der Zeichen in einer Tabellen- oder Feldbeschreibung	255
Anzahl der Zeichen in einem Datensatz (ohne Felder vom Datentyp Memo und OLE-Objekt), wenn die Eigenschaft *UnicodeKompression* der Felder mit *Ja* festgelegt ist	4.000
Anzahl von Zeichen in einer Eigenschafteneinstellung eines Feldes	255
Abfrage-Spezifikationen	
(Bei der Verwendung von mehrwertigen Nachschlagefeldern, können die Höchstwerte für einige der folgenden Spezifikationen niedriger sein.)	
Anzahl von Tabellen in einer Abfrage	32
Anzahl der Verknüpfungen in einer Abfrage	16
Anzahl von Feldern in einem Recordset	255

Datenbank-Spezifikationen	
Maximale Anzahl von verschachtelten Abfragen	50
Maximale Anzahl von Zeichen in einer Zelle des Datenbankentwurfs	1.024
Anzahl der Zeichen für den Namen eines Parameters	255
Anzahl der AND-Verknüpfungen in einer WHERE- oder HAVING-Klausel	99
Maximale Anzahl von Zeichen in einer SQL-Anweisung	etwa 64.000
Formular- und Berichts-Spezifikationen	
Anzahl der Zeichen in einem Bezeichnungsfeld	2.048
Anzahl der Zeichen in einem Textfeld	65.535
Breite des Formulars oder Berichts	55,87 cm (22 Zoll)
Höhe eines Bereichs	55,87 cm (22 Zoll)
Höhe aller Bereiche zuzüglich der Bereichsköpfe (in der Entwurfsansicht)	508 cm (200 Zoll)
Anzahl der Ebenen bei verschachtelten Formularen oder Berichten	7
Anzahl der Felder oder Ausdrücke, die in einem Bericht sortiert oder gruppiert werden können	10
Anzahl der Kopf- und Fußbereiche in einem Bericht	1 Berichtskopf/-fuß; 1 Seitenkopf/-fuß; 10 Gruppenköpfe/-füße
Anzahl der gedruckten Seiten in einem Bericht	65.536
Maximale Anzahl von Steuerelementen, die einem Bericht oder einem Formular in seiner Lebensdauer hinzugefügt werden können	754
Maximale Anzahl von Zeichen einer SQL-Anweisung, die in den Eigenschaften eines Formulars, Berichts oder Steuerelements als Datensatzquelle oder Datensatzherkunft dient	32.750
Makro-Spezifikationen	
Anzahl der Aktionen in einem Makro	999
Anzahl der Zeichen in einer Bedingung	255
Anzahl der Zeichen in einem Kommentar	255
Anzahl der Zeichen in einem Aktionsargument	255

Anhang C Spezifikationen und Felddatentypen

Datentypen für Tabellenfelder

Feldgröße	Bereich	Dezimalstellen	Speicherplatzbedarf
Zahl: Byte	0...255	Keine	1 Byte
Zahl: Integer	-32.768 ... 32.767	Keine	2 Bytes
Zahl: Long Integer	-2.147.483.648 ... 2.147.483.647	Keine	4 Bytes
Zahl: Single	$-3,4 \times 10^{38}$ ... $3,4 \times 10^{38}$	7	4 Bytes
Zahl: Double	$-1,797 \times 10^{308}$ ... $1,797 \times 10^{308}$	15	8 Bytes
Zahl: Dezimal	$-10^{28}-1$ ... $10^{28}-1$	28	12 Bytes
Währung	wie Double	15 Stellen links, 4 rechts vom Dezimalkomma	8 Bytes
Text	bis 255 Zeichen		1 Byte pro Zeichen*
Memo	bis 65.535 Zeichen		1 Byte pro Zeichen*
Ja/Nein	Ja/Nein bzw. True/False		1 Byte
OLE-Objekt	bis 1 GByte		nach Bedarf
Hyperlink	bis 65.535 Zeichen		1 Byte pro Zeichen*
Datum/Uhrzeit	1.1.100 0:00h bis 31.12.9999 23:59h		8 Bytes
AutoWert	wie Long Integer		4 Bytes
Anlage			maximal 2 GByte; einzelne Dateien nicht größer als 256 MByte

* Gespeichert wird nur die tatsächlich benötigte Anzahl von Zeichen

Praxisindex

Die Einträge in diesem Praxisindex verweisen auf Schritt-für-Schritt-Anleitungen zu spezifischen Arbeitsgängen.

A

Abfrage erstellen 148
Abfragebedingungen definieren 286
Abfragespalten berechnen 314
Access in SharePoint-Liste exportieren 918
Aggregatfunktionen auf Formularen verwenden 524
Aggregatfunktionen in Abfragen verwenden 352
Analyse der Datenbankleistung erstellen 669
Anfügeabfrage anlegen 390
Anlage auf Formular platzieren 489
Ausgewählte Daten drucken 633
Auswahlabfrage erstellen 276
AutoExec-Makro anlegen 708

B

Back-end/Front-End manuell aufteilen 261
Befehlsschaltfläche auf Formular legen 474
Beispieldatenbank anlegen 189
Benannte Argumente verwenden 770
Berechnung in Bericht einfügen 619
Bericht erstellen 132, 596
Bericht mit Sortierung erstellen 615
Bericht mit vorgeschaltetem Formular erstellen 658
Berichte dokumentieren 672
Berichte mit Gruppierungen erstellen 604
Berichtsfelder ein- und ausblenden 640
Berichtsseitenzahl festlegen 636
Bezeichnungsfeld auf Formular legen 462
Beziehung aufbauen 250
Beziehung definieren 248
Beziehungen dokumentieren 672
Bild auf Formular platzieren 486

C

Case-Anweisung anlegen 740
Connection anlegen 790

D

Daten eingeben 41
Datenaktualisierungsabfrage anlegen 383
Datenbank benennen 64
Datenbank dokumentieren 670

Datenbank erstellen 56
Datenbank komprimieren 668
Datenbank öffnen 49, 55
Datenbank reparieren 668
Datenbank schließen 48
Datenbank-Design festlegen 187
Datenbankkennwort vereinbaren 866
Datensatz eingeben 85
Datensatz kopieren 88
Datensatz korrigieren 85
Datensatz löschen 87, 127
Datensatz markieren 87
Datensatz suchen 91
Datensätze filtern 94
Datensätze im Bericht nummerieren 623
Datensätze sortieren 93
Datensätze sperren 878
Diagramm aktivieren 565
Diagramm erstellen 560
Diagramm mit Kombinationsfeld steuern 579
Diagrammtyp ändern 568
Do-Loop-Schleife anlegen 741
Domänenaggregatfunktionen auf Formularen verwenden 526
Duplikate suchen (Abfrage-Assistent) 368

E

Etiketten erstellen 141

F

Feld markieren 87
Felddatentyp festlegen 212
Felder auf Formularen ein- und ausblenden 541
Formular anlegen 428
Formular erstellen 112
Formulare dokumentieren 672
For-Next-Each-Schleife anlegen 744
For-Next-Schleife anlegen 742
Funktion anlegen 734

G

Gruppen in Abfragen auswerten 355

Praxisindex

H

Hilfe verwenden 164
HTML mit Access ausgeben 888
Hyperlink auf Formular legen 489
Hyperlinks einsetzen 886

I

If-Abfrage anlegen 738
Index definieren 244
Inkonsistenzen suchen (Abfrage-Assistent) 372

K

Kombinationsfeld auf Formular legen 464
Kontrollkästchen auf Formular platzieren 482
Konvertieren einer Datenbank 676
Kreuzabfrage erstellen 375

L

Leere Berichte vermeiden 628
Linie auf Formular legen 489
Listenfeld auf Formular legen 474
Löschabfrage anlegen 395

M

Makro erstellen 700
Makro konvertieren 715
Mehrspaltigen Bericht erstellen 612
Modul erstellen 718

N

Nachschlage-Assistent verwenden 226
Navigationsbereich verwenden 154

O

Objektfeld auf Formular einfügen 487
Objektnamen automatisch korrigieren lassen 677
Optionsfeld auf Formular legen 477
Optionsgruppe auf Formular legen 478

P

Parameterabfragen erstellen 304
PivotChart-Ansicht erstellen 586
PivotTable-Ansicht erstellen 582
Primärschlüssel ändern 244

Programmfehler suchen 747
Programmfehler vermeiden 746
Prozedur aufrufen 733

Q

QueryDefs verwenden 836

R

Rechteck auf Formular platzieren 489
Recordsets verwenden 790, 823
Register-Steuerelement platzieren 482

S

Seitenzahl für Bericht einfügen 611
SharePoint-Liste einbinden 920
SharePoint-Website erstellen 907
Sortierreihenfolge ändern 284
SQL-Befehle definieren 402
Standarddatenbankordner ändern 66
Start-Einstellungen definieren 856
Steuerungslayout entfernen 119
Steuerungslayout verwenden 439
Summen auf Formularen errechnen 524
Symbolleiste für den Schnellzugriff anpassen 862
Synchronisierte Unterformulare anlegen 517

T

Tabelle anlegen 78
Tabelle erweitern 83
Tabelle teilen 243
Tabellen importieren 264
Tabellen indizieren 186
Tabellen normalisieren 182
Tabellen verknüpfen 258
Tabellenentwurf erstellen 200
Tabellenerstellungsabfrage anlegen 393
Tabellenfeld anlegen 204
Tabellenfeld löschen 238
Tabellenfeld verschieben 239
Tabellenspalte verschieben 90
Textfeld auf Formular legen 458

U

Unterformular auf Formular anlegen 512
Unterformular erstellen 494

V

Variablen deklarieren 724
VBA-Programm starten 722
Verknüpfungseigenschaften bearbeiten 336
Verschachtelte Unterformulare anlegen 514
Vertrauenswürdigen Speicherort definieren 870
Vorlagen verwenden 38

X

XML-Datei erstellen 893
XML-Datei importieren 896

Z

Zugriff auf andere Formulare definieren 534
Zugriff auf Unterformulare definieren 535

Stichwortverzeichnis

_ (Zeilenfortführung) 722
1:1-Beziehung 177
1:n-Beziehung 179, 494

A

AbbrechenEreignis 711
Abfrage, aus zwei Tabellen erstellen 333
Abfrage-Assistent
    Kreuzabfragen 375
    zur Duplikatssuche 368
    zur Inkonsistenzsuche 372
Abfragen
    # 294
    & 317
    * 293
    ? 293
    Abfrageeigenschaften 360
    Abfragen von Abfragen 349
    Addieren von Datumswerten 328
    Aggregatfunktionen 352
    Aktionsabfragen 382
    Aktualisierungsabfragen 406
    Aktualisierungsweitergabe 387
    Anfügeabfragen 390, 406
    ANZAHL() 352, 405
    Anzeige unterdrücken 287
    Archivierung von Datensätzen 390
    ausführen 278
    Auswahlabfrage-Assistent 333, 366
    Auswahlabfragen 276
    Auswahlkriterien 285
    Auswertungen 352
    automatische Beziehungen 338
    AVG() 405
    Bedingungen 286
    Beispiele für Abfragekriterien 303
    berechnete Bedingungen 318
    berechnete Ergebnisspalten 314
    Beziehungen 335
    COUNT() 405
    DATADD() 328
    DATDIFF() 328
    Daten an Tabellen anfügen 390
    Daten sortieren 150
    Datenaktualisierungsabfragen 383
    Datendefinitionsabfragen 418

    DATSERIELL() 328
    DATTEIL() 327
    DATUM() 326
    Datumsfelder 291
    Datumswerte 327
    DATWERT() 328
    definieren 148
    Differenz zweier Datumswerte 328
    Dokumentation 672
    Duplikate 359
    Duplikate löschen 397
    Dynaset 314, 404
    Entwurfsansicht 277
    erstellen 148
    ERSTERWERT() 353, 405
    Exklusionsverknüpfung 342
    Feldeigenschaften 320
    FIRST() 405
    Formeln 314
    Funktionen 321
    generische Bedingungen 293
    GLÄTTEN() 325
    GROSSBST() 324
    größter Spaltenwert 353
    Gruppierungen 355
    Gültigkeitsregelverletzungen 393
    Inklusionsverknüpfung 342
    Inkonsistenzsuche 372
    IN-Operator 297
    ISTNULL() 325
    IST-Operator 299
    JAHR() 327
    JETZT() 326
    Klammern 295
    KLEINBST() 324
    kleinster Spaltenwert 353
    komplexe Löschbedingungen 396
    Konvertierung zu Datumswerten 328
    korrelierte Unterabfragen 418
    Kreuztabellenabfrage-Assistent 375
    Kreuztabellenabfragen 407
    Kriterien 285
    LAST() 405
    leere Einträge 298
    LEERZCHN() 325
    LETZTERWERT() 353, 405
    LGLÄTTEN() 325

Stichwortverzeichnis

Abfragen *(Fortsetzung)*
  LINKS() 322
  Links-Inklusionsverknüpfung 342
  Löschabfragen 395, 407
  Löschen einer Spalte 280
  MAX() 353, 405
  mehrstufige Sortierung 281
  MIN() 353, 405
  mit mehreren Tabellen 332
  MITTELWERT() 353, 405
  MONAT() 327
  NICHT-Operator 298
  NULL-Werte 299
  NZ() 325
  ODER-Operator 301
  ohne Duplikate 359
  Parameter 303, 388
  Platzhalter 293
  Rechnen mit Datumswerten 326
  RECHTS() 323
  Rechts-Inklusionsverknüpfung 342
  Referentielle Integrität 387
  Reihenfolge 281
  RGLÄTTEN() 325
  Schlüsselverletzungen 393
  Snapshot 314
  Sortierung 281
  speichern 280
  Sperrverletzungen 393
  Spitzenwerte 362
  SQL 401
  STABW() 353
  Standardabweichung 353
  STDABW() 405
  STDEV() 405
  SUM() 405
  SUMME() 353, 405
  Tabellenerstellungsabfrage 393
  TAG() 327
  TEILSTR() 323
  Textfelder 289
  Textverkettung 318
  Typüberprüfung 307
  Typumwandlungsfehler 393
  UND-Operator 300
  UNION-Abfragen 408
  Unterabfragen 409
  VAR() 405
  VARIANZ() 353
  Vergleichsoperatoren 289
  Verkettungsoperator 317
  Verknüpfungseigenschaften 336
  Verknüpfungsvarianten 342
  Verschachtelungstiefe 277
  Verschieben von Spalten 279

Von-Bis 308
  WENN() 321
  WIE-Operator 293
  WOCHENTAG() 327
  Zusammensetzen von Datumswerten 328
  ZWISCHEN-Operator 292
  Zwischen-Operator 308
Abs() 943
abschneiden 486
absolutePosition 794, 827
acAdd 778
ACCDE-Datenbanken 861
Access
  Datenbank-Vorlagen 50
  Hilfe verwenden 164
  starten 36
  Vorlagen verwenden 38
Access-Fenster maximieren/minimieren 777
acDesign 778
acDialog 660, 778
acDraft 779
ACE-Datenbank-Kern 257
acEdit 778
acExport 780
acFirst 777
acFormatRTF 779
acFormatTXT 779
acFormatXLS 779
acFormDS 778
acGoTo 777
acHidden 778
acHigh 779
acIcon 778
acImport 780
acLast 777
acLink 780
acLow 779
acMedium 779
acNewRec 777
acNext 777
acNormal 778
acPages 779
acPreview 778
acPrevious 777
acPrintAll 779
acReadOnly 778
acSelection 779
acSysCmdAccessVer 782
acSysCmdClearStatus 782
acSysCmdGetObjectState 782
acSysCmdIniFile 782
acSysCmdInitMeter 782
acSysCmdProfile 782
acSysCmdRemoveMeter 782
acSysCmdRuntime 782

Stichwortverzeichnis

acSysCmdSetStatus 782
acSysCmdUpdateMeter 782
ActiveControl 775
ActiveDatasheet 775
ActiveForm 775
acToolbarNo 780
acToolbarWhereApprop 780
acToolbarYes 780
adAddNew 796
adBookmark 796
adCmdStoredProc 792
adCmdTable 792
adCmdTableDirect 792
adCmdText 791
adCmdUnknown 791
adDelete 796
Addieren von Datumswerten 328
AddMenu 776
AddNew 794, 802, 827, 834
adLockOptimistic 791
adLockPessimistic 791
adLockReadOnly 791
ADO 935
    adLockOptimistic 791
    adLockPessimistic 791
    adLockReadOnly 791
    adOpenDynamic 790
    adOpenForwardOnly 791
    adOpenKeyset 790
    adOpenStatic 791
    Bookmark 794
    Command 789, 804
    Connection 789
    CurrentProject 792
    EOF 793
    Execute 804
    LockType 791
    Opent() 790
    Recordset 789–790
        AbsolutePosition 794
        AddNew 794, 802
        Anzahl der Datensätze 797
        BOF 794
        Bookmark 801
        CancelUpdate 794
        Clone 794
        Close 794
        Delete 795, 803
        EOF 795
        Filter 795, 800
        Find 795, 798
        GetRows 795
        Leere Recordsets 797
        Lesezeichen 801
        Move 795
        MoveFirst 795
        MoveLast 795
        MoveNext 795
        MovePrevious 795
        RecordCount 795
        Requery 795
        Seek 795, 799
        Sort 795
        Supports 795
        Update 795
        Setzen von Filter-Bedingungen 800
        Suchen von Datensätzen 797
ADO Extensions 808
adOpenDynamic 790
adOpenForwardOnly 791
adOpenKeyset 790
adOpenStatic 791
ADOX 808, 936
    Catalog 809
    Groups 809
    Procedures 809
    Tables 809
    Users 809
    Views 809
adUpdate 796
Aggregatfunktionen 352
    Formulare 524, 531
Aktionsabfragen 382
Aktivierreihenfolge 434, 447
AktualisierenDaten 711
AktualisierenObjekt 711
Aktualisierungsabfragen 406
Aktualisierungsweitergabe 186, 252
ALL 404
allgemeine Zahl 215
AllowByPassKey 858
ALTER TABLE 419
And 739
Ändern einer Tabelle 419
Änderungen, zurücknehmen 86
Anfügeabfragen 390, 406
Anführungszeichen 771
Anker 440
Anlage 232, 489
    einfügen 490
    hinzufügen 232
    löschen 490
    speichern 233
Anlegen
    Datenbank 56
    Neuen Ordner 57
Anleitung zum Datenbank-Design 187
ANSI 400
AnwendenFilter 711
Anwendungssymbol 536, 856

Stichwortverzeichnis

Anwendungstitel 536, 856
ANY 417
Anzahl der Datensätze 795, 797, 827, 829
ANZAHL() 405
Anzeigeformate 684
AnzeigenAlleDatensätze 711
Application
    DoCmd 776
    Screen 775
    SysCmd 782
    XMLExport 781
    XMLImport 781
Application-Objekt 760, 775
ApplyFilter 776
Archivierung von Datensätzen 390
Argumentübergabe 735
Array 730, 943
Asc 943
Assistenten
    Abfrage 148
    Bericht 138
    Datenbankaufteilung 261
    Diagramm 560
    Etiketten 141
    Formular 123
    Leistungsanalyse 669
    Nachschlagen 224, 226
    Normalisierung 268
Atn 943
Auflistungen 760, 930
Aufteilung
    Assistent zur Datenbankaufteilung 261
    Back-End 261
    Front-End 261
    Netzbelastung 261
    Tabellen-Verknüpfungsmanager 263
Ausblenden
    Spalte 103
Ausführen einer Abfrage 278
AusführenAnwendung 711
AusführenBefehl 711
AusführenCode 711
AusführenGespeichertImportExport 711
AusführenMakro 711
AusführenSQL 711
AusgabeIn 711
Auswahlabfrage-Assistent 333, 366
Auswahlabfragen 276
Auswahlbasierter Filter 98
AuswählenObjekt 711
Auswahlkriterien 285
Auswertungen 352
AutoExec-Makro 708, 856
AutoWert 175, 204
AVG() 405

B

Back-End 261, 861
Balkendiagramm 562
BasisName 928
Bedingte Formatierung 444
Bedingungen 286
Beep 776
Befehlsschaltfläche 474
Begrüßungsformular 860
Bei Aktivierung 540
Bei Deaktivierung 540
Bei Fehler 710, 712
Bei Fokuserhalt 540
Bei Geändert 540
Bei Größenänderung 540
Bei Maustaste Ab 540
Bei Maustaste Ab/Auf 551
Bei Maustaste Auf Klicken 540
Bei Ohne Daten 630–631
Bei Taste 540
Bei Taste Ab/Auf 540
Bei Zeitgeber 860
Beim Aktivieren 661
Beim Anzeigen 521, 540–541
Beim Doppelklicken 551, 706
Beim Entladen 540
Beim Fokusverlust 540
Beim Formatieren 646
Beim Hingehen 540
Beim Klicken 551
Beim Laden 540
Beim Löschen 540
Beim Öffnen 540, 661
Beim Schließen 540
Beim Verlassen 540
Beispieldatenbank
    Indizes 195
    Struktur von tblFilme 194
    Struktur von tblKinos 194
    Struktur von tblTermine 195
    Struktur von tblWochen 195
benannte Argumente 770
benutzerdefiniert
    Datum/Uhrzeit 221
berechnete Bedingungen 318
Berechnungen in Berichten 618
Berichte
    abwechselnd graue und weiße Zeilen 602
    Anfangsseitenzahl festlegen 636
    Anhänge 597
    Assistent 138
    Autoformate 137
    Bei Ohne Daten 630–631
    Beim Aktivieren 661

Stichwortverzeichnis

Berichte *(Fortsetzung)*
    Beim Formatieren 646
    Beim Öffnen 661
    Berechnungen 618
    Bereich wiederholen 610
    Berichtsmarkierer 597
    Bilder 612
    Datensätze nummerieren 623
    Detailbereich 597
    Diagramme 612
    DoCmd.Close 661
    DoCmd.OpenReport 664
    Dokumentation 672
    Drucker 624
    Duplikate ausblenden 601
    Einschränkungen 654
    Ereignisprozeduren 659
    erstellen 132
    Etiketten-Assistent 141
    Feldbreite ändern 133
    Felder ein- und ausblenden 640
    Filter 659
    Formularauswahl drucken 632
    Formulare für Berichte 654, 660
    Gruppenkopf/-fuß 597
    Gruppieren 604
    Icon 643
    Kombinationsfeld-Assistent 601
    Laufende Summe 623
    leerer Bericht 137, 628
    mehrspaltige Berichte 612
    neue Seite 611
    Page 637
    Parameterabfragen 654
    Seitenansicht 597
    Seitenkopf/-fuß 597
    Seitenumbruch 611
    Seitenzahlen 611, 636
    sichtbar 609
    Spalten 614
    Spaltenanzahl 649
    Unterberichte 647
    vergrößerbar 609
    verkleinerbar 609
    vorgeschaltete Formulare 658
    Vorseiten 597
    WhereCondition 634
    zusammenhalten 610
BETWEEN 403
Bezeichnungsfeld 441, 462
Beziehungen 335
    1:1 177
    1:n 179
    Aktualisierungsweitergabe 252
    aufbauen 250
    definieren 248
    Detail-Tabelle 252
    Dokumentation 672
    Exklusionsverknüpfung 251
    Inklusionsverknüpfung 251
    Links-Inklusionsverknüpfung 251
    löschen 251
    Löschweitergabe 252
    Master-Tabelle 252
    n:m 180
    Rechts-Inklusionsverknüpfung 251
    referentielle Integrität 250, 252
    Unterdatenblatt 252
    Verknüpfungstyp 250–251
Bilder 445, 454, 486, 612
    für Formulare 485
    gebundene 485
    Hintergrundbild für Formular 486
Bildschirmauflösung 537
BOF 794, 827
Bookmark 794, 801, 827, 833
Boolean 727
ByRef 736
Byte 726
ByVal 737

C

CancelEvent 776
CancelUpdate 794, 827
Case-Anweisung 740
Catalog 809
CBool 943
CByte 943
CCur 943
CDate 943
CDate() 659
CDbl 943
ChDir 953
ChDrive 953
Chr 943
CineCity, Datentypen 193
CInt 944
ClearMacroError 776
CLng 944
Clone 794, 827
Close 776, 794, 827, 953
Closedatabase 776
Code behind Forms 718, 723
Code-Fenster 719
Command 789, 804
CompactDatabase 783
Connection 789
CONSTRAINT 420

Stichwortverzeichnis

Container 930
Controls 763
CopyDatabaseFile 776
CopyObject 777
Cos() 944
Count 933
COUNT() 405
CREATE INDEX 419
CREATE TABLE 418
CSng 944
CurDir 944
Currency 727
CurrentDB() 845
CurrentProject 792
CVar 944

D

DAO 936
    Bookmark 827
    CompactDatabase 783
    CurrentDB() 845
    DATABASE 845
    dbAttachedODBC 847
    dbAttachedTable 847
    dbAttachExclusive 847
    dbAttachment 850
    dbAttachSavePWD 847
    dbAutoIncrField 851
    dbBoolean 850
    dbByte 850
    dbCurrency 850
    dbDate 850
    dbDescending 851
    dbDouble 850
    DBEngine 783, 845
    dbFixedField 851
    dbGUID 850
    dbHiddenObject 847
    dbInteger 850
    dbLong 850
    dbLongBinary 850
    dbMemo 850
    dbOpenDynaset 824
    dbOpenSnapshot 824
    dbOpenTable 824
    dbQAction 837
    dbQAppend 837
    dbQCrosstab 837
    dbQDelete 837
    dbQMakeTable 837
    dbQSelect 837
    dbQSetOperation 837
    dbQUpdate 837
    dbSingle 850
    dbSystemField 851
    dbSystemObject 847
    dbText 850
    dbUpdatableField 851
    dbVariableField 851
    Dynaset 824
    Field 848
    OpenDatabase() 846
    OpenRecordset() 823
    Parameter 839
    QueryDef 836
        DateCreated 838
        Execute 836
        LastUpdated 838
        Name 838
        RecordsAffected 838
        SQL 838
        Type 838
        Updatable 838
    Recordset 823
        AbsolutePosition 827
        AddNew 827, 834
        Anzahl der Datensätze 829
        BOF 827
        Bookmark 833
        CancelUpdate 827
        Clone 827
        Close 827
        Delete 827, 835
        Edit 827
        EOF 827
        Filter 827, 832
        FindFirst 827, 830
        FindLast 827
        FindNext 827
        FindPrevious 827
        GetRows 827
        leere Recordsets 828
        Lesezeichen 833
        Move 827
        MoveFirst 826
        MoveLast 826
        MoveNext 826
        MovePrevious 826
        NoMatch 827
        PercentPosition 827
        RecordCount 827
        Requery 827
        Seek 827, 831
        Sort 827
        Updatable 827, 833
        Update 827
    Setzen von Filter-Bedingungen 831
    Snapshot 824

Stichwortverzeichnis

DAO *(Fortsetzung)*
   Suchen von Datensätzen 829
   Tabellenattribute 849
   TableDef 846
   Updatable 833
   Workspace 845
Data Definition Language 400, 418
Data Manipulation Language 400
DATABASE 845
DATADD() 327
DATDIFF() 327
Date 727, 774, 944
DateAdd 774, 944
DateCreated 838
DateDiff 774, 944
Datei
   kopieren/verschieben 69
   löschen 68
   Namensregeln 63
Daten
   an Tabellen anfügen 390
   eingeben 41
   korrigieren 41
Datenaktualisierung 383
Datenbank
   1:n-Beziehung 179
   anlegen 39
   Back-End 861
   Beziehungen 177
   Daten eingeben 41
   Daten korrigieren 41
   Datensatz 56
   Domäne 177
   dritte Normalform 185
   eindeutige Datensätze 174
   erste Normalform 182
   erstellen 56
   Feld 56
   Fremdschlüssel 176
   Front-End 861
   komprimieren 668
   Kontakte 39, 44
   konvertieren 675
   n:m-Beziehung 180
   Namensregeln 188
   normalisieren 182
   öffnen 49
   Primärschlüssel 174
   referentielle Integrität 185
   relational 174
   reparieren 668
   schließen 48
   suchen 70
   Tabelle indizieren 186
   Tabellenfeld umbenennen 82

Vorlagen 50
was ist das? 54
Wertebereich 177
zweite Normalform 184
Datenbank-Design
   Vorgehensweise 187
Datenbankkennwort
   erstellen 866
   löschen 868
Datenbankobjekte
   kopieren 156
   löschen 156
   umbenennen 156
Datenbankverwaltung 668
Datenblattansicht 452
Datendefinitionsabfragen 418
Datenexport 694
Datenfelder 773, 932
Datensatz 56
Datensätze
   aktueller 85
   Änderungen zurücknehmen 86
   eingeben 41
   erster leerer 85
   filtern 94
   kopieren 89
   korrigieren 41, 85
   löschen 87, 127
   markieren 87
   nummerieren 623
   sortieren 93, 128
   speichern 85
   suchen 91
Datensatzherkunft 565
Datensatzmarkierer 550
Datensatzquelle 500, 550
Datensatzsperrung 877
Datentyp 202
   Anlage 232
   AutoWert 204
   Datum/Zeit 220
   Hyperlink 234
   Ja/Nein 219
   mehrwertige Felder 230
   Memo 220
   Nachschlage-Assistent 226
   OLE-Objekt 234
   Text 206
   umwandeln 240
   Währung 225
   Zahl 212
Datenübernahme 681
Datenzugriffsobjekte 788
   ADO 789
   DAO 822

Stichwortverzeichnis

DatePart 774, 944
DateSerial 774, 944
DateValue 774, 944
DATSERIELL() 327
DATTEIL() 327
DATUM() 326
Datum/Zeit 220
Datumseingabe 221
Datumsfeld 291
    Datentyp umwandeln 242
Datumswerte 221, 327
    benutzerdefiniert 221
DATWERT() 327
Day 774, 944
dbAttachedODBC 847
dbAttachedTable 847
dbAttachExclusive 847
dbAttachment 850
dbAttachSavePWD 847
dbAutoIncrField 851
dbBoolean 850
dbByte 850
dbCurrency 850
dbDate 850
dbDescending 851
dbDouble 850
DBEngine 845
dbFixedField 851
dbGUID 850
dbHiddenObject 847
dbInteger 850
dbLong 850
dbLongBinary 850
dbMemo 850
dbOpenDynaset 824
dbOpenSnapshot 824
dbOpenTable 824
dbQAction 837
dbQAppend 837
dbQCrosstab 837
dbQDelete 837
dbQMakeTable 837
dbQSelect 837
dbQSetOperation 837
dbQUpdate 837
dbSingle 850
dbSystemField 851
dbSystemObject 847
dbText 850
dbUpdatableField 851
dbVariableField 851
DDL 400, 418
Debug.Print 752
Debuggen 747
DefaultValue 546

Dehnen 486
Deklaration 720
DELETE 407
Delete 795, 803, 827, 835
Detailbereich 454, 597
Detail-Tabelle 252
Dezimalstellen 216
Diagramme
    Achsen 573
    Achsenbeschriftung 574
    Balkendiagramm 562
    Berichte 612
    Bestandteile 568
    Datenbeschriftung 573
    Datenreihen 572
    Datensatzherkunft 565
    Diagramm-Assistent 560
    Diagrammfläche 569
    Diagrammtitel 570
    Diagrammtyp 562, 568
    Farbverläufe 573
    Fehlerindikatoren 573
    Freier Text 571
    Fülleffekte 573
    Gitternetzlinien 571
    Herkunftstyp 565
    Kreisdiagramm 562
    Legende 563, 572
    Logarithmische Skalierung 574
    Muster 573
    Säulendiagramm 562
    Schattierungen 573
    Skalierung 571
    Spalten und Zeilen vertauschen 573
    Steuerung durch Kombinationsfeld 579
    Tortendiagramm 562
    Überschrift 563
    Untertypen 568
    x-Achse 561
    y-Achse 561
Diagrammfläche 569
Dialogfelder, erstellen 553
Dienstprogramme 668
Differenz zweier Datumswerte 328
Dim 953
Dir 944
Direktfenster 719, 723, 747, 752
Direkthilfe 720
DISALLOW NULL 419
DISTINCT 404
DISTINCTROW 404
Division, ganzzahlige 318
DML 400
Do...Loop 741
DoCmd.Close 661

Stichwortverzeichnis

DoCmd.OpenForm 659
DoCmd.OpenReport 664
DoCmd-Objekt
   acAdd 778
   acDesign 778
   acDialog 778
   acDraft 779
   acEdit 778
   acExport 780
   acFirst 777
   acFormatRTF 779
   acFormatTXT 779
   acFormatXLS 779
   acFormDS 778
   acGoTo 777
   acHidden 778
   acHigh 779
   acIcon 778
   acImport 780
   acLast 777
   acLink 780
   acLow 779
   acMedium 779
   acNewRec 777
   acNext 777
   acNormal 778
   acPages 779
   acPreview 778
   acPrevious 777
   acPrintAll 779
   acReadOnly 778
   acSelection 779
   acToolbarNo 780
   acToolbarWhereApprop 780
   acToolbarYes 780
   AddMenu 776
   ApplyFilter 776
   Beep 776
   CancelEvent 776
   ClearMacroError 776
   Close 776
   CloseDatabase 776
   CopyDatabaseFile 776
   CopyObject 777
   DeleteObject 777
   DoMenuItem 777
   Echo 777
   FindNext 777
   FindRecord 777
   GoToControl 777
   GoToPage 777
   GoToRecord 777
   Hourglass 777
   LockNavigationPane 777
   Maximize 777
   Minimize 777
   MoveSize 777
   NavigateTo 777
   OpenDiagram 778
   OpenForm 778
   OpenFunction 778
   OpenModule 778
   OpenQuery 778
   OpenReport 778
   OpenStoredProcedure 778
   OpenTable 778
   OpenView 778
   OutputTo 779
   PrintOut 779
   Quit 779
   Rename 779
   RepaintObject 779
   Requery 779
   Restore 779
   RunMacro 779
   RunSQL 779
   Sanduhr 777
   Save 779
   SearchForRecord 779
   SelectObject 780
   SendObject 780
   SetDisplayedCategories 780
   SetMenuItem 780
   SetWarnings 780
   ShowAllRecords 780
   ShowToolbar 780
   TranferSharePointList 780
   TransferDatabase 780
   TransferSpreadsheet 781
   TransferText 781
DoEvents 953
Dokumentation 670, 672
Dokumentierer 670
Domäne 177
Domänenaggregatfunktionen 526
   Domäne 527
   DomAnzahl 527
   DomMax 528
   DomMin 528
   DomMittelwert 527
   DomStAbw 528
   DomStdAbwn 528
   DomSumme 528
   DomVarianz 528
   DomVarianzen 528
   DomWert 527, 529
   Kriterien 527
   WHERE-Klausel 527
DomAnzahl 527
DoMenuItem 777

DomMax 528
DomMin 528
DomMittelwert 527
DomStAbw 528
DomStdAbwn 528
DomSumme 528
DomVarianz 528
DomVarianzen 528
DomWert 527
Double 726
DROP INDEX 420
DROP TABLE 419
Druckausgabe in Datei 109
Drucken 712
    Druckausgabe in Datei umleiten 109
    Druckereinrichtung 109
    Seitenansicht 105
    Tabelle 105
Drucker 624
Druckereinrichtung 109
Duplikate 205, 359
    ausblenden 601
    löschen 397
Dynaset 314, 401, 404, 824

E

Echo 712, 777
Edit 827
Eigenschaften 766
Eigenschaftenblatt 436
Eigenschaftenfenster 448, 719
EinblendenSymbolleiste 712
Eindeutigkeit 174
Einfügen
    Feld/Datensatz 89
Eingabe
    erforderlich 211
    korrigieren 41
Eingabeformat 209
Einzelschrittverarbeitung 751
E-Mail 780
End Function 734
End Sub 733
Endlosformular 451
EntfernenAlleTempVar 712
EntfernenTempVar 712
Entwurfsansicht 277, 701
EOF 793, 795, 826–827, 944
Erase 953
Ereignisse
    Bei Aktivierung 540
    Bei Deaktivierung 540
    Bei Entladen 540
    Bei Fokuserhalt 540

    Bei Geändert 540
    Bei Größenänderung 540
    Bei Laden 540
    Bei Maustaste Ab 540
    Bei Maustaste Auf 540
    Bei Taste 540
    Bei Taste Ab/Auf 540
    Beim Anzeigen 521, 540–541
    Beim Fokusverlust 540
    Beim Hingehen 540
    Beim Löschen 540
    Beim Öffnen 540
    Beim Schließen 540
    Beim Verlassen 540
    Ereignissteuerung 538
    für Berichte 659
    Nach Aktualisierung 540, 546
    Nach Eingabe 540
    Nach Löschbestätigung 540
    Vor Aktualisierung 540
    Vor Eingabe 540
    Vor Löschbestätigung 540
Err-Fehlerobjekt 757
Ersetzen eines Begriffs 92
Erstellen
    Index 419
    Tabelle 418
ERSTERWERT( ) 353, 405
Etiketten
    Assistent 141
    eigene Vorlagen 144
    Etikettenentwurf 142
    Standardetiketten 141
Excel-Daten 691
Execute 804, 836
EXISTS 418
Exit Function 734
Exklusionsverknüpfung 251, 342
Exklusivmodus 866
Exp 945
Exponentialzahl 215
Export von Daten 694

F

Fehler übergehen 755
Fehlerbehandlung 754
    Err-Fehlerobjekt 757
    Fehler übergehen 755
    On Error Goto 0 756
    On Error Goto Label 754
    On Error Resume Next 755
    Resume 756
    Resume Next 756
    Zurücksetzen 756

Stichwortverzeichnis

Fehlersuche 745
Fehlervermeidung 746
Feld 56
    Beschriftung 210
    Datentypen 202
    Dezimalstellen 216
    einfügen 89
    Eingabe erforderlich 211
    Eingabeformat 209
    Feldgröße 207, 213
    Feldnamen 201
    Format 208, 214
    Gültigkeitsmeldung 216
    Gültigkeitsregel 216
    indiziert 211
    kopieren 89
    leere Zeichenfolge 211
    löschen 87
    markieren 87
    Standardwert 210–211
    verschieben 89, 239
Felddatentyp 201–202
    Anlage 232
    AutoWert 204
    Datum/Zeit 220
    Hyperlink 234
    Ja/Nein 219
    Mehrwertige Felder 230
    Memo 220
    Nachschlage-Assistent 226
    OLE-Objekt 234
    Text 206
    Währung 225
    Zahl 212
Felddatentypen
    umwandeln 240
Feldeigenschaften 203–204, 320
Feldgröße 207, 213
Feldliste 429
Feldnamen 201
Fenster maximieren/minimieren 777
Festkommazahl 215, 727
FestlegenEigenschaft 712
FestlegenTempVar 712
Field 56, 848
FileCopy 953
FileDateTime 945
FileLen 945
Filter 795, 800, 827, 832
    auswahlbasiert 98
    für Tabelle 94
Find 795, 798
FindFirst 827, 830
FindLast 827
FindNext 777, 827

FindPrevious 827
FindRecord 777
FIRST() 405
Fix 945
Fließkommazahlen 726
For Each...Next 744
For...Next 742
Format 208, 214, 945
    Eingabeformat 209
Formular-Assistent
    verwenden 123
Formularbasierter Filter
    Oder 99
Formulare
    acDialog 660
    Aggregatfunktionen 524, 531
    Aktivierreihenfolge 434, 447
    Anzahl der Datensätze 524
    Assistent 123
    Auswahl drucken 632
    AutoFormat 120
    Bedingte Formatierung 444
    Befehlsschaltfläche 474
    Begrüßungsformular 860
    Bei Maustaste Ab/Auf 551
    Bei Zeitgeber 860
    Beim Doppelklicken 551, 706
    Beim Klicken 551
    Bezeichnungsfeld 462
    Bild 445, 454, 486
    Bildschirmauflösung 537
    blättern 126
    Datenblattansicht 452
    Datensatz löschen 127
    Datensätze sortieren 128
    Datensatzmarkierer 550
    Datensatzquelle 550
    DefaultValue 546
    Detailbereich 454
    Diagramme 560
    Dialogfelder 553
    DoCmd.Close 661
    DoCmd.OpenForm 659
    Dokumentation 672
    Domänenaggregatfunktionen 526
    Eigenschaftenblatt 436
    Eigenschaftenfenster 448
    einfaches Formular 112
    einzelnes Formular 451
    Endlosformular 451
    Ereignisse 538
    erstellen 112
    erster Datensatz 126
    Felder löschen 119
    Feldhöhe 117

Stichwortverzeichnis

Formulare *(Fortsetzung)*
   Feldliste 429
   Feldreihenfolge 119
   Filter 659
   Formularhintergrund vergrößern 431
   Formularmarkierer 435
   Fußbereich 453
   gebunden (modal) 551
   geteilte Formulare 114
   Hintergrund 428
   Hintergrundbild 486
   Ja/Nein-Feld 481
   Kombinationsfeld 464
   Kontrollkästchen 482
   Kopfbereich 453
   leeres Formular 121
   letzter Datensatz 126
   Linie 489
   Listenfeld 474
   Logos 445, 454
   Makros 542
   markieren 435
   Markierungsquadrate 437
   mehrere Elemente 114
   Microsoft Graph 560
   Modale Formulare 551
   Musterformulare 537
   nächster Datensatz 126
   Navigationsschaltflächen 502, 550
   neuer Datensatz 126
   OLE-Felder 489
   Optionsfeld 477
   Optionsgruppe 478, 661
   Popup 556
   Raster 435
   Rechteck 489
   Register 482
   Reihenfolge der Felder 119
   Reihenfolge Siehe Aktivierreihenfolge
   Schriftart 119
   Seitenumbruch 490
   sichtbar 541
   speichern 115, 432
   Spezialeffekt 442
   Splashscreen 860
   Standardwert 546, 663
   Start-Einstellungen 536
   Start-Formulare 856
   Statuszeilentext 450
   Steuerelemente ausrichten 438
   Steuerelemente gruppieren 434
   Steuerelementgröße anpassen 440
   Steuerelementinhalt 525
   Steuerungslayout 116
   Steuerungslayout entfernen 119
   Summen 524
   Synchronisierte Unterformulare 517
   Textfeld 458
   Trennlinien 550
   Umschaltfläche 481
   ungebunden 550
   Unterformular 494, 512
   Unterformular-Steuerelement 499
   Variablen in Zeichenketten 529
   VBA 545
   verknüpfte Formulare 495
   verschachtelte Unterformulare 514
   Verweise 533
   Visible 661
   Visual Basic 545
   Vorgeschaltete Formulare für Berichte 658
   vorheriger Datensatz 126
   Werte übernehmen 546
   WindowMode 660
   Zeichenketten 529
   Zeitintervall 860
   Zugriff auf Daten anderer Formulare 530
Formularkopf, definieren 454
Fremdschlüssel 176
FROM 402
Front-End 261, 861
Function 734
Funktionen 321
   Dateien u. Verzeichnisse
      ChDir 953
      ChDrive 953
      CurDir 944
      Dir 944
      FileCopy 953
      FileDateTime 945
      FileLen 945
      GetAttr 945
      MkDir 953
      Name 953
      RmDir 954
      SetAttr 954
   Dateioperationen
      Close 953
      EOF 944
      Input# 953
      Kill 953
      Line Input# 953
      Open 953
      Print# 953
   Datenfelder
      Array 943
      Dim 953
      Erase 953
      IsArray 945
      LBound 945

Funktionen *(Fortsetzung)*
    Option Base 946, 953
    Private 954
    Public 954
    ReDim 954
    Static 954
    UBound 947
    Datum u. Uhrzeit
        Date 944
        DateAdd 944
        DateDiff 944
        DatePart 944
        DateSerial 944
        DateValue 944
        Day 944
        Hour 945
        Minute 946
        Month 946
        Now 946
        Second 946
        Time 946
        TimeSerial 946
        TimeValue 946
        Weekday 947
        Year 947
    Mathematik
        Abs 943
        Atn 943
        Cos 944
        Exp 945
        Fix 945
        Int 945
        Log 946
        Randomize 954
        Rnd 946
        Sgn 946
        Sin 946
        Sqr 946
        Tan 946
    Typkonvertierung
        Asc 943
        CBool 943
        CByte 943
        CCur 943
        CDate 943
        CDbl 943
        Chr 943
        CInt 944
        CLng 944
        CSng 944
        CVar 944
        Format 945
        LCase 945
        Str 946
        UCase 947
        Val 947
    Verschiedenes
        DoEvents 953
        Inputbox 945
        IsDate 945
        IsEmpty 945
        IsNull 945
        IsNumeric 945
        IsObject 945
        Msgbox 946
    Zeichenfolgen
        InStr 945
        Left 945
        Len 946
        LTrim 946
        Mid 946
        Right 946
        RTrim 946
        Space 946
        Str 946
        StrComp 946
        Trim 946
Fußbereich 453

G

Ganzzahlige Division 318
Gebunden (modal) 551
GeheZuDatensatz 712
GeheZuSeite 712
GeheZuSteuerelement 712
GetAttr 945
GetRows 795, 827
GLÄTTEN() 325
GoTo 740
GoToControl 777
GoToPage 777
GoToRecord 777
GROSSBST() 324
Groups 809
Gruppenkopf/-fuß 597
Gruppenmakros 708
Gruppieren 434, 604
Gruppierungen 355
Gültigkeitsbereiche 731, 932
Gültigkeitsebenen 932
Gültigkeitsmeldung 216
Gültigkeitsregel 216
    Verletzungen 393

H

Haltepunkte 749
Handle 933
Hauptformular 495

Stichwortverzeichnis

HAVING 405
Heutiges Datum 326
Hex() 945
Hierarchieebenen 762
Hilfe
    Kontextsensitiv 167
    Online-Hilfe 167
    Suchbegriffe 165
    themenbezogen 165
Hintergrund 442
Hintergrundbild 859
HinzufügenMenü 712
Hour 945
Hourglass 777
HTML
    Ausgabe 888
Hyperlink 234, 489, 886
    Aktuelle Datenbank 887
    Datei oder Webseite 887
    Datentyp umwandeln 243
    E-Mail-Adresse 888

I

If-Abfrage 738
IGNORE NULL 419
Implizite Deklaration 725
Index 186, 932
    definieren 244
    erstellen 419
    löschen 420
Inklusionsverknüpfung 251, 342
Inkonsistenzsuche 372
INNER JOIN 403
IN-Operator 297
Input# 953
Inputbox 945
INSERT INTO 406
Installations-Assistenten 856
InStr 772, 945
Int 945
Integer 726
Integrität 250
    referentielle 185
Internet
    HTML 888
    Hyperlink 886
    XML 892
ISAM 257
IsArray 945
IsDate 945
IsEmpty 945
IsNull 945
IsNumeric 945

IsObject 945
ISTNULL() 325
ItemData(0) 511

J

Ja/Nein-Feld 219, 481
    Datentyp umwandeln 243
JAHR() 327
JETZT() 326

K

Kennwort 866
Kill 953
KLEINBST() 324
Kombinationsfeld 464
    als Suchhilfe 471
    Datensatzherkunft ändern 472
    Diagrammdarstellung steuern 579
    mit selbst eingegebenen Werten 467
    zum Nachschlagen 469
Kommentare 722
Komplettsperrung 882
Komplexe Löschbedingungen 396
Komprimieren von Datenbanken 668
Konstanten 729
Kontextmenü 67
Kontextmenüleisten 857
Kontrollkästchen 482
Konvertieren von Datenbanken 675
Konvertierung von Makros 715
Konvertierung zu Datumswerten 328
Kopfbereich 453
Kopieren
    auf CD-ROM 69
    auf USB-Stick 69
    Datei/Ordner 69
    Feld/Datensatz 89
KopierenDatenbankdatei 712
KopierenObjekt 712
Korrelierte Unterabfragen 418
Korrigieren 41
    Datensatz 85
Kreisdiagramm 562
Kreuztabellenabfrage-Assistent 375
Kreuztabellenabfragen 407

L

LAST() 405
LastUpdated 838
Laufende Summe 623
Laufwerk, wechseln 62

Stichwortverzeichnis

Laufzeitfehler 745
Laufzeitversion 856
Layout, speichern 104
LBound 773, 945
LCase 945
Lebensdauer 932
leere Recordsets 797, 828
leere Zeichenfolge 211
LEERZCHN() 325
Left 772, 945
LEFT JOIN 403
Legende 563
Leistungsanalyse 669
Len 771, 946
Lesezeichen 801, 833
LETZTERWERT() 353, 405
LGLÄTTEN() 325
LIKE 403
Line Input# 953
Linkfavoriten 73
LINKS() 322
Links-Inklusionsverknüpfung 251, 342
Listenfeld 474
Local 932
LockEdits 879
LockNavigationPane 777
LockType 791
Log 946
Logarithmische Skalierung 574
Logos 445, 454
Lokal-Fenster 719
Long Integer 726
Löschabfragen 395, 407
Löschen
    Datei/Ordner 68
    Feld/Datensatz 87
    Index 420
    Spalte 280
    Tabelle 419
LöschenMakroFehler 712
LöschenObjekt 713
Löschweitergabe 186, 252
LTrim 946

M

MakroEinzelschritt 713
Makros
    AbbrechenEreignis 711
    Aktion 542
    AktualisierenDaten 711
    AktualisierenObjekt 711
    AnwendenFilter 711
    AnzeigenAlleDatensätze 711

Ausführen 701
AusführenAnwendung 711
AusführenBefehl 711
AusführenCode 711
AusführenGespeichertImportExport 711
AusführenMakro 711
AusführenSQL 711
AusgabeIn 711
AuswählenObjekt 711
AutoExec-Makro 708, 856
Bedingungen 704–705
Bedingungsspalte 543
Beenden 714
BeiFehler 710, 712
Beim Doppelklicken 706
Dokumentation 672
Drucken 712
Echo 712
eigenständige 700
EinblendenSymbolleiste 712
eingebettet 545, 703
EntfernenAlleTempVar 712
EntfernenTempVar 712
Entwurfsansicht 701
Fehlerbehandlung 709
FestlegenEigenschaft 542, 712
FestlegenTempVar 712
GeheZuDatensatz 712
GeheZuSeite 712
GeheZuSteuerelement 712
Gruppenmakros 708
HinzufügenMenü 712
Konvertierung 715
KopierenDatenbankdatei 712
KopierenObjekt 712
LöschenMakroFehler 712
LöschenObjekt 713
MakroEinzelschritt 713
Maximieren 713
Meldung 713
Minimieren 713
NavigateTo 713
ÖffnenAbfrage 713
ÖffnenBericht 701, 713
ÖffnenDiagramm 713
ÖffnenFormular 707, 713
ÖffnenFunktion 713
ÖffnenGespeicherteProzedur 713
ÖffnenModul 713
ÖffnenTabelle 713
Positionieren 713
Sanduhr 713
Schließen 713
SchließenDatenbank 713
SendenObjekt 713

Stichwortverzeichnis

Makros *(Fortsetzung)*
    SetzenMenüelement 713
    SetzenWert 713
    Sicherheit 868
    Sicherheitsstufen 869
    Signalton 713
    signieren 872
    Speichern 714
    SperrenNavigationsbereich 714
    StopAlleMakros 714
    StopMakro 714
    StoppMakros 706
    SuchenDatensatz 714
    SuchenNachDatensatz 712
    SuchenWeiter 714
    Tastaturbefehle 714
    TransferArbeitsblatt 714
    TransferDatenbank 714
    TransferSharePointListe 714
    TransferSQLDatenbank 714
    TransferText 714
    UmbenennenObjekt 714
    Untermakros 708
    Vertrauenswürdige Speicherorte 870
    Warnmeldungen 714
    Wiederherstellen 714
    Zertifikat 871
    Zertifikate erstellen 872
    zu Visual Basic konvertieren 715
MAPI 780
Markieren
    Datensatz 87
    Feld 87
    gesamte Tabelle 87
Markierungsquadrate 437
Master-Detail-Beziehungen 494
Master-Tabelle 252
Mauszeiger 775
MAX() 353, 405
Maximieren 713
Maximize 777
Mehrbenutzerbetrieb 877
Mehrspaltige Berichte 612
Mehrstufige Sortierung 281
Mehrwertige Felder 230
Meldung 713
Memo 220, 226
Memofeld, Datentyp umwandeln 241
Methoden 765
Microsoft Access 2007 Developer Extensions 856
Microsoft Access 2007 Runtime 856
Microsoft Access Database Engine 257
Microsoft Graph 560
Microsoft Office Picture Manager 915
Microsoft SharePoint Designer 905

Microsoft Windows 2003 Server 900
Mid 771, 946
MIN() 353, 405
Minimieren 713
Minimize 777
Minute 946
Mittelwert 527
MITTELWERT() 353, 405
MkDir 953
Modale Formulare 551
Modulo 318
MONAT() 327
Month 774, 946
MousePointer 775
Move 795, 827
MoveFirst 795, 826
MoveLast 795, 826
MoveNext 795, 826
MovePrevious 795, 826
MoveSize 777
MsgBox 631
Msgbox 946
Multifunktionsleiste 40
Musterformulare 537

N

n:m-Beziehung 180
Nach Aktualisierung 540, 546
Nach Eingabe 540
Nach Löschbestätigung 540
Nachschlagefelder 400
Name 838
Namenskonvention
    ActiveX-Zusatzkomponente 934
    ADO 935
    ADOX 936
    Auflistungen 930
    BasisName 928
    Container 930
    Count 933
    DAO 936
    Datenfelder 932
    Gültigkeitsbereiche 932
    Gültigkeitsebenen 932
    Handle 933
    Indizes 932
    Lebensdauer 932
    Local 932
    OLE-Zusatzkomponente 934
    Parameter 931
    Präfix 928, 931
    Private 932
    Prozeduren 931

Stichwortverzeichnis

Namenskonvention *(Fortsetzung)*
    Public 932
    Suffix 928
    Typkürzel 928–929
    Ungarische Notation 928
    Zähler 933
    Zeiger 933
    Zusatzkomponente 934
Namensregeln 63, 188
NavigateTo 713, 777
Navigationsbereich 40, 73, 154
    Datenbankobjekte kopieren 156
    Datenbankobjekte löschen 156
    Datenbankobjekte umbenennen 156
    ein- und ausblenden 154
    Kategorien und Gruppen 157
    Objekte ein- und ausblenden 154
    Sortierung ändern 155
Navigationsschaltflächen 502, 550
Netzbelastung 261
Netzwerk 876
neuer Datensatz 794, 827
NICHT-Operator 298
NoMatch 827
Normalform
    dritte 185
    erste 182
    zweite 184
Normalisierung 182, 268
Normalisierungs-Assistent 268
Not 739
Now 774, 946
NULL-Werte 299
NZ() 326

O

Object 727
Objekte
    Eigenschaften 766
    Methoden 765
Objektfeld 487
    gebundenes 489
Objektkatalog 761
Objektnamen-Autokorrektur 677
Objektvariablen 765
ODBC 257, 400
Oder 99
ODER-Operator 301
Office-Verknüpfung
    Serienbriefe 685
Office-Zwischenablage 680
Öffnen
    Datenbank 49
    Ordner 62

ÖffnenAbfrage 713
ÖffnenBericht 701, 713
ÖffnenDiagramm 713
ÖffnenFormular 707, 713
ÖffnenFunktion 713
ÖffnenGespeicherteProzedur 713
ÖffnenModul 713
ÖffnenTabelle 713
Ohne Duplikate 205, 359
Oktal() 946
OLE-Feld
    Datentyp umwandeln 243
OLE-Felder
    auf Formularen 489
OLE-Objekt 234
OLE-Zusatzkomponente 934
On Error Goto 0 756
On Error Goto Label 754
On Error Resume Next 755
Open 790, 953
OpenDatabase() 846
OpenDiagram 778
OpenForm 778
OpenFunction 778
OpenModule 778
OpenProcedure 778
OpenQuery 778
OpenRecordset() 823
OpenReport 778
OpenTable 778
OpenView 778
Operatoren 942
Optimistisches Sperren 879
Option Base 946, 953
Optionsfeld 477
Optionsgruppe 478, 661
Or 739
ORDER BY 403
Ordner 775
    anlegen 57
    Favoriten 73
    kopieren/verschieben 69
    löschen 68
    Namensregeln 63
    öffnen 62
    schließen 62
    Standarddatenbankordner 66
    wechseln 59
OutputTo 779

P

Page 637
Parameter 931
Parameterabfragen 303, 654

Stichwortverzeichnis

PARAMETERS 407
Parent 522
Pass-Through-Abfragen 400
PercentPosition 827
Pessimistisches Sperren 880
Pfad 63
PivotChart-Ansicht
　erstellen 586
　MehrfachDiagrammbereich 591
PivotTable-Ansicht
　Berechnetes Feld 585
　erstellen 582
　Felder entfernen 584
　Felder hinzufügen 584
Platzhalter 293
Popup 556
Positionieren 713
Potenzierung 318
Präfix 928, 931
Preiserhöhungen 386
PreviousControl 775
Primärschlüssel 174, 205
　ändern 244
PRIMARY 419
PrimaryKey 799
Print# 953
PrintOut 779
Private 932, 954
Projekt-Explorer 719
Prozedur 733, 931
　anlegen 733
Prozentzahlen 215
Public 732, 932, 954

Q

QueryDef 836
Quit 779

R

Rahmen 442
Ränder
　Tabelle 107
Randomize 954
Raster 435
Rechnungsschreibung 525
Rechteck 455
RECHTS() 323
Rechts-Inklusionsverknüpfung 251, 342
Record 56
RecordCount 795, 827
RecordsAffected 838
Recordset 789–790, 823

Reddick-VBA-Namenskonventionen 928
ReDim 954
referentielle Integrität 185, 250, 252, 387
　Aktualisierungsweitergabe 186
　Löschweitergabe 186
Register-Steuerelement 482
　weitere Seiten 484
Reihenfolge 281
　Steuerelemente 447
Relationale Datenbank 174
Rename 779
RepaintObject 779
Reparieren von Datenbanken 668
Requery 511, 779, 795, 827
Restore 779
Resume 756
Resume Next 756
RGLÄTTEN() 325
Right 772, 946
RIGHT JOIN 403
RmDir 954
Rnd 946
RTrim 946
Rückgängig 86
Runden 386
RunMacro 779
RunSQL 779
RVBA-Namenskonventionen 727, 928

S

Sanduhr 713, 776–777
Säulendiagramm 562
Save 779
Schleifen 741
Schließen 713
　Ordner 62
SchließenDatenbank 713
Schlüsselkandidat 174
Schlüsselverletzungen 393
Schlüsselwörter 721
Schriftart 442
Schriftgrad 442
Schwachstellenbeseitigung 669
Screen.ActiveControl 775
Screen.ActiveDatasheet 775
Screen.ActiveForm 775
Screen.ActiveReport 775
Screen.MousePointer 775
Screen.PreviousControl 775
Screen-Objekt 775
SearchForRecord 779
Second 946
Seek 795, 799, 827, 831

Seitenansicht 46, 105, 597
Seitenkopf/-fuß 597
Seitenumbruch 490, 611
Seitenzahlen 611
Sekundärschlüssel 187
SELECT 402
SELECT INTO 406
SelectObject 780
SendenObjekt 713
SendObject 780
Serienbriefe 685
Seriendruck-Assistent 685
Set 765
SetAttr 954
SetDisplayedCategories 780
SetMenuItem 780
SetProperty 780
SetWarnings 780
Setzen von Filter-Bedingungen 800, 831
SetzenMenüelement 713
SetzenWert 713
Sgn 946
SharePoint 900
    Aufbau 901
ShowAllRecords 780
ShowToolbar 780
Sicherheitsstufen 869
Sicherheitswarnung 40, 868
Signalton 713
Signieren von Makros 872
Sin() 946
Single 726
Snapshot 314, 824
Sort 795, 827
Sortieren
    Datensätze 93
    mit Abfragen 150
Sortierreihenfolge
    ändern 284
Sortierung 281
Space 946
Spalte 614
    ausblenden 103
    Breite verändern 101
    fixieren 86
    verschieben 90
    verstecken 103
Spaltenanzahl 649
Spaltenbreite, ändern 102
Spaltenfixierung, aufheben 87
Spaltenmarkierer 90
Speichern
    Abfragen 280
    Datensatz 85
    Formular 115
    Tabellenlayout 104

Sperren
    Alle Datensätze 878
    Bearbeiteter Datensatz 878
    Keine Sperrungen 878
    Komplettsperrung 882
    LockEdits 879
    Optimistisches Sperren 879
    Pages 878
    Pessimistisches Sperren 880
    Seiten 878
    Snapshots 878
    Sperrverfahren 878
    Sperrzeichen 881
SperrenNavigationsbereich 714
Sperrverletzungen 393
Spezialeffekt 442
Spezialtasten 857
Spitzenwerte 362
Splashscreen 860
Sprungmarke 740
SQL 838
    Aktualisierungsabfragen 406
    ALL 404
    ALTER TABLE 419
    Ändern einer Tabelle 419
    Anfügeabfragen 406
    ANSI 400
    ANY 417
    AVG() 405
    BETWEEN 403
    CONSTRAINT 420
    COUNT() 405
    CREATE INDEX 419
    CREATE TABLE 418
    Data Definition Language 400
    Data Manipulation Language 400
    Datendefinitionsabfragen 418
    DDL 400, 418
    DELETE 407
    DISALLOW NULL 419
    DISTINCT 404
    DISTINCTROW 404
    DML 400
    DROP INDEX 420
    DROP TABLE 419
    Erstellen einer Tabelle 418
    Erstellen eines Indexes 419
    EXISTS 418
    FIRST() 405
    FROM 402
    HAVING 405
    IGNORE NULL 419
    Index
        erstellen 419
        löschen 420

Stichwortverzeichnis

SQL *(Fortsetzung)*
    INNER JOIN 403
    INSERT INTO 406
    Korrelierte Unterabfragen 418
    Kreuztabellenabfragen 407
    LAST() 405
    LEFT JOIN 403
    LIKE 403
    Löschabfragen 407
    Löschen
        einer Tabelle 419
        eines Indexes 420
    MAX() 405
    MIN() 405
    ORDER BY 403
    PARAMETERS 407
    Pass-Through-Abfragen 400
    PRIMARY 419
    RIGHT JOIN 403
    SELECT 402
    SELECT INTO 406
    STDEV() 405
    SUM() 405
    Tabelle
        ändern 419
        erstellen 418
        löschen 419
    TOP 404
    TRANSFORM 407
    UNION 408
    UNIQUE 419
    UPDATE 406
    VAR() 405
    Views 401
    WHERE 403
    WITH OWNERACCESS OPTION 404
Sqr 946
STABW() 353
Standardabweichung 353, 528
Standarddatenbankordner
    ändern 66
Standardeigenschaften 764
    für Steuerelement 491
Standardetiketten 141
Standardfelddatentyp 203
Standardränder 108
Standardwert 210–211, 546, 663
Start-Einstellungen 536
    Anwendungssymbol 856
    Anwendungstitel 856
    Kontextmenüleisten 857
    Multifunktionsleiste 857
    Spezialtasten 857
Start-Formulare 856
Static 954
Statuszeilentext 450

STDABW() 405
STDEV() 405
Steuerelement
    deaktivieren 447
Steuerelement bearbeiten 437
Steuerelemente
    Abschneiden 486
    Aktivierreihenfolge 434, 447
    Anlage 489
    ausrichten 438
    Bedingte Formatierung 444
    Befehlsschaltfläche 474
    Bezeichnungsfeld 441
    Bild 445, 454, 486
    deaktivieren 447
    DefaultValue 546
    Dehnen 486
    Domänenaggregatfunktionen 526
    DomAnzahl 527
    DomMax 528
    DomMin 528
    DomMittelwert 527
    DomStAbw 528
    DomStdAbwn 528
    DomSumme 528
    DomVarianz 528
    DomVarianzen 528
    DomWert 527
    Eigenschaftenfenster 448
    Ereignisse 538
    formatieren 441
    gebundenes Objektfeld 489
    gruppieren 434
    Hintergrund 442
    Hyperlink 489
    Kontrollkästchen 482
    Linie 489
    Logos 445, 454
    löschen 433
    markieren 432
    Markierungsquadrate 437
    Mittelwert 527
    Optionsfeld 477
    Optionsgruppe 478
    Rahmen 442
    Randeinstellungen 458
    Rechteck 455, 489
    Register 482
    Reihenfolge Siehe Aktivierreihenfolge
    Schriftart 442
    Schriftgrad 442
    Schriftstil 442
    Seitenumbruch 490
    Spezialeffekt 442
    Standardabweichung 528

Steuerelemente *(Fortsetzung)*
  Standardeigenschaften 491, 764
  Standardwerte 546
  Summe 528
  Textausrichtung 442
  Umschaltfläche 481
  Unterformular 498, 512
  Varianz 528
  vergrößerbar 609
  vergrößern 437
  verkleinerbar 609
  verkleinern 437
  verschieben 433
  Werte übernehmen 546
  Zeilenabstand 458
  Zoomen 486
Steuerelementinhalt 525
Steuerungslayout
  entfernen 119, 439
  verwenden 439
  was ist das? 116
Stichprobe 353
StopAlleMakros 714
StopMakro 714
StoppMakros 706
stored procedure 806
Str() 946
StrComp 946
String 529, 727
Suchen
  Datenbank 70
  Datensatz 91
  erster Datensatz 795, 827
  letzter Datensatz 827
  nächster Datensatz 827
  vorhergehender Datensatz 827
Suchen von Datensätzen 797, 829
SuchenDatensatz 714
SuchenNachDatensatz 712
SuchenWeiter 714
Suffix 928
SUM() 405
Summe 528
SUMME() 353, 405
Summenfunktion für Formulare 525
Supports 795
Symbolleiste für den Schnellzugriff 862
Synchronisierte Unterformulare 517
SysCmd-Funktion
  acSysCmdAccessVer 782
  acSysCmdClearStatus 782
  acSysCmdGetObjectState 782
  acSysCmdIniFile 782
  acSysCmdInitMeter 782
  acSysCmdProfile 782

acSysCmdRemoveMeter 782
acSysCmdRuntime 782
acSysCmdSetStatus 782
acSysCmdUpdateMeter 782
Fortschrittsanzeige 782
Laufzeitversion 782
Statusleiste 782
Versionsnummer 782
Systemtabellen 846
System-Zwischenablage 680

T

Tabelle
  1:n-Beziehung 179
  aktueller Datensatz 85
  alle Datensätze markieren 87
  ändern 419
  anlegen 78
  Begriff ersetzen 92
  Beziehungen 177, 248
  Daten korrigieren 85
  Datensatz suchen 91
  Datensätze sortieren 93
  Dokumentation 672
  dritte Normalform 185
  drucken 105
  eindeutige Datensätze 174
  erste Normalform 182
  erstellen 418
  erster leerer Datensatz 85
  Feld verschieben 89
  Feld/Datensatz einfügen 89
  Feld/Datensatz kopieren 89
  Feld/Datensatz löschen 87
  Feld/Datensatz markieren 87
  Felddatentypen 202
  Feldeigenschaften 203
  Feldnamen 201
  filtern 94
  formatieren 100
  Fremdschlüssel 176
  indizieren 186
  kopieren 390
  löschen 419
  n:m-Beziehung 180
  normalisieren 182, 268
  Primärschlüssel 174
  Ränder 107
  referentielle Integrität 185
  Schlüsselkandidat 174
  Spalte ausblenden 103
  Spalte fixieren 86
  Spalte verschieben 90

Stichwortverzeichnis

Tabelle *(Fortsetzung)*
    Spaltenbreite 101
    Standarddruckränder 108
    Tabellen importieren 264
    Tabellen verknüpfen 258
    Tabellenfeld umbenennen 82
    Zeilenhöhe 103
    zweite Normalform 184
Tabellenattribute 849
Tabellenentwurf
    Feld hinzufügen 238
    Feld löschen 238
Tabellenentwurfsfenster 201
Tabellenerstellungsabfrage 393
Tabellenfeld
    löschen 238
    umbenennen 82
    verschieben 239
Tabellen-Verknüpfungsmanager 263
TableDef 846
Tables 809
TAG() 327
Tan() 946
Tastaturbefehle 714
Tausenderstellen 215
TEILSTR() 323
Text 206
Textausrichtung 442
Textfeld
    anlegen 458
    Datentyp umwandeln 240
    mit Berechnungen 459
Textverkettung 318
Time 946
TimeSerial 946
TimeValue 946
TOP 404
Tortendiagramm 562
Transfer von Daten 681
TransferArbeitsblatt 714
TransferDatabase 780
TransferDatenbank 714
transferSharePointList 780
TransferSharePointListe 714
TransferSpreadsheet 781
TransferSQLDatenbank 714
TransferText 714, 781
TRANSFORM 407, 565
Trennlinien 550
Trim 946
Type 838
Typkürzel 928–929
Typüberprüfung 307
Typumwandlungsfehler 393

U

Übernahme von Daten 681
Überwachungsfenster 719
UBound 773, 947
UCase 947
Uhrzeiten 221
    benutzerdefiniert 221
Uhrzeitfeld, Datentyp umwandeln 242
Umbenennen 953
UmbenennenObjekt 714
Umschaltfläche 481
UND-Operator 300
Ungarische Notation 928
UNION 408, 505
UNIQUE 419
Unterabfragen 409
Unterdatenblatt 252, 309
    öffnen 253
    schließen 253
Unterformulare 494
    Beim Anzeigen 521
    Datensatzquelle 500
    Drag-and-Drop 512
    Hauptformular 495
    in eigenem Fenster öffnen 500
    ItemData(0) 511
    Navigationsschaltflächen 502
    Parent 522
    Programmierung 508
    Requery 511
    Synchronisierte Unterformulare 517
    UNION-Abfrage 505
    Unterformular-Steuerelement 498
    Verschachtelte Unterformulare 514
Untermakros 708
Updatable 827, 833, 838
UPDATE 406
Update 795, 827
URL 234
USB-Stick
    kopieren 69
Users 809

V

Val 947
VAR() 405
Variablen in Zeichenketten 529
Variablen-Deklaration 720
Variablentypen 726
Variant 727
Varianz 528
VARIANZ() 353

Stichwortverzeichnis

VBA
   And 739
   Application-Objekt 760
   Argumente 734
   Array 730
   Boolean 727
   ByRef 736
   Byte 726
   ByVal 737
   Case 740
   Currency 727
   Date 727
   Debug.Print 752
   Debuggen 747
   Direktfenster 723, 747, 752
   Direkthilfe 720
   Do...Loop 741
   Double 726
   Einrückungen 722
   Einzelschrittverarbeitung 751
   End Function 734
   End Sub 733
   Err-Fehlerobjekt 757
   Exit Function 734
   Fehlerbehandlung 754
   Fehlersuche 745
   Fehlervermeidung 746
   Felder 730
   For Each...Next 744
   For...Next 742
   Function 734
   Funktionen 734
   GoTo 740
   Gültigkeitsbereiche 731
   Haltepunkte 749
   If 738
   Implizite Deklaration 725
   Integer 726
   Kommentare 722
   Konstanten 729
   Laufzeitfehler 745
   Logische Programmfehler 745
   Long Integer 726
   Namenskonventionen 727
   Not 739
   Object 727
   Objektkatalog 761
   On Error Goto 0 756
   On Error Goto Label 754
   On Error Resume Next 755
   Or 739
   Private 731
   Prozeduren 733
   Prozedurschritt 751
   Public 732
   Referenz 736
   Resume 756
   Resume Next 756
   Rücksprung 752
   Schleifen 741
   Schlüsselwörter 721
   Select Case 740
   Set 765
   Single 726
   Sprungmarke 740
   String 727
   Syntaxfehler 745
   Variablen-Deklaration 720
   Variablentypen 726
   Variant 727
   Vergleichsoperatoren 738
   While...Wend 745
   With 767
   Zeilenfortführung 722
VBA-Makros
   Deaktivierter Inhalt 868
   Sicherheit 868
   Sicherheitsstufen 869
   Vertrauenswürdige Speicherorte 870
   Zertifikate erstellen 872
Vergleichsoperatoren 289, 738
vergrößerbar 609
Verkettungsoperator 317
verkleinerbar 609
verknüpfte Formulare 495
Verknüpfung
   Oder 99
   Und 99
Verknüpfungs-Assistent für Kalkulationstabellen 692
Verknüpfungseigenschaften 336
Verknüpfungsmanager 263
Verknüpfungstyp 250–251
Verknüpfungsvarianten 342
verschachtelte Unterformulare 514
Verschachtelungstiefe 277
Verschieben
   Datei/Ordner 69
   Feld 89
   Spalten 279
   Tabellenspalte 90
Versionsnummer 782
Vertrauensstellungscenter 869
vertrauenswürdige Speicherorte 870
Views 401, 809
Visible 661
Visual Basic
   Dokumentation 672
Von-Bis-Abfragen 308
Vor Aktualisierung 540
Vor Eingabe 540

Vor Löschbestätigung 540
Voransicht 105
Vorgeschaltete Formulare für Berichte 658
Vorlagen
    verwenden 38

W

W3C 892
Währung 215, 225
Währungsfeld
    Datentyp umwandeln 242
Wechseln
    Laufwerk 62
    Ordner 59
Weekday 774, 947
Weitergabe von Daten 680
WENN() 321
Werkzeuge
    Anlage 489
    Befehlsschaltfläche 474
    Bezeichnungsfeld 462
    Bild 486
    gebundenes Objektfeld 489
    Hyperlink 489
    Kombinationsfeld 464
    Kontrollkästchen 482
    Linie 489
    Listenfeld 474
    Objektfeld 487
    Optionsfeld 477
    Optionsgruppe 478
    Rechteck 489
    Register 482
    Seitenumbruch 490
    Textfeld 458
    Umschaltfläche 481
    Unterformular 512
Werte nachschlagen 526, 546
Werte übernehmen 546
Wertebereich 177
WHERE 403
While...Wend 745
WIE-Operator 293
Wiki-Website 917
WindowMode 660
Windows 2003 Server 900
Windows SharePoint Services
    Access-Daten 918
    Ankündigungen-Liste 910
    Aufgaben-Liste 912
    Bildbibliotheken 915
    Diskussionen-Liste 913
    Dokumentbibliotheken 915
    Einbindung von Listen in Access 919
    Ereignisse-Liste 910
    Hyperlinks-Liste 911
    Kontakte-Liste 911
    Microsoft Office Picture Manager 915
    Microsoft SharePoint Designer 905
    Probleme-Liste 913
    SharePoint-Listen 909
    Suche 903
    Umfragen-Liste 913
    Verknüpfen in Access 919
    Verwaltung 906
    Websiteeinstellungen 903
    Wiki-Website 917
    Windows 2003 Server 900
    Zentraladministration 900
Windows-Bitmap 859
With 767
WITH OWNERACCESS OPTION 404
WOCHENTAG() 327
Workspace 845
World Wide Web Consortium 892

X

x-Achse 561
XML 892
    Datei erstellen 893
    Export 781, 894
    HTML 892
    Import 896
    Tag 892
    Unterschied zu HTML 893
    W3C 892
    World Wide Web Consortium W3C 892

Y

y-Achse 561
Year 774, 947

Z

Zahl 212
Zahlenfelder, Datentyp umwandeln 241
Zähler 933
Zeichenfolgenverarbeitung 771
Zeichenformat, für Tabelle 100
Zeichenketten 529
Zeiger 933
Zeilenabstand 458
Zeilenfortführung 722
Zeilenhöhe 103

Zeiteingabe 221
Zeitgesteuerte Formulare 860
Zeitintervall 860
Zelle markieren 87
Zertifikat 871
   erstellen 872
Zoomen 486

Zugriff auf Daten anderer Formulare 530
Zugriff auf Excel-Daten 691
Zusammensetzen von Datumswerten 328
Zusatzkomponente 934
Zwischenablage 680
ZWISCHEN-Operator 292
Zwischen-Operator 308

Wissen aus erster Hand

Das vorliegende Handbuch wendet sich an Windows 7-Anwender und Administratoren im Unternehmen. Hier erfahren Sie ausführlich und detailliert, wie das neue Betriebssystem effizient und sicher am Arbeitsplatz nutzen. Unabhängig davon, mit welchem Betriebssystem Sie bisher gearbeitet haben, bietet Ihnen dieses umfassende Nachschlagewerk eine kompetente Quelle für den beruflichen Einsatz von Windows 7 Professional.

Autor	Dr. T. Weltner, ITaCS Consulting
Umfang	938 Seiten, 1 CD
Reihe	Das Handbuch
Preis	39,90 Euro [D]
ISBN	978-3-86645-129-2

http://www.microsoft-press.de

Microsoft Press-Titel erhalten Sie im Buchhandel.

Wissen aus erster Hand

Mit Windows 7 wird die Computernutzung schneller, einfacher und sicherer. Und Sie haben mehr Spaß! Damit Sie die neue Möglichkeiten sofort entdecken und verstehen, hat sich das Autorenteam monatelang mit diesem Betriebssystem auseinandergesetzt und es seit den ersten Testversionen auf Herz und Nieren geprüft. Komplett in Farbe und mit einer E-Book-Version auf CD.

Autor	Hossner, Kloss-Pierro, Patzig
Umfang	602 Seiten, 1 CD
Reihe	Das Handbuch
Preis	29,90 Euro [D]
ISBN	978-3-86645-132-2

http://www.microsoft-press.de

Microsoft Press-Titel erhalten Sie im Buchhandel.

Wissen aus erster Hand

Sie möchten die Leistungsfähigkeit von Excel 2007 nutzen? Sie wollen sich schnell mit dem neuen Bedienungskonzept vertraut machen? Sie wollen die neuen Möglichkeiten sofort umsetzen? Vier ausgewiesene Excel-Experten zeigen Ihnen in diesem Handbuch umfassend und leicht verständlich, wie Sie Excel effizient in der Praxis einsetzen. Anhand der beiliegenden Beispieldateien können Sie in Schritt-für-Schritt-Anleitung die wichtigsten Arbeitstechniken erlernen, hilfreiche Übersichten erleichtern Ihnen den Überblick und Profitipps helfen Ihnen, Zeit zu sparen. Außerdem finden Sie alles, was Sie wissen wollen, schnell und gezielt über die vielfältigen Verzeichnisse und Indizes im Buch oder über die Suchfunktionalität im beiliegenden eBook.

Autor	Schwenk, Schuster u.a.
Umfang	1168 Seiten, 1 CD
Reihe	Das Handbuch
Preis	39,90 Euro [D]
ISBN	978-3-86645-103-2

http://www.microsoft.com/germany/mspress

Microsoft Press-Titel erhalten Sie im Buchhandel.

Wissen aus erster Hand

Access-Programmierung für die Praxis von Praktikern beschrieben! Dieses Buch bietet Ihnen zunächst eine fundierte Einführung in die Datenbankprogrammierung mit Access 2007 unter Verwendung von Visual Basic für Applikationen (VBA) und SQL. Ausführliches Know-how über die Gestaltung der Benutzerschnittstelle sowie jede Menge universell einsetzbarer Routinen und die richtigen Lösungen für Ihre Probleme stehen danach im Mittelpunkt des Buchs. Die erforderlichen theoretischen Grundlagen werden Ihnen klar und verständlich vermittelt, ansonsten orientiert sich der Inhalt an praktischer Verwendbarkeit und Nutzen der besprochenen Beispiele und Konzepte. Damit stellt das Buch die Informationen zur Verfügung, die Sie brauchen, um schnell zu Ergebnissen zu kommen.

Autor	Doberenz, Gewinnus
Umfang	1136 Seiten, 1 CD
Reihe	Das Handbuch
Preis	59,00 Euro [D]
ISBN	978-3-86645-411-8

http://www.microsoft.com/germany/mspress

Microsoft Press-Titel erhalten Sie im Buchhandel.